X.media.press

Joachim Böhringer: Lehre als Schriftsetzer, Studium Druck- und Medientechnik sowie Geschichte und Politik in Stuttgart und Darmstadt, anschließend Referendariat in Frankfurt/M. und Limburg/L. Danach Lehrer für Druck- und Medientechnik an der Kerschensteinerschule in Reutlingen. Fachberater für Druck- und Medientechnik am Regierungspräsidium Tübingen und Referent am Landesinstitut für Schulentwicklung Stuttgart. Mitarbeit in der Koordinierungsgruppe Druck und Medien am Ministerium für Kultus, Jugend und Sport Baden-Württemberg, Mitglied in IHK- und HWK-Prüfungsausschüssen in Reutlingen und langjährige Mitarbeit im Zentral-Fachausschuss für Druck und Medien in Kassel.

Peter Bühler: Lehre als Chemigraf, Studium der Druck- und Reproduktionstechnik an der FH für Druck, Stuttgart. Gewerbelehrerstudium für Drucktechnik und Geschichte an der TH Darmstadt. Seit 1984 Lehrer für Mediengestaltung und Medientechnik an der Johannes-Gutenberg-Schule, Stuttgart, Fachberater für Druck- und Medientechnik am Regierungspräsidium Stuttgart, Lehrbeauftragter für Fachdidaktik Medientechnik am Staatlichen Seminar für Didaktik und Lehrerbildung in Stuttgart. Mitgliedschaft u.a. in den Lehrplankommissionen Mediengestalter Digital und Print sowie Industriemeister Printmedien/Medienfachwirt Print und Digital, in IHK-Prüfungsausschüssen, der Koordinierungsgruppe Druck und Medien am Ministerium für Kultus, Jugend und Sport Baden-Württemberg sowie im Zentral-Fachausschuss für Druck und Medien.

Patrick Schlaich: Studium der Elektrotechnik an der Universität Karlsruhe; Abschluss 1992 als Diplom-Ingenieur, danach Referendariat an der Gewerblichen Schule Lahr, zweites Staatsexamen 1995. Seither Tätigkeit als Lehrer in der Aus- und Weiterbildung im Bereich Informationstechnik und Digitale Medien. Mitarbeit u.a. in den Lehrplankommissionen Mediengestalter, Technisches Gymnasium (Profil Gestaltungs- und Medientechnik) und Medienfachwirt sowie im Zentral-Fachausschuss für Druck und Medien, seit 2003 Fachberater für Medien- und Informationstechnik am Regierungspräsidium Freiburg, seit 2008 Professor am Staatlichen Seminar für Didaktik und Lehrerbildung (Berufliche Schulen) in Freiburg, Lehraufträge für Informatik und Medientechnik.

J. Böhringer · P. Bühler · P. Schlaich

Kompendium der
Medien-
gestaltung

Konzeption und Gestaltung
für Digital- und Printmedien

5., vollständig überarbeitete
und erweiterte Auflage

Dipl.-Wirt.-Ing.
Joachim Böhringer
Pfullingen

Dipl.-Ing.
Peter Bühler
Affalterbach

Professor
Patrick Schlaich
Kippenheim

ISSN 1439-3107
ISBN 978-3-642-20586-6   e-ISBN 978-3-642-20587-3
DOI 10.1007/978-3-642-20587-3
Springer Heidelberg Dordrecht London New York

Die Deutsche Bibliothek verzeichnet diese Publikation in der Deutschen Nationalbibliografie;
detaillierte bibliografische Daten sind im Internet über http://dnb.ddb.de abrufbar.

© Springer-Verlag Berlin Heidelberg 2011
Dieses Werk ist urheberrechtlich geschützt. Die dadurch begründeten Rechte, insbesondere
die der Übersetzung, des Nachdrucks, des Vortrags, der Entnahme von Abbildungen und Tabellen, der Funksendung, der Mikroverfilmung oder der Vervielfältigung auf anderen Wegen
und der Speicherung in Datenverarbeitungsanlagen, bleiben, auch bei nur auszugsweiser
Verwertung, vorbehalten. Eine Vervielfältigung dieses Werkes oder von Teilen dieses Werkes ist auch im Einzelfall nur in den Grenzen der gesetzlichen Bestimmungen des Urheberrechtsgesetzes der Bundesrepublik Deutschland vom 9. September 1965 in der jeweils
geltenden Fassung zulässig. Sie ist grundsätzlich vergütungspflichtig. Zuwiderhandlungen
unterliegen den Strafbestimmungen des Urheberrechtsgesetzes.
Die Wiedergabe von Gebrauchsnamen, Handelsnamen, Warenbezeichnungen usw. in diesem Werk berechtigt auch ohne besondere Kennzeichnung nicht zu der Annahme, dass solche Namen im Sinne der Warenzeichen- und Markenschutz-Gesetzgebung als frei zu betrachten wären und daher von jedermann benutzt werden dürften.

Cover design: KünkelLopka GmbH, Heidelberg

Gedruckt auf säurefreiem Papier

Springer ist ein Teil der Fachverlagsgruppe Springer Science+Business Media
(www.springer.com)

Dedikation

Hanns-Jürgen Ziegler

verstarb nach schwerer Krankheit im September 2004 in Rottweil.

Das Kompendium der Mediengestaltung wäre ohne den Enthusiasmus, die kreative Begabung und die Liebe zu seiner Berufung als Lehrer und Fachbuchautor nicht denkbar gewesen.

Die Freude an der Ausbildung junger Menschen, die sich für eine Berufsausbildung in der Medienindustrie entschieden haben, stand im Mittelpunkt seiner beruflichen Tätigkeit.

Seine Lebensfreude und der Spaß am kreativen Umgang mit modernen Medientechnologien prägte unsere über viele Jahre dauernde fachliche und freundschaftlich ausgerichtete Zusammenarbeit. Es war daher für uns nicht leicht, dieses Buch fortzuführen. Unter Wahrung unseres ursprünglich gemeinsam erarbeiteten Konzeptes, das großen Anklang gefunden hat, haben wir dieses Buch gründlich überarbeitet, inhaltlich aktualisiert und auch gestalterisch modernisiert.

Wir wissen, dass diese Überarbeitung in seinem Sinn erfolgt ist – und dass sie ihm gefallen hätte.

Joachim Böhringer
Peter Bühler
Patrick Schlaich

Vorwort zur 5. Auflage

Im vergangenen Jahr konnten wir den zehnten Geburtstag des „Kompendiums" feiern. Die im Jahr 2000 erschienene erste Auflage war einbändig und umfasste knapp 900 Seiten. Mit der nun vorliegenden 5. Auflage halten Sie ein zweibändiges Werk mit über 2.200 Seiten in der Hand. Sie erkennen daran, wie rasant das Know-how in der Medienbranche angestiegen ist.

Wegen des stark gewachsenen Umfangs haben wir bereits in der 4. Auflage eine Aufteilung der Inhalte in zwei Bände, „Konzeption und Gestaltung" (Band I) und „Produktion und Technik" (Band II), vorgenommen. Diese Zweiteilung orientiert sich an den Ausbildungs- und Studiengängen der Mediengestaltung und ist an deren Rahmenpläne, Studienordnungen und Prüfungsanforderungen angepasst. Ihre Rückmeldungen, liebe Leserinnen und Leser, bestärken uns darin, dass die Aufteilung in zwei Bände eine sinnvolle und notwendige Entscheidung war.

Die ständigen Weiterentwicklungen in der Medienbranche sind der Grund dafür, dass wir mit dieser Auflage eine umfassende Erweiterung und Überarbeitung der beiden Bände vorgenommen haben. Neu ins Kompendium aufgenommen wurden unter anderem die Themenbereiche Grafik, Animation, Virtuelle Welten, Flash und eBook. Vor allem der zweite Band „Produktion und Technik" erforderte eine grundlegende Überarbeitung, da sich sowohl der Druckbereich als auch die Webtechnologien in den letzten Jahren weiterentwickelt haben, denken Sie an XML, Web-to-Print oder Ajax.

Das Kompendium richtet sich an alle, die in der professionellen Print- und Digitalmedienproduktion tätig sind. Es ist aber auch ein Lehr- und Arbeitsbuch für Schule und Hochschule. Zur strukturierten Erarbeitung und Prüfungsvorbereitung enthalten die beiden Bände über 1.000 Aufgaben mit ausführlichen Lösungen.

Bei einem derart umfangreichen Werk ist es unerlässlich, Hilfen zur einfachen Orientierung anzubieten: Bereits in der 4. Auflage haben wir deshalb ein Farbleitsystem für die 22 Hauptkapitel eingeführt. Farbige Querverweise an den Seitenrändern erleichtern Ihnen die Navigation zu inhaltlich verwandten Kapiteln. Mit Hilfe der neuen Lesebändchen können Sie nun auch Seiten markieren. Die Suche über das für beide Bände gemeinsame Stichwortverzeichnis wollen wir Ihnen erleichtern, indem wir nun die Hauptfundstelle eines Begriffs optisch hervorheben. Neu ist auch die Formelsammlung im zweiten

Vorwort

Band zu allen mathematischen Themen. Weitere Informationen zur Nutzung des Werkes finden Sie auf Seite VIII „Das Handling des Kompendiums'".

Ein herzliches Dankeschön geht an Herrn Engesser und Frau Glaunsinger mit dem Team des Springer-Verlags für die seit mehr als zehn Jahren andauernde hervorragende Zusammenarbeit. Ein besonderer Dank gilt Frau Zimpfer für die schwierige und oft mühsame Lektoratsarbeit, die immer zu einer Verbesserung und Optimierung des Werkes beigetragen hat. Ohne die Unterstützung seitens des Verlags wäre dieses Werk nicht möglich. Letztlich danken wir unseren Frauen Christel, Sigrid und Michaela für ihre Geduld und die nicht selbstverständliche Bereitschaft, wieder zahllose Abende und Wochenenden ohne ihre Männer zu verbringen.

Wir sind uns sicher, dass uns mit der 5. Auflage eine weitere Verbesserung des Kompendiums gelungen ist. Ihnen, unseren Leserinnen und Lesern, wünschen wir ein gutes Gelingen Ihrer Ausbildung, Ihrer Weiterbildung oder Ihres Studiums der Mediengestaltung und nicht zuletzt viel Spaß bei der Lektüre dieses Werkes.

Heidelberg, im Frühjahr 2011

Joachim Böhringer
Peter Bühler
Patrick Schlaich

Das Handling des Kompendiums

Wer sucht, der findet! Leicht gesagt, doch wie finde ich die gesuchte Information in einem zweibändigen Werk mit über 2.000 Seiten?

Damit Sie sich in Ihrem Kompendium möglichst schnell zurechtfinden, stellen wir Ihnen einige Hilfen zur Verfügung:

Farbführung
Wegen des deutlich gestiegenen Umfangs haben wir das Kompendium seit der 4. Auflage in zwei Bände aufgeteilt. Dennoch handelt es sich *inhaltlich* nach wie vor um ein Werk, das in insgesamt 22 Hauptkapitel gliedert ist. Wie in der Grafik dargestellt, haben wir jedem Hauptkapitel eine eindeutige Leitfarbe zugeordnet. Die Leitfarbe finden Sie auf allen Seiten jeweils links oben bzw. rechts oben im Anschnitt. Auch bei geschlossenem Buch lässt sich hierdurch die ungefähre Position des Kapitels erkennen.

Auch bei der Einbandgestaltung wurde auf eine entsprechende Farbwahl geachtet: Der Einband von Band I, „Konzeption und Gestaltung", wurde in hell- und dunkelgrün, von Band II, „Produktion und Technik", in rot und orange gestaltet.

Eine zusätzliche Funktion besitzen die Farben Rot und Cyan. Erstere dient als

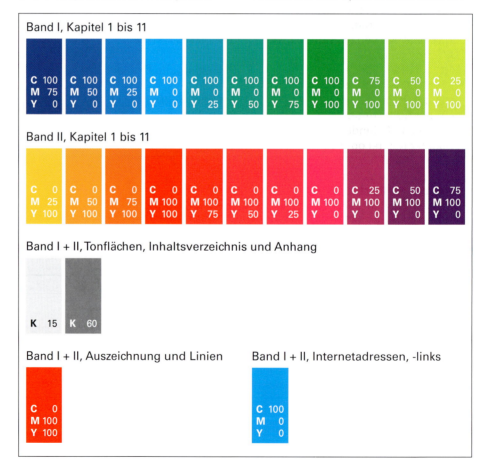

Auszeichnungsfarbe in Grafiken, letztere hebt die im Buch zahlreich vorkommenden Links auf Webseiten optisch hervor. Alle Links sind außerdem, wie bei HTML, unterstrichen.

Da sich das Internet ständig verändert, kann es möglich sein, dass der eine oder andere Link bereits beim Erscheinen des Buches nicht mehr stimmt. Geben Sie in diesem Fall die gesuchte Site als Stichwort in eine Suchmaschine ein.

Querverweise und Lesebändchen
Der große Vorteil von Webseiten besteht darin, dass sich Informationen über Links miteinander verknüpfen lassen. Der Nutzer hat hierdurch die Möglichkeit, sehr schnell von einer Textstelle zur nächsten zu gelangen.

Ein Buch bietet diese praktische Möglichkeit leider nicht. Der Nutzer gelangt zu einer anderen Textstelle immer nur durch (mühsames) Blättern. Um Ihnen das Auffinden thematisch verwandter Kapitel oder Unterkapitel dennoch zu erleichtern, finden Sie in den Marginalienspalten links oben bzw. rechts oben zahlreiche farbige Tonflächen in der entsprechenden Kapitelfarbe, die sinnverwandte Themen jeweils mit Angabe der Seitenzahl nennen:

> **Band II – Seite 203**
> **4.1 Farbsysteme**

Mit Hilfe der in dieser Auflage neuen Lesebändchen lassen sich Seiten schneller (wieder-)finden.

Stichwortverzeichnis (Index)
Die gezielte Suche nach einem bestimmten Fachbegriff ermöglicht das Stichwortverzeichnis. Hierbei haben wir uns dafür entschieden, einen Gesamtindex über beide Bände zu realisieren.

Wir wollen hierdurch vermeiden, dass Sie nach einem Begriff in beiden Bänden suchen müssen. Außerdem erhalten Sie auf diese Weise einen schnellen Überblick, ob sich ein gesuchter Begriff nur in einem oder in beiden Bänden finden lässt. Vor der Seitenangabe befindet sich zu diesem Zweck entweder einer römische I oder II.

Kapitelübersicht
Wegen des großen Seitenumfangs haben wir uns gegen ein gemeinsames Inhaltsverzeichnis über beide Bände entschieden. Um Ihnen einen Überblick über die 22 Kapitel zu geben, finden Sie diese hier nochmals aufgelistet. Die Kapitel des jeweiligen Bandes finden Sie zusätzlich auf der Buchrückseite.

Band I: Konzeption und Gestaltung
1. Grundlagen der Gestaltung
2. Typografie
3. Layout und Gestaltung
4. Bild- und Filmgestaltung
5. Grafische Zeichen
6. Webdesign
7. Visuelles Marketing
8. Präsentation
9. Medienrecht
10. Medienkalkulation
11. Produktionsmanagement

Band II: Produktion und Technik
1. Medientechnik
2. Informationstechnik
3. Optik
4. Farbe
5. Digitalfotografie
6. Bild und Grafik
7. PDF
8. Database Publishing
9. Drucktechnik
10. Webtechnologien
11. Audiovisuelle Medien

Inhaltsverzeichnis

1 Grundlagen der Gestaltung

1.1 Wahrnehmung — 3

1.1.1	Informationen wahrnehmen	4
1.1.2	Visuelle Wahrnehmung	5
1.1.2.1	Sehen	5
1.1.2.2	Optische Täuschungen	7
1.1.2.3	Farbkontraste	12
1.1.2.4	Farbkonstanz	16
1.1.2.5	Farbassoziationen	16
1.1.2.6	Bilder	22
1.1.3	Semiotik	24
1.1.3.1	Zeichen in der Welt	24
1.1.3.2	Saussure und Peirce	24
1.1.3.3	Drei Zeichenkategorien	24
1.1.3.4	Drei Zeichendimensionen	26
1.1.3.5	Erlernen der Bedeutung	27
1.1.3.6	Grafische Zeichenarten	27
1.1.4	Leserlichkeit	28
1.1.4.1	Lesen	28
1.1.4.2	Buchstaben und Wörter	28
1.1.4.3	Zeilen und Seite	29
1.1.5	Bewertung der visuellen Wahrnehmung	30
1.1.6	Auditive Wahrnehmung	34
1.1.7	Aufmerksamkeit	35
1.1.8	Aufgaben	36

1.2 Gestaltgesetze — 39

1.2.1	Gestaltpsychologie	40
1.2.2	Gesetz von der einfachen Gestalt	41
1.2.3	Gesetz der Nähe	42
1.2.4	Gesetz der Gleichheit	43
1.2.5	Gesetz der Geschlossenheit	44
1.2.6	Gesetz der Erfahrung	45
1.2.7	Gesetz der Konstanz	46
1.2.8	Gesetz der Figur-Grund-Trennung	47
1.2.9	Aufgaben	48

1.3	**Gestaltungselemente**	**51**
1.3.1	Vakatfläche – Platz für Ideen	52
1.3.2	Format	53
1.3.3	Gleichgewicht	54
1.3.4	Gewichtung	55
1.3.5	Richtung	56
1.3.6	Dynamik, Spannung, Bewegung	57
1.3.7	Symmetrie – Asymmetrie	58
1.3.8	Umfeld	59
1.3.9	Unterteilung und Struktur	60
1.3.9.1	Goldener Schnitt	60
1.3.9.2	Arithmetische Folge/Reihe	61
1.3.9.3	Geometrische Folge	61
1.3.10	Aufgaben	62

1.4	**Perspektive**	**65**
1.4.1	Geschichte der Perspektive	66
1.4.2	Der Standpunkt des Betrachters	70
1.4.2.1	Augenhöhe und Horizont	70
1.4.2.2	Ebenen und Linien	71
1.4.3	1-Punkt-Perspektive nach DIN ISO 5456-4	72
1.4.3.1	Freie Zeichnung	72
1.4.3.2	Konstruktion	73
1.4.4	2-Punkt-Perspektive nach DIN ISO 5456-4	74
1.4.4.1	Freie Zeichnung	74
1.4.4.2	Konstruktion	75
1.4.4.3	Raumdarstellung in der 1- und 2-Punkt-Perspektive	77
1.4.5	3-Punkt-Perspektive nach DIN ISO 5456-4	78
1.4.5.1	Vogelperspektive	78
1.4.5.2	Froschperspektive	78
1.4.6	Kreise und Ellipsen	79
1.4.6.1	Konstruktion	79
1.4.6.2	Besondere Formen	79
1.4.7	Licht und Schatten	81
1.4.7.1	Künstliche Lichtquelle	81
1.4.7.2	Natürliche Lichtquelle – die Sonne	82
1.4.7.3	Kern- und Halbschatten	82
1.4.8	Axonometrie nach DIN ISO 5456-3	84
1.4.8.1	Isometrie	84
1.4.8.2	Dimetrie	84
1.4.8.3	Kabinettprojektion	85
1.4.9	Normalprojektion nach DIN ISO 5456-2	86
1.4.9.1	Bezeichnung der Ansichten	86

1.4.9.2	Projektionsmethode 1	87
1.4.9.3	Projektionsmethode 3	87
1.4.9.4	Pfeilmethode	87
1.4.10	Luft- und Farbperspektive	88
1.4.10.1	Ursache und Wirkung	88
1.4.10.2	Umsetzung in der Gestaltung	89
1.4.11	Aufgaben	90

1.5 Farbgestaltung — 93

1.5.1	Die Farben des Regenbogens	94
1.5.1.1	Farbe im Druck und auf dem Bildschirm	94
1.5.1.2	Farbkreis	95
1.5.2	Harmonie und Spannung	96
1.5.2.1	Gleichabständige Farbkombinationen	96
1.5.2.2	Nebeneinanderliegende Farbkombinationen	97
1.5.2.3	Variation der Sättigung und Helligkeit eines Farbtons	97
1.5.2.4	Farbkontrast	98
1.5.3	Farbklima	100
1.5.4	Farbatlas	104
1.5.5	Aufgaben	108

1.6 Design — 111

1.6.1	Überblick	112
1.6.2	Designdefinitionen	114
1.6.3	Wirkung guten Designs	120
1.6.4	Aufgaben	123

2 Typografie

2.1 Schriftgeschichte — 127

2.1.1	Sichtbare Schriftgeschichte: Bibliotheca Alexandrina	128
2.1.2	Frühformen der Schrift	130
2.1.2.1	Bilderschriften	130
2.1.2.2	Wortbilderschriften	131
2.1.2.3	Von der Bilddarstellung zur Sinndarstellung	133
2.1.2.4	Alte Schriftentwicklung	135
2.1.3	Von der Bilddarstellung zum Alphabet	136
2.1.3.1	Griechische Epoche	136
2.1.3.2	Römische Epoche	138

Inhaltsverzeichnis

2.1.4	Groß- und Kleinbuchstaben	142
2.1.4.1	Karolingische Epoche	142
2.1.4.2	Romanik	143
2.1.4.3	Gotik	144
2.1.5	Entwicklung der runden Schriften	145
2.1.5.1	Renaissance	145
2.1.5.2	Barock und Rokoko	146
2.1.5.3	Klassizismus	147
2.1.5.4	Romantik	148
2.1.5.5	Egyptienne und Grotesk	148
2.1.5.6	Historismus und der Weg zur neuen Sachlichkeit	149
2.1.5.7	Neue Sachlichkeit	150
2.1.5.8	Aktuelle Schriftentwicklung	151
2.1.6	Johannes Gutenberg	153
2.1.7	Stammbaum der Schriftentwicklung	155
2.1.8	Aufgaben	157

2.2 Schrifterkennung 159

2.2.1	Einführung	160
2.2.1.1	Grundlagen	160
2.2.1.2	Schriftgruppen – DIN 16 518	160
2.2.1.3	Unterscheidungsmerkmale bei Antiquaschriften	162
2.2.1.4	Unterscheidungsmerkmale bei gebrochenen Schriften	163
2.2.2	Schriftklassifikation nach DIN 16 518	164
2.2.3	Andere Ordnungssysteme	170
2.2.3.1	Klassifizierungsentwurf 1998	170
2.2.3.2	Ordnungssystem Bollwage (2000) und Willberg (2001)	172
2.2.3.3	Schriftklassifikation nach Beinert (2001)	174
2.2.4	Schriftfamilie, Expertensatz und Schriftsippe	176
2.2.4.1	Lesbarkeit von Schriften	176
2.2.4.2	Schriftfamilie	176
2.2.4.3	Expertensatz und Schriftsippe	180
2.2.5	Buchstaben	182
2.2.5.1	Buchstabenarchitektur	182
2.2.5.2	Geviert	184
2.2.6	Ziffern und Zahlen	187
2.2.6.1	Ziffern	187
2.2.6.2	Römische Zahlzeichen	188
2.2.7	Akzente und Symbole	189
2.2.7.1	Akzente für fremde Sprachen	189
2.2.7.2	Zeichen und Symbole	190
2.2.8	Aufgaben	191

2.3	**Lesbarkeit**	**193**
2.3.1	Laufweite der Schrift	194
2.3.2	Ausgleichen von Schriften	196
2.3.2.1	Unterschneiden und Kerning	196
2.3.2.2	Versalausgleich	198
2.3.3	Wortabstand	200
2.3.4	Satzarten	202
2.3.5	Zeilenlänge und Lesbarkeit	204
2.3.6	Zeilenabstand	206
2.3.7	Schriftmischungen	208
2.3.8	Elektronische Schriftmanipulationen	212
2.3.9	Lesbarkeit von Druckschriften	214
2.3.9.1	Schriften lesen	214
2.3.9.2	Zeichenerkennung	214
2.3.9.3	Worterkennung	214
2.3.9.4	Zeilensprung	214
2.3.9.5	Zeilenabstand	215
2.3.9.6	Mittelhöhe	215
2.3.9.7	Buchstabenformen und Lesbarkeit	215
2.3.9.8	Kriterien für die Schriftwahl	216
2.3.9.9	Lesen ist Gewohnheit	216
2.3.10	Lesbarkeit bei Zeitungsschriften	217
2.3.11	Aufgaben	219

2.4	**Schriftwirkung**	**221**
2.4.1	Schrift und Emotionen	222
2.4.1.1	Schrift – Grundlage visueller Kommunikation	222
2.4.1.2	Charakter einer Schriftwahl	222
2.4.2	Polaritätsprofile	223
2.4.2.1	Schrift polarisiert	223
2.4.2.2	Schriftenprofile erstellen	223
2.4.3	Schrift und Inhalt	226
2.4.3.1	Schrift und Emotionen	226
2.4.3.2	Beziehung zwischen Schrift und Inhalt	226
2.4.4	Aufgaben	229

2.5	**Typoelemente**	**231**
2.5.1	Linien	232
2.5.2	Flächen	233
2.5.2.1	Definition einer Fläche	233
2.5.2.2	Wirkung von Flächen	234

2.5.2.3	Flächen in der Gestaltung	234
2.5.3	Text- und Seitengliederung	236
2.5.4	Ornamente und Vignetten	237
2.5.4.1	Ornamente	237
2.5.4.2	Vignetten	237
2.5.5	Aufgaben	239

2.6 Typografieanwendung 241

2.6.1	Funktionen der Typografie	242
2.6.1.1	Informative und ordnende Typografie	242
2.6.1.2	Didaktische Typografie	242
2.6.1.3	Anmutende Typografie	245
2.6.1.4	Werbetypografie	246
2.6.1.5	Bildorientierte Typografie	252
2.6.2	Aufgaben	255

3 Layout und Gestaltung

3.1 Kreativität 259

3.1.1	Kreativität auf Knopfdruck! Geht das?	260
3.1.1.1	Kreativitätstechniken	260
3.1.1.2	Kreativitätsentwicklung	261
3.1.2	Spielregeln müssen sein!	263
3.1.2.1	Kreativitätsumgebung	265
3.1.3	Aufgaben	269

3.2 Entwurfstechniken 271

3.2.1	Scribbeln	272
3.2.2	Scribbletechniken	274
3.2.2.1	Schrift skizzieren	274
3.2.2.2	Schrift schreiben	275
3.2.2.3	Flächendarstellungen	276
3.2.2.4	Bilder skizzieren	277
3.2.3	Vom Ideenscribble zur Realisierung	278
3.2.4	Aufgaben	279

3.3 Seitengestaltung — 281

3.3.1	Satzspiegelentwurf	282
3.3.1.1	Villard'sche Figur	283
3.3.1.2	Neunerteilung	285
3.3.1.3	Goldener Schnitt	285
3.3.2	Format und Formatwirkung	287
3.3.2.1	Formate beurteilen	287
3.3.2.2	Proportionen	288
3.3.2.3	Formatwirkung	288
3.3.2.4	DIN-Formate	290
3.3.3	Seitenlayout	292
3.3.4	Mehrspaltige Layoutvarianten	294
3.3.5	Gestaltungsraster	296
3.3.5.1	Einführung	296
3.3.5.2	Gestaltungsraster mit Zellen oder Modulen	298
3.3.5.3	Spaltenabstand „jmi"	298
3.3.5.4	Gestaltungsraster im Internet	299
3.3.5.5	Anwendung von Gestaltungsrastern	300
3.3.6	Praxisbeispiele	306
3.3.7	Wirtschaftliche Aspekte des Layouts	308
3.3.8	Werkumfangsberechnung	310
3.3.9	Aufgaben	313

3.4 Printprodukte — 315

3.4.1	Formate	316
3.4.2	Normbriefbogen nach DIN 676	320
3.4.2.1	Geschäftsbriefbogen	320
3.4.2.2	Pflicht- oder Mindestangaben auf einem Geschäftsbrief	322
3.4.3	Geschäftsausstattung	324
3.4.3.1	Gestaltung und Ausstattung	324
3.4.3.2	Anwendungsbeispiel	326
3.4.3.3	Präsentation von Geschäftsdrucksachen	329
3.4.4	Werksatz	330
3.4.4.1	Gliederung eines Buches	330
3.4.4.2	Typografischer Aufbau einer Werksatzseite	332
3.4.4.3	Formelsatz	334
3.4.4.4	Fehler im Werksatz	334
3.4.5	Zeitungsgestaltung	337
3.4.5.1	Zeitungsformate	337
3.4.5.2	Grundlayouts für Tageszeitungen	337
3.4.5.3	Schrift in der Tageszeitung	340
3.4.5.4	Anzeigenseiten	340
3.4.5.5	Der Anzeigenteil und seine Bedeutung für die Zeitung	342
3.4.5.6	Aufbau einer Titelseite	344

3.4.5.7	Aufbau einer Lokalseite	345
3.4.6	Zeitung in der Krise	346
3.4.7	Aufgaben	352

4 Bild- und Filmgestaltung

4.1 Bildgestaltung 357

4.1.1	Bildausschnitt	358
4.1.2	Bildaufbau	359
4.1.2.1	Goldener Schnitt	359
4.1.2.2	Drittel-Regel	360
4.1.3	Linien führen das Auge	361
4.1.4	Perspektive und Raumwirkung	362
4.1.4.1	Bildebenen	362
4.1.4.2	Bildperspektive	362
4.1.5	Licht und Beleuchtung	363
4.1.5.1	Art der Beleuchtung	363
4.1.5.2	Richtung der Beleuchtung	364
4.1.6	Der ungewöhnliche Blick	365
4.1.7	Bildbeurteilung und Bewertung	366
4.1.8	Bildwelten – Keyvisuals	367
4.1.8.1	WDR 2	367
4.1.8.2	Mercedes-Benz	369
4.1.9	Aufgaben	370

4.2 Filmgestaltung 373

4.2.1	Konzeption	374
4.2.1.1	Von der Idee zum Film	374
4.2.1.2	Planung	374
4.2.2	Aufnahme	376
4.2.2.1	Einstellung	376
4.2.2.2	Kameraschwenk	378
4.2.2.3	Kamerafahrt	379
4.2.2.4	Zoomfahrt	379
4.2.3	Schnitt	380
4.2.3.1	Achsensprung	381
4.2.3.2	Schuss und Gegenschuss	381
4.2.3.3	Anschlüsse	381
4.2.3.4	Plansequenz	382
4.2.3.5	Schnitt- oder Montageformen	382
4.2.4	Aufgaben	383

4.3	**Animation**	**385**
4.3.1	Prinzipien der Animation	386
4.3.1.1	Squash and Stretch	386
4.3.1.2	Anticipation	387
4.3.1.3	Staging	387
4.3.1.4	Straight Ahead Action and Pose to Pose	388
4.3.1.5	Follow Through and Overlapping Action	388
4.3.1.6	Slow In and Slow Out	388
4.3.1.7	Arcs	388
4.3.1.8	Secondary Action	389
4.3.1.9	Timing	389
4.3.1.10	Exaggeration	390
4.3.1.11	Solid Drawing	390
4.3.1.12	Appeal	390
4.3.2	Grundlegende Animationstechniken	391
4.3.2.1	Historische Animationstechniken	391
4.3.2.2	Bild-für-Bild-Animation	392
4.3.2.3	Keyframe-/Tween-Animation	392
4.3.2.4	Pfadanimation	393
4.3.2.5	Morphing	393
4.3.2.6	Überblendungen und Übergänge	394
4.3.2.7	Animierte Buttons	395
4.3.2.8	Interaktion und Reaktion	395
4.3.2.9	Abspielzeit und Bildrate	396
4.3.2.10	Kinematik	396
4.3.3	Spezielle 3D-Animationstechniken	398
4.3.3.1	Partikelsystem	398
4.3.3.2	Softbody	399
4.3.3.3	Licht und Beleuchtung	400
4.3.3.4	Kamera	400
4.3.4	Aufgaben	401

4.4	**Virtuelle Welten**	**403**
4.4.1	Virtuelle Realität	404
4.4.1.1	Virtuelle Realität mit QTVR	404
4.4.1.2	Panoramafotografie	404
4.4.2	Panoramen	406
4.4.2.1	Panoramaherstellung	406
4.4.2.2	Vom Einzelbild zum Panorama	406
4.4.3	Kugelpanorama	409
4.4.4	Objektfilme	411
4.4.4.1	Singlerow-Objektfilme	411
4.4.4.2	Multirow-Objektfilme	412

4.4.5	Virtuelle Rundgänge	414
4.4.6	Anwendungsbeispiele	417
4.4.7	Aufgaben	427

5 Grafische Zeichen

5.1 Piktogramm 431

5.1.1	Überblick über die Zeichenarten	432
5.1.2	Grundlagen der Piktografie	434
5.1.2.1	Anfänge der Piktografie im 20. Jahrhundert	434
5.1.2.2	Entwicklung einer internationalen Bildersprache	435
5.1.3	Internationale Piktogramme	437
5.1.4	Moderne Piktogramme	440
5.1.4.1	Piktogramme heute	440
5.1.4.2	Merkmale moderner Piktogramme	440
5.1.4.3	Piktogrammarten	441
5.1.4.4	Gestaltungsanforderungen	441
5.1.5	ISO 7001, Ausgabe 2007-11	443
5.1.6	Piktogramme als Prozesshilfen	444
5.1.7	Aufgaben	445

5.2 Icon 447

5.2.1	Vom Piktogramm zum Icon	449
5.2.2	Aufbau von Icons	450
5.2.2.1	Icongröße	450
5.2.2.2	Gestaltung von Icons	450
5.2.2.3	Entwurf von Icons	451
5.2.3	Icons und interaktive Systeme	452
5.2.3.1	Norm EN ISO 9241-10	452
5.2.3.2	Beschriftung von Icons	453
5.2.3.3	Icons und Usability	454
5.2.3.4	Usability-Entwicklung am Beispiel der iPhone-Apps	455
5.2.4	Aufgaben	457

5.3 Logo 459

5.3.1	Grundlagen	460
5.3.1.1	Piktogramme	460
5.3.1.2	Signet oder Bildmarke	460
5.3.1.3	Bildmarke als Logo	461

5.3.1.4	Logo per Definition	461
5.3.1.5	Wortmarke als Logo	461
5.3.1.6	Wort- und Bildmarke als Logo	462
5.3.2	Funktion eines Logos	463
5.3.3	Logogestaltung	465
5.3.4	Logofamilie	467
5.3.5	Vom Warenzeichen zum Markenlogo	469
5.3.6	Checkliste zur Logobeurteilung	470
5.3.7	Aufgaben	471

5.4 Informationsgrafik 473

5.4.1	Das Interview zum Thema	474
5.4.2	Infografik – wo kommt sie her?	476
5.4.3	Infografik – was ist das?	478
5.4.3.1	Macht der Diagramme	478
5.4.3.2	Zahlen können lügen	478
5.4.4	Infografikarten	479
5.4.4.1	Bildstatistik	479
5.4.4.2	Prinzip-/Prozessdarstellung	481
5.4.4.3	Kartografische Infografiken	482
5.4.4.4	Isotype-Grafiken	484
5.4.4.5	Technische Illustration	485
5.4.4.6	Informationsgrafik in der Zeitung	486
5.4.5	Interaktive Informationsgrafiken	488
5.4.5.1	Regeln für die Gestaltung	489
5.4.5.2	Wirkung und Bedeutung der Infografik	490
5.4.6	Wetter als Informationsgrafik	493
5.4.7	Infografiken erstellen	495
5.4.7.1	Diagramme erstellen mit Microsoft Excel	495
5.4.7.2	Diagramme erstellen mit Adobe Illustrator	496
5.4.8	Aufgaben	497

6 Webdesign

6.1 Übersicht 501

6.2 Screendesign 507

6.2.1	Das Interview zum Thema	508
6.2.2	Screendesign – Printdesign	510
6.2.3	Storyboard	513

Inhaltsverzeichnis

6.2.4	Format und Auflösung	515
6.2.5	Gestaltungsraster	518
6.2.5.1	Pixel-Rastersystem	518
6.2.5.2	Komponenten einer Website	519
6.2.5.3	Seitenlayout	520
6.2.5.4	Templates	521
6.2.6	Farbgestaltung	523
6.2.6.1	Fehlende Farbverbindlichkeit	523
6.2.6.2	Monitorfarben – Druckfarben	524
6.2.6.3	Farbkontraste	525
6.2.6.4	Farbfunktionen	526
6.2.6.5	Farbleitsystem	527
6.2.7	Bildschirmtypografie	528
6.2.7.1	Lesen am Bildschirm	528
6.2.7.2	Bildschirmtaugliche Schriften	528
6.2.7.3	Systemschriften	530
6.2.7.4	Systemfremde Schriften	531
6.2.7.5	Pixelfonts	532
6.2.7.6	Textgestaltung	533
6.2.8	Navigationselemente	534
6.2.8.1	Begriffserklärung	534
6.2.8.2	Textlinks	535
6.2.8.3	Buttonleiste	535
6.2.8.4	Menü	537
6.2.8.5	Navigationshilfen	537
6.2.9	Icondesign	539
6.2.9.1	Icons statt Text?	539
6.2.9.2	Icons erstellen	540
6.2.9.3	Metaphern	541
6.2.10	Sounddesign	542
6.2.10.1	Sound im Internet	542
6.2.10.2	Auditive Wahrnehmung	542
6.2.11	Aufgaben	544

6.3	**Interface-Design**	**547**
6.3.1	Content versus Design	548
6.3.1.1	Begriffsbestimmung	548
6.3.1.2	Content Management	549
6.3.1.3	Content-Management-Systeme	551
6.3.2	Usability	552
6.3.2.1	Benutzeroberfläche (User Interface)	552
6.3.2.2	Benutzerfreundlichkeit (Usability)	552
6.3.2.3	Usability-Tests	553
6.3.2.4	Zielgruppenanalyse	554

XXIII

6.3.3	Informationsdesign	557
6.3.3.1	Einführung	557
6.3.3.2	Lineare Struktur	558
6.3.3.3	Baumstruktur	559
6.3.3.4	Netzstruktur	560
6.3.3.5	Entwurf einer Navigationsstruktur	562
6.3.4	Interaktionsdesign	563
6.3.4.1	Begriffsbestimmung	563
6.3.4.2	Formulardesign	563
6.3.4.3	Asynchrone Interaktion	565
6.3.4.4	Synchrone Interaktion	565
6.3.4.5	Web 2.0 – Social Web	566
6.3.4.6	Web 3.0 – Social Semantic Web	567
6.3.5	Barrierefreies Webdesign	568
6.3.5.1	Begriffsbestimmung	568
6.3.5.2	Barrierefreie Informationstechnik-Verordnung (BITV)	569
6.3.5.3	Typische Barrieren	570
6.3.5.4	Barrierefreie Webseiten	571
6.3.6	Technische Spezifikation	573
6.3.7	Aufgaben	575

7 Visuelles Marketing

7.1 Zielgruppenanalyse — 579

7.1.1	Grundlagen	580
7.1.1.1	Gruppen	580
7.1.1.2	Primärgruppe Familie	582
7.1.2	Zielgruppen	587
7.1.3	Checkliste Zielgruppen	592
7.1.4	Zielgruppenoperationalisierung	594
7.1.5	Sinus-Milieus in Deutschland	595
7.1.6	Nielsen-Gebiete	598
7.1.7	Aufgaben	599

7.2 Briefing — 601

7.2.1	Grundlagen	602
7.2.1.1	Briefing-Arten	602
7.2.1.2	Angebotsumfeld	604
7.2.1.3	Zielgruppe (Abnehmer)	605
7.2.2	Planungsphasen eines Werbeauftrages	606
7.2.3	Präsentationen durch Agenturen	609

7.2.3.1	Präsentationsarten	609
7.2.3.2	Präsentation – Aufgabe und Umfang	610
7.2.4	Aufgaben	612

7.3 Branding — 615

7.3.1	Grundlagen	616
7.3.1.1	Definition des Werbebegriffs	616
7.3.1.2	Aufgaben der Werbung	618
7.3.2	Werbearten	620
7.3.2.1	Einzelwerbung	620
7.3.2.2	Massenkommunikation	623
7.3.3	AIDA und GIULIA	631
7.3.3.1	Werbegrundsätze	631
7.3.3.2	Werbeziele	631
7.3.4	Aufgaben	637

7.4 Corporate Identity — 639

7.4.1	Komponenten der Corporate Identity	640
7.4.1.1	Begriffsdefinition	640
7.4.1.2	Corporate Design	641
7.4.1.3	Corporate Communication	641
7.4.1.4	Corporate Behaviour	642
7.4.2	Corporate Design	643
7.4.2.1	Komponenten des Corporate Designs	643
7.4.2.2	Logo	643
7.4.2.3	Farbe, Farbkonzept	645
7.4.2.4	Schrift, Schriftkonzept	647
7.4.2.5	Gestaltungsraster und Layout	648
7.4.3	Styleguide	650
7.4.4	Aufgaben	651

8 Präsentation

8.1 Kommunikation — 655

8.1.1	Kommunikation und Medien	656
8.1.1.1	Was ist Kommunikation?	656
8.1.1.2	Typologie der Medien	656
8.1.1.3	Zielgruppe	657
8.1.1.4	Kommunikationsziele	659

8.1.1.5	Kommunikationsrichtlinien	660
8.1.1.6	Kommunikationscontrolling	660
8.1.2	Kommunikationsmodelle	661
8.1.2.1	Kommunikationsmodell von Shannon & Weaver	661
8.1.2.2	Modell von Paul Watzlawick	661
8.1.2.3	Modell von Friedemann Schulz von Thun	663
8.1.3	Aufgaben	665

8.2 Konzeption — 667

8.2.1	Arbeits- und Zeitplan	668
8.2.2	Thema und Inhalt	669
8.2.2.1	Themenfindung	669
8.2.2.2	Stoffsammlung	669
8.2.2.3	Stofferarbeitung	670
8.2.2.4	Stoffauswahl	670
8.2.2.5	Stichwortkarten	670
8.2.3	Visualisieren	671
8.2.4	Präsentationslayout	672
8.2.5	Schrift und Text	674
8.2.5.1	Schriftwahl	674
8.2.5.2	Schriftgröße	675
8.2.5.3	Textgestaltung	677
8.2.6	Farbgestaltung	678
8.2.7	Bild- und Grafikauswahl	679
8.2.7.1	Bildaussage	679
8.2.7.2	Informationsgehalt	679
8.2.8	Skizzieren	681
8.2.8.1	Geometrische Grundformen	681
8.2.8.2	Infografiken und Diagramme	682
8.2.8.3	Objekte und Menschen	684
8.2.9	Checklisten	685
8.2.9.1	Layout	685
8.2.9.2	Schrift	686
8.2.9.3	Farbe	687
8.2.9.4	Bild und Grafik	687
8.2.10	Aufgaben	688

8.3 Präsentationsmedien — 691

8.3.1	Das richtige Medium	692
8.3.2	Beamer	694
8.3.2.1	Pro und Contra	694
8.3.2.2	Technik	695

8.3.2.3	Handling	696
8.3.3	Visualizer	698
8.3.3.1	Pro und Contra	698
8.3.3.2	Handling	698
8.3.4	OH-Projektor	699
8.3.4.1	Pro und Contra	699
8.3.4.2	Handling	699
8.3.5	Metaplan	701
8.3.5.1	Pro und Contra	701
8.3.5.2	Materialien	701
8.3.5.3	Handling	703
8.3.6	Plakat	704
8.3.6.1	Pro und Contra	704
8.3.6.2	Handling	705
8.3.7	Flipchart	706
8.3.7.1	Pro und Contra	706
8.3.7.2	Materialien	707
8.3.7.3	Handling	707
8.3.8	Tafel und Whiteboard	709
8.3.8.1	Pro und Contra	709
8.3.8.2	Handling	710
8.3.9	Checklisten	711
8.3.9.1	Präsentationsmedium	711
8.3.9.2	Präsentationsanordnungen	712
8.3.10	Aufgaben	714

8.4	**Präsentieren**	**717**
8.4.1	Präsentieren heißt kommunizieren	718
8.4.2	Rhetorik	719
8.4.2.1	Die fünf Schritte der Rhetorik	719
8.4.2.2	Grundsätzlicher Aufbau eines Vortrages	719
8.4.2.3	Argumentationstechniken	720
8.4.3	Stimme und Sprache	722
8.4.4	Körpersprache	723
8.4.5	Training	726
8.4.5.1	Selbsteinschätzung – Fremdeinschätzung	726
8.4.5.2	Zeitgefühl	727
8.4.5.3	Umgang mit Lampenfieber	727
8.4.6	Checklisten	728
8.4.6.1	Beurteilung einer Präsentation	728
8.4.6.2	Benotung einer Präsentation	730
8.4.7	Aufgaben	731

9 Medienrecht

9.1 Urheberrecht · 735

9.1.1	Definition und Anwendung des Urheberrechts	736
9.1.1.1	Werkarten – Überblick	737
9.1.1.2	Schrift- und Sprachwerke	737
9.1.1.3	Werke der Musik	738
9.1.1.4	Werke der bildenden Kunst	738
9.1.1.5	Lichtbildwerke und Lichtbilder	740
9.1.1.6	Wissenschaftliche und technische Darstellungen	742
9.1.1.7	Übersetzungen und Bearbeitungen	742
9.1.1.8	Datenbanken	742
9.1.2	Geschmacksmusterrecht	745
9.1.2.1	Europäisches Designrecht	745
9.1.3	Bildrecht: Panoramafreiheit	747
9.1.4	Bildrecht: Recht am eigenen Bild	748
9.1.5	Schutzfristen und Verwertungsformen	750
9.1.6	Rechte eines Urhebers	751
9.1.6.1	Urheberpersönlichkeitsrecht	751
9.1.6.2	Veröffentlichungsrecht	751
9.1.6.3	Verwertungsrecht	751
9.1.6.4	Vervielfältigungsrecht	751
9.1.6.5	Verbreitungsrecht	752
9.1.6.6	Senderecht	753
9.1.6.7	Copyright	753
9.1.6.8	Zeitungsimpressum	753
9.1.6.9	Buchimpressum und ISBN	754
9.1.7	Vervielfältigungen	755
9.1.8	Deutsche Nationalbibliothek (DNB)	757
9.1.9	Checklisten	759
9.1.10	Aufgaben	761

9.2 Internetrecht · 763

9.2.1	Internetrecht – ein Überblick	764
9.2.2	Telemediengesetz	766
9.2.3	Ebenen des Online-Rechts	768
9.2.3.1	Inhaltsverantwortung	768
9.2.3.2	Access-Provider	770
9.2.3.3	Netz-Provider	771
9.2.3.4	Internetnutzer	771
9.2.4	Anbieterkennzeichnung	772

9.2.4.1	Musterimpressum (Web)	772
9.2.4.2	Firmen im Auflösungsverfahren	772
9.2.4.3	Impressumspflicht für alle?	773
9.2.4.4	Impressum – wo steht's?	774
9.2.4.5	Herkunftslandprinzip	774
9.2.4.6	Besondere Pflichten	774
9.2.5	Personenbezogene Daten	775
9.2.6	Digitale Signatur	777
9.2.7	Textauszüge Medienrecht	778
9.2.7.1	Telemediengesetz (Auszug)	778
9.2.7.2	Bundesdatenschutzgesetz (Auszug)	779
9.2.8	Checklisten	781
9.2.9	Aufgaben	783

9.3 Musikverwendung 785

9.3.1	GEMA und Musiklizenzierung	786
9.3.1.1	Funktion der GEMA	786
9.3.1.2	Organisation der GEMA	786
9.3.2	Verwertungsgesellschaften (VG)	790
9.3.3	Aufgaben	793

10 Medienkalkulation

10.1 Kalkulationsgrundlagen 797

10.1.1	Einführung in die Medienkalkulation	798
10.1.1.1	Betriebliche Kostenrechnung	798
10.1.1.2	Abschreibung	799
10.1.1.3	Kalkulatorische Zinsen	801
10.1.2	Fertigungszeiten – Hilfszeiten – Nutzungszeiten	802
10.1.2.1	Definition Fertigungszeit und Hilfszeit	802
10.1.2.2	Nutzungsgrad	804
10.1.2.3	Nutzungszeit	804
10.1.3	Aufgaben	805

10.2 Platzkostenrechnung 807

10.2.1	Einführung in die Platzkostenrechnung	808
10.2.2	Schema einer Platzkostenrechnung	810
10.2.2.1	Kostengruppen	810
10.2.2.2	Erklärungen	811

10.2.3	Platzkostenrechnung Druckmaschine	812
10.2.3.1	Offsetdruckmaschine	812
10.2.3.2	Berechnung des Stundensatzes	813
10.2.4	Platzkostenrechnung Computerarbeitsplatz	814
10.2.4.1	Computerarbeitsplatz	814
10.2.4.2	Berechnung des Stundensatzes	815
10.2.4.3	Bedeutung des Stundensatzes	816
10.2.4.4	Kostenverteilung im Betrieb	816
10.2.5	Aufgaben	817

10.3 Kalkulation 819

10.3.1	Einführung in die Printkalkulation	820
10.3.1.1	Vor- und Nachkalkulation	820
10.3.1.2	Kostenarten	820
10.3.1.3	Zuschlagskalkulation	821
10.3.2	Angebotskalkulation Offsetdruck	823
10.3.2.1	Technische Einzelheiten	823
10.3.2.2	Angebot	825
10.3.3	Einführung in die Multimedia-Kalkulation	827
10.3.3.1	Grundüberlegungen	827
10.3.3.2	Neukunden ohne Multimedia-Erfahrung	827
10.3.3.3	Kunden mit Multimedia-Erfahrung	827
10.3.3.4	Vorleistungen der Multimedia-Agentur	828
10.3.3.5	Kostenrahmen Webauftritt	828
10.3.4	Preiskalkulation Webseiten	830
10.3.4.1	Kalkulationsschema	831
10.3.4.2	Zeitwertschätzung	834
10.3.4.3	Zusatzkosten im Web	834
10.3.4.4	Kalkulationsschritte	836
10.3.4.5	Angebot	836
10.3.4.6	Schema Auftragsvergabe	838
10.3.5	Aufgaben	839

11 Produktionsmanagement

11.1 Projektmanagement 843

11.1.1	Was ist ein Projekt?	844
11.1.1.1	Projektdefinition nach DIN 69901	844
11.1.1.2	Projektzielgrößen	844
11.1.2	Projektkompetenz	845
11.1.2.1	Projektkompetenzbereiche	845

11.1.2.2	Projektleiter	845
11.1.2.3	Projektteam	845
11.1.2.4	Teamentwicklung	846
11.1.3	Kreativität im Projekt	847
11.1.3.1	Brainstorming	847
11.1.3.2	Methode 635 – Brainwriting	847
11.1.3.3	Kopfstandmethode	848
11.1.3.4	Sechs-Hüte-Methode	848
11.1.4	Projektplanung	849
11.1.4.1	Projektziel	849
11.1.4.2	Ressourcenanalyse	849
11.1.4.3	Risikoanalyse	849
11.1.4.4	Projektpflichtenheft	850
11.1.4.5	Projektstrukturplan PSP	850
11.1.4.6	Projektablaufplan PAP	850
11.1.4.7	Projektterminplan PTP	851
11.1.5	Projektrealisierung und Projektcontrolling	853
11.1.5.1	Kick-off-Sitzung	853
11.1.5.2	Controlling	853
11.1.5.3	Kontroll- und Steuerelemente	853
11.1.5.4	Kommunikationsmittel	854
11.1.6	Aufgaben	855

11.2 Arbeitsvorbereitung — 857

11.2.1	Arbeitsvorbereitung und Herstellung	858
11.2.1.1	Arbeitsvorbereitung Text	858
11.2.1.2	Arbeitsvorbereitung Bild	859
11.2.1.3	Text-Bild-Integration	859
11.2.1.4	Arbeitsvorbereitung Druck	861
11.2.1.5	Arbeitsvorbereitung Weiterverarbeitung und Versand	862
11.2.2	Digitale Auftragsabwicklung	863
11.2.3	Daten im Medienbetrieb	869
11.2.4	Aufgaben	871

11.3 Workflow — 873

11.3.1	Einführung	874
11.3.1.1	Definitionen	874
11.3.1.2	Technischer Workflow	875
11.3.1.3	Technischer und administrativer Workflow	876
11.3.1.4	Sprachenvielfalt	877
11.3.1.5	PPF, JDF und CIP4	878
11.3.2	Job-Tickets, Herstellung und Inhalt	881

11.3.3	Vernetzte Produktion	888
11.3.3.1	Datentypen in der Printproduktion	888
11.3.3.2	Workflow-Vernetzungsstruktur	891
11.3.3.3	JDF und Vernetzung	897
11.3.4	CIP4-Organisation	900
11.3.5	Aufgaben	901

12   Anhang

12.1   Korrekturzeichen   905

12.1.1	Korrekturzeichen Text nach DIN 16 511	906
12.1.1.1	Zweck der Norm	906
12.1.1.2	Regeln	906
12.1.2	Korrekturzeichen Bild nach DIN 16 549	909
12.1.3	Aufgabe	910

12.2   Lösungen   913

12.2.1	1 Grundlagen der Gestaltung	914
12.2.2	2 Typografie	928
12.2.3	3 Layout und Gestaltung	937
12.2.4	4 Bild- und Filmgestaltung	945
12.2.5	5 Zeichen und Grafik	953
12.2.6	6 Webdesign	959
12.2.7	7 Visuelles Marketing	964
12.2.8	8 Präsentation	972
12.2.9	9 Medienrecht	977
12.2.10	10 Medienkalkulation	981
12.2.11	11 Produktionsmanagement	986

12.3   Links, Normen, Literatur   993

12.3.1	Internetadressen	994
12.3.2	DIN-/ISO-Normen	998
12.3.2.1	Fachsprache, Terminologie, Einheiten, Korrektur	998
12.3.2.2	Drucktechnik, Druckkontrolle, Druckverfahren, Druckprozesse	999
12.3.2.3	Farben, Farbbegriffe, Farbnormen, Farbprüfung, Materialien	999
12.3.2.4	Papiererzeugnisse, Papierformate, Vordruckgestaltung und Datenverarbeitung	1000

XXXII

Inhaltsverzeichnis

12.3.2.5 Dokumentenstruktur, Titelangaben, technisches
Zeichnen und ISBN 1000
12.3.2.6 Qualitätsmanagement 1000
12.3.3 Literatur 1001

12.4 Stichwortverzeichnis   **1011**

Grundlagen der Gestaltung

1.1 Wahrnehmung

1.1.1	Informationen wahrnehmen	4
1.1.2	Visuelle Wahrnehmung	5
1.1.3	Semiotik	24
1.1.4	Leserlichkeit	28
1.1.5	Bewertung der visuellen Wahrnehmung	30
1.1.6	Auditive Wahrnehmung	34
1.1.7	Aufmerksamkeit	35
1.1.8	Aufgaben	36

1.1.1 Informationen wahrnehmen

Menschen nehmen immer und überall Informationen wahr. Sie orientieren sich dadurch in ihrer Umwelt, erkennen drohende Gefahren, bewerten die Stimmung ihres Gegenübers …, kurz Wahrnehmung ist für uns Menschen überlebenswichtig.

Allgemein wird Wahrnehmung als Tätigkeit oder Vorgang der Informationsaufnahme durch unsere Sinne beschrieben. Wahrnehmen ist ein kontinuierlicher Prozess, bei dem die Informationen aber nicht nur aufgenommen, sondern auch ständig ausgewählt und bewertet werden. Wahrnehmen ist dabei mehr als Sehen, Hören, Riechen, Schmecken oder Fühlen. Es wirken immer die Wahrnehmungen aller Sinnesorgane zusammen. Eine angenehme Umgebung lässt uns Musik anders wahrnehmen als eine grelle, womöglich noch übelriechende Umgebung.

Selektive Wahrnehmung
Alle Menschen suchen sich aus der übergroßen Fülle der angebotenen Informationen die für sie subjektiv relevanten Teile heraus. Dies sind konkrete, uns direkt betreffende Gegebenheiten der Umwelt, die unsere eigenen Erfahrungen, Bewertungen und Handlungsmöglichkeiten beeinflussen. Wahrnehmung ist somit niemals wertfrei.

Die Kunst besteht darin, Ihre Aufmerksamkeit zu erlangen und Ihren Blick in die gewünschte Richtung zu lenken.

Selektive Wahrnehmung

Heiß und nichts los – gibt es hier irgendwo ein Eis?

1.1.2 Visuelle Wahrnehmung

1.1.2.1 Sehen

Das menschliche Auge wird oft mit einer Kamera verglichen. Die Linse mit der Irisblende entspricht dem Objektiv, die Netzhaut findet ihre technische Entsprechung im fotografischen Film bzw. dem CCD-Element. Als Fotorezeptoren befinden sich auf der Netzhaut ca. 120 Millionen Stäbchen für das Helligkeitssehen und ca. 6 Millionen Zapfen für das Farbensehen. Die Zapfen konzentrieren sich im hinteren Augenpol auf der optischen Achse des Auges. Dieser Bereich, die Fovea centralis, enthält nur Zapfen und ist gleichzeitig die Stelle des schärfsten Sehens. Ein Drittel der Zapfen ist jeweils für rotes, grünes und blaues Licht empfindlich. Sie sehen also nur drei Farben: Rot, Grün und Blau.

Bis dahin stimmt die Parallele. Auch das CCD-Element Ihres Scanners oder Ihrer Digitalkamera besitzt Rezeptoren für rotes, grünes und blaues Licht. Das eigentliche Sehen aber beginnt erst mit der Interpretation der elektrischen Impulse des Sehnervs im Sehzentrum des Gehirns. Dort werden die Reize zusammen mit den Meldungen anderer Sinnesorgane, ist es warm oder kalt, fühle ich mich wohl, bin ich müde usw., ausgewertet. Hinzu kommt die gespeicherte Erfahrung, Einstellungen und die vorhandenen Vor-Bilder.

Die visuelle Wahrnehmung wird somit nicht nur durch das auf der Netzhaut des Auges abgebildete Reizmuster bestimmt, vielmehr ist die Wahrnehmung das Ergebnis der Interpretation der jeweils verfügbaren Daten. Wahrnehmung ist also nicht wirklich wahr. Was Sie wie wahrnehmen, ist nicht nur das Ergebnis der Physiologie des Sehvorgangs. Ihre Wahrnehmung wird ebenfalls stark durch die Psychologie und Ihr subjektives Empfinden bestimmt. Das Auge sieht, aber das Gehirn nimmt wahr.

Gestaltung knüpft bewusst an vorhandene Muster an, löst Assoziationen aus, schafft neue Vor-Bilder. Gute Gestaltung kennt und nutzt die Erkenntnisse über die visuelle Wahrnehmung. Sie leitet die Wahrnehmung des Betrachters so, dass der Aussagewunsch realisiert wird.

Grundfarben

Rot, Grün und Blau sind die Grundfarben nach der Drei-Farben-Theorie von Young-Helmholtz.

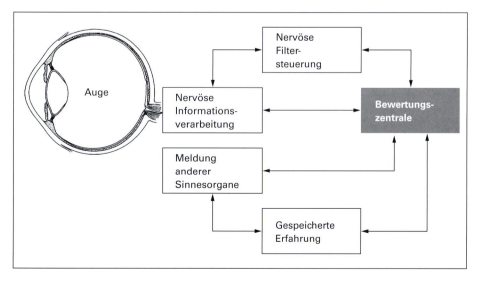

Visuelle Wahrnehmung

Schematische Darstellung der verschiedenen Einflussfaktoren

Wahrnehmung im Kontext

Wahrnehmung ist nicht immer eindeutig. Lesen Sie die Zeichen zuerst in gewohnter Weise von links nach rechts. Sie werden wahrscheinlich A, B, C, 12, 13, 14 lesen.

Lesen Sie jetzt jeweils von oben nach unten. Sie werden vermutlich A, 12, 13, 13, C, 14 lesen. Je nach Kontext wird das mittlere Zeichen einmal als der Buchstabe B und einmal als die Zahl 13 interpretiert.

Gesichtsfeld – optische Spannung

Das menschliche Gesichtsfeld erfasst in der Horizontalen einen Bereich von ca. 180° und in der Vertikalen einen Winkel von ca. 120°. Der tatsächlich scharf abgebildete Bildwinkel beträgt allerdings nur 1,5°.

Das Auge richtet den Blick auf ein Detail, um es scharf zu sehen. Die andauernden Augen- und Kopfbewegungen führen zu weiteren Details. Die Teile des Blickfelds werden einzeln aufgenommen und im Gehirn zu einem Gesamteindruck verschmolzen. Dabei gibt die optische Wahrnehmung den seriellen Sehvorgang nicht wieder.

Der Weg des Auges unterliegt großteils nicht dem bewussten Willen, sondern wird von dem knapp außerhalb des scharf abgebildeten Bereichs liegenden Element angezogen. Aus dem Zurückspringen auf das vorher

Gesichtsfeld und scharf abgebildeter Bildwinkel

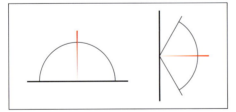

Folgen Sie mit den Augen den Punkten.

In welchem Bereich werden Sie geleitet? In welchem Bereich irren Sie über die Fläche?

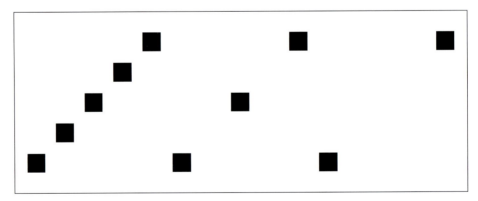

Wahrnehmung

Gesehene entsteht ein spannungsvolles Gleichgewicht. Immer wenn das Auge einen bestimmten Punkt erreicht hat, muss ein neues dynamisches Spannungsfeld den Blick weiterleiten. Die unterschiedlichen visuellen Gewichte der Flächenelemente erzeugen ein Spannungsmuster, gleichwertige Elemente führen zu einem Patt und das Auge irrt über das Format.

1.1.2.2   Optische Täuschungen

Hätte ich es nicht selbst gesehen – ich würde es nicht glauben. Glauben Sie alles, was Sie sehen? Als Beispiel, wie sich unsere Wahrnehmung hinters Licht führen lässt, hier eine kleine Sammlung bekannter optischer Täuschungen. Sie werden den Phänomenen in den nachfolgenden Kapiteln in unterschiedlicher Form immer wieder begegnen. Die Beeinflussung der subjektiven Wahrnehmung wird in der Gestaltung gezielt eingesetzt. Aber sehen wir es positiv, Sie nutzen die Phänomene der Wahrnehmung nicht, um den Betrachter bewusst zu täuschen oder zu manipulieren, sondern um Ihre wichtige Botschaft durch die Gestaltung Ihres Mediums optimal zu vermitteln.

Munker-White-Täuschung

Unsere Wahrnehmung ist nicht nur durch die absolute Helligkeit, sondern auch durch den Kontrast beeinflusst.

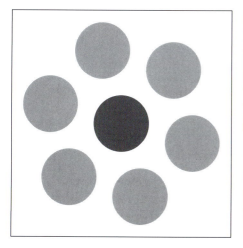
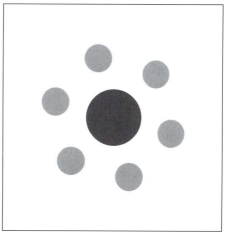

Titchener Kreistäuschung

Sind beide inneren Kreise gleich groß? Messen Sie nach!

Kanizsas-Dreieck

Wie viele Dreiecke sehen Sie?

Unser Gehirn erkennt auch Bruchstücke bekannter Figuren und ergänzt diese zur vollständigen Form.

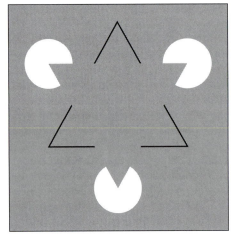 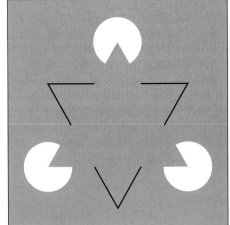

Welche Linie ist länger?

Unsere Erfahrung der räumlichen Wahrnehmung führt uns hier in die Irre.

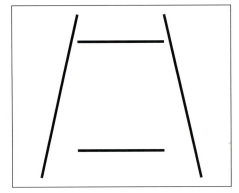 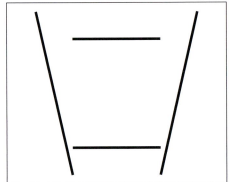

Müller-Lyer-Täuschung

Die beiden Geraden erscheinen jeweils unterschiedlich lang. Die Pfeile scheinen die Geraden zu stauchen bzw. zu strecken.

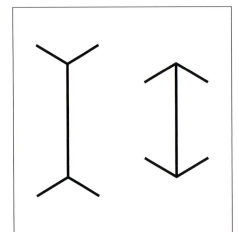 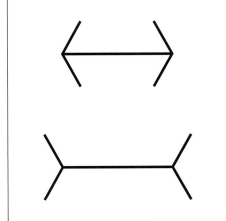

Wahrnehmung

Hermann-Gitter

Achten Sie auf die Kreuzungen –
Sehen Sie weiße oder schwarze Punkte?

Kaffeehaus-Illusion

Die versetzten Quadrate wirken stärker als die parallelen Linien. Wir nehmen dadurch die Linien schief wahr.

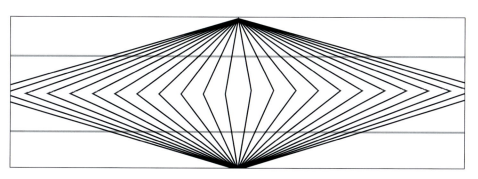

Zwei Parallelen

Verlaufen die beiden Linien tatsächlich parallel?

Farbnachbild

Fixieren Sie 20 Sekunden das schwarze Kreuz in der Mitte. Schauen Sie danach auf die weiße Fläche darunter. Für eine kurze Zeit sehen Sie dort die Komplementärfarbe: Grün.

Unser Gehirn interpretiert das fehlende Signal als Komplementärfarbe.

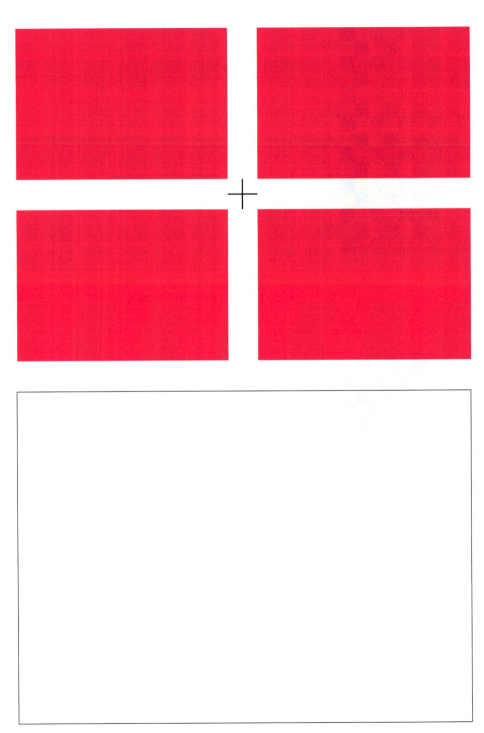

Wahrnehmung

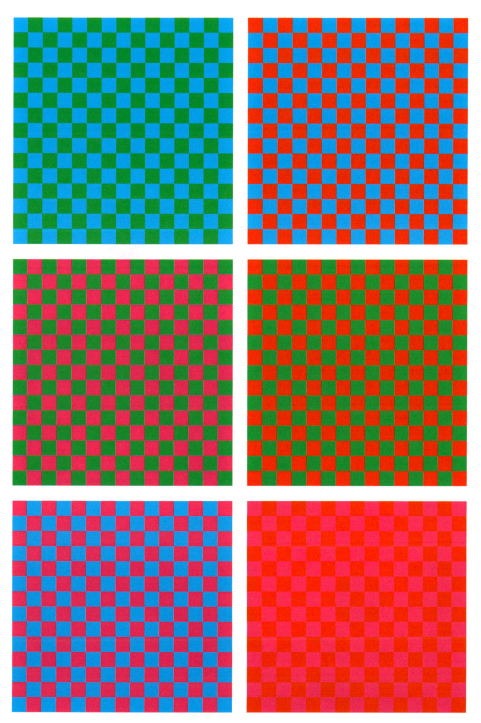

Farbwirkung

Dasselbe Grün, dasselbe Cyan, kombiniert mit Magenta und Rot. Wie viele Farben sehen Sie?

Farben stehen nie alleine. Sie werden immer in der Wechselwirkung mit den benachbarten Farben wahrgenommen. Welche Farbkontraste hier wirken, erfahren Sie auf der nächsten Seite.

Band II – Seite 203
4.1 Farbsysteme

1.1.2.3 Farbkontraste

Die Farbwahrnehmung wird wie die Formenwahrnehmung von ihrem Umfeld beeinflusst. Die wahrgenommene Wechselwirkung verschiedener Farben wird als Farbkontrast bezeichnet. Die in der Mediengestaltung wichtigsten Kontraste sind im Folgenden beschrieben. Zur Visualisierung dienen verschiedene Beispiele aus der Praxis und allgemeine Farbdarstellungen. Wenn Sie beim Betrachten unserer Beispiele diese einem anderen als dem hier angegebenen Kontrast als hauptsächlich wirksamen Kontrast zuordnen möchten, dann ist dies völlig in Ordnung. Meist lässt sich nämlich die Farbwirkung nicht eindeutig nur einem Kontrast zuschreiben.

Farbkreis

Der Farbkreis erleichtert Ihnen die Auswahl der Kontrastfarben. Als einfache Farbordnung der Prozessfarben zeigt er die Grundfarben der additiven Farbmischung (Monitor) und die Grundfarben der subtraktiven Farbmischung (Druck) mit den Sekundärfarben. Die Helligkeit nimmt zum Zentrum des Farbkreises hin zu.

12-teiliger Farbkreis

Alle kontrastierenden Farbkombinationen finden Sie im Farbkreis.
- Die obere Hälfte zeigt warme Farben.
- Die untere Hälfte zeigt kalte Farben.
- Die Farben in den jeweils direkt gegenüberliegenden Segmenten sind komplementär.
- Die Sättigung der Farben nimmt nach innen hin ab.

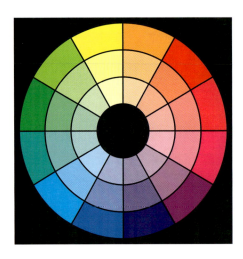

Simultankontrast

Benachbarte Farben beeinflussen ihre Wirkung wechselseitig. Die Farben wirken anders als bei isolierter Betrachtung nur einer Farbe. Sie können diesen Effekt leicht selbst nachvollziehen, wenn Sie die Kontrastbeispiele zuerst im Ganzen ansehen und dann die jeweilige Umgebungsfarbe mit einer Maske abdecken und die Farbflächen für sich betrachten. Man nennt dieses Phänomen Simultan- oder Umfeldkontrast. Dabei wirkt die größere Fläche immer auf die kleinere Fläche.

Die visuellen Farbunterschiede werden bewertet durch
- Farbton,
- Helligkeit und
- Sättigung.

Welche Äpfel würden Sie kaufen?

12

Wahrnehmung

bination kleinerer komplementärfarbiger Elemente, z. B. Schrift, führt zum optischen Flimmern.

Abb.: Alle Anzeigen in diesem Abschnitt erschienen im Spiegel 18/2007.

Komplementärkontrast

Der Komplementärkontrast wird aus Farbenpaaren gebildet, die sich im Farbkreis gegenüberliegen. Komplementärfarbenpaare ergänzen sich in ihrer Mischung immer zu Unbunt und bilden somit den stärksten Kontrast, den Sie durch die Kombination von zwei Farben erzeugen können.

In der Praxis wirkt der Komplementärkontrast häufig zu stark. Die Kom-

Warm-kalt-Kontrast

Die Assoziation von Wärme und Feuer führt dazu, dass wir Farbtöne von Gelb über Orange bis Rot als warm empfinden. Blautöne werden mit Wasser, Schnee, Eis und dadurch mit Kälte verbunden. Sie gehören somit zu den kalten Farben. Im Farbkreis bilden diese beiden Gruppen jeweils eine Hälfte. Warme und kalte Farben stehen sich also im Farbkreis gegenüber. Alle Komplementärkontraste sind deshalb auch Warm-kalt-Kontraste.

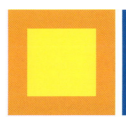 

13

Hell-Dunkel-Kontrast

Der Hell-Dunkel-Kontrast oder Helligkeitskontrast verwendet zum einen unbunte Farben wie Schwarz und Weiß sowie große Abstufungen im Grau. Die zweite Anwendungsmöglichkeit ist der Einsatz von Farben mit stark unterschiedlichem Helligkeitswert. Als dritte Anwendung des Hell-Dunkel-Kontrastes gilt die Gegenüberstellung einer mit Weiß stark aufgehellten Farbfläche zu einer Fläche des gleichen Farbtons, der mit Schwarz stark abgedunkelt ist.

Quantitätskontrast

Die Wirkung einer Farbe ist von der Größe und der Leuchtkraft der Farbfläche ihres Umfelds abhängig. Der Zusammenhang von Leuchtkraft und Flächenanteil einer Farbe wird Flächenproportionalität genannt. Je höher die Leuchtkraft bzw. die Helligkeit einer Farbe, desto kleiner kann ihre Fläche sein, um die entsprechende Wirkung zu erzielen.

Quantitäts- und Qualitätskontrast
Der Lkw dominiert durch Farbe und Position.

Wahrnehmung

Qualitätskontrast
Die Qualität der Farbe beschreibt die Farbkraft oder Sättigung einer Farbe. Der Qualitätskontrast zeigt den Gegensatz von kräftigen leuchtenden Farben mit hoher Sättigung zu gebrochenen Farben mit geringer Sättigung. Man spricht deshalb auch vom Reinheitskontrast oder Bunt-Unbunt-Kontrast. Leuchtende Farben werden, auch bei kleinerem Flächenanteil, deutlich wahrgenommen.

Farbe-an-sich-Kontrast
Der Farbe-an-sich-Kontrast lebt von der Gegenüberstellung bzw. Kombination der reinen Grundfarben. Die Kombination darf aber keinen Komplementärkontrast ergeben.

Durch die Kombination der sekundären Mischfarben nimmt die Kontrastwirkung deutlich ab.

15

Band I – Seite 429
6.2 Screendesign

1.1.2.4 Farbkonstanz

Die Farbwahrnehmung erfasst nicht die absoluten, messbaren Farben, sondern die Farbverhältnisse. Dies bedeutet, dass Sie auch unter sich ändernder Beleuchtung Farben richtig erkennen können. Hinzu kommt Ihre Erfahrung über die Farben der Welt. Jeder hat eine klare Vorstellung vom Rot einer Tomate oder vom Weiß des Papiers. Das menschliche Farberlebnis beim Sehen ist die Basis für die Farbgestaltung. Die RGB- oder CMYK-Werte dienen nur der technischen Umsetzung.

Tomatenrot?

Die Beleuchtung ist blau – welche Farbe haben die Papiere?

1.1.2.5 Farbassoziationen

Welche Farbe hat der Strom? Seit „yellostrom" werden die meisten mit „gelb" antworten. Farben sind aber mehr als ein Markenzeichen!

Violett

Extravaganz
Feminismus
Macht
Feierlichkeit
Magie
Modernität
Nostalgie
Außergewöhnliches
...
www.milka.de

16

Wahrnehmung

Blau

Technik
Natur
Wasser
Gelassenheit
Kühle
Ruhe
Seriosität
...
www.hamburg.de

Cyan

Sachlichkeit
Kühle
Frische
Sportlichkeit
Winter
Jugendlichkeit
Distanz
...
www.zvbwv.de

17

Grün

Hoffnung
Natur
Gift
Frühling
Ruhe
Gesundheit
Erholung
...
www.bund.net

Gelb

Sonne
Helligkeit
Modernität
Gift
Neid
Optimismus
Sauberkeit
...
www.yellowstrom.de

Wahrnehmung

Orange

Energie
Wärme
Unruhe
Innovation
Dynamik
Spaß
Vergnügen
Künstlichkeit
...
www.fanta.de

Rot

Liebe
Energie
Blut
Krieg
Leidenschaft
Gefahr
Wärme
Feuer
...
www.ferrari.de

Magenta

Jugendlichkeit
Romantik
Dynamik
Wärme
Weiblichkeit
Kommunikation
...
www.barbie.de

Schwarz

Geheimnis
Tradition
Macht
Sachlichkeit
Kraft
Dunkelheit
Seriosität
...
www.mars.de

Wahrnehmung

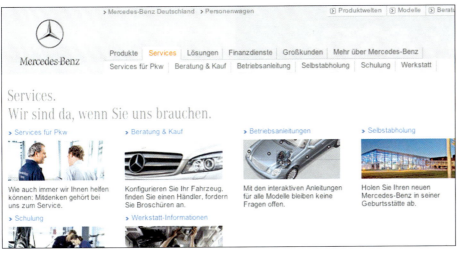

Grau

Sachlichkeit
Wahrheit
Seriosität
Neutralität
Technik
...
www.mercedes-benz.de

Weiß

Sauberkeit
Sachlichkeit
Gespenst
Schnee
Helligkeit
Wahrheit
Seriosität
...
www.adobe.de

21

Band I – Seite 327
4.1 Bildgestaltung

Band II – Seite 309
6.2 Bildbearbeitung

1.1.2.6 Bilder

Ein Bild sagt mehr als 1000 Worte! Wer kennt diesen Satz nicht. Und was sagt Ihnen dieses Bild?

Ein Bild sagt mehr als 1000 Worte!

Die Bedeutung eines Bildes können Sie nicht einfach in einem Bilderbuch nachschauen. Bilderbücher erläutern leider nicht die Bedeutung von Bildern. Im Gegensatz dazu sind die Buchstaben und Zeichen einer Schrift definiert. In ihrer Kombination ergeben sich Wörter, z. B. Fliegenpilz, Herbst, giftig oder Wald, deren Bedeutung Sie in Wörterbüchern nachlesen können. Im Gegensatz zur verbalen Sprache gibt es also für die Bildsprache keine Wörterbücher.

Wie erschließt sich dann die Bedeutung eines Bildes für den Betrachter?

Kontext
Die Bedeutung des Bildinhalts erschließt sich dem Betrachter aus dem Kontext. Das Bild des Fliegenpilzes ist Teil des Wanderführers „Herbstwanderungen im Mittelgebirge", eines „Pilzbestimmungsbuchs", und findet sich auf der Website „Natürliche Rauschdrogen im Mittelalter" oder im Bildband „Farben in der Natur"… . Ein Bild sagt mehr als 1000 Worte. Die konkrete Botschaft eines Bildes vermittelt sich durch die Kombination von Bildmotiv, Bilduntersicht und Kontext.

Formale Gestaltung
Ein Bild zeigt immer nur seine Wirklichkeit. Es wurde fotografiert und danach meist technisch und gestalterisch bearbeitet. Der Fotograf hat schon durch die Wahl des Bildausschnittes, der Schärfentiefe, der Belichtungszeit usw. bestimmte Entscheidungen getroffen, die die Bildwirkung entscheidend beeinflussen. In der Bildverarbeitung gibt es heute fast unbeschränkte technische Möglichkeiten der Bildmodifizierung. Sie kennen alle sicherlich die Szene aus dem Film Forrest Gump, in der Tom Hanks als Forrest Gump Präsident Kennedy die Hand gibt – technisch überzeugend, aber eine digitale Montage.

Technische Umsetzung
Die Einzelteile eines Bildes, wie Rasterpunkte im Druck, Pixel oder Bildpunkte auf einem Monitor, sind nicht codiert. Die Teile bilden in der Gesamtheit das Bild. Je nach Auflösung und Farbtiefe enthält ein Bild unterschiedlich viel Information. Die Bildbedeutung ist dadurch aber nicht bestimmt. Das Bild lässt zahllose unterschiedliche Interpretationen zu.

Pixeldarstellung
Ein stark vergrößerter Ausschnitt aus dem Fliegenpilz

Wahrnehmung

Bildsprache
„Jede Fotografie ist eine Übersetzung der Wirklichkeit in die Form eines Bildes. Und ähnlich wie eine Übersetzung von einer Sprache in die andere kann die visuelle Übersetzung der Wirklichkeit in die »Bildsprache« der Fotografie auf zwei grundlegend verschiedene Arten vorgenommen werden: buchstäblich und frei."

Sie haben eine eigene Art sich zu bewegen, sich auszudrücken und zu sprechen. Versuchen Sie Ihren Blick auf die Dinge in der Welt genauso in Ihre eigene visuelle Sprache zu übersetzen. Dies ist schwierig und wird sicherlich nicht gleich gelingen, aber auch die Arbeit daran lohnt sich und erweitert Ihre kreativen Möglichkeiten und Fähigkeiten.

Andreas Feininger: Große Fotolehre, Heyne Verlag, 2001, S. 260

Buchstäblich
...
Werbung für ein Tennisturnier mit dem Bild eines Tennisspielers. Der Betrachter sieht sofort: Hier geht es um Tennis, nicht um Fußball.

...
und frei
Das Bild der jungen Frau symbolisiert Freiheit und Lebensfreude, Emotionen, die der Kunde auch mit dem Produkt Mobilfunk „sunrise" verbinden soll.

1.1.3 Semiotik

1.1.3.1 Zeichen in der Welt

Zeichen bestimmen unseren Alltag. Wenn Sie durch die Straßen Ihrer Stadt gehen, wenn Sie im Internet surfen, wenn Sie den Anzeigenteil Ihrer Tageszeitung aufschlagen – überall sehen Sie Zeichen. Aber, nehmen Sie diese Zeichen auch wahr? Verstehen Sie ihre Botschaft? Betrachten Sie das einfache Schild aus dem Hafen von Esbjerg, einer Stadt in Dänemark. Sie finden darauf ein Abbild der Realität als Collage, Piktogramme, das Logo des Hafens und Schrift. Auch die blaue Farbe des Schildes ist Teil der Botschaft, alle Hinweisschilder sind in diesem Blau gehalten. Alles klar?

Zeichen bestimmen unseren Alltag

1.1.3.2 Saussure und Peirce

Die Semiotik, die Lehre von der Bedeutung der Zeichen, wurde zu Beginn des 20. Jahrhunderts unabhängig voneinander von den beiden Wissenschaftlern Ferdinand de Saussure (1857–1913) und Charles Sanders Peirce (1839–1914) begründet. Saussure war Professor für Linguistik. Der Schwerpunkt seine Forschungen lag deshalb auf der Bedeutung von Zeichen und Sprachelementen in der Sprache, weniger auf der Bedeutung der visuellen Zeichen oder der Voraussetzungen beim Empfänger für das Verstehen der Zeichen.

Saussure nannte die neue Wissenschaft Semiologie, Peirce benutzte den heute allgemein gebräuchlichen Begriff Semiotik.

Peirce beschäftigte sich als Philosoph nicht nur mit der Struktur und Bedeutung der Zeichen, sondern auch mit den Voraussetzungen und Reaktionen der Empfänger. Er fasste seine Erkenntnisse in einem Dreiecksmodell zusammen. Eine Komponente ist das Zeichen an sich, die zweite Komponente ist der Empfänger, der das Zeichen verwendet, und die dritte Komponente ist die Realität.

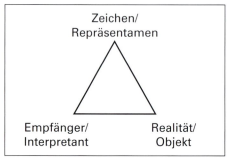

Semiotisches Dreieck
nach Charles Sanders Peirce

1.1.3.3 Drei Zeichenkategorien

Peirce hat die Zeichen in drei Kategorien mit zunehmendem Abstraktionsgrad eingeteilt.

Wahrnehmung

Ikone
Ikonen sind Zeichen, die dem dargestellten Objekt ähneln. Beispiele für Ikonen sind Piktogramme und Icons in der Software.

Icons in der Software
Öffnen | Speichern | Drucken | Hervorheben | Schriftfarbe

Als Teil der grafischen Benutzeroberflächen von Betriebssystemen und Programmen ist das Icon unverzichtbarer Bestandteil geworden. Das Icon (icon: lateinisch für Bild) wurde 1975 von David C. Smith am Xerox PARC als Begriff eingeführt. Der Begriff Icon wird für alle grafischen Zeichen einer grafischen Benutzeroberfläche benutzt. Tatsächlich können aber Icons auch Indizes oder Symbole sein.

Index
Der Index ist als Zeichen direkt mit dem Objekt verknüpft. Er zeigt aber, im Gegensatz zur Ikone, kein direktes Abbild. Beispiele für Indizes sind Verkehrszeichen oder Icons.

Indizes in der Textverarbeitungssoftware
Fett | Kursiv | Unterstrichen | Linksbündig | Zentriert | Rechtsbündig

Ebenso wie die Zuordnung der Icons zu den drei Zeichenkategorien nicht immer leicht und eindeutig ist, gehören verschiedene Verkehrszeichen auch zur Kategorie der Ikonen und zur Kategorie der Symbole. Nehmen wir das Ampelzeichen als Beispiel. Das Ampelzeichen ist eine abstrahierte Darstellung einer realen Verkehrsampel und gehört deshalb zur Kategorie der Ikonen. Das Ampelzeichen ist aber auch ein Index. Das Verkehrszeichen ist in räumlicher Nähe zur Ampel aufgestellt und erzeugt dadurch eine direkte Verknüpfung zwischen Zeichen und Objekt. Das Schild zeigt allerdings nicht die momentane Anzeige, sondern die drei Lichtzeichen, Rot, Gelb und Grün, sind alle an. Das Verkehrszeichen fordert Ihre erhöhte Aufmerksamkeit im Straßenverkehr. Gleich sehen Sie die Ampel. Das jetzt leuchtende Licht bestimmt Ihr weiteres Verhalten – Bremsen oder Gasgeben.

Zeichen und Realität

25

Symbol

Symbolen fehlt der direkte Bezug zwischen Zeichen, Objekt und Bedeutung. Symbolische Zeichen werden auch als arbiträre Zeichen bezeichnet. Arbiträr heißt, dass die Bedeutung eines Zeichens sich nicht aus seiner Form und Farbe erschließt, sondern dass ihm seine Bedeutung als Teil einer Konvention verbindlich zugeordnet ist.

Beispiele für Symbole sind Markenzeichen, Logos, Icons oder auch Nationalflaggen.

Symbole

für Apotheke und Post, ihre Bedeutung ist durch Konvention festgelegt und muss vom Betrachter gelernt werden.

Zur Nachverfolgung kennzeichnen | Webseitenvorschau | Sonderzeichen einblenden | Formatierungspalette | Einfügen | Format übertragen

1.1.3.4 Drei Zeichendimensionen

Charles William Morris (1901–1979) hat ausgehend vom Modell von Peirce den Akt der Bedeutungsfindung eines Zeichens, die Semiose, in drei Dimensionen unterteilt.

Zeichendimensionen

nach Morris

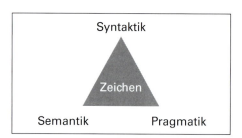

Syntaktik – Wie

Die Syntaktik hat die formale Gestaltung eines Zeichens zum Thema, z. B. seine Form, Farbe und Größe, zum Inhalt. Es geht auch um die Beziehung der Zeichen zueinander. Nehmen wir wieder das Beispiel Verkehrszeichen. Die syntaktische Dimension zeigt, welche Form und Farbe Warnschilder haben und welche Form und Farbe Hinweisschilder haben.

Vorschriftszeichen   Gefahrenzeichen

Semantik – Was

Die Bedeutung und die Botschaft eines Zeichens wird durch seine semantische Dimension beschrieben.

Nach der StVO stehen Gefahrenzeichen in angemessener Entfernung vor der Gefahrenstelle. Sie haben noch Zeit, die Warnung wahrzunehmen, sich auf die Gefahr einzustellen und angemessen zu reagieren. Das Vorschriftszeichen steht unmittelbar vor der Kreuzung. Damit ist der räumliche Bezug eindeutig.

Pragmatik – Warum

Zweck und Einsatzgebiet eines Zeichens sind Gegenstand der Pragmatik.

Die Form des Gefahrenzeichens ist Ihnen als Autofahrer bekannt. Der Standort des Gefahrenschildes in angemessener Entfernung lässt Ihnen Zeit, sich auf die Gefahrensituation einzustellen. Der Standort des Vorschriftszeichens zeigt unmittelbar, wo Sie welche Vorschrift, hier: Vorfahrt gewähren!, einhalten müssen.

Wahrnehmung

1.1.3.5 Erlernen der Bedeutung

Allen Zeichen, gleich welcher Kategorien sie zuzuordnen sind, ist gemeinsam, dass ihre Erstellung und ihr Verstehen beim Sender und beim Empfänger eine gemeinsame Zuordnung der Bedeutung voraussetzt. Die Bedeutung der Symbole und Zeichen müssen Sie wie die Vokabeln einer verbalen Sprache lernen. Dass Sie die Bedeutung der Verkehrszeichen verstanden haben, müssen Sie als zukünftiger Autofahrer sogar in einer Prüfung nachweisen. Das Verstehen oder Nichtverstehen der Icons einer Software zeigt sich in Ihrer täglichen Arbeit mit dem Programm. Wenn Sie, wie in unserem Beispiel, noch nie ein Telefon gesehen haben. Sie also kein Vor-Bild eines Telefons im Kopf haben, das sofort abgerufen wird, wenn Sie ein Bildsymbol oder Piktogramm eines Telefons sehen, dann funktioniert die Kommunikation nicht.

1.1.3.6 Grafische Zeichenarten

Grafische Zeichen werden in der Mediengestaltung mit unterschiedlichen Begriffen bezeichnet. Die Zeichenarten Ikone, Icon, Index und Symbol haben Sie schon kennengelernt, hier noch einige weitere wichtige Zeichenarten.

Logo
Logo kommt ursprünglich von dem Begriff *Logotype*, einer großen Bleiletter mit einem Schriftzug. Heute steht Logo im allgemeinen Sprachgebrauch für jede Art von grafischem Zeichen.

Signet
Signet ist ein bildhaftes grafisches Zeichen. Ursprünglich waren es nur Buchdrucker- und Verlegerzeichen,

Objekt in der Realität
Die Kenntnis eines Objekts in der Realität ermöglicht dem Betrachter die Assoziation mit dem Piktogramm.

Piktogramm – Vor-Bild
Der Betrachter assoziiert mit dem Piktogramm das Vor-Bild eines Telefons.

Piktogramm – Vor-Bild
Der Betrachter assoziiert trotz der stärkeren Abstraktion das Vor-Bild eines Telefons.

heute werden mit dem Begriff *Signet* alle grafischen Markenzeichen in allen Branchen bezeichnet.

Piktogramm
Piktogramme sind Bildsymbole, die beim Betrachter eindeutige Assoziationen auslösen. Anwendungsbeispiele sind Piktogramme einzelner Sportarten und Orientierungshilfen in öffentlichen Gebäuden.

27

1.1.4 Leserlichkeit

1.1.4.1 Lesen

Lesen ist eine Interaktion zwischen der Formwahrnehmung und der Verbalisierung. Wir nehmen meist nicht die einzelnen Buchstaben eines Wortes wahr, sondern das Wort als Wortbild, als so genanntes Graphem. Dabei spielt die Sinnhaftigkeit des Wahrgenommenen eine wichtige Rolle. Aus der Gesamtform ergibt sich für den Leser ein Begriffsbild.

Grundlegende Voraussetzung dazu ist aber, dass Sie den Text visuell wahrnehmen können. In der DIN 1450 *Leserlichkeit* von 1993 werden verschiedene Faktoren zur optischen Leserlichkeit von Texten definiert.

- *Erkennbarkeit*
  Erkennbarkeit beschreibt die Eigenschaft, einzelne Zeichen zu erkennen, um deren Information zu erfassen.

Erkennbarkeit
Die Buchstaben unterscheiden sich stärker in der oberen Hälfte und sind somit besser erkennbar.

> Erkennbarkeit
> Erkennbarkeit
> Erkennbarkeit

- *Leserlichkeit*
  Leserlichkeit ermöglicht es, eine Zeichenfolge im Zusammenhang zu erfassen.

Leserlichkeit
Zur optimalen Leserlichkeit muss Zusammengehöriges klar erkennbar und gegliedert sein.

> TexteohneWortabständesindschlechtleserlich.
>
> Texte   mit   zu   großen
> Wortabständen   sind
> ebenfalls   schlecht   leserlich.

- *Lesbarkeit*
  Ein Text ist lesbar, wenn Sie die Information der einzelnen Zeichen in leserlich angeordneter Zeichenfolge erfassen und zweifelsfrei verstehen können.

Optimal lesbar?
Lesen Sie in Ruhe und konzentriert den Text in der Abbildung laut vor.
Welchen Text haben Sie gelesen? Tatsächlich, den hellblauen Text?

1.1.4.2 Buchstaben und Wörter

Für das Wahrnehmen von Wörtern spielt das Gestaltgesetz der Erfahrung eine wichtige Rolle. Sie müssen die Zeichen in ihrer Form und Bedeutung kennen,

Wahrnehmung

damit Sie die codierte Information erfassen können. Damit Sie unser Beispiel lesen und seine Bedeutung verstehen können, muss Ihnen der Zeichenvorrat des Alphabets der deutschen Sprache bekannt sein. Außerdem haben Sie schon gelernt, dass die Kombination der Buchstaben *T, e, l, e, f, o* und *n* das Wort *Telefon* ergibt. Sie kennen auch schon ein Telefon als reales Objekt. Der letzte Schritt beim Lesen und Verstehen ist die Verknüpfung des Wortbildes *Telefon* mit dem Vor-Bild Telefon.

Die einzelnen Buchstaben und Zeichen werden als eine Art Schablone abgespeichert und beim Lesen jeweils damit verglichen. Dadurch ist es Ihnen möglich, Variationen der Form, z. B. „T" und „T", als den gleichen Buchstaben zu erkennen.

1.1.4.3 Zeilen und Seite

Die Wahrnehmung, also das Lesen einer Zeile, erfolgt nicht in einer kontinuierlichen Bewegung, sondern ruckartig. Das Auge springt von einer Fixation, einem festen Blickpunkt, mit einer ruckartigen Bewegung, der so genannten Sakkade, zur nächsten Fixation. In einer Fixation können Sie bei normaler

Schriftgröße neun Zeichen erfassen und als Schablone eines Buchstaben- bzw. Wortbildes analysieren. Wenn das Wortbild oder der Inhalt unverständlich ist, erfolgt ein Rücksprung, eine Regression. Der Zeilenwechsel ist wiederum eine Sakkade.

Die Reihenfolge der Wahrnehmung entspricht in unserem Kulturkreis üblicherweise der Leserichtung, von links nach rechts und von oben nach unten. Die klare Anordnung der einzelnen Textteile und eine logische Blickführung ist die Voraussetzung für eine gute Wahrnehmung und Erfassung von Texten.
Im Kapitel 2 *Typografie* ab Seite 125 wird die typografische Umsetzung der Wahrnehmungsgesetze ausführlich behandelt und mit vielen Beispielen veranschaulicht.

Wortbild – Vor-Bild
Der Betrachter assoziiert mit dem Wortbild das Vor-Bild eines Telefons.

Lesevorgang
❶ Fixation (Blickpunkt)
❷ Sakkade (Vorsprung)
❸ Regression (Rücksprung)
❹ Sakkade (Zeilenwechsel)

29

1.1.5 Bewertung der visuellen Wahrnehmung

Die folgenden Fragebögen stammen aus dem Buch von Jürgen Weber „Das Urteil des Auges". Er hat über viele Jahre hinweg mit seinen Studenten an der Universität Braunschweig Fragestellungen zur Wahrnehmung und Gestaltung bearbeitet. Es gibt, wie Sie sehen, keine absoluten Ergebnisse, aber mehrheitliche Tendenzen sind durchaus zu erkennen.

Aufgabenstellung
Bitte schauen Sie sich die Figur gründlich an, eventuell, indem Sie das Blatt weiter von sich halten. Lesen Sie sich dann zuerst alle Antwortmöglichkeiten durch und kreuzen Sie bitte nur eine Möglichkeit an.

Reflektieren Sie die Ergebnisse Ihrer Gestaltungsarbeit mit eigenen Fragestellungen.

1. Bewegung, Linie

Die übliche Leserichtung von links nach rechts spielt sicherlich bei der Wahrnehmung der Formen eine wichtige Rolle.
Bei den beiden ungleich gekrümmten Linien liest die Mehrheit der Betrachter die Form von der flachen Krümmung hin zur starken Krümmung. Diese Interpretation wird zusätzlich noch durch die gewohnte Leserichtung beeinflusst.

Häufigkeit der Bewertung:

- 1.1: 2,4 %
  1.2: 14,6 %
  1.3: 83,0 %

- 1.4: 65,5 %
  1.5: 33,9 %
  1.6: 0,6 %

- 1.7: 26,3 %
  1.8: 73,1 %
  1.9: 0,6 %

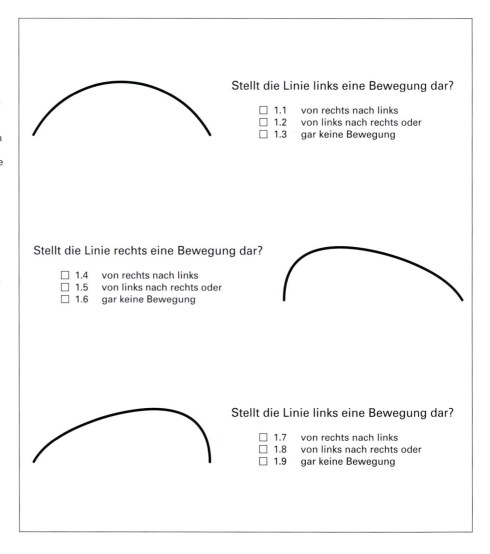

Stellt die Linie links eine Bewegung dar?

☐ 1.1 von rechts nach links
☐ 1.2 von links nach rechts oder
☐ 1.3 gar keine Bewegung

Stellt die Linie rechts eine Bewegung dar?

☐ 1.4 von rechts nach links
☐ 1.5 von links nach rechts oder
☐ 1.6 gar keine Bewegung

Stellt die Linie links eine Bewegung dar?

☐ 1.7 von rechts nach links
☐ 1.8 von links nach rechts oder
☐ 1.9 gar keine Bewegung

Wahrnehmung

2. Bewegung, Fläche

Die wahrgenommene Bewegung hängt wesentlich von der Verdichtung bzw. Lockerung in Leserichtung ab.

Häufigkeit der Bewertung:

- 2.1: 65,7 %
  2.2: 30,7 %
  2.3: 3,6 %

- 2.4: 0,7 %
  2.5: 0,7 %
  2.6: 98,6 %

- 2.7: 44,5 %
  2.8: 51,1 %
  2.9: 4,4 %

- 2.10: 34,8 %
  2.11: 1,8 %
  2.12: 57,1 %
  2.13: 2,7 %

- 2.14: 0 %
  2.15: 92,7 %
  2.16: 2,7 %
  2.17: 4,6 %

- 2.18: 63,7 %
  2.19: 0,9 %
  2.20: 31,8 %
  2.21: 2,7 %

Ich sehe

- ☐ 2.1   eine Bewegung von links nach rechts
- ☐ 2.2   eine Bewegung von rechts nach links
- ☐ 2.3   gar keine Bewegung

Ich sehe

- ☐ 2.4   eine Bewegung von links nach rechts
- ☐ 2.5   eine Bewegung von rechts nach links
- ☐ 2.6   gar keine Bewegung

Ich sehe

- ☐ 2.7   eine Bewegung von links nach rechts
- ☐ 2.8   eine Bewegung von rechts nach links
- ☐ 2.9   gar keine Bewegung

Ich sehe

- ☐ 2.10   eine Bewegung von links nach rechts
- ☐ 2.11   ein starres unbewegliches Gebilde
- ☐ 2.12   eine Bewegung von rechts nach links
- ☐ 2.13   eine undeutliche Bewegung

Ich sehe

- ☐ 2.14   eine Bewegung von links nach rechts
- ☐ 2.15   ein starres unbewegliches Gebilde
- ☐ 2.16   eine Bewegung von rechts nach links
- ☐ 2.17   eine undeutliche Bewegung

Ich sehe

- ☐ 2.18   eine Bewegung von links nach rechts
- ☐ 2.19   ein starres unbewegliches Gebilde
- ☐ 2.20   eine Bewegung von rechts nach links
- ☐ 2.21   eine undeutliche Bewegung

3. Räumlichkeit

Durch Variation der Kreisabstände nach außen hin entsteht ein räumlicher Eindruck.

Häufigkeit der Bewertung:

- 3.1: 77,1 %
  3.2: 13,9 %
  3.3: 9 %

- 3.4: 1,3 %
  3.5: 98 %
  3.6: 0,7 %

- 3.7: 48 %
  3.8: 34,4 %
  3.9: 17,6 %

- 3.10: 20 %
  3.11: 78,9 %
  3.12: 1,1 %

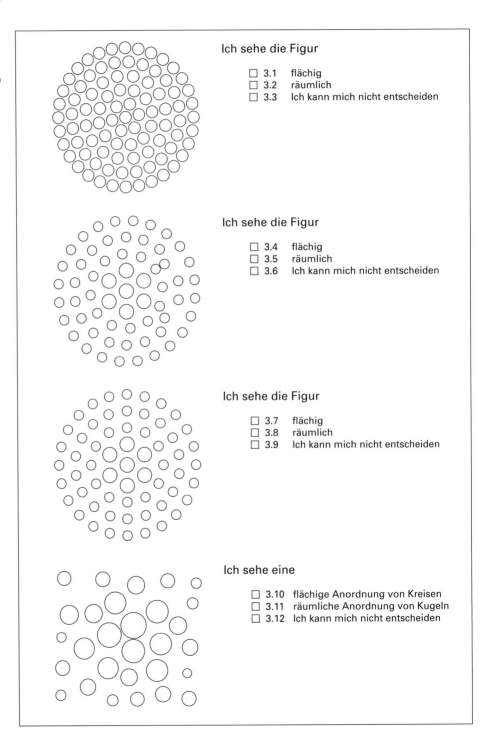

Ich sehe die Figur

- ☐ 3.1 flächig
- ☐ 3.2 räumlich
- ☐ 3.3 Ich kann mich nicht entscheiden

Ich sehe die Figur

- ☐ 3.4 flächig
- ☐ 3.5 räumlich
- ☐ 3.6 Ich kann mich nicht entscheiden

Ich sehe die Figur

- ☐ 3.7 flächig
- ☐ 3.8 räumlich
- ☐ 3.9 Ich kann mich nicht entscheiden

Ich sehe eine

- ☐ 3.10 flächige Anordnung von Kreisen
- ☐ 3.11 räumliche Anordnung von Kugeln
- ☐ 3.12 Ich kann mich nicht entscheiden

Wahrnehmung

4. Richtungsweisend

Die übergeordnete einfache Form bestimmt die wahrgenommene Richtung.

Häufigkeit der Bewertung:

- 4.1: 4,47 %
  4.2: 2,23 %
  4.3: 93,30 %

- 4.4: 13,43 %
  4.5: 86,57 %
  4.6: 0 %

- 4.7: 26,86 %
  4.8: 47,76 %
  4.9: 25,38 %

In welche Richtung weisen die 6 Linien?

- ☐ 4.1 von links nach rechts
- ☐ 4.2 von rechts nach links
- ☐ 4.3 Die Linien weisen in gar keine Richtung

In welche Richtung weisen die 6 Linien?

- ☐ 4.4 von links nach rechts
- ☐ 4.5 von rechts nach links
- ☐ 4.6 Die Linien weisen in gar keine Richtung

In welche Richtung weisen die 6 Linien?

- ☐ 4.7 von links nach rechts
- ☐ 4.8 von rechts nach links
- ☐ 4.9 Die Linien weisen in gar keine Richtung

1.1.6 Auditive Wahrnehmung

Band II – Seite 779
11.1 Audiotechnik

Neben den Augen sind die Ohren sicherlich die wichtigsten Sinnesorgane, um uns in der Welt zurechtzufinden. Wir hören immer und können, anders als die Augen, unsere Ohren nicht verschließen. Dies deutet darauf hin, dass in der Evolution des Menschen der Hörsinn stärker als der Sehsinn zur allgemeinen Überwachung der Umwelt angelegt wurde.

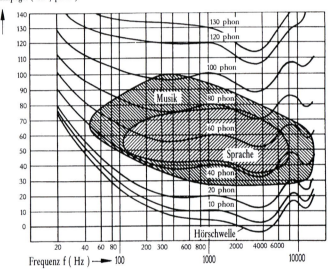

Hörbereiche
Abb.: Johannes Webers, Audio, Film und Videotechnik, Franzis, 1992

Lokalisation
Der Schall erreicht unsere Ohren, außer wenn er direkt von vorne kommt, immer mit zeitlicher Differenz. Wir können dadurch die Position der Schallquelle im Raum bestimmen. Diese auditive Wahrnehmung ist aber weniger lokal als die visuelle Wahrnehmung.

Figur-Grund-Trennung
Ebenso wie bei der visuellen Wahrnehmung durch unser Auge muss beim Hören eine Figur-Grund-Trennung stattfinden. Der so genannte Cocktailparty-Effekt beschreibt die Notwendigkeit sehr anschaulich. Sie sind mit vielen anderen Menschen in einem Raum, Hintergrundmusik, viele Stimmen und trotzdem können Sie Ihrem Gesprächspartner, Ihrer Gesprächspartnerin folgen. Ermöglicht wird dies durch auditive Segregation. Unter auditiver Segregation versteht man die Aufmerksamkeitslenkung und selektive Wahrnehmung durch eine Figur-Grund-Trennung. Sie können die jeweilige Sprechweise, Stimmlage, Sprachmelodie usw. von den umgebenden Stimmen unterscheiden, Ihre Aufmerksamkeit darauf lenken und die anderen Geräusche praktisch ausblenden.

Lautstärke
Die Lautstärke beschreibt den Grad der Schallempfindung. Wir nehmen Geräusche in verschiedenen Situationen, bei unterschiedlicher Interessenlage und Umgebungen unterschiedlich laut wahr. Ihr Wecker tickt nur nachts laut. Während der Autofahrt stellen Sie die Musik lauter. Nebengeräusche maskieren die eigentlich wichtige Information. Sie können diese Maskierung durch eine erhöhte Lautstärke der Schallquelle oder durch genaueres Hinhören demaskieren.

Tonhöhe
Die Tonhöhe wird durch die Frequenzen der Schallwellen bestimmt. Kinderstimmen enthalten mehr hochfrequente Schwingungen als die Stimmen Erwachsener. Sie klingen dadurch heller.

Identifikation
Die Identifikation von Tönen und Geräuschen erfolgt vor allem durch den Vergleich von Lautstärke, Tonhöhe, zeitlicher Struktur und der Quelle des Gehörten mit Schablonen des akustischen Gedächtnisses.

1.1.7 Aufmerksamkeit

Wahrnehmung

Wahrnehmung setzt Aufmerksamkeit
voraus. Aber wodurch wird unsere Aufmerksamkeit erregt?

Aufmerksamkeit

Faktoren zur Erregung
und Steuerung der
Aufmerksamkeit

starker Kontrast gegenüber der Umgebung

unerwartete Reize

große Reizintensität

mittlere Komplexität der Reize

Abweichung von der Norm

Einstellung und Erwartung

1.1.8 Aufgaben

1 Wahrnehmung den fünf Sinnen zuordnen

Ordnen Sie den fünf Sinnesorganen des Menschen den jeweiligen Wahrnehmungssinn zu.

2 Physiologie des Sehens beschreiben

Beschreiben Sie das physiologische Prinzip des menschlichen Sehens.

3 Sehen und Wahrnehmen einordnen

Warum unterscheidet sich das visuell Wahrgenommene von dem tatsächlich Gesehenen?

4 Das menschliche Gesichtsfeld kennen

Wie groß ist das menschliche Gesichtsfeld?

5 Das menschliche Gesichtsfeld in der Gestaltung berücksichtigen

Welchen Einfluss hat die Größe des menschlichen Gesichtsfeldes auf die Gestaltung?

6 Bildsprache kennen

„Ein Bild sagt mehr als 1000 Worte." Nehmen Sie zu dieser häufig zu hörenden Aussage Stellung.

7 Bildsprache analysieren

Wodurch unterscheidet sich eine buchstäbliche von einer freien Umsetzung einer Bildidee?

8 Unterschiedliche Wahrnehmung erklären

Erklären Sie, warum die Wahrnehmung der Zeichen in der mittleren Spalte von der Leserichtung abhängig ist.

9 Wirkung von Farbkontrasten beschreiben

Erklären Sie die Wirkung der abgebildeten Farbkontraste.

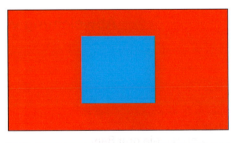

Wahrnehmung

10 Farbkontraste kennen

Nennen Sie vier Farbkontraste.

11 Farbkontraste in ihrer Wirkung beschreiben

Welcher Farbkontrast beschreibt die Wirkung einer Farbe in ihrem Umfeld?

12 Farbkonstanz erklären

Was versteht man unter Farbkonstanz?

13 Bildsprache bewusst gebrauchen

Welche Bedeutung hat der Kontext für die Wahrnehmung eines Bildes?

14 Semiotik definieren

Mit welchen Inhalten beschäftigt sich die Semiotik?

15 Semiotisches Dreieck kennen

Visualisieren Sie ein semiotisches Dreieck mit seinen Komponenten.

16 Zeichenkategorien erklären

Erklären Sie die drei Begriffe:
a. Ikone
b. Index
c. Symbol

17 Zeichendimensionen nach Morris kennen

Wie heißen die drei Zeichendimensionen nach Morris?

18 Bedeutung von Zeichen erklären

Warum muss die Bedeutung von Zeichen gelernt werden?

19 Das Prinzip des Lesens kennen

Beschreiben Sie das Prinzip der Wahrnehmung beim Lesen.

20 Das Prinzip des Lesens kennen

Was ist eine Sakkade?

21 Begriffe der auditive Wahrnehmung erklären

Erklären Sie die Fachbegriffe der auditiven Wahrnehmung:
a. Lautstärke
b. Tonhöhe

22 Faktoren der Aufmerksamkeit nennen

Nennen Sie vier Faktoren zur Erregung und Steuerung von Aufmerksamkeit.

1.2 Gestaltgesetze

1.2.1	Gestaltpsychologie	40
1.2.2	Gesetz von der einfachen Gestalt	41
1.2.3	Gesetz der Nähe	42
1.2.4	Gesetz der Gleichheit	43
1.2.5	Gesetz der Geschlossenheit	44
1.2.6	Gesetz der Erfahrung	45
1.2.7	Gesetz der Konstanz	46
1.2.8	Gesetz der Figur-Grund-Trennung	47
1.2.9	Aufgaben	48

1.2.1 Gestaltpsychologie

Die hier vorgestellten Grundlagen der Wahrnehmung sind im Wesentlichen Erkenntnisse der Gestaltpsychologie. Sie wurde zu Beginn des 20. Jahrhunderts begründet und beruht vor allem auf der empirischen Erforschung der Wahrnehmung.

Die Wahrnehmung unserer Umwelt geschieht nach der Gestaltpsychologie durch die Wahrnehmung von Formen. Nur so kann die unbestimmte Komplexität der Sinneswahrnehmungen aufgelöst und bewertet werden. Wesentlich ist dabei die so genannte Figur-Grund-Beziehung. Der Betrachter teilt bei der Wahrnehmung sein Wahrnehmungsfeld in Figur und Grund bzw. Hintergrund auf.

Die Gestaltpsychologie hat verschiedene Gesetze zur Wahrnehmungsorganisation formuliert. Diese so genannten Gestaltgesetze beschreiben die Ergebnisse der Wahrnehmung der Formen und ihre Beziehung zueinander.

Orientieren Sie sich in Ihrer Gestaltungsarbeit an den theoretischen Grundlagen der Gestaltgesetze. Die Kenntnis der Gestaltungsregeln und Gesetze erlaubt es Ihnen aber auch, sie gezielt zu verletzen. Erzielen Sie Aufmerksamkeit durch die Abweichung von der Norm. Nicht als Selbstzweck, sondern immer konzeptionell und gestalterisch begründet. Behalten Sie dabei Ihr Ziel, Ihren Aussagewunsch immer im Visier.

Formenwahrnehmung

Visuelle Reize werden immer in der jeweils einfachsten Form wahrgenommen.
 Sie erkennen sicherlich zunächst ein Dreieck und ein Quadrat. Erst auf den zweiten Blick werden Sie die Grafik weiter analysieren und die verschieden angeschnittenen Kreise wahrnehmen und bewerten.

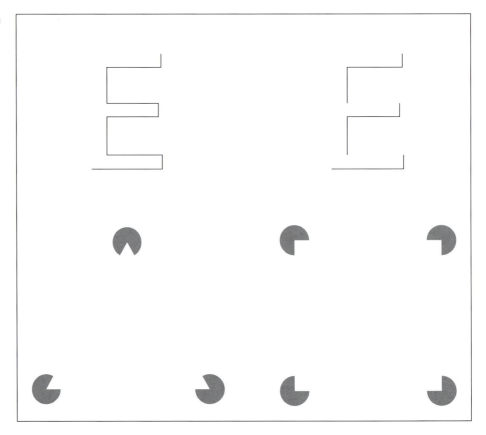

40

1.2.2 Gesetz von der einfachen Gestalt

Gestaltgesetze

Das Gesetz von der einfachen Gestalt wird oft auch als Gesetz von der guten Form bezeichnet. In der Gestaltpsychologie ist es das Grundgesetz der menschlichen Wahrnehmung. Die Wahrnehmung wird danach grundlegend auf die Bewegung und auf einfache geometrische Gestalten wie Kreise, Quadrate, Rechtecke und Dreiecke zurückgeführt. Kneifen Sie Ihre Augen etwas zu und betrachten Sie das Bild. Das Motiv reduziert sich auf die geometrischen Grundformen. Die Wahrnehmung einfacher geometrischer Gestalten ist in uns Menschen durch die Evolution angelegt. So können Kinder schon im ersten Lebensjahr Quadrate, Kreise und Dreiecke unterscheiden.

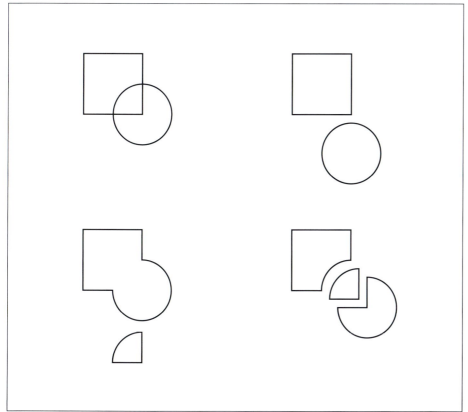

Formenwahrnehmung

Wahrscheinlich sehen Sie einen Kreis, der über einem Quadrat liegt. Die Interpretation der Reize führt aber je nach Erfahrung des Betrachters zu unterschiedlichen Ergebnissen.

1.2.3 Gesetz der Nähe

Nahe beieinander befindliche Elemente werden vom Betrachter als zu einer Gruppe zugehörig wahrgenommen. Die Grenze der Gruppe liegt dort, wo die Abstände größer werden.

In der Praxis der Mediengestaltung kommt dieses Gesetz vor allem bei der Gliederung und Strukturierung eines Formats zur Anwendung. So werden Sie verschiedene Menüpunkte, die zu einer Kategorie gehören, beim Design einer Internetseite jeweils in eigenen Menüs zusammenfassen. Inhaltlich zusammengehörige Texte und Bilder positionieren Sie auf der Seite mit einem geringeren Abstand zueinander als Seitenelemente mit verschiedenartigen Inhalten.

Gliederung durch Nähe

Die klare Strukturierung in waagrechte und senkrechte Reihen wird durch die Farbe teilweise wieder aufgehoben. Der farbige Punkt links unten ist so weit von den andern drei Punkten der farbigen Reihe entfernt, dass es schwer fällt, ihn direkt der Gruppe zuzuordnen.

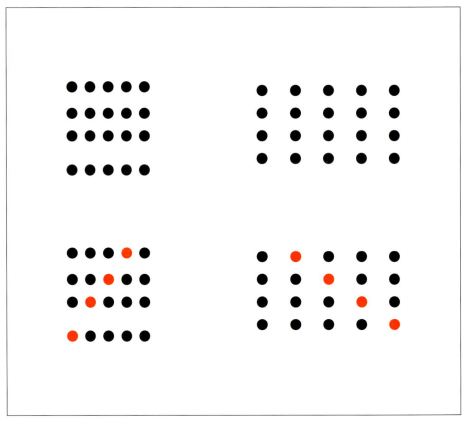

1.2.4 Gesetz der Gleichheit

Gestaltgesetze

Das Gestaltgesetz der Gleichheit wird oft auch als Gesetz der Ähnlichkeit bezeichnet. Danach werden Elemente, die gemeinsame Unterscheidungsmerkmale zur Umgebung aufweisen, vom Betrachter als zusammengehörig wahrgenommen. Mehrere Merkmale, z. B. Form und Farbe, verstärken die Gruppenbildung. In den Grenzbereichen überwiegt das Gesetz der Gleichheit gegenüber dem der Nähe.

Die Navigation einer Website ist durchgängig auf den Seiten aufgebaut. So gestalten Sie beispielweise die Menüelemente des Mainlevels und des Sublevels jeweils einheitlich und gleichbleibend. Auch die Überschriften richten sich z. B. nach klaren Absatzformaten.

Gruppierung durch Gleichheit

Unterscheidungsmerkmale Tonwert, Farbe, Größe und Form. Welches Unterscheidungsmerkmal hat die stärkste Wirkung?

43

1.2.5 Gesetz der Geschlossenheit

Geschlossene Flächen, z. B. Rahmen, werden vom Betrachter als Einheit angesehen. Der Rahmen bildet durch seine Begrenzung das Wahrnehmungsfeld. Sie nehmen dadurch die Objekte als zusammengehörig wahr.

Kopf- und Fußlinien oder Kolumnentitel auf einer Seite sind Beispiele für die Anwendung des Gesetzes der Geschlossenheit. Auch die Rahmen um die Grafiken in diesem Kapitel dienen der Begrenzung und Abgrenzung der Fläche und weisen gleichzeitig den einzelnen grafischen Elementen ihren Platz zu.
Auf vielen Internetseiten bilden der Titel oder ein Topmenü zusammen mit dem Menü auf der linken Seite einen Rahmen und geben der ganzen Seite damit Halt.

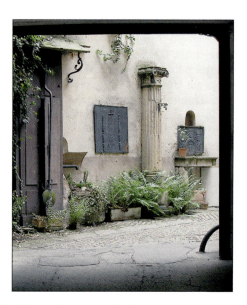

Gliederung durch Geschlossenheit

Die Abgrenzung durch einen Rahmen ist eindeutig. Sie wirkt deshalb stärker als die Gleichheit oder Nähe der Elemente.

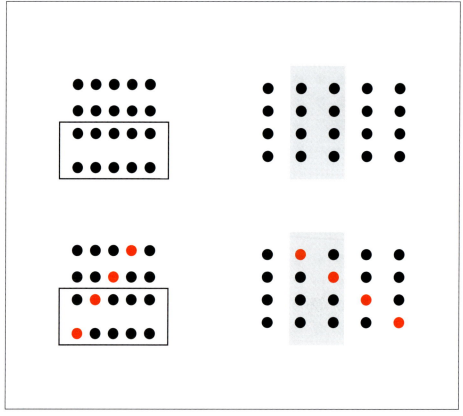

44

1.2.6 Gesetz der Erfahrung

Gestaltgesetze

Wahrnehmen ist auch Wiedererkennen. Wir können bekannte Formen, Zeichen oder Körper auch bei starker Transformation noch erkennen.

Nutzen Sie die Erfahrung der Internetnutzer bei der Gestaltung der Navigationselemente einer Website. Ein stilisiertes Briefkuvert steht für den Maillink, ein Icon mit einem Kreuz steht für Hilfe und das Haus führt Sie zurück auf die Startseite.

Sie können aber die Erfahrung des Betrachters auch nutzen, um ihn zu überraschen. Weichen Sie in der Gestaltung von der Norm ab. Sie erregen damit die Aufmerksamkeit des Betrachters. Aus Erfahrung erwartet er etwas anderes, ist überrascht und schaut hin.

Erkennen von Gesichtern

Ob von vorn, im Profil oder von der Seite, Sie erkennen auf einen Blick, dass es sich um ein und dasselbe Gesicht handelt.

Wahrnehmen der Struktur

Sie erkennen die Figur in allen Variationen, da durch die Transformation ihre Strukturinformation nicht verändert wurde.

45

1.2.7 Gesetz der Konstanz

Objekte werden vom Betrachter in ihrer Größe, Form und Farbe immer in ihrem Umfeld wahrgenommen. Die wahrgenommenen und die gesehenen Objekte können sich je nach Bewertung unterscheiden. Die Wahrnehmung von Objekten, die unterschiedlich gesehen, aber als gleich bewertet werden, nennt man konstant.

In der Gestaltung von Navigationselementen auf den einzelnen Seiten einer Website muss gewährleistet sein, dass der Nutzer ein konstantes Designkonzept erlebt. Was nutzt der schönste Link, wenn er immer an einer anderen Stelle auftaucht, immer anders aussieht oder im schlimmsten Fall gar nicht als Link erkannt wird?

Simultankontrast

Die beiden Balken haben den gleichen Tonwert. Durch das unterschiedliche Umfeld wirken sie aber unterschiedlich hell.

Größe ist relativ

Sind alle Quadrate gleich groß?
Sind beide Linien gleich lang?

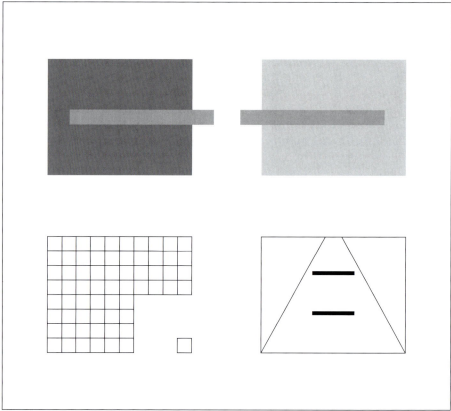

1.2.8 Gesetz der Figur-Grund-Trennung

Gestaltgesetze

Wahrnehmen ist nur möglich, wenn das Wahrnehmungsfeld in unterschiedliche Bereiche gegliedert ist. Das Objekt der Wahrnehmung muss sich vom Umfeld abheben, damit Sie es wahrnehmen können. Man nennt diese Aufteilung Figur-Grund-Trennung oder Segmentierung.

Die notwendige Inhomogenität unserer visuellen Wahrnehmungswelt entsteht durch Konturen, Kontraste, Texturen, Bewegungen und Farben, d. h. kein langweiliges Ton-in-Ton, sondern eine klar strukturierte Gestaltung Ihrer Seiten. Die Inhalte heben sich vom Hintergrund ab und sind deutlich erkennbar. Dies bedeutet aber auch nicht nur Inhalt, sondern eben auch Weißraum.

Flächenaufteilung in Form und Grund

Für die Form-Grund-Beziehung ist immer die trennende Linie verantwortlich. Sie bildet den eingeschlossenen Raum, die Figur, und den ausgeschlossenen Raum, den Hintergrund. Die Ton- und Farbwerte der Flächen sind dabei sekundär.

47

1.2.9 Aufgaben

1 Gestaltgesetze kennen

Die Gestaltgesetze vom Beginn des 20. Jahrhunderts bestimmen auch heute noch wesentlich unsere Vorstellung der Wahrnehmung.

Erläutern Sie den grundlegenden gemeinsamen Gegenstand aller Gestaltgesetze.

2 Gesetz von der einfachen Gestalt begründen

Begründen Sie die folgende These: Das Gesetz von der einfachen Gestalt wird häufig als das Grundgesetz der menschlichen Wahrnehmung bezeichnet.

3 Gestaltgesetze visualisieren

Visualisieren Sie durch einfache grafische Elemente das Gestaltgesetz der Nähe.

4 Gestaltgesetze visualisieren

Visualisieren Sie durch einfache grafische Elemente das Gestaltgesetz der Figur-Grund-Trennung.

5 Navigationselemente einer Website auf die Gestaltgesetze beziehen

a. Auf welchem Gestaltgesetz beruht die Gestaltung von Icons zur Navigation in einer Website hauptsächlich?
b. Welche Gestaltgesetze bildet die Grundlage für die Gliederung und die Platzierung von Menüs in Digitalmedien?

6 Überschriftenhierarchie auf die Gestaltgesetze beziehen

Begründen Sie anhand der Gestaltgesetze, warum Überschriften einer

Gestaltgesetze

Hierarchieebene in einem Medienprodukt typografisch immer gleich formatiert sein sollten.

7 Erkennen der Gestaltgesetze in der Gestaltungsanalyse

a. Analysieren Sie den Screenshot hinsichtlich der Anwendung der Gestaltgesetze.
b. Markieren und benennen Sie die verschiedenen Bereiche.

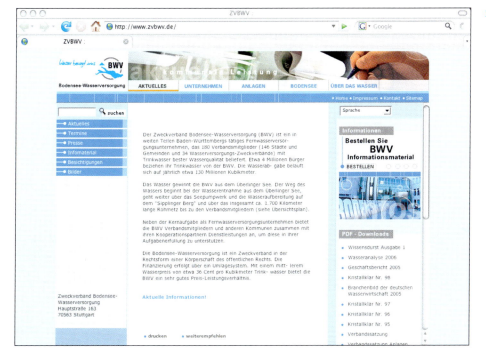

www.zvbw.de

1.3 Gestaltungselemente

1.3.1	Vakatfläche – Platz für Ideen	52
1.3.2	Format	53
1.3.3	Gleichgewicht	54
1.3.4	Gewichtung	55
1.3.5	Richtung	56
1.3.6	Dynamik, Spannung, Bewegung	57
1.3.7	Symmetrie – Asymmetrie	58
1.3.8	Umfeld	59
1.3.9	Unterteilung und Struktur	60
1.3.10	Aufgaben	62

1.3.1 Vakatfläche – Platz für Ideen

Kreativ sein, etwas schaffen, anderen etwas mitteilen, mit verschiedenen Medien arbeiten – toll!

Aber wer kennt nicht die Angst des Künstlers vor der weißen Leinwand – der erste Strich ist der schwerste. Alle, die gestalten, stehen immer wieder vor dem gleichen Problem: Wie fange ich an? Es gibt keine Patentlösung, aber Gestaltungskompetenz hilft. Gestaltung kann man nicht aus Büchern lernen. Eigenes Tun und Erleben ist notwendig. In diesem Kapitel werden verschiedene Grundregeln mit den Grundelementen der visuellen Gestaltung, Punkt, Linie, Form, Fläche, an Beispielen vorgestellt. Die Aufgaben ermöglichen einen ersten Einstieg in die Erarbeitung.

1.3.2 Format

Gestaltungselemente

Die Fläche Ihrer Gestaltung hat immer ein bestimmtes Format, das sich aus dem Seitenverhältnis von Breite und Höhe der Fläche ergibt.

In den Digitalmedien, bedingt durch das Monitorformat, ist es meist ein Querformat, in den Printmedien üblicherweise ein Hochformat. Das Seitenverhältnis und die Aufteilung der Fläche folgen, je nach Vorgabe, bestimmten Proportionsregeln oder bestimmten Designvorgaben wie das Layout einer Zeitschrift oder einem Styleguide, der das Corporate Design definiert. Oft haben Sie aber auch die freie Qual der Wahl bei der Festlegung des idealen Formats für Ihre Mediengestaltung.

So genannte Polaritätsprofile können Ihnen bei der Formatwahl helfen. Natürlich entspricht das Profil dem subjektiven Empfinden des Betrachters. Wenn Sie aber mehrere Personen jeweils ein Profil für ein bestimmtes Format erstellen lassen, dann ergibt sich meist ein eindeutiges übereinstimmendes Ergebnis.

Band I – Seite 251
3 Layout und Gestaltung

	2	1	0	1	2	
gespannt						entspannt
dynamisch						statisch
eng						weit
jung						alt
aktiv						passiv
modern						altmodisch
gefangen						frei
fröhlich						traurig
stehend						liegend
ruhig						unruhig
voll						leer
klein						groß

Polaritätsprofil

zur Beurteilung verschiedener Formate

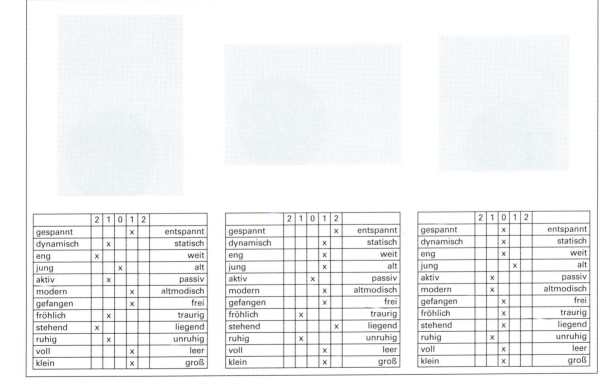

1.3.3 Gleichgewicht

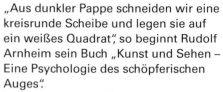

„Aus dunkler Pappe schneiden wir eine kreisrunde Scheibe und legen sie auf ein weißes Quadrat", so beginnt Rudolf Arnheim sein Buch „Kunst und Sehen – Eine Psychologie des schöpferischen Auges".

Wenn Sie diese Übung machen und das Ergebnis betrachten, werden Sie vermutlich erkennen, dass Ihr Kreis nicht genau in der Mitte des Quadrats liegt, sondern vermutlich etwas oberhalb der geometrischen Mitte. Man nennt diese Positionierung optische Mitte. Sie haben automatisch im Sinne der Gestaltgesetze eine Beziehung zwischen dem Kreis und dem Quadrat als Gesamtfigur hergestellt.

Versuchen Sie die Gesamtfigur, Punkt und Quadrat, im Gleichgewicht zueinander anzuordnen.

Machen Sie diese Übung anschließend mit demselben Kreis mit einem rechteckigen Format.

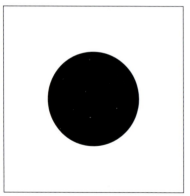

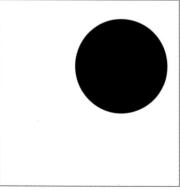

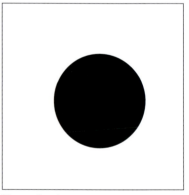

Geometrische Mitte – optische Mitte

Die stabilste Lage ergibt sich, wenn die Mittelpunkte des quadratischen Formats und des Punkts deckungsgleich übereinander liegen. Optisch erscheint der Punkt aber leicht nach unten versetzt. Harmonischer wäre die optische Mitte, bei der das Objekt etwas nach oben verschoben ist.

Außerhalb der Mitte

Der Punkt strebt zum rechten Rand des Quadrats.

Diese Aussage ist natürlich nur eine Interpretation unserer Wahrnehmung. Sie ergibt sich aus der optischen Wechselbeziehung zwischen dem Punkt und dem Quadrat als Strukturelement der gesamten Figur.

Knapp daneben

Die Wahrnehmung ist irritierend und indifferent. Etwas, was Sie in Ihrer Gestaltung tunlichst vermeiden sollten. Ebenso wie Ihr Aussagewunsch sollte auch die Umsetzung Ihrer Gestaltung eindeutig sein.

1.3.4 Gewichtung

Gestaltungselemente

Das Wahrnehmungsgewicht eines grafischen oder typografischen Seitenelementes bzw. eines Bildteils wirkt immer im Zusammenspiel mit dem Format und dem Gewicht der anderen Seitenelemente. Mit welchem Gewicht Sie die verschiedenen Elemente wahrnehmen, hängt von verschiedenen Faktoren wie Größe, Farbe oder Position der Seitenelemente ab.

Alle Faktoren wirken bei der Gestaltung. Setzen Sie in Ihrer Gestaltung den Schwerpunkt auf die Wirkung eines Faktors. Ihre Gestaltung wirkt sonst leicht unruhig und beliebig.

Abhängig davon, wie Sie die Gewichte austarieren, erzeugen die verschiedenen Elemente ein harmonisches Gleichgewicht, Langeweile oder Dynamik.

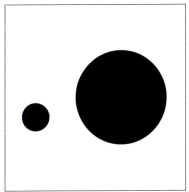

Größe
Das größere Objekt hat, wenn sonst alle Faktoren gleich sind, das größere Gewicht.

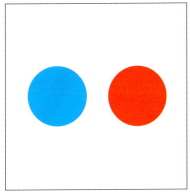

Farbe
Das Gewicht einzelner Farben ist nicht absolut definiert. Allgemein gilt aber, dass warme Farben wie Rot, Orange oder Gelb schwerer wiegen als kalte Farben wie Blau oder Türkis.

Helligkeit
Klein, aber intensiv. Die helle Fläche muss deutlich größer sein, um die Farbkraft der kleineren Fläche auszugleichen.

Form
Geometrisch klare Farmen wirken schwerer als unregelmäßige Formen.

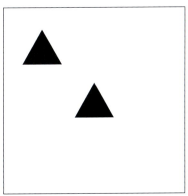

Lage im Format
Das Gewicht eines Elements nimmt mit dem Abstand zum Formatmittelpunkt zu.

Wissen und Interesse
Die Gewichtung wird maßgeblich durch die Interessenlage des Betrachters bestimmt.

1.3.5 Richtung

Die bei uns übliche Leserichtung ist von links nach rechts und von oben nach unten. Eine Ausrichtung von links unten nach rechts oben wird allgemein als aufsteigend empfunden, von links oben nach rechts unten gilt als absteigend.

In der Gestaltung wird die Richtung nicht nur durch die beschriebene Konvention, sondern durch weitere Faktoren bestimmt. Die Anziehungskraft des Wahrnehmungsgewichtes benachbarter Elemente führt den Betrachter in eine bestimmte Richtung. Außerdem wird die Richtung durch die Form und vor allem auch durch den Inhalt bestimmt.

Die Blickrichtung eines Menschen in einem Bild lenkt auch Ihren Blick in diese Richtung. Bewegungen im Bild geben die Richtung an.

Steigung
Von links unten nach rechts oben bedeutet ansteigend.

Gefälle
Von links oben nach rechts unten bedeutet absteigend.

Perspektive
Die extreme Bildperspektive weist uns als Betrachter eine eindeutige Position zu. Wir blicken aus der Froschperspektive empor zum Himmel.

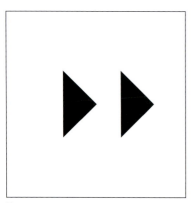

Form
Die beiden Dreiecke zeigen eindeutig nach rechts. Die Richtungsweisung wird durch die seitliche Verschiebung nach rechts noch verstärkt.

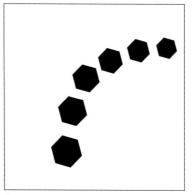

Größe und Lage im Format
Die Reihe führt nach links unten, oder doch nach rechts oben? Es ist schwierig, sich gegen die übliche Wahrnehmungsrichtung zu stellen.

Inhalt
Die Lok fährt auf Sie zu – Vorsicht an der Bahnsteigkante.
Hier ist der Inhalt bedeutender als die allgemein übliche Richtung.

1.3.6 Dynamik, Spannung, Bewegung

Gestaltungselemente

Außer bei Animationen in Digitalmedien sind die Seitenelemente immer unbeweglich. Trotzdem ist es möglich, dass Ihre Gestaltung dynamisch wirkt. Die Dynamik der Gestaltung entsteht durch ein bewusstes Ungleichgewicht. Formen, die von der harmonischen Grundform abweichen, wirken dynamischer. So erzeugt ein überspitztes Dreieck die gerichtete Spannung, die dem gleichseitigen Dreieck fehlt.

Die Spannung entsteht im Zusammenhang der Gesamtgestaltung. Alle Elemente müssen Teil des dynamischen Konzeptes sein. Dies lässt sich z. B. durch eine generelle Ausrichtung bzw. Sichtweise erreichen. Die Schräge ist sicherlich eine einfache Möglichkeit, eine gerichtete Spannung zu erzeugen. Vertikale und horizontale Strukturen wirken allgemein eher statisch.

Eine weitere Möglichkeit, Bewegung zu visualisieren, ist die Anordnung der Elemente in einer bestimmten rhythmischen Abfolge. Größen, Formen, Abstände weisen gesetzmäßige Proportionen auf. Sie bilden rhythmische Reihen, so genannte Progressionen.

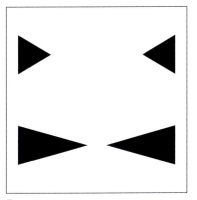

Form

Die Abweichung von der harmonischen Grundform erzeugt Spannung. Die beiden unteren Dreiecke stehen offensichtlich in einer spannungsvollen Beziehung zueinander. Bei den beiden oberen gleichseitigen Dreiecken ist die Bewegung nicht eindeutig. Einerseits sind sie aufeinander gerichtet, andererseits scheinen sie aber auch nach links und rechts oben zu streben.

Progression

Durch die Verkürzung der Linien und der gleichzeitigen Verringerung des Abstands zwischen den Linien entsteht eine räumliche Wirkung. Der Weg scheint in die Tiefe des Raums zu führen.

Ausrichtung

Die horizontale und vertikale Ausrichtung der Flügel vermittelt die Anmutung des Stillstands, der Windstille. Schräg stehende Windmühlenflügel wirken dynamischer.

57

1.3.7 Symmetrie – Asymmetrie

Begriff Symmetrie bedeutet laut Duden:
1. Gleich- oder Ebenmaß; die harmonische Anordnung mehrerer Teile zueinander; Gegensatz Asymmetrie.
2. Spiegelungsgleichheit; Eigenschaft von Figuren, Körpern o. Ä., die beiderseits einer [gedachten] Mittelachse ein jeweils spiegelgleiches Bild ergeben; Gegensatz Asymmetrie.
3. die wechselseitige Entsprechung von Teilen in Bezug auf Größe, die Form oder die Anordnung.

Symmetrie und Asymmetrie begegnen uns in der Gestaltung auf jeder Seite. Sie müssen sich immer für eine von beiden Anordnungen als Hauptgestaltungslinie entscheiden. Text ist links- oder rechtsbündig oder als Mittelachsen- oder Blocksatz gesetzt.

Die Zahl der Spalten im Satzspiegel ist gerade oder ungerade. Auch in der Bildgestaltung müssen Sie sich zwischen einem symmetrischen und einem asymmetrischen Bildaufbau entscheiden. Internetseiten sind meist asymmetrisch aufgebaut. Dies ergibt sich aus der heute üblichen Anordnung der einzelnen Seitenbereiche wie Menüs und Content-Bereich.

Die Gestaltung nach den Regeln der Symmetrie ist klar und eindeutig, aber auch streng und manchmal statisch und einfallslos.

Für die Asymmetrie gibt es keine Vorgaben. Sie können frei und ohne Zwang gestalten. Überlassen Sie die Anordnung der Elemente den Kräften der Gestaltung.

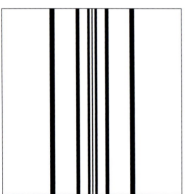

Symmetrie und Asymmetrie

Links:
Symmetrische Anordnung der Gestaltungs- und Bildelemente

Mitte:
Zwei diagonale Symmetrieachsen ordnen die Elemente zu einer übergeordneten Form.

Rechts:
Asymmetrische Anordnung der Gestaltungs- und Bildelemente

1.3.8 Umfeld

Gestaltungselemente

Gestaltungselemente haben immer ein Umfeld, in dem sie wahrgenommen werden. Es gibt kein „Nichts" als Umfeld. Auch die vermeintlich leere Fläche wirkt auf den Betrachter. In der Typografie spricht man von Weißraum.

Das Weiß des Papiers oder der farbige Hintergrund sind gleichberechtigt mit den Gestaltungselementen. Die Figur-Grund-Trennung der Gestaltgesetze erklärt die Abhängigkeit unserer Wahrnehmung vom Umfeld.

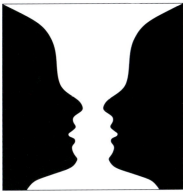

Vase oder Köpfe?
Beides ist möglich, da Figur und Grund gleichwertig sind und dadurch nicht eindeutig zuzuordnen sind.
Die klassische Kippfigur, in ähnlicher Form erstmals 1915 von dem Psychologen Edgar Rubin veröffentlicht.

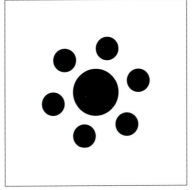

Größe ist relativ!
Messen Sie den Durchmesser des Punkts in der Mitte und vergleichen Sie ihn mit dem mittleren Punkt in der rechten Grafik.

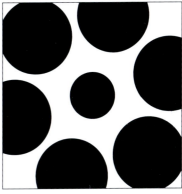

Größe ist relativ!
Messen Sie den Durchmesser des Punkts in der Mitte und vergleichen Sie ihn mit dem mittleren Punkt in der linken Grafik.

Ausblick und Einblick
Licht und Transparenz, ein Gebäude der öffentlichen Verwaltung, die Philosophie der Architektur im Bild.

Helligkeit ist relativ!
Hat das innere Quadrat den gleichen Tonwert wie in der rechten Grafik? Lassen Sie sich durch den Simultan- oder Umfeldkontrast nicht verwirren. Decken Sie den Rahmen mit einer Maske ab und bewerten Sie die Tonwerte noch einmal.

Helligkeit ist relativ!
Hat das innere Quadrat den gleichen Tonwert wie in der linken Grafik? Lassen Sie sich durch den Simultan- oder Umfeldkontrast nicht verwirren. Decken Sie den Rahmen mit einer Maske ab und bewerten Sie die Tonwerte noch einmal.

1.3.9 Unterteilung und Struktur

Durch die Unterteilung und Strukturierung gliedern wir das Umfeld. Die Aufteilung kann frei nach dem gestalterischen Empfinden erfolgen oder sich an bestimmten mathematischen Proportionsregeln orientieren.

1.3.9.1 Goldener Schnitt

Die Regeln des Goldenen Schnitts sind nur eine der vielfältigen Proportionsgesetze. Der Goldene Schnitt findet sich als harmonische Proportion in vielen Bau- und Kunstwerken, aber auch in der Natur. Er erfüllt für die Mehrzahl der Betrachter die Forderung nach Harmonie und Ästhetik.
Die Proportionsregel des Goldenen Schnitts lautet: Das Verhältnis des kleineren Teils zum größeren ist wie der größere Teil zur Gesamtlänge der zu teilenden Strecke. Die Anwendung dieser Regel ergibt als Verhältniszahl 1,61803… Um die Anwendung in der Praxis zu vereinfachen, wurde daraus die gerundete Zahlenreihe 3 : 5, 5 : 8, 8 : 13, 13 : 21,… abgeleitet.

Konstruktion
Die Strecke $\overline{AB}$ soll im Verhältnis des Goldenen Schnitts geteilt werden.
1. Zeichnen Sie die Gerade $\overline{AB}$.
2. Errichten Sie im Punkt B eine Senkrechte mit der halben Länge von $\overline{AB}$.
3. Schließen Sie das rechtwinklige Dreieck mit einer Geraden.
4. Schlagen Sie jetzt einen Kreisbogen um den Punkt C mit dem Radius $\overline{BC}$, der die Strecke $\overline{AC}$ im Punkt D schneidet.
5 Zum Schluss schlagen Sie einen Kreisbogen mit dem Radius $\overline{AD}$ um den Punkt A. Der Schnittpunkt E auf der Geraden $\overline{AB}$ teilt diese in zwei Teilstücke. Das Verhältnis der Strecken $\overline{AE}$ und $\overline{BE}$ entspricht dem Goldenen Schnitt.

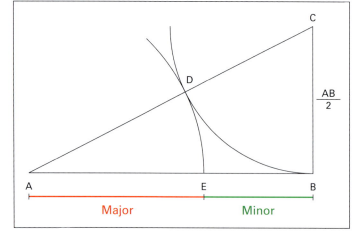

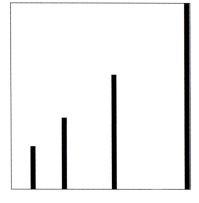

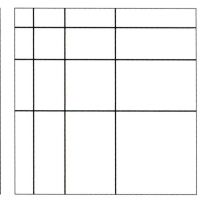

Gestaltungselemente

1.3.9.2 Arithmetische Folge/Reihe

Die arithmetische Folge ist eine Zahlenfolge, bei der die Differenz zwischen den einzelnen Zahlen der Folge immer gleich ist.

Die Abstände zwischen einzelnen Elementen sind immer gleich groß. Tonwertabstufungen haben eine feste gleichbleibende Schrittweite.

$a; a + d; a + 2d; a + 3d; z = a + (n-1)d$

a: Anfangsglied
d: Differenz
z: letztes Glied
n: Anzahl der Glieder

Arithmetische Folge
Allgemeine mathematische Form

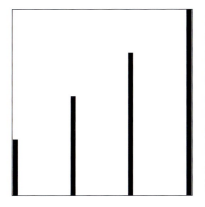

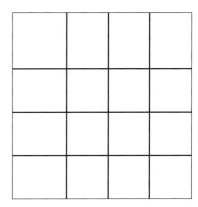

1.3.9.3 Geometrische Folge

Eine geometrische Folge entsteht, wenn in einer Folge oder Reihe von Zahlen der Quotient zweier aufeinander folgender Zahlen immer gleich groß ist.

$a; a \times q; a \times q^2; a \times q^3; z = a \times q^{n-1}$

q: Quotient

Geometrische Folge
Allgemeine mathematische Form (Kurzzeichen siehe arithmetische Folge)

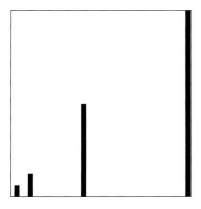

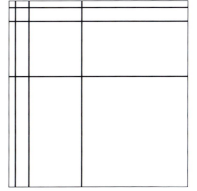

61

1.3.10 Aufgaben

1 Optisches Gleichgewicht visualisieren

Visualisieren Sie durch einfache grafische Elemente:
a. ein optisches Gleichgewicht

b. ein optisches Ungleichgewicht

2 Faktoren des optischen Gleichgewichts kennen

Nennen Sie vier Faktoren, die das optische Gewicht einer Flächengestaltung bestimmen.

3 Richtungen visualisieren

Visualisieren Sie:
a. aufsteigend

b. absteigend

c. fallend

4 Richtungen visualisieren

Begründen Sie Ihre Lösungen aus Aufgabe 3.

Gestaltungselemente

5 Bewegung visualisieren

a. Visualisieren Sie mit einfachen grafischen Elementen eine Bewegung.
b. Begründen Sie Ihre Lösung.

6 Optische und geometrische Mitte erklären

Erklären Sie den Unterschied zwischen optischer und geometrischer Mitte.

7 Regel des Goldenen Schnitts benennen

Wie lautet die Proportionsregel des Goldenen Schnitts?

8 Goldener Schnitt visualisieren

Teilen Sie das Format durch eine senkrechte und eine waagrechte Linie im Verhältnis des Goldenen Schnitts.

9 Regel der arithmetischen Folge benennen

Wie heißt die allgemeine mathematische Form einer arithmetischen Folge?

10 Arithmetische Folge visualisieren

Visualisieren Sie eine arithmetische Folge.

11 Regel der geometrische Folge kennen

Wie heißt die allgemeine mathematische Form einer geometrischen Folge?

12 Die Bedeutung des Umfelds für die Gestaltung kennen

Welche Bedeutung hat das Umfeld für die Wirkung eines Elements in der Gestaltung?

1.4 Perspektive

1.4.1	Geschichte der Perspektive	66
1.4.2	Der Standpunkt des Betrachters	70
1.4.3	1-Punkt-Perspektive nach DIN ISO 5456-4	72
1.4.4	2-Punkt-Perspektive nach DIN ISO 5456-4	74
1.4.5	3-Punkt-Perspektive nach DIN ISO 5456-4	78
1.4.6	Kreise und Ellipsen	79
1.4.7	Licht und Schatten	81
1.4.8	Axonometrie nach DIN ISO 5456-3	84
1.4.9	Normalprojektion nach DIN ISO 5456-2	86
1.4.10	Luft- und Farbperspektive	88
1.4.11	Aufgaben	90

1.4.1 Geschichte der Perspektive

Prähistorische Höhlenmalerei

Seit es bildliche Darstellungen gibt, sind die Künstler bestrebt, einen dreidimensionalen Raum auf einer zweidimensionalen Fläche abzubilden. Im alten Ägypten wurden die Motive flächig dargestellt. Die Künstler versuchten die Räumlichkeit durch die Überlagerung der Personen und Objekte zu erzielen. Bildbereiche, die vollständig sichtbar sind, liegen vorne, teilweise verdeckte Bereiche scheinen vom Betrachter weiter entfernt zu sein.

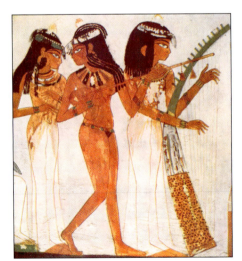

Altägyptische Wandmalerei

Die Künstler der griechischen und der römischen Antike leiteten Regeln für die räumliche Darstellung aus der genauen Beobachtung der Natur ab. Vergleichen Sie die beiden Fresken aus Pompeji mit der ägyptischen Wandmalerei. Die Gewänder haben einen Faltenwurf, Licht und Schatten verleihen den Personen und Objekten einen Körper. Auch die perspektivische Verkleinerung entfernter Bildteile und die Darstellung der Kreisform als Ellipse mit der sich abhängig vom Beobachtungswinkel verändernden Form folgen den Regeln der perspektivischen Konstruktion.

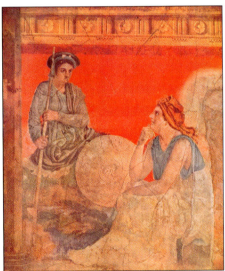

Fresko aus Pompeji

Fresko aus Pompeji

Der griechische Mathematiker und Philosoph Euklid (um 300 v. Chr.) begründete nicht nur die Geometrie, sondern

Perspektive

erkannte und postulierte auch die Grundregel, dass Gegenstände mit zunehmender Entfernung kleiner wirken. Im ersten vorchristlichen Jahrhundert führte der römische Architekt Vitruv die Theorien von Euklid weiter und legte damit die Grundlagen zur perspektivischen Konstruktion. Vitruv erkannte, dass sich alle untereinander parallelen Linien in einem Punkt treffen.

Parallelen fluchten in einem Punkt

Buchmalerei 14. Jahrhundert

Im Mittelalter waren die Erkenntnisse zur Perspektive wieder verloren gegangen. Natürlich wollten auch die Künstler des Mittelalters in ihren Bildern eine räumliche Wirkung erzielen. Sie nutzten die Wirkung der Überlagerung und unterstützten diese Wirkung durch die räumliche Darstellung von Gebäuden in freier Perspektive wie die Buchmalerei *Anbetung der Könige* aus dem späten 14. Jahrhundert zeigt. Die gestaffelte Anordnung schafft räumliche Tiefe und erklärt dem Betrachter gleichzeitig die Wertigkeit der dargestellten Personen. Die Gebäude und Gegenstände wurden in dieser freien Perspektive ohne Beachtung der Regeln der linearen Perspektive gemalt. Sie erscheinen uns deshalb heute seltsam verschoben. Ein anschauliches Beispiel hierfür ist der Ausschnitt eines Altarflügels aus dem Jahre 1398.

Altarflügel 1398

In den folgenden Jahren entwickelte sich die räumlich perspektivische Darstellung in der Malerei rasant weiter. So hat Fra Angelico den Zusammenhang zwischen Entfernung und Größe der Objekte in seinem Gemälde *Verkündigung an Maria* (1430) schon realisiert. Er malte die Säulen, die das Sternengewölbe tragen, nach hinten kürzer und schmäler. Allerdings hat er die Perspektive nicht konsequent konstruiert, sondern frei und intuitiv umgesetzt. Am deutlichsten zeigt sich dies an der Bank im hinteren Raum des Gebäudes. Es ging dem Künstler wohl nur um die zusätzliche Verstärkung der Raumwirkung durch den Einblick in ein Zimmer des Gebäudes.

Verleumdung Sandro Botticelli, 1495

Verkündigung an Maria Fra Angelico, 1430

Der italienische Architekt Leone Batista Alberti (1404–1472) hat 1435 mit *De pictura* als erster Autor der Neuzeit ein Buch über die Konstruktion von Zeichnungen in der Perspektive verfasst. In der Renaissance wurde die perspektivische Konstruktion vollendet umgesetzt. Ein Beispiel für die häufig eingesetzte Zentralperspektive ist das auf dieser Seite rechts oben abgebildete Gemälde *Verleumdung* (um 1495) von Sandro Botticelli.

Leonarde da Vinci (1452–1519), einer der größten Künstler der Renaissance, beschäftigte sich ebenfalls intensiv mit der Perspektive und deren Umsetzung in der Malerei. Er erklärte die Perspektive als die Sicht auf einen Ort oder einen Gegenstand, der hinter einer Glasscheibe liegt, auf deren Fläche sich die dahinter befindlichen Elemente abzeichnen. Wenn Sie also beim Blick aus einem Fenster alles, was Sie von

68

Perspektive

Ihrem Blickpunkt aus sehen, auf die Fensterscheibe malen, dann bilden Sie das Gesehene in der korrekten Perspektive ab. Bei einer fotorealistischen Arbeitsweise unterscheiden sich das Bild auf der Scheibe und der Blick aus dem Fenster nicht.

Neben Leonardo da Vinci waren Michelangelo (1475–1564) und Raffael (1483–1520) die großen Künstler der Renaissance, die die Perspektive virtuos beherrschten. Neben der Fluchtpunktperspektive setzten die Künstler der Renaissance auch erstmals die sogenannte Luftperspektive, die *sfumato*, in ihren Werken um. Die Wirkung der Luftperspektive beruht darauf, dass weiter entfernt scheinende Bildbereiche leicht unscharf oder verwischt und mit helleren Farben gemalt werden.

Albrecht Dürer (1471–1528), Künstler und Mathematiker aus Nürnberg, veröffentlichte 1525 sein Lehrbuch „Unterweisung der Messung". Er zeigte in verschiedenen Holzschnitten die angewandte Konstruktion der Perspektive mittels Projektion der dreidimensionalen Welt in die zweidimensionale Bildebene. Voraussetzung für eine exakte Projektion des Motivs in die Bildebene ist der gleichbleibende Blickpunkt des Künstlers. Dies kann durch einen Peilstab gewährleistet werden, wie er auch in dem Holzschnitt dargestellt ist. Albrecht Dürer leistete aber nicht nur als Mathematiker und Künstler Großartiges. Er gab dem grafischen Gewerbe auch wichtige handwerkliche Impulse durch seine Arbeiten und die Weiterentwicklung von Holzschnitt und Kupferstich als künstlerische Drucktechniken.

Abendmahl Leonardo da Vinci, 1495/97

Die Schule von Athen Raffael, 1509

Holzschnitt Albrecht Dürer, 1536

1.4.2 Der Standpunkt des Betrachters

Draped Reclining Women

Henry Moore,
1957–1968
Vor der Staatsgalerie
Stuttgart

Sie haben Ihren festen Standpunkt und sehen die Welt von dort aus in Ihrer Perspektive. Wenn Sie Ihren Standpunkt verändern, dann ändert sich damit automatisch auch Ihre Perspektive, Ihr Blick auf die Welt, oder wie in unserem Beispiel auf die Bronzestatue von Henry Moore.

Bevor wir uns mit den verschiedenen Techniken der perspektivischen Darstellung beschäftigen, sollten Sie die wichtigsten allgemeinen Fachbegriffe zur Beschreibung des Raums in der Perspektive kennenlernen.

1.4.2.1 Augenhöhe und Horizont

Stehen Sie gerade und schauen Sie geradeaus. Sie sehen in der Ferne den Horizont. Er befindet sich genau auf Ihrer Augenhöhe. Genau in der Mitte Ihres Gesichtsfeldes liegt auf dem Horizont der Augenpunkt. Die Augenhöhe ist der Abstand, den Ihre Augen vom Boden haben. Wenn Sie in die Knie gehen, verringert sich die Augenhöhe und der Horizont verschiebt sich auch nach unten. Steigen Sie dagegen auf eine Leiter, dann vergrößert sich die Augenhöhe, der Horizont steigt mit nach oben.

Ihr Blick auf ein Objekt oberhalb des Horizonts fällt nur auf die Seitenflächen und die Unterseite. Alle Objekte auf Augen- bzw. Horizonthöhe sehen Sie von vorne und die Objekte unterhalb der Augenhöhe betrachten Sie von oben.

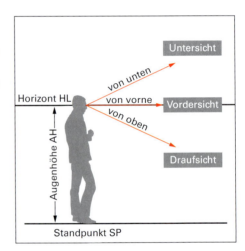

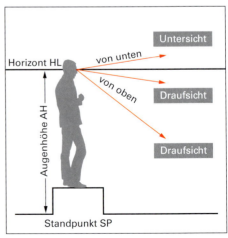

Perspektive

1.4.2.2 Ebenen und Linien

Von Ihrem Standpunkt ausgehend wird der Raum durch verschiedene Ebenen und Linien gegliedert. Die Fläche, auf der Sie stehen, heißt Grundebene. Das Blickfeld vor Ihnen von der Augenhöhe zum Horizont wird mit Horizontebene bezeichnet. Die von Ihren Augen aus gerade zum Horizont verlaufende Augenlinie trifft diesen im Augenpunkt.

Senkrecht zur Grund- und Horizontebene steht die Bildebene. Wir können uns die Bildebene als Fensterscheibe vorstellen, durch die wir auf das Motiv schauen. Auf dieser Bildebene bildet sich zweidimensional das gesehene, gezeichnete oder fotografierte Bild ab. Dort, wo sich die Bildebene und die Horizontebene treffen, sehen wir die Horizontlinie oder kurz gesagt den Horizont.

Die Grundebene wiederum dehnt sich im Bild von Ihrem Standpunkt bis zum Horizont aus. Wie weit sich die Grundebene dehnt bzw. die Höhe des Horizonts im Bild, das hängt direkt von Ihrem Standpunkt und somit Ihrer Augenhöhe ab.

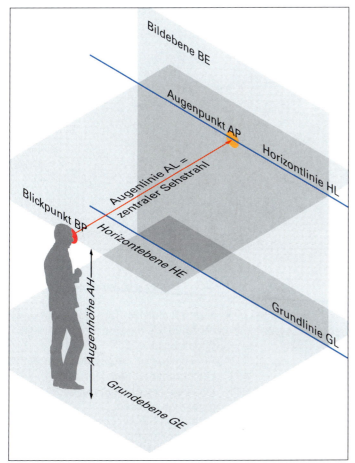

Ebenen und Linien im Raum

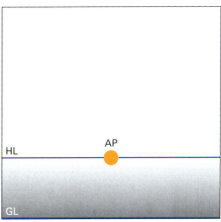

Bildebene BE, geringe Augenhöhe

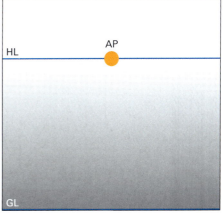

Bildebene BE, große Augenhöhe

71

1.4.3 1-Punkt-Perspektive nach DIN ISO 5456-4

Bei der 1-Punkt-Perspektive verlaufen alle parallelen Linien der Raumtiefe zu einem zentralen Fluchtpunkt auf dem Horizont. Die beiden anderen Raumachsen verlaufen parallel zur Bildebene. Man nennt diese Art der Perspektive deshalb auch Zentral- oder Parallelperspektive. Der Fluchtpunkt liegt im Schnittpunkt der Augenlinie bzw. des zentralen Sehstrahls mit der Horizontlinie. Er ist somit mit dem Augenpunkt identisch.

Fluchtlinien, die zu Objekten oberhalb des Horizonts führen, steigen an, Fluchtlinien unterhalb des Horizonts sind abfallend.

1-Punkt-Perspektive

- Alle Parallelen der Raumtiefe treffen sich in einem Fluchtpunkt.
- Der zentrale Fluchtpunkt entspricht dem Augenpunkt und liegt auf der Horizontlinie.
- Die Vertikalen und Horizontalen bleiben unverändert.

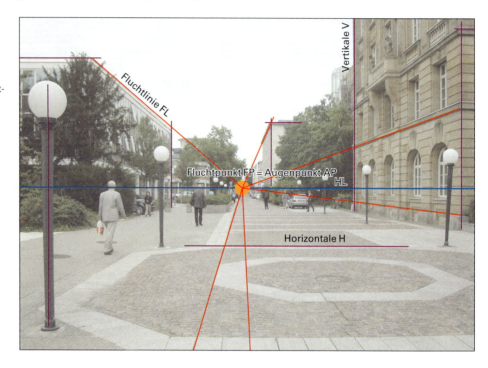

Freie Zeichnung

V: Vertikale
H: Horizontale
FP: Fluchtpunkt
FL: Fluchtlinie
HL: Horizontlinie
GL: Grundlinie

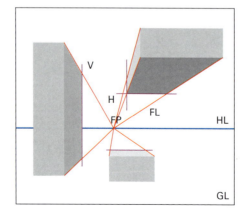

1.4.3.1 Freie Zeichnung

- Legen Sie die Horizonthöhe fest und zeichnen Sie die Horizontlinie in die Bildebene ein.
- Als Zweites setzen Sie den zentralen Fluchtpunkt auf den Horizont.
- Zeichnen Sie nun die zur Bildebene parallelen Flächen.
- Verbinden Sie die Ecken der Flächen mit dem Fluchtpunkt und begrenzen die Flächen in der Raumtiefe durch vertikale und horizontale Linien.

Perspektive

1.4.3.2 Konstruktion

Die maßstäblich korrekte Umsetzung eines Aufrisses in die 1-Punkt-Perspektive ist mittels Projektionspunkte und -linien einfach zu realisieren. Sie können die Abfolge der Arbeitsschritte aus unserem Beispiel direkt auf jede beliebige Zeichnung anwenden.
- Zeichnen Sie zunächst den Aufriss.
- Legen Sie nun Ihren Standpunkt unterhalb des Grundrisses fest.
- Ziehen Sie im nächsten Schritt die Hilfslinien vom Standpunkt zu den Ecken der Felder. Aus den Schnittpunkten mit der vorderen Linie des Grundrisses ergeben sich die Projektionspunkte.
- Da in der Horizontalen keine perspektivische Verjüngung stattfindet, können Sie die Maße aus dem Grundriss unverändert auf die Grundlinie der Bildebene übertragen.
- Die Raumhöhe können Sie, da auch in der Vertikalen keine perspektivische Verjüngung stattfindet, ebenfalls direkt auf die Vertikale der Bildebene übertragen.
- Legen Sie nun die Höhe der Horizontlinie fest.
- Der Schnittpunkt zwischen Ihrer Augenlinie und dem Horizont ergibt die Lage des Fluchtpunkts.
- Ziehen Sie die Fluchtlinien von der Grundlinie und der Vertikalen zum Fluchtpunkt.
- Übertragen Sie als Nächstes die Projektionspunkte auf die linke Fluchtlinie.
- Als letzten Schritt müssen Sie noch die Horizontalen und die Vertikalen des gezeichneten Raums an den Schnittpunkten in der perspektivischen Zeichnung eintragen und die Felder einfärben.

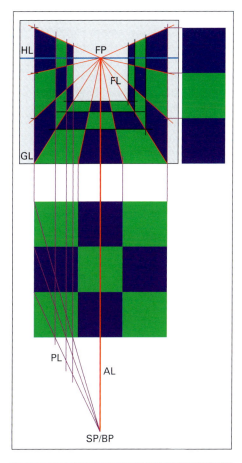

Konstruktion

HL: Horizontlinie
FP: Fluchtpunkt
FL: Fluchtlinie
GL: Grundlinie
PL: Projektionslinie
AL: Augenlinie
SP: Standpunkt
BP: Blickpunkt

1-Punkt-Perspektive in der Kunst

Carl Spitzweg
„Der arme Poet", 1839
Nur der Bücherstapel im vorderen Bereich des Bildes weicht von der 1-Punkt-Perspektive ab. Er ist in der 2-Punkt-Perspektive gemalt. Das Bild wirkt dadurch weniger konstruiert und somit natürlicher.

73

1.4.4 2-Punkt-Perspektive nach DIN ISO 5456-4

2-Punkt-Perspektive

- Parallele waagrechte und schräg zur Bildebene verlaufende Linien haben einen gemeinsamen Fluchtpunkt auf dem Horizont.
- Nicht parallel stehende Objekte haben verschiedene Fluchtpunkte.
- Senkrechte Linien haben keinen Fluchtpunkt, sie bleiben senkrecht.

Alle schräg zur Bildebene stehenden Objekte haben zwei Fluchtpunkte. Dabei verlaufen die jeweils parallelen Linien der Horizontalen zu einem eigenen Fluchtpunkt auf dem Horizont. Die beiden Fluchtpunkte eines Objekts liegen links und rechts vom Objekt auf dem Horizont. Alle parallelen Linien, die links von der dem Betrachter am nächsten liegenden Vertikalen sind, fliehen zum linken Fluchtpunkt, alle die rechts davon sind, treffen sich im rechten Fluchtpunkt. Die Vertikalen verlaufen, wie bei der 1-Punkt-Perspektive, parallel zur Vertikalen der Bildebene. Objekte, die nicht parallel auf der Grundebene stehen, haben jeweils eigene Fluchtpunkte.

Fluchtlinien, die zu Objekten oberhalb des Horizonts führen, steigen an, Fluchtlinien unterhalb des Horizonts sind abfallend.

Bei einem zu geringen Abstand des Betrachters zum Objekt wird der vordere Winkel kleiner als 90° dargestellt. Das gezeichnete Objekt wirkt verzerrt. Um eine perspektivisch korrekt wirkende Darstellung zu erreichen, müssen Sie bei solch extremen Blickpunkten Ihre Zeichnung in der 3-Punkt-Perspektive erstellen. Dort fluchten alle drei Dimensionen wie bei einer Weitwinkelaufnahme jeweils auf einen Fluchtpunkt.

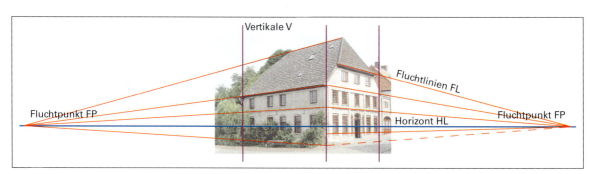

Freie Zeichnung

V: Vertikale
FL: Fluchtlinie
FP1: Fluchtpunkte von Quader 1
FP2: Fluchtpunkte von Quader 2
FP3: Fluchtpunkte von Quader 3
HL: Horizontlinie
GL: Grundlinie

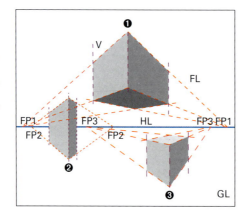

1.4.4.1 Freie Zeichnung

- Legen Sie die Horizonthöhe fest und zeichnen Sie die Horizontlinie in die Bildebene ein.
- Zeichnen Sie nun die vorderste Vertikale des Objekts.
- Als Drittes setzen Sie die beiden Fluchtpunkte auf den Horizont.
- Verbinden Sie die Endpunkte der Vertikalen mit den Fluchtpunkten und begrenzen Sie die Flächen in der Raumtiefe durch vertikale Linien.
- Ziehen Sie Fluchtlinien von den Schnittpunkten der hinteren Vertikalen mit den bestehenden Fluchtlinien.

1.4.4.2 Konstruktion

Da die beiden Fluchtpunkte eines Objekts naturgemäß nicht gleich dem Augenpunkt sind, ist die Umsetzung eines Aufrisses in die 2-Punkt-Perspektive etwas schwieriger als bei der 1-Punkt-Perspektive. Breite und Tiefe müssen von Ihnen in die perspektivische Zeichnung übertragen werden. Die vordere Höhe kann direkt übernommen werden. Die seitlichen und hinteren Höhen des Objekts ergeben sich aus der Konstruktion von Breite und Tiefe.

Selbstverständlich können Sie die Abfolge der Arbeitsschritte aus unserem Beispiel direkt auf jede beliebige Zeichnung anwenden.

Fluchtpunkte und Lage des Objekts

Unser Beispiel zeigt die Konstruktion im schwierigsten Fall. Das Objekt liegt seitlich versetzt zur Augenlinie und beginnt nicht an der Grundlinie. Die Objektbreite und -tiefe werden maßstäblich übertragen. Falls Ihr Objekt ohne Versatz in der Bildebene wiedergegeben wird, sind die Strecken einfach null. Wenn das Objekt im Raum schwebt, dann wird seine Grundfläche senkrecht nach unten auf die Grundfläche projiziert und die Fluchtpunkte werden nach der hier gezeigten Methode ermittelt.

- Vor der Festlegung der Fluchtpunkte definieren Sie zunächst die Lage des Objekts, die Bildebene, Ihren Standpunkt als Betrachter und daraus abgeleitet die Horizonthöhe.
- Zeichnen Sie zunächst den Aufriss ❶.
- Übertragen Sie die beiden Winkel α und β der Seiten des Objekts zur Grundlinie auf die beiden Fluchtlinien vom Standpunkt SP zum Horizont zu den Fluchtpunkten FP1 und FP2.

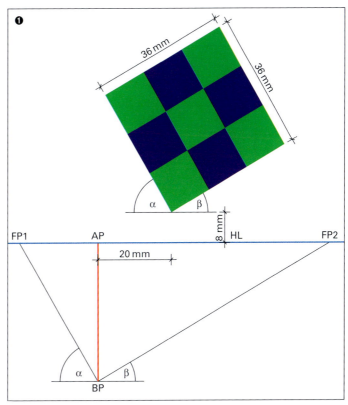

Raumtiefe der Objektgrundfläche

- Zeichnen Sie den Hilfspunkt H1 in 20 mm Distanz rechts von der Augenlinie auf der Grundlinie ein ❷.
- Ziehen Sie im nächsten Schritt eine Hilfslinie vom Punkt H1 zum Augenpunkt AP.
- Tragen Sie jetzt die Tiefe von 8 mm vom Hilfspunkt H1 nach links auf der Grundlinie ab. Sie erhalten den zweiten Hilfspunkt H2.
- Ziehen Sie vom Punkt H2 eine Fluchtlinie zum Fluchtpunkt FP2.
- Der Schnittpunkt der beiden Geraden H1AP und H2FP2 ist die Position der vorderen unteren Ecke des Objekts, des Eckpunkts EP.

Aufriss mit Fluchtpunkten
AP: Augenpunkt
BP: Blickpunkt, Standpunkt des Beobachters
HL: Horizontlinie
FP1: Fluchtpunkt 1
FP2: Fluchtpunkt 2

weitere Abkürzungen
EP: Eckpunkt
GL: Grundlinie
H: Hilfspunkt
S: Schnittpunkt
SP: Standpunkt
TP: Teilungspunkt

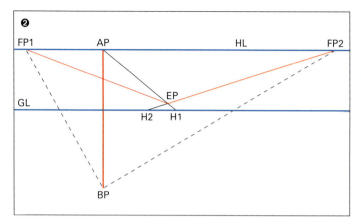

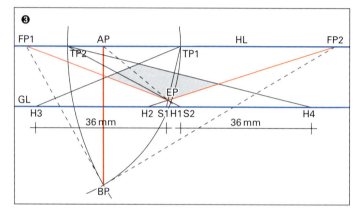

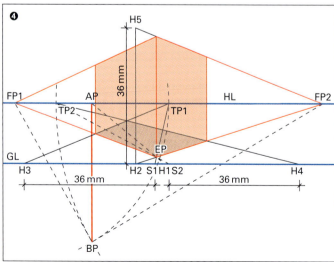

Objektbreite und -tiefe

- Im nächsten Schritt legen Sie die Raumtiefe entsprechend den gegebenen Maßen fest ❸.
- Schlagen Sie um den Fluchtpunkt FP1 einen Kreisbogen mit dem Radius $\overline{FP1BP}$. Sie erhalten dadurch den Teilungspunkt TP1 auf der Horizontlinie HL.
- Den zweiten Kreisbogen schlagen Sie um den Fluchtpunkt FP2, der Radius ist jetzt die Entfernung von FP2 zum BP. Der Schnittpunkt des Kreisbogens mit der Horizontlinie ergibt den Teilungspunkt TP2.
- Ziehen Sie eine Gerade vom Teilungspunkt TP1 durch den Eckpunkt EP zur Grundlinie GL.
- Tragen Sie die Tiefe des Objekts, in unserem Beispiel 36 mm, vom Schnittpunkt S1 nach links auf der Grundlinie ab. Sie erhalten den Hilfspunkt H3.
- Zeichnen Sie eine Gerade vom Hilfspunkt H3 zum Teilungspunkt TP1. Der Schnittpunkt mit der Fluchtlinie $\overline{FP1EP}$ bestimmt die Tiefe des Objekts.
- Bestimmen Sie nun die Breite des Objekts in der Zeichnung. Ziehen Sie eine Gerade vom Teilungspunkt TP2 durch den Eckpunkt EP zur Grundlinie GL.
- Tragen Sie die Breite des Objekts, in unserem Beispiel 36 mm, vom Schnittpunkt S2 nach rechts auf der Grundlinie ab. Sie erhalten den Hilfspunkt H4.
- Zeichnen Sie eine Gerade vom Hilfspunkt H4 zum Teilungspunkt TP2. Der Schnittpunkt mit der Fluchtlinie $\overline{FP2EP}$ markiert die Breite des Objekts.

Perspektive

Objekthöhe
- Jetzt kommt die Höhe als dritte Dimension hinzu ❹. Zeichnen Sie die Höhe, 36 mm, senkrecht im Hilfspunkt H2 ein. Am oberen Ende erhalten Sie den Hilfspunkt H5.
- Ziehen Sie eine Hilfslinie vom Hilfspunkt H5 zum Fluchtpunkt FP2.
- Zeichnen Sie jetzt die vordere Höhe des Objekts vom Eckpunkt EP bis zu Hilfslinie ein.
- Ziehen Sie eine Fluchtlinie von diesem Punkt zum Fluchtpunkt FP1.
- Zum Schluss zeichnen Sie noch die beiden Höhen an den hinteren Eckpunkten ein. Die beiden sichtbaren Flächen sind damit fertig gezeichnet.
- Die Karos der Vorlage aus Abbildung ❶ verbleiben Ihnen als letzte Aufgabe. Verfahren Sie dabei nach dem Schema aus ❸.

1.4.4.3 Raumdarstellung in der 1- und 2-Punkt-Perspektive

Die beiden Fluchtpunktperspektiven unterscheiden sich in den Möglichkeiten der Raumdarstellung. In der Außendarstellung eines Körpers zeigt die 1-Punkt-Perspektive maximal 3 Flächen. Dagegen sind in der Innendarstellung

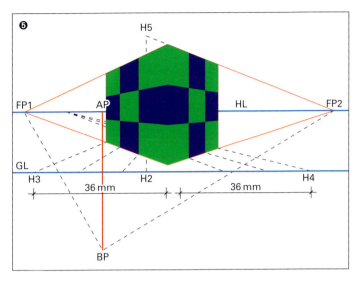

bis zu fünf Raumflächen möglich. Mit der 2-Punkt-Perspektive sind dagegen jeweils nur maximal 3 Raumflächen darstellbar. Die Wahl der Perspektive ist also nicht nur vom Standpunkt und Blickwinkel des Betrachters abhängig. In der Mediengestaltung bestimmt viel mehr der Aussagewunsch die Art der Darstellung. Es geht darum, die jeweils optimale Art der perspektivischen Darstellung zu wählen. Dafür gibt es leider keine allgemein gültigen Empfehlungen, die Entscheidung, welche Perspektive geeignet ist, liegt bei Ihnen.

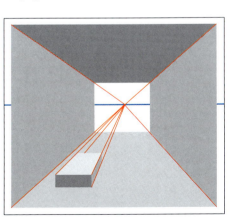
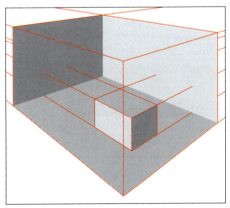

Raumdarstellung in der 1-Punkt- und der 2-Punkt-Perspektive

77

1.4.5 3-Punkt-Perspektive nach DIN ISO 5456-4

Sie fliegen als Vogel über die Welt und betrachten die Dinge von oben. Oder Sie stehen als kleiner Mensch vor einem Wolkenkratzer. Die 3-Punkt-Perspektive bietet für beide Fälle die Lösung. Sie ist die ideale Perspektive für die Darstellung extremer Sichtweisen.

3-Punkt-Perspektive bedeutet, dass bei dieser Perspektive nicht nur die Breite und Tiefe, sondern auch die dritte Dimension, die Höhe, auf einen eigenen Fluchtpunkt bezogen wird.

Die 3-Punkt-Perspektive wird meist in freien Zeichnungen angewandt. Es ist aber natürlich auch möglich, die Zeichnung nach konkreten Maßvorgaben zu konstruieren. Diese maßstäbliche Umsetzung in eine perspektivische Zeichnung geschieht analog der im Abschnitt 1.4.3.2 vorgestellten Abfolge.

1.4.5.1 Vogelperspektive

Der Standpunkt des Betrachters befindet sich bei der Vogelperspektive weit oberhalb des Objekts. Wir haben deshalb, ähnlich wie bei der Zentralperspektive in der Raumtiefe, eine perspektivische Verjüngung in der Raumhöhe zur Grundebene hin. Die Vertikalen eines Objekts treffen sich in einem Fluchtpunkt unterhalb des Objekts.

1.4.5.2 Froschperspektive

Die Froschperspektive ist der Vogelperspektive naturgemäß genau entgegengesetzt. Wir nehmen ebenfalls eine Verjüngung der Vertikalen wahr, diesmal aber nicht nach unten, sondern nach oben. Die Vertikalen fluchten zum oberhalb befindlichen Fluchtpunkt.

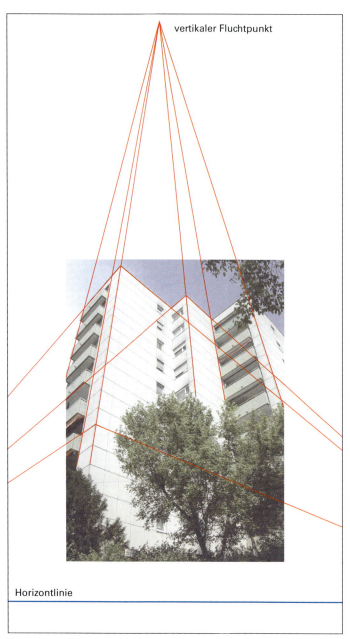

Froschperspektive

1.4.6 Kreise und Ellipsen

Runde Formen verändern durch die Perspektive ihr Aussehen natürlich ebenso wie rechteckige Formen. Aus Kreisen werden in der perspektivischen Darstellung Ellipsen. Dabei gilt, je größer die Entfernung vom Horizont, desto offener ist die Ellipse. Direkt auf der Horizontlinie ist nur noch eine Linie zu sehen.

1.4.6.1 Konstruktion

Eine Ellipse hat immer zwei unterschiedlich lange Achsen. Bei waagrecht liegenden Kreisen ist die Längsachse der Ellipse in der perspektivischen Darstellung ebenfalls waagrecht.

Fluchtpunktkonstruktion
- Zeichnen Sie einen Kreis und das ihn umschließende Quadrat.
- Konstruieren Sie die perspektivische Darstellung des Quadrats auf den entsprechenden Fluchtpunkt hin.
- Zeichnen Sie jetzt in beide Flächen jeweils die Diagonalen ein. Die Schnittpunkte mit der Kreisline entsprechen den Schnittpunkten mit der Ellipse. Der Mittelpunkt MK des Kreises bleibt im Schnittpunkt der Diagonalen. Die Ellipse hat ihren Mittelpunkt ME im geometrischen Mittelpunkt der perspektivisch verzerrten Fläche.

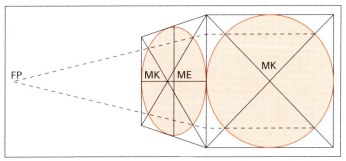

Ellipsenkonstruktion
MK: Kreismittelpunkt
ME: Ellipsenmittelpunkt

1.4.6.2 Besondere Formen

Seitliche Enden
Bei sehr flachen Ellipsen mit einer großen Längsachse und kurzer Querachse sieht man, vor allem bei Freihandzeichnungen oder bei aus Kreissegmenten zusammengesetzten Ellipsen, immer wieder spitz zulaufende seitliche Enden. Dies ist zeichnerisch falsch. Die Enden einer Ellipse sind niemals spitz, sondern immer rund.

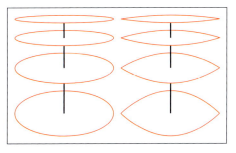

Ellipsenenden
links: korrekt
rechts: falsch

Kreisring – Ellipsenring
Bei einem Kreisring haben der innere und der äußere Ring einen gemeinsamen Mittelpunkt. Durch die Verjüngung nach hinten ist beim Ellipsenring der vordere Rand breiter als der hintere Rand. Die Achse der inneren Ellipse ist dementsprechend weiter hinten bzw. in der Bildebene weiter oben.

Zylinder
Beim Zeichnen eines Zylinders müssen Sie beachten, dass sich die Ellipsen oberhalb und unterhalb des Horizonts mit zunehmender Entfernung der Kreisform nähern. Die obere und die untere Ellipse haben deshalb grundsätzlich unterschiedlich lange Querachsen. Die Längsachsen sind immer gleich lang.

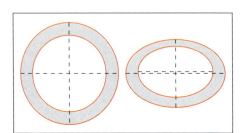

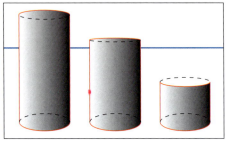

Kreisring und Ellipsenring

Die Längsachsen sind beim Ellipsenring nach oben versetzt.

Kegel
Die Seitenlinien des Kegelmantels dürfen die Ellipse der Grundfläche nur berühren, nicht schneiden. Je flacher die Ellipse ist, desto näher rücken die Seitenlinien an die Längsachse heran.

Muster
Wenn Sie regelmäßige Muster auf den Mantel eines Zylinders zeichnen, dann muss sich der Abstand der Musterelemente natürlich perspektivisch verändern. Die lineare Projektion haben Sie schon im Abschnitt 1.4.3.2 kennengelernt, die Übertragung auf eine Rundung erfolgt analog dazu.
- Zeichnen Sie zunächst einen Halbkreis mit der Musterteilung.
- Übertragen Sie die Teilung.
- Füllen Sie das Muster entsprechend der übertragenen Teilung.

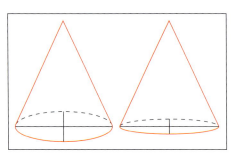

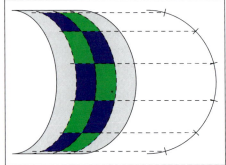

1.4.7 Licht und Schatten

Erst durch Licht und Schatten wirken Ihre Zeichnungen wirklich plastisch und natürlich. Zu Ihrem Standpunkt als Beobachter kommt jetzt noch ein zweiter Standpunkt hinzu, die Position der Lichtquelle. Daraus ergeben sich zwei Faktoren, die Sie bei der Schattenkonstruktion beachten müssen:
- *Schattenrichtung*, sie ist von der Richtung, aus der das Licht auf das Objekt fällt, abhängig.
- *Schattenlänge*, sie ist vor allem vom Abstand der Lichtquelle zur Grundebene abhängig.

1.4.7.1 Künstliche Lichtquelle

Einfache Schatten
- Vor der Konstruktion des Schattens definieren Sie zunächst die Lage des Objekts, die Bildebene, Ihren Standpunkt als Betrachter und daraus abgeleitet die Horizonthöhe und erstellen die perspektivische Zeichnung.
- Legen Sie die Position und Höhe der Lichtquelle LQ über der Grundebene fest.
- Zeichnen Sie nun senkrecht unter der Lichtquelle auf der Grundebene den Schattenfluchtpunkt SFP ein. Durch seine Lage definieren Sie die Richtung des Lichteinfalls und damit die Schattenrichtung.
- Ziehen Sie Schattenfluchtlinien vom Schattenfluchtpunkt durch alle auf der Grundebene liegenden Punkte des Objekts.
- Als nächsten Schritt zeichnen Sie die Lichtfluchtlinien von der Lichtquelle über die oberen Eckpunkte des Objekts zur Grundebene, bis sich Licht- und Schattenfluchtlinien der vertikal verbundenen Objektpunkte schneiden.

- Verbinden Sie die Schattenpunkte und die äußeren Objekteckpunkte auf der Grundebene zur Schattenfläche.

Perspektive

Band I – Seite 333
4.1.5 Licht und Beleuchtung

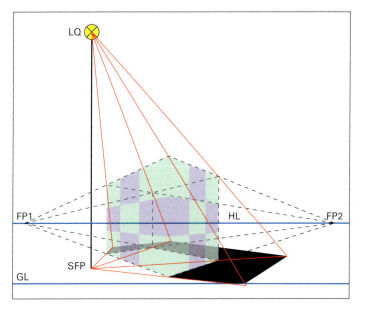

Gebrochene Schatten
Als gebrochene Schatten werden Schatten bezeichnet, die nicht nur flach auf der Grundebene liegen. Der Schattenwurf trifft auf ein Hindernis und bildet sich darauf ab. Dabei richtet sich der Verlauf nach der Ebene, in der das Hindernis fluchtet.

Schattenkonstruktion
LQ: Lichtquelle
SFP: Schattenfluchtpunkt
HL: Horizontlinie
GL: Grundlinie
FP1: Fluchtpunkt 1
FP2: Fluchtpunkt 2

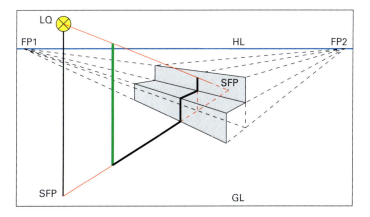

1.4.7.2 Natürliche Lichtquelle – die Sonne

Tiefstehende Sonne
Den Schatten, den die tiefstehende Sonne wirft, konstruieren Sie genau gleich wie den Schatten einer künstlichen Lichtquelle. Durch die großen Dimensionen wird der Schattenfluchtpunkt allerdings immer senkrecht unter der Position der Sonne auf dem Horizont eingezeichnet.

Schattenkonstruktion
Die Sonne steht immer über dem Horizont.
LQ: Lichtquelle
SFP: Schattenfluchtpunkt
HL: Horizontlinie

Hochstehende Sonne
Der Standpunkt der Sonne ist von der Jahres- und der Tageszeit abhängig. Wenn die Sonne sehr hoch über dem Horizont steht, dann können Sie die Position der Lichtquelle natürlich nicht auf dem Zeichenformat einzeichnen. Wir konstruieren dann den Schatten nicht mit Licht- und Schattenfluchtpunkt, sondern mit dem Schattenfluchtpunkt und einem angenommenen Lichteinfallswinkel. Die Lage des Schattenfluchtpunkts zum Objekt bestimmt die Schattenrichtung, aus dem Einfallswinkel ergibt sich die Schattenlänge. Üblicherweise gehen wir davon aus, dass die Sonne von uns aus gesehen links steht. Ein Lichteinfall von links heißt, der Schatten fällt auf der Bildebene nach rechts. Als Lichteinfallswinkel werden häufig die Standardwinkel 30°, 45° oder 60° verwendet.

1.4.7.3 Kern- und Halbschatten

Wird ein Objekt von mehr als einer Lichtquelle beleuchtet, dann wirft dieses Objekt mehrere Schatten. Je nach Lage der Lichtquellen kann es zu einer Überlagerung der Schatten kommen.
Die Fläche, die von allen Lichtquellen zusammen beschattet wird, heißt Kernschatten. Der Kernschatten wird aus der Schnittfläche der Einzelschatten gebildet. Die Flächen, die z. B. von einer Lichtquelle beleuchtet und von einer andern beschattet werden, nennt man Halbschatten. Da der Halbschatten nicht vollständig im Schatten aller Lichtquellen liegt, sondern teilweise noch beleuchtet wird, erscheint er heller als der Kernschatten. Durch Beugungseffekte an den Objektkanten sind die Schattenflächen in der Realität nicht exakt scharf voneinander getrennt.

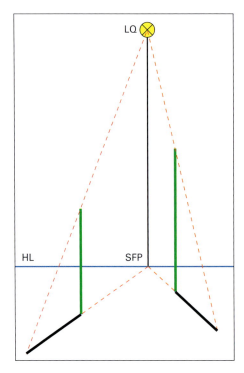

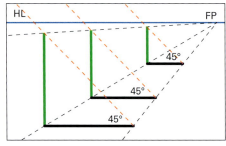

Schattenkonstruktion
Die Entfernung Sonne Horizont ist für das Zeichenformat zu groß. Deshalb gilt hier ein allgemeiner Lichteinfallswinkel, meist 30°, 45° oder 60°.
FP: Fluchtpunkt
HL: Horizontlinie

Perspektive

Schattenkonstruktion
Mehrere Lichtquellen erzeugen Kern- und Halbschatten.

Schattenspiele
...
und alle halten sich an die Regeln der Fluchtpunktperspektive.

83

1.4.8 Axonometrie nach DIN ISO 5456-3

Band II – Seite 365
6.3.5 3D-Grafik

In der Axonometrie werden Körper durch Parallelprojektion auf eine Ebene zeichnerisch dargestellt.

Im Gegensatz zur Fluchtpunktperspektive sind bei den axonometrischen Darstellungsmethoden immer drei Seiten des Körpers sichtbar, die Vorderansicht, die Draufsicht und eine Seitenansicht. Axonometrische Zeichnungen werden in einem festen Maßstab und mit genormtem Seitenverhältnis ausgeführt. Deshalb können Sie die Originalmaße direkt aus der Zeichnung entnehmen.

Die visuelle Bedeutung der drei Raumebenen unterscheidet sich in den verschiedenen axonometrischen Verfahren. Wählen Sie deshalb für Ihre Darstellung jeweils die für Ihren Aussagewunsch passende aus.

1.4.8.1 Isometrie

Die isometrische Darstellung gibt allen drei Raumebenen die gleiche visuelle Bedeutung.

Bei der Isometrie bildet die Projektionsebene drei gleiche Winkel mit den Raumachsen X, Y und Z. Alle drei Raumrichtungen stehen im gleichen Seitenverhältnis. Das Verhältnis der Längensegmente auf den Koordinatenachsen zueinander beträgt $u_{x''} : u_{y''} : u_{z''} = 1:1:1$. Die zur Grundebene parallelen Kanten der Vorderansicht, der Seitenansicht und der Draufsicht stehen in einem Winkel von 30° zur Grundlinie. Die Vertikalen bleiben unverändert. Dadurch ist gewährleistet, dass alle parallelen Objektkanten auch parallel wiedergegeben werden.

Da ein isometrisch dargestelltes Objekt größer wirkt, als es in Wirklichkeit ist, wird ein Verkürzungsfaktor für die Achsen von 0,816 berücksichtigt. Die projizierten Längen sind damit $u_{x'} : u_{y'} : u_{z'} = 0,816$.

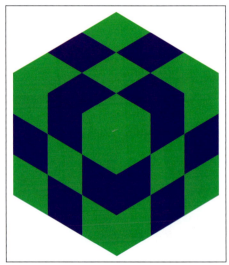

Isometrische Darstellung eines Würfels

1.4.8.2 Dimetrie

Bei der dimetrischen Darstellung wird eine Ansicht des Objekts besonders hervorgehoben.

Die Dimetrie stellt, wie die Isometrie, parallele Kanten eines Objekts parallel

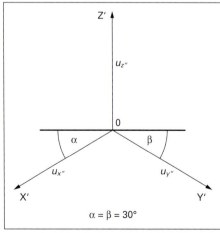

Raumachsen in der Isometrie

dar, allerdings in einem anderen Seitenverhältnis $u_{x'} : u_{y'} : u_{z'} = 0{,}5 : 1 : 1$ und mit unterschiedlichen Winkeln zur Grundlinie. Von der Vorderkante aus nach links in Y-Richtung ist die Vorderansicht um 7° zur Grundlinie verzerrt. Die Seitenansicht ist nach rechts in X-Richtung um 42° verzerrt.

verzerrt als in der Isometrie und der Dimetrie. Die Seitenansicht und die Draufsicht dienen vor allem zur Visualisierung der Räumlichkeit.

Im Gegensatz zu den beiden vorhergehend beschriebenen Verfahren verläuft die Projektionsebene bei der Kabinettprojektion senkrecht zu den Hauptprojektionsachsen. Die dritte Koordinatenachse verläuft unter einem Winkel von 45°. Ihre Richtung ist nicht festgelegt. Die dritte Koordinatenachse Y' wird außerdem um den Faktor 2 in ihrer Länge reduziert. Die Proportionen der Zeichnung wirken dadurch natürlicher.

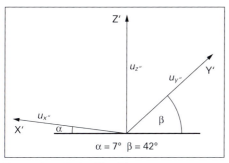

Raumachsen in der Dimetrie

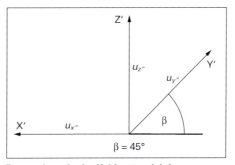

Raumachsen in der Kabinettprojektion

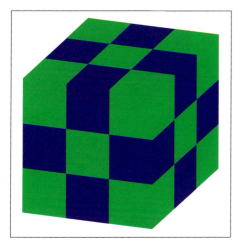

Dimetrische Darstellung eines Würfels

1.4.8.3 Kabinettprojektion

Bei der Kabinettprojektion, Kabinettperspektive, wird die Vorderansicht nicht verzerrt und damit in der Originalansicht dargestellt. Die beiden anderen Ebenen sind dadurch natürlich stärker

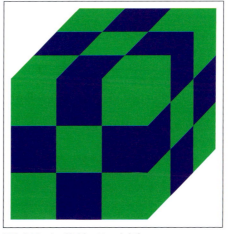

Würfel in der Kabinettprojektion

1.4.9 Normalprojektion nach DIN ISO 5456-2

Die Darstellung der einzelnen Seiten eines Körpers nennt man Projektion. Wir unterscheiden drei Projektionstechniken, mit Hilfe derer sich Punkte, Strecken und Flächen von Körpern in einer Ebene darstellen lassen:
- Zentralprojektion
- Allgemeine Parallelprojektion
- Senkrechte Parallelprojektion.

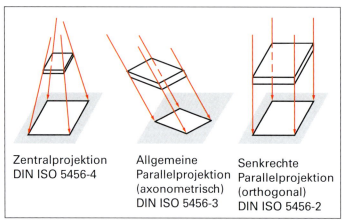

Projektionsarten nach DIN ISO 5456

Die Zentralprojektion und die allgemeine Parallelprojektion haben Sie auf den vorhergehenden Seiten kennengelernt. Hier geht es jetzt nicht um die Visualisierung des ganzen Körpers, sondern um Projektionsmethoden zur Darstellung einzelner ebenen Ansichten als so genannte Dreitafelprojektion. Die Dreitafelprojektion ist eine senkrechte oder orthogonale Parallelprojektion. Dabei werden die drei senkrecht zueinander stehenden Ebenen in die jeweilige Projektionsebene projiziert:
- Vorderansicht (Aufriss)
- Draufsicht (Grundriss)
- Seitenansicht (Seitenriss)

Die drei Projektionsebenen bilden mit der X-Achse, Y-Achse und Z-Achse eine Raumecke. Nach dem Aufklappen des Raums in die Ebene der Vorderansicht liegen die Ansichten nebeneinander.

1.4.9.1 Bezeichnung der Ansichten

Um einen Körper in zweidimensionalen Ansichten vollständig darstellen zu können, sind die folgenden sechs Ansichten notwendig. Wählen Sie bei der Zuordnung der Ansichten als Haupt- oder Vorderansicht die Seite des Körpers, die die meiste Information liefert. Falls dies zur Darstellung notwendig sein sollte, können Sie die sechs Ansichten noch durch zusätzliche Schnitte ergänzen.

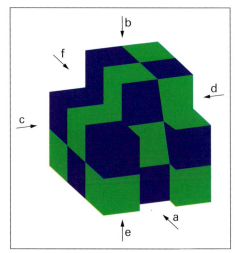

Bezeichnung der Ansichten

Die Vorderansicht oder Hauptansicht A zeigt immer die Seite des Körpers, die die meiste Information liefert.

Betrachtungsrichtung		Bezeichnung der Ansicht
Ansicht in Richtung	Ansicht von	
a	vorn	A
b	oben	B
c	links	C
d	rechts	D
e	unten	E
f	hinten	F

Perspektive

1.4.9.2 Projektionsmethode 1

Bei der Projektionsmethode 1 ist der Körper zwischen dem Beobachter und den Raumebenen platziert.

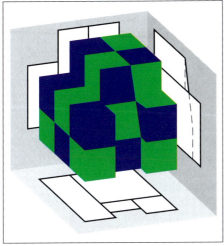

Anordnung der Projektionsebenen nach der Projektionsmethode 1

Aus dieser Sichtweise auf den darzustellenden Gegenstand ergibt sich die folgende Anordnung der Ansichten. Die Position der Ansichten ist jeweils bezogen auf die Vorder- oder Hauptansicht A:
- Draufsicht B liegt unterhalb.
- Untersicht E lliegt oberhalb.
- Seitenansicht C von links liegt rechts.
- Seitenansicht D von rechts liegt links.
- Rückansicht F darf rechts oder links liegen.

1.4.9.3 Projektionsmethode 3

Bei der Projektionsmethode 3 scheint der Körper vom Betrachter hinter den Raumebenen platziert. Aus dieser Sichtweise ergibt sich für die Projektionsmethode 3 die folgende Anordnung der Ansichten bezogen auf die Vorder- oder Hauptansicht A:
- Draufsicht B liegt oberhalb.
- Untersicht E liegt unterhalb.
- Seitenansicht C von links liegt links.
- Seitenansicht D von rechts liegt rechts.
- Rückansicht F darf rechts oder links liegen.

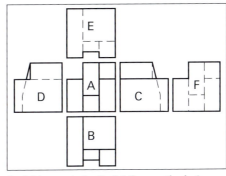

Ansichten nach der Projektionsmethode 1

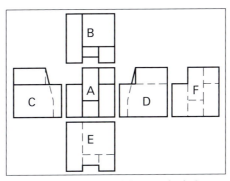

Ansichten nach der Projektionsmethode 3

1.4.9.4 Pfeilmethode

Bei der Pfeilmethode dürfen Sie die Ansichten frei anordnen. Mit einem Kleinbuchstaben und Pfeil kennzeichnen Sie die Betrachtungsrichtung. Die einzelnen Ansichten, außer der Hauptansicht, werden mit einem Großbuchstaben gekennzeichnet.

Linienarten nach DIN ISO 128-24

- Volllinie, breit: sichtbare Kanten und Umrisse
- Strichlinie, schmal: unsichtbare Kanten und Umrisse

1.4.10 Luft- und Farbperspektive

Band I – Seite 91
1.5 Farbgestaltung

Band I – Seite 332
4.1.4 Perspektive und Raumwirkung

Luftperspektive und Farbperspektive unterscheiden sich grundsätzlich von den Linearperspektiven, mit denen wir uns in diesem Kapitel bisher befasst haben. Die räumliche Wirkung wird in der Luft- und Farbperspektive nicht durch die Projektion der drei Dimensionen in die zweidimensionale Zeichenfläche erzielt, sondern durch die visuelle Wirkung unterschiedlicher Sättigung, Helligkeit und Farbtöne der verschiedenen Bildebenen.

1.4.10.1 Ursache und Wirkung

Luftperspektive
Staub und Feuchtigkeit in der Luft streuen das Licht. Dadurch verringert sich der Kontrast und die Sättigung mit zunehmender Entfernung. Die Konturen werden unschärfer, scheinen sich manchmal sogar aufzulösen. Außer bei ganz klarer Luft, dann erscheint uns plötzlich alles ganz nah und unwirklich. Unwirklich, weil die klare Luft die Ausnahme und die diesige Luft das Normale ist. Unsere Wahrnehmung ist vom Normalen geprägt, Abweichungen von der Norm sind deshalb immer überraschend und verwirrend.

Farbperspektive
Die Farbperspektive tritt in der Natur immer zusammen mit der Luftperspektive auf. Staub und Luftfeuchtigkeit streuen nicht nur das Licht, sondern absorbieren auch Teile des Lichts. Weißes Licht setzt sich aus unterschiedlichen Wellenlängenanteilen zusammen, die von der Luft verschieden absorbiert werden. Langwelliges rotes und gelbes Licht wird stärker absorbiert als das kurzwellige blaue Licht. Mit zunehmender Entfernung wirken Bildbereiche deshalb nicht nur heller und weniger gesättigt, sondern auch bläulich. Auch im strahlend blauen Himmel sehen wir nur den Blauanteil des weißen Sonnenlichts.

Wirkung der Luft- und Farbperspektive bei diesiger Luft

Wirkung der Luft- und Farbperspektive bei klarer Luft

1.4.10.2 Umsetzung in der Gestaltung

Wir kennen die Effekte der Luft- und Farbperspektive aus der täglichen Wahrnehmungserfahrung. Durch ihre bewusste Anwendung wurden schon seit dem 14. und 15. Jahrhundert Bilder mit einer starken räumlichen Wirkung gemalt. Bis heute spielt die Luft- und Farbperspektive eine wichtige Rolle in der Malerei, der Fotografie und natürlich der Mediengestaltung.

Unscharf, hell und wenig gesättigt signalisiert uns weit entfernt, im Hintergrund, unwichtig. Blaue Farbtöne bedeuten weiter entfernt, deshalb werden in der Gestaltung häufig die warmen Farben mit hohem Rotanteil im Vorder- und Mittelgrund eingesetzt. Die kalten Farben mit höherem Blauanteil bestimmen den Hintergrund.

Mortlake Terrace Joseph Mallord William Turner, um 1826

Das volle Programm – Raumwirkung durch Linearperspektive, Licht und Schatten sowie Luft- und Farbperspektive

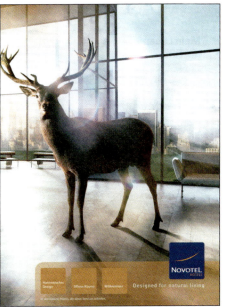

Luft- und Farbperspektive in Werbeanzeigen

Abb.: Stern 21/2007

1.4.11 Aufgaben

1 Perspektive erläutern

Was ist Gegenstand der Perspektive in der Mediengestaltung?

2 Augenhöhe und Horizont zeichnen

Zeichnen Sie den Horizont in den Bildrahmen ein:
a. bei geringer Augenhöhe

b. bei großer Augenhöhe

3 Blick- und Augenpunkt definieren

Definieren Sie die Begriffe:
a. Blickpunkt
b. Augenpunkt

4 Begriffe der Perspektive definieren

Definieren Sie die Begriffe:
a. Grundlinie

b. Horizontlinie
c. Bildebene

5 1-Punkt-Perspektive erklären

Erklären Sie das perspektivische Prinzip der 1-Punkt-Perspektive.

6 1-Punkt-Perspektive visualisieren

Zeichnen Sie die Draufsicht eines Quaders in der 1-Punkt-Perspektive.

7 2-Punkt-Perspektive erklären

Erklären Sie das perspektivische Prinzip der 2-Punkt-Perspektive.

8 2-Punkt-Perspektive visualisieren

Zeichnen Sie die Draufsicht eines Quaders in der 2-Punkt-Perspektive.

Perspektive

9 3-Punkt-Perspektive erklären

Erklären Sie das perspektivische Prinzip der 3-Punkt-Perspektive.

10 3-Punkt-Perspektive visualisieren

Zeichnen Sie die Draufsicht eines Quaders in der 3-Punkt-Perspektive.

11 Schatten konstruieren

Konstruieren Sie den Schatten für die beiden Stangen.

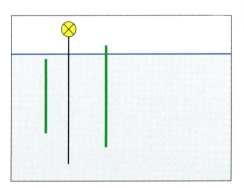

12 Axionometrie erklären

Erklären Sie das perspektivische Prinzip der Axonometrie.

13 Axionometriearten erklären

Erklären Sie das Konstruktionsprinzip von:
a. Isometrie
b. Dimetrie
c. Kabinettprojektion

14 Luft- und Farbperspektive erklären

Erklären Sie die Begriffe:
a. Luftperspektive
b. Farbperspektive

15 Farbperspektive visualisieren

Visualisieren Sie mit Blautönen die Raumwirkung der Farbperspektive.

91

1.5 Farbgestaltung

1.5.1	Die Farben des Regenbogens	94
1.5.2	Harmonie und Spannung	96
1.5.3	Farbklima	100
1.5.4	Farbatlas	104
1.5.5	Aufgaben	108

1.5.1 Die Farben des Regenbogens

Band I – Seite 5
1.1.2 Visuelle Wahrnehmung

Band II – Seite 203
4.1 Farbsysteme

Farbe …

… ist Ihr wichtigstes Gestaltungsmittel. Farbe schmückt, Farbe signalisiert, Farbe schreit, Farbe gliedert, Farbe kommuniziert, Farbe …

… ist relativ. Wie alle Sinneswahrnehmungen ist auch die Farbwahrnehmung nicht eindeutig. Farben wirken in verschiedenen Umgebungen unterschiedlich. Die Identität der Farbe liegt also nicht in der Farbe selbst, sondern sie wird durch den Zusammenhang bestimmt.

… hat immer eine bestimmte Botschaft.

… muss immer auch technisch mit vernünftigem Aufwand realisierbar sein.

… ist identitätsstiftend.

Die Farbwirkung im Druck wird durch den Zusammendruck verschiedenfarbiger Druckfarben erzielt. Prozessgrundfarben sind die subtraktiven Primärfarben Cyan, Magenta und Gelb, ergänzt durch Schwarz (CMYK).

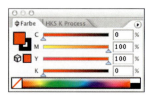

Für spezielle Anwendungen werden zusätzliche Sonderfarben gedruckt. Dies sind z. B. bestimmte Pantone- oder HKS-Farben als Hausfarbe einer Firma. Jede Druckfarbe bedarf einer eigenen Druckform und einem Druckwerk in der Druckmaschine. Sie müssen deshalb schon bei der Mediengestaltung den Aufwand im Druck berücksichtigen.

www.milka.de

1.5.1.1 Farbe im Druck und auf dem Bildschirm

Farbpaletten

Die Farbeinstellungen in allen vier abgebildeten Paletten dieses Abschnitts ergeben den gleichen Farbton.

Sie können in der Gestaltung jedes Mediums alle Farben des Regenbogens einsetzen. In den verschiedenen Druckverfahren und Technologien der Digitalmedien gibt es fast keine technischen, wohl aber gestalterische Grenzen.

In den Digitalmedien werden auf dem Monitor oder in der Projektion durch einen Beamer alle Farben mittels der additiven Mischung der drei Grundfarben Rot, Grün und Blau erzeugt. Es stehen Ihnen deshalb keine Sonderfarben zur Verfügung. Sie haben aber die freie Auswahl aus den 16,7 Millionen Farben des RGB-Systems. Dies verführt leider häufig dazu, möglichst viele der 16,7 Millionen Farben des RGB-Farbraums einzusetzen, da es dazu nur

Farbgestaltung

eines Mausklicks bedarf. Die Farbwerte können Sie je nach eingesetzter Software und Anwendung dezimal oder hexadezimal definieren.

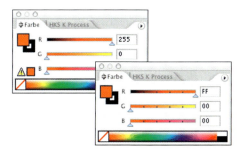

1.5.1.2 Farbkreis

Die Farben werden entsprechend ihrer Abfolge im Spektrum in einem Farbkreis geordnet. Als Basis dient der 6-teilige Farbkreis mit den drei Grundfarben der additiven Farbmischung Rot, Grün und Blau sowie der drei Grundfarben der subtraktiven Farbmischung Cyan, Magenta und Gelb (Yellow). Wir haben den 6-teiligen Farbkreis weiter unterteilt und so einen 24-teiligen Farbkreis erhalten. Die Farben sind in ihren Anteilen gleichabständig angeordnet.

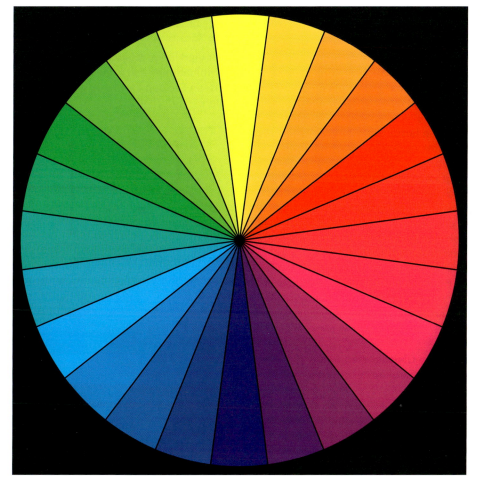

24-teiliger Farbkreis

1.5.2 Harmonie und Spannung

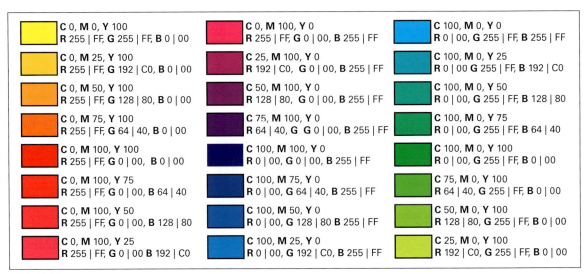

24 Farbfelder

aus dem 24-teiligen Farbkreis mit Farbwerten für den Druck (CMY) und die Digitalmedien (RGB, dezimal und hexadezimal)

Verwenden Sie Farben sparsam. Der Betrachter kann nur maximal fünf Farben auf einmal erfassen. Verwenden Sie besser drei oder vier Farben. Diese genügen vollkommen, um in Ihrer Gestaltung die farblichen Akzente zu setzen. Der Einsatz der Farben und damit die Hervorhebung einzelner Bereiche erfolgt nach der Wertigkeit. Wählen Sie für wichtige Teile des Designs als Leitfarbe eine auffallende Farbe. Für weniger wichtige Bereiche oder große Flächen nehmen Sie eine hellere meist weniger gesättigte Farbe oder ein neutrales helleres Grau.

Bei der Auswahl und Kombination der Farben für Ihre Gestaltung helfen folgende einfache Regeln.

1.5.2.1 Gleichabständige Farbkombinationen

Harmonische und zugleich spannende Farbkombinationen erzielen Sie durch die Wahl gleichabständiger Farben aus dem Farbkreis. Sie können aus einem 24-teiligen Farbkreis harmonische Drei- oder Vierklänge auswählen. Für weitere Kombinationen mit anderen Farben müssen Sie den Farbkreis weiter unterteilen.

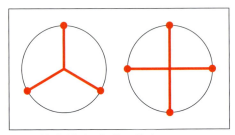

Auswahl gleichabständiger Farben

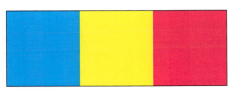

Farbauswahl als Dreiklang

Farbauswahl als Vierklang

96

Farbgestaltung

1.5.2.2 Nebeneinanderliegende Farbkombinationen

Im Farbkreis nebeneinanderliegende Farben ergeben ein Ton-in-Ton-Farbschema. Achten Sie darauf, dass die Farben vom Betrachter visuell klar unterscheidbar sind. Wählen Sie deshalb z. B. nur jede zweite Farbe aus dem 24-teiligen Farbkreis. Nur so erfüllen die Farben den Zweck der Gliederung und Hervorhebung einzelner Designbereiche.

Wärmere Farben, Gelb, Orange und Rot, wirken freundlich und vermitteln Nähe. Kältere Farben aus dem blauen Teil des Farbkreises wirken sachlich und distanziert. Setzen Sie die dunkleren Farben Ihres Farbschemas zur Hervorhebung ein. Die helleren unterstützen den Inhalt.

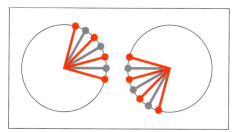
Auswahl benachbarter Farben mit einer Farbe Abstand zur besseren Unterscheidung

Farbauswahl aus dem gelb-roten Farbbereich

Farbauswahl aus dem blau-grünen Farbbereich

1.5.2.3 Variation der Sättigung und Helligkeit eines Farbtons

Die Aufmerksamkeit des Betrachters gewinnen Sie mit gesättigten Farben. Diese haben einen starken Signalcharakter, überlagern damit aber häufig den eigentlichen Inhalt. Setzen Sie deshalb im sachlichen inhaltsbezogenen Bereich Ihrer Gestaltung gesättigte Farben nur sehr sparsam als Akzent ein. Weniger gesättigte und helle Farben wirken freundlich und professionell.

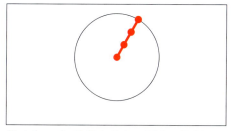
Abstufung der Helligkeit des gleichen Farbtons

Abstufung der Helligkeit eines Farbtons nach Weiß

Abstufung der Helligkeit eines Farbtons nach Schwarz

Im Farbkreis werden die gesättigten Farben außen und die weniger gesättigten Farben innen angeordnet. Die Abstufung der Helligkeit bzw. der Sättigung kann nach Weiß oder nach Schwarz erfolgen.

1.5.2.4 Farbkontrast

Farben wirken auf den Betrachter nie für sich alleine, sondern immer in Beziehung zu ihrer Umgebung. Diese Wechselwirkung in der Wahrnehmung von Farben wird als Farbkontrast bezeichnet. Im Abschnitt 1.1.2.3 *Farbkontraste* sind die einzelnen Farbkontraste ausführlich beschrieben. Schauen Sie sich die bisher in diesem Kapitel erstellten Farbkombinationen unter dem Aspekt Farbkontrast an. Sie werden feststellen, dass fast alle Farbkontraste vertreten sind.

Wir wollen in diesem Kapitel stellvertretend am Beispiel des Komplementärkontrastes die Auswahl einer Hauptfarbe und dazu passender Kontrastfarben betrachten. Die Hauptkontrastfarbe steht der Hauptfarbe im Farbkreis gegenüber. Links und rechts davon befinden sich die zusätzlichen Kontrastfarben. Die Hauptfarbe wird häufig als Leitfarbe und zur Akzentuierung eingesetzt. Die Kontrastfarben dienen der eigentlichen Strukturierung der Gestaltung und bestimmen dadurch maßgeblich den Gesamteindruck der Gestaltung. Um die Wirkung der Hauptfarbe zu verstärken, sind die Kontrastfarben häufig aufgehellt oder abgedunkelt.

In einer zweiten Variante dient die Hauptkontrastfarbe zur Auszeichnung und die Hauptfarbe wird in ihrer Helligkeit variiert.

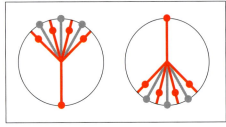

Auswahl gegenüberliegender Farben als Variation des Komplementärkontrastes

Die Hauptfarbe Blau ist gesättigt, die vier Gegenfarben sind aufgehellt.

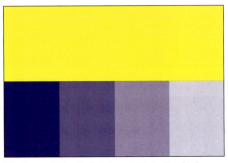

Die Hauptfarbe Gelb ist gesättigt, die einzige Gegenfarbe ist aufgehellt.

98

Farbgestaltung

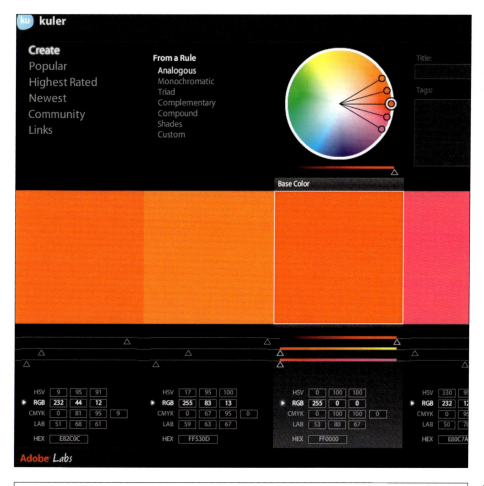

Internetapplikation zur Farbfindung

Finden Sie online Ihre Farbkombination unter http://kuler.adobe.com/.

Testen Sie den Kontrast Ihrer Farbkombination unter http://www.snook.ca/technical/colour_contrast/colour.html.

1.5.3 Farbklima

Das Farbklima definiert als wichtiger Teil des Corporate Designs die Auswahl der Farben zur Gestaltung von Medienprodukten. Farbidentität und der Wunsch nach Wiedererkennung führen zu einem klar definierten Farbcode, in dem die Zuordnung der einzelnen Farben geregelt ist.

Die technische Definition der Farben durch ihre Farbanteile für Print- und Digitalmedien sind Teil des Farbklimas.

Die Farbpsychologie, die Anmutung der Farben sowie die auf den vorigen Seiten beschriebenen Grundlagen der Farbgestaltung spielen eine wichtige Rolle bei der Auswahl der Farben. Wie Sie am Beispiel des Farbklimas aus dem Styleguide des Deutschen Kupferinstituts sehen, gibt es noch weiter gehende produkt- oder markenspezifische Kriterien für die Wahl der Farben eines Farbklimas.

Farbklima

Abb.: Corporate Design Manual, Deutsches Kupferinstitut

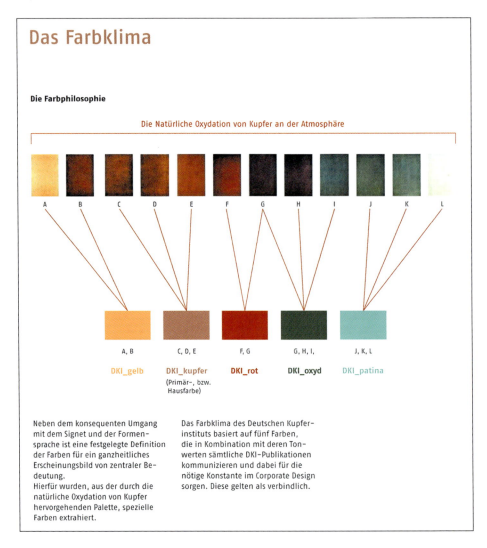

Farbgestaltung

Das Farbklima

Die Primärfarbe (Hausfarbe)

Die Primär- oder Hausfarbe „DKI_kupfer" setzt den Hauptakzent des Unternehmensauftritts. Es handelt sich hierbei um die Pantone Farbe 4645 C. Diese ist als Schmuckfarbe im Kupfermetallic-Effekt druckbar. Sie wird z.B. eingesetzt in der Geschäftsausstattung, bei Aktionsflyern, 2-Farbdrucken, dem Verlagsverzeichnis und Sonderdrucken. Bei anderen Publikationen wird die Farbe im 4c-Modus simuliert.

DKI_kupfer
im 4c-Modus

DKI_kupfer
in der Sonderfarbe
Pantone 4645 C

DKI_kupfer
in der Sonderfarbe
Pantone 876 C
(metallic)

Die Sekundärfarben

DKI_kupfer wird ergänzt durch eine Auswahl an Sekundärfarben:

DKI_gelb
im 4c-Modus

DKI_rot
im 4c-Modus

DKI_oxyd
im 4c-Modus

DKI_patina
im 4c-Modus

	DKI_kupfer (Primärfarbe)	DKI_gelb	DKI_rot	DKI_oxyd	DKI_patina
Sonderfarbe	Pantone 4645 C oder Pantone 876 C	Pantone 157 C	Pantone 484 C	Pantone 5535 C	Pantone 570 C
Euroskala					
Cyan	30%	0%	0%	45%	60%
Magenta	60%	45%	95%	0%	0%
Gelb	60%	70%	100%	50%	30%
Schwarz	0%	0%	30%	70%	0%
HKS	78K	5K	16K	61K	59K
RGB-Farbraum					
Rot	170	220	150	70	140
Grün	115	160	30	80	190
Blau	90	90	5	60	190

Die Tonwerte von 10% bis 100% ergänzen die Farbenvielfalt

Farbklima

Abb.: Corporate Design Manual, Deutsches Kupferinstitut

Farbklima des Kompendiums der Mediengestaltung

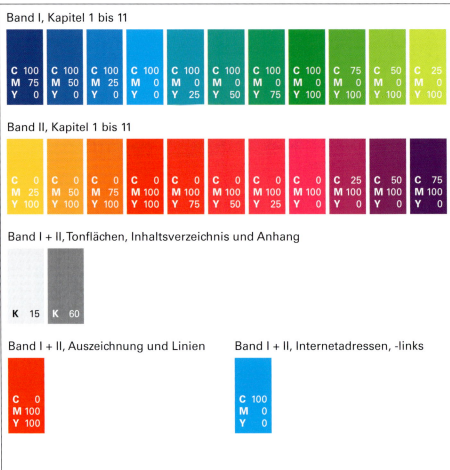

Das Kompendium der Mediengestaltung umfasst das ganze Spektrum der Mediengestaltung und der Medienproduktion.

Zur Orientierung des Lesers haben wir den einzelnen Kapiteln Leitfarben zugeordnet. In der Analogie des Spektrums der Mediengestaltung sind unsere Leitfarben die Farben des Lichtspektrums. Die Leitfarben folgen in ihrer Abfolge der Gliederung des Kompendiums. Das erste Kapitel *Grundlagen der Gestaltung* bekommt deshalb als Leitfarbe Blau, die Farbe am Beginn des sichtbaren Spektrums. Erst die Gesamtheit beider Bände ergibt das vollständige Spektrum.

Als Farbe für die Tonflächen in Abbildungen und Tabellen wurde ein neutrales Grau gewählt. Zur besseren Differenzierung wird das Grau in zwei Helligkeitsabstufungen verwendet.

Verweise auf andere Kapitel in der Marginalienspalte haben als Hintergrundfarbe die Leitfarbe des Zielkapitels.

Internetadressen und -links werden in Cyan gesetzt.

Farbgestaltung

Farbklima von musicload.de

Abb.: Die Richtlinien der Marke Musicload
www.musicload.de

103

1.5.4 Farbatlas

Band II – Seite 203
4.1 Farbsysteme

Die Farbtafeln auf den folgenden Seiten helfen Ihnen bei der Auswahl und der Definition der Farbwerte in der Druckvorstufe für den Druck und bei der Erstellung digitaler Medien für die Wiedergabe auf dem Monitor oder dem Beamer. Die in den einfarbigen Randfeldern angegebenen Farbwerte sind Prozentwerte für den Druck (0 % bis 100 %) und Helligkeitswerte für die Digitalmedien (0 bis 255 bzw. 00 bis FF).

Die letzten sechs Farbtafeln dieses Farbatlas zeigen die 216 websicheren Farben der Webpalette. Die RGB-Werte jeder Farbe haben 6 mögliche Einstellungen. Daraus ergeben sich 6 x 6 x 6 = 216 Variationsmöglichkeiten aus RGB und damit 216 verschiedene Farben.

Die angegebenen Prozentwerte sind die Prozentwerte der Datei, die für diesen Farbatlas angelegt wurde. Durch die verschiedenen Prozessparameter bei der Belichtung und im Fortdruck (z. B. Druckverfahren, Druckmaschine, Druckfarben und Papier) ergeben sich jeweils andere wirksame Flächendeckungen. Sie müssen deshalb beim Anlegen Ihrer Farbtöne die Prozessparameter Ihres spezifischen Ausgabeprozesses berücksichtigen. Beim Betrachten und Bewerten eines Farbfeldes sollten Sie dessen Umfeld mit einer farblich neutralen Maske abdecken. Nur so können Sie verfälschende Effekte wie den Simultankontrast vermeiden.

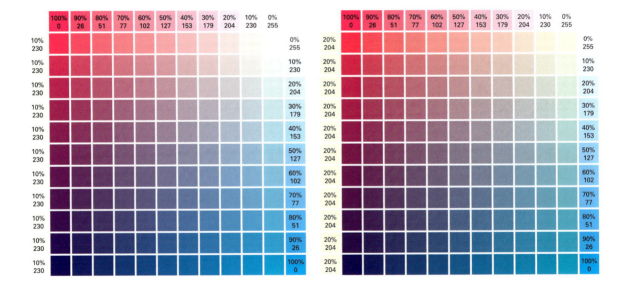

Farbgestaltung

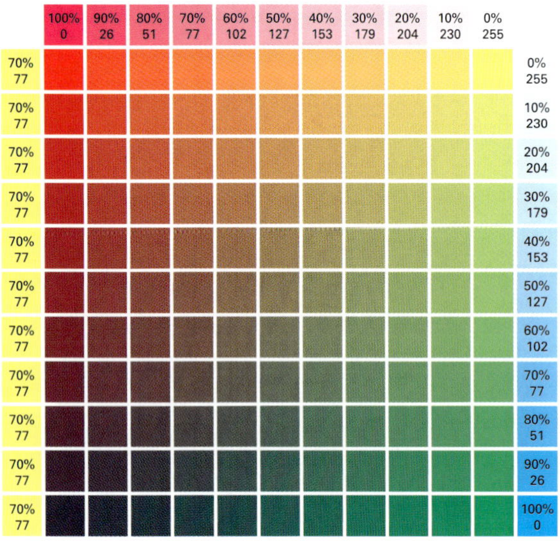
100% 0
90% 26
80% 51
70% 77
60% 102
50% 127
40% 153
30% 179
20% 204
10% 230
0% 255
70% 77
70% 77
70% 77
70% 77
70% 77
70% 77
70% 77
70% 77
70% 77
70% 77
70% 77
0% 255
10% 230
20% 204
30% 179
40% 153
50% 127
60% 102
70% 77
80% 51
90% 26
100% 0

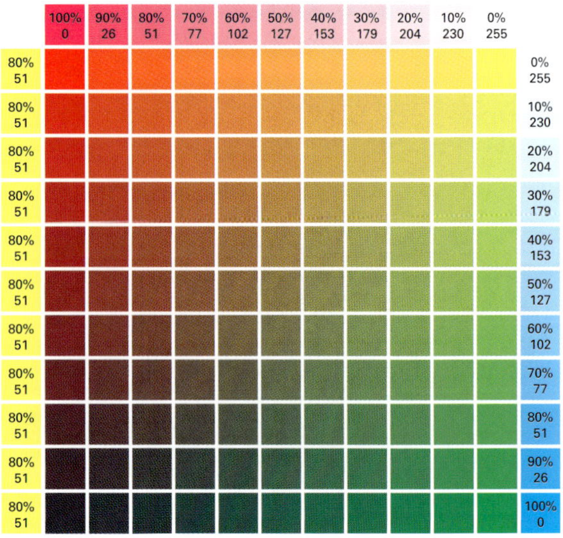
100% 0
90% 26
80% 51
70% 77
60% 102
50% 127
40% 153
30% 179
20% 204
10% 230
0% 255
80% 51
80% 51
80% 51
80% 51
80% 51
80% 51
80% 51
80% 51
80% 51
80% 51
80% 51
0% 255
10% 230
20% 204
30% 179
40% 153
50% 127
60% 102
70% 77
80% 51
90% 26
100% 0

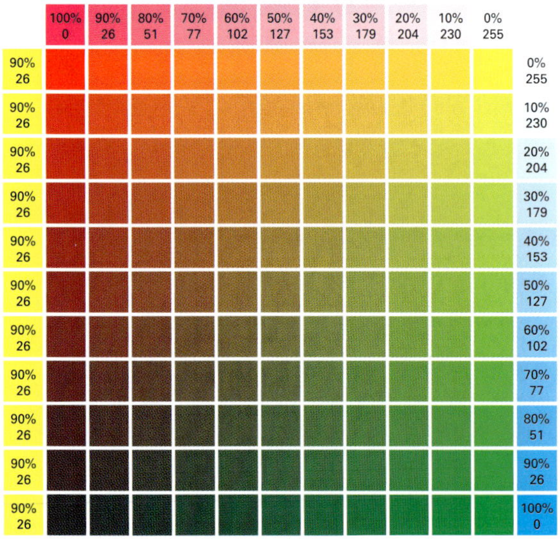
100% 0
90% 26
80% 51
70% 77
60% 102
50% 127
40% 153
30% 179
20% 204
10% 230
0% 255
90% 26
90% 26
90% 26
90% 26
90% 26
90% 26
90% 26
90% 26
90% 26
90% 26
90% 26
0% 255
10% 230
20% 204
30% 179
40% 153
50% 127
60% 102
70% 77
80% 51
90% 26
100% 0

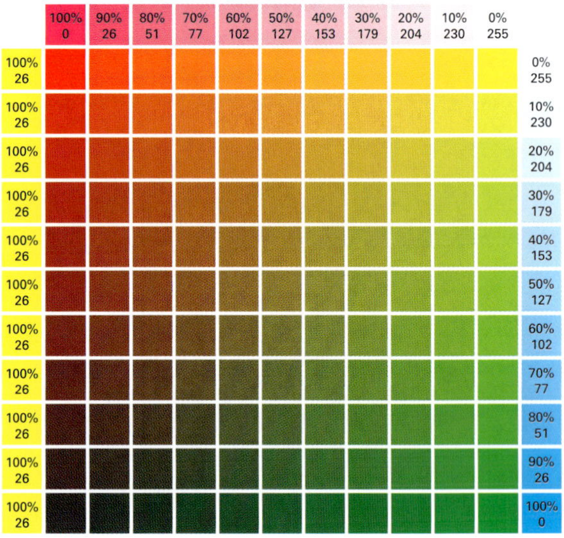
100% 0
90% 26
80% 51
70% 77
60% 102
50% 127
40% 153
30% 179
20% 204
10% 230
0% 255
100% 26
100% 26
100% 26
100% 26
100% 26
100% 26
100% 26
100% 26
100% 26
100% 26
100% 26
0% 255
10% 230
20% 204
30% 179
40% 153
50% 127
60% 102
70% 77
80% 51
90% 26
100% 0

Farbgestaltung

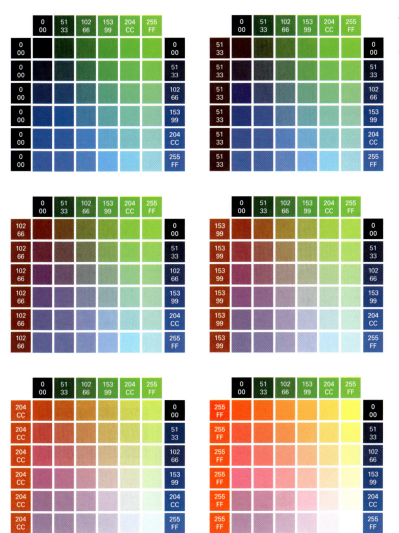

Webpalette

mit den 216 websicheren Farben

1.5.5 Aufgaben

1 Grundfarben des Drucks kennen

Nennen Sie die vier Grundfarben des Farbdrucks.

2 Sonderfarben definieren

a. Was sind Sonderfarben?
b. Können Sonderfaben auch in Digitalmedien verwendet werden?

3 HKS 14 als CMYK

Wie lauten die CMYK-Farbanteile für HKS 14?

4 Farbkreis kennen

Benennen Sie die leeren Segmente im Farbkreis mit dem entsprechenden Farbnamen.

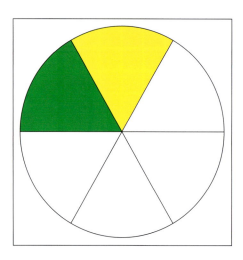

5 Farbkombinationen erläutern

Was versteht man bei der Auswahl von Farben bzw. bei der Zusammenstellung von Farbkombinationen unter einem
a. Farbdreiklang,
b. Farbvierklang?

6 Farbvierklang analysieren

Entspricht die folgende Farbkombination einem Farbvierklang?

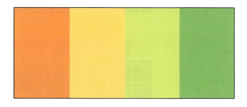

7 Komplementärkontrast benennen

Tragen Sie in die Tabelle jeweils die
a. RGB-Werte der Komplementärfarbenpaare und
b. CMYK-Werte der Komplementärfarbenpaare ein.

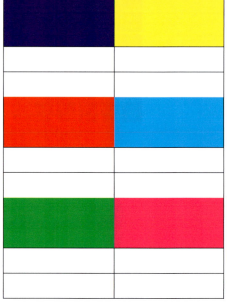

108

Farbgestaltung

8 Farbklima erläutern

a. Was ist ein Farbklima?
b. Welche Aufgabe erfüllt das Farbklima in der Gestaltung?

9 Farbwiedergabe im Farbatlas

Nennen Sie drei Faktoren, die die Farbwiedergabe von Farbtönen aus dem Farbatlas beeinflussen und dadurch zu Farbabweichungen führen können.

10 Webfarbenpalette festlegen

a. Wie viele Farben enthält die Webpalette?
b. Welche Schrittweite haben die Farbwerte im RGB-System?

11 Farbklima gliedern

Erklären Sie die folgenden Begriffe hinsichtlich des Farbklimas:
a. Primärfarbe
b. Sekundärfarbe

12 Farbklima analysieren

a. Analysieren Sie den Screenshot hinsichtlich des Farbklimas.
b. Markieren und benennen Sie die Primär- und Sekundärfarben.

Screenshot zu Aufgabe 12

www.t-online.de

109

1.6 Design

1.6.1	Überblick	112
1.6.2	Designdefinitionen	114
1.6.3	Wirkung guten Designs	120
1.6.4	Aufgaben	123

1.6.1 Überblick

Design umgibt uns bei allem, was Menschen produzieren. Ob Toaster, Teekanne, Auto oder Uhr – Design ist unausweichlich und begleitet uns immer. Wäre es nicht schön, wenn Design immer gut ist? Sicher, da Design oft über Erfolg oder Misserfolg eines Produktes oder ganzer Firmen entscheidet.

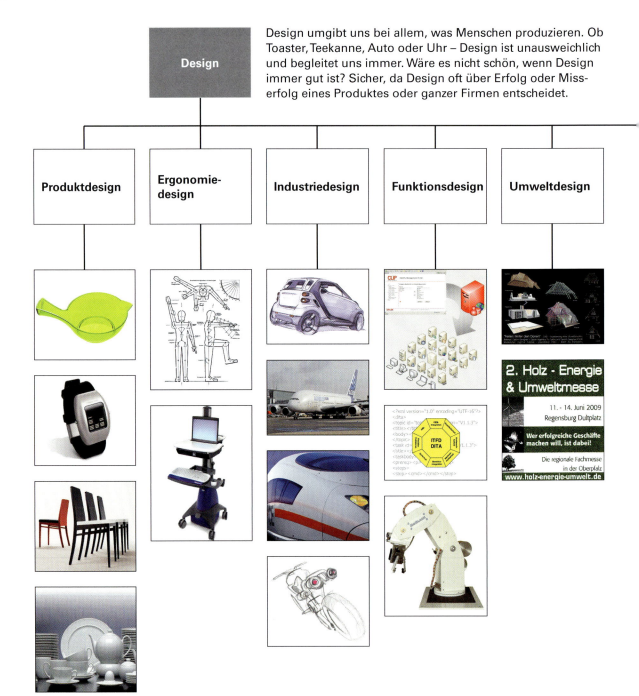

Design

Die Übersicht zeigt die wichtigsten Designbereiche und versucht dabei, durch typische Abbildungen den jeweiligen Designbezug optisch herzustellen.

Die dunkel unterlegten Designbereiche werden in diesem Buch durch eigene Kapitel inhaltlich ausführlicher dargestellt.

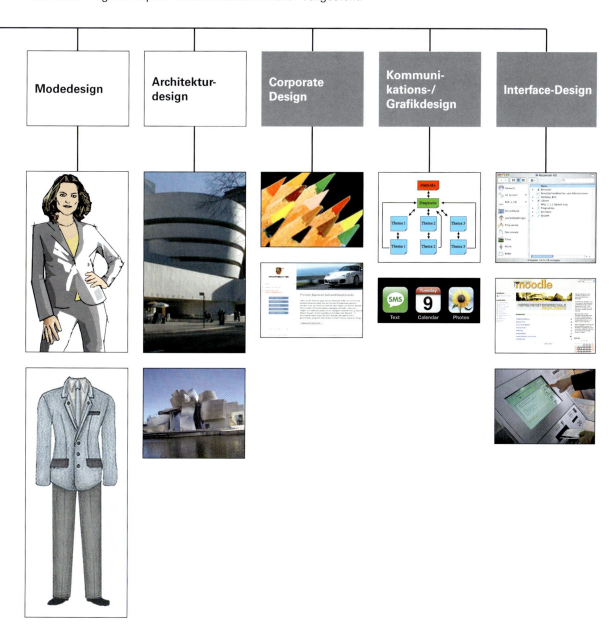

1.6.2 Designdefinitionen

Was ist Design?

Grundlage des nebenstehenden Kapitels ist ein Aufsatz von Katrin Albrecht vom Design Center München über die Frage „Was ist Design?". Der Aufsatz wird hier stark gekürzt wiedergegeben.

Designdefinition

Gestaltung, früher: Formgebung, Formgestaltung. Im Rahmen emotionaler Kundenbindung spielt Design inzwischen eine große Rolle. Neben der gebrauchstechnischen muss die ästhetische Funktion beim Design beachtet werden. Hinzu tritt in jüngerer Zeit die semantische Funktion, der Besitzer möchte sich in seiner Welt durch Produkte ausdrücken. Neben dem Produktdesign (Sonderfälle: Mode- und Schmuckdesign) haben das Grafik- oder Kommunikationsdesign (z.B. werbliche Gestaltung, Gestaltung von Verpackungsoberflächen) und das Corporate Design (der ästhetische Auftritt von Unternehmen) an Bedeutung gewonnen.

Zitat aus
Gabler Wirtschaftslexikon

http://wirtschaftslexikon.gabler.de

Was ist Design?

Der lateinische Begriff „designare" bedeutet bezeichnen, angeben, anordnen, darstellen. In Kluges „Etymologischem Wörterbuch" oder in „Wahrigs Herkunftswörterbuch" finden sich Designdefinitionen. Der moderne englische Designbegriff hat in vielen Sprachen Eingang gefunden und in europäisch geprägten Kulturen wird darunter etwa das Gleiche verstanden.

Jeder kennt und verwendet zwar heute das Wort Design, aber nur wenige wissen wirklich, was es bedeutet. So wie viele Dinge heute einfach als Designobjekte bezeichnet werden, assoziieren die meisten Menschen mit Design sofort etwas außergewöhnlich Teueres und Kostspieliges.

Die Wurzeln des italienischen Begriffs „disegnare" liegen in dem lateinischen Verb „designare" – das wie oben angegeben bezeichnen, angeben, anordnen, darstellen bedeutet – und dem lateinischen Nomen „signum" für Zeichen, Abzeichen, Bezeichnen, Kennzeichen, Signal, Bild oder Siegel. Des Weiteren hat „signum" auch die Bedeutung „geschnitzte Marke oder geschnitztes Bild". Ende des 17. Jahrhunderts setzte sich von Frankreich kommend der Begriff „designare" durch und bezeichnete einen Entwurf oder ein Muster.

Im 19. Jahrhundert wurde der Begriff „Dessein" in Deutschland aus Frankreich übernommen. Verstanden wurde darunter eine Zeichnung oder ein Muster, aber auch eine Absicht oder einen Zweck. Aber erst in den 60er Jahren des letzten Jahrhunderts wurde der heutige Begriff „Design" aus dem Englischen ins Deutsche übernommen.

Der Begriff steht für einen von einem Menschen erdachten Plan oder für das Schema eines Objekts, das realisiert werden soll. Ferner versteht man unter dem Begriff „Design" den zeichnerischen Entwurf eines Kunstwerks, einer Gebrauchsgrafik, eines Gebrauchsgegenstandes oder eines Objekts der angewandten Kunst. Ein solcher Entwurf sollte für die Ausführung eines Werkes verbindlich sein.

Daraus lässt sich ableiten, dass Design zunächst nicht mehr als die Konzeption für eine zu erstellende Arbeit ist. Sobald also eine planerische Konzeption für ein Produkt vorliegt, handelt es sich im strengen Sinne der obigen Definition um Design. Design ist also keinesfalls ein Produkt mit einer ästhetisch besonders schönen Seite, sondern es ist eine Konzept, um ein weitgehend beliebiges industrielles oder handwerkliches Produkt herzustellen. Design ist ein umfassend planender Gestaltungsprozess für ein Produkt, das durch mehrere Personen und mehrere Arbeitsschritte realisiert wird. Dabei bildet die Funktion eines Produktes den zentralen Aspekt des Designs, da Produkte normalerweise benutzt und nicht nur betrachtet werden sollen.

Wie alle Begriffe einer lebendigen Sprache gewinnt auch der „Designbegriff" seine Bedeutung und seinen Wert nicht ausschließlich aus der Begriffsdefinition, sondern auch durch die kontrastierende Absetzung von verwandten Begriffen wie Kunst, Handwerk, Technik oder Massenmedien. Daher sind Definitionen von Design, die auf eine einzige Bedeutung abzielen, insgesamt wenig zufriedenstellend.

Design ist ein Begriff, der in sehr unterschiedlichem Kontext anzutreffen ist. So sind Begriffskombinationen wie Grafikdesign, Modedesign, Industriedesign, Automobildesign, Webdesign u. Ä. dem modernen Menschen ausgesprochen vertraut. Immer werden diese Designbegriffe aber im Sinne von Entwurf,

Design

Zeichnung und Planung verstanden. Wie viele andere Begriffe kann der Begriff „Design" aber auch Unklarheiten vor allem im täglichen Sprachgebrauch hervorrufen. Er kann auf die Tätigkeit des Entwerfens und Planens hinweisen, aber auch auf das Ergebnis dieses Vorganges, also auf Pläne, Modelle, Skizzen oder gar auf fertige Produkte oder Designobjekte.

Design und Industrieproduktion

Durch die Industrialisierung hielt die Arbeitsteilung Einzug und war Grundvoraussetzung für das Entstehen der Entwurfstätigkeit. Das Entwerfen wurde zu einer eigenständigen Disziplin, die heute mit dem Begriff Design definiert wird. Design dringt in die Wirklichkeit ein, mit Plänen und Entwürfen, um diese zu verändern, neu zu prägen und im besten Fall zu verbessern. Design orientiert sich an Industrie und Technik und an interdisziplinärem Arbeiten.

Vor allem die Hochschule für Gestaltung HfG in Ulm brachte neue Denkweisen, wissenschaftliche Disziplinen, Mathematik und Programmierverfahren in Designprozesse ein. Man nannte diese neue Lehre von Entwurfs- und Gestaltungsverfahren Designmethodologie. „Die HfG Ulm hat maßgeblich zur Konsolidierung einer Methodologie beigetragen, die sich nachhaltig und weltweit auf die Designausbildung ausgewirkt hat."

Industriedesign

Heute ist Design für viele Fachleute gleichbedeutend mit Industriedesign. In John A. Walkers Buch „Designgeschichte – Perspektiven einer wissenschaftlichen Disziplin" finden sich verschiedene Definitionen zu Industriedesign, von denen kurz einige Aspekte dargestellt werden. „Design ist das, was sich

Drei typische Designschritte

- Vorzeichnen der Produktidee als Scribble, Strichzeichnung oder Skizze
- Strichzeichnung in Farbe und eventuell bereits in eine grobe Form setzen
- Erstellung eines Modells nach den Farb- und Formvorgaben

Abb.: Daimler AG

HfG Ulm – bedeutende Lehrer

Inge Aicher-Scholl, Otl Aicher, Bruce Archer, Max Bill, Johannes Itten, Horst W. Rittel, Walter Zeischegg u. a.

ereignet, wenn Kunst auf Industrie trifft, wenn die Leute anfangen zu entscheiden, wie die Produkte der Massenherstellung aussehen sollen."

Walker beschreibt, dass „die Rolle des Designers im 20. Jahrhundert im Dienst des Kapitalismus offen dargelegt werden muss. Designer sind Angestellte und das primäre Motiv ihrer Auftraggeber ist der Profit." Jedoch zeigt diese Definition in Walkers Augen folgende Schwachpunkte auf:

- Design ist häufig auf den visuellen Eindruck beschränkt.
- Design berücksichtigt die Funktionalität eines Produktes nicht.
- Es wird ignoriert, dass Designer auch öffentliche Aufgaben hinsichtlich der Geschmacksbildung erfüllen.
- Es stellt sich die Frage, ob es nur männliche Designer gibt? Die Frage ist sicher nicht ganz ernst gemeint?
- Designer werden als einzige Urheber von Designprodukten betrachtet.

Designer sind Experten

Designer sind Experten für visuelle Wirkungen. Sie werden von einem Auftraggeber nur aus diesem einzigen Grund beschäftigt: Designer sollen die Produktnachfrage durch eine hohe Attraktivität für die Konsumenten erhöhen. Der Auftraggeber bezahlt ihn nach Maßgabe seines Erfolges bei der Erreichung dieses Ziels. Jeder Designer steht und fällt mit der Fähigkeit, Umsätze und Gewinne zu erzeugen und möglichst lange zu erhalten. In erster Linie ist er Industrietechniker und Geschmackserzieher der Öffentlichkeit. Unter den vorherrschenden Bedingungen muss sein Ziel in der Profitgewinnung für seinen Auftraggeber liegen.

Das „Design-Jahrzehnt"

Anfang der 80er Jahre begann die Erkenntnis zu wirken, dass der „Mehrwert" des Designs für den wirtschaftlichen Erfolg eines Unternehmens oder

Drei typische Designschritte

- Vorzeichnen der Produktidee als Strichzeichnung oder Skizze
- Strichzeichnung in Farbe setzen
- Erstellung eines Produktes und dessen Veröffentlichung nach den Farb- und Formvorgaben. Hier Titel eines Modeprospektes.

Abb.: Charles Vögele

anderer Organisationen eine entscheidende Rolle spielt. Dadurch gewann das Thema Design immer stärkere Beachtung. Schulen und Hochschulen, Industrie, Handel und Massenmedien beschäftigten sich nun mit Design.

Fachjournalisten und Designlehrer bezeichnen in der Rückschau die 80er Jahre des letzten Jahrhunderts sogar als Design-Jahrzehnt. Durch die Designförderung sollte der industrielle Niedergang aufgehalten werden. So erhielten die Begriffe „Design" und „Designer" eine ganz neue Bedeutung.

Design wird zu einem eigenständigen Wert. Die Menschen sprachen zum Beispiel von „Designerjeans" oder „Designerhemden". Da alle Hemden nach irgendeinem Design zugeschnitten werden, war die Beifügung Design eigentlich überflüssig. Aber die zusätzliche Verwendung des Designbegriffs machte deutlich, dass dem Design hier eher eine bestimmte, erstrebenswerte Eigenschaft zugesprochen wird als dem Produkt insgesamt.

Die Bezeichnung „Designer" in Verbindung mit einem Produkt wird ein Schlüsselwort für die Werbewirkung. Dieser Vorgang führte auch zu einer Hervorhebung des Namens bestimmter Designer – ein HUGO BOSS-T-Shirt oder ein Lacoste-Hemd. Dies ist eine Übernahme aus dem Bereich der Kunst, wo die Signatur des Künstlers die Einzigartigkeit, Authentizität, Individualität und die schöpferische Leistung garantiert. Worauf es am Ende ankam, war nicht, ob das Designerprodukt vernünftig oder praktisch war, sondern allein die Tatsache, dass es einen berühmten Namen trug. Das Designeretikett auf dem Produkt wird dadurch wichtiger als das Produkt selbst. Welche Zwänge dies z. B. bei Kindern und Jugendlichen bei der Bekleidung auslöst, ist bekannt.

Berufsbezeichnung

Die Berufsbezeichnung Designer ist bis heute weder klar und eindeutig definiert noch geschützt. Das ist einer der Gründe, weshalb der Begriff „Design" so unscharf geblieben ist.

Jeder, der sich berufen fühlt, einen Kurs bei der VHS besucht oder eine Umschulung bei einer Weiterbildungsakademie absolviert, darf sich Designer nennen und kann auf die Menschheit losgelassen werden. Während die Hochschulen versuchen, Kunst, Design und Handwerk immer schärfer voneinander abzugrenzen, untergraben die praktizierenden Designer der verschiedensten Richtungen diese Bemühungen ständig, weil sie mit Vorliebe zwischen den Bereichen arbeiten oder sie auf ganz unvorhergesehene Weise in Verbindung bringen. Diese „Bindestrich-Designer" wie z. B. Möbel-Designer, Art-Designer usw. tragen bedauerlicherweise nicht zur genauen Definition des Designbegriffs bei.

Der Begriff „Graphic Designer" geht auf den amerikanischen Designer William Addison Dwiggins zurück, der ihn 1922 erstmals verwendete. Für ihn beinhaltete Grafikdesign den zweckgebundenen Druck „printing for purpose". Grafikdesign wurde in den USA zum Oberbegriff für Schriftentwurf, Typografie, die Gestaltung von Büchern, Verpackungen, Akzidenzen, Plakaten und Anzeigen. Im Bauhaus gründete Herbert Bayer die „Werkstatt für Typografie und Werbegestaltung", wodurch das neue Berufsbild des Grafikdesigners entstand.

An der HfG Ulm wurde daraus die „Visuelle Gestaltung". „Da aber das eigentliche Ziel die Lösung von Gestaltungsaufgaben im Bereich der Massenkommunikation war, wurde daraus im Studienjahr 1956/57 nach dem Vorbild des Departments „Visual Communications" des New Bauhaus in Chicago „Visuelle Kommunikation". Heute wird daher der Grafikdesigner Kommunikationsdesigner genannt.

Wo liegt der Unterschied zwischen Gebrauchsgrafik und Design?

Immer wieder taucht in Diskussionen der Begriff „Gebrauchsgrafik" auf. Wo liegt nun der Unterschied zwischen Gebrauchsgrafik und Design? Der Begriff „Gebrauchsgrafik" bedeutet künstlerische Grafik, die einem bestimmten Gebrauchszweck, in erster Linie der Werbung, dient.

Sie zeigt daher stets eine Verbindung von Bild und Schrift: Plakate, Prospekte, Kataloge, Packungen, Reklameseiten in Zeitschriften, Internetauftritte und Ähnliches. Eine genaue Abgrenzung des Begriffs ist nicht möglich. Ihre eigentliche Entfaltung beginnt erst mit der Reklame im 19. Jahrhundert. Im Wort „Gebrauchsgrafik" steckt auch das Substantiv „Grafik", was eine Sammelbezeichnung für alle Arten der Zeichnung (Handzeichnung) und auch der modernen Industriezeichnung ist. „Grafik" ist ebenso eine Bezeichnung für die vervielfältigenden Künste (Holzschnitt, Kupferstich, Lithographie) als Druckgrafik. Im engeren Sinne gilt diese Bezeichnung nur für die von Hand hergestellte – meist signierte – „Grafik". Das lineare Erscheinungsbild der Grafik wird als grafisches Werk betrachtet und häufig als Gegensatz zur farbigen Malerei angesehen.

Der Beruf des Grafikers ist aus der (Werbe-)Malerei entstanden. Dieser wurde Gebrauchsgrafiker genannt, da Plakate, Reklameschilder oder Ähnliches für den Gebrauch waren. Den Beruf des Gebrauchsgrafikers hat es bis in die 50er Jahre gegeben. In den 60er Jahren ist in Deutschland der Begriff Grafikdesign entstanden, der sich später in den Begriff „Kommunikationsdesign" wandelt.

Praxisdesign heute

Neben dem Hochschuldesign hat sich im Bereich der Gebrauchsgrafik in den letzten Jahren zunehmend der praktische „Designer" entwickelt, der seine Ausbildung praxisorientiert in Betrieb und Berufsschule absolviert hat. Diese praktizierenden Designer haben nach der dualen Ausbildung zum Mediengestalter (oder einem entsprechenden Vorgängerberuf) Kurse zum Meister für Digital- und Printmedien, zum Layouter oder Informationsdesigner absolviert.

Bei allen diesen Ausbildungsgängen ist ein Designschwerpunkt wählbar, der es den jungen Designern ermöglicht, ihre Profession praxisnah am jeweiligen Designgebiet auszuüben.

Der Mediengestalter für Digital und Print hat für designambitionierte Auszubildende eine eigene Fachrichtung Konzeption und Visualisierung geschaffen, deren Leistungen bei Prüfungen und Wettbewerben erstaunlich sind und waren. In der beruflichen Praxis stehen diese in Betrieb, Berufs- oder Fachschule ausgebildeten Designer zum Teil in direkter und erfolgreicher Arbeitsplatz-Konkurrenz zum akademisch ausgebildeten Designer.

Nach der Neuordnung des Mediengestalters Digital und Print zum Sommer 2007 entfällt die Fachrichtung Design. Die „alten Designer" gehen auf in der Fachrichtung „Konzeption und Visualisierung" – dies entspricht begrifflich weitgehend dem alten Designbegriff, den Sie am Beginn dieses Kapitels gelesen haben: Erstellen eines Konzeptes, Skizzieren, Darstellen und Umsetzen der Produktidee ...!

Design

Designbereiche

- Automobil
- Architektur
- Print
- Ergonomie
- Interface
- Internet

Abb.: Smart Stuttgart, Berufsgenossenschaft Druck und Papier, Lufthansa, Porsche

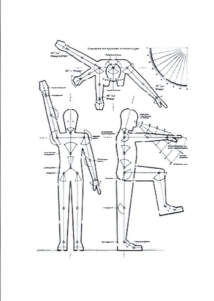

119

1.6.3 Wirkung guten Designs

Designprodukte

Rechts:
Lamy 2000 Schreiber

Mitte:
Koziol-Snackschale

Unten:
Braun-Rasierer 2009
Alle Abb.: Hersteller

Die meisten Designer und Gestalter werden einem breiten Publikum nicht bekannt, der Endverbraucher kennt nicht die Namen derer, die ihre Produkte geformt und gestaltet haben. Dabei gibt es Produkte, die Designgeschichte geschrieben haben, da deren Form und Funktion ihrem speziellen Gebrauchszweck bestens gerecht wurden und nebenbei auch hohen ästhetischen Anforderungen genügten.

„Form follows function" – dieser wohl bedeutendste Impuls für modernes Produktdesign kommt vom Bauhaus, das diesen internationalen Leitsatz zwischen 1919 und 1933 entwickelte. Das Bauhaus in Weimar wurde mit diesem funktionalen Designstil zur weltweiten Avantgardeschmiede für modernes Industrie- und Architekturdesign. Mit dem dort entwickelten Gestaltungsstil, der darauf basiert, dass Form und Funktion grundsätzlich eine harmonische Einheit bilden müssen, begründet sich der gute Ruf deutscher und europäischer Designer.

Erfolgsgeschichten

Wer kennt sie nicht, die Geräte von Braun, die Kaffeemaschinen und Elektrorasierer, Radios und Haartrockner. Anfangs wurden diese modern anmutenden Geräte von den Designern der Hochschule für Gestaltung in Ulm zusammen mit der Firma Braun entwickelt. Einfache, klare, zeitlose und funktionale Linien kennzeichneten den Stil, der sich bis heute erhalten hat. Ein klares Gegenmodell zum Nierentischdesign der Nachkriegszeit.

Wirtschaftliche Erfolge der ähnlichen Art finden sich bei weiteren Designprodukten. Lamy-Schreibgeräte gelten heute noch als edle und funktionale Designprodukte. Die klobigen Füller der 60er und 70er Jahre hatten unter diesem Produkt richtig zu leiden. Die 2000er-Produktserie von Lamy ist heute noch auf dem Markt und verkauft sich bestens.

Design im Möbelbereich ist oftmals wirkungsvoll und langlebig. Die Vitrastühle der Designer Charles und Ray Eames sowie George Nelson lassen die Bauhausformen in den 60er Jahren wieder aufleben und verhelfen der Firma Vitra Design zum lang anhaltenden Erfolg.

Gutes Design bringt Spaß und funktioniert – diesen Eindruck vermittelt ein Besuch bei der Odenwälder Firma Koziol in Erbach, die Haushaltsgeräte und Lifestyleprodukte herstellt. Das junge Designerteam verbindet deutsche, italienische und skandinavische Designformen und Materialien zu einem eigenwilligen und ausgesprochen erfolgreichen Produktstil. Alltagsprodukte werden durch Farben, Formen und transparente Materialien zu einem durchaus ironisch zu nennenden erfolgreichen Alltagsstil geformt, der bereits vielfach international preisgekrönt wurde. Das Koziol-Designteam hat es geschafft, aus normalen Alltagsgegenständen wie Wäscheklammern, Flaschenöffnern oder Klebebandabrollern Kultobjekte zu machen.

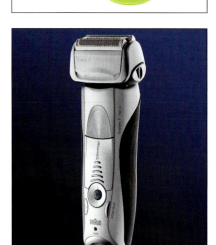

120

Design

Designprodukte

Ansprechendes und formschönes Design aus verschiedenen Lebensbereichen bereichert unseren Alltag bereits seit Jahrzehnten.

Links:
Porsche Boxster Design 2009

Rechts:
Stuhl-Klassiker mit Ledersitz von Frank Lloyd Wright 1937

Mitte:
Edelstahlanhänger mit Perle, Goldschmiede Vono, Schwerin 2007

Unten:
Geschäftsstelle des Arbeitgeberverbandes Südwestmetall Reutlingen 2002. Alle sichtbaren Oberflächen wurden aus unterschiedlich verarbeiteten Edelstahlblechen zu einem Baukörper zusammengesetzt.

Designer

Wenige Designer bekommen Kultstatus, obwohl es Tausende gute Designer aller Fachrichtungen gibt. Walter Gropius, Mies van der Rohe, Marcel Breuer, Philippe Stark oder Luigi Colani sind bekannte Vertreter. Vor allem der Berliner Colani ist weithin bekannt für seine biodynamischen Formen und seine eigenwillige Art, diese zu präsentieren. Der „Meister der runden Formen" ist mit seinen ergonomischen und aerodynamischen Formen aktuell wie nie zuvor. Alle großen europäischen Marken haben sich seiner Dienste bedient. Designanwendungen finden sich bei Volkswagen, Canon, Villeroy & Boch, Sony und anderen. Gebrauchsgegenstände wie Zahnbürsten, Brillen, Uhren, chirurgische Bestecke, Wohnungseinrichtungen, Flugzeuge, Lokomotiven oder Computer wurden entworfen. So ist der erste PC ohne Kanten und Ecken von Vobis in den 90er Jahren mit Erfolg verkauft worden.

Mediendesign

Parallel zur Industriedesignentwicklung hat sich der Bereich Grafik- und Kommunikationsdesign entwickelt. Strukturierte und klare Gestaltungsgrundsätze des Bauhauses haben ihre Weiterentwicklung in der modernen, funktionalen Typografie der Schweizer Typografie gefunden.

Aktuelle Entwicklungen im Print- und Webdesign zeigen deutlich auf, dass moderne Industrieprodukte entsprechend aufbereitete Medieninformation benötigen, damit ein Produkt in der Vielfalt der Angebote gefunden und beachtet werden kann. Dem dient ein

Luigi Colani
Unten:
Designprofessor

Rechts: Designstudie für ein Motorrad

Abb.: Colani Presse

Architekturdesign
Guggenheim Museum Bilbao Spanien

Abb.: Guggenheim Bilbao

Mediendesign
Rechts oben: Ausstellungskatalog Design Center Stuttgart 2004

Abb.: DCS

markentypisches Corporate Design mit eigenständigem und unverwechselbarem Gesicht sowie einer einprägsamen Schrift-, Grafik- und Bildverwendung. Schauen Sie sich dazu aktuelle Webauftritte renommierter Marken an, vor allem solcher Marken, die auf eine erfolgreiche Designtradition zurückblicken können.

1.6.4　Aufgaben

Design

1 Designentwicklungen verstehen

Nennen Sie die sprachlichen Wurzeln
des Begriffs „Design".

2 Designentwicklungen erläutern

Definieren Sie den Begriff „Design" in
seiner ursprünglichen Bedeutung.

**3 Entwicklungsschritte
beim Designprozess benennen**

Welche drei typischen Entwicklungsschritte kennzeichnen die heutige
Designabwicklung für ein Industrie-
produkt?

**4 Wichtige Ausbildungsstätten im
Grafik-Design-Bereich und deren
Bedeutung einschätzen**

Versuchen Sie, die Bedeutung der
Hochschule für Gestaltung in Ulm durch
eine Internetrecherche zu verdeutlichen.
Versuchen Sie dabei, die bedeutendsten
Vertreter dieser Hochschule und ihr
Wirken zu benennen.

**5 Berufsbezeichnungen
und deren Herkunft beschreiben**

Woher kommt der Begriff „Grafik-De-
signer"? Erklären Sie.

**6 Fachbegriffe verstehen
und deren Bedeutung beschreiben**

Definieren Sie die folgenden Begriffe:
• Visuelle Gestaltung
• Visuelle Kommunikation

**7 Fachbegriffe verstehen
und deren Bedeutung beschreiben**

Definieren Sie die folgenden Begriffe:
• Kommunikationsdesign
• Gebrauchsgrafik

**8 Ausbildungsmöglichkeiten
in der Medienindustrie kennen**

Besuchen Sie die nachstehend aufgeführten Internetseiten und informieren
Sie sich über die Ausbildungsmöglichkeiten im Design- und Medienbereich.

www.zfamedien.de
www.dhbw-ravensburg.de
www.jgs-stuttgart.de
www.hdm-stuttgart.de
www.fbm.htwk-leipzig.de
www.fbe.uni-wuppertal.de/druck-und-
medientechnologie.html
www.designaustria.at/netzwerk/s
www.designertreff.net
www.vdid.de
http://de.red-dot.org/1895.html
www.beroobi.de

Typografie

2.1 Schriftgeschichte

2.1.1	Sichtbare Schriftgeschichte: Bibliotheca Alexandrina	128
2.1.2	Frühformen der Schrift	130
2.1.3	Von der Bilddarstellung zum Alphabet	136
2.1.4	Groß- und Kleinbuchstaben	142
2.1.5	Entwicklung der runden Schriften	145
2.1.6	Johannes Gutenberg	153
2.1.7	Stammbaum der Schriftentwicklung	155
2.1.8	Aufgaben	157

2.1.1 Sichtbare Schriftgeschichte: Bibliotheca Alexandrina

Die antike Bibliothek von Alexandria enthielt die größte Sammlung von Schriftstücken in der Antike. Hier sollten die Pläne für den Bau der Pyramiden aufbewahrt worden sein, Schriften aus der griechischen und römischen Geschichte und unersetzliche Dokumente aller Glaubensrichtungen des Mittelmeerraumes. Als sie im 5. Jahrhundert zerstört wurde, ging ein immenser Schatz der antiken Welt für immer verloren.

1989 schrieb der ägyptische Staat einen Architekturwettbewerb für die Gestaltung einer neuen, großen Bibliothek von Alexandria aus. Ungefähr 650 Architektenteams aus aller Welt reichten ihre Pläne ein. Das norwegische Büro Snøhett, das niemals zuvor einen Wettbewerb gewonnen und nur wenige große Gebäude geschaffen hatte, gewann den Wettbewerb. Der Neubau der Bibliotheca Alexandrina wurde 2002 eröffnet und wird als eine der wichtigsten architektonischen Gebäude der letzten Jahrzehnte betrachtet. Sie soll in einigen Jahren mit geplanten 8 Millionen Büchern den einstigen Rang der antiken Bibliothek als Sammlung des Wissens der Welt wieder einnehmen.

In ihrer Architektur ist die Bibliothek einfach, in ihrer Wirkung überzeugend. Das Gebäude ist ein diagonal geschnittener, aufrechter Zylinder, dessen klare Form viel mit den bedeutenden Gebäuden der ägyptischen Antike gemein hat. Eine gerade Linie, die die zylindrische Form der Bibliothek durchstößt, ist in Form einer Fußgängerbrücke angelegt und ermöglicht von der gegenüberliegenden Universität von Alexandria den Zugang von Süden. Die Brücke überquert eine stark befahrene Straße und erreicht das Obergeschoss der Bibliothek. Von hier führt sie zu einem öffentlichen Platz auf der Nordseite des Gebäudes und dann weiter zum Mittelmeer.

Das Erdgeschoss und die geneigte Dachebene bilden perfekte Kreise. Die schrägen Wände der Bibliothek und die Neigung des Daches weisen alle nach Norden zum Meer hin. Während ein echter Zylinder eine statische Form ist, verschaffen die Unregelmäßigkeiten der Bibliothek Bewegung – ein Eindruck, der durch die vertikale Reichweite des zehnstöckigen Gebäudes, von 10 Metern unter dem Grund bis in eine Höhe von 32 Metern, verstärkt wird.

Die dem Süden zugewandte Seite des Zylinders ist außen mit Granitplatten verkleidet. Deren Oberfläche ist uneben und hat sanfte Konturen. Die Granitplatten wurden mit alphabetischen Symbolen aus aller Welt

Granitplatten an der Außenfassade der Bibliothek von Alexandria

Ausschnitt mit der Darstellung verschiedener Schriftzeichen. Die Bibliothek steht an der gleichen Stelle wie ihre antike Vorgängerin.

Schriftgeschichte

beschriftet. Geschichte und Entwicklung der Schrift aus allen Kulturen der Welt wurde in der Außenfassade der Bibliothek symbolisch dargestellt für das umfassende kulturelle Wissen, das in den Bibliotheken der Welt gespeichert wird. Die Schriftsymbole zeigen alte Keilschriften, Hieroglyphen, demotische und griechische Schriftzeichen, serifenlose und serifenbetonte Symbole und Zeichen moderner Schriften aus allen Kulturbereichen der Erde.

Der Lauf der Sonne über den Himmel und die Beleuchtung des angrenzenden Wasserbassins sowie der Übergang zum Meer verursachen ein dynamisches, beeindruckendes Schattenspiel auf den eingeschlagenen Schriftsymbolen und erinnern ein wenig an altägyptische Tempelmauern.

Die folgenden Seiten stellen die Entwicklung der Schrift von den Anfängen bis heute dar und versuchen einen Bogen zu schlagen, wie dies an der Fassade der Bibliothek in Alexandria eindrucksvoll gelingt.

Granitplatten an der Außenfassade der Bibliothek von Alexandria

Ausschnitt mit der Darstellung verschiedener Schriftzeichen am Übergang zur Universität von Alexandria.

Blick vom Lesesaal zum Mittelmeer

Die sieben Etagen der verschiedenen Lesesäle ermöglichen einen Blick direkt auf die Uferpromenade und das Mittelmeer, begrenzt durch Schriftdarstellungen.

Alle Abb.: privat

2.1.2 Frühformen der Schrift

2.1.2.1 Bilderschriften

Bevor es die Schrift als wichtigsten Informationsträger gab, verständigten sich die Menschen mit Hilfe von Zeichen aller Art. Rauch und Trommelzeichen, Kerbhölzer und Knotenschnüre waren einige frühe Informations- und Kommunikationsmittel.

Sobald die Menschen in den verschiedenen Regionen aus dem „Zustand der Wildheit" herausgetreten waren, versuchten sie sich durch Bilder und Zeichen an bestimmte Tatsachen und Ereignisse zu erinnern. Vielleicht wollten sie bestimmte Rituale, Jagdtechniken oder kultische Dinge weitergeben. Wir wissen es nicht genau.

In Mexiko und Peru, im Reich der Inkas, hatte man das Knotenbinden zu einem kunstvollen System entwickelt. Das netzartige Flechtwerk von Schnüren entsprach oft ganzen Schriftstücken und selbst damals benötigte Gesetzestexte und geschichtliche Darstellungen ließen sich aufzeichnen. Anstelle der Schreiber waren bei der peruanischen Obrigkeit „Knotenschürzer" beschäftigt, die auch zugleich die Erklärer dieser „Schriftstücke" waren. Denn nur wer den „Schlüssel" hatte, konnte eine solche Schrift lesen.

Diese Art der Schrift, durch einen geknoteten oder gekerbten Körper Informationen weiterzugeben, war in ihrer Anwendung viel zu ungenau, als dass sie bedeutenden Einfluss auf die geistige Entwicklung einer Bevölkerung nehmen konnte. Eine Literaturentwicklung, wie wir sie bei den Griechen und Römern kennen, war mit solchen Körperschriften nicht denkbar. Erst als die Menschen anfingen, Gegenstände des täglichen Lebens oder des täglichen Erlebens durch ein Bild zu bezeichnen, wurde die Schrift zum Kulturgegenstand.

Aus den Bilderschriften des Zeitalters der Piktografie sind die ältesten Schriftsysteme hervorgegangen. Die Höhlenbilder dienten der Überlieferung von Ereignissen durch die Darstellung des Ereignisses selbst. Wollten uns die Altvorderen die erlegten Tiere zeichnen und zeigen, uns vor den Tieren warnen, weil sie gefährlich waren oder schwer zu jagen? Wir wissen es nicht. Wir kennen diese Bilder nur als frühe Beispiele der Informationsübermittlung.

Bilderschriften waren einfache Darstellungen. Ein Mensch wurde grob gezeichnet. Der Kopf war ein Kreis, Striche bezeichneten Arme und Beine. Ein erschlagener Feind wurde durch eine kopflose Figur dargestellt. Auch wenn der Vorstellungskreis unserer Vorfahren vermutlich nicht sehr groß war, es konnten auch abstrakte Vorgänge wie

Höhlenmalereien

Höhle von Les Combarelles: Mammut in ruhiger Haltung. Die farbige Darstellung war nur in schwarzen und bräunlichen Tönen gehalten. Die Bilder wurden realistisch dargestellt.

Valltorta-Schlucht

Spanien: Stürzende Krieger.

Valltorta-Schlucht

Spanien: Zwei rote Hirsche.

Schacht von Lascaux

Sterbende Bisonkuh, vom Speer getroffen, gemalt vor etwa 16000 Jahren.

Abb.: Antikensammlung der Universität Tübingen

130

Schriftgeschichte

Licht oder Hören symbolisch dargestellt werden.

Wenn wir uns heute poetisch ausdrücken wollen, so gebrauchen wir abstrakte Begriffe. Wenn jemand Ruhm erworben hat, kann der Begriff „Lorbeer" fallen, wenn jemand herrscht, hat er das „Zepter" in der Hand. Ähnlich machten es die Bilderschriftkulturen. Das Bild eines Gegenstandes, der eine Eigenschaft vorzugsweise besitzt, wurde zur Bezeichnung dieser Eigenschaft selbst genutzt. Das Bild der Sonne versinnbildlicht den Begriff Licht, das Bild des Ohres vermittelt Hören und das Auge bedeutet Sehen. Diese Bilder wurden aber uneinheitlich verwendet – ein einheitliches Bildverständnis gab es noch nicht.

2.1.2.2 Wortbilderschriften

Die Bilderschriften müssen im Laufe der Zeit eine Veränderung erfahren haben. Die primitiven Bilderschriften der Piktografieära entwickeln sich ganz allmählich zu den Wortbilderschriften der Ideografiezeit, in der einzelne Wörter festgelegte Zeichen erhalten haben und auch abstrakte Begriffe dargestellt werden konnten.

Die Veränderungen in der Schrift von der Piktografie hin zur Ideografie ergaben sich zwangsläufig. Je mehr Informationen geschrieben und übermittelt wurden, umso flüssiger und schneller musste geschrieben werden. Das Bild wurde zum Zeichen, es verlor die Merkmale des entsprechenden Gegenstandes und bestand nur noch aus einer Anzahl von Linien und Punkten, die jetzt die Begriffe ausdrückten. Diese Art der Darstellung, ohne jede phonetische oder grammatikalische Verbindung zur gesprochenen Sprache, macht es uns heute noch schwer, diese Schriften zu entziffern.

Erst viele Jahrhunderte später entwickelte sich aus den Wortbilderschriften die Silbenschrift, wie wir sie zum Beispiel in China heute noch kennen.

Neuere Forschungen haben eindeutig ergeben, dass der Anfang der Schrift auf Bilderschriften zurückzuführen ist.

Chaj und seine Gemahlin Merit verehren den Gott Osiris.

Ausschnitt aus dem „Buch des Herausgehens bei Tage", XVIII Dynastie, etwa 1450 v. Chr.

Abb.: Britisches Museum, London

Ägyptische Schrift	Hieroglyphisch		Hieratisch		Demotisch		= Mensch
	Hieroglyphisch		Hieratisch		Demotisch		= Stier
	Hieroglyphisch		Hieratisch		Demotisch		= Fisch
	Hieroglyphisch		Hieratisch		Demotisch		= Ohr
Keilschrift (babylonisch)	Altbabylonisch		aufrecht gestellt		Assyrisch		= Mensch
	Altbabylonisch		aufrecht gestellt		Assyrisch		= Stier
	Altbabylonisch		aufrecht gestellt		Assyrisch		= Fuß
	Altbabylonisch		aufrecht gestellt		Assyrisch		= Rohr

Keilschrifttext

Ausschnitt aus der Gesetzesstele des Königs Hammurabi.

Abb.: Britisches Museum, London

Hieroglyphen, demotische und griechische Schrift

Die Abbildungen zeigen Abreibungen vom Dreisprachenstein von Rosetta. Hieroglyphen konnte niemand lesen, geschweige denn entziffern. Dies ermöglichte erst ein schwarzer Basaltstein, den 1799 ein napoleonischer Soldat bei dem Ort Rosetta im Nildelta fand. Dieser Stein, um 195 v. Chr. erschaffen, trägt Inschriften in drei Sprachen und in drei Schriften: in Hieroglyphen, in Demotisch und in Griechisch. Die Entzifferung dieses Steines ermöglichte, ausgehend von Griechisch, das Lesen der Hieroglyphen.

Abb.: Britisches Museum, London

An verschiedenen Beispielen soll der Entwicklungsverlauf, ausgehend von den alten Bilderschriften zu den nächsthöheren Stufen, aufgezeigt werden.

Die erste Stufe der Bilderschrift ist die direkte Darstellung des zu bezeichnenden Gegenstandes. Diese Darstellung wird, soweit es der Schreiber kann, so vollkommen als möglich dem Original angeglichen. Und schon hier treten die ersten Unterschiede in den Bilderschriften auf. Unterschiedliche Schreibwerkzeuge, Beschreibmaterialien und auch Begabungen der verschiedenen Völker führen zu einem Auseinandergehen der Schriftbilder, führen zu unterschiedlichen Bild- bzw. Schriftformen, obwohl viele Schreiber unabhängig voneinander das Gleiche darstellen wollen. Die auf der vorhergehenden Seite stehende Tabelle mag darüber einen kleinen Überblick geben.

Je bedeutender die Schrift für das tägliche Leben wurde, desto mehr mussten die Bilder von ihrer ursprünglichen Klarheit, Deutlichkeit und Bildhaftigkeit verlieren und sich in einfachere, schlichtere Formen verwandeln. Dies wurde auch dadurch beschleunigt, dass im Laufe der Entwicklung – man kennt es am Beispiel Ägyptens – das Schreiben von der Priesterschaft wegging und von Kaufleuten, Handwerkern und dem Militär im täglichen Leben gebraucht und genutzt wurde. Damit verlor die Bilderschrift, aus ganz praktischen Gründen, ihre Bildhaftigkeit und kam zu schneller schreibbaren Formen.

So entstand aus der hieroglyphischen Bilderschrift die hieratische Schrift (ca. 3000 v. Chr.). Aber auch diese Schrift unterlag in den nächsten Jahrhunderten noch vielen Veränderungen. Bis die von den Griechen so genannte demotische Schrift (das heißt Volksschrift) im Mittelmeerraum Verbreitung fand (mit semitischen, hebräischen und phönizischen Schriftzeichen vermischt), hatten die Zeichen von den alten hieroglyphischen Bildern bis zu den demotischen Schriftzeichen eine Wandlung erfahren, die eine Verwandtschaft kaum mehr erkennen ließ. Vergleicht man in der vorhergehenden Tabelle die ursprünglichen Bilder der Ägypter mit denen der Babylonier, so wird man um die Feststellung nicht herumkommen, dass die ägyptischen Schreiberlinge an Ausdrucksklarheit, -deutlichkeit und Schönheit der Bilder dem babylonischen Stil überlegen waren.

Beide Völker hatten wohl einen ausgeprägten Kunstsinn. Aber wenn

Schriftgeschichte

die ägyptischen Schriften auch die schöneren waren, so muss man zur Erklärung Folgendes bemerken: Die Ägypter waren außerordentlich begünstigt durch einen wahren Überfluss an bestem „Schreibmaterial", welches die Natur ihnen in Kalk- und Sandsteinfelsen darbot. Ein Schreibmaterial, das zur künstlerischen Gestaltung und Darstellung einer Bilderschrift nicht besser geeignet sein kann. Die Babylonier hatten Derartiges in den Niederungen des Euphrat nicht, sie mussten als Schreibmaterial Ziegel aus gebranntem Ton und Lehm verwenden – und dieses war weniger zur Darstellung plastischer Bilder geeignet. Dies erscheint einleuchtend! Daher erklärt sich auch die seltsame Form der Schrift. Wollte man in den noch feuchten Ton etwas hineinritzen, so zog man unwillkürlich eine gerade Linie mit einem spitzen Instrument. So entstand die Keilform der Schrift, und diese Form wurde beibehalten, auch wenn man auf hartem Stein zu meiseln manchmal Gelegenheit hatte. So ist durch das verwendete „Schreibmaterial" die eckige Form der babylonischen Schrift zu erklären.

2.1.2.3 Von der Bilddarstellung zur Sinndarstellung

Durch die Schrift, wie wir sie bis zu dieser jetzigen Entwicklungsstufe kennen, war es nur möglich, wahrnehmbare Gegenstände darzustellen. Wie aber sollten Gedanken, Ideen, gestaltlose Begriffe bezeichnet werden?

Einem Kulturvolk, wie es die Ägypter zweifelsfrei waren, musste es irgendwann zum Bedürfnis werden, gestaltlose Begriffe zu bezeichnen und schriftlich darzustellen. Daraus entwickelte sich die so genannte symbolische Schreibart. Das Prinzip war relativ einfach: Ein bildliches Symbol wird für den darzustellenden Gedanken benützt. Es bleibt nun dem denkenden Menschen überlassen, eine Gedankenbrücke vom Dargestellten zum Gedachten zu schlagen. Dies war häufig nur durch den Sinnzusammenhang möglich.

Einige Beispiele mögen dies verdeutlichen: Das Bild des Stiers wird wegen seiner starken Zeugungskraft für den Begriff des Zeugenden, also für den abstrakten Begriff „Ehemann" eingesetzt. Das Bild der Biene wird, wegen der monarchischen Organisation eines Bienenstaates, zum Symbol für den Begriff „König". Oft bleibt, sicherlich auch wegen mangelnder Kenntnisse der ägyptischen Sprachkultur und des ägyptischen Glaubens, die Herkunft und der Ursprung eines Symbols unklar.

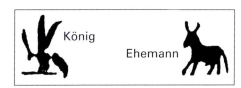

Aber auch mit der Übertragung von Gedanken auf bestimmte Bildsymbole war es wohl nicht immer möglich, ein Bildsymbol für jeden Begriff zu finden. Man griff daher zu dem Mittel, mehrere Kennzeichen miteinander zu verknüpfen und erhielt so zusammengesetzte Symbole. Dazu unten einige Beispiele:

Mond + Stern = Monat

Himmel + Stern = Nacht

Biene + Vase = Honig

Prunk-Uschebti des Tutanchamun

Verstorbenen wurden kleine Figuren mit ins Grab gegeben, die im Jenseits die Arbeit für den Verstorbenen verrichten sollen. Die Inschrift gibt das sechste Kapitel aus dem ägyptischen Totenbuch wieder.

Original aus dem Ägyptischen Museum, Kairo, Grabschatz des Tutanchamun. Ägypten, Neues Reich, 18. Dynastie, um 1335 v. Chr. Abb.: Kairo 2009.

133

Ägyptische Schrift

Bei der Betrachtung ägyptischer Schrift wird man immer wieder die Darstellung von Konsonanten und Vokalen finden, die als Sprachhilfe oder als Ausspracheregel für den Leser gedacht waren.

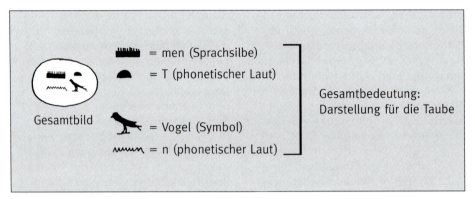

Bis jetzt war die Schrift noch vollkommen unabhängig von der Lautierung der Sprache. Es war eine reine Begriffschrift. Um von diesem Charakter der Begriffschrift wegzukommen, musste eine phonetische Entwicklung in die Schrift aufgenommen werden. Das heißt, dass in die Schrift Zeichen der Aussprache (Ausspracheregeln oder Anweisungen zum Lautieren) hineingenommen werden mussten.

Dies geschah bei den Ägyptern auf unterschiedliche Weise. Sie konnten sich, auch in der demotischen Schrift, nicht von der alten traditionellen Bilderschrift lösen. Zusätzlich zu den Bildern wurden Silbensymbole und phonetische Zeichen verwendet. Eine Schriftdarstellung konnte also aus allen drei Schriftzeichenarten bestehen. Wenn Sie die obenstehenden Schriftbeispiele betrachten, wird dies deutlich.

Ausschnitt aus dem Papyrus Ani um 1300 v. Chr.

Totenpapyrus des königlichen Schreibers Ani.
Mit einer Länge von 23,79 m eines der am besten erhaltenen Schriftstücke ägyptischer Kultur.

Abb.: Aufnahme von einem Faksimiledruck der Antikensammlung der Universität Tübingen

134

Schriftgeschichte

2.1.2.4 Alte Schriftentwicklung

Die folgenden Abbildungen zeigen die Entwicklung der Schrift an Beispielen, die typisch sind für die einzelnen Entwicklungsstufen. Von der reinen Bilddarstellung der sumerischen Keilschrift, der Bilddarstellung mit Sprach- oder Lautierungsanweisung der Ägypter, der demotischen Schrift bis hin zur griechischen sind alle wichtigen Stufen zur Entwicklung der mitteleuropäischen Schriften mit Hilfe eines Beispiels exemplarisch dargestellt.

Sumeriche Keilschrift

Links: Tontafel aus Abu Salabikh, um 2500 v. Chr.

Abb.: Louvre Paris

Babylonische Keilschrift

Rechts: Tontafel aus Lasra, um 1750 v. Chr.

Abb.: Louvre Paris

Phönizische Schrift

Links: Inschrift aus Goza (Malta), um 300 v. Chr.

Ägyptische Hieroglyphen

Rechts: Wandstück aus dem Grab des Amenenône, um 1300 v. Chr.
Abb.: Sammlung für ägyptische Kunst München

Demotische Schrift

Links: Totenpapyrus, um 200 v. Chr.

Griechische Schrift

Rechts: Inschrift aus Athen, um 400 v. Chr.

Abb.: Sammlung für ägyptische Kunst München

2.1.3 Von der Bilddarstellung zum Alphabet

2.1.3.1 Griechische Epoche

Griechische Schrift besteht aus einem Alphabet mit immer gleich hohen Buchstaben. Sie macht keinen Unterschied zwischen Groß- und Kleinbuchstaben. Alle Buchstaben sind gleich hoch und werden in einer isolierten Reihung nebeneinander gesetzt. Das klassische griechische Alphabet wurde zur Mutterschrift für sämtliche romanischen, germanischen und slawischen Schriften. Die altgriechische Schrift entstand um 403 v. Chr. und wurde seither nicht mehr verändert.

Ausschnitt aus einer Hinweistafel in aktueller griechischer Schrift.
Athen, Akropolis 2009

Der Tempelbau war in der griechischen Zeit die größte Aufgabe der damaligen Baumeister. Im antiken Tempel befand sich kein Raum für das Volk, so wie in späteren Zeiten in unseren Kirchen. Es wurde ein Götterbild im Tempel verwahrt, zu dem nur die Priester Zutritt hatten. Der Altar, an dem das Volk den Göttern opferte, stand auf dem freien Platz vor der Ostseite eines Tempels. Im Gegensatz zu unseren heutigen Kirchen, die den Eingang im Westen haben, waren die griechischen Tempel durch die Haupteingänge vom Osten her zu betreten.

Die griechischen Tempelbauten und das andere künstlerische Schaffen dieser Zeit bediente sich weniger und klarer Formen: Quadrat, Rechteck, Dreieck und Kreis. So ist die griechische Schrift wie die griechischen Tempel aus diesen vier geometrischen Grundformen klar strukturiert aufgebaut. Die Schrift wurde in Stein gemeißelt und in Ton geritzt. Aus der konstruktiven handwerklichen Herstellung der Schrift entstand der heute gebräuchliche Begriff für die unten abgebildete Schrift: „Griechische Winkelschrift".

Die griechische Schrift entwickelte sich aus den phönizischen Schriftzeichen zu einem Alphabet mit 24 Zeichen. Damit kann jeder beliebige Text wiedergegeben werden. Die Texte wurden zuerst noch links- und rechtsläufig geschrieben. Im Laufe der Zeit setzte sich jedoch die Rechtsläufigkeit beim Schreiben durch. Seit der Schriftreform 403 v. Chr. durch den Athener Stadtstaat wurde die griechische Schrift einheitlich rechtsläufig geschrieben – daher sind heute alle europäischen Schriften rechtsläufig. Seit der griechischen Winkelschrift kennen wir drei Schreibrichtungen: die Linksläufigkeit der arabischen Schriften, die Chinesen schreiben von oben nach unten und die Rechtsläufigkeit der europäischen Schriften.

Die Zeichenanzahl wurde 403 v. Chr. endgültig auf 24 Buchstaben festgelegt, die Zeichenfolge der Buchstaben wurde aus dem semitischen Alphabet übernommen.

Griechische Schriften werden noch ohne Wortzwischenräume geschrieben, diese „Leseerleichterung" wird erst später durch die Römer eingeführt.

Schriftgeschichte

Das klassische Alphabet und die griechische Minuskelschrift (um 900 n. Chr. entstanden) wird heute noch in Griechenland verwendet. Die griechische Minuskelschrift kennen wir heute aus aktuellen griechischen Schulbüchern als griechische Kleinbuchstabenschrift, kombiniert mit den Versalbuchstaben des klassischen Alphabets.

Die griechischen Tempelformen werden unterschieden nach der Art der Säulen, die den Tempelinnenraum umschließen und die immer waagrechten Decken und das Dach tragen.

Es haben sich im Laufe der Jahrhunderte drei Säulenarten in Griechenland herausgebildet. Die älteste und einfachste ist die dorische Säule ❶. Sie ist am weitesten verbreitet. Dorische Tempel waren nahezu schmucklos. Nur die schweren Säulen sind zur Unterstreichung der Vertikalen kanneliert, die Dachecken und die Giebel sind verziert. Dorische Tempel waren häufig noch Holzbauten und in den Säulen waren zur besseren und sichereren Lastübertragung noch Holzbalken eingearbeitet. Die ersten Olympischen Spiele (776 v. Chr.) fielen in die dorische Zeit

und waren gleichzeitig der Beginn einer einheitlichen griechischen Zeitrechnung.

Der dorische Baustil wird allmählich (um 450 v. Chr.) vom ionischen Baustil abgelöst. Die Tempelbauten werden ganz in Stein gebaut. Bei den Säulen bewirken Verzierungen eine leichtere Anmutung der Bauten. Die ionische Säule ❷ hat eine Basis und ein Kapitell aus einer schneckenförmigen Volute direkt unter dem Abakus. Ein Beispiel dieser Bauart ist in der Abbildung des Nike-Tempels unten zu sehen.

Die kunstvollste Säule ist im korinthischen Tempel zu finden. Sie unterscheidet sich vom ionischen durch das kelchartige Säulenkapitell. Die korintische Säule ❸ ist die eindrucksvollste und handwerklich aufwändigste Säule. Sie lässt Tempelbauten leichter und freundlicher wirken.

Akropolis, Athen, Nike-Tempel (links)

Die Abbildung zeigt einen Ausschnitt des Nike-Tempels.

Delphi: Die Tholos im Heiligtum der Athena Pronaia

Rekonstruktion des Rundtempels 1997 mit Darstellung der Dachkonstruktion, Antikensammlung Universität Tübingen

Römische Kapitalschrift

Die römische Kapitalschrift war Leitschrift für die römische Kultur- und Zivilisationsperiode von etwa 350 v. Chr. bis 500 n. Chr. mit einer größten Verbreitung von Schottland bis Persien, vom Rhein bis an den Nil.
Die Schrift weist nur Großbuchstaben auf und kennt noch keine Wortzwischenräume als Leseerleichterung.

Abb.: Alle grafischen Abbildungen zu den Baustilen sind der Unterrichtsreihe zur Schriftgeschichte der Firma Linotype, Eschborn 1980 entnommen.

2.1.3.2 Römische Epoche

Die Römer übernahmen für ihre Schrift das Alphabet der Griechen. Die Frage, ob es von den Etruskern, ihren nördlichen Nachbarn, oder von griechischen Siedlern übernommen wurde, beschäftigte die Wissenschaft lange. Fest steht, dass beide Völker in den ersten Jahrhunderten des römischen Aufstiegs großen Einfluss auf die Kultur Roms ausübten. Man vertritt heute überwiegend die Ansicht, dass die Römer das griechische Alphabet vermutlich im 6. Jahrhundert v. Chr. durch die Etrusker übermittelt bekamen.

Das griechische Alphabet wird weitergeformt, verändert und erhält

weitere, nunmehr römische Schriftzeichen. Die Steinhauer geben ihr neue selbstbewusste Formen. Es sind jedoch – wie bei den Griechen – nur Großbuchstaben. Kleinbuchstaben sind noch unbekannt.

Anfangs ist die römische Schrift noch stark an der griechischen Winkelschrift orientiert. In der Zeitspanne von etwa 300 v. Chr. bis um Christi Geburt entsteht die klassische lateinische Schrift, die „Capitalis Monumentalis".

Die römischen Buchstabenstriche weisen rhythmische Verdickungen und Verdünnungen auf. Die Formen der römischen Kapitalschrift wurden durch das Handwerkszeug und die Meißeltechnik der Bildhauer bestimmt. Deren Technik ergeben das Kennzeichen der links unten gezeigten „Capitalis Monumentalis".

Die klassische römische Capitalis wurde als Inschriften-Schrift entwickelt, alle Buchstaben sind gleich hoch und haben gleiche Abstände. Merkmale und der Ausdruck der Schrift weisen auf eine konstruierte Schrift hin, ebenso die Begriffe. Das lateinische „Monumentum" bedeutet Bauwerk und die häufig zu findende Bezeichnung Lapidarschrift weist auf den „Beschreibstoff Stein", also lateinisch „Lapis", hin. Anstatt eines Wortzwischenraumes wird ein Punkt gesetzt, der das Ende bzw. den Anfang eines Wortes kennzeichnet.

Die Capitalis Monumentalis wurde zwar als Inschriften-Schrift geplant, aber schon früh als Buch- und Schreibschrift genutzt. Dabei blieben die Konstruktionsgrundformen erhalten, wurden aber durch Schreibmaterial und -technik abgewandelt. Wir haben es hier mit der materialbedingten Umformung einer Schrift zu tun. Die Römer schrieben auf Pergament und Papyrus und entwickelten dabei zwei Schriftarten:

Schriftgeschichte

die römische Quadratschrift und die römische Rustika. Die Capitals Quadrata (unten) behielt die konstruierten Formen bei, nur wurden die Buchstaben beim Schreiben breiter und ihre Deckfläche näherte sich dem Quadrat.

NONALITERQV
AAIQVIADVIRY

Capitalis Rustika (lat. rusticus) bedeutet bäuerlich, grob oder ungeschlacht. Die Rustika (unten) ist die Schrift der Händler, des Militärs, der schreibkundigen Schichten. Das Schriftbild ist wenig

VXY·HASTAM QVIDQVIDID
EST TIMEODANAOS ET DONA
FERENTESSICFAIVSVALIDIS

ästhetisch und grob in seiner Wirkung. Es ist eine Alltagsschrift, die nur in den Grundformen der ursprünglichen Capitalis gleicht. Es wird kaum beachtet, dass die quadratische Grundform erhalten bleibt.

Die Schreibtechnik entwickelt sich weiter. Schnelle Mitteilungen wurden auf Wachstafeln mit einem Griffel graviert. Durch das Glätten der Wachsschicht wurde das Geschriebene wieder entfernt und die Tafel war als Beschreibstoff wieder verwendbar. Diese Schreibtechnik ließ eine flüssige Schreibtechnik entstehen, die als „Cursiva" oder als „Kapitalcursive" bekannt wurde.

Um 300 n. Chr. bildete sich eine runde Form der römischen Schrift heraus, die „Uncialis" (Unziale) oder „romanische Uncialis". Sie stellt eine Zwischenstufe zwischen der klassischen römischen Schrift und deren Weiterentwicklung dar. Rund 300 Jahre später entwickelte sich

die Schrift zur „Semiuncialis (Halbuncialis)". Die Mehrstufigkeit der Schrift entstand mit einer langsamen Teilung in Ober-, Mittel- und Unterlängen.

Die verschiedenen Völker im westeuropäischen Raum übernahmen die Schriftformen der ehemaligen römischen Macht. So entstanden in den verschiedenen Sprachräumen im Laufe von rund 200 Jahren neue Schriften mit verschiedenen Sprachen als Grundlage, die alle die gleiche Herkunft erkennen lassen, in Details aber voneinander abweichen. Es entstanden die „Nationalschriften".

Die römischen Baumeister haben die Ideen der Griechen weiterentwickelt und ihr neue Formen hinzugefügt. Baugeschichtlich waren die Römer die Ersten, die Rundbogen und Tonnengewölbe einsetzten, um größere Gebäude und beeindruckende Gewölbedecken zu bauen. Sie stellten den Wänden halbe Säulen voraus, Pilaster genannt, und sie bildeten Nischen in den Wänden. Dadurch entstanden reizvolle und teilweise verspielte Konstruktionen. Vor allem bei römischen Villen und Palästen ist diese Bauweise zu finden.

Der Bau von Palästen, Badehäusern, Theatern, Triumphbögen, Äquadukten und mehrgeschossigen Wohnhäusern kennzeichnet die klassische römische Architektur.

Rustika

Ausschnitt aus einer Ladeninschrift, vermutlich einer Obsthandlung.

Abb.: Pompeji, Golf von Neapel 2009

Triumphbogen des Titus in Rom

Modell des Bauwerks mit gut erkennbarer „Römischer Kapitalschrift".

Abb.: Forum Romanum Rom 2009

139

Trajanisches Alpabet aus Rom

Marcus Ulpius Trajanus, am 18. September 53 in Italica geboren, um den 8. August 117 gestorben, war von 98 bis 117 n. Chr. römischer Kaiser. Er war einer der fünf römischen Adoptivkaiser, unter denen das römische Reich seine größte Blütezeit erlebte. Diese Zeit gilt als die Glanzzeit der römischen Geschichte. Unter Kaiser Trajan erreichte das römische Kaiserreich seine größte territoriale Ausdehnung und Machtfülle. Die Trajansäule wurde von dem Ingenieur und Baumeister Apollodorus aus Damuskus nach den persönlichen Anweisungen des Kaiser Trajanus in Rom zwischen den beiden kaiserlichen Bibliotheken und der Basilika Ulpia gebaut. Die Vollendung und Weihe der Säule wird auf den 18. Mai 113 datiert.

Trajansäule

Die Trajansäule erinnert an die Entstehungsgeschichte des Trajansmarktes, an dessen Stelle extra ein Berg abgetragen wurde (siehe dazu auch den Inschriftentext auf der nächsten Seite). Die Säule selbst schmückt eine spiralförmige Reliefdarstellung mit einer Länge von etwa 200 Metern. Die Darstellung zeigt zwei Feldzüge Kaiser Trajans gegen die Daker. Oberer Säulenabschluss war ursprünglich eine Darstellung Trajans, im Jahr 1588 wurde die Säule mit einer Statue des Apostels Petrus als Abschluss versehen.

Die Inschrift des Sockels ist in lateinischer Sprache verfasst und besteht aus sechs Zeilen im Zweiliniensystem. Die Versalhöhe von 11,5 cm verringert sich von der ersten zur letzten Zeile auf ungefähr 9,75 cm. Die Zeilenabstände verringern sich von 7,5 cm auf 7 cm. Die Worte bzw. die römischen Zahlzeichen sind durch dreieckige Satzzeichen voneinander getrennt.

Das „Trajanische Alphabet" ist das wohl bekannteste Beispiel für die Capitalis Monumentalis. Sie weist nur Majuskeln auf und orientiert sich mit ihren Grundformen an Quadrat, Kreis und Dreieck. Bedingt durch die Meißeltechnik sind die für Antiquaschriften typischen Serifen zu finden.

Die Capitalis Monumentalis bildet die Grundlage für unseren modernen Groß-

Marcus Ulpius Trajanus

Römischer Kaiser von 98 bis 117 n. Chr.

Marcus Ulpius Trajanus

Trajansäule in Rom. Links: Ausschnitt vom Fuß der Säule, rechts: Gesamtansicht.

Abb.: privat

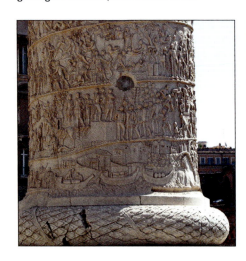

Schriftgeschichte

buchstaben. Sie ist formvollendete Vorlage für alle runden Schriften römischen Ursprungs und auch Vorlage für viele Antiquaschriften.

Das „Trajanische Alphabet" gilt als das schönste Beispiel römischer Schriftkunst. Der Begriff „Trajanische Alphabet" bürgerte sich ein, da dieses Großbuchstabenalphabet – mit Ausnahme von H, J, K, U, W, Y und Z – in Form einer Inschrift auf einer 115 cm hohen und 275 cm breiten Marmortafel eingemeißelt wurde. Diese Tafel befindet sich auf dem würfelförmigen Sockel der Trajansäule. Ein Ausschnitt aus der Trajansäule ist unten abgebildet.

Das „Trajanische Alphabet" war für Generationen von Wissenschaftlern und Typografen Vorbild bei ihrer Arbeit an Schriften. Vor allem bei der Entstehung der italienischen Renaissanceschriften war dieses Alphabet Ausgangspunkt für viele Schriftentwicklungen – und dies bis in unsere Zeit hinein. Einige Namen bekannter Künstler und Typografen müssen hier genannt werden: Vespasiano Amphiareo, Wolfgang Fugger, Albrecht Dürer, Francesco Torniello, Leonardo da Vinci, Claude Garamond, Jan Tschichold und Günter Gerhard Lange.

Die Inschrift der Trajansäule
Unten ist die lateinische Inschrift der Trajansäule wiedergegeben. Derartige Säulen gab es in großer Anzahl im römischen Reich. Diese verkündeten meistens von militärischen und politischen Erfolgen der jeweiligen Herrscher oder Feldherren.

SENATVS.POPVLVSQVE.ROMANVS
IMP.CAESARI.DIVI.NERVAE.F.NERVAE
TRAIANO.AUG.GERM.DACICO.PONTIF
MAXIMO.TRIB.POT.XVII.IMP.VI.COS.VI.P.P
ADDECLARANDVM.QVANTAE.ALTITVDINIS
MONSET.LOCUS.TANTIS.RVDERIBUS.SIT.EGESTVS

Die deutsche Übersetzung für die Inschrift der Trajansäule lautet:
Der Senat und das Volk von Rom
dem Gebieter, Kaiser, des göttlichen Nerva, Sohn Nerva Trajanus Augustus, Germanicus, Dacier, oberster römischer Priester, 17 Mal Tribun, 6 Mal Feldherr, 6 Mal Konsul, Vertreter des Vaterlandes, um zu zeigen, von welcher Höhe der Berg und die Steine waren, die für derartige Werke (Verdienste) genommen (errichtet) wurden.

Capitalis Monumentalis

Die wichtigste Schrift des Altertums für die Schriftentwicklung. Der Ausschnitt zeigt jeweils den Anfang der dritten bis sechsten Zeile der Tafel der Inschrift der Trajansäule in Rom, entstanden um 113 n. Chr.

2.1.4 Groß- und Kleinbuchstaben

2.1.4.1 Karolingische Epoche

Karolingische Minuskel

Die karolingische Minuskelschrift weist Ober- und Unterlängen auf, der Wortabstand sowie ein gleichmäßiger und großer Zeilenabstand werden eingeführt. Als Schreibwerkzeug wird eine schmalere, schräg gehaltene Breitfeder verwendet. Dadurch entsteht eine breite, lichte und leicht lesbare Schrift. Anfangs werden noch Groß- und Kleinbuchstaben relativ willkürlich gemischt, aber nachdem sich die karolingische Minuskel als Kanzleischrift durchgesetzt hat, wird dies mehr und mehr vereinheitlicht und die Schrift mehr als 100 Jahre in Europa verwendet.

Als Epochebeginn gilt das Edikt von Mailand 313, welches das Christentum zur römischen Staatsreligion erklärt.

Die bis dahin gebauten dreischiffigen Basilikakirchen werden durch den Anbau eines Querschiffes und durch seitliche Ausweitungen zu drei- bis fünfschiffigen Kirchen. Innenräume werden mit farbenprächtigen Mosaiken geschmückt. An Querschiffe wird häufig noch eine Apsis angebaut.

Durch den beginnenden Handel weitet sich der Schriftverkehr aus. Daher musste sich die Schrift vom Stein lösen. Man schrieb jetzt mit der Breitfeder (Atofeder) auf Pergament und Papyrus.

Um 800 entstand unter Karl dem Großen (768 – 814) eine neue, gut lesbare Schrift. Diese Schrift entstand im Zusammenhang mit Organisationsmaßnahmen über die sorgfältige Herstellung wissenschaftlicher, kirchlicher und verwaltungstechnischer Bücher.

Diese Schrift mit ihren Kleinbuchstaben wird „Karolingische Minuskel" genannt. Diese amtlich verordnete Schrift und die mit ihr verbundene Amtssprache Latein bewirkt durch ihre Verwendung eine Vereinheitlichung der Verwaltung, der Wissenschaft, der Geschichtsschreibung und der Bildung im Europa Karls des Großen.

Die bisherigen Großbuchstaben werden weiter neben den neuen Kleinbuchstaben verwendet. Das Reich Karls des Großen umfasst Deutschland, Frankreich, Nordspanien, die Schweiz sowie Ober- und Mittelitalien. Dies deckt sich mit dem Ausbreitungsgebiet der römisch-katholischen Kirche. Durch die Verwendung der karolingischen Minuskel als Verwaltungsschrift in diesem Gebiet werden alle Kulturen Europas mit dieser Schrift konfrontiert und es entsteht ein erster, europäischer Schriftstil. Auf dieser Grundlage kommt es in der Folge zu vielen unterschiedlichen Entwicklungen in den sich herausbildenden Nationalstaaten Europas.

Da die karolingische Minuskel eine Schrift ist, die sich aus Elementen vorhandener älterer Schriften zusammensetzt, muss mit sehr hoher Wahrscheinlichkeit angenommen werden, dass diese Schrift die Entwicklung einer Einzelperson ist. In Frage kommt, nach allen Erkenntnissen zur Schriftgeschichte, dafür nur der Leiter der Klosterschreibschule von St. Martin zu Tours: der Abt Alkuin aus York (England), Abt von 769 – 804. Seine mit der karolingischen Minuskel eingeführten Kleinbuchstaben lernt heute noch jedes Kind in der Grundschule: die lateinischen Kleinbuchstaben.

that ih thef

fu manata

Oben:
Karolingische Minuskel um 900 n. Chr.

Rechts:
Karolingische Minuskel um 800 n. Chr.

Schriftgeschichte

2.1.4.2 Romanik

Die romanische Epoche hat nichts mit römischer Kunst und Wissenschaft zu tun, obwohl man dies aus dem Namen herauslesen könnte. In der Kunstgeschichte wird die Zeit zwischen etwa 900 bis 1200 n. Chr. als romanische Epoche bezeichnet. Es ist die Zeit des Kampfes zwischen der weltlichen, kaiserlichen und geistigen, kirchlichen Macht um die Vorherrschaft Europas. Es ist die Zeit der Kreuzzüge in der Auseinandersetzung zwischen Islam und Christentum.

Markantes Merkmal für die vor allem in Deutschland hoch entwickelte romanische Bauweise ist das Quadrat, das als Grundform in romanischen Bauwerken immer zu finden ist. Ferner ist der Rundbogen zu nennen. Dieser ist an den meist sehr kleinen Fenstern und an den Eingangspforten bzw. Portalen angebracht. Mit kleinen, halbrunden Bogenfriesen sind die Außenwände in Höhe der Deckengesimse verziert. Wichtiges Gestaltungselement der romanischen Architektur sind Bogengalerien in der Außenfassade und im Innenraum.

Romanische Bauwerke haben zumeist sehr schmucklose Innenwände. Den Baustil kennzeichnet eine schwere, massive Quaderbauweise und die besondere Betonung der Waagrechten. Neu in der Baukunst sind die Turmbauten an den Seitenschiffen der Kirchen und über der Vierung.

Romanische Kirchen sind u.a. in Speyer, Maria Laach, Worms, Fulda, Mainz, Bamberg, St. Gallen und Limburg/Lahn zu finden und geben einen Eindruck dieses mächtig wirkenden Baustils.

Die Schrift der Romanik ist nicht so wuchtig und massiv wie die Bauwerke. Die karolingische Schrift wird weiter entwickelt, der Unterschied zwischen den Groß- und Kleinbuchstaben wird deutlicher und ausgeprägter. Die heute üblichen Satzzeichen werden allgemein gebräuchlich, der i-Punkt wird Standard und die arabischen Ziffern ersetzen nach den Kreuzzügen die bislang üblichen römischen Zahlzeichen.

Romanische Schriften weisen gerundete Buchstaben auf, der Gebrauch der heute allgemein gültigen Satzzeichen und des i-Punktes wird eingeführt und aus dem arabisch-indischen Raum ersetzen die Ziffern die bislang gültigen römischen Zahlzeichen. Große Unterschiede in den Strichstärken sind nicht gegeben, zu starke Gegensätze werden vermieden. Insgesamt wirken die Buchstaben harmonisch, leicht und gut lesbar. Ein weiter Zeilenabstand wird bevorzugt.

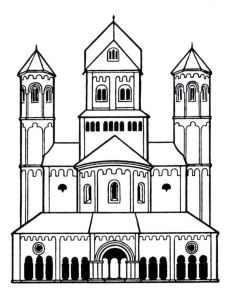

Romanische Klosteranlage Maulbronn – Weltkulturerbe, ein Besuch lohnt sich.

www.maulbronn.de

143

2.1.4.3 Gotik

Der Baustil der Gotik drückt eine neue Geisteshaltung aus. Das Sinnen der mittelalterlichen Menschen ist ins Jenseits gerichtet, die Bauwerke und ihre einzelnen Elemente sind schlank emporragend, gerade so, als wollten sie ins Überirdische, ins Himmlische hinaufreichen.

Immer wiederkehrende Grundform der Gotik ist das Rechteck. Wir finden es in himmelhoch strebenden Türmen. Ebenso schlank und emporstrebend sind Fenster, Säulen, Figuren und Innenräume.

Die Betonung des gotischen Baustils liegt in der Senkrechten. Gotische Kirchen sind außen am Gewölbeansatz von Strebebogen und Strebepfeilern gestützt. Die Wände der Innenräume bestehen aus Pfeilern und Fenstern, die streng nach oben gerichtet sind. Die Fenster sind mit steinernen Stäben unterteilt, die den Eindruck des Aufwärtsstrebens deutlich unterstützen.

Markant und deutlich – wie bei den romanischen Bauwerken der Rundbogen – ist bei den gotischen Bauwerken der Spitzbogen über Fenstern, Portalen und Ziergiebeln.

Gotische Kirchen haben an der Schauseite drei nebeneinanderliegende Eingänge, von denen das mittlere Portal die beiden anderen überragt. Die Portale sind mit vielen Figuren geschmückt.

Die Dome in Köln, Ulm, Freiburg und Mailand, Notre Dame in Paris oder die Marienkirche in Reutlingen sind beeindruckende Beispiele gotischer Baukunst.

Um die gotische Schrift ebenso schlank wie die Bauwerke zu gestalten, wurden die Rundungen der karolingischen Minuskel allmählich gebrochen. Die Schrift ohne jegliche Rundung, mit der Breitfeder geschrieben, betont die Senkrechte und wirkt mit ihren eng nebeneinanderliegenden senkrechten Strichen wie ein Gitter. Die Kleinbuchstaben haben am Anstrich oben und am Abstrich unten eine Würfelform, die vom An- und Absetzen der Feder herrührt.

Die gotische Schrift, wie sie in den Schreibstuben der Klöster von Mönchen geschrieben wurde, trägt die Bezeichnung „Textura".

Diese Schrift dient um 1446 als Vorbild für die Buchstaben, die Gutenberg in Mainz für den Druck seiner 42-zeiligen Bibel verwendet. Die ersten gegossenen, gesetzten und im Hochdruckverfahren gedruckten Buchstaben der Druckgeschichte waren also gotischen Ursprungs.

Gotische Schriften

Die Schriften des europäischen Mittelalters vom 12. bis zum 16. Jahrhundert sind reine, aus der Schreibtechnik der schräggehaltenen Breitfeder entwickelte schmale Schriften, deren Wortabstände minimiert werden. Die schmale, gitterartige Wirkung mit geringem Zeilenabstand beeinträchtigt die Lesbarkeit.

Dom zu Köln

2.1.5 Entwicklung der runden Schriften

2.1.5.1 Renaissance

Mit der Renaissance beginnt eine Erneuerung der europäischen Gesellschaften auf wissenschaftlichem und künstlerischem Gebiet. Die Menschen knüpfen an die philosophischen und naturwissenschaftlichen Erkenntnisse der Antike an und entwickeln diese weiter.

Durch diese Hinwendung zur griechischen und römischen Gedankenwelt kommt es in Kunst und Architektur zur Wiederentdeckung antiker Formen. Lebensstil und Denkweise dieser als Humanismus bezeichneten Epoche werden durch die Werke des Altertums beeinflusst. Markantes Stilelement ist die Betonung der Waagrechten, die Verwendung von griechischen und römischen Säulen sowie der Bau von hervorspringenden Gesimsen. Die Bauwerke weisen klare Grundrisse mit Innenhöfen, breiten Treppen sowie breiten Fluren auf. Die Ausgangsform der Grundrisse ist das Quadrat.

In den Räumen und den zum Teil prächtigen Fluren sind die Decken regelmäßig unterteilt, man spricht hier von kassettierten Decken und kassettierten Tonnengewölben.

Statt der Fenster mit Farbglas, wie wir es von gotischen Bauten kennen, wird jetzt Klarglas verwendet. Helle, lichtdurchflutete Räume sind in den Renaissance-Bauwerken anzutreffen.

Bei der Schrift gibt es während der Renaissance starke Veränderungen: Die während der Gotik so lange vergessene karolingische Minuskel wird als Schriftvorbild wieder entdeckt. Als Großbuchstaben werden die Formen der Capitalis Monumentalis verwendet. Diese in der Renaissance geformten Schriften sind heute in die Schriftgruppe der „Renaissance-Antiqua" eingeordnet.

Renaissanceschriften
entwickeln sich zwischen 1400 und 1600 und verdrängen die gotischen Schriften. Aufbauend auf der karolingischen Minuskel werden leicht wirkende und gut lesbare Schriften entwickelt, die heute noch in Gebrauch sind. Bekannte Renaissanceschriften dieser Zeit sind Bembo, Garamond, Palatino, Trump-Mediaeval, Weiß-Antiqua usw.

Renaissance-Bauten
sind z.B. die Rathäuser in Bremen (siehe unten), Hameln, Paderborn und Rothenburg o.d.T. und der östliche Flügel des Heidelberger Schlosses.

2.1.5.2 Barock und Rokoko

Handschrift-Antiqua

Das Zeitalter des Barock wird auf 1590 – 1790 datiert, das Rokoko auf etwa 1725 – 1790. In dieser Zeit entsteht die Handschrift-Antiqua, die wir heute als Kursivschrift oder als Schreibschrift kennen.

Das aus dem Portugiesischen stammende Wort „Barock" bedeutet frei übersetzt etwa „schiefrund, unregelmäßig geformt, Ellipse."

Die Ellipsenform wird das dominierende Element des Barock, verbunden mit einem Überschwang an Ausschmückung und Zierrat in und an Gebäuden. Gebäude dienen der Darstellung weltlicher Macht und zeugen von Einfluss und Reichtum der Besitzer. Gold ist die bevorzugte Farbe bei der Ausschmückung prunkvoller Räume. Säulen und Säulengruppen, die über mehrere Stockwerke emporragen werden oft in Verbindung mit prachtvollen Treppenhäusern gebaut. Die Räume sind lichtdurchflutet, die Wände und Decken sind mit Malereien und Stuckarbeiten übersät. Der Barockstil hat sich, ausgehend von der italienischen Renaissancezeit, über ganz Europa als beherrschender Kunststil ausgebreitet. Die französische Revolution 1789 beendete diese Entwicklung abrupt.

Große Kuppeln und Zwiebeltürme werden oft getragen von spiralförmigen Säulen. Der Übergang von Barockbauten in Gärten und Parks erfolgt harmonisch. Die prachtvollen Außenanlagen sind systematisch angelegt und mit verspielt wirkenden Figuren und Gartenhäusern ausgeschmückt.

Im Rokoko wird die Prunkfülle des Barock zum Überladenen gesteigert – wir empfinden Bauwerke dieser Zeit oft als kitschig, überladen und wenig ansprechend. Als Verzierungselement des Rokoko tritt zur Ellipse das Muschelmotiv dazu.

Bekannte Bauwerke dieser Epoche sind St. Peter in Rom, Schloss Versailles bei Paris, Schloss Ludwigsburg, das Münster Zwiefalten und die Kirche des Klosters Birnau am Bodensee. Der Zwinger in Dresden, Schloss Solitude und das Neue Schloss in Stuttgart runden die Aufzählung ab.

Die Schriften der Renaissance entwickeln sich zur Barock-Antiqua weiter. Das Schriftbild wird feiner und wirkt deutlich leichter. Es entsteht erstmals eine Handschrift-Antiqua, die wir heute alle als Kursivschrift oder als Schreibschrift kennen. Diese Schriften wurden mit vielen Zierschwüngen versehen und machten einen verspielten, leichten und meist gut lesbaren Eindruck. Unterschiede in den Grundchen deuten und Haarstrisich an und werden im Zuge einer schnel- ler werdenden Schreibtechnik als neues Stilelement verwendet.

Kirche St. Anna Haigerloch

Ausschnitt aus dem Innenraum der Schlosskirche

146

2.1.5.3 Klassizismus

Nach der Überladenheit des Barock und vor allem des Rokoko wird der Wunsch nach Einfachheit und Klarheit deutlich.

In der Baukunst werden griechische und römische Bauten nachgeahmt. Zuerst bei Bauwerken, zu denen dies passend ist – Kirchen, Torbauten, Museen oder Theater. In der zweiten Hälfte des 19. Jahrhunderts werden auch Profanbauten wie Bahnhöfe oder Kaufhäuser mit antiken Stilmitteln versehen.

Markant und stilbildend für alle Bauwerke sind eine strenge Gliederung, griechische Säulen, waagrechte Decken und klassische Giebelformen. Klassizistische Bauten hinterlassen den Eindruck erhabener Größe.

Bauwerke dieser Art sind in Europa viele zu finden: das Brandenburger Tor in Berlin, der Triumphbogen in Paris, die Neue Wache und das Schauspielhaus in Berlin, Walhalla bei Regensburg, der Königsbau in Stuttgart und das Reichstagsgebäude in Berlin.

Die Entwicklung der Schrift folgt der Baukunst. Ebenso wie die streng gegliederten klassizistischen Bauwerke werden auch die Schriftformen Ausdruck einer einfachen, unverschnörkelnden Größe. Alle Schriften seit der Unziale (etwa um 400) bis zur Fraktur des 18. Jahrhunderts waren als Schreibschriften entwickelt. Die Formen waren durch Federschnitt und Federhaltung materialbezogen geprägt worden.

Mit dem Klassizismus tritt hier eine Wandlung ein. Das formende Element lag bei der gezeichneten Konstruktion. Die Schriften sind gekennzeichnet durch starke Unterschiede in den Strichstärken. Grund- und Haarstriche weisen ausgeprägte Strichunterschiede auf. Die Serifen sind sehr fein und im Winkel von 90° Grad an die Grundstriche angesetzt. Bei den Renaissance- und Barockschriften waren die Serifen noch mit einem Rundbogen angesetzt.

Klassizistische Schriften

weisen einen starken bis extremen Wechsel von Grund- und Haarstrichen auf. Die Serifen sind rechtwinklig an die Grundstriche angesetzt. Die Grundformen ergaben sich aus den römischen Kapitalschriften. Deren Grundkonstruktionen wurden auf die Minuskeln übertragen. Die Formen der Kleinbuchstaben ergaben sich aus der karolingischen oder italienischen Minuskel. Der Unterschied zu den klassischen römischen Schriften liegt vor allem in der Herausarbeitung der Strichstärkenunterschiede und der feinen Ausarbeitung der Kleinbuchstaben. Klassizistische Schriften sind uns viele überliefert und werden noch häufig genutzt. Bodoni, Walbaum, Didot, Amatie oder Normande sind Typografen heute noch wohl vertraute und verwendete Schriften.

Brandenburger Tor
Berlin

147

2.1.5.4 Romantik

Mit der klassizistischen Epoche entsteht nahezu zeitgleich eine weitere europäische Geistesströmung – die Romantik. Diese Bewegung breitet sich zwischen 1800 und 1850 in Europa aus. Im Gegensatz zur Aufklärung und zum Klassizismus, in denen Verstand und Vernunft vorherrschen, betont die romantische Bewegung die tieferliegenden, unbewussten und wissenschaftlich schwer erfassbaren Kräfte des Empfindens. Ergebnisse dieser verfeinerten Psychologie sind romantische Musik und Malerei.

Romantische Musik entstand in Deutschland, Frankreich, Italien und Russland, die Malerei konzentrierte sich vor allem in Deutschland und Frankreich. Romantische Literatur wurde in allen europäischen Nationen gepflegt. Die Romantik befasste sich, im Gegensatz zum Klassizismus, vor allem mit der Aufarbeitung der europäischen Geschichte des Mittelalters. Die Romantiker interessierten sich sehr für Geschichte und schwerpunktmäßig besonders für das Mittelalter, weil sie im Mittelalter Folgendes sahen:
- den Anfang der deutschen Nation und
- eine Zeit, in der die christliche Religion und die Kirche eine Einheit schuf, die in ihrer Zeit verloren gegangen schien.

Vor diesem Hintergrund ist es erklärbar, warum in der Zeit der Romantik die historische mittelalterliche Forschung begann, besonders die Sprachforschung durch die Brüder Grimm, die Werke der Vergangenheit wie Volksbücher und Volksmärchen sammelten.

Dies führte auf dem Gebiet der Schriftentwicklung zu einer neuen Blütezeit mittelalterlicher Schriften. Insbesondere die Fraktur wurde zur bevorzugten Schrift der Romantik. Die von Breitkopf und Unger stilistisch überarbeitete Fraktur wurde zur bevorzugten Druckschrift romantischer Literatur.

Die Romantik brachte keinen eigenen Architekturstil hervor. Sie bediente sich historischer Vorbilder und baute diese mit wenigen Modifikationen nach. Die Architektur dieser Zeit wurde als Klassizismus, Neuhellenismus oder als Neogotik bezeichnet.

2.1.5.5 Egyptienne und Grotesk

Zum ersten Mal erschien 1816 in England eine Egyptienne-Schrift, von William Caslon geschnitten, als Buchschrift. Als im Jahr 1802 die Engländer

Romantik

Carl Spitzweg „Der arme Poet" – Romantische Malerei des Biedermeiers in Deutschland

Schriften

Wittenberger Fraktur Bold

Wittenberger Fraktur Regular

Frakturschriften wurden zu den Druckschriften der Romantik. Die aufbereiteten mittelalterlichen

Schriftgeschichte

im Zusammenhang mit dem Feldzug Napoleons in Ägypten die französische Fregatte „Egyptienne" gekapert hatten, wurde durch die erbeuteten ägyptischen Kunstwerke zunächst in England, dann aber in ganz Europa eine Ägyptenmode ausgelöst, unter anderem auch auf dem Gebiet der Schrift. Zunächst erschien in England die Schrift „Ägyptische Antiqua", die 1815/1816 als Egyptienne von Caslon optimiert wurde. Von 1820 bis 1830 wird diese Schrift als „Moderne Antiqua" viel in Deutschland und Frankreich verwendet.

Die Egyptienne-Schriften sind damit eine noch relativ junge Gattung in der Schriftgeschichte. Sie befriedigten im Zuge der industriellen Revolution den gestiegenen Bedarf nach auffälligen Werbeschriften für die in dieser Zeit immer häufigeren Handzettel und

Plakatwerbungen. Zunächst wurden diese mit klassischen Buchschriften wie Baskerville oder Caslon gesetzt. Als eine der ersten Egyptienne-Schriften wird ein Versalalphabet namens »Antique« von Vincent Figgins (1766 – 1844) betrachtet, das bereits 1817 in einem Schriftmusterbuch erschien.

Die ersten Egyptienne-Schriften sind allerdings zunächst eher stark verfettete Antiquaschriften mit deutlich betonten Serifen und ausschließlich für Titelsatz bestimmt. Die neuen Formen stoßen zunächst freilich nicht nur auf positives Echo. Im Journal für Buchdruckerkunst werden die Egyptienne-Schriften als Monstrosität und kaum lesbare Schrift abgestempelt. Im werblichen Einsatz können sie die klassischen Antiquaschriften aber schnell verdrängen.

Die Egyptienne wirkt breit, schwer und wuchtig, die Strichstärke ist fast immer gleich. Das Schriftbild wirkt dunkelgrau bis nahezu schwarz, ihre Lesbarkeit ist nicht optimal. Die Serifen sind zunächst in der gleichen Strichstärke ausgeprägt.

Parallel zur Entwicklung der Egyptienne entstand eine Schrift ohne Serifen, die so genannte Steinschrift oder Groteskschrift – alle Schriftelemente sind von gleicher Stärke, die Serife fehlt. Die Grotesk wird die Leitschrift der europäischen Industrialisierung, sie verkörpert Mechanisierung, Technisierung und Modernität.

Schriften
Egyptienne 65 Bold

Egyptienne von Caslon wirkt fett und schwer, ungewohnt breit...

Die Clarendon wird als Headlineschrift...

Entwicklung der ersten Groteskschriften als moderne Schrift in...

Clarendon 55 Roman

2.1.5.6   Historismus und der Weg zur neuen Sachlichkeit

Der Historismus wird in der Kunstgeschichte immer etwas abwertend angesprochen, da in dieser Zeit keine neuen, eigenen Formen hervorgebracht wurden.

Akzidenz Grotesk

149

Der Historismus erschöpft sich in der Nachahmung von Romanik, Gotik, Renaissance, Barock, Rokoko und Klassizismus. In der reinen Bautechnik bahnt sich durch die Verwendung des Baustoffes Stahl bereits ein neuer Stil an. Moderne Zeiten werfen ihre Schatten voraus. Der Eiffelturm in Paris und der Kristallpalast in London sind die ersten Bauten, die zur neuen Sachlichkeit führen.

2.1.5.7 Neue Sachlichkeit

Schriftbeispiele
- Bauhaus
- Gill Sans
- Helvetica
- Univers
- Futura

Es ist eine grundlegende Wandlung in der Baukunst festzustellen. Gründe dafür sind neue Baustoffe und Techniken, die Industrialisierung, das Wachsen der Städte, die zunehmende Verkehrsdichte. Stahlbeton und Skelettbauweise ermöglichen eine neue Architektur mit bisher nicht gekannten Dimensionen und Ausdrucksformen.

In der Schrift drückt sich ein rationales Zweckdenken aus in den Formen der serifenlosen und der serifenbetonten Linear-Antiqua. Diese Formen sind jedoch im Grunde nur ein Wiederentdecken und Weiterentwickeln des griechisch-römischen Schriftskeletts und der Schriften des Klassizismus und Historismus. Die Schriften der neuen Sachlichkeit sind rational angelegt: Es findet ein Verzicht auf alles Dekorative statt, alle Strichelemente sind gleich stark. Es gibt keinen Unterschied mehr zwischen den tragenden und getragenen Elementen einer Schrift. Es werden Schriften entworfen, die rational und wohlproportioniert aus einem Konstruktionsprozess heraus entstehen. Eine Schrift soll einzig der Informationsübermittlung dienen, weitgehend ohne Emotionalität.

Beispiele dafür sind unten zu sehen: In der zweiten und dritten Zeile sind zwei konstruktivistische Schriften abgebildet, die klare, einheitliche und modern wirkende Strukturen aufweisen.

Guggenheim Museum New York

Das 1956 bis 1959 erbaute Museum ist eine Symphonie der Dreiecke, der Ovale, der Bogen, der Kreise und der Quadrate – die klassische Formensprache der Moderne des 19. Jahrhunderts dominiert.

Schriftbeispiele
- Haettenschweiler
- Euphemia UCAS
- Bauhaus Medium

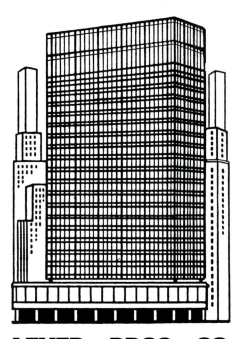

LEVER • BROS • CO
ROOF RESTAURANT
Typografiegeschichte in Deutschland

150

Schriftgeschichte

2.1.5.8 Aktuelle Schriftentwicklung

Neue Medien beanspruchen unsere Wahrnehmung – damit verbunden sind andere, den aktuellen Medien angepasste Schriften. Mit der Verbreitung elektronischer Medien entwickeln sich neue Lesegewohnheiten. Die neuen Schriften sind den unterschiedlichen Medien angepasst.

Die Globalisierung fordert ihren Tribut auch bei der Entwicklung und Gestaltung der Schriften. Globale Firmennetzwerke, weltumspannende Kommunikationstechnologien, Menschenströme, die rund um den Globus reisen, erfordern standardisierte Kommunikationstechnologien. Hierzu sind Schriften, Schriftlese- und Schrifterkennungstechniken notwendig, die die Globalisierung auf den unterschiedlichsten Kanälen unterstützen. Es muss sichergestellt sein, dass in global arbeitenden Netzwerken Informationen jederzeit an jedem Ort gleichartig zur Verfügung stehen.

Dazu gehören auch die FE-Schriften, also fälschungserschwerte und maschinenlesbare Schriften, wie sie z.B. bei den Autokennzeichen innerhalb der Europäischen Union verwendet werden. Die Maschinenlesbarkeit der Schrift war ein wichtiges Kriterium bei der Entwicklung der Buchstabenform. Die hochgezogene, unproportionale Schrift verhindert Verwechslungen der einzelnen Buchstaben bei der automatisierten Erfassung durch optische Lesegeräte zur Nummernschilderkennung. Nur wenn sichergestellt ist, dass die Erfassung fehlerfrei erfolgt, kann eine weitere Bearbeitung erfasster Autokennzeichen vorgenommen werden. Alle Zeichen eines Autokennzeichens in der Standardschrift sind 75 mm hoch, die Buchstabenbreite beträgt 47,5 mm, Ziffern sind 44,5 mm breit.

```
OCR-monospaced
Schrift zur in-
formellen Kommu-
nikation zwischen
Mensch und techn-
sichen Systemen.
```

Die Arial als bildschirmoptimierte Schrift steht für eine neue Lesekultur der globalen Internetgesellschaft, die unabhängig von Systemen weltweit Verwendung findet.

**ABCDEFGHIJKLM
NOPQRSTUVWXYZ
0123456789ÄÖÜ**

Maschinenlesbare OCR-Schrift
Typ OCR A Standard

WWW-Schrift
Arial Regular als Standardschrift der internationalen Kommunikation.

FE-Schriftalphabet
Alphabet der von der Bundesanstalt für Straßenwesen entwickelten Kennzeichenschrift.

www.bast.de

General Motors
www.gm.com/

Schrift in Form

Ausstellungen, Symposien und vergleichbare Veranstaltungen finden in allen Teilen Europas statt. Das Plakat SCHRIFT IN FORM des Klingspor Museums in Offenbach ist nur ein Beispiel für viele derartige Veranstaltungen.

Schriftdesign nach Lego-Art

FontStruct ermöglicht Schriftdesign nach dem Baukastenprinzip: einfach, anregend und unwahrscheinlich kreativ gelöst.

http://fontstruct.fontshop.com/

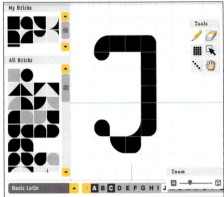

Die Diskussion um die richtige Entwicklung der Schriftkultur im grafischen Bereich findet ihren Niederschlag auch bei vielen Konferenzen, Symposien und Veranstaltungen zum Thema Schrift, Typografie und Design.

Dabei werden auch durchaus originelle Ideen vorgestellt, die nicht nur für den versierten Designer von Interesse sind. So hat der Designer Rob Meek auf der Typo 2007 seinen typografischen Synthesizer FontStruct vorgestellt, der es Profis und Laien ermöglicht, eine eigene Schrift zu entwerfen. Damit wird die Schriftkultur um ein Vielfaches erweitert. Internettechnologien machen es möglich, kostenlos individuelle Schriftcharaktere zu erzeugen. Das Arbeitsprinzip ist einfach: In einem Gitternetz kann jedes Feld mit unterschiedlichen Formen gefüllt werden – oder es bleibt leer. So erhalten Sie leicht einen eigenen Schriftfont. Schriftbau nach Lego-Art: einfach und genial, aber oftmals richtig schwer zu klassifizieren!

TYPO Berlin

ist die größte regelmäßige Designkonferenz Europas. Jedes Jahr steht der Event unter einem thematischen Motto.

www.typoberlin.de

2.1.6 Johannes Gutenberg

Schriftgeschichte

Man of the Millenium?

Amerikanische Journalisten wählten Ende 1998 in dem Buch „1000 Years – 1000 People" mit dem Prädikat „Man of the Millenium" Johannes Gutenberg aus Mainz zur wichtigsten Persönlichkeit des 2. Jahrtausends. Bereits 1997 wird Gutenbergs Erfindung des Buchdrucks mit beweglichen Lettern durch das amerikanische Magazin „Time Life" zur bedeutendsten Erfindung des vergangenen Jahrtausends erklärt. Die Stuttgarter Zeitung stellt in einer Sonntagsausgabe vom März 2007 Johannes Gutenberg und Bill Gates als die zwei bedeutendsten Personen hinsichtlich der Entwicklung der Informationstechnologien dar.

Wer war dieser Mann, woher kam er und wie sah er aus? Wir besitzen kein Schreiben von Gutenbergs Hand, kein Bild und seine Grabstätte ist ebenfalls nicht bekannt.

Das erste Bild Gutenbergs wurde etwa 80 bis 100 Jahre nach seinem Tode nach Beschreibungen angefertigt. Die Abbildung rechts entstand etwa um diese Zeit anlässlich einer Gutenbergehrung.

Um 1397 in Mainz geboren, war Johannes Gutenberg an der Schwelle zwischen Mittelalter und Neuzeit darum bemüht, das Bücherschreiben zu mechanisieren und Bücher der Öffentlichkeit zugänglich zu machen.

Dazu galt es, drei Erfindungen zu vollenden: den Schriftguss, das Setzen und das Drucken. Von diesen drei informationstechnischen Urerfindungen war das Setzen das am wenigsten Problematische. Es ergab sich wohl fast von selbst aus der Notwendigkeit heraus, die gegossenen Einzelbuchstaben zu einer druckfertigen Form zusammenzustellen. Was lag also näher, als die Vielzahl der gegossenen Bleibuchstaben in einem Schriftkasten nach einem logisch durchdachten System unterzubringen. Der Winkelhaken und das Setzschiff ergänzten die Satztechnik Gutenbergs. Mit diesem System war es den Schriftsetzern jahrhundertelang möglich, die beweglichen Lettern von Hand einzeln aus dem Schriftkasten zu nehmen und in den Winkelhaken zu setzen, um Wörter und Zeilen zu bilden. Daraus ergab sich

Band II - Seite 544
9.1.1   Johannes Gutenberg

Johannes Gutenberg

„Man of the Millenium", Begründer der modernen Kommunikation. Die Abbildung zeigt einen Kupferstich aus dem Jahr 1548 von A. Thevet in Paris. Das Porträt ist, wie alle anderen Gutenbergbilder, eine freie Erfindung des Künstlers. Johannes Gutenberg um 1397 in Mainz geboren, gestorben am 03.02.1468 am Hof des Mainzer Kurfürsten.

dann auf dem Setzschiff die druckfertige Kolumne, die in der Druckerpresse zu vervielfältigen war.

Gutenbergs Vorstellungen der Buch- und Druckkunst orientierten sich an den Vorlagen der damaligen Zeit, den handgeschriebenen Büchern. Die Schrift „Textura" stützt sich auf die geschriebenen, gebrochenen Schriften der Schreiber in den Mönchsstuben. Gutenbergs Ziel war es, eine Bibel zu drucken, die so schön wie eine Handschrift erscheinen sollte.

Die 42-zeilige Bibel

In seinem bekanntesten Werk, der 42-zeiligen Bibel, ist ihm dies in großartiger und unerreichter Weise gelungen. 290 verschiedene Lettern musste er dafür schneiden und gießen: breite und schmale, Kürzungen und Ligaturen. Um diese „beweglichen Lettern" herzustellen, erfand Gutenberg ein noch bis ins letzte Jahrhundert gebräuchliches Handgießinstrument, mit dessen Hilfe unzählige gleichartige Lettern gegossen werden konnten. Da für jeden Buchstaben eine eigene Gussform notwendig war, erfand Gutenberg das Stahlstempelprägeverfahren zur Herstellung der Matrizen. Alle Stempel und Matrizen für seine Werke wurden von Gutenberg und seinen Gehilfen selbst hergestellt. So kann man Gutenberg nicht nur als Ahnherrn aller Schriftsetzer bezeichnen, sondern auch als Urahn der Schriftschneider und -gießer.

Nicht zuletzt ist er aber auch ein exzellenter Konstrukteur und Drucker gewesen. Hier konnte Gutenberg auf die Erfahrungen der Holztafeldrucker seiner Zeit zurückgreifen und musste seine Druckpresse nur den Bedingungen seiner neuen, revolutionären Bleisatztechnik anpassen. Die von Gutenberg konstruierte Presse gestattete die Benutzung zähflüssiger Farbe. Dadurch konnten Vorder- und Rückseite des Papiers bedruckt werden. Zur Konstruktion der Druckerpresse gehörte also auch die Entwicklung einer Druckfarbe.

Die Erfindung der Buchdruckerkunst war keine Augenblickseingebung, sondern ein genau durchdachtes und exakt aufeinander abgestimmtes Informations- und Vervielfältigungssystem.

Für Gutenberg war die Herstellung der Bibel ein Lebenswerk. Der Umfang und die Bedeutung des Werkes waren erheblich. 1282 Seiten mit je 42 Zeilen umfasste das zweiteilige Werk. Es besteht aus dem Alten und Neuen Testament. Ungefähr drei Jahre, von 1452 bis 1455, arbeitete Gutenberg mit etwa 20 Mitarbeitern daran. Für den Druck selbst wurden wenige Monate benötigt. Ein gewaltiger Unterschied zum Schreiben einer solchen Bibel, für die ein Berufsschreiber mehrere Jahre benötigte.

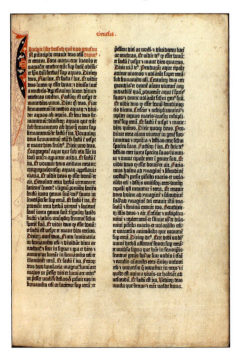

42-zeilige Bibel des Gutenberg-Museums in Mainz.

Die B 42 gilt heute als das vollkommenste Druckwerk der Typografie- und Druckgeschichte. Von der Gutenberg-Bibel sind noch sechs auf Pergament und 17 auf Papier gedruckte Exemplare vollständig erhalten.

Siehe dazu auch www.gutenberg.de bzw. www.gutenberg/museum.htm

Abb.: Gutenberg-Museum, Mainz

2.1.7 Stammbaum der Schriftentwicklung

Schriftgeschichte

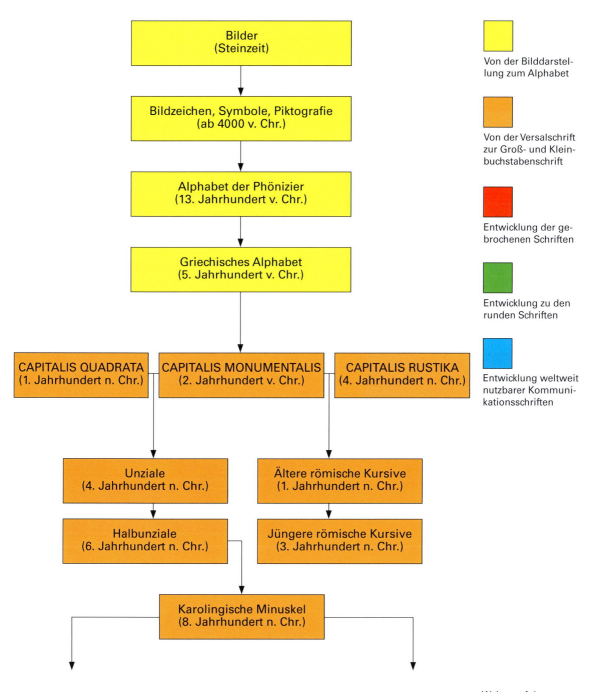

Weiter auf der folgenden Seite

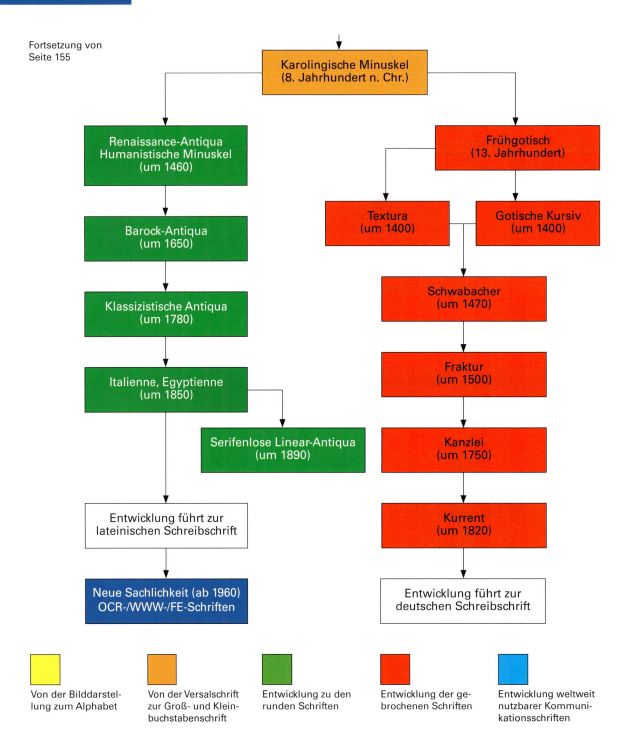

2.1.8   Aufgaben

Schriftgeschichte

1 Schriftgeschichte kennen

Nennen Sie die für die Schriftgeschichte wichtigsten Entwicklungsstationen von den Anfängen der Schrift bis heute.

2 Schriftgeschichte kennen

Erläutern Sie die Entstehung der Wortbilderschriften und geben Sie ein praktisches Beispiel dazu.

3 Dreisprachenstein kennen

Der Dreisprachenstein von Rossetta war für das Verständnis der Schriften des Altertums von enormer Bedeutung. Erklären Sie, warum das so war.

4 Griechische Schrift beschreiben

Die griechische Schrift war für die Entwicklung der abendländischen Schriften besonders bedeutsam. Erklären Sie.

5 Römische Schrift beschreiben

Nennen Sie die bekannteste römische Schrift und geben Sie einen Überblick über die Bedeutung dieser Schrift.

6 Trajanisches Alphabet kennen

Was verstehen Sie unter dem Trajanischen Alphabet? Erläutern Sie.

7 Karolingische Minuskel beschreiben

Welche Bedeutung hat die „karolingische Minuskel" für die Schriftentwicklung?

8 Gutenbergs Wirken beschreiben

Beschreiben Sie die Bedeutung Gutenbergs für die Schrift- und Kulturgeschichte. Fassen Sie sich dabei kurz unter Zuhilfenahme eines tabellarischen Überblicks.

9 Klassizistische Schriften zuordnen

Welche Schriften entstanden im Zeitalter des Klassizismus. Nennen Sie bekannte klassizistische Schriften, die wir heute noch verwenden.

10   Schriftmerkmale nennen

Nennen Sie die wichtigsten Entwicklungsmerkmale für die folgenden Schriften:
* Gotische Schriften
* Renaissanceschriften
* Barockschriften
* Klassizistische Schriften

11   Schriften den richtigen Epochen zuordnen

Welche Schriften wurden in den nachfolgend genannten Epochen entwickelt:
* Romantik
* Historismus
* Neue Sachlichkeit
* Moderne

Nennen Sie jeweils zwei Schriften dieser Epochen mit Namen.

12   Johannes Gutenberg kennen

Informieren Sie sich über das Leben und das Werk von Johannes Gutenberg mit Hilfe des Internets.

157

2.2 Schrifterkennung

2.2.1	Einführung	160
2.2.2	Schriftklassifikation nach DIN 16 518	164
2.2.3	Andere Ordnungssysteme	170
2.2.4	Schriftfamilie, Expertensatz und Schriftsippe	176
2.2.5	Buchstaben	182
2.2.6	Ziffern und Zahlen	187
2.2.7	Akzente und Symbole	189
2.2.8	Aufgaben	191

2.2.1 Einführung

Band I - Seite 155
2.1.7 Schriftentwicklung

2.2.1.1 Grundlagen

Wenn Sie von einem Ihrer Mitmenschen eine Information zugerufen bekommen, können Sie diese verstehen, wenn sie laut genug ist und der Inhalt damit richtig übermittelt wird. Ist der Zuruf zu leise oder zu undeutlich, wird die übermittelte Information von Ihnen nicht verstanden.

Ähnlich verhält es sich mit der Typografie. Die Möglichkeiten, die Informationsübertragung positiv oder negativ zu beeinflussen, sind vielfältig. Dabei bekommt die Auswahl und das Aussehen der Schrift eine zentrale Bedeutung.

Keine Information ist wertfrei. Jedes Bild, das sich ein Leser von einer erhaltenen Information macht, wird durch das Aussehen, also die Wahl der Schrift, beeinflusst. Es ist die Schrift, die mit Hilfe der Typografie die Information weitergibt. Buchstabenform, Wortbild und Textanordnung sind die Gestaltungsmittel des Typografen. Linien, Balken, Flächen, Farben, Grafiken und Bilder gehören zum Aufbau einer Seite und unterstützen die Aufbereitung von Informationen. Zentrale Voraussetzung für das Gelingen der Informationsübertragung ist aber die Schrift.

Schriften zu erkennen, ihre Charakteristik, ihre Formqualität und die mit einer Schrift verknüpften Empfindungen muss der Mediendesigner kennen und wissen. Schriftnamen, das Empfinden für die Aussage und Wirkung einer Schrift sowie umfassende Kenntnisse über die Formen ermöglichen erst eine gelungene Verbindung von Inhalt, Schriftform und Schriftwirkung.

Zentrales Thema aller Schriftgestaltung ist die Lesbarkeit. Ein geübter Leser erfasst ganze Silben und Wörter. Ein Kind im Grundschulalter buchstabiert sich die Wörter und deren Sinn zusam-

men. Alle Aussagen für die Textgestaltung gelten immer für den geübten Leser – die Gestaltung didaktischer Werke für Leseanfänger unterliegen anderen Kriterien.

Muss eine Information optimal unter dem Gesichtspunkt der Lesbarkeit aufbereitet werden, sind die folgenden Punkte zu beachten:
- Schriftcharakter und Schriftbild
- Schriftgröße und Laufweite
- Satzbreite und Satzart
- Zeilenabstände
- Wortzwischenräume
- Druckverfahren und Verwendung des Mediums (OH-Folie, Bildschirmpräsentation, Offset- oder Tiefdruck, Flexodruck, Digitaldruck)

2.2.1.2 Schriftgruppen – DIN 16 518

Die Druckschriften werden nach der DIN 16 518 in folgende Gruppen eingeteilt:

I	Venezianische Renaissance-Antiqua
II	Französische Renaissance-Antiqua
III	Barock-Antiqua
IV	Klassizistische Antiqua
V	Serifenbetonte Antiqua
VI	Serifenlose Antiqua
VII	Antiqua-Varianten
VIII	Schreibschriften
IX	Handschriftliche Antiqua
X	Gebrochene Schriften mit den Untergruppen Gotisch, Rundgotisch, Schwabacher, Fraktur sowie Fraktur-Varianten.
XI	Fremde Schriften

Sicherheit im Umgang mit der Vielzahl vorhandener Schriften setzt Schriftkenntnisse voraus. Ein Schriftlaie kann bei den Gruppen I bis III sicher kaum Unterschiede feststellen. Allerdings gibt die Form der An- und Abstriche,

Klassifikation der Druckschriften nach DIN 16 518 (1964)

Die Druckschriften werden in 11 Gruppen aufgeteilt. Die DIN-Klassifikation folgt vor allem der historischen Schriftentwicklung, wie im Kapitel 2.1.7 dargestellt. Dabei werden vor allem die im deutschen und westeuropäischen Sprachbereich üblichen lateinischen Schriften berücksichtigt.

160

Schrifterkennung

Merkmale zur Schriftbestimmung und -erkennung

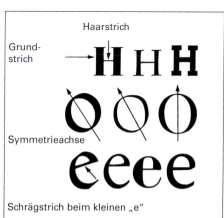

der Auslaufpunkte, des Serifenansatzes und die Art der Serifen Hinweise auf die Schriftherkunft.

Buchstabenelemente
Mit der Abbildung oben wird am Beispiel der Schrift „Garamond" gezeigt, welche Schriftmerkmale und welche Schriftelemente für eine erfolgreiche Schriftbestimmung zu betrachten sind.

Die Merkmale sind Anstriche, Abstriche, Auslaufpunkte, Rundungen und Serifen sowie der Serifenansatz. Die genannten Merkmale geben dem Schriftbetrachter Hinweise auf die Zugehörigkeit zu einer Schriftgruppe.

Die Formen der Merkmale ändern sich von Schriftgruppe zu Schriftgruppe, zum Teil sogar erheblich. Innerhalb einer Schriftgruppe sind die Unterschiede in der Regel nicht so gravierend. Alle Anstriche, Abstriche, Auslaufpunkte usw., die in einer Schriftgruppe vorkommen, haben die gleiche Form. Daran ist die Zugehörigkeit von Buchstaben zu einer Schriftgruppe gut erkennbar.

Die oben abgebildeten Kleinbuchstaben zeigen verschiedene Variationen des kleinen „e" und „a". Jeder dieser Antiqua-Buchstaben ist einer anderen Schriftgruppe zuzuordnen. Die Unterschiede sind zum Teil sehr deutlich zu erkennen, zum Teil – zumindest für den wenig geübten Leser – kaum zu bemerken.

Merkmale
Schriften erkennt man an den folgenden Merkmalen, die alle auf dieser Seite aufgezeigt sind: Dachansatz, Serifen, Grund- und Haarstriche, Symmetrieachse, Querstrich des kleinen „e", An- und Abstriche, Auslaufpunkte.

2.2.1.3 Unterscheidungsmerkmale bei Antiquaschriften

Gruppe	Querstrich kleines „e"	Dachansatz	Serifen	Grund- und Haarstriche	Symmetrie-achse	Beispiele
I	schräg	schräg	schräger Übergang	schwacher Unterschied	stark nach links geneigt	elno
II	waagrecht	schräg	flacher Übergang	stärker ausgeprägt	stark nach links geneigt	elno
III	waagrecht	schräg flacher	flacher Übergang	deutlicher Unterschied	fast senkrecht	elno
IV	waagrecht	waagrecht	waagrecht	deutlicher Unterschied	senkrecht	elno
V	waagrecht	waagrecht stark betont	stark betont	fast gleich	senkrecht	**elno**
VI	waagrecht	nicht vorhanden	nicht vorhanden	fast gleich	senkrecht	elno

Allgemeine Merkmale der Antiqua-schriften

- Die Achse der Rundungen ist nach links geneigt oder senkrecht.
- Die Strichstärken weisen rhythmische Unterscheidungen auf (mit Ausnahme von V und VI).
- Unterschiede zwischen Grund- und Haarstrichen sind meist deutlich erkennbar.
- Die Form der Buchstaben ist immer prägnant.

- Jeder Buchstabe besitzt eine eigene Breite bzw. Dickte.
- Bei Schriften mit Serifen sind diese gerundet oder flach.
- Einseitige Serifen sind möglich
- Die Versalien können kleiner als die Oberlängen der Gemeinen sein.
- Die Proportionen zwischen Mittellängen, Unterlängen und Oberlängen sind von Schrift zu Schrift variabel.
- Die Grundlinie oder Schriftlinie ist für alle Schriften gleich.

Schrifterkennung

2.2.1.4 Unterscheidungsmerkmale bei gebrochenen Schriften

Gruppe	Spitze beim kleinen „o"	Querstrich beim „g"	An- und Abstriche	Gemeine	Versalien	Beispiele
Xa	nicht vorhanden	nicht vorhanden	Würfelform	ohne Rundungen gitterartiger Eindruck		𝔄𝔩𝔤𝔬
Xb	nicht vorhanden	nicht vorhanden	keine Würfelform	derbe Rundungen Verlauf breiter als bei Gotisch		Algo
Xc	deutlich vorhanden	kräftiger Querstrich	keine Würfelform	volkstümlicher, derber und breiter Ausdruck		𝔄𝔩𝔤𝔬
Xd	nicht vorhanden	nicht vorhanden	leichte Würfelform	gegabelte Oberlängen	Rüssel- schwünge deutlich sichtbar	𝔄𝔩𝔤𝔬
Xe	Alle gebrochenen Schriften, auf welche die obigen Merkmale nicht zutreffen.					

Das lange „ſ" und das runde „s"

Bei gebrochenen Schriften wird der s-Laut durch die Zeichen „ſ" und „s" dargestellt. Dabei sind folgende Regeln zu beachten:

Das lange „ſ" steht immer im Anlaut einer Silbe, also vor dem Selbstlaut, Umlaut oder Doppellaut. Beispiele: Pſalm, Rätſel, ſicher, Manuſkript. Beachten Sie: „ſ" steht auch vor einem ausgefallenen stimmlosen „e", z.B. ich leſ (ich lese), Verwechſlung (von Verwechselung).

Hinweise für den Schriftsatz:

ſ ist als Ligatur zu setzen in den Lautverbindungen. Bei Fremdwörtern auch bei ſh und ſʒ.

Beispiele: ſchnell, Wäſche, Knoſpe, ſtill, Raſtſtätte.

Beachten Sie: Bei einer Trennung bleiben ſp und ſſ erhalten, also Knoſ=pe, Weſ=pe, Waſ=ſer. In zusammengesetzten Wörtern sowie bei Vor- und Nachsilben entstehen über die Wortfuge hinweg keine Lautverbindungen ſch, ſp, ſt usw., daher Häuschen, Ordnungsplan, Bundestag.

Das runde Schluss-s steht im Auslaut einer Silbe, also nach dem Selbstlaut, Umlaut oder Doppellaut.

Beispiele: Geſchäftsſtraße, Haus, Mesner, Kiosk, Dresdner. Ausnahmen: Lautverbindungen ſp und ſſ. Ausnahme sind Eigennamen wie z.B. Esslingen oder Theodor Heuss.

2.2.2 Schriftklassifikation nach DIN 16 518

Schriftgruppen nach DIN 16 518 – Gruppe I bis IV

Gruppe I: Venezianische Renaissance-Antiqua

Anstrich:	schräg
Serifen:	leicht gerundet
Symmetrieachse:	links geneigt
Strichkontrast:	1 : 2 bis 2 : 3
Schrägstrich „e":	ja

abcdefghijklmnopqrs
ABCDEFGHIJ

Stempel Schneidler

Gruppe II: Französische Renaissance-Antiqua

Anstrich:	schräg
Serifen:	leicht gerundet
Symmetrieachse:	links geneigt
Strichkontrast:	1 : 2 bis 2 : 3
Schrägstrich „e":	nein

abcdefghijklmnopqr
ABCDEFGHIJKL

Palatino

Gruppe III: Barock-Antiqua

Anstrich:	schräg
Serifen:	wenig gerundet
Symmetrieachse:	fast senkrecht
Strichkontrast:	1 : 5 und mehr
Schrägstrich „e":	nein

abcdefghijklmnopqrs
ABCDEFGHIJKL

Times

Gruppe IV: Klassizistische Antiqua

Anstrich:	flach
Serifen:	waagrecht
Symmetrieachse:	senkrecht
Strichkontrast:	ca. 1 : 10
Schrägstrich „e":	nein

abcdefghijklmnopq
ABCDEFGHIJK

Walbaum

Schrifterkennung

Schriftgruppen nach DIN 16 518 – Gruppe V bis VI

abcdefghijklmnop
ABCDEFGHIJ
Egyptienne

Gruppe V:
Serifenbetonte Linear-Antiqua
Untergruppe Egyptienne

Anstrich:	waagrecht
Serifen:	stark betont
Symmetrieachse:	senkrecht
Strichkontrast:	keiner/sehr gering

abcdefghijklmnop
ABCDEFGHIJ
Clarendon

Gruppe V:
Serifenbetonte Linear-Antiqua
Untergruppe Antiqua Egyptienne

Anstrich:	waagrecht
Serifen:	gerundet
Symmetrieachse:	senkrecht
Strichkontrast:	gering

abcdefghijklmnopqrsßtuvwxyzäöü,;!?
ABCDEFGHIJKLMNOPQRSTUV
Wanted

Gruppe V:
Serifenbetonte Linear-Antiqua
Untergruppe Italienne

Anstrich:	waagrecht
Serifen:	überbetont
Symmetrieachse:	senkrecht
Strichkontrast:	nur gegenüber Serifen

abcdefghijklmnopq
ABCDEFGHIJKL
Univers

Gruppe VI:
Serifenlose Linear-Antiqua

Anstrich:	keiner
Serifen:	keine
Symmetrieachse:	senkrecht
Strichkontrast:	keiner/sehr gering

Schriftgruppen nach DIN 16 518 – Gruppe VII bis VIII

Gruppe VII:	Antiqua-Varianten	
Untergruppe:	Versalschriften Unzialschriften	**ABCDEFGHIJK** CAPITALS
Untergruppe:	Lichte Schnitte Nur Konturen	ABCDEFGHIJKLMS DESDEMONA
Untergruppe:	Umstochene Schnitte Nur Konturen	ABCDEFGHIJK Pompeia
Untergruppe:	Schattierte Schnitte Schattenwirkung	ABCDEFGHIJKL ROSEWOOD
Untergruppe:	Schraffierte Schnitte Unterschiedliche Schraffierungen	ABCDEFGHI BERMUDA

Gruppe VIII:	Schreibschriften	
Untergruppe:	Wechselzugschrift	*ABCDabcdefghijkl* Edwardian Script
Untergruppe:	Schwellzugschrift	*ABCDabcdefg* Künstler Schript
Untergruppe:	Schnurzugschrift	*ABCDEFGabcdefghijk* Caflisch Script

Schrifterkennung

Schriftgruppen nach DIN 16 518 – Gruppe VIII, IX und X

ABCDabcdefghij — Brush-Script

Gruppe VIII:	**Schreibschriften**
Untergruppe	Bandzugschrift

abcdefghijklmnoöpqrstuüvwxyz
ABCDeFGHIJKL — Giddyup Std

abcdefghijklmnopqr
ABCDEFGHJK — Bradley Hand

abcdefghijklmn
ABCDEFG — Lucida Handwriting

Abcdefghijklmnopqrstuv
ABCDEFGHIJKLMN — Curlz

Gruppe IX: **Handschriftliche Antiqua**

Die nebenstehenden Beispiele zeigen einen kleinen Ausschnitt aus der Vielfalt der handschriftlichen Antiquaschriften, die am Markt zur Verfügung stehen.

Kennzeichen:	Handschrift-charakter

abcdefghijklmnopqrsstuvwxyz
ABCDEFGHIJ — Wilhelm Klingspor Gotisch

Gruppe Xa:
Gebrochene Schriften
Untergruppe Gotisch

Anstrich/Abstrich:	Würfelform
Brückenstriche:	rautenförmig
Gemeine:	ohne Rundungen, gitterartiger Ausdruck

Schriftgruppen nach DIN 16 518 – Gruppe X

Gruppe Xb:	**Untergruppe Rundgotisch**
Anstrich bzw. Abstrich: Brückenstriche: Gemeine:	Keine Würfelform Rautenförmig Derbe Rundungen, Verlauf breiter als Gotisch

abcdefghijklmnopqrstuvwryz

ABCDEFGHIJKLM   Weiſſ Rundgotiſch

Gruppe Xc:	**Untergruppe Schwabacher**
Anstrich bzw. Abstrich: Brückenstriche:	Keine Würfelform Kräftiger Querstrich beim kleinen „ʒ"
Gemeine:	Spitze beim kleinen „o", volkstümlicher Ausdruck

abcdefghijklmnopqrstuv

ABCDEFGHI   Alte Schwabacher

Gruppe Xd:	**Untergruppe Fraktur**
Anstrich bzw. Abstrich: Gemeine:	leichte Würfelform gegabelte Oberlängen
Versalien:	Rüsselschwünge an den Versalien

abcdefghijklmnopqrst

ABCDEFGH   Fette Fraktur

Gruppe Xe:	**Untergruppe Fraktur-Varianten**
Alle gebrochenen Schriften, die nicht bei den anderen Gruppen eingeordnet werden können.	

abcdefghijklmnopqrstuvx

ABCDEFGHI   Duc De Berry

Schrifterkennung

Schriftgruppen nach DIN 16 518 – Gruppe XI

 غ ﻋ ﺟ ﺛ ﺗ ﺓ ﺏ ﺍ ﺉ ﺇ ﺅ ﺃ ﺁ
ﻇ ﻁ ﺽ ﺹ ﺵ ﺱ ﺯ ﺫ ﺩ
ﺥ ﺝ ﺡ

Ա Բ Գ Դ Ե Զ Է Ը Թ Ժ Ի Լ Խ Ծ Կ Հ Ձ Ղ Ճ
Մ Յ Ն Շ Ո Չ Պ Ջ Ռ Ս Վ Տ Ր Ց Ւ Փ Ք Օ Ֆ

ざぎじにぷをまつてゅ
ぽのぜちねほゅやろぷ

全ら肆卅七ぎギグサド
ぬの柒弌阡陌萬九〇

Gruppe XI: **Fremde Schriften**

Alle nicht lateinischen Schriften wie Arabisch, Chinesisch, Japanisch, Kyrillisch,
Sanskrit und andere.

2.2.3 Andere Ordnungssysteme

2.2.3.1 Klassifizierungsentwurf 1998

Neben der im vorherigen Abschnitt vorgestellten Klassifikation der Druckschriften nach der DIN 16 518 aus dem Jahr 1964 gibt es noch eine Reihe von Versuchen, Schriften etwas übersichtlicher, einfacher und damit praxisgerechter zu ordnen. Der bekannteste Entwurf ist der Versuch, die DIN 16 518 aus dem Jahr 1964 praktikabler und in weniger Gruppen aufzubauen. Dies ist vom Prinzip her gelungen, wurde allerdings vom Normenausschuss nicht in Kraft gesetzt.

In der allgemeinen Diskussion um die Klassifikation der Schriften muss dem Normentwurf durchaus seine Berechtigung eingeräumt werden. In vielen Ausbildungseinrichtungen wird diesem Klassifikationsentwurf mit Recht der Vorzug vor der „alten Klassifikation" gegeben, da er praktikabler, insgesamt sinnvoller und auch erweiterbar aufgebaut ist.

Das Deutsche Institut für Normung in Berlin legte mit dem Normentwurf DIN 16518 „Klassifikation der Schriften" eine Überarbeitung der seit 1964 bestehenden und bis heute gültigen DIN-Norm vor.

Der Klassifizierungsentwurf (Ausgabe 1998) wurde der Fachwelt zur Stellungnahme bis zum 31. Dezember 1998 vorgelegt und ist bis heute nicht verabschiedet.

Der Entwurf klassifiziert die europäischen Schriften in eine Matrix mit fünf Hauptgruppen und entsprechende Untergruppen:
- Gruppe 1: Gebrochene Schriften
- Gruppe 2: Römische Serifen-Schriften
- Gruppe 3: Lineare Schriften
- Gruppe 4: Serifenbetonte Schriften
- Gruppe 5: Geschriebene Schriften

Klassifizierungsentwurf (Ausgabe 1998)

Wurde der Fachwelt zur Stellungnahme bis zum 31. Dezember 1998 vorgelegt und ist bis heute nicht verabschiedet und damit nicht gültig.

Die Untergruppen Gotisch, Rundgotisch usw. beruhen auf stilistischen Merkmalen der Schriften. Es könnten sich im Prinzip eine unbegrenzte Anzahl von Untergruppen ergeben, wenn entsprechende Stilmerkmale sinnvoll zur Erweiterung gefunden werden. Im Umkehrschluss sind aber auch weniger Untergruppen denkbar. Dies ist am Beispiel der Gruppe 4 „Serifenbetonte Schriften" erkennbar. Hier wurden nur die fünf Untergruppen Egyptienne, Clarendon, Italienne, Varianten und Dekorative gebildet.

Die Gruppe der gebrochenen Schriften umfassen die Hauptschriften der alten Norm von 1964. Hauptmerkmal ist, dass die Rundungen der Kleinbuchstaben gebrochen wirken.

Die Römischen Schriften fassen die Antiquaschriften der Gruppen I bis IV und die Gruppe VI der Klassifikation von 1964 sinnvoll zusammen. Hier sind die Schriften römischen Ursprungs zusammengeführt.

In der Gruppe 3 „Lineare Schriften" werden Schriften ohne Serifen zusammengefasst. Die Gruppe 4 bildet hier sozusagen das stilistische Gegenstück: Hier sind alle Schriften mit ausgeprägten Serifenformen in eine Gruppe eingeordnet.

Die Gruppe 5 „Geschriebene Schriften" dürfte es eigentlich in einer Klassifikation für Druckschriften nicht geben – der Gruppenname ist an sich sprachlich unzutreffend. Eingeordnet sind hier alle Schriften der Gruppen VIII und IX der Schriftklassifikation von 1964.

Insgesamt ist der Entwurf als Versuch zu werten, die sehr historisch aufgebaute Schriftklassifikation von 1964 aus der Bleisatzzeit in die Zeit des Fotosatzes und des Elektronic Publishing zu überführen. Trotz der deutlichen Zuordnungsvereinfachungen z.B. bei

Schrifterkennung

Gruppe 1 **Gebrochene Schriften**	Gruppe 2 **Römische Schriften**	Gruppe 3 **Lineare Schriften**	Gruppe 4 **Serifenbetonte Schriften**	Gruppe 5 **Geschriebene Schriften**
Gotisch	Renaissance-Anti.	Grotesk	Egyptienne	Flachfederschrift
Hamburgoe	Hamburgoe	Hamburgoe	**Hamburgoe**	Hamburgoe
Rundgotisch	Barock-Antiqua	Anglo-Grotesk	Clarendon	Spitzfederschrift
Hamburgoe	Hamburgoe	Hamburgoe	**Hamburgoe**	Hamburgoe
Schwabacher	Klassizistische Antiqua	Konstruierte Grotesk	Italienne	Rundfederschrift
Hamburgoe	**Hamburgoe**	Hamburgoe	**Hamburgoe**	Hamburgoe
Fraktur		Geschriebene Grotesk		Pinselzugschrift
Hamburgoe		Hamburgoe		Hamburgoe
Varianten	Varianten	Varianten	Varianten	Varianten
Hamburgoe	**Hamburgoe**	**Hamburgoe**	**Hamburg**	Hamburgoe
Dekorative	Dekorative	Dekorative	Dekorative	Dekorative
Hamburgoe	**Hamburg**	Hamburgoe	HAMBURGOE	Hamburgoe

den Römischen Schriften sind in dieser Klassifikation die Schriften der internationalen Datenkommunikation schwer einzuordnen.

Moderne Schriften, die einem deutschen, europäischen und weltweiten Vereinheitlichungsstandard in der Datenkommunikation genügen, sind hier nicht zu finden.

Diese modernen DIN-, ISO- oder OCR-Schriften werden für Gravuren, technische Beschriftungen wie Tasten an PCs oder mobilen Telefonen, Benutzeroberflächen, Internettexte, Telefondisplays oder maschinenlesbare Dokumente wie Ausweise oder Führerscheine genutzt.

OCR-Schriften, die z.B in Reisepässen Verwendung finden, sind genormte, maschinenlesbare Schriften, die ihrer Anwendung wegen einem weltweiten Standard entsprechen müssen. „OCR" ist die Abkürzung für „Optical Character Recognition" und bedeutet „Optische Zeichenerkennung".

Viele dieser Schriften oder auch freie Internetschriften könnten für eine Zuordnung z.B. in einer Gruppe 6 „Webschriften" oder „Industrielle Schriften" zusammengefasst werden.

Klassifizierungsentwurf angelehnt nach DIN 16518 von 1998

Das oben dargestellte Ordnungssystem orientiert sich am nicht gültigen, aber durchaus verwendeten Klassifizierungsentwurf aus dem Jahr 1998.

Max Bollwage

Grafikdesigner, Typograf, Kalligraf. Seit 1973 eigenes Designbüro in Stuttgart.

Hans Peter Willberg

* 4. Oktober 1930 in Nürnberg; † 29. Mai 2003 in Eppstein. Typograf, Illustrator, Buchgestalter, Lehrer und Fachautor. Er gilt als einer der bedeutendsten deutschen Buchgestalter der Nachkriegszeit.

2.2.3.2 Ordnungssystem Bollwage (2000) und Willberg (2001)

Weitere interessante und praktikable Klassifizierungen wurden von den Typografen Max Bollwage (2000) und Hans Peter Willberg (2001) vorgestellt. Deren Ordnungssysteme orientieren sich im Wesentlichen an den zentralen Kennzeichen einer Schrift und drängen traditionelle historische Ordnungssysteme, so wie vorne vorgestellt, in den Hintergrund. Die Einteilung erfolgt in die Gruppen 1 bis 4 und fünf Klassen A bis E.

Ein kombinierter Klassifizierungsentwurf auf der Grundlage des Systems Bollwage/Willberg wird hier dargestellt. Dieses Ordnungssystem gliedert sich in vier Gruppen. Die Gruppe 1 vereint die Schriften nach dem humanistischen Formprinzip, also organisch gewachsene Schriften (Bollwage 2000), die geeignet sind für große Textmengen und dafür eine gute Lesbarkeit aufweisen.

Die Schriften der Gruppe 2 sind dem klassizistischen Formprinzip unterworfen. Diese klassizistischen Antiquaschriften eignen sich aufgrund des starken Kontrastes in der Strichführung nicht gut für den Mengensatz. Grauwirkung und Lesbarkeit sind für größere Textmengen ungeeignet.

Dekorative Schriften und freie Formen gehören in die Gruppe 3. Schriften dieser Gruppe sind in Headlines, bei Werbebannern oder Anzeigen anzutreffen, da große Textmengen schwer lesbar sind. Hier finden sich kreative Schriftschnitte aus den unterschiedlichsten Stilrichtungen wieder.

In die Gruppe 4 mit den Schriften aus geschriebenen Formen sind klassische, kalligrafisch anmutende Schreibschriften und die allseits bekannten Schulschriften der lateinischen Ausgangs-

schrift eingeordnet. Aber auch die ursprünglich geschriebenen Schriften aus den Mönchsstuben des Mittelalters finden sich in der Untergruppe der gebrochenen Schriften.

Die vier Gruppen werden in die Klassen A bis E unterteilt. Die Klassen zeigen die Ausprägung der Schrift, ob Serifen vorhanden sind und wie der Strichkontrast (deutlich bzw. gering) angelegt wurde.

In Klasse A finden sich die Serifenschriften mit deutlichem Strichkontrast, in Klasse B die Serifenschriften mit geringem Strichkontrast. Klasse C zeigt immer die Serifenlosen mit deutlichem Strichkontrast und die Klasse D enthält serifenlose Schriften mit geringem Strichkontrast.

Die Klasse E vereint in allen Gruppen die jeweiligen Schriften mit anderen Strukturen, also auch die oben bereits angesprochenen gebrochenen Schriften.

Hans Peter Willberg hat in seinem Ordnungsentwurf noch den Begriff der provozierenden Schriften aufgenommen. Dieser Begriff wurde in der Darstellung auf der gegenüberliegenden Seite als Klasse F eingefügt. Hier finden sich Schriften wieder, die als Werbeschrift, Auszeichnung in Anzeigen, Plakatschrift, Figurenschrift und Ähnliches in der Praxis der Werbung verwendet werden.

Schrifterkennung

Gruppe 1: **Schriften nach dem humanistischen Formprinzip**	Gruppe 2: **Schriften nach dem klassizistischen Formprinzip**	Gruppe 3: **Dekorative Schriften und freie Formen**	Gruppe 4: **Schriften aus geschriebenen Formen**
A: Serifenschriften mit deutlichem Strichkontrast Hamburgoe	A: Serifenschriften mit mit deutlichem Strichkontrast **Hamburgoe**	A: Dekorative Schriften mit deutlichem Strichkontrast und Serifen **Hamburgoe**	A: Schreibschriften mit mit kalligrafischer Anmutung *Hamburgoe*
B: Serifenschriften mit geringem Strichkontrast Hamburgoe	B: Serifenschriften mit geringem Strichkontrast Hamburgoe	B: Dekorative Schriften mit geringem Strichkontrast und Serifen Hamburgoe	B: Schreibschriften mit mit historisierender Anmutung HAMBURGOE
C: Serifenlose Schriften mit deutlichem Strichkontrast **Hamburgoe**	C: Serifenlose Schriften mit deutlichem Strichkontrast **Hamburgoe**	C: Dekorative Schriften mit deutlichem Strichkontrast ohne Serifen **Hamburgoe**	C: Schreibschriften mit mit handschriftlicher Anmutung *Hamburgoe*
D: Serifenlose Schriften mit geringem Strichkontrast Hamburgoe	D: Serifenlose Schriften mit geringem Strichkontrast Hamburgoe	D: Dekorative Schriften mit geringem Strichkontrast ohne Serifen Hamburgoe	D: Schreibschriften mit mit technischer Anmutung Hamburgo
E: Schriften mit anderen Strukturen **Hamburgoe**	E: Schriften mit anderen Strukturen **Hamburgoe**	E: Schriften mit anderen Strukturen HAMBURGOE	E: Gebrochene Schriften Hamburgoe
F: Schriften mit provozierenden Strukturen Hamburgoe	F: Schriften mit provozierenden Strukturen HAMBURGOE	F: Schriften mit provozierenden Strukturen **Hamburgoe**	F: Bildhafte Schriften HAMBURGOE

Ordnungssystem für Schriften nach Bollwage und Willberg

Das oben dargestellte Ordnungssystem verwendet etwas eindeutigere und für den weniger geübten Schriftanwender verständlichere Begriffe zur systematischen Gliederung der Schriften.

2.2.3.3 Schriftklassifikation nach Beinert (2001)

Die Jahre um die Jahrtausendwende waren hinsichtlich Diskussion und Entwicklung einer Schriftklassifikation produktiv und kreativ:
- 1998: Neuentwurf der Schriftklassifikation nach DIN 16 518 (nicht verabschiedet)
- 2000: Ordnungssystem von Max Bollwage
- 2001: Ordungssystem von Hans Peter Willberg
- 2001: Vorschlag zur Neustruktur der Schriftklassifikation von Wolfgang Beinert.

Wolfgang Beinert
* 06.10.1960 in Frankfurt am Main, Grafikdesigner und Typograf. Wird zu den wichtigen europäischen Grafikdesignern gezählt. Wolfgang Beinert geht in vielen Beiträgen durchaus kritisch mit der Werbe- und Designbranche um. Er lebt, arbeitet und lehrt in Berlin und ist dort seit 2002 Herausgeber des Typografieportals.

www.typolexikon.de

Klassifikationsmodell
Das Modell von Beinert ist von allen bekannten Ordnungssystemen für Schriften sicherlich das weitgehendste und in seiner Modernität sicherlich der attraktivste Entwurf.

Der Entwurf ist ein Klassifikationsmodell für Elektronic Publishing. Es bezieht nicht nur die klassischen deutschen Druckschriften in die Klassifizierung ein, sondern der Fokus wird auf westeuropäische Schriften, Bildschirmschriften und Zeichen gelegt. Es werden westeuropäische Druck- und Screen-Schriften sowie Bildzeichen in eine Matrix von neun Hauptgruppen gegliedert. Wobei der Begriff der westeuropäischen Schriften nicht zu eng ausgelegt werden darf – außereuropäische Schriften sind hier auch willkommen – siehe Amerikanische Grotesk in Gruppe 3.

In die Hauptgruppen 1 bis 6 gehören die Antiquaschriften, also die rundbogigen Druck- und Screen-Schriften römischen Ursprungs, und zwar immer mit und ohne Serifen. Abgesehen von »Gebrochenen Schriften« und »Nichtrömischen Schriften«, gehören alle westeuropäischen Schriftarten römischen Ursprungs zu dieser Schriftgattung.

Eine eigene Gruppierung weist die Gruppe 7 „Gebrochenen Schriften" auf. Hier sind die weitgehend als deutsche Schriften verstandenen Schriften zusammengefasst.

Die Gruppe 8 umfast alle nichtrömischen Schriften. Dies entspricht der alten Gruppe 11 „Fremde Schriften" der klassischen Schriftklassifikation von 1964.

Völlig nachvollziehbar und folgerichtig ist die Schaffung der Gruppe 9 „Bildzeichen". Die Vielzahl der verschiedenen, technologisch als Schriftzeichen aufbereiteten Fonts verlangt hier nach einer derartigen Gruppe, um diesen „Zeichen" eine Klassifizierungszuordnung zu ermöglichen, sie auch wahrzunehmen und in die Kategorie Schrift einzubinden – wo sie technologisch auch beheimatet sind. Die unten abgebildete Zeichenpalette zeigt bereits die Vielzahl der Standardzeichen im Bestand eines Betriebssystems.

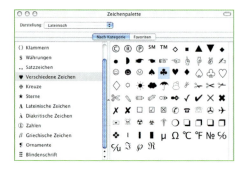

Neben der Einteilung in die neun Hauptgruppen unterscheidet Beinert noch nach einer Reihe von untergeordneten Klassifizierungsmerkmalen. In der nebenstehenden Abbildung wird diese sehr tief gehende Systematik an der Klassizistischen Antiqua beispielhaft dargestellt.

Schrifterkennung

Haupt- und Untergruppen der Matrix Beinert

1. Antiqua
Französische Renaissance-Antiqua, Klassizistische Antiqua, Venezianische Renaissance-Antiqua, Vorklassizistische Antiqua

2. Egyptienne
Clarendon-Schriften, Egyptienne-Schriften, Zeitungs-Antiquas

3. Grotesk
Ältere Grotesk, Amerikanische Grotesk, Jüngere Grotesk, Konstruierte Grotesk

4. Corporate Typografie Fonts
Duale Schriftsysteme, Triologie-Schriftsysteme, CD-Schriften Klienten, DIN-, ISO- und OCR-Schriften

5. Zierschriften
Dekorative Schriften, Display-Schriften, Schreibmaschinenschriften

6. Bildschirmschriften
HTML/WWW-Fonts, PC-Systemschriften, Bitmap-Fonts, Pixel-Fonts

7. Gebrochene Schriften
Fraktur, Rotunda, Schwabacher, Textura

8. Nichtrömische Schriften
Asiatisch, Arabisch, Griechisch, Kyrillisch, Hebräisch

9. Bildzeichen
Astrologie, Codes, Grapheme, Illustrationen, Logos, Mathematik, Naturwissenschaften, Musik, Ornamente, Zierrat, Spiel

---

Neben der Einteilung in die neun Hauptgruppen wird noch nach einer Reihe von untergeordneten Klassifizierungsmerkmalen unterschieden. Folgendes Beispiel zeigt dies:
- Schriftgattung/Hauptgruppe: Antiqua
- Schriftart/Untergruppe: .... Klassizistische Antiqua
- Nebengruppe: .... Bodoni-Varianten
- Font: .... Bauer Bodoni ®
- Schriftstil/Schriftschnitt: .... Kursiv
- Figurenverzeichnis: .... Mitteleuropa (nach ISO), Mac
- Foundry: .... Linotype Library ®, 2009
- Technologie: .... PostScript 2
- Type Designer: .... Giambattista Bodoni (1790), Heinrich Lost, Lois Höll (1926/27)

2.2.4 Schriftfamilie, Expertensatz und Schriftsippe

2.2.4.1 Lesbarkeit von Schriften

Für den Typografen ist es wichtig, die Schriften zu wählen, die es dem Leser ermöglichen, das Erfassen von Silben und Wortbildern leicht und schnell durchzuführen.

Grundsätzlich lässt sich Folgendes festhalten: Je detailreicher, prägnanter und eigenständiger die zusammengehörenden Buchstabenformen sind, desto lesbarer ist eine Schrift. Kleinbuchstaben sind besser erfassbar als Großbuchstaben. Versalzeilen oder Kapitälchen eignen sich nur als Auszeichnung oder als Headline, nicht als Lesetext, Ausnahmen sind z.B. bei Urkunden zulässig.

Folgende Kriterien können bei der Beurteilung und Auswahl einer Schrift herangezogen werden:
- Einheitlichkeit aller Buchstabenformen (Erscheinung des Schriftbildes)
- Breite der Buchstaben
- Proportionen der Mittel-, Ober- und Unterlängen
- Bandwirkung einer Schrift
- Dynamik der Formen mit der dazugehörenden Laufweite
- Serifen, An- und Abstriche
- Strichstärkenkontrast
- Auszeichnungsmöglichkeiten und verfügbare Schriftfamilie
- Eignung für Schriftmischungen
- Eigenschaften und Aussehen der Ziffern

Antiquaschriften wie Times, Palatino, Garamond oder Bembo sind für Mengentext geeignet. Ihre Serifen stellen ein verbindendes Element dar, die dem Leser Silben und Wortbilder optisch gut erschließen.

Serifenlose Linear-Antiqua-Schriften sind hier nicht so optimal. Ihr Charakter und ihre Wirkung ist leichter und moderner, die Lesbarkeit dieser Schriften ist gut – aber doch deutlich reduzierter als bei einer Renaissance-Antiqua.

Die Lesbarkeit serifenloser Schriften wird verbessert, wenn die Grundformen der Antiquaschriften Grundlage der Buchstabenform ist, wie dies z.B. für die Schriften Gill oder Univers der Fall ist.

2.2.4.2 Schriftfamilie

Die Gesamtheit der Buchstabenschnitte einer Schrift mit gemeinsamen Formmerkmalen, so wie diese vom Schriftkünstler entworfen wurde, wird als Schriftfamilie bezeichnet. Schriften werden hinsichtlich der Breite der Zeichnung des Buchstabenbildes in enge, schmale, normale, breite und extrabreite Schnitte eingeteilt. Nach der Stärke des Schriftbildes werden sie mit den Begriffen mager, normal, halbfett, dreiviertelfett, fett und extrafett benannt. Die Bezeichnung „normal" wird üblicherweise nur dann verwendet, wenn zwei magere Schriftschnitte vorhanden sind. Sonst reicht die Bezeichnung mager bzw. der Schriftname ohne weitere Kennzeichnung.

Mehrere Bezeichnungen ergeben sich, wenn eine Schrift mit den Schnitten schmal und mager, breit und fett vorliegt. Die Bezeichnung ist dann beispielsweise, „schmal magere Grotesk" oder „breite halbfette Grotesk".

Wird eine Schrift in mehreren Schnitten wie mager, halbfett, fett, kursiv erstellt, so bilden alle zusammengehörenden Schnitte eine Schriftfamilie. Zu jeder Schrift gehört dann das gesamte Alphabet mit Groß- und Kleinbuchstaben, eventuelle Ligaturen, Ziffern, Interpunktionszeichen, Akzentbuchstaben und Kapitälchen sowie Sonderzeichen. Für die jeweiligen Schriftschnitte sind

Schrifterkennung

Schriftfamile Univers (Linotype Coll.)	*Univers 65 Bold Oblique*
Univers 55	**Univers 63 BoldExtended**
Univers 55 Oblique	***Univers 63 BoldExtOblique***
Univers 57 Condensed	**Univers 67 CondensedBold**
Univers 57 CondensedOblique	***Univers 67 CondensedBoldOblique***
Univers 59 UltraCondensed	**Univers 75 Black**
Univers 39 Thin UltraCondensed	***Univers 75 BlackOblique***
Univers 53 Extended	**Univers 73 BlaExtended**
Univers 53 ExtendedObl	***Univers 73 BlackExtObl***
Univers 45 Light	**Univers 85 Extra Black**
Univers 45 LightOblique	***Univers 85 ExtraBlackOblique***
Univers 47 CondensedLight	**Univers 93 Extra ¬**
Univers 47 CondensedLightObl	**Black Extended**
Univers 49 LightUltraCondensed	***Univers 93 ExtraBlack ¬***
Univers 65 Bold	***ExtendedOblique***

Schriftfamilie Univers

Das Standardangebot in der Linotype Collection für die Univers. Hier sind die Schriftnamen und die Kennzahlen zusammengeführt. Ausgangsschrift ist die Univers 55.

die rechts genannten deutschen und englischen Bezeichnungen geläufig. Da Schriften aus allen Ländern zu uns gelangen, finden wir dann international gebräuchliche Benennungen wie Light, Normal, Book, Light-Italic, Italic, Bold, Extra Bold, Extra Black Bold, Ultra Black, Semibold, Black Italic, Oblique.

Schriftbezeichnungen
International gebräuchliche Schriftschnittbezeichnungen und die dazugehörigen deutschen Begriffe:

• Light	Leicht/mager
• Thin	Leicht/mager
• Ultralight	Ultraleicht
• Extralight	Ultraleicht
• Normal	Normal
• Book	Buchschrift
• Light-Italic	Leicht-kursiv
• Italic	Kursiv
• Heavy	Fett
• Bold	Fett
• Extra Bold	Extrafett
• Extra Black Bold	Breitfett
• Ultra Bold	Ultrafett

Schriftfamilie Univers im Überblick

Die Univers 55 (grau dargestellt) ist der Normalschnitt und der Ausgangs-schriftschnitt für alle Schriftabwandlungen, die im Laufe der Schriftfamilienentwicklung durchgeführt wurden. Die Darstellung zeigt die Univers zum Zeitpunkt ihrer Entwicklung mit allen anfangs verfügbaren Schriftschnitten. Heute umfasst die Univers etwa 60 verschiedene Schriftschnitte.

- Ultra Black   Extrabreitfett
- Semibold   Halbfett
- Medium   Halbfett
- Black Italic   Fettkursiv
- Oblique   Kursiv

Schriftfamilie Univers

Die Univers ist die bekannteste Schrift Adrian Frutigers. Entworfen wurde sie mit allen verfügbaren Schriftschnitten. Diese serifenlose Schrift, die unter anderem Hausschrift der Deutschen Bank ist, stellt wohl die bedeutendste Konzeptionsidee dar, die im 20. Jahrhundert auf dem Gebiet der Schriftkunst erdacht und verwirklicht wurde.

Sie machte Frutiger mit einem Schlag weltberühmt. Die Univers besteht aus einer aufeinander abgestimmten Schriftfamilie von 21 Schnitten, die bis zum Jahr 1999 auf 63 Schnitte ergänzt wurde. Alle Varianten haben dieselbe X-Höhe, so dass man sie ohne Schwierigkeiten auf verschiedene Art und Weise auf einer Seite platzieren kann. Entstanden ist die Univers als

Schrifterkennung

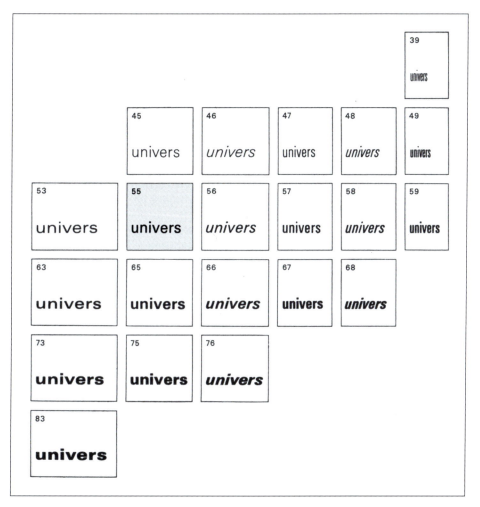

Schriftfamilie Univers im Überblick

Die Darstellung ergänzt das Bild auf der gegenüberliegenden Seite. Ausgehend von der Univers 55 sind alle Schriftschnitte mit Kennnummer und Schriftzug dargestellt.

Auf der Seite 177 sind die Schriftschnitte mit der Kennnummer und den dazugehörenden Schriftbezeichnungen aufgelistet.

direkte Reaktion auf die Futura, die Frutiger als zu geometrisch und konstruktivistisch empfand.

Auf Seite 177 ist beispielhaft die Schriftfamilie „Univers" mit den in der Linotype Collection verfügbaren Schriftschnitten abgebildet. Mit der Univers wurde erstmals eine Schrift entworfen, bei der alle denkbaren Schnitte bereits bei der Entwicklung mit berücksichtigt wurden. Die Univers 55 ist die Ausgangsschrift dieser Schriftfamilie. Alle Schnitte sind durch Zahlen gekennzeich-

net. In der Praxis wird z.B. die Univers 85 als Univers 85 ExtraBlack oder ExtraBlackOblique angeboten. Es wird sowohl mit der Zahlenkennzeichnung als auch mit den üblichen Schriftschnittbezeichnungen gearbeitet oder mit Kombinationen beider Benennungen.

In der Abbildung auf der gegenüberliegenden Seite ist der Grundaufbau der Schrift Univers dargestellt. Sie können dazu die numerischen Kennzeichnungen zu den dargestellten Schriften im Bild oben herauslesen.

2.2.4.3   Expertensatz und Schriftsippe

Expertensatz

Eine Schriftfamilie mit vielen Schriftstilen und einem sehr umfangreichen Figurensatz bezeichnet man als Expertensatz, Expertzeichensatz oder Expert Set.

Ein solcher Zeichensatz enthält sämtliche Grundstile. Also normale, kursive, halbfette und fette Schriftstile. Ein Expertensatz umfasst in der Regel auch Figurenverzeichnisse mit Ligaturen, Normal-, Mediäval- und Minuskelziffern, Bruchziffern, mathematischen Sonderzeichen und Ornamente. Bei vollständigen Expertzeichensätzen sind noch Titelschriften enthalten.

Titelschriften verfügen über mehr und feinere Details, die vor allem bei der Verwendung von großen Schriftgraden sichtbar werden. Manche Expertsätze enthalten noch alternative Figurenverzeichnisse der gleichen Schriftstilvariante. Expertsätze ermöglichen komplizierte, wissenschaftliche Satzarbeiten genauso wie Gedichtsatz oder anspruchsvolle Gestaltungen mit ansprechenden Schriftmischungen.

Schriftsippe

Mehrere Schriftfamilien mit unterschiedlichen Klassifikationsmerkmalen werden in Schriftsippen zusammengefasst. Eine Schriftsippe kann Schriften aus verschiedenen Schriftklassen mit gleichen Merkmalen enthalten. Dies können grafische Merkmale wie Buchstabenaufbau, -form, -relationen, -breite, Laufweite, Strichstärken, Dickten und Grauwerte sein. Schriftsippen umfassen meist Antiqua-, Grotesk- und/oder Egyptienne-Schriften mit unterschiedlichen Schriftstilen, die aus typografisch gleichartigen Grundformen entwickelt wurden und deren Buchstaben ähnliche

Proportionen aufweisen.
Vorteile solcher Schriftsippen:
- Mittellängen und Versalhöhen sind weitgehend gleich.
- Auszeichnungen und harmonische Schriftmischungen sind leicht möglich.
- Harmonischen Eigenschaften werden für komplexe Typografielösungen im Bereich der Kommunikation genutzt.

Beispiel DB-Type

Für einen geschlossenen Auftritt des Unternehmens ist die Schrift – neben Farbe, Bildsprache, Typografie und dem Markenzeichen – einer der fünf Hauptdarsteller. Gerade weil Schrift größtenteils unbewusst wahrgenommen wird, ist sie unerlässlich, um vor allem die emotionalen Werte eines Konzerns wie der Deutschen Bahn zu kommunizieren.

Eine exklusive Hausschrift ist nicht nur der Marke eigen, sie kann auch speziell auf die technischen und kommunikativen Aufgaben des Unternehmens zugeschnitten werden. Diese Aufgaben sind bei der Bahn so vielfältig wie sonst selten. Vom Formular und Fahrplan über Zeitungen und Zeitschriften bis zu Werbung und Leitsystem muss die Schrift nicht nur sympathisch für die Marke stehen. Sie hat auch ganz spezifische Aufgaben zu lösen, soll überall zur Verfügung stehen und so gut ausgebaut sein, dass es keine Entschuldigungen geben kann, die DB-Type in irgendeiner Variante nicht einzusetzen.

Schriftsippe DB-Type

DB-Type ist ein Schriftsystem, das alle nötigen Schriftarten aus einem Formrepertoire entwickelt, den einzelnen Schrifttypen aber genügend formale Eigenständigkeit lässt. So entsteht Selbstähnlichkeit über Medien und Zielgruppen hinweg, aber keine Uniformität. Die gegenüberliegende

Schrifterkennung

DB-Sans Lesetexte Anzeigen	Bold	Regular	Bold Italic	
	14' **Bahnsteig** 18' **Bahnsteig** 24' **Bahnsteig**	Bahnsteig Bahnsteig Bahnsteig	*Bahnsteig* *Bahnsteig* *Bahnsteig*	
DB-Head ab 15 pt	Black	Light	Black Italic	
	14' **Bahnsteig** 18' **Bahnsteig** 24' **Bahnsteig**	Bahnsteig Bahnsteig Bahnsteig	*Bahnsteig* *Bahnsteig* *Bahnsteig*	
DB-Con-densed Kleinge-drucktes	Regular	Bold	Italic	
	14' Bahnsteig 18' Bahnsteig 24' Bahnsteig	**Bahnsteig** **Bahnsteig** **Bahnsteig**	*Bahnsteig* *Bahnsteig* *Bahnsteig*	
DB-Com-pressed Fahrpläne	Regular	Italic	Bold	Black
	14' Bahnsteig 18' Bahnsteig 24' Bahnsteig	*Bahnsteig* *Bahnsteig* *Bahnsteig*	**Bahnsteig** **Bahnsteig** **Bahnsteig**	**Bahnsteig** **Bahnsteig** **Bahnsteig**
DB-Serif Drucksachen	Regular	Italic	SMALL CAPS	
	14' Bahnsteig 18' Bahnsteig 24' Bahnsteig	*Bahnsteig* *Bahnsteig* *Bahnsteig*	BAHNSTEIG BAHNSTEIG BAHNSTEIG	
DB-News Zeitungen	Regular	Italic	SMALL CAPS	
	14' Bahnsteig 18' Bahnsteig 24' Bahnsteig	*Bahnsteig* *Bahnsteig* *Bahnsteig*	BAHNSTEIG BAHNSTEIG BAHNSTEIG	

Schriftsippe DB-Type

Abbildung und Text:
Der untenstehende
Abschnitt wurde zitiert
aus der Broschüre
„DB-Type – Eine
Übersicht über die
neuen Schriften der
Bahn" von Mobility
Networks Logistics
September 2005.

Abbildung zeigt die Schriftsippe und die gedachten Verwendungen der einzelnen Schriften in der Darstellungspraxis der Deutschen Bahn.

Die Schriften des Systems sind mit den branchenüblichen Namen bezeichnet: Sans steht für serifenlose Schriften, Condensed sind die schmalen Schnitte und Compressed die engen.

Die Antiquaschriften heißen Serif und News, DB Head ist die Version für Überschriften und kurze Werbezeilen. Zu den Schriften DB Sans und DB Head gibt es zusätzliche Alternate-Versionen mit unterschnittenen Ziffern und alternativen Zeichenformen. Für die beiden Antiquafamilien stehen Tabellenziffern z.B. für Fahrpläne zur Verfügung.

2.2.5 Buchstaben

Das Verständnis für die Form und die Funktion des einzelnen Buchstabens ist die Voraussetzung dafür, guten Schriftsatz und funktionelle Typografie zu gestalten. Guter Schriftsatz und gelungene Typografie unterscheidet sich vom üblichen Computersatz dadurch, dass Leser Informationen besser, müheloser und schneller aufnehmen können.

2.2.5.1 Buchstabenarchitektur

Der Buchstabe ist das kleinste typografische Element unserer Sprache. Aus der Summe der einzelnen Zeichen setzen sich in den unterschiedlichsten Kombinationen alle Informationen unserer Sprache zusammen. Um mit den Buchstaben, also den Versalien,

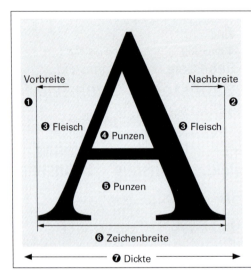

Fachbegriffe am Buchstaben

❶ Vorbreite: Schmaler Abstand auf dem Schriftkegel vor dem Buchstabenbild.
❷ Nachbreite: Schmaler Abstand auf dem Schriftkegel nach dem Buchstabenbild – Vor- und Nachbreite dienen der Lesbarkeit einer Schrift und sorgen dafür, dass sich Zeichen beim Satz nicht berühren.
❸ Fleisch: Nichtdruckende Elemente um das Buchstabenbild.
❹ Geschlossene Punzen: Innenraum eines Schriftzeichens ohne Öffnung.
❺ Offene Punzen: Offener Innenraum eines Schriftzeichens.
❻ Zeichenbreite: Breite des druckenden Schriftbildes.
❼ Dickte: Zeichen mit Vor- und Nachbreite, hier grau unterlegt.

Das Vier-Linien-System der Schrift

- Gesamthöhe (10)
- Oberlänge (11)
- Mittellänge oder x-Höhe (12)
- Unterlänge (13)

Ober- und Mittellänge bilden die Versalhöhe. Oberlänge, Mittel- und Unterlänge ergeben die Schrifthöhe.

Fachbezeichnungen am Musterwort „Hamburgo"
1 = Hauptstrich/Grundstrich
2 = Haarstrich
3 = Serife
4 = Scheitel
5 = Bauch
6 = Anstrich
7 = Kehlung
8 = Endstrich
9 = Symmetrieachse
10 = Versalhöhe
11 = Oberlänge
12 = Mittellänge, x-Höhe oder Höhe der Gemeine
13 = Unterlänge

Die Fachbezeichnungen sind gültig für alle Schriften und für alle Schriftschnitte.

182

Schrifterkennung

❶   ❷   ❸   ❹   ❺   ❻

Schriftlinie**Schriftlinie**Schriftlinie*Schriftlinie*Schriftlinie Schriftlinie

❶ = Univers 57 Condensed 9 pt
❷ = Univers 75 Black 9 pt
❸ = Univers 55 14 pt
❹ = Univers 65 Bold Oblique 8 pt
❺ = Univers 55 Roman 24 pt
❻ = Univers 59 Ultra Condensed 9 pt

Schriftlinie

als Konstante in der Schriftgestaltung. Verschiedene Schriftschnitte, Schriftarten und Schriftgrößen orientieren sich beim Satz immer an der Schriftlinie oder Grundlinie.

Gemeinen, Zeichen und Ziffern eines Alphabetes Informationen zu übermitteln, ist es unabdingbar, einige Grundinformationen über unsere Schrift zu wissen. Nur wer Grundwissen über die „Architektur" der Buchstaben kennt, kann typografisch arbeiten – also mit den Formen der Buchstaben schreiben, gestalten und damit Informationen schnell und effektiv transportieren.

Fachbezeichnungen
Am Beispiel verschiedener Schriften und den verschiedenen Abbildungen der folgenden Seiten werden Ihnen die wichtigsten Fachbegriffe zu Buchstaben und Schrift genannt und auch visuell verdeutlicht.

Vier-Linien-System
Buchstaben werden durch ein System von vier horizontalen Linien gegliedert bzw. strukturiert. Dieses Vier-Linien-System der Schrift ermöglicht eine Erfassung und Normierung nahezu aller Schriften, unabhängig davon, wie individuell sich die Ausdehnungen der einzelnen Schriften darstellen.

Für die Gestaltung mit Schriften ist es unbedingt erforderlich, dass sich Schriftkünstler an diesem Vier-Linien-System der Schrift orientieren. Erst durch die verbindliche Festlegung der Grund- oder Schriftlinie für alle Schriftzeichen ist es möglich, einen kontinuierlichen Zeichenverbund zwischen unterschiedlichen Schriften mit ihren Schriftschnitten herzustellen und damit eine gute Lesbarkeit zu schaffen.

In der oberen Abbildung auf dieser Seite ist das Prinzip der Schriftlinie dargestellt, das es ermöglicht, Schriften unterschiedlicher Größe und unterschiedlicher Schriftschnitte völlig problemlos in einer Zeile zu setzen. Dies funktioniert natürlich nicht nur innerhalb der Schriftfamilie der Univers, sondern auch mit anderen Schriften.

Dickte   Vorbreite eines Zeichens   Zeichenbreite   Nachbreite eines Zeichens

Vor- und Nachbreite

eines Buchstabens bildet den Weißraum, der verhindert, dass durch das Aneinanderfügen einzelner Buchstaben im Wort eine Berührung der Buchstabenbilder erfolgt. Eine derartige Berührung würde die Lesbarkeit jeder Schrift erheblich beeinträchtigen.

183

Typog

h G a

a

Schriftgröße oder Schriftgrad

Dieses Werk wurde in der Schrift Univers gesetzt. Als Schriftgrad für die Grundschrift wurde die Größe 9 Punkt gewählt. Die Bezeichnung 9 Punkt (pt) stammt aus dem typografischen Maßsystem. (1 Pt = 0,3528 mm). Üblicherweise werden Schriftgrößen in typografischen Punkten angegeben.

Der Computersatz lässt beliebige Schriftgrößen zu, die beim Satz im entsprechenden Menü eingegeben werden. So sind Bildunterschriften und Marginalien in diesem Buch in der Größe Univers 7,5 pt, die Kolumnentitel in der Schrift Univers Condensed in 13 pt gesetzt. Die Angabe einer Schriftgröße in mm ist ebenfalls möglich, aber wenig gebräuchlich.

2.2.5.2 Geviert

Das satztechnische und typografische Bezugsmaß der Schrift ist das Geviert. Ausschlaggebend für die Größe des Gevierts ist immer der jeweilige Schriftgrad. In der Abbildung unten ist dies dargestellt.

Das Geviert entspricht einem Quadrat mit der jeweiligen Kantenlänge der verwendeten Schriftgröße. Bei der Digitalisierung einer Schrift wird das jeweilige Geviert in regelmäßige Abschnitte unterteilt. Da diese Teilung in horizontaler und vertikaler Ausdehnung durchgeführt wird, ergeben sich dadurch kleinste regelmäßige Elemente. In der Abbildung links ist diese Digitalisierung schematisch dargestellt. Diese Elemente können für mehrere technische Modifikationen der Schrift verwendet werden.

Hier ist vor allem die Veränderung der Laufweite zu nennen. Durch die Herausnahme oder das Einfügen eines bestimmten Geviert-Elementes kann der Buchstabenabstand innerhalb einer Schrift verändert werden. Bei der so durchgeführten Veränderung der Laufweite werden also die Buchstabenabstände variiert, das Buchstabenbild wird nicht verändert. Allerdings wird dabei der Buchstabenabstand so minimiert, dass Bildelemente der Buchstaben dadurch ineinandergeschoben werden. Dass dadurch die Lesbarkeit extrem beeinträchtigt wird, muss eigentlich nicht erwähnt werden.

Die sinnvolle Verwendung der Laufweitenänderung vor allem beim Mengensatz ist im Kapitel 2.3.1 erläutert.

Geviert

h = Schrifthöhe
a = Kantenlänge des Gevierts, abhängig vom Schriftgrad
G = Das Geviertquadrat mit gleicher horizontaler und vertikaler Ausdehnung entsprechend der gewählten Schriftgröße.

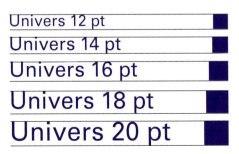

Univers 12 pt
Univers 14 pt
Univers 16 pt
Univers 18 pt
Univers 20 pt

Schrifterkennung

Schriftwerbung

Zwei beispielhafte Seiten aus einem Schriftmusterbuch.

Gezeigt werden zwei Seiten aus dem Schriftenkatalog der Firma FontShop Berlin. Geworben wird mit der Kompetenz zur Schriftherstellung und den dazu notwendigen technischen, gestalterischen und rechtlichen Schritten. Eine spannende Lektüre für Schriftenfans.

www.fontshop.de

Benennungen an Schriften 1

Serifenarten
❶ Runde Serife
❷ Betonte Serife
❸ Rechtwinklige Serife

Benennungen an Schriften 2

Schriftbildgrößen bei verschiedenen Schriften:
- Verschiedene Versalhöhen bei gleichem Schriftgrad.
- Unterschiedliche Ober-, Mittel- und Unterlängen.
- Oberlängen gehen zum Teil über die Versalhöhe hinaus.
- Schriftlinie ist immer Bezugsgröße.

Schriftreihenfolge immer Univers, Palatino, Meta

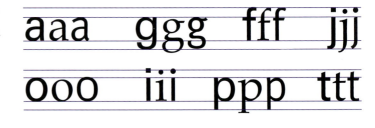

186

2.2.6   Ziffern und Zahlen

Schrifterkennung

2.2.6.1   Ziffern

Eine Zahl stellt eine Mengenangabe dar, die Ziffer ist das Zeichen dafür. Die Bezeichnung „Ziffer" kommt aus dem arabischen Sprachraum. In Europa wurde etwa seit dem 10. Jahrhundert das arabische Ziffernsystem eingeführt, das die Araber vermutlich um 500 n. C. aus Indien übernommen haben. Der Gebrauch der arabischen Ziffern wurde, vor allem gefördert durch die Kreuzzüge, zuerst in Südfrankreich und Italien üblich, ab dem 16. Jahrhundert in ganz Europa. Durch die arabischen Ziffern wurden die römischen Zahlzeichen weitgehend ersetzt.

Die Ziffern werden zuerst in der x-Höhe geschrieben, also wie die Kleinbuchstaben. Die Formen werden ergänzt durch Ober- und Unterlängen. Die handschriftlich orientierten Ziffernformen werden den jeweiligen Schriften und ihrem Duktus angepasst. Die Zahlzeichen für die gebrochenen Schriften und die Antiquaschriften sind weitgehend gleich.

Die Ziffern mit Ober- und Unterlängen werden als Mediävalziffern bezeichnet. Sie orientieren sich an der Mittellängenhöhe, teilweise an der Ober- und Unterlängenhöhe. Beispiele dafür sind die Ziffern aus der Schrift Meta-Normal.

Ziffern mit der Orientierung an der Mittel- und Oberlänge werden als Normalziffern bezeichnet. Beispiele sind die Ziffern der Schrift Univers.

Als Besonderheit gibt es bei Ziffern noch die Halbgeviertziffern. Diese werden überall dort verwendet, wo die Ziffern exakt untereinander stehen sollen. Dies kann zum Beispiel bei Tabellen erforderlich sein.

Normalziffern

1234567890 Univers

1234567890	Meta-Normal	1234567890	Bauhaus
1234567890	META-CAPS	1234567890	Baskerville
1234567890	**Meta-Bold**	1234567890	A.-Boecklin
1234567890	Palatino	1234567890	Big Caslon
1234567890	Arial	1234567890	Eckmann D
1234567	**StoneSans ITC**	1234567890	Futura Condensed
1234567890	Schneidler	1234567890	Hoefler Text
1234567890	Walbaum-Fraktur	1234567890	Künstler Script
1234567890	Klingspor-Gotisch	1234567890	Wittenb. Fraktur
1234567	**Clarendon**	1234567890	Garamond
1234567890	**Hoefler Text**	1234567890	Helvetica Regular

Verschiedene Ziffernarten bei unterschiedlichen Schriften

- Mediävalziffern (in Farbe)
- Normalziffern

Mediävalziffern sind nicht in allen Font-Angeboten enthalten. Für hochwertige typografische Arbeiten wie z.B. umfangreiche Firmen-CIs ist es unabdingbar, dass eine Schrift die SmallCaps- und Mediävalziffern enthält. Nur dann ist eine professionelle und hochwertige Gestaltungsarbeit möglich.

2.2.6.2 Römische Zahlzeichen

Wie bereits angesprochen, wurden die römischen Zahlen durch arabische Ziffern weitgehend abgelöst. Nur für bestimmte, edel anmutende Drucksachen wie Urkunden oder wichtige Verträge, Kapitelnummerierungen oder in einer Titelei werden aus optischen Gründen gerne römische Zahlzeichen zur Gestaltung genutzt.

Römische Ziffern und deren Werte				
Römisch	I	V	X	L
Dezimal	1	5	10	50
Römisch	C	D	M	
Dezimal	100	500	1000	

Die Übersicht oben zeigt die römischen Ziffern und die jeweilig dazugehörige Dezimalzahl. Das römische Zahlensystem ist ein Additionssystem, für das heute die folgenden Regeln gelten:
- Alle Zahlen werden durch das Addieren der Ziffern gebildet. Die größte Ziffer steht immer links.
- Es werden grundsätzlich die größtmöglichen Ziffern benutzt.
- Von den Zeichen I, X und C dürfen immer höchstens drei gleiche nebeneinander stehen.
- Die Zeichen V, L und D dürfen nur einzeln stehen.
- Eine kleinere Zahl kann von einer größeren subtrahiert werden. Die zu subtrahierende Zahl steht links von der zu vermindernden.
- Der Substrand I darf nur links von V oder X stehen, der Substrand X nur links von L oder C.
- V, L und D dürfen niemals von einer größeren Ziffer subtrahiert werden.
- Soll eine von mehreren gleichen Ziffern vermindert werden, so muss immer die rechts stehende vermindert werden, z.B. XXIX entspricht 29.

Beispielaufgabe 1

Die römische Zahl MMCDLXVIII soll als Dezimalzahl geschrieben werden.

Lösung

Addition wird wie folgt durchgeführt:
MM   CD   LX   VIII
2000 + 400 + 60 + 8 = **2468**

Beispielaufgabe 2

Die Dezimalzahl 1794 soll als römische Zahl dargestellt werden.

Lösung

1794 wird zerlegt in römische Ziffern:
1000 = M
700 = DCC
90 = XC
4 = IV

Die Ziffern werden in der richtigen Reihenfolge addiert und dann ohne Wortzwischenraum direkt hintereinander gestellt:
1794 = M + DCC + XC + IV
= **MDCCXCIV**

Rätselhaft
Welche Zahl wird rechts unten gezeigt? Errechnen Sie den Zahlenwert.

Lösung: 2473

188

2.2.7 Akzente und Symbole

2.2.7.1 Akzente für fremde Sprachen

Allen Schriften werden Akzentbuchstaben mitgegeben, die es dem Mediengestalter ermöglichen, vorhandene Schriften für den fremdsprachigen Satz zu nutzen. Für Arbeiten in fremdsprachigen Texten ist es oft notwendig, spezielle Schriftfonts zu beschaffen, in denen alle Zeichen und Akzente vorhanden sind. Vor allem der Satz in Russisch, Griechisch oder Hebräisch erfordert spezielle Fonts, um Satzarbeiten mit den entsprechenden Zeichen problemlos zu erstellen.

Nachstehend sind für einige exemplarische Sprachen die verfügbaren Akzente der Schrift Univers am Beispiel der Kleinbuchstaben aufgeführt. Versalbuchstaben benötigen diese Akzente ebenso, wie im dänischen und italienischen Schriftsatz dargestellt.

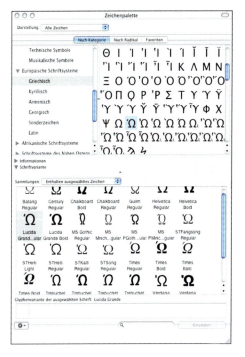

Akzente

Die Abbildung zeigt Akzente für die griechische Sprache im Menü Zeichenpalette eines Macintosh-Rechners. Im unteren Fenster wird angezeigt, in welchen Zeichensätzen diese Akzente verfügbar sind.

Albanisch
é â ê î ô û ë ö ç y

Dänisch
å ø è à æ – weitere Akzente nur in Fremdwörtern und Eigennamen
Å Ø È À Æ – Versalakzente

Englisch
Akzente nur in Fremdwörtern

Estnisch
õ š ž ä ö ü

Französisch
é è à ù â ê î ô û ë ï ö ç æ œ

Holländisch
á é í ó ú à è ì ò ù ä ë ï ö ü æ œ
ij nur bis Schriftgrad 12 Punkt

Italienisch
é à è ì ò ù î
É À È Ì Ò Ù Î – Versalakzente

Norwegisch
å ø é à ô æ – Å Ø É À Ô Æ

Portugiesisch
ã ñ õ á é í ó ú à è â ê ô ë ï ü ç $ £

Schwedisch
å ø ä ö – weitere Akzente nur in Fremdwörtern und Eigennamen

Skandinavien
å ø ä ö š ž æ œ

Spanisch
ñ á é í ó ú ï ü $ £
Ñ Á É Í Ó Ú Ï Ü – Versalakzente

Schrifterkennung

189

2.2.7.2 Zeichen und Symbole

Mit nahezu jedem Schriftfont werden noch Zeichen und Symbole mitgeliefert.

Dies können mathematische Zeichen, verschiedene Pfeile und Klammern, Währungssymbole, Satzzeichen, Kreuze, Sterne, diakretische Zeichen für den Fremdsprachensatz und andere sein. Eine mögliche Auswahl an verfügbaren Zeichen wird in der Abbildung einer Zeichenpalette rechts dargestellt.

Neben den Standardzeichen, die bei einem Schriftfont mitgeliefert werden, gibt es noch Symbolschriften. Diese enthalten Zeichen, die mittels Tastaturbefehl aufgerufen werden. Eine bekannte und auf allen Systemen verfügbare „Schrift" ist die Symbolschrift Zapf Dingbats. Unten sind einige Zeichen aus dieser Symbolschrift dargestellt.

Zeichen unter MAC OS
Sie können Sonderzeichen wie mathematische Symbole, Buchstaben mit Akzent, Pfeile u. Ä. in ein Dokument eingeben. Dazu verwenden Sie beim Macintosh die Zeichenpalette. Mit Hilfe dieser Palette können Zeichen aus verschiedenen Sprachen ausgewählt werden.

Sonderzeichen und Symbole können eingeben werden, indem Sie entsprechende Tastenkombinationen verwenden. Wenn Sie wissen möchten, welche Tastenkombinationen Sie für welche Zeichen nutzen müssen, rufen Sie die „Tastaturübersicht" auf. Drücken Sie die Umschalttaste, die Wahltaste oder gleichzeitig Wahl- und Umschalttaste, um alle verfügbaren Zeichen zu sehen. Wenn Sie ein Zeichen eingeben möchten, drücken Sie die Sondertaste(n) und die Taste auf Ihrer Tastatur, die sich dort an der gleichen Stelle wie das gesuchte Zeichen in der Tastaturdarstellung am Bildschirm befindet.

Zeichen unter Windows
In den Zeichentabellen eines PCs sind die unterschiedlichen Zeichen und Symbole zu finden. Nach Aufruf der Zeichentabelle erfolgt die Auswahl der gewünschten Zeichen oder Symbole. Die Zeichen müssen aus der Palette herauskopiert und in das jeweilige Dokument eingefügt werden. Die entsprechenden Befehlsbuttons wie „Suchen", „Auswählen" und „Kopieren" befinden sich im unteren Bereich der Zeichentabelle.

Zeichenpalette
Links: Beliebige Zeichen- und Symbolauswahl aus der Zapf Dingbats.
Rechts: Zeichensatzpalette mit der Schrift Univers. Es werden die jeweils verfügbaren Schrift- und Symbolschnitte für diese Schrift bei einem Windows-PC gezeigt.

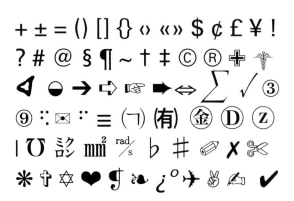

2.2.8   Aufgaben

Schrifterkennung

1 Schriftklassifikation kennen und anwenden

Nennen Sie die 11 Schriftgruppen der Schriftklassifikation von 1964 und je eine Schrift dazu.

2 Schriftaufbau kennen und anwenden

Erstellen Sie eine Skizze, aus der das Vier-Linien-System der Schrift hervorgeht, und benennen Sie diese Skizze mit den korrekten Begriffen.

3 Schriftbenennungen verstehen

Erläutern Sie folgende Fachbegriffe:
a. Vorbreite
b. Versalhöhe
c. Punzen
d. Dickte
e. Haarstrich
f. Schriftlinie

4 Typografische Begriffe erläutern

Erläutern Sie die Begriffe „Schriftfamilie" und „Schriftsippe".

5 Schriftbenennungen erklären

Erklären Sie folgende Begriffe:
a. Versalien
b. Gemeine
c. Punkturen
d. Ligaturen

6 Ziffern und Zeichen anwenden

Erläutern Sie die folgenden Begriffe:
• Mediävalziffern
• Halbgeviertziffern
• Normalziffern

7 Ziffern und Zeichen anwenden

Welche Bedeutung haben die folgenden römischen Zahlen:
• MDCCXCIV
• MMCDLXVIII
• MMVIII

8 Zeichensatzpalette nutzen

Schauen Sie für unterschiedliche Schriften die verschiedenen Zeichen in der Zeichensatzpalette Ihres PCs nach.

9   Schriften erkennen

Ordnen Sie die folgenden Schriften der richtigen Schriftgruppe nach DIN 16 518 zu:

• **ABCDEFGHIJKLMN**

• 𝕬𝕭𝕯𝕰𝕱𝕲𝕳bcdefghijklmno

• ABCDEFGabcdefghij

• ABCDEFabcdefghij

• ABCDEFabcdefghij

• **ABCDEFabcdefghi**

191

2.3 Lesbarkeit

2.3.1	Laufweite der Schrift	194
2.3.2	Ausgleichen von Schriften	196
2.3.3	Wortabstand	200
2.3.4	Satzarten	202
2.3.5	Zeilenlänge und Lesbarkeit	204
2.3.6	Zeilenabstand	206
2.3.7	Schriftmischungen	208
2.3.8	Elektronische Schriftmanipulationen	212
2.3.9	Lesbarkeit von Druckschriften	214
2.3.10	Lesbarkeit bei Zeitungsschriften	217
2.3.11	Aufgaben	219

2.3.1 Laufweite der Schrift

Laufweitenänderungen

Ein Schriftkünstler, der eine Schrift entwickelt, hat die jeweilige Vor- und Nachbreite sowie die Buchstabendicke optimal auf die Schrift und die damit verbundene Lesbarkeit abgestimmt. Dadurch wird erreicht, dass möglichst viele verschiedene Buchstabenkombinationen gleichartige Abstände zueinander aufweisen. Ein einheitliches und gleichmäßiges Graubild ist die Folge und der Leser erfasst eine gut zugerichtete Schrift dann schnell und ohne Anstrengung.

In eine vom Schriftkünstler zugerichtete Schrift sollte der Mediengestalter möglichst nicht eingreifen. Ist es einmal notwendig, so spricht man vom Spationieren (+) bzw. vom Unterschneiden (–) einer Schrift. Dieses bedeutet, dass zwischen den Buchstaben zur vorhandenen Vor- und Nachbreite noch Einheiten addiert oder abgezogen werden. Im untenstehenden Beispiel ist dies am Wort „Heidelberg" gezeigt.

Heidelberg	Einstellung	0
Heidelberg	Einstellung	+ 25
Heidelberg	Einstellung	– 25

Die entsprechenden Einstellungen im gezeigten Beispiel sind jeweils für das Programm InDesign gültig. Die Einheit der Laufweite ist ein 1000stel Geviert.

Laufweitenänderung – was ist erlaubt?

Laufweitenänderungen werden unter Typografen kontrovers diskutiert. Was ist erlaubt, was ist verpönt? Der Typograf muss bei einer Änderung der Laufweite immer die Lesbarkeit einer Schrift berücksichtigen. Der Kontrast zum Hintergrund, der Leseabstand und die Schriftgröße sind zu beachten.

Wichtig ist: Wird die Laufweite vergrößert, muss der Wortabstand vergrößert werden. Dadurch bleibt das einzelne Wort in einer Zeile leichter erkennbar.

Schriften sind in der Regel für die Schriftgrade 8 bis 18 pt gut zugerichtet. Die Lesbarkeit ist für diese Größen optimiert und es ergibt sich normalerweise keine Notwendigkeit, bei diesen Schriftgraden die Laufweite zu verändern. Allerdings gibt es Ausnahmen, bei denen dies trotzdem notwendig wird. Dies kann bei folgenden Fällen sein:

- Zur Vermeidung unschöner Trennungen vorwiegend im Blocksatz. Durch Laufweitenänderung kann eine Verbesserung erreicht werden.
- Eine vorgegebene Textmenge muss in ein festgelegtes Layout eingepasst werden. Um den gesamten Text zu platzieren, kann die Laufweite reduziert werden, damit ist es möglich, den vorgesehenen Text vollständig zu positionieren, allerdings zu Lasten der Ästhetik und der Lesbarkeit.
- Bei kleinen Schriftgraden (< 9 pt) kann die Laufweite geringfügig erhöht werden. Dies verbessert bei vielen Schriften die Lesbarkeit.
- Verwenden Sie Schriften > 20 pt, sollte die Laufweite etwas reduziert werden, um ein optisches Auseinanderfallen der Buchstaben zu vermeiden. Dies gilt insbesondere für den Satz von Headlines in Büchern, Katalogen, Titeln und bei der Plakatgestaltung.
- Die Veränderung einer Schrift aus typografischen Gründen ist schwierig. Hier müssen Sie als Gestalter über viel Erfahrung und typografisches Gespür verfügen, um die Wirkung einer Schrift mittels einer Laufweitenänderung zu optimieren. Verwenden Sie im Zweifel einfach eine andere, besser laufende Schrift für Ihren Auftrag ...

Lesbarkeit

1 Auf die rationale und optimale Lösung einer Entwurfsaufgabe kam es ihnen 2 einst an der Ulmer Hochschule für Gestaltung an. Sie glaubten, mit einem 3 Begriff von Gestaltung, der den ganzen Lebensraum umfasst, und die 4 Beschränkung auf das Funktionale, Praktische und Maßvolle die besseren 5 Menschen für die Demokratie heranbilden zu können. Durch Max Bill, der in 6 Dessau studiert hatte, war die HFG in Ulm zunächst am Bauhaus orientiert. 7 An Grundlagenarbeiten sieht man schön, wie 1953 noch die „Konkrete Kunst" 8 Inspiration für Flächen- und Farbübungen war.	Der nebenstehende Text ist mit der Schrift Univers 55 mit der Standardlaufweite von 0 gesetzt. Dies ergibt ein harmonisches Satzbild mit einem gleichmäßigen Grauwert. Die Lesbarkeit des Textes ist sehr gut.
1 Auf die rationale und optimale Lösung einer Entwurfsaufgabe kam es ihnen 2 einst an der Ulmer Hochschule für Gestaltung an. Sie glaubten, mit einem Be- 3 griff von Gestaltung, der den ganzen Lebensraum umfasst, und die Beschrän- 4 kung auf das Funktionale, Praktische und Maßvolle die besseren Menschen für 5 die Demokratie heranbilden zu können. Durch Max Bill, der in Dessau studiert 6 hatte, war die HFG in Ulm zunächst am Bauhaus orientiert. An Grundlagen- 7 arbeiten sieht man schön, wie 1953 noch die „Konkrete Kunst" Inspiration für 8 Flächen- und Farbübungen war.	Die Laufweite der Univers 55 wurde auf -5 gesetzt. Dies ergibt ein harmonisches Satzbild mit schmäleren Abständen und einem guten Grauwert. Die Lesbarkeit des Textes ist gut.
1 Auf die rationale und optimale Lösung einer Entwurfsaufgabe kam es ihnen 2 einst an der Ulmer Hochschule für Gestaltung an. Sie glaubten, mit einem Begriff 3 von Gestaltung, der den ganzen Lebensraum umfasst, und die Beschränkung auf 4 das Funktionale, Praktische und Maßvolle die besseren Menschen für die Demo- 5 kratie heranbilden zu können. Durch Max Bill, der in Dessau studiert hatte, war 6 die HFG in Ulm zunächst am Bauhaus orientiert. An Grundlagenarbeiten sieht 7 man schön, wie 1953 noch die „Konkrete Kunst" Inspiration für Flächen- und 8 Farbübungen war.	Die Laufweite der Univers 55 ist auf –10 gesetzt. Das Satzbild hat zu enge Abstände und einen zu dunklen Grauwert. Die Lesbarkeit des Textes ist reduziert, die Buchstabenunterscheidung wird erschwert.
1 Auf die rationale und optimale Lösung einer Entwurfsaufgabe kam es ihnen 2 einst an der Ulmer Hochschule für Gestaltung an. Sie glaubten, mit einem 3 Begriff von Gestaltung, der den ganzen Lebensraum umfasst, und die 4 Beschränkung auf das Funktionale, Praktische und Maßvolle die besseren 5 Menschen für die Demokratie heranbilden zu können. Durch Max Bill, der 6 in Dessau studiert hatte, war die HFG in Ulm zunächst am Bauhaus orien- 7 tiert. An Grundlagenarbeiten sieht man schön, wie 1953 noch die „Konkrete 8 Kunst" Inspiration für Flächen- und Farbübungen war.	Die Laufweite wurde auf den Wert +5 gesetzt. Dies ergibt ein Satzbild mit zu weiten Abständen und einem zu hellen Grauwert. Die Lesbarkeit des Textes ist reduziert, Wortzusammenhänge gehen verloren.

Links ist die Einstellung Laufweite + 5 für die Univers 55 in der Größe 9 pt in QuarkXPress dargestellt.

195

2.3.2 Ausgleichen von Schriften

2.3.2.1 Unterschneiden und Kerning

Der Begriff „Unterschneiden" ist ein alter Begriff aus der Bleisatzzeit. Die früheren Schriftsetzer haben bei optisch kritischen Versalbuchstaben wie z. B. beim T oder W in den metallenen Bleibuchstaben hineingeschnitten, um den Buchstabenabstand zum nachfolgenden Kleinbuchstaben zu verringern. Solche mechanischen Tätigkeiten wurde durchgeführt, um „optische Löcher" im Satzbild eines Textes zu vermeiden. Dies galt vor allem für den Satz großer Schriftgrade, da hier die optischen Lücken deutlich erkennbar waren und den Lesefluss früher wie heute hemmen.

Der moderne Mediengestalter benötigt für den optischen Ausgleich eine so genannte Kerningtabelle. In einer solchen Tabelle werden die Laufweiteneinstellungen für kritische Buchstabenpaare festgelegt. Neben der „automatischen" Laufweitenanpassung über Tabellen kann der Mediengestalter den optischen Ausgleich durch Tastaturbefehle auch manuell vornehmen, um die Lesbarkeit eines gesetzten Textes optisch zu verbessern. Auf der gegenüberliegenden Seite sind die Befehle und Menüs für die Kerningbearbeitung für Adobe InDesign und QuarkXPress aufgeführt.

Bei teuren Schriften sind Kerningtabellen in der Regel hinterlegt, bei Freeware-Schriften aus dem Internet ist dies oftmals nicht der Fall, da dies in der Herstellung zu teuer ist.

Kerningtabellen können bearbeitet werden, um eine Schrift auf einen Auftrag hin zu optimieren. So werden in manchen Fällen bei umfangreichen Werken die Laufweiten etwas reduziert, um den Werkumfang zu verkleinern. Bei hohen Auflagen lassen sich so die Papier- und Druckkosten senken.

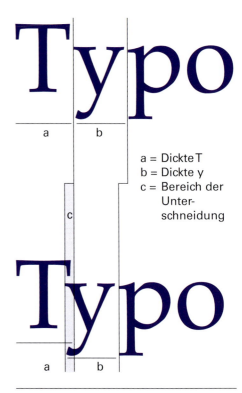

a = Dickte T
b = Dickte y
c = Bereich der Unterschneidung

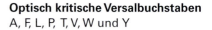

Optisch kritische Versalbuchstaben
A, F, L, P, T, V, W und Y

Optisch kritische Kleinbuchstaben
a, e, f, o, v, w und y

Kritische Kombinationen aus Versal- und Kleinbuchstaben
AV, Av, AW, Aw, AY, Ay, FA, Fa, FE, Fe, FI, Fi, FO, Fo, FR, Fr, FU, Fu, LA, LT, LV, LY, Ly, PA, Pa, Pi, Po, TA, Ta, TE, Te, TI, Ti, TO, To, TR, Tr, TY, Ty, VA, Va, V., WA, Wa, We, Wo, Ya, Yo

Kritische Kombination mit Gemeinen
ai, aj, aw, ay, ej, ev, ew, ey, fa, fe, f., f,, ff, fl, ffl, oe, oj, ov, ow, oy, va, ve, vo, v,, v., wa, we, wo, w,, w., ya, yo, y

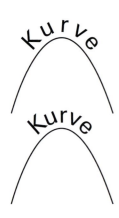

Unterschneiden
Die Notwendigkeit der Unterschneidung wird hier deutlich: Die Univers oben fällt durch die Krümmung der Grafik optisch auseinander. Das Unterschneiden verbessert die Wirkung der Schrift deutlich.

Lesbarkeit

Kerningfunktionen bei InDesign und QuarkXPress

Kerningfunktionen Adobe InDesign	Windows	Mac OS
Kerning und Laufweite erhöhen oder verringern (horizontaler Text)	Alt + Nach-links/rechts-Taste	Wahl + Links-/Rechtspfeil
Kerning und Laufweite um das Fünffache erhöhen oder verringern (horizontaler Text)	Alt + Strg + Nach-links/rechts-Taste	Wahl + Befehl + Links-/Rechtspfeil
Kerning zwischen Wörtern erhöhen	Alt + Strg + <	Wahl + Befehl + <
Kerning zwischen Wörtern verringern	Alt + Strg + Rücktaste	Alt + Strg + Rückschritttaste
Alle manuellen Kerningeinstellungen löschen und Laufweite auf 0 zurücksetzen	Alt + Strg + Q	Wahl + Befehl + Q

InDesign
Übersicht über verfügbare Kurzbefehle für die Kerninganwendung für PC und Mac

QuarkXPress besitzt im Menü Hilfsmittel den Befehl „Unterschneidungstabelle bearbeiten". Nach dem Aufruf erscheint das links abgebildete Fenster zur Schriftauswahl. Hier können Einzelbuchstaben, Buchstaben- und Zeichen-/Buchstabenkombinationen horizontal und vertikal bearbeitet werden. Dadurch lässt sich eine ungenügend zugerichtete Schrift deutlich optimieren.

QuarkXPress
Unterschneidungstabelle bearbeiten

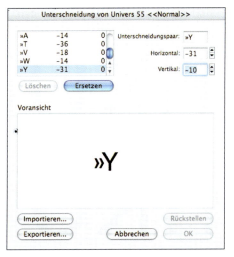

QuarkXPress
Unterschneiden einer Schrift. Links ist die Unterschneidungseinstellung für die Buchstabenkombination „Wa" zu sehen. Rechts ist eine Zeichen-/Buchstabenkombination dargestellt, die horizontal und vertikal optimiert wurde. Das bedeutet, dass die Anführung um 10/200 eines Gevierts nach unten gestellt wurden.

197

Kerning bzw. Unterschneiden in verschiedenen Anwendungen für die Printproduktion (zum Vergleich Dreamweaver)							
	QuarkXPress	InDesign	FrameMaker	3B2	Illustrator	Word	Dreamw.
Greift auf Kerning-tabellen zu	ja	ja	ja	ja	ja	Ja	nein
Kerningtabellen sind editierbar	ja	nein	nein	ja	nein	nein	nein
Kerning ist direkt aktivierbar	ja	ja	ja	ja	ja	ja	nein

Kerninganwendungen

Die obenstehende Übersicht zeigt die Anwendungs- und Nutzungsmöglichkeiten von Kerningtabellen bei verschiedenen Layoutprogrammen mit integrierter Textverarbeitung. Nicht alle Programme lassen eine Bearbeitung der in der Regel vorhandenen Kerningtabellen zu. Unter dem Begriff „Kerning ist direkt aktivierbar" wird das manuelle Unterschneiden bzw. Spationieren direkt im jeweiligen Anwendungsprogramm verstanden.

Als Beispiel für einen HTML-Editor ist Dreamweaver aufgeführt. Dreamweaver und vergleichbare Programme lassen systembedingt kein Editieren von Text zu, da die eingeschränkten Darstellungsmöglichkeiten bei Webseiten eine solche Funktion nicht unterstützen – es sei denn, Text wird als Grafik eingebunden.

Ausgleichen einer Versalschrift

Oben:
Nicht ausgeglichener Schriftzug

Unten:
Ausgeglichene, deutlich breitere Zeile

2.3.2.2 Versalausgleich

Werden Texte nur mit Großbuchstaben gesetzt, entsteht kein eigenständiges und typisches Wortbild, das für den Leser leicht erfassbar ist. Die Ursache dafür liegt in den fehlenden Unter- und Oberlängen. Nur wenn diese vorhanden sind, ergeben sich charakteristische und wiedererkennbare Wortbilder. Daher sind nur in Versalien gesetzte Texte schwer lesbar. Die Lesegeschwindigkeit wird reduziert und die Behaltensquote nimmt ab.

Vor allem für repräsentative Drucksachen wie Urkunden, Firmenschriftzüge oder Logos, aber auch für Headlines und Plakate werden immer wieder reine Versalschriftzüge verlangt. In all diesen Fällen ist eine Optimierung der Zurichtung erforderlich, da eine Schrift

URKUNDE
URKUNDE

Lesbarkeit

normalerweise nur für den Satz von Groß- und Kleinbuchstaben zugerichtet ist. Werden nur Großbuchstaben gesetzt, stimmt die Zurichtung zwischen den Versalien nicht und es ist notwendig, hier einen manuellen Ausgleich vorzunehmen.

In Kapitel 2.3.2.1 sind die kritischen Buchstaben und Buchstabenkombinationen bereits aufgeführt. Um die optischen Löcher, die beim Satz entstehen, auszugleichen, muss durch entsprechendes Spationieren oder Sperren bei den weniger offenen Buchstaben ein optischer Ausgleich hergestellt werden, damit sich die Weißräume zwischen den Buchstaben angleichen.

Den geringsten Abstand haben die Räume zwischen senkrechten Buchstabenstrichen. Diese Räume werden zuerst vergrößert, da sie am engsten wirken. Danach erfolgt das Ausgleichen der übrigen Räume, bis ein einheitliches Graubild des Wortes erreicht ist.

Diese Tätigkeit des Ausgleichens beim Satz mit Versalbuchstaben wird der Mikrotypografie zugeordnet. Dies ist die Kunst des Details beim Satz mit vorhandenen Schriften – wie etwa die Zurichtung der Buchstaben zueinander durch Bearbeiten der Kerningtabellen oder der hier beschriebene und unten dargestellte Versalausgleich.

Eine Besonderheit stellt hier noch der Satz mit Kapitälchen dar, also mit Großbuchstaben auf der Höhe der Mittellängen. Hier ist die Lesbarkeit besser als beim reinen Versalsatz. Werden Kapitälchen für den Satz großer Schriftgrade z. B. bei Plakaten eingesetzt, ist hier auch ein behutsamer optischer Ausgleich durchzuführen.

Ausgleichen einer Versalschrift

Oben:
Nicht ausgeglichener Schriftzug

Unten:
Ausgeglichene, deutlich breitere Zeile

199

2.3.3 Wortabstand

DieiDickteidesikleineni„i"idefiniertideniWortabstand.iDieiDicktei

Wortabstand oder Wortzwischenraum
Der normale Abstand zwischen zwei
Wörtern wird durch die Dickte des kleinen „i" definiert. Dies ist der Ausgangs-
wortzwischenraum für den Blocksatz,
der zwischen zwei Wörtern zu stehen
hat. Beim Blocksatz wird, um den linken
und rechten Rand bündig zu halten, der
Wortzwischenraum je nach entstan-
dener Satzsituation verkleinert oder
vergrößert.

Weitere Definition des Wortzwischenraumes: Bei Serifenschriften wird die
Punzenbreite des kleinen „n" vielfach
als der korrekte Buchstabenabstand
benannt. Dabei ist immer darauf zu
achten, dass sich die Serifen der nebeneinanderliegenden Schriftzeichen nicht
berühren.

Zu große Wortzwischenräume
beeinträchtigen den Lesefluss. Die
Wortzwischenräume sollten so groß
sein, dass die einzelnen Wörter in einer
Zeile noch erkannt werden. Bei kleinen
Wortzwischenräumen wird die Lesegeschwindigkeit und die Informationsaufnahme beschleunigt. Der Satz, das
ganzheitliche Satzmuster gewinnt für
den Leser an Bedeutung. Das einzelne Wort tritt in den Hintergrund. Die
schnelle Informationsaufnahme wird
durch das Erkennen ganzheitlicher
Satzstrukturen beschleunigt. Im Prinzip
bedeutet dies für den Satz von Mengentexten, dass die Wortzwischenräume so
klein wie möglich sein sollten.

Durch zu große Wortzwischenräume wird der Lesefluss erheblich gestört – die Informationsaufnahme läuft
in kleineren Schritten und damit deutlich
langsamer ab. Je größer ein Wortzwischenraum ist, umso bedeutender
wird das einzelne Wort. Bei großen
Wortzwischenräumen wird der Lesefluss
erheblich gestört, die Lesegeschwindigkeit ist herabgesetzt und die Aufnahme des Satzzusammenhanges wird
dem Leser deutlich erschwert. Große
Wortzwischenräume führen dazu, dass
die einzelnen Wörter mehr an Bedeutung und ein beträchtliches optisches
Gewicht als Worteinheit erhalten. Die
Stellung des Wortes als Teil eines Satzes
verliert damit an Bedeutung.

Wortzwischenraum

Veränderungen des
Wortzwischenraumes
verdeutlichen, dass
ab einer bestimmten
Raumgröße die Les-
barkeit des Satzge-
füges herabgesetzt
wird, man nimmt nur
noch das einzelne
Wort auf. Dies wird
im Bild rechts und bei
den Beispielen auf
der nächsten Seite
deutlich.

Der Raum zwischen den Worten soll so klein wie möglich sein!
Der Raum zwischen den Worten soll so klein wie möglich sei
Der Raum zwischen den Worten soll so klein wie möglich sei
Der Raum zwischen den Worten soll so klein wie möglich se
Der Raum zwischen den Worten soll so klein wie möglich s
Der Raum zwischen den Worten soll so klein wie möglic
Der Raum zwischen den Worten soll so klein wie mögli
Der Raum zwischen den Worten soll so klein wie mögli
Der Raum zwischen den Worten soll so klein wie mög
Der Raum zwischen den Worten soll so klein wie mö

Lesbarkeit

Auf die rationale und optimale Lösung einer Entwurfsaufgabe kam es ihnen einst an der Ulmer Hochschule für Gestaltung an. Sie glaubten, mit einem Begriff von Gestaltung, der den ganzen Lebensraum umfasst, und die Beschränkung auf das Funktionale, Praktische und Maßvolle die besseren ...

Auf die rationale und optimale Lösung einer Entwurfsaufgabe kam es ihnen einst an der Ulmer Hochschule für Gestaltung an. Sie glaubten, mit einem Begriff von Gestaltung, der den ganzen Lebensraum umfasst, und die Beschränkung auf das Funktionale, Praktische und Maßvolle ...

Auf die rationale und optimale Lösung einer Entwurfsaufgabe kam es ihnen einst an der Ulmer Hochschule für Gestaltung an. Sie glaubten, mit einem Begriff von Gestaltung, der den ganzen Lebensraum umfasst, und die Beschränkung auf das Funktionale, Praktische ...

Auf die rationale und optimale Lösung einer Entwurfsaufgabe kam es ihnen einst an der Ulmer Hochschule für Gestaltung an. Sie glaubten, mit einem Begriff von Gestaltung, der den ganzen Lebensraum umfasst, und die Beschränkung auf das ...

Auf die rationale und optimale Lösung einer Entwurfsaufgabe kam es ihnen einst an der Ulmer Hochschule für Gestaltung an. Sie glaubten, mit einem Begriff von Gestaltung, der den ganzen Lebensraum umfasst, und die Beschränkung auf das ...

Auf die rationale und optimale Lösung einer Entwurfsaufgabe kam es ihnen einst an der Ulmer Hochschule für Gestaltung an. Sie glaubten, mit einem Begriff von Gestaltung, der den ganzen Lebensraum umfasst, und die Beschränkung auf das ...

Gegenüberstellung des Wortabstandes bei den Schriften Palatino und Helvetica in der Größe 11 Punkt.

Im oberen Absatz ist der Wortabstand normal, die 11-Punkt-Schrift ist ohne Zeilenabstand gesetzt. In den folgenden Absätzen ist der Wort- und Zeilenabstand erhöht worden. Der Unterschied in der Lesefreundlichkeit der Texte wird beim Lesen der einzelnen Absätze recht schnell deutlich. Versuchen Sie es!

2.3.4　Satzarten

Auf die rationale und optimale Lösung einer Entwurfsaufgabe kam es ihnen einst an der Ulmer Hochschule für
Gestaltung an. Sie glaubten, mit einem Begriff von Gestaltung, der den ganzen Lebensraum umfasst, und die
Beschränkung auf das Funktionale, Praktische und Maßvolle die besseren Menschen für die Demokratie heranbilden zu können. Durch Max Bill, der in Dessau studiert hatte, war die HFG in Ulm zunächst am Bauhaus orientiert.

Auf die rationale und optimale Lösung einer Entwurfsaufgabe kam es ihnen einst an der Ulmer Hochschule für
Gestaltung an. Sie glaubten, mit einem Begriff von Gestaltung, der den ganzen Lebensraum umfasst, und die

Beschränkung auf das Funktionale, Praktische und Maßvolle die besseren Menschen für die Demokratie heranbilden zu können. Durch Max Bill, der in Dessau studiert
hatte, war die HFG in Ulm zunächst am Bauhaus orientiert.

Auf die rationale und optimale Lösung einer Entwurfsaufgabe kam es ihnen einst an der Ulmer Hochschule für
Gestaltung an. Sie glaubten, mit einem Begriff von Gestaltung, der den ganzen Lebensraum umfasst, und die Beschränkung auf das Funktionale, Praktische und Maßvolle
die besseren Menschen für die Demokratie heranbilden zu
können. Durch Max Bill, der in Dessau studiert hatte, war
die HFG in Ulm zunächst am Bauhaus orientiert.

Auf die rationale und optimale Lösung
einer Entwurfsaufgabe kam es ihnen einst an der
Ulmer Hochschule für Gestaltung an.
Sie glaubten, mit einem Begriff von Gestaltung,
der den ganzen Lebensraum umfasst,
und die Beschränkung auf das Funktionale, Praktische und
Maßvolle die besseren Menschen
für die Demokratie heranbilden zu können.

Blocksatz
Alle Zeilen sind gleich lang. Die Wortabstände verändern sich. Blocksatz sollte
bei weniger als 40 Zeichen/Zeile nicht
verwendet werden.

Lassen Sie nicht mehr als drei Trennungen in Folge zu. Der Wortabstand
sollte mindestens 80 % und maximal
140 % der Schriftgröße betragen.

Flattersatz, linksbündig
Die Flatterzone sollte maximal 1/5 der
Zeilenlänge entsprechen. Trennungen
folgen dem Inhalt und dem Leserhythmus. Vermeiden Sie unbedingt Treppen
und optische Löcher im Satz.

Flattersatz, rechtsbündig
Die Flatterzone sollte maximal 1/5 der
Zeilenlänge entsprechen. Trennungen
folgen dem Inhalt und dem Leserhythmus. Vermeiden Sie unbedingt Treppen
und optische Löcher im Satz.

Rausatz
Die Zeilen flattern kaum. Die Flatterzone
ist kleiner als beim Flattersatz. Es passt
ungefähr so viel Text in eine Zeile wie
beim Blocksatz. Es sind maximal vier
Trennungen hintereinander vertretbar.

Mittelachsensatz
Satzachse ist die Mitte. Die Zeilen flattern rhythmisch. Die Zeilenfolge ist z. B.
kurz, lang, mittel, kurz.

Eine Orientierung für den Satz der
Zeilenfolge kann der Inhalt und der
jeweilige Sinnzusammenhang sein.
Trennungen sind bei dieser Satzart
nicht zulässig.

Lesbarkeit

Blocksatz

wird für Bücher aller Art verwendet und ist im Zeitungs- und Zeitschriftendesign anzutreffen. Der Blocksatz ermöglicht es, viel Informationen auf geringem Platz unterzubringen – daher ist der Blocksatz bei den meisten Tageszeitungen die Standardsatzart.

Linksbündiger Flattersatz

ist für ansprechende, ästhetisch anmutende und gut lesbare Drucksachen zu verwenden. Er ist auf Internetseiten die Standardsatzart, da dort Blocksatz in guter Qualität schwer realisierbar ist.

Rechtsbündiger Flattersatz

findet sich bei Marginalien, Bildunterschriften und Tabellen. Vermittelt eine schlechte Lesbarkeit, da er nicht unseren Lesegewohnheiten entspricht.

Rausatz

ist bei Taschenbüchern und ähnlichen Produkten zu finden, die mit Hilfe automatischer Umbruchsysteme erstellt werden. Ferner ist der Rausatz im modernen Zeitschriften- und Buchbereich anzutreffen, der die Strenge des Blocksatzes zugunsten einer leichteren optischen Wirkung aufbricht.

Mittelachsensatz

findet sich bei lyrischen Gedichten, Headlines, Plakaten, Buchtiteln und ganzen Titelbögen, bei Urkunden und vergleichbaren Dokumenten. Mittelachsensatz erfordert eine gute Orientierung am Inhalt, damit der Sinnzusammenhang des Textes vom Leser leicht erfasst werden kann.

WALLENSTEIN
Zweiter Teil

PICCOLOMINI

Dramatische Dichtung
in fünf Aufzügen

Von
Friedrich Schiller

Weimar 2011

EHRENURKUNDE
Gerhard-Scheufelen-Preis 2011

Dr. Michael Stepper

Universität Tübingen

Herr Dr. Michael Stepper wird für seine
herausragenden Leistungen auf dem Gebiet der
Materialforschung, insbesonders für die
Erforschung der schnell wachsenden Faserstoffe
für die umweltfreundliche Papierherstellung
der Scheufelen-Preis 2011
verliehen.

Für die Stiftung

Dr. Karl Lendberg   Dr. Friederice Grosse

Stuttgart, am 12. Oktober 2011

Mittelachsensatz

Oben bei einem klassischen Buchtitel in einer modernisierten Aufmachung, unten bei der Ehrenurkunde für eine wissenschaftliche Stiftung.

2.3.5 Zeilenlänge und Lesbarkeit

Band 1 – Seite 28
1.1.4 Leserlichkeit

**Einteilung der Schrift-
größen**

Konsultationsgrößen
sind die Schriftgrade
bis 8 Punkt. Sie wer-
den für Marginalien,
Fußnoten u. Ä. ver-
wendet.

Lesegrößen sind die
Schriftgrade von 8 bis
12 Punkt. Sie sind in
Büchern, Zeitungen,
Zeitschriften und Ge-
schäftsdrucksachen
zu finden. Wenn es
kleiner wird, ist es
oftmals böse Absicht,
dass man das „Klein-
gedruckte" nicht lesen
kann oder soll.

Schaugrößen liegen
zwischen 12 und 48
Punkt und werden
z. B. als Headlines
oder bei Kleinplakaten
eingesetzt.

Plakat- oder Display-
schriften liegen über
48 Punkt.

„Lesen heißt arbeiten" – ein alter Lehr-
satz mit einem Kern Wahrheit für uns
Gestalter. Ermöglichen wir es unseren
Lesern, durch gute typografische Gestaltung das Lesen, also das Arbeiten,
so leicht wie möglich zu machen. Dazu
gehören eine gut lesbare Schrift, die
richtige Schriftgröße, die richtige Satzart, der richtige Zeilenabstand und auch
die richtige Zeilenbreite.

Geübte Leser erfassen ganze Wortgruppen und Zeilenteile. Sie erkennen
bekannte Wortmuster und bauen aus
diesen einen Sinnzusammenhang auf.
Voraussetzung für das Erkennen der
Wortmuster und der sich automatisch
bildenden Wort- und Satzzusammen-
hänge ist, dass Schriftgröße, Schriftart
und Zeilenlänge in einem richtigen
Verhältnis stehen. Dieses Verhältnis
muss so sein, dass der Leser gleichzeitig mehrere Wörter, Zeilenanfänge
und Zeilenenden erfassen kann.

Im Beispiel oben auf der gegenüberliegenden Seite liegt eine Zeilenlänge
mit etwa 100 Buchstaben vor. Hier
hat der Leser Orientierungsprobleme,
die Fixation des Auges verliert in den
langen Zeilen die notwendigen Bezugspunkte, das Lesen wird erschwert.

Beim mittleren Beispiel mit etwa
60 Zeichen/Zeile stimmen Schriftgrad,
Zeilenlänge und Buchstabenanzahl
überein – eine gute Lesbarkeit ist
gegeben. Ein Leser wird hier lange und
sicherlich mit Erfolg lesen.

Das unten gezeigte Muster mit etwa
30 Zeichen/Zeile zeigt deutlich die
Blocksatzprobleme, wenn die Zeilen
zu kurz sind. Die Wortabstände sind
zu groß, es entstehen optische Löcher
im Satz, die Lesbarkeit wird dadurch
deutlich verschlechtert. Das Auge muss
vermehrt Fixationspunkte suchen,
ermüdet dadurch schnell und der Leser

verliert, ohne zu wissen warum, die
Lust am Lesen des Textes.

Textdesign
Unter der Mithilfe von Blickaufzeich-
nungskameras wurden viele Versuche
zum Leseverhalten mit Personen unterschiedlichen Alters durchgeführt. Daraus
ergaben sich folgende Punkte, die für
das so genannte Textdesign wichtig sind:
- Es müssen gut lesbare Schriften für
  Mengentexte verwendet werden.
- Die Buchstaben dürfen nicht zu
  stark unterschnitten oder spationiert
  werden, da dies die Lesbarkeit stark
  beeinträchtigt.
- Es dürfen keine zu großen Wortabstände, vor allem beim Blocksatz,
  vorhanden sein. Zu große Lücken
  behindern die Aufnahme mehrerer
  Wörter und stören den Lesefluss.
- Zeilen können zu viele Buchstaben
  enthalten und dadurch zu lang sein.
  Dies verhindert die Fixation des Auges auf die nächste Zeile – der Leser
  verliert den Zeilensprung und hat
  keine oder eine schlechte Orientierung im Textblock.
- Der Zeilenabstand kann falsch sein
  und stört dadurch den Grauwert
  einer Seite. Dies führt zu einer Reduzierung des Leseflusses.
- Erleichtern Sie dem Leser durch eine
  geeignete Satzart und durch geeignete Einzüge die Fixierung auf die
  notwendigen Bezugspunkte im Textblock, um einen mühelosen Zeilenwechsel beim Lesen zu ermöglichen.
- Achten Sie bei Mengentexten auf die
  korrekte Schriftgröße. Größen von
  8 bis 12 Punkt sind für alle Altersgruppen gut lesbar. Beachten Sie die
  in der Marginalie angegebenen Konsultationsgrößen bei Ihrer Schriftverwendung.

Lesbarkeit

Auf die rationale und optimale Lösung einer Entwurfsaufgabe kam es ihnen einst an der Ulmer Hochschule für Gestaltung an. Sie glaubten, mit einem Begriff von Gestaltung, der den ganzen Lebensraum umfasst, und die Beschränkung auf das Funktionale, Praktische und Maßvolle die besseren Menschen für die Demokratie heranbilden zu können. Durch Max Bill, der in Dessau studiert hatte, war die HFG in Ulm zunächst am Bauhaus orientiert. An Grundlagenarbeiten sieht man schön, wie 1953 noch die Konkrete Kunst Inspiration für Flächen- und Farbübungen war.   ca. 100 Zeichen/Zeile

Auf die rationale und optimale Lösung einer Entwurfsaufgabe kam es ihnen einst an der Ulmer Hochschule für
Gestaltung an. Sie glaubten, mit einem Begriff von Gestaltung, der den ganzen Lebensraum umfasst, und die Beschränkung auf das Funktionale, Praktische und Maßvolle
die besseren Menschen für die Demokratie heranbilden zu
können. Durch Max Bill, der in Dessau studiert hatte, war
die HFG in Ulm zunächst am Bauhaus orientiert. An Grundlagenarbeiten sieht man schön, wie 1953 noch die Konkrete
Kunst Inspiration für Flächen- und Farbübungen war.
                    ca. 60 Zeichen/Zeile

**Verschiedene
Zeilenlängen**

Beim Lesen dieser
Texte mit unterschied-
lichen Zeilenlängen
wird deutlich, dass
sich die Lesbarkeit
bei zu langen und zu
kurzen Zeilen deutlich
verschlechtert.

Auf die rationale und optimale Lösung einer Entwurfsaufgabe kam es ihnen einst an
der Ulmer Hochschule für Gestaltung an. Sie glaubten, mit
einem Begriff von Gestaltung,
der den ganzen Lebensraum
umfasst, und die Beschränkung auf das Funktionale,
Praktische und Maßvolle die
besseren Menschen für die
Demokratie heranbilden zu
können. Durch Max Bill, der in
Dessau studiert hatte, war die
HFG in Ulm zunächst am Bauhaus orientiert. An Grundlagenarbeiten sieht man schön,
wie 1953 noch die Konkrete
Kunst Inspiration für Flächen-
und Farbübungen war.
                    ca. 30 Zeichen/Zeile

2.3.6 Zeilenabstand

Der grafische Zeilenabstand

1 = Durchschuss
2 = Zeilenabstand von Schriftlinie zu Schriftlinie

Erik Spiekermann

„Es gibt eine Regel, die besagt, dass sich Unter- und Oberlängen nie berühren dürfen.
Es gibt für diese Regel die Ausnahme, dass Berühren erlaubt ist, wenn´s besser aussieht".

Der Zeilenabstand ist der vertikale Abstand von einer Schriftlinie zur nächsten Schriftlinie. In der oberen Abbildung ist dieser Abstand durch die Ziffer 2 gekennzeichnet. Der Zeilendurchschuss, der die Zeilen im Abstand auseinandertreibt, ist durch die Ziffer 1 markiert. Der Durchschuss ist der blau gekennzeichnete vertikale Abstand von der Schriftunterkante (Unterlänge) bis zur nächsten Schriftoberkante.

Bei den heute üblichen Grafik- und Layoutprogrammen hat es sich eingebürgert, dass als Voreinstellung für den Zeilendurchschuss 20 % der verwendeten Schriftgröße voreingestellt sind. Die Abbildung rechts zeigt diese Grundeinstellung für den automatischen Zeilenabstand in den Programmen InDesign und QuarkXPress. Soll dieser Abstand für einen Auftrag verändert werden, müssen die Dokumentenvorgaben auf den typografisch korrekten Wert eingestellt werden. Im gleichen Menü werden auch noch die Einstellungen für das Grundlinienraster, also für den festen Zeilenabstand (= Schrittweite) eines Grundtextes, definiert.

Den optimalen Zeilenabstand gibt es nicht. Für jede Schrift und für jede typografische Neugestaltung muss der optimale Zeilenabstand für die Lesbarkeit des Produktes ermittelt werden.

Auf der gegenüberliegenden Seite sehen Sie einen Vergleich der Zeilenabstände für die 11 pt Palatino und die 11 pt Helvetica. Die Schriften sind von oben nach unten wie folgt gesetzt: 11/11 pt (kompress), 11/12 pt (1 pt Durchschuss), 11/13 pt (2 pt Durchschuss) und 11/14 pt (3 pt Durchschuss). Sie erkennen, dass die Palatino mit einem Durchschuss von 1 bis 2 Punkt optimal lesbar ist, die Helvetica bei einem Durchschuss von 2 bis 3 Punkt. Je nach Duktus der Schrift ist für eine Optimierung der Lesbarkeit ein unterschiedlicher Zeilenabstand zu ermitteln. Dies erfordert vom Designer einige Erfahrung und optisches Gespür im Umgang mit der Textgestaltung.

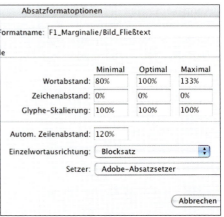

Voreinstellungen

für Zeilenabstand und das Grundlinienraster in den Programmen QuarkXPress (oben) und InDesign (unten)

206

Lesbarkeit

Auf die rationale und optimale Lösung einer Entwurfsaufgabe kam es ihnen einst an der Ulmer Hochschule für Gestaltung an. Sie glaubten, mit einem Begriff von Gestaltung, der den ganzen Lebensraum umfasst, und die Beschränkung auf das Funktionale, Praktische und Maßvolle die besseren ...

Auf die rationale und optimale Lösung einer Entwurfsaufgabe kam es ihnen einst an der Ulmer Hochschule für Gestaltung an. Sie glaubten, mit einem Begriff von Gestaltung, der den ganzen Lebensraum umfasst, und die Beschränkung auf das Funktionale, Praktische und Maßvolle die besseren ...

Auf die rationale und optimale Lösung einer Entwurfsaufgabe kam es ihnen einst an der Ulmer Hochschule für Gestaltung an. Sie glaubten, mit einem Begriff von Gestaltung, der den ganzen Lebensraum umfasst, und die Beschränkung auf das Funktionale, Praktische und Maßvolle die besseren ...

Auf die rationale und optimale Lösung einer Entwurfsaufgabe kam es ihnen einst an der Ulmer Hochschule für Gestaltung an. Sie glaubten, mit einem Begriff von Gestaltung, der den ganzen Lebensraum umfasst, und die Beschränkung auf das Funktionale, Praktische und Maßvolle die besseren ...

Auf die rationale und optimale Lösung einer Entwurfsaufgabe kam es ihnen einst an der Ulmer Hochschule für Gestaltung an. Sie glaubten, mit einem Begriff von Gestaltung, der den ganzen Lebensraum umfasst, und die Beschränkung auf das Funktionale, Praktische und Maßvolle die besseren ...

Auf die rationale und optimale Lösung einer Entwurfsaufgabe kam es ihnen einst an der Ulmer Hochschule für Gestaltung an. Sie glaubten, mit einem Begriff von Gestaltung, der den ganzen Lebensraum umfasst, und die Beschränkung auf das Funktionale, Praktische und Maßvolle die besseren ...

Auf die rationale und optimale Lösung einer Entwurfsaufgabe kam es ihnen einst an der Ulmer Hochschule für Gestaltung an. Sie glaubten, mit einem Begriff von Gestaltung, der den ganzen Lebensraum umfasst, und die Beschränkung auf das Funktionale, Praktische und Maßvolle die besseren ...

Auf die rationale und optimale Lösung einer Entwurfsaufgabe kam es ihnen einst an der Ulmer Hochschule für Gestaltung an. Sie glaubten, mit einem Begriff von Gestaltung, der den ganzen Lebensraum umfasst, und die Beschränkung auf das Funktionale, Praktische und Maßvolle die besseren ...

Gegenüberstellung des Zeilenabstandes der Schriften Palatino und Helvetica in der Größe 11 Punkt.

Im oberen Absatz ist der Zeilenabstand kompress, die 11-Punkt-Schrift ist ohne Durchschuss gesetzt. In den folgenden Absätzen ist der Zeilenabstand jeweils um einen Punkt erhöht worden. Der Unterschied in der Lesefreundlichkeit der Texte wird beim Lesen der einzelnen Absätze recht schnell deutlich. Versuchen Sie es!

www.hfg-archiv.ulm.de

2.3.7 Schriftmischungen

Schrift und Mode

Schriftmischungen sind Zeiterscheinungen und somit aktuellen Modetrends unterworfen, sie sollten daher für langlebige Drucksachen wie Bücher oder Urkunden nicht verwendet werden.

Schriften zu mischen ist schwer und unterliegt keinen eindeutig feststehenden Regeln. Schriftmischen sind eine individuelle, geschmacklich gelenkte Operation, die bestimmten, auch wechselnden Schönheitsidealen unterliegt. Sie sind unter anderem auch abhängig ist von den Kenntnissen über schriftgeschichtliche Zusammenhänge des jeweiligen Designers. Trotzdem lassen sich einige grundlegende Regeln aufstellen:

- Es können jederzeit Schriften einer Schriftfamilie miteinander kombiniert werden. Prinzipiell ist dies keine Schriftmischung im eigentlichen Sinn, da die verschiedenen Schnitte einer Schriftfamilie gerade für den Zweck der Auszeichnung geschaffen wurden.
- Druckarbeiten, die längere Zeit überdauern sollen, werden ohne Schriftmischung gestaltet. Schriftmischungen sind Zeiterscheinungen, aktuellen Modetrends unterworfen und daher für langlebige Drucksachen wie Bücher oder Urkunden wenig geeignet.
- Bei Druckarbeiten mit einer kurzen Lebensdauer können Schriftmischungen verwendet werden. Ihre Verweildauer beim Leser ist kurz, Modetrends und aktuelle Schriften können berücksichtigt werden.
- Schriften mit gleichartigem Duktus (= ähnliche Linienführung und Strichstärke) und ähnlichen Proportionen lassen sich gut mischen.
- Antiquaschriften und Schreibschriften lassen sich kombinieren, es sollte allerdings auf einen ähnlichen Duktus geachtet werden.
- Schreibschriften und Antiquaschriften sind in der Regel gut miteinander zu verwenden.
- Zwei gebrochene Schriften sollten nicht miteinander kombiniert wer-

den, auch wenn der Duktus gleich oder ähnlich ist.

- Versuchen Sie, bei der Schriftmischung deutliche Kontraste zu setzen. Dies ist möglich, wenn die Schriften verschiedenen Schriftklassen angehören, aber einen deutlichen Unterschied im Ausdruck aufweisen. Kontraste erhöhen die Aufmerksamkeit und wirken auf den Leser.
- Vermeiden Sie Schriftmischungen mit Schriften, die beide aus der gleichen Gruppe der Schriftklassifikation kommen. Deswegen sollten Sie sich mit den verschiedenen Schriftklassen unbedingt vertraut machen.

Damit Sie eine Vorstellung von gelungenen und vielleicht auch beispielhaften Schriftmischungen bekommen, sind auf der folgenden Doppelseite zuerst einige Schriften mit ihrem Schriftaufbau bzw. Duktus gezeigt. Es werden zusätzlich für jede Schrift die verwendeten Grund- und Haarstriche in ihrer Stärke durch einzelne Linien dargestellt.

Auf Seite 211 sind Schriftmischungen beispielhaft in mehreren Gegenüberstellungen zu sehen. Diese Mischungen orientieren sich am jeweiligen Schriftcharakter, der Schriftanmutung, den vorhandenen Strichstärken von Grund- und Haarstrichen sowie am Duktus der verwendeten Schriften. Vorhandene Strichstärken werden durch senkrechte Linien in der Abbildung verdeutlicht.

Die Qualität der hier gezeigten Mischungen wird dabei kurz angesprochen und stellt eine persönliche Wertung der Autoren dar.

208

Lesbarkeit

BAVARIA-
SCHUH UND SCHLÜSSELDIENST G. M. B. H.
www.bavaria-schluessel.de

Damenabsätze nur 6.50 bis 8.50 Euro
solange der Vorrat reicht.

Nach unserem bewährten Motto:
*Vor dem Einkauf gebracht,
während des Einkaufs gemacht!*

Panorama-Center
INTERSPAR SB–Warenhaus

Wir feiern mit bayrischer Blasmusik u. frisch gezapftem Freibier... und für die Kids gibt`s Coca-Cola aus der Riesendose.

Hallo Kinder! Ein Riesenspaß! 5000 Riesenbälle warten auf euch. Die ersten 100 erhalten eine Riesenbrezel – lasst euch bringen!

Spitze! Für nur 3 Euro gibt`s eine Portion vom frisch gegrillten Ochsen am Spieß – mit Brot und Salat!

Frisches Obst vom Bodensee! In Körben! Für Sie! Sonderpreise!!

Bananen, Bananen zu Schleuderpreisen! TOP-Qualität! 1-A-Preise!

Anzeigen

Die Anzeige BAVARIA kommt auf acht Gestaltungselemente mit Schrift. Eine vollkommen misslungene typografische Arbeit – aber oftmals zu sehen in ähnlicher Form im Anzeigenteil von Tageszeitungen und Wochenblättern. Mit drei Schriftgrößen und einer vernünftigen Raumaufteilung müsste diese Anzeige leicht zu optimieren sein. Wer alles hervorheben will, wird nichts hervorheben! Die Anzeige des SB-Warenhauses ist ein einziger Schrift- und Typografiesalat. Alles, was ein PC mit Schriften ermöglicht, wurde in diese Anzeige hineingestaltet. Schriftgrößen, -typen und -farben sind wahllos gemischt. Unfassbar, dass Derartiges mit Schriften hergestellt wird – aber Schriften können sich nicht wehren ...!

Verbessern Sie diese Anzeigen als Übung in einem geeigneten Programm.

209

Schwungvoll, weiblich ||
Schreibschriften hinterlassen einen schwungvollen, dynamischen Eindruck. Der Schriftaufbau bzw. der Duktus ist fett – fein.

Alte Zeiten, traditionelles ||
Gebrochene, gotische Schriften weisen einen fett – feinen Duktus auf. Sie machen einen konservativen, bewahrenden Eindruck und erinnern an frühere Zeiten.

Sachlich, nüchtern |
Groteskschriften wirken, vor allem in schmalen Schnitten, skeletthaft, nüchtern und streng. Ihr Duktus weist nur eine Strichstärke auf.

Gebrochen, früher ||
Frakturschriften verwenden einen fett – feinen Duktus und wirken nicht so eng wie gotische Schriften, gelten aber ebenfalls als konservativ in ihrem Erscheinungsbild.

Elegant, klassisch ||
Klassizistische Schriften wirken ausgewogen, elegant und verwenden einen ausgeprägten und deutlichen fett – feinen Duktus.

Bewegt, schwungvoll |||
Handschriftliche Antiquaschriften haben ein bewegtes Schriftbild. Der Strich geht oftmals von einem fetten langsam in einen stumpffeinen Linienstrich über.

Lesbarkeit ist gut |||
Eine Antiquaschrift wirkt ruhig, ausgeglichen und ist gut lesbar als Einzelzeile und vor allem als Schrift für große Textmengen. Der Duktus dieser Schriften weist keine großen Gegensätze auf.

Sachlichkeit, Ruhe ||
Die serifenlose Linear-Antiqua weist geringe Unterschiede in der Strichstärke auf, der Duktus ist gleichartig und die Gesamtwirkung ist ruhig, sachlich und modern.

Lesbarkeit

Die Wirkung und das Erscheinungsbild der beiden Schriften ist gegensätzlich. Der Duktus beider Schriften stimmt in einer Linie überein – eine Mischung ist möglich.

weiblich || |nüchtern

Die Anmutung der Antiqua- und der klassizistischen Schrift sind gleichartig. Ihr Duktus stimmt nicht überein. Eine Mischung, die keinen guten Eindruck vermittelt und nicht kontrastierend wirkt.

ruhig ||| || klassisch

Gebrochen und rund sind kontrastierende Schnitte. Beide weisen den gleichen Duktus auf. Eine gelungene Schriftmischung.

früher || || klassisch

Gebrochene Schriften weisen eine nahezu gleichwertige Anmutung auf. Aber zwei derartige Schriften ergeben eine widersprüchlich wirkende Mischung.

früher || || alte Zeiten

Ruhe und Bewegung mit Dynamik und Schwung sind Gegensätze – und diese Gegensätze ergeben eine brauchbare Schriftmischung.

ruhig ||| ||| *bewegt*

Eine schwungvolle und eine bewegte Schrift mit ähnlicher Anmutung und Wirkung ergibt keine gelungene Mischung. Dies gilt umso mehr, als der Duktus nicht zusammenpasst.

weiblich || ||| *bewegt*

Eine sachlich moderne und eine romantisch an die alte Zeit erinnernde Schrift sind echte Gegenpole und ergänzen sich in ihrer Wirkung – eine gute Mischung, zumal der Duktus der Schriften passt.

nüchtern | || alte Zeiten

2.3.8 Elektronische Schriftmanipulationen

Massin

„Der Buchstabe ist ein oder das Instrument der visuellen Kommunikation. Im Wort versteckt, bemerkt ihn der eilige Leser kaum. Seine vornehmste Aufgabe ist es, sich so wenig wie möglich hervorzutun".

Moderne Layout-, Grafik- und Textverarbeitungssoftware bietet die vielfältigsten Möglichkeiten an, Einzelbuchstaben, Wörter und ganze Textgruppen zu manipulieren. Wie Sie in Kapitel 2.2.5 nachschlagen können, weist jeder Buchstabe eine bestimmte Vor- und Nachbreite auf, die vom Schriftkünstler beim Entwurf geschaffen und festgelegt wurde. Das Gleiche gilt für Wortabstände und prinzipiell auch für die Zeilenabstände. Jeder Schriftkünstler ordnet bei seinem Schriftentwurf allen Buchstaben eine ideale Breite zu, um ein ästhetisches Gesamtbild des Textbildes zu erhalten.

Durch das Verändern der Maße innerhalb eines Schriftschnittes wird das Erscheinungsbild und damit die Wirkung einer Schrift extrem verändert.

Die elektronische Schriftänderung führt zu einer Veränderung der Strichstärken sowohl im horizontalen als auch im vertikalen Bereich einer Schrift. Dadurch kann der Schriftcharakter so verfälscht werden, dass selbst der Schriftkünstler seine Schrift kaum mehr erkennt. Dies wäre weiter nicht tragisch – aber bei elektronischen Schriftänderungen verändern sich die Grauwerte, die Lesbarkeit und das Aussehen einer Schrift deutlich. Daher sollte beim Einsatz von Auszeichnungen immer ein Originalschriftschnitt verwendet und auf die elektronische Variation der Schrift nach Möglichkeit verzichtet werden.

Negativbeispiele

Die Abbildungen auf dieser Seite zeigen eine Reihe von elektronischen Schriftänderungen, die Ihnen verdeutlichen sollen, wie sich Schrift zu ihrem Nachteil ändert, wenn sie ausschließlich elektronisch modifiziert wurde. Im obigen Bild ist die Ausgangsschrift der Normalschnitt der Schrift Trebuchet MS.

Normalschnitt
Kursivschnitt
Seitenverkehrt
Fett und kursiv
Falsche Kapitälchen
Laufweite 150 %
Skalieren 130 %
Normalschnitt 60%
Vertikal skaliert

Alle darunter abgebildeten Schriften sind elektronisch verändert worden, es wurden nicht die Originalfonts der Trebuchet genutzt.

Vor allem bei den Kursivbeispielen ist die schlechte Qualität der Schrift erkennbar, ebenso bei den Laufweitenänderungen und den verschiedenen horizontalen und vertikalen Skalierungen.

Zukunft der Schriften

Durch die Möglichkeiten der elektronischen Schriftmodifikation wird es sicher immer mehr derart veränderte Schriftbeispiele geben. Moderne Layoutprogramme lassen nur die Arbeit mit echten Fonts zu, elektronische Veränderungen sind fast nicht möglich. Aber eine Vielzahl semiprofessioneller Programme ermöglichen die Nutzung der Elektronik zur Schriftänderung. Dies ist vor allem für den Leser ein Nachteil,

Lesbarkeit

Univers 55	Univers 55
Univers 55 Oblique	Univers 55 kursiv
Univers 65 Bold	Univers 55 fett
Univers 65 Bold Oblique	Univers 55 fett kursiv

Schriftschnitte

Beispiele für elektronisch veränderte Schriftschnitte. In der linken Spalte ist der Originalschriftschnitt mit den entsprechenden Schriftfonts abgebildet, in der rechten Spalte ist der elektronisch modifizierte Schnitt dargestellt.

da bewährte und lesbare Typografie durch derartige Manipulationen beeinträchtigt wird.

Fontgenerierungssoftware, mit der sich die verschiedensten Schriftattribute nach dem Baukastenprinzip verändern lassen, sind heute bei vielen Nutzern bereits im Einsatz. Hier werden dann Computerfreaks ganz fasziniert zu Schriftentwicklern – aber die klassischen High-End-Typografen und Mediengestalter packt der nackte Horror.

Aber vermutlich werden zwei Faktoren die breite Anwendung der elektronischen Schriftmanipulation, zumindest bei professionell gestalteten Medien, sicher verhindern:

- die Leserinnen und Leser sowie
- die Mediengestalter.

Leser und Mediengestalter sind in der Regel strukturkonservative Menschen, die gewohnheitsmäßig klare und gleichmäßige Lesestrukturen wünschen, um Informationen schnell und sicher zu transportieren. Zur Erzielung einer guten Lesestruktur werden gut zugerichtete Schriften benötigt, die möglichst keine Veränderung erfahren und bei Auszeichnungen auf die dafür vorgesehenen Schnitte zurückgreifen.

2.3.9 Lesbarkeit von Druckschriften

Band I – Seite 28
1.1.4 Leserlichkeit

2.3.9.1 Schriften lesen

Das Lesen, also die Erkennung eines Wortes und die Verarbeitung seines Sinngehaltes, erfolgt nicht Buchstabe für Buchstabe, sondern sprunghaft. Dafür verantwortlich sind die sakkadischen Augenbewegungen. Unterlängen, Oberlängen, Groß- und Kleinschreibung, Zeichensetzung, Schriftproportion, Strichstärkenunterschiede und Dicktedifferenzen der Schriftzeichen ermöglichen erst, dass Schrift erkennbar und damit lesbar wird.

Hierin ist die Begründung zu finden, warum Monospace-Schriften den Proportionalschriften, was die Lesbarkeit angeht, deutlich unterlegen sind. Monospace-Schriften haben keine Dicktenunterschiede – jede Type ist gleich breit. Proportionalschriften weisen für jeden Buchstaben eine individuelle Dickte auf und werden vom Schriftkünstler für die Lesbarkeit optimiert. Verwenden Sie also nie Monospace-Schriften für Mengentexte – das ist für den Leser fast nicht zu lesen.

Die meisten Schriften sind als Proportionalschrift aufgebaut, was eine ordentliche Lesbarkeit für Mengentexte als Folge hat.

Lesen
Das Lesen eines Textes wird durch drei Problembereiche gekennzeichnet:
- Zeichenerkennung
- Worterkennung
- Zeilensprung

2.3.9.2 Zeichenerkennung

Die Zeichenerkennung wird erschwert durch die Wahl einer Schrift mit wenig differenzierten Formen. Hierzu zählen Monospace-Schriften und wenig differenzierte ausgearbeitete Schriften, wie sie z. B. bei der Schriftgruppe Antiqua-Varianten häufig zu finden sind.

2.3.9.3 Worterkennung

Ein undifferenzierter Schriftsatz wie Versal- oder Kleinbuchstabensatz erschwert die Worterkennung. Ebenso der Satz mit sehr breit oder sehr schmal laufenden Schriften. Das Gleiche gilt für den Satz mit Kapitälchen oder Kursivschrift. Die Formen werden hier zu gleich und für den Leser schwer differenzierbar.

Der normale Satz mit Groß- und Kleinbuchstaben, kombiniert mit entsprechenden Auszeichnungen, ergibt einen gut lesbaren Text, der vom Leser ermüdungsfrei erfasst werden kann.

2.3.9.4 Zeilensprung

Der Zeilensprung stellt vor allem bei Mengentexten in Büchern, Zeitungen oder Zeitschriften ein Problem dar. Der neue Zeilenanfang muss beim Lesen schnell und sicher gefunden werden. Hier ist die Zeilenlänge und die Schriftwahl von ausschlaggebender Bedeutung. Kurze Zeilen bis zu etwa 60 Zeichen bei einer 10 pt großen Schrift erleichtern beim Lesen das Auffinden des neuen Zeilenanfangs.

Des Weiteren spielt die Wahl der Schrift eine wichtige Rolle. Alle Schriften mit Serifen bieten eine Art optische Grundlinie an, die das Auge beim Lesen führt. Daraus könnten wir ableiten, dass Serifenschriften besser geeignet sind als serifenlose Schriften. Dem ist aber nicht so, da noch weitere Kriterien für die Lesbarkeit eines Mengentextes berücksichtigt werden müssen.

Monospace-Schrift

Die Schrift Courier stammt aus der Schreibmaschinenzeit und hat daher immer die gleiche Dickte. Monospace-Schriften können nur als Headlineschrift verwendet werden, für Mengentexte sind sie ungeeignet.

Lesbarkeit

2.3.9.5 Zeilenabstand

Die meisten Programme zur Text- und Layoutverarbeitung haben einen Richtwert von 120 % des Schriftgrades für den Zeilenabstand festgelegt. Dieser Wert kann problemlos verändert werden, gibt aber eine praktikable Vorgabe bezüglich der Lesbarkeit bei Texten vor.

2.3.9.6 Mittelhöhe

Beim Lesen sind wir es gewohnt, an der Oberkante der Buchstaben entlang zu „gehen", da sich hier Informationen von Bedeutung befinden. Die Oberlängen und Versalbuchstaben übermitteln wichtige Leseinformationen. Daher ist diese Orientierung für uns bedeutender als das konzentrierte Beachten der Unterkante, wo nur ab und zu eine Unterlänge die Gleichförmigkeit unterbricht.

Es ist für das schnelle und sichere Lesen eines Textes wichtig, dass die oberen Teile der Buchstaben ausgeprägte Formen aufweisen, die beim Lesen sicher erkannt werden können.

Nur dann ist es auch für wenig geübte Leser möglich, nicht den Einzelbuchstaben zu erfassen, sondern ganze Wortbilder und Wortgruppen. Nur wenn wir Buchstabengruppen, Wortbilder und Wortgruppen erfassen können, ist es uns möglich, ermüdungsfrei über einen längeren Zeitraum zu lesen.

Schauen Sie sich dazu die Abbildungen unten auf dieser Seite an. Sie erkennen sicherlich problemlos das links abgebildete Wortfragment, beim rechts dargestellten Wort ist die Interpretation sicherlich nicht möglich. Je gleichförmiger und ähnlicher die Buchstaben insgesamt erscheinen, umso schlechter ist der Sinn zu erkennen.

2.3.9.7 Buchstabenformen und Lesbarkeit

Grundsätzlich lässt sich Folgendes festhalten: Je detailreicher, prägnanter und eigenständiger die einzelnen Buchstabenformen sind, desto lesbarer ist eine Schrift. Kleinbuchstaben sind besser erfassbar als Großbuchstaben. Versalzeilen oder Kapitälchen eignen

ani Palatino
ani Times
ani Gill-Sans
ani Univers
ani Helvetica
ani Futura
ani Bauhaus

Lesbarkeit am Beispiel der Silbe „ani"

Von oben nach unten ist eine Verschlechterung der Lesbarkeit festzustellen, die durch fehlende Serifen und eine schwerer erkennbare Schriftform beim „a" erklärbar ist.

Lesbarkeit am Beispiel der „Lichtensteinerin"

Vergleich der Lesbarkeit und Erkennbarkeit der Buchstabenformen links mit verdecktem unterem Schriftteil, rechts mit verdecktem oberem Schriftteil.

Die Schriften von oben nach unten: Univers, Helvetica, Meta, Times, Walbaum

sich nur als Auszeichnung oder Headline, nicht als Lesetext, Ausnahmen sind z. B. bei Urkunden zulässig.

2.3.9.8 Kriterien für die Schriftwahl

Folgende Kriterien können bei der Beurteilung und Auswahl einer Schrift für eine typografische Arbeit herangezogen werden:
- Einheitlichkeit aller Buchstabenformen
- Erscheinung des Schriftbildes
- Breite der Buchstaben
- Proportionen und Dynamik der Mittel-, Ober- und Unterlängen
- Bandwirkung einer Schrift
- Dynamik der Formen mit der dazugehörenden Laufweite
- Serifen, An- und Abstriche
- Strichstärkenkontrast
- Auszeichnungsmöglichkeiten und verfügbare Schriftfamilie
- Eignung für Schriftmischungen
- Eigenschaften und Aussehen der Ziffern

Antiquaschriften wie die Times, Palatino, Garamond oder Bembo sind für Mengentext geeignet. Ihre Serifen stellen ein verbindendes Element im Sinne einer optischen Grundlinie dar, die dem Leser Silben- und Wortbilder damit optisch gut und eindeutig erschließen. Die Dynamik der Formen im Bereich der Mittel- und Oberlängen lässt eine schnelle Schrifterkennung zu.

Serifenlose Linear-Antiqua-Schriften sind hier nicht so optimal. Ihr Charakter und ihre Wirkung ist leichter und moderner, die Lesbarkeit dieser Schriften ist gut – aber doch deutlich reduzierter als bei einer Renaissance-Antiqua.

Die Lesbarkeit dieser serifenlosen Schriften wird verbessert, wenn die Grundformen der Antiquaschriften wie z. B. bei den Schriften „Gill", „Univers" und „Helvetica" Grundlage für die Buchstabenform sind.

Je ähnlicher die einzelnen Buchstaben einer Schrift wirken, umso schwerer hat es der Leser bei der Differenzierung und umso weniger geeignet ist eine Schrift für den Satz großer Textmengen.

Das bisher Beschriebene gilt auch für Werbetexte, die sehr schnell erfasst werden müssen, da die Verweildauer des Lesers hier sehr kurz ist, der Leser aber den Inhalt möglichst aufnehmen soll. Daher gilt auch hier das Gebot, gut lesbare und schnell erfassbare Schriften einzusetzen. Das Gleiche trifft auch für alle Arten von Informations- und Leitsystemen zu, da Informationen auch hier sehr schnell erfasst werden müssen.

2.3.9.9 Lesen ist Gewohnheit

Mit den oben angegebenen Kriterien für die Lesbarkeit sind gute Richtwerte für die Verwendung von Schrift geschaffen. Neben allen Regeln spielen die Lesegewohnheiten, die Lesekultur und das Lesenlernen in einem Kulturkreis eine bedeutende Rolle. Nur dadurch ist es zu erklären, dass in anderen Regionen dieser Welt Menschen schnell und gut Informationen erfassen können, obwohl sie von oben nach unten oder von rechts nach links lesen und schreiben.

Die Lesegewohnheit in Deutschland vor zwei Generationen hat die Fraktur zu einer beliebten Schrift werden lassen. Die damaligen Schüler haben die Schrift in der Schule gelernt und waren sie gewohnt. Heute ist es uns schwer möglich, derartige Schriften zu lesen oder gar korrekt zu setzen, da sie komplizierte Satzregeln aufweisen. So ändern sich die Lesegewohnheiten!

2.3.10 Lesbarkeit bei Zeitungsschriften

Lesbarkeit

Band I – Seite 337
3.4.5 Zeitungsgestaltung

Bei der Gestaltung von Zeitschriften und vor allem von Zeitungen kommen zwei erschwerende Gestaltungskriterien zum Tragen, die an die Gestaltung und an die Schriftverwendung erhöhte Anforderungen stellen:
- Die verwendete Schrift muss eine hohe Text-, also Informationsmenge, auf geringem Raum – häufig bei schmalem Blocksatz – darstellen.
- Der Zeitungsdruck verwendet üblicherweise eine weniger gute Papierqualität und weist daher eine weniger gleichmäßige Druckqualität auf als bei den anderen Druckprodukten gewohnt.

Diese beiden Punkte bedingen, dass an die Schriftverwendung für die Zeitung erhöhte Anforderungen in puncto Lesbarkeit gestellt werden müssen. Die Schrift muss für den Zeitungsleser gut lesbar sein, auch wenn schwankende Papier- und Druckqualität dies oftmals erschwert. Alle Leser müssen die informativen Inhalte einer Zeitung schnell erfassen und verstehen können. Dies muss durch geeignete und gut lesbare Schriften unterstützt werden.

Grundsätzlich kann gesagt werden – und viele Lesbarkeitsstudien unterstreichen dies –, dass Serifenschriften für Mengentexte deutlich leichter, sicherer und schneller lesbar sind. Serifenlose Schriften werden auch im Zeitungsbereich verwendet, sie wirken hier oft moderner und zeitgemäßer, schneiden aber deutlich schlechter beim Hauptkriterium Lesbarkeit ab.

Kennzeichen Zeitungsschrift

Der Grund für die bessere Lesbarkeit von Serifenschriften liegt in der Schriftgestaltung: Die kontrastreichere Strichführung der Buchstabenformen und die Fußserifen geben dem Auge beim Lesen Halt und leiten sicher von einem Buchstaben zum anderen, von einem Wort zum nächsten.

Zeitungsschriften weisen eine hohe Mittellänge und einen insgesamt kräftigen Duktus in der Strichführung auf. Die unten abgebildete Times verdeutlicht diese Kennzeichen. Unterstützt wird die gute Lesbarkeit durch die weiten Innenräume der geschlossenen Buchstaben wie beim „o" oder „p" deutlich erkennbar.

Schriftgröße

Wie im Kapitel 2.3.5 bereits beschrieben liegen die Schriftgrößen, die für Mengentexte genutzt werden, zwischen 8 und 12 pt. Die Schriftgröße 9 pt sollte in der Zeitungstypografie nicht unterschritten werden, da mit dieser Größe bei den zeitungsgeeigneten Schriften eine insgesamt gute Lesbarkeit für die Leser erreicht wird. Ausschlaggebend für die Verwendung eines Schriftgrades ist aber nicht die numerische Größe, sondern

Zeitungsschriften

Die meisten gut lesbaren Zeitungsschriften gehören zur Gruppe III Barock-Antiqua. So auch die unten abgebildete Schrift „Times", die 1931 von Stanley Morison für die „Times of London" entworfen wurde.

217

TypoTypoTypoTypo

x-Höhe

Unterschiedliche Mittellängen

Durch die Unterschiede in den Mittellängen wirkt die Schrift links bei gleicher Schriftgröße optisch größer als die Schrift rechts.
Von links nach rechts:
• Georgia
• Times
• Baskerville
• Cochin

Zeitungsschriften

Baskerville
Bookman ITC
Chronicle
Compatil
Excelsior
Garamond
Georgia
Greta Regular
Gulliver
Swift
Times
Utopia

die optische Wirkung der verwendeten Schrift. Es gibt Schriften, die eine große Schriftanmutung bei kleinem Schriftgrad aufweisen. Dies hängt im Wesentlichen mit der x-Höhe der Mittellängen zusammen. Je höher die Mittellänge einer Schrift, umso größer wirkt die Schrift. Die Abbildung oben verdeutlicht dies. Alle abgebildeten Schriften weisen den gleichen Schriftgrad auf. Durch die Unterschiede in der Mittellänge wirkt die Schrift links optisch größer als die Schrift rechts.

So ist es durchaus denkbar, dass eine Schrift im Schriftgrad 8 pt bei einer großen x-Höhe die gleiche Lesbarkeit aufweist wie eine 9-pt-Schrift mit kleinerer Mittellänge.

Satzart, Zeilenabstand und Grundlinienraster

Es kommen nur zwei Satzarten in Betracht, Blocksatz und linksbündiger Flattersatz. Für die Nachrichten in den Hauptspalten ist der Blocksatz Standard. Er ermöglicht im Vergleich zum Flattersatz etwa 8 bis 10 % mehr Textinhalt – und das ist in einer Zeitung ausschlaggebend. Flattersatz wird häufig, oft in Verbindung mit einem kursiven Schriftschnitt, für Kommentare Glossen oder persönliche Meinungen verwendet.

Der Zeilenabstand ist individuell festzulegen, die bei vielen Programmen voreingestellten 120 % der Schriftgröße können höchsten einen Anhaltspunkt geben. Entscheidend ist die optische

Anmutung und die sich daraus ergebende Lesbarkeit für große Textmengen. Daneben ist von entscheidender Bedeutung bei der Zeitungsgestaltung, dass die nebeneinanderliegenden Spalten einheitlich am Grundlinienraster ausgerichtet werden. Es gibt für den Leser nichts Unharmonischeres als „tanzende Zeilen". Der Leser wird durch ein fehlendes Grundlinienraster in seinem Lesefluss abgelenkt, verliert die Orientierung und letztlich die Lust am Lesen.

Silbentrennung und Satzbreite

Der zumeist verwendete Blocksatz bedingt, vor allem beim Einsatz schmaler Spalten, häufige Trennungen. Daher ist bei der Wahl der Spaltenbreite darauf zu achten, dass bei einem durchschnittlichen Text keine zu häufigen Trennungen oder zu großen Wortabstände entstehen. Die Grauwirkung einer Spalte bzw. einer Seite muss gleichmäßig und harmonisch wirken, auch dann wenn sich Trennungen im Text ergeben. Diejenige Satzbreite muss als geeignet betrachtet werden, die wenige Trennungen und eine harmonische Gesamtwirkung in den Spalten der Zeitung ergibt.

Schriftmischungen

Die Grundschrift einer Tageszeitung benötigt wenig Auszeichnungsschnitte aus der gleichen Schrift: Fett und kursiv bzw. Bold und Italic genügen, um Inhalte deutlich im Text hervorzuheben.

2.3.11 Aufgaben

Lesbarkeit

1 Laufweitenänderungen und deren Anwendung kennen

Laufweitenänderungen sind im Prinzip bei gutem Satz unzulässig – aber Ausnahmen sind doch möglich. Nennen Sie drei Situationen, in denen eine Laufweitenänderung gerechtfertigt ist.

2 Satzarten kennen und benennen

Nennen Sie die vier wichtigsten Satzarten.

3 Satzarten richtig anwenden

Wann wird Rausatz, wann wird Flattersatz eingesetzt – erklären Sie.

4 Satztechnische Begriffe kennen

Was wird unter der so genannten Konsultationsgröße, der Lesegröße, der Schaugröße und der Plakatgröße bei Schriften verstanden?

5 Leseverhalten der Kunden kennen

Wie liest ein Grundschüler seinen Text am Anfang seiner „Leserlaufbahn"? Erklären Sie.

6 Leseverhalten der Kunden kennen

Wie liest ein erfahrener Leser seinen Text und wie können Sie ihn dabei unterstützen?

7 Begriffe des Textdesigns verstehen

Nennen Sie vier Punkte, die wichtig sind für das so genannte Textdesign, also für gute Lesbarkeit.

8 Zeilenabstandsregeln wissen

Welche Einstellungen zum Zeilenabstand weisen die meisten Layout- und Grafikprogramme auf?

9 Regeln zur Schriftmischung kennen

Kennen Sie die Regeln zur Schriftmischung? Wenn ja – zählen Sie diese auf.

10 Schriftmischungsregeln anwenden

Geben Sie zu den folgenden Schriften eine passende Schriftmischung an:
a. Schreibschrift
b. Gebrochene, gotische Schrift
c. Klassizistische Schrift
d. Serifenlose Linear-Antiqua

11 Monospace-Schrift erklären

Erklären Sie den Begriff „Monospace-Schrift".

12 Kriterien für die Schriftwahl nennen

Welche Kriterien können bei der Beurteilung und Auswahl einer Schrift herangezogen werden? Nennen Sie mindestens fünf Kriterien.

2.4 Schriftwirkung

2.4.1	Schrift und Emotionen	222
2.4.2	Polaritätsprofile	223
2.4.3	Schrift und Inhalt	226
2.4.4	Aufgaben	229

2.4.1 Schrift und Emotionen

2.4.1.1 Schrift – Grundlage visueller Kommunikation

Wir alle lesen – meistens unbeschwert und mehr oder weniger schnell. Ihre persönliche Lesegeschwindigkeit ist abhängig davon, wie geübt Sie im Lesen sind und wie gut das Medienprodukt gestaltet wurde, das Sie gerade lesen. Ihre beim Lesen stattfindende Informationsaufnahme erfolgt weitgehend unbewusst – je nach Lesekompetenz und Aufbereitung der Textinformation ist sie nicht immer gleich effektiv.

Woran kann es nun liegen, dass Informationen von Lesern unterschiedlich wahrgenommen werden und die Informationsaufnahme sehr verschieden ausfällt? Hier ist in erster Linie eine lesegerechte Gestaltung und die Schriftwahl zu nennen.

Gut gestaltete Informationen führen zu einer erfolgreichen Wissensvermittlung – wenn die Informationsaufbereitung wenig professionell durchgeführt wurde, verliert der Leser die Lust am Lesen und damit oft auch am Lernen. Vielleicht kennen Sie dieses Phänomen aus eigener Erfahrung. Trösten Sie sich: Wenn Sie keine Lust zum Lesen eines Schulbuchs oder eines Romans haben, liegt es vielleicht auch an der typografischen Gestaltung oder der Schriftwahl, nicht nur am „trockenen" und vielleicht „langweiligen" Thema ...

2.4.1.2 Charakter einer Schriftwahl

Grundlage eines jeden Kommunikationsdesigns ist die Schrift und ihre Aussage. Durch ihre Formensprache und dem sich daraus ergebenden Erscheinungsbild drückt jede Schrift bereits etwas aus, gibt unbemerkt Einstellungen, wie z. B. Modernität oder Rückständigkeit, neben den Informationen zum Thema weiter.

Wie die Schrift eines Plakates, einer Präsentation oder einer Zeitungsseite wirkt, hängt oftmals damit zusammen, wie Sie als Gestalter es schaffen, die Bedeutung eines Wortes, einer Headline oder eines ganzen Textes gestalterisch umzusetzen und damit dem Leser mitzuteilen.

Schriftmuster

Jede der abgebildeten Schriften löst unterschiedliche Empfindungen, Zuordnungen und Emotionen bei Ihnen aus.

2.4.2 Polaritätsprofile

Schriftwirkung

2.4.2.1 Schrift polarisiert

Die möglichst schnelle Identifikation mit einer Darstellung, einer Präsentation oder einem Produkt erfolgt über mehrere Faktoren. Einer der wichtigsten ist die psychologische Schriftwirkung auf den Betrachter. Daher ist für Sie wichtig zu wissen, welche Stimmungen oder Empfindungen beim Lesen einer Schrift beim Leser unbewusst entstehen.

Die psychologische Wirkung einer Schrift auf einen Betrachter lässt sich mit Hilfe eines Polaritätsprofils ermitteln. Aus den Aussagen des Polaritätsprofils lässt sich der Ausdruck und die Wirkung einer Schrift ableiten und damit deren Verwendungsmöglichkeiten in Medienprodukten.

Auf der folgenden Seite ist ein derartiges Polaritätsprofil dargestellt. Aus dieser Darstellung heraus lässt sich ableiten, dass Schriften eine facettenreiche und zum Teil heftige unbewusste emotionale Ausstrahlung auf uns Leser haben.

2.4.2.2 Schriftenprofile erstellen

Wenn einer Anzahl von Versuchspersonen eine Auswahl an Schriften vorgelegt wird und diese aufgefordert werden, diesen Schriften bestimmte Eigenschaften oder Eigenarten zuzuordnen, so lassen sich Anmutungen zu den einzelnen Schriften erfassen. Diese Anmutungen erlauben eine Aussage darüber, für welche Produkte bestimmte Schriften sinnvollerweise verwendet werden, um eine Übereinstimmung von Schriftwahl und Schriftaussage zu erreichen.

Profilerstellung

Wie erstellt man ein derartiges Profil: Die Versuchspersonen erhalten zu einer vorgelegten Schrift eine vorgegebene Liste mit gegensätzlichen Eigenschaftspaaren. Diese Polaritäten wie z. B. kalt – heiß, heiter – traurig u. Ä. werden in einem vorbereiteten Formular aufgeführt und mit einer Prioritätenskala von sieben Stufen versehen. In dem auf Seite 225 abgebildeten Beispiel für die Schrift Künstler Script ist ein derartiges Befragungsformular und die Auswertung dazu in Verbindung mit den Begriffen „Maschine" und „Liebe" gezeigt.

Zwischen den jeweiligen gegensätzlichen Eigenschaftspaaren muss die Versuchsperson ihr Urteil zur jeweiligen Schrift abgeben. Bei jedem Polaritätspaar wird sich die Person überlegen und entscheiden, ob die Schrift mehr dem einen oder anderen Pol der Skala zuzuordnen ist.

Wenn eine genügend große Gruppe an Versuchspersonen an diesen Befragungen teilgenommen hat, lassen sich aus den Befragungsergebnissen die Wirkung der Schrift und die Einsatzmöglichkeiten für verschiedene Schriften herausfinden.

Profilauswertung

Die Beispiele auf den folgenden Seiten zeigen sicherlich eindeutig, dass für diese Schriften unterschiedliche Anmutungen gewählt werden und verschiedene Verwendungsmöglichkeiten vorzusehen sind, da sich die Profile der vorgestellten Schriften doch deutlich unterscheiden.

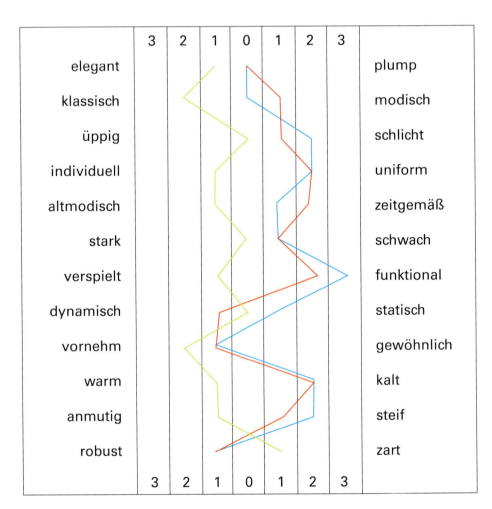

Polaritätsprofil

Ausprägungsgrade innerhalb eines Polaritätsprofils für die Bewertung der Emotionalität von Schriften:

0 = Weder noch
1 = Mäßig
2 = Deutlich
3 = Besonders

Die Kurven verdeutlichen die Wirkung der Schriften auf die Versuchspersonen. Interessant ist, dass die Schrift Times hauptsächlich die linke Diagrammhälfte besetzen, während die Schriften Arial und Helvetica überwiegend in der rechten Diagrammhälfte bewertet wurden. Die beiden serifenlosen Schriften wirken also deutlich rationaler als die Times-Antiqua.

224

Schriftwirkung

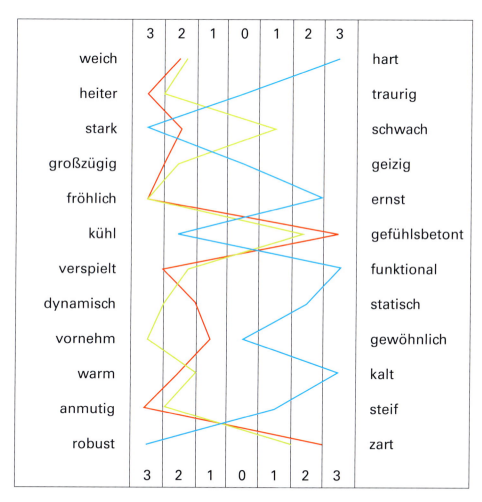

Polaritätsprofil

Ausprägungsgrade innerhalb eines Polaritätsprofils für die Bewertung der Emotionalität von Schriften:

0 = Weder noch
1 = Mäßig
2 = Deutlich
3 = Besonders

Die Kurven verdeutlichen die Wirkung der Schreibschrift Künstler Script auf den Betrachter und die emotionale Anmutung der Begriffe Liebe und Maschine. Interessant ist der Übereinstimmungsgrad von zwei Kurven. Das lässt den Schluss zu, dass die Künstler Script nicht für die Drucksachen einer Maschinenfabrik verwendet werden kann, da Wirkung und Produkt differieren.

2.4.3 Schrift und Inhalt

2.4.3.1 Schrift und Emotionen

Die emotionale Wirkung eines Schriftbildes wird vom Leser unbewusst wahrgenommen. Durch die Emotionalität einer Schrift werden Gedanken, Assoziationen und Emotionen beim Leser hervorgerufen.

Da eine Schriftwahl Emotionen auslöst, lässt sich dies für die Medienproduktion, für jede Präsentation und der damit verbundenen Absicht und Zielsetzung ziel- und produktgruppengenau verwenden.

2.4.3.2 Beziehung zwischen Schrift und Inhalt

Allgemein gilt, dass eine Beziehung der Schriftform zum Inhalt des Textes vorhanden sein muss. Diese Beziehung zwischen Inhalt und Form kann sehr unterschiedlich sein. Das zeigen folgende Beispiele, bei denen Inhalt und Schrift einen zeitlich und stilistisch gemeinsamen Ursprung aufweisen. Die gewählte Schrift, die daraus resultierende Emotionalität und die erzielte Wirkung kann sehr verschiedenartig sein. Sie kann klar übereinstimmen, kann nur angedeutet korrespondieren oder Schrift und Wirkung können vollkommen gegensätzlich sein. Es ist möglich, einen Schriftcharakter so zu wählen, dass der Text mit dem Autor im Stil verwandt ist, z. B. durch die Entstehungszeit verbunden ist. Oder die Anmutung der Schrift hilft dem Leser, einen Text zu interpretieren. Die Schriftwahl versucht nach Möglichkeit, Textaussagen optisch zu unterstützen.

Eine Schriftwahl kann auch, sich von solchen Beziehungen distanzierend, allein die Funktion des Medienproduktes berücksichtigen. Dies ist beispielsweise bei Internetauftritten so, da nur die Systemschriften eines PCs die Darstellung einer Website unterstützen. Ferner kann die Schriftauswahl für eine Präsentation oder ein Medienprodukt, je nach Alter, Bildungsstruktur und Interessen der Leser, nach werblichen, didaktischen oder technischen Anforderungen gewählt werden.

Schriftwirkung

Stellen Sie sich die rechts genannten Schriftverwendungen vor und entscheiden Sie, ob die Auswahl gelungen ist oder nicht!

Times

Beispiel: Goethes klassische Gedichte werden durch die hier gezeigte Antiquaschrift wie z. B. die Times passend dargestellt.

Univers

Beispiel: Texte in einem Prospekt für einen Computerhersteller werden mit einer serifenlosen Schrift wie z. B. der Univers als Ausdruck der Moderne gesetzt. Als Auszeichnung werden dabei die Möglichkeiten der Schriftfamilie genutzt.

Gotisch

Beispiel: Für die Präsentation einer Burg werden die Headlines mit gebrochenen Schriften, z. B. Wilhelm Klingspor Gotisch, gesetzt, für die Lesetexte wird die sachliche, serifenlose Helvetica verwendet.

Schriftwirkung

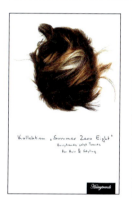

Schriftwirkung

Links:
Wortinhalt und Schriftcharakter stimmen.

Rechts:
Hier herrscht mangelnde Übereinstimmung von Wortinhalten und Schriftcharakter.

Schrift und Emotion

Links:
HairTrends – Gestaltung, Schriftwahl und Bildpositionen geben einen Eindruck, mit welcher schwungvollen Emotionalität das Thema Frisuren und Mode wiedergegeben werden kann.

Mitte:
Zum gleichen Thema ein Entwurf mit elegant-jugendlicher Wirkung durch gekonnte Schrift-, Grafik- und Bildkombinationen.

Unten:
Darunter ein Prospektentwurf, der das Thema elegant, rational und kühl in der Gesamtwirkung behandelt.

Alle Entwürfe zum gleichen Thema zeigen die unterschiedliche emotionale Wirkung, die durch Grafik, Schrift und Bild entstehen kann.

Abb.: Medienaward BVDM 2007

www.bvdm.org/medienaward/

Schriftorientierte Typografie

Links:
Traktätchen, 1802 in Berlin mit klassizistischer Schrift gesetzt.

Rechts:
Ausstellungsplakat des Bauhauses 1923 in Weimar. Typoelemente und Schrift bestimmen die Plakatgestaltung.

 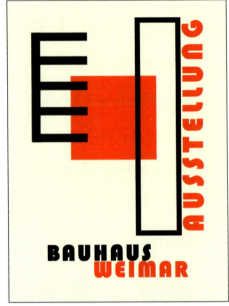

Schriftorientierte Typografie

Links:
Nur mit typografischen Mitteln gestaltetes Ausstellungsplakat der Documenta 1968 in Kassel.

Rechts:
Save Our City, New York 1989. Das von Michael Bierut (Pentagramm Design New York) entworfene Plakat lebt vom Schwarz-Weiß-Kontrast und der ungewöhnlichen Schriftanordnung, welche die Skyline New Yorks symbolisiert.

2.4.4 Aufgaben

Schriftwirkung

1 Schriftpolaritätsprofile kennen

Welche Informationen lassen sich aus einem Polaritätsprofil herauslesen, das für eine Schrift erstellt wurde?

2 Schriftpolaritätsprofile bilden

Bilden Sie selbst Polaritätspaare für eine beliebige Schrift. Erstellen Sie danach einen Fragebogen und führen Sie dann eine Befragung zur Wirkung der gewählten Schrift durch und werten Sie diese aus.

3 Schriftanwendung praktizieren

Welche der folgenden Schriften passt zu einem Opernhaus:
a. OPER FRANKFURT
b. OPER FRANKFURT
c. OPER FRANKFURT
d. OPER FRANKFURT
e. OPER FRANKFURT
Begründen Sie Ihre Wahl.

4 Schrift und ihre Wirkung verstehen

Grundlage eines jeden Kommunikationsdesigns ist die Schrift und ihre Aussage. Durch ihre Formensprache und dem sich daraus ergebenden Erscheinungsbild drückt jede Schrift bereits etwas aus. Nennen Sie Kriterien im Aussehen einer Schrift, die auf die Schriftwirkung direkte Auswirkungen haben.

5 Schrift und ihre Wirkung verstehen

Beobachen Sie bei sich selbst, welche Wirkungen Schriften beim Lesen oder Betrachten bei Ihnen auslösen. Wenn Sie dies bewusst über mehrere Tage praktizieren, werden Sie feststellen, dass Sie durch die Schriften, die in manchen Medienprodukten verwendet werden, emotional durchaus in die ein oder andere Richtung gedrängt (manipuliert) werden.

6 Schrift und ihre Wirkung verstehen

Da Schrift in einem Medienprodukt Emotionen auslöst, lässt sich dies für die Medienproduktion und der damit verbundenen Absicht und Zielsetzung ziel- und produktgruppengenau verwenden. Legen Sie für die folgenden Produkte emotional stimmende Schriften fest und begründen Sie Ihre Wahl:
- Firmenzeitschrift einer IT-Agentur
- Anzeigenserie für eine Firmenkantine
- Flyer für Stellensuche eines Maschinenbauingenieurs
- Todesanzeige eines Priesters

229

2.5 Typoelemente

2.5.1	Linien	232
2.5.2	Flächen	233
2.5.3	Text- und Seitengliederung	236
2.5.4	Ornamente und Vignetten	237
2.5.5	Aufgaben	239

2.5.1 Linien

Wichtige Gliederungselemente neben der Schrift sind Linien oder Schmuckelemente. Linien unterteilen Flächen, sie können das Auge beim Erfassen von Texten führen. Bei zu großen weißen Flächen kann mit Linien oder Schmuckelementen eine Gliederung und optisch ansprechende Wirkung erreicht werden.

Allerdings: Wenn zu viele Linien und Schmuckelemente auf einer Seite zu finden sind, wird in aller Regel das Erscheinungsbild der Seite gestört.

Linienarten

0,25 pt	
0,50 pt	
0,75 pt	
1 pt	
2 pt	
3 pt	
4 pt	
5 pt	
6 pt	
7 pt	
8 pt	
9 pt	
10 pt	
20 pt	
schmal – schmal 8 pt	
breit – schmal 8 pt	
breit – schmal – breit 8 pt	
gestrichelt 6 pt	
links schraffiert 6 pt	
gepunktet 6 pt	
Wellenlinie 6 pt	
gerade schraffiert 6 pt	
Grafikrahmen Dreifachlinie 3 pt	
Grafikrahmen Weiße Rauten 3 pt	

Grundregeln zur Linienverwendung

- Linien von 0,3 pt bis 0,6 pt eignen sich für Spalten, Kästchen, Coupons.
- 1 pt starke Linien sind weder „Fisch noch Fleisch", vermeiden Sie diese, auch wenn viele Programme sie als Standard anbieten.
- Linienstärken von 2 pt bis 4 pt bilden einen guten Kontrast zum Grundtext.
- 8 pt bis 12 pt starke Linien sind für Übergangsbereiche zwischen Flächen sehr wirkungsvoll und plakativ einsetzbar.
- Doppellinien können reizvoll sein und bilden gute Kontraste.
- Gestrichelte oder strichpunktierte Linien gehören zumeist in Zeichnungen.
- Dünne gepunktete Linien dienen als Perforationslinien oder Schneidlinien.

Satzprogramme bieten eine Vielzahl von Linienarten an. Denken Sie daran, die Linien zweckgemäß einzusetzen, und gehen Sie sparsam damit um. Linien und Rahmen können den darin befindlichen Text, das Bild, die Grafik oder die Tabelle erdrücken.

Benutzen Sie Linien wirklich nur als Schmuckelemente für Kleinanzeigen, Programme, Speisekarten, Vernissagen usw., nicht aber auf reinen Textseiten in Büchern oder Katalogen.

Abstände und Freiräume sind die eindeutigsten Gestaltungs- und Gliederungselemente. Linien haben häufig Schmuckcharakter und sind oftmals nicht notwendig. Wenn eine Gestaltung ohne Linie gut aussieht, lassen Sie die Linie weg. Zu viele Linien zerstören eine gute Gestaltung.

2.5.2 Flächen

2.5.2.1 Definition einer Fläche

Zwei Dimensionen legen die Fläche fest – die Breite und die Höhe. Gestalterische Flächen lassen sich nicht nur durch die Größe, Form und Proportion unterscheiden, sondern auch durch ihre Struktur, Helligkeit und Farbe.

Die Gestaltungsmöglichkeiten mit dem Element Fläche sind ungemein vielfältig. Daher hier nur einige grundsätzliche Gedanken zur Flächenverwendung und -wirkung: Durch die Veränderung des Verhältnisses von schwarzer Fläche zu weißer Fläche verändert sich die Flächenverteilung – es ergibt sich eine andere Flächenaufteilung.

Die Möglichkeiten, mit Flächen sinnvoll und gut zu gestalten, setzt eine gewisse Übung und Experimentierfreude voraus. Das Gestaltungselement Fläche eignet sich sehr gut zur Förderung des konzeptionellen Denkens und Arbeitens. Dies ist vor allem hilfreich, wenn die systematische Typografie in Form von Gestaltungsrastern genutzt wird, um Texte und Bilder in eine übersichtliche Gestaltungsform zu bringen.

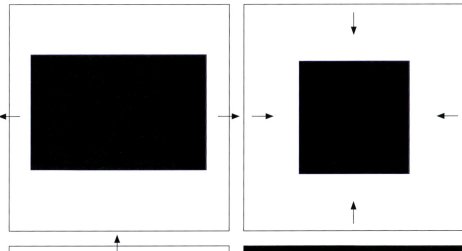

Wirkung von schwarzen Flächen auf einem Quadrat

Links:
Die Fläche lässt das Format breiter wirken.

Rechts:
Das schwarze Quadrat lässt den Rand kleiner wirken.

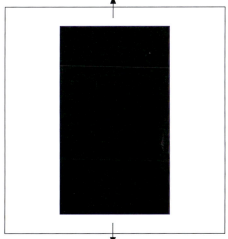
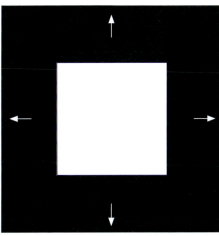

Wirkung von Flächen auf einem Quadrat

Links:
Die Fläche lässt das Format höher wirken.

Rechts:
Das weiße Quadrat lässt den Rand größer wirken.

2.5.2.2 Wirkung von Flächen

Vom Punkt zur Struktur

Aus einem Punkt wird eine Fläche. Aus dem Flächenpunkt wird durch Schraffur eine strukturierte Fläche.

Eine Fläche entsteht, wenn eine Linie seitlich verschoben wird, wenn eine Linie, Richtungsimpulsen folgend, ein Feld umreißt oder wenn aus einem Punkt eine Fläche entsteht. Eine optische Flächenwirkung entsteht auch durch neben- und übereinanderliegende Linien oder Punkte. Dies bezeichnen wir dann als strukturierte Fläche.

Der Kreis ist die klarste und einfachste Grundform der Flächendarstellung. Er ist geschlossen ohne Anfang und ohne Ende. Er steht für Geschlossenheit und Unendlichkeit und ist als Symbol und als Blickfang in der typografischen Gestaltung nicht wegzudenken.

Eine absolut ausgewogene Form als Fläche weist das Quadrat auf, solange es auf einer Seite ruht. Auf die Spitze gestellt wirkt es instabil. Vom Quadrat abgeleitet ist das Rechteck, das von seiner Variabilität her alle anderen Formen in seinen Verwendungsmöglichkeiten übersteigt.

Das gleichseitige Dreieck ist durch seine spitze Form die aktivste und aggressivste Flächenform. Auf der Basis ruhend wirkt der obere Winkel gebieterisch und signalhaft. Wir finden dies bei vielen Verkehrszeichen wieder. Auf die Spitze gestellt wirkt das Dreieck bewegt und labil.

2.5.2.3 Flächen in der Gestaltung

Flächen sind aus der Gestaltung nicht wegzudenken. Ebenso wie Linien haben sie praktische Funktionen und Aufgaben wie das Gliedern und Strukturieren einer Seitenfläche. Dabei gelten folgende Gesetzmäßigkeiten:

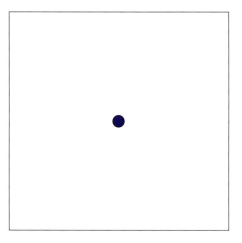

Typoelemente

- Flächen grenzen Inhalte eindeutig voneinander ab.
- Wichtige und unwichtige Bereiche werden optisch deutlich voneinander getrennt.
- Flächen trennen bedruckte und unbedruckte Flächen.
- Flächen sorgen für optische Spannung auf einer Seite und verleiten zum Lesen und Betrachten.
- Eine größere oder farblich dominantere Fläche wird vom Betrachter immer zuerst erfasst.
- Flächenaufteilungen mit Grauwerten oder Farben erfordern immer eine Berücksichtigung der Kontrastwirkung.
- Flächen teilen ein Seitenformat spannungsreich auf und sorgen dafür, dass ein Leser länger auf der Seite verweilt.
- Flächen stellen immer ein Spannungsverhältnis her zwischen dem Seitenformat und dem Inhalt.

Flächenaufteilungen werden nicht nur durch farblich unterschiedliche Flächen erstellt, sondern auch durch die Positionierung von Textzeilen und Textgruppen. Bereits eine Zeile teilt eine Gesamtfläche auf und stellt optische Beziehungen her. Es entstehen imaginäre Bezugslinien auf einem Seitenformat, die strukturieren und gliedern.

Flächenaufteilungen sind immer abhängig vom Seitenformat. Die Aufteilung dieser Seiten in Informationsflächen erfolgt durch die systematische Typografie mittels Gestaltungsraster.

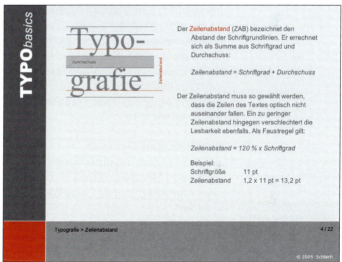

Flächenaufteilung

Oben:
Bild- und Textteil werden klar und deutlich getrennt.

Unten:
Content-Bereich und feststehender Informationsbereich sind durch Flächen eindeutig zu unterscheiden.

235

2.5.3 Text- und Seitengliederung

Band I – Seite 292
3.3.3 Seitenlayout

Bildbeschriftung
Die Bildunterschrift kann – wie hier – in der Marginalienspalte stehen oder direkt unter dem Bild mit einer Zeile Abstand.
Die Bildunterschrift in der Marginalienspalte sollte mit der Oberkante des Bildes beginnen.

Gliederungselemente
Jede größere Drucksache muss dem Leser eine übersichtliche Gliederungs- und Lesestruktur anbieten, damit er sich schnell und sicher mit dem Inhalt vertraut machen kann. Dazu gibt es eine Reihe von Hilfsmitteln, die am Beispiel der Arbeitsvorbereitung für dieses Buch verdeutlicht werden. Die unten folgenden Texte sind der gestalterischen Arbeitsvorbereitung zur Gliederung dieses Buches entnommen.

1.2.3.4   Abschnitt mit Nummer

Ein nummerierter Abschnitt ist vom Fließtext nach oben durch zwei, nach unten durch eine Leerzeile getrennt.
    Danach erhält der Fließtext einen Erstzeileneinzug zur Leseerleichterung, zur besseren Orientierung und leichteren Wiederauffindung von Textstellen. Wird ein folgender Abschnitt mit einer Headline ohne Nummer versehen, folgt nur eine Leerzeile.

Abschnitt ohne Nummer
Auf einen Abschnitt ohne Nummer folgt keine Leerzeile. Damit wird die Gliederungsstruktur um eine Wertigkeit reduziert.
- Dies ist
- eine
- Aufzählung
- mit
- Punkten

Nach der Aufzählung mit mittig stehenden Punkten und einem Einzug von vier Millimetern geht es mit Fließtext ohne Leerzeile weiter.
    Texte, Bilder und Grafiken werden jeweils durch eine Leerzeile voneinander getrennt. Bilder und Grafiken werden immer mit einer Bildunterschrift versehen. Diese Bildunterschrift kann unter bzw. über dem Bild oder im Bereich der Marginalienspalte stehen.

Tabelle Muster

Standard	Auflösung
VGA	640 x 480
SVGA	800 x 600
XGA	1.024 x 768
UXGA	1.600 x 1.200
WXGA	1.280 x 800
WSXGA	1.680 x 1.050
WUSXGA	1.920 x 1.200

Die obige Tabelle ist variabel auf alle Spaltenbreiten übertragbar. Die fette Headline steht negativ (weiß) in einem Tabellenkopf mit einem Grauwert von 60 %. Die Tabelleninhalte stehen auf hellem Grund mit schwarzer Schrift. Die Tabellen-Tabs werden entsprechend den inhaltlichen Anforderungen gesetzt.

Weitere Gliederungselemente
Neben Punkten können die folgenden Elemente Gliederungen verdeutlichen:
- Bindestrich
- Bindestrich

oder

– Halbgeviertstrich
– Halbgeviertstrich

oder

a) Alphabet
b) Alphabet
c) Alphabet

2.5.4 Ornamente und Vignetten

2.5.4.1 Ornamente

Ein Ornament ist ein meist sich wiederholendes, oft abstraktes oder abstrahiertes Muster. Man findet Ornamente z. B. als Verzierung auf Stoffen, Bauwerken, Tapeten, Büchern, individuellen Drucksachen, aber auch auf Internetseiten. Ornamente heben sich deutlich vom Hintergrund ab, sie wirken trennend, vor allem wenn sie farbig ausgelegt sind.

Ornamente als Schmuck- und Gliederungselemente können gegenständlich sein oder z. B. aus Blumen- oder Tierbildern erstellt werden, sie können aber auch abstrakte, künstlerische Formen aufweisen oder sich an Stilrichtungen wie dem Jugendstil orientieren.

Eine Vignette bezeichnet ursprünglich eine Randverzierung in der Buchausschmückung. Heute wird der Begriff etwas weiter gefasst. Alle Schmuckelemente, kleine Zeichnungen, Symboldarstellungen, Schmucklinien, Zierleisten, Festtagssymbole u. Ä. werden als Vignette bezeichnet. Hierunter fallen auch kleinere Zeichnungen, die einem gedruckten Text begleitend beigestellt werden und aufgrund ihrer Belanglosigkeit nicht als Karikatur betrachtet werden können.

Die Abbildungen unten sind dem Vignettenkatalog der Bauerschen Gießerei Frankfurt/M. entnommen, der um das Jahr 1900 herausgegeben wurde und auf 170 Seiten etwa 10.000 Vignetten enthält. Im Kontext dazu sind auf der folgenden Seite einige farbige Vignetten gezeigt, die von der Zeitschrift MAC LIFE veröffentlicht wurden.

Typoelemente

Die oben beispielhaft abgebildeten Ornamente sind, wie andere auch, als Zeichensatz verfügbar. Die beiden oberen Zeilen sind aus dem Zeichensatz „Jugendstil Ornamente Regular" entnommen, die beiden unteren Zeilen aus der „Bodonie Ornaments ITC".

2.5.4.2 Vignetten

Der Begriff „Vignette" leitet sich vom französischen „vigne" für Weinrebe ab.

Vignette

Vollständige Zierleiste für eine Einladung, Jubiläumsfeier oder Ausstellung. Solche vorgefertigten Vignetten ermöglichen es, einen Text direkt in den Vignettenrahmen zu setzen.

237

Vignette

Tiervignetten als Illustrationsersatz. Derartige Darstellungen sind für alle „wichtigen" Tiere verfügbar.

Oben:
S/W-Vignetten

Unten:
Farbvignetten

Abb.: MAC LIFE
Juli 2005

Vignette

Links:
Verschiedene Glückwunschvignetten

Rechts:
Schlussvignetten zum Kennzeichnen eines Kapitelendes.

Abb.: Vignettenbuch Bauersche Gießerei, Frankfurt/M., 1900

Doberman — Irish Wolfhound — Levriero Afgano — Pastore-Maremmano — Pastore-Tedesco — Leonberger

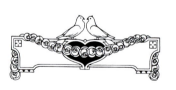

2.5.5 Aufgaben

Typoelemente

1 Begriff „Typoelemente" erläutern

Welche Aufgaben und Funktionen nehmen Typoelemente in der Typografie wahr. Erläutern Sie.

2 Typoelemente nennen und erläutern

Nennen Sie Typoelemente und deren Funktion in der Typografie. Erläutern Sie.

3 Regeln zur Linienanwendung nennen

Nennen Sie fünf Regeln zur Verwendung von Linien in der typografischen Gestaltung.

4 Wirkung von Flächen beurteilen

Wie ist die Wirkung von schwarzen Flächen auf einem weißen Quadrat?

5 Regeln zur Flächenwirkung nennen

Nennen Sie fünf Regeln zur Verwendung von Flächen in der typografischen Gestaltung.

6 Fachbegriff „Ornament" definieren

Definieren Sie den Begriff „Ornament" und skizzieren Sie ein solches nach freiem Ermessen.

7 Ornamentfunktionen erläutern

Erläutern Sie, welche Funktionen „Ornamente" in der Gestaltung wahrnehmen.

8 Fachbegriff „Vignette" erläutern

Erläutern Sie, was unter dem Begriff „Vignette" zu verstehen ist und wo dieses Gestaltungsmittel verwendet wird.

9 Fachbegriff „Vignette" erläutern

a. Geben Sie bei Google den Suchbegriff „Vignette" ein und bewerten Sie die Ergebnisse.
b. Geben Sie bei Google den Suchbegriff „Vignette, Schweiz *oder* Österreich" ein und bewerten Sie die Ergebnisse.

239

2.6 Typografieanwendung

2.6.1 Funktionen der Typografie 242
2.6.2 Aufgaben 255

2.6.1 Funktionen der Typografie

Beispiel für informative Typografie

Wissenschaftliches Lehrbuch zur Gynäkologie und Geburtshilfe. Erkennbar ist die klare Struktur der Handlungsanweisungen durch Kapitelnummern, Headlines, Einzügen bei Aufzählungen und die Informationsverstärkung durch sachbezogene grafische Darstellungen.

Abb.: Prof. Dr. Heinz Spitzbart, Erfurt

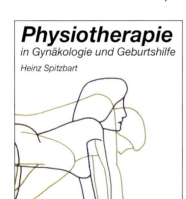

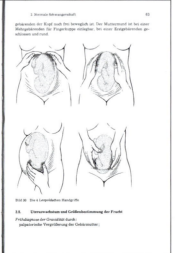

2.6.1.1 Informative und ordnende Typografie

Die informative Typografie umfasst den größten Teil der gedruckten Texte. Dies entspricht dem informierenden Sprechen, wie wir es von einfachen Mitteilungen am Bahnhof, Flughafen oder auch bei öffentlichen Veranstaltungen kennen. Die Mitteilung ist ohne Zusammenhang – und ohne belehrende oder didaktische Absicht –, sie informiert nur.

Ordnende Typografie unterscheidet nun zwischen wichtigen und weniger wichtigen Informationen und hebt diese entsprechend hervor. Zur Hervorhebung dienen Absätze, Einzüge, Hervorhebungen im Text, Headlines und Subheadlines. Auszeichnungen im Text sind in der Regel kursive Schriftschnitte und Kapitälchen, aber auch Farbe. Einige Anwendungsgebiete der informativen oder ordnenden Typografie sollen Ihnen als Orientierung dienen. Denken Sie aber bereits jetzt daran – die Grenze von der informativen zur didaktischen Typografie ist oftmals schwer zu ziehen. Zur informativen Typografie gehören z. B.:

- Tageszeitungen und deren Satzanordnung in Spalten
- Akzidenztypografie wie z. B. Bedienungsanleitungen
- Buchtypografie im Bereich des wissenschaftlichen Buches
- Belletristik, die auf wertfreie und neutrale Darstellung des Inhalts achtet

2.6.1.2 Didaktische Typografie

Der Übergang von der informativen zur didaktischen Typografie ist fließend. Didaktische Typografie findet sich beim Schulbuch, beim Lehrbuch und bei populärwissenschaftlichen Werken. Des Weiteren finden wir didaktische Typografie bei multimedialen Produkten. Hier wird zum Teil – multimedial – im wahren Wortsinn gearbeitet, indem Verknüpfungen von Buch und interaktivem Medium mit einem einheitlichen Lernkonzept erstellt werden. Sprachbücher mit entsprechenden Medien wie CD-ROM, DVD oder Video sind in vielen Bereichen des Lernens in Schule und Betrieb erfolgreich eingeführt.

Die didaktische Typografie hat ihre Entsprechung im rhetorischen Bereich in der Unterrichtsstunde, in der Vorlesung und dem wissenschaftlichen Vortrag. Das Ziel des Geschehens im Unterricht und in der didaktischen Typografie ist im Prinzip gleich: Es gilt, Lernprozesse anzuregen und zu unterstützen. Dabei sollte durch ein durchdachtes typografisches Konzept

Typografieanwendung

der Aufwand an Zeit und Energie für den Lernenden möglichst gering sein – er muss in kurzer Zeit möglichst effektiv notwendige Lernstoffe aufnehmen, verarbeiten, verstehen und behalten können.

Dabei sind die anzuwendenden typografischen Mittel auf das Alter der Zielgruppe, auf den Wissensstand und auf die angestrebte Lernmethodik sowie die Lernfähigkeit der Lernenden abzustimmen. Dies ist eine nicht ganz

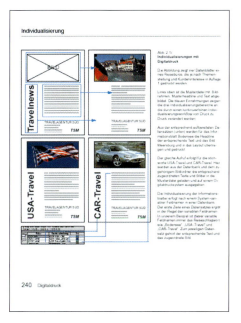

Beispiel für didaktische Typografie

Lehrbuch für Mediengestalter mit dem Schwerpunkt Softwareausbildung. Die Darstellung komplexer Sachverhalte und Zusammenhänge erfordert sowohl den klar strukturierten Text als auch erklärende Bilddarstellungen.

Abb.: Springer-Verlag, Heidelberg

Beispiel für didaktische Typografie

Deutschbuch für Kinder. Titelseite des Lesebuches für Schüler der zweiten Grundschulklasse und daraus entnommene Beispielseite zur Leseschulung. Schriftwahl, Schriftgröße und Textgestaltung sind auf die Zielgruppe abgestimmt, ebenso Bild und Illustration des Spiels am Rand der Seite.

Abb.: Hirschgraben Verlag, Frankfurt/M.

Beispiel für didaktische Typografie

Oben:
Lernplattform Dokeos
www.dokeos-deutschland.de/

Unten:
Lernplattform „learn-4print" für Schweizer Auszubildende der Medienindustrie
www.learn4print.com

einfache Aufgabe für den Designer – hängt der Lernerfolg ganzer Schüler- oder Studentengenerationen nicht nur vom Inhalt ab, sondern ganz wesentlich auch von der typografischen oder grafischen Gestaltung eines gedruckten oder interaktiven Lehrmediums. Zunehmend werden in Schulen und Hochschulen neben interaktiven Lern-DVDs netzbasierte Lehrmedien verwendet, die als Lernplattformen bezeichnet und oft fast kostenlos angeboten werden.

Learning-Management-System (LMS)

Eine Lernplattform oder Learning-Management-System (LMS) ist ein komplexes Softwaresystem, das der Bereitstellung von Lerninhalten und der Organisation von Lernvorgängen dient. Eine wesentliche Aufgabe solch einer webbasierten Lernumgebung besteht außerdem darin, die Kommunikation zwischen Lernenden und Lehrenden zu ermöglichen. Folglich symbolisiert diese eine Schnittstelle zwischen Bildungsanbieter und lernender Person. Nicht dazu gehören bloße Bildungsinhalte, die über das Internet angeboten werden, wie normale Webpräsenzen oder -portale. Vorteil eines LMS ist somit die Entlastung am Lernbetrieb, die Regelung des Informationsflusses, Vereinfachung des Lernens und Übernahme zahlreicher Verwaltungsaufgaben. Damit ein solches LMS funktioniert und von den Zielgruppen angenommen wird, ist eine übersichtliche Gestaltung der Benutzeroberfläche zwingend notwendig.

Wichtige Aspekte in diesem Zusammenhang sind Zuverlässigkeit, Modifizierbarkeit und Nutzerfreundlichkeit der Lernplattform. Die Gestaltung der virtuellen Lernumgebung sollte sich an Erfordernissen der Lernaufgabe orientieren. Durch eine Seitenaufteilung in Haupt- und Steuerframe sowie durch den Einsatz eines Leitsystems kann die Navigation vereinfacht werden. Hier gelten grundsätzlich die nachfolgend beschriebenen Grundsätze für die Gestaltung didaktischer Werke.

Gestaltung didaktischer Werke

Für die didaktische Typografie werden gut lesbare Antiqua- oder Groteskschriften für die Aufbereitung von Print- und

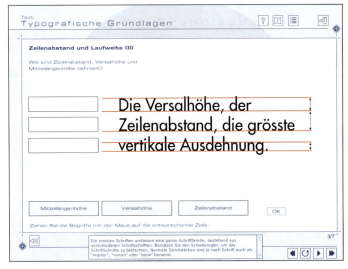

Typografieanwendung

Nonprintmedien verwendet. Als Auszeichnungsmöglichkeiten für Grundtexte sind halbfette oder fette Schriftschnitte geeignet. Eine Sammlung von Typoelementen wie fette Punkte, farbige Unterlegungen, Rechtecke, Quadrate, Hinweispfeile, Randstriche u. Ä. wird die Lerntätigkeit und das Wiederauffinden von Textstellen erleichtern. Voraussetzung für jedes Lernen ist die klare Strukturierung und logische Gliederung des Inhalts. Der Gliederungsstruktur entsprechende Headlines, Subheadlines sowie lebende Kolumnentitel unterstützen das Arbeiten. Inhaltsverzeichnis und Register sind unverzichtbarer Bestandteil der didaktischen Typografie, sowohl im gedruckten Buch wie auch im interaktiven Medium.

Ebenfalls unverzichtbarer Bestandteil der didaktischen Typografie sind das Bild, die Illustration, Animation und Video. Erst durch die optisch klare Verdeutlichung von Inhalten eines Textes wird aus einem Lehrbuch ein gutes Lehrbuch oder aus einem Learning-Management-System ein erfolgreiches und gern besuchtes LMS.

Durch Bilder, Grafiken oder kurze Animationen können Lerninhalte deutlich besser und schneller weitergegeben und verstanden werden. Daher ist die gute Illustration eines Lehrmittels eine wichtige Voraussetzung für den späteren Lernerfolg und letztlich auch für den Verkaufserfolg eines Buches oder die Nutzung eines LMS.

2.6.1.3 Anmutende Typografie

Diese typografische Richtung umfasst die Gestaltung der so genannten schöngeistigen Literatur. Die Klassiker der Literatur werden hier in das entsprechende optische Gewand gesetzt. Hier muss die Typografie den Bezug herstellen zu den geistigen und kulturellen Strömungen der jeweiligen Entstehungsgeschichte der Textvorlage.

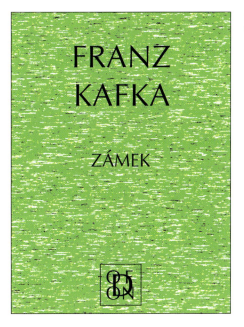

Beispiel für anmutende Typografie

Franz Kafka
Prag 1992

Beispiel für anmutende Typografie

Berthold Brecht 1995

Abb.: Suhrkamp Verlag, Frankfurt

Band I – Seite 193
2.3 Lesbarkeit

Band I – Seite 282
3.3.1 Satzspiegelentwurf

Provokante Werbung

Gegenüberliegende Seite – Colors of Benetton. Der Fotograf Oliviero Toscani und Benetton weisen mit derartigen Plakaten auf gesellschaftliche und politische Problemstellungen hin, die durch starke Tabubrüche eine extrem hohe Aufmerksamkeit beim Betrachter bewirken.

Werbetypografie

Personalisierte Broschüre zum Mercedes SLK mit Metalldeckel und erhabener Modellreihenbezeichnung – exakt wie auf dem Kofferraumdeckel des Wagens. Ein Beispiel für innovative Typografie, abgestimmt auf Produkt, Zielgruppe und Erscheinungsbild des Auftraggebers.

Abb.:
Raff-Digital
Riederich

Das Werk Goethes oder Schillers muss anders dargestellt werden als die klassische griechische Sagenwelt oder Texte von Homer mit ihren mythologischen Einlassungen. Rainer Maria Rilke oder Berthold Brecht verlangen wiederum völlig unterschiedliche typografische Formen, um Inhalt und Form zu einer Einheit zu bringen.

Papierauswahl, harmonische Satzspiegel, Schriftwahl, Auszeichnungen, Gliederung und notwendige Struktur müssen der darzustellenden Literatur entsprechen. Modische Trends und aktuelle typografische Effekte sind hier nicht angebracht. Die anmutende Typografie verlangt vom Designer viel. Wissen über Literatur und deren zeitliche Zuordnung ist notwendig, um eine passende Gestaltung zu ermöglichen. Die Qualität der Textaufbereitung verlangt ein hohes Maß an mikrotypografischen Kenntnissen und Fertigkeiten. Gutes Ausgleichen bei Versal- und Kapitälchensatz sollte ebenso beherrscht werden wie das Gestalten ansprechender Titelseiten für solch anspruchsvolle Literatur.

2.6.1.4   Werbetypografie

Akzidenzen, Plakate, Anzeigen, Prospekte, aber auch Buchumschläge und Internetseiten gehören zum weiten Feld der Werbetypografie. Die Werbetypografie will (oder muss) Aufmerksamkeit erregen mit optischen Anreizen, mit augenfälliger Verführung der Sinne, mit Überraschungen oder aber auch mit klassischer Schönheit und edlen Proportionen. Je nach Zielgruppe ist hier nahezu jede typografische Form zulässig, die das Ziel der Verkaufssteigerung oder der Erhöhung der Aufmerksamkeit für einen Auftraggeber erreicht. Modeerscheinungen, optische Gags oder der Rückgriff auf nostalgische Formen sind hier möglich. Durch die Werbetypografie werden Trends gesetzt und neue Stilrichtungen geboren.

Werbetypografie beschäftigt sich nicht mit längeren Texten – sie will und muss Aufmerksamkeit erzeugen durch gezielte optische Verführung der Konsumenten. Das erreicht sie durch gestalterische Überraschungen, Eyecatcher, optische Sensationen, Tabubrüche, durch Provokation oder gar Schock.

Bei der Vielfältigkeit unserer heutigen informationsüberladenen Lebensform ist es schwer, Aufmerksamkeit zu erreichen. Wenn Sie wollen, dass Ihre Werbetypografie wahrgenommen wird, dann muss zu einer mehr oder weniger starken Provokation gegriffen werden. Provokation bedeutet, dass der Betrachter herausgefordert, gereizt, aufgerüttelt und damit zum näheren Betrachten veranlasst wird – oder besser dazu, dass er sich den Markennamen in der Anzeige merkt oder beispielsweise eine Kaufhandlung vornimmt.

Wenn Sie wissen, dass eine Anzeige durchschnittlich etwa 1,7 Sekunden betrachtet wird, dann wird Ihnen klar, dass die Werbetypografie ein nachhaltig wirkendes Aha-Erlebnis schaffen muss, damit eine Werbebotschaft übertragen wird. Ziel der Werbetypografie ist, dass

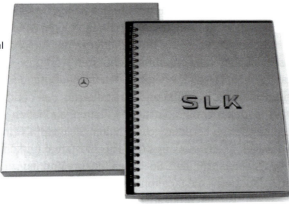

Typografieanwendung

Aufmerksamkeit erlangt wird, um ein Konsumgut zu verkaufen, Meinungen zu beeinflussen oder Wertvorstellungen zu verändern. Neben der reinen kommerziell orientierten Werbung kennen wir z. B. die Wahlwerbung für politische Parteien, Informationsplakate der Berufsgenossenschaften oder die Autobahnplakate gegen Raser oder Alkohol am Steuer.

Die Werbetypografie kann zu vielen Stilmitteln greifen. Schriftmischungen und -auszeichnungen, Farbe, Kontraste, Typoelemente, Freiräume, Raumaufteilung, Piktogramme, Grafik und Bild sind nur einige Elemente, die bei der werbetypografischen Gestaltung verwendet werden. Häufig werden in der Werbetypografie die Grafik und das Bild die Schrift ergänzen. Oftmals wird die Schrift zugunsten von Bild oder Grafik in den Hintergrund gedrängt. Der Übergang von der reinen Werbetypografie zur Werbegrafik bzw. -design ist fließend und nicht exakt abzugrenzen.

Werbetypografie kann mit verschiedenen Effekten arbeiten: vergleichende Werbung, Gegenüberstellungen, Aufzählungen, Wiederholungen, Übertreibungen, optischen Täuschungen, Symbolen, Doppeldeutigkeiten, ungewöhnlichen Blickfängen und ungewohnten Visualisierungen.

In der Regel ist Werbetypografie kurzlebig – daher kann auf aktuelle Ereignisse oder auch Vorgänge des Zeitgeschehens eingegangen werden.

Provokante Werbung durch Tabubrüche
Provozierende Werbung muss vorsichtig und gekonnt eingesetzt werden, da die Nebenwirkungen nur schwer abzuschätzen sind. Provokante Werbung arbeitet oftmals mit Tabubrüchen, die gesellschaftliche Gruppen treffen, verunglimpfen und verletzen können. Allgemein haben Tabubrüche in den

Tabubrüche mit Benetton

Benneton arbeitet bewusst und provokant mit Tabubrüchen gesellschaftlicher, politischer und kirchlicher Art.

247

Band I – Seite 733
9 Medienrecht

Band I – Seite 357
4.1 Bildgestaltung

Provokante Werbung

des Autovermieters Sixt. In jeder Anzeige dieser Serie steckt ein so genanntes „Trojanisches Pferd", also ein verstecktes Preisangebot, das im Prinzip überhaupt nicht zur Aussage der Headline passt, aber vom Verbraucher trotzdem wahrgenommen wird.

Abb.: Sixt, Pullach
Gestaltung: Jung von Matt, Hamburg

Interessante Links:

www.medienvirus.de
www.jvm.com/

vergangenen Jahren eher zugenommen. Die Grenzen haben sich in der toleranter reagierenden Gesellschaft verändert. Was vor einigen Jahren noch ein Ärgernis war, wird heute kaum noch als Tabubruch wahrgenommen.

Unternehmen, die mit provozierender Werbung arbeiten, stehen sehr häufig vor der Frage, ob sie nach einer erfolgreichen Werbeserie langweilige Wege gehen oder das Risiko auf sich nehmen, bei bestimmten Gruppierungen in der Gesellschaft anzuecken. Bekannt provozierende Strategien in Wort und Bild fahren hier die Unternehmen Benetton und Sixt – einige Beispiele dieser Unternehmen sind zur Anschauung hier und auf der vorherigen Seite abgebildet.

Provozierende Werbung, die mit wenigen unkonventionellen Mitteln eine hohe Wirkung erreicht, wird als „Guerillastrategie" bezeichnet. Bei derartigen Strategien werden eventuelle Abmahnungen billigend in Kauf genommen. Zum Teil wird aus Marketinggründen bereits damit gerechnet, dass eine Abmahnung kommt, mit der ein Auftraggeber vermehrt in den Blick der Öffentlichkeit gelangt.

Für die beiden Politiker war die ungefragte Aufmerksamkeit der Firma SIXT sicherlich wenig schmeichelhaft, da im oberen Fall eine politische Fehlleistung dazu dient, Angebote der Firma SIXT auch im Ausland darzustellen.

Der Dank an Herrn Schell für den Eisenbahnerstreik ist sicherlich ironisch zu betrachten, aber der damalige Gewerkschaftsvorsitzende hatte bestimmt viele Sympathien für die letztlich politisch erfolgreiche Aktion. Übrigens: Man hat zwischenzeitlich den Eindruck, dass als Politiker nur wirklich bedeutend ist, wer bei der Firma SIXT in der Werbung auftaucht – wie auch immer ...?

Typografieanwendung

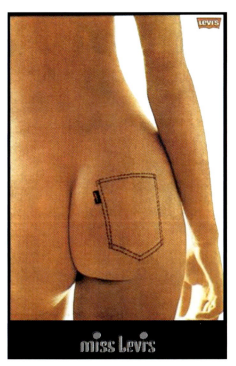

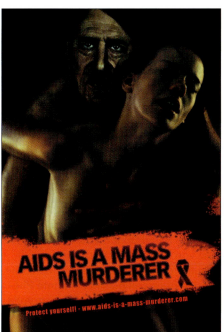

Tabubrüche in der Werbung
Provozierende Werbung überzeichnet, bringt Sachverhalte oft überspitzt auf den Punkt, prangert Missstände oder Fehlleistungen an und übertreibt maßlos. Anders ist dies bei Tabubrüchen.

Tabubrüche verletzen unausgesprochene gesellschaftliche Verhaltensregeln. So ist in der Nachkriegsgesellschaft der Bundesrepublik ein weitgehend unausgesprochenes Tabu unter Werbetreibenden, dass die Holocaustopfer der Diktatur des dritten Reiches weder in der Öffentlichkeit noch im privaten Umfeld diskriminierend dargestellt werden. Weitere Themenbereiche wie schwerste Krankheiten, verbunden mit Siechtum oder Tod, die Darstellung von Gewalt sowie sexuelle Gewalt mit Kindern sind tabu.

In der linken Spalte ist das Plakat einer Werbekampagne dargestellt, die einen der oben angesprochenen Tabubrüche begeht. Dieser Tabubruch stellt den Konsens der Nachkriegsgesellschaft hinsichtlich der Massenmorde der Nationalsozialisten in Frage, indem ein sexuell aktiv abgebildeter Hitler-Imitator alle Aids-Kranken Personen ebenfalls mit Massenmördern gleichsetzt. Dieser Tabubruch hat zu solch heftigen Reaktionen in der europäischen Öffentlichkeit geführt, dass die Werbekampagne, die vergleichbare Abbildungen mit Saddam Hussein und Josef Stalin zeigte, abgesetzt wurde. Der Tabubruch war gesellschaftlich nicht vermittelbar und nicht akzeptabel, der geplante werbliche Effekt wurde in sein Gegenteil verkehrt. Die Abbildungen auf der folgenden Seite zeigen dagegen einen durchaus gelungenen Tabubruch – ebenfalls zum Thema Aids. Hier wurden vorstellbare Szenarien sexueller Aktivität durchaus provokant und tabuverletzend dargestellt, allerdings mit einer positiven

Erste Tabubrüche

In den 70er Jahren des 20. Jahrhunderts war die Darstellung nackter Personen, viel Haut oder die Abbildung eines unbekleideten Busens ein echter Tabubruch, ein echter Aufreger – so wie diese Levis-Anzeige aus dem Jahr 1975.

Heute heißt es „Sex sells". Erotik ist aus unserer Werbung nicht mehr wegzudenken.

Abb.: www.levi-strauss.com/News/PressReleases.aspx

Tabubruch

Aids-Kampagne mit Hitler, Stalin und Hussein. Abgebildet ist nur ein Plakat aus der Serie, das weltweit großen Protest erregt hat.

Abb.: das comitee • Agentur für Kommunikation Hamburg

www.das-comitee.de

249

Tabubrüche

Die Abbildungen zeigen zwei Plakate der Aids-Präventionskampagne, die provozierend in der Darstellung, aber nicht verletzend in der Aussage sind.
Die Staffel „Liebesorte" inszeniert reale Schauplätze, an denen Menschen Sex hatten. Dabei bleibt es dem Betrachter selbst überlassen, die Motive mit seinem Wissen und seinen Erfahrungen, Geschichten und Fantasien zu füllen.

Abb: Aids-Präventionskampagne „Gib Aids keine Chance – mach's mit". Bundeszentrale für gesundheitliche Aufklärung.

Humor in der Werbung

Gerd Nufer/Linda Hirschburger in Reutlinger Diskussionsbeiträge zu Marketing & Management 2008-7

Handlungsanweisung zur Verhinderung von Aids verknüpft.

Derartige Tabuverletzungen bei einer tödlichen Krankheit sind zwischenzeitlich gesellschaftlich verträglich und verletzen letztlich keine Bevölkerungsgruppe ernsthaft, da allgemein akzeptiert ist, das die Krankheit Aids dringend bekämpft und deren Ausbreitung verhindert werden muss.

Humor in der Werbung
Werbung ist ein nahezu unabänderlicher Bestandteil unseres täglichen Lebens. Vom morgenlichen Lesen der Tageszeitung über den Weg zum Arbeitsplatz, zum Teil bei der Arbeit selbst und beim abendlichen Spielfilm wird man durch eine Vielzahl von Werbeträgern mit unterschiedlicher Werbung konfrontiert. Täglich werden,

so Nufer/Hirschburger 2008, etwa 3.000 Werbebotschaften kommuniziert. Dabei stellt sich natürlich die Frage, wie ein Verbraucher bei dieser Informationsfülle Werbung noch aufnehmen kann. Die im vorherigen Abschnitt dargestellte provozierende Werbung ist sicherlich ein Mittel, um die Aufmerksamkeit des Betrachters zu gewinnen. Zunehmend kann beobachtet werden, dass immer mehr humorvolle Werbung in den Medien anzutreffen ist.

Werbung definiert Humor mit den Begriffen Witz und Wortspiel, mit Ironie, Übertreibung oder Überraschung. Humorvolle Werbung ist jedoch schwierig zu definieren, da der Übergang z.B. zu origineller Werbung fließend ist.

Witze leben davon, dass sie verstanden werden – eine alte Weisheit. Ein unvollständiger oder falsch erzählter Witz hinterlässt einen eigenartigen Eindruck. Übertragen auf die Werbung bedeutet dies, dass eine witzige oder besser humorige Aussage z.B. eines Werbespots verstanden werden muss. Je komplexer eine witzige Werbung ist, umso eher nehmen die Verständnisprobleme zu. Humorvolle und witzige Werbebotschaften können also das Verständnis für ein Produkt erhöhen oder auch beeinträchtigen – Letzteres wenn die angesprochene Zielgruppe und deren Humorverständnis nicht getroffen und damit überfordert wurde. Dies führt dann zu einem tendenziell negativen Urteil über das beworbene Produkt.

Man ist sich in der Beurteilung humorvoller Werbung weitgehend einig, dass die Beliebtheit und die Akzeptanz von Produkten durch humorvoll gestaltete Werbung gesteigert wird. Sie kennen übrigens dieses bekannte Phänomen aus Ihrer Schulzeit: Humorvolle Kommunikation im Unterricht führt zu einer positiven Bewertung der Lehrinhalte und zu höherer Wertschätzung der Lehrer. Nach einer Studie der Freien Universität Berlin (Eisend, Martin, 2006: Wenn Witze werben) mögen die Konsumenten die Marke umso mehr, je intensiver der Humor ist und desto besser ist auch die Erinnerung an den Spot.

Humorvolle Werbung steigert zwar die Sympathie für eine Marke oder ein Produkt, doch besteht die begründete Gefahr, dass kreative Werbung ablenkt. Je kreativer und humorvoller die Werbung, desto größer kann die Distanz zum Produkt werden. Ist der Witz in der Werbung zu wirkungsvoll, kommt das Produkt zu kurz. Man spricht dann vom so genannten Vampireffekt – der Witz ist dominanter als der Werbespot und saugt den Bezug zum beworbenen Produkt weg.

Humor steigert Markenerinnerung
In einer Medialine-Studie wurde im Jahr 2004 analysiert, welchen Einfluss Humor auf die Wahrnehmung von Fernsehwerbespots hat. Dabei sahen 72 Versuchspersonen im Durchschnittsalter von 25 Jahren sechs unterschiedliche Werbespots in jeweils drei Variationen:
- Die erste Variante enthielt episodische, humoristische und informative Elemente.
- Die zweite Spotvariante nur episodische und informative Elemente, die humoristischen Elemente wurden herausgeschnitten.
- Die dritte Spotvariante enthielt ausschließlich informative Elemente, die episodischen und humoristischen Elemente wurden vollständig herausgenommen.

Das allgemein gültige Ergebnis der Untersuchung war, dass sich die Teilnehmer deutlich stärker und genauer an die Marken erinnerten, die mit episodisch-humoristischen Spots beworben wurden, als an die Produkte, die mit rein episodischer und rein informativer Werbung präsentiert wurden.

Der Einsatz von Humor beeinflusste bei den Befragten auch die Bewertung der wahrgenommenen Marke: Humorvoll beworbenen Angeboten wiesen die Untersuchungsteilnehmer eine deutlich bessere Produktqualität zu. Die deutlich bessere Beurteilung der Markenbewertung hängt nach Meinung des Untersu-

Das Handwerk
Beispiele für humorvolle Bildsprache. Den Handwerkskammern ist es gelungen, vor allem Jugendliche mit einer humorvollen Bild-Text-Kombination anzusprechen und damit Image und Vielfalt der Handwerksberufe zu verbessern.

www.handwerk.de

Humor und Illusion in der Werbung

Oben: Mac Donald`s ironische Milchshake-Werbung

Abb.: Mac Donald´s Mediacenter

Mitte: Bose Kopfhörer sind unübertroffen in ihrer Hörqualität.

Abb.: Bose-PR-Kontakt

www.bose.de

Unten: Pepsi-Cola-Werbung auf einem Lastwagen, die für einen überraschenden und nachdenklichen Effekt gut ist ...

Abb.: Cooloptical-illusions.

www.coolopticalillusions.com

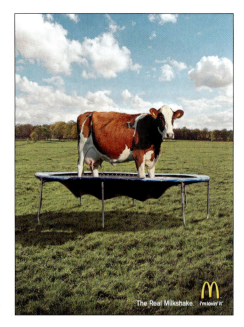

chungsteams damit zusammen, dass sich die positive Bewertung des unterhaltsamen und als angenehm empfundenen Spots auf das zu bewertende Produkt übertragen lässt. Wichtig ist dabei, das bei häufiger Wiederholung einer humorvollen Werbung das hohe Risiko besteht, dass diese Werbung als nicht mehr humorvoll beurteilt wird: Die Betrachter werden nach einiger Zeit übermüdet, das Publikum will die witzige Werbung nicht mehr ansehen.

Dieser so genannte „Wear-out-Effekt" bezeichnet und beschreibt Abnutzungserscheinungen von Werbewiederholungen. Mit steigender Anzahl an Wiederholungen kommt es zu negativen Einstellungen, die der Konsument einfach mit dem Begriff „kann ich nicht mehr sehen" bezeichnen würde. Dieser Zusammenhang scheint logisch, wenn man davon ausgeht, dass dem Begriff Werbewirkung Sympathie oder Kaufbereitschaft unterstellt wird. Somit ist diese Erkenntnis nicht nur für humorige Werbung gültig, sondern allgemein für Werbung. Empirisch konnte jedoch nicht eindeutig nachgewiesen werden, dass sich humorvolle Werbung generell schneller abnutzt als neutrale bzw. ausschließlich neutrale und objektive Werbung.

2.6.1.5 Bildorientierte Typografie

In nahezu allen Publikationen und Medientypen ist seit vielen Jahren der eindeutige Trend zum Bild festzustellen. Veränderte Lesegewohnheiten, ausgelöst durch Fernsehkonsum, Videonutzung und bildhafte Darstellungen in vielen Print- und Nonprintmedien, geben dem Bild einen hohen Stellenwert in der typografischen Mediengestaltung. Oft ist das Bild Hauptelement der Gestaltung und die Typografie „Beiwerk" in einer Gesamtkomposition.

Die prinzipiell einfache Text-Bild-Intergration durch Software in allen erdenklichen Programmen lassen die Bildnutzung technisch zu einem „Kinderspiel" werden. Kenngrößen für den Einsatz eines Bildes in der typografischen Seitengestaltung sind für viele Gestalter die Bildposition auf der Seite und die Bildgröße als Flächenelement.

Die weitaus entscheidenderen Kenngrößen sind allerdings Bildaussage und die Bildgestaltung. Es wird vom Designer neben der reinen Bildpositionierung verlangt, dass er in der Lage ist, die Text-Bild-Intergration auf einer Seite spannend, interessant, anregend und manchmal auch provokativ wirkend durchzuführen.

Bilder können so auf einer Seite positioniert werden, dass diese ausgewogen und ruhig erscheint. Dies dient der Lesbarkeit, sorgt aber dafür, dass solche Seiten kein zweites Mal betrachtet werden und im Gedächtnis haften bleiben. Aber es gibt gute Möglichkeiten, das Layout einer Seite ohne großen Aufwand zu optimieren:
- Größenänderungen der Bilder innerhalb eines Rastersystems
- Bildanordnung, Bildkombinationen, Wahl des Bildausschnittes
- Bildformen, Freistellungen, Konturensatz
- Ausschnittkombinationen mit verschiedenen Bildgrößen
- Hell-Dunkel-Kontraste auf einer Seite durch Text-Bild-Anordnung
- Detailaufnahmen aus einem oder mehreren Bildern
- Bildhauptrichtung – viele Bilder haben eine Haupt- oder Blickrichtung, die oftmals diagonal nach oben oder unten weist. Nehmen Sie diese Blickrichtung auf und integrieren Sie

den Text und das Bild so, dass eine geführte Leseachse zur Lenkung des Lesers entsteht.
- Stellen Sie gleichartige oder ähnliche Bilder zusammen.
- Kombinieren Sie Text und Bild in Form einer Text-Bild-Überlagerung.

Text-Bild-Überlagerung
Eine interessante Möglichkeit, ein Layout spannend und interessant zu gestalten, besteht in der direkten Kombination von Text mit einer Fläche oder einem Bild.

Die direkte Montage von Text in Bilder birgt zwei Gefahrenmomente:

Bildorientierte Typografie

Seite aus dem Renault-Twingo-Prospekt Sommer 2007.
Die Seite ist ein Beispiel für eine gelungene Bild-Text-Kombination. Es werden unterschiedliche Bildausschnitte und -größen genutzt, Grafiken zur technischen Information innerhalb des Gestaltungsrasters integriert und kurze, aussagefähige Texte und Headlines verwendet.

Typografieanwendung

Text-Bild-Überlagerung

Oben:
Drei Fragen – eine Antwort: Canon EOS 500N.

Abb.: TBWA/H-network, Amsterdam.
Foto: Jacek Soltan

Rechts:
Kribbeln im Kopf – Kreativitätstechniken und Brain-Tools für Werbung und Design. Nicht nur ein ausgezeichnetes Buch, sondern auch eine gelungene Text-Bild-Überlagerung.

Abb.: Verlag Hermann Schmidt, Mainz

Der Text wird schwer lesbar oder die Bilddarstellung und deren Aussage geht verloren. Beides ist schlecht! Betrachten Sie das Bild ganz oben: Drei Vorschläge, die zu einem jeweils unterschiedlichen Bildzusammenhang führen, werden dem Betrachter durch die überlagernden Texte angeboten:
- Eine unglückliche Liebe?
- Ein scharfes Sandwich?
- Billige Wimperntusche?

Dem Betrachter werden, je nach individueller Auswahl der für ihn geeignetsten Headline, neue Handlungsperspektiven geboten. Es ergeben sich folgende Fragen: Welche Story stimmt? Müssen solche Augenblicke festgehalten werden? Wie macht man das? Am besten mit einer neuen Kamera! Durch die gelungene Text-Bild-Überlagerung wird für jeden Betrachter eine neue Situation entstehen, die eine völlig individuelle Sicht der Dinge gestattet. Dies erfordert eine gut überlegte Textwahl und ein außergewöhnliches Bild.

Je nach subjektiver Wahl der Bild-Text-Aussage wird die Bedeutung auf einen neuen anderen Zusammenhang gesetzt. Beim Betrachter wird eine neue Wahrnehmung hervorgerufen, die ihn veranlassen soll, sich mit einem neuen Produkt zu beschäftigen.

Folgendes ist bei der Gestaltung mit Text-Bild-Überlagerungen zu beachten:
- Die wesentlichen Teile eines Bildes dürfen nicht vom Text verdeckt werden. In den Beispielen auf dieser Seite sind dies die Köpfe. Das Bild sollte dominant bleiben und der Text mus zur Aussageverstärkung beitragen.
- Bilden Sie Texte auf einem Bild scharfkantig ab. Vermeiden Sie das oft verwendete Absoften. Es reduziert die Lesbarkeit!
- Wenn Text auf einem Bild steht, muss zwischen den beiden grafischen Elementen der Kontrast ausreichend gewählt werden. Nur wenn ein eindeutiger Kontrast zwischen Text und Bild vorliegt, ist die Lesbarkeit gegeben.
- Ein Bild sollte, wenn Text darauf platziert wird, nicht zu unruhig in der Bildstruktur sein. Die Texterkennung und damit die Lesbarkeit leidet deutlich bei einem nicht geeigneten Bildhintergrund.

2.6.2 Aufgaben

Typografieanwendung

1 Typografiefunktionen kennen und anwenden

Nennen Sie Produkte oder Produktgruppen, die der informativen oder ordnenden Typografie zugeordnet sind.

2 Typografiefunktionen kennen und anwenden

Welche Aufgaben hat der Designer, der im Arbeitsbereich der didaktischen Typografie im Printbereich tätig ist, zu leisten?

3 Typografiefunktionen kennen und anwenden

Beschreiben Sie, was unter einem Learning-Management-System zu verstehen ist und worauf bei der Gestaltung zu achten ist.

4 Typografiefunktionen kennen und anwenden

Die anmutende Typografie findet sich bei bestimmten Buch- und Literaturbereichen. Definieren Sie diesen Begriff und geben Sie Beispiele dazu, die Ihnen bekannt sind.

5 Typografische Stilmittel einsetzen

Zu welchen Stilmitteln kann die Werbetypografie greifen, um ein zu bewerbendes Produkt aussagefähig und wirkungsvoll in Szene zu setzen? Nennen Sie mindestens vier Stil- oder Gestaltungsmittel.

6 Werbetypografie erklären

Werbetypografie ist in der Regel kurzlebig. Erklären Sie, warum dies so ist und welche Vor- und Nachteile sich daraus ergeben.

7 Provokative Typografie verstehen

Welche Funktion hat die so genannte provokative Typografie. Erklären Sie die Grundidee für diese Werbeart.

8 Typografiebeispiele sammeln

Suchen Sie Beispiele für provokative Werbung und legen Sie sich eine Mustersammlung an.

9 Fachbegriffe kennen und erklären

Erläutern Sie den folgenden Begriff: „Guerillastrategie"

10 Text-Bild-Überlagerungen erläutern

Welche Punkte sind bei einer Text-Bild-Überlagerung zu beachten?

11 Fachbegriffe verstehen

Was ist unter dem Begriff der Abmahnung zu verstehen? Versuchen Sie, dies zu definieren.

12 Typografie beschreiben

Beschreiben Sie den Begriff der „bildorientierten Typografie" und suchen Sie Beispiele dafür.

Layout und Gestaltung

3.1 Kreativität

3.1.1 Kreativität auf Knopfdruck! Geht das? 260
3.1.2 Spielregeln müssen sein! 263
3.1.3 Aufgaben 269

3.1.1 Kreativität auf Knopfdruck! Geht das?

„Kreativität ist schöpferisches Denken, Bezeichnung für die Möglichkeit eines Individuums, bei Problemlösungen neue Beziehungen zu finden, relativ flüssig und flexibel neuartige Einfälle und originelle Lösungen zu produzieren."

Zitat aus DTV-Lexikon der Psychologie

Ein Kunde kommt und erwartet von Ihnen Kreativität! Es droht ein wirklicher Auftrag! Sie müssen aktiv werden! Und dies fordert in vielen Fällen sofort Ihre Kreativität. Sie müssen
- Headlines formulieren,
- Räume spannend anordnen,
- Bilder finden,
- Kosten kalkulieren,
- Logos entwickeln,
- Projekte planen,
- Konzeptionen entwickeln usw.

Das Abrufen von kreativen, gestalterischen, organisatorischen und technischen Leistungen muss immer dann erfolgen, wenn es der Kunde von uns fordert. Hierbei nehmen unsere Kunden keine Rücksicht auf unsere persönliche Befindlichkeit. Wir müssen als Mediengestalter dann kreativ werden, wenn es die Situation von uns verlangt. Dies ist Teil der beruflichen Kompetenz von Mitarbeitern in der Medienindustrie.

Um ihre persönliche Kreativität zu entwickeln, zu erhalten und vor allem bei Bedarf zu aktivieren, ist es notwendig, individuelle Kreativitätskompetenzen so zu entwickeln, dass es möglich wird, die erforderliche Kreativitätstechnik sozusagen „auf Knopfdruck" abzurufen.

In „normalen" gesellschaftlichen Gesprächen und Diskussionen wird es üblicherweise kaum zu einem ungehemmten Gedankenaustausch kommen, da von jedem Teilnehmer in der Regel ein bestimmtes Rollenverhalten eingenommen und oftmals auch erwartet wird. So ist das Rollenverständnis Chef – Angestellter, Lehrer – Schüler, Kreativdirektor – Mediendesigner durch gesellschaftliche und betriebliche Normen aller Art unbewusst festgeschrieben. Gerade die im Alltagsumgang zu beobachtende emotionale Verschlossenheit darf bei Kreativsitzungen nicht in Erscheinung treten, da sie als störend und kreativhemmend empfunden wird. Da kaum jemand das traditionelle Rollenverhalten innerhalb von wenigen Minuten ablegen kann, bedarf es eines gewissen Trainings, bis man in Kreativteams abseits des Normverhaltens gemeinsam zu brauchbaren Kreativergebnissen gelangt.

Das Arbeiten mittels Kreativtechniken greift nicht auf traditionelle oder normierte Verhaltensmuster zurück, sondern nutzt intuitiv und ungerichtet Assoziationen, Analogien, Varianten und Abstraktionen – wenn sich die einzelnen Teammitarbeiter darauf einlassen und darin geübt sind!

3.1.1.1 Kreativitätstechniken

Nach dem Auftragseingang und dem dazugehörenden Briefing müssen Kreative aktiv werden. Dazu gehört es, dass Mediengestalter Kenntnisse über einige Kreativmethoden aufweisen, die „Kreativität auf Knopfdruck" ermöglichen. Hier sollen nur einige Methoden exemplarisch beschrieben werden.

Um ein Projekt zu starten, eignet sich die Mindmap, um erste Gedanken und Ideen zum Projekt festzuhalten und zu strukturieren. Es handelt sich hierbei um eine einfache grafische Darstellung der Gedanken zum geplanten Projekt, die es erlauben, auf eine übersichtliche grafische Art und Weise kreative Gedanken und Strukturen darzustellen. Das Mindmap führt dann zu den konkreten Kreativitätstechniken wie z.B. Brainstorming und Brainwriting, die beide gut geeignet sind zur Ideenfindung und um kreative Problemlösungen zu entwickeln.

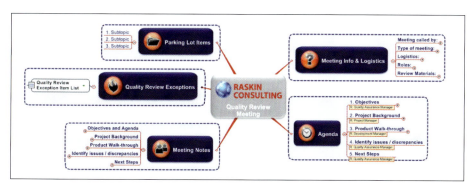

Kreativität

Band I – Seite 847
11.1.3 Kreativität im Projekt

Abb.: Fa. Mindjet
GmbH 63755 Alzenau

www.mindjet.com

Die Methode 6-3-5 ist die bekannteste Technik des Brainwritings. Dabei kombiniert das Brainwriting die Vorteile des Brainstormings mit denen kreativer Schreibtechniken wie etwa der kreativen Schreibmeditation.

Die Methode 6-3-5 wird in in einem Team durchgeführt. Die Ideen werden schriftlich – und weitgehend kommentarlos – gesammelt. Dadurch können auch ruhigere Teammitglieder ihre Gedanken problemlos einbringen. Vorteil dieser Methode ist, dass
- alle Teilnehmer aktiv werden,
- alle Teilnehmer in Ruhe selbst überlegen können,
- alle Teilnehmer sich durch die Ideen der anderen anregen lassen und
- alle Ideen durch Scribbles dokumentiert werden.

3.1.1.2 Kreativitätsentwicklung

Am Anfang steht das Briefing des Kunden, oftmals noch wenig klar und zielgerichtet formuliert. In den meisten Briefings finden sich hinsichtlich der Kreativitätsentwicklung zwei Arten von Informationen:
- Informationen, die den kreativen Spielraum eines Teams einschränken.
- Informationen, die den kreativen Spielraum eines Teams erweitern und die Fantasie möglicherweise anregen.

Einschränkungen der Kreativität sind:
- Etatrahmen (Budgetvorgaben)
- Ideen, Vorstellungen und Wünsche des Kunden
- Stil-Vorgaben
- Bestehende Designvorschriften
- Festlegungen über Produktinformationen
- Farbfestlegungen, Farbkonzeptionen
- Konkurrenzsituation
- Marktdaten
- Bereits verworfene Konzepte

Anregungen/Erweiterungen für die Kreativität sind:
- Gründe, warum eine Maßnahme gemacht werden soll
- Zielvorstellungen/Zielformulierungen
- Tonality, also möglicher Stil einer Kommunikationsaktivität
- Produktinformationen
- Zielgruppe(n)
- Erhoffter Mehrwert für den Kunden
- Konkurrenzsituation
- Marktanalyse

Je mehr Sie sich mit einem Produkt auseinandersetzen, es analysieren, es aus allen Perspektiven betrachten und damit gedanklich und real spielen, desto müheloser fließen gute, anregende und hochwertige Ideen.

Band I – Seite 579
7.1 Zielgruppenanalyse

Band I – Seite 601
7.2 Briefing

Single-Minded-
Proposition = Zentrale
Aussage

Am besten ist es, wenn Kreative das Produkt oder die Dienstleistung, für die sie Werbung entwickeln sollen, mit allen Sinnen erleben. Ideal ist, wenn das Produkt bei einem Auftaktmeeting gleich mitgebracht wird (was nicht immer klappt) oder sie besuchen den Kunden und sein Produkt bzw. seine Dienstleistung. Ist dies nicht möglich, helfen Videos, Bilder oder andere Medien, die Auseinandersetzung mit dem Produkt anzuregen und dadurch die Ideenfindung zu fördern.

Zielformulierungen finden

Eine Zielformulierung reduziert ein komplexes Briefing auf eine klare strategische Formel, eine Single-Minded-Proposition. Damit ist sichergestellt, dass alle Teammitglieder das gleiche Ziel verfolgen und dass der Kunde am Ende eines Prozesses Kommunikationsideen mit einer klaren Werbebotschaft erhält.

Die gefundene Zielformulierung muss während der Kreativphase gut sichtbar platziert sein: Sie schränkt nicht ein, sondern leitet wie ein Fixstern zu einem definierten Ziel – das anvisierte Ziel geht nicht verloren.

Als Frage formuliert, „wie können wir erreichen, dass...", schickt eine gute Zielformulierung die Teammitglieder in einen aktiven inneren Suchprozess und wirkt somit anregend für den sich anschließenden Kreativprozess.

Eine klare Zielformulierung verhindert, dass ein Kreativteam während des Suchprozesses das Ziel aus den Augen verliert, sich in nicht zielgerichteten Ideen verfängt, die Zielrichtung verlässt und nicht mehr zur eigentlichen Aufgabenstellung zurückfindet.

Die Zielgruppe muss durch das Briefing möglichst klar definiert werden. Eine Zielgruppe im Briefing mit „alle" anzugeben, bedeutet, dass niemand angesprochen wird. Wer in einem Briefing alles betont und für wichtig hält, betont nichts. Für eine Ideenfindung ist es, wie bereits ausgeführt, sinnvoll, eine Zielformulierung mit einer zentralen Aussage, auch Single-Minded-Proposition genannt, zu entwickeln. Die drei folgenden Beispiele zeigen, wie eine solche Zielformulierung genau definiert werden kann:

- Lässt sich das Briefing auf einen zentralen Nenner bringen?
  Was wird tatsächlich gesucht?
- Lassen sich Ziele in einem Oberbegriff zusammenführen?
- Was ist die strategische Ausrichtung?

Ziele müssen immer als Fragen formuliert werden, da diese automatisch einen aktiven Suchprozess auslösen, der Antworten fordert. Ähnliche Formulierungen wie die folgenden Fragestellungen können dabei einem Team helfen, einen aktiven Suchprozess auszulösen:

- Wie können wir in einer Anzeigenserie darstellen, dass das neue Hundefutter, das beste ist, das es am Markt gibt?
- Wie können wir in einem Werbeclip witzig und provokant darstellen, dass das neue X3-Handy das robusteste mobile Telefon ist, das es derzeit am Markt zu erwerben gibt?
- Wie kann eine 1:1-Mailingaktion für einen Elektrogroßhandel so gestaltet werden, dass sie eine Werbebotschaft in Form eines Spiels vermittelt?

Um die obigen Fragen zu beantworten, sind allerdings noch einige „Spielregeln" für Kreativteams unbedingt zu beachten und anzuwenden. Im nächsten Kapitel mehr dazu ...

3.1.2 Spielregeln müssen sein!

Kreativität

Ideenkiller sind verboten, da äußerst kreativfeindlich!
Kreativteams müssen sich für ihre Arbeit Regeln geben. Die Wichtigste ist im Prinzip einfach, aber anfangs schwer umsetzbar: Ideenkiller sind nicht zulässig! Angefangen vom verzogenen Mundwinkel bis hin zur nervenden Bemerkung ist alles geeignet, um wachsenden und sich entwickelnden Ideen zu Beginn ihres Kreativlebens sofort den Todesstoß zu versetzen.

Die reichlich dumme Standardbemerkung, „das würde der Kunde nie akzeptieren…" oder der Satz „daraus kann man doch nichts machen…" gehört in vielen Kreativteams zum negativen Standard der Meetingkultur. Verbannen Sie daher alle negativen verbalen und nonverbalen Bemerkungen und Handlungen, da sie weder effektiv noch zielführend sind. Untersuchungen haben ergeben, dass Sitzungsteilnehmer etwa 60 % ihrer Zeit damit verbringen, die Ideen anderer im Team zu widerlegen! So kann nichts Kreatives und Produktives entstehen, da sich jeder hütet, etwas Falsches zu formulieren, wenn er für eine „vermeintlich seltsame Idee" sofort heftig angegangen wird. Hier muss im Team eine Situation der kreativen Freiheit und des gegenseitigen Vertrauens entstehen und wachsen.

Ideenkiller sind auch im Kopf
„Meine Idee funktioniert so nicht" – für sich leise im Kopf gedacht ist einer der folgenreichsten persönlichen Ideenkiller, da damit eine vielleicht geniale Idee überhaupt nicht formuliert, ausgesprochen oder gescribbelt wird.

Wichtig ist daher für jedes Mitglied in einem Kreativteam zu wissen: Gute, zündende Ideen sind am Anfang immer unvollständig formuliert. Die ersten Formulierungen für eine Konzeption, eine Werbebotschaft oder eine Gestaltungsidee sind selten ausgereift. Oftmals traut man sich nicht, eine Idee, die im Kopf herumgeht, auszusprechen oder gar zu scribbeln. Wenn man eine solche Idee nicht ausdrückt, so bedeutet dies in der Praxis immer einen Verlust an Kreativität. Daher muss sich ein Kreativteam so weit selbst disziplinieren und erziehen, dass auch völlig absurd erscheinende Ideen von jedem im Team vorgetragen werden können, ohne dass Teammitglieder diese Ideen verbal oder mimisch kommentieren.

Richtig gute, erfolgreiche und herausragende Werbekonzeptionen und -ideen entwickeln sich nicht nach einem kurzen Gespräch, sie sind zumeist in langen Sitzungen und anstrengenden Gesprächen erarbeitet. Die berühmte, nach wenigen Minuten erstellte fertige Konzeption in der Bar bei coolem Ambiente gibt es nur in der Werbung – in der Realität ist die Entwicklung kreativer und zielgruppengerechter Werbung harte Teamarbeit.

Ideenkillern keine Chance
„Das ist ja irre, was mir zum Thema einfällt …," „Es hört sich komisch an, aber ich habe da eine super Idee …" Kritik an einer vermeintlich skurrilen Idee wird verhindert, indem Sie im Vorfeld bereits etwas Ungewöhnliches ankündigen. Dann fällt es allen Teammitgliedern erst einmal schwer, dagegen etwas zu sagen. Sie haben ja bereits im Vorfeld angekündigt, dass Ihre Idee eigentlich nicht geht!

Entwickeln Sie eine Kultur, die Ideenkiller anspricht – setzen Sie ab und zu einen Mitarbeiter im Meeting ein zum Dokumentieren von Ideenkillern. Sind Ideenkiller einmal gebrandmarkt, sind diese bekannt und lösen ein Schmunzeln oder sogar Heiterkeit aus, da deren

Ätzende Killerphrasen

Daraus wird nie was!

Warten wir lieber die Entwicklung ab.

Das funktioniert nie!

Bei uns ist alles ganz anders!

Diese Idee funktioniert niemals!

Das ist doch albern …

Auf Ihre Idee können wir später nochmals zurückkommen!

Die Idee würde unser Kunde niemals akzeptieren!

Was ist denn daran so originell?

Damit kann ja jeder kommen!

Vielleicht fallen Ihnen noch ein paar Killerphrasen ein.

Platz zum Aufschreiben ist unten ….

Band I – Seite 271
3.2 Entwurfstechniken

Scribble – skizzenhafte Handzeichnungen

Miniscribble auf großen Papierbogen und Layoutentwurf.

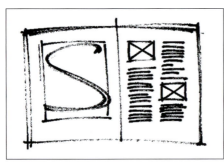

Besprechungstisch
Durch die Sitzordnung darf keine Hierarchie im Team entstehen.
Abb.: Topdeq.de

Funktion erkannt wird und jedem klar ist, dass ein „Teamfoul" begangen wurde.

Verbieten Sie durch Ihre Spielregeln im Kreativteam in der Anfangsphase eines Projektes kritische Bemerkungen zu einer Idee. Wenn im späteren Verlauf des Kreativprozesses Kritik an einer Idee angebracht werden muss (und das ist irgendwann einmal zwingend notwendig), so müssen vom Kritiker z.B. zwei positive Anmerkungen zur kritisierten Idee genannt werden. Unter anderen Bedingungen ist Kritik an Ideen nicht zulässig.

Visualisierung von Ideen im Team
Scribbles sind neben dem Schreiben von Stichwörtern ein wesentliches Kommunikationsmittel, um innerhalb eines Teams persönliche Vorstellungen und Bildideen für alle sichtbar und verständlich darzustellen. Daher sollten Sie alle im Team entwickelten Ideen durch Scribbles visualisieren,
- damit sie einmal als Idee festgehalten sind und nicht verloren gehen,
- in den Köpfen der anderen Teammitglieder ankommen.

Hier helfen ein paar Striche, ein kleines flott gezeichnetes Miniscribble, um eine Idee zum Leben zu erwecken. Scribbles ermöglichen einer Werbeidee „den Kopf zu verlassen", sie geben der Idee die Form und damit die Möglichkeit, andere zu begeistern und sie in einem späteren Schritt Realität werden zu lassen.

Mediendesigner sind zu einem sehr hohen Prozentsatz visuell wahrnehmende Personen mit ausgeprägtem bildhaftem Vorstellungsvermögen. Selbst einfachste Scribbles verstärken bei visuell agierenden Menschen die innere Bildassoziation und führen häufig zu weiteren ausbaufähigen Ideen.

Scribbles ermöglichen durch ihre skizzenhafte Darstellung in Kreativteams die Weiterentwicklung von assoziierten Ideen und vermeiden dadurch das frühe „Aus" einer nicht sofort verstandenen Idee. Greifen Sie daher jede noch so „verrückte Idee", die im Team geäußert wird auf, und versuchen Sie diese weiter zu verfolgen. Betrachten Sie die Teammitglieder nicht als Konkurrenten im Wettlauf um die besten Ideen, sondern als kreative Ideenlieferanten für die nächsten überraschenden Einfälle. Es ist nicht bedeutend, ob Sie Ideen anderer gut finden oder nicht – nehmen Sie Ideen auf, verwenden Sie diese als Auslöser für weitere Assoziationen. Wichtig ist für den Kreativprozess und die Zielerreichung, dass Ideen aufgegriffen, weiterentwickelt und in das Team zurückgegeben werden. Dies ist bedeutsam – denn im Idealfall verhalten sich alle Teamplayer genauso! Sie liefern mit jedem ihrer Einfälle den Rohstoff für weitere Ideen ihrer Teampartner. Im Idealfall entsteht daraus ein kreatives Ping-Pong-Spiel, bei dem sie sich gegenseitig in einen emotionalen Zustand versetzen, der zu kreativen Höchstleistungen führt.

Eine Kreativrunde ist immer zeitlich zu begrenzen – ein Team braucht nach einer gewissen Zeit eine kreative Pause, um Gedanken und Ideen zu ordnen. Nach einer solchen Kreativpause wird jede weitere Ideenrunde ihre Kreativleistung deutlich verbesserern. Kreativarbeit lässt sich ideal in Zweier- bis Fünferteams ausüben. Viele Teams in kreativen Unternehmen arbeiten nach diesem Prinzip. Entscheidend für die Kreativleistung ist, dass sich die Teammitglieder vertrauen, da man während einer Kreativsitzung im emotionalen Bereich doch viel von sich preisgibt ...

3.1.2.1 Kreativumgebung

„Definition Kerativität: Bezeichnung für die Fähigkeit des Menschen, bei Problemlösevorgängen neue Lösungsmöglichkeiten zu entdecken und flexibel ungewöhnliche, aber sinnvolle Ideen in verschiedenen Lebensbereichen zu produzieren. Kreative Lösungen entstehen nicht zufällig, sondern basieren auf Erfahrungen, gelernten Informationen und der Fähigkeit, Probleme zu erkennen. Kreatives Denken unterscheidet sich wesentlich von sonstigen Problemlösetechniken und ist nur wenig von der Intelligenz eines Menschen abhängig. Kreative Menschen zeichnen sich durch die Fähigkeit aus, nicht zueinander gehörende Zusammenhänge zu verbinden, sich von Konventionen (Herkömmlichem) freizumachen und den Gruppendruck zu ignorieren." (Universität Hamburg, Institut für Deutsche Gebärdensprache und Kommunikation)

Um, wie oben definiert, tatsächlich kreativ arbeiten zu können, muss die Arbeitsumgebung und die Ausrüstung mit geeigneten Arbeitsmaterialien gesichert und vorbereitet sein. Ideal wären entsprechende Räumlichkeiten mit runden Besprechungstischen, an denen keine hierarchischen Situationen entstehen – in einem Kreativteam zur Ideenfindung und Konzeptionsentwicklung sind grundsätzlich alle Teammitglieder gleichberechtigt – das muss durch die entsprechend hierarchiefreie Sitzanordnung auch optisch deutlich werden.

Materialien des Besprechungsraumes
- Analoge Medien (Papier, Stifte) zum Protokollieren und Visualisieren der verschiedenen Ideen des gesamten Teams
- Keine Rechner
- Keine Handys
- Keine Musik (Hintergrundmusik?)
- Getränke
- Gummibärchen oder so?

Durchführung und Regeln
Der Initiator des Brainstormings formuliert das Thema als aktive Frage. Die Fragestellung kann sehr weit oder eng formuliert gefasst.

Die Gruppe, das Team assoziiert frei. Alle Beiträge werden protokolliert. Dabei müssen einige Regeln gekannt und unbedingt eingehalten werden:
- Alle Ideen sind erlaubt.
- Kritik und Wertung sind verboten.
- Kommentare sind verboten.
- Jede Idee ist eine Leistung der Gruppe.

Bei der anschließenden Auswertung ist erstmals Kritik erlaubt. Dazu sind die Anmerkungen aus dem Abschnitt „Ideenkiller" zu beachten. Die gesammelten Ideen werden in der Gruppe nach drei Kriterien gegliedert:
- Realisierbare Ideen
- Ideen, die nach einer Bearbeitung gut realisiert werden können
- Ideen, die nur schwer oder nicht realisierbar sind

CREATIVE SESSIONS BOX

Die Metallbox für Kreativteams. Kartenset mit provokanten Fragestellungen als Impulsgeber für die Entwicklung kreativer Marketing- und Werbeideen in Kreativteams. Ziel ist ein maximaler Ideenoutput auf hohem Niveau.

www.mariobricken.com

Auszug aus dem Fragenkatalog des Werkes „Kribbeln im Kopf" von Mario Bricken

Hermann Schmid Verlag, Mainz

Clicking-Fragenkatalog

Der unten aufgeführte Clicking-Fragenkatalog stellt Frage- und Denkstrategien zur Verfügung, die zu Leitideen für Anzeigen- oder Werbekampagnen führen. Der Katalog eignet sich hervorragend, wenn man auf der Suche ist nach neuen und ungewöhnlichen Ideen für Printkampagnen, TV- oder Kinospots, Verpackungen, Webbanner, Broschüren oder Direct Mailings. Am Anfang eine jeder Ideenfindung sollte immer eine klare Zielformulierung stehen: „Wie können wir in einer Anzeige erreichen, dass ..." (siehe Abschnitt „Zielformulierungen").

Auszug aus dem Fragenkatalog

Ohne Worte
- Wie lässt sich der Produktvorteil (PV) ohne Worte, d.h. nur mit Bild, darstellen?
- Wie könnte ein Stummfilm den Produktvorteil zeigen?
- Wie könnte ein Bild den PV darstellen?
- Durch welche Hilfsmittel könnte man den PV ohne Worte in ein Bild fassen?
- Wie könnte man durch einfache Zeichen eine Geschichte erzählen?

Vergleichende Gegenüberstellung
- Welcher Vorher-nachher-Vergleich könnte den PV unterstreichen?
- Wie könnte man durch eine vergleichende Gegenüberstellung die Problemsituation und deren Lösung auf überraschende, provokante und witzige Weise darstellen?
- Wie kann man den PV vermitteln, indem man das Produkt mit etwas vergleicht, das aus einem völlig anderen Bereich stammt?

Übertreibung
- Was könnte man übertreiben, um den PV besser darzustellen?
- Was kann man hinzufügen? Größer? Länger? Schwerer? Dicker?
- Was könnte man extrem reduzieren und verkleinern, um den PV darzustellen?
- Was ist daran entbehrlich? Kompakter? Niedriger? Kürzer? Leichter? Kann man Einzelteile darstellen?

Drehung um 180 Grad
- Wie lässt sich der PV darstellen, indem man etwas Gewohntes ins Gegenteil verkehrt?
- Den PV ins Gegenteil verkehren?
- Das Negative statt des Positiven nehmen?
- Das Gegenteil vom Gezeigten erreichen?
- Die Rollen vertauschen?
- Die Perspektiven der Personen ändern?

Kreativität

Provokation und Schock
- Wie kann man das Produkt so darstellen, dass es provokant wirkt?
- Was wurde im Zusammenhang mit diesem Produkt noch nie gezeigt?
- Was würde sich über das Produkt keiner zu sagen getrauen?
- Durch welche provokanten, doppeldeutigen Anspielungen können Sie die Zielgruppe zum Nachdenken anregen?
- Wie könnte ein Produkt so dargestellt werden, dass es besonders peinlich und lächerlich wirkt?
- Wie lässt sich durch Schock der PV dramatisieren?

Perspektivwechsel
- Wie lässt sich das Produkt aus der Perspektive anderer beteiligter Lebewesen, Dinge oder Ereignisse in Szene setzen?

Persiflage und Parodie
- Welche Parodien oder Persiflagen kann man rund um das Produkt entwickeln?
- Welche Sagen, Märchen, Filmideen usw. kann man durch Veränderung von Zeit, Raum und Tonalität für eine Idee nutzen?
- Welche Gruppen, Klischees oder Verhaltensweisen können im Zusammenhang mit dem Produkt parodiert werden?

Symbole und Zeichen
- Wie kann man durch Symbole und/oder Zeichen den Produktnutzen vereinfacht darstellen?
- Wie lassen sich durch Symbole und Zeichen Aussagen ohne Worte darstellen?

Einladung zum Spiel
- Welche Art von Spielen könnten Sie nutzen, um Ihre Zielgruppe zu involvieren?
- Wie müssten Sie die Anzeige gestalten, dass sie zum Spielzeug wird?

Geschichten ums Produkt
- Welche Alltragssituation könnte man um das Produkt entwickeln, um den PV optimal zu vermitteln?
- Durch welchen der folgenden Stile kann man den Produktvorteil optimal dramatisch in Szene setzen: Thriller, Abenteuer, Slapstick, Action, Nachrichten, Show?

Absurd, surreal und bizarr
- Was wäre die absurdeste und surrealste Idee, um das Produkt oder den PV in den Mittelpunkt zu rücken?

Nimm`s wörtlich
- Welche Bilder entstehen, wenn Sie die Beschreibung des Produktvorteils wortwörtlich nehmen?
- Welche Redewendungen oder Sprichwörter können wörtlich genommen werden?
- Wie können Slogans, Begriffe, Schlagworte oder Texte wörtlich in Bilder umgesetzt werden?

Produkte verändern
- Wie könnte man das Produkt verändert darstellen.
- Wie könnte man dem Produkt eine neue Form geben.
- Wie könnte man den Zweck des Produktes ändern?
- Können Sie sich neue Anwendungsmöglichkeiten in anderen Lebensbereichen vorstellen?

Wir behandeln jeden Kunden ungleich.

Das ist das stärkste Versprechen, das die Nordhypo-Bank geben kann. Denn jeder unserer Kunden hat seine ganz speziellen Vorstellungen, Wünsche, Aufgaben und Probleme. Auf diese stellen wir uns individuell ein. Wir tun mehr für Sie.

Die Nordhypo Bank

Hamburg · Hafengasse 25 - 32 · In der neuen Speicherstadt
Telefon 98 54 12 · Telefax 98 54 10 · Mail nordhypo@hh.info

Drehung um 180 Grad, Provokation oder Übertreibung

Ungewohnte „Kundenbehandlung" in der Headline einer Anzeigenserie einer Hamburger Bank mit dem Ziel, besserverdienende Neukunden anzusprechen.

Abb.: Nordhypo Bank, Hamburg

Produktvorteil

Darstellung des Produktvorteils Spiegel durch humorvolle Bildkombination mit dazu passendem Produkttext.

Abb.: Ikea

Provokation und Schock

Oliviero Toscani, der frühere Kreativchef von Benetton, ist nun für das italienische Modelabel Nolita aktiv geworden. Er fotografierte dünne Frauen, um auf das allgegenwärtige Magersuchtproblem aufmerksam zu machen.

Abb.: Nolita, Flash & Partners Group, Tombolo

Teure Wortspielereien

BMW gratuliert dem Mitbewerber Audi zum Gewinn des Preises South African Car of the Year 2006. Audi schaltet eine entsprechende Antwortanzeige mit vergleichbarem Wortspiel (kleine Abb.)

Abb.: BMW/Audi

Am Anfang war das Wort
- Welche doppeldeutigen Wortspiele stecken in den Begriffen, mit denen Sie den PV beschreiben?
- Welche Sprichwörter oder Redewendungen fallen Ihnen zum Produkt oder zur Dienstleistung ein?
- Wie würde ein einfacher Mann, ein Jugendlicher, ein Anwalt, ein Psychologe, ein Kind, ein Schüler, ein Rentner usw. den Produktvorteil beschreiben?
- Welches Motto kann rund um die Zielformulierung oder das Produkt entwickelt werden?
- Beispiel für ein Motto wäre: „Die Kunst des Reisens" oder „So wird aus Ihrem Haus ein Schloss" oder „100 Antworten zum richtigen Hausbau".
- Lassen sich mit Begriffen rund um das Produkt oder den Markennamen Wortspiele, Reime oder Kalauer bilden?
- Sammeln Sie Begriffe und wenden Sie diese auf folgende Fragen an: „Was klingt so ähnlich?" „Welche Farben assoziiere ich mit dem Produkt?"
- Können zusammengesetzte Worte umgekehrt werden? So wird zum Beispiel aus „Herzbube" ein „Bubenherz".

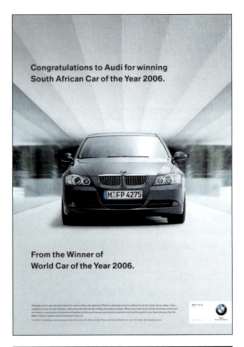

3.1.3   Aufgaben

Kreativität

1   Individuelle Kreativitätsentwicklung anstoßen und nutzen

Um Ihre persönliche Kreativität zu entwickeln, zu erhalten und vor allem bei Bedarf zu aktivieren, ist es notwendig, individuelle Kreativitätskompetenzen zu entwickeln. Stellen Sie in Stichworten dar, wie dieser Prozess angeregt werden kann.

2   Kreativitätstechniken kennen und benennen

Nennen Sie einige Kreativmethoden, die „Kreativität auf Knopfdruck" ermöglichen. Hier sollen nur einige Methoden exemplarisch genannt und charakterisiert werden.

3   Begriffe definieren und beschreiben

Am Anfang eines Auftrages steht das so genannte Briefing. Erklären Sie diesen Fachbegriff.

4   Informationen zur Kreativitätsentwicklung benennen

Hinsichtlich der Kreativitätsentwicklung kennen wir zwei grundlegende Arten von Informationen:
- Informationen, die den kreativen Spielraum eines Teams einschränken.
- Informationen, die den kreativen Spielraum eines Teams erweitern und die Fantasie möglicherweise anregen.

Beschreiben Sie, was unter Einschränkungen bzw. Erweiterungen der Krativität zu verstehen ist.

5   Begriffe definieren und beschreiben

Eine Zielformulierung wird zumeist nach einem Briefing entwickelt. Beschreiben Sie Bedeutung und Funktion einer Zielformulierung für den Kreativprozess.

6   Begriff „Ideenkiller" beschreiben

Erläutern Sie den unschönen Begriff „Ideenkiller" und beschreiben Sie, wie diese nach Möglichkeit zu umgehen sind.

7   Kreativentwicklung beschreiben

Warum sind „Scribbles" in einem Kreativprozess unverzichtbar. Erklären Sie diesen Tatbestand!

8   Kreativumgebung einrichten

Stellen Sie sich vor, Sie müssen einen so genannten Kreativraum in Ihrer Werbeagentur einrichten. Beschreiben und erklären Sie, wie dieser Raum einzurichten ist und welche Werkzeuge und Materialien in diesem Raum die Kreativität fördern können.

9   Kreativentwicklung anwenden und trainieren

- Beschäftigen Sie sich mit dem „Clicking-Fragenkatalog" und machen Sie sich mit dieser Arbeitsmethode vertraut.
- Erarbeiten Sie mit dieser Methode einen realen Auftrag im Betrieb oder in der schulischen Umgebung und bewerten Sie die Ergebnisse.

3.2 Entwurfstechniken

3.2.1	Scribbeln	272
3.2.2	Scribbletechniken	274
3.2.3	Vom Ideenscribble zur Realisierung	278
3.2.4	Aufgaben	279

3.2.1 Scribbeln

Alle kreativen Berufe scribbeln – irgendwie. Üblicherweise läuft das so ab: Man bespricht die Konzeption eines Auftrages, stellt Bild, Text und Grafikvorlagen vor, die bereits existieren. Man diskutiert Ideen und Vorstellungen, wie ein Auftrag aussehen und entwickelt werden könnte.

Ein kreativer Mensch ist bei solchen Gesprächen immer dabei – er visualisiert erste Gedanken und Ideen als Skizzen, die von Hand erstellt werden. Derartige Skizzen sind nichts weiter als das Festhalten von Ideen, die später weiter ausgearbeitet und verfeinert werden – lassen Sie sich hier nicht täuschen –, und zwar von Hand ausgearbeitet und optimiert werden. Kreative Arbeit ist, allen gegenteiligen Behauptungen zum Trotz, nur ohne Computerunterstützung möglich.

Nur mit Papier, Bleistift, Filzstift, Kugelschreiber können Sie kurz etwas festhalten, übermalen, wegstreichen, ausradieren oder erweitern, spontan neu anfangen oder einfach ein zweites Blatt Papier nehmen – das geht am PC nicht so leicht und elegant wie von Hand. Am PC haben Sie sehr schnell das Problem, wie Sie eine Kante retuschieren oder eine Schrift ändern wollen – und schon konzentrieren Sie sich auf das technische Problem und Ihre Kreativität ist ausgeschaltet.

Also – Kreativität geht nur ohne PC, auch wenn es schwerfällt. Sie müssen die Arbeit für Ihre Produktionstätigkeit vorplanen. Diese Planung kennt zwei Bereiche: die freie, kreative Planung und die technische Arbeitsvorbereitung. Häufig sind diese beiden Bereiche personell getrennt. Der Kreative entwickelt Konzeptionen und visualisiert diese mit geeigneten Techniken so, dass der technisch versierte Mitarbeiter durch eine geeignete Arbeitsvorbereitung die technische Umsetzung durchführen kann. Lassen Sie sich durch die Beschreibung bis hier nicht täuschen – die skizzenhaften Handzeichnungen, wie sie hier kurz beschrieben sind, können von den unterschiedlichsten Berufen ausge-

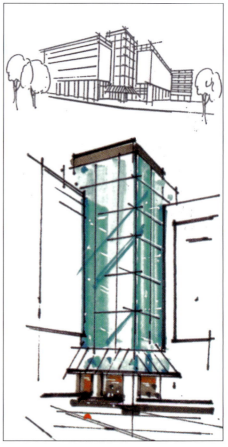

Scribbles – skizzenhafte Handzeichnungen

- Möbeldesign
- Architektur

Abb.: Möbelmacher, Kirchensittenbach und Kreative Architekten, Stuttgart

272

Entwurfstechniken

führt werden. Architekten, Automobil- oder Modedesigner, Mediengestalter oder Möbeldesigner – alle gehen nach diesem Grundschema an ihre Entwicklungsarbeit heran und scribbeln zur ersten Ideenfindung und zur Visualisierung der gefundenen Ideen.

Ideen visualisieren
Interessante Ideen entstehen während eines Gespräches über Projekte, Aufträge, beim Nachdenken in der Freizeit oder unter der Dusche – in jedem Fall besteht die Notwendigkeit des Festhaltens der Idee als Grundlage für nachfolgende Kommunikationsschritte. Für das manuelle Visualisieren einer Idee sprechen mehrere Gründe:

- Ideen werden durch Scribbles für andere deutlich sichtbar ins Leben gerufen.
- Aus einer Idee, einem Geistesblitz wird eine sichtbare Produktidee, für die sich auch andere begeistern können.
- Das Entwickeln und das Festhalten von Ideen im Sinne eines „Brainscribbling" verhindert, dass gute Ideen während einer Kreativsitzung verloren gehen.
- Scribbles sind Diskussionsgrundlagen innerhalb eines Teams und führen zu weiteren Konzeptions- und Produktideen.
- Visualisierte Ideen ermöglichen eine Vorauswahl, um aus einer Vielzahl von Scribbles einige wenige herausragende herauszufiltern und weiter zu entwickeln.
- Entwickeln Sie gute und auch wirtschaftlich umsetzbare Scribbles so weiter, dass Sie dem Kunden und dem Techniker die Idee vermitteln können – er oder sie muss die Idee schließlich realisieren.

Scribbles – skizzenhafte Handzeichnungen

- Modedesign
- Automobildesign

Abb.: Dr. Katja Hertz, Überlingen und Smart, Stuttgart

273

3.2.2 Scribbletechniken

Scribbeln geht immer – auf eine Serviette, eine Tischdecke, auf einen Skizzenblock oder am Sandstrand (dann mit der Digicam festhalten). Wichtig ist, dass eine spontane Idee zu einem Produktproblem, das gerade ansteht, festgehalten wird. Mit welchem „Arbeitsgerät" dies erstmals geschieht, ist unerheblich. Eine Idee aufzuzeichnen geht mit allem, was zum Schreiben so üblicherweise zur Verfügung steht.

Soll aus dem Rohscribble eine professionellere Darstellung werden, dann sind entsprechende Arbeitswerkzeuge angebracht, damit die Ergebnisse überzeugend werden.

3.2.2.1 Schrift skizzieren

Um größere Textmengen schnell darzustellen, hat sich das Skizzieren in Strichmanier bewährt. Dazu wird die vorgesehene Zeilenanzahl als mehr oder weniger starke Linie an die Stelle des Seitenformates gesetzt, an der in der späteren Produktion der geplante Text steht.

Im unten stehenden Beispiel ist die Skizziertechnik mittels eines Bleistifts dargestellt. Die Wirkung ist in dieser Größe sicherlich etwas unruhig, aber in einer Skizze sind die geplanten Textblöcke gut erkenn- und vorstellbar. Der linke Textblock weist links und rechts exakte Kanten auf – dies erreichen Sie, indem der Textblock nach dem Scribbeln an den Kanten mit einem Papier abgedeckt wird und Sie die überstehenden Linien links und rechts mit einem Radiergummi entfernen. Dadurch wird der Eindruck eines Blocksatzes erreicht. Im Beispiel sind durch Kürzen zweier Zeilen noch Einzüge erkennbar.

Die erste Abbildung unten zeigt Funktion und Charakter einer Skizze mit Strichmanier, darunter ist die technisch gestalterische Umsetzung nach der Skizze mit Text und Bild am Computer dargestellt.

Um eine solche Umsetzung durchzuführen, müssen nach der gescribbelten Idee entsprechende Bilder durch einen Fotografen erstellt und anschließend nachbearbeitet werden. Übrigens: Abweichungen zwischen einem Scribble und der anschließenden Realisierung sind immer gegeben.

Schreibwerkzeuge

Ideen visualisieren

Links:
Text in Strichtechnik gescribbelt

Rechts:
Scribble und dessen Umsetzung in eine Anzeige

Abb.: Ideen visualisieren, Verlag Hermann Schmidt, Mainz

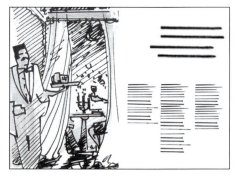

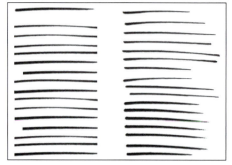

Entwurfstechniken

3.2.2.2 Schrift schreiben

Für die Darstellung großer Schriftgrade als Headline oder bei Plakatentwürfen kann es immer wieder erforderlich sein, dass schnell ein paar große Buchstaben mit einem ordentlichen optischen Aussehen skizziert werden müssen. Dabei ist es notwendig, dass solche Scribbles professionell aussehen – insbesonders dann, wenn ein Kunde bei einem Meeting mit am Tisch sitzen sollte.

Um diese Professionalität zu erreichen, muss geübt werden. Es ist unerlässlich, dass Sie einige Skizzierübungen mit Buchstaben durchführen.

Sinnvoll ist es, wenn Sie mit den unten abgebildeten Großbuchstaben beginnen, da diese von den Formen her alle Schreibprobleme aufweisen.

Skizzieren Sie bei Ihren Übungen das ganze Alphabet mit allen Buchstaben und Zeichen. Danach skizzieren Sie die unterschiedlichen „Sonnen".

Die Pfeile und die Nummern an den Buchstaben geben Ihnen die Schreibrichtung vor. Beachten Sie diese Reihenfolge, da es Ihnen dadurch möglich ist, Buchstabenhöhen einheitlich groß zu halten. Hilfreich ist es, wenn Sie sich auf Ihrem Layout oder Ihrem Scribble feine Bleistifthilfslinien ziehen. Dies erleichtert das Skizzieren und Sie scribbeln in der Waagrechten.

Ziehen Sie dazu Hilfslinien für die Schriftlinie, Mittel-, Ober- und Unterlänge. Nach diesen ersten gelungenen Übungen müssten Ihnen auch gleichmäßige Kleinbuchstaben gelingen. Vorlagen dazu finden Sie unten auf der Seite.

Gescribbelte Buchstaben müssen nicht exakt der später verwendeten Schrift entsprechen – aber es ist hilfreich, wenn Ihr Gesprächspartner erkennt, ob eine serifenlose Schrift oder eine Schrift mit ausgeprägten Serifen in einem Auftrag verwendet werden soll. Genaue Angaben und eventuell ein Schriftmuster erhält der Kunde später.

Schrift schreiben I

Links:
Grundtechnik des Schriftschreibens mit dem Bleistift. Folgen Sie den Ziffern in der Strichfolge beim Skizzieren.

Schrift schreiben II

Links:
Aus dem Schriftmuster abgeleitete und nachgescribbelte klassizistische Antiqua (Walbaum Buch Medium)

Rechts:
Aus dem Schriftmuster abgeleitete und nachgescribbelte serifenbetonte Linear-Antiqua (Serifa Bold)

Schreibwerkzeuge

3.2.2.3 Flächendarstellungen

Die Flächendarstellung mit Markerstiften ist einfach, schnell und unproblematisch in der Handhabung. Es müssen aber auch hier einige handwerkliche Regeln beachtet werden.

Tragen Sie den Markerstrich bei Flächen immer in der gleichen Richtung ❶ auf. Wenn Sie einen satten Farbauftrag ❷ erreichen wollen, fahren Sie mit Ihrem Marker zwei oder gar drei Mal über die Fläche, aber immer in gleicher Strichrichtung. Grundsätzlich gilt, dass Sie die Strichführung am besten in der ❸ Horizontalen durchführen sollten.

Dies hat weniger Absätze und Farbbahnen zur Folge. Dadurch wirkt die bearbeitete Fläche ruhiger und gleichmäßiger. Wichtig ist, dass Sie Flächen nur durch eine gleiche Strichlage erzeugen sollten. Eine gekreuzte Strichlage wie in Bild ❹ dargestellt bringt Unruhe in Ihr Layout und verfälscht den Gesamteindruck.

Abbildung ❺ zeigt Ihnen zwei Beispiele, wie Sie es nicht machen sollten: Die wilde Schraffur ergibt ein ungleichmäßiges Flächenbild, es entstehen Öffnungen und die Gesamtwirkung erscheint wenig qualitätsvoll und professionell – allerdings geht es schneller. Aber der schnellste ist oft nicht der beste Weg.

Auch hier müssen Sie üben: Erstellen Sie mit Ihren verschiedenen Markerstiften verschieden große und unterschiedlich farbige, gleichmäßige Farbflächen.

Entwurfstechniken

3.2.2.4 Bilder skizzieren

Zu Beginn einer Entwurfsphase werden Ideen flüchtig mit Bleistift visualisiert, also zeichnerische Rohentwürfe erstellt. Diese Scribbles bzw. diese Ideenskizzen haben keinen Anspruch auf eine hohe gestalterische Qualität. Mit Hilfe dieser flüchtig skizzierten Ideen zu einem Thema entwickeln sich Gedanken. Aus einem Gedanken entsteht der nächste und so erhalten Sie in kürzester Zeit einen Vielzahl von visualisierten Anregungen, Gestaltungsideen und damit Vorschläge zur Umsetzung eines vorhandenen Auftrages.

Rechts sehen Sie eine Serie solcher Ideenskizzen, die für einen Reiseprospekt über die Stadt New York geschribbelt wurden.

Aus der Fülle der so festgehaltenen Gedanken und Ideen entwickeln sich Gestaltungsformen, die verworfen werden oder die es wert sind, weiter verfolgt zu werden.

Sind in der vorhandenen Masse der Ideenscribbles einige dabei, die sich weiterentwickeln lassen, so werden davon detaillierte Entwürfe angelegt. Diese Entwürfe sind keine flüchtigen Zeichnungen mehr, sondern die Darstellung wird bereits detaillierter ausgearbeitet. Es werden jetzt bereits einige Details festgelegt, die sich für einen Auftrag eventuell als verbindlich herausstellen können. Dies sind:
- Format
- Grundlegendes Gestaltungsprinzip
- Schriftcharakter
- Text- und Bildanordnung
- Typografisches Grundkonzept
- Headlineverwendung

Die Farbverwendung sollte grundsätzlich angedacht sein, muss in letzter Konsequenz zu diesem Zeitpunkt aber noch nicht exakt definiert werden.

In welcher Darstellungsform und in welcher Qualität diese Ausarbeitung erfolgt, ist abhängig von der Auftragsabwicklung, den beteiligten Personen und deren Typografie- und Designverständnis. Da es sich bei diesen Skizzen in aller Regel um den ersten Entwurf zu einem Auftrag handelt, ist es noch nicht erforderlich, mit allem notwendigen Text- und Bildmaterial zu arbeiten. Wichtig ist ein stimmiges Typografie- und Gestaltungskonzept, das mit dem Arbeitsteam und danach mit dem Kunden besprochen und auch noch modifiziert werden kann.

Scribbeln

Oben sind Ideen durch Ideenskizzen visualisiert. Format und Formatlage sind dabei noch völlig offen.
Unten sind zwei ausgearbeitete Entwürfe aus dieser Reihe und eine technische Umsetzung dargestellt.

3.2.3 Vom Ideenscribble zur Realisierung

Band I – Seite 357
4.1 Bildgestaltung

Scribbles und deren Umsetzung

Beispiele aus einer Prüfungsarbeit der Abschlussprüfung Mediengestalter vom Sommer 2004. Links sind die am Rechner erstellten Ergebnisse zu sehen, rechts die davor angefertigten Bildscribbles. Die Beispiele wurden der Prüfungsarbeit von S. Hunger entnommen.

Abb.: Sarah Hunger, Reutlingen

Die Beispiele dieser Seite zeigen Entwürfe und deren Umsetzung aus einer Prüfung für Mediengestalter Digital und Print. Die Aufgabe bestand darin, aus gegebenem Bild- und Textmaterial verschiedene Werbemittel zu erstellen. Unter anderem waren dabei Werbepostkarten zu entwerfen, für die Scribbles anzufertigen und diese dann in der Prüfung praktisch umzusetzen waren.

278

3.2.4 Aufgaben

Entwurfstechniken

1 Entwurfstechniken verstehen

Beschreiben Sie die Aufgabe eines Scribbles im Designprozess am Beispiel der Tätigkeit eines Mediengestalters.

2 Fachbegriffe richtig nutzen

Durch welche anderen Fachbegriffe lässt sich das Wort „Scribble" ersetzen?

3 Entwurfstechniken anwenden

Scribbeln Sie zwanzig Zeilen einer 9-Punkt-Schrift mit Hilfe eines geeigneten Stiftes, einmal als linksbündigen Flattersatz, einmal als Blocksatz.

4 Entwurfstechniken anwenden

Scribbeln Sie den Begriff „HAMBURG" in der Größe einer 28-Punkt-Schrift. Dabei soll der Schriftcharakter einer serifenlosen Linear-Antiqua, einer klassizistischen Antiqua und einer gebrochenen Schrift verdeutlicht werden.

5 Entwurfstechniken anwenden

Scribbeln Sie eine Fläche mit zwei unterschiedlichen Farben in der Größe von etwa 12 x 12 cm. Achten Sie darauf, dass die Flächen eine möglichst gleichmäßige und einheitliche Farbwirkung erhalten.

6 Entwurfstechniken anwenden

Scribbeln Sie zu einem aktuellen Projekt, das Sie gerade durchführen, alternative Entwürfe als Ideenskizzen. Vielleicht wird Ihr Auftrag dadurch sogar noch optimiert!

7 Entwurfstechniken anwenden

Erstellen Sie von einem aktuellen Auftrag mehrere nachgezeichnete Scribbles, die den Ablauf des Auftrages verdeutlichen können, also mehrere alternative Ideenscribbles und ein ausgearbeitetes Reinscribble.

8 Kreativtechnik nutzen

Scribbeln und Entwerfen ist ein Kreativprozess. Aus den verschiedenen Kreativitätstechniken hat sich vor allem die Clicking-Methode mit so genannten Clicking-Fragen als sehr erfolgreich herausgestellt.
Informieren Sie sich im Internet und im Kompendium in Kapitel 3.1 „Kreativität" über diese Arbeitsweise und die dafür erforderlichen Scribbletechniken.

3.3 Seitengestaltung

3.3.1	Satzspiegelentwurf	282
3.3.2	Format und Formatwirkung	287
3.3.3	Seitenlayout	292
3.3.4	Mehrspaltige Layoutvarianten	294
3.3.5	Gestaltungsraster	296
3.3.6	Praxisbeispiele	306
3.3.7	Wirtschaftliche Aspekte des Layouts	308
3.3.8	Werkumfangsberechnung	310
3.3.9	Aufgaben	313

3.3.1 Satzspiegelentwurf

Jede typografische Gestaltung soll einen Rahmen schaffen, in dem sich der Inhalt eines Medienproduktes auf verschiedene Art und Weise ausdrücken lässt. Der Inhalt und Ausdruck einer Seite, eines Webauftritts oder eines Werkes sollen harmonisieren und einen ganzheitlichen Eindruck erwecken. Um das Ziel zu erreichen, Texte und Bilder übersichtlich, einheitlich und lesefreundlich zu ordnen, legt der Designer ein Gestaltungsraster als Ordnungssystem an. Dieses Raster ist bei einem Druckprodukt oder bei Benutzeroberflächen ein durchgängiges Schema zur Anordnung von allen vorhandenen Seitenelementen.

Ein Gestaltungsraster basiert auf einem horizontalen und vertikalen X/Y-Koordinatensystem. In diesem System werden Texte, Bilder, Flächen, Farben und optische Räume lesefreundlich und damit funktionsgerecht angeordnet.

Klassische Satzspiegel
Der Satzspiegel ist das bekannteste und vermutlich älteste Gestaltungsraster. Klassische Satzspiegel und deren Anwendung sind bereits aus der mittelalterlichen Buchkunst bekannt. Ein Satzspiegel besteht aus den nichtbedruckten Randbereichen
- Innenbund,
- Kopf oben,
- Außenrand,
- dem untenliegenden Fuß und
- den angelegten Spalten.

Die von Text und Bild belegte bedruckte Fläche ist der Satzspiegel. In den Abbildungen zu diesem Kapitel sind diese bedruckten Flächen immer grau unterlegt dargestellt.

Um optisch möglichst einen optimalen Stand des Satzspiegels, also des Verhältnisses zwischen der bedruckten und unbedruckten Fläche einer Seite, zu erhalten, kann unter verschiedensten Einteilungsregeln gewählt werden. Die bekanntesten Regeln sind:
- Konstruktion durch Diagonalzug (Villard'sche Figur)
- Neunerteilung
- Seiteneinteilung nach dem Goldenen Schnitt

Die oben genannten Satzspiegel werden als konventionelle Satzspiegel bezeichnet. Sie folgen klassischen Proportionsgesetzen und sind von der rechten zur linken Seite symmetrisch angeordnet. Diese Satzspiegel werden typischerweise in der belletristischen Literatur, im Werksatz und auch im klassischen Sach- oder Schulbuchbereich verwendet. Für Zeitschriften,

Festlegung des Satzspiegels

In den gängigen Layoutprogrammen werden immer die unten stehenden Punkte abgefragt, um einen Satzspiegel festzulegen.

Seitengestaltung

Zeitungen und moderne Fachbücher sind sie weniger geeignet, da die großen nichtbedruckten Randbereiche vor allem aus wirtschaftlichen Erwägungen nicht immer erwünscht sind. Satzspiegel können aber auch frei definiert geplant werden.

Moderne Satzspiegelkonstruktionen haben ihren Reiz in der zeitgenössischen Typografie längst bewiesen und finden ihre Anwendung bei der Gestaltung aktueller Drucksachen wie bei Prospekten, Bildbänden, Broschüren für Kunstausstellungen, Lehrbüchern, aber auch bei interaktiven Medien.

3.3.1.1 Villard'sche Figur

Durch das Ziehen von Diagonalen entsprechend der unten stehenden Abbildung ergeben sich Schnittpunkte, von denen die Anfangspunkte des Satzspiegels abgeleitet werden. Je nach gewünschter Breite des Satzspiegels muss das entsprechende Maß zwischen der Diagonalen der Doppelseite und der Diagonalen der Einzelseite eingesetzt werden. Der relativ großflächige Fußraum ergibt sich aus der Diagonalen der Einzelseite, an deren Schnittpunkt, vom Kopf her betrachtet, der Fußraum entsteht. Muss der Satzspiegel weniger klassisch ausfallen, lässt sich der Fußraum durch die Verwendung der Diagonale der Doppelseite nach unten verringern.

Die Villard'sche Figur ist eine frühgotische geometrische Konstruktion zur ästhetischen Aufteilung von Flächen. Dieses auf Koordinaten, Diagonalen und Symmetrien basierende Konstruktionsprinzip kam bei der Gestaltung von Prachthandschriften, Folios und Inkunabeln zur Anwendung. Heute wird es noch genutzt, um Werke der

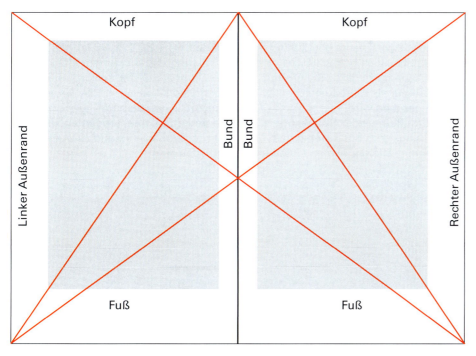

Satzspiegelkonstruktion durch Diagonalzug (Villard'sche Figur)

Durch das Ziehen von Diagonalen ergeben sich Schnittpunkte, von denen die Anfangspunkte des Satzspiegels abgeleitet werden.

283

Satzspiegelkonstruktion durch Diagonalzug (Villard'sche Figur)

Durch das Ziehen von Seitenhalbierenden und Diagonalen ergeben sich Schnittpunkte, von denen die Spaltenbreite abgeleitet werden kann.

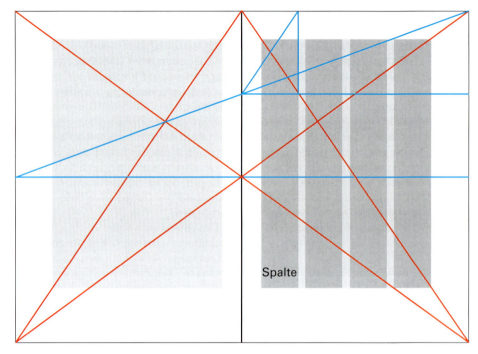

schöngeistigen Literatur, Gedichtbände, Festschriften und Ähnliches zu gestalten. Die Verwendung eines solchen Satzspiegels wird heute allgemein als unwirtschaftlich betrachtet, da die Informationsdichte durch die großen Randbereiche als nicht ausreichend hoch angesehen wird.

Die Ermittlung einer Spaltenbreite lässt sich aus dem oben stehenden Beispiel mit Hilfe der blauen Liniendarstellung ableiten. Das sich ergebende vierspaltige Layout kann leicht in drei oder zweispaltige Seiten umgesetzt werden.

Villard de Honncourt-sur-l'Escoult war Dombaumeister in Nordfrankreich. Überliefert ist das Werk Villards de Honcort, „Livre de portraiture", in dem theoretische Anmerkungen und Skizzen zur Proportionslehre und zur Ästhetik enthalten sind.

Seitengestaltung

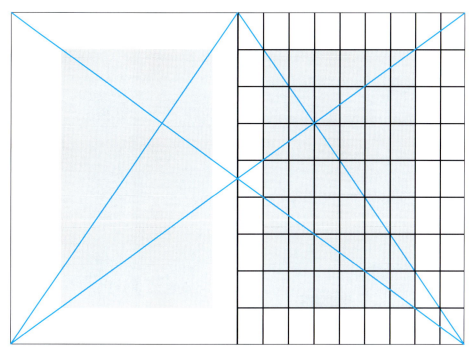

Neunerteilung

Konstruktionsprinzip der Neunerteilung. Dieses Prinzip ist mit anderen Zahlenvorgaben auch als 8er-, 10er- oder 12er-Teilung anzuwenden.

3.3.1.2 Neunerteilung

Auf der Grundlage der Villard'schen Figur des Diagonalzuges lässt sich die Papierfläche in jeweils neun senkrechte und waagrechte Felder unterteilen.

Durch die Neunerteilung der Seite ergibt sich ein harmonisches Gestaltungsraster, das den aktuellen Gestaltungsanforderungen für Drucksachen im Prospekt- und Buchbereich entspricht.

Die Neunerteilung, die auf den holländischen Typografen van de Graaf zurückgeführt wird, ergibt einen Satzspiegel mit den folgenden Werten für die Satzbreite und -höhe:
- Bund: 1/9 der Seitenbreite
- Außenrand: 2/9 der Seitenbreite
- Kopf: 1/9 der Seitenhöhe
- Fuß: 2/9 der Seitenhöhe
- Satzspiegel besteht aus 6/9 in der Satzbreite und 6/9 in der Satzhöhe.

Die Verwendung eines lebenden oder toten Kolumnentitels ist möglich, ebenso die Anlage von Marginalien. Die Anwendung der Neunerteilung und die Diagonalzug-Konstruktion lassen sich von den üblichen hochstehenden DIN-Formaten auch auf Querformate übertragen. Hier werden durch diese Konstruktionen ebenfalls ansprechende Satzspiegel erzeugt.

3.3.1.3 Goldener Schnitt

Die Darstellung auf der folgenden Seite zeigt den Satzspiegelaufbau nach der Zahlenreihe des Goldenen Schnitts. Der Goldene Schnitt wird allgemein als harmonisches und ansprechendes Maßverhältnis empfunden. Er ist aus den Proportionen der menschlichen Figur entwickelt und wird seit der Antike in der Architektur, Bildhauerei, Plastik, Malerei und Typografie verwendet.

Goldener Schnitt

Konstruktionsprinzip für einen Satzspiegel nach der Zahlenreihe des Goldenen Schnitts von 3 : 5 : 8 : 13.
Die vier unterschiedlich großen schwarzen Quadrate stellen die Zahlenverhältnisse dar, nach welchen die Raumaufteilung durchgeführt wird.

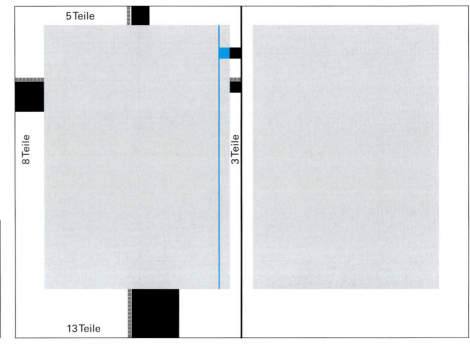

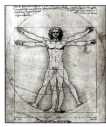

Goldener Schnitt

Leonardo da Vincis Proportionsstudie gilt als die einzige Doppelfigur, die mit acht Gliedmaßen dargestellt wird. Das Bild zeigt den „homo bene figuratus", den nach dem Goldenen Schnitt wohlgeformten Menschen, der mit ausgestreckten Gliedmaßen ein Quadrat und einen Kreis berührt.

Abb.: Proportionsstudie um 1492, Galleria dell´Accademia, Venedig

Der Goldene Schnitt teilt eine Strecke im Verhältnis 5 : 8 oder 1 : 1,6. Nach dem Prinzip der harmonischen Teilung verhält sich die kürzere Strecke zur längeren Strecke wie die längere zur ganzen Strecke. Sucht man zu einer gegebenen Strecke die längere, so multipliziert man mit 1,6. Wird die kürzere gesucht, wird durch 1,6 dividiert.

Ein Problem des Goldenen Schnitts ist, dass das Verhältnis von Bund zu Außenrand 3 : 8 ist. Das bedeutet, dass der gesamte innere Rand kleiner als jeder äußere Rand ist. Dies ist eine Störung der Harmonie und der Lesbarkeit.

Die einzelnen Seiten sind, vor allem bei dicken Büchern, in der Mitte beim Aufschlagen häufig gewölbt. Dadurch entsteht optisch eine zusätzliche Verkleinerung des Raumes im Bund. Daher muss dieses Problem bei der Konstruktion berücksichtigt und verbessert werden. Eine derartige Verbesserung ist in der Grafik oben durch das ergänzende blaue Quadrat im Bund und die sich daraus ergebende blaue Linie angedeutet. Ein solcher Satzspiegel wäre auf der Grundlage des Goldenen Schnitts entstanden und würde den Anforderungen für eine gute Nutzbarkeit entsprechen.

Damit stimmt ein so erstellter Satzspiegel nicht exakt mit dem Zahlenverhältnis des Goldenen Schnitts überein – aber dies entspricht auch der Tatsache, dass der ganzzahlige Goldene Schnitt, wie er im Gestaltungsbereich verwendet wird, nicht der mathematisch korrekte Goldene Schnitt ist.

Die Konstruktion eines Satzspiegels mit Hilfe des Goldenen Schnitts ist eine jahrhundertealte „Heilige Kuh der Gestaltungswelt" – gehen Sie locker, unbeschwert und variantenreich damit um. Es ist nur *ein* Hilfsmittel, um gut handhabbare Druckwerke zu gestalten und für den Leser aufzubereiten.

3.3.2 Format und Formatwirkung

Seitengestaltung

3.3.2.1 Formate beurteilen

Die Fläche Ihrer Gestaltung hat immer ein bestimmtes Format, das sich aus dem Seitenverhältnis von Breite und Höhe der Fläche ergibt. In den Digitalmedien, bedingt durch das Monitorformat, ist es meist ein Querformat, in den Printmedien üblicherweise Hochformat. Das Seitenverhältnis und die Aufteilung der Fläche folgen, je nach Vorgabe, bestimmten Proportionsregeln oder sie unterliegen Ihrer freien gestalterischen Entscheidung. So genannte Polaritätsprofile können Ihnen bei der Formatwahl helfen. Natürlich entspricht das Profil dem subjektiven Empfinden des Betrachters. Wenn Sie aber mehrere Personen jeweils ein Profil eines Formats erstellen lassen, dann ergibt sich meist ein eindeutiges Ergebnis.

	2	1	0	1	2	
gespannt						entspannt
dynamisch						statisch
eng						weit
jung						alt
aktiv						passiv
modern						altmodisch
gefangen						frei
fröhlich						traurig
stehend						liegend
ruhig						unruhig
voll						leer
klein						groß

Polaritätsprofil zur Beurteilung verschiedener Formate

287

Band I – Seite 316
3.4.1 Formate

Vor der Entwicklung eines Gestaltungsrasters muss die Entscheidung für ein Produktformat getroffen werden. Dies ist nicht ganz einfach, müssen dabei doch eine Reihe von Punkten beachtet werden, die für das Medienprodukt, seine Herstellung und seine Vermarktung von Bedeutung sind:

- Quer- oder Hochformat: Dabei ist die grundsätzliche Wirkung dieser beiden Formatlagen auf das Produkt abzustimmen.
- DIN-Format: Sie sind produktionstechnisch günstig, da sich die DIN-Endformate hervorragend und damit kostengünstig mit den Rohformaten der Druckbogen produzieren lassen.
- Freies Format: Durch die prinzipiell schlechteren Möglichkeiten der Rohformatausnutzung lassen sich Zusatzkosten durch mehr Papierabfall nicht vermeiden.
- Dominanz der Gestaltung: Ästhetisch schöne Satzspiegel ergeben einen Rahmen, der einen Inhalt ansprechend und wirkungsvoll in Szene setzt. Dies ist zumeist mit höheren Kosten verbunden, da durch den vermehrten Platzbedarf eine höhere Seitenanzahl für ein Produkt erforderlich wird.
- Dominanz der Technik: Satzspiegel werden so angelegt, dass der Inhalt so weit am Papierrand angelegt wird, wie es optisch gerade noch vertretbar ist. Typisches Beispiel dafür sind Taschenbücher, die mit geringen Kosten zu einem günstigen Preis produziert werden müssen.

3.3.2.2 Proportionen

Die meisten unserer gestalterischen Handlungen und Vorlieben sind durch die Kultur, in der wir leben, unbewusst geprägt. Kulturbeobachtungen und damit verbundenes Lernen beeinflussen – unbewusst – unser Denken und Handeln. Dabei dient uns die Natur und auch der Mensch als Maßstab:

Schlanke, große Menschen erscheinen elegant, attraktiv und dynamisch, vollschlanke Personen dagegen wirken behäbig und weniger schön. Vergleichbar ist unsere Wahrnehmung bei geschaffenen Proportionen in der Architektur, bei Kunstwerken oder bei Grafik- und Layoutentwürfen. Da unser räumliches Sehen und unsere räumliche Wahrnehmung Bestandteil der visuellen Erziehung sind, müssen Sie sich mit der Wirkung von Proportionen hinsichtlich der Layoutentwicklung auseinandersetzen, um ansprechende Gestaltungsraster zu entwerfen und anzuwenden.

3.3.2.3 Formatwirkung

Hochformat
Uns allen ist das Hochformat vertraut, es ist praktisch, sieht elegant aus und lässt sich gut in Ordnern ablegen. Querformate sind umständlicher im Lesen, in der Handhabung und im Aufbewahren. Es gilt die Regel: Je breiter das Format, desto weiträumiger, ruhiger und weniger spannungsreich ist die

Querformate
im Überblick. Breit angelegte Formate sind ruhig und ausgeglichen in ihrer Wirkung auf den Betrachter.

Formatverhältnis 1 : 2

Formatverhältnis
Goldener Schnitt
1 : 1,619

Formatverhältnis
DIN-Formate
1 : 1,414

288

Seitengestaltung

Wirkung. Wird das Format schmäler, die Senkrechte länger und die Quadratform verlassen, wird die Wirkung des Hochformates als elegant empfunden. Ansprechend und aktivierend ist die Wirkung auf den Betrachter.

Querformat
Bedingt durch die Bildschirmtechnologie haben Sie digitale Produkte normalerweise im Querformat zu gestalten. Aber auch bei der Gestaltung von Printmedien müssen Sie sich mit Querformaten beschäftigen. Bei Printmedien ist in vielen Fällen zu berücksichtigen, dass eine aufgeschlagene Zeitschrift oder ein Prospekt mit linker und rechter Seite in der Gesamtheit als Querformat wirkt und daher einheitlich als solches gestaltet werden muss.

Viele Gestaltungsanfoderungen müssen so erfüllt werden, dass Doppelseiten eine ganzheitliche Darstellung ergeben und wie aus einem „Guss" wirken, obwohl sie im geschlossenen Zustand ein Hochformat aufweisen.

Querformate wirken also waagrecht, ruhig und oftmals sehr harmonisch. Dass Seiten im Querformat nicht langweilig wirken, liegt daran, dass Sie als Gestalter diese Seiten – in der Regel unbewusst – vertikal gestalten und damit Spannung erzeugen. Die Unterteilung einer Seite in mehrere Spalten führt zu einer neuen Raumgeometrie, die spannungsreich wirken kann, wenn sie mit Text, Bild und Grafik gefüllt wird.

Querformatiger Prospekt

Geeignetes Prospektformat mit ruhiger Wirkung für ein Geländefahrzeug.

Abb.: Landrover Deutschland

Quadrat
Eines der auffälligsten und spannendsten Gestaltungsformate ist das Quadrat. Es fällt bereits im geschlossenen Zustand als außergewöhnlich auf, wird es geöffnet, ergibt sich ein besonders breites, attraktives Querformat. Dies erfordert immer eine aufwändige Gestaltung mit großen Bild- und Textelementen. Dabei werden fast zwangsläufig Gestaltungsraster zugrunde gelegt, die eine vielfältige Formensprache zulassen.

Quadratische Formate werden häufig für ungewöhnliche Produkte verwendet. Kunstprospekte, Designkataloge, Gestaltungslehrbücher, Ausstellungskataloge und Ähnliches wird in diesem auffälligen Format publiziert, um

Hochformate
im Überblick. Sie wirken elegant und aktivierend auf den Betrachter.

Formatverhältnis 1 : 3

Formatverhältnis 1 : 2

Formatverhältnis für Goldenen Schnitt
1 : 1,619

Formatverhältnis für DIN-Formate
1 : 1,414

Formatverhältnis 1 : 1

289

Band I – Seite 316
3.4.1 Formate

Quadrat

Links: Broschüre der IHK Reutlingen zur Nachwuchswerbung für verschiedene duale Ausbildungsberufe

Abb.: IHK Reutlingen

Rechts: Label & Packaging DESIGN – Buchbeispiel aus einer Reihe quadratischer Designbücher

Abb.: Unique Books Verlag, Köln

www.zeixs.com

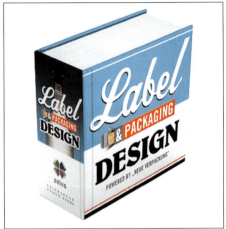

diese aus der Masse der Publikationen herauszuheben. Auf dieser Seite sind Beispiele für gelungene quadratische Publikationen gezeigt, die Gestaltungsanregungen geben können.

3.3.2.4 DIN-Formate

Das Format, das uns im täglichen Leben ständig begegnet, ist das DIN-A4-Hochformat, das durch das Deutsche Institut für Normung 1922 als DIN-Norm 476 festgelegt wurde.

Wir kennen es von Briefbogen, Rechnungen, Schulheften, Schreibblocks und von allen möglichen Druckprodukten. DIN-Formate sind praktisch, da alles problemlos in die entsprechenden Ordner, Hefter, Briefumschläge und Briefkästen passt und sich übersichtlich und ordentlich abheften lässt. Unsere komplette Bürokommunikation ist auf DIN-Formate abgestimmt – Kopier- und Faxgeräte, Laserdrucker, Ordner, Aktenschränke usw.

Auch die Druckproduktion ist auf das DIN-Format ausgerichtet. Papierherstel-

Quadrat

TYPO – Doppelseite aus einem quadratisch gestalteten Typografiebuch. Das dabei verwendete Rastersystem ist gut erkennbar.

Abb.: TYPO, Unique Books Verlag, Köln

Seitengestaltung

ler liefern Papier in Rohformaten an die Druckerei, aus denen sich problemlos kleinere Formate in mehreren Nutzen herausschneiden lassen. Druck- und Buchbindereimaschinen sind auf DIN-Formate abgestimmt und ermöglichen damit ein kostengünstiges Produzieren.

Besteht ein Designer oder ein Druckereikunde unbedingt auf einem Nicht-DIN-Format, also einem Sonderformat, so kann dies eine teure Angelegenheit werden, da mehr Papierverschnitt bzw. -abfall einen höheren Papierbedarf und höhere Kosten bedingt.

Wie unschwer festzustellen ist, werden die meisten Prospekte, Fachzeitschriften, Firmen- und Behördenpublikationen im DIN-Format erstellt. Dies ist sinnvoll, praktisch und auch kostengünstig. Aus den DIN-Formaten heraus haben sich DIN-nahe Sonderformate entwickelt, die sich problemlos versenden lassen, aber optisch vom DIN-Format abweichen. Besonders zu nennen ist hier das Format 105 x 210 mm, aus dem sich interessante Varianten ergeben. Aufgeschlagen ergibt dies ein Format von 210 x 210 mm. Wichtig ist bei einem solchen Format immer, dass es sich gut verschicken lässt.

Bei Hochformaten lassen sich bestimmte Lese-, Wahrnehmungs- und Erwartungsgewohnheiten gut festschreiben. Es wirkt auf den Betrachter elegant und ansprechend – eine Einladung zum Lesen. Vor allem schmale hochformatige Drucksachen werden als hochwertig wahrgenommen. Ein Beispiel dazu ist rechts abgebildet.

Flächenwirkung des Hochformates

Auf einer Fläche steht die obere Hälfte immer für die Eigenschaft Aktivität – hier erwartet der Betrachter etwas Neues, Reizvolles und Spannendes. Die untere Hälfte steht für Passivität, hier läuft die Seite aus und es wird nicht mehr viel Aktuelles erwartet – die Leselust lässt nach. Die linke Hälfte einer Seite steht für den Start, hier wird, entsprechend unserer Lesegewohnheit, Neues erwartet. Die rechte Hälfte steht für das Ziel, das Ergebnis. Die Mitte gilt als ruhender Pol, sie weist keine der oben genannten Eigenschaften auf. Diese Einteilung einer Hochformatfläche in Wahrnehmungsräume lässt sich prinzipiell auf alle Formate übertragen.

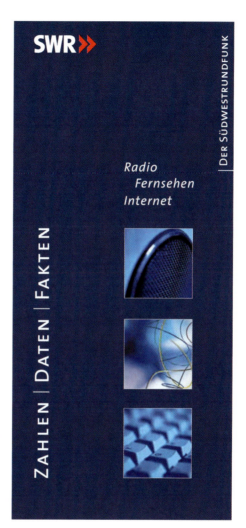

Hochformat

Eine elegante Broschüre im schlanken Hochformat informiert über wichtige Fakten des SWR. Elegant, ansprechend – eine Einladung zum Lesen.

Abb.: SWR Stuttgart, Juni 2009

291

3.3.3 Seitenlayout

Seitenlayout

Ein Layout definiert:
- Format
- Satzspiegel für Text- und Bild-anordnung
- Schrift für alle Headlines und Fließtexte (Größe und Art)
- Farben von Schriften, Hintergründen, grafischen Elementen, Informationsboxen
- Farbdarstellungen von Bildern und Grafiken

Satzspiegel

Schematisches Ordnungssystem für eine Buchdoppelseite. Der Satzspiegel beschreibt den zu bedruckenden Teil einer Buchdoppelseite.

Gestaltungsraster

Ordnungs- und Konstruktionssystem für Medienprodukte. Schema für ein durchgängiges Design von Büchern, Prospekten, Drucksachen, Benutzeroberflächen interaktiver Systeme. Ein solches Raster basiert auf einem horizontalen und vertikalen Koordinatensystem mit dem Ziel, Schrift, Bild, Farbe, Fläche und Raum systematisch, zweckgerichtet und lesefreundlich aufzubereiten.

Entwurf eines Seitenlayouts

Der Entwurf eines Seitenlayouts, eventuell mit Hilfe eines Gestaltungsrasters, gehört zu den wichtigsten Aufgaben eines Mediendesigners. Gestaltungsraster werden in allen Bereichen der visuellen Kommunikation eingesetzt: Briefpapier, Geschäftsdrucksachen, Bücher, Zeitschriften, Zeitungen, Werbedrucksachen, Plakate, Corporate Design, Benutzeroberflächen für CD-ROM, DVD, Internetseiten, CMS-Systeme u. a. m.

Eine optimale Layoutgestaltung gibt es nicht. Für jedes Medienprodukt muss ein eigenständiges Gestaltungssystem gefunden werden. In die Entwicklung eines solchen Gestaltungssystems fließen neben den technischen und gestalterischen Aspekten auch die grundlegenden Erkenntnisse über die Lesbarkeit, das Leseverhalten, über Betrachtungsgewohnheiten der jeweiligen Zielgruppe, über Bildaufbau und Bildwirkung sowie typografische und mikrotypografische Regeln ein.

Die kreative Tätigkeit des Entwurfs eines Gestaltungssystems als einfaches Seitenlayout oder als aufwändigeres Gestaltungsraster ist der Makrotypografie zuzuordnen. In beiden Fällen wird ein ästhetisches Ordnungssystem entwickelt, das Leseerleichterungen schafft, möglichst die Lesegewohnheiten der Zielgruppe berücksichtigt, Blickführung bei Bildern, Grafiken und Texten beachtet und dabei mit Seitenformaten arbeitet, die ein weitgehend rationelles und auch kostengünstiges Produzieren ermöglichen.

Damit alle Text- und Bildelemente innerhalb des Rasters gut zu positionieren sind, wird der Satzspiegel mit Hilfe eines Gestaltungsrasters in kleine rechteckige Module als Untereinheit gegliedert. Die Breite eines Moduls entspricht bei einspaltigem Satz der

Breite des Satzspiegels. Ist eine stärkere Gliederung erforderlich, wird das einspaltige Layout durch eine zusätzliche vertikale Gliederung in mehrere Spalten unterteilt.

Durch die dann notwendigen Spaltentrennlinien entsteht automatisch eine weitere vertikale Teilung. Für die Höhe eines Gestaltungsmoduls eignen sich etwa fünf bis sechs Zeilen der geplanten Grundschrift.

Die genaue Festlegung der Modulgrößen kann erst dann erfolgen, wenn eine Grundschrift bestimmt wurde. Die obere Begrenzung eines rechteckigen Moduls muss mit der Oberlänge der Buchstaben abschließen, die untere Begrenzungslinie bildet die Begrenzung für die Unterlängen der Schrift. Manche Designer verwenden für die untere Begrenzung aus optischen Gründen auch die Schriftlinie.

Die Idee eines Gestaltungsrasters besteht darin, dass die zur Verfügung stehende Informationsfläche in ein Raster von gleich großen Feldern aufgeteilt wird, in die sich Text und Bildelemente nach einem feststehenden Schema einordnen lassen. Um dieses zu erreichen, lässt sich die Herstellung eines derartigen Rasters in die folgenden Gliederungsschritte einteilen:
- Papier- oder Screenformat festlegen.
- Seiteneinteilung und alle Ränder bestimmen.
- Satzspiegel in mehrere Spalten gliedern. Zu empfehlen sind mehr als zwei Spalten, allerdings sollte dabei die Lesbarkeit beachtet werden. Die Spalten sollten also nicht zu schmal werden, da zu kurze Zeilen die Lesbarkeit eines Textes erschweren.
- Grundschrift, Schriftgröße, Auszeichnungen, Headlines und Zeilenzahlen hinsichtlich der Rasterfelder und der Satzhöhe festlegen. Alle Schriften in

292

X.X.X Headline

Seitengestaltung

Größe und Schnitt exakt definieren.
- Technische Standards für die Entwicklung von Webrastern definieren.
- Spaltenhöhe in Spaltenfelder einteilen – jedes Feld muss die gleiche Zeilenanzahl aufweisen.
- Abbildungen, Headlines und Textgruppen können sich horizontal oder vertikal über mehrere Rasterfelder ausbreiten.
- Bildformate und Bildbehandlung (Formen, Freistellungen, Proportionen, Anschnitt, Farben, Farbleitsystem) festlegen.
- Mehrsprachigkeit, Leitsprache und deren Struktur für multilinguale Medienprodukte in der Gestaltungsanweisung festlegen.

Stellen Sie ein entwickeltes Gestaltungsraster für ein Printmedium immer auf Doppelseiten dar. Nur wenn Sie die linke und rechte Seite gegenüberliegend betrachten, kann das Ergebnis beurteilt werden.

Erstellen Sie für das geplante Produkt, wenn vorhanden, mit einigen Originaltexten und -bildern einen mehrseitigen Entwurf her. Mit Bildern und Texten können dann reale Layoutsituationen erzeugt werden, die etwaige Unstimmigkeiten im Gestaltungsraster verdeutlichen.

Die geplante Spaltenanzahl hängt vom Verwendungszweck und vom Erfahrungshintergrund des Designers ab. Die Abbildungen auf den folgenden Seiten zeigen sechs grundlegende Spalteneinteilungen sowie ein vierspaltiges Seitenlayout und dessen Anwendung in der Praxis der Printproduktion.

Band I – Seite 236
2.5.3 Text- und Seitengliederung

Gestaltungsraster

Aufteilung und Darstellung des Rastersystems für die rechte Seite dieses Buches. Die Doppelseiten sind symmetrisch gestaltet, so dass Texte und Bilder auf beiden Seiten beliebig positioniert werden können.
Die Grundschrift Univers in 9 Punkt orientiert sich an der oberen Grundlinie.
Beim Marginaltext orientiert sich nur die erste Zeile an der Grundlinie, die folgenden Zeilen folgen dem Zeilenabstand der 7,5 Punkt großen Schrift.
Die grauen Flächen zeigen eine mögliche Position von Bild- oder Grafikelementen an.

3.3.4 Mehrspaltige Layoutvarianten

Einspaltiges Seitenlayout
Einspaltige Layouts sind vor allem im Bereich textlastiger Publikationen zu finden. Hierunter fallen insbesondere Romane in den unterschiedlichen Druckformaten, angefangen beim Buch mit festem Einband bis zum Taschenbuchformat. Es ist auf ein Format zu achten, das keine zu langen Textzeilen erfordert. Bei den üblicherweise verwendeten Schriftgrößen von 8 bis 12 pt ist sonst eine schlechte Lesbarkeit gegeben.

Zweispaltiges Seitenlayout
Diese Spaltenanordnung erlaubt bereits mehr gestalterische Möglichkeiten. Bilder können mit oder ohne umlaufenden Text positioniert oder ein- oder zweispaltig angeordnet werden. Text und Bild können in jeweils einer eigenen Spalte angeordnet sein, weisen aber immer eine gute Lesbarkeit auf. Insgesamt erscheinen Drucksachen mit dieser Layoutvariante repräsentativ, hochwertig und großzügig.

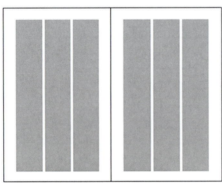

Dreispaltiges Seitenlayout
Viele Zeitschriften, Broschüren und Prospekte verwenden ein dreispaltiges Layout. Eine Menge klarer, übersichtlicher und spannungsreicher Layoutvarianten sind denkbar, die dem Leser eine klare und übersichtliche Orientierung bei guter Lesbarkeit ermöglichen, da die verfügbaren Zeilenbreiten noch eine ausreichende Buchstabenanzahl zulassen. Dreispaltige Layouts haben sich nicht umsonst zur am häufigsten verwendeten Layoutvariante in den Medien entwickelt.

Seitengestaltung

Vierspaltiges Seitenlayout
Die Anwendung eines solchen Layouts setzt eine bestimmte Mindestgröße des Medienproduktes voraus. Das Format DIN A4 ist als Untergrenze zu sehen, größere Formate unterstützen die differenzierte und flexible Anordnung von Text, Bild und Grafik. Innerhalb eines solchen Layouts kann variabel mit Freiräumen umgegangen werden, was spannungsreiche, lebendige und gut kontrastierende Seiten ermöglicht.

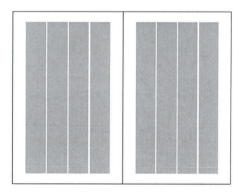

Fünfspaltiges Seitenlayout
Typische Anwender von fünf und mehr Spalten in der Gestaltung sind die Designer von Tageszeitungen. Die hohe Spaltenzahl, die auch innerhalb eines Produktes noch variieren kann, ermöglicht flexible und variantenreiche Layouts. Unterschiedliche Bilder und Texte lassen sich gut kombinieren, auch die optisch und inhaltlich klare Strukturierung der Seiten mit vielen unterschiedlichen Informationen ist gut möglich.

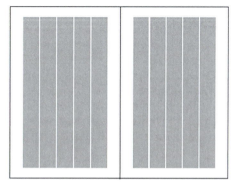

Zweispaltiges Seitenlayout mit linker/rechter Marginalienspalte
Dieses Buch ist nach diesem Layout aufgebaut. Damit lassen sich variantenreiche Seiten realisieren, da die Marginalienspalte und die Textspalten im Prinzip variiert werden können und damit interessante Seiten ermöglichen. In der Abbildung ist die links und rechts außen liegende Spalte die Marginalie. In die Marginalie oder Randbemerkung werden Textanmerkungen, Texthinweise, Querverweise und kurze Erläuterungen zum Inhalt dargestellt. Marginalien dienen vor allem der Leseerleichtung und dem schnellen Auffinden von Textinhalten.
　Auf Seite 293 ist das Seitenlayout des Kompendiums mit allen Seitenbestandteilen dargestellt.

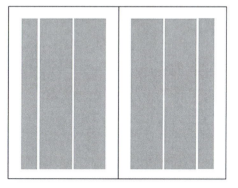

295

3.3.5 Gestaltungsraster

3.3.5.1 Einführung

Gestaltungsraster erscheinen auf den ersten Blick oft streng und wenig kreativ. Verwirrend ist die Vielzahl von Maßangaben, Hilfslinien, Grundlinienraster, Farb-, Spalten und Zeilenangaben.

Andererseits muss sich nur der Gestalter mit all diesen Angaben professionell auseinandersetzen, der Leser erhält aus der Vielzahl der Informationen des Gestaltungsrasters ein klar strukturiertes Medienprodukt.

Um die Informationserfassung zu unterstützen, wird der Satzspiegel horizontal und vertikal in Rasterzellen unterteilt, so dass zwischen den Rasterzellen ein Steg frei bleibt. Das Bild unten rechts verdeutlicht diese Aufteilung. Ausgehend von der Layoutvariante mit vier Spalten unten links wird ein Gestaltungsraster mit 40 Zellen angelegt. Dies ist im Bild unten rechts dargestellt. Die abgebildeten Variationen auf der folgenden Seite lassen die Vielfalt erahnen, die mit Hilfe eines systematischen Gestaltungsrasters ermöglicht wird.

Gerade vierspaltige Gestaltungsraster erlauben eine spannungsreiche und variable Gestaltung. Der Betrachter nimmt Vierspalter als abwechslungsreich und spannend wahr, auch wenn die Textspalten bei diesem Rastersystem manchmal zu schmal gehalten sind und dadurch die Lesbarkeit nicht immer optimal ist. Dies wird durch die mögliche Gestaltungsvielfalt des Rastersystems ausgeglichen.

Vor allem die vielen denkbaren Text-Bild-Kombinationen oder die Möglichkeit, Textblöcke zu breiten Spalten zusammenzufassen, erlauben spannungsreiche Kontraste insbesondere in Verbindung mit großen Bildformaten.

Gestaltungsraster

Links:
Vierspaltiges Seitenlayout in Doppelseitendarstellung

Rechts:
Ausgehend vom vierspaltigen Seitenlayout links wird ein Gestaltungsraster mit 40 Zellen oder Modulen angelegt. Es ist nur eine Seite dargestellt.

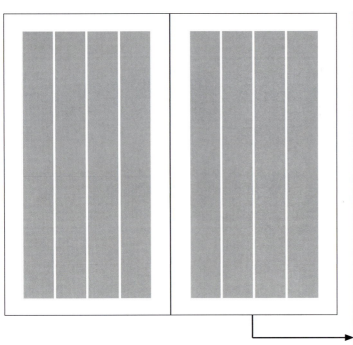

Seitengestaltung

Gestaltungsvarianten

Aufgebaut auf der Grundlage des links abgebildeten vierspaltigen Gestaltungsrasters mittels Rasterzellen.

297

3.3.5.2 Gestaltungsraster mit Zellen oder Modulen

Um Text- und Bildelemente innerhalb des Satzspiegels gut organisieren zu können, sollte man unbedingt ein Gestaltungsraster entwerfen. Voraussetzung hierfür ist, dass man auf zwei Ebenen arbeiten kann. Die untere Ebene enthält das Raster, auf der oberen, transparenten Ebene wird das Layout erstellt. Aktuelle Layoutprogramme wie Adobe InDesign oder QuarkXPress bieten diesen Ebenenkomfort über die Einrichtung einer oder mehrerer Musterseiten an.

Modul- oder Zellenhöhe

Ein Gestaltungsraster teilt den Satzspiegel in kleinere rechteckige Zellen oder Module als Untereinheiten auf. Für die Höhe eines Moduls eignen sich etwa fünf oder sechs Zeilen.

Die konkrete Festlegung des Moduls kann erst erfolgen, wenn man sich für eine Grundschrift entschieden hat, denn die obere Begrenzungslinie des rechteckigen Moduls ist die Oberkante der Mittellänge der Buchstaben der ersten Zeile. Die untere Begrenzungslinie des Rechteckes bildet die Schriftgrundlinie der letzten Zeile des Moduls. Damit entsteht automatisch ein kleiner Abstand zwischen den einzelnen Modulen.

Bei der Platzierung von Text und Bild muss sich der Gestalter an dem erstellten Raster orientieren. Der Text sollte sich in der Breite immer nach den Modulen richten. Die Höhe und Länge eines Textblockes kann variabel sein.

Bilder werden in Breite, Höhe und Position immer an den Modulen ausge-jmirichtet, wobei sich ein Bild in der Breite und Höhe auch über mehrere Module erstrecken kann. Die Abbildungen der vorherigen Seite verdeutlichen dies.

Lesen bedeutet arbeiten

Beim Lesevorgang wird der Satz durch den Leser in Blöcken von jeweils 2 bis 3 Worten erfasst. Erst im zweiten Schritt wird diese Information in Worte zerlegt. Ist ein Wort unbekannt, zu lang oder durch das Schriftbild verfremdet, so wird zeichenweise gelesen. Dies reduziert deutlich die Lesegeschwindigkeit und ermüdet schnell.

Gleiches gilt für den Wortabstand und die Spaltenbreite. Ist der Wortabstand zu klein oder zu groß, die Spaltenbreite zu schmal oder zu breit, so führen all diese Fehleinstellungen dazu, dass die Informationsaufnahme durch einen Text Probleme bereitet.

Die Ursache ist darin zu sehen, dass die Augen beim Lesevorgang weniger Information erfassen, als dies bei einer optimierten Gestaltung möglich wäre.

Die Einteilung eines Textes in mehrere Spalten kann also bei geeigneter Wahl der Spaltenbreite die Lesbarkeit des Textes stark erhöhen. Eine optimal gestaltete Textspalte sollte daher ungefähr zwischen 45 und 65 Zeichen der verwendeten Schrift aufnehmen können.

3.2.5.3 Spaltenabstand „jmi"

Des Weiteren sollte auch der Abstand zwischen zwei Spalten angemessen gewählt werden, da das Auge bei einem zu gering gewählten Spaltenabstand leicht in die nächste Spalte weitergeführt wird. Bei einem zu großen Spaltenabstand entsteht der Eindruck, dass die einzelnen Textspalten nichts miteinander zu tun haben, also optisch und inhaltlich nicht zusammengehören.

Ein geeigneter und bewährter Abstand stellt in etwa die Breite der Buchstabenkombination „jmi" im jeweils gewählten Schriftgrad dar.

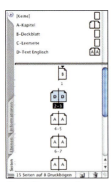

Gestaltungsraster

In den oberen Ebenen A bis D befinden sich die Layoutvorgaben für die jeweiligen Seiten.
In der darunterliegenden Seitenebene werden die Einzelseiten auf der Grundlage der transparenten Ebene A, B oder D vom Mediengestalter aufgebaut.

298

Seitenlayout

3.3.5.4 Gestaltungsraster im Internet

Gestaltungsraster werden von Screendesignern auch für den Aufbau von Webseiten verwendet. Dabei greift man weitgehend auf die bekannten Regeln des Printbereichs zurück und passt diese für den Webseitenaufbau an. Allerdings sind reduzierte Gestaltungsmöglichkeiten gegeben, da nicht alle Aspekte bei der Wiedergabe der Seite vom Gestalter beeinflusst werden können, sondern vom Nutzer und dessen individuellen Einstellungsparametern im Browser abhängen.

Beim Design von Internetseiten muss in der Regel mit Kompromissen gearbeitet werden. Diese beziehen sich auf die Schriftverwendung, Schriftdarstellung, Farbwiedergabe, Browsertyp und -version, notwendige Plug-ins und vieles mehr. Wird ein Content-Management-System genutzt, können auch hier Gestaltungseinschränkungen vorgegeben werden.

Der Aufbau klar strukturierter und gut lesbarer Seiten ist aber auch für das Web gut zu erfüllen. Allen hier dargestellten Seiten liegt ein klares Rastersystem zugrunde, das die Seite in Funktions- und Lesebereiche teilt. Die klare Trennung von Funktion und Inhalt muss hier immer gegeben sein, damit sich der Nutzer leicht, schnell und sicher zurechtfinden kann.

Die auf dieser Seite gezeigten Internetseiten weisen alle ein individuelles Design mit einer klaren Rasterstruktur auf. Das Gestaltungsraster ist bei allen Seiten gut erkennbar. Der notwendige Navigationsbereich ist klar getrennt vom Content-Bereich und durch farbliche Abgrenzungen optisch eindeutig zu erkennen. Dies gilt für alle drei gezeigten Seiten. Die Seite der Bundesregierung ist im Stil einer Online-Zeitung aufgemacht. Diese Seiten müssen Sie sich im Original betrachten. Allerdings sollten Sie sich vorher mit der Corporate-Design-Seite inhaltlich auseinandersetzen: Hier ist der Styleguide der Bundesregierung zugänglich. Vergleichen Sie die Vorgaben und deren Umsetzung auf der aktuellen Seite.

Band II – Seite 737
10.1 HTML

www.jaguar.de

www.sachsen.de

Corporate Design

Hier finden Sie die Designvorgaben für das Erscheinungsbild der Bundesregierung für Print und Nonprint. Die Seite ist ein „Muss" für jeden Mediengestalter.

http://styleguide.bundesregierung.de

299

3.3.5.5 Anwendung von Gestaltungsrastern

Zweispaltiges Gestaltungsraster
Zweispaltige Gestaltungsraster wirken ausgeglichen und ruhig. In Verbindung mit großzügig eingesetztem Weißraum vermittelt diese Layoutanordnung in der Regel den Eindruck der Großzügigkeit und Eleganz.

Diese Grundwirkung zweispaltiger Gestaltungsraster lässt sich für das Layout hochwertiger Geschäftsdrucksachen nutzen. Repräsentative Erscheinungsbilder für anspruchsvolle Drucksachen lassen sich so erstellen.

Zweispaltig gestaltete Imagebroschüren, Zeitschriften, Geschäftsberichte und Prospekte sind leicht zu erfassen, die Zeilenlängen und Schriftgrade sind lesefreundlich und mit insgesamt wenig Trennungen versehen. Der Zeilendurchschuss wird licht gehalten. All dies erweckt und unterstützt den Eindruck der Großzügigkeit.

Die Headlines werden bei größeren Schriftgraden oft über beide Spalten geführt und sind von viel Weißraum umgeben. Von der Verwendung zu großer Schriftgrade ist bei Headlines abzuraten, besser und in der Wirkung eleganter ist die Hervorhebung durch fette Schriftschnitte und Farbe.

Zweispalter weisen oft große Abbildungen auf oder eine Ansammlung mehrerer kleinerer Bilder, die zu einem wirkungsvollen Bildblock arrangiert sind. Durch den Platz, den zweispaltige Layouts zur Verfügung stellen, lassen sich Abbildungen meist groß und damit wirkungsvoll einsetzen. Bedingung für die Verwendung großer Bilder ist, dass die Abbildungen hochwertig sind. Nur wenn wirklich aussagefähiges Bildmaterial für das Layout zur Verfügung steht, ist die Verwendung großer Abbildungen gerechtfertigt.

Diagramme, Tabellen, Informationsgrafiken und auch besonders hervorzuhebender Text können wie Bilder behandelt werden. Dazu sollte ein entsprechender Tonwert unterlegt werden, der z. B. einen Tabellentext deutlich aus seiner Umgebung heraushebt.

Beleben lassen sich die einfachen, ruhig wirkenden Layouts durch grafische Elemente, die in den Umbruch integriert werden. Dies können rhythmisch angeordnete Bilder, Typoelemente wie Linien, Initialien am Textbeginn oder Vergleichbares sein.

Auflockern lässt sich der strenge Umbruch eines Zweispalters auch durch die Verwendung von Zwischenheadlines, die durchaus in Farbe gesetzt werden können. Durch Zwischenheadlines wird eine Auflockerung des Textes erreicht. Dies gilt insbesondere dann, wenn um diese Zwischenüberschriften optische Freiräume entstehen. Diese dienen gleichzeitig der Textgliederung und damit der Leseerleichterung.

Im rechts abgebildeten Beispiel der Infowerk AG aus Nürnberg sind diese

Zweispaltiges Gestaltungsraster
Ausschnitt aus dem Entwurf eines Prospektes für das Maybach-Automobil mit Textspalte und Tabelle. Die oberen und unteren Bild- bzw. Flächenleisten mit Logo runden die querformatige Seite ab.

Abb.: FIND Reutlingen

Seitengestaltung

Zweispaltiges Gestaltungsraster

Hochformatiger, modern und elegant wirkender Flyer der Infowerk AG Nürnberg

Abb.: Infowerk AG

www.infowerk.de

oben angesprochenen Punkte hervorragend umgesetzt. Der zweispaltige, hochformatige und gefaltete Leporello-Flyer ist vorbildlich gestaltet. Auf der abgebildeten Innenseite werden potenzielle Kunden über die Geschäftsbereiche informiert, die Außenseite ist entsprechend den CD-Vorgaben des Unternehmens gestaltet.

Der Gesamteindruck ist leicht und elegant, das Verhältnis der bedruckten zu den unbedruckten Flächen ist spannungsreich. Bilder und Texte sind harmonisch angeordnet und ergeben im gefalteten Zustand einen interessanten Kleinprospekt. Aufgeschlagen, so wie hier abgebildet, harmonieren die Seiten und es entsteht ein ansprechender und modern wirkender Gesamteindruck, mit dem sich das Unternehmen präsentiert.

Dreispaltiges Gestaltungsraster

Attraktive dreispaltige Audi-Website.

Langweilig strukturierte dreispaltige Doppelseite aus der Fachzeitschrift „Der Druckspiegel"

www.druckspiegel.de

Dreispaltiges Gestaltungsraster

Am weitesten verbreitet ist in der Mediengestaltung das dreispaltige Gestaltungsraster. Die Variationen, die mit dem Dreispalter möglich sind, lassen bei Zeitschriften, Büchern, Bildbänden, Broschüren, Zeitungen und anderen Drucksachen, aber auch bei Webauftritten diese Gestaltungsvariante als das geeignetste Raster erscheinen.

Headlines lassen sich über eine, zwei oder drei Spalten anlegen. Abhängig von Seitenaufbau und Inhalt kann die Headlinewirkung zurückhaltend bis dominant möglich sein. Je nach Gestaltung entstehen Weißräume, die eine Seite spannungsreich machen.

Mengentext wirkt auf einem Dreispalter streng und neutral, wenn kein besonderer Rhythmus angelegt wird. Die Zeilenlänge lässt sich in der Regel gut lesen. Zu viele Trennungen gibt es bei entsprechender Zeilenlänge nicht. Da bei drei Spalten immer die Möglichkeit gegeben ist, zwei Spalten zusammenzufassen, lassen sich Tabellen, Infografiken oder Infoboxen leicht gestalten und in die Seite integrieren.

Durch den Verzicht auf eine Spalte lassen sich optisch leicht wirkende Zweispalter mit einer Marginalienspalte kombinieren, denen auf der gegenüberliegenden Seite ein Dreispalter entgegenstehen kann. Durch die unterschiedliche Ausnutzung der Zeilenzahl je Spalte lässt sich eine typografische Unruhe am unteren Seitenrand entwickeln, die dem Produkt durch die entstehenden Freiräume zu einer optischen Leichtigkeit verhilft. Eine dreispaltige Seite muss also nicht in jedem Fall immer für jede Spalte die maximale Zeilenzahl aufweisen – weniger ist hier oft besser.

Den Variationsmöglichkeiten des Textes entspricht die Bildbehandlung. Es gibt vier Grundbreiten, mit denen hier gearbeitet werden kann: ein-, eineinhalb-, zwei- und dreispaltige Bildbreiten. Mit diesen Breiten lassen sich sowohl Bilder sehr groß als auch auf das Minimale reduziert verwenden.

Das dreispaltige Layout erlaubt die Bildung von Bildkontrasten durch unterschiedliche Abbildungsgrößen – sehr

Seitengestaltung

kleine Bilder lassen sich mit großen Abbildungen kombinieren. Freigestellte Bilder wirken bei dreispaltigen Layouts attraktiv und ansprechend.

Beim dreispaltigen Layout ist das Spiel mit Weißräumen gut möglich. Durch das Freischlagen einer Spalte entsteht wirkungsvoller Freiraum, der einer Seite Spannung vermitteln kann.

Die Abbildung oben zeigt eine gelungene Doppelseite aus einem Nachrichtenmagazin. Die kompakt wirkende Seite hat ihr eindeutiges optisches Gewicht bei den Bilddarstellungen und der dominanten Headline. Dachzeile, Headline, Subheadtext und die große Abbildung geben einen schnellen Überblick über den Inhalt und veranlassen den Leser zum Einstieg in die Seite.

Die angeschnittenen Abbildungen am oberen und rechten Rand der Seite brechen aus dem Gestaltungsraster aus und verdeutlichen, dass derartige Variationen möglich und optisch ansprechend sind. Vor allem große, attraktive Bilder lassen den Leser innehalten und verführen, mit entsprechender Headline kombiniert, zum Lesen der Seite.

Typisch für Nachrichtenmagazine ist, dass optische Freiräume selten genutzt werden. Die Informationsdichte für den Leser ist extrem hoch, eine eindeutige und klare Leseführung wird durch die logische Abfolge des dreispaltigen Textes und der Bilder vorgegeben.

Dreispaltiges Gestaltungsraster

Gelungene Doppelseite mit Text-Bild-Kombination, hohem Informationsgehalt und attraktivem Bildaufmacher aus dem Spiegel-Heft 25/2004

Abb: Spiegel 25/2004

www.spiegel.de

303

Vierspaltiges Gestaltungsraster

Vier und mehrspaltige Layouts gelten immer als lebhaft und abwechslungsreich, aber auch als unübersichtlich. Dies liegt im Wesentlichen daran, dass wir Leser bei mehr als drei Spalten leicht den Überblick verlieren. Dies wird bei einem unübersichtlichen und unklaren Layout mit ungenügender Leseführung noch verstärkt.

Vier und mehr Spalten lassen ein variantenreiches Layout mit vielen Text-Bild-Kombinationen zu. Dadurch kann ein vielfältiges und spannendes Miteinander von Text, Grafik und Bild entstehen. Entsprechend den Layoutvorgaben können Textspalten zusammengefasst, mit Tonflächen hinterlegt oder gar große Freiflächen zugelassen werden.

Headlines sind ein- oder mehrspaltig möglich. Kombinationen von ein- und mehrspaltigem Text ist denkbar und lockert eine Seite auf.

Die Lesbarkeit vier- und höherspaltiger Layouts ist nur bedingt gut. Kurze Zeilen ergeben häufige und teilweise schlechte Trennungen.

Blocksatz ist im Prinzip nicht möglich, da die kurzen Zeilen mit wenig Wortzwischenräumen lesehemmende und unschöne optische Löcher im Text generieren. Vierspaltige Layouts erzeugen vor allem bei hochformatigen Medienprodukten, bedingt durch die schmalen und hohen Spalten, einen starken vertikalen optischen Eindruck. Dies kann dazu führen, dass ein deutliches Gefühl der Unübersichtlichkeit entsteht.

Ein Hilfsmittel zur Strukturierung derartiger Seiten sind klare horizontale Achsen, die in die Seite eingeführt werden. Solche horizontalen optischen Achsen wirken der Senkrechten entgegen und bringen Ruhe sowie klare Strukturen in die mehrspaltige Seite. Zur Auflockerung und zur Vermeidung zu strenger Layoutwirkungen ist es möglich, dass nicht alle Textspalten bis an den unteren Rand des Satzspiegels laufen, sondern ungleich lang sind und dadurch Freiräume schaffen.

Ein wichtiges Gestaltungsmittel sind Bilder und Grafiken. Der optischen Strenge vieler hoher und gleich wirkender Textspalten kann dadurch entgegengewirkt werden, dass Bilder, Grafiken oder Typoelemente verwendet werden, die der Seite Halt und Struktur geben.

Bilder können unterschiedliche Größen aufweisen, müssen sich aber immer an den Spaltenbreiten und den Rastermodulen des Layouts orientieren. Ein- oder zweispaltige Bilder sind gut zu verwenden. Wird die Bildbreite noch größer gewählt, entstehen starke Kontraste zwischen Text und Bild, mit denen gute Wirkungen erreicht werden können.

Vierspaltiges Layout einer Fahrzeugpräsentation als Print- und Digitalprodukt

Durch die starke Betonung der Horizontalen, hervorgerufen durch die Formatwahl und durch den oberen, blau unterlegten Bildteil des Prospektes, wird der Vierspaltigkeit des Textes viel von seiner Strenge genommen. Da die Texte nicht über die gesamte Höhe des Prospektes gesetzt wurden, wird die

Vierspaltiges Gestaltungsraster

Viele Abbildungen unterschiedlicher Größe lockern die Seite auf. Die Unterlegung einzelner Artikel mit Tonflächen strukturieren die Seite und erleichtern die Orientierung. Optische Ruhe und Halt erzeugt der rote Kolumnentitel und die roten Punkturen mit Freiraum als Trennung zwischen einzelnen Beiträgen.

www.focus.de

Seitengestaltung

Band II – Seite 737
10.1 HTML

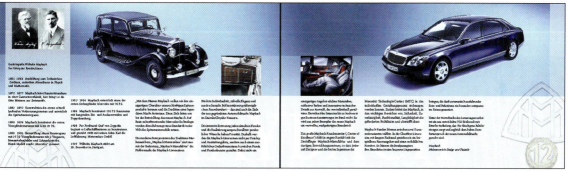

Wirkung des Querformates unterstützt.

Die unteren Abbildungen zeigen den vierspaltigen Internetauftritt für das mit dem oben gezeigten Prospekt beworbene Fahrzeug.

Gleiches Gestaltungsraster, gleiche Farbverwendung und ein nahezu identischer Seitenaufbau mit sehr dezenter Seitennavigation kennzeichnen diese Arbeit. Internettypische Funktionen wie Animationen oder Kommunikation mit dem Anbieter sind unaufdringlich in das Weblayout integriert.

Vierspaltiges Gestaltungsraster

Diese Arbeit ist als Abschlussarbeit an der Fachschule für Informationsdesign in Reutlingen von Claudia Michalke erstellt worden. Betrachten Sie die aktuelle Darstellung zu diesem Fahrzeug unter der unten angegebenen Webadresse.

www.maybach-manufaktur.com

Abb.: FIND Reutlingen

3.3.6 Praxisbeispiele

Einspaltiges Layout

Lehrbuch zur Gynäkologie und Geburtshilfe. Klarer, einfacher und wenig aufregender Seitenaufbau eines wissenschaftlichen Lehrbuches, dem Thema angemessen. Erkennbar ist die klare und strenge Strukturierung durch Kapitelnummern, Headlines und Einzügen bei Aufzählungen. Zur Informationsverstärkung werden sachbezogene und klare grafische Darstellungen gewählt, um Themen zu verdeutlichen.

Abb.: Prof. Dr. Heinz Spitzbart, Erfurt

Rastersystem

Spannungsgeladene Gestaltungsstruktur durch zwei- und dreispaltige Rastersysteme wird bei den beiden Doppelseiten erkennbar. Die bildlastige Gestaltung des Prospektes gefällt durch interessante Bildausschnitte und einen reduzierten Textteil.

Abb.: Daimler AG, Stuttgart

Seitengestaltung

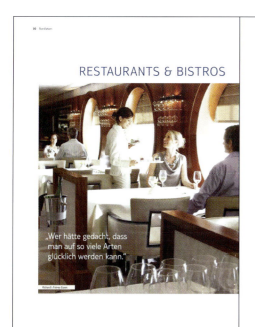

Rastersystem

Der Gestaltungsaufbau durch ein Rastersystem ist deutlich erkennbar. Das Design der Doppelseite gefällt durch das große Aufmacherbild, die interessanten Bildausschnitte und einen kurzen, abwechslungsreichen und informativ wirkenden Textteil.

Abb.: Reederei Tui Cruises GmbH, Hamburg – Mein Schiff –

Rastersystem

Bild- und flächenorientiertes Rastersystem. Die Überlappung der Bildelemente bringt optische Spannung in die Doppelseite. Blickrichtung und Armhaltung führen den Leser zum Text, der das durch die Bilddarstellung ausgedrückte Lebensgefühl bestätigt.

Abb.: Reederei Tui Cruises GmbH, Hamburg – Mein Schiff –

307

3.3.7 Wirtschaftliche Aspekte des Layouts

Doppelseite mit ästhetischem und harmonischem Satzspiegel

Die Seitenränder sind großzügig bemessen. Ein derartiger Satzspiegel ergibt einen harmonischen Gesamteindruck, wird allerdings unter wirtschaftlichen Aspekten betrachtet eine höhere Seitenanzahl benötigen als bei einem Satzspiegel, wie auf der gegenüberliegenden Seite dargestellt ist, wenn die gleiche Text- und Bildmenge verarbeitet wird.

Doppelseite mit ästhetischem und harmonischem Satzspiegel

Satzspiegel sowie Randaufteilung des „Sachlexikon des Buches" des Stuttgarter Reclam-Verlages entsprechen dem klassischen Modell des oben gezeigten Satzspiegels mit einer harmonischen Seitenaufteilung.

Seitengestaltung

Doppelseite mit wirtschaftlichem Satzspiegel

Seitenränder, Kopf- und Fußraum sind nahezu gleich. Der Satzspiegel vermittelt keinen ästhetischen Eindruck, ermöglicht aber eine deutlich günstigere Produktion, da auf solchermaßen angelegten Seiten mehr Text- und Bildinformation untergebracht werden kann. Dadurch können vor allem Papier- und Druckkosten reduziert werden.

Doppelseite mit wirtschaftlichem Satzspiegel

Die Abbildung zeigt eine Doppelseite aus dem Katalog der Bildungsmesse „didacta 2005" in Stuttgart. Das schmale Format ist optimiert für den Postversand, der Satzspiegel weist den notwendigen Minimalabstand auf, so dass bei dem 440 Seiten starken Katalog der Text im Bund gerade noch gelesen werden kann. Das Format ist optimal ausgenutzt und erfüllt seinen Zweck, schön ist dieses Produkt unter ästhetischen Gesichtspunkten sicherlich nicht.

3.3.8 Werkumfangsberechnung

Werkumfangsberechnung

In manchen Büchern wird für die Werkumfangsberechnung der Begriff Manuskriptberechnung verwendet. Es wird darunter die gleiche Rechenmethode verstanden, nur ein anderer Begriff als Synonym verwendet.

Während der Konzeptionsphase zu einem neuen Medienprodukt ist es bei umfangreichen Publikationen erforderlich, dass Projektverantwortliche den Gesamtumfang eines Werkes ermitteln. Dazu müssen die folgenden Punkte erfasst werden:
- Umfang des Manuskripttextes
- Bilder
- Grafiken
- Umfang Titelei mit Inhaltsverzeichnis
- Index mit Quellenverzeichnis

Nur wenn der Gesamtumfang eines Werkes berechnet wird, ist es möglich, dem Kunden eine Angebotskalkulation zu erstellen, aus der die anfallenden Kosten klar ersichtlich sind.

Eine sachlich und rechnerisch richtige Werkumfangsberechnung kann sich nach der Fertigstellung eines Werkes als fehlerhaft erweisen. Dies liegt in der Natur der Sache, da sich manche Umbruch- und Gestaltungsbedingungen erst während des Umbruchs ergeben und häufig zu einem höheren Seitenbedarf führen. Daher muss sich jeder, der einen Werkumfang ermittelt, darüber klar sein, dass die Berechnung eine mathematisch korrekte Schätzung darstellt, die vor allem hilft, die Kosten zu bestimmen.

Berechnung

Eine genaue Werkumfangsberechnung ist erst durchführbar, wenn für das zu druckende Werk die gestalterischen Vorgaben erstellt und weitgehend verbindlich formuliert wurden. Dazu sind folgende Angaben erforderlich:
- Schriftgröße(n)
- Schriftart
- Satzspiegelbreite
- Satzspiegelhöhe und Anzahl der Zeilen pro Seite
- Zeilenabstand
- Bildverwendung

Auf der Grundlage dieser Informationen ist es möglich, eine Werkumfangsberechnung durchzuführen.

Bei der Berechnung wird der Bildanteil zuerst vernachlässigt. Da man aus den Gestaltungsvorgaben die gestalterische Bildverwendung kennt, wird die Anzahl der Bildseiten zum Schluss dazugerechnet, auch wenn die Bilder später in den Text integriert werden. Text und Bildteil werden also bei der Umfangsberechnung rechnerisch getrennt behandelt.

Es muss zuerst die Gesamtzahl der Manuskriptzeichen berechnet werden. Daraus wird dann bei einer vorgegebenen Gestaltung die Anzahl der benötigten Druckzeilen ermittelt. Die Bestimmung der Zeichenanzahl pro Zeile ist im Prinzip relativ einfach. Zählen Sie 10 Zeilen aus und berechnen Sie das arithmetische Mittel – die Zeichenanzahl der Zeilen wird ausgezählt und durch die Anzahl der gezählten Zeilen dividiert. Der ermittelte Wert wird als Buchstabenzahl pro Zeile bei der Berechnung verwendet. Nach der gleichen Methode wird der Wert für die Buchstabenzahl pro Druckzeile ermittelt. Hier müssen Sie die Schrift auszählen, die später für den Auftrag verwendet wird, sonst stimmen die Werte nicht, da Schriften unterschiedliche Laufweiten aufweisen und damit eine unterschiedliche Buchstabenanzahl pro Zeile. Dass beim Auszählen der Zeichen pro Zeile die Wortzwischenräume, Zahlen, Satzzeichen und Sonderzeichen mitgezählt werden, ist selbstverständlich – diese benötigen ja auch Platz.

Wenn das Manuskript für ein Werk als Textdatei vorliegt, gestaltet sich das Auszählen des Textes relativ einfach. Jedes Textverarbeitungsprogramm hat in der Regel unter dem Menü „Extras" einen „Wortzähler", mit dessen Hilfe

Wortzähler

Unter Extras > Wortzähler ist diese Hilfe für die Umfangserfassung im Programm MS Word zu finden.

Seitengestaltung

der Umfang eines Manuskriptes leicht und schnell ermittelt werden kann. Die Abbildung oben zeigt den Wortzähler von MS Word und die angegebenen Werte. Verwenden Sie immer den Wert mit Leerzeichen, da diese ja auch Platz benötigen. Um die verkürzten Zeilen an den Absatzenden zu berücksichtigen, kann die Textmenge um jeweils eine Zeile für drei Absätze ergänzt werden. Dies gleicht die vorhandenen Ausgangszeilen erfahrungsgemäß aus.

Grundsätzlich gilt die Regel, dass die „Buchstabenmenge des Manuskriptes" = der „Buchstabenmenge des gedruckten Werkes" entspricht.

Üblicherweise wird bei einer Werkumfangsberechnung die Anzahl der Druckseiten gesucht. Dies wird mit der nachfolgend aufgeführten Formel durchgeführt.

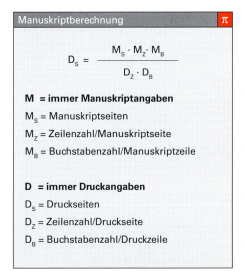

Manuskriptberechnung

$$D_S = \frac{M_S \cdot M_Z \cdot M_B}{D_Z \cdot D_B}$$

M = immer Manuskriptangaben

M_S = Manuskriptseiten

M_Z = Zeilenzahl/Manuskriptseite

M_B = Buchstabenzahl/Manuskriptzeile

D = immer Druckangaben

D_S = Druckseiten

D_Z = Zeilenzahl/Druckseite

D_B = Buchstabenzahl/Druckzeile

Beispielaufgabe 1

Ein Manuskript umfasst 60 Seiten mit je 30 Zeilen und durchschnittlich 55 Zeichen pro Zeile. Eine ausgegebene und verbindliche Musterseite weist 50 Zeilen mit durchschnittlich 75 Buchstaben auf. Welchen Umfang hat das zu erstellende neue Werk?

Lösung:

$$\text{Druckseiten} = \frac{60\ M_S \times 30\ M_Z \times 55\ M_B}{50\ D_Z \times 75\ D_B}$$

= 26,4 Druckseiten
= **27 Druckseiten**

Erg.: Der Umfang des neuen Werkes beträgt 27 Druckseiten.

Beispielaufgabe 2

Ein Manuskript umfasst 750 Seiten mit je 40 Zeilen und durchschnittlich 65 Buchstaben pro Zeile. Die Musterseite weist 55 Zeilen mit durchschnittlich 70 Buchstaben auf. Welchen Umfang hat das neue Werk, wenn zusätzlich noch 50 Bildseiten zu berücksichtigen sind?

Lösung:

$$\text{Druckseiten} = \frac{750\ M_S \times 40\ M_Z \times 65\ M_B}{55\ D_Z \times 70\ D_B}$$

= 506,4 Textseiten
+ 50 Seiten für Bilder
= **557 Druckseiten**

Erg.: Der Umfang des neuen Werkes beträgt 557 Druckseiten.

Beispielaufgaben

Decken Sie vor dem Errechnen der Aufgaben die Lösung ab und vergleichen Sie nach dem Rechnen Ihr Ergebnis und die abgedruckten Lösungen.

Band I – Seite 330
3.4.4 Werksatz

Komplexe Werkumfangsberechnung

Planung und Berechnung eines Werkes weisen viele Faktoren auf, die zum Teil schwer planbar sind. Vor allem der notwendige gestalterische Raumbedarf ist rechnerisch nur schlecht ermittelbar. Dies sind z. B. Leerräume an Kapitelanfängen und bei Ausgangsseiten, Zwischenschläge, notwendige Leerzeilen für die optische Struktur, mehrspaltiger Satz, Fußnoten, Bilder und Bildunterschriften, Titelei mit Inhaltsverzeichnis, Anhang mit Register (Index, Schlagwortverzeichnis) und Literaturangaben.

Als Beispiel für eine derart komplexe Werkstruktur kann durchaus ein Werk wie das vorliegende Kompendium genannt werden. Dieses Werk gliedert sich in jedem Band in drei Hauptteile:

- Titelei: Schmutztitel, Haupttitel, Vorwort und Inhaltsverzeichnis
- Inhaltsbögen: Kapitelseiten mit Text, Bild, Marginalien usw.
- Anhangsbogen: Lösungen, Literaturverzeichnis und Register

Berechnung Titelei

Bei einer Titelei steht die Seitenanordnung weitgehend fest. Die Seitenzahl des Vorwortes wird üblicherweise begrenzt, der Vorwortverfasser muss sich daran halten. Beim Inhaltsverzeichnis lässt sich aus der Buchstruktur die Anzahl der benötigten Zeilen oder Seiten planen und wird bei Berechnungen normalerweise angegeben.

Berechnung Inhalts-/Anhangsbögen

Zur Berechnung des Textumfanges werden die folgenden Informationen angegeben: Anzahl der Buchstaben pro Zeile, Anzahl der Zeilen pro Seite (bei zweispaltigem Satz müssen die Zeilen beider Spalten gezählt werden), Seitenzahl, Unterschied nach Grundtext und Fußnotentext, Bildunterschriften, Anhang u. Ä. Für die Berechnung einer Seite können unterschiedliche Angaben bezüglich des Satzspiegels angegeben werden: Angaben können in Punkt, Millimeter oder Zentimeter erfolgen.

Beispielaufgabe

Decken Sie vor dem Errechnen der Aufgabe die Lösung ab und vergleichen Sie nach dem Rechnen Ihr Ergebnis und die abgedruckte Lösung.

Beispielaufgabe 3

Ein Manuskript umfasst 240 Seiten mit je 40 Zeilen und durchschnittlich 55 Zeichen pro Zeile. Die Musterseite weist 36 Zeilen mit durchschnittlich 62 Buchstaben auf. Dazu kommen noch jeweils 6 Zeilen Leerraum am Beginn von 30 Kapiteln sowie 16 Seiten Titelei. Welchen Umfang hat das Werk, wenn zusätzlich noch 40 Bildseiten dazukommen?

Lösung:

$$\text{Druckseiten} = \frac{55\ M_B \times 40\ M_Z \times 240\ M_S}{36\ D_Z \times 62\ D_B}$$

$$= 236{,}55 \text{ Druckseiten}$$

Leerraumberechnung:

$$30 \times 6 \text{ Zeilen} = 180 \text{ Zeilen}$$
$$180 \text{ Zeilen} : 36 \text{ Zeilen/Seite} = 5 \text{ Seiten}$$
Raumbedarf für Leerzeilen

Gesamtrechnung:

Werkumfang = 236,55 Textseiten
+ 40 Seiten für Bilder
+ 5 Seiten Leerraum
+ 16 Seiten Titelei
= 297,5 Seiten
= **298 Druckseiten**

Erg.: Der Umfang des neuen Werkes beträgt 298 Druckseiten.

3.3.9 Aufgaben

Seitengestaltung

**1 Konstruktionen
für Gestaltungsraster benennen**

Nennen Sie mindestens drei bekannte
klassische Konstruktionsarten für Satzspiegel.

2 Villard'sche Figur konstruieren

Erstellen Sie einen Satzspiegel für ein
beliebiges quadratisches Format mit
Hilfe der Villard'schen Figur.

3 Neunerteilung anwenden

Erstellen Sie einen Satzspiegel für ein
beliebiges Hochformat mit Hilfe einer
Neunerteilung.

**4 Gestaltungsraster und Goldenen
Schnitt anwenden und optimieren**

Erstellen Sie einen Satzspiegel für ein
beliebiges Querformat mit Hilfe des
Goldenen Schnitts. Optimieren Sie diesen Satzspiegel, damit der Bundbereich
verbessert wird.

5 Fachbegriffe definieren

Definieren Sie die folgenden Begriffe:
* Satzspiegel
* Seitenlayout
* Gestaltungsraster

6 Gestaltungsraster anwenden

Welche Spaltenanzahl ist für die meisten Publikationen gut verwendbar.
Begründen Sie.

7 Gestaltungsraster anwenden

Erstellen Sie für eine beliebige dreispaltige Publikation ein vollständiges
Gestaltungsraster.

**8 Medienprodukte und ihre
Gestaltungsraster erkennen
und beurteilen**

Bewerten Sie für beliebig vorhandene
Medienprodukte die Gestaltung unter
Beachtung folgender Kriterien:
* Satzspiegelaufbau
* Zeilenbreite und Lesbarkeit
* Gestaltungsraster
* Spannungsverhältnis bedruckte/un-
  bedruckte Fläche
* Vorhandene Variationen innerhalb
  der Gestaltung
* Bewertung der Seiten hinsichtlich
  Übersichtlichkeit und Textstruktur

**9 Gestaltungsraster erstellen,
beschreiben und dokumentieren**

Untersuchen Sie beliebige Internetauftritte und prüfen Sie, ob bei diesen
Internetseiten ein Gestaltungsraster
verwendet wird. Drucken Sie diese
Seiten aus, zeichnen Sie das gefundene
Gestaltungsraster ein und geben Sie
die Pixelmaße an.

3.4 Printprodukte

3.4.1	Formate	316
3.4.2	Normbriefbogen nach DIN 676	320
3.4.3	Geschäftsausstattung	324
3.4.4	Werksatz	330
3.4.5	Zeitungsgestaltung	337
3.4.6	Zeitung in der Krise	346
3.4.7	Aufgaben	352

3.4.1 Formate

Band I – Seite 337
3.4.5 Zeitungsgestaltung

Zeitungsformate

Deutsche Formate

Rheinisches Format
365 x 510 mm
Halbrheinisches Format 255 x 365 mm
Berliner Format
315 x 470 mm
Nordisches Format
400 x 570 mm

Internationale Formate

Neue Züricher Zeitung
330 x 475 mm
New York Times
390 x 585 mm

DIN-Format

Die DIN-A-Reihe und deren Größenzusammenhang, ausgehend vom verkleinert dargestellten DIN-A0-Ausgangsformat
841 mm x 1189 mm.
Die Formate A7 bis A10 sind aus optischen Gründen hier nicht dargestellt, werden aber ebenso durch Teilung ermittelt.

DIN 476 von 1922
DIN EN ISO 216 von 2007

Die DIN-Formate wurden schon 1922 als DIN 476 eingeführt. 1925 bestimmte der Weltpostverein DIN A6 als internationale Postkartengröße.

Die Basisgröße der DIN-Reihen ist ein Rechteck mit einer Fläche von einem Quadratmeter. Das Ausgangsformat DIN A0 beträgt 841 x 1189 mm = 1 m^2. Die kleinere Seite des Bogens steht zur größeren Seite im Verhältnis 1 zu √2 (1,4142). Das nächstkleinere Format entsteht jeweils durch Halbieren der Längsseite des Ausgangsformates. Die Zahl gibt an, wie oft das Ausgangsformat A0 geteilt wurde.

Ebenso können aus kleineren Formaten durch Verdoppeln der kurzen Seite jeweils die größeren Formate erstellt werden.

DIN-A-Reihe
Die Formate der A-Reihe werden für Zeitschriften, Bücher, Prospekte, Geschäftsdrucksachen, Briefbogen, Formulare, Karteikarten, Hefte, Postkarten und andere Drucksachen benutzt. Die DIN-A-Reihe ist die Ausgangsreihe für die anderen DIN-Reihen und Grundlage der Formatklassen bei Druckmaschinen.

DIN-B-Reihe
Die B-Reihe wird überwiegend als Hüllformate für Ordner, Mappen usw. verwendet, wobei die A-Reihe in die B-Reihe der gleichen Formatklasse eingesteckt werden kann. Die allseits bekannten Leitz-Ordner sind das wohl bekannteste Produkt der B-Reihe.

DIN-C-Reihe
In der C-Reihe finden sich alle unsere Normumschläge, die im Geschäftsleben und beim Postversand zum Einsatz kommen. Briefumschläge, Versandtaschen, aber auch Umschläge gehören dazu.

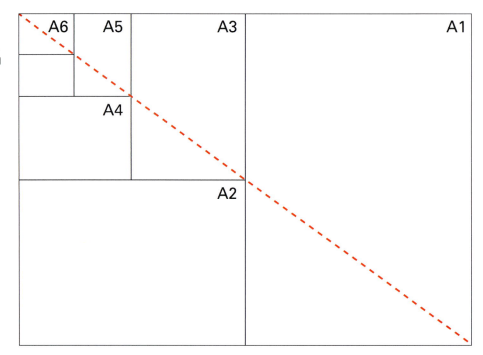

316

Printprodukte

DIN-A-Reihe	
A 0	841 x 1189 mm
A 1	549 x 841 mm
A 2	420 x 594 mm
A 3	297 x 420 mm
A 4	210 x 297 mm
A 5	148 x 210 mm
A 6 Postkartenformat	105 x 148 mm
A 7	74 x 105 mm
A 8	52 x 74 mm
A 9	37 x 52 mm
A 10	26 x 37 mm

DIN-B-Reihe	
B 0	1000 x 1414 mm
B 1	707 x 1000 mm
B 2	500 x 707 mm
B 3	353 x 500 mm
B 4	250 x 353 mm
B 5	176 x 250 mm
B 6	125 x 176 mm
B 7	88 x 125 mm
B 8	62 x 88 mm
B 9	44 x 62 mm
B 10	31 x 44 mm

DIN-C-Reihe	
C 0	917 x 1297 mm
C 1	648 x 917 mm
C 2	485 x 648 mm
C 3	297 x 420 mm
C 4	229 x 324 mm
C 5	162 x 229 mm
C 6	114 x 162 mm
C 7	81 x 114 mm
C 8	57 x 81 mm
C 9	40 x 57 mm
C 10	28 x 40 mm

Formatklassen	Bogenoffsetdruck
0	500 x 700 mm
I	560 x 830 mm
II	610 x 860 mm
III	640 x 965 mm
IIIb	720 x 1020 mm
IV	780 x 1120 mm
V	890 x 1260 mm
VI	1000 x 1400 mm
VII	1100 x 1600 mm
X	1400 x 2000 mm
Sonderformate	z. B. für Rollendruck

Band II – Seite 543
9.1 Konventioneller Druck

Band II – Seite 623
9.2 Digitaldruck

Band II – Seite 671
9.3 Ausschießen

DIN-Formatreihen im Überblick

Links oben:
DIN-A-Reihe

Rechts oben:
DIN-B-Reihe

Links unten:
DIN-C-Reihe

Rechts unten:
Druckformatklassen für den Bogenoffsetdruck im Überblick

Die Einteilung der Bogenoffsetmaschinen erfolgt nach dem maximal bedruckbaren Papierformat. Je nach Druckmaschinenhersteller sind hier geringfügige Abweichungen möglich.

Nutzen/Drucknutzen

Auf einem Druckbogen werden mehrere Exemplare eines Auftrages so platziert, dass bei einem Druckgang z. B. vier Exemplare einer Drucksache auf einem Bogen gedruckt werden.

DIN-Formate sind Fertigformate

Die zum Druck benötigten Rohbogen müssen um den erforderlichen Beschnitt größer gewählt werden. Für das A1-Format ist ein Druckformat von 610 mm x 860 mm notwendig, das in der Maschinen- oder Formatklasse II gedruckt werden kann. Da in Druckmaschinen häufig zu mehreren Nutzen gedruckt wird, müssen die Druckformatklassen diese Bogenausnutzung für DIN-Formate auch zulassen. Dies wird durch eine entsprechende Nutzenberechnung ermöglicht.

Maschinenklassen

Nach den erforderlichen Rohbogenformaten wurden von den Druckmaschinenherstellern entsprechende Druckformatklassen für Bogenoffset-druckmaschinen definiert. Die Grundformate finden Sie in der Tabelle oben. Diese Einteilung in die Formatklassen erfolgt nach dem maximal bedruckbaren Papierformat.

Amerikanisches Format

Die amerikanischen Formate sind meist willkürlich, sie entsprechen keiner Gesetzmäßigkeit wie z. B. die DIN-A-Reihe. Der amerikanische Briefbogen ist etwas kleiner als DIN A4: 8,5 x 11 Inch. Zum Vergleich die Größe von DIN A4 in Inch: 8,27 x 11,69 inch.

Die Bedeutung des amerikanischen Formats liegt für uns weniger in der gestalterischen Relevanz, sondern darin, dass die Soft- und Hardware in ihren Grundeinstellungen häufig auf diese Formate ausgerichtet sind.

Band II – Seite 671
9.3 Ausschießen

Band II – Seite 697
9.5 Weiterverarbeitung

DIN 824

Die Norm DIN 824 beschreibt eine Methode, die es ermöglicht, Papiere im Format A 0 bis A 3 so auf das Format A 4 zu falten, dass das Endformat A 4 mit seiner Lochung in einen Ordner abgeheftet werden kann.

Damit kann ein großformatig gefaltetes Produkt auf ein Aufbewahrungsformat gebracht werden, das eine bessere Ablage in Ordnern der DIN-B-Reihe ermöglicht. Ist das gefalzte Produkt abgeheftet, kann es im Ordner entfaltet werden, ohne dass das Produkt aus dem Ordner genommen werden muss. Dies ermöglicht einen schnellen und sicheren Zugriff z.B. auf technische Zeichnungen, Baupläne, Konstruktionszeichnungen, Lagepläne oder Planungskarten bzw. Landkarten.

Die DIN-Norm regelt die normgerechte Ausführung des Falzens von technischen Zeichnungen. Mehrheitlich werden Pläne im A3-Format oder größer auf das Format A4 gefaltet. Dabei unterscheidet die Norm 824 zwischen zwei unterschiedlichen Faltungen:
- Zur Ablage in Heftern mit Lochrand. Hier muss ein Rand zur Lochung überstehen. Dies ist in den Grafiken auf dieser Doppelseite dargestellt (DIN 824-A).
- Die Faltung zur Ablage ohne Heftung (DIN 824-C) wird vor allem für Archivierungszwecke genutzt.

Die DIN 824 taucht in den Prüfungsordnungen für Bachelor- und Masterarbeiten häufig wie im folgenden Auszug der Hochschule für angewandte Wissenschaften München auf:
Punkt 7 Richtlinie für die Gestaltung der Bachelorarbeit:
- Behandlung von Anlagen (Karten, Pläne, Risse; Aufschreibungen und Berechnungen)
- a) Anlagen numerieren und Anlagenverzeichnis unmittelbar nach der Inhaltsübersicht einfügen,
- b) Anlagenblätter möglichst - nach DIN 824 - auf Format A4 falten.

Die DIN 824 weist derzeit keine ISO-Entsprechung auf.

Auch in Ausschreibungsunterlagen für öffentliche Aufträge wird häufig vorgeschrieben, dass Planungsunterlagen nach der DIN 824 gefalzt und dazu noch in einer vorgeschriebenen Reihenfolge abzuheften sind.

Detailbemaßung

Die nebenstehende Detaildarstellung zeigt die Maßverhältnisse beispielhaft für ein DIN-A2-Format für eine Falzung nach DIN 824.

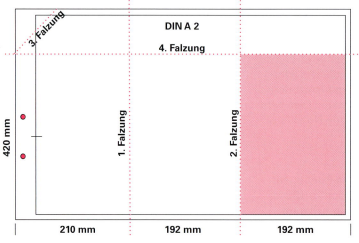

Verkleinerte Darstellung auf der gegenüberliegenden Seite

Printprodukte

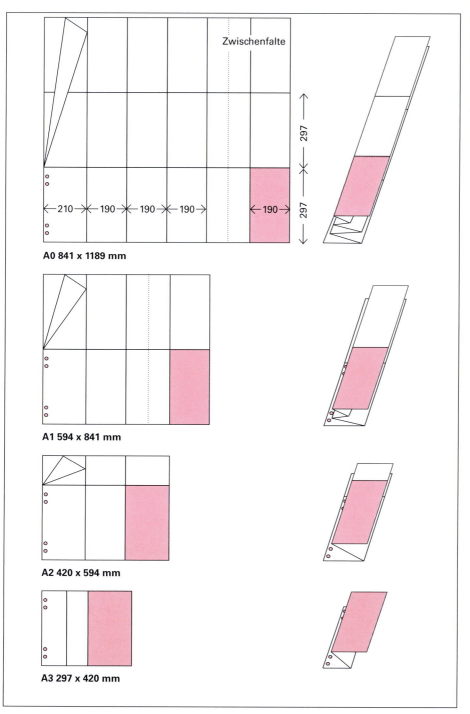

Faltungsschemata für die Heftablage mit gelochtem Rand

Die nebenstehende Darstellung zeigt die grundlegenden Aufteilungs- und Falzverhältnisse nach DIN 824.

(Alle Angaben in mm)

319

3.4.2   Normbriefbogen nach DIN 676

Band I – Seite 316
3.4.1 Formate

DIN-Vorschriften für Normbriefbogen und Textverarbeitung

Normbriefbogen nach DIN 676, DIN 5008 Schreib- und Gestaltungsregeln für die Textverarbeitung

Eine vermeintliche Alltagsarbeit ist die Gestaltung von Visitenkarten, Briefbögen oder eine einfache Präsentation für eine Firma. In diesen und noch in vielen weiteren Anwendungsfällen, in denen eine Firma nach außen und nach innen wirkt, macht das einheitliche Erscheinungsbild, das Coporate Image (CI) eines Betriebes, das Unternehmen am Markt unverwechselbar und fördert die Wiedererkennung durch die Kunden. Zur Konzeption dieser Unternehmensidentität gehören das Unternehmensbild (CD), die Unternehmenskultur und die Unternehmenskommunikation.

Corporate Design (CD) ist das visuelle Erscheinungsbild. Durch die Verwendung derselben gestalterischen Elemente soll eine schnelle Wiedererkennung und Identifikation mit der Firma bzw. deren Produkte und Dienstleistungen erzielt werden.

Zum CD gehören z. B. das Logo, die Typografie, die Hausfarbe, der Slogan, einheitliche Geschäftspapiere, einheitliche Standarddrucksachen, einheitliche Medienauftritte, einheitliche Fahrzeugbeschriftungen, einheitliche Gebäudekennzeichnungen und einheitliche Verpackungen.

Wird ein Produkt durch seinen Markennamen auf viele Konkurrenzprodukte angewendet, ist das einer der größten CD-Erfolge. Als Beispiel können Papiertaschentücher genannt werden: Es gibt viele unterschiedliche Marken, aber landläufig sagt man Tempo-Taschentuch.

Verschiedene DIN-Reihen

DIN-Reihen und deren Verwendung im Kommunikationsprozess und in der Bürokommunikation

3.4.2.1   Geschäftsbriefbogen

Die schnelle kaufmännische Verarbeitung von Geschäftsbriefen verlangt nach einem einheitlichen, immer gleichen Normbriefbogen. Dadurch ist eine schnelle und sichere Bearbeitung und Archivierung von Geschäftskorrespondenz möglich. Alle Geschäftsdrucksachen und die dafür gedachten Ordnungssysteme verwenden Formate nach den drei DIN-Reihen. Einen Kurzüberblick dazu sehen Sie unten.

Vorgaben für einen Normbriefbogen
Die Bearbeitung eines Geschäftsbriefes in der Bürokommunikation verlangt:
- einen Heftrand von 20 mm,
- eine Lochmarke in halber Höhe des Blattes, etwa 0,5 cm vom linken Papierrand entfernt,
- einen Raum für Bearbeitungsvermerke, Eingangsstempel und sonstige Anmerkungen zu einem Geschäftsgang. Der dafür vorgesehene Platz ist 105 mm breit und 45 mm hoch. Oftmals wird dieser Raum für Gestaltungszwecke mitgenutzt. Doch sollte bei der Entwicklung einer Gestaltungsidee berücksichtigt werden, dass genügend Raum für Bearbeitungsvermerke vorhanden ist.
- Die Ortsfestlegung z. B. der Bezugszeichenzeile dient der schnellen Orientierung des Lesers auf einem Geschäftsbrief. Informationen lassen sich dadurch schneller finden, aufnehmen und verarbeiten.

Die Vorgaben der DIN-Norm lassen für Gestaltungsideen bei der Entwicklung von Geschäftsdrucksachen genügend Spielraum. Zwischen Norm und pfiffig gestalteten Briefbogen besteht kein unlösbarer Widerspruch.

DIN-A-Reihe	DIN-B-Reihe	DIN-C-Reihe
Vorzugsreihe z. B. Formate für Geschäftsdrucksachen	**Ordner + Druckbogen** z. B. Ordner und Heftmappen, unbeschnitte Druckbogen	**Versandhüllen** z. B. Umschläge, Briefhüllen

320

Printprodukte

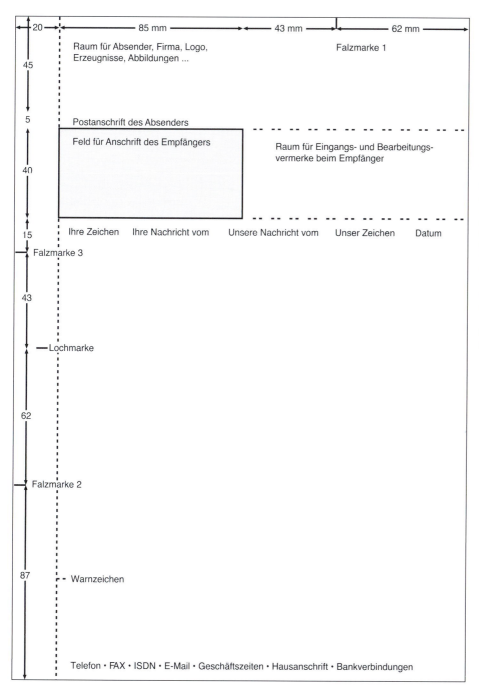

Geschäftsbrief

Gestaltung von Schriftstücken nach DIN 5008, DIN 5009, DIN 676
Ausgabe: 2002

Schreib- und Gestaltungsregeln für die Textverarbeitung nach DIN 5008
Ausgabe: 2001

Die Reihen A und B sind in der DIN-Norm 476 Teil 1 (EN 20216 und ISO 216) festgelegt, während die Reihe C in der DIN-Norm 476 Teil 2 beschrieben ist, aber nicht als internationale Norm übernommen wurde.

www.din.de
www.dtp-praxis.de

EU-Publizitätsrichtlinie für Handwerk und Industrie

Jede Form von Geschäftsbriefen ist von der Pflicht zu Mindestangaben erfasst, also auch E-Mails oder Telefaxe. Schon bisher ging die herrschende Meinung im Schrifttum davon aus, dass auch E-Mails als Geschäftsbriefe anzusehen sind. Die EU-Publizitätsrichtlinie schreibt in Artikel 4 ausdrücklich vor, dass Pflichtangaben auf Geschäftsbriefen und Bestellscheinen unabhängig von der Form dieser Dokumente zu machen sind.

Quellen: § 37 a Abs.1, 125 Abs. 1 Satz 1 Handelsgesetzbuch, § 80 Abs. 1 Satz 1 Aktiengesetz, § 35 a Abs. 1 Satz 1 GmbH-Gesetz und § 25a Genossenschaftsgesetz. In Bezug auf Geschäftsbriefe wird in diese Gesetze die Formulierung „gleichviel welcher Form" eingefügt.

Die Abbildung des Normbriefbogens auf der vorherigen Seite 301 zeigt die wichtigsten Maße und Einteilungen des DIN-A4-Briefbogens für den Geschäftsbrief.

Diese Darstellung entspricht den Normvorgaben. Der Designer hat im Rahmen der Normfestlegungen erhebliche Spielräume, um spannungsreiche und interessante Geschäftsbriefbogen zu entwickeln. Der „Raum für Eingangs- und Bearbeitungsvermerke beim Empfänger" wurde in der Form, wie in der Abbildung dargestellt, aus der alten Norm übernommen. Das bedeutet, dass der ausgewiesene Raum für Gestaltungszwecke zur Verfügung stehen kann. Allerdings sollte jede Gestaltung die notwendigen Bearbeitungsvermerke beim Empfänger eines Geschäftsbriefes zulassen. Grundgedanke muss immer sein, dass der Versand und die Bearbeitung des Geschäftsbriefes nach einem schnellen und eindeutigen Verfahren z. B. in der Poststelle eines Großbetriebes ermöglicht wird.

Der abgebildete Briefbogen ist für die Verwendung von Fensterbriefhüllen nach DIN-C6-Normalhülle oder der DIN-C6-Langhülle eingerichtet.

Betreff- und Bezugszeichenzeile

Nicht abgebildet ist der so genannte Betreff, der 12,5 mm unter der Bezugszeichenzeile (oder Leitwortzeile) stehen sollte. Bei modernen Briefbogen wird die Betreffzeile als vorgedruckte Zeile nicht mehr verwendet. Das Gleiche gilt zwischenzeitlich auch für die Bezugszeichenzeile. Diese wird von den Textverarbeitungssystemen an der dafür vorgesehenen Position eingedruckt.

Warnzeichen

Das Warnzeichen am unteren Ende des verfügbaren Textbereiches wird oft nur als kleiner Punkt mitgedruckt. Werden die Briefe mit Textverarbeitungssystemen erstellt, ist dieses Zeichen nicht notwendig. In der Regel wird mit Textmasken gearbeitet, die vor dem Erreichen der letzten Zeilen akustisch vor dem Seitenende warnen und einen automatischen Seitenwechsel zur nächsten Seite durchführen.

3.4.2.2 Pflicht- oder Mindestangaben auf einem Geschäftsbrief

Bei der Gestaltung von Geschäftsbriefen müssen bestimmte Kommunikationsangaben im Interesse des Geschäftsverkehrs angegeben werden. Verstöße können mit bis zu 5000.- geahndet werden.

Der Umfang der vom Gesetzgeber vorgeschriebenen Angaben ist abhängig von der Rechtsform des Unternehmens und der Art der Korrespondenz. Auf Rechnungen gehört beispielsweise auch immer die Steuernummer oder die Angabe der USt-IdNr.

Als Mediengestalter müssen Sie Ihre Kunden bei der Gestaltung des Geschäftsbriefbogens beraten können. Neben der grafischen Gestaltung ist hier sehr häufig auch beim Pflichtinhalt eines Geschäftsbriefbogens Beratungsbedarf gegeben. Daher folgt hier ein kurzer Überblick der wichtigsten Pflichtangaben eines Geschäftsbriefs:

Einzelkaufleute
- Gesellschaft
- Rechtsform
- „eingetragener Kaufmann", „eingetragene Kauffrau" oder „e.K.", „e.Kfm", „e.Kfr"
- Ort der Handelsniederlassung
- Registergericht
- Registernummer

Personenhandelsgesellschaften
- Rechtsform: „offene Handelsgesellschaft", „Kommanditgesellschaft" oder „OHG", „KG"
- Sitz der Gesellschaft
- Registergericht
- Handelsregisternummer
- Beschränkt haftende Personenhandelsgesellschaften dürfen nicht mehr die Bezeichnung „GmbH & Co." führen, sondern müssen auf die konkrete Rechtsform hinweisen (GmbH & Co. KG, GmbH & Co. OHG).
- Personenhandelsgesellschaften ohne natürliche Person als persönlich haftendem Gesellschafter müssen auf Geschäftsbriefen zudem die Firmen der Gesellschafter nennen sowie die vorgesehenen Angaben für die Kapitalgesellschafter angeben.

Gesellschaft mit beschränkter Haftung
- Rechtsform: „Gesellschaft mit beschränkter Haftung" oder „GmbH"
- Sitz der Gesellschaft
- Registergericht
- Handelsregisternummer
- Alle Geschäftsführer
- Wenn ein Aufsichtsrat gebildet wurde, ist der Vorsitzende des Aufsichtsrates mit Vornamen und Familiennamen zu benennen.

Aktiengesellschaft
- Rechtsform: „Aktiengesellschaft" oder „AG"
- Sitz der Gesellschaft
- Registergericht
- Handelsregisternummer
- Alle Vorstände mit Vornamen und Familiennamen und der Bezeichnung des Vorstandsvorsitzenden
- Vorsitzender des Aufsichtsrates mit Vornamen und Familiennamen

Geschäftsbriefbogen
Beispielhafte Gestaltungen von Geschäftsbriefbogen nach den Normvorgaben

3.4.3 Geschäftsausstattung

Band I – Seite 643
7.4.2 Coporate Design

Der Geschäftsbriefbogen ist Grundlage jeder Geschäftsausstattung für ein Unternehmen. Aber auch Privatpersonen gehen zunehmend dazu über, sich Briefbogen zuzulegen, die am Geschäftsbriefbogen orientiert sind.

Standardgeschäftsausstattung
Für ein Unternehmen ist ein Geschäftsbriefbogen nicht ausreichend, es sind zusätzliche Drucksachen erforderlich, um ein funktionierendes Erscheinungsbild nach innen und außen sicherzustellen. Zu einer solchen Geschäftsausstattung sind die folgenden Drucksachen zusammengefasst und werden oft auch so angeboten:
- Geschäftsbriefbogen nach DIN/ISO
- Rechnungsformular
- Briefumschläge
- Kurzmitteilung
- Faxbrief oder -formular
- Telefonmitteilung/Gesprächsnotiz
- Visitenkarten

Erweiterte Ausstattung
Neben den oben genannten Standarddrucksachen für ein Unternehmen gibt es noch eine Reihe von ergänzenden Produkten, die von einem Unternehmen verlangt werden können und die im Rahmen des Unternehmens-CI sinn- und wirkungsvoll sind:
- Image-Mappen
- Broschüren
- Schreibblocks
- Postkarten
- Flyer
- Plakate

3.4.3.1 Gestaltung und Ausstattung

Die Gestaltung und Ausstattung der Geschäftsdrucksachen ist neben dem Firmenlogo die individuellste und einprägsamste Form der Image-Werbung. Geschäftsdrucksachen müssen auf den Empfänger einen harmonisch, sachlichen und gefälligen Eindruck machen. Die Erscheinung darf nicht aufdringlich und optisch überfrachtet wirken.

Eine wesentliche Grundregel gilt hier immer: Geschäftsdrucksachen sollen einheitlich gestaltet sein – sie müssen wie aus einem Guss wirken!

Gestaltungsgrundsätze
- Klare, gut lesbare Schriften
- Übersichtliche und logische Anordnung der einzelnen Bestandteile der Unternehmensdarstellung
- Das Firmenlogo muss immer eine gleichartige Verwendung finden. Abweichungen sind nicht zulässig, außer wenn, wie beim Faxbrief, eine S/W-Variante erforderlich ist.
- Farben müssen zurückhaltend eingesetzt werden. Im Vordergrund steht die Unternehmung sowie deren Logo und nicht die Wirkung irgendwelcher Farben.
- Normvorgaben müssen eingehalten werden, eventuelle postalische Vorgaben sind zu beachten.
- Blindprägung zur dezenten und edel wirkenden Hervorhebung von Logo oder Firmenname ist eine Möglichkeit der Hervorhebung.
- Spotlackierungen sind effektvolle Ausstattungsvarianten, passen aber nicht zu jedem Design – also vorsichtig verwenden.
- Besonders edel wirkende Papiere sind ein Mittel, um sich als anspruchsvolle Unternehmung vorzustellen. Allerdings ist dies durch die Verwendung von Desktop-Druckern im Officebereich teilweise eingeschränkt, da nicht allc Ausgabedrucker alle Papiere zufriedenstellend bedrucken. Es sollen aber ohne Aus-

Printprodukte

nahme immer die gleichen Papierqualitäten für Geschäftsdrucksachen verwendet werden.

Formate für Geschäftsdrucksachen
Ausgehend von DIN A4 für den Geschäftsbriefbogen werden für die vorne benannten Drucksachen immer Formate verwendet, die eine Entsprechung in der DIN-C-Reihe für den Versand aufweisen. Auf der folgenden Seite sind die wichtigsten Formate verkleinert mit ihren Maßen wiedergegeben.

Visitenkarte im Scheckkartenformat, quer
86 x 54 mm

- In der Regel einseitig bedruckt
- 1 bis 4-farbig
- Bedruckstoff liegt zwischen 250–350 g/m².
- Wenn als Doppelkarte zum Aufklappen geplant, muss genutet werden, um einen guten Aufklappvorgang zu ermöglichen.
- Drucklackierung und Folienkaschierung ist matt oder glänzend möglich.

Visitenkarte im Scheckkartenformat, hoch
54 x 86 mm

- In der Regel einseitig bedruckt
- 1 bis 4-farbig
- Bedruckstoff liegt zwischen 250–350 g/m².
- Wenn als Doppelkarte zum Aufklappen geplant, muss genutet werden, um einen guten Aufklappvorgang zu ermöglichen.
- Drucklackierung und Folienkaschierung ist matt oder glänzend möglich.

Visitenkarten im Scheckkartenformat

86 x 54 mm ist das gebräuchlichste Format für Visitenkarten, da die Aufbewahrung und Verwaltung mit entsprechenden Ordnungsmitteln ausgesprochen praktikabel ist.

Visitenkarten einer Online-Druckerei

Ganz links: Anregende Entwürfe zum Anschauen bei

www.smileprint.de

325

3.4.3.2 Anwendungsbeispiel

Formatüberblick

Kommunikationsmittel mit Außenwirkung
- Normbrief (im Hintergrund) 210 x 297 mm
- Rechnung (im Vordergrund) 210 x 297 mm
- Visitenkarte 86 x 54 mm
- Briefumschlag DIN lang (kurz DL) 220 x 110 mm
- Briefumschlag DIN lang (kurz DL)

Printprodukte

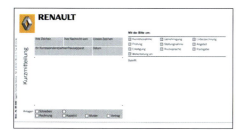

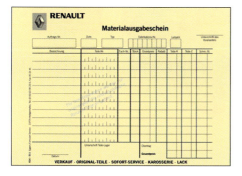

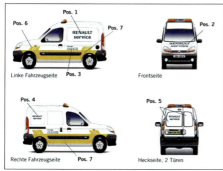

Formatüberblick

Kommunikationsmittel mit Außenwirkung
- Kurzbrief
  210 x 99 mm

Mittel für die innerbetriebliche Kommunikation. Diesen muss die gleiche Beachtung geschenkt werden wie der Außenkommunikation eines Unternehmens.
- Materialschein A5 Querformat für die innerbetriebliche Kommunikation
  210 x 148 mm
- Gesprächsmitteilung/Notizblock
  A5 Hochformat
  148 x 210 mm
- Reifeneinlagerungsnachweis
  A4 Hochformat
  148 x 210 mm
  Durchschreibesatz mit Exemplar für Kunden und Autohaus

Um den CI-Gedanken bereits hier zu verdeutlichen, ist unten links noch das Fahrzeugdesign eines Servicefahrzeuges dargestellt. Dieses Fahrzeug muss im Erscheinungsbild sofort als Servicefahrzeug der Marke Renault erkennbar sein. Die Farben, die Schrift und das Grunddesign müssen sofort die Assoziation „Renault" beim Betrachter hervorrufen.

Abb.: Renault AG, Brühl

327

Internetauftritt als Teil der Geschäftsausstattung eines Unternehmens

Ein einheitlich gestaltetes Erscheinungsbild eines Unternehmens verbessert die Markenwahrnehmung.

Zur Grundausstattung eines Unternehmens gehört neben den erforderlichen Geschäftsdrucksachen ein attraktiver und informativer Internetauftritt. Für viele Geschäftspartner und für potenzielle Kunden stellt der Internetauftritt oftmals den ersten Kontakt zu einem Unternehmen her. Daher sind Geschäftsdrucksachen und Internetauftritt von der Bedeutung und Außenwirkung für ein Unternehmen gleichwertig – es sind erste Visitenkarten für die Selbstdarstellung eines Unternehmens.

Die Internetseite als „digitale Visitenkarte" eines Unternehmens muss dem Corporate Design des Unternehmens entsprechen. Erscheinungsbild, optische Ansprache und Produktpräsentation müssen sofort das Unternehmen deutlich repräsentieren. Dabei sind neben der wichtigen optischen Erscheinung auch eine Reihe funktionaler Aspekte zu berücksichtigen:
- Gute Lesbarkeit
- Keine optische Überfrachtung
- Sichere Funktion
- Schnelles Auffinden des Impressums
- Schnelle Kontaktmöglichkeit zum Unternehmen
- Formulare und alle Downloadangebote müssen dem Unternehmens-CD entsprechen.

Ein besonderes Augenmerk ist auf die Schriftverwendung zu legen. Schriften wirken unterschwellig, transportieren Wertvorstellungen und Einstellungen. Daher müssen Schriften im Bereich der Geschäftsdrucksachen und beim Internetauftritt identisch sein. Das kann schwierig sein und erfordert vom Designer gute Kenntnisse in der Schriftanwendung für Print- und Digitalmedien.

Printprodukte

3.4.3.3 Präsentation von Geschäftsdrucksachen

Wenn umfangreiche Geschäftsdrucksachen entwickelt werden, ist es unumgänglich, dass dem Kunden entwickelte Entwürfe und zum Schluss das gesamte Designpaket Geschäftsdrucksachen präsentiert wird.

Dabei ist zu beachten, dass dem Kunden keine „leeren" Produkte vorgestellt werden, sondern dass die Drucksachen mit Funktionstexten versehen werden. Geschäftsdrucksachen werden für die Aufnahme von Textinformationen gestaltet. Es ist daher unabdingbar, dass während des Entwurfs und vor allem bei der Präsentation die Briefbögen, Rechnungen, Kurzbriefe usw. mit einem Blindtext vorgestellt werden.

Der Empfänger einer Geschäftsdrucksache erhält immer einen ausgefüllten Brief – die Drucksache wirkt also beim Empfänger immer nur mit dem vorgesehenen Inhalt. Da sich die Wirkung eines leeren Briefes deutlich von einem beschriebenen unterscheidet, muss bei der Präsentation einer Geschäftsausstattung diese sowohl in leerer als auch in beschriebener Form vorliegen.

Als Mustertext verwenden Sie einen Blindtext, also keinen realen Geschäftsvorgang.

Muster

Bei Präsentationen werden immer beschriebene Formulare und Briefe vorgestellt. Sie entsprechen in der Darstellung und Wirkung der späteren Nutzung.

329

3.4.4 Werksatz

Band I – Seite 753
9.1.6.8 Zeitungsimpressum

Band I – Seite 754
9.1.6.9 Buchimpressum und ISBN

Band I – Seite 772
9.2.4.1 Musterimpressum (Web)

Der Werksatz ist die älteste Satzart, die wir in der Druckgeschichte kennen. Die ersten Druckwerke waren Bücher und Zeitungen, die nach den Schreibregeln der Schreibstuben gesetzt wurden. Damals wie heute hatte die klare Gliederung, Übersichtlichkeit und gute Lesbarkeit eines Druckwerkes oberste Priorität. Die Ansprüche haben sich hier im Detail geändert, aber der grundsätzliche Aufbau, vor allem bei Büchern, ist im Großen und Ganzen gleich geblieben.

3.4.4.1 Gliederung eines Buches

Ein Werk oder Buch gliedert sich im Prinzip immer nach dem gleichen Schema auf:

- Titelseiten oder Titelbogen
- Inhalt mit Text- und/oder Bildseiten
- Anhang

Titelbogen
Der Titelbogen eröffnet ein Buch, gibt ihm Form und Gesicht. Zum Titelbogen gehören:

- Schmutztitel (nur Titel des Buches)
- Haupttitel (Autor oder Autorenteam, Haupttitel, Untertitel und Verlag)
- Impressum (mit Copyright-Vermerk und ISBN)
- Vorwort der Autoren oder des Herausgebers
- Inhaltsverzeichnis mit einer oder mehreren Seiten

Manche Werke enthalten noch einen Widmungs- oder Dedikationstitel. Diese Seite wird vor dem Vorwort eingefügt.

Ein Titelbogen ist häufig nicht paginiert. Sind umfangreiche Inhaltsverzeichnisse vorhanden, erfolgt die Paginierung oftmals mit römischen Zahlzeichen. Dadurch wird ein optisch deutlicher Unterschied zur Standardpaginierung im Textteil hergestellt.

Schmutztitel
Der Schmutztitel führt zum Haupttitel und schützt diesen vor mechanischen Beschädigungen. Im Schmutztitel steht häufig nur der Titel des Buches. Je nach Verlag kann hier auch der Verfasser und ein Verlagssignet stehen. Die Rückseite des Schmutztitels ist eine Vakatseite oder Leerseite.

Haupttitel
Die wichtigste Seite innerhalb des Titelbogens. Auf dem Haupttitel stehen:

- Titel des Buches
- Untertitel
- Verfasser/Autoren
- Verlag

Der Haupttitel sollte repräsentativ gestaltet sein – er ist die Visitenkarte des Buches –, ihn schauen Leser und damit die potentiellen Käufer zuerst im Buch an, danach überfliegen sie zumeist die Inhaltsangabe.

Impressum
Das Impressum ist immer auf der Rückseite des Haupttitels. Es beinhaltet folgende Angaben:

- Verlag
- Druckerei
- Illustratoren
- Buchhersteller oder Design
- Übersetzung
- Nachdruck und Auflage
- Copyright ©
- ISBN

Das Impressum ist nach dem Welturheberrechtsabkommen für diese Position nach dem Haupttitel vorgeschrieben. In der EU klappt das auch ganz gut.

Dedikationstitel
Der Dedikationstitel oder Widmungstitel kann eingeschoben werden, wenn das Buch einer Person oder Institution besonders gewidmet wird. Der Dedika-

tionstitel soll dezent gestaltet werden. Wird ein Dedikationstitel verwendet, folgt eine linke Vakatseite und danach das Vorwort. Durch den Einschub eines Dedikationstitels wird der Titelbogen um zwei Seiten erweitert.

Vorwort
Die Einleitung zum eigentlichen Buchinhalt ist das Vorwort. Man erfährt etwas über die Entstehung und die Idee des Buches, es finden sich Hinweise zur Nutzung und Danksagungen an beteiligte Personen.

Gestalterisch lehnt sich das Vorwort an die folgende Buchgestaltung an. Es wird der gleiche Satzspiegel und die Grundschrift verwendet. Oftmals wird das Vorwort durch eine kursive Schriftverwendung optisch hervorgehoben. Wird das Vorwort nur über eine Seite geführt, bleibt die Rückseite leer.

Inhaltsverzeichnis
Das Inhaltsverzeichnis folgt üblicherweise dem Vorwort. Es wird römisch paginiert und sollte – wenn es geht – auf einer rechten Seite enden. Wenn dies der Fall ist, steht der dann folgenden Seite 1 des ersten Kapitels eine Vakatseite gegenüber. Dies ist optisch schön und markiert einen klaren Inhaltsanfang im Buch. Das Inhaltsverzeichnis kann auch an das Ende des Buches gesetzt werden. Dies ist allerdings nicht sinnvoll, wenn das Buch einen Indexanhang oder ein Literaturverzeichnis am Schluss aufweist.

Anmerkungen zum Titelbogen
Gut gestaltete Bücher mit größerem Umfang und einer hochwertigen Aufmachung haben in der Regel einen vollständigen Titelbogen, wie er hier beschrieben wurde. Vor allem Taschenbücher und sonstige Werke mit kleine-

Titelbogen in der Buchherstellung

Werksatz
Schema eines Titelbogens. Der Dedikationstitel wird vor dem Vorwort eingefügt, wenn ein Nachruf erforderlich ist.

rem Umfang weisen häufig einen unvollständigen Titelbogen auf. Dies wird vor allem aus wirtschaftlichen Gründen so gestaltet, da die Buchproduktion dadurch Seiten und damit Papier- und Druckkosten einspart.

Inhalt mit Text und Bild

Alle Inhaltsseiten haben im Prinzip einen gleichen Layoutaufbau. Text und Bild werden nach den Erfordernissen des Inhalts passend auf die einzelnen Seiten in den Satzspiegel gruppiert. Die Paginierung erfolgt mit lateinischen Zahlen.

Die Gliederungsstruktur der einzelnen Kapitel erfolgt immer gleichartig – so ist z. B. der Kapitelbeginn immer auf einer rechten Seite mit einer Eingangseite und einer entsprechenden Farbmarkierung. Leser finden eine solche charakteristische Seite deutlich schneller. Sie können solch einen klaren Kapitelbeginn in Ihrem Kompendium nachschlagen.

Schriftart und typografische Gestaltung sollen passend zum Inhalt sein und sich durch das ganze Werk hindurch gleichartig durchziehen.

Anhang

Hier findet sich häufig das Stichwort- und Literaturverzeichnis. Ein Fachwortglossar und ein Abbildungsnachweis wären bei Bedarf möglich. Die Paginierung des Anhangs erfolgt fortlaufend mit lateinischen Ziffern.

Sonderformen

Der Gedicht- oder Lyriksatz, Dramensatz und der Satz wissenschaftlicher Inhalte sind Sonderformen des Werksatzes. Diese Werksatzarten erfordern eine besondere Sorgfalt in der technischen und gestalterischen Herstellung. Charakteristisch für den Gedichtsatz

ist die asymmetrische Anordnung der Zeilen, deren Länge durch das Versmaß definiert wird. Eine gute Lesbarkeit wird durch die Gliederung z. B. in Textblöcke erreicht, wenn dies vom Sinn und Handlungsablauf eines Gedichtes her möglich ist.

Ähnliches wie für den Gedichtsatz gilt für die Gestaltung von Dramen. Hier wird zur klareren Strukturierung des Inhaltes auf die vermehrte Anwendung von Kursivschnitten, Kapitälchen und Versalien zurückgegriffen.

Ein besonderes Augenmerk ist auf den Satz von naturwissenschaftlichen Werken zu richten. Der Satz mathematischer, chemischer oder physikalischer Formeln ist schwierig und erfordert Genauigkeit und Sorgfalt. In einer Reihe von Layoutprogrammen gibt es für den Satz schwieriger Formeln so genannte Extensions, also Programmerweiterungen, die den Formelsatz deutlich vereinfachen.

3.4.4.2 Typografischer Aufbau einer Werksatzseite

In der Buchherstellung folgt man im Seitenaufbau einer bestimmten Struktur, die sich als brauchbar erwiesen hat und an die der Leser auch gewöhnt ist. Dieser Seitenaufbau kann bei der Verteilung der Räume variieren, die Anzahl der Zeilen und Spalten ist variabel – aber das grundsätzliche Prinzip des Seitenaufbaus hat sich bewährt. Dieses Grundprinzip des typografischen Aufbaus einer Werksatz-Doppelseite zeigt die Abbildung auf der folgenden Seite.

Die Eingangsseite beginnt mit dem so genannten Vorschlag, einem Freiraum, der den Kapitelbeginn deutlich heraushebt. Die Kapitelheadline eröffnet die Seite. Der Text kann mit

Printprodukte

Werksatz-Doppelseite

❶ Vorschlag/-raum
❷ Headline
❸ Initial
❹ Subheadline
❺ Toter Kolumnentitel
❻ Lebender
   Kolumnentitel
❼ Grundtext/Bodytext
❽ Marginalie
❾ Fußnoten durch
   Linie getrennt
❿ Bogennorm und
   Bogensignatur

2.0 Werksatz und Typografie in der Gestaltungslehre

Zum Titelbogen gehören Schmutztitel (nur Titel des Buches), Haupttitel (Autor oder Autorenteam, Haupttitel, Untertitel und Verlag), Impressum (mit Copyrightvermerk und ISBN-Nummer), Vorwort der Autoren oder des Herausgebers und das Inhaltsverzeichnis mit einer oder mehreren Seiten.

Manche Werke enthalten noch einen Widmungs- oder Dedikationstitel. Diese rechte Seite kann vor dem Vorwort eingefügt werden. Es folgt dann eine linke Vakatseite und danach das Vorwort. Durch den Einschub eines Dedikationstitels wird der Titelbogen um zwei Seiten erweitert. Der Titelbogen nicht paginiert. Bei umfangreichen Inhaltsverzeichnissen erfolgt eine Paginierung häufig mit römischen Zahlen. Dadurch wird optisch ein deutlicher Unterschied zur Paginierung im Textteil hergestellt.

2.1 Inhaltsseiten
Alle Inhaltsseiten haben im Prinzip einen gleichen Layoutaufbau. Text- und Bild werden nach den Erfordernissen des Inhalts passend auf die einzelnen Seiten in den Satzspiegel (grau dargestellt) gruppiert. Die Paginierung erfolgt mit lateinischen Zahlen.

Hier findet sich häufig das Stichwort- und Literaturverzeichnis, ein Fachwortglossar und ein Abbildungsnachweis wäre bei Bedarf möglich. Die Paginierung des Anhangs erfolgt fortlaufend mit lateinischen Ziffern. Sonderformen des Werksatzes sind der Gedicht- oder Lyriksatz, Dramensatz und der Satz wissenschaftlicher Inhalte. Diese Werksatzarten erfordern eine besondere Sorgfalt in der technischen Umsetzung.
Zum Titelbogen gehören Schmutztitel (nur Titel des Buches), Haupttitel (Autor oder Autorenteam, Haupttitel, Untertitel und Verlag), Impressum (mit Copyrightvermerk und ISBN-Nummer), Vorwort der Autoren oder des Herausgebers und das Inhaltsverzeichnis mit einer oder mehreren Seiten.

Manche Werke enthalten noch einen Widmungs- oder Dedikationstitel. Diese rechte Seite kann vor dem Vorwort eingefügt werden. Es folgt dann eine linke Vakatseite und danach das Vorwort. Durch den Einschub eines De-

214

2.0 Werksatz und Typografie in der Gestaltungslehre   215

dikationstitels wird der Titelbogen um zwei Seiten erweitert. Der Titelbogen nicht paginiert. Bei umfangreichen Inhaltsverzeichnissen erfolgt eine Paginierung häufig mit römischen Zahlen. Dadurch wird optisch ein deutlicher Unterschied zur Paginierung im Textteil hergestellt. Alle Inhaltsseiten haben im Prinzip einen gleichen Layoutaufbau. Text- und Bild werden nach den Erfordernis-sen des Inhalts passend auf die einzelnen Seiten in den Satzspiegel (grau dargestellt) gruppiert. Die Paginierung erfolgt mit lateinischen Zahlen. Hier findet sich häufig das Stichwort- und Literaturverzeichnis, ein Fachwortglossar und ein Abbildungsnachweis wäre bei Bedarf möglich. Die Paginierung des Anhangs erfolgt fortlaufend mit lateinischen Ziffern. Sonderformen des Werksatzes sind der Gedicht- oder Lyriksatz, Dramensatz und der Satz wissenschaftlicher Inhalte. Diese Werksatzarten erfordern eine besondere Sorgfalt in der technischen und gestalterischen Herstellung. Charakteristisch für den Gedichtsatz ist die asymmetrische Anordnung der Zeilen, deren Länge durch das Versmaß definiert wird. Eine gute Lesbarkeit wird durch die Gliederung z. B. in Textblöcke erreicht, wenn dies vom Sinn und Handlungsablauf eines Gedichtes her möglich ist.

Ähnliches wie für den Gedichtsatz gilt für die Gestaltung von Dramen. Hier wird zur klareren Strukturierung des Inhaltes die vermehrte Anwendung von Kursivschnitten, Kapitälchen und Versalien zurückgegriffen.

2.2 Typografischer Aufbau einer Werksatzseite
In der Buchherstellung folgt man im Seitenaufbau einer bestimmten Struktur, die sich bewährt hat und an die der Leser auch gewöhnt ist. Dieser Seitenaufbau kann bei der Verteilung der Räume variieren, die Anzahl der Zeilen und Spalten ist variabel – aber das Grundsätzliche Prinzip des Seitenaufbaus hat sich bewährt. Diese Grundprinzip des typografischen Aufbaus einer Werksatz-Doppelseite ist in der untenstehenden Abbildung verdeutlicht.

Zum Titelbogen gehören Schmutztitel (nur Titel des Buches), Haupttitel (Autor oder Autorenteam, Haupttitel, Untertitel und Verlag), Impressum (mit Copyrightvermerk und ISBN-Nummer), Vorwort der Autoren oder des Herausgebers und das Inhaltsverzeichnis mit einer oder mehreren Seiten. Manche Werke enthalten noch einen Widmungs- oder Dedikationstitel. Diese rechte Seite kann vor dem Vorwort eingefügt werden. Es folgt dann eine linke Vakatseite und danach das Vorwort. Durch den Einschub eines Dedikationstitels wird der Titelbogen um zwei Seiten erweitert.

Bogen um zwei Seiten erweitert. Der Titelbogen nicht paginiert. Bei umfangreichen Inhaltsverzeichnissen erfolgt eine Paginierung häufig mit römischen Zahlen. Dadurch wird optisch eine bessere Trennung zum Haupttitel eines Buches erreicht.

13 Böhringer u. a., Kompendium der Mediengestaltung

Bogen um zwei Seiten erweitert. Der Titelbogen nicht paginiert.

---

einem Initialbuchstaben beginnen. Als Grundschrift muss eine gut lesbare Schrift verwendet werden. Die Zwischenüberschriften können aus der gleichen Schrift gewählt werden. Der Schriftschnitt der Subheadlines muss sich deutlich vom Grundtext abheben. Die vorgeschalteten Leerzeilen dienen der optischen Gliederung der Seite, die Kapitelnummerierung sorgt für die strukturelle Gliederung des Werkes.

Der „tote Kolumnentitel", wie im Bild unten links zu sehen, ist die Seitenpaginierung. Im Gegensatz dazu weist der „lebende Kolumnentitel" eine Trennlinie zum Text, Kapitelbezeichnung und Seitenzahl auf.

Marginalien sind in erster Linie Lesehilfen, die einen Hinweis zum Textinhalt geben. Erklärende und vertiefende Anmerkungen sind hier ebenfalls möglich. Marginalien werden mit einem kleineren Schriftgrad als der Grund-

text gesetzt und sie werden aus dem Grundlinienraster herausgenommen.

Fußnoten enthalten, vor allem bei wissenschaftlichen Werken, die Quellenangaben, die sich direkt auf den Seitentext beziehen. Die Fußnoten können durch eine feine Linie vom Text getrennt werden, es ist aber ausreichend, wenn nur ein entsprechend großer Leerraum zur Trennung der Texte verwendet wird.

Die Bogensignatur (oder Prime) dient der Kontrolle der Bogenfolge in der Buchbinderei und befindet sich auf der ersten Seite eines Druckbogens im Beschnitt (dies ist hier nicht ganz korrekt dargestellt). Die Signatur besteht üblicherweise aus der Bogennummer (z. B. 13. Bogen), dem Kurztitel des Werkes sowie dem Autorennamen. Die Signatur auf der dritten Seite des Bogens wird „Sekunde" genannt und dient der Kontrolle des Falzens. Die Sekunde besteht nur aus der Bogennum-

Beispiele für Formelsatz

2 AgCl $\xrightarrow{Licht}$ 2 Ag + Cl$_2$

Silber- Silber Chlor
chlorid

Flächenberechnung

$F = \dfrac{S_1 + S_2}{2} \cdot h = m \cdot h$

Blendenberechnung

$b = \dfrac{3f^2 \cdot (h - v)}{2h \cdot v}$

Deutschsprachige Anwendervereinigung:

www.dante.de/

Offizielle Webseite des Latex-3-Projektes:

www.latex-project.org/

mer mit hochgestelltem Sternchen (13*). Die Signatur steht im Beschnitt und wird während der buchbinderischen Verarbeitung weggeschnitten. Sie ist im Fertigprodukt nicht mehr zu sehen.

3.4.4.3 Formelsatz

Ein relativ schwieriges Thema vor allem beim Satz wissenschaftlicher Werke ist das Setzen von Formeln. Das Setzen einer komplexen Formel ist schwieriger als der Satz eines Textes, da bei Formeln nicht nur Zeichen nebeneinander, sondern auch übereinander gesetzt werden müssen. Weitere Besonderheiten sind z. B. Wurzelzeichen, die sich über die nachfolgenden Zeichen hinwegstrecken müssen, oder Zeichen, die ihre Größe abhängig von nachfolgenden Zeichen verändern.

Im wissenschaftlichen Formelsatz in den Bereichen der Mathematik, Physik und Chemie werden auf den Formelsatz ausgerichtete Programme verwendet. Vor allem an Hochschulen stellt sich häufig die Frage, welche Software für Publikationen geeignet ist, die eine hohe Anzahl von Formeln gut in ein vorgegebenes Layout integrieren kann. Die Anforderungen an das Layout, an den Umfang des Dokuments wie auch die Möglichkeiten, Grafiken und vor allem Formeln einzubinden, schränken die Wahl deutlich ein.

Gängige Office-Software ist auch nicht unbedingt geeignet für den Satz von Formeln, da die Sicherheit vor allem bei großen Dokumenten nicht immer gegeben ist.

Ein weiteres Problem ist, von kostenfreien Produkten wie OpenOffice einmal abgesehen, der teilweise hohe Preis geeigneter Software. In einigen Ausbildungsgängen wird daher fast ausschließlich LaTeX verwendet, das die genannten Probleme nicht kennt. Die Stärken von LaTeX sind Formelsatz, das Erstellen automatischer Verzeichnisse und das Erstellen sowie Bearbeiten beliebig langer Dokumente. LaTeX ist allerdings ein einarbeitungsintensives Programm, das aber aufgrund seiner Stabilität und der freien Verfügbarkeit für viele Betriebssysteme insbesondere im mathematisch-naturwissenschaftlichen Bereich verwendet wird. Es gibt spezielle Pakete für andere Arbeitsbereiche, etwa zum Notensatz für Musiker, zur Ausgabe von Lautschrift für Linguisten, zum Setzen von altsprachlichen Texten für Altphilologen oder zum Bibliografieren für Juristen und Geisteswissenschaftler. Auch Unternehmen setzen LaTeX ein, unter anderem für die Generierung von Handbüchern, Fahrplänen und Produktkatalogen.

3.4.4.4 Fehler im Werksatz

In der folgenden Darstellung soll nur in kurzer Form auf häufige Fehler hingewiesen werden. Wer sich mit dem korrekten Satz und Umbruch auseinandersetzen muss, sei auf das auf der rechten Seite abgebildete Buch „Detailtypografie" verwiesen. Hier findet sich sehr anschaulich alles für die korrekte Handhabung von Schrift und Satz.

Anführungszeichen

Es dürfen nur die deutschen „Standardanführungszeichen" verwendet werden, wie sie hier gezeigt sind. Die "Englischen Anführungen" sind für deutsche Texte nicht gestattet. Eindeutig falsch sind die geradestehenden "Zollzeichen" als Anführungszeichen.

Printprodukte

Im Werksatz können auch die »Guillemets« gesetzt werden, da sie sich harmonisch in einen Fließtext einfügen. Die «guillemets français» werden in deutschsprachigen Texten zur Auszeichnung nicht verwendet.

Witwe (früher Hurenkind)
Fehler im Umbruch eines Werkes: Dabei wird die letzte Zeile eines Absatzes an den Anfang einer neuen Spalte oder Seite gesetzt. Diese letzte Zeile eines Absatzes steht also alleine am Anfang einer neuen Seite oder Spalte. Dieser Umbruchfehler wird heute als „Witwe" bezeichnet – dieser neuere Begriff vermittelt vielleicht doch ein etwas freundlicheres Frauenbild.

Witwen gelten in der Typografie als schwerer handwerklicher Fehler, ja als Todsünde, da sie das ästhetische Aussehen des Satzspiegels besonders stark beeinträchtigen. Ganz praktisch betrachtet stört ein solcher Umbruchfehler den inhaltlichen und formalen Leserhythmus auf einer Seite.

Schusterjunge
Wenn eine Spalte oder Seite nach der ersten Zeile eines neuen Absatzes umbrochen wird, so wird diese allein am Ende der Seite oder Spalte stehende Zeile als Schusterjunge bezeichnet.

Der Schusterjunge gilt gegenüber der Witwe als nicht so auffälliger Fehler. Er fällt aber besonders auf, wenn die Absätze mit Einzug gesetzt werden.

Die Schusterjungenregelung: Die erste Zeile eines Absatzes darf niemals am Ende einer Buchseite stehen, damit das Erscheinungsbild der Seite nicht darunter leidet.

Der Begriff bezeichnet also eine Zeile, die sich vorwitzig wie ein Schusterjunge auf die vorhergehende Spalte oder Seite wagt.

Schusterjungenregelung
Alle aktuellen Layoutprogramme weisen eine – meist nicht so bezeichnete – Regelung zur Vermeidung von Umbruchfehlern auf. Die dabei zumeist verwendeten Bezeichnungen für die Lösung des Witwen- und Schusterjungenproblems sind „Absatzkontrolle", „Umbruchoption" oder „Zeilen zusammenhalten".

Die Absatz- oder Umbruchkontrolle wird heute von den meisten Layoutprogrammen und Textverarbeitungen als Standardfunktion angeboten. In den beiden unteren Abbildungen sind diese Funktionen und eine korrekte Einstellung zur Vermeidung dieses Umbruchfehlers für die Programme InDesign und QuarkXPress dargestellt.

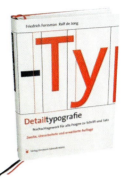

Detailtypografie
Verlag Hermann Schmidt, Mainz

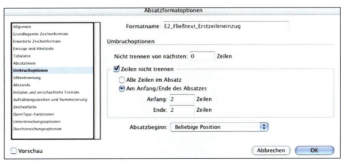

Schusterjungenregelung in Layoutprogrammen
Zur Vermeidung von Umbruchfehlern kann die Absatzformatoption „Zeilen nicht trennen" wie unten gezeigt im Programm InDesign genutzt werden.
Die gleiche Einstellung ist für das Programm QuarkXPress unter „Absatzstilvorlage bearbeiten" anzuwenden.

335

Absatzanfänge einrücken

Wenn Sie das Kompendium aufmerksam betrachten, werden Sie bereits festgestellt haben, dass manche Absatzanfänge eingerückt wurden und manche nicht. Das hat natürlich Methode, da wir bei der Gestaltung des Werkes fast nichts dem Zufall überlassen haben.

Nach eine Headline wird der Absatzbeginn eines Textblocks nicht eingerückt. Die Headline führt den Leser direkt zum Beginn der ersten Zeile in den Text des Absatzes hinein.

Ist der erste Absatz gelesen, wird das Ende des Absatzes und der Beginn des neuen Leseabsatzes durch den Einzug optisch verdeutlicht. Der Vorteil des Einzugs ist, dass man optisch eindeutig den Beginn eines neuen Absatzes erkennen kann, auch wenn das Ende des vorhergehenden Absatzes ganz am rechten Rand der Spalte sitzt.

Nach einer vorausgehenden Leerzeile, einem Bild oder einer Punktaufzählung wird ein Absatz nicht eingerückt. Schauen Sie dahingehend die vorherigen Seiten im Kompendium einmal an. Hier finden Sie alle beschriebenen Satzsituationen korrekt verwendet.

Fußnoten

Eine Fußnote ist eine Anmerkung des Autors, die im Seitenlayout aus dem Haupttext herausgenommen wird. Sie werden im Kompendium – außer an dieser Stelle – keine Fußnote[1] finden. Der Grund für Fußnoten ist, dass ein Text deutlich besser lesbar ist, wenn Quellenangaben u. Ä. nach unten versetzt werden und nicht den Lesefluss unterbrechen. Fußnoten können optisch

durch zwei Möglichkeiten vom Haupttext getrennt werden:

- Abtrennung durch eine feine Linie (Fußnotenstrich) vom Text wie im Beispiel unten dargestellt.
- Abtrennung durch einen Weißraum und durch einen kleineren Schriftgrad.

Fußnoten erhalten normalerweise eine Anmerkungsziffer, unter welcher der entsprechende Text in der Fußnote zu finden ist.

Fußnoten werden mit arabischen Ziffern oder mit römischen Zahlzeichen über alle Seiten hinweg fortlaufend nummeriert. Enthält ein Text nicht mehr als drei Fußnoten können auch Sonderzeichen wie z.B. Sterne verwendet werden. Fußnoten dürfen nur am Fuß einer Seite stehen. Werden Anmerkungen am Ende eines Kapitels oder ans Werkende gesetzt, spricht man von Endnoten.

Die Gesamtheit aller Fuß- oder Endnoten eines wissenschaftlichen Werkes bezeichnet man als wissenschaftlichen Apparat. Dieser dient als Nachweis des wissenschaftlichen Arbeitens bei der Erstellung eines Werkes. Dieser Apparat wird in der wissenschaftlichen Literatur zur Erstellung von Magisterarbeiten oder Dissertationen oft auch als Anmerkungs- oder Fußnotenapparat bezeichnet.

---

[1] Eine Fußnote ist, vorwiegend in wissenschaftlichen Werken, eine Anmerkung, Legende, Bemerkung, Quellenangabe oder weiterführende Erklärung zu einem Text oder Bild.

3.4.5 Zeitungsgestaltung

Printprodukte

Lesen heißt arbeiten – diese Erkenntnis ist in den meisten Lesern von Druckerzeugnissen nur im Unterbewusstsein vorhanden. Oftmals ist unklar, warum ein bestimmtes Druckerzeugnis gerne gelesen wird und ein anderes nicht.

Würde man dieses unbewusste Verhalten analysieren, so würden bei einem großen Teil der Leser nicht inhaltliche Gründe für das Nichtlesen einer Zeitung, einer Zeitschrift oder eines Buches angegeben. Viele Leser, und dies weiß man aus entsprechenden Untersuchungen, finden sich in einem Druckprodukt nicht zurecht – es fehlt an der klaren Gliederung, an Orientierungshilfen oder einfach an einer gut lesbaren Schrift.

Hilfen beim Lesen eines Druckproduktes sind besonders beim Aufbau und der Gestaltung einer Tageszeitung von großer Bedeutung, da es sich beim Zeitungsprodukt zumeist um ein großes und unhandliches Druckformat handelt. Wegen seiner Größe ist eine Zeitung in vielen Situationen (Bus, Bahn, Flugzeug) schlecht zu lesen. Um diesen Formatnachteil auszugleichen, muss ein klarer und möglichst immer gleichbleibender typografischer Aufbau gesucht werden, der dem Leser die Orientierung innerhalb seiner Zeitung erleichtert.

3.4.5.1 Zeitungsformate

Hauptsächlich werden drei Standardgrößen im Zeitungsdruck verwendet (mm-Angabe geschlossenes Format):
- *Berliner Format* – 315 x 470 mm
- *Rheinisches Format* – 360 x 530 mm
- *Nordisches Format* – 400 x 570 mm.

Aus technischen Gründen ist es nicht möglich, ein Zeitungsformat ständig zu ändern, da dies eine neue Rotationsmaschine mit entsprechend angepassten Druckzylindern voraussetzen würde.

Der Zeitungsdesigner versucht bei der Erstellung seines Blattes, dem Leser einen Leseweg vorzugeben, um ihm die Informationsaufnahme zu erleichtern. Dazu muss er sich allerdings an ein feststehendes Raster halten, das er nicht verändern kann. Dieses Raster ist die Spaltenzahl und der Satzspiegel. Wie viele Spalten eine Zeitung hat, ist abhängig vom Format. Je größer dies ist, umso mehr Spalten sind möglich.

Die meisten Zeitungen verwenden zwischen vier und sechs Spalten und als Satzart den Blocksatz. Der Blocksatz ermöglicht es einer Redaktion, ungefähr 10 – 15 % mehr Text pro Seite unterzubringen als im Flatter- oder Rausatz.

Bei der Gestaltung der Zeitung sollte ein Artikel nach Möglichkeit mit Überschrift, Text und Bild ein geschlossenes Rechteck bilden. Dies kann vom Leser klar und deutlich erfasst werden und es ergibt in der Regel eine gute Leseführung. Bei der Zeitungsgestaltung kann problemlos zwischen einspaltigen und mehrspaltigen Artikeln gewechselt werden. Wichtig ist die Anordnung im geometrischen Grundmuster des Rechtecks und die Einbindung der Überschrift. Überschriftzeilen können durchaus auch bei großen Schriftgraden zweizeilig sein, der Leser dankt es dem Zeitungsmacher durch eine erhöhte Lesequote.

3.4.5.2 Grundlayouts für Tageszeitungen

Auf der folgenden Seite sind mögliche Zeitungslayouts für drei Zeitungstypen als Layoutskizze dargestellt. Sie können diese drei Layouts durchaus bestehenden Zeitungstypen zuordnen. Diese Tageszeitungen verfolgen mit dem gewählten Layout ein bestimmtes Erschei-

---

Band II – Seite 543
9.1 Konventioneller Druck

Band I – Seite 217
2.3.10 Lesbarkeit Zeitungsschrift

www.editorial-design.com/

Abb.: Reutlinger General-Anzeiger, Heidelberger Druckmaschinen AG, European Newspaper Award

Grundlayout bei Tageszeitungen

❶ = Ruhiges, seriöses Layout
❷ = Modernes, abwechslungsreiches Layout
❸ = Layout für Boulevardzeitung

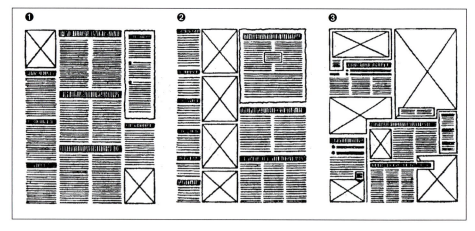

Zeitungsformate

Deutsche Formate nach DIN 16604

Rheinisches Format
360 x 530 mm
Halbrheinisches Format 255 - 265 x 365 - 370 mm
Berliner Format
315 x 470 mm
Nordisches Format
400 x 570 mm

Internationale Formate

Neue Züricher Zeitung
330 x 475 mm
New York Times
305 x 585 mm

nungsbild, um ein spezielles Image zu dokumentieren und um damit auch eine bestimmte Leserschaft zielgerichtet zu erreichen.

Das Layout ❶ zeigt eine klare Gliederung in vier Spalten. Das Erscheinungsbild und der Lesefluss sind ruhig und klar – vielleicht sogar ein wenig langweilig. Eine gewisse Auflockerung erfolgt durch Rahmen und Bilder. Die STUTTGARTER ZEITUNG oder DIE ZEIT könnten als Vertreter dieser ruhigen und sachlichen Zeitungstypografie genannt werden.

Layout ❷ wirkt ansprechend durch Variationen in verschiedene Spaltenbreiten. Diese aufgelockerte Gestaltung findet sich bei vielen modernen Kreis- und Regionalzeitungen. Das Layout besticht durch Textvariationen in verschiedenen Spaltenbreiten, Infoboxen können eingesetzt werden, Bildleisten und eine klare Gestaltungsstruktur, z. B. durch unterschiedliche Größen der Headlines, ermöglichen dem Leser eine gute und leichte Orientierung.

Layout ❸ entspricht dem Typ der Boulevardzeitung mit zwar lebendiger, aber unübersichtlicher Gestaltung und einer manchmal schwer nachvollziehbaren Leseführung. Beispiel für diesen Typ ist die BILD-Zeitung. Der Leser muss sich hier die Textfolge oft selbst zusammensuchen. Dabei geht der Lesefluss häufig über mehrere Seiten hinweg. Dieser Zwangslesefluss orientiert sich meist an Texten und Bildern und führt zu einem unruhigen und oftmals unvollständigen Lesen der Zeitung.

Zeitungs- und auch Zeitschriftentext besteht vorwiegend aus so genanntem glattem Text. Typisch für diese Textart ist die Anordnung in schmalen Spalten. Diese Spalteneinteilung und die sich daraus ergebenden kurzen Zeilen wirken oft lesehemmend. Der zumeist verwendete Blocksatz ergibt unterschiedliche Wortzwischenräume und häufige Worttrennungen. Dies stört, in Verbindung mit vielen Überschriften, den Lesefluss enorm. Ein Ausweg aus diesem Dilemma der Zeitungsgestaltung bietet der bereits angesprochene Flatter- oder Rausatz. Er gewährleistet prinzipiell die bessere Lesbarkeit, allerdings bei geringerem Textaufnahmevermögen der Seite.

Die Vielfalt der wichtigen und weniger wichtigen Meldungen, die nebeneinanderstehen, der Einbau von Bildern, Informationsgrafiken, farbigen Typoelementen und Anzeigen im re-

Printprodukte

Zeitungsdesign

Stuttgarter Zeitung
❶ Der Sieger des **European Newspaper Award 2009** hebt sich bereits durch die Titelseite von allen anderen Zeitungen im Wettbewerb ab: Die Seite eins ist durch ein klares typografisches Layout und viele kleine Nachrichtenelemente gekennzeichnet. Die Bildaufmachung ist bei jeder Ausgabe gleichartig, ein klares und eindeutig zuordenbares Erscheinungsbild ist gegeben.

„I" informação ❷ Die Abbildung zeigt die portugiesische Zeitungsneugründung mit innovativem Design. Auf der zweiten Seite sind drei Themen als Aufmacher gleichwertig behandelt. Der gelbe Streifen in der Mitte enthält das Inhaltsverzeichnis. Siehe auch www.ionline.pt

Innenseiten ❸ und ❹ mit gelungener Bildpräsentation. ❸ Das freigestellte Bild mit Aufforderungscharakter und das klare Textdesign laden zum Lesen ein. Das großformatige Bild ❹ für ein Interview mit dieser Fotografin und die klare Textgliederung laden zum Betrachten und Lesen ein.

Abb.: European Newspaper Award
www.newspaperaward.org

Abb.: Stuttgarter Zeitung, Stuttgart

Abb.: „I" informação, Lissabon

Abb.: „I" informação, Lissabon

Abb.: DeMorgen, Kobbegem/Belgien

339

Band I – Seite 193
2.3 Lesbarkeit

Band I – Seite 357
4.1 Bildgestaltung

Band I – Seite 623
7.3.2.2 Massenkommunikation

European Newspaper Award

Besuchen Sie diese Seite. Sie finden nichts Vergleichbares zum Zeitungsdesign. www.newspaper-award.org/

Schrift Times

Die Times wurde von dem Schriftkünstler *Stanley Morison* 1931 bei der Schriftgießerei Wagner in Ingolstadt für die englische Tageszeitung „THE TIMES" als Zeitungsschrift gegossen und 1932 erstmals gedruckt.

daktionellen Teil einer Zeitung können den Satzspiegel einer Tageszeitung sehr unruhig wirken lassen. Hier ist bei der Gestaltung der Seiten sehr überlegt vorzugehen.

Schauen Sie sich daraufhin einmal die Seiten mit dem Thema „Weltspiegel/ Aus aller Welt" Ihrer Zeitung an. Sie gehören in aller Regel zu den unruhigen Seiten in allen Zeitungen. Um der Unruhe entgegenzuwirken und die Lesbarkeit zu gewährleisten, wurden spezielle Zeitungsschriften entworfen.

Trend bei allen Zeitungen, die beim European Newspaper Award in den letzten Jahren ausgezeichnet wurden, ist die Verwendung hochwertiger Fotografien und deren Einsatz als Blickfang in den unterschiedlichsten Formen. Beispiele dazu sehen Sie auf der vorhergehenden Seite.

Ziel der Zeitungsredaktionen muss es sein, die perfekte Übereinstimmung von Bild, Überschrift und Text herzustellen. Nur dann ist eine gute Lesequote für den Artikel gewährleistet. Hier muss sich in den Redaktionen sicherlich ein ausgeprägtes Verständnis für die Visualisierung von Themen entwickeln.

3.4.5.3 Schrift in der Tageszeitung

Ein Kennzeichen von Zeitungsschriften ist, dass sie nicht zu mager wirken. Damit ist die Lesbarkeit auf den relativ rauen Oberflächen der Zeitungspapiere sichergestellt. Das Schriftbild sollte groß und offen sein sowie hohe Mittellängen haben. Die Versalien werden niedriger gehalten, um sie nicht zu sehr aus dem Graubild einer Seite hervortreten zu lassen. Die wohl bekannteste Zeitungsschrift ist die Times. Eine Version dieser Schrift wird heute nahezu jedem PC-System mitgegeben.

Die Times hat kleine Serifen. Sie bilden einen optischen Rahmen für jedes Wort, fassen die Einzelbuchstaben optisch zu Wortgruppen zusammen und unterstützen damit den schnellen Lesevorgang. Der Lesevorgang besteht bekanntlich nicht aus dem Erfassen des Einzelbuchstabens, sondern aus dem Erkennen von Buchstaben- oder Wortgruppen und deren Sinngehalt. Dieses Erkennen von Wortgruppen wird durch Schriften mit Serifen an den Ober- und Unterlängen unterstützt. Übrigens: Dieser Text ist in der Zeitungsschrift Times erstellt, die selbstverständlich nicht nur in Zeitungen verwendet wird. In letzter Zeit tauchen immer wieder Zeitungen auf, die serifenlose Schriften verwenden. Damit soll der Geist der modernen Industriegesellschaft dokumentiert werden – aber die Lesbarkeit leidet unter diesem Versuch, Modernität in der Zeitung durch die Schrift auszudrücken.

3.4.5.4 Anzeigenseiten

Der Designer einer Tageszeitung gibt eine Reihe von Gestaltungsrichtlinien vor, die in der Herstellung der redaktionellen Seiten streng eingehalten werden. Dies ist bei den Anzeigenseiten an sich auch geplant und erwünscht. Gestalterisch sind Anzeigenseiten eine anspruchsvolle Aufgabe. Diese Seiten sind aus Linien, Typoelementen und den verschiedensten Schriften zusammengefügt. Die Anzeigen sollten möglichst einheitlich gestaltet werden, um ein ruhiges Lesebild zu ergeben. Dies ist aber oft nicht möglich, da hier der Kunde seine Wünsche anmeldet, unabhängig von den Vorstellungen der Zeitungsmacher.

In vielen Fällen bestimmt der Kunde das Bild der Anzeigenseiten mit den

Printprodukte

Zeitungsdesign

Designentwicklung am Beispiel der Stuttgarter Zeitung

❶ Die erste Ausgabe der Stuttgarter Zeitung am 18. 09. 1945. Für die Jahre nach dem Krieg war dieses Design ohne Bilder typisch für diese überregionale Zeitung.

❷ 1998 erhält die Zeitung eine Dachzeile über dem Titel, die Karikatur erhält einen festen Platz auf der Titelseite. Die Lesbarkeit wird durch das fünfspaltige Layout verbessert, die Gliederung klar und übersichtlich.

❸ Ereignisse halten die Welt in Atem, die Twin Towers in New York stürzen nach einem Attentat ein. Nur bei solch gravierenden Nachrichten werden auf der Titelseite Farbbilder zum Aufmacher der Seite.

❹ Aktuelle Ausgabe nach dem Redesign 2009 mit dominanter, bildorientierter Aufmachung. Die wichtigsten Nachrichten werden im täglichen Aufmacherbild und der darunterliegenden Headline dargestellt. Personalisierter Kommentar, Wetter und Kurzberichte mit Verweisen in die aktuelle Ausgabe ergänzen die Informationen auf der Titelseite.

Abb.: Stuttgarter Zeitung

Werbemitteln, die er für seine Produkte einsetzt. Die Zeitung selbst hat auf die Gestaltung der Anzeigen relativ wenig Einfluss. Anzeigen großer, überregional agierender Firmen wie die Automobilindustrie geben den Tageszeitungen ihre Gestaltungen über Werbeagenturen vor. Die Zeitung muss in der Herstellung noch die entsprechende Anzeigenbreite auf ihr spezifisches Anzeigenspaltenmaß bringen. Über die Anzeigenabteilungen kann versucht werden, das Aussehen der Kundenanzeigen zu beeinflussen. Dies hat bei Großkunden in der Regel wenig Erfolg, da deren Anzeigen nach festen CI-Richtlinien verwendet werden müssen.

Anders sieht es bei den Inserenten aus, die nur ab und zu eine Anzeige aufgeben. Diese Kunden erhalten die von der Zeitung im Normalfall vorgegebene Gestaltung. Die Anzeigen fügen sich damit etwas harmonischer in das Gesamterscheinungsbild einer Tageszeitung ein.

Das innere Erscheinungsbild einer Tageszeitung wird zum Teil von den Anzeigenseiten bestimmt. Dabei handelt es sich nicht immer um das gleiche Bild, das bestimmte Anzeigentypen abgeben. Zu den Seiten mit dem höchsten Leserinteresse gehören die mit den Todesanzeigen. Das Interesse der Mitmenschen an denen, die verstorben sind, ist entsprechenden Untersuchungen nach sehr groß. Diese Seiten sind in jeder Tageszeitung leicht zu finden, da sie ein ganz typisches Erscheinungsbild abgeben und vom Leser besonders leicht erkannt werden. Ähnlich verhält es sich mit den Automobilverkaufsanzeigen, Stellenanzeigen, Immobilienanzeigen usw. Im Laufe der Zeit hat sich für viele Anzeigenarten ein bestimmter Anzeigenstil herausgebildet, den der Leser erkennt und zur schnelleren Orientierung auch sucht.

Hilfreich dazu sind auch Eingangslogos im Zeitungskopf z. B. für den Stellen-, Auto- oder Immobilienmarkt in einer Tageszeitung.

3.4.5.5 Der Anzeigenteil und seine Bedeutung für die Zeitung

Der Anzeigenteil und seine Nutzungsmöglichkeiten für breite Leser- und Bevölkerungsschichten in einer Region stellt ein bedeutendes Medium dar. Neben diesem Nutzungsaspekt für den Leser ist der wirtschaftliche Aspekt für die Tageszeitung selbst von Bedeutung. Ganz grob lässt sich feststellen, dass sich die Tageszeitungen bei einer gesunden Finanzstruktur etwa zur Hälfte aus den Abonnementsverträgen und zur anderen Hälfte aus dem Anzeigenaufkommen finanzieren.

Aus dieser Kostensituation heraus kann der Leser direkt den Umfang einer Zeitung ableiten: Ist das Anzeigenaufkommen hoch, steigt der Umfang der redaktionellen Seiten an, ist das Anzeigenaufkommen niedrig, sind demzufolge weniger redaktionelle Seiten vorzufinden. Man kann dies sehr gut im Ablauf einer Woche verfolgen: Die Montagausgabe ist sehr dünn, da das Anzeigenaufkommen niedrig ist, die Samstagausgabe ist entsprechend dem Anzeigenaufkommen außerordentlich umfangreich.

Der Umfang einer Zeitung hat also nichts mit der Nachrichtenlage zu tun, sondern hängt eng mit dem Anzeigenaufkommen zusammen.

Zusatzfarben
In der technischen Herstellung erfordern Zusatzfarben einen sehr hohen Aufwand. Daher werden sie mit einem höheren mm-Preis berechnet. Der

höhere Aufwand liegt vor allem in der Herstellung zusätzlicher Druckformen und in der Bereitstellung zusätzlicher Druckwerke für die Zusatzfarben.

Beachtungszuwachs durch Farbe

Untersuchungen bei regionalen Tageszeitungen haben ergeben, dass eine Zusatzfarbe in einer Anzeige für den Leser Signalcharakter besitzt: Der Beachtungszuwachs beim Einsatz von Farbe liegt bei + 25 %.

Die Untersuchung, die obige Aussage belegt, bezog sich auf die Anzeigen einer Drogeriemarktkette. Basis waren die Leser regionaler Abonnementszeitungen, in denen die Drogeriemarktkette Anzeigen geschaltet hatte. Bei den Untersuchungen wurde festgestellt, dass die Leser der untersuchten Zeitungen zu 61 % die Schwarzweißanzeigen beachtet haben. Die gleichen Anzeigen mit einer Zusatzfarbe versehen wurden von 76 % der Leser gesehen – Farbe erweckt demzufolge Aufmerksamkeit, bringt eine erhöhte Wirkung für eine gedruckte Information und damit eine verbesserte Effektivität für den Werbekunden. Neben den verbesserten gestalterischen Möglichkeiten sprechen vor allem die Zahlen der Leserforschung für die Schaltung einer mehrfarbigen Anzeige. Dies gilt insbesondere für die zweifarbige Anzeige. Die zweite Farbe erhöht die Aufmerksamkeit enorm, eine dritte oder vierte Farbe erbringt dagegen nicht die erhoffte Aufmerksamkeitssteigerung beim Leser.

Die Herstellung einer vierfarbigen Anzeige ist aufwändig und drucktechnisch nicht immer mit einem guten Resultat verbunden. Der Einsatz einer so genannten Schmuckfarbe in einer Anzeige lohnt sich für den Auftraggeber dagegen – die Aufmerksamkeits- und die Beachtungssteigerung rechtfertigt den höheren Preis.

Umsatzsteigerungen bei Handelsunternehmungen sind bei der Verwendung einer zweiten Farbe in einer Anzeigenserie im Vergleich zu Schwarzweißanzeigen direkt nachweisbar.

Zeitungsdesign

Ausschnitt aus einer Anzeigenseite der Stuttgarter Zeitung

Abb.: Stuttgarter Zeitung

3.4.5.6 Aufbau einer Titelseite

Die Stuttgarter Zeitung ist nach dem erfolgreichen Redesign ihres Erscheinungsbildes 2009 beim 11. „European Newspaper of the Year" in der Kategorie Regionalzeitung mit dem ersten Preis bei diesem bedeutenden Designwettbewerb ausgezeichnet worden. Die Begründung der Jury lautet wie folgt: Die „Stuttgarter Zeitung" hat sich in den letzten Jahren gestalterisch deutlich weiter entwickelt. Im Bereich Fotografie und Reportage hat die Zeitung schon häufig Awards of Excellence gewonnen. Im Wettbewerbsjahr ist sie der Jury aufgefallen, weil die Typografie nochmals deutlich verbessert wurde. Weiter überzeugte die Titelseite, der Umgang mit Ergänzungsboxen und Infografiken sowie die herausragende Qualität der Bilder. Ein Jurymitglied: „Man möchte sich bei dieser Zeitung zurücklehnen und einfach nur lesen".

Am Beispiel der Titelseite soll aufgezeigt werden, aus welchen Gestaltungselementen sich diese Seite aufbaut. Der Zeitungskopf setzt sich von oben nach unten zusammen aus der Dachzeile, dem zweizeiligen Titel und einer Kopf- oder Halslinie mit den aktuellen Tagesangaben.

Blickfang ist das Aufmacherbild, in das neben der scharfen Darstellung einer Person oder eines Ereignisses immer eine Headline integriert wird. Auf den dazu gehörenden Text im Innenteil wird verwiesen.

Die Textheadline im zweispaltigen Hauptblock leitet über eine Subheadline zum Aufmachertext. Einen festen Platz hat die Karikatur und der personalisierte Leitartikel rechts.

Die kurzen Anreiser in der Meldungsspalte verweisen auf Artikel im Innenteil der Zeitung. Kurzwetter und Verweise zum Börsenteil runden diese Spalte ab. Das offene, fünfspaltige Gestaltungsraster ermöglicht eine vielfältige, ruhige und lesefreundliche Gestaltung in Verbindung mit der Schrift Chronicle.

Abb.: Stuttgarter Zeitung – Relaunchbeilage Juni 2009

www.stuttgarter-zeitung.de

Printprodukte

3.3.5.7 Aufbau einer Lokalseite

Die oben abgebildete Doppelseite der schwedischen Lokalzeitung Smålandsposten wurde 2009 beim 11. „European Newspaper of the Year" in der Kategorie Lokalzeitung ausgezeichnet. Ein Beispiel der immer spektakulär wirkenden Doppelseiten, die über das lokale Geschehen berichten, ist in unserem Fall einem Motorrad-Fan und seiner Harley-Davidson gewidmet.

Die Harley wird mit dem Besitzer abgebildet und in vielen Detailfotos dargestellt. Es ist weitgehend typisch für skandinavische Zeitungen, dass eher Einzelpersonen im Mittelpunkt von Reportagen stehen, seltener Gruppen oder Institutionen. Die Texte sind relativ kurz. Auch hier wird eine durchaus positive Eigenheit skandinavischer Zeitungen deutlich – sie sind in den letzten Jahren generell sehr bildlastig geworden.

Die Lokalzeitung fällt durch eine klare Leserführung auf. Oben stehende Seitentitel und Rubrikenköpfe bilden ein Leitsystem, das den Leser konsequent und eindeutig durch die Zeitung führt.

Die Bildsprache wirkt wie aus einem Guss, die Zeitung bringt eigene lokale Bilder. Der Service für den Leser wird großgeschrieben: Faktenboxen, Listen, Infografiken gehören zu den meisten Berichten in dieser Zeitung. Name, Mail und Telefon des Autors werden für Kontaktzwecke immer genannt.

Smålandsposten

http://smp.se/

www.newspaperaward.org/

3.4.6 Zeitung in der Krise

Eric Schmidt, Google-Chef bis April 2011.

Abb.: Google USA

2006 bis 2008 gingen die Umsätze amerikanischer Zeitungsverlage um 23 % zurück. Die Zahl der fest angestellten Journalisten um 10 %. Erstmals recherchierten mehr Bürger im Internet als dass sie Nachrichten in klassischen Printprodukten lasen.

Quelle: News Association of Newspaper 2010

www.wan-ifra.org/de

www.journalism.org

Im April 2010 sprach der damalige Google-Chef Eric Schmidt vor den Chefredakteuren und Verlegern von US-Zeitungen bei der Tagung der „American Society of News Editors". Schmidt referierte dort unter anderem über aktuelle Lösungen für die Probleme der amerikanischen Medien, besonders aber über den aktuellen Zustand der Nachrichtenmagazine und Tageszeitungen und sagte unter anderem: „Wir haben ein Geschäftsmodell-Problem. Wir haben kein Nachrichtenproblem."

Wie kommt es zu dieser Aussage: Der aktuelle Niedergang der amerikanischen Zeitungsindustrie mit teilweise dramatischen Auflagenverlusten geht wirtschaftlich und technologisch weit über die schlechten Zahlen hinaus, die aktuell bekannt wurden, glaubt man den Zahlen, die im April 2010 von „Excellence in Journalism" veröffentlicht wurden: 58 % der befragten Zeitungsleute und TV- und Rundfunkmanager sind demnach der Meinung, der Journalismus in den USA sei insgesamt „in die falsche Richtung unterwegs". 62 % der Befragten erklärten, das Internet habe journalistische Werte verändert. Und wie diese Veränderung wahrgenommen wird, ist ziemlich eindeutig: Qualitätsstandards würden gelockert, stellen 65 % der Befragten fest, 30 % merken an, dass durch die Übermittlung und Darstellung der Nachrichten via Internet die Bedeutung der Schnelligkeit in der Nachrichtenübermittlung zum Endverbraucher deutlich zugenommen habe.

Bei der Befragung wurde vor allem deutlich, dass die veränderte Nachrichtenverbreitung durch das Internet als Problem der Zeitungsindustrie dargestellt und durchaus erkannt wurde. Veränderungen in der Nachrichtenindustrie durch das Medium Internet ist sicherlich einer der zentralen Gründe für die Absatzschwierigkeiten nicht nur der amerikanischen, auch der europäischen und deutschen Zeitungslandschaft.

Interessant ist in der angesprochenen Befragung, dass nur etwa 2 % der befragten Journalisten antworteten, dass das Internet dem Journalismus mehr Transparenz und Nachvollziehbarkeit gegeben haben könnte. 5 % nannten die gesteigerten Möglichkeiten, mit den Zeitungslesern oder Zuschauern direkt in Kontakt zu treten. Etwa 3 % der Zeitungsmacher fanden es interessant und spannend, dass das Internet generell mehr Zugang zu Nachrichten und Informationen für alle Bürger ermöglicht.

Hätte man den Eric Schmidt gefragt, wären die letzten Punkte sicherlich deutlich weiter vorne auf der Liste gelandet. So nannte Schmidt den Zeitungsmachern zum Schluss seines Vortrages den wohl entscheidenden Satz: „Die Technologie erlaubt Ihnen nun direkt mit Ihren Lesern zu kommunizieren." ... „Sie müssen Ihren Lesern dahin folgen, wo sie sind, mit Inhalten für Kindle, iPad oder Handys."

Gründe für die Zeitungskrise
Die Gründe für die Zeitungskrise lassen sich sicherlich wie folgt in aller Kürze auch für den deutschen Markt zusammenfassen: Leserverluste durch veränderte Lesegewohnheiten, kaum Leser-Blatt-Bindungen bei jungen Zielgruppen, Reduzierung der Auflagen und damit verbundene Einnahmeverluste. Daraus resultierende Qualitätsverluste inhaltlicher, gestalterischer und drucktechnischer Art führen letztlich zu Einnahmerückgängen, die für die Verlage schwer ausgleichbar sind.

Hinzu kommen noch mögliche Ein- nahmeverluste von Anzeigenkunden, die rezessionsbedingt weniger in

Printprodukte

Werbung investieren oder – und dies ist bedeutsam – ihre Werbemittel Richtung Internet umschichten. Die Ergebnisse sind fatal: Zeitungen werden im Umfang reduziert, Mitarbeiter in Redaktion und Technik werden freigesetzt. Die Folgen sind dramatisch: Es gibt weniger und nur einheitlichere Informationsmöglichkeiten. Darunter leidet die Meinungsvielfalt, der publizistische Wettbewerb und eines Tages möglicherweise die demokratische Meinungsbildung.

Ist die Online-Zeitung die Lösung

Die Frage, die sich nun viele Verlage stellen, ist, ob die Online-Zeitung den Weg aus der Zeitungskrise darstellt? Eine der erfolgreichen jungen Online-Zeitungen in den USA ist das Portal nj.com: Eine junge, direkt mit dem Leser kommunizierende Online-Zeitung, die Informationen über alle Lebensbereiche der Region New Yersey anbietet. Der direkte Kontakt mit dem Leser, dem Abonnenten, dem Heiratswilligen oder dem Autokäufer wird hier geboten. Entstanden ist eine junge, dynamische Zeitung mit relativ kleinem Redaktions- und Technikteam, die Kommunikation, Information und Handel für eine ganze Region organisiert – also einen Mehrwert anbietet, der deutlich über den einer traditionellen Tageszeitung hinausgeht.

Online-Zeitung in Deutschland

In der noch jungen deutschen Nachkriegsgeschichte gab es immer Tageszeitungen als Printmassenmedium. Das Internet kann und wird wohl die Tageszeitung nicht ablösen. Aber als kostengünstiges, universal vernetztes Massenmedium vermag das Internet Informationen viel direkter und komplexer anzubieten, als das klassische einstufige Mediensystem Zeitung es je konnte. Dadurch wird es hier zu deutlichen Verschiebungen kommen. Aber auch das Internet ist nicht das Medium, um die Zeitung als Informationsmittel zu ersetzen. Die Strukturen des World Wide Web sind unübersichtlich, für wenig geübte Leserkreise fehlt die klare Orientierung, um Informationen schnell und zielgerichtet zu finden.

Es wird in der Zeitungslandschaft in Deutschland aber bereits deutlich, dass die notwendigen Investitionen aufgebracht wurden, um neue Wege in der

Informationsverbreitung zu wagen und damit den veränderten Herausforderungen zu begegnen.

So ist unter „Zeitung online" nachzulesen, dass der Markt der Online-Zeitungen stetig am Wachsen ist. Alle Zeitungsverlage in Deutschland sehen zwischenzeitlich den gelungenen Medienmix aus klassischer gedruck-

„Was von dem, was heute in der Zeitung steht, ist heute passiert?" „Nichts von davon ist heute passiert. Aber es gibt einiges was gestern geschah." „Das ist alt."

Interview in der US-Satiresendung Daily Show zur Aktualität von Tageszeitungen.

Online-Zeitung

Attraktives, breit angelegtes Online-Portal New Jersey, USA.

www.nj.com

Online-Zeitungen in Deutschland im Überblick

www.zeitungen-online.net/

www.metagrid.de/Zeitungen/Deutschland/

www.zeitung.de/

Online-Zeitung

Attraktiv angelegtes Online-Portal des Reutlinger General-Anzeigers

www.gea.de

ter Zeitung und Online-Zeitung als Lösungsmöglichkeit an, um die Bedeutung der Tageszeitung zu erhalten. Angepasstes CMS-Online-Design, logische Navigationsführung und gute Informationsaufbereitung, die Einbindung von Online-typischen Medien wie Bild, Video, Animation und Sound wird vielfach angeboten.

Die leichte Kontaktaufnahme zur Redaktion, zu verlinkten Medienpartnern oder zu regionalen Unternehmen erweitern die Online-Zeitung zu einem attraktiven multimedialem Medium.

Paid Content

Die Refinanzierung von Inhalten im Internet ist eines der bedeutendsten und heftig diskutierten wirtschaftlichen

Themen in der Zeitungs- und Medienindustrie. Zunehmend macht sich in den Verlagen die Erkenntnis breit, dass Werbung allein zur Refinanzierung der Online-Angebote nicht ausreichen wird.

Paid Content wird in den kommenden Jahren daher zu einer wichtigen Refinanzierungsmöglichkeit für Zeitungen. In vielen Verlagen wird über Bezahlmodelle im Internet nachgedacht und es werden entsprechende Umsetzungsschritte geplant. Schon heute verkauft eine Reihe von Verlagshäusern erfolgreich kostenpflichtige Zusatzangebote zu den normalerweise kostenfreien Online-Portalen. Chancen für Bezahlinhalte sehen die Zeitungsverlage vor allem bei exklusiven, hochwertigen Inhalten, die auf konkrete Bedürfnisse ausgesuchter Zielgruppen abgestimmt sind und deren Nutzen für die Endverbraucher eindeutig dargestellt werden.

Verlage werden in den nächsten Jahren – so wird geschätzt – zwischen 20 und 30 % ihrer Online-Umsätze mit bezahlten Inhalten erwirtschaften. Mehr als die Hälfte der deutschen Zeitungshäuser unterhält bereits solche kostenpflichtigen Angebote im Netz – weitere 25 % planen dies. Vor allem mobile Anwendungen, etwa Apps für das iPhone, stehen bei gut 40 % der Verlage im Mittelpunkt der Paid-Content-Strategie.

Die Tendenz bei den Verlagen ist eindeutig, sie glauben an Bezahlinhalte im Netz und auf mobilen Endgeräten. Voraussetzung für den Erfolg von Paid Content ist ein differenziertes, zielgruppen- und leserorientiertes Angebot auf den Online-Portalen. Um der Paid-Content-Strategie zum Erfolg zu verhelfen, müssen es die Online-Zeitungen schaffen, aus gelegentlichen oder gar zufälligen Website-Besuchern regelmäßige Nutzer des Portals zu

Printprodukte

machen. Derzeit (2010) seien etwa 15 % der Nutzer eines Zeitungsportals für rund 75 % der Seitenaufrufe auf den Verlagswebsites verantwortlich. „Die Verlage haben bereits beeindruckende Reichweiten im Netz. Die Zahl der Unique User liegt bei 40 %, daraus müssen die Verlage nun ein Stammpublikum machen", ergänzte Hans-Joachim Fuhrmann, Mitglied der BDZV-Geschäftsleitung. Dann würden kostenpflichtige Internetangebote auch noch stärker als bisher angenommen.

Unique User
Damit wird eine Messeinheit für die Nutzung einer Internetseite bezeichnet, die angibt, wie viele User ein Webangebot in einer vorgegebenen Zeit hatte. Ruft ein User hintereinander mehrere Seiten einer Website auf, so zählt dies als ein Unique User, also als einmalige Nutzung. Erst ein erneuter Seitenabruf nach Ablauf einer bestimmten Zeitspanne zählt dann als erneuter Unique User. Üblicherweise wird ein „Skalierbares Zentrales Messsystem" (SZM) verwendet, das mit dem international standardisierten Zeitwert von 30 Minuten arbeitet.

Trends
Die Auflagenentwicklung aller Tageszeitungen in Deutschland ist, wie die Grafik rechts zeigt, seit Jahren rückläufig. Ein Ausgleich ist durch die Online-Zeitungen wohl nur bedingt geschaffen worden. Eine Erweiterung des Mediums Zeitung hin zu erweiterten Online-Angeboten in Kombination mit elektronischen Lesegeräten zeichnet sich für die kommenden Jahre ab. Verdeutlicht wird dieser Trend durch die Auflagenzahlen der verkauften ePaper im ersten Quartal 2010. E-Publishing ist wohl die Plattform, um welche die Tageszei-

tungen ihre aktuellen Geschäftsmodelle erweitern werden.

Dass dieser Prozess bereits aktiv am Markt ist, zeigt die Abbildung der Financial Times Deutschland mit den verfügbaren Medienangeboten, die zum Teil im Abonnement zu beziehen sind. Ähnliche Angebote anderer Verlage seien hier noch genannt: So ist „Die Welt" die erste deutsche Zeitung, die ab April 2010 auf dem iPad vertreten ist,

Band II - Seite 519
8.4 eBook

Entwicklung Auflagenzahlen im Zeitungsmarkt und ePaper
Abb.: BDZV

Paid-Content-Angebote Financial Times Deutschland
Abb.: Financial Times

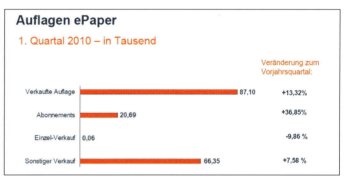

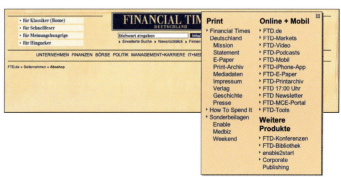

Band II - Seite 634
9.2.3.3 Endlosbereich

Newspaper/Print-on-Demand

K presse und buch bietet bei seinen Bahnhofs- und Flughafenbuchhandlungen diesen Print-on-Demand-Service für Tageszeitungen an.

http://verlagsstarter.de

und das neue Online-Portal der Bertelsmann Gruppe ist attraktiv gestaltet und sehr multimedial.

Tageszeitung nur für das iPad
Zu Beginn des Jahres 2011 erschienen die ersten Tageszeitungen in den USA und in Großbritannien, die in Typografie, Aufmachung und Interaktivität speziell für das iPad und ähnliche Lesegeräte aufbereitet sind. Die Zeitung mit dem Titel „DAILY" kostet 99 US-Cent pro Woche. Die Inhalte werden den Abonnenten direkt auf die Lesegeräte übertragen.

Das Projekt wurde von Rupert Murdoch und Steve Jobs in New York so weit vorangetrieben, dass Anfang 2011 bereits etwa 100 Journalisten und technische Mitarbeiter an dem Projekt beteiligt waren.

Newspaper-on-Demand
Eine spannende Entwicklung ist im Bereich Newspaper-on-Demand zu beobachten. Viele Buchhandlungen bieten zwischenzeitlich einen hochinteressanten Service vor allem für Geschäftsreisende an, aber auch Privatkunden nutzen diesen Service verschiedener in- und ausländischer Tageszeitungen. Bei großen Verkehrsknotenpunkten bei Bahn- und Flugverkehr sind in Buchhandlungen Plakate wie das nebenstehende vom Berliner Bahnhof Zoo zu finden. Der Deutsche Presseeinzelhandel hat diese Dienstleistung aufgegriffen und bietet mit dem Newspaper-on-Demand Service täglich etwa 1000 Zeitungstitel aus über 80 Ländern zum Abruf an.

Der Newspaper-on-Demand-Service ermöglicht dem Leser, sich seine Zeitung im A3-Format mit allen Inhalten des Originals per Knopfdruck digital ausdrucken zu lassen. Zwischen 800 und 1.500 Zeitungstitel aus aller Welt umfasst das derzeitige Angebot in nahezu allen Buchhandlungen mit internationaler Laufkundschaft.

Newspaper/Print-on-Demand richtet sich mit seinen weltweiten Titeln aus Ländern in etwa 40 Sprachen an eine internationale Kundschaft. Die Tageszeitungen werden digital als PDF auf zentralen Servern abgelegt und von dort an lokalen Rechnern abgerufen und ausgegeben. Die On-Demand-Drucke werden zum Teil schon bereitgestellt, bevor die lokalen Ausgaben im Herkunftsland zum Verkauf angeboten

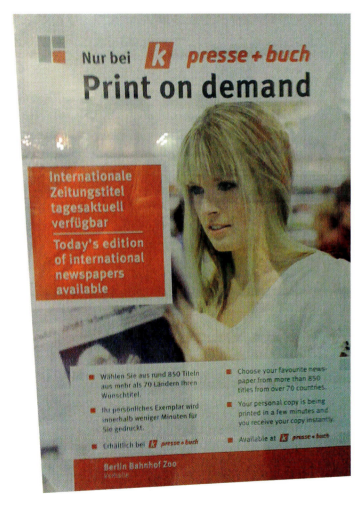

Printprodukte

werden. Die Lieferung der On-Demand-Drucke kann unterschiedlich erfolgen:
- Als Einzeldrucke direkt im Geschäft,
- als Abonnement im Plastikbeutel, ausgeliefert per Kurier,
- als Einzeldrucke mit individueller Sortierung in Business-Hotels,
- direkt bei international tätigen Unternehmen z.B. der Automobilindustrie,
- in großen Dienstleistungsbetrieben wie Banken oder Anwaltskanzleien.

Jet Aviations Abfertigungsbetriebe Zürich und Genf bieten Geschäftsreisenden neuartigen Zeitungsservice an

Zürich, Schweiz — Jet Aviations Abfertigungsbetriebe für Privatflugzeuge in Zürich und Genf bieten internationalen Geschäftsreisenden seit kurzem einen neuartigen Zeitungsservice (NewspaperDirect) an. Die Kunden haben neu Zugang zu den aktuellsten Ausgaben von über 180 Zeitungstiteln. Je nach Kundenwunsch oder Destination trifft Jet Aviation eine Auswahl unterschiedlicher Zeitungen, die online ausgedruckt und den Passagieren vor Abflug direkt ins Flugzeug geliefert werden.

Den Reisenden stehen Zeitungen wie Wall Street Journal, Financial Times, Al Ittihad, Al Hayat, Al-Jazirah oder Asharq Al-Awsat zur Verfügung. Die Zeitungsexemplare entsprechen exakt den Originaltiteln und werden in einem handlichen Format, zumeist DIN A3, ausgedruckt.

„Diese neue Dienstleistung wird von unseren Kunden sehr geschätzt. Lokale Zeitungen – insbesondere aus dem Mittleren Osten – waren entweder nur schwierig zu erwerben oder nicht mehr aktuell. Dank der grossen Titelauswahl und der Garantie, stets die aktuellste Ausgabe zu erhalten, können sich die Passagiere während des Fluges über die Aktualitäten und Ereignisse in ihrem Heimatland informieren", kommentiert Robert Whitehead, Private Aircraft Handling Manager der Jet Aviations Abfertigungsbetriebe in Zürich.

Quelle: Jet Aviations Abfertigungsbetriebe Zürich/Schweiz.

Newspaper/Print-on-Demand

Eine Auswahl internationaler Tageszeitungen, die den NewspaperDirect-Service anbieten und die über unterschiedliche Vertriebswege abgerufen werden können.

3.4.7 Aufgaben

1 Geschäftsdrucksachen gestalten

Nennen Sie die DIN- und ISO-Normen, die für die Gestaltung eines Geschäftsbriefbogens von Bedeutung sind.

2 Normen für Geschäftsdrucksachen kennen

Suchen Sie im Internet die oben genannten Normen und notieren Sie sich die wichtigsten Inhalte.

3 Geschäftsdrucksachen gestalten

Nennen Sie die wichtigsten Vorgaben, die einen Einfluss auf die Gestaltung für einen Geschäftsbriefbogen haben.

4 Geschäftsdrucksachen gestalten

Nennen Sie die Drucksachen, die Bestandteil einer Standardgeschäftsausstattung sind.

5 Geschäftsdrucksachen gestalten

Nennen Sie die Drucksachen, die Bestandteil einer erweiterten Geschäftsausstattung sind.

6 Geschäftsdrucksachen gestalten

Zählen Sie fünf Gestaltungsgrundsätze auf, die für die Herstellung von Geschäftsdrucksachen von Bedeutung sind, und erläutern Sie die Grundsätze.

7 Geschäftsdrucksachen gestalten

Auf Geschäftsbriefbogen und auf Rechnungen sind bestimmte Angaben aus rechtlichen Gründen erforderlich. Nennen Sie diese Angaben für die verschiedenen Unternehmensformen.

8 Titeleiaufbau eines Werkes benennen

Wie muss eine Titelei in einem Werk (Buch) aufgebaut sein. Nennen Sie alle Seiten und deren Funktion.

9 Elemente einer klassischen Werksatzseite benennen

Eine klassische Werksatz-Doppelseite weist insgesamt 10 typografische Merkmale auf. Nennen und Skizzieren Sie diese Merkmale.

10 Fachbegriffe erklären

Hurenkind, Witwe, Schusterjunge, Schusterjungenregelung – erläutern Sie diese Begriffe.

11 Fachbegriffe erklären

- Erklären Sie den Fachbegriff „Fußnote".
- Wie können Fußnoten vom Haupttext optisch eindeutig getrennt werden?

12 Geschäftsausstattung gestalten

Welche Funktionen muss eine Internetseite für ein Unternehmen aufweisen, um eine gute Kundenbindung zu gewährleisten.

Printprodukte

13 Fachbegriffe erklären

Erläutern Sie die folgenden Formate:
- Berliner Format
- Rheinisches Format
- Nordisches Format

14 Zeitungslayouts beschreiben

Erläutern Sie die drei grundlegenden Layouttypen, die es für die Gestaltung von gedruckten Tageszeitungen gibt.

15 Zeitungslayouts beschreiben

Beschreiben Sie die Wirkung der drei Grundlayouts für gedruckte Tageszeitungen auf den Leser. Nennen Sie zu jedem dieser Layouts eine Ihnen bekannte Tageszeitung und analysieren Sie deren Wirkung.

16 Schrift in der Tageszeitung

Welche Anforderungen werden an eine gute Tageszeitungsschrift gestellt?
- Nennen Sie vier Anforderungskriterien.
- Nennen Sie geeignete Schriften für diesen Medientyp.

17 Anzeigenteil und seine Bedeutung für die Zeitung kennen und erklären

Welche Bedeutung hat der Anzeigenteil einer Tageszeitung für deren wirtschaftliche Existenz?

18 Anzeigenteil und seine Bedeutung für die Zeitung kennen und erklären

Ein Kunde soll von der Notwendigkeit überzeugt werden, statt einer S/W-Anzeige eine teurere Farbanzeige zu schalten. Wie überzeugen Sie ihn?

19 Elemente einer Zeitungstitelseite kennen

Nennen und beschreiben Sie die Gestaltungs- und Funktionselemente, aus denen sich die Titelseite einer Tageszeitung zusammensetzt.

20 Gestaltungselemente beschreiben

Moderne Tageszeitungen verwenden häufig attraktive und große Bilder in den Titel- und Innenseiten. Erklären Sie, aus welchem Grund in der Zeitungsgestaltung gerne mit einer massiven Bildsprache gearbeitet wird.

21 Online-Zeitungen beschreiben

Onlie-Zeitungen ergänzen zunehmend die gedruckte Tageszeitung. Nennen Sie Vorteile der Onlinezeitung im Vergleich zur klassischen Zeitung.

22 Fachbegriffe erklären

Erklären Sie folgende Fachbegriffe:
- Paid Content
- Unique User
- E-Publishing
- Newspaper-on-Demand

353

Bild- und Filmgestaltung

4.1 Bildgestaltung

4.1.1	Bildausschnitt	358
4.1.2	Bildaufbau	359
4.1.3	Linien führen das Auge	361
4.1.4	Perspektive und Raumwirkung	362
4.1.5	Licht und Beleuchtung	363
4.1.6	Der ungewöhnliche Blick	365
4.1.7	Bildbeurteilung und Bewertung	366
4.1.8	Bildwelten – Keyvisuals	367
4.1.9	Aufgaben	370

4.1.1 Bildausschnitt

Band I – Seite 22
1.1.2.6 Bilder

Band II – Seite 309
6.2 Bildbearbeitung

Fotografische Bilder sind Abbilder der Welt. Sie zeigen nicht die Realität der Welt, sondern die Realität des Ausschnitts, den der Fotograf zu einem bestimmten Zeitpunkt aufgenommen hat. Sie komponieren als Fotograf bei der Aufnahme das Bild. Wie immer in der Gestaltung erfüllen dabei alle abgebildeten Objekte nur einen Zweck, nämlich die Bildaussage, Ihre Botschaft, zu visualisieren und sie durch die Sprache des Bildes dem Betrachter zu kommunizieren. Der dabei gewählte Bildausschnitt ist neben der Anordnung der Elemente des Motivs und der Fototechnik, wie z. B. Brennweite, Blende oder Farbeinstellungen, das wichtigste Mittel der Bildgestaltung.

Eine nachträgliche Veränderung des Bildausschnitts verändert deshalb die Bildwirkung und damit die Bildaussage eines Bildes. Die beiden Bilder auf dieser Seite entstammen einer Aufnahme. Das obere Bild wurde nur unwesentlich beschnitten, damit es in das Layout des Buches passt. Die Motorräder stehen im Mittelpunkt des Bildes. Im rechten oberen Bereich des Bildes sehen wir eine Frau, offensichtlich keine Motorradfahrerin, sondern wahrscheinlich die Besucherin einer Ausstellung. Das untere Bild zeigt nur noch einen Ausschnitt eines Motorrades. Der Blick des Betrachter konzentriert sich ganz auf die technischen Details. Das zweite Motorrad ist vollkommen im Hintergrund. Das hinter dem Lenker sichtbare Bein der Zuschauerin ist für den Betrachter, der nur diesen Ausschnitt sieht, nicht mehr zuordenbar.

Die Entscheidung, was nicht aufs Bild soll, ist für die Bildaussage genauso wichtig, oder vielleicht sogar noch wichtiger, wie die Festlegung, was Teil des Motivs ist und somit fotografiert werden muss. Sie entscheiden bei der Aufnahme oder bei der nachträglichen Bildbearbeitung, welcher Ausschnitt der Welt Teil Ihrer Gestaltung wird. Die Festlegung des Bildausschnitts ist somit immer eine bewusste gestalterische Entscheidung, die im Wesentlichen durch die gewünschte Bildaussage geleitet wird.

4.1.2 Bildaufbau

Bildgestaltung

Wie groß Sie das Format eines Bildes auch wählen. Es hat an allen vier Seiten Grenzen, das Bild zeigt nur einen Ausschnitt der Realität. Im Kapitel 1 *Grundlagen der Gestaltung* haben Sie die Grundregeln der menschlichen Wahrnehmung kennengelernt. Diese gelten auch als grammatikalische Regeln der Bildsprache.

Das Hauptmotiv ist Mittelpunkt des Interesses und Blickfang für den Betrachter. Es sollte aber nicht in der Mitte des Bildes stehen. Zentriert ausgerichtete Motive wirken meist langweilig und spannungsarm. Ausgehend vom Format und Seitenverhältnis des Bildes gibt es verschiedene geometrische Richtlinien zum Bildaufbau. Diese Regeln sollen Ihnen Hilfestellung geben, sie sind keine Gesetze. Gerade das bewusste Abweichen von diesen Regeln führt oft zu spannenden und ungewöhnlichen Bildern.

mögliche Schnittpunkte. Welchen der vier Schnittpunkte Sie als Schwerpunkt für Ihre Bildgestaltung wählen, ist von der Anordnung der Motivelemente im Bildformat abhängig.

Jedes Motiv wird durch das Bildformat gegrenzt. Der Bildaufbau folgt den geometrischen Regeln.

4.1.2.1 Goldener Schnitt

Der Goldene Schnitt ist eines der bekanntesten Harmoniegesetze zur Gliederung und Aufteilung von Strecken, Flächen und Körpern. Die mathematische Regel lautet, dass sich bei der Teilung einer Strecke der kleinere Teil zum größeren Teil so verhält wie der größere Teil zur Gesamtstrecke. Als Ergebnis dieser Regel ergibt sich die Verhältniszahl 1,61803… . Zur Anwendung in der Praxis wurde daraus die gerundete Zahlenreihe 3 : 5, 5 : 8, 8 : 13, 13 : 21 usw. abgeleitet.

Für den Bildaufbau bedeutet dies, dass der Blickpunkt des Hauptmotivs im Schnittpunkt der Teilungslinien des Bildformats platziert wird. Aus der proportionalen Flächenaufteilung nach dem Goldenen Schnitt ergeben sich vier

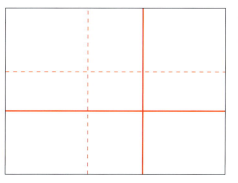

Aufteilung der Fläche nach dem Goldenen Schnitt

Das Hauptmotiv ist nach dem Goldenen Schnitt platziert.

359

4.1.2.2 Drittel-Regel

Die Drittel-Regel ist eine vereinfachte Umsetzung des Goldenen Schnitts. Die Horizontale und die Vertikale des Bildes werden jeweils in drei gleich große Bereiche aufgeteilt. Sie erhalten durch die Teilung neun Bildbereiche mit dem Seitenverhältnis des Gesamtformats.

Bei einigen Digitalkameras können Sie das Raster der Drittel-Regel im Display einblenden. Dies erleichtert es schon bei der Aufnahme, den Bildaufbau zu strukturieren.

Drittel-Regel
Aufteilung der Fläche nach der Drittel-Regel

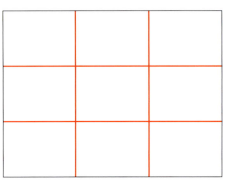

Grundsätze der Drittel-Regel

Grundsätze der Drittel-Regel

1. Der Horizont liegt auf einer der beiden horizontalen Linien.

2. Der Blickpunkt des Hauptmotivs wird auf einem der Linienschnittpunkte positioniert.

Horizontlinie
Der tiefliegende Horizont im linken Bild vermittelt Weite. Im rechten Bild zeigt der hochliegende Horizont Nähe und betont dadurch die Landschaft.

4.1.3 Linien führen das Auge

Bildgestaltung

Linien führen den Betrachter durch das Bild. Wege, Geländer oder Schienen gelten als die klassischen linearen Gestaltungsmittel. Aber auch Kanten von Flächen, Treppen oder eine Reihung einzelner Elemente haben die lenkende Wirkung einer Linie auf den Betrachter.

Die Linienführung folgt dabei den allgemeinen Wahrnehmungsregeln, die Sie im Kapitel 1.1 *Wahrnehmung* schon kennengelernt haben. Schräg verlaufende Linien wirken dynamisch. Linien, die sich in ihrem Verlauf von links nach rechts dem oberen Bildrand nähern, gelten als aufsteigend. Entgegengesetzt verlaufende Linien wirken absteigend. Waagrechte oder senkrechte Linien gliedern das Motiv. Sie vermitteln Ruhe und Ordnung. Grundsätzlich gilt, dass die waagrechten und die senkrechten Linien parallel zum Bildrand verlaufen. Nur bei extremer Sichtweise auf das Motiv sind stürzende Senkrechte erlaubt.

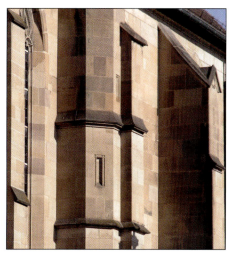

Linienführung

Die Linien strukturieren das Bild und führen den Blick des Betrachters.

4.1.4 Perspektive und Raumwirkung

Band I – Seite 65
1.4 Perspektive

4.1.4.1 Bildebenen

Vordergrund, Hauptmotiv und Hintergrund gliedern ein Bild in drei Bildebenen. Dadurch entsteht eine Tiefen- bzw. Raumwirkung im Bild. Achten Sie bei der Gewichtung der einzelnen Bildebenen auf die Wertigkeit der Elemente. Wenn der Vordergrund einen zu großen Anteil hat, dann beherrscht er das Bild und das eigentliche Hauptmotiv gerät ins Hintertreffen.

4.1.4.2 Bildperspektive

Die Bildperspektive beschreibt den Blick des Fotografen auf das Motiv. Wenn Sie Ihren Kamerastandpunkt verändern, dann erfolgt damit automatisch auch ein Perspektivenwechsel. Mit Ihrem neuen Blick auf das Motiv verändert sich auch der Blick des Betrachters und beeinflusst dadurch die Bildaussage. Die Bildperspektive ist damit ein sehr wirkungsvolles Element der Bildgestaltung.

Wir verstehen also unter Bildperspektive nicht nur die klassischen Fluchtpunktperspektiven, sondern auch die Sichtweise, den fotografischen Blick.

362

4.1.5 Licht und Beleuchtung

Bildgestaltung

Band II – Seite 203
4.1 Farbsysteme

Band II – Seite 269
5 Digitalfotografie

Fotografieren heißt mit Licht schreiben, mit Licht zeichnen. Bei der fotografischen Aufnahme werden die Bildinformationen des Motivs durch Licht auf den Film in der analogen Kamera oder den Chip in der Digitalkamera aufgezeichnet. Unsere Kamera nimmt das Licht anders auf, als wir es wahrnehmen. Unser Gehirn korrigiert das Gesehene und gleicht die Informationen z. B. mit unseren Erfahrungen ab. So nehmen wir weißes Papier auch unter leicht gelblichem Licht als weiß wahr. Unsere Kamera dagegen sieht das Papier gelblich und nimmt es so auf. Beim Betrachten der Aufnahme wiederum sehen wir dann ebenfalls ein gelbliches Papier, weil wir davon ausgehen, dass die Farbe der Beleuchtung bei der Aufnahme weiß war.

wichtigste und schönste natürliche Lichtquelle. Das Sonnenlicht ist aber nicht immer gleich. Im Tagesverlauf verändert sich die Position der Sonne, die Helligkeit, die Farbigkeit des Lichts, denken Sie an das warme Licht des Morgen- oder des Abendrots.

Bei der Aufnahme müssen Sie deshalb die technische und die gestalterische Seite des Lichts beachten. Die technischen Aspekte werden wir im Band II, Kapitel 5 *Digitalfotografie* ausführlich behandeln. Für die gestalterische Arbeit mit Licht finden Sie hier verschiedene Beispiele und Anregungen.

4.1.5.1 Art der Beleuchtung

Natürliches Licht
Bei allen Außenaufnahmen haben wir natürliches Licht. Die Sonne ist die

Künstliches Licht
Bei Aufnahmen von Innenräumen ist fast immer künstliches Licht zur Beleuchtung notwendig. Man spricht dabei oft nicht von Beleuchtung, sondern von Ausleuchtung. Ausleuchtung bedeutet, dass Sie das Motiv mit verschiedenen Lichtquellen und Aufhellern optimal beleuchten. Es stehen dazu eine ganze Reihe von Lichtquellen zur Verfügung. Dauerlicht für Videoaufnahmen, Dauerlicht und/oder Blitzlicht in der Fotografie. Wir unterscheiden auch zwischen Flächenlicht und Punktlicht.

Abb.: Just

363

Mischlicht
Aufnahmen mit Kunstlicht bedeutet fast immer Mischlicht. Bei Innenaufnahmen haben Sie zusätzlich die Raumbeleuchtung und/oder mehrere Lichtquellen. In Außenaufnahmen konkurrieren immer die natürliche Beleuchtung der Sonne mit dem Kunstlicht.

4.1.5.2 Richtung der Beleuchtung

Die Richtung der Beleuchtung bestimmt Licht und Schatten im Motiv. Licht und Schatten beeinflussen ganz wesentlich die Bildwirkung. Die Räumlichkeit einer Aufnahme, aber auch die Bildstimmungen, romantisch, bedrohlich usw., werden durch Licht und Schatten gestaltet.

Bei Außenaufnahmen ohne Kunstlicht können Sie die Richtung der Beleuchtung nur durch Wechsel des Kamerastandortes verändern. Oft reicht schon eine kleine Veränderung, um den Lichteinfall, und damit die Wirkung von Licht und Schatten, zu optimieren.

Frontlicht
Frontlicht oder Vorderlicht strahlt in der Achse der Kamera auf das Motiv. Das frontal auftreffende Licht wirft keine Schatten, das Motiv wirkt dadurch flach. Sie sollten den Standort wechseln, damit das Licht von der Seite kommt, oder zusätzlich mit einem seitlichen Führungslicht Akzente setzen.

Seitenlicht
Die Beleuchtung des Aufnahmeobjekts von der Seite ist die klassische Lichtrichtung. Der seitliche Lichteinfall bewirkt ausgeprägte Licht- und Schattenbereiche. Dadurch erzielen Sie eine Verbesserung der Raumwirkung Ihrer Aufnahme.

Gegenlicht
Üblicherweise steht die Sonne hinter der Kamera. Bei der Gegenlichtaufnahme befindet sich die Sonne hinter dem Aufnahmeobjekt. Dies kann zu Lichtsäumen um den Schattenriss des Motivs führen. Spezielle Effekte können Sie durch Ausleuchtung des Objekts mit Aufheller oder durch den Einsatz eines Aufhellblitzes erzielen.

4.1.6 Der ungewöhnliche Blick

Bilder werden gesehen, aber werden sie auch wahrgenommen? Erregen Ihre Bilder Aufmerksamkeit, kommunizieren sie Ihre Botschaft? Was können Sie tun? Bieten Sie dem Betrachter beim Blick auf Alltägliches etwas Unerwartetes: Spezifische Bildausschnitte, Details, die für das Ganze sprechen, ungewöhnliche Perspektiven, intensive, ungewohnte Farben und Kontraste, kolorierte oder schwarz-weiße Bilder – kurz die Abweichung von der Norm führt zu Aufmerksamkeit und was Aufmerksamkeit erregt, wird auch wahrgenommen.

Bildgestaltung

4.1.7 Bildbeurteilung und Bewertung

Die Beurteilung von Bildern ist, wie die Beurteilung jeglicher Gestaltung, nicht einfach. Es gibt keine allgemein gültigen Maßstäbe oder Regeln, aus denen Sie eine Checkliste ableiten können.

Die folgenden Fragen sollen Sie bei der Beurteilung eine Bildes leiten und unterstützen:

- Ein Bild sagt mehr als tausend Worte – treffen diese über tausend Worte den Aussagewunsch der Gestaltung?
- Ist die Bildaussage wahr?
- Ist sie dem Betrachter verständlich?
- Ist das Bild stimmig oder steht es im Widerspruch zum Aussagewunsch?
- Ist das Motiv vertretbar oder zu schockierend?
- Entspricht das Bild den formalen Regeln der Bildgestaltung?
- Ist es technisch einwandfrei, ist es unscharf oder farbstichig?
- Ist das Motiv oder die Bildgestaltung innovativ oder sieht man Altbekanntes?
- Werden Sie sich auch nach langer Zeit noch an das Bild erinnern?
- Kommuniziert die Bildaussage Ihre Botschaft?
- Hat das Bild Relevanz oder ist es halt nur ein Bild, damit man nicht nur Text wiedergibt?
- Haben Sie ein anderes Bild als bessere Alternative?

Ihre Antworten ergeben ein Polaritätsprofil der Bewertung eines Bildes in einer konkreten Situation für ein bestimmtes Medienprodukt.

	2	1	0	1	2	
gültig, wahr						nicht gültig, unwahr
verständlich						unverständlich
stimmig						widersprüchlich
vertretbar						nicht vertretbar
formal gelungen						formal nicht gelungen
technisch einwandfrei						technisch mangelhaft
innovativ						herkömmlich
bleibend wirkend						flüchtig wirkend
symbolhaft						oberflächlich
relevant						belanglos

Still ruht der See

Beurteilen Sie das Bild anhand unserer Matrix.

4.1.8 Bildwelten – Keyvisuals

Bildgestaltung

Keyvisuals sind der Schlüssel zum visuellen Erkennen einer Marke. Keyvisuals sind mehr als Bildwelten. Keyvisuals können Farben, Slogans, Schrift, Logos usw. sein, aber letztlich sind alle diese Elemente Bildbotschaften als Teil des visuellen Designs. Bilder kommunizieren Informationen und Emotionen, sie haben beim Betrachter einen hohen Wiedererkennungs- und Identifikationswert. Die Bildwelt als Keyvisual ist deshalb ein sehr wichtiger Teil des Corporate Designs.

4.1.8.1 WDR 2

„**Das wdr2-Keyvisual:
So lebendig wie das Programm**
Das Keyvisual des Senders ist so typisch wie sein Programm. Immer anders, immer neu, aber immer wieder zu erkennen. Zur Zeit bilden 20 Motive die Basis für die individuelle Visual-Komposition. Eine spannende Gestaltung ergibt sich aus dem Zusammenspiel von verschiedenen Bildern, Größen und Einspiegelungen.

Jedes Bild ist ein subjektives Abbild der Realität und nicht Realität. Die zur Wiedergabe in jedem Fall erforderliche Manipulation von Bildern wird nicht verheimlicht, sondern sichtbar gemacht, sei es durch deutliche Farbverschiebungen, Gradationsbearbeitung, Filtereinsatz oder die Wahl des Bildausschnittes. Abbildungen haben eine klare Begrenzung. So wird deutlich, dass zur Illustration und Erklärung eines Sachverhaltes immer nur ein Ausschnitt des Ganzen benutzt wird. Außer im herkömmlichen Vierfarbdruck können Bilder auch in einzelnen Sonderfarben oder im Zusammendruck mehrerer Sonderfarben so bearbeitet werden, dass ein farbiger Eindruck entsteht.

Das WDR 2-Gefühl
WDR 2 bedeutet für seine Hörer eine gekonnte Mischung aus Information, Service, Unterhaltung, Sport und Musik. Wie fühlt sich dieses Hörerlebnis an? Das neue Key-visual des Senders bringt es auf den Punkt. Es verleiht ihm nicht nur im wahrsten Wortsinn ein Gesicht, sondern macht WDR 2 auch im „stummen" Medium Print durch vielfältige Gesichtsausdrücke erlebbar. Die WDR 2-Hörerin und der WDR 2-Hörer stehen beim Kommunikationsauftritt des Senders im Mittelpunkt des Geschehens. Und werden zum tragenden Erkennungszeichen mit hohem Sympathiewert."

Text und Abb.: Westdeutscher Rundfunk Corporate Design Manual, 2004

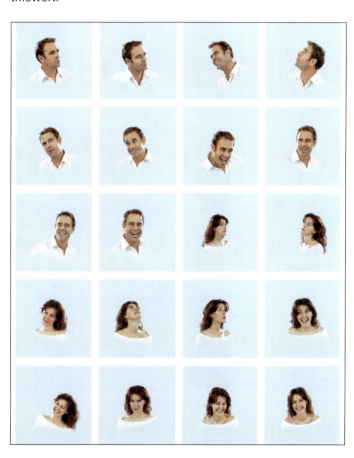

367

Abb.: Westdeutscher
Rundfunk Corporate
Design Manual, 2004

Bildgestaltung

4.1.8.2 Mercedes-Benz

„Mercedes-Benz präsentiert neuen Markenauftritt

- Mercedes-Benz erneuert nach 18 Jahren spartenübergreifend sein Erscheinungsbild
- C-Klasse T-Modell als erstes Produkt mit Einführungskampagne im neuen Markendesign
- Überarbeitetes Markendesign im Zeichen des Sterns komplettiert geschärfte Mercedes-Benz Markenpositionierung

Der Mercedes-Benz Stern als Ausgangspunkt der neuen Visualisierung

Als wesentliche Neuerung strahlt der Stern im neuen Markendesign als das zentrale Symbol der Marke immer von oben. Bei Reproduktionen wird der Stern zweidimensional dargestellt (beispielsweise im Druckbereich), für reale Anwendung (beispielsweise am Fahrzeug oder auf Niederlassungen) bleibt er dreidimensional. Darüber hinaus werden künftig Stern und Wortmarke voneinander getrennt auf den Kommunikationsmaßnahmen zu sehen sein. So bildet der von oben strahlende Stern gemeinsam mit der darunter stehenden Wortmarke eine verbindende Klammer der Kommunikation. Dadurch wird jede Kernbotschaft, ob sie in Form eines Bildmotivs oder in Form einer textlichen Aussage getroffen wird, visuell zwischen dem Stern und der Wortmarke formuliert.

Neue Bildsprache reflektiert Markenpersönlichkeit

Um der großen Vielfalt an Personenwagen und Nutzfahrzeugen von Mercedes-Benz Rechnung zu tragen, liegt der Fokus des neuen Designs auch auf einer einheitlichen Bildwelt. Künftig kommen in den verschiedenen Kommunikationsmaßnahmen neben Automobilaufnahmen auch Architektur-, Personen- und Landschaftsfotografien zum Einsatz. Großzügige Kompositionen mit ungewöhnlichen Perspektiven und gezieltem Lichteinsatz sorgen dabei für Spannung und verdeutlichen die Persönlichkeit der Marke. Dabei sind Vitalität und Dynamik ebenso Bestandteil der Bildsprache wie die differenzierte Anwendung von Tiefenschärfe und Unschärfe.

Als primäre Farbe für die Marke Mercedes-Benz wird der elegante Silberton „Arrowsilver" eingesetzt. Für die Kennzeichnung beim Händler wird der kräftige Blauton „Midnightblue" im Vordergrund stehen."

Text und Abb.: Daimler AG, 2007

4.1.9 Aufgaben

1 Bildausschnitt festlegen

Welchen Einfluss hat die Bildaussage auf die Wahl des Bildausschnitts?

2 Bildausschnitt festlegen

a. Zeichnen Sie in das Bild einen rechteckigen Bildausschnitt ein.
b. Begründen Sie Ihre Auswahl.

3 Aufnahmestandpunkt wählen

Die Fragen beziehen sich auf das Bild in Aufgabe 2.
a. Wo befindet sich der Aufnahmestandpunkt?
b. Welchen Einfluss hat die Aufnahmeperspektive auf die Bildwirkung?

4 Goldener Schnitt visualisieren

Legen Sie zeichnerisch einen Bildausschnitt mit dem Seitenverhältnis 4 : 3 fest. Das Hauptmotiv soll nach den Proportionsregeln des Goldenen Schnitts im Bild stehen.

5 Drittel-Regel visualisieren

Legen Sie zeichnerisch einen Bildausschnitt mit dem Seitenverhältnis 4 : 3 fest. Das Hauptmotiv soll nach den Proportionsregeln der Drittel-Regel im Bild stehen.

6 Bildkomposition erläutern

Welchem Zweck dienen die Regeln zur Bildkomposition?

7 Linienführung einzeichnen

Zeichnen Sie die wichtigsten blickführenden Bildlinien ein.

Bildgestaltung

8 Vordergrund gestalten

a. Welches der beiden Bilder hat eine stärkere Raumwirkung?
b. Begründen Sie Ihre Aussage.

9 Beleuchtung, Ausleuchtung erklären

Erklären Sie folgende Begriffe:
a. Beleuchtung
b. Ausleuchtung

10 Beleuchtungsrichtungen kennen

Welche Wirkung haben die folgenden drei Beleuchtungsrichtungen auf die Aufnahme?
a. Frontlicht
b. Seitenlicht
c. Gegenlicht

11 Keyvisual erläutern

Was versteht man unter Keyvisuals?

12 Faktoren des Keyvisual kennen

Nennen Sie vier Faktoren der Bildgestaltung, die als Teil einer eigenständigen Bildsprache ein Keyvisual definieren können.

13 Bild analysieren

Belegen Sie das Bild mit vier treffenden Adjektiven.

371

4.2 Filmgestaltung

4.2.1	Konzeption	374
4.2.2	Aufnahme	376
4.2.3	Schnitt	380
4.2.4	Aufgaben	383

4.2.1 Konzeption

4.2.1.1 Von der Idee zum Film

Am Anfang war die Idee – wie jede kreative Arbeit beginnt auch ein Film mit einer Idee. Sammeln Sie zunächst, ohne an die filmische Umsetzung zu denken, alles, was Ihnen zu Ihrem Thema einfällt. Fixieren Sie Ihre Ideensammlung schriftlich als Brainstorming oder als Mindmap. Sie zwingen sich dadurch, die offenen, schillernden, unklaren, fantastischen ... Gedanken zu konkretisieren und sie für die weitere Arbeit handhabbar zu machen.

4.2.1.2 Planung

Ein Film braucht wie jede Medienproduktion eine gründliche und genaue Planung. Da jeder Film letztendlich erst bei der Montage bzw. beim Schneiden entsteht, müssen Sie schon jetzt bei der Planung und später beim Drehen den fertigen Film vor Ihrem geistigen Auge ablaufen lassen. Denn, was Sie nicht gedreht haben, können Sie später nicht reinschneiden.

Die folgenden Fragen helfen Ihnen bei der Planung:
- Was wird warum wann wo und mit wem wie gedreht?
- Was brauche ich zum Dreh?
- Ort, Licht, Requisite, Akteure, Material, Kameras, Ton, ...
- Was wurde wann wo und mit wem wie gedreht?
- Was wird warum wie geschnitten bzw. montiert?

Die Konzeption und Planung wird in der Abfolge in verschiedenen immer konkreter werdenden Dokumentationen festgehalten.

Exposé
Aus den schriftlichen Ergebnissen der Kreativitätstechniken entwickeln Sie im Exposé eine erste Ausarbeitung Ihrer Filmidee. Formulieren Sie die Grundidee bzw. den Aussagewunsch Ihres Films auf einer bis zwei DIN-A4-Seiten.

Stellen Sie sich der Kritik und überprüfen Sie, ob Ihre Story trägt und ob diese tatsächlich Ihre Ideen realisiert.

Treatment
Das Treatment beschreibt den zukünftigen Film schon wesentlich konkreter als das Exposé. Sie konkretisieren darin die filmischen Mittel der Umsetzung, die handelnden Personen, Zeit, Orte und die filmische Handlung. Anhand des Treatments ist somit der zeitliche und finanzielle Aufwand zur Umsetzung der Filmidee abschätzbar.

Storyboard/Drehbuch
Oft werden Storyboard und Drehbuch in einer Dokumentation zusammengeführt. Sie beschreibt den ganzen Film in schriftlicher Form: Ideen und ihre geplante Umsetzung, Einstellungsgrößen

Aufbau eines Films

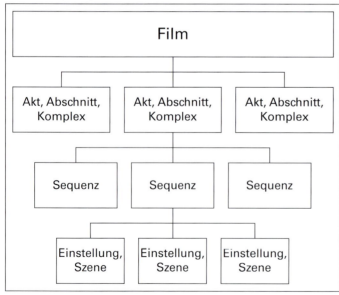

Filmgestaltung

und -dauer, technische Anweisungen, Licht, Ton, Dialoge usw.

Im Storyboard bzw. Drehbuch werden die Szenen in Einstellungen aufgelöst und die einzelnen Einstellungen des Films zeichnerisch umgesetzt. Bildaufbau und -ausschnitte für den späteren Dreh werden dadurch präzisiert. Schon im Vorfeld ergibt sich eine Vorstellung für Bildübergänge und den späteren Schnitt. Sie können dadurch schon in der Planungsphase spätere Fehler wie z. B. Achsensprünge erkennen und korrigieren.

Für die Gestaltung eines Storyboards bzw. eines Drehbuchs gibt es keine festen Regeln. Es muss aber so aussagekräftig sein, dass die Produzierenden es verstehen und im Sinne des Schreibers umsetzen können.

Angaben im Storyboard für eine Einstellung:
- Nummer der Einstellung
- Skizze
- Beschreibung der Einstellung
- Drehort
- Regieanweisungen
- Kamerastandpunkt und -einstellungen
- Licht
- Ton/Dialog
- Dauer
- Anmerkungen

Je nach Komplexität des Projektes könne Sie natürlich in Ihrem Storyboard Punkte ergänzen oder weglassen.

Drehplan

Der Drehplan strukturiert den zeitlichen Ablauf der Dreharbeiten. Die Abfolge der Szenen und Einstellungen im Drehplan entsprechen dabei meist nicht der Abfolge im späteren Film. Aufnahmen an einem Drehort, zu einer bestimmten Drehzeit abgedreht, werden im fertigen Film z. B. mit verschiedenen Zwischenschnitten oder als Rückblenden montiert. Trotzdem müssen sie aus gestalterischen, organisatorischen und nicht zuletzt wirtschaftlichen Gründen in einer Abfolge gedreht werden. Die verschiedenen Faktoren wie Drehort, Licht und Ton, aber auch Darsteller, Kostüme oder Requisiten usw. können konsistent gehalten werden.

Auch im Drehplan müssen Sie schon ans Schneiden denken. Das produzierte Rohmaterial sollte ein Mehrfaches der Zeit des fertig geschnittenen Films haben.

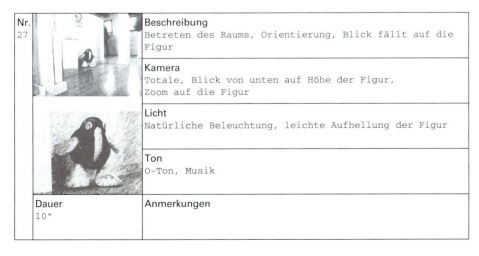

Drehbuch
Der Ausschnitt zeigt eine Einstellung.

4.2.2 Aufnahme

Band I – Seite 329
4.1.2 Bildaufbau

Motiv und Bildausschnitt sind wie in der Fotografie auch im Film von zentraler Bedeutung. Es gelten für die Bildgestaltung der Aufnahme grundsätzlich die gleichen Regeln. Hinzu kommt aber natürlich, dass wir keine Standbilder, sondern bewegte Bilder produzieren. Es sind also außer dem Motiv und dem Bildausschnitt als Gestaltungsmittel auch die Kameraposition, die Kameraeinstellungen wie Brennweite und Blende sowie die Perspektive der Aufnahmen in der Bilderabfolge zu berücksichtigen.

4.2.2.1 Einstellung

Die Einstellung (shot) ist die kleinste Einheit eines Films. Sie ist eine nicht unterbrochene Aufnahme. Der Name Einstellung stammt aus der Stummfilmzeit, als die Kameraeinstellung während einer Szene nicht verändert wurde. Heute ist die Kamerabewegung auch in einem ununterbrochen gefilmten Vorgang üblich.

Einstellungslänge
Mit der Einstellungslänge wird die Zeitspanne bezeichnet, in der ein Bild dem Betrachter gezeigt wird. Es gibt keine feste Regel für die Einstellungslänge.

Wenn Sie möchten, dass der Betrachter das Bild wahrnimmt, seine Informationen aufnimmt und versteht, dann sollte die Länge einer Einstellung in etwa der Zeit entsprechen, die man braucht, um das Bild verbal zu beschreiben. Die Einstellungslänge hängt vom Informationsgehalt des Motivs ab. Die Einstellungslänge für eine Totale ist somit in der Regel größer als die für eine Detailaufnahme.

Die Einstellungslänge hat großen Einfluss auf die Atmosphäre eines Films. Längere Einstellungen bringen Ruhe oder auch Langeweile. Kurze Einstellungen erzeugen Spannung oder auch Hektik und Verwirrtheit. Nutzen Sie das Stilmittel der Einstellungslänge.

Einstellungsgröße
Die Einstellungsgröße beschreibt verschiedene zueinander in Beziehung stehende Bildausschnitte. Ihre absolute Größe hängt immer vom jeweiligen Filmthema ab. So kann z. B. die Totale einen Blick über ein Tal oder wie in unserem Beispiel einen Blick in einen Raum darstellen.

- *Totale (long shot)*
  Mit der Totalen bieten Sie dem Betrachter Überblick und Orientierung, Sie führen ihn in die Thematik der Szene ein.
- *Halbtotale (medium long shot)*
  Die Halbtotale zeigt einen beschränkten Ausschnitt der Totalen und lenkt dadurch den Blick des Betrachters auf das bildwichtige Motiv.
- *Amerikanische Einstellung (american shot)*
  Die amerikanische Einstellung hat ihren Namen von einer in Western häufig eingesetzten Einstellungsgröße. Beim Duell sehen wir einen Revolverhelden mit seinem Colt vom Knie an aufwärts im Vordergrund, sein Gegner steht leicht seitlich versetzt im Bildmittelgrund.
- *Halbnahaufnahme (medium close-up)*
  Die Halbnahaufnahme zeigt erste Details, z. B. die obere Körperhälfte einer Person.
- *Nahaufnahme (close-up)*
  In der Nahaufnahme zeigen Sie weitere Details des Motivs. Für den Betrachter gehen der Überblick und die Möglichkeit zur Einordnung in die Umgebung verloren.

376

Filmgestaltung

- *Großaufnahme (very close-up)*
  Sie sind mit der Kamera dicht am Aufnahmeobjekt, ein Ausweichen ist nicht mehr möglich.
- *Detailaufnahme (extreme close-up)*
  Die Kamera ist so dicht wie möglich am Objekt. Sie zeigt einen kleinen, aber wichtigen Teil des Motivs.

Totale (long shot)

Halbtotale (medium long shot)

Amerikanische Einstellung (american shot)

Halbnahaufnahme (medium close-up)

Nahaufnahme (close-up)

Großaufnahme (very close-up)

Detailaufnahme (extreme close-up)

377

4.2.2.2 Kameraschwenk

Beim Schwenk bewegt sich die Kamera und damit das Bild. Die Kamera bewegt sich um die horizontale oder vertikale Achse und behält dabei ihre Position. Gleichmäßige und ruckfreie Kameraschwenks sind nur mit Stativ möglich. Achten Sie darauf, dass die Dämpfung richtig eingestellt ist. Als Richtlinie für die Geschwindigkeit gilt die Forderung, dass das Auge der Bewegung folgen kann. Schwenken Sie mit Überhang, d. h., lassen Sie die Einstellung vor und nach dem Schwenk noch drei bis fünf Sekunden stehen. Sie gewinnen damit mehr Spielraum für den Schnitt.

Wir unterscheiden je nach Gestaltungs- und Aussagewunsch verschiedene Arten von Schwenks:

- *Langsamer panoramierender Schwenk*
  Diese Art Schwenk wirkt als erweiterte Totale. Durch die Abfolge der Bilder kann der Bildausschnitt des einzelnen Bildes größer sein und somit mehr zeigen als eine sehende Totale. Der langsame panoramierende Schwenk bietet dem Betrachter Orientierung und hinführende Wirkung.
- *Zügiger Schwenk*
  Der zügige Schwenk verbindet zwei Einstellungen räumlich miteinander, das stehende Anfangsbild und das stehende Schlussbild sind die eigentlichen Aussageträger.
- *Reißschwenk*
  Die Kamera wird so schnell bewegt, dass keine Einzelheiten zu erkennen sind. Der Reißschwenk schafft räumliche und zeitliche Verbindungen. Er hat häufig die Wirkung eines Überblendeffekts.
- *Geführter Schwenk*
  Die Kamera verfolgt die Bewegung einer Person oder eines Gegenstandes.

Schwenk

Der langsame panoramierende Schwenk erfasst wesentlich mehr Details als die Totale.

Filmgestaltung

4.2.2.3 Kamerafahrt

Neben dem Schwenk ist die Kamerafahrt die zweite Art der Bewegung des Bildes durch die Bewegung der Kamera. Die Kamera verändert bei der Kamerafahrt, anders als beim Schwenk, ihre Position und damit auch die Perspektive und den Bildausschnitt. Eine Kamerafahrt kann grundsätzlich in alle Raumrichtungen erfolgen. Aber auch für Kamerafahrten gilt natürlich die Forderung nach gleichmäßigen ruckelfreien Bewegungen.

4.2.2.4 Zoomfahrt

Zoomobjektive sind heute bei allen Kameras Standard. Sie können damit auf einfache Weise durch die Veränderung der Brennweite eine so genannte Zoomfahrt machen. Im Gegensatz zur echten Kamerafahrt ändert sich bei dieser Fahrt die Brennweite. Der Kamerastandpunkt und damit der Abstand zum Aufnahmeobjekt bleiben unverändert. Durch das Zoomen verändert sich aber nicht nur der Bildausschnitt, sondern es verändern sich ebenfalls der Bildwinkel und die Schärfentiefe.

Als gestalterisches filmisches Mittel hat der Einsatz des Zooms vor allem den Zweck, die Aufmerksamkeit des Betrachter zu lenken. Die Zufahrt, d. h. von der Totalen zur Nahaufnahme, bewirkt Zuwendung, die Rückfahrt, von der Nahaufnahme zur Totalen, führt vom Besonderen zum Allgemeinen. So führen Sie beispielsweise eine Person durch eine Nahaufnahme ein und stellen sie dann durch das Zoom-out zur Totalen in den Gesamtzusammenhang der Szene.

Band II – Seite 191
3.2 Fotografische Optik

Zoomfahrt

Die Zufahrt bewirkt die Hinwendung vom Allgemeinen zum Besonderen.

4.2.3 Schnitt

Im Schnitt oder der Montage entsteht der eigentliche Film. Die verschiedenen Filmteile, Szenen und Einstellungen werden in der endgültigen Abfolge aneinander montiert.

Die Montage der einzelnen Teile ist aber mehr als das Aneinanderfügen der Einstellungen. Durch die Abfolge und die Länge der Einstellungen, durch die Art des Schnitts und der Überblendungen gewinnen die Bilder des Films erst ihre Bedeutung. So kann die Aussage einer Einstellung in ihrer Wirkung auf den Betrachter durch die davor und dahinter montierten Filmteile komplett verändert werden.

Schnittfolge

Die Schnittfolge der Einstellungen bestimmt den Kontext eines Bildes und damit seine Bedeutung.

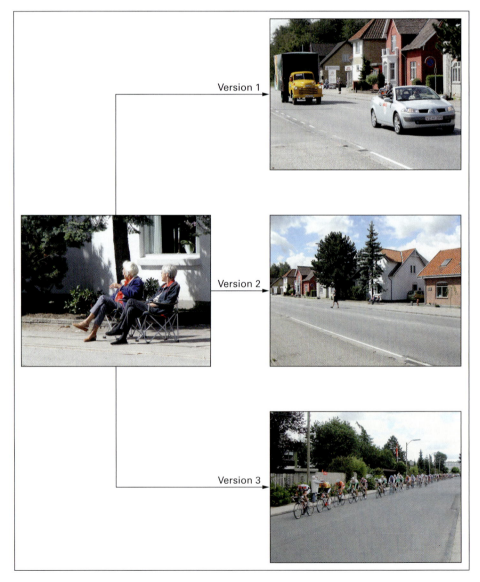

Filmgestaltung

4.2.3.1 Achsensprung

Die Wahrnehmung und Interpretation einer Bewegung vor der Kamera orientiert sich für den Betrachter immer an der so genannten Bild- bzw. Handlungsachse. Sie ist eine gedachte Linie, an der sich die Handlung oder auch nur die Blickrichtung entlang bewegt. Die Bewegung des Objekts muss für den Zuschauer immer logisch und nachvollziehbar sein. Man nennt ein für den Betrachter unmotiviertes Überschreiten der Bildachse Achsensprung.

Wenn Sie von der Handlungsachse abweichen, dann kann z. B. schon ein ungeschickter Standortwechsel dazu führen, dass sich z. B. ein aufgenommenes Auto in der zweiten Einstellung scheinbar entgegengesetzt zur ersten Einstellung bewegt. Durch die Montage eines neutralen Zwischenbildes wird der Achsensprung für den Zuschauer nachvollziehbar und somit akzeptabel.

4.2.3.2 Schuss und Gegenschuss

Beim Einsatz des filmischen Gestaltungsmittels Schuss und Gegenschuss wechseln Sie in jeder Einstellung Standort und Blickrichtung der Kamera. Durch Schuss und Gegenschuss kann z. B. zwischen der objektiven Sichtweise bzw. Einstellung des Betrachters und der subjektiven Sichtweise bzw. Einstellung des Akteurs gewechselt werden.

Obwohl die Einstellungen gegebenenfalls nacheinander gedreht werden, erscheinen sie dem Zuschauer durch die Schnittfolge räumlich und zeitlich zusammengehörig.

Schuss und Gegenschuss mit zwei Kameras werden z. B. bei Interviews eingesetzt. Zusätzlich wird meist noch eine dritte Kamera verwendet, die die Interviewsituation in der Gesamtheit zeigt.

4.2.3.3 Anschlüsse

Die einzelnen später im Film direkt aufeinander folgenden Einstellungen werden oft zeitlich auseinander liegend gedreht. Trotzdem müssen die Anschlüsse stimmen. Wir unterscheiden drei formale Anschlussarten in der Abfolge der Einstellungen im Schnitt:
- Zeitliche Anschlüsse
- Räumliche Anschlüsse
- Logische Anschlüsse

Wie immer können Sie natürlich die Abweichung von der Norm auch als bewusstes gestalterisches Mittel einsetzen, so z. B. nicht zusammenhängende Anschlüsse als kontrastierende Schnitte zur Visualisierung von Brüchen.

Außer den gestalterischen Fehlern gibt es noch die Anschlussfehler bei der Aufnahme. Dies können z. B. Abweichungen in der Kleidung oder der Frisur der Personen sowie der Ausstattung, der Requisite oder dem Licht sein.

Achsensprung
Ohne Zwischenbild scheint der Rennwagen in der zweiten Einstellung in die Gegenrichtung zu fahren.

4.2.3.4 Plansequenz

Die Plansequenz ist eine Besonderheit in der filmischen Gestaltung. Im Gegensatz zu den anderen Aufnahmearten ist hier die Filmzeit gleich der Realzeit. Ohne Schnitt wird mit verschiedenen Einstellungsgrößen durchgehend gedreht. Die Kamera ist wissend, d. h., sie führt den Zuschauer durch die gesamte Einstellung und lenkt seinen Blick.

4.2.3.5 Schnitt- oder Montageformen

Die folgende kurze Vorstellung der wichtigsten Schnitt- oder Montageformen gibt Ihnen nicht nur einen Überblick über die verschiedenen Montageformen, sondern soll auch Anregung sein, den Schnitt bzw. die Montage als vielfältiges filmisches Gestaltungsmittel zu nutzen und gezielt im Sinne Ihres Aussagewunsches einzusetzen.

Als Leitlinie gilt: Wie jede Gestaltung muss auch jeder Schnitt, jede Überblendung und jeder von Ihnen eingesetzte Effekt motiviert und begründet sein. Die Schnittfolge muss die Handlung des Films weiterbringen und das Interesse des Zuschauers erhalten oder noch besser: steigern. Variieren Sie die Einstellungsgrößen und -längen. Allgemein erzeugen schnelle Schnittfolgen Spannung und Emotionen, lange Schnittfolgen wirken ruhig und sachlich.

Inhaltliche Montageformen
- *Erzählende Montage*
  Die einzelnen Stadien eines längeren Prozesses werden exemplarisch gezeigt.
- *Analysierende Montage*
  Darstellung von Ursache und Wirkung

- *Intellektuelle Montage*
  Ideen und Begriffe werden visuell übersetzt.
- *Kontrast-Montage*
  Z. B. Hunger – Essen
- *Analogie-Montage*
  Z. B. Schafherde und Fabrikeinheiten in „Moderne Zeiten"
- *Parallel-Montage*
  Zwei Handlungsstränge laufen parallel nebeneinander her und werden ständig wechselnd geschnitten, z. B. eine Verfolgungsjagd. Die Stränge werden am Ende zusammengeführt, beide Stränge wissen meist von Anfang an voneinander.
- *Parallelisierende Montage*
  Die beiden Handlungsstränge sind wie bei der Parallel-Montage zeitgleich, sie wissen aber nichts voneinander und müssen sich nicht treffen.
- *Metaphorische Montage*
  Im Bereich der Handlung angesiedelte oder fremde Metapher

Wahrnehmungsästhetische Montageformen
- *Harte Montage/harte Schnitte*
  Krass aufeinander folgend, Brüche, wechselnde Bewegungsrichtung
- *Weiche Montage/weiche Schnitte*
  Harmonisch, kaum wahrnehmbare Übergänge
- *Rhythmische Montage*
  Der Schnittrhythmus wird durch die Filmmusik bestimmt – die Filmmusik orientiert sich am Bilderrhythmus.
- *Springende Montage*
  Nicht harmonisch, zerfällt in einzelne Einstellungen, Aufzählung, harte Brüche
- *Schockmontage*
  Zwei aufeinander folgende Einstellungen haben scheinbar keine Verbindung, bewusste Desorientierung des Zuschauers.

4.2.4 Aufgaben

Filmgestaltung

1 Konzeption dokumentieren

Welche Bedeutung haben die drei Dokumentationen bei der Konzeption eines Films?
a. Exposé
b. Treatment
c. Storyboard

2 Einstellungsgrößen kennen

Nennen Sie die verschiedenen Einstellungsgrößen.

3 Einstellung analysieren

Welche Einstellungsgröße zeigt das Bild?

4 Einstellungslänge erklären

Wonach richtet sich die Länge einer Einstellung?

5 Einstellungslänge festlegen

a. Gibt es eine Richtlinie, um die Länge einer Einstellung festzulegen?
b. Wie lautet diese Richtlinie?

6 Kameraschwenk erklären

Wie funktioniert ein Kameraschwenk?

7 Kameraschwenkarten kennen

Worin unterscheiden sich
a. langsamer panoramierender Schwenk,
b. geführter Schwenk?

8 Fahrten unterscheiden

Erklären Sie die Besonderheiten einer
a. Kamerafahrt,
b. Zoomfahrt.

9 Achsensprung erläutern

Was ist ein Achsensprung?

10 Anschlussfehler erklären

Nennen Sie ein Beispiel eines Anschlussfehlers.

11 Bedeutung des Schnitts erläutern

Welche Bedeutung hat der Schnitt für die Filmgestaltung?

12 Schnittformen kennen

Erklären Sie die Schnittform Parallelschnitt anhand eines Beispiels.

4.3 Animation

4.3.1	Prinzipien der Animation	386
4.3.2	Grundlegende Animationstechniken	391
4.3.3	Spezielle 3D-Animationstechniken	398
4.3.4	Aufgaben	401

4.3.1 Prinzipien der Animation

animus, anima [lat.]:
Lebenshauch, Seele

animare [lat.]:
Leben einhauchen, beseelen

Das Wort Animation kommt etymologisch aus der lateinischen Wortfamilie „animus, anima = Lebenshauch, Seele" und „animare = Leben einhauchen, beseelen". Ziel einer Animation ist es also nicht, Dinge nur zu bewegen, sondern Dinge zum Leben zu erwecken. Nutzen Sie die Möglichkeiten der Animation nicht um der Technik oder der puren Effekte willen, sondern wie bei jeder Gestaltung ist natürlich Ihr Aussagewunsch, Ihre Botschaft Basis und Motivation für den Einsatz animierter Elemente. Dies gilt für einfache animierte Menüs, bei denen die Auswahl der In-halte und verschiedene Schaltzustände visualisiert werden, Textanimationen und animierte Infografiken bis hin zu komplexen Charakteranimationen.

Charakteranimation im Film Ice Age 3

Frank Thomas und Olie Johnston haben in ihrem 1981 erschienenen Buch: „The Illusion of Life - Disney Animation" in dem Kapitel „The Principles of Animation" die 12 grundlegenden Animationsprinzipien Disneys dargestellt. Die für den klassischen Zeichentrickfilm postulierten Grundsätze sind auf andere Animationsmedien bzw. -techniken übertragbar. Egal ob Sie eine Bild-für-Bild-Animation, eine Tweening-Animation oder Charakteranimation mit der Kinematik erstellen.

4.3.1.1 Squash and Stretch

Animierte Menüpunkte

Animierter Text

Squash [engl.]:
Stauchung, Gedränge

Stretch [engl.]:
Dehnung

Squash and Stretch, auf Deutsch Stauchung oder Gedränge und Dehnung, ist das grundlegende Prinzip zur Animation bewegter Objekte. Die elastische Verformung durch die Wirkung der physikalischen Kräfte bei der Bewegung verleiht dem Körper Lebendigkeit. Durch den Grad und die Art der Verformung kann der Betrachter auf Masse und die Festigkeit des Materials des animierten Objektes schließen. Bei figürlichen Bewegungsabläufen und Charakteranimationen können

Animation

Sie durch übertriebene Verformung auf einfache Weise das Spiel der Figur unterstützen. Beachten Sie dabei aber immer die physikalischen und physiologischen Gesetzmäßigkeiten.

auf einen bestimmten Teil des Monitors gelenkt.

Antizipation ist auch wichtig, um der Aktion eine natürliche Anmutung zu geben. Bewegungen und Handlungen erfolgen auch im „richtigen Leben" nicht ansatzlos. Ein Sprecher holt Luft, bevor er etwas sagt, ein Sportler konzentriert sich und holt Schwung vor dem Sprung.

Anticipation [engl.]: Erwartung, Vorahnung, Vorwegnahme

Bouncing Ball – ein Klassiker der Animation

Button-Animation mit Squash and Stretch

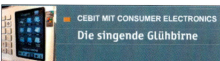

4.3.1.2 Anticipation

Antizipation, die Vorwegnahme zukünftigen Geschehens, bedeutet in der Animation die Vorbereitung des Betrachters auf jetzt folgende Aktionen. Der Betrachter merkt, dass etwas passieren wird, und ist gespannt darauf, wie es passiert. Durch die Antizipation wird die Aufmerksamkeit des Betrachters

4.3.1.3 Staging

Staging meint die Inszenierung der Objekte und Darsteller auf der Bühne. Dazu gehören neben der konkreten Animation vor allem der gezielte Einsatz der Kamerabewegung und das Setzen des Lichts. So erzeugen Sie die Stimmung und Wirkung auf den Betrachter, um Ihren Aussagewunsch zu vermitteln.

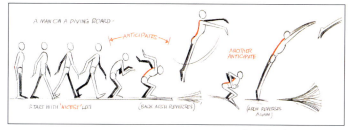

Anticipation
Richard Williams, THE ANIMATORS SURVIVAL KIT, S. 277

Staging [engl.]: Aufführung, Inszenierung

Staging
www.kajimba.com

387

4.3.1.4 Straight Ahead Action and Pose to Pose

Straight ahead [engl.]:
geradeaus

Pose [engl.]:
Pose, Haltung

Straight Ahead Action und Pose to Pose beschreiben zwei grundlegende Prinzipien zur Erstellung einer Animation. Bei Straight Ahead Action erstellen Sie die erste Phase der Animation und entwickeln diese bis zum Ende der Animation Schritt für Schritt weiter.

Bei der Pose-to-Pose-Methode planen Sie zunächst die komplette Animation. Danach erstellen Sie die Posen des Anfangs und des Endes der Animation. Der letzte Schritt ist dann die Erstellung der notwendigen Zwischenpositionen, um die komplette Szene zu animieren.

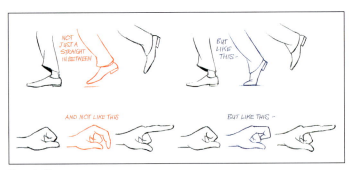

Pose to Pose
Richard Williams, THE ANIMATORS SURVIVAL KIT, S. 90

to follow through [engl.]:
durchziehen, zu Ende bringen

4.3.1.5 Follow Through and Overlapping Action

Follow Through (engl.) heißt auf Deutsch durchziehen oder zu Ende bringen. Ähnlich wie Sie durch die Antizipation eine Handlung vorbereitet oder eingeleitet haben, schließen Sie jetzt die Animation ab. D.h., die Aktion endet nicht abrupt, sondern geht etwas über das Ziel hinaus und schwingt so aus.

Eine Animation, die aus mehreren aufeinanderfolgenden Szenen besteht, wirkt flüssiger, wenn mehrere Aktionen sich zeitlich überschneiden. Durch die Kontinuität bleibt die Aufmerksamkeit des Betrachters erhalten. Beenden Sie deshalb nie eine Aktion, bevor die darauf folgende Aktion beginnt, lassen Sie die letzte Aktion ausschwingen.

Overlapping [engl.]:
Überlappung, Überlagerung, Überschneidung

Arc [engl.]:
Bogen

4.3.1.6 Slow In and Slow Out

Bewegungen beginnen in der Regel mit einer Beschleunigungsphase und enden mit dem Abbremsen. In der Animation wird dies durch eine nonlineare Interpolation der Geschwindigkeit über die Zeit erreicht.

Lineare Interpolation

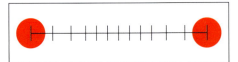

Slow In and Slow Out – nonlineare Interpolation

4.3.1.7 Arcs

Natürliche harmonische Bewegungen folgen in ihrem Verlauf meist einer bogenförmigen Bahn. Die Bewegung von Dingen folgt physikalischen Gesetzmäßigkeiten. So ist z.B. der waagrechte Wurf eines Balls eine überlagerte

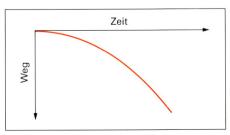

Wurfbahn beim waagrechten Wurf

Bewegung aus einer gleichförmigen Bewegung mit einer bestimmten Geschwindigkeit in Richtung der x-Achse und einer gleichmäßig beschleunigten Bewegung (freier Fall) gegen die Richtung der y-Achse.

4.3.1.8 Secondary Action

Menschen bewegen beim Sprechen nicht nur die Lippen. Die gesamte Mimik, Gestik und Körperhaltungen sind Teil der Kommunikation. Das reine Sprechen ist in unserem Beispiel die Primary Action, alles andere ist Teil der Secondary Action, der sekundären Handlung. Natürlich dürfen die sekundären Handlungen nicht Selbstzweck sein oder gar die primären Handlungen überlagern und von diesen ablenken. Sekundäre Handlungen in einer Szene ergänzen und unterstützen die eigentliche primäre Handlung. Dadurch werden Ihre Animationen lebendiger und interessanter.

Secondary Action
Jimmy Neutron: Der mutige Erfinder

4.3.1.9 Timing

Die zeitliche Strukturierung und Abfolge der Animation bestimmt wesentlich die Wirkung auf den Betrachter. Die Geschwindigkeit einer Bewegung löst, bei gleichem Bewegunsablauf und Umfeld, beim Betrachter unterschiedliche Empfindungen aus. Schnelle Bewegungen wirken hektisch, nervös oder aktiv und dynamisch. Langsame Bewegungen dagegen sind langweilig, entspannt oder vorsichtig.

Ein weiterer wichtiger dramaturgischer Einsatz des Timings ist die Möglichkeit, wie beim Filmschnitt Handlungsstränge parallel oder in zeitlicher Abfolge ablaufen zu lassen. Wir können dadurch beim Betrachter auf einfache Weise Spannung und Interesse erzeugen.

Durch das richtige Timing können Sie auch Objekteigenschaften charakterisieren. Schwere Objekte bewegen sich i.d.R. träger als leichte Objekte. Eine Vogelfeder wird sanft und langsam durch die Luft schweben.

Mit den Beschleunigungs- und Bremsphasen nach dem Prinzip von Slow In and Slow Out legen Sie nur die Verhältnisse der Objektbewegung fest. Die Gesamtdauer und Anmutung der Geschwindigkeit bestimmt das Timing der Animation.

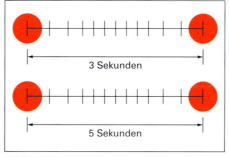

Timing

4.3.1.10 Exaggeration

Exaggeration [engl.]:
Übertreibung

Natürliche Darstellung durch Übertreibung? Tatsächlich wirken ausdrucksstarke Darstellungen erst durch gezielt eingesetzte Übertreibungen. Das Animationsprinzip der Exaggeration, der Übertreibung, betont das Wesentliche der Darstellung. Die bloße Abbildung der Realität wirkt meist blass und langweilig.

lebendig und dadurch für den Betrachter attraktiv.

Ein weiterer wichtiger Punkt neben der sorgfältigen Ausarbeitung ist die Beachtung der physikalischen Regeln. Berücksichtigen Sie bei der Animation eines Objektes die Perspektive, die Masse und das Gewicht, die Geschwindigkeit eines Objektes, aber auch die Beleuchtung einer Szene und den Standpunkt der Kamera bzw. des Beobachters.

4.3.1.12 Appeal

Die animierten Objekte und Charaktere brauchen Persönlichkeit. Dadurch wirken sie nicht nur lebendig, sondern auch auf den Betrachter anziehend. Auch hässliche oder bedrohliche Figuren brauchen Charisma, um auf den Betrachter nicht abstoßend zu wirken.

www.livevideo.com

4.3.1.11 Solid Drawing

Drawing [engl.]:
Zeichnung

Ursprünglich bezog sich dieses Prinzip natürlich auf die manuellen Zeichentechniken der Trickfilmanimation. Aber auch für die Arbeit mit einer Animationssoftware gilt: Arbeiten Sie die animierten Objekte sorgfältig aus. Nutzen Sie die Möglichkeiten des Tweenings in der Animationssoftware nur sparsam. Denn erst durch die Variationen gut gemachter und gestalteter Schlüsselbilder, Keyframes, wird eine Animation

Appeal [engl.]:
Anreiz, Attraktivität, Anziehungskraft

www.disney.de

4.3.2 Grundlegende Animationstechniken

Animation

4.3.2.1 Historische Animationstechniken

Die visuelle Wirkung einer Animation beruht wie beim Film auf dem seriellen Abspielen von Bildern. Bei ausreichender Geschwindigkeit der Bildfolge, z.B. 25 Bilder pro Sekunde, entsteht die Wirkung einer fließenden Bewegung beim Betrachter.

Schon im 19. Jahrhundert wurden verschiedene Apparaturen konstruiert, um beim Betrachter die Illusion eines bewegten Bildes zu erzeugen.

Beim stroboskopischen Zylinder schaut der Betrachter durch die Schlitze des sich drehenden Zylinders auf einen in den Zylinder eingelegten Pappstreifen mit einer aufgemalten oder gedruckten Bildfolge. Durch die schnelle Rotation des Zylinders sieht der Betrachter durch die vorüberziehenden Schlitze jeweils ein weiteres Bild der Bildserie. Die sinnreiche Abfolge der Bilder führt zur Wahrnehmung einer Bewegung. Durch den direkten Blick in den Zylinder kann auf einen rotierenden Spiegel wie z.B. beim Praxinoskop verzichtet werden.

Praxinoskop

Mit dem Mutoskop wurde das Prinzip des Daumenkinos mechanisiert. Bis zu 1500 Bilder waren auf der zentralen radial angeordneten Walze befestigt. Durch die Walzendrehung wurden die Bilder nacheinander durchgeblättert und durch das Okular betrachtet.

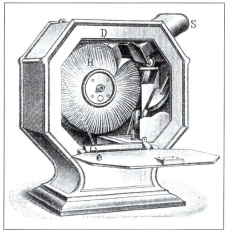

Mutoskop

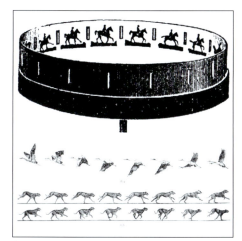

Stroboskopischer Zylinder mit verschiedenen Bildserien

Der Kinematograph, von den Gebrüdern Lumière 1896 in Lyon gebaut, ermöglichte es erstmals, fotografische Aufnahmen einer bewegten Szene in einer Abfolge abzuspielen und zu projizieren. Damit war der technologische Schritt zur modernen Filmtechnik gemacht. Parallel zum klassischen Film wurden schon um 1900 die ersten animierten Filme produziert.

kiné [gr.]:
Bewegung

skopeô [gr.]:
schauen, sehen

gráphein [gr.]:
schreiben, zeichnen

391

4.3.2.2 Bild-für-Bild-Animation

Die Bild-für-Bild-Animation ist die ursprünglichste Technik der Animation. Zunächst müssen Sie jedes Bild der Animation einzeln erstellen, um es dann nach dem Prinzip des Daumenkinos Bild für Bild nacheinander abzuspielen. Bild-für-Bild-Animationen können Sie grundsätzlich in allen Animationsprogrammen erzeugen. Die bekannteste Variante auf Webseiten sind animierte GIF-Dateien.

Frame-Animation
In einer Frame-Animation reihen Sie die Bilder in der Animationssoftware als einzelne Frames aneinander. Dies kann z.B. in Adobe Photoshop durch die Animationsoptionen des Ebenenfensters automatisiert werden. Jedem Frame ist eine eigene Abspielzeit zugeordnet. Aus der Summe dieser Framestandzeiten ergibt sich die Gesamtdauer Ihrer Animation.

henfolge des Abspielens der Animation angeordnet. Die Bild-für-Bild-Animation benötigt für jedes Frame ein eigenes Bild. Im Gegensatz zur Frame-Animation sind hier die Bilder Ebenen zugeordnet. Dies ermöglicht es ihnen Eigenschaften wie Deckkraft oder die Position zu definieren. Durch den so genannten Zwiebelschichteffekt können Sie das Bild des nachfolgenden Frames sehen und die Position des aktiven Frames entsprechend modifizieren. Die Abspielzeit ist in den Grundeinstellungen für alle Frames gleich. Sie wird allgemein in Frames per seconds (fps), d.h. Bilder pro Sekunde (BpS), angegeben. Somit berechnen Sie hier die Gesamtabspielzeit Ihrer Animation aus der Framerate und der Anzahl der Frames.

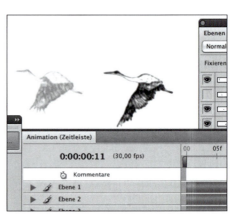

Umsetzung eines Serienbildes als Zeitleisten-Animation

4.3.2.3 Keyframe-/Tween-Animation

Diese Animationstechnik ist nur am Computer möglich. Dabei erstellen Sie nicht jedes einzelne Bild der Animation, sondern nur so genannte Keyframes oder Schlüsselbilder. Die Bilder zwischen den Schlüsselbildern werden von der Software berechnet und in

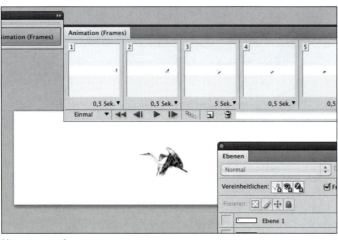

Umsetzung eines Serienbildes als Frame-Animation

Zeitleisten-Animation
In einer Zeitleisten-Animation sind alle Frames in einer Zeitleiste in der Rei-

Animation

die zeitliche Abfolge in eine Zeitleiste eingefügt. Das Berechnen und Einfügen der Zwischenbilder wird in vielen Programmen als Tweening oder In-Betweening bezeichnet. Man unterscheidet beim Tweening grundsätzlich zwischen Form-Tweens, bei denen die Form und/oder Farbe des Objekts berechnet werden, und den Bewegungs-Tweens, wo sich die beiden Schlüsselbilder auf verschiedenen Positionen befinden und die Zwischenbilder nach der Berechnung und dem Einfügen die Bewegung des Objektes von Punkt A nach Punkt B zeigen. Natürlich können Sie auch die verschiedenen Typen kombinieren.

zelnen Bewegungsphasen können Sie in der Animationssoftware festlegen. Außerdem lassen sich dem Objekt noch über die Zeit sich verändernde Eigenschaften wie Form und Farbe zuweisen.

Wir unterscheiden in der Pfadanimation zwischen der ebenenbasierten Pfadanimation und der objektorientierten Pfadanimation. Bei der ebenenbasierten Pfadanimation müssen Sie zunächst auf einer Einstellungsebene den Animationspfad erstellen und dann mit dem Objekt in der Objektebene verknüpfen. In der objektorientierten Animation brauchen Sie keine Einstellungsebene. Sie erstellen den Animationspfad interaktiv durch Bewegung des Objekts. Er ist dadurch automatisch in derselben Ebene mit dem Objekt verbunden.

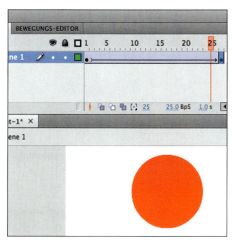

Bewegungs-Tween als Zeitleisten-Animation
Der Abspielkopf steht auf Frame 25, d.h., bei einer Framerate von 25 fps dauert die Animation bis dahin genau eine Sekunde.

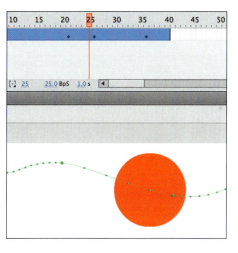

Objektorientierter Animationspfad in einer Zeitleisten-Animation

4.3.2.4 Pfadanimation

Bei der Pfadanimation erstellen Sie auf der Animationsfläche oder im -raum einen Pfad, dem das animierte Objekt in seiner Bewegung folgt. Die Geometrie der Bewegung wird durch den Pfad bestimmt, die Geschwindigkeit der ein-

4.3.2.5 Morphing

Der Begriff Morphing leitet sich aus der Morphologie, der Wissenschaft von den Gestalten und Formen, ab. In der Computergrafik und Animation bedeutet Morphing immer Gestaltwechsel oder -veränderung. Dazu werden zwei oder

morphe [gr.]: Gestalt, Form

393

mehr Bilder durch die Berechnung von Zwischenbildern ineinander überführt. Nachdem Sie in der Morphingsoftware die Ausgangsbilder festgelegt haben, wählen Sie die gestalterisch markanten Punkte des Quell- und Zielbildes aus. Die Software berechnet nun automatisch nach Ihren Vorgaben die Morphingsequenz als Einzelbilder oder z.B. als QuickTime-Film. Beim Abspielen der Animation nimmt der Betrachter das Morphing als Transformation der Gestalt, z.B. des Gesichts einer Person in eine andere Person, oder als Transformation von Formen und Gegenständen wahr.

Das Prinzip des Morphings unterscheidet sich grundsätzlich von der Überblendung von Bildern, bei der nur die Dekkraft bzw. Sichtbarkeit des einen Bildes abnimmt und die des folgenden Bildes bis zu seiner vollständigen Darstellung zunimmt.

4.3.2.6 Überblendungen und Übergänge

Überblendungen und Übergange finden vor allem in Videoschnitt- und Präsentationsprogrammen Anwendung. Als Grundprinzip gilt immer, dass ein Quellbild durch ein Zielbild ersetzt wird. Dabei werden, im Gegensatz zum Morphing, keine Zwischenbilder errechnet.

Einstellung der Überblendung im Videoschnittprogramm iMovie

Einstellung eines Übergangs beim Folienwechsel im Präsentations-Assistent von OpenOffice

Morphing von zwei Bildern
Die gestalterisch markanten Bildpunkte sind jeweils markiert

Animation

4.3.2.7 Animierte Buttons

Durch die Interaktion des Nutzers mit dem Medium, z.B. Klicken, ändert sich die visuelle Darstellung eines animierten Buttons. Dies erleichtert dem Nutzer die Orientierung und damit die zielgerichtete Navigation.

Sie können die Anzeige des Buttons auf dem Monitor technisch auf verschiedene Weise lösen. So lassen sich durch JavaScript oder auch ActionScript Bilder skriptgesteuert austauschen und somit die Anzeige des Buttons beeinflussen. Mit CSS haben Sie ebenfalls die Möglichkeit, Bilder auszutauschen, oder Sie steuern die Anzeige einfach durch die den einzelnen Pseudoklassen zugeordneten unterschiedlichen CSS-Deklarationen.

Steuerung der Anzeige über CSS

CSS-Skript in der linken Spalte unten

4.3.2.8 Interaktion und Reaktion

Reaktive Animationen und Animationen, in denen der Nutzer in Interaktion mit dem System treten kann, können Sie mit fast allen Animationsprogrammen erstellen. Die einfachste Form der Interaktion ist die Beeinflussung durch Mausklick auf eine Schaltfläche. Natürlich meinen wir hier Interaktion im positiven Sinne und nicht das berühmte „Skip Intro" vieler Webseiten. Ein einfaches Beispiel für Interaktion sind Schaltflächen zum Abspielen oder Anhalten einer Animation oder eines Videos.

Interaktive Videosteuerung

Reaktive Animationen werden durch bestimmte während des zeitlichen Verlaufs auftretende Ereignisse gesteuert. Einzelnen Objekten sind gewisse Verhaltensweisen zugeordnet, die programmgesteuert an einem bestimmten Punkt weitere Aktionen auslösen. So rollt beispielsweise eine Kugel auf einen Stapel Kisten zu und bringt diesen beim Auftreffen zum Einsturz.

```
 1  a {
 2      background-color:#ccc;
 3      font-family:Verdana, Geneva,
 4      sans-serif;
 5      font-size:10px;
 6      color:#000;
 7      text-decoration:none;
 8      display:block;
 9      line-height:24px;
10      width:100px;
11      padding-left:4px;
12  }
13
14  a:hover {
15      background-color:#ddd;
16      font-family:Verdana, Geneva,
17      sans-serif;
18      font-size:10px;
19      color:#f00;
20      text-decoration:none;
21      display:block;
22      line-height:24px;
23      width:100px;
24      padding-left:4px;
25  }
```

Steuerung der Anzeige eines Hyperlinks im Browser durch CSS

Zeilen 1 bis 12 Darstellung des Hyperlinks a,
Zeilen 14 bis 25 der Pseudoklasse a:hover

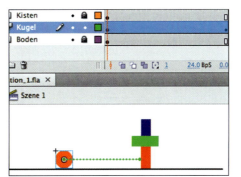

Reaktive Pfadanimation in Adobe Flash

395

4.3.2.9 Abspielzeit und Bildrate

Jede Animation besteht genauso wie Film oder Video aus einer Abfolge von Einzelbildern. Wenn unserem Auge genügend Bilder in kurzer Zeit angeboten werden, dann interpretiert das Gehirn dies als Wahrnehmung einer kontinuierlichen Bewegung. Das Maß für die Bildfolge ist die Anzahl der Bilder pro Sekunde [bps] oder international frames per second [fps]. Filme haben üblicherweise eine Bildrate von 24 Bilder/Sekunde, Videos von 25 Bilder/Sekunde. Animationen werden oft mit geringeren Bildraten, z.B. 15 Bilder/Sekunde, erstellt. Gründe dafür sind die geringere Datenmenge und die daraus resultierende geringere benötigte Datenrate bei der Übertragung. Allerdings nehmen Sie dadurch ruckelnde Bewegungen in Kauf, da das Auge bei diesen Bildraten noch Einzelbilder auflösen kann.

Die Dauer einer Animation können Sie mit den beiden folgenden Formeln einfach berechnen. Wir unterscheiden dabei grundsätzlich zwischen Bild-für-Bild-Animationen und Zeitleisten-Animationen. Wenn Sie innerhalb einer Animation zu bestimmten Zeitpunkten mit unterschiedlichen Abspielzeiten pro Bild bzw. unterschiedlichen Bildraten arbeiten, um z.B. eine Bewegung zu beschleunigen, dann müssen Sie die Grundformeln entsprechend ergänzen.

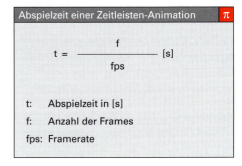

Abspielzeit einer Zeitleisten-Animation

$$t = \frac{f}{fps} \quad [s]$$

t: Abspielzeit in [s]
f: Anzahl der Frames
fps: Framerate

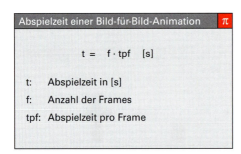

Abspielzeit einer Bild-für-Bild-Animation

$$t = f \cdot tpf \quad [s]$$

t: Abspielzeit in [s]
f: Anzahl der Frames
tpf: Abspielzeit pro Frame

4.3.2.10 Kinematik

Die Kinematik ist ein Teilgebiet der Mechanik. Ihr Gegenstand ist die reine Geometrie von Bewegungen, ohne dabei die Ursache der Bewegung zu beachten. Damit ist die Kinematik ideal als Grundlage für die Animation bewegter Objekte. Für uns sind bei der Animation die Ursachen für Bewegungen in der realen Welt nicht wichtig, da wir uns ja unsere eigene Welt schaffen. Wichtig sind die Regeln der Geometrie der Bewegungen, da sie so im Ergebnis natürlich wirken.

Vorwärtskinematik
Bei der Vorwärtskinematik sind die Positionen der verschiedenen zu bewegenden Glieder einer Figur schon vor der Bewegung bekannt und führen im Verlauf der Animation zum Endpunkt.

Inverse Kinematik
Technischer Ausgangspunkt der inversen Kinematik ist die Robotik. Analog zu der hierarchischen Ordnung der Glieder und Gelenke eines Roboters sind die Knochen, engl. bones, und die Gelenke der Skelettmodelle strukturiert. Im Gegensatz zur Vorwärtskinematik ist in der inversen Kinematik die Endstellung eines bewegten Gliedes wichtig. Die notwendigen Gelenkstellungen zum

Animation

Erreichen der Endposition werden von der Animationssoftware berechnet.

Die inverse Kinematik ist die wichtigste Technik zur Animation von Bewegungen eines Objekts. Alle 3D- und die fortgeschrittenen 2D-Animationsprogramme wie Adobe Flash ermöglichen die Erstellung von Bild-für-Bild- und Zeitleisten-Animationen mit der inversen Kinematik.

Die Bezeichnungen für die einzelnen Elemente der Animation variieren je nach Software. Die Funktionalität ist aber grundsätzlich immer dieselbe. Wir verwenden hier die freie 3D-Software Blender. Sie können die aktuelle Version unter www.blender.org kostenlos downloaden. Da die Software auf OpenGL basiert, ist die Benutzeroberfläche des Programms zur Erstellung von 3D-Grafiken und Animationen unter allen Betriebssystemen gleich.

www.blender.org

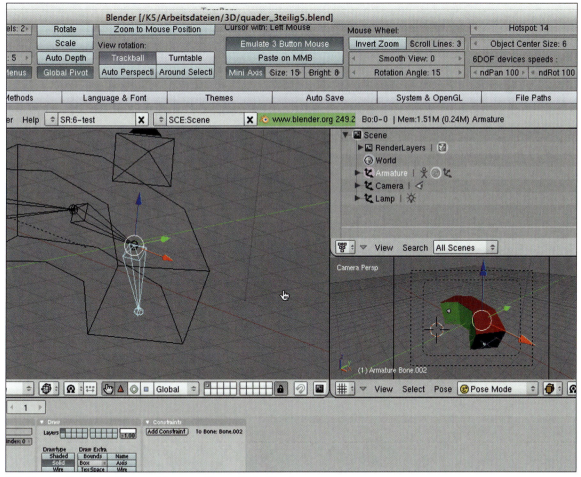

Objektanimation durch Bones mit inverser Kinematik in Blender

Die Bones im Inneren sind mit dem Objekt verknüpft und verformen deshalb durch ihre Bewegung dessen Gestalt.

397

4.3.3 Spezielle 3D-Animationstechniken

4.3.3.1 Partikelsystem

Die Erschaffung virtueller Welten mit animierten Objekten und Charakteren ist durch die hier beschriebenen klassischen Animationstechniken wie Bild-für-Bild- oder Zeitleisten-Animation einfach zu realisieren. Für die Umsetzung komplexer Phänomene, z.B. Feuer, Flüssigkeiten oder Schwärme, genügen diese Techniken aber nicht, da es natürlich nicht möglich ist, in einem Feuer jede Flamme und jeden Rauchpartikel einzeln zu erstellen und dann individuell zu steuern. Dieses Problem wurde durch die Integration von Partikelsystemen in die 3D-Programme gelöst. Partikelsysteme erzeugen die Objekte nach Ihren Vorgaben selbstständig.

Partikelattribute
Jeder Partikel ist eine logische Einheit. Er besitzt kein Volumen, sondern ist nur ein Punkt im Raum, der mit bestimmten Eigenschaften versehen ist:
- Position
- Geschwindigkeit
- Richtung
- Lebensdauer
- Form
- Farbe
- Größe
- Interaktion mit anderen Objekten
- Reaktion auf physikalische Einflüsse

Partikelsystemtypen
Die meisten 3D-Programme besitzen verschiedene Typen eines Partikelsystems. Ihre Bezeichnungen unterscheiden sich, die Funktionalität ist aber grundsätzlich immer dieselbe. In Blender unterscheiden wir:
- *Emitter*
  Der Emitter entspricht dem klassischen Partikelsystem. Hier werden Partikel erzeugt und mit den in der Software eingestellten Attributen versehen und von einem Objekt emittiert. Die Partikel interagieren nicht mit anderen Partikeln oder Objekten und haben nur eine bestimmte Lebensdauer.
- *Reactor*
  Das Reactor-Partikelsystem erzeugt Partikel, die mit den Partikeln anderer Systeme interagieren. Schwärme

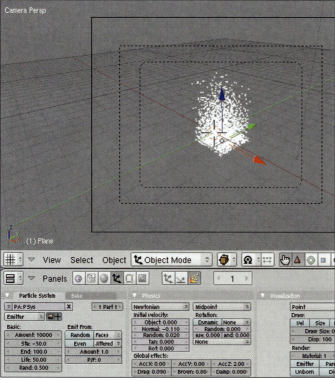

Emitter-Partikelsystem in Blender

Optionen im Reactor-Partikelsystem in Blender

Animation

sind ein Beispiel für Animationen mit reaktiven Partikelsystemen. Sie basieren im Wesentlichen auf dem schon 1986 von Craig Reynolds entwickelten Boid-Modell. Boid steht für Bird Object, den „Partikeln" einer Vogelschwarmsimulation (www.red3d.com/cwr/boids/). Einfache Regeln reichen aus, um das Schwarmverhalten zu steuern:

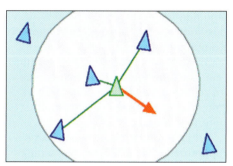
Aufteilung, Trennung

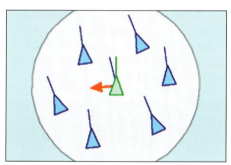
Ordnung

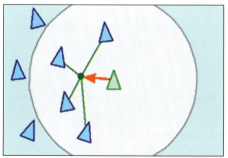
Zusammenhalt

- *Hair*
  Mit diesem System erzeugen Sie statische Partikel wie z.B. Fell, Haare oder Gras. Die Lebensdauer der Partikel ist nach der Erzeugung nicht begrenzt.

Billboard
Partikelsysteme mit 3D-Objekten benötigen viel Rechnerleistung und Speicherplatz. Deshalb basieren die Animationen, die mit Partikelsystemen erstellt werden, meist auf dem Prinzip der Billboards. Die 3D-Objekte werden dabei als 2D-Objekte so auf den Betrachter ausgerichtet, dass die Normalenvektoren immer in die Kamera zeigen.

4.3.3.2 Softbody

Softbodys haben physikalische Eigenschaften. Sie können in der 3D-Animationssoftware diese Eigenschaften definieren. So wird z.B. ein Gummiball mit einer bestimmten Masse und Elastizität ausgestattet. Unter der Krafteinwirkung des Aufpralls wird er sich elastisch verformen und den physikalischen Regeln folgend zurückspringen.

www.red3d.com/cwr/boids/

www.disney.de

399

4.3.3.3 Licht und Beleuchtung

Ohne Licht sehen Sie in der realen und auch in der virtuellen Welt nichts. Sie müssen deshalb in jeder Szene mindestens eine Lichtquelle positionieren. In der virtuellen Welt der 3D-Animation gelten grundsätzlich dieselben Regeln für die Lichtsetzung wie in der Fotografie und der Filmgestaltung. Dazu stehen Ihnen eine fast unbegrenzte Anzahl an Lichtquellen mit verschiedenen Lichtarten und sehr vielen individuellen Einstellungsmöglichkeiten zur Verfügung.

Lichtarten in Blender
In Blender können Sie für eine Lichtquelle die folgenden Lichtarten wählen.
- *Lamp*
  punktförmige, rundum leuchtende Lichtquelle
- *Area*
  flächig, diffus abstrahlende Lichtquelle
- *Sun*
  Sonnenlicht mit konstanter Intensität, richtungsabhängig
- *Hemi*
  diffuses Tageslicht ohne Schattenwurf, richtungsabhängige Intensität
- *Spot*
  gerichteter Lichtkegel

4.3.3.4 Kamera

Wir blicken durch die Kamera in die Szene, die wir erstellt haben. Somit sind Kamera und Licht die beiden für das Rendern der Szene notwendigen Komponenten.

Sie können in allen 3D-Programmen mehrere Kameras einfügen, durch die im zeitlichen Verlauf die Animation mit unterschiedlichen Einstellungen gerendert wird.

Für jede Kamera lassen sich Kameraparameter wie z.B. Brennweite und Schärfepunkt individuell einstellen. Außerdem können Sie für Animationen und Kamerafahrten festlegen, dass die Blickrichtung der bewegten Kamera immer auf ein Objekt gerichtet bleibt oder dass die Kamera einem sich bewegenden Objekt folgt.

Licht und Schatten
Spot-Beleuchtung mit Haloeffekt und Schattenwurf, Hemi-Beleuchtung zur allgemeinen Aufhellung der Szene

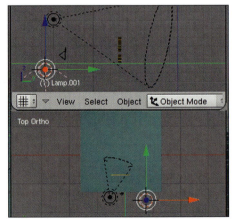

Zwei Ansichten der Szene
Oben: Ausrichtung der Spot-Beleuchtung
Unten: Spot und Hemi in der Draufsicht

4.3.4 Aufgaben

Animation

1 Etymologie der Animation erklären

Welche Etymologie hat der Begriff Animation?

2 Animationsprinzipien kennen

Nennen Sie die 12 Grundprinzipien der Animation.

3 Squash and Stretch beschreiben

Beschreiben Sie das grundlegende Animationsprinzip „Squash and Stretch".

4 Prinzipien zur Erstellung einer Animation erklären

Erklären Sie die beiden grundlegenden Prinzipien zur Erstellung einer Animation:
a. Straight Ahead Action
b. Pose to Pose

5 Slow In and Slow Out erläutern und visualisieren

a. Erläutern Sie das Animationsprinzip von Slow In and Slow Out.
b. Visualisieren Sie den Bewegungsablauf eines Objekts durch eine nonlineare Interpolation.

6 Solid Drawing begründen

Erläutern Sie, in welcher Weise dieses Animationsprinzip auch für die Arbeit mit Animationssoftware gilt.

7 Bild-für-Bild-Animationen speichern

In welchem Dateiformat können Sie Bild-für-Bild-Animationen speichern, damit sie im Browser ohne Plug-in abspielbar ist?

8 Pfadanimationen unterscheiden

Worin unterscheiden sich ebenenbasierte Pfadanimationen von objektorientierten Pfadanimationen?

9 Abspielzeit berechnen

Wie lauten die Formeln zur Berechnung der Abspielzeit einer
a. Bild-für-Bild-Animation,
b. Zeitleisten-Animation?

10 Kinematikarten unterscheiden

Worin unterscheiden sich
a. Vorwärtskinematik,
b. Inverse Kinematik?

11 Inverse Kinematik erläutern

Erläutern Sie das Prinzip der Animation nach dem Prinzip der inversen Kinematik.

12 Bedeutung von Licht und Kamera in der 3D-Animation kennen

Erläutern Sie die Bedeutung von Licht und Kamera in der 3D-Animation.

401

4.4 Virtuelle Welten

4.4.1	Virtuelle Realität	404
4.4.2	Panoramen	406
4.4.3	Kugelpanorama	409
4.4.4	Objektfilme	411
4.4.5	Virtuelle Rundgänge	414
4.4.6	Anwendungsbeispiele	417
4.4.7	Aufgaben	427

4.4.1 Virtuelle Realität

4.4.1.1 Virtuelle Realität mit QTVR

Playerdownload

www.apple.com/
quicktime/technolo-
gies/qtvr/

Apple-Mailing-List zu QTVR

http://lists.apple.com/
mailman/listinfo/
quicktime-vr

QuickTime Virtual Reality (QTVR) ist eine Erweiterung von Apples Quick-Time. Seit QuickTime 5.0 sind nicht nur zylindrische, sondern auch kubische Panoramen darstellbar.

QTVR stellt eine virtuelle Raumsituation dar, deren Ausgangsmaterial in der Regel Fotos sind. Es sind dabei drei grundsätzliche Medientypen möglich:
- Panoramen
- Objekte
- Szenen

Alle drei Medientypen werden üblicherweise als Filme bezeichnet, obwohl diese Bezeichnung nicht ganz korrekt ist.

Zum Betrachten der QTVR-Medien sind QTVR-fähige Player erforderlich. Diese sind für alle gängigen Betriebssysteme verfügbar. Eine Alternative besteht im Einsatz geeigneter Java-Applets wie dem PT-Viewer oder Hotmedia von IBM.

Die verbreiteste Nutzung von Panoramen im Web wird mehrheitlich durch die Virtual Reality Modelling Language (VRML) ermöglicht. Diese Sprache, an HTML angelehnt, ermöglicht die Darstellung virtueller Welten im Internet. VRML-Medien weisen das Suffix .wrl auf. Die derzeit üblichen Panoramaprogramme lassen den Export derartiger Dateien in der Regel zu.

4.4.1.2 Panoramafotografie

Voraussetzung für die fotografische Erstellung von Panoramen und Objekten

Analoge Panoramakameras – Modelle „NOBLEX 135 und NOBLEX Pro 150"

Bei diesen Kameras wird das Prinzip einer um 360° rotierenden Optik umgesetzt. Der Kleinbildfilm wird durch einen konstanten Verschlussspalt belichtet. Das Belichtungsergebnis ist eine verzerrungsfreie Panoramaabbildung.

Unten links ist ein elektrischer Kameradrehkopf abgebildet.

Abb.: Kamera Werk Dresden Optronics GmbH, Bismarckstraße 56, 01257 Dresden

www.kwdo.de

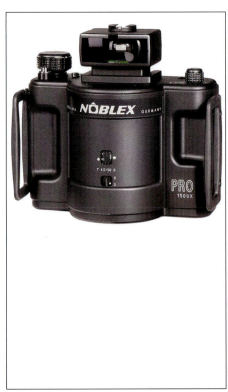

404

Virtuelle Welten

sind geeignete Kameras und geeignete Programme. Technisch fast unverzichtbar sind Kameras mit Weitwinkel- oder Fisheye-Objektiven.

Um Panoramen aufzunehmen, gibt es verschiedene Wege. Für die analoge Panoramafotografie sind spezielle Kameras entwickelt worden, die z.B. durch Drehung während der Aufnahme oder durch spezielle Weitwinkelobjektive in Verbindung mit großen Filmformaten einen sehr großen Bildwinkel erreichen. Spezialhersteller bieten Kameras an, die durch einen Schwenk der Optik oder der Kamera mit einer Aufnahme einen 360°-Rundblick für ein Vollpanorama aufzeichnen. Beispielhafte Kameratypen sind in den unten stehenden Abbildungen als analoge und digitale Kamerasysteme gezeigt. Verwendete Stative sollten einen motorischen Schwenkkopf aufweisen, der eine Gradeinteilung besitzt und automatisch mit der eingestellten Gradvorgabe bewegt werden kann. Die Abbildung auf der linken Seite unten zeigt einen derartigen Schwenkkopf.

Für QTVR-Objekte ist eine Drehscheibe mit Gradeinteilung notwendig, die das gleichmäßige Drehen eines Objektes nach vorgegebener Gradzahl bei feststehender Kamera ermöglicht.

Für ein Panorama werden zwischen 12 bis 20 Bilder benötigt, wenn ein einzeiliges Panorama hergestellt wird. Entsprechendes gilt für Objekte, hier sind für gute Darstellungen mindestens 12 Bilder erforderlich, für Kugelpanoramen sind 36 Bilder als Untergrenze für Qualitätspanoramen notwendig.

Band II - Seite 189
3.2 Fotografische Optik

Panoramafotografie im Internet

Deutschsprachiges Forum:
www.panorama-forum.net

Englischsprachige Foren:
www.autopano.net
www.panoguide.com
www.tawbaware.com

Digitale Panoramakamera – Modell „roundshot"

Mit der D3 Scan-Technologie ist es möglich, in etwa 2 Sekunden ein digitales 360° Bild von beeindruckender Auflösung und Bildqualität zu schaffen. Die Roundshot D3 Digitalkamera ist mit einem Hochgeschwindigkeits-Scan-Sensor ausgerüstet, der speziell für die Panorama-Digitalfotografie entwickelt wurde.

Abb.: Firma Seitz Phototechnik AG, 8512 Lustdorf/Schweiz

http://roundshot.ch

405

4.4.2 Panoramen

360⁰-Panorama
Das Vollpanorama ermöglicht einen 360⁰-Rundblick

4.4.2.1 Panoramaherstellung

Das Panorama ist eine sehr alte Darstellungstechnik und älter als die Fotografie. Bereits 1787 hat Robert Parker diesen Begriff für rundumlaufende Kuppelgemälde benutzt und sich diesen in eine Patentschrift eintragen lassen.

Digitale Herstellung der Panoramen

Partielles Panorama
ermöglicht einen Panoramaausschnitt mit einer Gradzahl unter 360⁰.

Panoramen ermöglichen dem Betrachter einen 360⁰-Rundblick in einen Raum oder eine Landschaft. Je nach Bildmaterial oder Raumsituation ist es auch möglich, nur einen partiellen Raumausschnitt aus einem Vollkreis mit einem Panorama darzustellen. Also kein 360⁰-Panorama, sondern beispielsweise einen Panoramaausschnitt mit 240⁰.

Die beiden Abbildungen rechts zeigen die beiden Panoramen in entsprechender schematischer Darstellung.

Panoramasoftware

Adobe Photoshop
> Photomerge
> Auto-Blend-Layers
> Auto-Align Layers

Autodesk Stitcher
www.autodesk.de
> Produkte
http://usa.autodesk.com

Kolor Autopano Pro
www.kolor.com

VR Worx
www.vrtoolbox.com

Arbeitsschritte
Für die Herstellung sind die folgenden drei Arbeitsschritte erforderlich:
- Herstellung der einzelnen Ausgangsbilder und deren Korrektur
- Zusammensetzen (Stitchen) der Ausgangsbilder zu einem Panorama
- Publikation der Panoramen im Internet, auf CD/DVD oder als Druck.

4.4.2.2 Vom Einzelbild zum Panorama

Der zentrale Vorgang beim Herstellen digitaler Panoramen ist das Stitching, also das „Zusammennähen" der Einzelbilder zu einem Panorama.

Bei diesem Arbeitsvorgang werden die Einzelbilder an- bzw. ineinander berechnet. Dazu benötigen die meisten Softwarepakete die Angabe über die bei der Aufnahme verwendete Objektbrennweite und den gewünschten Gradabstand zwischen den Bildern.

Einzelbilder und daraus gestichtes Singlerow-Panorama

Verwendete Software:
VR Worx

406

Virtuelle Welten

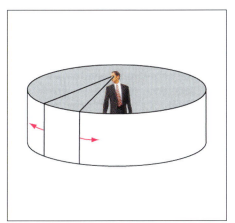 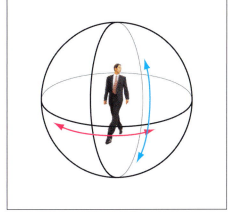

Nur mit diesen Angaben ist es möglich, Panoramen zu errechnen. Gibt eine Stiching-Software das Panoramabild aus, werden gerade Linien eventuell verzerrt dargestellt. Durch die Berechnung zum zylindrischen Panorama wird dies wieder ausgeglichen.

Um die Panoramaberechnung durchführen zu können, ist es erforderlich, die Einzelbilder entsprechend vorzubereiten. Entscheidend ist, dass jedes Bild so aufbereitet wird, dass ein Zusammensetzen an den jeweiligen linken und rechten Bildkanten problemlos möglich ist. Hier ist an den Bildern eventuell eine entsprechende Retusche erforderlich. Je besser die Einzelbilder am Rand überlappend aufgenommen wurden, umso geringer ist die notwendige Vorbereitungs- und Retuschearbeit.

Am links unten abgebildeten Beispiel der Viehherde ist dies gut zu erkennen. Um ein insgesamt stimmiges Panoramabild der Herde zu erhalten, sind einzelne Bildteile entfernt, retuschiert oder angesetzt worden. Für die weitere Verarbeitung müssen die Bildmaße der Einzelbilder identisch sein, der Gesamteindruck und die Ansatzbereiche müssen „passen". Größere Farbkorrekturen werden vor dem Stiching-Prozess ausgeführt. Kleinere Farbangleichungen können die meisten Stiching-Programme beim Berechnen eines Panoramafilms selbst ausführen.

Wenn die Panoramaaufnahmen mit entsprechenden Kameras und einer geeigneten Überlappung aufgenommen werden, ist der Nachbearbeitungsaufwand insgesamt relativ gering.

Die Berechnung eines Bildpanoramas durchläuft mehrere Rechenoperationen. Dazu gehören Prozesse wie die Überlappungsberechnung, das Bildschärfen und das Schreiben des Filmes. Ferner erfährt ein zu berechnendes Panorama eine Korrektur und Anpassung

360⁰-Panorama

Der Betrachter steht im Mittelpunkt des Singlerow-Panoramafilmes, der sich um den Betrachter in zwei Richtungen drehen lässt. Der Betrachter sieht jeweils einen kleinen Ausschnitt des Panoramas.

Kugelpanorama

Der Betrachter steht im Mittelpunkt des Kugelpanoramas. Der Panoramafilm kann in alle Richtungen bewegt werden.

Virtuelle Szene

Die Abbildung unten zeigt den prinzipiellen Aufbau virtueller Szenen: Objektfilme und/oder virtuelle Panoramen werden durch „Hot-Spot-Öffnungen" zu einer virtuellen Welt verknüpft.

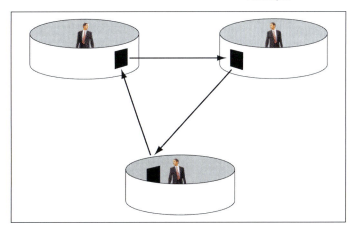

407

der Bildhelligkeit. Die durchschnittliche Berechnung der Bildhelligkeit und der Farbanpassung sorgt für eine gleichmäßige Darstellung im Panoramabild.

Die Abbildungen auf dieser Seite zeigen den grundsätzlichen Ablauf der QTVR-Panoramaerstellung mit dem Programm VR Worx.

Nach der Definition der Bildanzahl (hier 12 Bilder) werden die Bilder in der richtigen Reihenfolge geladen. Aus den einzelnen Bildern werden jetzt die Überlappungen berechnet und die Bereiche angezeigt, die zu den einzelnen Frames eines Panoramafilmes zusammengesetzt werden. Aus diesen Einzelbildern wird das zweidimensionale Panoramabild errechnet, das noch Verkrümmungen in den geraden Kantenbereichen anzeigt. Diese Ver-

krümmungen werden durch die Berechnung in die zylindrische Panoramaform beseitigt. Nach der Kontrolle des zweidimensionalen Panoramas erfolgt die Berechnung des Zylinderpanoramas und die anschließende Bewertung des berechneten Panoramafilmes.

Wenn die Qualität des Panoramafilmes durch Unschärfen, ungerade optische Kanten oder sonstige Unstimmigkeiten beeinträchtigt erscheint, müssen manuelle Korrekturen auf der Ebene des Stiching-Prozesses vorgenommen werden. Hier lassen sich manuelle Eingriffe durchführen, welche die QTVR-Panoramaqualität deutlich verbessern können. Die Eingriffsebene zur Qualitätsverbesserung im Programm VR Worx liegt hier in der in Abbildung unten links dargestellten Stitch-Ebene.

Panoramaerstellung mit VR Worx

Bild links: Import der Einzelbilder in der richtigen Reihenfolge.

Bild links unten: Einzelbilddarstellung vor der Stitching-Panoramabildberechnung.

Bild rechts: Berechnetes Panorama mit teilweise falschen Linienkanten.

Bild rechts unten: Fertig berechnetes zylindrisches QTVR-Panorama in der Vorschaudarstellung. Wenn diese Vorschau das Panorama korrekt darstellt, kann der Film exportiert werden.

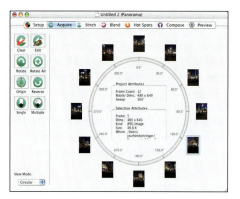

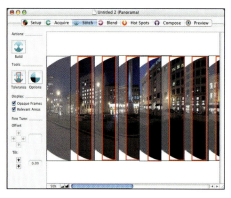

4.4.3 Kugelpanorama

Virtuelle Welten

Aufbau eines Kugelpanoramas
Die Darstellung des Aufbaus eines Kugelpanoramas rechts zeigt, dass ein solches Panorama nicht nur aus einer Bildreihe besteht, sondern dass hier mehrere Bildreihen über- bzw. untereinander in einer bestimmten Reihenfolge angeordnet werden. Es werden also die Einzelbilder nicht nur in einer Reihe angeordnet, sondern mehrere Bildreihen werden so in die Kugelform gebracht, dass nach der Fertigstellung eine nahtlose Raumdarstellung durch die Drehung nach oben oder unten möglich ist.

In den folgenden Abbildungen wird dargestellt, wie ein vierreihiges sphärisches Kugelpanorama aufgebaut und erstellt wird. Grundsätzlich sind die folgenden Arbeitsschritte erforderlich:
- Einrichten des Panoramafilmes, hier mit 12 Bildern/Reihe
- Festlegung der Reihenanzahl, aus dem das Panorama berechnet werden soll.

Die Abbildung unten zeigt das Ergebnis dieser Einstellungen. Die Zuordnung der Bilder zu einer Reihe und zu den darüber und darunter liegenden Bildern ist deutlich erkennbar.

Kugelpanorama

Die Abbildung zeigt den prinzipiellen Aufbau eines Kugelpanoramas. Die Pfeile zeigen die möglichen Drehrichtungen des Kugelpanoramas an.

Kugelpanorama

Ausschnitt eines virtuellen Kugelpanoramas eines barocken Vorzimmers. Der Aufbau dieses Panoramas wird auf den nächsten Seiten dargestellt.

Abb: Corinna Jacobs
Digitale Panoramen
Springer-Verlag, Heidelberg
Collective Design
71627 Marbach/N
www.collectivedesign.de

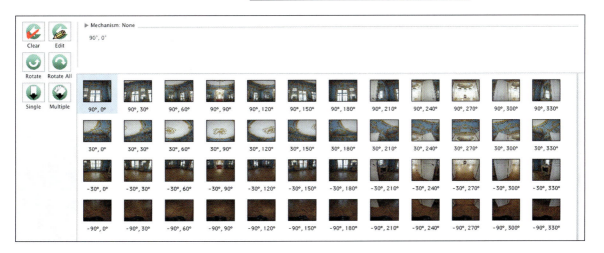

409

Erstellung eines Kugelpanoramas

Bild oben: Import der Einzelbilder in der richtigen Reihenfolge für die Berechnung in der Reihe 1 bis 4. Es wird jeweils die voreingestellte Gradeinteilung für das jeweilige Bild angezeigt.

Bild rechts oben: Einzelbilddarstellung Deckenbereich

Bild rechts darunter: Einzelbilddarstellung des Tür-, Spiegel- und Fensterbereiches

Bild rechts unten: Einzelbilddarstellung des Kaminbereiches

Bild rechts unten: Einzelbilddarstellung des Bodenbereiches

Bild rechts außen: Ausschnitt aus dem fertigen Kugelpanorama als QuickTime-Film

Die Abbildung oben zeigt im Prinzip den Bildausschnitt der vorherigen Seite, allerdings etwas vergrößert. Erkennbar ist die Zuordnung der Bilder in den Reihen 1 bis 4. Zu sehen ist die Abbildung des rechten Türflügels mit dem Spiegel, darüber die Abbildung des Deckenbereiches. In den beiden Reihen darunter ist der dazugehörige Kamin und der Parkettfußboden erkennbar.

Diese vier Bilder werden in das Kugelpanorama eingerechnet und ergeben den drehbaren Betrachtungsbereich für diesen Filmausschnitt. Bei den davor und danach liegenden Bildern wird dieses Zusammenrechnen in der gleichen Systematik von Reihe 1 bis zur Reihe 4 durchgeführt. Dass gleichzeitig von der Software noch die davor und danach folgenden Bilder mit einer entsprechenden Überlappung berechnet werden müssen, ist für den Betrachter sicherlich klar ersichtlich.

Das Ergebnis ist ein Kugelpanorama des barocken Raumes. In der Abbildung rechts ist ein Ausschnitt aus dem Panoramafilm zu sehen. Die Decke, die Türe und die Fenster des Raumes sind deutlich erkennbar. Durch die Steuerung mit der Maustaste ist das Bild in der Kugeldarstellung so zu bewegen, dass der Holzboden sichtbar wird.

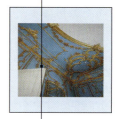

4.4.4 Objektfilme

Virtuelle Welten

4.4.4.1 Singlerow-Objektfilme

Objektfilme stellen Objekte aus unterschiedlichen Blickwinkeln dar. Dabei kann ein Objekt mit Hilfe der Maus um sich selbst gedreht und damit von allen Seiten betrachtet werden. Grundlage der Objektdarstellung sind Einzelbilder, die vom gedrehten Objekt aufgenommen werden.

Für die Herstellung digitaler Objekte sind normalerweise die folgenden drei Arbeitsschritte erforderlich:
- Herstellung der einzelnen Ausgangsbilder und deren Korrektur
- Zusammensetzen (Stitchen) der Ausgangsbilder zu einem Objekt
- Publikation der Objektfilme im Internet oder auf CD/DVD

Vom Einzelbild zum Objekt
Der zentrale Vorgang beim Herstellen digitaler Objekte ist der Stitching-Vorgang. Hier ist der grundsätzliche Arbeitsablauf durchaus dem bei der Panoramaherstellung vergleichbar.

Es ist notwendig, die Einzelbilder so zu positionieren, dass bei der späteren Drehung keine Bildschwankungen zu erkennen sind. Durch eine korrekte Position der Einzelbilder in der Mitte des Filmfensters kann dies problemlos erreicht werden.

Die ausgerichteten Bilder werden in der Stitching-Software in der richtigen Reihenfolge positioniert und berechnet.

Einreihige Objekte (Singlerow-Objekte) können mit der Maus bewegt nur um sich selbst gedreht und damit von allen Seiten auf einer Ebene betrachtet werden. Die Abbildung oben verdeutlicht diese einreihige Darstellung.

Mehrere Bildreihen können zu einem Objekt zusammengefügt werden, das dann von allen Seiten, also auch von oben und unten, betrachtet werden kann. Die Herstellung solcher dreidimensionaler Objekte (Multirow-Objekte) ist allerdings aufwändig und teuer, da die Bildherstellung komplex ist. Ein Beispiel für einen Multirow-Objektfilm ist auf der folgenden Seite dargestellt.

Objektmenü

Die importierten Bilder werden in der richtigen Reihenfolge geladen und dann zu einem Objektfilm zusammengerechnet. Jedes Bild wird einem vorgegebenen Winkel zugeordnet. Der zugeordnete Winkel ergibt sich aus der Bildanzahl, also bei 16 Bildern ergibt sich eine Gradzahl von $360 : 16 = 22{,}5^0$.

Einzelbilder und daraus gestitchter Objektfilm (oben)

Verwendete Software: VR Worx

411

4.4.4.2 Multirow-Objektfilme

Multirow-Objektfilme werden – der Name lässt dies bereits vermuten – mit mehreren Bildreihen erstellt. Für das Beispiel der Uhranimation wurden insgesamt 252 Einzelbilder benötigt, die entweder einzeln aufgenommen werden müssen oder aus einen CAD-Programm heraus gerendert und dann exportiert werden.

Die Einzelbilder werden in sieben Reihen angeordnet, jeweils mit einem Abstand von 30^0. Die Abbildungen auf

Erstellung eines Multirow-Objektfilmes

Bild oben: Einstellungen für den Import und Aufbau der Animation. Es werden in sieben Reihen jeweils 36 Einzelbilder systematisch so angeordnet, dass später eine exakte Berechnung erfolgen kann. Nach dem Import der Bilder unter dem Menüreiter „Acquire" wird die Bildanordnung verdeutlicht. Von den sieben Reihen sind vier Reihen dargestellt.Der Reihenabstand von 30^0 ist in der Abbildung Mitte links gut ablesbar (0^0, -30^0 usw).
Im Menüpunkt „Hot Spots" ist unter anderem eine Vorschau der Animation möglich. Bei Bedarf kann bei „Effects" z.B. ein Hintergrundbild eingefügt werden. Nach dem Berechnen (Compose) und dem Export (Preview-Reiter) der Uhranimation ist das Ergebnis rechts unten als QT-Movie dargestellt.

Software: VR Worx
Bilder: Corinna Jacobs, **Digitale Panoramen**, Springer-Verlag, Heidelberg

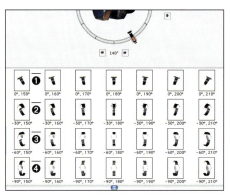
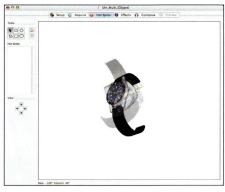
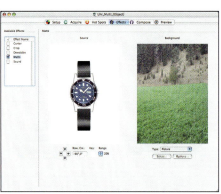

Virtuelle Welten

der linken Seite zeigen die Anordnung des Bildmaterials. Grundsätzlich sind sechs Bearbeitungsschritte erforderlich, um aus den Einzelbildern einen Multirow-Objektfilm zu erstellen. *„Setup, Acquire, Hot Spots, Effects, Compose* und *Preview* (PC: *Playback*)" sind die sechs grundlegenden Arbeitsschritte, die kurz erläutert werden. Sind bei der folgenden Aufzählung zwei Fachbegriffe genannt, steht der erste Begriff immer für die Macintosh-Version, der zweite Begriff für die PC-Version:

- *Setup*: Grundlegende Einstellungen wie Bildanzahl, Bildreihen, Bewegungsabstand, Filmgröße, Vollpanorama, Halbpanorama o.Ä. wird hier vor Arbeitsbeginn festgelegt. Nachträgliche Änderungen an dieser Stelle erfordern die völlige Neubearbeitung eines Filmes. Hier muss daher eine klare AV vorliegen.
- *Acquire*: Hier sind leere Platzhalter für die zu ladenden Bilder aufgrund der Angaben im Setup-Fenster angelegt. Über Image > Single oder > Multiple können die Bilder einzeln oder als ganze Bildserie geladen werden. Die Programme importieren die Bilder real, das bedeutet, dass die VR-Dokumente relativ groß werden können, abhängig von der Bildanzahl.
- *Hot Spots*: Einem Film können hier verschiedene Funktionen zugewiesen werden. Hauptfunktion ist die Zuweisung von „Hot Spots", um eine Verlinkung zwischen verschiedenen Filmen zu ermöglichen. Dazu mehr im Kapitel 4.4.5.
- *Effects*: Die Unterlegung von Hintergrundbildern (wie links dargestellt) kann hier durchgeführt werden. Außerdem kann hier einem Film eine oder mehrere Tonspuren unterlegt werden oder z.B. die Zentrierung eines Objekts kontrolliert werden.
- *Compose/Kompress*: Hier werden die Einstellungen und Codecs festgelegt, mit denen die Filmberechnung durchgeführt wird. Dies sind z.B. die endgültige Fenstergröße des Filmes, die Copyrightvermerke, Abspielgeschwindigkeit, Interaktionsmöglichkeiten für die spätere Maus- und Tastensteuerung durch den Nutzer oder die Animationseinstellungen für eine Wiedergabe auf Websites. Ferner wird das „Posterframe" festgelegt, also das Startbild, mit dem der Film auf einer Website dargestellt wird.
- *Preview/Playback*: Nach der Berechnung des Filmes wird das Ergebnis hier angezeigt. Wenn das Ergebnis in Ordnung ist und den Vorstellungen des Mediengestalters entspricht, wird das Ergebnis in das entsprechende Format exportiert.

Der exportierte Film kann in Internetseiten eingebunden werden.

Einbindung in Websites

Panoramen und Objektfilme können über die unterschiedlichsten Viewer mit oder ohne Steuerungsleiste dargestellt werden.

Abb.: Corinna Jacobs Digitale Panoramen Springer-Verlag Heidelberg und daraus entwickeltes Unterichtsmaterial.

413

4.4.5 Virtuelle Rundgänge

Software für virtuelle Rundgänge

Kolor Panotour Pro
www.kolor.com

Pano2VR
http://gardengnome-software.com/

VR Worx
www.vrtoolbox.com

Hot-Spot-Technologie

Grundschema der Hot-Spot-Technologie mittels virtueller Öffnungen in Panoramafilmen. Die Abbildung zeigt einen Rundlauf durch drei Filme ❶, ❷ und ❸.

Auswahlmenü

Hier wird festgelegt, welcher Dokumenttyp in VR Worx erstellt werden soll. Scene ist im Bild gewählt.

Voraussetzung für die Erstellung virtueller Rundgänge ist, dass geeignete Panoramafilme in entsprechender Anzahl vorliegen. In der grafischen Darstellung unten sind dies drei verschiedene Panoramafilme. Diese drei Filme mit unterschiedlichen Inhalten sind durch „virtuelle Öffnungen", die so genannten „Hot Spots", verbunden.

Dabei ist es grundsätzlich möglich, dass z.B. ein Panoramafilm mit einem Objektfilm sowie einem Kugelpanorama verknüpft wird. Diese drei Filme werden mit Hilfe eines geeigneten Programms, z.B. VR Worx, verbunden. Die hierbei verwendete Technologie wird Multinode-Technik genannt. Dabei werden in die vorhandenen Filme virtuelle Öffnungen gestanzt, durch die der Betrachter von einem Film in den nächs-

ten (und zurück) gehen kann. Diese virtuellen Öffnungen werden im Scene Maker „von Hand" an dafür geeignete Positionen im Film erstellt.

Um mit dem Programm VR Worx einen virtuellen Rundgang zu erstellen, müssen fünf Arbeitsschritte durchlaufen werden. Diese Schritte sind *„Setup, Background, Nodes, Compose* und *Preview/Playback (PC)".*

- *Setup*: Hier werden die grundlegenden Eigenschaften der Szene festgelegt. Wichtig ist, dass vor der Erstellung der virtuellen Szene alle verwendeten Panoramafilme

die gleichen Maße (Breite x Höhe) aufweisen. Nur wenn dies gegeben ist, lassen sich die einzelnen Filme miteinander verarbeiten.
- *Background*: Hier ist es möglich, Hintergrundbilder und Grundrisse für die Orientierung des Betrachters zu importieren oder selbst zu erstellen. Dieser Bearbeitungsbereich wird hier nicht gezeigt, da dies eine Bearbeitung für geübte Gestalter darstellt und nicht zur Beschreibung der prinzipiellen Funktionsweise erforderlich ist.
- *Nodes*: Das Nodes-Fenster zeigt ein Grundrasterfeld an. In dieses Rasterfeld werden die einzelnen Panoramafilme oder Objektfilme positioniert. In der Abbildung auf der gegenüberliegenden Seite erkennen Sie, dass vier Filme in das Rasterfeld positioniert wurden. Der Startfilm ist

414

Virtuelle Welten

durch die rote Symbolfarbe gekennzeichnet, die nachgeordneten Filme durch die blaue Symbolfarbe. Bei dem grün gekennzeichneten Film handelt es sich um einen Objektfilm, der es später ermöglicht, einen Gegenstand in einem Raum von allen Seiten zu betrachten. Die Verbindung zwischen den Filmen wird durch die Pfeile dargestellt. Im Tool-Menü können diese ausgewählt werden.

der Cursor in eine Pfeildarstellung und signalisiert dem Betrachter, dass es hier zu einem weiteren virtuellen Raum geht.
- Mit dem Menü *Properties* wird ein Dialogfeld aufgerufen, das die Verknüpfungseigenschaften, die Art der Mausinteraktion sowie deren optische Darstellung definiert. Die Linkeigenschaften beschreiben das Ziel und deren Darstellung, wenn

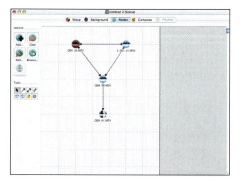

Hot-Spot-Technologie

Links: Anlegen des „Laufweges" für spätere virtuellen Welt. Rechts: Manuell angelegte Hot-Spot-Öffnungen in einem Panoramafilm.

So zeigt der Pfeil mit zwei Spitzen an, dass der Betrachter später von einem Raum in den anderen in zwei Richtungen wechseln kann. Bei einer Spitze wäre nur eine Laufrichtung in der virtuellen Welt möglich.
- Durch einen Doppelklick auf das erste rote Filmsymbol öffnet sich der Node-Browser. Hier werden die Hot Spots, also die virtuellen Öffnungen, manuell gezeichnet. Unser Film mit dem alten Fachwerkhaus bekommt zwei Hot Spots, um das Haus zu betreten. Diese beiden Hot Spots entsprechen den Pfeilen auf den rechten blauen Film und den unteren blauen Film im Nodes-Fenster. Das Zeichnen der Hot Spots muss so erfolgen, dass die späteren Nutzer diese auch finden können. Wenn Hot Spots auf einer Website mit der Maus überfahren werden, wechselt

der Link vom User genutzt wird. Im Menüpunkt „URL" werden Webadressen eingegeben, die beim Klick auf einen Hot Spot aufgerufen werden.

Die hier in aller Kürze beschriebenen Arbeitsschritte werden für jeden geplanten Hot Spot durchgeführt. Der Produzent hat durch die Darstellung im Nodes-Fenster immer einen sehr guten Überblick über den aktuellen Stand seiner Produktion.

Um die Wirkung der erstellten Hot Spots zu überprüfen und gegebenenfalls zu korrigieren, ist es möglich, in den Vorschau- bzw. Preview-Modus zu wechseln und das Arbeitsergebnis zu überprüfen. Dabei ist der Film noch nicht endgültig berechnet, sondern es

Hot-Spot-Technologie

Oben: Im Menü Properties erfolgt die Definition der Verknüpfungseigenschaften, der Mausinteraktion und deren optische Eigenschaften.

415

wird an dieser Stelle eine reine Funktionskontrolle durchgeführt. Die Abbildung unten zeigt diese Preview-Darstellung. Der Navigationspfeil wurde im Bild aus optischen Gründen vergrößert wiedergegeben – in Wirklichkeit fällt er etwas dezenter aus!

- *Compose*: In diesem Bearbeitungsschritt wird der virtuelle Rundgang durch den Befehl „Build" berechnet.

Je nach Verwendung des Filmes müssen die Kompressions- und Codec-Einstellungen noch angepasst werden. Der Berechnungsvorgang kann, abhängig von der Anzahl der eingebundenen Filme, eine gewisse Zeit in Anspruch nehmen.

- *Preview*: Das Berechnungsergebnis kann im Preview-Fenster in der Originalgröße betrachtet werden. Zur Weitergabe des Filmes, der jetzt alle verwendeten Panorama- und Objektfilme integrativ enthält, ist noch der Export des fertigen Filmes durchzuführen. Der Inhalt des Beispielfilmes wird Ihnen durch die Abbildungen unten etwas verdeutlicht: ein Fachwerkhaus und sein Innenleben.

Preview-Fenster zur Kontrolle der Hot-Spot-Öffnungen

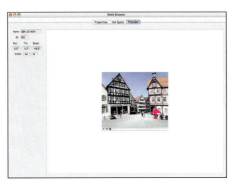

Compose-Fenster

Einstellmöglichkeiten für die Datenkompression sind hier vorgesehen.

Preview-Fenster zur Kontrolle des fertigen Filmes

Der Film wird hier vor dem Export in Originalgröße angezeigt und kann mit allen Hot-Spot-Funktionen überprüft werden, bevor die Exportdatei berechnet wird.

Downloadzeit

Interessant ist bei diesen Filmen die spätere Downloadzeit, die in einem separaten Menü abgerufen werden kann.

4.4.6 Anwendungsbeispiele

Virtuelle Welten

Virtuelle Anwendungen sind heute in der Kommunikation nicht mehr verzichtbar. Die mehrdimensionale Darstellung von Objekten in einer virtuellen Welt sorgt dafür, dass die Wahrnehmung der Menschen durch räumlich wirkende Objekte positiv beeinflusst wird. Virtuelle plastische Darstellungen auf dem Bildschirm vermitteln dem Nutzer das Gefühl des „Dabeiseins". In Verbindung mit verschiedenen Interaktionsmöglichkeiten in virtuellen Räumen wird dieses Gefühl noch verstärkt und erklärt z.B. den Erfolg virtueller Spielszenarien im Internet.

Virtuelle Räume werden vor allem genutzt, um den Anwendern interaktives Handeln möglich zu machen. Dies ist für die unterschiedlichsten Szenarien vorstellbar. Im Folgenden sollen hier einige typische Anwendungen vorgestellt werden, die durch virtuelle Umgebungen für den Internetnutzer attraktiv sind.

Das virtuelle Haus der Fa. Fischer

Dem Heimwerker steht auf der Homepage der Firma Fischer ein virtuelles Haus zur Verfügung, das es ermöglicht, die unterschiedlichsten Befestigungssysteme für alle Bereiche (Außenbereich und Innenbereiche) eines Wohnhauses zu finden und sachgerecht auszuwählen. Zum Start gelangt der Nutzer auf eine Erläuterungsseite, die kurz und prägnant erklärt, wie das virtuelle Haus funktioniert und wie der Nutzer direkt vom Haus zu einer Bestellung im Online-Shop gelangen kann.

Alle Abbildungen wurden mit einem Grafikprogramm erstellt und mittels QTVR und Hot Spots so verlinkt, dass ein hoher informativer Nutzwert für den Besucher der Seite ebenso generiert wird wie für das Unternehmen, das über diese Webpräsenz sicherlich einen hohen Marktumsatz erreicht.

Die Seite besticht durch eine klare und einfache Nutzerführung, informative Grafiken mit einer klaren und farblich eindeutigen Bildsprache. Die Interaktionspunkte sind unübersehbar und für die Zielgruppe eindeutig, leicht erkenn- und damit auch nutzbar.

Hotelpräsentationen

Reise-, Freizeit- und Urlaubsaktivitäten werden über das Internet gesucht und gebucht. Daher ist es für diese Unternehmen zwingend erforderlich, attraktive und aussagefähige Internetseiten über die verfügbaren touristischen Angebote zu erstellen. Bei vielen Unternehmen gehören ausgezeichnete Bilddarstellungen wie selbstverständlich zum guten Erscheinungsbild eines Unternehmens. Virtuelle, interaktive Darstellungen sind noch nicht

Virtuelles Haus

Die Firma Fischer Befestigungssysteme bietet dem Heimwerker ein virtuelles Haus zur Auswahl geeigneter Befestigungssysteme an.

www.fischer.de/desktopdefault

417

Parkhotel Adler Hinterzarten

Virtuelle Darstellung auf der Website des Hotels von oben nach unten:
- Hotelvorplatz mit Eingang
- Wellnesspavillion mit Navigationsmenü
- Hotelzimmer

www.parkhoteladler.de

Panoramaerstellung und Design Media-e-Motion, Reutlingen

www.media-e-motion.de/

Hapag-Lloyd Kreuzfahrten Hamburg

Verschiedene Kabinen und Freizeitbereiche (hier Bibliothek) auf den Kreuzfahrtschiffen werden durch virtuelle Panoramen dargestellt und machen Lust auf mehr ...

www.hlkf.de

selbstverständlicher Bestandteil eines Internetangebotes. Die interaktive Darstellung einer attraktiven Umgebung und einer schönen Urlaubsmöglichkeit veranlassen sicherlich den einen oder anderen Urlaubssuchenden, sich interaktive Angebote intensiver und genauer zu betrachten und dann auch nach den virtuellen Darstellungen zu entscheiden.

Voraussetzung, um den möglichen Kunden zu einer Entscheidung zu bringen, ist, dass die virtuellen Räume optisch gelungen sind, eine eindeutige und sichere Funktionalität aufweisen und harmonisch in das Gesamtbild einer Internetseite integriert sind.

Bei den Darstellungen auf dieser Seite ist dies der Fall. Die durchgängige Gestaltung beim Betrachten der verschiedenen Hoteleinrichtungen ist für den Nutzer hilfreich und führt ihn sicher durch die interaktiven Bereiche des Webauftritts.

Ähnlich im Aufbau und in der Struktur sind die Einblicke in das Innenleben des Kreuzfahrtschiffes MS EUROPA. Nahezu alle Innenbereiche des Schiffes werden auf der angegebenen Seite durch Panoramen dargestellt, so dass sich der Kreuzfahrtgast ein ausgezeichnetes Bild von den Einrichtungen des Schiffes machen kann. Hier ist vor allem die Integration der Panoramen in die Seite sehr übersichtlich und gut gelöst. Schauen Sie mal in die Seite rein ...

Städtepanoramen

Attraktiv stellen sich viele deutsche Städte für Touristen dar. Die Panoramen sind zumeist nicht verlinkt, sondern werden als Einzelpanoramen für den touristischen Nutzer angeboten und zeigen Innenstadtbereiche, Museen, Kirchen und andere öffentliche Gebäude. Interessant ist, dass den Nutzern auf derartigen Seiten oftmals die Panora-

Virtuelle Welten

ma-Technololgie gut und anschaulich erläutert wird. Die Städtepanoramen werden oftmals in Verbindungen mit MP3-Files angeboten, die dem Touristen dann auf seinem iPod o.Ä. zusätzlich eine Stadtführung in Form eines Audio-Podcasts anbieten.

Kommerzielle virtuelle Welten

Virtuelle Welten sind ein Teil des aktuellen sozialen Umfelds in unserer Gesellschaft. Vor allem Kinder und Jugendliche müssen lernen, sich darin sicher und eigenständig zu bewegen. Das ist genauso wie im realen Leben.

Der Einstieg in virtuelle Welten erfolgt zumeist ganz unauffällig. Da gibt es Internetseiten, auf denen Figuren online bekleidet und gestylt werden oder irgendwelche Stars umgeschminkt werden können. Auf anderen Seiten geht es darum, digitale Tiere angemessen zu füttern und/oder diesen Tieren eine ausreichende Anzahl von Streicheleinheiten zu verabreichen. Bereits in Spielen für kleine Kinder kreuzen die ersten Avatare auf: „Mit welcher Figur möchtest du spielen?", wird da nachgefragt und schon hüpft der kleine Horst als Känguru und die kleine Annika als Giraffin über den häuslichen Monitor im Kinderzimmer. So weit, so gut und harmlos. Oder ist doch nicht so?

Die allermeisten Angebote dieser Art sind rein kommerziell. Es gibt kein Unternehmen und kaum eine Privatperson, die diese Angebote ins Netz stellt, um die jüngsten Internetnutzer einfach nur nett zu unterhalten. Hinter diesen spielerischen Angeboten der virtuellen Welten für alle Altersgruppen stehen üblicherweise eindeutige kommerzielle Absichten – irgendwann kommt die Aufforderung zum Kaufen.

Das Eintauchen in virtuelle Welten fordert alle Internetnutzer. Es ist schwer, diesen faszinierenden virtuellen Welten zu widerstehen, die das Konsumieren und Nutzen dieser Seiten derartig leicht und angenehm machen.

Auf den folgenden beiden Seiten werden Ihnen zwei kommerzielle Seiten vorgestellt, die faszinierend in ihrer Wirkung und in ihrer leichten Funktionalität sind. Besuchen Sie diese Seiten – nur dann ist es möglich, diese Seiten zu verstehen, da die Abbildungen in einem Buch doch nur bedingt „leben" können. Kaufen Sie aber nur dann etwas ein, wenn es wirklich lebenswichtig ist!

Deutschland-Panoramen

Gelungene Panoramadarstellungen vieler Städte in Deutschland sind unter der unten angegebenen Anschrift zu finden.

www.deutschland-panorama.de/index.php

Flash-Panorama

Die Abbildung rechts zeigt ein Flash-Panorama. Ein typisches Merkmal von Flash-Panoramen ist die integrierte Steuerung der Panoramen mit individuell erstellten Navigationsbuttons. QTVR-Panoramen weisen meistens die Navigationselemente wie in der Abbildung unten auf der gegenüberliegenden Seite auf.

http://panoramabuch.com/beispiele/flash_pano2vr
Thomas Bredenfeld

419

VfB Stuttgart Online-Shop

Virtuelles Full-Screen-Shop-Panorama mit Produktpräsentation und Gewinnspiel.

www.vfb-stuttgart.de

Der Panorama-Shop wurde von der Firma virtual-surfers-Gmbh in Pullach erstellt.

www.virtual-surfers.com

VfB Stuttgart Online-Shop

Seit Ostern 2010 ist der VfB-Online-Shop durch eine äußerst attraktive Full-Screen-Panorama-Shop-Navigation erweitert worden. Die Betrachter können in diesem Shop drei unterschiedliche Standpunkte einnehmen, von denen aus der Shop betrachtet und vor allem genutzt werden kann.

Zu den einzelnen Produktgruppen bzw. Produkten wird er durch die eingebauten Hot Spots geführt. In der obigen Darstellung sind zwei davon erkennbar. Beim Klick auf diese Spots werden automatisch die entsprechenden Produkte und der „Füllstand" des Warenkorbes angezeigt.

Ferner wurde in das 360°-Panorama noch ein Gewinnspiel eingebaut: VfB-Fans können Osterhasen suchen. Wurde ein Hase gefunden, wird dies durch entsprechende Animationen dargestellt und gleichzeitig wird dem Nutzer der aktuelle Spielstand in dem Osterkorb am unteren Rand der Animation angezeigt. Hat ein Teilnehmer des Spiels alle Hasen gefunden, wird ein Gewinnformular für die Teilnehmerdaten angezeigt. Es ist naheliegend, dass die Osterhasen durch jahreszeitlich passende Figuren wie z.B. Weihnachtsmänner ersetzt werden können.

Dieser virtuelle Panoramashop hat für den Besucher der Website einen unschlagbaren Vorteil – er kennt das geschäftliche Umfeld des Shops durch seine realen Besuche im realen Shop. Der Kunde betritt die reale, natürlich fotografierte und oftmals vertraute Umgebung zum Einkauf, zur Information oder auch zur Unterhaltung.

Vor allem durch die Spiel- und Gewinnmöglichkeiten lernt der Kunde das Unternehmen und seine Produkte kennen und durch das damit verbundene Sammeln von Kundendaten mittels des Teilnehmerformulars kann das Unternehmen neue Kundenbeziehungen anbahnen, indem die gewonnenen Kundendaten für entsprechende Marketingaktionen genutzt werden.

Ein kurzer Hinweis zur Datenschutzerklärung sei hier noch angebracht – ohne diese geht es auch bei solch attraktiven Panoramashops nicht. Auch dies hat der VfB Stuttgart gut gelöst.

Virtuelle Welten

Virtual Farmers Market GB

Größter virtueller landwirtschaftlicher Markt in Großbritannien zum Vertrieb selbst erzeugter landwirtschaftlicher Produkte.
Schauen Sie sich diesen Markt auf der unten angegebenen Website an. Um den virtuellen Markt zu nutzen, ist es erforderlich, die virtuelle Markt-Software des Shopanbieters zu installieren. Dies ist problemlos für PC und MAC möglich.

www.vfmuk.com/

Virtual Farmers Market

Mit diesem größten landwirtschaftlichen Shop in Großbritannien wurde ein beispielhafter virtueller Markplatz geschaffen, der sich optisch an einem typisch englischen Markt orientiert. Beim Eintritt durch das animierte Tor (kleines Bild oben) zum Marktplatz sind vielfältige landwirtschaftliche Utensilien und Tiere zu erkennen, die den Marktbesuch zum Erlebnis machen. Die einzelnen Marktanbieter sind in den Marktständen untergebracht und präsentieren hier die Warenangebote. Bei Interesse können die Waren von verschiedenen Ansichten betrachtet werden. Die kleine mittlere Abbildung stellt dies dar. Je nach Produkt sind hier Objektanimationen oder Diashows abrufbar, die dem Käufer das Produkt aus allen denkbaren Perspektiven präsentieren. Wird das Produkt gekauft, wechselt die Ansicht für den Kaufvorgang in ein klassisches Warenkorbsystem auf der Standardwebsite der landwirtschaftlichen Vertriebsgenossenschaft.

Auf der Website kann die Entwicklung der Umsatzzahlen seit Einführung des virtuellen Marktplatzes aufgerufen werden. Wenn Sie diese Zahlen betrachten und interpretieren, müssten eigentlich alle Shops so gestaltet werden.

Google Street View

Im Mai 2007 wurde der Street-View-Dienst auf der Grundlage der Panorama-Technologie in fünf Städten in den USA eingeführt.

Die Abbildung zeigt die Standard-Street-View-Ansicht von Google Maps von Zürich/CH. Oben sehen Sie die virtuelle Panoramaansicht mit Informationsbildern und Navigationselementen, unten die Kartendarstellung mit „Pegman" als Orientierungshilfe. Pegman zeigt durch den grünen Pfeil die Blickrichtung zum Rundbau der ETH. Auf der gegenüberliegenden Seite ist das Informationsfenster zur ETH mit verschiedenen Links geöffnet dargestellt.

Unten ist ein Google-Aufnahmefahrzeug mit Panoramakamera abgebildet.

Abb.: Alle Google

www.google.de/press

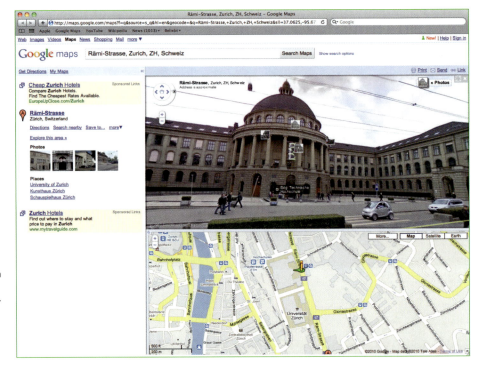

Google Maps mit Street View

Mit der Einführung von Street View ermöglichte Google es den Nutzern von Google Maps, die reale Welt mithilfe von virtuellen Panoramen zu erkunden.

Street View ist eine Funktion des Kartendienstes Google Maps. Mit diesem Dienst können Straßen, Plätze oder Sehenswürdigkeiten wie der Eifelturm in Paris oder die Eidgenössische Technische Hochschule (ETH) in Zürich in einer 360°-Ansicht betrachtet werden, gerade so als wären Sie selbst dort.

Google nimmt diese Bilder unter Verwendung eines speziellen Aufnahmefahrzeugs und neun spezieller Panoramakameras auf. Dazu werden zu jeder Aufnahme die entsprechenden GPS-Daten erfasst, damit die späteren Panoramen einem bestimmten Standort zugeordnet werden können.

Nachdem die Fotos aufgenommen wurden, werden sie für die Veröffentlichung auf Google Maps so bearbeitet, dass mehrere Bilder jeweils zu einem 360°-Panoramabild zusammengefügt werden. Den jeweiligen Panoramen werden dann die entsprecheden GPS-Daten zugeordnet, so dass die Panoramen dann auf Google Maps oder auch auf entsprechenden mobilen Empfangsgeräten betrachtet werden können.

Google sichert auf seiner Homepage zu, dass Gesichter unkenntlich gemacht werden, so dass eine Identifizierung von Personen nicht möglich ist. Das Gleiche gilt für Autokennzeichen.

Datenschutz als Problem?

Google hat den Kartendienst Street View im Jahr 2010 in Deutschland gestartet. Bereits bei der Ankündigung empörten sich die Datenschützer. Doch

Virtuelle Welten

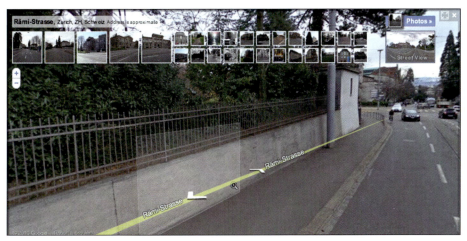

Google-Pegman

ist das kleine Männlein, das man in der Karte platzieren kann, um dann die Straßenansicht von genau dieser Kartenposition auf dem Bildschirm betrachten zu können. Der grüne Pfeil zeigt dabei die Blickrichtung an.

Navigations- und Informationsmöglichkeiten

Das Bild zeigt die Informationsmöglichkeiten für die verschiedenen Gebäude und Geschäfte an. Durch die gelbe Linie und die Pfeile wird die Verkehrsrichtung angezeigt, der Wechsel von Panorama- zu Kartenansicht ist per Mausklick möglich.

ihre Aufregung ist nicht mehr als die provinzielle Furcht vor der allgegenwärtigen Öffentlichkeit – und dies ist in einer offenen, global vernetzten, kommunikativen Welt nicht zeitgemäß!

Gilt bei uns das Fotografieren von Häusern als Verletzung der Menschenwürde? Die Veröffentlichung von Ablichtungen bewohnter Häuser und belebter Straßen als Eingriff ins Persönlichkeitsrecht? Jede dieser Ideen, konsequent zu Ende gedacht, führt an die Wand.

Wenn der Datenschutz davor schützen soll, dass jemand das öffentlich sichtbare Eigentum fotografiert und veröffentlicht, stellen sich ein paar Fragen. Darf dann das schöne neue Motorrad meines Nachbarn nicht mehr fotografiert werden, auch nicht von der Seite – oder von oben? Was ist mit seiner Katze oder den Fischen in Nachbars Teich? Darf ich das schöne neue Haus nebenan wenigstens mit meinen Worten beschreiben? Und was ist, wenn von mir eine Beschreibung meiner Wohnstraße im Internet veröffentlicht wird? Es sind provokante Fragen, eigentlich sind sie aber nicht schwierig zu beantworten – daher sollte gelten: Street View ist kein Fall für Datenschützer!

423

Google Street View

Im November 2010 wurde Googles Street-View-Dienst in Deutschland gestartet. In manchen virtuellen Straßenzügen finden sich so genannte Pixelplatten, die Gebäude unkenntlich machen, wenn Bewohner oder Hausbesitzer dieses bei Google eingefordert haben. Die Abbildung auf dieser Seite zeigt den Ernst-August-Platz und die Kurt-Schumacher-Straße in Hannover als virtuelle Darstellung.

Abb.: Alle Google

www.google.de

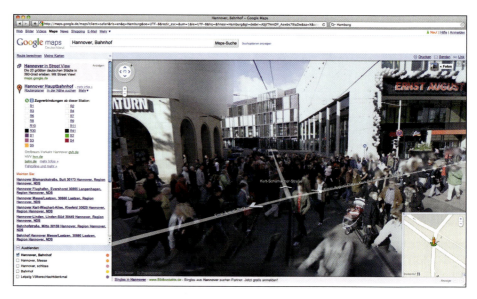

Street View im November 2010 in Deutschland erstmals veröffentlicht

Google hat den Dienst Street View im November 2010 veröffentlicht. Erste virtuelle Spaziergänge waren in 20 Großstädten möglich, zuvor konnte man einige Fußballstadien zu Probezwecken virtuell erwandern.

Street View war vor der ersten Veröffentlichung in Deutschland bereits in 26 Ländern verfügbar, allerdings wurden nur in Deutschland im großen Umfang Einsprüche gegen die Veröffentlichung von Häusern und Personen an Google herangetragen. Ungefähr 250.000 Haushalte haben von August bis November 2010 bei Google Widerspruch gegen die Veröffentlichung ihrer Gebäude eingelegt. Dies hat zur Folge, dass Google Häuser, Gesichter von Personen und Autokennzeichen verpixelt, um ein Erkennen bestimmter Einzelheiten zu verhindern.

Unkenntlich gemachte Gebäude erscheinen jetzt häufig in den virtuellen Rundgängen durch deutsche Stadtlandschaften. Triste graue Pixelplatten decken die Gebäude ab, in denen Menschen wohnen, die Einspruch erhoben haben. Nur wenn sich Ladenpassagen im Erdgeschoss eines verpixelten Gebäudes befinden, werden diese Geschäfte abgebildet, die Wohnbereiche sind verpixelt. Die derart dargestellten Straßenbilder sind für viele Jahre so verunstaltet, da Google die Rohdaten unwiderruflich verändern musste, eine Korrektur ist erst durch neue Kamerafahrten in einigen Jahren möglich.

Die Abbildung oben zeigt ein derartiges Bild aus der Innenstadt von Hannover. Links oben ist der erste Stock des Hauses durch Pixelplatten unkenntlich gemacht, die darunter befindliche Ladenpassage ist klar erkennbar. Außerdem sind die Gesichter der Pasanten unkenntlich verpixelt worden – es ist nur erkennbar, dass eine Vielzahl von Personen zum Zeitpunkt der Aufnahme in der Straße unterwegs waren.

Diese Verpixelung ruft nicht nur Begeisterung hervor: Im Online-Netzwerk Facebook gründete sich wenige Stunden nach dem Street-View-Start eine

Virtuelle Welten

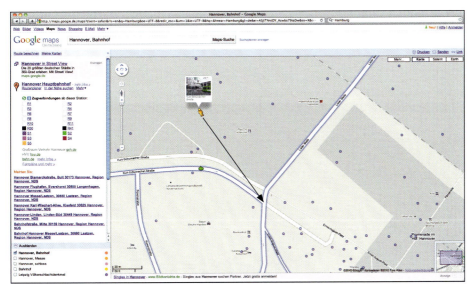

Google Street View

Die Abbildung auf dieser Seite zeigt die gleiche Straße in Hannover wie links virtuell dargestellt. Der Pfeil zeigt auf den Standort des Betrachters.

Die kleinen Punkte sind View-Points – das bedeutet, dass an diesen Stellen der Karte jeweils Bilder, Ansichten, Hinweise usw. aufgerufen werden können – der Betrachter muss nur den Google-Pegman auf einen dieser Punkte ziehen, um Informationen zu erhalten.

Gruppe „Ungewollt gepixelt". Die Gruppe protestiert gegen die grauen Pixelplatten und die dadurch hervorgerufene Verunstaltung der virtuellen Stadtbilder.

Langfristig sollten, bei allen Einschränkungen, die durch fehlerhafte Bilder, noch sichtbare Autokennzeichen oder erkennbare Gesichter beim Start noch vorhanden waren, die Vorteile von Street View überwiegen: Immobilienbörsen wie „Immobilienscout24" nutzen diese Darstellungstechnik von der ersten Stunde an, um ihren Kunden Projekte besser anzubieten und diese auch schneller zu vermarkten. Das Umfeld eines Gebäudes kann so schnell angeschaut werden, alle umliegenden Straßen können virtuell durchwandert, Arztpraxen oder Geschäfte können vorab lokalisiert und betrachtet werden.

Vor allem die großen Hotelketten und Reiseanbieter versprechen sich einen deutlichen Mehrwert von Street View. Der Mehrzahl der Hotelbucher kommt es im Urlaub auf die Umgebung an. Reisende können ihr Hotel, zum Teil mit Blick in die Zimmer, bereits vor dem Buchen betrachten, die Entfernung zum Strand abschätzen oder den Weg zur Ortsmitte auskundschaften. Angaben aus den Reisekatalogen können mit Street View schnell und problemlos überprüft werden.

Google bietet in Deutschland eine Reihe von Möglichkeiten der Vermarktung vor allem für Geschäfte an. Inhaber von Geschäften können ihre Schaufenster und Eingänge markieren lassen und diese Markierungen werden in den virtuellen Darstellungen der Straßen eingeblendet. Der Nutzer kann dann die unterschiedlichsten Informationen abrufen.

Auf den Street-View-Abbildungen aus Zürich auf der vorhergehenden Doppelseite können Sie derartige Informationsleisten für den Betrachter erkennen.

Übrigens: Der kleine gelbe Google-Pegman erweist sich beim Suchen und Navigieren durch die verschiedenen Straßenzüge und Aussichtspunkte als ungemein praktischer Helfer, der allerdings etwas gewöhnungsbedürftig ist.

Automobilindustrie

Unten ist als Beispiel für virtuelle Seiten der Automobilindustrie die Fa. Citroën angegeben. Suchen Sie die verschiedenen Hersteller auf – anregende virtuelle Elemente erwarten Sie hier.

Virtuelle Citroën-Welt

Interessanter Webauftritt mit virtuellen Welten bereits beim Start der Seite und bei der Präsentation der Produkte.

www.citroen.de

Garden Gnome Software

Konvertierungssoftware für virtuelle Filme, wenn unterschiedliche Einbindungstechnologien in Webseiten erforderlich sind.

http://gardengnome-software.com/

4.4.7   Aufgaben

Virtuelle Welten

1 Grundlegende Begriffe kennen und beschreiben

Erklären Sie die Bedeutung der Abkürzung „QTVR".

2 Grundlegende Medientypen kennen und beschreiben

Welche drei grundsätzlichen Medientypen können virtuelle Raumsituationen darstellen?

3 Grundtechniken der Panoramafotografie erklären

a. Welche Objektive sind für die Panoramafotografie unverzichtbar?
b. Warum ist für Panoramaaufnahmen ein motorischer Schwenkkopf sinnvoll?
c. Erklären Sie den Unterschied zwischen einer Panoramaaufnahme und einer Objektaufnahme?

4 Panoramaaufbau beschreiben

Skizzieren Sie den grundsätzlichen Aufbau eines 360°-Panoramas.

5 Panoramaaufbau beschreiben

Erklären Sie den Begriff „Singlerow-Panorama".

6 Panoramaaufbau beschreiben

Erklären und skizzieren Sie den Begriff „Kugelpanorama".

7 Aufbau eines Objektfilmes beschreiben

Erklären Sie den Begriff „Singlerow-Objektfilm".

8 Aufbau eines Objektfilmes beschreiben

Erklären Sie den Begriff und Aufbau eines „Multirow-Objektfilmes".

9 Erstellung eines Objektfilmes beschreiben

Nennen und beschreiben Sie die sechs Arbeitsschritte zur Herstellung eines „Multirow-Objektfilmes".

10   Virtuelle Welten beschreiben

Beschreiben Sie die Voraussetzungen, die erforderlich sind, um virtuelle Rundgänge zu erstellen.

11   Hot Spot Technologie erläutern

Erläutern Sie den Begriff „Hot Spot" und beschreiben Sie die Herstellung eines Hot Spots.

12   Information im Internet

Besuchen Sie die folgende Webseite und informieren Sie sich über Konvertierungsmöglichkeiten für virtuelle Filme:
http://gardengnomesoftware.com/

Grafische Zeichen

5.1 Piktogramm

5.1.1	Überblick über die Zeichenarten	432
5.1.2	Grundlagen der Piktografie	434
5.1.3	Internationale Piktogramme	437
5.1.4	Moderne Piktogramme	440
5.1.5	ISO 7001, Ausgabe 2007-11	443
5.1.6	Piktogramme als Prozesshilfen	444
5.1.7	Aufgaben	445

5.1.1 Überblick über die Zeichenarten

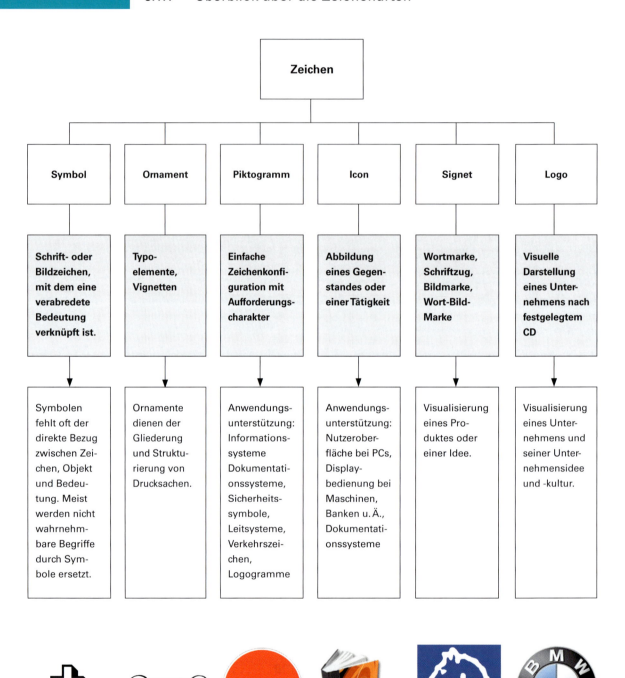

Piktogramm

Band I – Seite 237
2.5.4 Ornamente und Vignetten

Band I – Seite 447
5.2 Icon

Band I – Seite 459
5.3 Logo

Band I – Seite 473
5.4 Informationsgrafik

Band I – Seite 643
7.4.2 Corporate Design

Zu Beginn dieses Kapitels soll Ihnen das nebenstehende Diagramm einen Überblick über den Zusammenhang zwischen den verschiedenen Zeichenarten und deren grafischer Anwendung geben.

Symbol

Schrift- oder Bildzeichen, das eine verabredete Bedeutung aufweist. Gibt meistens eine übersinnliche Bedeutung an, deren Ursprung oft im religiösen Umfeld liegt und eine nicht wahrnehmbare Handlung darstellt.

Ornament

Ornamente sind innerhalb eines typografischen Werkes Zeichen, die der Ausschmückung und der Gliederung dienen. Je nach Art des Ornamentes steht der eine oder andere Zweck im Vordergrund. Insgesamt haben Ornamente aber keinen Aufforderungscharakter und keine inhaltliche Bedeutung.

Piktogramm

Piktogramme sind einfache, auf das Wesentliche reduzierte Zeichen mit Aufforderungscharakter. Sie müssen leicht erkennbar, einprägsam und ohne Erklärung verständlich sein. Verwendet werden Piktogramme bei Informations- und Leitsystemen an Bahnhöfen, Flughäfen, Sportanlagen. Verkehrszeichen sind ebenso Piktogramme wie Sicherheitshinweise in Betrieben oder Baustellen. Piktogramme können emotionale Bildelemente enthalten, da diese den Betrachter schneller und direkter ansprechen. Die Verwendung von Piktogrammen in Wissensdokumentationen führt fließend zu den so genannten Icons.

Icon

Diese Icons bilden eine Tätigkeit oder einen Gegenstand ab, der für eine bestimmte Funktion bei Computern, Bedienungsdisplays z. B. in Autos, Bankautomaten oder Informationssystemen steht. Welche Funktion und Bedeutung sich hinter einem Icon verbirgt, muss vom Anwender in der Regel erst erlernt werden.

Signet

Das Signet weist keinen anweisenden Charakter auf, wie dies beim Piktogramm oder Icon der Fall ist. Das Signet visualisiert ein Produkt, eine Marke oder ein Image. Das Signet kann eine Wortmarke, eine Wort-Bild-Marke, ein Schriftzug oder auch nur eine Abkürzung sein. Ein eingeführtes Signet transportiert Ideen, ein Image oder ein Produkt. Signets unterliegen in der Gestaltung und im Aufbau ähnlichen Kriterien wie Piktogramme. Sie sollen leicht erkennbar, unverwechselbar und eindeutig in Zuordnung und Aussage sein.

Logo

Ein Logo visualisiert und transportiert die Idee, die Kultur und die Produktidee eines Unternehmens. Es ist oftmals die erste „Visitenkarte" einer Unternehmung und muss daher Image und Anspruch des Unternehmens weitergeben.

Das Logodesign steht üblicherweise am Beginn einer Entwicklung für ein Unternehmens-Corporate-Design. Es ist Ausgangspunkt für Erscheinungsbild und Identität eines Unternehmens.

Durch das bewusste Corporate Design wird der Außenauftritt mit Logo, einheitlichem Look bei Werbemaßnahmen, öffentlichem Erscheinungsbild, Firmenkultur und Corporate Identity gefördert. Je nach verfügbarem Werbeaufwand kann ein derartiges CD sehr schnell oder eher behutsam am Markt etabliert werden.

5.1.2 Grundlagen der Piktografie

Piktogramme im Alltag zielen auf präzise, eindeutige, klare Weg- und Handlungsanweisungen. Ob Ampelmännchen, Richtungspfeil oder durchgestrichene Zigarette – Piktogramme umgeben den Menschen in allen Lebensbereichen überall auf der Welt. Der Begriff „Piktogramm" setzt sich aus „pictum" und „graphein" zusammen und wird allgemein als Bildzeichen definiert, das über Sprach- und Kulturgrenzen hinweg global verständlich ist.

5.1.2.1 Anfänge der Piktografie im 20. Jahrhundert

„Wir wollen nicht länger Analphabeten sein", so Werner Graeff. In Holland, in Finnland, in der Tschechoslowakei, in Russland, Ungarn, Japan und Argentinien stehen wir wie hilflose Kinder auf den Bahnhöfen. Wir sehen eine Vielzahl von wegweisenden und erklärenden Schildern – aber lesen können wir sie nicht. Wir wollen nicht länger Analphabeten sein! Wir brauchen eine internationale Verkehrszeichensprache. Für die wichtigsten Verkehrsbedürfnisse müssen eindeutige, klare Zeichen gefunden werden, die in allen Ländern gleiche Anwendung finden", so Graeff. Die alltägliche und uns heute selbstverständliche Welt der Verkehrszeichen stand bei der Entwicklung von Piktogrammen mit am Anfang.

Es handelt sich darum, den Sinn eines Zeichens aus optischen Elementen zu finden, und zwar aus den eigentlichen Form- und Farbelementen. Die Elemente sind: Quadrat, Kreis und Dreieck. Diese sind untereinander nicht zu verwechseln, sie lassen in ihren Grundformen die Farben am intensivsten hervortreten.

Unter den Farben sind nur Rot, Gelb und Blau, des Weiteren die neutralen Töne Schwarz, Grau und Weiß absolut

Piktografieentwicklung 1923

Entwurf einer internationalen Verkehrszeichensprache 1923

Tuschezeichnung auf Karton, Werner Graeff

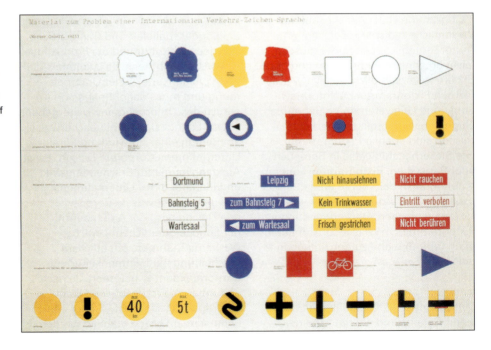

Piktogramm

  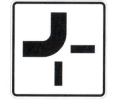 

Piktogramme als Verkehrsschilder

Schauen Sie mal im Internet nach, in welchen Ländern diese Schilder Gültigkeit besitzen ...

eindeutig und unverwechselbar. Alle Mischtöne sind für eine Verkehrszeichensprache auszuschalten. Aus den Farb- und Formelementen ist ein Verkehrszeichen eindeutig und exakt aufzubauen, und zwar derart, dass die Elemente funktionsgemäß ihre Anwendung finden.

Wie sich der Künstler Werner Graeff die konstruktive Entwicklung einer international verständlichen Kommunikation im beginnenden Verkehrsgewühl Europas vorstellte, ist links abgebildet. Der Person Werner Graeff begegnet zumeist, wer sich mit den Kunstströmungen der 1920er Jahre beschäftigt. Graeff war Student am Weimarer Bauhaus, jüngstes Mitglied der De-Stijl-Bewegung um Theo van Doesburg, Mitherausgeber der deutschen Avantgardezeitschrift „G", und begleitete die frühen Versuche des absoluten Films in Deutschland.

Graeffs vielseitiges Interesse und die Fähigkeit, Konstruktion und Gestaltung zu verbinden, machen ihn zu einem genialen Vertreter des Konstruktivismus, der bereit war, die Neuerungen der Zeit nach dem Ersten Weltkrieg für die Kunst aufzugreifen und die Eindrücke einer sich rasant entwickelnden Technik, der Industrialisierung und dem daraus entstehenden gesellschaftlichen Wandel mit neuen Ideen und gestalterischen Ausdrucksmöglichkeiten zu verknüpfen. Eine klare und eindeutige Formensprache war das Ziel seiner Aktivitäten.

Verkehrspiktogramme werden heute im Zeitalter der Globalisierung und Internationalisierung in standardisierter Form verwendet, um Informationen sprachunabhängig und möglichst schnell zu vermitteln. So werden Straßenschilder heute weltweit als weitgehend einheitliche Bildsprache von jedem verstanden. Sie warnen vor Gefahren und geben Hinweise zum Verhalten im Straßenverkehr – dass diese Hinweise oft nicht befolgt werden, liegt sicherlich nicht an der Piktografie der Verkehrszeichen ...

5.1.2.2 Entwicklung einer internationalen Bildersprache

Neben der Entwicklung von international verständlichen Verkehrszeichen als eine Art des Piktogramms wurde mit Beginn der zwanziger Jahre im letzten Jahrhundert von Otto Neurath die „Wiener Methode der Bildstatistik" entwickelt, die komplizierte und unübersichtliche Sachverhalte mittels lesbarer Zeichen in anschauliche Diagramme umsetzte. Otto Neurath, österreichischer Sozialphilosoph und Ökonom, hatte das Ziel, Informationen für breite Bevölkerungsschichten zugänglich und verständlich zu machen. Ab 1926 arbeitete Neurath mit dem Grafiker Gerd Arntz zusammen, der mit seinem reduzierten Bildstil den Diagrammen Neuraths ein klares formales Erscheinungsbild gab. In den beiden Abbildungen der folgenden Seite sind zwei frühe Piktogramme gezeigt.

Die Suche nach einer allgemein und international verständlichen Bildsprache ging einher mit der Entwicklung der internationalen Sprache Esperanto. Die auf dem ersten „Weltkongress für internationale Sprache" von Doktor Esperanto vorgestellte Kunstsprache Esperanto war der Versuch, eine leicht erlernbare Sprache zu entwickeln, welche die internationale Kommunikation verbessern sollte. Parallel zur Entwicklung einer abstrakten Esperantosprache wurde die Arbeit an einer universal verständlichen Bildersprache aufgenommen.

Band I – Seite 473
5.4 Informationsgrafik

Piktografieentwicklung

Neurath, Bildsprache am Beispiel der Arbeitnehmer in der U.d.S.S.R und der Arbeitslosenentwicklung 1913 bis 1929. Heute würde man diese Abbildung als Informationsgrafik bezeichnen.

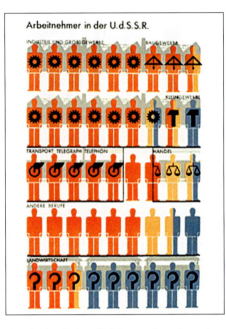

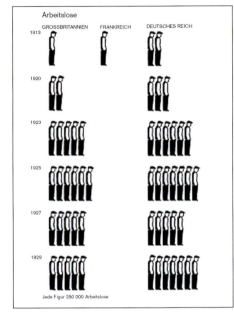

Frühe Piktogramme
- Hotelservice
- Weibliche Personen

Durch das Dritte Reich wurden derartige Entwicklungen in Deutschland und Österreich abrupt unterbrochen (1938 Anschluss Österreichs an das Deutsche Reich). Erst weit nach den Wirren des Zweiten Weltkriegs wurden diese Ideen in Deutschland wieder aufgegriffen.

Im Londoner Exil entwickelte Arntz eine Systematik einer informativen Bildersprache als „System Isotype". Er erweiterte die bestehende Bildsprache ständig mit neuen Bildsymbolen und stellte sein Material 1934 nach Themen geordnet in einer Symbol-Enzyklopädie zusammen.

1936 schrieb Neurath in seinem Buch „International Picture Language": „Wir haben eine internationale Bildsprache hergestellt, in die man Aussagen aus normalen Sprachen der Erde umsetzen kann." Diese weltweit vielfach übernommene Sprache fand ihre Anwendung in vielen Ausstellungen. Die Idee, auch in pädagogischen Werken und Lehrbüchern diese Bildsprache einzusetzen, wurde durch Neurath und Arntz umgesetzt. Bekanntestes Werk ist das „Bildstatistische Elementarwerk – Gesellschaft und Wirtschaft". Die Bilddarstellungen, wie sie oben beispielhaft dargestellt sind, würden wir heute als Informationsgrafiken bezeichnen. Auf dem Weg zum international verständlichen Piktogramm war dies ein bedeutender Entwicklungsschritt.

Lassen Sie uns festhalten: Grundlage aller Piktografiesysteme waren die wegweisenden Arbeiten von Otto Neurath, österreichischer Sozialphilosoph und Ökonom, der gemeinsam mit Gerd Arntz 1936 das Isotype-System (International System of Typographic Picture Education) entwickelte. Dies ist ein grundlegendes Visualisierungssystem, mit dem komplexe Zusammenhänge auf einfache Weise verständlich dargestellt werden können. Dies geschieht unabhängig von Sprache, Bildung und Kultur durch Bildzeichen, also durch international lesbare Piktogramme.

5.1.3 Internationale Piktogramme

Piktogramm

Olympische Spiele als Wegbereiter für Piktogramme
Die Entwicklung moderner Kommunikationszeichensysteme war eng an die Bedürfnisse und Erfordernisse der Verkehrsentwicklung und an die Entwicklung und Durchführung internationaler Großereignisse gebunden. Vorreiter für die Entwicklung solcher Zeichensysteme waren immer Olympische Spiele. Dies gilt insbesonders für die Spiele von 1964 (Tokio), 1968 (Mexiko) und 1972 (München). Hier fanden Piktogramme als Informations- und Kommunikationsinstrument eine immer größere Anwendung.

Melbourne 1956
Bei den Olympischen Spielen wurden alle Sportarten noch in gezeichneten Vignetten dargestellt. Liebevolle, von Grafikern handgezeichnete Darstellungen verdeutlichten die Sportarten.

Tokio 1964
Für die ersten Olympischen Spiele im asiatischen Sprachraum entwarf der japanische Grafiker Katsumi Masaru (1909 - 1983) erstmals ein Bildzeichensystem zur Kennzeichnung von Sportarten und Hinweistafeln zu deren Veranstaltungsorten. Da die „internationalen westlichen" Besucher die japanischen Schilder nicht lesen konnten, war ein solches Bildzeichensystem zwingend erforderlich.

München 1972
Otl Aicher, der Gestaltungsbeauftragte der Olympische Sommerspiele 1972, vereinfachte und geometrisierte die bildliche Darstellung für die Olympischen Spiele 1972 auf der Grundlage der Piktogramme der Spiele von Tokio. Er war maßgeblicher Ideengeber. Kern seiner Idee war die Reduzierung der bis dahin noch sehr figurativen Piktogramme für die einzelnen Sportarten. Außerdem entwickelte er für die Flughäfen Frankfurt und München ein komplexes Leitwegesystem, das international verständlich ist. In Zusammenarbeit mit Grafikern entstanden unzählige Piktogramme zur Bebilderung und Versinnbildlichung des täglichen Lebens.

Piktogramme
Tokio 1964

Piktografieentwicklung München 1972

Veranstaltungsplakat, Ergebnisheft mit Piktogrammen der einzelnen Sportarten und Olympiamaskottchen von Otl Aicher.

Abb.: Archiv der Stadt München

437

Piktogramme

von Otl Aicher, entworfen zu den Olympischen Spielen in München 1972.

Piktogramme

von oben nach unten:
- Zur Orientierung in Gebäuden
- Transportmittel
- Gepäck, Zoll
- Gewerbliche Symbolik

Otl Aicher

*1922 in Ulm
† 1991 in Günzburg

Abb.: Stadtarchiv Ulm

Piktogramm

Bei den Olympischen Spielen in München wurden alle Sportarten durch eine visuelle Zeichensprache dargestellt, die neuartig, international verständlich und durch klare und eindeutige Regeln gekennzeichnet war. Viele Anregungen und Ideen von Künstlern des Bauhauses fanden sich in der Formensprache und der Ausarbeitung der Gruppe um Otl Aicher an der Hochschule für Gestaltung in Ulm wieder.

Die Konzeption Aichers war im Prinzip einfach und klar: Er platzierte alle Figuren in einem quadratischen Feld, das aus orthogonalen und diagonalen Gittern bestand. Dabei verhielten sich alle Linien in einem Winkelverhältnis von 45° und 90° zueinander. Alle Beine und Arme weisen die gleiche Stärke auf. Alle Glieder werden rechtwinklig oder parallel zueinander angeordnet. Alle Figuren wurden dabei streng geometrisch gezeichnet und zeigen die charakteristische Bewegungssymbolik für die einzelnen Sportarten. Aichers Konzeption ging davon aus, dass die Piktogramme so gestaltet waren, dass im Sinne einer Weltsprache alle Piktogramme von jeder Person verstanden werden. Aus entsprechenden Untersuchungen weiß man zwischenzeitlich, dass die scheinbar einfachen Piktogramme nur gelesen werden können, wenn eine ausgeprägte kognitive und kulturelle Kompetenz beim Betrachter vorliegt.

Die in München entwickelten Piktogramme für Sportstätten, Verkehrsknotenpunkte wie Flughäfen, Bahnhöfe, für Hotels und Innenstädte werden heute in aller Welt genutzt und weiterentwickelt. Kennzeichen dieser Piktogramme ist die internationale Verständlichkeit dieser Formen- oder Bildersprache.

Schilderpiktogramme

Von links nach rechts:
- Leuchtpiktogramm
- Metallpiktogramm
- Achtung Kinder – handgemaltes Piktogramm in einem Wohngebiet
- Fluchtwegschild

439

5.1.4 Moderne Piktogramme

5.1.4.1 Piktogramme heute

Das Piktogramm ist heute ein Bildzeichen, das international lesbar ist und eine festgelegte Bedeutung kommunizieren kann oder muss. Nach einheitlichen Gestaltungsregeln entwickelt, folgt es innerhalb eines Systems der immer gleichen Syntax. Für ein Piktogramm ist dabei eine eindeutige Handlungsanweisung an den Leser zwingend.

Neben dem Piktogramm verwenden wir noch das Ideogramm. Dies ist ein grafisches Begriffszeichen, das zum Beispiel die Flamme als Sinnbild für Brandgefahr verwendet. Das Ideogramm steht also für einen bestimmten Begriff oder eine Idee. Der Unterschied zum Piktogramm liegt darin, dass die Bedeutung eines Symbols erlernt werden muss und nicht kulturkreisunabhängig ist.

5.1.4.2 Merkmale moderner Piktogramme

- Gleicher Aufbau
- Gleiche Größendarstellung
- Einheitliche, einfache Figurenausprägung
- Klare Bildaussage
- Logische und allgemein übliche Farbverwendung
- Kulturkreisunabhängig
- International lesbar und verständlich

For your safety

Ausschnitt aus den Sicherheitsinstruktionen für den Airbus A 319, zugelassen für den internationalen Luftverkehr. Piktogramme im engeren Sinn sind links abgebildet. Die eigentlichen Sicherheitshinweise sind zwar international verständlich, gehen aber bereits über den Begriff des klassischen Piktogramms hinaus. Diese Art der komplexeren grafischen Darstellung nimmt bei großen internationalen Organisationen zu.

Abb.: Germanwings

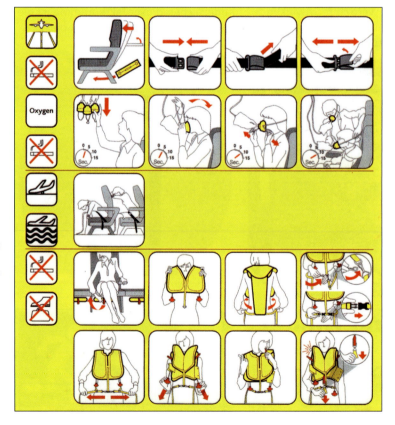

440

Piktogramm

5.1.4.3 Piktogrammarten

Piktogramme werden von ihrer Bildsprache her in ikonische, symbolische und hybride Piktogramme unterteilt.

Ikonische Piktogramme
Dies sind Piktogramme, die auf schematischen Abbildungen von Gegenständen oder Situationen beruhen, die allgemein verständlich, aber oftmals mehrdeutig sein kann. Der Lernaufwand zum Verständnis des Piktogramms ist hier als gering einzustufen.

 Restaurant Tankstelle

Symbolische Piktogramme
Diese Piktogramme verwenden Symbolzeichen, deren Bedeutung durch entsprechende Konventionen festgelegt sind. Symbolische Piktogramme sind häufig nicht allgemein verständlich und müssen vom „Leser" erlernt werden.

 Achtung Strahlung  Strahlung Fluchtweg

Hybride Piktogramme
Die Mischform aus ikonischen und symbolischen Piktogrammen wird als hybrides Piktogramm bezeichnet. Eine Kombination mit einem allgemein verständlichen Textelement und Bild ist hier möglich.

 Zeitungen  Meeting-Point

Logogramme
Sie werden zur besseren und leichteren Orientierung in Dokumenten, Büchern oder Zeitschriften verwendet. Sie sind häufig in der Marginalienspalte platziert und geben einen Hinweis, wo andere Inhalte innerhalb des Dokumentes zu finden sind. Logogramme für Tastatur-

kürzel finden z. B. bei Computerbüchern Verwendung, um Tastenkombinationen optisch zu verdeutlichen.

5.1.4.4 Gestaltungsanforderungen

Piktogramme müssen einprägsam, leicht erkennbar und universell einsetzbar sein. Dies führt zu einer Reihe von Gestaltungsbedingungen:

Gute Erkennbarkeit
- Gute Erkennbarkeit durch klare Grundformen wie Kreis, Quadrat, Rechteck, Dreieck
- Auffällige Farben mit guter Kontrastwirkung
- Skalierbarkeit muss gegeben sein

Einprägsamkeit
- Klare und reduzierte Bildsprache verwenden
- Klarer und eindeutiger Figur-Grund-Kontrast
- Klare Schwarz-Weiß-Kontraste
- Negativumkehrungen müssen problemlos möglich sein
- Immer gleichbleibende Umrisse
- Keine wechselnden Linienstärken um und innerhalb des Bildes
- Gleichartige Gestaltung und Bildanmutung innerhalb einer Piktogrammserie

Berufsgenossenschaft Druck und Papier in Wiesbaden

http://www.bgdp.de/index2.htm

Einmaligkeit der Bildserie
- Eigenständige Bildserie
- Klare und eindeutige grafische Umsetzung der Bildidee
- Eindeutiger und klarer Abstraktionsgrad
- Immer einen Positiv- und Negativentwurf erstellen

Emotionale Qualität
- Klare, ansprechende und typische Bildidee
- Wenn Farben, dann emotional passende und ansprechende Farben
- Signalfarben

Normierungen für Sicherheitspiktogramme beachten
In der europäischen Union werden Piktogramme durch die Berufsgenossenschaftlichen Vorschriften für Sicherheit und Gesundheit am Arbeitsplatz normiert. Ein einheitlicher Darstellungsstandard in Europa ist das Ziel.

Ein Auszug dieser europäischen Vorschriften sei hier als Quelle gegeben:
- Europäische Richtlinie 92/58/EWG Mindestvorschrift für die Sicherheits- oder Gesundheitskennzeichnung am Arbeitsplatz
- Europäische Norm EN 61310-1 Sicherheit von Maschinen – Anzeigen, Kennzeichnen und Bedienen
- Suva-Richtlinie Sicherheitszeichen für die Arbeitssicherheit
- UVV Unfall-Verhütungs-Vorschrift
- ANSI Z 535 (American National Standards Institute)
- Schweizer Norm SN 055000 Sicherheitskennzeichnung am Arbeitsplatz – Sicherheitsfarben und Sicherheitszeichen

Verbotszeichen zur Unfallverhütung

- Rauchen verboten
- Abfall wegwerfen verboten
- Offenes Feuer verboten
- Durchgang verboten

Gebotszeichen zur Unfallverhütung

- Gehörschutz tragen
- Schutzhandschuhe und
- Schutzbrille tragen
- Stecker ziehen

Rettungs- und Warnzeichen zur Unfallverhütung und -vorbeugung

- Augendusche
- Tragbahre
- Laserstrahlung
- Gabelstablerverkehr

Abb.: Berufsgenossenschaft Druck und Papier Wiesbaden

5.1.5 ISO 7001, Ausgabe 2007-11

Piktogramm

Permanent werden neue Bildzeichen entwickelt. Vor allem im unkontrollierten Bereich des Internets, der verschiedenen Kulturen und Szenen in Städten entstehen neue Bildzeichen, die zum Teil nur für ausgesuchte Zielgruppen verständlich, also lesbar sind.

Um diese Entwicklung zumindest im öffentlichen Bereich in geregelte Bahnen zu lenken, wurde die ISO 7001, Ausgabe 2007-11: „Grafische Symbole zur Information der Öffentlichkeit" aktualisiert.

Die ISO führt weltweit Testserien zur Wirkung von Piktogrammen durch. Dabei wird nach semiotischen und wahrnehmungspsychologischen Erkenntnissen in unterschiedlichen Kulturkreisen nach dem optimalen Ausdruck und der jeweiligen Wirkung neu entwickelter Zeichen gesucht. Durch diese Testserien wird die Verständlichkeit von Piktogrammen überprüft. Durch die Norm ISO 9186, Ausgabe 2007-02: „Grafische Symbole – Prüfmethoden – Teil 1: Tests zur Ermittlung der Verständlichkeit" sind die Prüfmethoden festgelegt, mit denen die Verständlichkeit neu entwickelter Zeichen getestet wird.

Hat ein Piktogramm im Vergleich zu bestehenden internationalen Zeichen mit gleichem semantischem Inhalt, aber anderer grafischer Darstellung die ersten Testverfahren bestanden, muss es in einer weiteren Überprüfung seine Verständlichkeit nachweisen, bis ein neues Zeichen irgendwann zur Normierung als Bildzeichen beim jeweiligen nationalen ISO-Ausschuss vorgestellt werden kann. In der Bundesrepublik ist dies das Deutsches Institut für Normung. Das Ziel der Normung durch DIN und ISO ist es, weltweit einheitliche grafische Symbole für die Nutzung in der Öffentlichkeit zu erarbeiten.

Ständig werden weltweit neue Zeichen bzw. Piktogramme entwickelt, um neuen gesellschaftlichen, technischen und organisatorischen Ansprüchen zu genügen. Zwei Zahlen verdeutlichen diese Entwicklung: Das Piktogrammsystem Otl Aichers aus dem Jahr 1972 für die Olympischen Spiele in München umfasste 34 Piktogramme. Die Firma ERCO-Piktogramme, welche die Aicher'schen Piktogramme systematisch weiterentwickelt, bietet zwischenzeitlich 987 unterschiedliche Zeichen an.

ISO = International Organisation for Standardisation
Sitz in Genf
www.iso.org

DIN = Deutsches Institut für Normung e. V.
Sitz in Berlin
www.din.de

Der Fachverlag für DIN und ISO-Normen in Deutschland
www.beuth.de

www.piktogramm.com

Piktogrammserie „Menschen & Behinderung"

Modern gestaltete, ansprechende und optisch einprägsame Piktogrammserie für die Verwendung im Lebensraum behinderter Personen.

Design:
Anatom5 GmbH
Herausgeber:
Natko e.V.

http://icons.anatom5.de/
www.natko.de

5.1.6 Piktogramme als Prozesshilfen

Quelle: Nachvollziehbarkeit von den Anforderungen zum entwickelten System durch den Einsatz von Piktogrammen Wilhelm Hasselbring, Lehrstuhl für Software-Technologie, Universität Dortmund

Die Abbildung unten zeigt einen Ausschnitt aus einem Datenmodell für die Handhabung von Patientenakten einer Universitätsklinik. Einem Patienten können mehrere Behandlungen zugeordnet werden, wobei jede Behandlungsakte mehrere Untersuchungen enthalten kann. Die Daten der Krankengeschichte werden je Behandlung einmal erfasst.

Um die Behandlung und die dazugehörigen Informationen nur einmal zu erfassen und allen beteiligten Abteilungen den Zugriff zu den Krankendaten zu ermöglichen, musste ein Datenmodell entwickelt werden, das alle Zusammenhänge aufzeigt, die im Laufe einer Behandlung anfallen.

Zur Modellierung des Datenmodells werden Piktogramme entwickelt, die typische Behandlungsschritte symbolisieren und die sowohl als Icon im späteren Desktop-System verwendet werden als auch als Piktogramm in den entsprechenden Räumlichkeiten oder bei analogen Ordnungsmitteln.

Durch die Verbindungs- und Abfolgedarstellung werden die sachlichen Zusammenhänge erkennbar und die notwendige Dokumentation der Behandlungsergebnisse und -maßnahmen visuell verdeutlicht.

Die Programmierung eines solch komplexen Behandlungs- und Dokumentationssystems für eine Klinik ist für Informatiker sicherlich eine Herausforderung, vor allem auch unter dem Aspekt, dass medizinisch notwendige Abläufe von Ärzten formuliert werden müssen, die in der Regel nicht über eine Informatikausbildung verfügen.

Durch die Entwicklung und Nutzung von Piktogrammen für die Entwicklung des Datenmodells war es möglich, eine gemeinsame „Sprache" und „Anschauung" für alle Prozessbeteiligten zu schaffen, die als Kommunikationsgrundlage für die Realisierung des medizinischen Dokumentationssystems genutzt werden konnte.

So erhielten die Ärzte einen systematischen und nachvollziehbaren Weg durch die funktionsorientierte Darstellung der Behandlungsabläufe mit allen dazugehörenden Ablaufstufen und allen vorgegebenen Prozessen. Das visualisierte Datenmodell, von dem unten ein Ausschnitt abgebildet ist, wurde mit den zukünftigen Anwendern diskutiert, um zu überprüfen, ob bei der Modellentwicklung konzeptionelle Fehler gemacht wurden. Ein typisches Anschauungsmodell für die Piktogrammnutzung bei einer Prozessentwicklung.

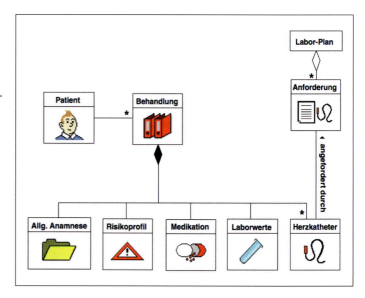

5.1.7 Aufgaben

Piktogramm

1 Zeichenarten kennen und benennen

Nennen Sie fünf unterschiedliche Zeichenarten und jeweils ein Beispiel dazu.

2 Ornamentbegriff erläutern

Welche Aufgaben und Funktionen nehmen Ornamente in der Medienproduktion wahr?

3 Piktogrammbegriff erläutern

Welche Aufgaben und Funktionen sind typisch für Piktogramme?

4 Icons und ihre Anwendung kennen

Beschreiben Sie Funktion und Aufgabe von Icons sowie deren grundsätzliches Anwendungsproblem.

5 Signet und dessen Funktion beschreiben

Welche Aufgaben und Funktionen sind typisch für Signets?

6 Aufgabe und Funktion von Logos beschreiben

Welche Aufgaben und Funktionen haben Logos in unserer modernen Marketingwelt? Erläutern Sie kurz Ihre Meinung.

7 Piktografiegeschichte kennen

Piktogramme waren die ersten Zeichen im 20. Jahrhundert, die völkerverstän-digend über Grenzen hinweg Verwendung fanden. Beschreiben Sie die ersten Piktogramme zu Anfang des 20. Jahrhunderts und geben Sie Gründe für deren Entwicklung an.

8 Internationale Piktogramme und deren Entwicklung verstehen

Welche Ereignisse waren für die Piktografieentwicklung immer prägend und führten stets zu einer Weiterentwicklung der Piktografie? Nennen Sie dazu zwei wichtige Veranstaltungen im 20. Jahrhundert, welche die Entwicklung der Piktografie positiv beeinflussten.

9 Piktogramme skizzieren

Skizzieren Sie die folgenden Piktogramme: Rauchverbot, Friseur, Rolltreppe, Wickelraum für Babys.

10 Merkmale moderner Piktogramme beschreiben

Nennen Sie sieben Merkmale moderner Piktogramme, die beim Entwurf und der Gestaltung berücksichtigt werden müssen.

11 Normierungen für Piktogramme nennen

Es gibt eine Reihe von Normvorschriften, vor allem für Sicherheitspiktogramme der Berufsgenossenschaften. Zählen Sie diese Vorschriften auf und informieren Sie sich über deren Inhalte im Internet.

5.2 Icon

5.2.1	Vom Piktogramm zum Icon	449
5.2.2	Aufbau von Icons	450
5.2.3	Icons und interaktive Systeme	452
5.2.4	Aufgaben	457

Icons

Oben:
Icons für Computeranwendungen auf Betriebssystemebene

Unten:
Icons für Computeranwendungen aus Werbeseiten und Nutzeranwendungen

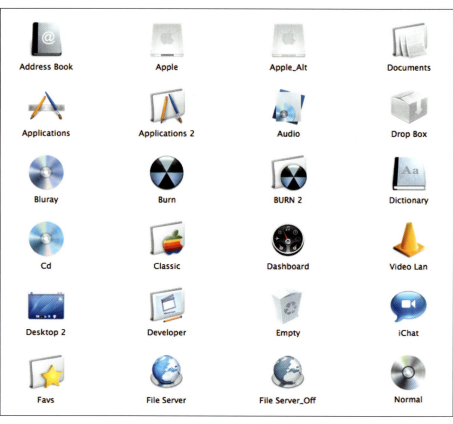

5.2.1 Vom Piktogramm zum Icon

Icon

Entwicklung zum Icon
Die „Erfindung" des PCs mit einer grafischen Benutzeroberfläche hat eine weitere Flut an Piktogrammen ausgelöst, die als Icons bezeichnet werden. Dieser so genannte „Iconic Turn", in den Medienwissenschaften wird mit diesem Begriff eine neue symbolische Ebene der Wahrnehmung beschrieben, führt zu einer Veränderung im Speichern und Austauschen von Informationen, zu einer Veränderung der visuellen und sprachlichen Kommunikation zwischen Menschen unterschiedlicher Kulturgeschichte.

Kennzeichen dieser Veränderung ist, dass Menschen diese Kommunikationsart und die damit verbundenen Icons sehen lernen müssen. Die Bedeutung einzelner ähnlicher Icons und die Inhalte, die hinter diesen Bildern stehen, ergeben sich für einen geübten Computernutzer nahezu von selbst. Aber so wie vor einigen Jahren Kinder und Jugendliche das Lesen und Schreiben der „klassischen Schriften" erlernen mussten, gehört heute das Lernen einer international verständlichen Iconsprache zur Grundausbildung eines jeden Mediennutzers dazu. Wer diese Kommunikationsform nicht beherrscht, hat es schwer, ohne diese Kompetenz in der modernen Mediengesellschaft seinen Platz zu finden.

Der Begriff Icon
Der englische Begriff „Icon" bezeichnet in den Informationstechnologien ein Piktogramm. Dieses Piktogramm repräsentiert beispielsweise eine Datei, ein Programm, einen Datenträger oder eine Anwendung. Wenn ein Nutzer dieses Icon anwählt, wird eine bestimmte Funktion ausgelöst. Dies kann das Starten eines Programms, die Auswahl einer Festplatte oder die Wahl einer Schrift sein.

Icons sind wesentliche Bestandteile der grafischen Benutzeroberflächen bei PC-Systemen. Die erste grafische Benutzeroberfläche des Apple-Macintosh Lisa-PCs ermöglichte die nahezu intuitive Nutzung des Computers. Diese damals revolutionäre Oberflächenlogik wurde zum Vorbild für alle modernen PC-Oberflächen, die in den folgenden Jahren entstanden sind.

Die auf den PC-Oberflächen verwendeten Icons weisen in der Regel einen erkennbaren Bezug zu den jeweiligen Dateitypen oder Anwendungen auf. So haben Programme zur Bucherstellung ein Buchsymbol, Datenbankanwendungen ein tabellenartiges Symbol und Textverarbeitungsprogramme üblicherweise ein entsprechendes Textsymbol. Der Anwender muss das Wissen über diese Symbole aber erst erlernen. Die Symbole stehen für eine bestimmte Interaktion und einen bestimmten Sinnkontext, den es zu lernen, zu begreifen und zu verstehen gilt.

Der unten abgebildete Ausschnitt aus dem „Dock" eines Apple-PCs zeigt eine Reihe von Icons, die zu Betriebssystemanwendungen oder verschiedenen Programmen führen. Allerdings sind die einzelnen Icons nur für den eingeweihten Nutzer in einen Sachzusammenhang zu stellen. So ist das Icon mit dem „Landwirt" und das links daneben liegende Symbol mit dem roten „O" für einen Laien nicht zuzuordnen. Die gleiche Einschätzung gilt für die anderen der unten abgebildeten Symbole des Dock-Ausschnitts.

Icons für Computeranwendungen

Von oben nach unten:
- QuarkXPress-Buch
- Excel-Datenbank
- Word-Textverarbeitung

Programmicons

449

5.2.2 Aufbau von Icons

5.2.2.1 Icongröße

Üblicherweise sind Icons quadratisch aufgebaut und weisen eine Größe von 8 x 8 Pixeln, 16 x 16 Pixeln, 32 x 32 Pixeln, 48 x 48 Pixeln oder 64 x 64 Pixeln auf. Es können bis zu 16,7 Millionen Farben verwendet werden.

Die verwendeten Dateiformate sind vielfältig. Je nach Nutzung und Anwendung des Icons kommen PNG, GIF, SVG, TIF(F), ICO oder EPS als Dateiformat in Frage.

Die optische Gestaltung von Icons unterliegt zwangsläufig dem Wandel der Zeit. Frühere Betriebssystemoberflächen nutzten Texteingabefelder, TAB-Steuerungen und Befehlseingabezeilen. Das Arbeiten war umständlich und mit wenig Komfort verbunden. Moderne Betriebssystemoberflächen machen allein vom Betrachten her Spaß und erleichtern das Arbeiten erheblich. Klare und eindeutige Icons führen den Nutzer auch in die Tiefen der Dateiverwaltung oder der Programmsteuerung. Selbst die Nutzung fremdsprachiger Oberflächen ist durch gut gestaltete Icons im europäischen Sprachraum nicht mehr allzu schwierig.

5.2.2.2 Gestaltung von Icons

Bei der Gestaltung von Icons ist Folgendes zu beachten:
- Schnelle und eindeutige Wiedererkennung
- Sprachunabhängig
- Kulturkreisunabhängig
- Geringer Platzbedarf auf der Nutzeroberfläche
- Der Nutzer muss mit einfachen und flexiblen Dialogwegen zum Ziel seiner Aufgaben geführt werden und damit die Anwendung steuerbar machen.
- Alle Icons einer Anwendung sollen einheitlich und unverwechselbar gestaltet sein.
- Verwenden Sie wenig Farben, aber dafür klare, eindeutige Formen.
- Standards müssen beachtet werden. Beispielsweise kennen vermutlich alle Anwender aus dem Bereich der Bürokommunikation das Icon „Speichern" aus Microsoft-Programmen. Es macht keinen Sinn, hier ein völlig neues Icon zu entwickeln, da weltweit jeder Kundige die Funktion kennt, die sich hinter dem Symbol verbirgt. Warum also ein neues Icon entwickeln?

Kontextbezug
Der Kontext, also das Umfeld, in dem das Icon auf der Bedienoberfläche erscheint, spielt eine wesentliche Rolle. Es gibt hervorragende Icons, die jedoch ihre Klarheit und Unverwechselbarkeit nur im Kontext mit anderen Symbolen erlangen.

Zielgruppenorientierung
Oft ergibt sich die Bedeutung eines Icons erst im Zusammenspiel von Kontext und individueller Betrachtung. Deshalb ist die Zielgruppe beim Entwurf

Iconaufbau

Oben und rechts:
Prinzipieller Aufbau eines Druckericons mit einer Matrix von 16 x 16 Pixeln

Unten:
Modernes Druckericon mit realistischer Objektdarstellung

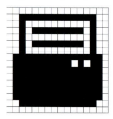

eines Icons stets mit einzubeziehen. So können beispielsweise Symbole, die in unserem Kulturkreis eine ganz bestimmte Bedeutung haben, in einem anderen Kulturkreis völlig andere Assoziationen hervorrufen.

Farbwahl

Verwenden Sie nur wenige Farben, dafür aber klare Formen. Zu viele Farben stören oftmals den körperhaften Gesamteindruck. Bedenken Sie außerdem: Briefkästen sind nicht überall gelb.

5.2.2.3 Entwurf von Icons

Folgende Vorgehensweise hat sich beim Entwurf von Icons bewährt:
- Definieren Sie die Nutzung und den Zweck des Icons.
- Beschreiben Sie die Zielgruppe und berücksichtigen Sie dabei ihre Vorkenntnisse und Erfahrungen.
- Sammeln Sie Ideen.
- Skizzieren Sie das Icon auf Papier.
- Testen Sie die Skizze bei Vertretern der Zielgruppe, indem Sie das Icon zeigen und nach seiner Bedeutung bzw. Funktion fragen.
- Erstellen Sie das Icon mit einem geeigneten Editor.
- Führen Sie mit dem erstellten Icon weitere Nutzertests durch, bei denen Sie die Erwartungen und Wahrnehmungen der Benutzer sowie die Erlernbarkeit des Icons prüfen.
- Verbessern und optimieren Sie das Icon nach den Zielgruppentests.
- Bereiten Sie das Icon für unterschiedliche Computerumgebungen und Anwendungen entsprechend den Briefing-Vorgaben auf.

Acorn_Hotel

Room_key

guest book

hotel window

Acorn

Icon

Band I – Seite 601
7.2 Briefing

Fremdsprachige Icons

Oben links und unten: Icons aus dem asiatischen Sprachraum, die für Menschen aus unserem Kulturkreis teilweise nicht zu verstehen sind.

Rechts: Icons aus dem amerikanischen Sprachraum. Da der amerikanische und europäische Kulturraum durchaus ähnlich sind, können wir diese Icons alle verstehen.

451

5.2.3 Icons und interaktive Systeme

Icons dienen, wie bereits erwähnt, interaktiven Systemen als Bedienungshilfe. Vielleicht haben Sie schon einmal die Gelegenheit gehabt, ein etwa 15 Jahre altes Computersystem zu nutzen. Sie erinnern sich: Softwareergonomie war ein Fremdwort, eigenartige Eingabefelder und triste Farben waren die Regel, grüne Schrift auf schwarzem Hintergrund war fast nicht zu lesen.

Nicht so heute – ansprechend und schön gestaltet kommen uns die Bedienungsoberflächen unserer Betriebssysteme und Programme daher, die Nutzung erfolgt schnell, leicht und weitgehend intuitiv. Dies liegt nun weitgehend an der grafisch aufgebauten Benutzeroberfläche, die wir allgemein als angenehm empfinden.

chen, Icons und Menüeinträge sollten den Benutzer mit einfachen und flexiblen Dialogwegen zum Ziel seiner Aufgabe führen und damit die Anwendung steuerbar machen."

Die EN-ISO-Norm 9241-10 legt die Dialogregeln fest, nach denen interaktive Systeme an der Schnittstelle Mensch – Maschine kommunizieren sollen.

Grundsätze

Interaktive Systeme müssen folgende sieben Grundsätze beachten:
- Aufgabenangemessenheit – ein interaktives System muss seinen Benutzer dabei unterstützen, seine Aufgaben und Ziele vollständig, korrekt und mit einem vertretbaren Aufwand zu erledigen.
- Selbstbeschreibungsfähigkeit – interaktive Systeme müssen so gestaltet sein, dass sein Benutzer jede Rückmeldung unmittelbar oder auf Anfrage nachvollziehen kann. Unverständliche und fehlende Rückmeldungen sind Verstöße gegen die Selbstbeschreibungsfähigkeit.
- Erwartungskonformität – ein interaktives System sollte einheitlich gestaltet sein und den Merkmalen des Benutzers entsprechen. Darunter fallen z. B. Kenntnisse des Benutzers aus seinem Arbeitsgebiet, aus seiner Ausbildung und Erfahrung sowie allgemein anerkannte Konventionen.
- Fehlertoleranz – ein interaktives System muss seinem Benutzer gegenüber Fehlertoleranz aufweisen. Dies heißt, dass es ihn vor Fehlern bewahrt und schützt. Im Fehlerfall muss das System den Nutzer konstruktiv dabei unterstützen, den Fehler ohne Aufwand zu beheben. Dabei ist eine klare Abfragetechnik zu verwenden.

Modernes PC-Design
Benutzeroberfläche Mac OS X

5.2.3.1 Norm EN ISO 9241-10

Die Norm EN ISO 9241-10 gibt vor, was sich jeder Icondesigner immer wieder ins Gedächtnis rufen muss: „Schaltflä-

Icon

- Steuerbarkeit – ein interaktives System muss sich von seinem Nutzer steuern lassen. Befehlseingaben müssen dabei rückgängig gemacht werden können.
- Individualisierbarkeit – ein interaktives System muss sich auf die Eigenarten und Vorlieben seines Nutzers einlassen. Die Möglichkeit zur Anpassung der Oberfläche oder die Vergrößerung der Schrift sind Beispiele hierfür.
- Lernförderlichkeit – interaktive Systeme sollten den Umgang mit dem System durch eine jederzeit aufrufbare „Guided Tour" unterstützen.

Diese Dialoggrundsätze gelten für alle denkbaren interaktiven Systeme wie z. B. Computer, Handys, Fahrkartenautomaten, Lernspiele, Bedienungsanleitungen oder Navigationssysteme.

Wenn Sie überlegen, ob alle Systeme, die Sie nutzen, nach diesen Grundsätzen funktionieren, werden Sie vermutlich zum gleichen Ergebnis kommen wie wir – es gibt noch viel zu tun!

5.2.3.2 Beschriftung von Icons

Eine Reihe von Kritikern der derzeitig gängigen Icongestaltung bemängeln, dass eine Vielzahl von Icons nicht klar erkennbar in ihrer Bedeutung und Funktion sind. Als Lösung dieses Problems wird oft die Beschriftung genannt. Dadurch wird die Iconfunktion eindeutig.

Betrachten Sie die unten stehenden Menübestandteile und versuchen Sie zuerst, die Bedeutung und Funktion aller Icons in der linken Abbildung zu definieren. Sie werden vermutlich feststellen,

dass Sie zwar alle Icons kennen, aber nicht zweifelsfrei definieren können. Wie hilfreich ist dann die Beschriftung wie in den rechten unteren Abbildungen – durch die Beschriftung wird alles klar und leicht verständlich.

Modernes PC-Design
Oberflächen der notwendigen Hilfe bei modernen PC-Systemen

453

Band I - Seite 552
6.3.2 Usability

Ein Computerneuling wird beim „gelben Stern" sicherlich nicht auf die Idee kommen, dass hier seine Favoriten zu suchen sind. Das muss erst erlernt werden. Hilfreich dabei können auch so genannte Tool-Tipps sein, die beim Überfahren des Icons mit der Maus sichtbar werden. Das Beispiel eines Tool-Tipps für den Favoriten (gelber Stern) ist auf der vorherigen Seite unten abgebildet.

Grundsätzlich gilt: Beschriftungen müssen Funktion und Inhalt des Icons eindeutig, kurz und treffend erläutern.

5.2.3.3 Icons und Usability

Der Begriff Usability kommt aus dem Englischen. Er setzt sich aus den zwei Worten „to use" (benutzen) und „the ability" (die Fähigkeit) zusammen. Übersetzt wird der Begriff mit „Gebrauchstauglichkeit", „Brauchbarkeit" oder „Bedienbarkeit".

Der Begriff „Usability" bezieht sich nicht nur auf die Gestaltung von Internetseiten oder Nutzungsoberflächen von PCs oder anderen elektronischen Geräten, sondern auch auf ganz alltägliche Gebrauchsgegenstände.

Beim Design von informationsverarbeitenden Systemen spielen Icons eine herausragende Rolle für die Funktionsfreundlichkeit und -sicherheit.

Nach ISO 9241 ist „Gebrauchstauglichkeit das Ausmaß, in dem ein Produkt durch bestimmte Benutzer in einem Nutzungskontext genutzt werden kann, um bestimmte Ziele effektiv, effizient und zufrieden stellend zu erreichen". Diese Definition lässt sich auf alle Formen der Informationstechnik übertragen. Nutzer eines PC-Systems, einer Internetseite, eines Spiels oder eines Mobiltelefons haben alle das gemeinsame Ziel, ihre

iPhone
Moderne Icongestaltung mit aussagefähiger Grafik und entsprechender Textunterlegung

Abb.: Apple USA

Tätigkeit effizient, effektiv und für sie zufriedenstellend auszuführen. Ist das Angebot gebrauchstauglich gestaltet, werden sie dieses Ziel erreichen und das Angebot weiterhin nutzen. Je mehr Wert bei der Gestaltung auf die Usability des Informationssystems gelegt wurde, desto zufriedener werden die Nutzer sein.

Gut gestaltete und sinnvoll beschriftete Icons unterstützen die Brauchbarkeit eines elektronischen Systems. Wie solche Systeme in Zukunft aussehen werden, zeigt das iPhone von Apple, das mit einprägsamen und logischen Icons versucht, den Nutzer des Mobiltelefons zufriedenzustellen.

Icon

Apps-Sammlung für das iPhone

Unterschiedlich gestaltete Icons mit nicht immer eindeutiger und klarer Verständnisqualität. Durchsuchen Sie die einzelnen Abbildungen und legen Sie einen Gebrauchszweck fest. Das wird nicht immer ganz einfach sein ...?

Quelle:
http://everythingability.com

5.2.3.4 Usability-Entwicklung am Beispiel der iPhone Apps

Apple vertreibt über den iTunes Store die so genannten Apps. Dies sind reduzierte Anwenderprogramme, die auf einem iPhone installiert die Inhalte von Websites anzeigen lassen. Diese Minisoftware auf dem Handy hilft dem Nutzer in vielen Situationen. Ob ein Taxi bestellt, eine Restaurant gesucht oder die Fahrplanauskunft der Bahn benötigt wird – derzeit stehen etwa 100.000 Apps zur Verfügung, die uns durch unseren Alltag helfend begleiten. Täglich kommen mehr als 200 neue Programme hinzu. Seit dem Start des App Stores im Sommer 2009 wurden mehr als zwei Milliarden Anwendungen auf Handys geladen.

Das Design der Apps steht in der Regel für ein typisches Anwendungsprodukt, eine Marke, Organisation oder Unterhaltung. Eine eindeutige und klare Bildsprache weisen die Icons in der Regel auf, um den Zugang zu einer Anwendung eindeutig zu identifizieren. Das Suchen und Finden einer Anwendung muss schnell und sicher funktionieren, nur dann hat die Anwendung eine Chance am schnelllebigen Markt.

Wer seine Marke oder sein Produkt über den App Store bewerben bzw. vertreiben kann, hat die besten Chancen,

Apps-Definition

Unter einem App (engl. Kurzform für Application) verstehen wir im Allgemeinen alle Formen von Anwendungsprogrammen. Das typische Merkmal von Apps im engeren Sinn ist, dass diese speziell an die Zielplattform angepasst sind, über ein Online-Portal bezogen und auf das jeweilige Zielhandy installiert werden.

455

Band II - Seite 519
8.4 eBook

Apps für Kreative

Funktionale, klare und gelungene Icongestaltung in Kombination mit Lese- oder Arbeitsoberfläche.

- FX Photostudio HD
- Photogene
- What the Font
- Photoshop com
- Typo Junkies
- Type Photo

Abb.: Apple Apps&Co-Store und Page 04.11

www.appsundco.de
www.page-online.de
> apps für Kreative

App Economy

App Economy erschüttert Netzbetreiber.

Quelle: PC-Welt-online 06.02.2010

www.pcwelt.de

dass die angesprochene Internetseite, der Blog oder sonstige angeschlossene Dienste erfolgreich sein werden.

Viele Apps sind kostenlos, andere kosten wenige Cent. Zu den teuren Apps-Anwendungen gehören Navigationsprogramme, die je nach Umfang der Straßenkarten bis zu 100 Euro kosten können.

Apple hat sein Programmangebot mit dem App Store zum globalen Geschäft gemacht. 70 % des Kaufpreises eines Apps gibt der Konzern an die App-Programmierer, 30 % verbleiben für Apple. Weltweit profitieren Programmierer von dieser Einnahmeteilung, da die Zahlungsbereitschaft der iPhone-Anwender groß ist. Bereits Anwendungen für 99 Cent haben ihre Programmierer schon zu wohlhabenden Menschen gemacht – wenn das App gut war. Da Handybetriebssysteme unterschiedlich programmiert sind, muss mit der Programmierarbeit immer wieder von vorn begonnen werden, wenn ein anderen Hersteller als Apple mit einem App unterstützt werden soll. Dies lohnt sich in der Regel nicht besonders. So konzentrieren sich die meisten Apps-Programmierer auf den Weltmarktführer. Eine iPhone-Anwendung gehört hier zum guten Ton und stellt ein Aushängeschild des Programmierers dar.

Die amerikanische „Business Week" spricht bereits von einer durch Apple ausgelösten „App Economy". Lösen Apps den Browser als Zugang zum Internet ab? Ein enormes Geschäft mit der Gefahr der indirekten Zensur bahnt sich hier an. Die Zahl der App-Downloads werde weltweit in den nächsten fünf Jahren von 1,4 Mrd. auf rund 19 Mrd. Euro steigen. Dieses Volumen bringe den Anbietern einen App-Umsatz von 17 Mrd. Euro ein.

5.2.4 Aufgaben

Icon

1 Entwicklung vom Piktogramm zum Icon kennen

Welches „Ereignis" oder welche „technische Entwicklung" war der Auslöser für die Gestaltung von Icons?

2 Den Begriff „Iconic Turn" erklären

Erläutern Sie den Begriff „Iconic Turn" und seine Auswirkungen auf das Verhalten von Menschen, zumindest in bestimmten Teilbereichen.

3 Icongrößen in Pixelmaßen kennen

In welcher Größe werden Icons üblicherweise angelegt? Nennen Sie diese Maße mit der Angabe der Pixelanzahl und Breite x Höhe.

4 Gestaltungskriterien für Icons aufzählen

Nennen Sie mindestens fünf Kriterien, die bei der Gestaltung von Icons zu berücksichtigen sind.

5 Entwurf von Icons beschreiben

Welche Vorgehensweise hat sich beim Entwickeln von Icons bewährt? Nennen und erläutern Sie die einzelnen Schritte.

6 Norm EN ISO 9241-10 kennen

Beschreiben Sie in kurzen Worten die Bedeutung der oben angegebenen ISO-Norm.

7 Regeln für die Gestaltung interaktiver Systeme nennen

Interaktive Systeme müssen sieben Grundsätze beachten, damit die Kommunikation Mensch – Maschine sicher und erfolgreich funktioniert. Zählen Sie diese sieben Grundsätze auf.

8 Regel für Iconbeschriftung wissen

Welcher Grundsatz gilt für die Beschriftung von Icons?

9 Begriff „Usability" erklären

Beschreiben und erklären Sie den Begriff Usability.

10 Bedeutung von Icons erklären

Geben Sie einen kurzen Abriss über die Bedeutung gut gestalteter und gut in ein System oder ein Spiel integrierter Icons.

11 Eigenschaften von Apps beschreiben

Welche Eigenschaften müssen so genannte Apps für mobile Telefone besitzen, damit eine schnelle und sichere Anwendung für den Nutzer sichergestellt ist.

457

5.3 Logo

5.3.1	Grundlagen	460
5.3.2	Funktion eines Logos	463
5.3.3	Logogestaltung	465
5.3.4	Logofamilie	467
5.3.5	Vom Warenzeichen zum Markenlogo	469
5.3.6	Checkliste zur Logobeurteilung	470
5.3.7	Aufgaben	471

5.3.1 Grundlagen

Band I – Seite 431
5.1 Piktogramm

Das Bildzeichen ist als Informationsträger im Laufe der Zeit immer mehr in das Bewusstsein der Öffentlichkeit vorgedrungen. Signets und Logos sind in allen Bereichen des öffentlichen Lebens präsent. Der Übergang zwischen Piktogramm, Signet und Logo ist fließend, da sie die gleiche Funktion innehaben können.

5.3.1.1 Piktogramme

Das Piktogramm ist, wie in Kapitel 5.1 dargestellt, ein auf das Wesentliche reduziertes Zeichen. Es löst beim Betrachter eine bestimmte Assoziation zu einer bestimmten Begrifflichkeit aus. Das Zeichen eines Piktogramms sollte daher eindeutig, klar und einfach sein. Es werden deswegen stark stilisierte Darstellungen verwendet, damit für die Betrachter, Nutzer oder Leser die Bedeutung des Piktogramms eindeutig, schnell und leicht erlernbar ist. Gelungene Piktogramme dürfen nicht von einem dazugehörenden Text abhängig sein. Nur dann ist es sicher gewährleistet, dass Piktogramme von Kulturkreisen und Sprachen unabhängig sind und damit von vielen Menschen eindeutig gelesen, verstanden werden und von ihnen danach gehandelt werden kann.

Sportpiktogramm
Leichtathletik

5.3.1.2 Signet oder Bildmarke

Signets werden genutzt, um ein Produkt oder ein Unternehmen zu kennzeichnen. Der Begriff „Signet" kommt aus dem lateinischen „Signum" und wird etwas verkürzt mit „Zeichen" übersetzt. In den Zeiten des klassischen Buchdrucks wurden Signets von den Druckern und Verlegern dazu verwendet, ihr Zeichen auf den Titel ihrer Werke zu setzen. Der Leser sollte möglichst sofort erkennen, wer ein Werk herausgegeben bzw. gedruckt hat. Daher wurden diese Signets auch Drucker- oder Verlagszeichen genannt. Dies ist sicher einer der Gründe, dass auch heute noch auf vielen Publikationen von Verlagen die meist modernisierten Verlagssignets in die Gestaltung mit einbezogen werden. Sie können dies auch bei diesem Buch bei der Umschlaggestaltung erkennen.

Signets sind reine Bildzeichen, die häufig in Anlehnung an Wappen und Wappenformen gestaltet werden. Dies zeigt, dass die Heraldik eine der historischen Wurzeln auch des modernen Signets ist. Viele moderne Wappenzeichen werden heute als Signet gestaltet.

Die Anforderung an Signets sind abhängig von der Funktion, der Zielgruppe, aber auch von epochalen Stilprägungen. Moderne Signets sind meist aus geometrischen Grundformen aufgebaut, die schnell, eindeutig und leicht erfassbar sowie gut wiedererkennbar sind.

Heute wird das Signet, bei dem es sich um ein reines Bildzeichen handelt, auch als Bildmarke bezeichnet. Es bildet durch ein abstraktes Zeichen einen Bezug zu einem Unternehmen und visualisiert dessen Angebotspalette. Bildmarken wie der Mercedes-Stern schaffen es sogar, ohne zusätzliche Information eine Wiedererkennung und Zuordnung zu einer Marke herzustellen. Dies gelingt aber nur wenigen Marken, so dass meist eine zusätzliche Information zur Bildmarke erforderlich ist.

Der Wiedererkennungswert und die Sympathie sind weitere Kriterien für die Signetgestaltung. Die Entwicklung moderner Signetformen ist heute ein Spezialgebiet der Mediengestaltung und des Grafikdesigns.

Verlagssignet
Springer-Verlag, Heidelberg

Logo

Bildmarke als Logo

Links:
Mercedes-Benz

Rechts:
Olympische Ringe

5.3.1.3 Bildmarke als Logo

Eine Bildmarke ist ein Zeichen, das ohne textlichen Zusatz sofort das Unternehmen oder die Institution erkennen lässt, für die sie stehen soll. Beispiele hierfür sind der „Mercedes-Stern" oder die „Olympischen Ringe" der Olympischen Bewegung. Beide Beispiele stehen für weltweite Markenakzeptanz ohne Worte und einem damit verbundenen hohen Markenwert.

5.3.1.4 Logo per Definition

Ein Firmenlogo ist das dominierende Element des visuellen Erscheinungsbildes eines Unternehmens oder einer Organisation. Das Wort Logo stammt ursprünglich aus dem Griechischen und kann frei mit dem Begriff „sinnvolles Wort" übersetzt werden. Ein Logo weist immer eine Identifikations- und eine Kommunikationsfunktion auf.

Welche Elemente gehören nun in ein gelungenes Logo? In erster Linie sind das Buchstaben oder Worte, Zahlen, Grafik und kombinierte Zeichen. In einem Logo ist streng genommen immer Schrift in irgendeiner Form enthalten. Eine Kombination von Text und Bild ist bei einem Logo möglich und wird häufig genutzt. Eine nur bildhafte Präsentation einer Institution oder Firma nur mit einem Bild bzw. Bildzeichen ist kein Logo, sondern ein Signet.

5.3.1.5 Wortmarke als Logo

Ein Logo kann, wie bereits dargestellt, aus einem oder mehreren Buchstaben, einem Bild oder auch aus einer Kombination dieser Elemente bestehen. Eine Wortmarke besteht im Unterschied zur Bildmarke und Wort/Bildmarke ausschließlich aus Typoelementen, also aus Schriftzeichen. Schriftwahl, -farbe, -schnitt, Groß- oder Kleinschreibung müssen zur Branche, zum Produkt und zum Unternehmen passen und mit dessen Erscheinungsbild harmonieren.

Die folgenden Beispiele zeigen bekannte Logos großer Unternehmen, die ausschließlich aus Schriftzeichen oder modifizierten Schriften bestehen – also typische Wortmarken als Firmenlogos. Solche Wortmarken basieren oft auf einer Schrift oder einem Schriftzug, der eigens für ein Unternehmen und die Wortmarke geschaffen wurde.

Ein gutes, also wirksames Logo sollte prägnant, eindeutig, unverwechselbar und leicht wiedererkennbar sein und als Identifikationsmerkmal für das gesamte Unternehmen stehen. Die auf der folgenden Seite abgebil-

SWR-Logo 2010

Die verschiedenen Logos des Südwestrundfunks stehen für unterschiedliche Programmangebote und damit für unterschiedliche Zielgruppen. Trotzdem ist das Logo als Logofamilie eindeutig und schnell als zu einem Rund- und Fernsehfunksender identifizierbar.

Oben: Grundlogo
Links: Studiologo
Mitte: Senderlogo
Unten: Senderlogo mit Claim

461

Wortmarken

ESPRIT
Mode- und Lifestyle

Canon Deutschland GmbH

IBM
Internationale Büro Maschinen AG

Wort-Bild-Marken

Linux

Windows 7

Apple

Abb.: Unternehmen

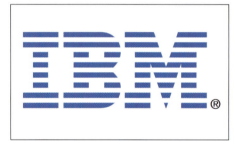

Wort-Bild-Marken können relativ leicht geschützt werden. Der Schutz der Wort-Bild-Marke erstreckte sich dabei auf die Kombination der beiden Markenelemente. Was als schutzfähiges Zeichen wie definiert wird, ergibt sich aus § 3 Marken-Gesetz.

deten Firmenzeichen (Wortmarken) sind Beispiele hierfür. Alle Wortmarken bestehen aus mehreren Buchstaben in der typischen Unternehmensfarbe, sind weltweit bekannt und unverwechselbar.

5.3.1.6 Wort- und Bildmarke als Logo

Die Definition, was ein Logo exakt ausmacht, ist nicht einheitlich geregelt. Es gibt Meinungen, wonach ein Logo zwingend aus einer Wort- und Bildmarke bestehen muss. Ist dies nicht gegeben, handelt es sich entweder um ein Signet oder aber um eine reine Wortmarke. Reizvoll und gestalterisch anspruchsvoll ist die Kombination von Wort- und Bildmarke zum Logo. Es ergeben sich durch die Kombinationsmöglichkeiten vielfältige, einprägsame und vielfach äußerst

ansprechende Logos für Unternehmen, Institutionen oder Produkte. So ist der abgebildete Pinguin mit Wortmarke ein weltweit bekanntes Softwarelogo.

Eine Wort-Bild-Marke ist somit eine Kombination von Bild-/Grafik- und Schriftzeichen. Hierbei kann das grafische Element bzw. die grafische Ausgestaltung des Bildes im Vordergrund stehen. Bei der Mehrzahl der Logos wird das figürliche Bildelement bzw. die grafische Ausgestaltung des Zeichens dominieren. Beispiele dafür sind die oben abgebildeten Linux-, Windows- oder Apple-Logos.

Wort-Bild-Marken werden häufig geschützt. Dieser Schutz erstreckt sich dabei auf die Kombination der beiden Markenelemente. Es kann also sinnvoll sein, einen Markenbegriff (z.B. Apple) zu schützen und dann das grafische Elemente separat als Bildmarke.

5.3.2 Funktion eines Logos

Für ein Unternehmen ist das Vorhandensein eines geeigneten Logos unabdingbare Voraussetzung, um als Marke wahrgenommen zu werden. Mit einer Marke verbinden die meisten Menschen nicht nur ein Produkt oder eine Bezeichnung, sondern zumeist eine konkrete inhaltliche und oftmals auch emotionale Wahrnehmung. Erreicht wird die Bildung einer Marke durch die Definition und genaue Beschreibung eines Erscheinungsbildes für ein Unternehmen, für eine Marke oder eine Dienstleistung. Dabei ist zu berücksichtigen, dass dieses Erscheinungsbild mit dem jeweiligen Markenprodukt übereinstimmt.

Rechts sind Logos von völlig unterschiedlichen Unternehmen abgebildet. Wenn Sie im Internet mit den Begriffen „Volvo" und „Image" suchen, erhalten Sie viele Seiten, in denen das Markenimage dieses Unternehmens deutlich wird: Sicherheit aus Schwedenstahl. Betrachten Sie das Logo – wird dieses Image nicht zweifelsfrei durch die optische Darstellung vermittelt? Der geschlossene, sichere und stabil wirkende Stahlring mit dem aufwärts strebenden Pfeil, dazu der massiv wirkende Markenname im Zentrum des Logos, all dies drückt dieses Image nahezu perfekt aus.

Ähnlich verhält es sich bei der Suche nach dem Markenimage der Lufthansa: Der Flugkonzern und die Automobilhersteller haben laut einer Studie der Ludwig-Maximilians-Universität (LMU) München (Juli 2006) das beste Image unter den deutschen Großunternehmen.

Die Lufthansa landete bei der wissenschaftlichen Untersuchung auf Platz eins. Mit BMW, Audi, VW, Porsche und Daimler-Benz schafften es gleich fünf Fahrzeughersteller unter die Top Ten. Den Sieg der Lufthansa erklärte die LMU damit, dass der Konzern „ein Stück deutscher Identität" sei und viele Befragte mit dem Kranich die Faszination des Fliegens verbinden würden.

Hier wird der Kranich, also das Markenlogo, zu einem emotionalen Begriff in gleich zweifacher Hinsicht: Die „Faszination des Fliegens" wird gleichgesetzt mit dem Unternehmen Lufthansa. Gleichzeitig gibt das weltweit tätige Unternehmen vielen Menschen das Gefühl der Identifikation mit einem deutschen Unternehmen, das ein hohes Maß an Verlässlichkeit und Vertrauen in alle Welt ausstrahlt. Transportiert und wahrgenommen wird dieses Unternehmensimage durch das bereits sehr alte und vielen vertraute Kranich-Logo.

Logos sind für die Öffentlichkeit
Logos sind visuelle Darstellungen eines Markennamens und stellen das Medium dar, welches Markenimage, Markenbild und Markenwertigkeit in der Öffentlichkeit stellvertretend für ein Unternehmen vertritt.

Entscheidender Vorteil eines gelungenen Logos liegt zum einen darin, dass charakteristische Logos im Gedächtnis der Konsumenten haften bleiben und weitgehend unbewusst gespeichert werden (Gedächtnisanker-Funktion). Zum anderen können Logos leichter und spontaner aus dem Gedächtnis abgerufen werden als z. B. Textzeilen oder Zahlenkombinationen. Logos helfen dabei, die schlechter abrufbaren Markenmerkmale zu „transportieren" (Platzhalter-Funktion). Beim Erkennen eines Logos fallen den meisten Personen Assoziationen zur Marke ein und sie verbinden damit positive oder negative Empfindungen. Untersuchen Sie dazu das Image des dritten Unternehmens in der Marginalienspalte auf dieser Seite.

Logo

Band I – Seite 615
7.3 Branding

Logos und dazugehörendes Markenimage

Oben:
Volvo
Mitte:
Lufthansa
Unten:
Unicef-Kinderhilfswerk

Abb.: Unternehmen

Band I – Seite 93
1.5 Farbgestaltung

Logoverwendung

Die Tabelle zeigt einen unvollständigen Überblick über Medien, in denen Logos verwendet werden könnten. Diese Verwendungsmöglichkeiten und deren mögliche Kombinationen sind bereits bei der Gestaltungsplanung zu berücksichtigen.

Logoverwendung und -aufbereitung

Bevor im nachfolgenden Kapitel näher auf die Gestaltung von Logos eingegangen wird, müssen sich Gestalter darüber klar werden, wo Logos eingesetzt werden können. Hier muss man die ganze Bandbreite der Logoverwendung betrachten, auch wenn ein Kunde diese Breite eventuell selbst noch nicht im Auge hat.

Diese Grundüberlegung ist unbedingt anzustellen, wenn ein Logo neu entwickelt wird. Es ist wichtig, dass ein Logo von vornherein einen denkbar breiten Verwendungsbereich erhält. Es darf einem Mediengestalter nicht geschehen, dass ein Logo unbrauchbar wird, nur weil es für bestimmte Werbeaktionen nicht verwendbar ist. Ein Logo muss für möglichst alle in der Tabelle unten aufgelisteten Medientypen nutzbar sein. Dabei ist es nicht erforderlich, dass Logos eines Unternehmens farblich gleich erscheinen. Wichtig ist, dass

die Form und die Bildsymbolik immer einheitlich sind. Dazu sind von einem Logo verschiedene Varianten zu gestalten, die für die Nutzung in den verschiedensten Medien aufbereitet sind. Typisches Beispiel für die Aufbereitung eines Logos ist die Abwandlung für die Nutzung bei Faxformular, Stempel oder Animation.

Farbe im Logo

Bedeutendes Element eines Logos ist die Farbe. Die Funktion der Farbe ist:

- Aufmerksamkeit zu erwecken
- Identifikation mit dem Produkt
- Steigerung des Kaufanreizes durch Verwendung bestimmter Farbkombinationen (Schwarz/Rot/Blau steht z. B. für Technologie)
- Hervorrufen bestimmter Assoziationen durch Farben (Grün steht z. B. für Erholung, Frische)
- Erzeugung einer positiven Grundstimmung für ein Markenprodukt

Verwendungsmöglichkeiten von Logos					
Geschäfts-drucksachen	Werbemittel	Verkaufs-förderung	Verpackung	Out-of-Home-Werbung	Digitalmedien Video/Film
Briefbogen	Anzeigen	Geschäftsräume	Tragetaschen	Arbeitskleidung	Internetauftritt
Briefumschlag	Aufkleber	Messestand	Flaschenetikett	Firmenwagen	Werbe-CD
Formulare	Buttons	Displays	Produktanhänger	Fahnen	Werbe-DVD
Faxpapier	Fähnchen	Plakate	Klebeband	Gebäude	Animation
Rechnungen	Give-aways	Mailings	Transportkisten	Firmenschild	Fernsehspot
Visitenkarten	Kalender	Werbefilm	Postpakete	Leuchtreklame	Werbemail
Broschüren/Flyer	Kugelschreiber		Versandtaschen	Litfaßsäule	Videotext
Firmenstempel	Prospekte		Container	XXL-Prints	Werbefilm
Urkunden	Schirme		Verpackungspapier		
Präsentations-mappen	Werbesets		Produkt-verpackung		

5.3.3 Logogestaltung

Logo

Die Logogestaltung unterliegt, wie dies bei anderen Gestaltungsaufgaben auch der Fall ist, einer gewissen logischen Arbeitsabfolge. Diese könnte im Idealfall wie folgt aussehen:
• Briefing
• Problemanalyse
• Ideenfindung
• Kreativphase
• Zeichnen, Scribbeln, Abstraktion
• Entwurf und Umsetzung der Ergebnisse am Computer
• Kundenpräsentation
• Markt- und Zielgruppentest

Gestaltungsanfang

Vor dem kreativen Arbeiten steht die Information: Briefing, Problemanalyse und Ideenfindung sollten in weiten Teilen zusammen mit dem Kunden durchgeführt werden. Ihr Kunde muss Ihnen die Idee seiner Unternehmung, seiner Produkte oder Dienstleistungen exakt definieren. Nur wenn Sie die Ideen und Vorstellungen Ihres Kunden zu seiner Firma, seinen Produkten und seinen Zielvorstellungen kennen, ist es möglich, ein dazu passendes Logo zu gestalten. Das Logo muss – Sie haben es im vorherigen Kapitel gelesen – die Unternehmensidee und deren Produkte transportieren. Stellen Sie dazu die folgenden Fragen:
• Was soll das neue Logo ausdrücken?
• Welche grafische Grundform passt zum Unternehmen und kann genutzt werden?
• Muss Bildmaterial verwendet werden?
• Wenn ja, wie kann es abstrahiert werden?
• Welche Assoziationen entstehen beim Betrachter, wenn bestimmte Grundformen (Kreis, Quadrat, Rechteck) und Farben für ein Unternehmen genutzt werden?

Fragestellungen

Nach den ersten Absprachen, Scribbles und deren Weiterentwicklung wird die Umsetzung angegangen. Hier sind wiederum von allen Beteiligten eine Reihe von Fragen kritisch zu stellen:
• Lässt sich die gefundene Logoidee ausbauen und anderweitig noch verwenden?
• Bestehen Ähnlichkeiten zu anderen Logos?
• Welche Abstraktionen lassen sich zum Thema entwickeln?
• Besteht eventuell eine Verwechslungsgefahr mit Mitbewerbern?
• Lässt sich das gefundene Logodesign verändern, erweitern, umgestalten?
• Womit kann die gefundene Logoidee ersetzt werden – gibt es Alternativen?
• Sind die Farben passend zum Unternehmen und dessen Leistungen und Ideen gewählt und gibt es Alternativen?
• Wie wird das Logo in unterschiedlichen Größen und Medienanwendungen wirken?
• Gibt es andersartige Möglichkeiten der Logodarstellung z. B. als Comic oder in übertriebener Darstellung bezüglich Farbe, Schrift, Bild ...?
• Kann die Logoidee mit anderen Ansätzen kombiniert werden zu einem anderen Design?

Wenn derartige Fragestellungen auf einen oder mehrere Entwürfe angewendet werden, lassen sich sehr schnell gute von weniger geeigneten Vorstellungen trennen und es lassen sich neue Varianten entwickeln.

Technische Umsetzung

Nach der kreativen Entwicklung liegen zumeist Zeichnungen vor, die in aller Regel mit dem PC in ein digitales Logo umgesetzt werden. Dabei unter-

Band I – Seite 259
3.1 Kreativtät

Logoentwurf und Konstruktion

Rechts:
Scribble mit verschiedenen Entwürfen
Unten:
Konstruktionsablauf eines einfachen Logos

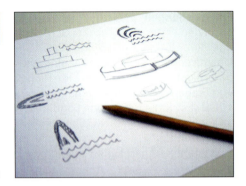

scheiden wir mehrere grundlegende Arten, wie an die Realisierung eines Logos herangegangen wird.
- Der *konstruierte Entwurf nach einer gezeichneten Vorlage*. In der Abbildung links ist eine derartige Vorlage abgebildet, die verschiedene Scribbles darstellt. Einer dieser Entwürfe ist dann später nach exakten Vorgaben konstruiert worden und ergab das Logo für ein Berufsschulzentrum. Die Abfolge dieser Konstruktion ist links unten etwas verkürzt dargestellt.
- *Nachzeichnen eines Entwurfs* auf der Grundlage einer eingescannten Skizze. Hierbei wird nach den Vorgaben des Designers ein Logo nachgezeichnet und mit den entsprechenden Farb-, Bild- oder Grafikelementen versehen. Das Nachzeichnen ist die freiere Form der Logoentwicklung, da hier noch deutlich größere Spielräume hinsichtlich Proportion und Gestaltung gegeben sind. Abweichungen im Sinne einer Optimierung der Scanvorlage sind problemlos.
- *Freier Entwurf* nach schriftlichen oder zeichnerischen Vorgaben. Hierbei ist die Kreativität des Designers gefordert. Einzelne Logobestandteile werden entwickelt, modifiziert und am PC zum Logo zusammengebaut. Oftmals ist der „Bauplan" bei dieser häufig genutzten Arbeitsmethode unklar und die Zielsetzung ist nicht eindeutig definiert. Das erschwert die Entwicklung eines guten Logos und dessen Umsetzung.

Grundsätzliches
Logogestaltung ist ein schwieriger und aufwändiger Prozess, der Ausdauer und häufige Gespräche zwischen Kunden und Designer notwendig macht. Aber nur so gelingen erfolgreiche Logos.

1. Schritt
Anordnen der Kreise um einen Mittelpunkt

2. Schritt
Anlegen von diagonalen Hilfslinien, Beschneiden der einzelnen Pfade

3. Schritt
Perspektivisches Neigen bis zur gewünschten Ansicht

4. Schritt
Dublizieren und Verbinden der einzelnen Ebenen

5. Schritt
Farbe wählen

6. Schritt
Schrift wählen

Berufsschulzentrum Reutlingen

466

5.3.4 Logofamilie

Logo

Unverwechselbarkeit ist die Voraussetzung, um einen hohen Bekanntheitsgrad zu erreichen und die Identität eines Unternehmens als Marke zu kommunizieren. Dies kann bereits als wesentliches Ziel für eine Corporate-Design-Strategie gelten. Dabei kommt, wie bereits verdeutlicht, dem Logo eine zentrale Bedeutung zu.

Vor allem für Unternehmungen und Organisationen mit weit verzweigten Produkt-, Organisations- und Handlungsfeldern kann es von großer Bedeutung sein, ein klares, markantes, aber variables Logo zu haben. Das Grund- oder Dachlogo steht für die Unternehmung, aber Teilbereiche werden durch Variationen des Logos optisch herausgehoben, ohne das Grundlogo entscheidend zu verändern. Derartige Logovariationen werden auch als Tochterlogo bezeichnet.

Die Entwicklung einer ausbaufähigen Logofamilie für unterschiedliche Bereiche einer Unternehmung ist ein anspruchsvolles Unterfangen. So gilt es, durch eine klare Formsprache und ein ansprechendes Farbklima integrative Lösungen zu finden.

Die Ausbaufähigkeit eines Logos zur Logofamilie hat im Designprozess eine wichtige Bedeutung für zu entwickelnde Sublogos oder Wort-Bild-Marken. Diese müssen eindeutig die Verwandtschaft zur Dachmarke erkennen lassen, sollten aber auch die untergeordneten Unternehmensteile klar als eigenständigen Bereich der Dachmarke verdeutlichen.

Häufig wird unter einer Logofamilie nur ein positiver, eventuell farbiger, ein negativer, also weißer, sowie eine positive Schwarz-Weiß-Version verstanden. Dies sollte eigentlich die normale Umsetzung eines Logos für die verschiedenen Anwendungen sein. Ein Beispiel für solch eine kleine Logofamilie ist rechts abgebildet. Eine große Logofamilie hat aber deutlich mehr Aussagekraft und Wirkung.

Große Logofamilien sind verschiedene Logos für unterschiedliche Dienstleistungs- oder Produktsparten eines Unternehmens, deren Zusammengehörigkeit durch ein gemeinsames Dachlogo, klare Symbolik, einheitliche und zuordenbare Typografie sowie Farbe klar erkennbar bleibt.

Textliche Unterscheidungen
Häufig bietet sich für die Erweiterung eines bestehenden Logos zur Logofamilie eine textliche Differenzierung oder Erweiterung an. Wenn der Unternehmensname im Logo erscheint, kann dieser Unternehmensname umgewandelt oder entsprechend ergänzt werden. Eine farbliche Unterstützung ist denkbar, um den jeweiligen Unternehmensbereich zusätzlich gesondert hervorzuheben. Eine solche Möglichkeit ist rechts unten abgebildet.

Farbliche Unterscheidung
Hierbei wird die Unterscheidung durch eine Veränderung der Farbe des Dachlogos herbeigeführt. Es wird die gleiche Logoform mit unterschiedlichen Farben belegt, um das Unternehmen und seine Gruppen darzustellen. Die ist auch möglich, wenn aus dem Dachlogo einzelne Elemente herausgenommen und farbig anders dargestellt werden. Die Farbunterschiede eines unternehmenstypischen Farbfächers repräsentieren dann die verschiedenen Unternehmensbereiche. Eine Kombination aus textlichen und farblichen Unterscheidungen bietet sich an. Auf der folgende Seite ist dies beispielhaft dargestellt.

Kleine Logofamilie

Oben: Positives, farbiges Logo als Wort-Bild-Marke
Mitte: Negative, also weiße Darstellung des Logos
Unten: Schwarz-Weiß-Version des Logos

Logoerweiterung durch Text

Die Fachbereiche oder Institute der Hochschule werden durch Texterweiterungen ergänzt.

Abb.: Fachhochschule für Wirtschaft Berlin

Die Standortentwicklung

Die Saarpfalz-Touristik

Das Kreiskrankenhaus St. Ingbert

Die Kreisverwaltung

Die Wirtschaftsförderung

Abb. und Text: Saarpfalz-Kreis

www.saarpfalz-kreis.de

Gelungene Logofamilie

„Gemeinsam sind wir stark". Unter diesem Motto haben sich die Kreisverwaltung des Saarpfalz-Kreises, die Saarpfalz-Touristik, die Wirtschaftsförderungsgesellschaft Saarpfalz und das Kreiskrankenhaus St. Ingbert 1999 zusammengetan und sich ein gemeinsames Erscheinungsbild gegeben. Als Partner verkörpern die vier Institutionen mit dem frischen „Corporate Design" das Markenzeichen „Saarpfalz-Kreis".

Einmalig im Saarland ist das Ziel, über ein gemeinsames Erscheinungsbild eine professionelle und einheitliche Außendarstellung der kreiseigenen Institutionen zu organisieren. „Wir bündeln unsere Kräfte, ohne dass die Individualität der einzelnen Institutionen verloren geht", beschreibt Landrat Clemens Lindemann das Ziel der Kampagne.

Entstanden ist eine Logofamilie, die den Teamgeist unterstreicht und sich in vier Tochterlogos für die Kreisverwaltung, die Saarpfalz-Touristik, die Wirtschaftsförderungsgesellschaft und das Kreiskrankenhaus St. Ingbert ausdrückt.

Die Logofamilie ist als Siegerentwurf der Werbeagentur FormArt aus einem Ideenwettbewerb hervorgegangen. Allen Tochterlogos sind die Flaggenform, der Schriftzug „Der Saarpfalz-Kreis" und ein kreisförmiges Element gemeinsam. Die Kreisverwaltung hat ihre ursprünglichen Hausfarben „Blau-Weiß" zurückbekommen, die Saarpfalz-Touristik dominiert in Grün, die Wirtschaftsförderung präsentiert sich in der dynamischen Farbe Rot und das Kreiskrankenhaus hat mit Violett die Farben seines Anbaus übernommen.

Jede Institution wird durch ein individuelles Zeichen dargestellt. Die stilisierte SP-Form der Kreisverwaltung symbolisiert in den Farben Blau die Blies und in Grün die reiche Waldlandschaft des Saarpfalz-Kreises. Die Saarpfalz-Touristik hat die Sonnenform ihres bisherigen Logos mit den sieben Städten und Gemeinden als stilisierte Sonnenstrahlen behalten. Das Logo der Wirtschaftsförderungsgesellschaft symbolisiert den dynamischen Aufschwung, den die WFG mit den Ansiedlungserfolgen nicht nur im Saarpfalz-Park Bexbach eindrucksvoll unter Beweis stellt. Das beschützende Element dominiert die Darstellung des Kreiskrankenhauses.

Die Logofamilie ist Bestandteil eines Reformprozesses in der Kreisverwaltung, mit dem sich die Mitarbeiterinnen und Mitarbeiter des Saarpfalz-Kreises eine verbesserte Kundenorientierung und mehr Bürgernähe auf die Fahnen schreiben.

Jüngstes „Kind" der Logofamilie ist die SEG, die Standort-Entwicklungs-Gesellschaft. Auch sie ist integrativer Bestandteil der Logofamilie und unterstreicht die Coporate Identity des Kreises und seinen beteiligten Einrichtungen.

Abb. und Textgrundlage der gegenüberliegenden Seite:

Daimler AG, Stuttgart

468

5.3.5 Vom Warenzeichen zum Markenlogo

Logo

Oktober 1883: Karl Benz gründete die Firma Benz & Cie. in Mannheim. 1890 entstand, von Gottlieb Daimler begründet, die Daimler-Motoren-Gesellschaft (DMG) in Cannstatt. Nachdem die beiden Unternehmer ihre Erfindungen in einen sich entwickelnden Markt einbrachten, war schnell klar, dass ihre Produkte bekannt gemacht und vor allem unverwechselbar werden mussten.

Beide Firmen entwickelten einprägsame Warenzeichen, die für ihre Produkte stehen sollten. Zunächst waren dies die Namen der beiden Erfinder, die für die Produktqualität standen. Das Markenlogo der Firma Benz änderte sich im Laufe der Jahre wie rechts abgebildet. Der Zahnkranz wurde durch den Lorbeerkranz ersetzt, die Schrift optisch in den Kranz eingepasst sowie der Hintergrund freundlicher gestaltet. Die alte Logoanmutung Maschinenfabrik wurde ersetzt durch eine produktbezogene Erscheinung im Stil der Zeit.

Anders die Situation bei der Firma DMG – hier tauchte plötzlich der Markenname Mercedes auf, der ab 1901 für die Fahrzeugbezeichnung verwendet und 1902 als Warenzeichen angemeldet wurde. Der Markenname war entstanden, was noch fehlte, war ein Markenzeichen. Ein in der Familiengeschichte immer wieder auftauchender Stern wurde 1909 als Dreizackstern entworfen und als Warenzeichen angemeldet.

Ab 1910 wurde jeder Wagen mit dem Dreizackstern ausgeliefert. Ab 1916 wurde der Stern durch einen Kreis eingefasst, in den vier kleine Sterne und der Schriftzug Mercedes integriert waren.

In den Folgejahren wurden eine Reihe von Markenzeichenvarianten als Warenzeichen eingetragen. 1921 wurde unter anderem auch der Dreizackstern, jetzt im Ring, als Warenzeichen und als Kühlerfigur angemeldet.

Nach dem Ersten Weltkrieg arbeiteten die beiden Firmen eng zusammen, was auch gemeinsame Werbeplakate optisch verdeutlichten. Das Werbeplakat unten mit den beiden Logos von 1925 veranschaulicht dies.

Konstruktion, Wareneinkauf und Vertrieb wurden gemeinsam durchgeführt und hatten zur Folge, dass sich die beiden Fabriken 1926 zur Daimler-Benz AG zusammenschlossen.

Nun musste ein neues Logo entwickelt werden, das die wichtigsten Elemente der beiden Firmen vereinte. Den Dreizackstern der DMG umgab man mit dem Lorbeerkranz, in den die beiden Markennamen Mercedes und Benz integriert wurden. Dieses Warenzeichen wird – kaum verändert – als Firmenlogo weltweit genutzt und ist zum Symbol für eine Unternehmung geworden, die weitgehend über das Logo als Marke wahrgenommen wird. Der Stern als Markenzeichen, im Prinzip ein Piktogramm, wird weltweit gekannt und steht für Qualität und Tradition eines Automobilunternehmens.

Logo 1903

Logo 1909

Warenzeichen 1902

Dreizackstern 1909

Dreizackstern im Ring 1916

Warenzeichen nach 1926

5.3.6   Checkliste zur Logobeurteilung

Hinweis zur Checkliste

Nicht alle Punkte dieser Auflistung können für jede Logobeurteilung genutzt werden. Es ist, je nach Verwendung und Einsatz des Logos, immer eine individuelle Beurteilungsliste zu erstellen und entsprechend auszuwerten.

Checkliste Logobeurteilung

Größe und Darstellung

Ist das Logo ...
- ❏ in der Standardgröße für Geschäftsdrucksachen gut lesbar?
- ❏ in der Verkleinerung gut lesbar und eindeutig erkennbar?
- ❏ in der Vergrößerung proportional gut erkennbar und optisch gleich in der Wirkung?
- ❏ in 3 D-Optik verwendbar?

Farbe

Ist das Logo ...
- ❏ in Schwarz-Weiß verwendbar?
- ❏ faxfähig?
- ❏ als Graustufenbild nutzbar?
- ❏ im Internet und im Druck in gleichen Farben reproduzierbar, als Aufkleber, als Leuchtreklame, als Banner- und Autowerbung?
- ❏ mit wenigen, aber universellen einsetzbaren Farben aufgebaut?
- ❏ negativ und positiv nutzbar?
- ❏ für das restliche CI/CD des Unternehmens einzusetzen?

Schrift

Verwendet das Logo ...
- ❏ die Hausschrift des Kunden?
- ❏ eine passende Schrift zu Unternehmen und Produkt(en)?
- ❏ eine modern oder antiquiert wirkende Schrift?
- ❏ eine von anderen Konkurrenzunternehmen deutlich abgehobene Schrift?

Bild

Ist das Bild ...
- ❏ alleine verwendbar?
- ❏ langfristig nutzbar oder zu modisch in der Wirkung?
- ❏ auch bei starker Verkleinerung erkennbar und drucktechnisch nutzbar?
- ❏ leicht austauschbar?
- ❏ für alle Geschäftsbereiche einer Unternehmung einzusetzen?

Logoverwendung

Ist das Logo ...
- ❏ für alle Werbemittel einsetzbar?
- ❏ für alle Druckverfahren geeignet?
- ❏ internetfähig?
- ❏ animationsfähig?
- ❏ vektorisiert?
- ❏ Hebt sich das Logo von den Mitbewerbern deutlich ab?
- ❏ Kann das Logo mit anderen Werbe- und Informationselementen des Kunden kombiniert werden?
- ❏ Ist ein Warenzeichen beantragt?

Imageprüfung

Entspricht das Logo ...
- ❏ den Erwartungen des Kunden?
- ❏ design dem bestehenden Corporate Image des Unternehmens und der Branche?
- ❏ Kann das Logo für das Corporate Design genutzt werden?
- ❏ Ist das Logo leicht zu erkennen?
- ❏ Hat das Logo eine so typische Erscheinung, dass eine hohe Merkfähigkeit gegeben ist?
- ❏ Ist das Logo langfristig einsetzbar und nicht zu modisch in der Wirkung?
- ❏ Ist das Logo im Vergleich zu anderen am Markt vorhandenen Logos einmalig und unverwechselbar?
- ❏ Wurde das Logo durch einen Feldtest geprüft und bewertet?
- ❏ Wurde das Logo durch mögliche Zielgruppe(n) bewertet?

5.3.7   Aufgaben

Logo

1   Begriff „Bildzeichen" beschreiben

Erklären Sie den Begriff „Bildzeichen" und zeigen Sie den Zusammenhang zwischen Bildzeichen, Piktogramm, Signet und Logo auf.

2   Begriff „Signet" erklären

Erklären Sie den Begriff „Signet" und stellen Sie vor allem die Herkunft dieses Begriffes dar.

3   Begriff „Bildmarke" erklären

Erklären Sie den Begriff „Bildmarke", suchen Sie bekannte Beispiele für diesen Begriff und versuchen Sie selbst, eine Bildmarke für ein beliebiges Produkt Ihrer Umgebung zu erstellen.

4   Begriff „Logo" erklären

Erklären Sie den Begriff „Logo" und nennen Sie bekannte Logos als Beispiele für diesen Begriff.

5   Logofunktionen beschreiben

Welche Funktionen muss ein Logo für ein Unternehmen aufweisen? Beschreiben Sie die zwei wichtigsten Aspekte der Logofunktion für eine Unternehmung, eine Behörde oder einen Verein.

6   Begriff „Semiotik" erklären

Erklären Sie den Begriff „Semiotik" und stellen Sie vor allem die Bedeutung dieses Begriffes in der Werbung dar.

7   Logofunktionen beschreiben

Erklären Sie aus einem selbstgewählten Beispiel die Funktion eines Logos für das Unternehmen. Gehen Sie dabei auf die folgenden Begriffe ein:
- Markenimage
- Identifikation zwischen Logo und Produkt

8   Logofamilie finden

Suchen Sie aus aktuellen Publikationen eine erkennbare Logofamilie heraus und stellen Sie die Übereinstimmungen und die Unterschiede im Bereich von Schrift, Grafik, Bild und Farbe heraus.

9   Checkliste zur Logobeurteilung erstellen

Nehmen Sie sich die nebenstehende Checkliste als Vorbild und erstellen Sie eine eigene Liste, mit der Sie zukünftig Ihre entwickelten Logos im Betrieb überprüfen können.

Zu den Fragen 7 bis 9 finden Sie im Lösungsteil keine Musterlösung.

5.4 Informationsgrafik

5.4.1	Das Interview zum Thema	474
5.4.2	Infografik – wo kommt sie her?	476
5.4.3	Infografik – was ist das?	478
5.4.4	Infografikarten	479
5.4.5	Interaktive Informationsgrafiken	488
5.4.6	Wetter als Informationsgrafik	493
5.4.7	Infografiken erstellen	495
5.4.8	Aufgaben	497

5.4.1 Das Interview zum Thema

www.golden-section-graphics.com/

Jan Schwochow

Ausbildung
Diplom-Designer, Infografiker, Journalist, Ressortleiter der Infografik-Abteilung beim Magazin Stern, Mitglied im Art-Directors-Club Deutschland und der Society for News Design. Preisträger beim ADC, Malofiej Award u.a.

Berufliche Position
Chief executive and infographics artist

Firma
Golden Section Graphics GmbH
Informationsdesign
Gormannstraße 21
10119 Berlin

Die Informationsgrafik ist in den letzten Jahren ein immer wichtigeres Kommunikationsmittel in allen Medien geworden. Können Sie uns erklären, warum sich diese Entwicklung eingestellt hat?

Die Informationsgrafik war eigentlich schon immer das schnellste und global verständlichste Kommunikationsmittel, von der Höhlenmalerei bis heute. Die Uhr oder Piktogramme zur Orientierung, etwa das Toilettenschild Mann/Frau, sind über alle Grenzen hinweg schnell und unmissverständlich zu verstehen. Da die Kommunikation durch Computer immer schneller geworden ist, werden nun Infografiken natürlich immer wichtiger, gerade im Internet, aber auch in den Zeitungen und Magazinen und erst recht auf dem iPhone/iPad oder ähnlichen Geräten. Hier werden wir in den nächsten Jahren sicher viel spannende Neuerungen erleben.

Welches sind für Sie die wichtigsten Gestaltungselemente der Informationsgrafik?

Immer dann, wenn Informationen bzw. Daten grafisch aufbereitet werden, also Illustrationen, Karten, Tabellen, Diagramme, Abläufe oder aber auch eine Anordnung von Bildern und Zeichnungen.

Das Kompendium ist ein Fachbuch, das sich vor allem an den Berufsnachwuchs richtet. Wo und wie können sich junge Mediengestalter zum Informationsgrafiker weiterbilden. Welche Empfehlungen geben Sie unseren Lesern aus Ihrer beruflichen Erfahrung heraus?

Erst seit kurzer Zeit gibt es Studiengänge wie z.B. in Augsburg, Hamburg oder Münster, die sich ganz speziell auf das Informationsdesign ausgerichtet haben. Das hat uns lange Zeit gefehlt. Ansonsten empfehle ich, sich selber mit der Software und vor allem mit der Infografik selbst zu beschäftigen. Mein bester Ratgeber ist immer noch „Learning by Doing". So bin ich persönlich auch zu meinem Beruf gekommen.

Informationsgrafik

Wie werden Informationsgrafiken eigentlich verkauft, bestellt, gehandelt?

In der Regel kommt ein Kunde mit einer ganz konkreten Anfrage zu uns. Wir kalkulieren den Job, erstellen Skizzen und liefern am Ende eine druckfähige Datei. Hierbei ist unbedingt zu beachten, dass man neben dem Arbeitshonorar auch Nutzungsrechte an diesem geistigen Werk verkauft. Denn es kommt vor, dass Kunden eine bereits erstellte Grafik nachdrucken möchten. Hier können wir dann noch einmal ein Abdruckhonorar verlangen und zusätzlich Geld verdienen. Es ist aber auch möglich,dass ein Kunde alle Nutzungsrechte erwirbt, dann aber zu einem höheren Honorar.

Welchen Zeitaufwand benötigt eine Infografik für die Planung und Herstellung, die so aufwändig in der Herstellung ist wie das Beispiel aus Ihrem Unternehmen auf den Seiten 486/487?

Für die Erstellung des Schlosses Meseberg benötigten wir rund ein bis zwei Wochen, wobei in diesem Falle zwei Mitarbeiter an dem Projekt beteiligt waren. Aber eine einfache Infografik kann man auch in einer halben Stunde erstellen, das ist von Auftrag zu Auftrag sehr unterschiedlich und oft bearbeiten wir Grafiken, die sich über mehrere Monate hinziehen.

Wird für die Herstellung von Informationsgrafiken die branchenübliche Bild- und Grafiksoftware verwendet oder nutzen Sie hier spezielle Software oder Softwareerweiterungen?

Neben den üblichen Produkten von Adobe benutzen wir 3D-Programme wie Cinema 4d, aber auch viele andere Programme, je nachdem, was benötigt

wird. So wird eben auch programmiert oder mit GIS-Programmen gearbeitet. Am Ende zählt, meiner Meinung nach, aber immer die Idee und eine korrekte Wiedergabe der Information. Das Gestaltungsmittel ist nicht wirklich wichtig. Insofern kann eine gute Infografik am Ende auch per Hand gezeichnet sein.

In der Medienindustrie spielen rechtliche Aspekte bei der Herstellung und Verwertung von Bildern und Grafiken eine immer größere Rolle. Warum ist dies so und wo wird diese Entwicklung noch hinführen?

Leider möchte niemand für Inhalte bezahlen, weil es sie größtenteils kostenlos gibt, wenn auch ich davor warnen möchte, denn nicht immer sind das verlässliche, also brauchbare Informationen.
Da wurde gerade in den letzten Jahren leider vieles falsch gemacht. Die Arbeit, die wir jeden Tag leisten, muss respektiert und vor allem entlohnt werden, wie z.B. auch der Hersteller einer Software oder einer Schrift, die ich am Computer benutze. Wir leben ja davon und versuchen so gut es geht, unsere Werke zu schützen. Wir schrecken jedenfalls nicht davor zurück, einen Missbrauch anzuzeigen.

Können Sie unseren Leserinnen und Lesern noch einen speziellen und nachhaltigen Tipp für ihren Start in das Ausbildungs- und Berufsleben geben?

Das Wichtigste ist, Spaß zu haben und neugierig zu sein und zu bleiben. Man sollte immer auf dem Laufenden sein, viel beobachten, viel Zeit investieren und man muss viel Geduld mit sich selber haben, gerade beim Erstellen von Infografiken.

Art Directors Club für Deutschland e.V.

www.adc.de

Die Autoren bedanken sich herzlich für das Interview und wünschen Ihnen und Ihrem Unternehmen weiterhin alles Gute.

5.4.2 Infografik – wo kommt sie her?

Hamburger Abendblatt vom 23.01.1992

www.abendblatt.de

„Ein Bild sagt mehr als tausend Worte" – ein Satz, den Sie vermutlich schon nicht mehr hören können. Und doch – ein Bild, eine gute Grafik übt auf den Leser einer Publikation einen geradezu magischen Reiz aus.

Wie stark diese anziehende Wirkung einer Informationsgrafik ist, bewies eine Farbgrafik der Raumfähre Discovery auf der ersten Seite des Hamburger Abendblattes am 23.01.1992: Der Straßenverkauf beim Einsatz dieser Informationsgrafik stieg von einem Tag zum anderen um 15 %. Die Grafik entpuppt sich erstmals als schlagkräftiges Marketinginstrument.

Entwicklung der Informationsgrafik

Als eine der ersten Informationsgrafiken, die komplexe Zusammenhänge darstellt, wird die unten abgebildete Grafik des französischen Bauingenieurs Charles Joseph Minard (* 27. März 1781 in Dijon, † 24. Oktober 1870 in Bordeaux) betrachtet. Die Grafik „Carte figurative des pertes successives en hommes de l'Armée Française dans la campagne de Russie 1812-1813" gilt als eine der informativsten Grafiken, die jemals erstellt wurden. Die Grafik über den Russlandfeldzugs Napoleons von 1812/1813 informiert über:

- Position und Marschrichtung der verschiedenen Armeeteile, Abtrennungen und Vereinigung von Truppenteilen,
- die abnehmende Stärke der Armee nach dem Rückzug von Moskau und die jeweiligen Orte großer Verluste,
- die ungewöhnliche Kälte, die den militärischen Rückzug enorm schwierig und verlustreich gestaltete.

Die (übersetzte) Legende:

- *Die Anzahl der Soldaten wird durch die Breiten der farbigen Bereiche dargestellt, wobei ein Millimeter zehntausend Männern entspricht; sie sind zusätzlich im Verlauf der Bereiche beschriftet. Rot(braun) bezeichnet die Soldaten, die nach Russland einmarschieren, schwarz diejenigen, die es verlassen.*

Frühe Infografik

von Charles Minards, Lithographie im Format 62 x 30 cm, veröffentlicht 1869.

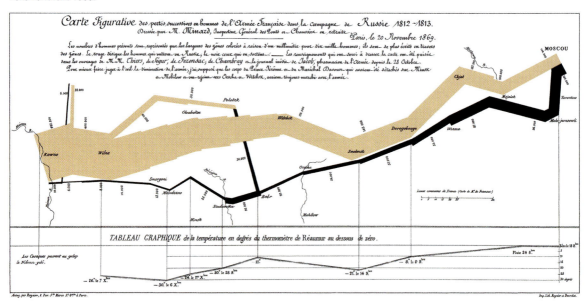

Informationsgrafik

Weiter werden in der Legende die Quellen, die der Informationsdarstellung zugrunde liegen beschrieben:

- *Die Informationen, deren man sich zum Erzeugen der Karte bedient hat, wurden den Werken der Herren Thiers, de Ségur, de Fezensac, de Chambray und dem unveröffentlichten Tagebuch von Jacob (Armee-Apotheker seit dem 28. Oktober) entnommen.*
- *Um das Schrumpfen der Armee dem Auge besser vorzuführen, habe ich unterstellt, dass die Korps des Prinzen Jérôme und des Marschalls Davoust, die sich bei Minsk und Mobilow abgespalten haben und später bei Orscha und Witebsk wieder hinzugekommen sind, die ganze Zeit mit der Armee mitmarschiert sind.*

Diese außergewöhnliche Informationsgrafik vermittelt in einer einzigen Darstellung die oben genannten Informationen auf einen Blick. Weitere Grafiken Minards trugen zur Entwicklung und Ausbreitung dieser neuartigen Grafikart bei.

Informationsgrafiken wurden in der Folge vor allem zur Darstellung technischer Sachverhalte eingesetzt. So kann eine Vielzahl früher technischer Zeichnungen, die z.B. bei der Konstruktion von Maschinen oder beim Bau von Fabrikhallen erstellt wurden, als frühe Informationsgrafik definiert werden.

Das Erstellen von Informationsgrafiken war aufwändig, langwierig und teuer. Daher gerieten diese Grafiken für die Verwendung bei breiten Lesergruppen in Vergessenheit. Erst seit den 40er Jahren haben Informationsgrafiken einen festen Stellenwert in den Zeitungen erhalten. Vor allem die Truppenbewegungen auf den Kriegsschauplätzen des Zweiten Weltkrieges führten insbesondere in den englischsprachigen Ländern zur Akzeptanz der Informationsgrafik. Jeder Leser konnte das militärische Geschehen mit Grafikhilfe leicht nachvollziehen. Die militärgeografischen Darstellungen führten zu einem schnellen Verständnis der militärischen Situation.

In den 70er Jahren wurden in Deutschland die Infografiken Hilfsmittel für den eiligen Zeitungsleser und sind seither fester Bestandteil in Zeitungen, Magazinen und Zeitschriften aller Art.

Die Erstellung von Informationsgrafiken hat sich zwischenzeitlich zu einer eigenständigen Disziplin neben dem Bild- und Textjournalismus entwickelt. Geschulte Informationsdesigner, Infografiker oder Newsdesigner bereiten Informationen aller Art so auf, dass Informationen visuell gut dargestellt sind und die Leser diese schnell, sicher und korrekt aufnehmen können. Die visuelle Wahrnehmung funktioniert beim Menschen schnell und sicher. Aufbereitete Informationen, klar strukturiert und durch geeignete Text-, Bild- oder Grafikelemente unterstützt, ermöglichen dem Leser eine erfolgreiche Informationsaufnahme.

Neben der gedruckten Informationsgrafik erhält die animierte und die interaktive Informationsgrafik zunehmend einen höheren Stellenwert bei Online-Zeitungen, bei interaktiven Lehr- und Lernsystemen in Schule und Weiterbildung, aber auch bei attraktiven Shopsystemen.

5.4.3 Infografik – was ist das?

5.4.3.1 Macht der Diagramme

„Die Infografik ist nicht Bedrohung, sondern Ergänzung und Bereicherung der Presse- und Medienlandschaft"

Martin Liebig 1999

Täglich werden wir in Zeitungen, in Informations- und Werbebroschüren, in Büchern, im Fernsehen, auf Internetseiten mit Informationsgrafiken konfrontiert. Sie haben den Zweck, den Betrachter auf Sachverhalte hinzuweisen und ihm einen schnellen Überblick über zum Teil komplexe, abstrakte Sachverhalte zu geben.

Infografiken sollen beim Betrachter Aufmerksamkeit erregen und wesentliche Informationen vermitteln. Wie Bilder und Texte sind diese Grafiken ein Teil visueller Kommunikation. Dies bedeutet, dass eine Infografik über die reine Darstellung und Illustration hinausgehend Informationen an eine breite Leserschaft vermitteln muss.

Infografiken sorgen für den schnellen und kompetenten Überblick in der Flut von Informationen. Illustrationen ermöglichen völlig neue Perspektiven und erklären komplizierteste Sachverhalte. Die Informationsgrafik ist vor allem auch aus der Unterrichtsliteratur in Schule und Hochschule nicht mehr wegzudenken.

Vor allem animierte Informationsgrafiken für Internetauftritte, Lernplattformen sowie Informations- und Wissensbörsen haben einen hohen Unterhaltungs-, Lern- und Informationswert und werden zunehmend genutzt.

Zu Ihrer Information:

Die Weltbevölkerung umfasst ca. 7 Milliarden Menschen. Diese Zahl wurde nach UN-Informationen bis Mai 2011 erreicht.

www.census.gov/main/www/popclock.html

5.4.3.2 Zahlen können lügen

Nichts überzeugt einen Zweifler mehr als eine Zahl. „Wie viele Menschen lebten am 01.01.2011 auf der Erde?" Antwort: „6 Milliarden 312 Millionen 105 Tausend 981." Ende der Diskussion. Was soll man hier noch sagen? Der Fragende schweigt beeindruckt – die Autorität der Zahl hat gesiegt! In Wirklichkeit ist die hier aufgeführte Zahl falsch – wie so häufig Zahlen in Diskussionen.

Informationsgrafiken versuchen hier, wenn sie gut konzipiert sind, Entwicklungen und Zusammenhänge objektiv und sachlich korrekt aufzuzeigen. Zahlenaufbereitungen, verbunden mit grafischen und illustratorischen Elementen, müssen seriös und exakt geplant werden. Grafische Darstellungen dienen der Übermittlung von Fakten und dem Vergleich von Entwicklungen auf der Basis von Daten.

In unserer visuellen Welt kann ein Diagramm Sachverhalte kürzer und präziser ausdrücken als ein geschriebener Text, mit dem Vorteil, dass ein solches Diagramm fast sprachunabhängig ist und überall verstanden wird. Natürlich wird es normalerweise notwendig sein, dass die grafische Darstellung mit einem erklärenden Text versehen wird. Dann muss dieser Text einfach, kurz, direkt und präzise sein, um die notwendigen Informationen weiterzugeben.

Informationsgrafiken vermitteln aber mehr als nur auf Zahlen basierende Zusammenhänge. Komplexe Funktionszusammenhänge in Politik, Natur, Wissenschaft und Technik werden durch aufwändige Infografiken für ein breites Publikum verständlich aufbereitet und vermitteln dem Betrachter oftmals Einblicke und Erkenntnisse, die durch Texte so nicht möglich sind.

Informationsgrafiken werden durch Spezialisten (Infografiker, Newsdesigner) erstellt, die mit entsprechenden Programmen komplexe Illustrationen in teilweise langwierigen Arbeitsgängen erstellen. Aber auch mit einfachen Mitteln lassen sich ansprechend aufbereitete Infografiken erstellen, die Sachverhalte schnell, weitgehend objektiv und sicher für den Leser darstellen.

5.4.4 Infografikarten

Informationsgrafik

5.4.4.1 Bildstatistik

Die bekannteste Infografik ist die Bildstatistik. Grundlagendiagramme der Bildstatistik sind Balken- bzw. Säulendiagramme, Linien- oder Flächendiagramme, Kreis- oder Tortendiagramme. Derartige Diagramme sind bekannt durch die Wahlabende vor dem Fernsehgerät, wenn Stimmen- und Sitzverteilung der Parteien im Parlament durch entsprechende bildstatistische Diagramme dargestellt werden.

Die Aufgabe einer Bildstatistik ist es, Kennzahlen verständlich und optisch ansprechend zu visualisieren. Dabei ist es von Bedeutung, dass die Kennzahlen in der Grafik eindeutig definiert und in dem Schaubild angegeben sind. Visualisiert werden:
- Zusammensetzung
- Anteile
- Verlauf
- Tendenz
- Vergleich

In der nebenstehenden Grafik zu einer Stadtratswahl sind diese fünf Punkte optisch ansprechend und sachlich korrekt wiedergegeben. Der Leser oder Betrachter ist schnell und umfassend ohne störende Elemente über das Ergebnis der Wahl informiert.

Auf der folgenden Seite sind Anwendungsbeispiele unterschiedlicher Unternehmen mit den Grundgrafiken der Bildstatistik beispielhaft dargestellt.

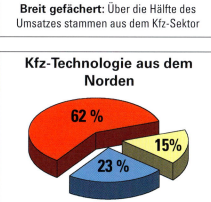

Prozentuale Verteilung

Zweidimensionales Kreisdiagramm, – zeigt die Umsatzanteile aus dem Automobilgeschäft eines Automobilzulieferers.

Prozentuale Verteilung

Dreidimensionales Tortendiagramm, – die auseinandergezogene Torte vergrößert den vorderen Bereich der Torte. Die Größenverhältnisse werden konkreter und eindrücklicher als in der oberen Abbildung dargestellt.

Wahlauswertung

Die Verteilung der Sitze nach einer Wahl wird hier abweichend vom klassischen Kreisdiagramm dargestellt. Das dabei entstehende Halbrund erinnert an die Sitzverteilung im Parlament.

479

Liniendiagramm mit Hintergrundbild

Das Liniendiagramm zeigt die Entwicklung der Weltbevölkerung von 1950 bis 2050. Die mit Farbe hinterlegten Liniendiagramme zeigen die unterschiedlichen Entwicklungszonen der Erde an. Das Hintergrundbild verdeutlicht den Sachzusammenhang durch eine geeignete und das Thema ansprechende Abbildung.

Abb.: Deutsche Stiftung Weltbevölkerung

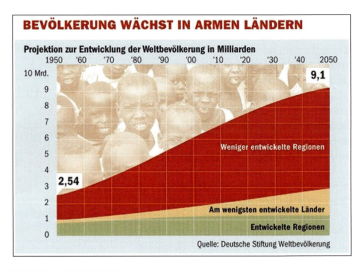

Grafikkombinationen

Die Abbildungen links und unten zeigen zwei Charts aus der Bilanzpressekonferenz 2010 der Firma Bosch. Links stellt ein kombiniertes Säulen-/Liniendiagramm die Entwicklung verschiedener Wirtschaftsräume als Vergleich mit gleicher optischer Bezugsgröße dar.
Unten werden durch die Kombination von Säulen- und Liniendiagramm die Forschungs- und Entwicklungsausgaben in Euro und in % vom Umsatz angezeigt. Eine insgesamt etwas überladene Infografik, in die sich der Leser zum Verständnis hineinvertiefen muss.

Abb.: Bosch Bilanz-Pressekonferenz 2010

Informationsgrafik

5.4.4.2 Prinzip-/Prozessdarstellung

Ein wichtiger Aufgabenbereich der Informationsgrafik ist die Darstellung und Veranschaulichung komplexer Zusammenhänge, z. B. die Funktion technischer Systeme. Damit diese oft abstrakten Vorgänge für den Nutzer transparent werden, ist die Darstellungsform von besonderer Bedeutung.

Grundlage derartiger Darstellungen sind oftmals Konstruktionspläne. Um diese Pläne zu einer Informationsgrafik umzusetzen, müssen Sie Funktion, Zusammenhang und Bedeutung des darzustellenden Produktes oder Prozesses verstanden haben. Nur wenn dies der Fall ist, können Sie eine richtige Darstellung für Ihren Auftraggeber liefern.

Machen Sie sich daher kundig, kommunizieren Sie mit den Technikern.

Prinzip- und Prozessdarstellungen sind vor allem bei der Weitergabe von Information in technischen Dokumentationen, Gebrauchsanweisungen, technischen oder wirtschaftlichen Abläufen unverzichtbar. Die Abbildungen links und unten zeigen zwei durchaus übliche und relativ einfach zu erstellende Prozessdarstellungen. Sie können sich sicherlich nach der linken Grafik vorstellen, wie ein Fass, gefüllt mit Druckfarbe, für eine Druckmaschine hydraulisch leergedrückt wird. Die grundlegende Information über die Luftbewegungen in einer Klimaanlage sind mit der Grafik unten unschwer nachvollziehbar.

Entwicklungsprozess Aktienkurs

Auch hier wird, wenn auch mit vielen Zahlen, eine prozesshafte Entwicklung dargestellt. Die Symbole + und – verdeutlichen Kursbewegungen, die Abbildung der „Börsentiere" im Kopf der Grafik erleichtert die Zuordnung.

Abb.: Stuttgarter Nachrichten

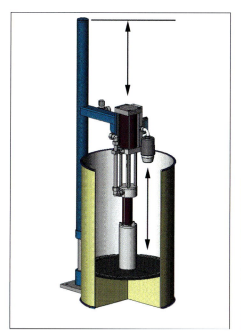

Funktionsdarstellung
Pneumatische Fasspumpe zur Versorgung von Druckmaschinen mit Druckfarben aus Fässern.

Abb.: www.tekon.org/d_fasspumpe.htm

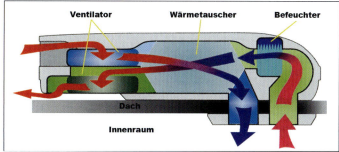

Funktionsdarstellung einer Klimaanlage
Dargestellt sind die Luftströme und deren Temperierung innerhalb einer Dachklimaanlage.

Abb.: Fritz Berger Hauptkatalog 2010

Kombinierte Infografik

Die Prinzipdarstellung der Rakete ist hier mit der kartografischen Darstellung des Startplatzes kombiniert.

Abb.: Stuttgarter Nachrichten

Kartografische Infografik

Der Kartenausschnitt ermöglicht dem Leser die geografische Einordnung. Weitere Details in der Karte sind dazu nicht notwendig.

Abb.: Spiegel-Online

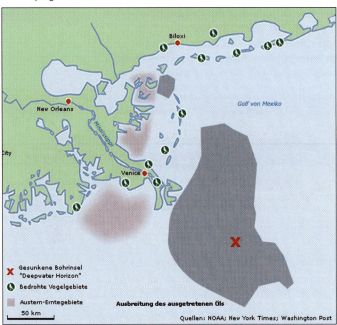

5.4.4.3 Kartografische Infografiken

Kartografische Infografiken sind für die Visualisierung räumlicher Zusammenhänge und Geschehnisse unverzichtbar. Für das Verständnis ist der Kartenausschnitt und die Generalisierung, d. h. Vereinfachung, von großer Bedeutung. Zeigen Sie nur Details, die für Ihren Zweck wichtig sind. Unverzichtbar in allen kartografischen Darstellungen sind die Angabe des Kartenmaßstabs und die korrekte Ausrichtung des Kartenbildes nach Norden.

Kartografische Infografiken werden in mehrere Kategorien unterteilt:

- Ereignisraumkarte, Lage- oder Orientierungskarte finden Verwendung z. B. bei Unwettern, Rennstrecken, Kriegshandlungen oder großen Sportveranstaltungen.
- Thematische Karten werden z. B. verwendet bei der Darstellung aller Kohlebergwerke in Deutschland oder der Arbeitslosenquote in den Bundesländern. Dabei werden themenbezogene Symbole besonders hervorgehoben.
- Wetterkarten werden in verschiedenen Arten erstellt. Die Bandbreite geht von der meteorologischen Wetterkarte bis zur Bildkarte, die eine Reihe von Zusatzinformationen wie z. B. Pollenfluginformationen, Ozonwerte oder Biowetter als Serviceinformation aufweist. Wetterkarten und Wetterberichte sind typische Kurzzeitgrafiken – dies liegt in der Natur des Wetters begründet. (Lesen Sie dazu auch das Kapitel 5.4.6 *Wetter als Informationsgrafik*).

Die Karten in Infografiken sind meist abgezeichnet und anschließend überarbeitet. Im Sinne des Urheberrechts ist dies nicht zulässig.

Vor der Erstellung von kartogra-

Informationsgrafik

Kombinierte Informationsgrafik

Infografik über den Bau und die Logistik von Verkehrsflugzeugen bei Airbus Industries mit Text, Grafik, Karte und Bild.

Abb.: Stern

fischen Infografiken müssen Sie legale Kartengrundlagen erwerben und diese in der Infografik als Quelle angeben. Kartenrechte gibt es z. B. bei den staatlichen Landesvermessungsämtern oder bei kartografischen Verlagen.

Kombinierte Informationsgrafik
Die Kombination aus Kartengrundlage, Informationsinhalt wie Wege und Organisationsbeteiligte, technische Darstellung und Halbtonbildern ermöglichen dem Laien in obigem Bild einen schnellen und vollständigen Überblick über die Produktion und den Transport eines der komplexesten europäischen Industrieprodukte. Die Informationsdichte der oben abgebildeten Grafik ist extrem hoch und für den Leser erschließt sich diese Abbildung erst nach einiger Betrachtungszeit.

Wichtig ist bei der Konzeption einer derartig komplexen Informationsgrafik die Anlage einer durchgängig logischen und nachvollziehbaren Farbgestaltung, die es dem Leser erleichtert, die Zusammenhänge aufzunehmen und zu verstehen.

Die Kombination mit Farbbildern ist bei einer derartigen Informationsgrafik immer mit Bedacht vorzunehmen. Es ist dabei zu berücksichtigen, dass unsere Wahrnehmungsgewohnheiten zuerst realistische Bilddarstellungen aufnehmen und danach auf die Grafik reagieren. Dadurch besteht die Gefahr der Schwerpunktverschiebung – der Leser nimmt nicht den Informationsgehalt der Gesamtdarstellung wahr, sondern nur die Bilder. Dies ist beim Grafikaufbau durch entsprechende Reduktionen zu berücksichtigen.

Band I – Seite 431
5.1 Piktogramm

Isotype-Grafik

Die Zahl der weißen und schwarzen Vogelsilhouetten visualisiert die Situation der Vogelpopulation im Jahresverlauf.

Abb. aus: Sally Morgan, Leben und Umwelt, Bertelsmann Verlag 1995, S. 113

5.4.4.4 Isotype-Grafiken

Das Isotype-Prinzip zur Erstellung von bildstatistischen Informationsgrafiken wurde in den 20er und 30er Jahren des vergangenen Jahrhunderts vom Grafiker Otto Neurath in Wien entwickelt. In Isotype-Grafiken werden Mengen durch gegenständliche Symbole veranschaulicht. Dabei ändert sich nie die Größe der Symbole, sondern immer deren Anzahl. Die jeweilige statistische Einheit sollte als gegenständliches Bild gestaltet werden. Die gleiche Einheit wird immer durch dasselbe Bildzeichen wiedergegeben. Ziel der Isotype-Grafik ist immer die Anschaulichkeit, die Gegenständlichkeit und die korrekte Visualisierung. Daher zeigen diese Grafiken immer

Isotype-Grafik

Handelsmarinen der Erde. Frühe Isotype-Grafik von Otto Neurath 1929. Er entwickelte die Bildstatistik, die sich als „Isotype-Technik" besonders in den USA und Großbritannien durchsetzte. Exakte Zahlenwerte sind aus dieser Grafik schwer herauszulesen, Zusammenhänge und Entwicklungen werden gut dargestellt und sind vom Leser sehr schnell aufzunehmen und zu interpretieren.

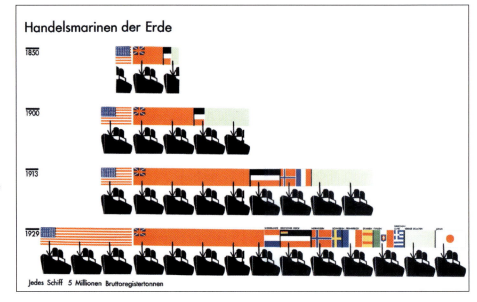

anschauliche Mengenverhältnisse anstatt der wenig einprägsamen Zahlen. Die Grafiken beinhalten ein zentrales Thema, das vom Grafiker entsprechend grafisch aufbereitet wird. Sie sehen dies in den beiden Abbildungen am Beispiel der Symbole für Vögel und für Schiffe. Nachteil dieser Grafik ist, und dies wird immer wieder genannt, dass die Darstellung als langweilig, monoton und streng empfunden wird und keine exakt abzulesenden Zahlenwerte angibt.

Informationsgrafik

5.4.4.5 Technische Illustration

Technische Illustrationen sind sicher in vielen Fällen die Informationsgrafik mit den höchsten Ansprüchen an Genauigkeit, Präzision und Darstellungsqualität.

Technische Illustrationen geben technische Details exakt so wieder, dass ein Laie den prinzipiellen Gesamtzusammenhang z.B. einer Maschine erkennen kann. Ein fachkundiger Betrachter kann aber genau erkennen, um welches technische Getriebe es sich beispielsweise bei einer abgebildeten Maschine handelt. Technische Illustrationen sind also detailgetreue und exakte Abbildungen der Wirklichkeit, die mit fotografischen Abbildungen so nicht erstellbar sind. Daher sind derartige Grafiken aufwändig und teuer in der Herstellung.

An den Mediengestalter stellt die technische Illustration hohe Anforderungen, da er sich zur exakten Umsetzung einer technischen Darstellung in die Technologie hineinversetzen muss, er muss sie verstehen. Dies erfordert bei komplexen technischen Illustrationen einen hohen Einarbeitungsaufwand und im Einzelfall auch informative Gespräche mit dem Auftraggeber.

Technische Illustrationen können als Explosionsgrafik aufgebaut werden. Dies ist eine Grafik, die z.B. eine Maschine vollständig darstellt, also einen Überblick über den Gesamtzusammenhang gibt. In wesentlichen Teilen kann dann die Maschine in verschiedene Ebenen zerlegt werden, um Einblicke in technische Vorgänge und Funktionszusammenhänge zu geben.

Explosionsgrafik

Ein komplexes technologisches Produkt wie hier der A 380 wird in verschiedene Ebenen zerlegt, um Aufbau und Struktur für den Betrachter optisch zu verdeutlichen.

Abb.: Stern

485

5.4.4.6 Informationsgrafik in der Zeitung

Zeitungsgrafik

Infografik Schloss Meseberg in Brandenburg

Abb.: Golden Section Graphics GmbH Informationsdesign Berlin

www.golden-section-graphics.com/

Aufwändige Informationsgrafiken werden häufig in überregionalen Tages-, Wochen- oder Sonntagszeitungen eingesetzt, um die Leser mit ausführlichen Informationen über komplexe Sachverhalte aufzuklären und Hintergrundinformationen weiterzugeben.

Die „Welt am Sonntag" veröffentlichte die hier abgebildete Informationsgrafik. Dem Leser wird hier verdeutlicht, wie im Gästehaus der Bundesregierung in Meseberg eine Kabinettssitzung der Bundesregierung vorbereitet und durchgeführt werden soll.

Dabei wird der historische Tagungsort in aller Ausführlichkeit durch die Infografik des Schlosses dargestellt. Ergänzt wird die mehrstufige Hauptgrafik des Schlossaufbaues mit allen Räumlichkeiten durch kleinere Darstellungen mit einem Lageplan und den Nebengebäuden des Schlosses.

Informationsgrafik

Außerdem ist eine reale Abbildung des Schlosses vorhanden. Sie sehen diese beiden Bilder jeweils am Kopf dieser beiden Seiten.

Derartige Informationsgrafiken erfordern eine inhaltliche Auseinandersetzung des Informationsdesigners mit der jeweiligen Themenstellung z. B. durch entsprechende Lage- und Baupläne, durch Aufnahmen der Innenräume und der Umgebung. Solche Grafiken erfordern einen hohen Produktionsaufwand und eine klare Vorstellung der verschiedenen Produktionsebenen, die in entsprechenden Grafikprogrammen anzulegen und gegebenenfalls zu kombinieren sind.

Kennzeichen dieser komplexen Grafiken sind die hohe Detailtreue und -genauigkeit, der hohe Veranschaulichungsgrad und eine reduzierte, aber eindeutige und klare Beschriftung in der Grafik. Diese Beschriftung wird zumeist ergänzt durch klare und prägnante Headlines und Legenden.

Zeitungsgrafik

Infografik Schloss Meseberg in Brandenburg

Abb.: Golden Section Graphics GmbH Informationsdesign Berlin

www.meseberg.de

www.golden-section-graphics.com/

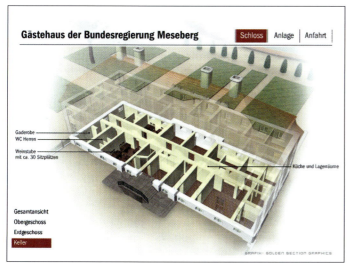

487

5.4.5 Interaktive Informationsgrafiken

Band I - Seite 552
6.3.2 Usability

Band I - Seite 337
3.4.5 Zeitungsgestaltung

Strukturelle
Gestaltungsregeln

Information overload

Bezeichnung für
den Zustand der
Informationsüberflu-
tung durch digitale
Technologien. Wird
auch als „Information
flood" bezeichnet.
Führt zu einer Reizü-
berflutung und einer
damit verbundenen
abnehmenden Wahr-
nehmung.

Nachrichtenmagazine, Tageszeitungen, Fernsehanstalten und Informations- portale bieten interaktive Informati- onsgrafiken an. Ziel dieser interak- tiven Grafiken ist, den Nutzern einen schnellen Informationsmehrwert zu geben. Sachverhalte und Zusammen- hänge sollen kompakt und verständlich dargestellt werden. Dabei besteht fast immer die Gefahr der Vereinfachung. Um glaubwürdig zu bleiben, müssen Sachverhalte also korrekt, vollständig wahrheitsgetreu und übersichtlich wie- dergegeben werden.

Der entscheidende Punkt bei der Gestaltung einer interaktiven Infor- mationsgrafik ist die Grafik-Usability. Die Infografik auf einer Webseite muss prinzipiell den gleichen Usability-Regeln unterworfen werden wie eine Website selbst. Die folgenden Punkte sind hier besonders bedeutsam:

- Jede Infografik braucht eine Über- schrift.
- Klare Navigationsstruktur
- Navigationsoptionen müssen optisch klar und eindeutig angezeigt werden.
- Navigationsüberblick muss sicher- gestellt sein, also der Nutzer muss immer wissen, an welcher Stelle der Informationswiedergabe er sich in der Grafik befindet.
- Nutzer müssen eine klare Struktur zwischen den multimedialen Inhalten erkennen, um für sich die optimale Lesart, also die beste individuelle Informationsaufnahme, zu erkennen und zu nutzen.
- Die Informationsgrafik kann durch die Anhäufung interaktiver und mul- timedialer Medienelemente zu einem „Information overload" führen. Das bedeutet in letzter Konsequenz, dass der Leser durch die Vielzahl an aktiven Komponenten auf einer Informationsgrafik keine Struktur

mehr erkennt und aus dem Lesen der Grafik aussteigt. Tritt dieser Fall ein, ist die Aufgabe der Grafik nicht erfüllt.

- Die Infografik darf nicht manipulativ sein.
- Bei Mengendarstellungen müssen die Verhältnisse gewahrt werden.
- Elemente mit gleichen oder ähn- lichen Funktionen sollten vergleich- bare Eigenschaften z.B. bei Form, Größe und Farbe aufweisen.
- Elemente, die ein geschlossenes Bild ergeben, werden gesamtheitlich wahrgenommen.
- Elemente, die nahe beieinander liegen, werden zueinander in Bezie- hung gesetzt.
- Funktionselemente sollten einfache und klare Formen aufweisen.
- Die Datenquelle muss angegeben werden.
- Eine Einbindung verschiedener Medientypen muss übersichtlich und eindeutig sein.
- Interaktive Medien sollen durch den Nutzer selbst gesteuert werden. Bei Sounds oder Videos muss die Eigenregie, also die Selbststeuerung, möglich sein.

Durch die Vielzahl der Gestaltungs- und Informationsangebote ist es für den Informationsgrafiker wichtig, eine klare, einheitliche und übersichtliche Gestal- tungsstruktur für Informationsgrafiken zu finden. Der Nutzer einer interaktiven Informationsgrafik erwartet bei dieser Grafikart bei vielen Elementen eine Interaktionsmöglichkeit, um an weitere versteckte Informationen zu gelangen. Die mithin wichtigste Frage bei der Produktion einer interaktiven Grafik ist also, wie die Funktionalität einzelner interaktiver Elemente dem Nutzer klar vermittelt werden können. Die Funk- tionalität guter Webseiten könnte hier

488

Informationsgrafik

Richtschnur sein: Links sind unterstrichen, farblich hervorgehoben, Icons vermitteln weitgehend standardisierte Funktionalitäten, Buttons sind erkennbar und führen weiter.

5.4.5.1 Regeln für die Gestaltung

Interaktive Grafiken sind eine im Entstehen begriffene Grafikart, für die noch keine allgemein gültigen Regeln gelten. Daher soll hier der Versuch unternommen werden, gestalterische Regeln aufzustellen, die bei der Entwicklung dieser Grafikart helfen können:
- Konzentration auf die wesentlichen Bildinhalte
- Die Kernaussage muss erkennbar und verständlich visualisiert sein
- Gute Kontraste zwischen Bildhauptteil und Hintergrund
- Sparsame Verwendung der möglichen Medientypen
- Übersichtliche, klare, gut strukturierte und sachlogische Farbverwendung
- Gut lesbare Schriften mit Monitoreignung
- Form und Inhalt der Infografik bilden eine Einheit.
- Schrifthintergrund muss klaren Kontrast zur Bildinformation aufweisen.
- Verwenden Sie reduzierte Grafikelemente, betonen Sie die wesentlichen Inhalte und vermeiden Sie die Betonung nebensächlicher Elemente.
- Denken Sie daran, dass die Informationsgrafik schnell, eindeutig und korrekt informieren muss.

Die rechts abgebildete Serie einer Informationsgrafik des Focus-Gesundheitsratgebers weist eine Reihe der vorne genannten Anforderungen auf:
Die erste Abbildung zeigt das Startbild mit einer Gesamtdarstellung und den drei Hauptnavigationsbereichen

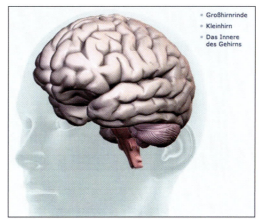

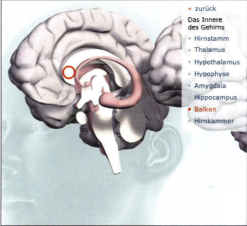

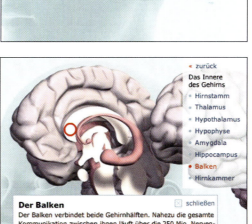

Focus-Infografik „So funktioniert das Gehirn"

FOCUS-Online erklärt mit Hilfe von Infografiken, welche Regionen des Gehirns bei der biologischen Informationsverarbeitung wie miteinander kommunizieren. Schauen Sie mal rein unter

www.focus.de/gesundheit/ratgeber/Gehirn/Infografik

Wie Informationen in interaktiven Systemen erfasst werden: Eyetrack-Studie III

www.poynter-extra.org/eyetrack2004/main.htm

489

Lufthansa-Infografik „Größenvergleich des neuen A 380 zu bekannten Plätzen der Welt"

Mit interessanten Informationsgrafiken (Fußballstadion, Petersdom in Rom) veranschaulicht die Lufthansa die Größe ihres neuen Flugzeuges A 380. Zwei Bilder zeigen einen Ausschnitt aus der Informationsgrafik.

www.lufthansa.de

Lufthansa-Infografik „Gewicht des neuen A 380 zu bekannten Schwergewichten der Welt"

Mit wachsenden Informationsgrafiken veranschaulicht die Lufthansa das Gewicht des Airbus A 380. Die zwei Bilder zeigen den Beginn und das Ende der animierten Informationsgrafik.

www.lufthansa.de

zum Thema. Beim Mouseover über entsprechende Bildteile oder einem Navigationstext verändern sich die Bildinhalte und die sich ändernde Navigation dient gleichzeitig der Information des Nutzers. Weiter gehende Informationen zu den verschiedenen Themenpunkten unseres Gehirns können noch in einer separaten Textbox aufgerufen werden.

Derartige Informationsgrafiken erfordern vom Designer einen hohen Rechercheaufwand, gute Kenntnisse in der 3D-Darstellung und Animationsprogrammierung.

5.4.5.2 Wirkung und Bedeutung der Infografik

Alle hier dargestellten Infografiken vermitteln dem Betrachter das Gefühl der Objektivität und Unbestechlichkeit. Inhalte, nüchterne Zahlenmaterialien und Zusammenhänge werden dem Betrachter scheinbar wertneutral und objektiv dargeboten. Dass dabei eine interessante Darstellung von bekannten Größen- oder Gewichtsverhältnissen die Visualisierung von Zusammenhängen unterstützt, ist an den Beispielen links gut erkennbar.

Dass Infografiken seit Jahren eine immer höhere Nutzung erfahren, liegt im Wesentlichen daran, dass die Akzeptanz der Nutzer sehr hoch ist. Die Mehrzahl der Infografiken ist offensichtlich so gut aufbereitet und gestaltet, dass nach einer Studie von C. Bouchon 2007 bei den vorgelegten Infografiken 79 % der Testpersonen befanden, dass die Verständlichkeit der dargestellten Infografiken als gut zu bewerten sei. In der Studie wurden Nutzer zu Infografiken der Magazine Stern, Focus und Spiegel befragt. Dabei wurde als weiteres interessantes Ergeb-

Informationsgrafik

nis festgestellt, dass 79,5 % der Leser bei den bewerteten Infografiken die Informationsdichte als „eher hoch", „hoch" oder „zu hoch" einschätzten. 30 % der Nutzer beurteilten das Informationsangebot als eher nicht ansprechend. Die Interpretation des Ergebnisses lässt den Schluss zu, dass Infografiken den Leser eher ansprechen, wenn in einer Grafik weniger Informationen gebündelt werden. Eine Infografik muss also eher vereinfachen, abstrahieren und sich auf Kerndarstellungen und Kernaussagen reduzieren. Ein kurzes Statement dazu könnte lauten: „Eine prägnante Infografik informiert Sie über alles Wichtige in Kürze".

Für über 50 % der Nutzer sind Infografiken ein deutlicher Leseanreiz, die Grafik verführt zum Betrachten der Grafik und zum Lesen eines Artikels. 60 % der Leser sind der Meinung, dass eine Infografik Sachverhalte besser darstellt, als dies ein Text alleine vermag. Dies gilt allerdings nur für bestimmte Bereiche: Infografiken weisen eine hohe Nutzerakzeptanz (90 %) in den Bereichen Wissenschaft, Technik und Medizin auf, bei Wirtschaftsthemen liegt die Akzeptanz bei etwa 66 %. Als eher ungeeignet werden die Themen Kultur, Ausland, Deutschland und Sport betrachtet. Der Leser möchte bei diesen emotionalen Themen offensichtlich besser durch Texte informiert werden – die Infografik kann Emotionen, Vorgänge oder Gefühle deutlich schlechter transportieren.

Eine der wichtigsten Kritikbereiche bei der Untersuchung bezog sich auf die Gestaltung von Infografiken: Es wurde kritisiert, dass die Grafiken zu farbenfroh, zu vollgestopft oder nicht ansprechend seien. Viele Grafiken wurden als unübersichtlich und als zu textlastig bezeichnet, die Leseführung wurde oftmals als zu unklar und unlogisch kritisiert.

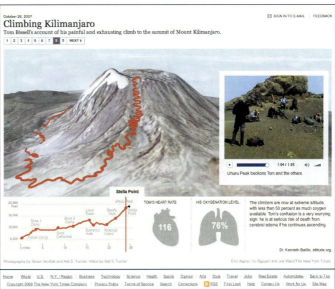

Einer der Klassiker der interaktiven Infografik ist die oben abgebildete „Climbing Kilimanjaro"-Grafik. Alle wesentlichen Elemente und Informationen, die bei der Besteigung eines hohen Berges von Bedeutung sind, werden hier übersichtlich und treffend dargestellt. Alle oben genannten Regeln für Gestaltung und Aufbau einer Infografik treffen hier zu. Besuchen Sie den rechts angegebenen Link – es macht richtig Spaß, den Berg zu besteigen.

Band I - Seite 403
4.4 Virtuelle Welten

Virtueller Markt
Einladung zum landwirtschaftlichen Markt mit Infografiken und virtuellen Räumen

www.vfmuk.com/

Climbing Kilimanjaro
google: climbing kilimanjaro, New York Times

491

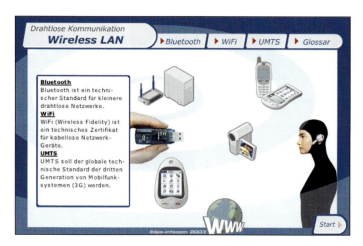

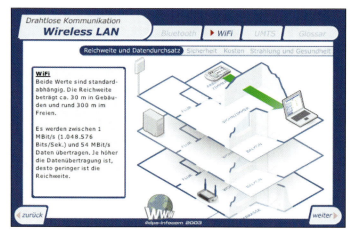

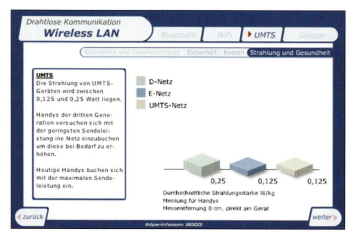

Infografiken in Informationssystemen
Internetbasierte Informationssysteme weisen zunehmend interaktive Oberflächen auf, die in der Aufmachung und im Design Anlehnung an Infografiken zeigen. Zusätzliche Elemente sind die Interaktivität und die oft bilddominierten Inhaltsdarstellungen.

Diese WebLines genannten Infoseiten sind multimediale Content-Systeme für Websites mit völlig freiem Layout. Von den Anbietern solcher Systeme wird auch das komplette Nachrichtenmanagement für die Infografik übernommen: Das Informationssystem muss nur einmal implementiert werden und aktualisiert sich danach weitgehend automatisch.

Diese WebLines z.B von dpa-infocom werden per FTP-Push im NITF3.0 XML-Format über das Internet angeboten. NITF basiert auf XML, einem Standard für die strukturierte und layoutunabhängige Aufbereitung von Inhalten. Die Inhalte können mittels Standardsoftware oder einem Redaktionssystem verarbeitet und für XML aufbereitet werden. Dadurch ist eine Erweiterung und Aktualisierung der Informationen in das interaktive Grafiksystem jederzeit möglich.

Die Abbildungen zeigen ein derartiges Infografiksystem. Oben ist die Startseite, darunter sind zwei Seiten zur Information. Beide Seiten sind „grafikdominant" aufgebaut und geben Informationen über Bilddarstellungen weiter. Der Textanteil ist weitgehend auf den linken Textblock reduziert.

Interaktive Infografik
Interaktives Infografiksystem zur Information über Kommunikation. Aufbau, Struktur und Navigation entsprechen einer Informationsgrafik.

Abb.: Globus-Infografik/dpa-infocom

5.4.6 Wetter als Informationsgrafik

Informationsgrafik

Eine der interessantesten Entwicklungen im Bereich der Informationsgrafiken wurde durch die Wetterkarten in der amerikanischen Tageszeitung USA TODAY eingeläutet. Es ist auf den Gründer der Zeitung USA TODAY zurückzuführen, dass Tageszeitungen überall auf der Welt die Wichtigkeit des Wetters für die Leser entdeckten.

Die rechts abgebildete Wetterkarte in der Online-Ausgabe zeigt die aktuelle Wetterkarte, wie sie in der Print- und Online-Version zu sehen ist. Die Farbverläufe zeigen die Temperaturunterschiede in den Vereinigten Staaten. Über der Karte kann jeder Nutzer seine individuelle Wettervorhersage abrufen, indem er Postleitzahl oder Ortsnamen eingibt. In der Printausgabe sind unter der Wetterkarte noch die 32 wichtigsten Städte der USA mit genauer Wettervorhersage angegeben.

Wetterkarten als Leserservice

In vielen Tageszeitungen sind Wettergrafiken mit hohem Aufwand erstellt worden, um einen echten Leserservice zu bieten. Dabei sind die Herstellungskosten und der Arbeitsaufwand für diese Karten enorm: Es werden eigene Wettericons für lokale Wetterlagen entwickelt, die Wetterkarten der Wetterdienste werden komplett überarbeitet und es wird in den meisten Fällen Farbe als Darstellungsmittel eingesetzt.

Unterschiedliche Typen von Wolken, verschiedene Regenarten und verschieden aussehende Sonnen, Monde, Schnee, Hagel und Blitze in optisch klarer Darstellung müssen für Übersichtlichkeit in der Wetterdarstellung sorgen. Farbleitsysteme für die verschiedenen Temperaturen und für die jahreszeitlichen Wetterlagen kommen hinzu. Regionale politische Grenzen müssen in den Wetterkarten, z.B. in Grenzgebieten zu

Wetter USA TODAY
www.usatoday.com

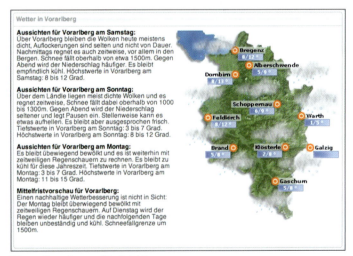

Wetter Vorarlberger Nachrichten
www.vol.at

493

Wetterbericht
Interaktive Wettergrafik der Stuttgarter Zeitung mit sehr klarer und übersichtlicher Informationsgrafik.

Abb.: www.stuttgarter-zeitung.de

Wettericons
Konfigurieren Sie eine eigene Wetterstation auf Ihrer Homepage. Alle Icons, Tools und Anleitungen unter

www.wetter.de

Österreich, Bayern oder Polen berücksichtigt werden. Satellitenaufnahmen werden in die Wetterberichte integriert.

Gedruckte Wetterberichte sind oft aufwändiger in der Gestaltung als die Online-Varianten. Online-Wetterberichte werden grafisch meist deutlich einfacher, dafür aber funktioneller aufbereitet. Hintergrund dafür ist die Notwendigkeit, Wetterberichte in einem bestimmten Rhythmus zu aktualisieren und an die Darstellung der Wetterentwicklung weitgehend automatisiert anzupassen. Die Wetterdienste von dpa oder dem Deutschen Wetterdienst ermöglichen dies.

Wie für alle Informationsgrafiken gilt auch für Wetterberichte, dass die schnelle Informationsübermittlung nur dann komprimiert, schnell und effektiv funktioniert, wenn der Nutzer die Informationen schnell entschlüsseln und in Beziehung setzen kann und die Navigation versteht.

Der Wetterbericht ist wichtig: In den Tageszeitungen ist dies eine der meistgelesenen Informationen und eine Nachrichtensendung ohne Wetterbericht kann sich eigentlich niemand vorstellen. Daher muss ihm eine hohe Aufmerksamkeit bei der Gestaltung zukommen. Er wird gelesen, betrachtet und – selbstverständlich – auch gehört.

Übrigens: Insgesamt können sich die Vorhersagen aber allesamt sehen lassen: Für den ersten Tag ermittelte Constance Zeun bei ihrer Diplomarbeit über die „Qualität der Wettervorhersage bei allen Diensten" eine Treffergenauigkeit von über 90 %, für den vierten Tag noch um die 80 %. Diese Tatsache, verbunden mit funktionellem und gutem Design, erklärt den Erfolg und die Bedeutung des Wetterberichts bei nahezu allen Altersgruppen.

5.4.7 Infografiken erstellen

Informationsgrafik

5.4.7.1 Diagramme erstellen mit Microsoft Excel

Die schnellste und einfachste Art, ansprechende Diagramme zu erstellen, bietet das Programm MS Excel. Zur Funktionalität dieses Tabellenkalkulationsprogramms gehört die Visualisierung der Daten in Diagrammen. Das Programm stellt dazu eine große Bandbreite an Diagrammtypen zur Verfügung. In den Abbildungen rechts ist dies unter dem Menüpunkt „Diagramme" zu erkennen. Hier finden sich Flächen-, Balken- und viele weitere Diagrammtypen, die durch Anklicken der entsprechenden Schaltfläche zur Verfügung stehen.

Nachdem Sie die notwendigen Daten in das Datenblatt eingegeben oder über die Funktion > *Einfügen* importiert haben, können Sie die Diagrammart auswählen. Das Diagramm wird automatisch in der Excel-Arbeitsmappe dargestellt und kann jetzt einer Nachbearbeitung und Optimierung unterzogen werden. Dazu gehen Sie unter *Format > Diagrammfläche* auf das rechts abgebildete Formatierungswerkzeug und verändern z.B. Strukturoberfläche und Transparenz einer Diagrammkugel – so wie oben abgebildet.

In der Formatierungspalette können Sie anschließend weitere Anpassungen vornehmen. Naturgemäß ist aber die weiter gehende Bearbeitung deutlich eingeschränkter als in einem Grafikprogramm. Ebenso ist der Export erstellter Grafiken in andere Programme wie z.B. Photoshop zum Teil nur über die Funktionen Kopieren und Einfügen möglich. Hier weist auch die aktuelle Excel-Version nach wie vor einige Mängel auf.

In der obigen Abbildung sind noch zwei Menüs abgebildet, die beim Klick mit der rechten Maustaste auf ein Diagramm erscheinen und, je nach Diagrammtyp, unterschiedliche Nachbearbeitungsmöglichkeiten eröffnen. Insgesamt ermöglicht die aktuelle Excel-Version professionelle Diagrammtypen.

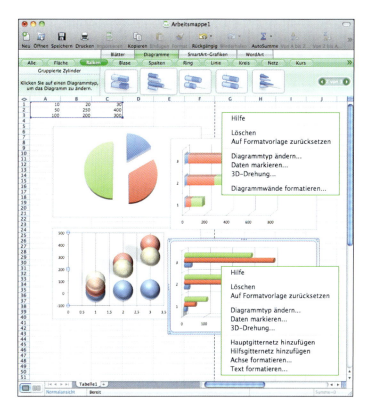

Microsoft Excel

Oben: Auswahlmenü für Diagramme

Unten: Formatierungspalette

495

5.4.7.2 Diagramme erstellen mit Adobe Illustrator

Adobe Illustrator steht hier stellvertretend für die Diagrammfunktionen anderer Grafikprogramme. Die Besonderheit der Diagrammfunktion ist die Erstellung von Bildstatistiken aus dem Datenbestand.

Nach der Auswahl des gewünschten Diagrammtyps können Sie die Daten entweder aus Programmen wie Microsoft Excel importieren oder sie direkt im Programm in die Tabelle eingeben. Dies ist in der Abbildung rechts dargestellt.

Wenn die Daten eingegeben wurden und die entsprechende Achsenzuordnung getroffen ist, kann das Diagramm entsprechend den eingegebenen Daten gezeichnet werden. Dieser Zustand eines gerade erstellten Diagramms ist in der rechten Abbildung oben zu erkennen. Es sind noch alle Elemente der Grafik aktiviert.

Soll die Grafik mit einfachen Mitteln aufbereitet werden, kann dies durch die Anpassung der Diagrammattribute durchgeführt werden. Einige Möglichkeiten der Veränderung sind rechts aus der Abbildung herauszulesen.

Ein Vorteil gegenüber Diagrammen aus Tabellenkalkulationen ist der, dass Ihnen die ganze Bandbreite der grafischen Bearbeitungs- und Ergänzungsmöglichkeiten eines Grafikprogramms zur Verfügung stehen.

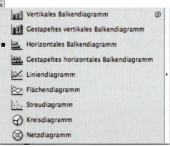
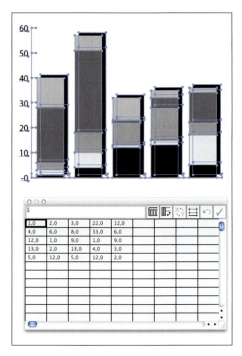
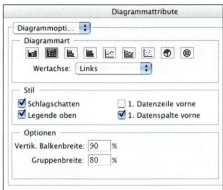

Adobe Illustrator

Oben: Auswahlmenü für die verschiedenen Diagrammarten

Oben rechts: Gezeichnetes Diagramm aus dem darunter abgebildeten Datenbestand

Unten rechts: Diagrammattribute zur nachträglichen Veränderung des Diagramms

Unter Menü *Objekt > Diagramm* können Sie neben verschiedenen Einstellungen auch eigene Symbole definieren, um Isotype-Grafiken zu erstellen.

Unter Menü *Datei > Platzieren …* können Sie Pixelbilder in Ihre Grafik integrieren.

5.4.8 Aufgaben

Informationsgrafik

1 Bildstatistische Darstellungen nennen und beschreiben

Nennen Sie drei Diagrammarten zur Visualisierung von Statistiken.

2 Bildstatistische Infografik anwenden

Welche Diagrammart wählen Sie zur Darstellung der Entwicklung des Aktienkurses?

3 Bildstatistische Infografik anwenden

Welche Diagrammart wird häufig zur Darstellung von Wahlergebnissen eingesetzt?

4 Tortendiagramme richtig anwenden

Erklären Sie, wann Tortendiagramme zur Visualisierung eines Sachverhaltes gut verwendet werden können.

5 Bildstatistische Infografik anwenden

Suchen Sie in Tageszeitungen oder Zeitschriften nach Informationsgrafiken, die auf Liniendiagrammen aufgebaut sind und bei denen Inhalt und Bildhintergrund nicht die gleiche Anmutung aufweisen.

6 Komplexe Infografiken planen

Bei komplexen Informationsgrafiken müssen Sie sich mit dem Auftraggeber zusammensetzen, um den Inhalt der Grafik erstellen zu können. Erklären Sie, warum dies so ist.

7 Kartografische Infografik planen

Nennen Sie die wichtigsten Funktionen und Voraussetzungen, die für die kartografische Infografik vor dem Arbeitsbeginn abgeklärt werden müssen.

8 Isotype-Grafik erläutern

Wodurch zeichnen sich Isotype-Grafiken besonders aus?

9 Gestaltungsregeln zur Herstellung von Infografiken benennen

Nennen Sie die wichtigsten Regeln zur Erstellung von Infografiken.

10 Gestaltungsregeln zur Herstellung von Infografiken anwenden

Sie sollen einen Wetterbericht für eine Tageszeitung gestalten. Beschreiben Sie Ihre Vorgehensweise.

11 Diagramme mit Anwendungssoftware erstellen

Erstellen Sie Diagramme und Infografiken nach Vorlagen mit MS Excel und Adobe Illustrator.

497

Webdesign

6.1 Übersicht

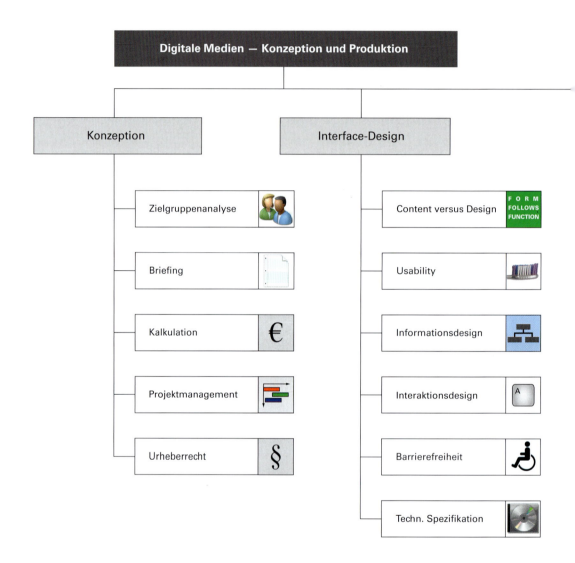

Übersicht

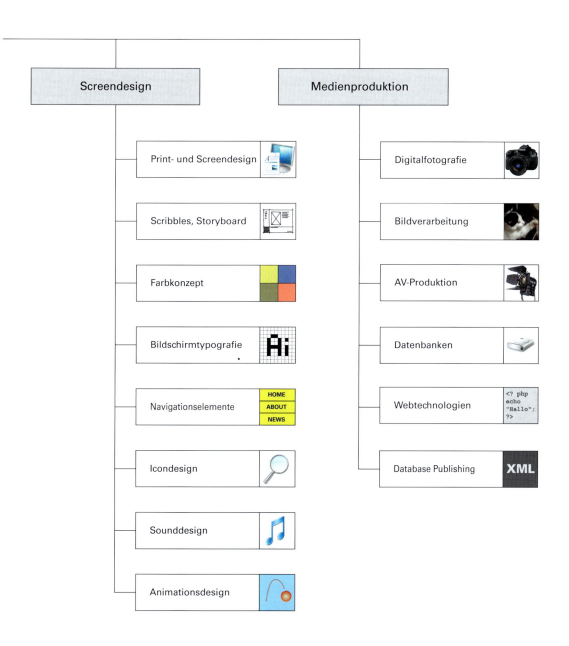

Band I – Seite 579
7.1 Zielgruppenanalyse

Band I – Seite 601
7.2 Briefing

Band I – Seite 843
11.1 Projektmanagement

Band I – Seite 819
10.3 Kalkulation

Band I – Seite 733
9 Medienrecht

Band I – Seite 547
6.3 Interface-Design

Band I – Seite 507
6.2 Screendesign

Band I – Seite 355
4 Bild- und Filmgestaltung

Band I – Seite 639
7.4 Corporate Identity

Oben:
Seitenverweise zu
Themen, die Sie in
diesem Band finden.

Digitale Medien, denken Sie beispielsweise an ein Computerspiel, eine
interaktive DVD oder an einen großen
Webauftritt, sind in Konzeption und Produktion komplex, aufwändig und kostenintensiv. An ihrer Realisierung sind
zahlreiche Berufe wie Screendesigner,
Fotografen, Texter, Mediengestalter,
Programmierer und eventuell sogar
Video- und Tonspezialisten beteiligt.

Die Grafik auf der vorherigen Doppelseite stellt die digitale Medienkonzeption und -produktion im Überblick
dar. Die Seitenverweise zu den zugehörigen Kapiteln im Kompendium finden
Sie auf dieser Doppelseite an den
Seitenrändern. Beachten Sie, dass sich
alle Themen der Medienproduktion im
zweiten Band „Produktion und Technik
für Digital- und Printmedien" des Kompendiums befinden.

Konzeption

Zur Konzeption gehört an erster Stelle
die Frage nach der *Zielgruppe*. Gibt es
für das geplante Produkt eine Zielgruppe? Wie sieht die Zielgruppe aus?
Welche Rückschlüsse lassen sich auf die
Konzeption und Gestaltung des Digi-
talmediums ziehen? Zur Ermittlung der
Zielgruppe lassen sich beispielsweise
die in Kapitel 7.1 vorgestellten Sinus-
Milieus heranziehen.

Unter *Briefing* wird die Kommunikation mit dem Kunden vor und während der Durchführung eines Auftrags
verstanden. Je genauer die Absprachen
mit dem Kunden sind, umso eher lassen sich spätere Beschwerden und Korrekturen vermeiden. Kapitel 7.2 bietet
einen Überblick über die verschiedenen
Arten des Briefings.

Projektmanagement ist oft „Chefsa-
che", weil bei falscher Planung viel Zeit
und Geld „in den Sand gesetzt" wird. In
Kapitel 11.1 finden Sie die Grundlagen

des Projektmanagements von der Zieldefinition bis zum Controlling.

Um ein Angebot erstellen zu können,
müssen die zu erwartenden Arbeiten
kalkuliert werden. *Medienkalkulation* ist
häufig schwierig, weil im Vorfeld unklar
ist, welche Zeit für Tätigkeiten wie Texte
erstellen, Bilder bearbeiten, Layout
erstellen und umsetzen, Datenbank erstellen und Daten einpflegen, Webappli-
kation programmieren benötigt wird. In
Kapitel 10.3 finden Sie Anhaltspunkte
zur Kalkulation digitaler Medienprodukte.

Aufgrund der weltweiten Verfügbarkeit des Internets müssen Sie bei
urheberrechtlichen Fragen vorsich-
tiger sein als bei Printprodukten. Das
Medien- und speziell *Internetrecht* ist
kompliziert. In Kapitel 9 erhalten Sie
Antworten auf die wichtigsten Fragen.

Interface-Design

Jedes Produkt, und hierzu zählen auch
digitale Medien, besitzt ein Interface
(deutsch: Schnittstelle) zwischen Nutzer
und Produkt. Im Falle von digitalen
Medien wird diese Schnittstelle durch
die Benutzeroberfläche der Software
gebildet. Die „Kommunikation" mit der
Anwendung erfolgt mit Hilfe der Maus,
Tastatur oder neuerdings immer öfter
auch per Touchscreen.

Interface-Design bedeutet, diese
Benutzerschnittstelle so zu gestalten, dass sich die potenziellen Nutzer
intuitiv, also ohne längere Übungspha-
sen, in der Anwendung zurechtfinden.
Neudeutsch wird hierbei von *Usability*
gesprochen, was sich mit „Gebrauchstauglichkeit" oder, etwas freier, mit
„Benutzerfreundlichkeit" übersetzen
lässt. Die drei Disziplinen des Interface-
Designs sind:
• *Screendesign*
  Wie kann die Benutzeroberfläche

möglichst benutzerfreundlich gestaltet werden? Dieser komplexen Frage wenden wir uns in Kapitel 6.2 zu.

- *Informationsdesign*
  Wie sollen die Informationen strukturiert und die Seiten verteilt werden? Wie soll die Navigation durch die Seiten erfolgen? Antworten hierauf finden Sie in Kapitel 6.3.3.
- *Interaktionsdesign*
  Wie kann der Nutzer mit dem Produkt bzw. mit dessen Anbieter in Kontakt treten? Wie müssen Formulare gestaltet werden, damit sie vom Anwender korrekt ausgefüllt werden? Wichtige Aspekte zu diesen Fragen sind in Kapitel 6.3.4 aufgeführt.

Durch das Gleichstellungsgesetz müssen Webseiten auch Menschen mit Behinderung zugänglich gemacht werden. Wir sprechen in diesem Fall von *barrierefreien Webseiten*. Die Grundgedanken zur Barrierefreiheit finden Sie in Kapitel 6.3.5.

Schließlich beantwortet das Interface-Design Fragen zu technischen Aspekten: Wie lassen sich die Inhalte (Content) vom Design der Anwendung trennen? Welche Webtechnologien kommen zum Einsatz? Welche Datenmengen sind (noch) akzeptabel? Welche Voraussetzungen braucht der Benutzer, um die Applikation nutzen zu können?

Screendesign

Häufig wünschen sich Kunden einen „Mediendienstleister", der das komplette Spektrum an Medien anbietet. Nicht ohne Grund heißt der Ausbildungsberuf ja auch „Mediengestalter/ Mediengestalterin Digital *und* Print. Fundiertes Grundwissen über digitale *und* gedruckte Medien wird heute vorausgesetzt. Aus diesem Grund beginnen wir in Kapitel 6.2 mit einem Vergleich zwischen Screen- und Print-

design. Natürlich gelten die in Kapitel 1 behandelten Grundlagen der Gestaltung auch für digitale Medien. Darüber hinaus gibt es jedoch Themen, die ausschließlich für das Screendesign von Bedeutung sind:

- Storyboard (Kapitel 6.2.3)
- Gestaltungsraster (Kapitel 6.2.5)
- Farbgestaltung (Kapitel 6.2.6)
- Bildschirmtypografie (Kapitel 6.2.7)
- Navigationselemente (Kapitel 6.2.8)
- Icondesign (Kapitel 6.2.9)
- Soundgestaltung (Kapitel 6.2.10)
- Filmgestaltung (Kapitel 4.2)
- Animation (Kapitel 4.3)

Ist bereits ein Corporate Design vorhanden, muss der Webdesigner dieses bei seinen Entwürfen berücksichtigen und den „Styleguide" der Firma entsprechend erweitern (Kapitel 7.4).

Medienproduktion

Der Umsetzung der Konzeption in digitale Endprodukte sind zahlreiche Kapitel im zweiten Band „Produktion und Technik für Digital- und Printmedien" gewidmet:

- Bildaufnahmen mittels Digitalfotografie (Band II, Kapitel 5)
- Bildverarbeitung (Band II, Kapitel 6)
- Webtechnologien wie HTML, CSS, JavaScript, PHP und Flash (Band II, Kapitel 10)
- Content-Management-Systeme (Band II, Kapitel 10.7)
- Datenbankdesign (Band II, Kapitel 2.4) und Datenbankanbindung über Database Publishing (Band II, Kapitel 8)
- Audio- und Videoproduktion (Band II, Kapitel 11)

Übersicht

Band II – Seite 153
2.4 Datenbanken

Band II – Seite 287
5 Digitalfotografie

Band II – Seite 311
6 Bild und Grafik

Band II – Seite 735
10 Webtechnologien

Band II – Seite 911
10.7 Content Management

Band II – Seite 441
8 Database Publishing

Band II – Seite 949
11 Audiovisuelle Medien

Oben:
Seitenverweise zu Themen, die Sie im zweiten Band „Produktion und Technik" finden.

505

6.2 Screendesign

6.2.1	Das Interview zum Thema	508
6.2.2	Screendesign – Printdesign	510
6.2.3	Storyboard	513
6.2.4	Format und Auflösung	515
6.2.5	Gestaltungsraster	518
6.2.6	Farbgestaltung	523
6.2.7	Bildschirmtypografie	528
6.2.8	Navigationselemente	534
6.2.9	Icondesign	539
6.2.10	Sounddesign	542
6.2.11	Aufgaben	544

6.2.1 Das Interview zum Thema

Ralf Vogel

Ausbildung
Studium der Visuellen Kommunikation

Berufliche Position
Vorstand

Firma
land in sicht AG
Brühlmatten 16
79295 Sulzburg
www.land-in-sicht.de

Herr Vogel, Ihre Agentur nennt sich „land in sicht". Können Sie uns erklären, was es mit diesem Namen auf sich hat?

Wie viele Agenturen hatten wir zu Anfang unsere Nachnamen (Riesterer & Vogel) auch als Firmennamen. Mit den ersten Mitarbeitern wollten wir weg von dieser Personifizierung. Das war ein spannender Prozess – es entstand eine große Liste mit vielen Namen, nur war keiner dabei, der wirklich überzeugte. Nach längerem Auswahlverfahren saßen wir in unserem Besprechungszimmer mit Blick auf den Schwarzwald und da fiel die Aussage „Es wäre doch schön, wenn wir bald Land in Sicht hätten".

Wie viele Mitarbeiter haben Sie und welche Berufe sind vertreten?

Wir haben siebzehn festangestellte Mitarbeiter. Einige Mitarbeiter haben zuerst eine Ausbildung absolviert (z. B. Schriftsetzer) und anschließend ein Studium der visuellen Kommunikation oder auch der Medieninformatik aufgesattelt. Mediengestalter Print und Digital sowie Fachinformatiker sind ebenfalls mit an Bord. Eine Besonderheit sind unsere Touristiker, die alle ein BA-Studium absolviert haben.

Bilden Sie auch aus und wenn ja, welche Berufe?

Wir haben Mediengestalter Print und Digital sowie Fachinformatiker ausgebildet. Dazu kam bisher noch ein Student der dualen Hochschule. Im Bereich Mediengestalter und Fachinformatiker werden wir auch weiterhin ausbilden.

Gestalter und Informatiker sprechen nicht unbedingt dieselbe Sprache. Wie gelingt es, dass die Kommunikation zwischen Grafik-Designern und Informatikern funktioniert?

Der Schlüssel zur erfolgreichen Kommunikation sind hier unsere Touristiker mit Praxiserfahrung. So können komplexe Aufgaben sehr schnell und einfach „übersetzt" werden und unsere Kunden haben Praktiker als Ansprechpartner.

Welche Qualifikationen oder Kompetenzen sind für Sie unerlässlich, wenn es um die Einstellung neuer Mitarbeiter/innen geht?

Screendesign

Kochen – aber dazu vielleicht gleich noch mehr. Ansonsten legen wir Wert auf eine gute Grundausbildung, eine gute Allgemeinbildung und auf eine hohe soziale Kompetenz. Man muss menschlich ins Team passen, das spezifische Fachwissen kann gelernt werden. Außergewöhnlich ist vielleicht, dass das ganze Team mit einbezogen wird, bevor jemand fest bei uns angestellt wird.

Schon beim Betreten des Gebäudes stellt man fest, dass hier ein großer Wert auf Gemeinsamkeit gelegt wird. Können Sie uns Ihre Firmenphilosophie in wenigen Worten beschreiben?

Authentisch, offen und ehrlich mit Kunden und Mitarbeitern umgehen. Um das Ganze zu fördern, essen wir zum Beispiel seit vielen Jahren jeden Mittag gemeinsam – wobei abwechselnd für das ganze Team gekocht wird. Seit ein paar Jahren haben wir auch eine Kinderbetreuung im Haus, so dass Mitarbeiter ihre „Minis" (unter 3 Jahren) zur Arbeit mitbringen können.

Sprechen wir über Ihre Projekte. Welche Produkte bieten Sie an? Wer sind Ihre Kunden?

Schwerpunkt bei land in sicht ist die Tourismusbranche. Wir bieten touristischen Destinationen und Leistungsträgern von der klassischen CI-Entwicklung bis zu speziellen Softwareentwicklungen ein komplettes Paket aus einer Hand. Besonders „toubiz", unsere selbst entwickelte Software, bildet hier eine wichtige Säule. Unser nördlichster Kunde ist Kampen auf Sylt, im Westen das Westsauerland und im Osten das Zittauer Gebirge. Wir haben Kunden in Bayern und der Schweiz. Die meisten unserer Kunden sind allerdings in Baden-Württemberg zu Hause.

Wie beurteilen Sie die Werbebranche insgesamt? Wie gelingt es einer Agentur, dauerhaft am Markt zu bestehen?

Unser „Erfolgsrezept" war und ist die Spezialisierung – ein vergleichbares Portfolio bieten nur eine Handvoll Agenturen in Deutschland.

Das Internet unterliegt einem ständigen Wandel. Hat der aktuelle Hype um das „Social Web" (Twitter, Facebook) Einfluss auf Ihre Firma oder auf Ihre Projekte?

Wir machen seit 1997 Online-Projekte und haben uns an diesen Wandel gewöhnt ;o). Im Schnitt passen wir unsere Produkte und Strategien alle sechs Monate dem Markt an, und wir haben gelernt, nicht jedem Hype sofort zu folgen (Beispiel: Second Life). Facebook, Twitter & Co sind, aus meiner Sicht, kein Hype, sondern ermöglichen Kommunikation im Internet auf Augenhöhe. Vor allem aber die Möglichkeit, inzwischen jederzeit und überall mobil auf das Internet zugreifen zu können und sich im Social Web auszutauschen, wird unsere Produkte in nächster Zeit nachhaltig beeinflussen und verändern.

Wagen wir einen Blick in die Zukunft: Wo sehen Sie das Internet in zehn Jahren?

Ich sehe das Internet als festen Bestandteil unseres Alltags. Die Generation, die selbstverständlich mit dem Internet groß geworden ist, kommt ja jetzt erst in die Berufswelt. Diese jungen Menschen werden ganz neue Umgangsformen und Online-Welten schaffen – ohne die Vorbehalte, die wir als alte Pioniere noch hatten. Ich freue mich auf jeden Fall auf eine weitere spannende Zeit ...

Die Autoren bedanken sich herzlich für das Interview und wünschen Ihnen und Ihrem Unternehmen weiterhin alles Gute.

509

6.2.2 Screendesign – Printdesign

Band I – Seite 643
7.4.2 Corporate Design

Nicht ohne Grund halten Sie ein Buch in der Hand, das sich mit der Mediengestaltung von Digital- *und* Printmedien befasst. Beides ist untrennbar miteinander verbunden.

Auch Firmen wie Amazon oder eBay, die ihren Vertrieb ausschließlich über das Internet abwickeln, korrespondieren mit Kunden, präsentieren sich auf Messen und werben in den Printmedien.

Umgekehrt kann es sich heute keine Firma oder Institution mehr erlauben, auf eine Internetpräsenz zu verzichten. Sie ist das Aushängeschild und die Visitenkarte des Unternehmens.

Screen- und Printdesign hängen also eng miteinander zusammen. Beide Komponenten sind Bestandteile des *Corporate Designs* des Unternehmens. Doch trotz der Zusammengehörigkeit unterscheidet sich Screen- von Printdesign in vielfacher Hinsicht. Auch wenn Sie jetzt zu Recht einwenden, dass die Gestaltungsgrundlagen in beiden Bereichen identisch sind, dann gilt dies eben nur für die Grundlagen.

Angefangen von der Auswahl des Formats, der Farben und Schriften bis hin zu den multimedialen und interaktiven Möglichkeiten unterscheiden sich Digital- und Printmedien grundlegend, auch wenn der Kunde dies wegen des Corporate Designs möglichst nicht bemerken soll. Die wichtigsten Unterschiede sind in der Tabelle auf der Seite 512 zusammengefasst.

Wie Sie der Tabelle entnehmen können, liegen die Nachteile der digitalen Medien vor allem in der geringen Auflösung der Monitore und Displays, in der fehlenden Farbverbindlichkeit, in der stark eingeschränkten Schriftenauswahl sowie in der Festlegung auf eine querformatige Ausgabe. Ihre Stärken liegen in ihren vielfältigen interaktiven und multimedialen Möglichkeiten sowie in einer hohen Aktualität und weltweiten Verfügbarkeit.

Typografie

Die Beispiele entstammen dem Styleguide des ZDFs und zeigen, wie sich typografische Gestaltung für Print (links) und Nonprint (rechts) umsetzen lässt.

Abb.: ZDF

510

Screendesign

Screendesign heißt nicht, „hübsche" Seiten zu gestalten, sondern vor allem die Stärken des Mediums optimal zu nutzen. Wer eine Site „im Netz" hat, die seit einem Jahr nicht mehr aktualisiert wurde, erweckt bei seinen Kunden nicht gerade einen seriösen Eindruck. Wer sich im Internet ausschließlich mit Texten und Bildern präsentiert, muss sich fragen, weshalb er die Möglichkeiten des Mediums nicht nutzt. Vielleicht wäre im einen oder anderen Fall eine gezielte Mailing-Aktion per Post oder Fax sinnvoller ...

Als Screen- oder Webdesigner müssen Sie, noch mehr als im Printbereich, die Schnittstelle zwischen der Gestaltung und den technischen Möglichkeiten und Grenzen des Mediums kennen. Freies Gestalten in Photoshop oder Illustrator nach dem Motto „Um die Umsetzung kümmere ich mich nicht, das ist Aufgabe der Programmierer!" ist Unfug. Denn Gestaltung macht nur Sinn, wenn sie auch umsetzbar ist. Hierzu müssen Sie die technologischen Möglichkeiten und Grenzen kennen. Die hiermit verbundenen Einschränkungen müssen Ihnen als Designer/in im Vorfeld bekannt sein, um nichts zu gestalten, das später nicht realisierbar ist.

Für das Funktionieren einer Website sind eine ganze Reihe von Programmier- und Skriptsprachen wie HTML, CSS, JavaScript, PHP, SQL und Ajax zuständig. Eine Website muss unter Windows, Linux und Mac OS funktionieren, egal ob der Anwender sie mit Firefox, Internet Explorer, Chrome, Safari oder einem anderen Browser öffnet. Die Website muss im Extremfall auf einem Handy und auf einem 24-Zoll-Monitor brauchbar sein. All diese technischen Besonderheiten wirken sich auf die Konzeption und Gestaltung der Website aus.

So müssen Sie sich beispielsweise von dem Gedanken lösen, dass eine Website für ein festes Format entwor-

Logo

Die Beispiele entstammen dem Styleguide des ZDFs und zeigen die Verwendung des Logos in Print- (links) und Digitalmedien (rechts).

Abb.: ZDF

511

Screen- und Print-design im Vergleich

Kriterium	Printdesign	Screendesign
Format	meistens Hochformat, oft DIN-A-Reihe 1 : 1,41	Querformat, oft 16 : 10 (entspricht 1,6 : 1)
Typografie	Schriftwahl beliebig	bei Webseiten im Fließtext nur Systemschriften möglich
Farbgestaltung	subtraktive Farbmischung (CMYK-Farbraum) Farbverbindlichkeit über CM	additive Farbmischung (RGB-Farbraum) keine Farbverbindlichkeit
Datenmenge	spielt keine Rolle	möglichst niedrig, damit Ladezeit gering ist
Auflösung	hoch z. B. 2400 dpi (von Belichter abhängig) Details sind darstellbar	niedrig 70 – 150 ppi (fester Wert, von Monitor/Display abhängig) Details sind nicht darstellbar
Interaktion	nicht möglich	zahlreiche Möglichkeiten z. B. Formular, Mail, Forum
Navigation	nur durch Blättern (Seitenzahlen, Inhalts-, Stichwort- verzeichnis als Hilfe)	über Hyperlinks beliebige (nichtlineare) Verknüpfung der Inhalte
Multimedialität	nicht möglich	Sound, Video, 2D-Animation, 3D-Animation
Aktualisierung	aufwändig und teuer, da Nachdruck notwendig	einfach und kostengünstig über Datenbank
Verfügbarkeit	regional, national, selten international	global
Voraussetzungen	keine	PC mit Internetzugang, Computerkenntnisse notwendig

fen werden kann – sie wäre dann auf vielen Monitoren unbrauchbar. Ebenso wäre es unsinnig, sich auf eine Mac-typische Schrift wie die „Helvetica" zu beschränken, da über 90 Prozent der Internetnutzer an Windows-PCs ohne Helvetica sitzen. Und was brächte eine feine Strichzeichnung, die sich wegen der geringen Auflösung am Monitor nicht darstellen lässt?

Die Beispiele zeigen Ihnen, dass Sie als Mediengestalter/in technisches Know-how erwerben *müssen*, um gestalten zu können. Gestalterischer Freiraum bleibt Ihnen dennoch erhalten, auch wenn er geringer ist als im Printbereich.

Glücklicherweise haben Firmen und Behörden mittlerweile erkannt, dass die Erstellung und Pflege eines Internetauftritts nicht zum Nulltarif zu haben ist. Die Zeiten, in denen Hobby-Webdesigner schlechte Seiten ins Netz gestellt haben, sind weitgehend vorbei. Im Internet sind immer mehr qualitativ hochwertige Webauftritte zu finden.

Sowohl der Ausbildungsberuf „Mediengestalter Digital und Print" als auch die medientechnischen Studiengänge haben einen großen Beitrag dazu geleistet, dass es mittlerweile viele „Spezialisten" für diesen Bereich gibt.

6.2.3 Storyboard

Screendesign

Der Begriff „Storyboard" (deutsch: Drehbuch) entstammt der Filmproduktion und meint dort die zeichnerische Umsetzung des Drehbuches. Ein Storyboard dient somit als Vorlage für den Aufbau und die Gestaltung der einzelnen Einstellungen und Szenen.

Übertragen auf die Multimediaproduktion übernimmt ein Storyboard eine ähnliche Funktion: Es bildet die zeichnerische Vorlage für die Gestaltung der einzelnen Screens. Abgesehen von Scribbles kann ein Storyboard Informationen über zu verwendende Schriften, Farben, Dateien, Navigationselemente, Effekte, Übergänge, Animationen, Sounds und Videos enthalten.

Zur Realisierung eines Storyboards gibt es keine spezielle Software. Aus diesem Grund müssen Sie sich, z. B. in QuarkXPress oder InDesign, eine eigene Musterseite erstellen. Die Grafik zeigt ein Beispiel einer solchen Vorlage. Bei der Erstellung des Storyboards wird für alle sich unterscheidenden Screens eine neue Storyboard-Seite erstellt.

Ihr zentrales Element ist die freie Fläche, die in ihren Proportionen dem Seitenverhältnis des Monitors entsprechen muss. Ergänzend können Sie ein Raster einzeichnen, um eine Hilfe für das spätere Layouten zu haben (siehe Seite 518).

Die Zusatzinformationen zur Seite müssen so ausführlich sein, dass die Umsetzung anhand des Storyboards erfolgen kann. Als besonders schwierig erweist sich hierbei die Darstellung bzw. verbale Beschreibung von Animationen oder Videoclips. Eventuell muss ein separates Video-Storyboard erstellt werden.

Beachten Sie, dass für Konzeption und Realisierung in größeren Agenturen unterschiedliche Personen zuständig sind. Ihr Storyboard muss also so gut sein, dass es durch andere umgesetzt werden kann.

Layoutformular eines Storyboards

513

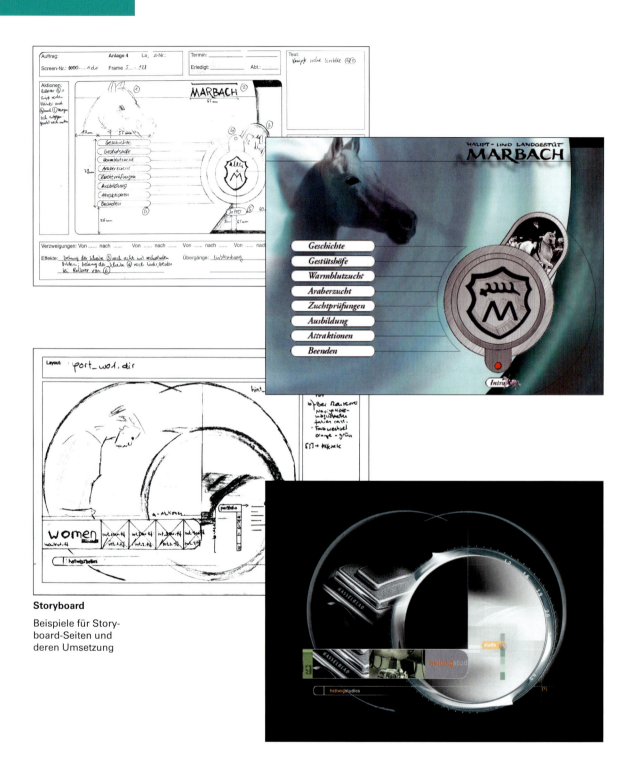

Storyboard

Beispiele für Storyboard-Seiten und deren Umsetzung

6.2.4 Format und Auflösung

Screendesign

Um mit dem Layouten einer Website beginnen zu können, müssen Sie sich zwangsläufig auf ein bestimmtes Format, also Breite in Pixel x Höhe in Pixel, festlegen. Was einfach klingt, erweist sich in der Praxis als knifflige Aufgabe, denn Sie wissen ja nicht, wie die späteren Nutzer Ihre Website betrachten werden. Folgende Faktoren sind zu berücksichtigen:

- *Displaygröße*
  Der Durchmesser eines Monitors wird üblicherweise in Zoll (") angegeben, wobei ein Zoll 2,54 cm entspricht. Laptops besitzen derzeit Displays zwischen 15" und 17", Monitore für Desktop-Computer bewegen sich zwischen 17" und 30".
- *Seitenverhältnis*
  Das Bildformat definiert, wie sich die Bildbreite zur Bildhöhe verhält. Während ältere Monitore ein Verhältnis von 4:3 besaßen, haben heutige Displays ein Bildverhältnis von 16:9 oder 16:10. Die Bildbreite wurde also im Vergleich zur Höhe etwas verbreitert, was den optischen Eigenschaften unserer Augen entgegenkommt. Denken Sie an Kinofilme, die deutlich breiter als hoch sind.
- *Displayauflösung*
  Die Monitorauflösung gibt die Breite und Höhe in Pixel an. Typische Auflösungen für Laptops sind 1.280 x 800, 1.366 x 768 oder 1.440 x 900 Pixel. Große Monitore besitzen Auflösungen von beispielsweise 1.920 x 1.200 oder 2.560 x 1.440 Pixel. Auch die Displays und Auflösung von Smartphones wird größer und beträgt beispielsweise 640 x 960 Pixel beim iPhone.
- *Webbrowser*
  Um eine Website betrachten zu können, wird ein Browser benötigt. So weit ist die Sache eindeutig. Als Designer wissen Sie jedoch weder, *welcher* Browser verwendet wird,

Band II – Seite 73
2.1.7 Monitor

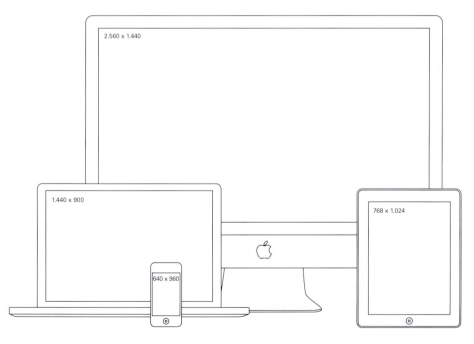

Displays

Mittlerweile gibt es eine große Anzahl unterschiedlicher Displays vom Handy bis zum 27-Zoll-Monitor.
Die Entscheidung für ein bestimmtes Format ist beim Webdesign deshalb schwierig.

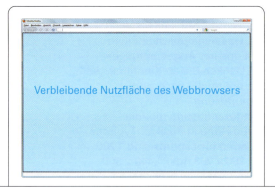

Gestaltungsfläche beim Screendesign

Blau dargestellt ist der Bereich, der sichtbar ist, ohne dass der Nutzer scrollen muss.

noch, ob der Browser im *Fenster oder als Vollbild* geöffnet wird. Damit ist unklar, wie viel Platz zur Darstellung der Website verbleibt.

Die Entscheidung für ein Format wird also immer auf einen Kompromiss hinauslaufen. Bei Laptops und Computerdisplays können Sie zurzeit von einem *Mindeststandard von 1.280 x 800 Pixel* ausgehen. Von dieser Fläche müssen noch die Bereiche abgezogen werden, die der Browser für die Menü-, Navigations-, Lesezeichen- und Statusleiste benötigt. Zusätzlich sollte noch der benötigte Platz für die Windows-Taskleiste bzw. das Mac-Dock abgezogen werden. Die verbleibende Fläche ist sichtbar, ohne dass der Nutzer scrollen muss.

> Die sichtbare Fläche eines Browserfensters beträgt beispielsweise 1.200 x 600 Pixel, das Seitenverhältnis ist dann 2 : 1.

Beachten Sie, dass sich diese Überlegungen nur auf Laptop- und Desktop-Monitore und nicht auf Smartphones oder andere Geräte beziehen. Für diese muss ein eigenes Layout gemacht werden, das dann über unterschiedliche CSS an die Endgeräte angepasst wird.

Wie erwähnt ist die Festlegung auf ein bestimmtes Format ein Kompromiss: Wenn Sie sich eine Website mit 1.200 x 600 Pixel auf einem Cinema-Display vorstellen, dann wird diese dort eher winzig wirken. Umgekehrt kann die Site auf einem Subnotebook mit 640 x 480 Pixel Auflösung nicht komplett dargestellt werden, so dass der Nutzer ständig scrollen muss. Was ist zu tun?

> Entwerfen Sie ein Layout, das sich an die Abmessungen des Endgeräts anpasst.

Mit Hilfe von Cascading Style Sheets (CSS) ist die Anpassung an die Größe des Browserfensters relativ einfach. Schwieriger ist die Entscheidung, *wie* das Layout angepasst werden soll. Die Beispiele rechts zeigen drei unterschiedliche Konzepte:

❶ *Keine Anpassung*
Bei VW findet keine Anpassung statt, die Site bleibt bei großen Displays am linken oberen Rand haften, was optisch nicht ansprechend wirkt.

❷ *Zentrierte Darstellung des Inhalts*
Bei Audi werden die Inhalte immer horizontal mittig platziert. Der Inhaltsbereich selbst behält jedoch seine Größe bei. Der linke und rechte Seitenrand umrahmt den Inhalt und wirkt nicht störend.

❸ *Anpassung des Inhalts*
Bei Mini geht man einen dritten Weg: Wie Sie an den Autos sehen, verändert sich auch der Inhalt, wenn das Browserfenster vergrößert wird. Auch die Hintergrundgrafik passt sich an die zur Verfügung stehende Fläche an, so dass sich auch bei großer Darstellung ein harmonisches Gesamtbild ergibt.

Screendesign

Fazit: Als Webdesigner/in müssen Sie sich von der Vorstellung befreien, für eine feste Größe zu gestalten. Im Unterschied zum Printdesign muss das Ziel sein, *eine Website auf so vielen Monitoren wie möglich so gut wie möglich darzustellen*. Dass hierbei der eine oder andere gestalterische Kompromiss eingegangen werden muss, wird niemand bestreiten.

Seitenlayout

Drei unterschiedliche Konzepte zur Anpassung des Inhalts an unterschiedlich große Browserfenster (Erklärungen siehe Text).

Abb.: VW, Audi, Mini

517

6.2.5 Gestaltungsraster

Band I – Seite 296
3.3.5 Gestaltungsraster

Wenn Sie aus dem Printbereich kommen, dann ist Ihnen die Arbeit mit Gestaltungsrastern vertraut: Die Realisierung einer Broschüre, einer Zeitung oder eines Buches wäre ohne eine detaillierte Planung des Seitenlayouts nicht denkbar. Die Rand- bzw. Spaltenhilfslinien sowie die Grundlinien der Schrift ergeben ein Raster, in das sich die Text- und Bildrahmen einpassen lassen. Auf diese Weise entsteht ein einheitlich gestaltetes Layout.

Als Screendesigner/in stehen Ihnen die genannten Hilfslinien nicht zur Verfügung. Dennoch benötigen Sie ein Rastersystem, um eine durchgängige Gestaltung des Internetauftritts zu erreichen.

6.2.5.1 Pixel-Rastersystem

Wenn Sie nochmals die im vorherigen Abschnitt genannten Displayformate betrachten, so fällt auf, dass alle Angaben durch acht teilbar sind. Es liegt also nahe, ein Raster zu verwenden, das ebenfalls durch acht teilbar ist. Die Abbildung unten zeigt ein 40-Pixel-Raster bei einem Format der Größe 1.200 x 600 Pixel. Es ergeben sich horizontal 30 (30 x 40 Pixel = 1.200 Pixel) und vertikal 15 (15 x 40 Pixel = 600 Pixel) Rasterzellen der Größe 40 x 40 Pixel. Wem dieses Raster zu grob ist, der kann beispielsweise ein 24-Pixel-Raster verwenden. Das Raster lässt sich in Photoshop oder Illustrator wie folgt einrichten:

Making of ...
- Starten Sie wahlweise Photoshop oder Illustrator.
- Legen Sie eine neue Datei in der Größe 1200 x 600 Pixel an. (Wählen Sie bei Illustrator das Dokumentprofil „Web" aus.)
- Wählen Sie *Bearbeiten > Voreinstellungen > Hilfslinien, Raster und Slices)...* (Photoshop) bzw. *Bearbeiten > Voreinstellungen > Hilfslinien und Raster...* (Illustrator).
- Tragen Sie die gewünschte Rastergröße ein und wählen Sie als Einheit „Pixel".
- Blenden Sie das Raster im Menü *Ansicht > Einblenden > Raster* (Photoshop) bzw. *Ansicht > Raster einblenden* (Illustrator) ein.

Rastersysteme
Die Rasterzellen besitzen eine Größe von 40 x 40 Pixel. Bei Bedarf kann eine feinere Einteilung vorgenommen werden.

Beachten Sie, dass sich die Displays von Handys stark unterscheiden. Die Grafik zeigt ein iPhone 4.

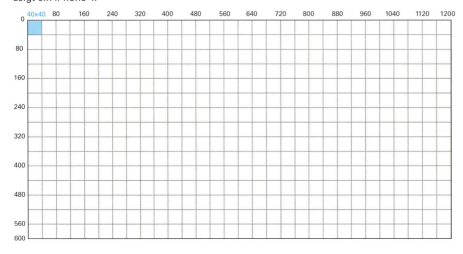
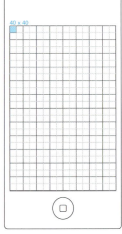

Screendesign

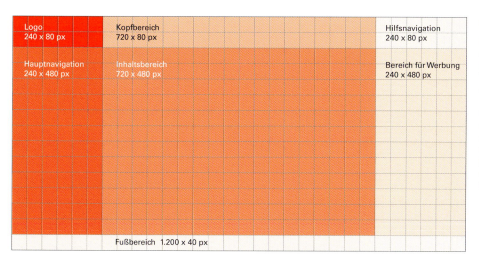

Standardlayout

Der Screen ist horizontal im Verhältnis 1:3:1 und vertikal im Verhältnis 1:6:0,5 aufgeteilt.

Die Farben von dunkel nach hell veranschaulichen die abnehmende Bedeutung der jeweiligen Bereiche von links oben nach rechts unten.

- Wählen Sie *Ansicht > Ausrichten an > Raster* (Photoshop) bzw. *Ansicht > Am Raster ausrichten* (Illustrator).
- Photoshop: Wählen Sie die Einheit „Pixel" im Menü *Bearbeiten > Voreinstellungen > Maßeinheiten und Lineale*
- Blenden Sie die Seitenlineale ein: *Ansicht > Lineale* (Photoshop) bzw. *Ansicht > Lineale > Lineal einblenden* (Illustrator).
- Hilfslinien lassen sich mit gedrückter Maustaste aus den Seitenlinealen ziehen.

6.2.5.2 Komponenten einer Website

Im nächsten Schritt legen Sie in Absprache mit Ihrem Kunden fest, welche Komponenten die Website erhalten muss. Die nachfolgende Liste dient hierbei als Übersicht:

Navigationsbereich
- Hauptnavigation
- Unter-/Subnavigation
- Hilfsnavigation
- Such- und Hilfsfunktionen

z. B. „Breadcrumb"-Navigation, Eingabefeld für Text
- ...

Inhaltsbereich
- Firmenname
- Firmenlogo, Slogan
- Überschrift
- Aufmachertext (Teaser)
- Mengentext
- Fotos, Bilder
- Grafiken, Infografiken
- Diagramme, Tabellen
- Werbung
- Animationen
- Videos
- ...

Sonstige Bereiche
- Kopfbereich
- Fußbereich
- Freiflächen

Gestaltungselemente
- Farbflächen, -verläufe
- Linien, Rahmen
- Hintergrund
- ...

519

Band I – Seite 552
6.3.2 Usability

Band I – Seite 568
6.3.5 Barrierefreies Webdesign

6.2.5.3 Seitenlayout

Sind alle erforderlichen Bereiche festgelegt, stellt sich die Frage, wie diese Bereiche auf der zur Verfügung stehenden Fläche zu platzieren sind. Natürlich gibt es hierfür keine allgemein gültige Regel. Beachten Sie bei der Entscheidung für ein bestimmtes Layout jedoch folgende Aspekte:

Usability
In erster Linie muss ein Layout eine benutzerfreundliche Bedienung der Website ermöglichen („form follows function"). Dieses neudeutsch als „Usability" bezeichnete Kriterium muss bei größeren Projekten mit Hilfe von Tests ermittelt werden (siehe Kapitel 6.3.2).
Einige Ergebnisse von Studien und Usability-Tests sind:
- Nutzer erwarten die Hauptnavigation vorwiegend links und/oder oben. Hintergrund hierfür ist, dass dieser Bereich unabhängig von der Fenstergröße immer sichtbar ist.
- Das Firmenlogo wird aus demselben Grund ebenfalls links oben erwartet.
- Aufgrund unserer Lesegewohnheit von links nach rechts und oben nach unten sollte die Wichtigkeit der Inhalte entsprechend von links oben nach rechts unten abnehmen.
- Navigations- und Inhaltsbereich müssen optisch klar getrennt werden, da diese unterschiedliche Ziele verfolgen. Sie wollen beim Fernsehen auch nicht ständig die Fernbedienung vor Augen haben!
- Scrollbalken sind nicht schön, aber in vertikaler Richtung nicht immer vermeidbar, vor allem, wenn größere Textmengen untergebracht werden müssen. Horizontales Scrollen hingegen ist ungewohnt und damit abzulehnen.
- Das Seitenlayout muss konsequent auf sämtliche Screens angewandt werden. Nur hierdurch kann gewährleistet werden, dass sich auch ein ungeübter Nutzer auf den Seiten intuitiv, also ohne fremde Hilfe, zurechtfinden wird.
- Die Kriterien des „barrierefreien Webdesigns" stellen noch wesent-

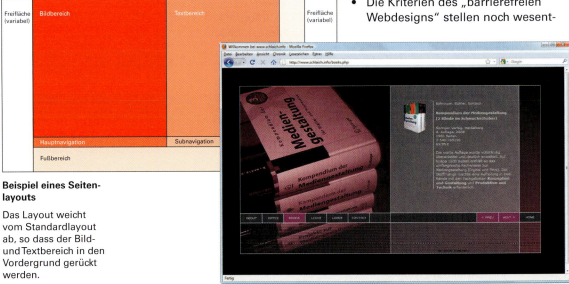

Beispiel eines Seitenlayouts

Das Layout weicht vom Standardlayout ab, so dass der Bild- und Textbereich in den Vordergrund gerückt werden.

Screendesign

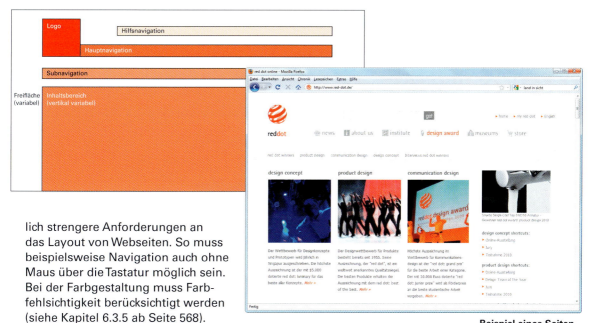

lich strengere Anforderungen an das Layout von Webseiten. So muss beispielsweise Navigation auch ohne Maus über die Tastatur möglich sein. Bei der Farbgestaltung muss Farbfehlsichtigkeit berücksichtigt werden (siehe Kapitel 6.3.5 ab Seite 568).

Gestaltung – Ästhetik
Neben den bisher eher funktionalen Aspekten spielen für das Screendesign natürlich auch gestalterische Aspekte eine Rolle, beispielsweise:
- Harmonische Seitenaufteilung, z. B. nach den Regeln des Goldenen Schnitts (1 : 1,68) oder nach der Fibonacci-Reihe 1 : 2 : 3 : 5 : 8 : ...
- Ausreichend freie (leere) Flächen: Viele Webseiten sind so überladen, dass der Nutzer „erschlagen" wird.
- Mut zu Neuem! Langweilig ist, was alle machen. Mit einem Standardlayout können Sie Informationen vermitteln, aber Sie werden kein Interesse wecken. Wenn eine Site reizvoll und kurzweilig ist, wird sie der Nutzer auch akzeptieren, selbst wenn die Benutzerführung nicht optimal ist.
- Ansprechende typografische Gestaltung z. B. durch den Einsatz von Pixelfonts (siehe Seite 532)
- Gezielter Farbeinsatz mit ausreichenden Farbkontrasten (siehe Seite 525)

6.2.5.4 Templates

Zur Übertragung eines Seitenlayouts auf sämtliche Seiten eines Produktes dienen im Printbereich „Musterseiten". Diese werden einmalig erstellt und bilden dann die Vorlage für alle weiteren Seiten. Das Pendant hierzu im Bereich des Screendesigns heißt „Template".

Ein Template ist eine „Musterseite" für Webseiten. Es enthält das Grundlayout der Seite und alle Seitenelemente, die auf *jedem* Screen zu sehen sein sollen. Dies könnten neben dem Seitenhintergrund beispielsweise Logo und Navigationselemente sein.

Für die veränderlichen Inhalte der Seiten, also vor allem Texte und Bilder, befinden sich im Template lediglich „Platzhalter".

Beispiel eines Seitenlayouts

Durch die freien Flächen wirkt das Layout nicht überladen, sondern „aufgeräumt" und ruhig. Feine Linien trennen die verschiedenen Bereich voneinander ab.

www.red-dot.de

Band II – Seite 767
10.2 CSS

Band II – Seite 911
10.7 Content Management

Templates

Im Internet finden Sie kommerzielle Anbieter von Templates für Webseiten zu allen möglichen Themen.

Natürlich haben Sie als Webdesigner den Ehrgeiz, einen eigenen Entwurf zu machen, aber Inspiration kann ja nicht schaden … ;-)

www.dreamweaver-graphics.net

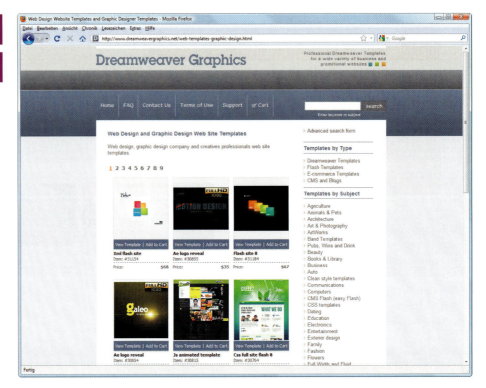

Über CSS-Stilvorlagen wird im Template die gewünschte Gestaltung und Formatierung der Site festgelegt: Schriften, Schriftattribute, Farben, Abstände, Rahmen, Einzüge usw.

Heute werden alle größeren Webauftritte mit Hilfe eines Content-Management-Systems erstellt. Diese bieten vordefinierte Templates zur Auswahl, die dann lediglich an das gewünschte Layout angepasst werden müssen. Diese Vorgehenweise ist einfacher und geht schneller, als das Template neu zu erstellen.

Auch bei der Gestaltung einer Website mittels Dreamweaver ist die Erstellung eines Templates empfehlenswert. Für Dreamweaver gibt es zahlreiche Vorlagen, die kostenlos sind oder käuflich erworben werden können (siehe Screenshot).

Die wesentlichen Vorteile von Templates sind:
- Deutliche Zeitersparnis beim Erstellen der Seiten
- Einheitliche, durchgängige Gestaltung aller Seiten eines Webauftrittes
- Konsequente Trennung von Design und Inhalt (Content) möglich
- Einfache gestalterische Änderungsmöglichkeiten durch Änderung des Templates
- Problemlose Pflege oder Erweiterungen des Webauftritts

6.2.6 Farbgestaltung

Mit dem zentralen Thema „Farben" setzen wir uns in mehreren Kapiteln dieses Buches ausführlich auseinander. An dieser Stelle kommen aus diesem Grund nur die Aspekte zur Sprache, die sich *ausschließlich* auf Screen- und Webdesign beziehen.

6.2.6.1 Fehlende Farbverbindlichkeit

Während es im Printberrich mit Hilfe von Color Management möglich ist, eine verbindliche Farbdarstellung von der Datenerfassung bis zum Druck zu erzielen, ist dies im Bereich der Digitalmedien leider nicht möglich.

Ursache hierfür ist, dass die Farbdarstellung maßgeblich von der Qualität und von den Einstellungen des Monitors und der Grafikkarte abhängig ist. Wesentliche Faktoren hierbei sind:

- *Alter des Monitors*
  Monitore „altern", verlieren also im Laufe der Zeit ihre Leuchtkraft, und Farben werden farbstichig oder verblassen.
- *Blickwinkel auf den Monitor*
  In den letzten Jahren konnte die Blickwinkelabhängigkeit stark reduziert werden. Dennoch hängt die Farbdarstellung immer noch davon ab, ob Sie senkrecht oder schräg auf einen Monitor blicken.
- *Lichtverhältnisse am Arbeitsplatz*
  Das Umgebungslicht hat einen maßgeblichen Einfluss auf die Farbwirkung eines Monitors. Bei völliger Dunkelheit erscheinen die Farben hell, leuchtend und gesättigt, während sie bei heller Beleuchtung blass wirken. In Medienbetrieben wird aus diesem Grund Normlicht eingesetzt.
- *Helligkeits- und Kontrasteinstellung*

Screendesign

Band I – Seite 93
1.5 Farbgestaltung

Band II – Seite 203
4.1 Farbsysteme

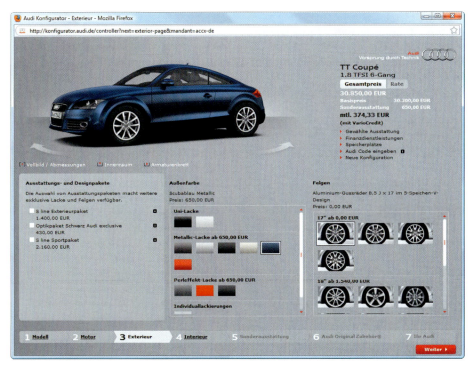

Farbdarstellung

Bei Audi können Sie sich Ihr Traumauto konfigurieren. Die gewählte Farbe liefert allerdings nicht mehr als einen unverbindlichen Farbeindruck.

Abb.: Audi

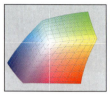

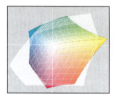

Farbräume

Oben: RGB-Farbraum eines TFT-Monitors

Mitte: CMYK-Farbraum einer Druckmaschine

Unten: Überlagerung beider Farbräume

Farbumfang-Warnung bei Photoshop/Illustrator

Jeder Nutzer kann die Helligkeit und den Kontrast an seinem Monitor einstellen. Beide Einstellungen wirken sich auf die Farbdarstellung aus.
- *Farbtemperatur des Monitors*
Durch Einstellung der Farbtemperatur (gemessen in Kelvin) bestimmen Sie, ob der Monitor Weiß eher gelblich oder eher bläulich darstellt. Die Einstellung wirkt sich nicht nur auf Weiß, sondern auf alle dargestellten Farben aus.

Während die Farbdarstellung auf Seiten der Nutzer von Ihnen nicht beeinflussbar ist, sollten Sie dafür Sorge tragen, dass Ihr eigener Monitor kalibriert ist und die Umgebungsbeleuchtung am Arbeitsplatz den Vorgaben entspricht (Normlicht). Auf diese Weise können Sie gewährleisten, dass die Farbwiedergabe auf korrekt eingestellten Bildschirmen stimmt.

6.2.6.2 Monitorfarben – Druckfarben

Im Unterschied zum Druck, wo mit den Körperfarben Cyan, Magenta, Gelb und Schwarz (CMYK) gearbeitet wird, verwenden Monitore die Lichtfarben Rot, Grün und Blau (RGB). CMYK- und RGB-Farbräume unterscheiden sich hinsichtlich der darstellbaren Farben.

So gibt es Farben, die druckbar sind, aber auf Monitoren nicht dargestellt werden können, z. B. metallische, glänzende oder matte Farben. Umgekehrt gibt es aber auch viele Farben, die zwar am Bildschirm angezeigt, aber nicht gedruckt werden können, z. B. leuchtende oder stark gesättigte Farben.

Die kleinen Abbildungen links veranschaulichen die unterschiedlichen Farbräume. Sie erkennen, dass der RGB-Farbraum eines Monitors deutlich größer ist als ein druckbarer Farbraum. Aus obigen Überlegungen ergibt sich die Folgerung:

> Verwenden Sie Farben aus der Schnittmenge des RGB- und CMYK-Farbraums, wenn Sie diese für Print- *und* Digitalmedien benötigen.

Im Sinne eines „Corporate Designs" ist eine durchgängige Farbgestaltung aller Medien unerlässlich. Hierbei sind zwei Fälle denkbar:
- Die Farben werden bereits durch die Printmedien oder die darzustellenden Produkte vorgegeben. Sind diese Farben im RGB-Farbraum nicht enthalten, müssen Sie wohl oder übel Ersatzfarben wählen, die den Originalfarben so gut wie möglich entsprechen. Geben Sie die CMYK-Werte ❶ ein und lesen Sie die zugehörigen RGB-Werte ❷ ab.
- Die Farben können frei gewählt werden. In diesem Fall hilft uns Photoshop/Illustrator mit einer „Farbumfang-Warnung" ❸, die bei allen im CMYK-Farbraum nicht verfügbaren Farben erscheint.

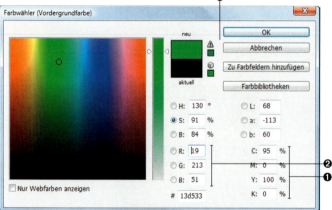

524

Screendesign

6.2.6.3 Farbkontraste

Farben stehen niemals für sich alleine, sie bilden immer einen Kontrast zum umgebenden Hintergrund. Die wichtigsten Farbkontraste finden Sie auf Seite 12ff:
- Simultankontrast
- Komplementärkontrast
- Warm-kalt-Kontrast
- Hell-Dunkel-Kontrast
- Quantitätskontrast
- Qualitätskontrast
- Farbe-an-sich-Kontrast
- Bunt-Unbunt-Kontrast

Farbkontraste beeinflussen die Benutzerfreundlichkeit (Usability) maßgeblich. Dies gilt insbesondere für den Kontrast zwischen Text und Hintergrund. Lesen am Bildschirm ist deutlich anstrengender als auf Papier. Aus diesem Grund müssen Sie beim Screendesign besonders auf ausreichend *hohe, aber nicht zu hohe Kontraste* achten.

In der Tabelle rechts sind einige Grundregeln zusammengestellt, die Sie bei der Farbgestaltung beachten sollten.

Farbkontraste

Hintergrundfarbe
- Vermeiden Sie grelle oder leuchtende Farben – ein Hintergrund muss auch optisch „hinten" stehen.
- Obwohl oft zu sehen ist ein rein weißer Hintergrund problematisch, da Monitore bei Weiß maximal „strahlen".
- Verzichten Sie auf starke Farbverläufe oder unruhige Muster, um nicht vom Vordergrund abzulenken.
- Helle, pastellfarbene Hintergründe sind dezent und ergeben einen angenehmen Kontrast zu dunklen Textfarben.

Textfarbe
- Schwarz oder dunkle Farben sind als Textfarben geeignet. Vermeiden Sie aber maximale Kontraste, z. B. Schwarz auf Weiß.
- Vermeiden Sie Farben, die komplementär zur Hintergrundfarbe sind (z. B. Cyan – Rot), da es hierdurch zum optischen Flimmern kommen kann.
- Negative (also helle) Schrift auf dunklem Hintergrund ist für längere Texte ungeeignet.
- Vermeiden Sie Farbkombinationen, die für Menschen mit Farbfehlsichtigkeit nicht unterscheidbar sind, z. B. Rot/Grün.
- Achten Sie auf ausreichend große Kontraste. Nicht alle Nutzer haben optimal eingestellte Monitore.
- Vermeiden Sie stark gesättigte Farben bei längeren Texten.

Farbkontraste

Links:
Sowohl bei der Navigation (Schwarz auf Hellgrau) als auch im Fließtext (Dunkelgrau auf Weiß) werden maximale Kontraste vermieden.

Rechts:
Durch den dunklen Hintergrund leuchten die Farben von Fotos. Negative Schrift (Weiß auf Dunkelgrau) sollte nur für kurze Texte verwendet werden.

www.designerin-action.de
www.badische-zeitung.de

525

6.2.6.4 Farbfunktionen

Stellen Sie sich ein Leben ohne Farbe vor – furchtbar! Farbe
- schafft Assoziationen und Emotionen (siehe Kapitel 1.1.2),
- leitet und führt, siehe nächster Abschnitt,
- gliedert, hebt hervor und setzt Akzente,
- wird zur Marke, denken Sie an Milka, Coca Cola oder Yellowstrom.

Betrachten Sie den Farbeinsatz auf den Webseiten der Parteien. Wie wird Farbe eingesetzt? Welche Funktion hat sie?

Durch die Wahl der Farbe(n) nehmen Sie *bewusst* Einfluss darauf, wie eine Website *unbewusst* wahrgenommen wird. Die Werbung macht sich diese Tatsache geschickt zunutze.

Menschen besitzen Vorlieben für bestimmte Farben. Welches ist Ihre Lieblingsfarbe? Untersuchungen zeigen, dass die Lieblingsfarben bei Männern und Frauen Blau, Rot und Grün (in dieser Reihenfolge) sind. Es ist kein Zufall, dass wir diese Farben bei den Parteien finden. Die unbeliebteste Farbe bei beiden Geschlechtern ist Braun. Behaupte noch einer, dass Männer und Frauen nicht zusammenpassen …

Farbwirkung

Welche Assoziationen haben Sie bei der Betrachtung der Webauftritte der Parteien? Wie wird Farbe eingesetzt?

www.cdu.de
www.spd.de
www.liberale.de
gruene-bundestag.de

Screendesign

6.2.6.5 Farbleitsystem

Sie kennen sicher das Sprichwort: „Man sieht den Wald vor lauter Bäumen nicht." Auf Farbe bezogen heißt dies: Wenn Sie Farbe ständig und überall einsetzen, können Sie damit nichts mehr hervorheben.

Der Umkehrschluss dieser Überlegung lautet: Bei sinnvollem Einsatz unterstützt Farbe den Nutzer bei der Bedienung einer Website. Farbe kann, im wahrsten Sinne des Wortes, eine leitende Funktion übernehmen – man spricht deshalb auch von einem Farbleitsystem.

Die Abbildungen unten zeigen das Farb(leit)system des Südwestrundfunks. Wie Sie sehen, ist hierbei jeder Sparte eine eindeutige Farbe zugeordnet: Nachrichten sind (traditionell) Blau, Kultur ist Rot, Wissen ist Violett usw. Hat der Nutzer nach einiger Zeit die Bedeutung der Farben gelernt, wird er bereits anhand der Farbe erkennen, in welcher Sparte er sich befindet.

Auch wir wollen Ihnen die Orientierung in diesem Buch erleichtern, indem wir zur Kennzeichnung der zwölf Kapitel Farben definiert haben. Beurteilen Sie selbst, ob Ihnen dieses Leitsystem eine Orientierungshilfe ist.

Farbsystem

Der Südwestrundfunk (SWR) ordnet jeder Sparte eine Leitfarbe zu.

www.swr.de

527

6.2.7 Bildschirmtypografie

6.2.7.1 Lesen am Bildschirm

Mit dem iPad und anderen eBook-Readern hoffen die Hersteller, das Buch auf den Bildschirm zu bekommen. Ob dies gelingen wird, ist momentan noch nicht abzusehen.

Grundsätzlich ist Lesen am Bildschirm anstrengender als im Druck. Der Grund hierfür ist, dass die Auflösung eines Monitors im Vergleich zur Druckauflösung deutlich geringer ist. Die Folge ist, dass Schriften am Monitor „unruhig" und verpixelt dargestellt werden. Um diesem Nachteil entgegenzuwirken, ist die Auflösung bei eBook-Readern höher als bei Monitoren.

Ein weiterer Grund für die verminderte Lesbarkeit im Vergleich zu gedruckten Texten liegt in der Kontrast- und Farbwiedergabe von Bildschirmen: Monitore sind „Selbststrahler", deren Farben durch den Monitor selbst erzeugt werden. Seitlicher Lichteinfall oder Gegenlicht wirken störend und verringern den Kontrast zwischen Text- und Hintergrundfarbe.

Auf bedrucktem Papier hingegen entsteht die Farbwirkung durch Reflexion der Strahlen einer externen Lichtquelle. Eine ausreichende Beleuchtung vorausgesetzt, ergibt sich für das Auge ein angenehmer Text-Hintergrund-Kontrast.

6.2.7.2 Bildschirmtaugliche Schriften

Während die Wahl der Schrift für Printmedien ausschließlich gestalterischen Kriterien unterliegt, erweist sich die Verwendung von Schriften in digitalen Produkten als problematisch. Der wesentliche Grund ist wie erwähnt die geringe Auflösung eines Monitors:

Diese gibt die Anzahl an Punkten an, die pro Längeneinheit (Zentimeter oder Inch) dargestellt werden. Je höher die Auflösung ist, umso feinere Details lassen sich wiedergeben. Nun beträgt die Auflösung eines Monitors so um die 100 ppi (Pixel pro Inch).

Zum Vergleich: Um eine Schrift drucken zu können, muss zunächst eine Druckplatte hergestellt werden. Zur Übertragung des Druckbildes auf die Platte wird diese belichtet. Die hierfür verwendete Belichterauflösung beträgt z. B. 2540 dpi (Dots per Inch), ist also um Faktor 25 höher als bei Monitoren.

Die Auflösung unserer Augen liegt mit 600 bis 800 dpi zwischendrin. Daraus folgt, dass wir gedruckte Schriften glatt und stufenlos wahrnehmen, weil wir die einzelnen Rasterpunkte nicht auflösen können. Einzelne Monitorpixel lassen sich hingegen sehr gut erkennen, da die Auflösung der Augen viel höher ist als die der Monitore.

Bildschirm- und Druckdarstellung

Das Beispiel zeigt eine 12-pt-Palatino in 14-facher Vergrößerung.

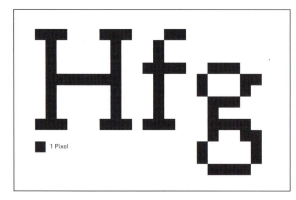

Screendesign

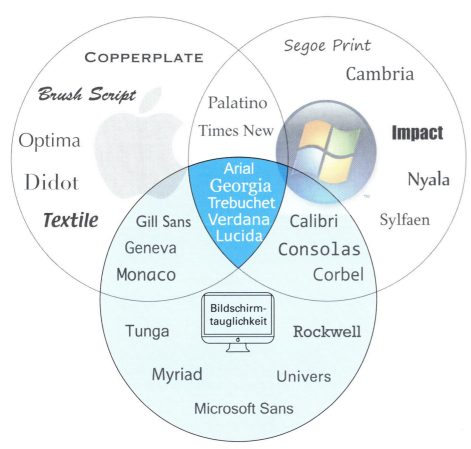

Bildschirmtaugliche Schriften

Im hellblauen Kreis sind drei Gruppen an bildschirmtauglichen Schriften dargestellt:
- Systemschriften unter Mac OS
- Systemschriften unter Windows
- Schriften, die keine Systemschriften sind

Da HTML-Seiten Systemschriften benötigen, müssen diese aus der dunkelblauen Schnittmenge gewählt werden. (Alternativen finden Sie auf Seite 531.)

Für die Darstellung von Schriften am Monitor ergeben sich hierdurch erhebliche Konsequenzen:
- Schräge Linien werden stufig und „zerhackt" dargestellt.
- Sämtliche Feinheiten und Details der Schrift verschwinden – der Schriftcharakter geht verloren.
- Buchstabenabstände sind uneinheitlich und unausgeglichen.
- Das Schriftbild wird unruhig und ungleichmäßig.
- Die Lesbarkeit wird stark beeinträchtigt.

Zusammenfassend lässt sich sagen, dass sich die meisten Druckschriften, zumindest in den Lesegrößen zwischen 9 und 12 Punkt, für die Bildschirmdarstellung *nicht* eignen. Dies gilt insbesondere für
- Schriften mit filigranen Serifen und feinen Duktusunterschieden,
- kursive Schriften oder Schriftschnitte,
- Schreibschriften,
- schmal laufende Schriften oder Schriftschnitte und
- gebrochene Schriften.

Beispiele für bildschirmtaugliche Schriften sind in der Grafik im hellblauen Kreis dargestellt. Sie zeichnen sich durch weitgehend einheitliche Strichstärken und Verzicht auf filigrane Details aus. Die meisten Bildschirmschriften sind serifenlos.

529

6.2.7.3 Systemschriften

Da HTML-Dateien – im Unterschied zu PDF- oder Flash-Dateien – Schriften nicht einbetten können, bleibt für Webseiten nur die Beschränkung auf Systemschriften übrig. Diese wurden mit dem Betriebssystem installiert und stehen somit dem Webbrowser zur Darstellung der HTML-Seiten zur Verfügung.

Verwenden Sie hingegen eine Schrift, die nur auf Ihrem Rechner installiert ist, dann wird diese Schrift nur im Webbrowser des *eigenen* Rechners angezeigt. Auf jedem anderen Compu-

Systemschriften bei Windows XP, Vista, 7 und Mac OS X

Zwischen Windows und Mac können leichte Unterschiede in der Darstellung bestehen.

Arial

Bildschirmtauglichkeit

Ich bin ein Blindtext in einer Größe von 10 px und helfe Ihnen bei der Beurteilung des Schriftcharakters. Sonst bin ich zu nichts zu gebrauchen.

Palatino

Bildschirmtauglichkeit

Ich bin ein Blindtext in einer Größe von 10 px und helfe Ihnen bei der Beurteilung des Schriftcharakters. Sonst bin ich zu nichts zu gebrauchen.

Courier New

Bildschirmtauglich

Ich bin ein Blindtext in einer Größe von 10 px und helfe Ihnen bei der Beurteilung des Schriftcharakters.

Times New Roman

Bildschirmtauglichkeit

Ich bin ein Blindtext in einer Größe von 10 px und helfe Ihnen bei der Beurteilung des Schriftcharakters. Sonst bin ich zu nichts zu gebrauchen.

Georgia

Bildschirmtauglichkeit

Ich bin ein Blindtext in einer Größe von 10 px und helfe Ihnen bei der Beurteilung des Schriftcharakters. Sonst bin ich zu nichts zu gebrauchen.

Trebuchet MS

Bildschirmtauglichkeit

Ich bin ein Blindtext in einer Größe von 10 px und helfe Ihnen bei der Beurteilung des Schriftcharakters. Sonst bin ich zu nichts zu gebrau-

---

Lucida

Bildschirmtauglichkeit

Ich bin ein Blindtext in einer Größe von 10 px und helfe Ihnen bei der Beurteilung des Schriftcharakters. Sonst bin ich zu nichts zu gebrau-

---

Verdana

Bildschirmtauglichkeit

Ich bin ein Blindtext in einer Größe von 10 px und helfe Ihnen bei der Beurteilung des Schriftcharakters. Sonst bin ich zu

Screendesign

ter fehlt die Schrift und wird im Browser durch eine Systemschrift ersetzt.

Eine weitere Einschränkung kommt noch hinzu: Sie sind gezwungen, eine Schrift zu wählen, die sowohl bei Windows XP, Vista, 7 als auch bei Mac OS X als Systemschrift verfügbar ist! Andernfalls würde die gewählte Schrift bei jedem Nutzer mit anderem Betriebssystem durch eine andere Schrift ersetzt – der Alptraum jedes Typografen.

Die Schriftbeispiele auf der linken Seite geben die Schnittmenge der Betriebssystemschriften an. Unter http://www.microsoft.com/typography/fonts können Sie prüfen, welche Schriften zu welchem Betriebssystem einschließlich Mac OS X gehören.

Wenn Sie jetzt noch die Schriften streichen, die wie die Palatino nicht bildschirmtauglich sind, bleibt die kleine Schnittmenge übrig, die auf der vorherigen Seite dunkelblau dargestellt ist. Sie kennen damit den Grund, weshalb auf den Webseiten fast immer die gleichen Schriften Arial und Verdana zu finden sind (die eigentlich niemand mehr sehen kann!).

6.2.7.4 Systemfremde Schriften

Die stark eingeschränkte Schriftauswahl ist für Webdesigner unbefriedigend, so dass sich die Frage nach den Alternativen stellt. Im Wesentlichen haben Sie drei Möglichkeiten:

- *Flash*
  Flash kann wie PDF Zeichensätze einbetten. Hierbei muss nicht der komplette Webauftritt in Flash realisiert werden, es genügt, die Bereiche zu ersetzen, die eine Schrift erhalten sollen, die keine Systemschrift ist. Für Experten: Es gibt einen Workaround, der diesen Vorgang auto-

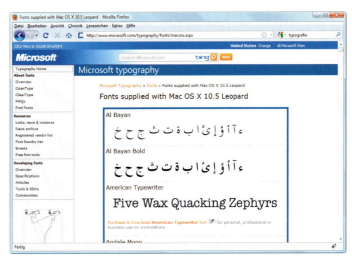

matisiert (Scalable Inman Flash Replacement). Der Nachteil des Verfahrens ist, dass ein Browser mit installiertem Flash-Plug-in Voraussetzung ist.

- *Grafik*
  Wird die Schrift in eine Grafik umgewandelt, kann natürlich jede beliebige Schrift verwendet werden. Auch dieser Vorgang kann mittels PHP automatisiert werden. Nachteil: Der Zugriff auf den Text mittels Copy&Paste ist nicht mehr möglich.

- *WOFF*
  WOFF hat nichts mit Hundegebell zu tun, sondern steht für Web Open Font Format. Mit diesem neuen Schriftformat soll erreicht werden, dass beliebige Schriften in HTML-Dateien verwendet werden können. Für Experten: Die Einbindung eines Zeichensatzes erfolgt über die CSS-Eigenschaft @font-family.

Die dritte Lösung scheint vielversprechend, setzt aber voraus, dass der Browser WOFF unterstützt: Unter www.caniuse.com können Sie nach Eingabe des Stichworts „WOFF" prüfen, welche Browser diese Technik unterstützen.

Systemschriften

Bei Microsoft können Sie nachlesen, welche Schriften mit den verschiedenen Betriebssystemen (auch Mac OS X) installiert werden.

http://www.microsoft.com/typography/fonts

531

6.2.7.5 Pixelfonts

Die Idee von Pixelfonts ist es, Schriften zu entwerfen, die *nur* für den Bildschirm gedacht sind. Dies wird möglich, wenn die Buchstaben an das grobe Pixelraster des Monitors für eine bestimmte Schriftgröße angepasst werden. Die Folge ist, dass ein Pixelfont jeweils nur in einer Schriftgröße optimal dargestellt wird. Skalieren der Schrift ist nicht vorgesehen. Die Schriftbeispiele unten zeigen die Pixelfonts deshalb nicht korrekt an, weil sie für den Druck nicht geeignet sind.

Pixelfonts dienen nicht als Leseschriften, da ihre Lesbarkeit infolge der geringen Größe stark eingeschränkt ist. Sie eignen sich aber beispielsweise zur Beschriftung von Grafiken oder zur Gestaltung von Buttons.

Beachten Sie, dass Pixelfonts keine Systemschriften sind, so dass sie nur verwendet werden können, wenn Sie von einer der drei Möglichkeiten Gebrauch machen, die im letzten Abschnitt erläutert wurden. Pixelfonts werden im Internet vielfach kostenlos zum Download zur Verfügung gestellt, beispielsweise unter www.designerinaction.de.

Pixelfonts

Der Screenshot zeigt einige Beispiele von Pixelfonts. Beachten Sie, dass die korrekte Darstellung der Schriften im Druck nicht möglich ist.

Bit 3

PIXELFONT

PIXELSCHRIFTEN WURDEN FÜR DIE DARSTELLUNG IN SEHR KLEINEN SCHRIFTGRÖSSEN ENTWORFEN. SIE KÖNNEN EINEN BESONDEREN AKZENT AUF IHRER WEBSITE SETZEN. FÜR LÄNGERE TEXTE SIND SIE ALLERDINGS NICHT GEEIGNET, DA DAS LESEN DER SCHRIFT SEHR ANSTRENGEND IST.

Sevenet 7

PIXELFONT

PIXELSCHRIFTEN WURDEN FÜR DIE DARSTELLUNG IN SEHR KLEINEN SCHRIFTGRÖSSEN ENTWORFEN. SIE KÖNNEN EINEN BESONDEREN AKZENT AUF IHRER WEBSITE SETZEN. FÜR LÄNGERE TEXTE SIND SIE ALLERDINGS NICHT GEEIGNET, DA DAS LESEN DER SCHRIFT SEHR ANSTRENGEND IST.

High 77

PIXELFONT

Pixelschriften wurden für die Darstellung in sehr kleinen Schriftgrössen entworfen. Sie können einen besonderen Akzent auf Ihrer Website setzen. Für längere Texte sind sie allerdings nicht geeignet, da das Lesen der Schrift sehr anstrengend ist.

Swift

PIXELFONT

PIXELSCHRIFTEN WURDEN FÜR DIE DARSTELLUNG IN SEHR KLEINEN SCHRIFTGRÖSSEN ENTWORFEN. SIE KÖNNEN EINEN BESONDEREN AKZENT AUF IHRER WEBSITE SETZEN. FÜR LÄNGERE TEXTE SIND SIE ALLERDINGS NICHT GEEIGNET, DA DAS LESEN DER

Redensek

PIXELFONT

Pixelschriften wurden für die Darstellung in sehr kleinen Schriftgrössen entworfen. Sie können einen besonderen Akzent auf Ihrer Website setzen. Für längere Texte sind sie allerdings nicht geeignet, da das Lesen der Schrift sehr anstrengend ist.

Teachers Pet

PIXELFONT

Pixelschriften wurden für die Darstellung in sehr kleinen Schriftgrössen entworfen. Sie können einen besonderen Akzent auf Ihrer Website setzen. Für längere Texte sind sie allerdings nicht geeignet, da das Lesen der Schrift sehr anstrengend ist.

Screendesign

Band I – Seite 193
2.3 Lesbarkeit

Kreative Typografie

Auch bei der Bildschirmtypografie gilt: Spannend ist, was nicht alle machen.
Die Werbeagentur Jung von Matt beweist einmal mehr ihr kreatives Potenzial.

www.jvm.com

6.2.7.6 Textgestaltung

Für die Typografie am und für den Bildschirm gelten die Regeln, die im Typografie-Kapitel aufgestellt wurden (siehe Kapitel 2.3).

Da das Lesen am Bildschirm anstrengender ist als auf Papier, sollten Sie die Regeln zur Lesbarkeit eher noch schärfer anwenden. Die Checkliste fasst Kriterien zusammen, die speziell für die Textgestaltung für die Verwendung auf Webseiten gelten.

Textgestaltung

- Die Zeilenlänge sollte 50 Zeichen pro Zeile nicht überschreiten. Setzen Sie den Text eher zweispaltig.
- Wählen Sie für Fließtext einen Schriftgrad zwischen 9 und 12 Pixel.
- Achten Sie auf einen ausreichenden Kontrast zwischen Schrift- und Hintergrundfarbe. Vermeiden Sie aber einen zu hohen Kontrast, z. B. schwarzen Text auf weißem Hintergrund.
- Vermeiden Sie Schriften, die am Bildschirm schlecht lesbar sind. Dies sind beispielsweise feine, kursive, schmale, gebrochene oder geschriebene Schriften.
- Wählen Sie für den Mengentext eine Schrift, die auf allen Betriebssystemen verfügbar ist (Alternativen siehe Seite 531).
- Verwenden Sie zur Auszeichnung einen fetten Schnitt oder eine andere Farbe. Kursiv ist schlecht lesbar und Unterstreichungen sind den Links vorbehalten.
- Vermeiden Sie lange Texte. Reduzieren Sie Ihre Texte auf wesentliche Kernaussagen.
- Gliedern Sie Ihre Texte in überschaubare Einheiten oder Blöcke.
- Leiten Sie einen längeren Text durch einen „Aufmacher" (Teaser) ein. Ergänzen Sie einen Textlink: Lesen Sie mehr. Der Leser kann nun selbst entscheiden, ob er den Text lesen will oder nicht.
- Stellen Sie längere Texte zusätzlich in einer druckbaren Version (schwarze Schrift auf weißem Hintergrund) oder als PDF zur Verfügung.

533

6.2.8 Navigationselemente

Band I – Seite 557
6.3.3 Informationsdesign

6.2.8.1 Begriffserklärung

Einer der großen Unterschiede zwischen Print- und Digitalmedien besteht darin, dass digitale Informationen nicht linear, sondern in beliebiger Reihenfolge miteinander verknüpft werden. Der Nutzer erhält hierdurch die Möglichkeit, sich nach eigenem Interesse durch die Seiten zu bewegen. Man spricht hierbei von „Navigation". Laut Duden versteht man darunter die Orts- oder Kursbestimmung bei Schiffen und Flugzeugen.

Um dem Nutzer die Navigation durch einen Internetauftritt zu ermöglichen, müssen ihm Hilfsmittel, *Navigationselemente*, zur Verfügung gestellt werden:

Gestalten Sie Navigationselemente, die den Nutzer schnell und eindeutig zum Ziel führen, ohne ihn dabei von den Inhalten der besuchten Seiten abzulenken.

Leicht gesagt, nicht so leicht getan! Denn während wir zur Bedienung eines Fernsehers ein externes Gerät, die Fernbedienung, zur Verfügung haben, steht uns zur Navigation auf Webseiten meistens nur die Maus und die Tastatur zur Verfügung. Dem Nutzer muss deshalb durch die visuelle Gestaltung der Benutzeroberfläche klar werden, wohin er klicken muss, um zum gewünschten Ziel zu gelangen. Die Oberfläche bildet die Schnittstelle zwischen Mensch und Produkt, weshalb man bei der Gestaltung dieser Schnittstelle auch von *Interface-Design* spricht.

Zur Realisierung von Navigationselementen stehen mehrere Möglichkeiten zur Verfügung, die im Folgenden kurz erläutert werden:
- Textlinks ❶
- Bildlink ❷
- Buttons, Buttonleiste ❸
- Menü ❹
- Eingabefeld ❺

Weniger ist oft mehr! Die Verwendung sämtlicher Navigationsmöglichkeiten wie im Screenshot links trägt eher zur Verwirrung des Nutzers bei. Das rechte Beispiel hingegen zeigt, dass auch ein großes Portal klar strukturiert sein kann.

Navigationselemente
Links:
Berlin nutzt alle Möglichkeiten der Navigation: Das Portal wirkt hierdurch überladen und verwirrend auf den Nutzer.

Rechts:
Frankfurt beschränkt sich im Wesentlichen auf eine Buttonleiste und Textlinks. Das Layout ist klar strukturiert und intuitiv verständlich.

www.berlin.de
www.frankfurt.de

534

Screendesign

6.2.8.2 Textlinks

Die einfachste Möglichkeit der Navigation bietet die Verwendung von Text. Ein Textlink ist gemäß HTML-Standard blau und unterstrichen. Außerdem ändert sich der Cursor von einem Pfeil in einen zeigenden Finger, so dass der Nutzer erkennt, dass es sich um ein anklickbares Wort handelt.

Aus gestalterischer Sicht wirken blau unterstrichene Links nicht ansprechend, so dass Screendesigner/innen eine an die jeweilige Gestaltung der Site angepasste Formatierung von Textlinks vorziehen. Beachten Sie aber, dass die Identifikation als Link nach wie vor gewährleistet sein muss, beispielsweise indem die Links in einer anderen Farbe gesetzt und bei Berührung mit der Maus unterstrichen dargestellt werden.

Natürlich muss die gewählte Gestaltung durchgängig gleich sein. Der Hauptvorteil von Textlinks ist, dass die anfallende Datenmenge und damit die Ladezeit minimal ist. Dies ist insbesondere bei der Übertragung auf mobile Endgeräte wichtig, weil hier nur relativ geringe Datenraten möglich sind.

Internetauftritte, die einen möglichst schnellen Benutzerzugriff benötigen, verwenden zur Navigation deshalb Textlinks. Beispiele hierfür sind die Internetportale von eBay, Google oder Wikipedia.

Bei der Formulierung der Textlinks sollten Sie auf eine sinnvolle und aussagekräftige Wortwahl achten. Beurteilen Sie selbst:
- Zur Homepage gelangen Sie hier.
- Hier gelangen Sie zur Startseite.
- Hier gelangen Sie zur Startseite.

Während im ersten Beispiel der Link keine inhaltliche Aussage enthält, wird dem Anwender im zweiten Fall auch ohne Lesen des ganzen Satzes das

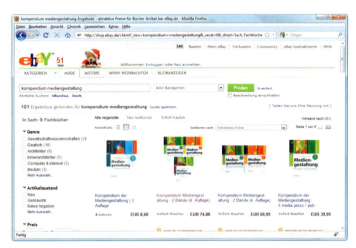

Sprungziel des Links verdeutlicht. Im dritten Beispiel ist der Text des Hyperlinks zu lang und kann nicht auf einen Blick erfasst werden.

6.2.8.3 Buttonleiste

Buttons sind nichts anderes als die zeichnerische Nachbildung einer Taste oder eines Schalters. Der bekannten Funktion eines alltäglichen Gegenstandes wird hierbei eine übertragene Bedeutung zugewiesen.

Die Buttons einer Website entsprechen der Fernbedienung des Fernsehers. Wie bei der Fernbedienung sollten sie zu einer Gruppe zusammengefasst und eine *Button- oder Navigationsleiste* bilden. Die Navigationsleiste stellt ein zentrales Element der Benutzeroberfläche dar.

Bei der Gestaltung einer Navigationsleiste sollten Sie folgende Regeln beachten:
- Achten Sie darauf, dass Ihre Buttonleiste nicht zu groß wird. Es wäre auch beim Fernsehen störend, wenn die Fernbedienung ständig ein Drittel des Bildes verdeckt. Vermeiden Sie

Textlinks

Wenn viele Links benötigt werden und die zu übertragende Datenmenge möglichst gering sein soll, sind Textlinks die richtige Wahl.

Bei eBay werden ausschließlich Textlinks verwendet.

www.eBay.de

535

Buttonleiste

Der Webauftritt der englischen Agentur „the partners" bricht mit der Regel, Navigation und Inhalt zu trennen: Die Inhalte sind in den Buttons enthalten.

Durch Anklicken eines Buttons öffnet sich dieser auf maximale Fenstergröße (siehe Screenshots auf der rechten Seite). Durch die konsequente Farbführung ist die intuitive Bedienung dennoch möglich.

www.the-partners.com

aber auch zu kleine Buttonleisten. Die Barrierefreiheit schreibt vor, dass auch Menschen mit motorischer Behinderung ein Zugang zu Webseiten haben müssen.
- Beachten Sie die Anzahl an Buttons: Unser Gehirn kann maximal sieben Elemente auf einen Blick erfassen. Wird diese Zahl überschritten, benötigt der Nutzer deutlich länger zur Erfassung des Inhalts.
- Achten Sie auf eine klare Trennung von Navigation und Inhalt (Content). Der Nutzer muss diesen wichtigen Unterschied auf den ersten Blick erkennen.
- Wählen Sie eine kurze, treffende Wortwahl für Ihre Buttons. Beachten Sie, dass bei deutscher Beschriftung Ihre Site auch nur im deutschsprachigen Raum verstanden wird. Internationale Sites müssen eine Sprachauswahl ermöglichen.
- Eine Alternative zur textuellen Beschriftung von Buttons bietet die Verwendung von Icons (siehe nächster Abschnitt). Achten Sie darauf, dass Icons selbsterklärend sind, oder blenden Sie zusätzlich einen Text ein, wenn der Button mit der Maus berührt wird.
- Geben Sie dem Nutzer eine Rückmeldung über sein Tun: Beim Berühren eines Buttons mit der Maus sollte sich dieser optisch ändern.
- Achten Sie darauf, dass die Buttonleiste unabhängig von der Größe des Browserfensters sichtbar sein muss. Die Navigationselemente bei Webseiten befinden sich deshalb bevorzugt links und/oder oben.
- Standardbuttons sind langweilig! Gelingt Ihnen ein „Hingucker" durch eine besondere Gestaltung Ihrer Buttonleiste? Insbesondere Flash bietet hier endlose Möglichkeiten.

Screendesign

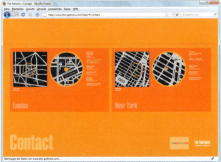

6.2.8.4 Menü

Größere Websites, multimediale CDs oder DVDs bestehen aus sehr vielen Screens. Zur Navigation würden entsprechend viele Buttons benötigt, die viel Platz beanspruchen und optisch nicht ansprechend sind.

Abhilfe kann in diesem Fall durch eine Menüführung geschaffen werden. Die Bedienung eines Menüs ist allen Computernutzern vertraut, da sich sämtliche Programme dieser Technik bedienen. Sie lassen sich deshalb ohne zusätzliche Erklärungen auch auf Webseiten nutzen.

Ein Argument gegen die Verwendung von Menüs könnte sein, dass sie mit HTML nicht realisierbar sind. Menüs müssen entweder mittels
- CSS (aufwändig!),
- Skriptsprache, z. B. JavaScript, oder
- Flash

erstellt werden. Da etwa 10 % der Nutzer aus Sicherheitsgründen die Ausführung von Skripten nicht zulassen und auch kein Flash-Plug-in verwenden, funktioniert bei dieser Gruppe die Menüsteuerung nicht. Für diese Nutzergruppe muss eine alternative Navigationsmöglichkeit vorgesehen werden.

6.2.8.5 Navigationshilfen

Eingabefeld (❶ nächste Seite)
Eingabefelder kennen Sie von Suchmaschinen oder Webshops: Nach Eingabe eines Suchbegriffs wird in einer Datenbank nach „Treffern" gesucht, die dann am Bildschirm angezeigt werden. Den richtigen Suchbegriff vorausgesetzt, führt diese Art der Navigation schnellstmöglich zum Ziel. Unerfahrene Nutzer sind durch eine Texteingabe hingegen

537

schnell überfordert: Bei fehlerhafter oder unpräziser Eingabe der Suchbegriffe führen die Ergebnisse in eine Sackgasse und lenken den Nutzer vom ursprünglich gesuchten Ziel ab. Ein Eingabefeld sollten Sie deshalb lediglich *als Ergänzung zu einer Navigationsleiste* vorsehen, so dass der Nutzer die Entscheidung selbst treffen kann, ob er das Suchfeld oder die Navigationsleiste nutzen möchte.

Eine Suchfunktion ist nur möglich, wenn die technischen Rahmenbedingungen (Datenbankanbindung mit Volltextsuche) erfüllt sind. Hier müssen Sie sich im Vorfeld bei Ihren Kollegen von der Technik erkundigen.

Rollover/Mouseover ❷
Durch Umgestaltung sind Text- oder Bildlinks oft nicht mehr als Links erkennbar. Aus diesem Grund ist es wichtig, dass der Nutzer eine visuelle Rückmeldung bekommt, dass er sich auf einem Link befindet. Man spricht vom Rollover- oder Mouseover-Effekt. Es kann sich dabei im einfachsten Fall um eine Farbänderung handeln, alternativ lassen sich mit Flash ansprechende Animationen erstellen. In beiden Fällen steht die Funktion im Vordergrund, dem Nutzer eine Rückmeldung darüber zu geben, dass es sich um einen anklickbaren Bereich handelt.

Breadcrumb-Navigation ❸
Wo bin ich? Bei größeren Sites sollte der Nutzer ständig darüber informiert sein, in welchem „Ast" der Baumstruktur er sich aktuell befindet. Dies ist möglich, indem der zugehörige Pfad von der „Wurzel" bis zum aktuellen Ast jeder Unterseite angezeigt wird. Im Englischen gibt es hierfür den netten Begriff „Breadcrumb-Navigation" (deutsch: Brotkrumen). Hierbei wird an das Märchen „Hänsel und Gretel" erinnert, in dem die Kinder mit Hilfe von gestreuten Brotkrumen den Weg nach Hause finden wollten.

Sinnvollerweise werden die „Breadcrumbs" aber nicht nur angezeigt, sondern sind als Link realisiert, so dass die Rückkehr zu einem übergeordneten Kapitel direkt per Mausklick möglich ist.

Sitemap
Bei mittleren bis großen Internetauftritten, interaktiven CD- und DVD-ROMs ist eine Sitemap unerlässlich. Es handelt sich dabei um ein digitales Inhaltsverzeichnis der Webseite bzw. des multimedialen Produktes. Ihr Vorteil gegenüber gedruckten Inhaltsverzeichnissen ist, dass alle Stichwörter anklickbar sind und der Nutzer dadurch direkt an die gewünschte Stelle navigieren kann.

Die Realisierung der Sitemap als (externes) Popup-Fenster hat den Vorteil, dass sie für den Anwender ständig sichtbar bleibt. Dagegen spricht, dass heute häufig Popup-Blocker aktiviert sind, die nervige Werbe-Popups blockieren sollten, damit aber auch sinnvolle Popups sperren.

Navigationshilfen

Zur Verbesserung der Benutzerführung dient eine Breadcrumb-Navigation sowie ein Eingabefeld für Suchbegriffe.

www.heine.de

538

6.2.9 Icondesign

Untersuchungen zeigen, dass wir uns mehr und mehr zur „visuellen Gesellschaft" entwickeln, die Informationen über Bilder statt über Texte aufnimmt. Vor allem die jüngere Generation bevorzugt Fernseher, Computer und Handy gegenüber Buch und Zeitung.

6.2.9.1 Icons statt Text?

Mit der Entwicklung der grafischen Benutzeroberfläche begann die Nutzung digitaler Grafiken am Computer. Alle modernen Betriebssysteme nutzen fast ausschließlich grafische Elemente, die mittels Maus bedient werden. Die Tastatur wird kaum mehr benötigt.

Ein Icon ist entweder eine stark verkleinerte grafische Darstellung eines realen Objekts (z. B. Computer, Haus, Brief) oder eine frei gestaltete Grafik (z. B. Programmicons, Logo).

Die Verwendung von Icons ist immer dann sinnvoll, wenn diese dazu beitragen, die Navigation selbsterklärend und damit intuitiv erlernbar zu machen. Die wesentlichen Vorteile im Vergleich zu Text sind:
- Ihre Bedeutung bzw. Funktion ist schneller erfassbar als Text.
- Grafische Elemente sind unabhängig von der Landessprache und damit international verständlich.
- Grafische Elemente werden auch von Personengruppen erfasst, die nicht lesen können, z. B. Kinder oder Analphabeten.
- Der Umgang mit grafischen Elementen ist jedem Computernutzer seit der Einführung grafischer Oberflächen bekannt.

Trotz dieser Vorteile birgt die Verwendung grafischer Elemente auch eine Reihe von Gefahren:
- Ist die (metaphorische) Bedeutung der Grafik nicht bekannt oder unklar, wird die Benutzung zum Ratespiel. Beispiel: Noch immer verwenden viele Programme eine Diskette als Icon für das Speichern einer Datei. Da es keine Disketten mehr gibt, können jüngere Nutzer diesem Icon auch keine Funktion zuordnen.
- Die symbolische Bedeutung einer Grafik kann sich international durchaus unterscheiden. Bestes Beispiel ist der Rechtspfeil: In unserem Kulturraum wird dieser – bedingt durch die Leserichtung von links nach rechts – als „weiter" oder „vorwärts" interpretiert. In arabischen Ländern

Screendesign

Band I – Seite 447
5.2 Icon

Was ist das?

Vor oder zurück?

Icons

Icons sollen die Funktion der Handy-Apps veranschaulichen. Hierbei kommen oft Metaphern zur Anwendung: Briefumschlag, Kompass, Zahnräder.
Beurteilen Sie die dargestellten Icons: Ist Ihnen die Funktion auch ohne Bilduntersschrift klar?

Abb.: Apple

539

Iconerstellung

Die Shareware Axialis Icon Workshop erleichtert die Erstellung von Icons.

www.axialis.com/
iconworkshop/

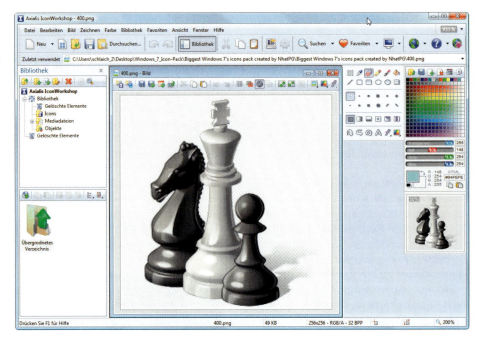

mit umgekehrter Leserichtung hat der Rechtspfeil die Bedeutung „zurück" oder „rückwärts".

6.2.9.2 Icons erstellen

Die Erstellung eines Icons kann prinzipiell mit jedem Bildbearbeitungsprogramm erfolgen. Einfacher ist es, eine Software zu verwenden, die spezielle Funktionen für das Icondesign anbietet, z. B. eine Vorschau des Icons in den Originalgrößen oder das Umwandeln von Fotos in Icons. Derartige Programme stehen im Internet zur Verfügung, meistens als Free- oder Shareware.

In der Tabelle sind einige Grundregeln zusammengestellt, die Sie beim Entwurf eigener Icons beachten sollten. Wer auf fertige Icons zurückgreifen will, die im Internet zahlreich vorhanden sind, muss die lizenzrechtlichen Bestimmungen beachten.

Icondesign

- Icons können fotorealistisch oder stark abstrahiert sein. Achten Sie jedoch auf eine durchgängige Gestaltung, bei der alle Icons denselben Charakter haben.

- Die Bedeutung (Funktion) des Icons muss eindeutig und sofort erkennbar sein. Dies gilt vor allem, wenn es eine metaphorische Bedeutung besitzt.

- Bei mehrsprachigen Websites muss die internationale Verständlichkeit berücksichtigt werden. Ein „rotes Kreuz" steht nicht überall für Hilfe, ein Rechtspfeil nicht überall für vorwärts.

- Achten Sie darauf, dass Icons trotz stark verkleinerter Darstellung eindeutig erkennbar sein müssen. Verzichten Sie auf unnötige Details.

- Ergänzen Sie zusätzlich Text, wenn die Bedeutung eines Icons erst erlernt werden muss. Eine weitere Möglichkeit ist, dass der Text erst bei Berührung des Icons eingeblendet wird („Tool-Tipp").

Screendesign

6.2.9.3 Metaphern

Die Grundidee aller grafischen Benutzeroberflächen besteht darin, den Bildschirm als virtuellen Schreibtisch zu betrachten, daher ja auch der Begriff DTP für „Desktop-Publishing".

Der Begriff „Schreibtisch" erhält am Computer eine neue Bedeutung oder besser gesagt: Die Bedeutung des Begriffes „Schreibtisch" wird auf den Computer übertragen. Eine derartige Übertragung der Bedeutung eines Begriffes wird als Metapher bezeichnet, denken Sie beispielsweise an Wolkenkratzer für Hochhaus, Wüstenschiff für Kamel oder Nussschale für ein kleines Boot.

Nach Einführung der Schreibtisch-Metapher ist es ein Leichtes, weitere Metaphern zu finden, z. B.
- Briefumschlag für E-Mails,
- Blatt mit Eselsohr (auch dieser Begriff ist eine Metapher) für Datei,
- Lupe für Suchfunktion,
- Papierkorb für das Löschen von Dateien.

In der Grafik sind Windows-7-Icons dargestellt, die im Bezug zur Schreibtisch-Metapher stehen. Wir haben uns an diese Bildmetaphern bereits so sehr gewöhnt, dass sie uns nicht mehr auffallen.

Der intuitive Umgang mit Metaphern können Sie sich als Screendesigner/in zunutze machen, denn auch im Bereich der digitalen Medienproduktion sind längst Bildmetaphern eingeführt, die keiner weiteren Erklärung mehr bedürfen.

Metaphern

Metaphern ordnen Begriffen eine neue Bedeutung zu. Die Grafik zeigt Windows-Icons rund um die Schreibtisch-Metapher.

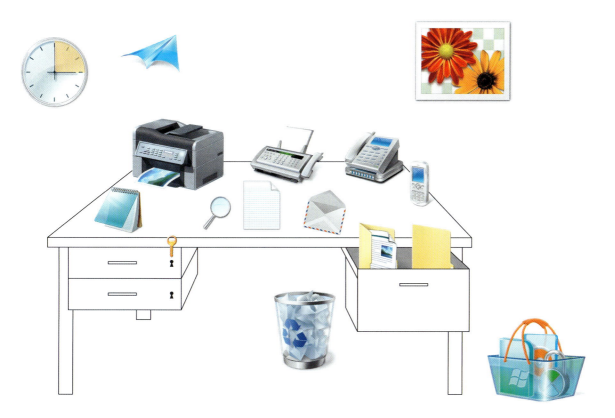

541

6.2.10 Sounddesign

6.2.10.1 Sound im Internet

Text, Bild und Grafik sind die Bestandteile der Printmedien. So richtig „multimedial" wird ein digitales Produkt erst, wenn es Komponenten enthält, die nicht nur unseren Sehsinn, sondern auch den Hörsinn ansprechen. Untersuchungen zeigen, dass Informationen besser behalten werden, wenn Sie gesehen und gehört werden.

Vor wenigen Jahren scheiterte der Einsatz von Sound (und Video) an der zu geringen Datenrate der Internetanschlüsse. Im DSL-Zeitalter ist die als *Streaming* bezeichnete Liveübertragung von Bild und Ton in hoher Qualität möglich geworden. Podcasts und Videoportale wie YouTube wurden sehr erfolgreich. Überhaupt scheint sich der Vertrieb von Musik mehr und mehr auf das Internet zu verlagern.

In diesem Abschnitt geht es jedoch um die Frage, wie sich *Sound als gestalterisches Mittel zur Unterstützung der visuellen Aussage* einsetzen lässt. Trotz der großen Verbreitung von Videos im Internet kommt Sound zu diesem Zweck bislang relativ selten zum Einsatz. Dies könnte (noch) an der berühmten Macht der Gewohnheit liegen: Da wir Nutzer das Medium Internet bisher als „still" erlebt haben, kommen wir gar nicht auf die Idee, die Lautsprecher einzuschalten oder einen Kopfhörer aufzusetzen.

Vermutlich verzichten viele Firmen aber auch deshalb auf den Einsatz von Sound auf ihren Websites, weil dieser zumindest in Großraumbüros stören und von der Arbeit ablenken könnte.

Dennoch ist damit zu rechnen, dass die Bedeutung von Sound im Internet in den nächsten Jahren weiter zunehmen wird. Technisch gesehen ist die „Vertonung" kein Problem mehr. Die Grundlagen sind in Kapitel 11.1 des zweiten Bandes beschrieben.

6.2.10.2 Auditive Wahrnehmung

Stellen Sie bei einem spannenden Film doch einmal für einige Zeit den Ton ab. Sie werden feststellen, wie wichtig der Sound für das „Erleben" des Films ist.

Durch Sound wird der Hörsinn des Menschen angesprochen und erweitert

Sound

Yellowstrom wirbt mit interaktiven und nachvertonten Szenen. Hierdurch lässt sich auch der Bezug zum Medium Fernsehen herstellen.

http://sparen-am-strom.yellostrom.de/

Screendesign

die ansonsten nur visuelle Wahrnehmung des Produktes. Durch die Kombination von Bild und Ton lassen sich im Extremfall tiefe Emotionen von Angst- bis Glücksgefühlen erzeugen. Jeder von uns kennt dies aus dem Kino.

Sounddesign ist jedoch keineswegs auf Kinofilme beschränkt: Autotüren fallen wie schwere Stahltüren ins Schloss, Chipstüten rascheln und knistern, Wein ergießt sich gluckernd ins Glas: Bei der Entwicklung neuer Produkte spielt Sounddesign eine maßgebliche Rolle.

Die Soundgestaltung für Webseiten erfolgt aus oben erwähnten Gründen noch sehr zurückhaltend. Dennoch kann ein Sound das multimediale Produkt auf vielfältige Weise unterstützen:

- Nachvertonung von Animationen oder Videos, z. B. als Intro
- Sprechertext z. B. zur Benutzerführung oder im Bereich der Lernsoftware
- Hintergrundsound zur dramaturgischen Unterstützung des Screendesigns
- Geräusche zur Unterstützung der Benutzerführung, z. B. Buttonklicks
- Webseiten mit Vorlesefunktion für Menschen mit Sehschwäche

Die Werbung zeigt uns, wie der gezielte Soundeinsatz zur unbewussten Identifikation mit einem Produkt genutzt werden kann, sozusagen als „akustisches Logo". Welcher Jingle fällt Ihnen bei der Telekom ein, welcher bei McDonald's oder Mediamarkt?

Die Wahrnehmung von Sound läuft, wie auch die Wahrnehmung visueller Botschaften, weitgehend im Unterbe-

---

Sounddesign

- Wählen Sie Sounds, die zum Inhalt und zur Zielgruppe Ihres Produktes passen. Wie Sie wissen, gehen gerade bei Musik die Geschmäcker stark auseinander! Wählen Sie Sounds, die für alle akzeptabel sind.

- Unterscheiden Sie zwischen Sounds, die im Voraus geladen werden (Preload), und Streaming-Sounds, die „live" abgespielt werden. Letztere setzen einen schnellen Internetzugang voraus.

- Verzichten Sie auf nervige Geräusche, die keine Funktion erfüllen.

- Verwenden Sie kurze Sounds, die sich „loopen" lassen. Dies bedeutet, dass Anfang und Ende zusammenpassen und somit eine Wiederholung der Soundschleife möglich ist.

- Sehen Sie in jedem Fall die Möglichkeit vor, den Sound abstellen und die Lautstärke regeln zu können.

- Beachten Sie, dass zum Abspielen von Sound ein entsprechendes Plug-in im Browser installiert werden muss (Flash-, QuickTime-, Windows-Media- oder Real-Player). Nicht alle Nutzer lassen die Installation von Plug-ins zu.

- Beachten Sie auch bei Sounds das Urheberrecht. Missachtung kann teuer werden! Im Internet finden sich lizenzfreie Sounds bzw. Soundloops.

---

wusstsein ab. Dennoch, oder vielleicht gerade deshalb, können hiermit Verhaltensänderungen hervorgerufen werden, ohne dass dies den Nutzern bewusst wird.

Als Sounddesigner/in lernen Sie, Sound gezielt zur Gestaltung multimedialer Produkte einzusetzen.

6.2.11 Aufgaben

1 Screen- und Printdesign gegenüberstellen

Vergleichen Sie die Anforderungen an Screen- und Printdesign hinsichtlich folgender Kriterien:
- Wahl des Formats
- Typografische Gestaltung
- Farbgestaltung
- Technische Anforderungen: Auflösung, Datenmenge
- Interaktive Möglichkeiten
- Multimediale Möglichkeiten
- Möglichkeiten der Aktualisierung
- Verfügbarkeit

2 Storyboard kennen

a. Erklären Sie die Funktion eines Storyboards.
b. Nennen Sie seine wesentlichen Inhalte.
c. Laden Sie eine Webseite Ihrer Wahl. Scribblen Sie das Layout der Seite.

3 Gestaltungsraster ermitteln

a. Zeichnen Sie das Gestaltungsraster der dargestellten Webseite in die Abbildung ein.
b. Ordnen Sie dem Screenshot die Navigationsbereiche und -hilfen zu:
- Hauptnavigation
- Subnavigation
- Hilfsnavigation
- Breadcrumb-Navigation
- Suchfunktion

4 Format festlegen

a. Zählen Sie drei Aspekte auf, die bei der Festlegung des Formates eine Rolle spielen.
b. Wie kann erreicht werden, dass eine Website auf unterschiedlichen Monitoren in akzeptabler Größe dargestellt wird?

5 Gestaltungsraster einsetzen

a. Begründen Sie die Verwendung eines Gestaltungsrasters.
b. Welches Rastermaß eignet sich für das Layouten von Webseiten?

6 Farbdarstellung auf Monitoren beurteilen

Zählen Sie vier Gründe auf, weshalb Monitore zur verbindlichen Wiedergabe von Farben nicht geeignet sind.

7 Farben für Web- und Printdesign wählen

a. Erklären Sie, weshalb sich die Farbdarstellung am Monitor von der Farbdarstellung im Druck unterscheidet.
b. Welche Maßnahme muss getroffen werden, wenn die gewählten Farben

Screenshot zu Aufgabe 3

www.freiburg.de

Screendesign

am Monitor und im Druck so ähnlich wie möglich sein sollen?

8 Farbkontraste kennen und anwenden

a. Zählen Sie fünf Farbkontraste auf.
b. Formulieren Sie fünf Regeln zur Auswahl von Text- und Hintergrundfarbe.

9 Farbe gezielt einsetzen

a. Finden Sie Beispiele aus dem Alltag, bei denen die Leit- oder Signalwirkung von Farbe gezielt eingesetzt wird.
b. Wie kann die Leitfunktion von Farbe auf Webseiten genutzt werden? Geben Sie Beispiele.

10 Schriften wählen

a. Weshalb eignen sich die meisten Druckschriften nicht für die Verwendung in Digitalmedien?
b. Weshalb muss für den Fließtext einer Website eine Systemschrift verwendet werden?
c. Nennen Sie drei Systemschriften, die unter Mac OS und Windows vorhanden sind.
d. Welche Möglichkeiten gibt es, wenn eine Schrift verwendet werden soll, die keine Systemschrift ist?

11 Texte gestalten

Formulieren Sie fünf Regeln zur Textgestaltung auf Webseiten.

12 Navigationselemente kennen

a. Erklären Sie den Begriff „Navigationselement".
b. Nennen Sie drei Möglichkeiten zur Realisierung von Navigationselementen auf Webseiten.
c. Wozu dient eine Breadcrumb-Navigation?

13 Navigationselemente gestalten

Formulieren Sie fünf Regeln zur Gestaltung von Navigationselementen.

14 Icons verwenden

a. Formulieren Sie drei Forderungen an die Gestaltung von Icons.
b. Erklären Sie den Begriff „Metapher" anhand eines Beispiels.
c. Nennen Sie fünf Metaphern, die im Computerbereich verwendet werden.

15 Icons entwerfen

Entwerfen Sie in einem Grafikprogramm Icons zu folgenden Begriffen:
• Startseite
• Kontakt/Mail
• Warenkorb
• Hilfe
Hinweis: Achten Sie auf eine reduzierte, stilisierte und abstrahierte Darstellung, die auch bei starker Verkleinerung auf z. B. 32 x 32 Pixel noch erkennbar ist.

16 Sound „gestalten"

Formulieren Sie drei Regeln für den Einsatz von Sound in multimedialen Produkten.

545

6.3 Interface-Design

6.3.1	Content versus Design	548
6.3.2	Usability	552
6.3.3	Informationsdesign	557
6.3.4	Interaktionsdesign	563
6.3.5	Barrierefreies Webdesign	568
6.3.6	Technische Spezifikation	573
6.3.7	Aufgaben	575

6.3.1 Content versus Design

Produktdesign (oben) und Screendesign (unten)

Sowohl bei Produkten als auch bei Benutzeroberflächen muss zwischen Inhalt (Content) und Design unterschieden werden. Das „Interface" bildet die Schnittstelle zwischen Produkt und Nutzer.

Abb.: Jura

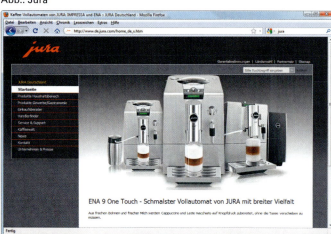

6.3.1.1 Begriffsbestimmung

Lassen Sie uns diesen Abschnitt mit einem Ausflug in den Bereich des Produktdesigns beginnen:

Die Funktion eines Kaffeeautomaten besteht darin, auf Knopfdruck die gewünschte Menge Kaffee zuzubereiten und in eine Tasse zu füllen. Hierzu muss der Automat Bohnen mahlen, Wasser zum Kochen bringen und unter Druck durch die gemahlenen Bohnen pressen.

Der *Inhalt (Content)* des Automaten besteht also aus einer Vielzahl mechanischer und elektrischer Komponenten, deren Zusammenspiel von den Produktingenieuren ausgeklügelt werden muss.

Sind alle technischen Probleme gelöst, wird das Gerät in ein möglichst billiges Plastikgehäuse gesetzt und fertig ist der Kaffeeautomat.

Halt! Obwohl dieses Gerät einwandfrei funktioniert, würde es niemand kaufen. Denn wir Käufer wollen nicht nur ein funktionierendes, sondern auch ein gestaltetes Produkt – wir wollen *Design*!

An der Entwicklung werden deshalb immer Designer beteiligt sein, um das Produkt nach ihren Kriterien zu entwerfen:
- Ästhetik, äußere Gestalt
- Haptik
- Ergonomie, Benutzerfreundlichkeit
- Materialien, Werkstoffe
- Produktionskosten
- Eignung zur Massenfertigung
- ...

Die äußere Form des Automaten, sein Design, bildet die Schnittstelle zum Kunden: Aus der Übersetzung von „Schnittstelle" (engl.: interface) ins Englische leitet sich der Begriff *Interface-Design* ab.

Auch bei der Konzeption (multi-)medialer Produkte müssen Sie zwischen Content und Design unterscheiden. Unter dem Content verstehen wir hierbei die Gesamtheit an Informationen, die der Anbieter in Form von Texten, Bildern, Dateien, eventuell auch als Video- oder Soundclips, anbietet. Vor allem von der Informationsmenge hängt es ab, in welcher Form die Inhalte verwaltet werden.

Aufgabe des Screen- bzw. Interface-Designers ist es analog zum Produkt-

Interface-Design

designer, sich um die äußere Form und Gestaltung der *Benutzeroberfläche (User Interface)* zu kümmern. Er betrachtet u. a. folgende Aspekte wie
- Screendesign
- Ästhetik
- Usability
- Benutzerführung
- Barrierefreiheit
- Informationsdesign
- Interaktionsdesign
- ...

Bei der Konzeption sollten Sie von Anfang an darauf achten, dass die beschriebene Trennung von Content und Design konsequent eingehalten wird. Die Gestaltung einer Benutzeroberfläche muss losgelöst vom Inhalt erfolgen, so dass beides unabhängig voneinander verändert werden kann. Denn während die Benutzeroberfläche in der Regel zumindest für einige Monate beibehalten wird, ändert sich der Inhalt vieler Produkte täglich, stündlich oder minütlich, denken Sie an eBay!

6.3.1.2 Content Management

Die Hauptforderung des vergangenen Abschnitts lautet:

> Trennen Sie konsequent Inhalt (Content) und Gestaltung (Design).

Wie lässt sich die geforderte Trennung nun in die Praxis umsetzen? Hierbei müssen Sie zwischen zwei Ansätzen unterscheiden: statische Strukturen und dynamische Strukturen z. B. über Content-Management-Systeme.

Statische Struktur
Kleinere Internetauftritte, z. B. von Handwerksbetrieben, Ladengeschäften, Vereinen oder Grundschulen, bestehen aus einigen HTML-Dateien, einer CSS-Datei sowie einem Ordner mit den Abbildungen. Der *Content* wird direkt in den HTML-Dateien platziert, so dass für jeden Screen eine eigene Datei erfor-

Band II – Seite 737
10.1 HTML

Band II – Seite 767
10.2 CSS

Statische Webseiten
Merkmal einer statischen Website ist, dass für jeden Screen eine eigene HTML-Datei erforderlich ist.
 Die Aktualisierung der Inhalte ist schwierig. Für größere Webauftritte ist diese Struktur deshalb nicht brauchbar.

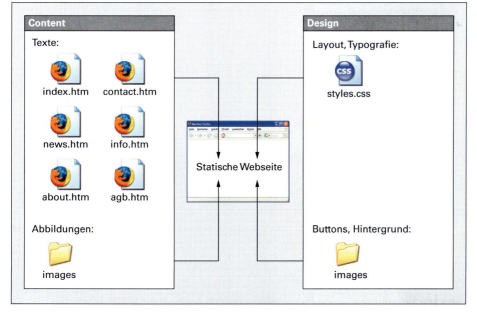

549

derlich ist. Das *Design* erfolgt in einer separaten Datei mittels „Cascading Stylesheets (CSS)". Diese enthält alle Informationen zu Layout und Gestaltung der Website.

Die Hauptforderung nach Trennung von Content und Design ist hiermit erfüllt – beide Bereiche können unabhängig voneinander geändert werden.

Der Vorteil der statischen Struktur ist, dass zur Realisierung ausschließlich HTML- und CSS-Kenntnisse erforderlich sind. Diesem Vorteil stehen jedoch große Nachteile gegenüber: Zur Änderung des Inhalts muss die jeweilige HTML-Datei geöffnet und der Inhalt ausgetauscht bzw. aktualisiert werden. Noch aufwändiger sind strukturelle Änderungen am Webauftritt, z. B. das Erweitern der Navigationsstruktur, da dies Auswirkungen auf sehr viele Dateien hat.

Die Pflege eines statischen Internetauftritts kann aus diesem Grund nicht vom auftraggebenden Kunden selbst vorgenommen werden und bleibt Ihnen als ausführende Agentur vorbehalten. Für den Kunden bedeutet dies jedoch Folgekosten, die Sie bereits bei der Angebotserstellung berücksichtigen müssen.

Aufgrund der Unflexibilität und des hohen Aufwands bei Änderungen sind statische Seiten heute nur noch bei sehr kleinen Internetauftritten sinnvoll.

Dynamische Struktur
Für größere Webauftritte ist die statische Struktur ungeeignet, da sie Hunderte von HTML-Seiten erfordern würde, deren Aktualisierung nur mit einem nicht vertretbaren Aufwand möglich wäre.

Die Grundidee einer dynamischen Website ist, den *Content* komplett von der technischen Umsetzung zu trennen und in einer Datenbank zu verwalten. Auf Datenbanken können auch technische Laien über eine geeignete Softwareschnittstelle *(Frontend)* zugrei-

Dynamische Struktur
Der Begriff „dynamisch" bedeutet, dass die HTML-Seiten erst auf Anfrage des Benutzers (Suchbegriff oder Buttonklick) erzeugt wird.
Alle Inhalte werden separat in einer Datenbank verwaltet, das Design ist in so genannten Templates gespeichert.

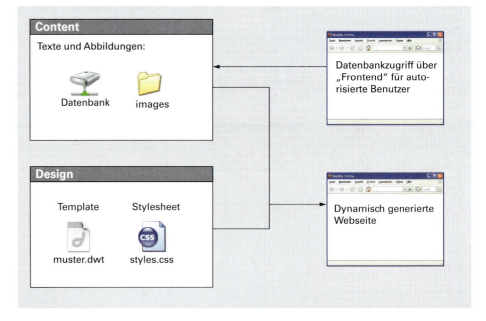

550

Interface-Design

fen und damit die Inhalte des Internetauftritts aktualisieren oder löschen.

Das *Design* der Seite wird separat von den Daten in so genannten Stylesheet- oder Template-Dateien gespeichert. Sie können diese mit Musterseiten aus InDesign oder QuarkXPress vergleichen: Alle Seiten, die mit derselben Musterseite erstellt werden, besitzen auch dasselbe Layout. Änderungen der Musterseite wirken sich auf alle Seiten aus.

Mit Templates für Webseiten verhält es sich gleich: Durch Änderung einiger weniger Dateien lässt sich ein kompletter Internetauftritt umformatieren.

HTML-Seiten existieren bei dynamischen Seiten nicht, sondern werden bei Bedarf erzeugt, d. h. erst dann, wenn sie durch den Benutzer angefragt werden. Denken Sie an Google, wo durch Eingabe eines Suchbegriffs eine Seite mit den Ergebnissen erzeugt wird. Die hierfür benötigten Inhalte werden mit Hilfe einer Programmiersprache aus einer Datenbank gelesen und in der Musterseite platziert.

6.3.1.3 Content-Management-Systeme

Software zur Erstellung und Verwaltung dynamischer Websites wird als Content-Management-System bezeichnet, häufig mit CMS abgekürzt. (Leider steht CMS auch für „Color-Management-System".)

Bei einem Content-Management-System werden die Struktur und Gestaltung des Internetauftritts konsequent vom Inhalt getrennt und separat gespeichert. Auf diesen Bereich haben nur wenige autorisierte Personen Zugriff. Die Zugriffsmöglichkeiten auf den Inhalt der Website kann man hingegen einem erweiterten Personenkreis gestatten. So wird es möglich, dass ein Kunde seinen Internetaufritt selbst pflegen kann, ohne dass er hierfür Kenntnisse in der verwendeten Webtechnologie benötigt.

Die große Bedeutung von CMS wurde längst erkannt, so dass mittlerweile Hunderte von Content-Management-Systemen auf dem Markt sind. Diese unterscheiden sich natürlich hinsichtlich Kosten und Leistungsfähigkeit. Die Auswahl des geeigneten CMS ist eine wichtige konzeptionelle Entscheidung!

In Kapitel 10.7 des zweiten Bandes erhalten Sie eine Übersicht über die wesentlichen Merkmale eines CMS, außerdem stellen wir Ihnen das CMS „Joomla" vor. Trotz seiner Leistungsfähigkeit gehört Joomla (http://www.joomla.de) zur Open-Source-Software, die kostenlos verfügbar ist und dennoch kommerziell eingesetzt werden darf. Vorsicht vor Abo-Fallen: Joomla ist kostenlos – eine Registrierung und/oder Bezahlung ist nicht erforderlich.

Band II – Seite 911
10.7 Content Management

Open-Source-CMS

Joomla ist ein kostenloses und dennoch leistungsfähiges Content-Management-System.

http://www.joomla.de

6.3.2 Usability

6.3.2.1 Benutzeroberfläche (User Interface)

Gehen Sie doch einmal in Ihr Bad und betrachten Sie dort Ihre Zahnbürste: Sie werden feststellen, dass diese einen speziell geformten Griff besitzt, der möglicherweise aus unterschiedlichen Materialien besteht. Vermutlich ist er an einigen Stellen geriffelt oder mit Noppen versehen. Die Borsten werden unterschiedliche Längen aufweisen und in bestimmter Art und Weise gruppiert sein. Beantworten Sie nun folgende Frage: Weshalb ist eine schlichte Zahnbürste ein derart aufwändiges und teuer zu produzierendes Gebilde?

Die Antwort ist einfach: Der Hersteller hat versucht, die Zahnbürste möglichst optimal an die Form und Beschaffenheit der menschlichen Hand (Griff) sowie des Gebisses (Kopf mit Borsten) anzupassen. Anders gesagt: Die Schnittstelle (engl.: interface) zwischen Mensch und Produkt wurde optimiert.

Auch am Computer gibt es mehrere Schnittstellen zwischen Mensch und technischem Gerät: Tastatur, Maus, Bildschirm. Alle Komponenten sollten so geformt und beschaffen sein, dass sie für den Anwender ein möglichst benutzerfreundliches Design erhalten. Diese Forderung gilt nicht nur für Hardware: Jede Software besitzt eine Schnittstelle zur Kommunikation zwischen Nutzer und (digitalem) Produkt – das *User Interface* oder die *Benutzeroberfläche*.

Interface-Design beschäftigt sich mit Fragen, wie eine derartige Oberfläche beschaffen sein muss, damit sie ihren Zweck optimal erfüllt. Hierbei geht es primär nicht darum, eine Oberfläche „schön" aussehen zu lassen, sondern um Fragen der Benutzerfreundlichkeit.

6.3.2.2 Benutzerfreundlichkeit (Usability)

Usability wird meistens mit Benutzerfreundlichkeit übersetzt. Gemeint ist damit wörtlich, dass eine Benutzeroberfläche „freundlich zum Benutzer" sein muss. Weitere Begriffe für Usability sind Bedienbarkeit, Brauchbarkeit, Nutzbarkeit oder – gemäß DIN EN ISO 9241 – Gebrauchstauglichkeit.

Usability beschäftigt sich mit folgenden Fragen zur Gestaltung von Benutzeroberflächen:
- Wie müssen die Bedien- und Navigationselemente gestaltet und ange-

User Interface
Sowohl reale (Zahnbürste) als auch digitale Produkte besitzen eine Schnittstelle (interface) zum Nutzer (user).

Usability beschäftigt sich mit der Gestaltung dieser Schnittstelle.

Abb.: Dr. Best

Interface-Design

ordnet werden, damit sich der Nutzer schnell zurechtfindet?
- Welche interaktiven Elemente sind erforderlich, um dem Nutzer die Kommunikation mit dem Anbieter der Website zu ermöglichen?
- Wie kann ein Nutzer bei der Bedienung der Website unterstützt werden?
- Wie müssen Informationen gegliedert werden, damit sie logisch nachvollziehbar sind und möglichst schnell gefunden werden?
- Wie müssen Texte geschrieben werden, damit sie mit wenigen Worten alle wichtigen Informationen übermitteln?
- Wie lässt sich Ermüdung am Bildschirm vermeiden?
- Wie lässt sich das Auge des Betrachters durch gezielte Blickführung lenken?
- Wie kann auch Menschen mit Behinderung, z. B. Blinden, ein Zugang zur Website ermöglicht werden?
- Wie kann verhindert werden, dass der Nutzer zu einer anderen Site „weitersurft"?
- Wie kann erreicht werden, dass eine Website auch langfristig erfolgreich ist?

Sie sehen, dass Usability wesentlich mehr beinhaltet als die als *Screendesign* bezeichnete *Gestaltung* einer Benutzeroberfläche.

6.3.2.3 Usability-Tests

Mittlerweile gibt es zahlreiche Bücher, die sich ausschließlich mit der Frage beschäftigen, wie die Usability einer Website optimiert werden kann. Der Grund hierfür ist offensichtlich: Über Erfolg oder Misserfolg entscheidet maßgeblich, ob die User einen einfachen Zugang zum Produkt erhalten oder ob sie

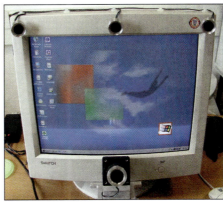

Usability-Labor

Am Monitor sind mehrere Kameras angebracht, mit denen sich die Bewegung der Pupillen erfassen lässt (Eye-Tracking).

Interface Consult, www.usability.at

es nach erfolglosen Nutzungsversuchen genervt verlassen.

Um die Usability eines Produktes zu untersuchen, gibt es mehrere Möglichkeiten, die entweder in einem Testlabor oder als Feldversuch stattfinden. Der Vorteil des Labors besteht in den besseren Analysemöglichkeiten. Am Feldversuch kann eine größere Stichprobe der Zielgruppe beteiligt werden. Außerdem hat man festgestellt, dass auch die Umgebungsbedingungen (Lichtverhältnisse, Lärm usw.) einen Einfluss auf das Nutzerverhalten haben.

Fragebögen, Interviews

Usability-Tests mittels Fragebogen oder Interview werden als Feldversuch, also außerhalb von speziellen Labors, durchgeführt. Hierfür wird eine repräsentative Stichprobe der Zielgruppe gebeten, ein User Interface, z. B. eine Website, nach bestimmten Vorgaben zu testen. Im Anschluss füllen die Probanden einen Fragebogen aus oder sie werden über ihre Beobachtungen telefonisch interviewt.

Mouse- und Eye-Tracking

Beim Mouse- und Eye-Tracking werden die Maus- bzw. Augenbewegungen der Versuchspersonen aufgezeichnet. Im

Eye-Tracking

Die „Hot spots" zeigen die Verweildauer der Augen auf bestimmten Stellen: Kurze Verweildauer wird grün, lange Dauer gelb und rot dargestellt.

Interface Consult, www.usability.at

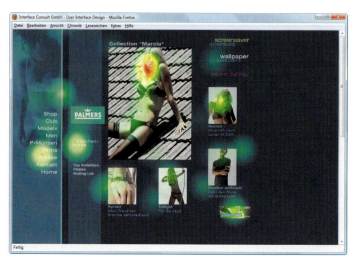

Screenshot oben geben die Farben die Verweildauer der Augen auf einer bestimmten Stelle wieder: Grün bedeutet kurze, gelb und rot lange Verweildauer.

Hieraus lassen sich Rückschlüsse auf die Platzierung, Größe, Form und Farben der Seitenelemente ziehen. Möglicherweise müssen auch unverständliche Begriffe ausgetauscht oder Bilder ersetzt werden.

Cognitive Walkthrough
Bei diesem Test stellen sich die Usability-Experten konkrete Aufgaben. Beispiele hierfür sind: „Ich will Produkt X bestellen", „Ich will Tickets für ein Konzert Y reservieren" oder „Ich brauche eine Information Z". Sie versetzen sich damit gedanklich in die Lage der späteren Nutzer des Produkts.

Aus der benötigten Zeit sowie der eigenen Vorgehensweise lassen sich Rückschlüsse auf die Verbesserung der Benutzerführung ziehen.

Lautes Denken
Bei dieser Methode spricht die Testperson, während sie die Website bedient. Hierdurch ergibt sich der Vorteil, dass auch spontane Eindrücke und Stimmungen dokumentiert und später ausgewertet werden können.

Videobeobachtung
Schließlich kann während des Versuchs das Gesicht der Versuchsperson mittels Videokamera gefilmt werden.

Bei der Auswertung werden die besuchten Seiten und die Gesichtsmimik parallel betrachtet, um Rückschlüsse aus der Mimik (z. B. fragender, zufriedener, verärgerter Gesichtsausdruck) ziehen zu können.

6.3.2.4 Zielgruppenanalyse

Um ein erfolgreiches „User Interface" zu ermöglichen, ist eine möglichst genaue Kenntnis der potenziellen Zielgruppe von entscheidender Bedeutung. Im Kompendium widmen wir uns diesem wichtigen Thema in Kapitel 7.1.

Während zur professionellen Durchführung Markforschungsunternehmen beauftragt werden, genügt es bei kleineren Projekten auch, die Zielgruppe anhand einer Checkliste einzugren-

554

Interface-Design

Band I – Seite 579
7.1 Zielgruppenanalyse

zen. In der Tabelle sind einige Fragen zusammengestellt, die einen groben Überblick über die zu erwartende Zielgruppe gibt:

Checkliste „Zielgruppe"

- Welcher Altersgruppe gehört die Zielgruppe an? Welches Geschlecht besitzt sie? Welchen Familienstand?
- Welcher Bildungsschicht gehört sie an? Welche Berufe hat die Zielgruppe? Welcher Einkommensgruppe gehört die Zielgruppe an?
- Welche Eigenschaften und Interessen besitzt die Zielgruppe? Ist sie kommunikativ, sozial engagiert, politisch aktiv, kulturell interessiert, sportlich aktiv, konsumfreudig, ...?
- Welche geografische Herkunft besitzt die Zielgruppe? Ist sie regional, national, international? Welche Sprache(n) spricht sie? Handelt es sich eher um Stadt- oder Landbevölkerung?
- Verfügt die Zielgruppe über Erfahrungen im Umgang mit dem Computer? Welche Soft- und Hardware besitzt sie? Verfügt sie über Erfahrungen mit dem Internet?
- Welche Gewohnheiten besitzt die Zielgruppe? Wie wird die Freizeit genutzt? Wie viel Zeit wird am Computer bzw. im Internet verbracht? Welche anderen Medien werden genutzt?
- Welche Erwartungen hat die Zielgruppe an das Produkt? Mit welcher Motivation nutzt sie das Produkt? Ist sie neugierig, erwartungsvoll oder ist die Nutzung eine lästige Pflicht?

Aus der Beantwortung dieser Fragen können sich zwei Folgerungen ergeben:
- Für das geplante Produkt gibt es keine Zielgruppe. Auch diese Erkenntnis ist wichtig und spart Ihnen oder Ihrer Firma eine Menge Geld.
- Für das geplante Produkt gibt es eine ausreichend große Zielgruppe.

Im nächsten Schritt müssen Sie die Folgerungen für die Entwicklung des User Interface ableiten. Primäres Ziel ist die *Benutzerfreundlichkeit (Usability)* des Produktes. Hierzu zwei Beispiele:

Beispiel „Maus"
Die Website der Maus zeigt eine gelungene Umsetzung für die Zielgruppe „Kinder":
- Die Site ist in freundlichen, warmen Farben gestaltet.
- Navigation ist auch ohne Sprachkenntnisse über kleine Grafiken möglich.
- Vielfältige Animationen und spielerische Elemente motivieren zum Mitmachen und schaffen den Bezug zum Medium Fernsehen.
- Sound unterstützt die Benutzerführung.
- Der Textanteil ist minimal und wird durch Grafiken unterstützt.
- Die Site ist auch noch auf sehr kleinen Monitoren mit 800 x 600 Pixeln komplett sichtbar, so dass Scrollen entfällt.

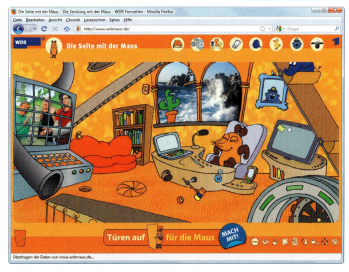

Zielgruppe „Kinder"
Die Website zeigt eine kindgerechte Umsetzung. Erläuterungen finden Sie im Text.

www.wdrmaus.de

Beispiel „on-line"

On-line ist ein europäisches Lernprojekt mit dem Ziel, Menschen mit Lernschwierigkeiten einen Zugang zu Computer und Internet zu ermöglichen.

Webseiten, die sich auch von Menschen mit geistiger oder körperlicher Einschränkung nutzen lassen, werden als „barrierefrei" bezeichnet. Die Forderung nach Barrierefreiheit ist heute im Behinderten-Gleichstellungs-Gesetz geregelt und deshalb keine freiwillige „Zusatzleistung" mehr. Lesen Sie hierzu mehr ab Seite 568.

Um der Zielgruppe die Nutzung der Website zu ermöglichen, wurden auf der Website „on-line" folgende Maßnahmen getroffen:

- Große, rechteckige Buttons, die sich farblich deutlich voneinander unterscheiden
- Grafische Elemente zur Unterstützung der Benutzerführung bei Leseschwäche
- Deutlicher Kontrast zwischen Text und Hintergrund
- Alternative Druckversion
- Geringe Textmenge
- Sprachauswahl
- Variable Schriftgröße
- Vorlesefunktion durch Anklicken des Lautsprechers
- Hilfethemen zur Site
- Verzicht auf Flash, JavaScript und andere Technologie, die Browser-Plug-ins erforderlich machen.

Zielgruppe „Menschen mit Lernschwäche"

Um Menschen mit körperlicher oder geistiger Behinderung den Zugang zu Webseiten zu ermöglichen, müssen besondere Maßnahmen getroffen werden (vgl. Text).

http://www.on-line-on.eu

6.3.3 Informationsdesign

Interface-Design

6.3.3.1 Einführung

Den Begriff „Navigation" kennen Sie vermutlich aus der Schiff- oder Luftfahrt: Er bezeichnet die Kursbestimmung von Schiffen bzw. Flugzeugen. Mittlerweile sind „Navis" ja auch in Autos weit verbreitet.

Der Begriff wurde auf den Bereich der Digitalmedien übertragen: Die *Navigationsstruktur* bestimmt, welche Möglichkeiten der Anwender hat, sich durch ein Produkt zu bewegen. Während die Navigation in einem Buch oder in einer Zeitung beliebig durch Blättern erfolgen kann, ist der Nutzer in der digitalen Welt auf die zugrunde liegende Struktur angewiesen.

Der Aufbau einer solchen Struktur stellt eine der wichtigsten konzeptionellen Aufgaben dar. Die Navigationsstruktur ist sozusagen das Skelett der multimedialen Anwendung. Bei falschem Design wird der Nutzer den gesuchten Inhalt nicht finden und die Site (für immer) verlassen.

Hierzu ein Beispiel aus dem Alltag: Wenn Sie ein großes Kaufhaus betreten, finden Sie im Eingangsbereich einen Wegweiser, der das Kaufhaus nach Stockwerken gegliedert darstellt. Nun suchen Sie ja aber in der Regel eine bestimmte Abteilung und wissen nicht, in welchem Stockwerk diese sich befindet. Es bleibt also nichts anderes übrig, als den gesamten Plan nach dieser Abteilung abzusuchen. Warum um alles in der Welt kommt eigentlich niemand auf die Idee, in einem Kaufhaus einmal einen Plan aufzuhängen, der thematisch oder alphabetisch gegliedert ist?

Wie die Grafik auf der nächsten Seite zeigt, würde diese Struktur die Suche im Kaufhaus deutlich verkürzen und den Kunden schneller zum gewünschten Ziel führen. Doch vermutlich beabsichtigen die Kaufhausbetreiber genau das Gegenteil, damit die Kunden möglichst lange im Kaufhaus verweilen. Hierfür fehlt mir (als Mann) leider das Verständnis.

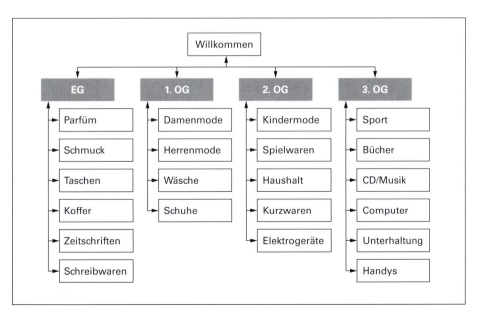

Benutzerführung im Kaufhaus I

Im Eingangsbereich von Kaufhäusern finden sich meistens Wegweiser, die nach Stockwerken gegliedert sind.

Um eine Abteilung zu finden, müssen Sie den Plan Stockwerk für Stockwerk durchlesen.

557

Benutzerführung im Kaufhaus II

Durch die thematische Gliederung ist ein schnellerer Zugang möglich. Um eine Abteilung zu finden, müssen Sie diese lediglich der richtigen Kategorie zuordnen, danach erfahren Sie das zugehörige Stockwerk.

Die Struktur entspricht dem Navigationsplan eines Webshops.

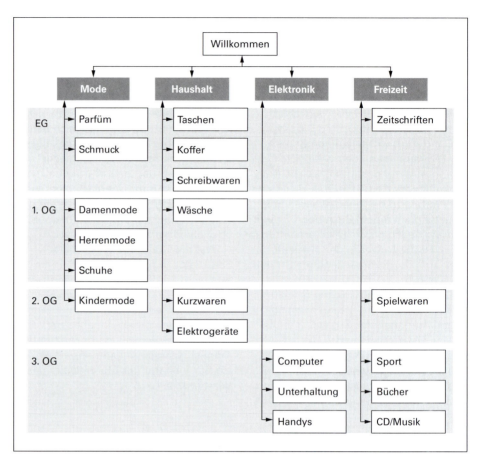

Das Alltagsbeispiel soll Ihnen den großen Einfluss des Informationsdesigns auf das Nutzerverhalten illustrieren.

Im Folgenden stellen wir Ihnen die Grundtypen der Navigation vor: lineare Struktur, Baumstruktur und Netzstruktur. Beachten Sie, dass in der Praxis häufig Mischformen aus den genannten Strukturen benötigt werden.

6.3.3.2 Lineare Struktur

Bei einer linearen Abfolge der Screens hat der Nutzer keinerlei Entscheidungsfreiheit, so dass wir im Grunde gar nicht von „Navigation" sprechen können. Der Hauptvorteil dieser Struktur ist darin zu sehen, dass die Informationen in einer festgelegten Reihenfolge angeordnet werden können. Dies wird beispielsweise bei Bestellvorgängen (siehe Screenshot auf der nächsten Seite) oder Online-Tutorials benötigt, da sichergestellt werden muss, dass der Anwender keine Information übersieht oder auslässt.

Dennoch kommen lineare Strukturen auf Webseiten eher selten zum Einsatz. Ihre Hauptanwendung liegt bei *Bildschirmpräsentationen*. Hierbei wird es vom Präsentierenden gewünscht, die

Interface-Design

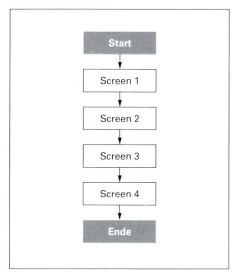

6.3.3.3 Baumstruktur

Die mit Abstand am häufigsten verwendete Navigationsstruktur ist die Baumstruktur, oft auch als hierarchische Struktur bezeichnet. Der Name kommt daher, dass die Struktur an einen umgedrehten Baum erinnert, der sich, von einer Wurzel ausgehend, immer weiter verzweigt.

Die Baumstruktur bietet dem Nutzer auf jeder Ebene die Möglichkeit, sich für einen „Ast" zu entscheiden und hierdurch eine Ebene tiefer zu gelangen. Die Rückkehr zum Ausgangspunkt erfolgt in umgekehrter Weise von Ebene zu Ebene. Eine Ausnahme bildet die direkte Rückkehr zur Startseite (Homepage), die im Normalfall von jedem Screen aus möglich ist.

Eine derartige Gliederung von Information ist uns allen vertraut, da sie in jedem Fachbuch vorzufinden ist. Die einzelnen Informationsebenen entsprechen dort den Kapiteln und Unterkapiteln. Jedes Inhaltsverzeichnis kann deshalb auch in Form eines „Baumes" gezeichnet werden. Eine weitere Anwendung der Baumstruktur stellt das „Mindmapping" dar, bei dem

Informationen in die von ihm beabsichtigte Reihenfolge zu bringen. Die Screens dienen ihm lediglich zur visuellen Unterstützung seines Vortrages. Eine Wahlmöglichkeit wird nicht benötigt – Vor- und eventuell Zurückblättern ist ausreichend.

Zur Erstellung der linearen Struktur kommt eine Präsentationssoftware wie beispielsweise Microsoft PowerPoint oder die kostenlose Alternative Impress von OpenOffice.org zum Einsatz.

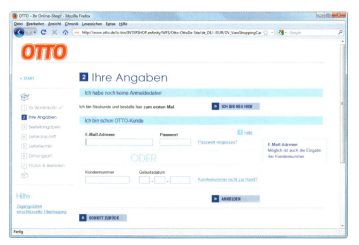

Anwendungsbeispiele mit linearer Struktur

Rechts:
PowerPoint-Präsentation

Links:
Bestellvorgang in sieben Schritten

Abb.: Otto

559

Baumstruktur

Eine direkte Rückkehr zur Startseite (Homepage) ist normalerweise von jedem Screen aus vorgesehen und wird im Plan nicht explizit eingezeichnet.

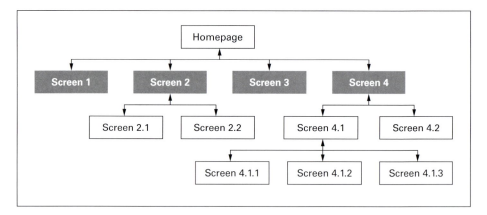

das Wurzelelement in der Mitte angeordnet wird.

Die wesentlichen Vorteile der hierarchische Navigationsstrukturen sind:
- Gute Gliederungs- und Strukturierungsmöglichkeiten der Informationen.
- Klare Benutzerführung, die eine intuitive Bedienung ohne Vorkenntnisse ermöglicht.
- Änderungen oder Erweiterungen der Site sind problemlos möglich

Nicht nur die Mehrzahl der Webseiten, sondern auch die meisten Offline-Produkte sind hierarchisch strukturiert – denken Sie an die Benutzerführung auf einer Video-DVD oder die Menüstrukturen von Anwendersoftware.

6.3.3.4 Netzstruktur

Eine netzartig oder vermascht strukturierte Multimedia-Anwendung weist für den Nutzer keine eindeutige und klare Hierarchie auf. Stattdessen sind die einzelnen Screens in vielfältiger Weise miteinander verlinkt – im Extremfall kann der Nutzer von einer Seite auf jede weitere Seite gelangen. Netzstrukturen sind dann sinnvoll, wenn es darum geht, dem Nutzer einen möglichst

Baumstruktur

Webshops sind hierarchisch aufgebaut. Der Screenshot zeigt die drei Hierarchieebenen:
Damen > Sport- & Bademode > Oberteile

Abb.: H&M

560

Interface-Design

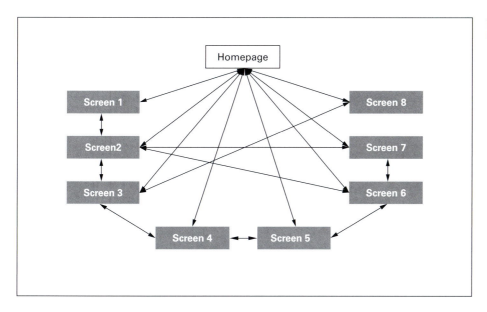

Vernetzte Navigationsstruktur

großen Entscheidungsspielraum zu lassen. Im Unterschied zur hierarchischen Struktur kann er – beispielsweise durch Eingabe eines Suchbegriffs – sehr schnell zur gewünschten Information gelangen.

Andererseits birgt die Netzstruktur die Gefahr, sich hoffnungslos zu „verirren". Jeder von uns hat die Erfahrung gemacht: Auf der Suche nach einem Begriff in einer Suchmaschine gelangt man auf interessante Seiten, klickt dort weiter, gelangt auf andere Seiten und weiß am Schluss nicht mehr, was das ursprüngliche Ziel der Suche war.

Die vernetzte Struktur bietet maximale Möglichkeiten, stellt jedoch auch die höchsten Anforderungen an den Nutzer. Damit dieser sich zurechtfindet und eben nicht verirrt, müssen Sie ihm

Netzstruktur

Eine Suchmaschine vernetzt Webseiten millionenfach. Die Navigation erfolgt über ein Formular, in das der Nutzer Suchbegriffe einträgt.

Abb.: Google

561

Band I – Seite 534
6.2.8 Navigationselemente

Navigationshilfen wie eine Sitemap oder Breadcrumb-Navigation zur Verfügung stellen (vgl. Kapitel 6.2.8).

Die in den vorherigen Abschnitten vorgestellten Informations- bzw. Navigationsstrukturen werden in der Praxis häufig miteinander kombiniert: So sind größere Webauftritte zwar hierarisch aufgebaut, besitzen jedoch immer auch ein Formular zur direkten Eingabe von Suchbegriffen. Der Nutzer hat also die Wahl, ob er sich „durchklickt" oder direkt mit Hilfe eines Begriffs sucht. Weiterhin befinden sich auf Webseiten häufig auch lineare Sequenzen, beispielsweise für Bestellvorgänge oder um ein Produkt nach eigenen Vorstellungen zu konfigurieren.

6.3.3.5 Entwurf einer Navigationsstruktur

Wie erläutert stellt das Informationsdesign eine große konzeptionelle Herausforderung dar. Hierbei bietet sich wiederum der Vergleich zum Fachbuch an: Ein Fachbuch ist gut, wenn die gesuchten Informationen im Buch enthalten sind und möglichst schnell gefunden werden. Verbergen sich diese an einer nicht vermuteten Stelle, werden sie nicht oder nur zufällig entdeckt – ein Ärgernis für den Leser. Kommt dies wiederholt vor, wird er das Buch nicht mehr benutzen.

Im Bereich der Digitalmedien ist eine klare Gliederung von Information noch wichtiger als im Fachbuch. Hier sieht der Nutzer immer nur einen Screen, ein schnelles Durchblättern oder Überfliegen von Seiten ist nicht möglich.

Navigationspläne werden insbesondere für hierarchisch organisierte Produkte in der Baumstruktur entwor-

fen. Bei einer linearen Abfolge genügt die Festlegung der Reihenfolge und eine vernetzte Struktur wird in dieser Darstellung schnell unübersichtlich.

Im Navigationsplan symbolisieren rechteckige Kästen die Screens und Pfeile die Links. Obwohl jedes Projekt einen individuellen Entwurf erfordert, lassen sich doch einige grundlegende Regeln aufzählen:

Checkliste „Navigationsstruktur"

- Versetzen Sie sich beim Entwurf gedanklich in den späteren Nutzer des Produktes. Dieser muss stets folgende Fragen beantworten können:
  Wo befinde ich mich aktuell?
  Wie komme ich zum Ausgangspunkt zurück?
  Wie kann ich von hier aus weitermachen?

- Gliedern Sie Ihre Informationen so, dass sich horizontal nicht mehr als sieben Screens ergeben, da der Mensch maximal sieben Informationen auf einen Blick erfassen kann („Magische 7" nach Miller).

- Gliedern Sie Ihre Informationen so, dass sich vertikal nicht mehr als drei Ebenen ergeben. Die Startseite wird hierbei nicht als Ebene gezählt. Zu viele Unterebenen verwirren den Nutzer und lassen ihn den Überblick verlieren.

- Achten Sie darauf, dass sich Ihre Informationen von oben nach unten verfeinern und nicht umgekehrt.

- Achten Sie auf eine logische und sinnvolle Zuordnung der Inhalte zu den übergeordneten Screens. Bedenken Sie, dass der Nutzer später anhand spärlich beschrifteter Buttons entscheiden muss, welchen Weg er wählt.

- Beziehen Sie beim Entwurf der Navigationsstruktur die Zielgruppe mit ein: Die Anforderungen an den Nutzer nehmen von linear über hierarchisch zu vernetzt ständig zu.

6.3.4 Interaktionsdesign

Interface-Design

6.3.4.1 Begriffsbestimmung

Interaktive Produkte gestatten es dem Nutzer, selbst tätig („aktiv") zu werden. Die Tätigkeit findet zwischen („inter") Nutzer und Produkt statt. Die Benutzeroberfläche stellt die hierfür benötigten Komponenten zur Verfügung, z. B. Links, Eingabefelder, Formulare.

Im Unterschied zu den Printmedien, wo Interaktion praktisch nicht realisierbar ist, bieten sich im Bereich der Digitalmedien zahllose Möglichkeiten. Der Nutzer wird zum Akteur und verlässt seine passive Rolle. Einer der Gründe für die Erfolgsstory „Internet".

Die Industrie hat dieses Potenzial längst erkannt, so dass sämtliche Branchen an diesem „Milliardengeschäft" teilhaben wollen:
- *Unterhaltung*
  z. B. Computerspiele
- *Bildung*
  z. B. Lern- oder CBT-Software (Computer Based Training)
- *Information*
  z. B. Wikipedia, Google
- *Kommunikation*
  z. B. Facebook, Twitter, studiVZ
- *Werbung*
  z. B. Werbebanner, Werbeanzeigen
- *Verkauf*
  z. B. Webshops, eBay, Amazon

6.3.4.2 Formulardesign

Ob für eine Bestellung, Überweisung oder Telefonauskunft – Formulare bilden die wichtigste Möglichkeit der Interaktion zwischen dem Nutzer und dem Anbieter einer Website.

Auch wenn es immer wieder Fälle gibt, bei denen User durch ausgespähte Formulareingaben (v. a. PIN- und Kontonummer) zu Schaden kommen, so ist die Übertragung von Daten durch entsprechende Verschlüsselungstechniken relativ sicher. Die Gefahr, seinen Geldbeutel zu verlieren, dürfte höher einzustufen sein ...

Formulardesign stellt eine wichtige Disziplin der Konzeption multimedialer Produkte dar. Hierbei ist das zentrale Ziel, dass sich dem Benutzer die Struktur und Logik des Formulars intuitiv erschließt, ohne dass zusätzliche Erklärungen notwendig sind.

Ein weiterer Aspekt ist, dass Formulare so zu gestalten sind, dass sie auch von Menschen mit Behinderung bedienbar sind. Insbesondere muss die Nutzung ohne Maus, also ausschließlich mittels Tastatur, möglich sein. Der User „springt" hierbei mit Hilfe der Tabulator-Taste von Feld zu Feld und bestätigt seine Eingaben schließlich mit der Return-Taste.

Auf der nächsten Seite zeigen wir typische Fehler bei der Formulargestaltung und machen Verbesserungsvorschläge.

Verschlüsselung mit HTTPS

Zur Übermittlung von sensiblen Daten werden Verschlüsselungstechniken ❶ eingesetzt. (Das „s" bei https steht für „secure".) Das Schloss-Icon ❷ weist auf eine gesicherte Verbindung hin.

Abb.: BBBank

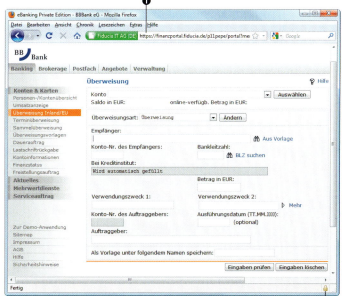

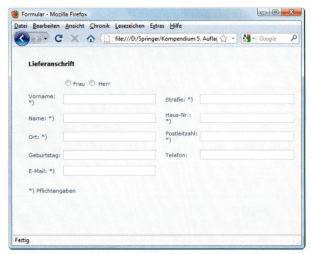
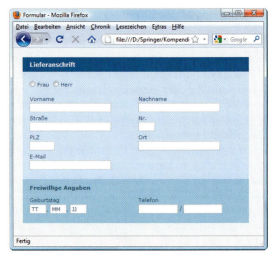

Formulardesign

Links:
Obwohl das Formular auf den ersten Blick in Ordnung scheint, enthält es auch etliche Mängel (vgl. Text).

Rechts:
Verbesserte Version, das die Anforderungen an Benutzerfreundlichkeit und Barrierefreiheit erfüllt.

„Schlechtes" Formulardesign
Der Screenshot oben links zeigt ein typisches Formular zur Eingabe der Lieferanschrift. Auf den ersten Blick scheint es gelungen und verständlich. Bei genauerer Betrachtung zeigen sich jedoch folgende Mängel:
- Der Kontrast zwischen Eingabefelder und Hintergrund ist sehr gering, so dass Menschen mit eingeschränkter Sehfähigkeit Schwierigkeiten haben, die Formularfelder zu finden.
- Eine Abgrenzung des Formulars vom Hintergrund ist nicht vorhanden, es „hängt in der Luft".
- Die logische Reihenfolge zur Eingabe von links nach rechts und von oben nach unten wurde nicht eingehalten. Würde das Formular ohne Maus mittels Tabulator-Taste ausgefüllt, müsste der Nutzer die Daten in der Reihenfolge Vorname – Straße – Name – Haus-Nr. eingeben.
- Die Abstände zwischen Beschreibungstext und Eingabefeld sind unterschiedlich, so dass die Zuordnung erschwert ist.
- Alle Eingabefelder besitzen dieselbe Größe, obwohl die Postleitzahl immer fünfstellig ist und eine Hausnummer nicht mehr als vier bis fünf Stellen benötigt.
- Die gewünschte Form der Dateneingabe bleibt unklar, z. B. beim Geburtsdatum oder der Telefonnummer: 01.05.1990, 01.05.90, 1.5.90, 1. Mai 1990 …? (01234) 5678910, 01234/5678910? Eine automatische Auswertung und korrekte Übertragung der Daten in eine Datenbank wird somit erschwert.
- Das Sternchen (*) zur Angabe der Pflichteingaben kann leicht vom Nutzer übersehen werden, so dass er eventuell Angaben macht, die nicht erforderlich und im Sinne des Datenschutzes auch nicht erwünscht sind.

„Gutes" Formulardesign
Im Formular oben rechts wurden die oben erwähnten Mängel behoben. Das Formular ist benutzerfreundlich gestaltet und barrierefrei, kann also auch von Menschen mit Einschränkung oder Behinderung beispielsweise ohne Maus bedient werden.

Interface-Design

6.3.4.3 Asynchrone Interaktion

Der Begriff „asynchrone" Interaktion oder Kommunikation bedeutet, dass Sender und Empfänger nicht gleichzeitig, sondern zeitversetzt handeln können.

Dies bringt den großen Vorteil, dass jeder Teilnehmer entscheiden kann, wann und ob er an der Interaktion teilnehmen will. Ihr wesentlicher Nachteil besteht in ihrer Unzuverlässigkeit: Hat die E-Mail den Empfänger erreicht? Blieb sie im Spamfilter hängen? Warum erhalte ich keine Antwort?

Die wesentlichen Möglichkeiten der asynchronen Interaktion sind E-Mail und Forum:

E-Mail
Trotz Spam bleibt E-Mail die wichtigste Interaktionsmöglichkeit zwischen Nutzer und Anbieter einer Website.

Auf Webseiten können Sie E-Mail-Kontakte auf zwei Arten realisieren:
- Als E-Mail-Link, der aber nur funktioniert, wenn der User einen E-Mail-Client, z. B. Outlook oder Thunderbird, installiert hat.
- Als Formular, das keinen E-Mail-Client erfordert und den weiteren Vorteil besitzt, dass die Daten bereits vorstrukturiert werden können.

Forum
Ein Forum bietet sich an, wenn eine Website die Kommunikation nicht nur mit dem Anbieter, sondern auch unter deren Nutzern ermöglichen soll.

Foren finden sich weniger auf kommerziell genutzten Webseiten als im Bereich der Information und Bildung. Natürlich gibt es hierbei keine Gewähr für korrekte Inhalte.

6.3.4.4 Synchrone Interaktion

Bei der „synchronen" Interaktion oder Kommunikation müssen alle Beteiligten zur gleichen Zeit im Internet sein. Dies ist aus technischer Sicht kein Problem, weil die meisten Internetnutzer mittlerweile über eine Flatrate ständig mit dem Internet verbunden sind.

Der wesentliche Vorteil dieser Kommunikationsform liegt darin, dass Informationen ohne zeitliche Verzögerung ausgetauscht werden können. Dagegen spricht, dass es ein unpassender Zeitpunkt sein kann, zu dem sich der Anfragende meldet. Die aktuelle Tätigkeit muss unterbrochen werden, und dies kann äußerst lästig sein.

Chat
Vorwiegend in der Zielgruppe bis 25 Jahren erfreuen sich Chats nach wie vor großer Beliebtheit: ICQ, Facebook, studiVZ, schuelerVZ, Twitter.

Internettelefonie
Natürlich lassen sich die Datenleitungen des Internets auch zur Übertragung von

Internettelefonie
Bei „Peter zahlt!" können Sie kostenlos ins In- und Ausland telefonieren, ohne dass Ihr Gesprächspartner einen Internetanschluss benötigt.

www.peterzahlt.de

Sprach- und Videosignalen nutzen. Internettelefonie bietet den Vorteil, dass sie weltweit kostenlos ist, sieht man einmal von den Kosten für den Internetzugang ab. Wichtigster Anbieter ist Skype.

6.3.4.5 Web 2.0 – Social Web

Das Internet hat sich massiv verändert: Während es in den Anfängen vor allem dazu diente, Nutzern Informationen und Dateien zur Verfügung zu stellen, hat es sich in den letzten Jahren zum „Mitmach-Web" oder „Social Web" entwickelt. Die Nutzer sind hierbei nicht mehr passive Konsumenten, sondern beteiligen sich am Internet. Typische Angebote dieses Web 2.0 sind:

Wikis
Gab es ein Leben vor Wikipedia? Untersuchungen haben gezeigt, dass es Wikipedia-Artikel vom Informations- und Wahrheitsgehalt mit den großen Lexika aufnehmen können.

Blogs (Webtagebücher)
Selbst Politiker nutzen diese Kommunikationsform zur Mitteilung. Insbesondere der „Mikroblog" Twitter wurde zu einem Riesenerfolg.

Social Communitys
Datenschutz hin oder her: Facebook, studiVZ, schuelerVZ, MySpace erfreuen sich enormer Beliebtheit. Firmen können es sich fast nicht leisten, *keinen* Facebook-Account zu haben.

Pod- und Videocasts
Wer hätte nicht gerne seinen eigenen Radio- oder Fernsehsender? Kein Problem, via Internet erreichen Sie die ganze Welt.

Foto- und Videocommunitys
Die Nutzung von Flickr, MyVideo und vor allem YouTube hat dank Breitbandzugang explosionsartig zugenommen.

Social Bookmarks
Die Idee ist, digitale Lesezeichen, also Verweise auf Webseiten, an einer zentralen Stelle abzulegen, um sie so anderen Nutzern zur Verfügung zu stellen. Große Anbieter sind del.icio.us oder Mister Wong.

Virtuelle Welt
In dreidimensionalen digitalen Welten wie bei Second Life oder World of Warcraft ist jeder Mitspieler durch einen eigenen so genannten Avatar vertreten und gestaltet sein „paralleles" Leben nach eigenen Vorstellungen. Leider kann dieses virtuelle Leben zur Sucht werden, die das Leben in der realen Welt nach und nach zerstört.

Social Commerce
Auch beim Verkauf, Versteigerungen oder Tauschhandel werden die Nutzer eingebunden. Über Rezensionen und Bewertungen können sie ihre Meinung zu einem Produkt mitteilen, um anderen den Kauf zu empfehlen oder davon abzuraten.

Open Source
Software entwickelt sich vom lizenzpflichtigen „Produkt" zur kostenlosen „Dienstleistung". Die Anwender können sich an der Weiterentwicklung beteiligen. Beispiele: OpenOffice, Gimp, Blender.

Sie erkennen, dass *Interaktion* heute nicht mehr nur möglich, sondern eine zentrale Funktion des Mitmach-Webs geworden ist.

Interface-Design

6.3.4.6 Web 3.0 – Social Semantic Web

Wie sieht die Zukunft des Internets aus? Im vorhergehenden Abschnitt haben wir die vielfältigen Möglichkeiten der Interaktion zwischen den Nutzern des Internets beschrieben. Diese sind immer dann möglich, wenn Menschen dieselbe Sprache sprechen, die *Bedeutung* einer Information also deuten können.

Was für Menschen einfach ist, stellt für Computer eine große Herausforderung dar: Sie sind zunächst nicht in der Lage, die Bedeutung einer Aussage zu verstehen, selbst wenn sie die Bedeutung der einzelnen Wörter kennen. Geben Sie in Google doch einmal folgende Fragen ein:

- *Wer war 1980 Bundeskanzler in Deutschland?* Bereits die ersten Treffer liefern die Antwort auf diese Frage, weil die Kombination der Begriffe „Bundeskanzler", „1980" und „Deutschland" eine sinnvolle Kombination liefern.
- *Wie komme ich mit dem Auto von Straubing nach Buxtehude?* Google liefert zwar jede Menge Ergebnisse, aber keine Antwort auf die gestellte Frage. Die Kombination der Begriffe „Auto", „Straubing" und Buxtehude" liefert also keinen eindeutigen Zusammenhang.
- Noch schwieriger wird es bei Begriffen mit mehrfacher Bedeutung: *Wo bekomme ich in Freiburg Fliegen?* Uns ist sofort klar, dass weder das Insekt noch ein Flugplatz gesucht wird, sondern das Kleidungsstück Fliege gemeint ist. Woher soll dies aber ein Computer wissen?

Damit Computer auf diese Fragen sinnvolle Antworten liefern können, müssen sie die Bedeutung (Semantik) der Sprache kennen. Was wir als Kleinkinder mühelos gelernt haben, stellt für eine Maschine eine Herkulesaufgabe dar. Zurzeit wird fleißig an diesem Thema geforscht und die Computer der Zukunft werden diese Aufgabe bewältigen können. Für das Internet werden sich hieraus völlig neue Möglichkeiten ergeben.

Abschließend sei erwähnt, dass sich der Begriff Semantik nicht nur auf Text bezieht, sondern auch Bilder betreffen kann. Bereits heute gibt es Software, die in der Lage ist, Bilder zu analysieren und beispielsweise Gesichter zu erkennen. Vom „Semantic Web" sind wir also gar nicht mehr so weit entfernt …

Fliege oder Fliege?
Für uns Menschen erschließt sich die Bedeutung eines Begriffs aus dem Zusammenhang oder aus einer Abbildung. Für Computer ist die semantische Analyse eines Textes oder Bildes eine schwierige Aufgabe.

6.3.5 Barrierefreies Webdesign

6.3.5.1 Begriffsbestimmung

Eine „Barriere" ist laut Duden eine Schranke oder Sperre, die den ungehinderten Zugang zu einem bestimmten Ort oder einer Sache verhindert.

Im Kontext dieses Kapitels verhindern „Barrieren" den ungehinderten Zugang ins Internet für Menschen mit Einschränkung. Dies sind
- blinde Menschen, die einen so genannten Screenreader benötigen, der den Seiteninhalt in eine Braille-Zeile (in Blindenschrift) umsetzt oder vorliest,
- Menschen mit Sehbehinderung, die Lesehilfen benötigen, z. B. eine starke Vergrößerung des Textes,
- Farbenfehlsichtige oder -blinde, die kontrastreiche, farbfreie Texte benötigen,
- Menschen mit motorischen Einschränkungen, denen z. B. die Bedienung einer Maus nicht möglich ist.

Barrierefreie Webseiten müssen derart konzipiert und gestaltet werden, dass Menschen mit den oben genannten Behinderungen ein Zugang ermöglicht wird. Dabei genügt es nicht, einige „kosmetische" Änderungen des Internetauftritts vorzunehmen.

Barrierefreies Webdesign beginnt bei der Konzeption einer Site, beispielsweise durch konsequente Trennung von Inhalt (Content) und Struktur (Design). Auf lieb gewonnene Techniken, wie das Layouten mit unsichtbaren Tabellen oder feste Schriftgrößen, muss verzichtet werden. Einschränkungen gibt es auch bei Zusatztechnologien wie Flash oder JavaScript.

Völlig falsch ist hingegen die Annahme, dass barrierefreie Webseiten keinerlei Bilder enthalten dürfen. Die Kombination von Text und Bild ist bei visuellen Medien wie dem Internet unerlässlich. Sehbehinderten oder blinden Menschen müssen die Bildinformationen jedoch in Form eines kurzen Textes zur Verfügung gestellt werden.

Barrierefreies Webdesign

Die Website bietet umfassende Informationen zum Thema.

www.barrierefreies-webdesign.de

Interface-Design

6.3.5.2 Barrierefreie Informations-technik-Verordnung (BITV)

Die weitgehende Gleichstellung von behinderten Menschen ist eine Aufgabe, der sich der Gesetzgeber mit dem „Gesetz zur Gleichstellung behinderter Menschen" angenommen hat.

Speziell für das Thema Internetauftritte gibt es seit Juli 2002 ein weiteres Gesetz mit dem Titel „Barrierefreie Informationstechnik-Verordnung", kurz BITV. Dieses regelt in vierzehn Punkten, was unter „Barrierefreiheit" zu verstehen ist (siehe Kasten). Für Internetauftritte von Behörden und anderen öffentlichen Einrichtungen ist das Gesetz bindend – ihre Webseiten müssen seit dem 01.01.2006 „barrierefrei" sein.

Die Vorlage für die BITV kommt, wie so vieles im Bereich Internet, vom amerikanischen W3C-Internetkonsortium und trägt die Bezeichnung „Web Content Accessibility Guidelines", kurz WCAG. Seit 2008 liegen die WCAG in der Version 2.0 vor, die auch andere Webtechnologien, wie zum Beispiel Flash, einbezieht.

Es versteht sich von selbst, dass Sie Barrierefreiheit als Webdesigner/in zu Ihrem Thema machen müssen, auch wenn es sich *nicht* um einen öffentlichen Auftrag handelt, der die Einhaltung der Regeln zwingend erfordert. Die Vorgaben zur Barrierefreiheit sind kein Widerspruch, sondern lediglich eine Ergänzung der Regeln, die Sie als Webdesigner/in ohnehin einhalten.

BITV im Überblick

1. Für Bilder, Sounds und Videos müssen äquivalente Alternativen zur Verfügung gestellt werden, z. B. Alternativtexte für Grafiken, Untertitel bei Sound und Video.

2. Texte, Bilder und Grafiken müssen für Fehlsichtige deutlich – auch ohne Farben – erkennbar sein.

3. HTML und CSS sind gemäß ihrer Spezifikation zu verwenden: HTML dient hierbei zur formalen Beschreibung der Inhalte, CSS zur Gestaltung und Formatierung der Seiten.

4. Sprachliche Besonderheiten wie Abkürzungen oder Sprachwechsel müssen kenntlich gemacht werden.

5. Tabellen dürfen nur zur Darstellung tabellarischer Daten verwendet werden, nicht zum Layouten der Seiten.

6. Internetangebote müssen weitgehend browserunabhängig nutzbar sein, also ohne Plug-ins, JavaScript, Applets usw.

7. „Zeitgesteuerte" Inhalte müssen durch den Nutzer kontrollierbar sein. Automatische Aktualisierung, Weiterleitung u. Ä. darf nicht erfolgen.

8. Der Zugriff auf Benutzerschnittstellen, z. B. zur Datenbankanbindung, muss behindertengerecht möglich sein.

9. Der gesamte Funktionsumfang eines Internetauftritts muss unabhängig vom Ein- oder Ausgabegerät genutzt werden können, z. B. durch Navigation per Tastatur statt mit der Maus.

10. Das Internetangebot muss auch mit älterer Software nutzbar sein, z. B. durch Verzicht auf Funktionen, die nur die neuesten Browserversionen umsetzen können.

11. Alle zur Erstellung der Webseite verwendeten Technologien müssen vollständig dokumentiert sein.

12. Dem Nutzer müssen Orientierungshilfen zur Verfügung gestellt werden.

13. Die Navigation muss übersichtlich und nachvollziehbar sein, z. B. durch Angabe der Hyperlink-Ziele, Sitemaps, Suchfunktionen.

14. Für das erleichterte Verständnis der Inhalte müssen geeignete Maßnahmen getroffen werden, z. B. durch Verwendung einer einfachen, klaren Sprache.

6.3.5.3 Typische Barrieren

Wer barrierefreie Webseiten erstellen will, muss sich in die Lage derer versetzen, für die Barrieren bestehen. Folgende Maßnahmen vermitteln Ihnen einen ersten guten Eindruck:
- Deaktivieren Sie die Anzeige von Grafiken in Ihrem Browser. (Diese Option bieten sämtliche Webbrowser!)
- Versuchen Sie, die Webseite „mausfrei" ausschließlich mit der Tastatur zu steuern.
- Installieren Sie sich die Testversion eines Screenreaders, z. B. Jaws Screenreader for Windows (www.freedomsci.de), und lassen Sie sich den Inhalt Ihrer Webseiten vorlesen. Wenn Sie auch noch den Monitor ausschalten, dann bekommen Sie ein Gefühl dafür, wie sich Blinde beim „Anhören" einer Webseite fühlen.

Vermutlich werden Sie schnell feststellen: Die meisten Webseiten sind entweder unbrauchbar oder äußerst mühsam zu bedienen.

Blinde oder stark sehbehinderte Menschen sind darauf angewiesen, dass ihnen der Inhalt einer Webseite durch einen Screenreader vorgelesen oder zeilenweise in Blindenschrift (Braille-Zeile) umgesetzt wird.

Damit Sie diesen Vorgang nachvollziehen können, haben wir den gesprochenen Text des Screenreaders für die im Screenshot dargestellte sehr einfache Webseite aufgeschrieben (Kasten unten rechts). Das Beispiel illustriert die Problembereiche der Webseite:
- Die Gliederung des Textes ist nicht erkennbar, weil weder die Überschrift noch die sonstigen Texte gekennzeichnet sind.
- Bildinformationen gehen komplett verloren.
- Die vielen Zusatzinformationen (rot hinterlegt) unterbrechen den Lesefluss.
- Die für das Layout verwendete Tabelle hat für den Nutzer keinerlei Funktion, da sie die Information nicht nachvollziehbar gliedert.
- Abkürzungen werden umständlich vorgelesen, vgl. (c).
- Die Namensgebung der Buttons bietet dem Nutzer keine Information über deren Funktion.

Barrieren

Links:
Die scheinbar harmlose Seite enthält eine Reihe von Barrieren, die behoben werden müssen.

Rechts:
Wird der Seiteninhalt durch einen Screen-Reader vorgelesen, ergibt sich dieser Text.

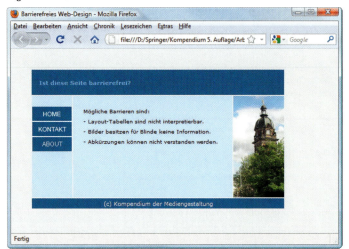

Seite hat drei Links Barrierefreies Web Bindestrich Design Mozilla Firefox Ist diese Seite barrierefrei Tabelle mit drei Spalten und drei Reihen Link Grafik button1 Link Grafik button2 Link Grafik button3 Mögliche Barrieren sind Doppelpunkt Bindestrich Layout Bindestrich Tabellen sind nicht interpretierbar Bindestrich Bilder besitzen für Blinde keine Information Bindestrich Abkürzungen können nicht verstanden werden Runde Klammer auf C Runde Klammer zu Kompendium der Mediengestaltung

Interface-Design

Band II – Seite 767
10.2 CSS

- Die Bedienung der Buttons über die Tastatur ist nicht möglich, da der Nutzer nicht weiß, welche Tasten den Buttons zugeordnet sind.
- Für Menschen mit Sehbehinderung ist die Schrift zu klein und der Farbkontrast der Überschrift zu gering.

6.3.5.4 Barrierefreie Webseiten

Semantische Gliederung

Eine barrierefreie Website verwendet HTML-Tags, um die Bedeutung (Semantik) der Seitenelemente zu beschreiben: Überschriften, Absätze, Listen, Hyperlinks. Tabellen dürfen nur dann verwendet werden, wenn sie zur tabellarischen Darstellung von Informationen benötigt werden. Das Layouten mit (unsichtbaren) Tabellen ist verboten!

Die Formatierung und Gestaltung der Seite erfolgt nicht mit HTML, sondern konsequent mit Stylesheets (CSS). Für Screenreader spielt diese Formatierung keine Rolle, wohl aber für Menschen, die eingeschränkt sehen können. Für diese Gruppe ist darauf zu achten, dass die Schrift einen ausreichend hohen Kontrast zum Hintergrund bietet und groß genug gewählt wird. Außerdem sollten alle Angaben über Schriftgrößen nicht absolut in „pt" oder „px", sondern relativ in „em" angegeben werden. Die Angabe bezieht sich auf die im Browser eingestellte Grundschrift. Hierdurch ergibt sich für Sehbehinderte die Möglichkeit, den Schriftgrad in den Browsereinstellungen zu erhöhen.

Texte

Die Texte einer behindertengerechten Website sind so zu verfassen, dass das Vorlesen einen möglichst sinnvollen Text ergibt. Im Textbeispiel auf der vorigen Seite stören die vielen Binde-

striche. Auch Sonder- und Satzzeichen müssen durch Screenreader umgesetzt werden und stören den Textfluss.

Bilder/Grafiken

Beim Einbinden eines Bildes oder einer Grafik ermöglicht das `<img>`-Tag die Angabe eines Alternativtextes, z. B.:
`<img src="hamburg.jpg" alt="Bild vom Hamburger Michel" />`
Der Text wird angezeigt, wenn die Seite ohne Bilder betrachtet wird. Außerdem wird er durch einen Screenreader vorgelesen. Er sollte kurz und prägnant die wesentliche Bildaussage beschreiben. Bei Buttons muss aus dem Alternativtext die Funktion des Buttons zu entnehmen sein.

Tabellen

Wie bereits erwähnt stellen Layouttabellen eine der größten Barrieren auf Webseiten dar, insbesondere, wenn sie auch noch ineinander verschachtelt sind. Auch wenn es etwas gewöhnungsbedürftig ist: Layouten funktioniert auch ohne Tabellen mit Hilfe von Stylesheets (CSS)!

Das Layout der auf der nächsten Seite dargestellten Webseite ähnelt stark der Version mit Tabelle auf der vorigen Doppelseite, wurde aber ausschließlich mittels CSS erstellt. Auch die Buttons wurden durch `<div>`-Boxen ersetzt.

Hyperlinks

Da blinde oder stark sehbehinderte Menschen die Navigationselemente einer Site nicht sehen können, ist ihnen die Bedienung mit Hilfe der Maus nicht möglich und sie sind auf die Tastatur angewiesen. Die Navigation von Button zu Button ist standardmäßig mit der Tabulator-Taste möglich. Wer nichts sieht, muss darüber hinaus aber auch noch wissen, auf welchem Button er

571

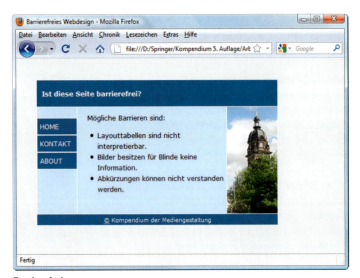

Seite hat eine Überschrift und drei Links Barrierefreies Webdesign Mozilla Firefox Überschrift Ist diese Seite barrierefrei Link Home Alt plus Zeichen 1 Link Kontakt Alt plus Zeichen 2 Link About Alt plus Zeichen 3 Mögliche Barrieren sind Doppelpunkt Liste mit drei Einträgen Listenelement Layouttabellen sind nicht interpretierbar Listenelement Bilder besitzen für Blinde keine Informationen Listenelement Abkürzungen können nicht verstanden werden Listenende Bild vom Hamburger Michel Copyright Kompendium der Mediengestaltung

Barrierefrei

Links:
Barrierefreie Website, die ausschließlich mittels CSS formatiert wurde.

Rechts:
Die Textausgabe des Screen-Readers ist nun deutlich besser verständlich. Der Hörer erhält zusätzlich die Information, wie er auf der Site navigieren kann.

Biene-Award

zeichnet die besten barrierefreien Webseiten aus.

sich gerade befindet. HTML stellt hierfür im `<a>`-Tag zwei Eigenschaften zur Verfügung:

`<a href="index.html" tabindex="1" accesskey="1">HOME</a>`

Mit `tabindex` lässt sich die Reihenfolge festlegen, in der die Links durch Betätigen der Tabulator-Taste angesteuert werden. `accesskey` ermöglicht die Zuordnung einer Alt-Tastenkombination zur Aktivierung des Buttons. Im Beispiel entspricht Alt + 1 dem Anklicken des Buttons. (Hinweis: Bei Firefox wird die Tastenkombination Alt + Shift + 1 benötigt.)

Zusammenfassung

Das Beispiel zeigt, dass sich eine barrierefreie Website optisch nicht von einer Site unterscheiden muss, die zahlreiche Hürden für behinderte Menschen enthält. „Barrierefreiheit" beginnt bei der Konzeption der Site (Navigation, Texte, Bildauswahl) und endet bei deren Umsetzung mit HTML-Tags zur semantischen Beschreibung des Seiteninhalts und CSS zur tabellenfreien Gestaltung. Die Textausgabe der jetzt barrierefreien Seite durch einen Screenreader ist oben dargestellt. Die wesentlichen Verbesserungen sind:

- Die *semantische Struktur* der Seite erschließt sich durch Zusatzinformationen wie „Überschrift" oder „Liste mit drei Einträgen".
- Die *Linkziele* sind benannt und der Nutzer erfährt, wie er zu diesen Seiten per Tastatureingabe kommt.
- Das *Bild* wird kurz beschrieben.
- Die ungünstige *Abkürzung* (c) wurde durch das korrekte HTML-Element (`&copy;`) ersetzt.
- Der Text wird flüssiger vorgelesen, weil einige Bindestriche entfernt wurden.

Biene-Award

Seit einigen Jahren gibt es einen Wettbewerb, den Biene-Award, bei dem die besten barrierefreien Webseiten prämiert werden. Auch wenn Sie nicht selbst teilnehmen wollen, lohnt sich ein Besuch der Website www.biene-award.de, da Sie dort zahlreiche Informationen zu barrierefreien Webseiten finden.

6.3.6 Technische Spezifikation

Interface-Design

Ein wesentlicher Unterschied zu gedruckten Medien besteht darin, dass zur Wiedergabe eines multimedialen Produktes immer ein Gerät erforderlich ist. In den meisten Fällen ist dies ein Computer, zunehmend kommen aber auch Handys, Smartphones, eBook-Reader, Fernseher und andere Geräte zum Einsatz.

Wegen der großen Unterschiede hinsichtlich der verwendeten Endgeräte muss im Vorfeld einer Produktion entschieden werden, welche Systemanforderungen *(system requirements)* an die abspielende Hard- und Software gestellt werden. Häufig geschieht dies in zweifacher Form:
- Die *Mindestkonfiguration* definiert, welche Hard- und Software erforderlich ist, damit das Produkt überhaupt benutzt werden kann. Insbesondere Computerspiele stellen oft hohe Anforderungen an Prozessor und Grafikkarte.
- Die *empfohlene Konfiguration* nennt die erforderlichen Komponenten, damit das Produkt sinnvoll eingesetzt werden kann.

Ist eine Software für mehrere Betriebssysteme verfügbar, beispielsweise Windows, Mac OS und Linux, dann müssen Sie die Systemanforderungen für jedes Betriebssystem separat angeben (siehe Screenshot).

CD, DVD, Blu-ray
Wird ein Produkt auf CD, DVD oder Blu-ray vertrieben, dann müssen die Systemanforderungen für den Käufer sichtbar auf der Hülle angebracht sein. Erfüllt ein Computer die genannten Anforderungen und läuft das Produkt trotzdem nicht (fehlerfrei), muss es der Hersteller zurücknehmen und den Kaufpreis erstatten.

Systemanforderungen

Technische Mindestanforderungen zur Installation von Adobe Photoshop unter Windows oder Mac OS.

Abb.: Adobe

Webbrowser
Der große Vorteil aller HTML-basierten Produkte ist, dass sie zur Wiedergabe lediglich einen Webbrowser benötigen. Diese sind für alle Betriebssysteme kostenlos verfügbar und stellen sehr geringe Anforderungen an die Hardware.

Die Schwierigkeiten bei der Konzeption von Webseiten betreffen deshalb nicht die Hardware, sondern den eingesetzten Browser. Denn leider ist es keineswegs so, dass die verschiedenen Webbrowser eine Website identisch darstellen. Die Darstellung hängt neben dem gewählten Browsertyp, derzeit v.a. Microsoft Internet Explorer, Mozilla Firefox, Google Chrome und Apple Safari, auch von der Browserversion ab. So enthielt beispielsweise der Internet Explorer bis Version 6 etliche Fehler („Bugs"), die zu einer fehlerhaften Darstellung der Webseiten führen können.

Ein weiterer Aspekt ist, dass Sie sich bereits bei der Konzeption damit

573

auseinandersetzen müssen, welche zusätzlichen Technologien bei der Erstellung der Site genutzt werden sollen: JavaScript, Java, PHP, Flash, Ajax, um nur die wichtigsten Technologien zu nennen.

„Geht mich nichts an!", werden Sie als Gestalter/in jetzt vielleicht denken.

> Die Aussage: „Die technische Umsetzung ist Sache der Programmierer" ist ein folgenschwerer Irrtum!

Der Grund ist, dass die oben erwähnten technischen Spezifikationen Einfluss auf die Konzeption und Gestaltung der Website haben. Hierzu zwei Beispiele:

- Um eine Navigation zu realisieren, bei der die Menüs mittels Animation „ausgefahren" werden, benötigen Sie entweder JavaScript oder Flash. Werden jedoch JavaScript und Flash durch den Nutzer aus Sicherheitsgründen deaktiviert, funktioniert die gewünschte Navigation nicht. Sie müssen also einen „Plan B" vorsehen, um auch für die oben erwähnte Benutzergruppe eine funktionierende Website zur Verfügung zu stellen.
- Ein großes Problem für Webdesigner stellen Schriften dar: Da HTML Schriften leider nicht einbetten kann, müssen Sie einigen Aufwand betreiben (und Schriften z. B. als Grafiken oder Flash-Film realisieren), um auf Ihrer Website Schriften verwenden zu können, die keine Systemschriften sind. Lohnt sich der Aufwand oder verwenden Sie Systemschriften?

Die Beispiele zeigen, dass Sie sich bereits im Vorfeld mit den Kollegen der „Technik" zusammensetzen *müssen*, um alle notwendigen Absprachen zu treffen. Andernfalls laufen Sie Gefahr, dass Sie mit Ihren guten Ideen scheitern werden.

Checkliste „Systemanforderungen"

Offline-Produkte (CD, DVD)
- Welcher Prozessortyp wird benötigt?
- Wie viel Speicher (Festplatte, Arbeitsspeicher) ist notwendig?
- Welche Anforderungen werden an die Grafikkarte gestellt?
- Ist eine Soundkarte erforderlich?
- Welches Betriebssystem ist erforderlich? (Windows XP/Vista/7, Mac OS 9x/X, Linux)
- Wird Zusatzsoftware benötigt? (z. B. Acrobat Reader, Browser, ...)

Webseiten
- Welcher Browser in welcher Version wird vorausgesetzt?
- Welche Monitorauflösung wird vorausgesetzt?
- Werden Plug-ins (Flash-, Shockwave-, Real-, Media-Player, ...) benötigt?
- Werden JavaScript, Java oder andere Skriptsprachen verwendet?
- Welches Betriebssystem wird verwendet? (Windows, Mac OS, Linux)

JavaScript

Die Werbeagentur Jung von Matt setzt auf JavaScript: Wenn Sie JavaScript im Browser deaktivieren, bleibt der Bildschirm Schwarz.

www.jvm.de

574

6.3.7 Aufgaben

1 Trennung von Content und Design verstehen

Erläutern Sie die Vorteile, die sich aus einer konsequenten Trennung von Content und Design ergeben.

2 Zielgruppen ermitteln

Nennen Sie fünf Anforderungen an eine Webseite für Kinder im Alter von 6 bis 10 Jahren.

3 Benutzerfreundliche Seiten gestalten

a. Wie lautet der Fachbegriff zu „Benutzerfreundlichkeit"?
b. Zählen Sie drei Aspekte auf, die zur Benutzerfreundlichkeit einer Website beitragen.

4 Usability durchführen

Nennen Sie drei Möglichkeiten, wie Sie die Usability einer Website testen können.

5 Navigationsstrukturen unterscheiden

Zählen Sie drei Argumente auf, die für die Verwendung einer Baumstruktur im Vergleich zur linearen bzw. vernetzten Struktur sprechen.

6 Navigationshilfen realisieren

Zählen Sie drei Möglichkeiten auf, um den Nutzer bei der Navigation zu unterstützen.

7 Navigationsstruktur entwerfen

Für einen Sportverein soll ein Internetauftritt erstellt werden:

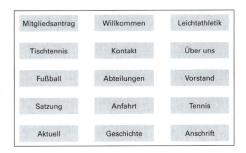

Entwerfen Sie eine Navigationsstruktur.

8 Navigationsstruktur entwerfen

Formulieren Sie fünf Anforderungen an den Entwurf einer Navigationsstruktur unter dem Aspekt einer möglichst hohen Benutzerfreundlichkeit.

9 Interaktive Webseiten realisieren

a. Definieren Sie „Interaktivität".
b. Nennen Sie drei Möglichkeiten der Interaktion auf Webseiten.

10 Barrierefreiheit definieren

a. Definieren Sie den Begriff „barrierefreie Webseiten".
b. Nennen Sie fünf Anforderungen an eine barrierefreie Webseite.

11 Systemanforderungen definieren

Formulieren Sie vier Fragen zur technischen Konzeption eines Internetauftritts.

Visuelles Marketing

7.1 Zielgruppenanalyse

7.1.1	Grundlagen	580
7.1.2	Zielgruppen	587
7.1.3	Checkliste Zielgruppen	592
7.1.4	Zielgruppenoperationalisierung	594
7.1.5	Sinus-Milieus in Deutschland	595
7.1.6	Nielsen-Gebiete	598
7.1.7	Aufgaben	599

7.1.1 Grundlagen

7.1.1.1 Gruppen

Unter einer Gruppe verstehen wir eine Anzahl von Personen, die nicht nur in zufälligen wechselseitigen Beziehungen zueinander stehen. Eine „Gruppe von Personen", die sich zum Beispiel zufällig an einem Bahnsteig treffen, um mit einem ICE zu fahren, sind ein soziales Gebilde, aber noch keine Gruppe.

Gruppen sind als soziale Einheit anzusehen, die durch ähnliche Werte, Ziele und Verhaltensweisen geformt und erkennbar sind. Gruppen haben eine soziale Ordnung, sie weisen ihren Mitgliedern Positionen nach innen und außen zu. Denken Sie hier nur an die Gruppe eines Sportvereins mit seinem Vorsitzenden, Stellvertreter oder Zeugwart. Jede Position hat eine bestimmte Funktion und ein bestimmtes Ansehen inner- und außerhalb der Gruppe.

Eine Gruppe weist gemeinsame Ziele, Motive, Wertvorstellungen, Normen und Interessen auf. Die Personen innerhalb eines solchen Zusammenschlusses verbindet ein *„Wir-Gefühl"* oder ein „Wir-Bewusstsein", und zwar nach innen wie nach außen. Je nach Funktion des einzelnen Menschen in seiner Gruppe haben wir es mit unterschiedlichen Rollen innerhalb einer Gruppe zu tun, die den Status des einzelnen Menschen prägt.

Gruppendifferenzierung

Wir unterscheiden Kleingruppen, Organisationen, Gesellschaften und Ideologien. Alle Gruppen weisen, unabhängig von ihrer Größe, einen Trend zur Befangenheit auf. Das bedeutet, dass Gruppen oft ein Gefühl der Überlegenheit, der besseren Moral, der Unverwundbarkeit haben, aber auch ein unbewusstes Gefühl der selektiven Wahrnehmung und Informationsfilterung.

Informelle Gruppen

Sie zeichnen sich durch ein ausgeprägtes „Wir-Gefühl" und eine enge

Gruppen
Gruppenarten und deren wichtigste Kennzeichen

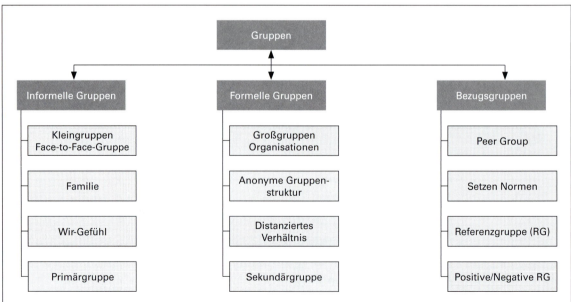

580

Zielgruppenanalyse

persönliche Interaktion aus, ihre Mitglieder kennen sich gut. Informelle Gruppen, informale Gruppen oder soziale Gruppen bilden sich innerhalb organisatorisch aufgebauter Sozialgebilde wie z. B. Betriebe, Institutionen oder Schulen ungeplant, also eher spontan heraus.

Informelle Gruppen sind häufig Kleingruppen, so genannte *Face-to-Face-Gruppen*, die untereinander gut bekannt sind.

Formelle oder formale Gruppen
Sie bilden sich durch planmäßige zielorientierte Organisation heraus. Ihre Mitglieder stehen zumeist in einem recht distanzierten Verhältnis zueinander und sie kennen sich kaum oder gar nicht. Man bezeichnet solche Gruppen auch als *Großgruppe*. Ein Beispiel wären alle Steuerzahler oder Krankenkassenmitglieder in dieser Republik.

Dauerhafte Gruppen
Außerdem unterscheiden wir Gruppen nach der Dauerhaftigkeit und nach der Intensität der Beziehungen. Hier wären z. B. funktionierende Familien zu nennen.

Kaufverhalten von Gruppen
Aus Untersuchungen ist bekannt, dass Gruppen zu anderen Kauf- und Investitionsentscheidungen kommen als Einzelpersonen. In einer Gruppe werden Kaufentscheidungen anders getroffen,
- da riskante Entscheidungen nicht allein verantwortet werden müssen,
- Fehlentscheidungen nicht alleine zu tragen sind,
- da Wagemut in einer Gruppe als profilbildende Eigenschaft gilt.

Das Ausmaß des Gruppeneinflusses auf Kaufentscheidungen ist abhängig von der Identifikation des Einzelnen mit seiner Gruppe. Der Einfluss der Gruppe ist umso bedeutender,
- je häufiger es zu Interaktionen in der Gruppe kommt,
- je höher der Grad der Gemeinsamkeit der verfolgten Ziele ist,
- je höher das Prestige der Gruppenzugehörigkeit ist,
- je geringer die Konkurrenzsituation in der Gruppe ist,
- je größer die Zahl der erfogreichen Bedürfnisbefriedigungen durch die Gruppe ist.

Mitgliedschaftsgruppen
Alle bisher genannten Gruppen sind *Mitgliedschaftsgruppen*. Die Mitgliedschaft kann durch die Teilnahme am Gruppenleben zustande kommen, aber auch durch formale Aufnahme und Eingliederung in die Gruppe.

Bezugsgruppen
Daneben gibt es *Bezugsgruppen*, zu denen keine oder noch keine Mitgliedschaft besteht, mit deren Zielen man sich aber mehr oder weniger ausgeprägt identifiziert. Bezugsgruppen setzen (unbewusst) Normen, die das Verhalten des Einzelnen lenken. Anhaltspunkte für das Verhalten sind die Wertvorstellungen der Bezugsgruppe. Diese ist üblicherweise eine Stufe über der eigenen sozialen Klasse. Vor allem Lebensweise und Produkte dieser *Peer Group* haben eine besondere Attraktivität und bieten Anreiz, da sie helfen, optisch und konsumtiv Mitglied einer höheren Schicht zu werden. Haben deswegen so viele Menschen ein größeres Auto oder überteuerte Urlaubsreisen?

Diese Peer Groups werden unbewusst dauernd zum Vergleich mit der eigenen Lebenssituation herangezogen, wobei der Abstand vergleichsweise

581

klein gehalten wird. Ansonsten kommt es zu einer Frustration. Negative Bezugs- oder Referenzgruppen dienen der Abgrenzung nach unten – ich will nicht so sein wie die da!

Die Ausrichtung an einer Bezugsgruppe kann zur Anpassung oder auch zu einer Antihaltung führen. In jedem Fall hat eine feste Bezugsgruppe für den Einzelnen eine Vergleichsfunktion. Sie dient der Bildung von Wertvorstellungen und fördert die Sozialisation des Einzelnen in die Gesellschaft.

7.1.1.2 Primärgruppe Familie

Die wohl bedeutendste Gruppe im Leben eines jeden Menschen ist die Familie. Hier werden die wohl intensivsten Kommunikationsvorgänge aktiv durchlebt und es kommt zu Interaktionen im positiven wie im negativen Sinne. Entscheidungen, die das Leben des einzelnen Gruppenmitglieds und der Gesamtgruppe betreffen, werden hier in der Regel intensiv und ausführlich besprochen. Denken Sie nur an Entscheidungen über Ausbildungsfragen, Investitionen wie Wohnungskauf oder Hausbau, den Kauf eines guten Fernsehers oder eines Autos.

Um solch große Kaufentscheidungen zu treffen, werden die unterschiedlichsten Interaktionen innerhalb einer Familie ablaufen. In der Regel sind aber alle Gruppenmitglieder an solchen Entscheidungsprozessen beteiligt, wenn auch in unterschiedlicher Ausprägung.

Es haben sich Produktgruppen herausgestellt, die im Entscheidungsprozess den weiblichen Gruppenmitgliedern wichtiger sind und damit dieser Seite eine höhere Dominanz in der Entscheidungsfindung zukommt. Umgekehrt gilt dies auch für Produktgruppen, die eindeutig männlich dominiert werden.

Eine Reihe von Produktgruppen werden, unabhängig von der Zugehörigkeit

Primärgruppe Familie
Zugehörigkeiten zur Primärgruppe Familie

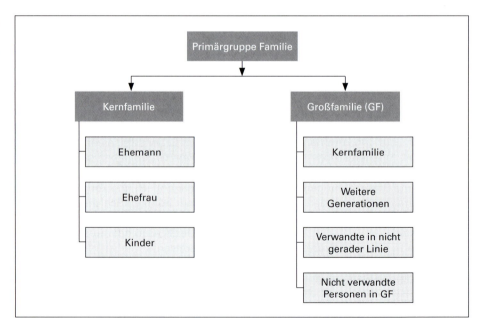

Zielgruppenanalyse

Zielgruppe Frauen

Sie ist Weltmeisterin im Shoppen, trifft die meisten Kaufentscheidungen und wird finanziell immer unabhängiger. Aber das ist noch nicht die beste Nachricht. Als Zielgruppe bieten die Frauen immer noch unerschlossene und verlockende Möglichkeiten. „Frauen kontrollieren 80 % der Haushaltsausgaben."

Diese Feststellung der Trendforscherin Faith Popcorn trifft nicht nur auf die amerikanischen Shopping Queens zu. So kommen Studien für den deutschen Markt zwar zu unterschiedlichen Prozentsätzen, aber zu dem einhelligen Schluss, dass die weibliche Meinung ausschlaggebend für das Gros der Einkäufe und Anschaffungen ist: von den Lebensmitteln über die Möbel bis hin zum Auto – man lese und staune. Die Entscheiderinnen finden sich sowohl in familiären Strukturen als auch in den anwachsenden Scharen der Singlefrauen, bevölkert von konsumfreudigem Nachwuchs, jungen Karrierefrauen und reiferen Ladies. Eine vielschichtige Zielgruppe, zu der über 8,5 Mio. Frauen (Statistisches Bundesamt) zählen. Das schöne Geschlecht sitzt aber nicht nur an den Kaufentscheidungshebeln, auch seine Konsumkraft wächst.

Zwar klafft weiterhin die Gehaltsschere – im Schnitt verdienen sie 82 % von dem, was die Männer nach Hause bringen –, aber immer mehr Frauen gehen arbeiten.

Zielgruppe Männer

Über die Hälfte der an der Untersuchung beteiligten Männer haben jenseits der Klassiker Frauen & Autos einen breiten oder sehr breiten Interessenshorizont.

Hinter dem langjährigen Spitzenreiter Sport (54 %) rangieren in kurzen Abständen Computer- und Kommunikationstechnologie (48 %), Reise-Tips allerdings geschlechtsneutral nicht nur für Männer (42 %), Heimwerker-Tips (40 %), Kurzreisen – hier ebenfalls geschlechtsneutral (37 %), HiFi-Anlagen (34 %) und Entspannung (26 %).

---

zu einer sozialen Schicht, gemeinsam entschieden und beschafft. Dies sind vor allem Produkte und Dienstleistungen bei gemeinsam gelebten Interessen wie Urlaub oder Wohnungseinrichtung. Die Produktgruppen, die vornehmlich von den Kaufentscheidungen der Frauen dominiert werden, sind zumeist Waren und Dienstleistungen rund um den Haushalt. Frauen sind, allen emanzipatorischen Entwicklungen zum Trotz, für den internen Haushaltsbereich der Primärgruppe Familie zuständig und verantwortlich. Tendenzen zur Änderung dieser Einstellung sind vor allem bei Familien mit höherer Bildung und höherem Einkommen erkennbar. Dennoch ist ihre emotionale Bindung zu allen Gütern rund um den Haushalts- und Familienbereich dieser Primärgruppe eindeutig größer. Daher sind Frauen für diese Güter und Dienstleistungen die Zielpersonen für geplante Marketingaktionen.

Vor allem komplexe Produkte mit technischem Charakter sind die Bereiche, in denen Männer versuchen, Kaufentscheidungen zu dominieren. Hier sind häufig auch hochwertige und teure Produkte zu finden wie Kraftfahrzeuge, Unterhaltungselektronik, Personalcomputer oder Geräte für den Heimwerker. Hier handelt es sich in der Masse um haushaltsexterne Güter, für die Männer bei Marketingaktionen erste Ansprechpartner für die Werbeindustrie darstellen. Männer treffen hier sicherlich eine Auswahl und bestimmte Vorentscheidungen zum Kauf, Frauen werden an diesen familiengebundenen Investitionen aber in einem zunehmend hohen Maß von den Männern beteiligt. Lesen Sie hierzu auch den grau unterlegten Artikel „Zielgruppe Frauen".

Bei einer eher traditionell ausgewerteten Betrachtung der Kaufentscheidung von Familienmitgliedern ergeben sich typische Produktgruppen für:
- Frauen und Männer
- Jugendliche

Zielgruppen

Quelle: Promotion Business – Das Magazin für vernetztes Marketing

www.promobizz.de

Evalution
Heyne-Verlag
München 2001

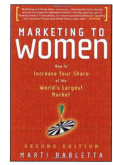

Marketing to Women
Kaplan Publishing
Leeds 2006

583

Lego-Schiff

Kinder wissen ihre Interessen in der Familie für gewünsche Produkte anzubringen und durchzusetzen.

Abb.: Lego-Shop

Habitus

Pierre Bourdieu, Soziologe *1930, † 2002

Er stellte fest, dass Menschen ähnlicher sozialer Position auf ähnlich strukturierte Handlungsmuster und Bewertungen zurückgreifen und somit eine vergleichbare Lebenspraxis haben. Ein solcher, auch durch Erziehung erlernter Lebensstil drückt sich z. B. in der Sprache, im Geschmack, in Konsumgewohnheiten oder durch Vorlieben in der Freizeitgestaltung sowie in unterschiedlichen Formen des Familienlebens aus. Der Lebensstil setzt sich aus einem Mosaik von Handlungsmustern und Bewertungen zusammen, die alle ineinandergreifen und einen angemessenen Umgang mit der eigenen sozialen Position ermöglichen.

- Gemeinsam beschaffte Waren
- Autonom beschaffte Waren

Produktgruppe Frauen

Aktuelle Bankgeschäfte, Damenbekleidung, Kochutensilien, Kosmetika, Kinderbekleidung, Kleinmöbel, Nahrungsmittel, ...

Produktgruppe Männer

Alkoholische Getränke, Auto, Automobilzubehör, Computer, Unterhaltungselektronik, Versicherungen, ...

Produktgruppe Jugendliche

Trendprodukte, elektronische Spiele, Musikdatenträger, Bekleidung, Freizeit, Computer, ...

Produktgruppe für gemeinsame Beschaffungen

Wohnung/Haus, Wohnungseinrichtung, Urlaubsziele, Schulwahl für Kinder, Freizeit, langfristige Geldanlagen, Sparformen, ...

Produktgruppe autonomer Beschaffungen ohne Partnerrücksprache

Gartengeräte, verschiedene Reparaturen, TV, Unterhaltungselektronik, Herrenbekleidung, Geldanlagen, ...

Kaufveränderung bei Primärgruppen durch Kinder

Sind in einer Familie Kinder in der Altersgruppe bis etwa 13 Jahre, ergibt sich eine Rollenveränderung bei familiären Kaufentscheidungen. Bis zur Geburt eines Kindes sind die Kaufentscheidungen in einer Familie sehr partnerschaftlich und gleichberechtigt. Durch die Geburt eines Kindes verlagern sich Kaufentscheidungen langsam, aber sicher zum Mann, da dieser zumindest eine gewisse Zeit Alleinverdiener oder der Bezieher eines höheren

Einkommens ist. Der Einfluss der Kinder auf Kaufentscheidungen steigt zum einen parallel zu deren Lebensalter an, wobei hier deutliche geschlechtsspezifische Differenzierungen wirksam werden. Zum anderen steigt der Einfluss mit der Kompetenz der Kinder an, eigene Informationen zu gewünschten Produkten in die Kaufdiskussion einer Familie einzubringen. Dies geschieht mit Hilfe von Prospekten, zunehmend durch das Internet, Kontakte aus Kindergarten und Schule.

Schichtabhängigkeit, Konsumverhalten und Markentreue

Die oben aufgeführten Produktgruppen sind sicherlich unvollständig, zeigen aber unabhängig von der Schichtzugehörigkeit die Konsumbereiche auf, in denen die Primärgruppe Familie wirtschaftlich aktiv ist.

Hier sei eine Zahl genannt, welche die Bedeutung der Zielgruppe der Jugendlichen für die Werbewirtschaft klar herausstellt: Konsumenten der Altersgruppe der 6- bis 13-jährigen Jugendlichen beiderlei Geschlechts können mit dem verfügbaren Taschengeld ca. 1,44 Milliarden Euro/Jahr ausgeben.

Darin sind keine Geldgeschenke und

Zielgruppenanalyse

keine Löhne für leichte Hilfstätigkeiten berücksichtigt. Damit ist diese Personengruppe ein wirtschaftlich bedeutsamer Marktfaktor oder werbetechnisch ausgedrückt eine stark umworbene Zielgruppe der Wirtschaft.

Konsumentenverhalten hat viel mit Gewohnheiten zu tun. Konsum- und Kaufgewohnheiten werden in der jeweiligen sozialen Schicht erworben, in die ein junger Mensch hineingeboren wurde. Markentrends, Einstellungen zu bestimmten Produkten, Wertvorstellungen und Verhaltensweisen werden durch die soziale Schichtzugehörigkeit geprägt. Eindeutig ist, dass die links aufgelisteten Produktgruppen in allen Schichten (Einkommensschichten) in verschiedenen Ausprägungen nachgefragt werden. Interessant ist dabei, dass in der Oberschicht ein größerer autonomer Verantwortungsbereich des Einzelnen gepflegt wird. Absprachen und Auseinandersetzungen um Konsumgüter sind hier seltener als in Gruppen mit geringeren finanziellen Spielräumen.

Eingeübte Kaufhandlungen werden in allen Gruppen oft einfach wiederholt, ohne dass ausführlich über die Wahl eines Produktes nachgedacht wird. Dieses Phänomen nennt man „Habitualisierung" (siehe Marginalie links).

Warum verhalten wir Konsumenten uns oft so gewohnheitsmäßig? Eine Erklärung ist, dass unser Gehirn total überfordert ist, wenn wir bei jeder Kaufhandlung immer auf ein Neues ganz exakt die Vor- und Nachteile eines Produktes vergleichen und entscheiden müssten. Wenn wir ein Produkt als gut empfunden haben, es unserem Status nützt und sozial anerkannt ist, kaufen wir dieses Produkt bei Bedarf gerne wieder. Beobachten Sie sich mal selbst in Ihrem Kaufverhalten oder Ihren Konsumgewohnheiten ...

Markentreue bei Autofahrern schwindet

Porsche vorne

Jeder Markenhersteller träumt von der perfekten Markenbindung – hier ist sie: Beeindruckende 68 % aller deutschen Porsche-Fahrer empfehlen ihre Marke Freunden und Kollegen weiter, so das Untersuchungsergebnis von Autobild und Wirtschaftswoche. Kunststück, sie sind schließlich auch die zufriedensten Kunden – vor allem Manager und Freiberufler fahren auf die schwäbischen Sportwagen ab.

Marktforscher haben festgestellt, dass die Markentreue schwindet. So achten Kaufinteressenten beim Neukauf von Fahrzeug auf zahlreiche Faktoren und vergleichen sehr oft die Angebote verschiedener Autohersteller miteinander.

Besonders ausgeprägt ist der Verlust der Markentreue im mittleren Preissegment zu finden. Vor allem Automarken wie VW und OPEL hatten früher einen hohen Stammkundenanteil (über 50 %), doch inzwischen kaufen diese immer öfter Fahrzeuge von ausländischen Herstellern. So konnten vor allem Automarken wie Renault und Toyota ihren Marktanteil signifikant stärken.

Nur wenn eine Automarke ganz bestimmte Werte verkörpert (siehe Porsche Seite 590), lassen sich ihre Fahrzeuge im Markt ver-kaufen. Wenn einer Marke kein eindeutiges und klares Image zugeordnet werden kann, wird der Verkauf und damit die Marktposition auf Dauer schwierig ...

Markentreue

Quellen:
Autobild und Wirtschaftswoche, Juni 2006

http://de.statista.com
Stichwort Markentreue

www.tdwi.com/index.html
Typologie der Wünsche

Für die Werbeleiter und Markenverantwortlichen ist dieses Konsumentenverhalten außerordentlich positiv zu werten. Die Gewissheit der Markentreue ist für sie sehr hilfreich. Wenn Kunden ein Produkt wiederholt kaufen oder die Waren eines besonderen Herstellers bevorzugen, spricht man von Markentreue.

Ein „Markenmanager" (besser Werbeleiter) kann sich darauf verlassen, dass seine Kunden bei positiver Markenwirkung das Produkt – auch aufgrund der Kaufgewohnheiten der Verbraucher – immer wieder nachfragen werden. Der Kunde wird weniger

Hybrid Synergy Drive
Verändertes Markenimage hinsichtlich Nachhaltigkeit und Ressourcenschonung ist Toyota gelungen.

Abb.: Toyota

auf objektive Warenvorteile, sondern eher auf subjektive Wertigkeiten achten. Daher muss die Wirtschaft genau wissen, was zu tun ist, damit ein Konsument immer wieder das gleiche Produkt bzw. die gleiche Marke kauft.

Wenn Kunden zu einer Marke ein besonders ausgeprägtes positives Verhältnis entwickeln, hat das letztendlich auch Einfluss auf den Marken- und Börsenwert eines Unternehmens, da man bei einer hohen Markentreue davon ausgeht, dass auch ein hoher Umsatz aufgrund von Wiederholungskäufen erreicht werden kann.

Für die Kommunikationsindustrie ist die Werbung für Produkte und Dienstleistungen, die einen relativ kurzen Produktlebenszyklus aufweisen, im Prinzip ein durchaus lukratives, aber grundsätzlich kurzfristiges Geschäft. Die werbliche Investition in ein Produkt, das zur Marke reifen kann und als Markenprodukt gepflegt wird, ist langfristig sicherlich das nachhaltigere Investment. Mit der Entwicklung einer Marke wird langfristig eine Beziehung zwischen Kunde und Auftraggeber aufgebaut, die entwicklungsfähig ist, die weitere Produktentwicklungen unterstützt und bei den Zielgruppen Meinungen und Werthaltungen verändern kann.

Interessantes Beispiel für die Entwicklung einer Marke zu einer eigenen und neuen Markenidentität ist der Fahrzeughersteller Toyota mit seiner Hybridtechnologie. Mit dieser Antriebtechnologie wurde für die Marke ein neues, durchaus umweltfreundliches Markenimage entwickelt und erfolgreich am Markt etabliert. Dabei spielen Aspekte wie Nachhaltigkeit, Ressourcenschonung, Sicherheit, Design, Modernität oder Umweltverträglichkeit gepaart mit Mobilität beim Ausbau der Markenidentität eine bedeutende Rolle. Vor allem der Aspekt der Alleinstellung eines Produktes am Markt ist bei derartigen Entwicklungen von großer Bedeutung. Wobei z. B. der Alleinstellungsaspekt nicht unbedingt für alle Märkte stimmen muss, es muss nur zu den Zielgruppen so transportiert werden.

7.1.2 Zielgruppen

Zielgruppenanalyse

Band I – Seite 657
8.1.1.3 Zielgruppe

In den meisten Darstellungen wird als zentrale Zielgruppe der Endabnehmer (Verbraucher) dargestellt, der üblicherweise im Rahmen einer traditionellen Familie oder einer damit vergleichbaren Gruppe lebt. Es ist aber nicht nur der Endabnehmer oder Consumer im Fokus der Verkaufsförderung, sondern es gibt weitere Zielgruppen, die wirtschaftlich interessant sind und direkt angesprochen werden müssen.

Werbung von Herstellern richtet sich sehr häufig nur an den Endverbraucher, Verkaufsförderung hat dagegen als Zielgruppe Verkaufsorganisationen im weitesten Sinn, also Händler, Handelsvertreter u. ä. Personengruppen.

Die Unterscheidung kann nicht ganz exakt und trennscharf durchgeführt werden. Viele Werbeaktionen sind heute für Händler und Endverbraucher nahezu identisch, es wird gleiches Prospektmaterial eingesetzt, unterschiedlich sind die Beratungs- und Informationszeiten z. B. bei Produkteinführungen am Markt.

Zielgruppendefinition

Es ist schwierig, den Begriff der Zielgruppen allgemein zu definieren. Versuchen wir es: Bei einer Zielgruppe handelt es sich um eine Gruppe von Personen, die ein Marktanbieter als potenzielle Abnehmer für ein Produkt oder eine Dienstleistung erfasst.

Um Produkt oder Dienstleistung der Zielgruppe bekannt zu machen und einen Kauf auszulösen, werden Werbemaßnahmen auf diese Zielgruppe ausgerichtet. Dies geschieht durch zielgruppengerechte Werbung und eine zielgruppengerechte Wahl der Werbemittel oder Werbemedien.

Die Analyse der Zielgruppe für ein Produkt erfordert eine hohe Sorgfalt. Nur wenn ich als Marktanbieter meine anvisierten Kunden genau kenne, kann ich diese auch gezielt und damit erfolgreich ansprechen. Wird die Zielgruppe durch Werbung nicht angesprochen, ist eine durchgeführte Marketingaktion wirkungslos – sie verpufft am Markt.

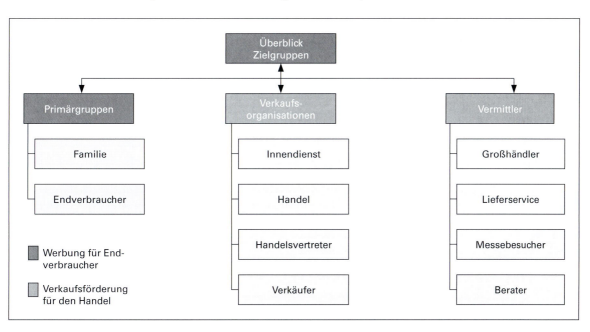

Soziodemografische Zielgruppenmerkmale

- Geschlecht
- Alter
- Bildung
- Beruf
- Einkommen
- Familienstand
- Sozialstatus
- Kulturkreis
- Wertesystem
- Religiöse Einstellungen

Persönlichkeits-merkmale

- Emotionalität
- Aufgeschlossen gegenüber Neuem
- Sachlichkeit
- Risikobereitschaft
- Motivation
- Geduld
- Neugier

Zielgruppenanalyse

Die Zielgruppenanalyse ist die wichtigste Analyse innerhalb der Überlegungen zum Absatz eines Produktes. Diese muss daher bereits bei der Produktentwicklung beginnen. Um ein marktgerechtes Produkt entwickeln zu können, müssen Sie in Erfahrung bringen, welche Zielgruppen vorhanden sind, welche Bedürfnisse diese haben und welche Aspekte und Anreize für die mögliche Zielgruppe beim Kauf des geplanten Produktes wichtig sind.

Folgende Merkmale sollten bei der Zielgruppenanalyse untersucht werden:

- *Demografische Merkmale:* Alter, Geschlecht, Familienstand, Beruf, Ausbildungsniveau, soziale Schicht, Einkommen, Inländer, Ausländer ...
- *Psychografische Merkmale:* Persönlichkeit, Lebensstil und Lebensziele, Einstellungen wie modern, sportlich, freizeitorientiert, konservativ, anspruchsvoll ...
- *Verhaltensmerkmale:* Kaufanlässe, Nutzererwartungen, Nutzerstatus, Kaufverhalten, -bereitschaft ...
- *Geografisch-regionale Merkmale:* Wohnort, Städte, Stadtteile, Landbewohner, Eigentümer, Mieter, Ferienhaus, ...

Die genannten Merkmale sollten idealerweise alle berücksichtigt werden, da dann eine sehr genaue Analyse der Zielgruppe möglich ist. In der Alltagspraxis der Werbeindustrie werden Zielgruppenanalysen aus Kostengründen häufig auf demografische und geografisch-regionale Merkmale reduziert.

Die Analyse nach psychografischen und Verhaltensmerkmalen erfordert einen deutlich höheren Aufwand bei der Informationsbeschaffung. Erfahrene Werber können hier aus vorhandenen Untersuchungen Ableitungen treffen, die für eine Reihe von Zielgruppen

Gültigkeit haben. Die meisten Zielgruppendefinitionen beschränken sich auf soziodemografische, finanzielle und geografische Merkmale. Eine gute Zielgruppendefinition zeigt insbesonders auf, welche Menschen mit welchen Wünschen, Bedürfnissen und Vorstellungen mein Produkt erwerben sollen. Zu einer Zielgruppendefinition gehören keine Ausschlussmerkmale – es wird also nicht beschrieben, wer nicht zur Zielgruppe gehört.

Zielgruppenbeschreibung

Das folgende kurze Beispiel einer Zielgruppendefinition soll aufzeigen, wie eine solche Definition aufgebaut sein kann. Die dargestellte Zielgruppe steht für potenzielle Käufer teurer Unterhaltungselektronik, die Filme nicht mit Fernsehgeräten betrachten möchte, sondern sich ein kinoähnliche Erlebnis mit Hilfe von Videobeamern verspechen, die zu Hause im Privatbereich verwendet werden. Daneben wird noch kurz auf mögliche gewerbliche Zielgruppen eingegangen.

Beschreibung:

- Männliche Marktteilnehmer im Alter von 30 bis 45 Jahren
- Weibliche Marktteilnehmer als Mitentscheider sind im Durchschnitt etwa zwei Jahre jünger.
- Verfügbares Jahreseinkommen ab etwa 20.000 Euro
- Zielgruppenmitglieder legen im privaten Lebensbereich erhöhten Wert auf eine sehr gute Darstellungsqualität von Video-, DVD- oder Fernsehbildern.
- Hochschulabsolventen
- Berufliche Tätigkeiten: als Lehrer/Dozent in der Berufsbildung, betrieblichen Weiterbildung, IHK-Trainer
- Gewerbliche Abnehmer von qualitätsvollen Videobeamern finden

Zielgruppenanalyse

sich in Hotels und Pensionen ab der Kategorisierung mit drei Sternen.
- Geografisch kann eine erhöhte Präsenz in Ballungszentren angenommen werden, da dort der Vertrieb über den Fachhandel und große Marktketten vorgenommen werden kann. Außerdem findet sich in den Ballungsräumen die angesprochene Zielgruppe mit den vorne angegebenen Merkmalen.

Allgemeine Zielgruppen
- Junge, alleinstehende, nicht mehr im Elternhaus lebende junge Personen beiderlei Geschlecht ohne finanzielle Verpflichtungen, die stark freizeitorientiert sind. In vielen Fällen Meinungsbildner bei Trendprodukten. Gekauft werden Auto, Autozubehör, Kleidung und Urlaub. Bildungsausgaben bewegen sich im mittleren Rahmen.
- Unverheiratete und geschiedene Personen mittleren Alters beiderlei Geschlechts, die über eine gehobene Kaufkraft verfügen. Es wird überdurchschnittlich viel für Bekleidung, Urlaub, Freizeit und Unterhaltung ausgegeben.
- Unverheiratete und geschiedene Personen höheren Alters, die ihr Kaufverhalten dem Alleinleben angepasst haben. Der Erlebniswert von Konsumgütern ist gering, Ausgaben für Reisen und Freizeitangebote sind reduziert. Unterhaltungselektronik, Musik und Literatur wird konsumiert.
- Junge Paare ohne Kinder, die finanziell relativ gut gestellt sind. Das Verhalten bei verheirateten und unverheirateten Paaren ist relativ ähnlich. Es werden langlebige und hochwertige Produkte wie Möbel, Kücheneinrichtungen und Sportgerätschaften konsumiert. Für Fernurlaubsreisen wird relativ viel Geld ausgegeben.
- Familien mit Kleinkindern sind finanziell in der Regel stark belastet, da die Ausgaben für die Standard-

Zielgruppenmerkmale
Die Grafik zeigt mögliche Merkmale für eine Zielgruppe. Die Zielgruppenmerkmale können im Einzelfall deutlich ausgeprägter sein, aber auch deutlich weniger stark differenziert.

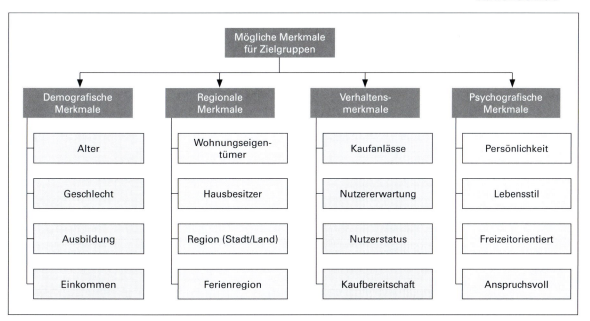

589

lebenshaltung sehr hoch sind. Gekauft werden technische Ausstattungen für die Erleichterung der Haushaltsführung, Kinderbekleidung, Kinderzimmerausstattung und Spielsachen. Häufig ist dieser Haushalt zeitweise auf ein Einkommen angewiesen, was den Konsum der jungen Eltern einschränkt.
- Familien mit Kleinkindern, bei den die Eltern bereits ein mittleres Lebensalter haben und beide trotz Kind(er) arbeiten. Die Eltern weisen eine gute Berufsausbildung und höhere Einkommen nach. Aufgrund von Finanzrücklagen und bereits getätigten Anschaffungen für Wohnen und sonstige Lebenshaltung steht ein gutes Einkommen zur Verfügung, das für hochwertige Produkte und Dienstleistungen Verwendung findet.
- Paare mittleren Alters ohne Kinder sind kapitalkräftig und leisten sich hochwertige Waren und Dienstleistungen. Je älter diese Paare werden, umso höher steigen die Ausgaben für Vorsorge- und Sicherheitsleistungen an.

Die hier aufgeführte Spezifikation von Zielgruppen ist relativ allgemein gehalten und könnte noch um mehrere Gruppen ergänzt werden. Hierzu wird man sich bei der Erstellung und Markteinführung eines neuen Produktes jeweils deutlich detailliertere Gedanken machen müssen.

Spezielle Zielgruppen

Die oben definierten Zielgruppen geben einen allgemeinen Überblick über Privatkunden und sind durchaus geeignet, als Grundlage für verschiedene Marketingsmaßnahmen zu dienen.

Für hochwertige Produkte mit Lifestyle-Charakter ist es allerdings erforderlich, die Zielgruppendefinition genauer zu erheben, um die Kunden und ihre Vorstellungen und Wertigkeiten exakt zu beschreiben. Nur wenn ein Marktanbieter seine Kunden im Detail kennt, ist es möglich, zielgruppengeeignete Marketingmaßnahmen so zu planen, dass sie zum Erfolg führen.

Um dies zu verdeutlichen, soll hier eine detaillierte Zielgruppenbeschreibung dargestellt werden, die sehr effektive und gezielte Marketingmaßnahmen erlaubt.

Zielgruppe Porschefahrer

- Alter zwischen 25 und 60 Jahren, wobei etwa 49 % der Porschefahrer im Alter zwischen 35 und 49 Jahren liegen.
- Die geschlechtsspezifischen Merkmale weisen zu etwa 90 % Männer aus und etwa 10 % Frauen. Diese Frauen sind zumeist gut situiert, verfügen über eine sehr gute Ausbildung und sind in leitenden Positionen tätig.
- Überdurchschnittlich hohes Einkommen oder Vermögen
- Etwa 20 % verdienen zwischen 3500 und 5000 Euro/Monat, der gleiche Prozentsatz verdient mehr als 5000 Euro/Monat.
- Lieben und feiern „Kultprodukte" aller Art, nicht nur um das Thema Sportwagen.
- Schätzen Events um das Thema Auto und Lebensart.
- Bilden gerne Communitys um das Thema Porsche.
- Das Einkommen wird zum Teil für hochwertige Güter verwendet, zum Teil in das Lebensumfeld Porsche.
- Etwa 70 % leben in einer partnerschaftlichen Beziehung.
- Starkes Interesse an Luxusgütern
- Über 50 % sind Akademiker, Selbstständige und Führungskräfte.

www.media-daten.com

Zielgruppenanalyse

- Nehmen gerne Angebote wahr, wo sie unter „Gleichgesinnten" Sport-, Kultur- und Reiseangebote nutzen.
- Nutzen Eventmarketing-Angebote, um Erlebniswelten zu konsumieren als Gegenpol zum meist stark fordernden Berufsalltag.
- Politische Zuordnungen sind nur bedingt möglich. Ein relativ großer Prozentsatz fühlt sich der FDP nahestehend und wählt deren Vertreter bei Land- und Bundestagswahlen. Im lokalen Wahlgeschehen werden oft Konservative oder/und wirtschaftsnahe Gruppierungen unterstützt. Hier bietet die Zielgruppe ein insgesamt eher uneinheitliches Bild.
- Stilsichere Trendsetter. Setzen für andere Personen und Gruppen Trendmarken.

Im Vergleich mit dieser detaillierten Zielgruppenbeschreibung sind die weiter vorne dargestellten allgemeinen Zielgruppenbeschreibungen weniger differenziert formuliert, können aber trotzdem Grundlage für Marketingaktionen sein. Insbesonders Massengüter des täglichen Bedarfs können mit diesen Definitionen zielgruppengerecht beworben werden.

Zielgruppen erkennen und ansprechen

Der wichtigste Ansatz zum Erfolg eines Unternehmens und seiner Angebote ist, die richtigen Zielgruppen zu erkennen und diese Gruppe(n) zu bedienen.

Das gelingt nicht immer. Zu oft gehen Marketingmaßnahmen an den Kunden vorbei. Massenprodukte erreichen auch mit Standardaktionen eine breite Käufergruppe. Für die Produzenten von Nischenprodukten, hochpreisigen Angeboten und Dienstleistungen ist es schwer, die angedachte Zielgruppe immer eindeutig und klar zu erkennen, zu beschreiben und mit den richtigen Werbemitteln und Medien anzusprechen.

Zielgruppen verfeinern und verändern sich ständig. Dies geht einher mit gesellschaftlichen Veränderungen, mit Veränderungen und Anpassungen an Wertvorstellungen und an sich permanent veränderte Lebensumstände von Zielgruppen.

Wie sich solche Veränderungen bei Produkten niederschlagen, zeigt sich zum Beispiel bei Kundenmagazinen. Der Wirtschaftsdienste Verlag aus Bad Homburg (wdv) versorgt im Auftrag der AOK nahezu jede Kundengruppe der Krankenkasse mit einem eigenen Magazin, thematisch eindeutig und klar an einer speziellen Zielgruppe orientiert.

Da gibt es „Bleibgesund Plus" für die Rentner, „jojo" für die Acht- bis Zwölfjährigen und für Jugendliche in der Pubertät „Jo". „Vigo unilife" richtet sich an Studenten, „Vigo jobfit" an Auszubildende. Natascha Becker, Chefredakteurin von Bleibgesund und Bleibgesund Plus: „Es wird immer wichtiger, die jeweilige Zielgruppe in ihrer aktuellen Lebenssituation anzusprechen."

Zielgruppenmarketing

Die Abbildung zeigt Angebote mit Eventcharakter für eine eng festgelegt Zielgruppe, die von dieser sehr aktiv angenommen wird.

Durch solche exklusiv wirkenden Angebote wird die Markentreue der Zielgruppe unterstützt und es werden potenzielle Neukunden angesprochen.

Interessante Infos zu Marketing und ergänzenden Begriffen finden Sie unter:

www.wirtschaftslexikon24.net/

7.1.3 Checkliste Zielgruppen

Information ist die Grundlage des Erfolges

Gut informiert sein ist alles. Ohne gute und vollständige Informationen ist jede Marketingaktion ein Weg ins Unbekannte. Den Kern einer Zielgruppe treffen Sie, wenn Sie Informationen über Ihre Kunden, die Konkurrenzsituation am Markt und die aktuellen Trends kennen.

Um diese Informationen abzuklären, helfen Checklisten, die schnell und problemlos Schwachstellen oder fehlende Informationen zu einer Zielgruppe aufdecken.

Checkliste und Fragestellungen zur Bestimmung von Zielgruppen

Checkliste Zielgruppe allgemein

- ❏ Geschlecht
- ❏ Alter
- ❏ Wohnort
  - ❏ Hausbesitzer
  - ❏ Mieter
- ❏ Familienstand
  - ❏ Familie / Eheähnlich
  - ❏ Haushaltsgröße
- ❏ Stadt- / Landbewohner
- ❏ Großstadt / Kreisstadt / Kleinstadt / Dorf
- ❏ Wirtschaftsraum
- ❏ Sprache
- ❏ Lebensphase: Ausbildung / Studium / erwerbstätig / Rentner / ...
- ❏ Beruf
- ❏ Bildungsstand
- ❏ Soziales Umfeld
- ❏ Konsumverhalten
- ❏ Internetuser / Online-Käufer
- ❏ Spendenfreundlich

Checkliste Zielgruppe Information

- ❏ Zielgruppenbefragung durchgeführt mit Hilfe von
  - ❏ Fragebogen
  - ❏ Interview
  - ❏ Direkte Beteiligung bei der Planung
  - ❏ Online-Medien
- ❏ Informationen zur Zielgruppe beschafft mit Hilfe von
  - ❏ Mediaanalysen
  - ❏ Mediaverlagen
  - ❏ vorherigen erfolgreichen Marketingmaßnahmen
  - ❏ durch Übernahme der Zielgruppe aus vergleichbaren Marketingmaßnahmen

- ❏ Adressenmaterial (Quellen)
- ❏ Konkurrenzanalyse
- ❏ Zielgruppenansprache formuliert
- ❏ Geschlechtsspezifische Unterschiede berücksichtigt und formuliert
- ❏ Kernbotschaft auf Zielgruppe ausgerichtet
- ❏ Ist das Produkt an unterschiedliche Zielgruppen absetzbar? Unterschiedliche Zielgruppendefinitionen und deren Ansprache festlegen.
- ❏ Mediennutzung der Zielgruppe analysieren und bewerten
- ❏ Zielgruppengerechten Medienmix formulieren

Checkliste Zielgruppe Verhalten

- ❏ Konsumverhalten
- ❏ Wertvorstellungen
- ❏ Ökologisch
- ❏ Wertkonservativ
- ❏ Risikofreudig
- ❏ Markenbewusstsein
- ❏ Individualistisch
- ❏ Soziale Ausrichtung
- ❏ Erfolgsorientierung
- ❏ Qualitätsbewusstsein

Checkliste Zielgruppe Handel

- ❏ Interne Handelsmitarbeiter
- ❏ Außendienstmitarbeiter
- ❏ Geschäftsleitung
- ❏ Verwaltungsrat, Aufsichtsrat o. Ä.
- ❏ Partner
- ❏ Wiederverkäufer
- ❏ Meinungsbildner
- ❏ Lieferant

Zielgruppenanalyse

Die empirische Basis für Media- und Marketingplanung in Deutschland

Die Verbraucher-Analyse liefert aktuelle, bevölkerungsrepräsentative Informationen über knapp 500 Produktbereiche mit ca. 1.800 Marken, Freizeitverhalten, Statements zu Einstellungen, Meinungen und Zielgruppenmodellen. Grundgesamtheit der Verbraucheranalyse ist die deutsche Wohnbevölkerung. Des Weiteren können hier eigene Zielgruppenzusammenstellungen aus dem vorhandenen Datenbestand definiert werden.

www.verbraucheranalyse.de

Auswertung von Mediastudien

Betrachten Sie mit Hilfe des Buttons „Zielgruppenfinder" auf der Seite „PZ online" aktuelle Zielgruppen für unterschiedliche Medien, werten und nutzen Sie diese für Ihre Bedürfnisse aus.

www.pz-online.de

593

7.1.4 Zielgruppenoperationalisierung

Band I – Seite 606
7.2.2 Planungsphasen

Abbildungen rechte Seite:

Milieu-Forschung
Zeitliche und räumliche Entwicklung der Milieu-Forschung in der EU

Grunddimensionen der Milieu-Forschung
Aktive und passive Dimension

Sinus-Milieus in Deutschland 2007
Soziale Lage und Grundordnung

Abb.: Werbe- und Marketing-Planer 2008 und Sinus-Sociovision Heidelberg

Sinus Sociovision
Spezialisten für psychologische und sozialwissenschaftliche Forschung und Beratung entwickeln Strategien für Unternehmen und Institutionen, die den soziokulturellen Wandel als Markterfolgsfaktor nutzen. Standorte sind in Heidelberg, London und Paris.

www.sinus-sociovision.de

Ziel jeder Mediaplanung ist es, die Medien auszuwählen, die am besten geeignet sind, um eine Zielgruppe zu erreichen. Dazu müssen die möglichen Werbeträger und die Zielgruppe bewertet werden.

Zielgruppen zu bewerten ist in mehrfacher Hinsicht möglich. Am gebräuchlichsten ist die demografische Bewertung, da sie relativ gut beschreibt, in welchen Lebensumständen sich eine Zielgruppe befindet. Durch die Kombination verschiedener Merkmale lassen sich bestimmte Zielgruppen gut herauskristallisieren. So ist es relativ einfach, alle ledigen Sportwagenfahrer im Lebensalter um die 40, die Mitglied in einem Reitverein im ländlichen Umfeld von 40 km um Hannover sind, herauszufinden und diese durch eine 1:1-Marketingaktion anzuschreiben.

Schwieriger wird es, wenn eine Zielgruppe noch nach psychologischen oder soziologischen Kriterien eingeengt werden soll. Psychologische Kriterien bedienen sich aus dem Bereich der Motivations-, Lern-, Risiko-, Sozial- oder Denktheorie, um genauere Einstellungen zu den Wertvorstellungen oder Verhaltensweisen einer Zielgruppe zu erfahren.

Soziologische Kriterien beschäftigen sich mit dem weiten Umfeld der Bezugsgruppen, die in Verbindung zu einer Zielgruppe bestehen können. Es wird z. B. untersucht und bewertet, in welcher Form die Zielgruppe als Multiplikator fungiert (Trendsetter-Funktion), welche sozialen Kontakte und Engagements neben den beruflich bedingten vorhanden sind. Es wird untersucht und bewertet, welches gesellschaftliche und soziale Umfeld sich bestimmte Personengruppen wie z. B. Geschäftsführer von Kapitalgesellschaften oder ICE-Lokführer schaffen.

Diese Art der Abgrenzung und Bewertung im soziologischen Umfeld einer Zielgruppe ist oft leichter vorzunehmen als die zuvor genannte psychologische Bewertung.

Das Ergebnis solcher Untersuchungen und Befragungen sind in der Regel Kennzahlen, die nach statistischen Methoden durch Korrelations-, Faktoren- und/oder Clusteranalysen zu so genannten Lifestyle- oder Milieu-Typologien führen. Dies sind dann relativ theoretische Aussagen, die jedoch in Verbindung mit bekannten Zielgruppendefinitionen Aussagen über Einstellungen, Meinungen, Interesse und Verhalten einer bestimmten Gruppe zulassen.

Aus der Zielgruppenoperationalisierung lassen sich Mediagattungen und mehrere wirksame Werbeträger sowie deren Nutzung durch die Zielgruppen ableiten. Hier finden sich in großen Werbeagenturen oder Mediaagenturen die Psychologen und Soziologen, um diese Untersuchungen durchzuführen und zu bewerten.

7.1.5 Sinus-Milieus in Deutschland

Zielgruppenanalyse

Eine modernere Betrachtungsweise bei der Zuordnung zu Zielgruppen stellt die Analyse der Milieu-Zugehörigkeit dar.

Das ganzheitliche Milieu-Modell des Marktforschungsinstituts Sinus Sociovision, Heidelberg teilt die Gesellschaften in Deutschland und Europa nach Lebensstil und sozialer Schichtung. Das ursprüngliche Modell, dessen allgemeine Anwendung in Europa Ende der 1980er Jahre begann (siehe nebenstehende Karte), beruht auf dem Konzept der Lebensweltforschung. Bei der Definition der Milieus handelt es sich im Unterschied zur traditionellen Schichteinteilung um eine inhaltliche Klassifikation. In die Sinus-Milieus gehen grundlegende Wertorientierungen ebenso ein wie Alltagseinstellungen zu Arbeit, Familie, zu Freizeit und Konsum. Die nebenstehende Abbildung zeigt das zweidimensionale Milieu-Modell zur Beschreibung der Lebensverhältnisse in den modernen Industriestaaten.

Die Bevölkerung eines Landes wird in zehn Gruppen bzw. Milieus mit gemeinsamen Grundeinstellungen, ähnlicher Lebenseinstellung und Lebensweise eingeteilt.

Die Position der Milieus in der Gesellschaft nach sozialer Lage und Grundorientierung veranschaulicht die unten rechts abgebildete Grafik: Je höher ein Milieu in seiner sozialen Lage angesiedelt ist, desto gehobener sind Bildung, Einkommen und Berufsgruppe. Die Grundorientierung verdeutlicht, je weiter rechts eine Gruppe angesiedelt ist, desto moderner ist die Grundorientierung.

Die Grenzen zwischen den Milieus sind dabei fließend, sie sind durch Ähnlichkeiten untereinander und durch Übergänge gekennzeichnet. So lassen sich die einzelnen Milieus auch tendenziell in Obergruppen zusammenfassen.

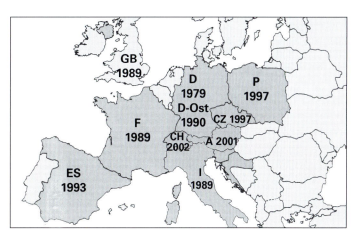

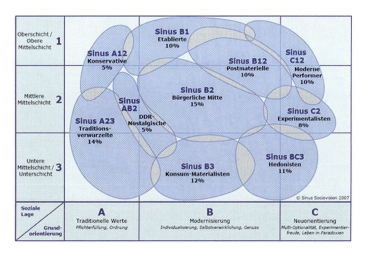

Sinus-Milieus

Kurzcharakteristik

www.sinus-sociovision.de

Zehn Milieus

Sinus B1
Sinus B12
Sinus C12
Sinus A12
Sinus A23
Sinus AB2
Sinus B2
Sinus B3
Sinus C2
Sinus BC3

Die Buchstaben/Zahlen-Kombinationen beziehen sich auf die Position im Koordinatensystem.

Siehe dazu Abbildung auf Seite 595.

Gesellschaftliche Leitmilieus

■ Sinus B1 (Etablierte) 10% ➤ Das selbstbewusste Establishment: Erfolgs-Ethik, Machbarkeitsdenken und ausgeprägte Exklusivitätsansprüche

■ Sinus B12 (Postmaterielle) 10% ➤ Das aufgeklärte Nach-68er-Milieu: Liberale Grundhaltung, postmaterielle Werte und intellektuelle Interessen

■ Sinus C12 (Moderne Performer) 10 % ➤ Die junge, unkonventionelle Leistungs-elite: intensives Leben – beruflich und privat, Multi-Optionalität, Flexibilität und Multimedia-Begeisterung

Traditionelle Milieus

■ Sinus A12 (Konservative) 5% ➤ Das alte deutsche Bildungsbürgertum: konservative Kulturkritik, humanistisch geprägte Pflichtauffassung und gepflegte Umgangsformen

■ Sinus A23 (Traditionsverwurzelte) 14% ➤ Die Sicherheit und Ordnung liebende Kriegsgeneration: verwurzelt in der kleinbürgerlichen Welt bzw. in der traditionellen Arbeiterkultur

■ Sinus AB2 (DDR-Nostalgische) 5% ➤ Die resignierten Wende-Verlierer: Festhalten an preußischen Tugenden und altsozialistischen Vorstellungen von Gerechtigkeit und Solidarität

Mainstream-Milieus

■ Sinus B2 (Bürgerliche Mitte) 15% ➤ Der statusorientierte moderne Main-stream: Streben nach beruflicher und sozialer Etablierung, nach gesicherten und harmonischen Verhältnissen

■ Sinus B3 (Konsum-Materialisten) 12% ➤ Die stark materialistisch geprägte Unterschicht: Anschluss halten an die Konsum-Standards der breiten Mitte als Kompensationsversuch sozialer Benachteiligungen

Hedonistische Milieus

■ Sinus C2 (Experimentalisten) 8% ➤ Die extrem individualistische neue Bohème: Ungehinderte Spontaneität, Leben in Widersprüchen, Selbstver-ständnis als Lifestyle-Avantgarde

■ Sinus BC3 (Hedonisten) 11% ➤ Die Spaß-orientierte moderne Unter-schicht / untere Mittelschicht: Verweigerung von Konventionen und Verhaltenserwartungen der Leistungs-gesellschaft

Zielgruppenanalyse

Die Milieus dokumentieren unterschiedliche Zugänge zu den Medien, verschiedene Interessen und Erwartungen und damit auch Sparteninteressen.

Die Sinus-Milieus brechen bewusst mit den formalen demografischen Kriterien für Zielgruppen wie Schulbildung, Beruf oder Einkommen – so wie dies im vorherigen Kapitel dargestellt wurde. Sinus-Milieus liegt die Einsicht zugrunde, dass soziodemografisch gleiche Menschen sich in ihren Präferenzen, Einstellungen und Verhaltensweisen sehr voneinander unterscheiden können und damit zwei völlig verschiedenen Zielgruppen angehören können.

Sinus-Milieus fassen also Menschen zusammen, die einander in Lebensauffassung und Lebensweise ähneln. Man könnte die Milieus als „Gruppen Gleichgesinnter" bezeichnen – denn die Vorlieben für bestimmte Marken und der Konsum bestimmter Produkte werden nicht nur von soziodemografischen Merkmalen, sondern auch vom Lebensstil der jeweiligen Gruppen, von Wertorientierungen und ästhetischen Präferenzen beeinflusst.

Die Sinus-Milieus sind für strategische Marketingentscheidungen interessant, weil sie sowohl die soziale Lage als auch die grundlegenden Mentalitäten von Konsumenten reflektieren. Allerdings reicht eine solch allgemeine Charakterisierung für konkrete Marketingentscheidungen nicht aus. Bei strategischen Marketingüberlegungen geht es zum einen um konkrete Produkte und Dienstleistungen, zum anderen um die Erreichbarkeit der Zielgruppen für Werbebotschaften über die Medien.

Die Sinus-Milieus stellen eine ganzheitliche Typologie der Lebensumstände der Bevölkerung dar. In der Darstellung der Sinus-Milieus werden Konsumentengruppen zusammengefasst, die in ihrer Lebensauffassung und in ihrer Grundhaltung ähnlich sind.

Mit den zehn aktuellen Milieus wurde nach der deutschen Einheit die Bevölkerung in ein Raster von sozialer Schicht und traditioneller bis moderner Grundorientierung positioniert und dargestellt.

Die Bedeutung der Sinus-Milieus für die Werbung besteht darin, dass Vorlieben für bestimmte Marken und der Konsum bestimmter Produkte größeren Milieus zugeordnet werden können. Zusammen mit der Position, die bestimmte Medien in den einzelnen Milieus wahrnehmen, führt dies zu einer sehr realistischen Einschätzung der werblichen Wirkung einzelner Werbeträger in den Milieu-Zielgruppen.

Aus den Sinus-Milieus der einzelnen europäischen Länder entwickelten sich nahezu zwangsläufig Modelle zur Beschreibung der Lebensverhältnisse in Europa bzw. für europäische Regionen. Da sich innerhalb Europas die Lebensverhältnisse unabhängig von Ländergrenzen entwickeln, ist die Beschreibung für bestimmte Regionen wie z.B. das 3-Länder-Eck Deutschland, Frankreich und Schweiz für Marketing oder auch politische Maßnahmen unerlässlich.

Sieben Meta-Milieus
Entwickelt aus den Sinus-Milieus als Modell einer Beschreibung der EU-Lebensverhältnisse.

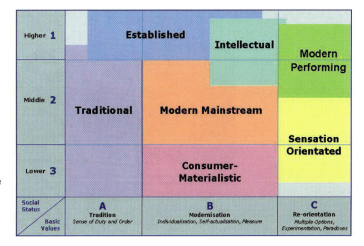

597

7.1.6 Nielsen-Gebiete

Nielsen-Gebiete

ab 2008:
- Gebiet 1
  Hamburg, Bremen, Schleswig-Holstein, Niedersachsen
- Gebiet 2
  Nordrhein-Westfalen
- Gebiet 3a
  Hessen, Rheinland-Pfalz, Saarland
- Gebiet 3b
  Baden-Württemberg
- Gebiet 4
  Bayern
- Gebiet 5+6
  Berlin, Mecklenburg-Vorpommern, Sachsen-Anhalt, Brandenburg
- Gebiet 7
  Thüringen, Sachsen

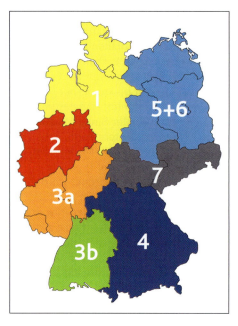

Nielsen-Gebiete
Das 1923 in den USA gegründete Marktforschungsinstitut Nielsen hat Deutschland in regionale Gebiete zur Marktforschung eingeteilt. Bis 2007 waren es acht Gebiete. Im Jahr 2008 wurden die Gebiete 5 (Berlin) und 6 (Mecklenburg-Vorpommern, Sachsen-Anhalt, Brandenburg) zusammengelegt.

Durch die geografische Einteilung in die sieben Gebiete soll das unterschiedliche regionale Konsumentenverhalten, die wirtschaftlichen Verhältnisse und die unterschiedliche Absatzentwicklung untersucht und dargestellt werden. Die daraus resultierenden Ergebnisse finden ihren Niederschlag im sogenannten Nielsen-Index.

Ein Gebiet, das z.B. vorwiegend durch Tourismus, Landwirtschaft und hohe Erwerbslosigkeit geprägt ist, verfügt über viele gemeinsame Merkmale für diesen regionalen Markt. Dagegen weisen Gebiete mit starker industrieller Infrastruktur deutlich andere Marktmerkmale z.B. hinsichtlich Einkommen oder Bildungsstruktur auf. Aufgrund der Informationen über die regionalen Märkte können gezielte Prognosen des Marktpotenzials z.B. bei der Neueinführung eines Produktes dargestellt werden. Daraus lassen sich Marketingmaßnahmen, Vertriebswege und ein möglicher Produkterfolg bewerten.

Mit diesen Marktinformationen können z.B. Werbekampagnen mit geeigneten Werbebotschaften besser den verschiedenen Gebietsmärkten entsprechend gestaltet werden.

www.acnielsen.de

7.1.7   Aufgaben

Zielgruppenanalyse

1 Merkmale von Gruppen nennen

Gruppen weisen eine Reihe von Merkmalen auf, die typisch sind. Nennen Sie die wichtigsten Merkmale für eine funktionierende Gruppe.

2 Arten von Gruppen kennen

Nennen und beschreiben Sie drei Gruppenarten und deren wichtigste Kennzeichen.

3 Arten von Gruppen kennen

Nennen Sie den/die Unterschiede zwischen Mitgliedschaftsgruppen und Bezugsgruppen.

4 Zielgruppen beschreiben

Wodurch unterscheiden sich die beiden Zielgruppen „Frauen" und „Männer" grundsätzlich?

5 Produktgruppen für bestimmte Zielgruppen beschreiben

Wir unterscheiden verschiedene Produktgruppen für die klassischen Zielgruppen „Frauen", „Männer" und „Jugendliche". Zählen Sie diese Produktgruppen auf.

6 Werbliche Fachbegriffe erklären

Erklären Sie die folgenden Fachbegriffe:
- Habitualisierung
- Markentreue
- Primärgruppe
- Eventmarketing

7 Zielgruppen beschreiben

Nennen Sie vier Merkmale, die eine Zielgruppe allgemein beschreiben können.

8 Zielgruppen beschreiben

Erklären Sie die so genannten soziodemografischen Zielgruppenmerkmale.

9 Zielgruppen beschreiben

Nennen Sie einige typische Zielgruppen, die eine ausgewiesen hohe Kaufkraft besitzen und daher werblich als Zielgruppe von Interesse sind.

10 Checklisten für ausgewählte Zielgruppen erstellen

Erstellen Sie eigene Checklisten, um für eine angestrebte Marketingaktion alle Angaben zu einer Zielgruppe zu erfassen und die Zielgruppe anschließend möglichst genau zu beschreiben.

11 Sinus-Milieugruppen beschreiben

Beschreiben Sie die wichtigsten Sinus-Milieugruppen für die Bundesrepublik und charakterisieren Sie die wichtigsten Gruppen.

12 Nielsen-Gebiete beschreiben

Nennen Sie die regionale Aufteilung der Bundesrepublik in die Gebiete 1 bis 7 und begründen Sie diese Gliederung.

599

7.2 Briefing

7.2.1	Grundlagen	602
7.2.2	Planungsphasen eines Werbeauftrages	606
7.2.3	Präsentationen durch Agenturen	609
7.2.4	Aufgaben	612

7.2.1 Grundlagen

7.2.1.1 Briefing-Arten

Briefing – ein Begriff aus der Werbe- und Medienbranche, der ein weites Feld umfasst und schwierig zu definieren ist.

Briefing-Arten

Briefing
Re-Briefing
De-Briefing
Brand Review
Meeting

Briefing	=	Erteilung eines Werbeauftrages an einen Medienbetrieb.

Re-Briefing	=	Nachbesprechung des Auftrages mit dem Kunden nach der Auftragserteilung. Eventuelle Korrektur- und Abstimmungsmöglichkeiten für Auftraggeber und Auftragnehmer.

De-Briefing	=	Feedback durch den Auftraggeber nach dem Abschluss der Auftragsarbeiten hinsichtlich Qualität und Auftragsdurchführung.

Brand Review Meeting	=	Alle am Werbe- und Kommunikationsprozess Beteiligten tauschen in regelmäßigen Abständen Meinungen und Informationen aus, um Kommunikations-, Gestaltungs- und Abstimmungsprozesse zu optimieren, das Arbeitsklima und das Vertrauen zu fördern.

Definitionen

In der eigentlichen Definition versteht man unter Briefing die Auftragserteilung für werbliche Arbeiten. Dabei kann es um die Entwicklung ganzer Kampagnen gehen, aber auch um die Ausarbeitung einzelner Aufträge.

Die Erteilung eines Auftrages zur Medienproduktion kann an die Werbeabteilung eines Unternehmens, an eine Werbeagentur oder an eine Druckerei erfolgen. Oftmals ergeben sich daraus mehrstufig angelegte Briefings. Das bedeutet, dass z. B. eine Werbeagentur einen Auftrag erhält. Daraus entwickeln sich bei einer größeren Marketingstrategie mit einem Medienmix mehrere Einzelbriefings an weitere Agenturen und Druckereien.

Bei mehrstufigen Briefings besteht die große Gefahr der Veränderung und Abweichung von der ursprünglichen Vorgabe durch das Grundbriefing. Dies kann durch schriftliche oder mündliche Varianten und Interpretationen von Vorgaben entstehen. Letztere führen zu Veränderungen in der Auftragsdurchführung und damit zu mehr oder weniger großen Irritationen zwischen Auftraggeber und den einzelnen an der Ausführung Beteiligten. Daher gilt, dass immer derjenige, der ein Auftragsergebnis zu verantworten hat, direkt mit dem in Kontakt treten sollte, der den Auftrag durchführt. Alle Zwischenstufen mindern die Leistung, erhöhen die Fehlerquellen und damit die Kosten.

Briefing

Mit Hilfe des Briefings informiert der Auftraggeber über die folgenden Punkte eines Auftrages:
- Punkt 1: Zweck und Bestimmung des Auftrages
- Punkt 2: Wichtige Bestimmungsgrößen im Umfeld des Auftrages

Briefing

Je exakter der Auftraggeber diese Informationen ermittelt, umso sicherer kann er sein, dass der Auftrag seinen Wünschen entsprechend durchgeführt wird. Dabei muss ein Briefing für die Jahreskampagne eines großen Unternehmens ausführlicher ausfallen als der Auftrag für eine Einzelmaßnahme eines kleinen Handelsunternehmens. Entscheidend ist, dass alle wichtigen Daten und Fakten genannt werden. Zu wenig Information führt zu einer Leistungsminderung und damit zu einem schlechteren Ergebnis, zu viel Information erschwert die Selektion des Wichtigen vom Unwichtigen und verlängert die Vorbereitung eines Auftrages.

Neben der Art des Auftrages ist auch die Beziehung zwischen den Vertragspartnern von Bedeutung. Arbeiten die Partner schon längere Zeit erfolgreich miteinander, so kann die Informationsfülle geringer gehalten werden als bei zwei erstmals zusammenwirkenden Partnern. Da die Zusammenarbeit zwischen Kunde und Werbeagentur in der Regel langfristig angelegt ist, sammelt sich im Laufe der Zeit enormes Wissen an. Dies führt tendenziell zu einem eher knappen und kurzen Briefing, da die Grundinformationen zumindest bei Routineaufträgen bekannt sind.

Arbeiten Vertragspartner das erste Mal an einem gemeinsamen Projekt, muss das Briefing ausführlicher ausfallen. Hier liegt es am Auftraggeber, alle auftragsrelevanten Fakten zu sammeln und darzubieten. Derjenige, der einen Auftrag erteilt, muss diesen so präzise darstellen, dass er ein Ergebnis bekommt, das seinen Wünschen und Vorstellungen entspricht. Andererseits hat derjenige, der einen Auftrag annimmt, die Pflicht, Sachverhalte zu erfragen und notwendige Informationen beim Auftraggeber abzurufen.

Damit die Partner einer geplanten Marketingaktion eine aussagefähige und tragfähige Arbeitsgrundlage mit einer genauen Beschreibung der Aufgabenstellung bzw. der Auftragsdefinition besitzen, müssen in einem Briefing die Punkte der folgenden Checkliste aufgeführt werden:

Checkliste Briefing-Inhalt
• Marketing- und/oder Kommunikationsziele • Zielgruppe/n • Profil des eigenen Produktes und das der wichtigsten Konkurrenten im Angebotsumfeld • Käufer-/Zielgruppenverhalten • Kernbotschaft des eigenen Produktes und dessen geplante Marktposition • Hinweise zur Gestaltung, wenn möglich mit konkreten Beispielen oder Vorstellungen • Hinweise zum bestehenden Firmenlogo, Corporate-Design-Vorgaben • Marketingstrategie • Werbeobjekte • Abgrenzung des Marktes • Werbeetat, Budgetverwendung • Beurteilung der Werbung • Geplante Werbeerfolgskontrolle

Briefing-Checkliste
Was gehört alles in ein Briefing?

Re-Briefing

Nach einem Briefing, das ja einen Auftrag aus der Sicht des Auftraggebers präsentiert, sollte ein Re-Briefing vereinbart werden. Hier legt der Auftragnehmer nach Auftragsannahme sein Verständnis des Auftrages dar, um ein völliges Übereinstimmen zwischen den Vertragspartnern zu erreichen. Unklarheiten, Missverständnisse und konzeptionelle Mängel können bei diesem Re-Briefing ausgeräumt und korrigiert werden. Ein Re-Briefing erhöht die Sicherheit bei der Auftragsabwicklung und schafft ein Klima für schnelles, vertrauensvolles und effektives Arbeiten.

De-Briefing

Am Ende aller Tätigkeiten für einen Auftrag sollte das De-Briefing stehen. Hierbei werden vom Auftraggeber Rückmeldungen über die Qualität der geleisteten Arbeit gegeben. Daraus können von beiden Seiten wertvolle Erkenntnisse über die weitere effektive Zusammenarbeit gezogen werden.

Bei Unternehmen, die über einen längeren Zeitraum hinweg zusammenarbeiten, hat sich im einen oder anderen Fall das so genannte „Brand Review Meeting" bewährt. Dabei treffen sich die Auftraggeber und die Mitarbeiter der Werbeagentur in regelmäßigen Zeitabständen. Bei diesen Meetings werden dann mit allen Beteiligten sämtliche durchgeführten Werbemaßnahmen, die sich daraus ergebenden Erfahrungen, Erfolge, Misserfolge sowie die Werbeerfolgskontrolle besprochen. Solche regelmäßigen Meetings verbessern die Kommunikation zwischen Auftraggeber und Werber, führen zu besseren Ergebnissen und letztendlich zu einem partnerschaftlichen Verhältnis zwischen den verschiedenen Vertragsparteien.

7.2.1.2 Angebotsumfeld

Für die erfolgreiche Umsetzung eines Werbeauftrages ist es erforderlich, dass sich die Hersteller der Werbemedien mit dem Umfeld des beworbenen Produktes beschäftigen und auskennen. Dazu bedarf es der Kenntnisse folgender Fakten:
- Markt
- Kommunikation
- Wettbewerber
- Beworbenes Angebot
- Zielgruppe (Abnehmer)
- Randbedingungen

Zu jedem dieser Faktoren werden geeignete Analysen durchgeführt, um die Auftragsabwicklung exakt an das Werbeprodukt anzupassen. Als Erstes ist eine Marktanalyse zu erstellen, in der die Chancen und die Risiken des Produktes erfasst werden. Ergänzend dazu

Briefing-Elemente

Mögliche Briefing-Elemente für einen Werbeauftrag

Briefing

Band I – Seite 657
8.1.1.3 Zielgruppen

Band I – Seite 587
7.1.2 Zielgruppen

ist eine Bedarfsanalyse anzufertigen, in der vor allem die Absatzsituation des beworbenen Produktes dargestellt wird.

Für die Erstellung einer Werbekampagne sind Kenntnisse über die aktuellen Wettbewerber unerlässlich. Die Mitbewerber, deren Produkte und deren Werbeaktivitäten sind zu analysieren. Qualität, Image, Preis, Lieferfähigkeit, Marken- und Werbestrategie sind Punkte, die es zu untersuchen und zu bewerten gilt. Vor allem bei Markenartikeln gilt es, nicht nur den Blick auf die Marken-Mitbewerber und deren Werbestrategie zu lenken, sondern auch auf die Substitutionsgutanbieter und deren Aktivitäten zu achten. Substitutionsgutanbieter können zum Beispiel so genannte No-Name- bzw. Billiganbieter und deren Vermarktungsstrategie sein. So ist es zum Beispiel für ein Bekleidungshaus außerordentlich schwierig, hochwertigste Bekleidung zu verkaufen, wenn sich im Angebotsumfeld und Einzugsbereich eines solchen Hauses ein Outlet-Center befindet, das die Markenware zu erheblich niedrigeren Preisen anbietet.

7.2.1.3 Zielgruppe (Abnehmer)

Wichtige Informationen in Bezug auf die Zielgruppe sind Kenntnisse über deren Einstellungen zum beworbenen Produkt, Informations- und Entscheidungsverhalten beim Kauf, altersgerechte Zielgruppenansprache, Qualitätserwartungen und notwendiger Qualitätsanspruch an ein Produkt.

In die Überlegungen zur Werbestrategie für ein Auto muss zum Beispiel immer berücksichtigt werden, dass der durchschnittliche Käufer seine Kaufentscheidung etwa 21 Monate bedenkt, bevor er „sein" Auto kauft.

Die Entscheidung für eine Marke hat er aber in aller Regel schon deutlich früher getroffen. Eine solche Markenentscheidung hängt wiederum von den verschiedensten Faktoren ab. Die wichtigsten sind Markenakzeptanz und Markentreue, die Lifestyle-Orientierung (Käufer- bzw. Verwendungsstruktur), die Kaufsituation, das Kaufintervall, die Wahl des Einkaufsortes und vieles mehr. Entscheidend bei diesen Kenntnissen über die Zielgruppe ist, dass alle diese Informationen zu nutzen sind, um einen Teil der Abnehmer zu einem bestimmten Kaufverhalten zu animieren.

Aufgrund der Kenntnisse der Zielgruppe ist es einer Agentur möglich, Mediapläne so zu erstellen, dass die umworbene Zielgruppe möglichst über die Medien angesprochen wird, die eine hohe Kontakthäufigkeit sicherstellen. Die Kontakthäufigkeit sagt aus, wie oft ein Mediennutzer „sein" Medium nutzt. Dabei wird begrifflich zwischen den Medien unterschieden: Opportunity to See, Opportunity to Hear, Opportunity to Contact.

Die Kontakthäufigkeit ist die Anzahl der Kontaktchancen, die sich für die Zielpersonen bei der Mediennutzung ergeben. Daraus resultiert die Reichweite für einen Werbeträger, also die Anzahl der Personen, die sich durch ein Medium ansprechen lassen. Dieser Prozentwert der erreichten Zielpersonen lässt sich durch einen zielgruppengeeigneten Medienmix erhöhen. Hier wird dann von einer kombinierten Reichweite für einen Medienmix z. B. aus Print- und Fernsehwerbung gesprochen. Das ist dann die Zahl an Personen einer Zielgruppe, die durch die Mehrfachbelegung mehrerer Werbeträger mindestens einmal angesprochen werden.

605

7.2.2 Planungsphasen eines Werbeauftrages

Leistungen der Agentur

Aufgrund der im Briefing genannten und festgehaltenen Informationen kann die Agentur einen Auftrag zur Erstellung von Medien abwickeln. Das Ziel ist, werbewirksame Medienprodukte termingerecht zu erstellen und auszuliefern. Diese Medienprodukte können Prospekte, Handzettel, Plakate, Rundbriefe, Kataloge, Videoclips, Internetauftritte und deren Aktualisierungen, CD-ROMs und anderes mehr sein. Um dieses zu erreichen, muss die Agentur ein gutes Kommunikationsklima zwischen Auftraggeber und Agentur herstellen, ebenso ist eine partnerschaftliche Verbindung zwischen Agentur und Medientechniker notwendig.

Auf einen kurzen Nenner gebracht, besteht die Leistung der Werbeagentur darin, Planung, Gestaltung, Durchführung und Kontrolle einer Werbeleistung zu organisieren. Die Grundlage für die Organisation dieser Leistung ist das vom Kunden erbrachte Auftragsbriefing. Aus diesem Briefing leiten sich die einzelnen Planungsschritte für die

Kontakter

Kundenberater und Außendienstmitarbeiter einer Werbeagentur

Markt- und Wettbewerbsanalyse

Erforderliche Analysen, um eine Marketingmaßnahme zu planen, durchzuführen und zu einem erfolgreichen Abschluss zu führen.

Ausführung eines Werbeauftrages ab:
- Grundlagenphase
- Strategiephase
- Entwicklungsphase
- Gestaltungsphase
- Ausführungsphase
- Kontrollphase

Grundlagenphase

Die Grundlagenphase ist in der Agentur dem Außendienst vorbehalten. Der so genannte „Kontakter" erarbeitet mit dem Kunden eine Beschreibung des Werbeauftrages. Er ist bei der Briefing-Erstellung behilflich, sofern dieses nicht beim Auftraggeber selbst durch Marketingspezialisten erfolgt. Der Kontakter hat bei der Durchführung eines Auftrages eine wichtige Funktion: Er ist Vertreter des Kunden in der Agentur. Er muss die Vorstellungen des Kunden innerhalb der Agentur verdeutlichen. Dazu gehört ein ständiger Kontakt zum Kunden, zur Druckerei, zur Multimedia-Agentur und sonstigen an der Produktion Beteiligten.

Strategiephase

In der Strategiephase werden die konkreten Marketingziele definiert und festgelegt, die Gestaltungsstrategie wird erarbeitet, gescribbelt und definiert, Zielgruppenansprache, Verkaufsförderung und Öffentlichkeitsarbeit werden besprochen. Zentrales Thema der Werbekonzeption ist die Gestaltungsstrategie. Hier wird die gedankliche Arbeit zur Visualisierung und Verbalisierung der Werbebotschaft erarbeitet. Die Werbebotschaft für die Vermarktung eines Produktes wird entworfen. Gleichzeitig wird die Übertragbarkeit der Werbebotschaft auf die unterschiedlichen Medien und Kommunikationsträger geprüft.

An diesen Tätigkeiten sind verschiedene Spezialisten beteiligt: Kontakter,

---

Die Marktanalyse

Chancen – Risiko – Abwägung

Bedarfsanalyse

Die Wettbewerbsanalyse

Aktuelle Mitbewerber und deren Werbe- und Marketingstrategie

Potenzielle Mitbewerber und deren mögliche Werbe- und Marketingstrategie

Substitutionsgutanbieter

Mediaplaner, Grafiker, Screendesigner und Mediengestalter entwerfen konzeptionelle und visuelle Darstellungen. Diese Entwürfe werden mit dem Auftraggeber abgesprochen und von diesem genehmigt. Damit kann von einer gesicherten und vom Kunden genehmigten Arbeitsbasis zur nächsten Herstellungsphase übergegangen werden.

Entwicklungsphase

Mit der Entwicklungsphase beginnt die eigentliche kreative Arbeit. Kreativteams werden in Agenturen gebildet, die sich je nach Aufgabenstellung unterschiedlich zusammensetzen. Texter, Visualisierer, Grafiker, Illustratoren, Designer, Typografen, Psychologen, Mediaplaner, Sounddesigner und Drehbuchautoren arbeiten Hand in Hand an der Umsetzung einer Gestaltungsaufgabe. Das Erscheinungsbild wird in gemeinsamen Teamsitzungen erarbeitet. Die Ergebnisse von Marktanalysen, Meinungserhebungen und Interviews fließen in die gestalterische Tätigkeit ein. Man muss sich in dieser Phase in das Produkt, in die mögliche Zielgruppe und in den Endverbraucher hineinversetzen, um das zu bewerbende Produkt gut darstellen und verkaufen zu können. In dieser Entwicklungsphase eines Auftrages kommt vor allem in größeren Agenturen der Produktioner in das Team. Er muss die technische Realisierbarkeit beurteilen und überprüfen. Notwendige, vor allem kostensparende Änderungen können von dieser Person eingebracht und bei der späteren Ausführung berücksichtigt werden. Die frühe Einbeziehung des Produktioners ist hilfreich, da er in der Regel Kreatives verstehen wird und die Umsetzbarkeit von Ideen unter den Aspekten der Technik und der Kosten sehr schnell beurteilen und bewerten kann.

Gestaltungsphase

Die sich anschließende Gestaltungsphase setzt die entstandenen Rohentwürfe um. Hier müssen auf der Grundlage der entwickelten Texte, Bilder und Grafiken ansprechende Layouts gefunden werden. Exakte Layouts werden mit Hilfe digitaler Technologie erstellt. Ziel der Gestaltungsphase ist die präsentationsreife Form. Hier werden so viele weitgehend fertig gestaltete Werbemittel erstellt, dass für den Kunden eine Präsentation möglich ist. Nach erfolgter Präsentation kann sich der Kunde aufgrund der produzierten Werbemittel das Gesamtkonzept vorstellen. Der durch das Briefing definierte Auftrag wird hier in seiner praktischen Umsetzung deutlich.

Ausführungsphase

Die nun folgende Ausführungsphase dient der kompletten Erstellung der Werbemittel. Dies kann in verschiedenen Medienbetrieben erfolgen:

Druckerei, Reproanstalt, Multimedia-Agentur und Tonstudio sind mögliche Produktionsorte. Produktioner und Kontroller überwachen die Herstellung aller geplanten Medien und sorgen vor allem für einen termingerechten Ablauf der Produktion in den unterschiedlichen Unternehmen. Ziel ist die termingerechte Platzierung aller erstellten Medien an den vorgeplanten Mediastandorten.

Kontrollphase

Wer wirbt, möchte wissen, ob die Werbung für sein Produkt oder seine Dienstleistung bei der angestrebten Zielgruppe den gewünschten Erfolg hat. Dies gilt insbesonders dann, wenn mit der Werbemaßnahme ein hoher Kapitalaufwand verbunden ist. Wird ein Mediamix für aufeinander abgestimmte

---

Briefing

Band I – Seite 587
7.1.2 Zielgruppen

Spezialisten in Werbeagenturen

Mediaplaner, Grafiker, Screendesigner, Mediengestalter, Informationsdesigner, Typografen, Psychologen, Texter, Drehbuchautoren usw.

Produktioner

Technischer Fachmann in einer Werbeagentur. Verantwortlich für die organisatorische und technische Herstellung der Medienprodukte.

Responseauswertung

(Response = Antwort) Auswertung des Rücklaufs bei einer Marketingaktion

Blickaufzeichnungsgerät

Damit wird die Wirksamkeit von Anzeigen in Medien getestet, indem alle Augenbewegungen und die Verweildauer des Auges auf Objekten festgehalten wird.

Abb.:
Küppers, Meerbusch

Erfolgskontrolle nach dem Einsatzzeitpunkt:

Pretest – wird vor dem Werbeeinsatz durchgeführt, z. B. Copy- und Foldertest.

Posttest – hier wird versucht, die Wirkung realer Werbemaßnahmen zu bestimmen, nachdem eine Werbemaßnahme durchgeführt wurde.

Werbemaßnahmen gewählt, werden dafür enorme Investitionen getätigt, die es erforderlich machen, den Erfolg dieser Aktivitäten zu überprüfen. Dies liegt sowohl im Interesse der Agentur als auch des Kunden. Eine Agentur kann mit der Überprüfung einer Werbemaßnahme einen klaren Nachweis über den Erfolg ihrer Arbeit erbringen.

Die Wirksamkeit einer Werbemaßnahme ist in den wenigsten Fällen auf einen einzigen Faktor zurückzuführen. So hängt der erreichte Marktanteil für ein Produkt von vielen Faktoren ab, welche die geplante Marketingstrategie oft nicht berücksichtigen kann. So ist zum Beispiel die Frage, wie ein konkurrierender Marktteilnehmer auf Preisreduzierungen reagiert, nicht planbar. Auch der Faktor Zeit ist schwer zu bestimmen – so kann es durchaus sein, dass eine Werbemaßnahme erst greift, wenn eine zweite Anzeigenserie geschaltet wird, obwohl die erste Serie keinerlei Erfolg gezeigt hat und erst die Wiedererkennung eines Produktes zu Umsatzsteigerungen führt.

Durch eine Werbeerfolgskontrolle lässt sich fast jede Wirkung einer Werbekampagne nachweisen. Dies ist zum Teil relativ einfach bei nachweisbaren Verkaufserfolgen. Ökonomische Kenngrößen wie die Umsatzsteigerung für ein Produkt oder eine deutliche Gewinnausweitung lassen sich relativ problemlos feststellen.

Nichtökonomische Größen einer Marketingkampagne sind schwerer zu erfassen und nachzuweisen. Die Steigerung des Bekanntheitsgrades eines Produktes, das Verbessern eines Markenimages oder der erfolgreiche Publikumszulauf zu einer geplanten Aktivität sind nur einige Beispiele.

Zu diesem Zweck nimmt man eine Messung der aufgrund einer Werbemaßnahme erreichten Werbewirkung vor. So lässt sich z. B. durch eine Responseauswertung bei Mailings die Erfolgsquote sehr genau bestimmen. Die Anzahl der Rückläufer gibt einen genauen Aufschluss über die Attraktivität einer Maßnahme. Dies gilt vor allem für den direkten Vergleich zu bekannten Rücklaufquoten bei ähnlich am Markt positionierten Produkten.

Zur Überprüfung des Erfolgs einer Werbemaßnahme werden üblicherweise drei Testverfahren herangezogen:

Recall-Test (Erinnerungswirkung)

Steht ein Verbraucher vor einem Regal von Produkten, erinnert er sich an ein in der Werbung gezeigtes Produkt mit positivem Image und kauft es. Voraussetzung für die Produkterinnerung ist, dass es die Werbemaßnahme schafft, bei der Zielgruppe eine positive Beschäftigung mit dem Produkt auszulösen.

Recognition-Test (Wiedererkennungswirkung)

Der Test konzentriert sich auf die Wiedererkennung gesehener Werbemittel. Testpersonen schauen sich z. B. eine Zeitschrift an. Anschließend werden sie befragt, welche Anzeigen sie gesehen, bemerkt, betrachtet und gelesen haben. Derartige Tests können auch bereits im Vorfeld einer Werbemaßnahme durchgeführt werden, um z. B. die Wirkung einer Anzeigenserie zu überprüfen.

Aktivierungstest (Aufmerksamkeitswirkung)

Hier wird die Wirkung einer Werbemaßnahme mittels apparativer Einrichtungen gemessen. Gehirnströme, Blutdruck, Pulsfrequenz oder Schweißabsonderung sollen Rückschlüsse auf das Aktivierungspotenzial von Anzeigen geben.

7.2.3   Präsentationen durch Agenturen

Briefing

7.2.3.1   Präsentationsarten

Unter einer Präsentation versteht man die Vorstellung einer Sache. Der eigentliche Wortsinn reicht vom Zeigen einer Sammlung über die militärische Ehrenbezeugung bis zum Vorlegen eines Wechsels im Geschäftsleben. Im Bereich der Werbung versteht man darunter das Ausarbeiten einer werblichen Problemlösung und deren Vorstellung vor dem Kunden.

Bei einer Präsentation wird eine komplexe Lösung für ein Produkt mit allen denkbaren werblichen Varianten vorgestellt. Als Beispiel sei die Entwicklung einer Werbekampagne für ein Unternehmen genannt, die aus einem Medienmix im Print- und Nonprintbereich besteht. Hierbei werden alle geplanten Printmedien im Entwurf gezeigt, ebenso geplante Fernsehspots oder Internetaktivitäten. Neben den Entwürfen der Medien werden hier auch Kosten- und Mediapläne vorgestellt. Eine Präsentation enthält also nicht nur werbliche und konzeptionelle Elemente, es werden auch alle rechtlichen und finanziellen Aspekte angesprochen.

Unter den verschiedenen Präsentationsformen haben sich einige typische Varianten herauskristallisiert. Man unterscheidet:

- Agentur-Präsentation
- Konkurrenz-Präsentation
- Etat-Präsentation
- Akquisitions-Präsentation

Die *Agentur-Präsentation* dient hauptsächlich der Selbstdarstellung. Sie kann auf Messen erfolgen, aber auch als Direktwerbung eingesetzt werden. Ziel ist immer die Gewinnung neuer Kunden. Die Agentur-Präsentation ist inhaltlich immer sehr allgemein: Sie konzentriert sich auf Leistungsangebot, Organisation und Arbeitsstil. Wachstumskurven der letzten Jahre können von der Dynamik ebenso berichten wie gute Beispiele aus der aktuellen Agenturarbeit.

Zwischen großen Agenturen ist die *Konkurrenz-Präsentation* die klassische Form der Produktvorstellung. Drei bis vier Agenturen bewerben sich unter Konkurrenz- und Zeitdruck um die Übernahme und Betreuung eines Werbeetats. Wer bei einer solchen Präsentation mit klaren, übersichtlichen Layouts und einleuchtenden Konzepten und Etatverwendungen auftrumpfen kann, hat die Chance, aus der Vorstellung als Wettbewerbssieger hervorzugehen.

Der Erfolg einer Konkurrenz-Präsentation hängt von der Vorbereitung ab: Marktanalysen, Verbraucherbefragungen, Leistungserwartungen, Kostenvorstellungen und Kostenverwendung, Ideen, Slogans, Bilder, Grafiken usw. müssen vorbereitet und in ansprechender, attraktiver Form vorgestellt werden. Einer Agentur entstehen hierbei erhebliche Kosten. Für Präsentationen kann die Agentur keine Kostendeckung erwarten. Als Richtsatz gilt: Zwei Drittel der Kosten trägt die Agentur, ein Drittel der Auftraggeber. Die Kostenbeteiligung sollte vor der Präsentation durch Angebot und Auftragsbestätigung formell vereinbart werden.

Eine *Etat-Präsentation* wird vereinbart, wenn in einer bestehenden Geschäftsverbindung die Werbestrategie für das folgende Etatjahr festzulegen ist. Zu den Themen gehören: Entwicklungen des Marktes, Veränderungen der Geschäftspolitik des Kunden, Umsatzentwicklung sowie eine Bilanz und Darstellung des vergangenen Werbejahres. Eine Etat-Präsentation ist genauso sorgfältig vorzubereiten wie eine Konkurrenz-Präsentation. Da Erreichtes schnell vergessen wird, ist es gut, wenn neue Ideen, neue Werbeaus-

---

Band I – Seite 655
8.1 Kommunikation

Band I – Seite 667
8.2 Konzeption

Akquisitions-Präsentation

Aquisition = allgemein Anschaffung; speziell = Kundenwerbung; der Begriff wird auch häufig im Anzeigengeschäft von Zeitungen und Zeitschriften verwendet.

sagen und Slogans gefunden werden. Stichhaltige Begründungen können gegeben sowie Entwürfe dargestellt und erläutert werden. Eine erfolgreiche Etat-Präsentation stellt die Beziehungen zwischen Auftraggeber und Agentur auf eine neue Basis, in der Regel für das folgende Geschäftsjahr.

Die *Akquisitions-Präsentation* versucht, einem potenziellen Kunden eine Problemlösung zu offerieren. Akquisitions-Präsentationen sind eine Möglichkeit für neu gegründete Agenturen und Designerteams, ins Geschäft zu kommen. Von etablierten Agenturen wird weniger mit Akquisitions-Präsentationen gearbeitet – die vorherigen Präsentationsarten werden bevorzugt eingesetzt. Akquisition stellt ein gewisses Risiko dar: Kommt keine Geschäftsverbindung zustande, kann nicht mit Honorar gerechnet werden. Außerdem besteht die Gefahr, dass vorgetragene Ideen teilweise oder abgewandelt übernommen werden. Solche Plagiate lassen sich nicht ausschließen und sind rechtlich schwer anfechtbar.

7.2.3.2 Präsentation – Aufgabe und Umfang

Umfang und Aufgabe einer Präsentation müssen mit dem Auftraggeber bereits beim Briefing abgestimmt werden. Der Umfang ist in der Regel durch das zur Verfügung stehende Honorar begrenzt. Deshalb ist die Festlegung wichtig, welche Werbemedien als Reinentwürfe ausgeführt werden sollen. Eine Möglichkeit, eine Präsentation kostengünstig zu erweitern, ist das Vorweisen von Scribbles und Layouts, die in der Entwicklungsphase des Auftrages entstanden sind. Damit wird die Entstehungsgeschichte und der damit verbundene kreative Prozess dokumentiert. Diese so genannte 1 : 1-Präsentation kann durch die Projektion von Diagrammen und Bildmaterial ergänzt werden.

Der Präsentationsumfang kann von ausgesuchten Teilaspekten bis zur Darstellung einer kompletten Kampagne reichen. Verständigt man sich auf die Darstellung eines kleinen Aspektes, kann die Werbe-Idee exemplarisch mit Hilfe eines Beispiels dargestellt werden. Ein mittlerer Aufwand ist erforderlich, wenn ein Auftraggeber einige repräsentative Sujets wie Anzeigen, Plakate

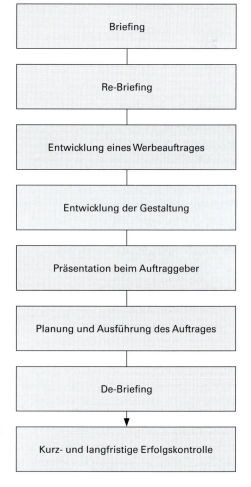

Briefing

Band I – Seite 717
8.4 Präsentieren

und Internetauftritt sehen möchte. Muss eine komplette Kampagne vorgestellt werden, ist der Aufwand und Kapitaleinsatz hoch: Anzeigenserie, Plakate, Prospekte, CD-ROM, Messestand, Geschäftspapiere und anderes müssen erstellt werden.

Bei der Ausarbeitung der Präsentationsunterlagen ist Teamarbeit gefordert. In vielen Fällen sind alle Mitarbeiter eines Kreativteams an der Präsentationserstellung beteiligt: Art-Direktor, Konzeptionist, Texter, Mediengestalter, Grafiker, Fotograf, Etat-Direktor und häufig auch der Produktioner. Bereits in der Entwicklungsphase eines Auftrages muss sich das Agenturteam darüber klar werden, welcher Personenkreis an der Präsentation bei ihrem Kunden teilnehmen wird. Es ist zu berücksichtigen, ob vor dem Vorstand eines Großunternehmens präsentiert wird oder vor Marketingspezialisten, vor Ingenieuren oder Technikern. Alle weisen einen unterschiedlichen Zugang zur Werbung auf, sprechen unterschiedliche Sprachen und haben eigene Interessen. Dies ist bei der Planung zu berücksichtigen.

Präsentation
einer Plakatserie für die Firma Kärcher, Bereich Fahrzeugpflege.
Die Plakatserie wurde an einer Autowaschanlage aufgenommen und die daraus entstandenen Bilder für die Plakatserie verwendet. Die Präsentation der Plakatserie fand am Platz des Fotoshootings statt, so dass der Kunde real die Entstehung der Fotoserie nachvollziehen konnte. Eine aufwändige und teure Präsentation, die beim Kunden Eindruck hinterlassen hat.

Abb.: Deuschle-Grafik Reutlingen

611

7.2.4 Aufgaben

1 Definition Briefing beschreiben

Ein wichtiger Begriff in der Werbe- und Medienindustrie ist „Briefing". Der Fachbegriff ist schwierig zu definieren, da er ein weites Feld umfasst. Versuchen Sie es trotzdem.

2 Verschiedene Briefing-Arten wissen

Es sind verschiedene Arten des Briefings bekannt. Nennen Sie die vier wichtigsten Briefing-Arten.

3 Briefingarten definieren

Erläutern Sie, was unter den folgenden Briefing-Arten zu verstehen ist:
a. Re-Briefing
b. De-Briefing
c. Brand Review Meeting

4 Aufgaben des Briefings erläutern

Mit Hilfe des Briefings informiert ein Kunde den Produktioner über seinen Auftrag. Welche Punkte werden dabei üblicherweise angesprochen? Nennen Sie fünf Besprechungsthemen.

5 Angebotsumfeld einer Marketingmaßnahme beschreiben

Für die Umsetzung eines Auftrages ist es erforderlich, dass sich die Produktionsagentur mit dem Umfeld des beworbenen Produktes auseinandersetzt. Nennen Sie die Fakten, die Sie für eine erfolgreiche Werbemaßnahme unbedingt kennen müssen, bevor mit der Auftragsbearbeitung begonnen werden kann.

6 Begriff Zielgruppe verstehen

Erklären Sie, was unter einer Zielgruppe zu verstehen ist. Versuchen Sie für ein Produkt, das Ihnen selbst wichtig ist, eine möglichst vollständige Zielgruppendefinition zu erstellen.

7 Tätigkeitsbereiche in einer Agentur beschreiben

Die unten genannten beruflichen Tätigkeiten finden Sie in Agenturen und Druckereien. Erklären Sie kurz deren Aufgaben bzw. Funktionen.
a. Kontakter
b. Mediengestalter
c. Produktioner
d. Texter
e. Mediaplaner

8 Planungsschritte eines Werbeauftrages aufzeigen

Aus einem Briefing werden die einzelnen Planungsschritte für die Ausführung eines Werbeauftrages abgeleitet. Nennen Sie diese sechs Planungsphasen.

9 Planungsschritte eines Werbeauftrages aufzeigen

Was wird unter einer Wettbewerbsanalyse verstanden? Erklären Sie diesen Begriff.

Briefing

10 Planungsschritte
   eines Werbeauftrages aufzeigen

Erklären Sie, welche Aufgaben und
Tätigkeiten in den einzelnen Ausfüh-
rungsphasen durchzuführen sind,
die Sie in der Aufgabe 8 als Lösung
genannt haben.

11 Werbeerfolgskontrolle beschreiben

Welche Möglichkeiten und welche Indikatoren können herangezogen werden,
um den Erfolg einer Werbemaßnahme
zu überprüfen?

12 Präsentationsarten
   in der Werbeagentur beschreiben

Es gibt die unterschiedlichsten Arten
der Präsentation. In Werbeagenturen
haben sich durch die Praxis vier bestimmte Präsentationstypen herausgebildet. Nennen Sie diese.

13 Präsentationsarten
   in der Werbeagentur beschreiben

Erklären Sie die folgenden Begriffe:
a. Agentur-Präsentation
b. Konkurrenz-Präsentation
c. Etat-Präsentation
d. Akquisitions-Präsentation

14 Auftragsablauf
   in einer Werbeagentur erklären

Erstellen Sie ein Ablaufdiagramm über
die Bearbeitung eines Werbeauftrages
ab dem Zeitpunkt des Briefings bis zur
Werbeerfolgskontrolle.

15 Werbliche Fachbegriffe erklären

Erläutern Sie die folgenden Fachbegriffe:
a. Pretest
b. Posttest
c. Blickaufzeichnungsgerät
d. Recall-Test
e. Responsequote

16 Briefing-Checkliste aufstellen

Welche Punkte müssen in einem Briefing enthalten sein, um einen Auftrag
für den Kunden zufriedenstellend
abzuwickeln? Erstellen Sie eine solche
Checkliste für einen Auftrag aus Ihrem
Arbeitsbereich.

7.3 Branding

7.3.1	Grundlagen	616
7.3.2	Werbearten	620
7.3.3	AIDA und GIULIA	631
7.3.4	Aufgaben	637

7.3.1 Grundlagen

Branding

Kennzeichnung eines Produktes oder einer Dienstleistung als Marke durch Bild, Wort- und Namenszeichen, Markenzeichen, Warenzeichen und Gütezeichen.

7.3.1.1 Definition des Werbebegriffs

Werbung – ein schwieriger Begriff. Aufgrund der nahezu unendlichen Erscheinungsformen der Werbung gibt es zwar eine weitgehende Übereinstimmung über das Wesen von Werbung, aber eine einheitliche Definition dessen, was unter Werbung zu verstehen ist, wurde weder von der Wissenschaft noch von der Praxis erstellt.

Versucht werden muss es dennoch: Werbung ist ein Instrument der Kommunikation zwischen einem Unternehmen und seinem Markt sowie den Marktteilnehmern. Werbung ist ein absatzpolitisches Instrument der Betriebswirtschaftslehre, das die Menschen zu Kaufhandlungen veranlassen soll.

Der Begriff der Werbung bezieht sich aber nicht nur auf den wirtschaftlichen Bereich, sondern auch auf andere Bereiche des menschlichen Lebens. Werbung ist ein Instrument, um Menschen zu bestimmten freiwilligen Handlungen zu veranlassen. Dies kann der Kauf einer Ware sein, aber auch die Unterstützung der Zielsetzung einer politischen Partei oder einer Religionsgemeinschaft.

Einem Unternehmen dient die Werbung zur möglichst objektiven Information potenzieller Kunden über ein bestimmtes Angebot. Allerdings wird damit vom Unternehmen auch der Zweck verfolgt, eine Nachfrage nach einem Produkt zu schaffen, diese zu erhalten oder gar auszuweiten.

Außerdem dient Werbung dem Anbieter und dem Verbraucher zur Schaffung von Markttransparenz. Beide Marktpartner erhalten dadurch einen besseren Überblick über das Marktgeschehen. Damit übernimmt die Werbung neben der betriebswirtschaftlichen Aufgabe der Absatzförderung

auch noch eine volkswirtschaftliche Steuerungsfunktion.

Absatzwerbung und Branding

Der Begriff der Werbung wird für unsere Betrachtung im Wesentlichen im Sinne von Absatzwerbung gebraucht. Absatzwerbung ist ein Marketinginstrument, das durch den absichtlichen und zwangsfreien Einsatz spezieller Kommunikationsmittel bestimmte Zielpersonen zu einem Verhalten veranlassen soll, das zur Erfüllung von Werbezielen eines Unternehmens beiträgt. Werbung ist dabei eine Art der Kommunikation, die unpersönlich und fern des eigentlichen Verkaufsortes durchgeführt wird. Dabei bezieht sich Werbung auf ein oder mehrere Produkte oder auf eine Gruppe von Bedürfnissen.

Werbung und Marketing wird von den meisten Menschen als notwendiges und manchmal durchaus spannendes Instrument der Ökonomie betrachtet. Die immer direktere Auswahl und Ansprache von Zielgruppen ermöglicht zwischenzeitlich einen wirkungsvollen Dialog zwischen Marktbeschickern und Kunden. Dialogmarketing ermöglicht eine direkte Kommunikation zwischen den Marktteilnehmern.

Branding bezeichnet das Einprägen von Markennamen (engl.: brand) über unterschiedlichste Marketingkanäle und Werbemaßnahmen. Ziel ist es, potenzielle Kunden und Anwender von der Existenz eines Unternehmens, einer Marke und seiner Leistungen und Produkte in Kenntnis zu setzen.

Vermutlich werden bei Ihnen durch das Lesen der folgenden Markennamen bestimmte Assoziationen geweckt: Volvo, Apple oder BOSS rufen bestimmte Vorstellungen bei Ihnen ab. Sicherlich denken Sie bei Volvo sofort an Sicherheit, bei Apple an gut designte

Branding

Band I – Seite 465
5.3.3 Logogestaltung

Technik und bei BOSS an hochwertige Markenbekleidung. Dass Sie vermutlich beim Lesen dieser Markennamen die gleichen oder ähnliche Assoziationen hatten, zeigt Ihnen, dass Branding mehr ist als nur einen Markenbegriff in die Werbelandschaft zu setzen. Branding versucht, einen Markenbegriff mit Leben zu erfüllen. Ein „Brand" versinnbildlicht emotionale, rationale und kulturelle Darstellung dessen, was der Betrachter mit einem Unternehmen bzw. einem Produkt verbindet.

Ein Brand bezieht sich also nicht nur auf die einfache Gestaltung und Verbreitung einer Wortmarke oder eines Logos. Es handelt sich beim Branding vielmehr darum, den Namen eines Unternehmens und seiner Produkte oder Dienstleistungen auf unterschiedlichen Darstellungsebenen und in den verschiedensten Kommunikationskanälen mit „Leben zu füllen", die Marke eindeutig identifizierbar und für den potenziellen Kunden emotional erfahrbar zu machen.

Mit dem Namen, dem Logo, verschiedenen Assoziationen und Attributen sowie der aktuellen Marktposition vereint ein Brand ein Bündel von Faktoren und stellt die Persönlichkeit eines Unternehmens öffentlich aus. Diese Wahrnehmung eines Unternehmens am Markt funktioniert in der gewünschten Wertung allerdings nur, wenn das mit dem Brand beabsichtigte Image und die dazu gewünschte Imagewertung auch tatsächlich mit dem Unternehmen und seinen Produkten übereinstimmt.

Um in unserem Anfangsbild bei der Marke Volvo zu bleiben: Es ist für das Unternehmen zwingend erforderlich, dass diese Fahrzeuge z. B. bei Chrashtests immer ausgezeichnet abschneiden. Wäre dies nicht der Fall, ist das Markenimage und die erarbeitete Marktposition in Gefahr.

Es wird deutlich, dass ein Brand auch immer ganz direkt an die Leistungsfähigkeit eines Unternehmens gebunden ist: Nur dann, wenn sich die werblich kommunizierten Wertvorstellungen auch im normalen Alltag bewähren, lässt sich das gewünschte Markenbild in der Öffentlichkeit verbreiten, verfestigen und auf Dauer auch halten.

Volvo-Branding

Permanente Darstellung der Sicherheitskonzeption der Fahrzeuge führt in Verbindung mit Qualität, Kommunikationsart und Händlerverhalten zu einem langfristig stimmigen Markenimage.

www.volvocars.com/de

BOSS-Markenprofil

Über die Homepage der Firma BOSS lassen sich Markenprofil, Markenimage und andere Werthaltung erfahren.

www.hugoboss.com

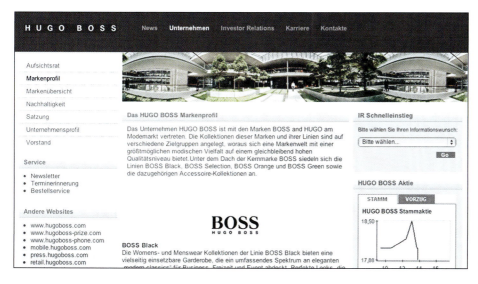

617

7.3.1.2 Aufgaben der Werbung

Die Aufgabenstellung der Werbung erklärt sich am Beispiel eines Produktlebens eines beliebigen Wirtschaftsgutes. Die einzelnen Produktphasen gehen von der Einführungs- über die Wachstums- und Reifephase bis zur Produktdegeneration und dem abschließenden Produktauslauf. Damit verbunden sind immer bestimmte Werbemaßnahmen:

1. **Einführungswerbung**
   Ein neues Produkt wird zur Markteinführung beworben.
2. **Stabilisierungswerbung**
   Alle Werbemaßnahmen dienen jetzt dazu, Marktanteile zu sichern, auszuweiten und Gegenmaßnahmen der Konkurrenzanbieter aufzufangen.
3. **Erhaltungswerbung**
   Durchgeführte Werbeaktionen werden vorwiegend als so genannte Erinnerungswerbung strukturiert, um bestehende Kundenstrukturen zu halten, auszubauen bzw. zu erneuern.
4. **Expansionswerbung**
   Bei stagnierenden Marktanteilen dienen alle Werbemaßnahmen dem Versuch, die Absatzgebiete und damit die Marktanteile zu vergrößern.
5. **Produktauslauf**
   Ist der Lebenszyklus eines Produktes ausgelaufen, wird es still vom Markt genommen. Handelt es sich um ein Produkt, das durch eine Neu- oder Weiterentwicklung ersetzt wird, muss dieses durch neue Einführungswerbung unterstützt werden.

Primäre Aufgabenstellungen

Während einer Produkteinführungsphase ist die wichtigste Aufgabe der Werbung, ein neues Produkt oder eine Dienstleistung am Markt bekannt zu machen. Eine weitere Aufgabe besteht darin, beim möglichen Kunden ein *Mangelgefühl* zu erzeugen. Die Produktwerbung bietet gleichzeitig die Lösung an: Erwerbe das neue Produkt und alle Bedürfnisse sind damit abgedeckt. Fachsprachlich wird dies als *Bedarfsweckung* und *Bedarfslenkung* bezeichnet. Um diese Bedarfsweckung erfolgreich durchzuführen und die gewählte Zielgruppe zu erreichen, bedient man sich einer einfachen Methode – der *Penetration*. Durch ständiges Wiederholen und einen hohen Werbedruck wird der Versuch unternommen, eine nachhaltige Wirkung beim Verbraucher zu erzielen.

Werbung als Kommunikationsinstrument moderner Unternehmensstrategie erreicht eine hohe Wirkung beim Verbraucher und muss deswegen immer wieder kritisch hinterfragt werden. Bedingung für einen verantwortungsbewussten Umgang mit Werbung muss sein, dass diese informativ, überzeugend und glaubwürdig ist. Ferner muss Werbung Wirksamkeit, Wahrheit und Wirtschaftlichkeit nachweisen können. Ist eine Werbemaßnahme nicht wirksam, hat sie ihren Zweck verfehlt und ist damit gleichzeitig unwirtschaftlich.

Produktlebenszyklus und darauf bezogene Werbemaßnahmen

Die Erläuterung zur Grafik ist rechts im Text zu finden.

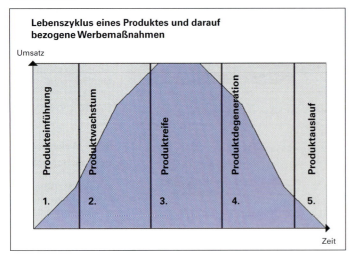

Lebenszyklus eines Produktes und darauf bezogene Werbemaßnahmen

Branding

Wirksamkeit

Bei der Auswahl der Werbemethoden und -mittel kommt es darauf an, dass diese wirksam sind, also dass sie ihren beabsichtigten Zweck erreichen. Dazu bedarf es einer genauen Kenntnis der umworbenen Zielgruppe, um beabsichtigte Reaktionen hervorzurufen und Verhaltensänderungen (z. B. kaufen) zu bewirken. Je größer eine beworbene Zielgruppe ist, umso schwieriger wird es, wirksame Werbemittel zu finden.

Die psychologische Struktur großer Massen ist sehr differenziert und daher ist der Einsatz der richtigen Werbemittel schwierig zu beurteilen. Hier wird das Problem und vielleicht auch die Grenze von Werbung deutlich: Werbung ist kein rationales Rechenexempel, sondern es müssen viele irrationale Faktoren beachtet werden, die sich nicht immer vollständig und richtig einschätzen lassen. Hier ist die Erfahrung und Hilfe von Werbepsychologen erforderlich.

Wahrheit

Ein wichtiger Grundsatz, der bei der Werbung beachtet werden muss, ist der *Grundsatz der Wahrheit* der Werbeaussage. Werbung soll der sachlichen Information des Umworbenen dienen. Es darf nicht der Versuch gemacht werden, mit übertriebenen Versprechungen, Übertreibungen oder durch das Verwenden von Superlativen zu täuschen oder irrezuführen. Dies gilt nicht nur deswegen, weil darin ein Verstoß gegen Gesetze (z. B. unlauterer Wettbewerb) oder gegen moralische und sittliche Empfindungen liegen kann, sondern weil ein solches Verhalten auf Dauer auch unwirtschaftlich ist. Ein Kunde, der durch irreführende Werbestrategien getäuscht wurde, wird ein zweites Mal nicht kaufen und wird in seinem privaten und beruflichen Umfeld vor dem Produkt warnen. Auf lange Sicht wird bei der Nichtbeachtung der Wahrheit in der Werbung der Schaden für ein Produkt größer sein als ein kurzfristiger Erfolg. Die Nichtbeachtung der Wahrheit stellt deshalb einen Verstoß gegen das Gebot der Wirtschaftlichkeit dar.

Wirtschaftlichkeit

Werbeetats richten sich immer nach dem ökonomischen Prinzip. Ein Unternehmen gibt Kapital dafür aus, dass ein Produkt beworben wird, um Marktanteile zu sichern oder auszuweiten und Umsatz und Ertragslage zu verbessern. Absatzsteigerungen durch erfolgreiche Werbung führen zur Erhöhung der Produktion, damit zur Kostenreduzierung in der Herstellung eines Produktes und in letzter Konsequenz kann eine Preisreduzierung des Produktes erfolgen. Dies sichert letztlich die Arbeitsplätze im Betrieb eines Werbekunden.

Die Kosten einer Werbemaßnahme lassen sich in aller Regel kalkulieren und exakt beziffern. Der Erfolg einer Maßnahme ist nicht immer eindeutig feststellbar. Wenn Umsatzzahlen oder die Rendite steigen, ist der Erfolg gut messbar, wenn Image oder Einstellungen verändert werden sollen, sind der Messbarkeit aufgrund der vielen Einflussfaktoren Grenzen gesetzt.

Erfolgreiche Marktpenetration

Jeder hat das Gefühl, dieses Unternehmen ist der preisgünstige Anbieter am Markt ...

619

7.3.2 Werbearten

Band II – Seite 491
8.3 Variabler Datendruck

Neben den grundlegenden wirtschaftlichen Aufgaben der Werbung sind noch einige beachtenswerte Nebeneffekte, die durch Werbung ausgelöst werden, zu nennen.

Produkt-, Kommunikations- und Werbedesign beeinflussen den Massengeschmack in einer Gesellschaft. Es werden durch Design Trends entwickelt, die den Geschmack ganzer Bevölkerungsgruppen beeinflussen oder gar verändern können.

Werbung erhöht für den Verbraucher insgesamt die Markttransparenz. Die Informationen über Waren, Dienstleistungen, Preise, Einkaufsquellen und Auswahlmöglichkeiten können genutzt werden. Allerdings muss bei der Vielzahl der werblichen Informationsmöglichkeiten vom Verbraucher eine bewusste Selektion durchgeführt werden, damit Fehl- oder einseitige Informationen vermieden werden. Der Verbraucher muss also lernen, mit Werbung selektiv umzugehen.

Es sind verschiedene Arten der Absatzwerbung zu unterscheiden. Nach der Anzahl der Personen, die durch eine Werbemaßnahme angesprochen werden sollen, trennt man zwischen Einzel- und Massenwerbung.

7.3.2.1 Einzelwerbung

Einzelwerbung wendet sich direkt an den einzelnen Kunden. Ein Unternehmen hat die Möglichkeit, einen Kunden im Rahmen einer Direktmarketing-Aktion anzusprechen und sich auf die individuellen Bedürfnisse des Kunden einzustellen. Direktmarketing umfasst den Einsatz von Maßnahmen der direkten Kommunikation mit dem Ziel, eine individuelle und langfristig dauernde Beziehung mit dem Kunden aufzubauen. Da die direkte Kommunikation mit dem Kunden hier das wichtigste Merkmal ist, werden statt des Begriffs Direktmarketing zunehmend die Begriffe Dialogmarketing und Dialog-Branding verwendet.

Dialogmarketing wird im Zuge immer kleiner werdender Zielgruppen und einer stärkeren Aufsplitterung von Marktsegmenten immer wichtiger. Es müssen also Methoden und auch Technologien gefunden und angewendet werden, die diese immer kleineren Zielgruppen direkt, erfolgreich und mit geringen Streuverlusten ansprechen.

Durch Methoden des Dialogmarketings fühlt sich der Umworbene persönlich angesprochen, er ist wichtig und wird ernst genommen als Dialogpartner. Die Werbewirkung ist hier insgesamt größer als bei der klassischen Massenkommunikation. Dialogmarketing ist allerdings für den Auftraggeber mit höheren Kosten verbunden, vor allem deswegen, da auf eine langfristig angelegte Dialogkommunikation Wert gelegt wird.

Immer wichtiger wird das Online-Marketing. Wie beim klassischen Direktmarketing, unter dem in der Regel personalisiertes Mailing per Post verstanden wird, besteht auch beim Online-Verkaufsgespräch zwischen „Verkäufer" (digitales Informationsangebot auf der Website oder E-Mail) und dem Kunden das Ziel darin, beim Kunden eine Reaktion zu bewirken, die im Idealfall Kauf oder Bestellung auslöst.

Allgemeine Ziele des Dialogmarketings lassen sich wie folgt beschreiben:
- Käufer wollen individuell behandelt werden. Sie wollen zunehmend auf ihre Person oder Situation zugeschnittene Problemlösungen und keine Massenabfertigung wie durch die klassische Werbung.

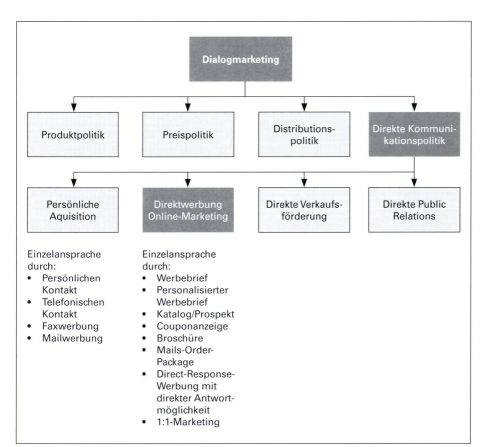

Branding

Band II – Seite 153
2.4 Datenbanken

Dialogmarketing, Direktmarketing, Dialog-Branding

Überblick über die Möglichkeiten der Kommunikation mit dem Kunden

Dialogmarketing-Aktionen sollen
- Kunden aquirieren,
- ehemalige Kunden wieder aktivieren,
- bestehende Kunden behalten und zu neuen Handlungen veranlassen.

- Kunden wollen direkt und individuell angesprochen werden.
- Dem Kunden muss die Möglichkeit der Antwort oder der Reaktion gegeben werden. Dieser „Response" (Response = Antwort) kann aus der Teilnahme an einem Spiel im Internet bestehen, einem Informationswunsch oder auch einer Bestellung. Ziel ist, dass aus einem einmaligen Produktinteressenten ein Dauerkunde wird. Die so genannte Responsequote gibt Auskunft über den Rücklauf z. B. einer Mailing-Aktion.
- Jedes Werbemittel sollte eine Response-Möglichkeit erhalten, damit eine Zielperson direkt, schnell und kostengünstig antworten kann.
- Response-Möglichkeiten sind z. B. Antwortkarten, Couponanzeigen, E-Mails, Telefonnummern u. a.
- Grundlage für jede Art der Direktwerbung ist eine Kundendatenbank (Database) der betreffenden Zielgruppe.
- Die Datenbank muss gepflegt werden. Jede Reaktion des Kunden sollte gespeichert werden. Dadurch gewinnt die Datenbank an Qualität. Eine gut aufbereitete Datenbank ermöglicht effektives Database-Marketing, da Zielgruppen sehr direkt angesprochen werden können.

Dialogmarketing

Eine für User attraktive Form des Dialogmarketings ist Ikea mit der „virtuellen Anna" gelungen – hilfreich und schnell führt sie zu den richtigen Informationen.

Online-Dialogmarketing

Für viele Kunden aus käuferstarken Zielgruppen ist es attraktiv, mit einem Mausklick schneller auf ein digitales Dialogangebot reagieren zu können, als dies beim klassischen analogen Werbebrief der Fall ist.

Damit sich Kunden auf den Online-Dialog einlassen, sind für diese zunehmend attraktive Marketingform eine Reihe von Bedingungen Voraussetzung:

- Grundsätzlich setzt der Nutzer, wenn er einen Online-Dialog eingeht, voraus, dass die Technik der Online-Angebote und die Qualität der angebotenen Inhalte korrespondieren. Vom Inhalt muss sich der User einen Vorteil versprechen (attraktives Angebot, schnelle Lieferung, Angebot in der Wohnregion nicht verfügbar usw.), aber auch von einer sicheren und zuverlässigen Webtechnologie – vor allem für die Weitergabe von sensiblen persönlichen Daten.
- Online-Dialogangebote wie die Website eines Unternehmens, E-Mail-Angebote, Mini-Umfragen, Blogs, Gewinnspiele, Foren, Newsletter, Kontaktformulare oder Shopangebote werden umso besser angenommen, je klarer die Anbieter hervortreten und je eindeutiger es für die Zielgruppen ist, aus dem Angebot einen persönlichen Vorteil zu erhalten. Online-Angebote müssen klare Vorteile erbringen und Bedürfnisse befriedigen – sonst tritt der Kunde nicht in einen Dialog ein.

Neben den oben beschriebenen Voraussetzungen wird die Effektivität im Online-Dialogmarketing von weiteren Punkten beeinflusst, die im Alltagsbetrieb zu berücksichtigen sind:

- Zeitpunkt und Häufigkeit der Online-Dialogangebote
- Bedienungseigenschaften – einfach, übersichtlich, angenehmes Verhältnis zwischen Form und Funktionalität
- Barrierefreiheit
- Sicherheit bei der Übernahme persönlicher Daten muss gewährleistet sein. Stichwörter sind hier die Datenschutzbestimmungen, Spamming, Password-Phising, ...
- Mehrsprachigkeit der Angebote erhöht die Attraktivität, die Internationalität und erweitert automatisch die Zielgruppen.
- Schneller Seitenaufbau und kurze Reaktionszeiten bei Datenbankabfragen
- Performanzoptimierung durch Verwendung unterschiedlicher Webtechnologien
- Verwendung personalisierter Microsites zur Ansprache des Users. Webindividualisierung oder Personalisierung ist hier ein Stichwort, das allerdings nicht von allen Usern positiv betrachtet wird.
- Individuelle System- und Produktkonfigurationen für den Aufbau einer eigenen speicherbaren Seite
- Zulassung von zielgruppengeeigneter Bannerwerbung – die Abfrage nach dem Hobby bewirkt, dass die passende Bannerwerbung beim Aufruf der Seite dazu geladen wird.
- Attraktiv ist für viele Zielgruppen die Verbindung zwischen Online-Bestellung und Printproduktion. So wird heute kaum noch eine Visitenkarte traditionell erstellt, da Web-to-Print-Lösungen attraktive Angebote bereithalten.

7.3.2.2 Massenkommunikation

Durch Massenwerbung bzw. -kommunikation wird ein räumlich verstreutes und anonymes Publikum angesprochen, das lediglich in seinen soziodemografischen Ausprägungen definiert ist. Es wird also ein Personenkreis angesprochen, der gleiche Interessen und gleiche Verbrauchergewohnheiten hat.

Die Wirksamkeit der Werbung, z. B. Anzeigen in Tageszeitungen, Rundfunk-, Fernsehwerbung oder Kinowerbefilme, hängt im Wesentlichen davon ab, ob es durch die gewählten Werbetexte bzw. Filmsequenzen gelingt, eine möglichst breite Schicht von Käufern aufmerksam zu machen und zu interessieren, auch wenn sie sich hinsichtlich des Bildungsniveaus, des Berufes, der Höhe des Einkommens usw. erheblich unterscheiden. Je kleiner eine Zielgruppe ist, die angesprochen werden soll, und je gleichartiger die Struktur der Zielgruppe ist, umso eher wird es gelingen, dass Werbung bei einem großen Teil der Gruppe ankommt und auch wirksam ist.

Massenkommunikation kann gezielte Werbung sein, wenn z. B. an 30.000 namentlich bekannte Personen, die nach bestimmten Merkmalen ausgewählt wurden, Prospekte oder Kataloge verschickt werden. Massenkommunikation kann aber auch gestreute Werbung sein, wenn ein Prospekt einer Tageszeitung beigelegt wird oder als Postwurfsendung an alle Haushalte einer bestimmten Region geht.

Tageszeitung

Die Tageszeitung hat als Träger der Anzeigenwerbung eine Reihe von Vor- und Nachteilen aufzuweisen, die hier kurz aufgeführt werden sollen.

Vorteile sind die unbegrenzte und kurzfristige Verfügbarkeit; bereits mit

Band I – Seite 340
3.4.5.4 Anzeigenseiten

Massenkommunikation mittels Tageszeitung

Anzeigen, platziert im Anzeigenteil der Rheinischen Post Düsseldorf.

Abb.: Rheinische Post

IKEA-Katalog

In den Regionen, in denen IKEA-Möbelhäuser zu finden sind, werden die IKEA-Hauptkataloge als Postwurfsendungen an alle Haushalte verteilt – wie die regionalen Besucherströme beweisen mit durchschlagendem Erfolg.

Abb.: Ikea-Presse

einer Schaltung erreicht man eine hohe Reichweite, allerdings werden kaum Leser unter 40 Jahren angesprochen. Anzeigen bauen schnell viele Kontakte auf

Band I – Seite 337
3.4.5 Zeitungsgestaltung

Zeitungen online

Informationsdienst der zentralen Marketingorganisation der deutschen Zeitungen

www.die-zeitungen.de

Media-Perspektiven

Arbeitsgemeinschaft der ARD-Werbegesellschaften. Infodienst unter ...

www.media-perspektiven.de

und erreichen als Zeitungsanzeige eine hohe Akzeptanz und Glaubwürdigkeit. Anzeigen werden als zentrale Informationsquelle für den Einkauf genutzt und sind für regionale bzw. lokale Märkte sehr gut nutzbar. Die hohen Preise für die Anzeigen werden durch die sehr gute Reichweitenwirksamkeit relativiert.

Die Nachteile sind nicht zu vernachlässigen: Tageszeitungen haben eine kurze Lebensdauer, eine begrenzte Druckqualität, begrenzte zielgruppenspezifische Selektion, vor allem die Reichweiten bei jungen Zielgruppen sind begrenzt. Die hohen Kosten für die Insertion und die unübersichtliche Preisgestaltung und Abrechnung erschweren den Umgang mit diesem Werbeträger. Die derzeitige Gesamttendenz ist schwierig: Sinkende Akzeptanz bei jungen Zielgruppen, damit verbunden ist ein Auflagenrückgang und eine sinkende Haushaltsabdeckung. Gegenteilige Trends sind aber bei einigen Tageszeitungen feststellbar: So wird z. B. das Online-Angebot der Rheinischen Post in Düsseldorf überregional von jungen Zielgruppen genutzt.

Rundfunkwerbung

Diese Werbeart wird korrekt als Hörfunkwerbung bezeichnet. Sie kann neben den lokalen Rundfunksendern mit geringer technischer Sendeleistung bei den elf ARD-Rundfunkanstalten gebucht werden. Die ARD-Sender haben aufgrund ihrer landesweiten Ausstrahlung eine hohe Reichweite. Es werden pro durchschnittlichem Werbespot von ca. 30 Sekunden etwa 21 % der Hörer einer Zielgruppe erreicht (Quelle: Media-Analyse 1999/2004).

Wichtig sind für den Erfolg einer Hörfunkwerbung die Nutzungskriterien durch die Hörer. Morgens wird am meisten Radio gehört. Dementsprechend hoch sind hier die Sekundenpreise für die Sendung eines Spots. Die Anzahl der Hörer nimmt im Laufe des Tages ab. Viele Hörer nutzen den Hörfunk als Medium, das bei einer Tätigkeit nebenbei läuft. Die Chancen, Werbebotschaften und Werbekontakte zu erhalten, sind abhängig von der Spotpenetration und den bewusst zuhörenden Rundfunkteilnehmern. Den Penetrationsmöglichkeiten werden durch „Zappen" und die Hörerfluktuation Grenzen aufgezeigt.

Die Wirkung von Hörfunkspots ist regional betrachtet gut. Vor allem, wenn es darum geht, ein neues Produkt oder neue Marken bekannt zu machen.

Branding

Fernsehwerbung

Die erste Fernsehwerbung in Deutschland wurde anlässlich der Olympischen Spiele 1936 gesendet, sie war jedoch einem ausgesuchten Publikum vorbehalten – wer hatte damals schon ein Fernsehgerät!

Heute stehen in Deutschland etwa 32 Millionen angemeldete Fernsehgeräte. 95 % der Haushalte in der BRD können private und öffentlich-rechtliche Sender empfangen. Über diese Geräte erreichen die Fernsehanstalten mit ihren Werbesendungen alle denkbaren Zielgruppen. Pro Tag werden im Durchschnitt mit Werbesendungen
- 62,9 % aller möglichen Fernsehzuschauer ab 14 Jahren erreicht, davon
- 29,8 % aller Männer und
- 33,1 % aller Frauen.

Die *Nutzungskriterien* von Werbung im Fernsehen sind bei den öffentlich-rechtlichen Sendern klar geregelt: feste Werbeblöcke von maximal 20 Minuten Dauer von Montag bis Samstag bis maximal 20.00 Uhr. Danach ist Sponsoring möglich. Die maximale Werbezeit darf 20 % des redaktionellen Teils nicht überschreiten. Durch das Zappingverhalten der Zuschauer bei langen Werbeblöcken wird die Effektivität der Zielgruppenansprache reduziert.

Fernsehwerbung hat die höchste Reichweite aller Werbemedien. Wenn ein Spot gesehen wird, ist die Wirkung hoch. Dadurch ist erklärbar, dass hier die höchsten Zuwachsraten aller Werbeträger zu finden sind. Kein anderes Medium kann die hohe Reichweite des Fernsehens aufweisen.

Eindeutige Nachteile gibt es auch. Die hohen Schalt- und Produktionskosten machen es für kleine Anbieter schwer, sich an diesem Werbemarkt zu beteiligen. Durch den hohen Anteil der Zapper bei Werbeunterbrechungen wird die Effektivität der Werbespots reduziert. Vor allem bei den Privatsendern ist für den Zuschauer die Trennung zwischen redaktionellen und werblichen Inhalten oft nicht klar erkennbar.

Eine hohe Zuwachsrate ist beim so genannten Product-Placement zu beobachten. Darunter wird die gezielte Platzierung eines Markenartikels in einer Spielfilmhandlung verstanden (z. B. fährt James Bond einen BMW).

Kinowerbung

71 % der Kinobesucher sind zwischen 14 und 29 Jahre alt. Kinowerbung garantiert sehr hohe Kontaktzahlen bei der Zielgruppe unter 30 Jahren. Bei jugendlichen Zielgruppen weist Kinowerbung die geringsten Streuverluste auf. Diese Zielgruppe verfügt über ein höheres Bildungsniveau und ein besseres Einkommen als der Durchschnitt.

Kinowerbung wird als unterstützendes Medium betrachtet, da mit Werbefilmen eine hohe emotionale Wirkung erreicht werden kann und ein „Sehzwang" besteht. Der Zuschauer kann sich nicht entziehen.

Kinowerbung
Information rund um die Kinowerbung

www.heinefilm.de
www.fdw.de

625

AGIREV

Arbeitsgemeinschaft Internet Research e.V. Zusammenschluss mehrerer Vermarkter und Anbieter von Internetangeboten: Adlink, AOL, G+J, Bauer Media, Web.de u. a.

Online-Werbung

Zielgruppendefinition der FAZ.NET. Diese Definition entspricht weitgehend den derzeitigen Erkenntnissen über die Hauptnutzer des Internets und ist abrufbar über die HP der Tomorrow-Focus AG in Hamburg.

www.tomorrow-focus.de

Online-Werbung

Jung, gut ausgebildet und gut verdienend – eine der interessantesten Zielgruppen für die Werbeindustrie. Etwa 60 % der 30- bis 39-Jährigen sind online, bei den jüngeren Altersklassen liegt der Prozentanteil bei steigender Tendenz noch höher.

Gleichzeitig steht dieser Zielgruppe durch berufliche, familiäre bzw. private Belastungen immer weniger Zeit zur Verfügung. Daher werden Informationen nicht nur über die klassischen Medien konsumiert, sondern zu einem großen Teil über das schnelle Medium Internet zielgerichtet abgerufen.

Für die Werbung bedeutet das: Sie muss sich auf das gewandelte Informationsverhalten einstellen. Junge Gutverdiener müssen dort angesprochen werden, wo sie sich aufhalten, und das ist zunehmend im Internet.

Die am meisten genutzten Themengebiete sind:
- Weltnachrichten (43 %)
- Reisen/Touristik (37 %)
- Musik (37 %)
- Computer (35 %)
- Lokale Nachrichten (33 %)
- Bücher (32 %)

- Telekommunikation (30 %)
- Auto und Motor (30 %)
- Film/Video (28 %)
  (Quelle AGIREV e.V.)

Fast 75 % der Online-Nutzer kaufen auch online ein – das sind etwa 17–20 Millionen Menschen in Deutschland. Diese Menschen haben die folgenden Produkte erworben:
- Bücher (44 %)
- Produkte bei Auktionen (37 %)
- DVD/CD für Video/Musik (35 %)
- Kleidung und Schuhe (31 %)
- Geschenkartikel (28 %)
- Tickets (22 %)
- Computer und Zubehör (22 %)
- CD-ROMs und DVDs für IT-Nutzung (20 %)
- Software (20 %)

Einsatzbereiche und Nutzung

Jede Branche und jedes Unternehmen benötigt einen auf ihre Bedürfnisse zugeschnittenen Internetauftritt. Investitionsgüterproduzenten bieten in der Regel ihre Produkte durch informative und sachorientierte Werbung im Netz an. Konsumgüteranbieter legen ihren Schwerpunkt auf Unterhaltung und setzen auf Image, da die Käufer oft nicht nur durch sachliche Argumentation zum Kauf eines Produktes überzeugt werden können – der emotionale Faktor ist bei vielen Kaufentscheidungen nicht zu unterschätzen.

In vielen Bereichen ist die Online-Werbung fester Bestandteil der Werbelandschaft und oft Teil eines Medienmixes aus Print- und Nonprintwerbung. Online-Zeitungen und -Zeitschriften, verbunden mit Werbe- oder Sponsoringbannern auf diesen Seiten, werden stark genutzt. Unternehmensdarstellungen, virtuelle Messeplätze, Fernuniversitäten, Suchmaschinen, Informationsbörsen, Maildienste usw. sind Teil

Branding

der Netzkommunikation. Diese Internetdienste bieten für den Werbetreibenden folgende Vorteile:
- Einfache, schnelle und preisgünstige Aktualisierung von Daten. Alle Informationen können immer sehr aktuell gehalten werden.
- Direkter und persönlicher Kontakt zu Unternehmen, Behörden und Privatpersonen kann unkompliziert hergestellt werden.
- Informationen, Bilder, Grafiken, Sounds und Videos können direkt vom Schreibtisch abgerufen werden.
- Gute Recherchemöglichkeiten und ausführliche Hintergrundinformationen können von vielen Servern abgerufen werden.
- Geringere Kosten der Seitenherstellung als für ein Printprodukt und schnellere Aktualisierung, allerdings mit geringerer Nachhaltigkeit.
- Möglichkeit der direkten Zielgruppenansprache über Specials-Interest-Medien.
- Das Web bietet sehr gute Möglichkeiten im Bereich der Marktforschung durch Informationen über Zugriff und Nutzung einzelner Seiten.

Nachteile des Webs müssen auch genannt werden:
- Eingeschränkte Videoqualität bei Videoübertragung (-streaming)
- Probleme der Datensicherheit sind offenbar nicht hinreichend gelöst.
- Der Nutzer muss mit PC oder Handy ausgestattet sein. Man erreicht nicht die Allgemeinheit, sondern nur segmentierte Zielgruppen, die technisch interessiert und innovativ sind.
- Der Konsument muss selbst aktiv werden. Deswegen muss auf die Website einer Unternehmung aufmerksam gemacht werden. Dies benötigt teilweise die Unterstützung durch die klassischen Werbemedien.

Zunahme der Online-Nutzung 2005–2009

Basis alle Personen ab 14 Jahren, Nutzungsdauer über einen Tag von 05:00 bis 24:00 Uhr.

Quelle: ARD/ZDF-Onlinestudien 2009

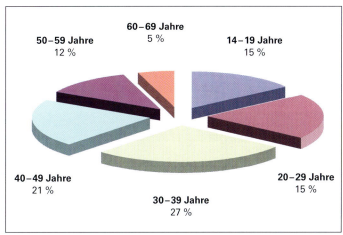

Ob Werbung im Internet ankommt oder nicht, ist oft unklar. Daher haben sich die Online-Werber Bewertungskriterien für Werbung im Netz erstellt. „PageView" bezeichnet die Anzahl der Sichtkontakte mit einer werbeführenden HTML-Seite. Sie liefert das Maß für die Nutzung und damit den Erfolg einzelner Seiten aus dem vielfältigen Angebot des Webs. Die Summe aller PageViews (oft auch als Klicks bezeichnet) ist ein Hinweis für die Attraktivität eines Internetangebotes. Als „Visit" (Besuch) wird ein zusammenhängender Nutzungsvorgang eines Webauftritts bezeichnet. Er definiert den Werbeträgerkontakt. Ein Nutzungsvorgang ist ein technisch erfolgreicher und gezählter Zugriff eines Browsers auf ein aktuelles Angebot.

Struktur der Online-Nutzer in Deutschland

Etwa die Hälfte der Online-Nutzer ist zwischen 20 und 40 Jahre alt. Diese Gruppe stellt einen attraktiven Werbemarkt dar, da sie finanzstark, interessiert und aufgeschlossen für neue Produkte und Dienstleistungen und deren moderne Vermarktung ist.

627

Viral Marketing
In den letzten Jahren hat sich eine Werbeform etabliert, die als Viral Marketing bezeichnet wird. Dabei werden Techniken verwendet, die Kunden dazu animieren, angebotene Produkte und Dienstleistungen sozusagen von „Mund zu Mund" wie bei einem Virus weiter zu empfehlen.

Dabei werden überraschende, unerwartete, witzige, informative oder gar sensationelle Botschaften in Netzwerken wie ein Lauffeuer verbreitet. Viral Marketing ist die Kunst, die „Mund zu Mund"-Werbung anzustoßen und die Verbreitung von Werbebotschaften mehr oder weniger automatisiert über soziale Netzwerke ablaufen zu lassen. Grundsätzlich ist Mund-zu-Mund-Propaganda als Mitteilung in jedem analogen oder digitalen Netzwerk möglich. Die „Kneipengespräche" nach dem Sportabend im Verein umfassen einen kleinen Kreis an beteiligten Personen. Die Verbreitung von spannenden und neuen Nachrichten in Rahmen eines Vereinsnetzwerkes dauert eine Zeit.

Im Rahmen eines Online-Netzwerkes geht diese Mund-zu-Mund-Propaganda deutlich schneller. Botschaften in digitalen Netzwerken, digitalen Foren verbreiten sich mittels Internet so schnell und kostengünstig wie in keinem anderen Medium. Per Mail, in Chatrooms oder durch Online-Foren werden spannende Nachrichten rasend schnell verbreitet.

Virales Marketing ist – in Kurzform definiert – die Kunst, digitale „Mund zu Mund"-Werbung so anzustoßen und die Verbreitung der Informationen so gesteuert ablaufen zu lassen, dass möglichst viele Personen einer Zielgruppe die interessante Botschaft möglichst schnell erhält.

Das Internet als neuartiges Werbemedium, das auch zunehmend der sozialen Vernetzung der Internetnutzer dient („Web 2.0", „Social Media"), unterstützt die digitale Mundpropaganda in geradezu idealer Art und Weise. Nachfrager werden in die Lage versetzt, Informationen und Kommunikationspartner gezielt auszuwählen, können vor allem auch selbst Meinungen über Anbieter, Marken oder Produkte medial zum Ausdruck bringen

Eine anfänglich überraschende, unerwartete, möglicherweise für die Zielgruppe sogar sensationelle Botschaft verbreitet sich von Mund zu Mund weitgehend unkontrolliert wie ein Virus. Viral Marketing geht davon aus, dass der Mund-zu-Mund-Propaganda eine große, aber oft zu Unrecht vernachlässigte Bedeutung zukommt. Viral Marketing unterstützt die spontane Mundpropaganda von Kunden, indem sie aktiv zur Mundpropaganda auffordert und den Kunden dafür geeignete Mittel zur Verfügung stellt.

Wenn man Kunden, also die Internetnutzer selbst aktiv werden lässt, riskiert man eine unkontrollierte Weiterentwicklung der Marketingbotschaft, eine Beschleunigung oder auch Verlangsa-

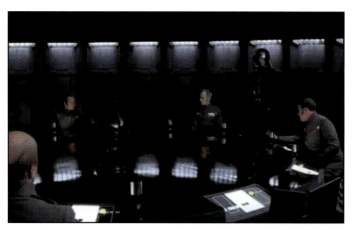

Virales Marketing im Todesstern Stuttgart

Als Einstieg in das Thema bestens geeignet – nehmen Sie die Headline als Suchbegriff bei YouTube.

www.youtube.com

Branding

mung der Verbreitungsgeschwindigkeit. Es kann geschehen, dass die Ausdehnung, Verkürzung oder Veränderung des Verbreitungsgebietes erfolgt. Aber auch eine Veränderung der Zielgruppen oder eine Ansprache von unerwarteten oder unerwünschten Zielgruppen kann eintreten.

Diese ungesteuerten Veränderungen können durchaus nützlich sein, weil damit Zielgruppen und Effekte erreicht werden, an die im Planungsprozess nicht gedacht wurde. Sie können aber auch zu gegenteiligen Effekten führen. Daher muss die Entwicklung des Inhalts der Botschaft, ihre Verbreitungsgeschwindigkeit und -richtung permanent überprüft werden – zumindest soweit dies möglich ist. Es müssen Beobachtungspunkte und Zeitläufe definiert und eingerichtet werden. Und es müssen Maßnahmen in Form von weiteren Botschaften oder Verteilern vorbereitet werden, mit denen eine nicht geplante Entwicklung gegebenfalls in die erwünschte Zielrichtung verändert werden kann.

Die Effekte des Viral Marketings sind allerdings nur begrenzt planbar, da das Kundenverhalten schwer vorhergesagt werden kann. Die Ergebnisse hängen oftmals weniger vom verfügbaren Etat ab als von der Kreativität der Botschaften, die durch Mund-zu-Mund-Propaganda verbreitet werden sollen.

Insbesondere in den USA, aber mittlerweile auch verstärkt in Deutschland und anderen europäischen Märkten haben die Entwicklungen dazu geführt, dass auch Unternehmen dem viralen Marketing verstärkte Aufmerksamkeit widmen.

Social Web als Marketingplattform

Social Web stellt ein ideales Instrumentarium für Mundpropaganda-Marketing dar. Wer seinen potenziellen Kunden die Möglichkeit geben möchte, bei Marketingprozessen selbstbestimmt mitzuwirken, Einfluss auf die Verbreitung zu nehmen und das Mitwirken am Prozess als bedeutungsvoll zu erleben, kommt am Social Web nicht vorbei. Durch unterschiedliche Interaktionsplattformen ist es sehr einfach möglich, bestimmte Zielgruppen durch virales Marketing intensiv in einen Marketingprozess einzubinden.

Das Social Web bietet eine durchaus bewertbare und sehr effektive Marketingschnittstelle, um bestimmte Kunden und Mitglieder des Social Web zur Mitwirkung einzuladen und die „Mundpro-

paganda" im Marketingprozess anzuregen bzw. zu nutzen. Facebook-Freunde, Twitter-Follower oder Blogleser können sich aktiv an Marketingprozessen beteiligen und werden zu aktiven Partnern im Werbeprozess. Durch die aktive Mitwirkung am Prozess, z.B. durch Foren oder Blogs zum Thema bzw. Produkt, werden sie sich häufig in ganz besonderer Weise mit einem Unternehmen und seinen Zielen identifizieren, diese Ziele übernehmen oder kritisieren. Schauen Sie sich den oben angegebenen Video-

Virales Marketing mit Dove

Ein lohnender Videoclip, der die Grundzüge des viralen Marketings ausgesprochen gut und prägnant darstellt. Lohnt sich – nehmen Sie die Headline als Suchbegriff bei YouTube.

www.youtube.com

Virales Marketing – Klassiker

Einer der ersten, nahezu weltweit funktionierenden Filme mit einer ungeheuer schnellen Verbreitung bei vielen Büroangestellten war der Film „Bad Day im Büro". Ein wütender PC-User erschlägt seinen Monitor – manchmal könnte man es nachmachen …

www.youtube.com

clip „Virales Marketing mit Dove" an, hier finden Sie ein typisches Beispiel dargestellt. Diese zumeist positive Identifikation mit einem Produkt, einer Idee oder einer ansprechenden Szene und die daraus folgende Handlung beschreiben wir als „Mundpropaganda". Wenn Sie den oben abgebildeten Klassiker als Beispiel nehmen, wirkte dieser vor ca. 20 Jahren wie eine sich ausbreitende Welle. So sollten Sie die kommunikative Wirkung von Social-Media-Anwendungen im Marketing verstehen. Ein Blogleser oder ein Freund bei Facebook kann ein Ausgangspunkt für eine sich langsam, aber stetig ausbreitende kommunikative Welle sein, wenn ein interessanter, spannender, witziger Beitrag z.B. in Form eines Videoclips im Social Web verbreitet wird.

Dies ergibt eine neue, andersartige Sicht auf den Kunden und seine Bedeutung im Marketingprozess. Das Verhältnis zwischen Anbieter und Abnehmer verändert sich.

Viral Marketing versteht die Zielgruppen, also potenzielle Kunden, nicht als anonyme passive Masse, sondern als ein Geflecht aus Personen, die im oder am Marketingprozess aktiv beteiligt sind. Ein viraler Marketingprozess darf sich nicht darauf beschränken, möglichst jeden Kunden einzeln zu erreichen, sondern der Prozess sollte die Kunden als Partner, Mitwirkende und Teilhaber der gesamten Marketingaktion betrachten. Durch Blogs oder Forenbeiträge können die Kunden an der Verbreitung und Meinungsbildung mitwirken und damit positiv oder negativ Einfluss auf den Gesamtprozess nehmen.

Um aktiv an einer viralen Marketingaktion teilzunehmen, muss die Motivation des Verbreiters allerdings vorhanden sein oder durch das so genannte Viral geweckt werden. Als Viral wird ein Videoclip bezeichnet, der durch virales Marketing über das Internet verbreitet wird. Dabei sind solche Clips nicht sofort als Werbefilme erkennbar, sondern transportieren im Idealfall eine gut gemachte, spannende Geschichte an Freunde, Bekannte oder Kollegen weiter. Dieser Marketingweg ist schwer kontrollierbar, kaum zu überprüfen und daher in seiner Effektivität schwer einzuschätzen. Allerdings ist aus Untersuchungen bekannt, dass die Einbindung der Zielgruppen mit Hilfe des Social Web die Identifikation mit Produkten oder auch Wertvorstellungen deutlich steigert, in der Folge lassen sich dann auch Umsatzsteigerungen bei Produkten nachweisen.

Suchen Sie mit dem Stichwort „Virales Marketing, Beispiele" im Internet – Sie werden viele dazu finden.

7.3.3 AIDA und GIULIA

Branding

7.3.3.1 Werbegrundsätze

Bei der Planung von Werbeauftritten müssen eine Reihe von Grundsätzen beachtet werden, die für den Werbekunden und die angesprochene Zielgruppe von hoher Bedeutung sind. Einige dieser Grundsätze werden in Abschnitt 8.1.1.2 ausführlich beschrieben. Daher sollen hier nur einige Punkte und Gedanken speziell zur Werbung ergänzt werden:

- Werbung muss klar sein. Nur klare, eindeutige, verständliche und deutliche Aussagen bringen einem beworbenen Produkt dauerhaften Erfolg.
- Werbung muss wirksam sein. Originalität, Treffsicherheit, Einprägsamkeit und Stetigkeit, auch in der Wiederholung, zeichnen eine gute Werbeplanung aus. Eine gute, erfolgversprechende Werbeplanung ist nur möglich, wenn verlässliche Grundinformationen über Produkt, Zielgruppe, verfolgte Werbeziele und Konkurrenzsituation vorhanden sind.
- Werbung muss überprüfbar sein. Die Prüfung der Wirtschaftlichkeit einer Werbemaßnahme wird durch eine gezielte Werbeerfolgskontrolle durchgeführt. Um die Wirkung einer Werbemaßnahme zu beurteilen, benötigt man Werbeerfolgskennziffern oder Werbeerfolgsparameter. Diese haben den Zweck, die in den Werbezielen und der Werbeplanung beschriebenen Maßnahmen zu überprüfen und zu bewerten. Zentrale Werbeerfolgsparameter sind:
  - Erstkaufrate – Zahl der Erstverwender eines beworbenen Produktes
  - Bekanntheitsgrad eines Produktes am Markt in Prozent
  - Reichweite einer Werbemaßnahme in Prozent der theoretisch erreichbaren Zielgruppe

- Frequenz, d. h. die Häufigkeit, mit der eine Werbemaßnahme am Markt wiederholt wurde.
- Eindrucksqualität einer Maßnahme. Darunter wird ein Schätzwert für die emotionale Wirkung einer Werbemaßnahme bei der angesprochenen Zielgruppe verstanden. Die Eindrucksqualität ist ungemein schwer bzw. nur mit hohem Aufwand zu erfassen und ist oft eine Unbekannte. Dies ist deutlich hervorzuheben, da es sich hier um eine kulturrelevante Größe handelt. Dies bedeutet, dass die Eindrucksqualität an einem Ort eine ganz andere sein kann als in einer anderen Region (Stadt/Land oder Bayern/Nordseeküste) oder gar in einem anderen Kulturkreis (Europa/Japan).
- Die Fastfood-Kette McDonald's erlebte mit dem Werbeclown Ronnie McDonald's in Japan eine schwere Werbeschlappe: Der Clown hatte, wie bei uns üblich, ein weiß geschminktes Gesicht. In Japan ist dies aber die Farbe des Todes und hat damit eine ganz andere Eindrucksqualität. Die Firma hatte daraufhin in Japan zumindest kurzfristig ein Problem!

7.3.3.2 Werbeziele

Unter Werbung werden alle Maßnahmen verstanden, die einen Menschen veranlassen, freiwillig bestimmte Handlungen vorzunehmen. Dies kann der Kauf von Gütern, die Wahl eines Abgeordneten oder der Besuch eines Konzertes sein.

Die meiste Werbung wird von Unternehmen mit dem Ziel veranlasst, dass potenzielle oder bereits vorhandene

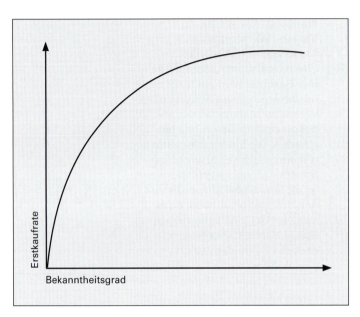

Erstkaufrate als Funktion des Bekanntheitsgrades

Der Graph zeigt, dass mit zunehmender Bekanntheit eines Produktes die Erstkaufrate zurückgeht. Das bedeutet, dass mit jeder weiteren Werbefrequenz der Nutzen der jeweiligen Werbemaßnahme sinkt. Die erste Werbemaßnahme bringt den größten Erfolg und jede weitere ein jeweils geringeres Umsatzergebnis, i. d. R. aber eine Steigerung des Bekanntheitsgrades.

Quelle: Kotler/Bliemel, Marketing-Management, Stuttgart 1995

Kunden für ihre Bedürfnisse und ihre Kaufkraft die richtigen Sachgüter und Dienstleistungen zu günstigen Bedingungen erwerben. Dabei versucht Werbung, Bedürfnisse bei Kunden zu wecken und diese dann zur Bedürfnisbefriedigung zu veranlassen. Dies ist für die Volkswirtschaft insoweit nützlich, da jede Werbemaßnahme den Wettbewerb anregt und so zu einer Leistungssteigerung der einzelnen Betriebe und damit der Volkswirtschaft beiträgt.

Bedürfniserweckung

Ziele und Aufgaben der Werbung liegen also darin, Bedürfnisse nach Gütern zu erwecken, den Bedarf zu beeinflussen und Marktanteile möglichst zugunsten der werbenden Betriebe zu verändern. Wird durch die Werbung das Bedürfnis nach einem neuen Gut erstmalig hervorgerufen, spricht man von *Bedürfniserweckung*.

Bedarfsausweitung

Bei einem am Markt bereits eingeführten Produkt kann durch entsprechende Marketingmaßnahmen die Käuferschicht vergrößert werden. Wenn dies gelingt, wurde eine erfolgreiche *Bedarfsausweitung* durchgeführt. Das geschieht dadurch, dass vorhandene Kunden angeregt werden, von einem bestimmten Gut mehr als bisher abzunehmen. Dies geht oft nur durch die Beeinflussung der eigenen Marktanteile und bedeutet, dass andere Marktanbieter Kunden und damit Marktanteile verlieren. Tritt ein solcher Fall für das eigene Produkt ein, kann nur durch eine verstärkte Eigenwerbung versucht werden, diese Abwerbung von Kunden zu verhindern. Dazu werden Marketingmaßnahmen geplant und eingesetzt, die der *Kundenerhaltung* dienen.

Werbewirksamkeit

Die Wirksamkeit von Werbung hängt vor allem von einer guten Werbeplanung ab. Originelle, die Zielgruppe treffende, einprägsame und informative Werbung läuft im Allgemeinen nach dem AIDA-Prinzip ab.

Das AIDA-Prinzip ist ein Leitfaden für Werbung. AIDA ist eine Abkürzung für die vier wichtigsten Aufgaben, die Werbung zu erfüllen hat:

A steht für *Attention* = Aufmerksamkeit
I steht für *Interest* = Interesse
D steht für *Desire* = Verlangen
A steht für *Action* = Handlung

Die vier Phasen des AIDA-Modells stellen verschiedene Aktivierungsgrade eines potenziellen Kunden dar. Die reine Aufmerksamkeit ist dabei die niedrigste Aktivierungsstufe und der durchgeführte Bestell- oder Kaufakt die gewünschte höchste Stufe.

632

Branding

Nach E.K. Strong kann die Wirkungsweise einer Werbebotschaft mit dem AIDA-Prinzip wie folgt zusammengefasst werden:

Kognitive Ebene	**A**	**Attention** Beobachten, Aufmerksamkeit, Wahrnehmung der Werbebotschaft
Affektive Ebene	**I**	**Interest** Interesse an dem beworbenen Produkt
	D	**Desire** Wunsch nach dem beworbenen Produkt
Konative Ebene	**A**	**Action** Handlung, Kauf des beworbenen Produktes

Die vier Phasen des AIDA-Prinzips sind umso wirkungsvoller, je zielgruppengerechter eine Werbemaßnahme angelegt und durchgeführt wird. Passt die Werbemaßnahme zur Zielgruppe, wird eher eine angestrebte Handlung erreicht.

Dabei durchläuft die Werbung verschiedene Wirkungsstufen. Diese gehen von der ersten Wahrnehmung über das Verstehen und Bejahen der Werbebotschaft. Wird die Botschaft grundsätzlich bejaht, wird eine positive Kaufbereitschaft erzeugt. Dies ist allerdings nur dann der Fall, wenn der Kauf im sozialen Umfeld des Käufers vermutlich positiv aufgenommen wird. Kaufintension und positive Einstellung zum beworbenen Produkt führen zum Kauf, wenn die finanziellen Mittel vorhanden sind und externe sowie soziale Störfaktoren weitgehend ausbleiben.

AIDA, GIULIA und Internet

Gedruckte Werbung folgt notwendigerweise den oben beschriebenen Regeln nach dem AIDA-Prinzip. Keine Anzeige, keine Zeitungsbeilage kann Verlangen erzeugen, ohne dass zuvor Aufmerksamkeit und Interesse geweckt wurde. Bei der Konzeption und Entwicklung der Printwerbung konzentrieren sich viele Designer bei ihren Überlegungen darauf, wie Aufmerksamkeit und Interesse für ein Produkt oder eine Sache zu erreichen ist. Man versucht, mit den unterschiedlichen Hilfsmitteln die Punkte Attention (Aufmerksamkeit) und Interest (Interesse) abzudecken. Die Frage nach Desire und Action wird oft nicht sonderlich intensiv in die Gestaltungsüberlegungen mit einbezogen und oftmals auch nicht direkt überprüft.

Wie ist nun die Situation bei der Gestaltung von Internetseiten. Hier müssen die Punkte Attention und Interest im Prinzip nicht beachtet werden. Wenn ein User eine interessante Webadresse wie www.springer.de eingibt, hat er sein Interesse bereits bekundet, sonst würde er die Adresse nicht eingeben. Interesse muss also nicht durch den Designer aufgebaut werden. Attention- und Interest-Überlegungen sind bei der Gestaltung von Webseiten also nicht von Bedeutung.

Desire im Web ist eine andere Sache – der Web-User hat sein Produkt (also Informationen) bereits dann, wenn er eine Seite aufgerufen hat. Der Web-User holt sich seine Information also selbst. Er ist aktiver Nutzer und nicht „passiver" Konsument wie bei einem Printmedium. Dies bedingt, dass der Webdesigner eine Reihe von anderen Überlegungen bei der Gestaltung der interaktiven Webseiten anstellen muss. Bei der Nutzung von Internetseiten durch den Endanwender liegt eine

633

AIDA-Modell

Beschreibung der vier
Phasen mit Beispielen

AIDA	Erklärung	Ziele und Hilfsmittel
A	**Attention** Die Aufmerksamkeit, ein erster Blick eines möglichen Betrachters muss erregt werden.	Der Betrachter muss dazu angeregt werden, auf eine Werbung mit Aufmerksamkeit zu reagieren. Hilfsmittel dazu können sein: schöne Frauen/Männer; nackte Haut; Fangfoto, das etwas zeigt, was neugierig macht; große Darstellung; niedliche Tiere; Kinder; grelle Farben; heiße Sprüche; ...
I	**Interest** Das Interesse des Betrachters für die Werbung soll gebunden werden, er soll sich mit der Werbung beschäftigen, er soll vor der Werbung verweilen.	Der erste Blick eines Betrachters soll gefangen bzw. gehalten werden. Er soll vor der Werbung verweilen und sich mit ihr beschäftigen, deshalb bietet Werbung eine Story, einen Witz, einen Gag an. Hilfsmittel dazu sind zum Beispiel: Eine Geschichte wird erzählt, durch ein Bild, einen Clip; eine unerwartete Pointe; ein Witz wird dargestellt; ein Rätsel macht neugierig; eine Andeutung soll aufgelöst werden; ...
D	**Desire** Das Verlangen des Betrachters nach dem beworbenen Produkt soll möglichst rational und emotional geweckt werden.	Ein Betrachter bekommt Gründe dafür genannt, warum er das beworbene Produkt erwerben soll. Dabei können rationale und emotionale Gründe unterschieden werden. Während die Vernunftgründe den kritischen Verbraucher ansprechen, zielen die gefühlsmäßigen Versprechungen auf den verführbaren, unmündigen Verbraucher, der das Image eines Konsumgutes höher schätzt als dessen tatsächliche Qualitäten. Hilfsmittel: Ein Produkt bekommt einen bestimmten Status oder ein bestimmtes Image zugewiesen. Der Käufer wirkt dadurch sexy, erfolgreich, bekommt viele Freunde und wird niemals alleine sein ...
A	**Action** Eine Handlung, genauer eine Kaufhandlung, soll ausgelöst und erleichtert werden.	Werbung hat nur einen Zweck: Als Produktwerbung muss sie den Betrachter dazu bringen, die beworbene Ware zu kaufen. Dazu muss der Betrachter das Produkt benennen und im Geschäft sofort identifizieren können. Außerdem muss er das Produkt möglichst sofort kaufen. Hilfsmittel dazu sind folgende Maßnahmen: Produktabbildungen; Kontaktinformationen; Drängen durch jetzt, sofort oder andere Aufforderungen; Wiedererkennung eines Markenzeichens; Sonderangebote; limitierte Angebote; ...

AIDA-Mini als Merkhilfe

Abb.: AIDA-Cruises, Pressebilder

völlig andere Kommunikationssituation vor wie bei der Betrachtung von gedruckter Werbung.

Zum einen ist – logischerweise – die Nutzung des dynamischen Internets anderen technischen Zwängen unterworfen wie das Lesen oder Wahrnehmen eines Buches oder eines Plakates. Um ein interaktives Medium effektiv anzuwenden, ist vor allem dem Design der Nutzeroberfläche und der logischen Navigationsstruktur große Aufmerksamkeit zu schenken. Das statische Druckprodukt kennt ein derartiges Problem selbstverständlich nicht.

Diese kurze Betrachtung verdeutlicht, dass AIDA sinnvoll für die Überlegungen bei allen Printprodukten ist – für gutes Webdesign hilft uns AIDA nur bedingt. Für die Gestaltung von Webseiten kann das wenig bekannte GIULIA-Prinzip hilfreich sein.

GIULIA steht für Glaubwürdigkeit, Information, Unverwechselbarkeit, Lesbarkeit, Interesse und Aufmerksamkeit. Im Vergleich zu AIDA geht GIULIA von einem anderen Ansatz im Verhältnis zwischen Webanbieter und Nutzer aus. Erst durch ein Vertrauensverhältnis zwischen dem Anbieter einer Webseite und dem Nutzer entsteht im Endeffekt Interesse an Produkten oder Dienstleistungen. Damit dieses funktionieren kann, ist eine strukturell logische und sichere Aufbereitung einer Webseite Voraussetzung. Unverwechselbare und langlebige Seiten mit einer „langen Userbindung" durch gute Funktion, hohen Nutz- bzw. Informationswert sollten das Ziel sein.

Wenn eine informative Webseite den User zu einer Dienstleistung oder zu einem Produkt geführt hat, dann wird er auch zur gedruckten Werbung greifen –

und dann gilt wieder, in abgeschwächter Form, das bekannte AIDA-Prinzip.

Erscheinungsbild
Das Erscheinungsbild eines Unternehmens bestimmt bis zu einem gewissen Grad seine Stellung am Markt. Das Erscheinungsbild sollte orientiert sein an den konkreten Zielsetzungen und Wertvorstellungen, der Unternehmensgeschichte, dem Image, den Produkten und der damit verbundenen Kompetenz sowie dem Standort.

Das Auftreten eines Unternehmens, das Verhalten seiner Mitarbeiter und die Übereinstimmung zwischen dem nach außen wirkenden Leitbild und der innen wirksamen Realität wird als *Corporate Identity* bezeichnet. Diese idealistisch zu betrachtenden Wertkomponenten eines Unternehmens treten nach außen optisch nicht in Erscheinung.

Neben den „inneren Werten" einer Unternehmung spielt das visuelle Erscheinungsbild eines Unternehmens noch eine bedeutende Rolle. Dieses visuelle Erscheinungsbild wird unter dem Begriff *Corporate Design* (CD) zusammengefasst. Die immer gleichen Erscheinungsmerkmale wie Schrift, Logo, Symbole, Farbe, Fahrzeuglackierung, Farbleitpläne, Gebäudedesign, Werbe- und Designstruktur sollen ein einheitlich positives Bild einer Unternehmung in der Öffentlichkeit vermitteln.

Corporate Identity und Corporate Design erhöhen den Wiedererkennungswert eines Unternehmens am Markt. Das Bild und die Wertvorstellungen, das sich Mitarbeiter, Kunden, Konkurrenten und andere am Wirtschaftsleben Beteiligte von einem Unternehmen machen, wird stark durch den Wiedererkennungswert bestimmt.

Branding

Band I – Seite 643
7.4.2 Corporate Design

Das GIULIA-Prinzip

Glaubwürdigkeit
Information
Unverwechselbarkeit
Lesbarkeit
Interesse
Aufmerksamkeit

Corporate Identity

Corporate Design

wird festgelegt in einem Styleguide.

635

Kommunikations-modell

Die sechs Fragen zeigen den Zusammenhang zwischen Fragestellung und dem dazugehörenden Handlungsfeld.

Kommunikationsmodell mit den sechs „W"	
Wer	Unternehmer, Organisation Verband/Verein Schule/Hochschule und andere Werbende ...
sagt **Was**	Werbebotschaft
mit welcher **Wirkungsabsicht**	Werbeziele
auf welchem **Wege**	Kommunikationsmittel, Werbeträger, Werbemittel, Verkäufer, ...
zu **Wem**	Zielgruppen
mit welcher **Wirkung?**	Werbeziele wie: Produktkauf, Dienstleistungsannahme, Imageverbesserung, Einstellungsänderung, Erinnerungswerbung, Bedürfnisweckung, Produktinformation, Verhaltensänderung, Unterweisung, Lernen, Spielen, Musik, ...

Kommunikations-modell

Grundlegender Ablauf eines Werbeprozesses

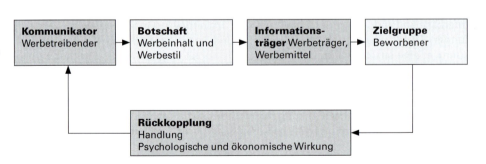

636

7.3.4   Aufgaben

Branding

1 Werbebegriff definieren

Versuchen Sie ein kurze und prägnante Definition für den Begriff „Werbung" zu formulieren.

2 Wirtschaftliche Funktionen der Werbung beschreiben

Welche Aufgaben hat die Werbung für die am Wirtschaftsleben beteiligten Unternehmen und Personen?

3 Gesellschaftliche Funktionen von Werbung erläutern

Welche Funktionen hat Werbung für Anbieter und Verbraucher?

4 Produktlebenszyklus erklären

Nennen und erklären Sie die Lebenszyklen einer Ware bzw. eines Produktes und die damit verbundenen Werbephasen.

5 Fachbegriff erläutern

Erläutern Sie:
a. Bedarfsweckung   b. Propaganda
c. Marktpenetration   d. Zielgruppe

6 Grundregeln für Werbung nennen

Damit Werbung bei einer Zielgruppe wirksam werden kann, müssen bestimmte Grundregeln beachtet werden, die immer wieder zu überprüfen sind. Welche Regeln gelten für den verantwortungsbewussten Werbefachmann bzw. -frau immer?

7 Fachbegriff erläutern

Erläutern Sie:
a. Einzelwerbung
b. Massenkommunikation
c. Response
d. Branding

8 Ziele des Direktmarketings beschreiben

Nennen Sie drei Ziele, die durch Direktmarketing verfolgt werden.

9 Möglichkeiten der Direktwerbung wissen

Welche Möglichkeiten oder Methoden der Einzelansprache eines möglichen Kunden kennen Sie bei der so genannten Direktwerbung?

10 Struktur des viralen Marketings beschreiben

Erläutern Sie das Grundprinzip des viralen Marketings.

11 AIDA-Prinzip beschreiben

Die Wirkungsweise bzw. Wirksamkeit einer Werbebotschaft kann mit dem Begriff „AIDA" umschrieben werden. Erläutern Sie dieses Prinzip!

12 GIULIA-Prinzip beschreiben

Welche Kennzeichen weist das GIULIA-Prinzip auf. Beschreiben Sie.

7.4 Corporate Identity

7.4.1	Komponenten der Corporate Identity	640
7.4.2	Corporate Design	643
7.4.3	Styleguide	650
7.4.4	Aufgaben	651

7.4.1 Komponenten der Corporate Identity

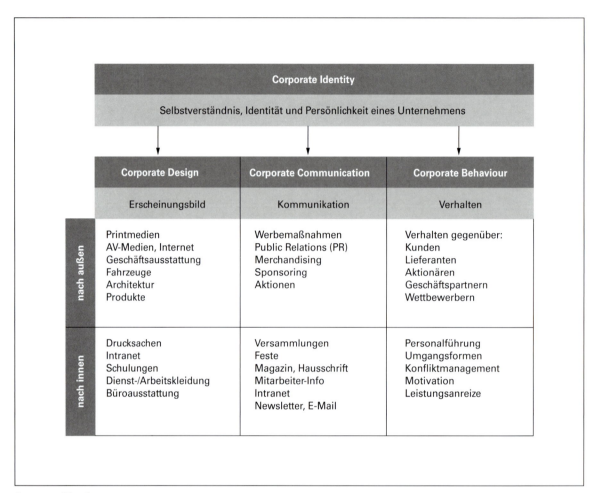

Corporate Identity

Die drei Säulen einer Corporate Identity sind:
- Corporate Design
- Corporate Communication
- Corporate Behaviour

7.4.1.1 Begriffsdefinition

„Er ist eine tolle Persönlichkeit!"

Wenn wir uns über einen Menschen in dieser Form äußern, dann drücken wir Bewunderung und Respekt aus.

Lässt sich der Begriff der „Persönlichkeit" auf Unternehmen, Behörden, Schulen übertragen? Sicherlich nur eingeschränkt. Dennoch passt dieser Vergleich, um den schwierigen Begriff „Corporate Identity" einzuführen.

Der erste Teil der Wortschöpfung bedeutet in diesem Zusammenhang gemeinsam, vereint oder geschlossen. Der Begriff „Identity" lässt sich mit Identität oder Persönlichkeit übersetzen. Sie sehen also, dass mit „Corporate Identity", oder kurz CI, ganz bewusst Begriffe gewählt wurden, die normalerweise auf Menschen bezogen werden.

Corporate Identity beschreibt also das *Selbstverständnis eines Unternehmens* oder einer Institution mit dem Ziel, nach innen und außen als geschlossene Einheit aufzutreten. Leitfragen zur CI könnten sein:

Corporate Identity

- Wie sehen wir uns (= Selbstbild)?
- Wie werden wir gesehen (= Fremdbild)?
- Welche Ziele verfolgen wir?
- Welche Erwartungen werden an uns gestellt?
- Wie können wir diese Erwartungen erfüllen?
- Wie können wir besser sein (oder werden) als die Konkurrenz?

Viele Unternehmen oder Institutionen fassen diese grundlegenden Vorstellungen in einem *Leitbild* zusammen. Nicht ohne Grund ist bei allen Leitfragen von „wir" die Rede. Dieses Wir-Gefühl ist die Voraussetzung für eine erfolgreiche Corporate Identity: *Wir* sind das Unternehmen, und *wir* verfolgen *gemeinsame* Ziele. Insofern passt das Bild von der *einen* Persönlichkeit, zu der ein Unternehmen durch diese Geschlossenheit wird.

Wie die Grafik darstellt, stützt sich die Corporate Identity eines Unternehmens oder einer Institution auf drei Säulen.

7.4.1.2 Corporate Design

Corporate Design wird oft mit Corporate Identity gleichgesetzt. Dies ist falsch, den Corporate Design beschäftigt sich ausschließlich mit dem *Erscheinungsbild* des Unternehmens, also der Frage: Wie gelingt es, nach außen und innen einheitlich in Erscheinung zu treten? Wie kann erreicht werden, dass ein Unternehmen mit seinen Produkten eindeutig in Verbindung gebracht wird? Wie kann es gelingen, ein Unternehmen zur Marke (Brand) zu machen?

Damit sind natürlich in erster Linie Sie als „Medienspezialist/in" gefordert, und dies ist der Grund, weshalb wir diesem Thema das nächste Kapitel gewidmet haben.

7.4.1.3 Corporate Communication

Bei Kommunikation denken wir zunächst an die sprachliche Kommunikation unter Menschen. Corporate Communication meint nicht nur die *sprachliche* Kommunikation, sondern auch die *visuelle* Kommunikation, z. B. über Printmedien, Internet, und die *audiovisuelle* Kommunikation, z. B. über Rundfunk und Fernsehen.

Wie bei jeder zwischenmenschlichen Beziehung gilt auch für Unternehmen: Kommunikation ist entscheidend für den Unternehmenserfolg! Oder umgekehrt: Wer seine Ideen, Produkte, Erfolge nicht kommuniziert, wird scheitern.

Wie in der Grafik dargestellt, muss zwischen Kommunikation nach „innen" und „außen" unterschieden werden.

Die externe Kommunikation verfolgt das primäre Ziel, das Unternehmen oder dessen Produkte nach außen hin bekannt zu machen. In erster Linie erfolgt dies durch Werbung. Wir alle kennen Beispiele, bei denen Werbung so geschickt betrieben wird, dass bereits ein Slogan („Wir lieben Lebensmittel."), einige Töne (Telekom-Jingle) oder eine Bildmarke (Nike, McDonald's)

Lifestyle

In der Werbung spielen Emotionen eine große Rolle. Beworben wird primär nicht das Produkt, sondern ein „Lifestyle".

Abb.: Alfa Romeo

641

genügen, um den Bezug zum Unternehmen herzustellen. Im Idealfall gelingt es sogar, mit der Marke ein Lebensgefühl („Lifestyle") zu kommunizieren.

Seien Sie einmal ehrlich: Haben Sie ein iPhone, um zu telefonieren oder weil Sie es „cool" finden, ein iPhone zu haben?

Neben der Werbung zählen zur Kommunikation nach außen auch Sponsoring und Öffentlichkeitsarbeit (Public Relations).

Die zweite Säule des Wir-Gefühls betrifft die interne Kommunikation. Nur wenn es der Unternehmensleitung gelingt, die Mitarbeiter als Partner zu betrachten und mit „ins Boot" zu holen, wird ein Unternehmen langfristig erfolgreich sein.

- Wie spricht der Chef mit seinen Mitarbeitern?
- Wie häufig kommt es zu Besprechungen?
- Wie werden Entscheidungen getroffen?
- Ist die Meinung der Mitarbeiter gefragt?

7.4.1.4 Corporate Behaviour

Die dritte Säule der Corporate Identity bildet das Corporate Behaviour. Hierbei gibt es durchaus Überschneidungen mit der Corporate Communication, da ja Verhalten immer auch Kommunikation einschließt. Dennoch verfolgt dieser Bereich eine andere Zielsetzung und beschreibt den Umgang und das Verhalten innerhalb des Unternehmens und gegenüber allen externen Personen wie Kunden, Lieferanten, Geschäftspartnern oder, im Falle einer Bildungseinrichtung, mit den Schülern, Studenten und Eltern.

Ein gutes Produkt wird auf Dauer nicht genügen, um ein Unternehmen erfolgreich zu machen. Nicht zuletzt die Globalisierung trägt dazu bei, dass es viele Unternehmen gibt, die ähnlich gute Produkte bieten. Zum langfristigen Erfolg gehört deshalb die Glaubwürdigkeit des Unternehmens.

Corporate Behaviour verfolgt die Ziele, dass Kunden
- ernst genommen, richtig beraten und nicht „über den Tisch gezogen" werden,
- Vertrauen ins Unternehmen und dessen Produkte und Dienstleistungen gewinnen,
- auch langfristig mit Unterstützung (Support) rechnen können.

Ist der Kunde König?

Die Ziele des internen Corporate Behaviour sind, dass sich Mitarbeiter
- mit *ihrem* Unternehmen identifizieren,
- im Idealfall stolz darauf sind, für das Unternehmen zu arbeiten,
- den Sinn und Nutzen ihrer Tätigkeit für das Unternehmen erkennen,
- sich für ihre Tätigkeit angemessen entlohnt fühlen.

7.4.2 Corporate Design

Corporate Identity

Wenn wir bei Corporate Identity von der „Persönlichkeit" eines Unternehmens sprechen, dann ist Corporate Design, kurz CD, das Gesicht dieser Persönlichkeit.

Corporate Design ist das innere und äußere Erscheinungsbild eines Unternehmens, einer Behörde oder einer anderen Institution. Corporate Design sorgt dafür, dass das Unternehmen einmalig, unverwechselbar und individuell wird. Damit beeinflusst das Corporate Design wesentlich das *Image* eines Unternehmens oder einer Institution. Der Begriff „Image" heißt in der wörtlichen Übersetzung „Bild", bezeichnet aber auch den Ruf, das Ansehen des Unternehmens.

Die Entwicklung und Umsetzung eines Corporate Designs ist eine anspruchsvolle Aufgabe für Mediengestalter oder Grafikdesigner, die Zeit braucht und Geld kostet. Leider sind sich die Auftraggeber darüber nicht immer im Klaren. Doch ist dieses Geld gut investiert, wenn man bedenkt, dass ein Corporate Design über viele Jahre oder sogar Jahrzehnte das Image eines Unternehmens prägt.

7.4.2.1 Komponenten des Corporate Designs

Die wichtigsten Komponenten eines Corporate Designs sind:
- Logo
- Slogan
- Jingle (Erkennungsmelodie)
- (Haus-)Farben, Farbkonzept
- (Haus-)Schriften
- Gestaltungsraster, Layout
- Geschäftsausstattung, z. B. Briefbogen, Faxbogen, Visitenkarten, Formulare
- Internetauftritt

- Werbeträger, z. B. Imagebroschüre, Flyer, Plakate, Give-away-Produkte
- Präsentationsvorlage
- Fahrzeugbeschriftung
- Arbeits-/Dienstkleidung
- Gebäudearchitektur
- Innenarchitektur und Raumausstattung
- Produktdesign (bei produzierenden Firmen)
- ...

7.4.2.2 Logo

Das Logo ist das Aushängeschild des Unternehmens. Wie auf Seite 461 ausführlich erläutert, kommt der Begriff aus dem Griechischen und bezeichnet wörtlich ein „sinnvolles" Wort.

Beispiele für reine *Wortmarken* finden Sie in der obersten Zeile der Grafik.

Band I – Seite 459
5.3 Logo

Logo

Logos können aus reinen Wortmarken, Wort-Bild-Marken oder reinen Bildmarken bestehen.

Abb.: Firmen

643

Der Begriff Logo wird häufig auch für die Kombination aus Wort und Abbildung (*Wort-Bild-Marke*) verwendet. Beispiele sind Intel, BP oder Coca Cola (siehe vorherige Seite).

Relativ selten besitzen Firmen einen so hohen Bekanntheitsgrad, dass sie sich auf eine reine *Bildmarke* als Logo beschränken können. Beispiele sind die Logos von Mercedes, Lufthansa oder Nike. Für unbekannte Firmen empfiehlt sich die Verwendung einer reinen Bildmarke nicht.

Merkmale eines Logos
Die Merkmale eines Logos finden Sie in Kapitel 5.3 beschrieben – deshalb an dieser Stelle nur eine Zusammenfassung:
- Ein Logo muss einen eindeutigen Bezug zur Firma oder zum Produkt herstellen. Es steht niemals für sich selbst, sondern immer im Kontext.
- Ein Logo ist abstrahiert, stilisiert und reduziert zu gestalten. Hierdurch wird es einprägsam, eindeutig und wiedererkennbar.
- Ein Logo muss in allen Größen und Formaten vom Firmenschild bis zur

Logo der deutschen Bundesregierung

In einem Styleguide werden auch Varianten aufgeführt, die *nicht* zulässig sind.

http://styleguide.bundesregierung.de

Logosystem der Messe Frankfurt

Je nach Einsatz wird ein einfarbiges, mehrfarbiges oder schwarz-weißes Logo benötigt.

http://cd.messefrankfurt.com

644

Corporate Identity

Visitenkarte reproduziert werden können. Es muss mindestens eine Schwarzweiß- (z. B. für Fax) und eine Farbvariante existieren.
- Ein Logo wird immer als Vektordatei erstellt!
- Ein Logo muss ins Gestaltungskonzept des Corporate Designs integriert werden. Hierzu gehört, wo und wie das Logo platziert werden darf und auch, in welchen Varianten es *nicht* verwendet werden darf.

Soundlogo
Durch die flächendeckende Verbreitung der audiovisuellen Medien Radio, Fernsehen und Internet kann das visuelle Erscheinungsbild um eine akustische Komponente ergänzt werden. Neben dem Sehsinn wird ein weiterer Sinn des Menschen, der Hörsinn, angesprochen.

Bei einem Soundlogo handelt es sich um eine typische, unverwechselbare kurze Melodie, die nach einiger Wiederholung eindeutig einem Unternehmen zugeordnet werden kann.

Ein bekanntes Beispiel ist das Soundlogo der Telekom, das aus einer sehr kurzen Melodie aus lediglich fünf Tönen besteht. Bis auf den vierten Ton, der eine Terz höher ist, sind alle Töne gleich. Die Melodie schafft damit einen akustischen Bezug zum Telekom-Logo, das ebenfalls vier gleiche Punkte enthält:

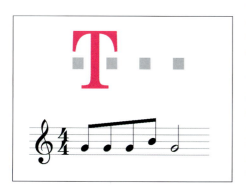

Andere Firmen greifen auf bekannte Kompositionen zurück. Der Opel-Konzern hat in seiner Fernsehwerbung jahrelang den bekannten Song „What a wonderful world" von Louis Armstrong verwendet. Der Song beschreibt inhaltlich und melodisch die Schönheit der Welt und Umwelt. Durch die Kombination des Sounds mit Opel assoziiert der Betrachter unbewusst einen Zusammenhang zwischen Opel-Fahrzeugen und einer sauberen und lebenswerten Umwelt.

Louis Armstrong
Begnadeter Trompeter und Komponist des Stückes „What a wonderful world".

7.4.2.3 Farbe, Farbkonzept

Manche Firmen haben es tatsächlich geschafft, dass eine einzige Farbe eine Assoziation mit der Firma hervorruft:

Milka ist der geniale Coup gelungen, eine Farbe einzuführen, die mittlerweile zum unverkennbaren Markenzeichen geworden ist. So soll es ja Kinder in Großstädten geben, die tatsächlich denken, dass Kühe lila sind ;-).

Andere Firmen, wie Coca Cola, Telekom oder Yellostrom, haben mit ihren Hausfarben Rot, Magenta bzw. Gelb ähnlichen Erfolg. Und auch in der politischen Parteienlandschaft sind Farben zu „Markenzeichen" und sogar zu Parteinamen geworden. Der Einsatz von Farben ist nicht nur für das Corpo-

Parteilogo der Grünen
Hier wurde die Farbe zum Parteiname.

Abb.: Die Grünen

645

Band I – Seite 5
1.1.2 Visuelle Wahrnehmung

Band I – Seite 93
1.5 Farbgestaltung

Band I – Seite 523
6.2.6 Farbgestaltung

Band II – Seite 203
4.1 Farbsysteme

rate Design, sondern in der gesamten Medienbranche ein zentrales Thema, so dass wir ihm zahlreiche Kapitel in diesem Buch gewidmet haben (siehe Verweise links).

Farbe „funktioniert" in allen visuellen Medien. Beachten Sie aber, dass Fernseher, Computermonitore und Printmedien unterschiedliche Farbräume besitzen. Die gewünschten Farben müssen für alle Farbräume definiert werden, v. a. für CMYK ❶, RGB ❷ und eventuell als Sonderfarben ❸. Häufig werden neben den Hauptfarben weitere Farben definiert, so dass sich ein Farbsystem oder Farbklima ergibt.

Die wesentlichen Ziele für die Verwendung von Farben im Corporate Design sind:
- *Assoziationen schaffen*
  Beispiele: British Petroleum (BP) versucht, sich mit den Farben Hellgrün, Dunkelgrün und Gelb das Image eines umweltfreundlichen Unternehmens zu verleihen. (Nach der Ölkatastrophe im Golf von Mexiko dürfte dies schwierig werden!)
  Blau gilt als seriös, sachlich und vertrauenswürdig, weshalb die Farbe oft von Banken (z. B. Deutsche Bank), Versicherungsunternehmen (z. B. Allianz) oder Nachrichtensendern (z. B. ARD) als Hausfarbe gewählt wird.
- *Wiedererkennungswert steigern*
  Jedes Kind weiß, dass Milka lila, Coca Cola rot, Telekom magenta und Tempotaschentücher blau sind.
- *Leiten und Führen*
  Denken Sie beispielsweise an unsere Verkehrsschilder: Alle Gebotsschilder sind blau, alle Verbotsschilder rot, alle Ortsschilder gelb.
  Auch bei der Entwicklung eines Corporate Designs können Farben bestimmte Leitfunktionen zugeordnet werden. So verwendet beispielsweise der SWR Farben zur Kennzeichnung der einzelnen Sparten Nachrichten, Wissen, Kultur usw.

Farbkonzept der Messe Frankfurt

Neben den gesättigten Farben Rot, Blau und Gelb sind Abstufungen mit geringerer Sättigung und Helligkeit zulässig.

Beachten Sie, dass die Farben für die verschiedenen Farbräume definiert werden müssen.

http://cd.messefrankfurt.com

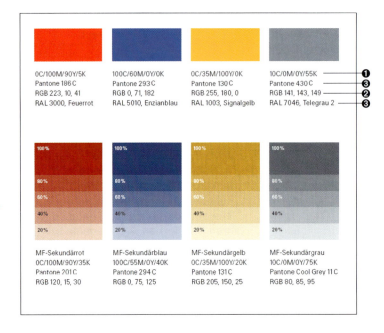

646

Corporate Identity

7.4.2.4 Schrift, Schriftkonzept

Nur einige große Konzerne leisten sich den Luxus, eine firmeneigene Schrift zu besitzen. Damit wird die Schrift Teil der Marke und trägt wie das Logo dazu bei, dem Unternehmen eine individuelle und unverwechselbare „Persönlichkeit" zu geben. Beispiele hierfür sind die Schriftfamilie „DB Type" der Deutschen Bahn, die Schriften „Ikea Sans" und „Ikea Serif" des gleichnamigen Einrichtungshauses oder die Schriftfamilie „Siemens Font Family" von Siemens.

```
The quick brown fox jumps over the
lazy dog. 1234567890!?ß&äöü%/()"
Corporate S Regular
The quick brown fox jumps over
the lazy dog. 1234567890!?ß&ä
Corporate S Bold
```

Corporate A.S.E. Hausschrift der Daimler AG

Es geht auch ohne eigene Schrift! Das Angebot an perfekt gestalteten Druckschriften ist groß und bietet für jeden Zweck eine passende Schrift. Zur Inspiration listen wir die Hausschriften einiger Firmen auf. Weitere Beispiele finden Sie unter www.typografie.info.

- Adobe   Myriad, Minion
- Aldi   Futura
- Apple   Apple Myriad
- ARD   Thesis
- Bildzeitung   Helvetica Inserat
- Daimler   Corporate A.S.E.
- Microsoft   Franklin Gothic
- PAGE   GST Polo
- Postbank   Frutiger
- Springer   Myriad, Minion
- Stuttgarter Z.   Gulliver, DTL Argo
- Süddeutsche Z.   Helvetica, Excelsior
- ZDF   Swiss721

Auffällig ist, dass es etliche „Klassiker" wie die Helvetica, Frutiger oder Futura gibt, auf die immer wieder zurückgegriffen wird. Im Medienbereich ist derzeit die noch sehr junge Schrift „Myriad" weit verbreitet. So ist sie Hausschrift von Apple, Adobe und dem Springer-Verlag.

Merkmale einer Hausschrift
Welche Kriterien muss eine Schrift erfüllen, damit sie das „Zeug" zur Hausschrift hat? Hier einige Antworten:
- Oberstes Gebot ist optimale Lesbarkeit der Schrift. Bedenken Sie, dass sie in unterschiedlichen Medien und

Band I – Seite 223
2.4.2 Polaritätsprofile

Hausschrift des Springer-Verlags

Die „Myriad" finden Sie auf der Vorderseite dieses Buches.

Adobe Systems Incorporated

Adobe setzt neue Maßstäbe für die Interaktion mit Ideen und Informationen. Seit mehr als 25 Jahren sind die preisgekrönten Technologien und Software-Lösungen von Adobe der Standard für die Produktion und Bereitstellung von Inhalten für die gewerbliche und private Nutzung – jederzeit und an jedem Ort. Adobe nimmt bei der Erstellung und Anzeige von visuell aufwändigen Bildern für Print, Video und Film oder dynamischen Inhalten für verschiedene digitale Medien branchenübergreifend eine führende Rolle ein. Der gute Ruf seiner Produkte sowie ein Portfolio aus einigen der bestangesehenen und bekanntesten Anwendungen auf dem Markt machen aus Adobe eines der weltweit größten und vielseitigsten Software-Unternehmen.

Hausschriften von Adobe

Die Headline ist in „Myriad" gesetzt, für den Fließtext verwendet Adobe „Minion Regular".

Abb.: Adobe

Garamont
Amsterdam SH

ABCDEFGHIJKLMNOPQRSTUVWXYZ
abcdefghijklmnopqrstuvwxyz"!?1234567890

Times Roman

ABCDEFGHIJKLMNOPQRSTUVWXYZ
abcdefghijklmnopqrstuvwxyz"!?1234567890

Hausschriften von Baden-Württemberg

Da die Hausschrift „Garamont Amsterdam" keine Systemschrift und damit auf Bürocomputern nicht verfügbar ist, ist für Büroanwendungen die „Times New Roman" vorgesehen.

Quelle: Grafische Gestaltungsrichtlinien des Landes Baden-Württemberg

Größen zum Einsatz kommt.

- Die Auswahl der Schrift orientiert sich an der Zielgruppe. Große Unternehmen besitzen eine große Zielgruppe. Die gewählte Schrift muss ein Kompromiss sein, der für alle akzeptabel ist.
- Der Schriftcharakter muss zum Unternehmens bzw. zu dessen Produkten passen. Zur Bestimmung des Schriftcharakters dienen Polaritätsprofile (siehe Seite 223).
- Die Schrift muss „medientauglich" sein. Dies bedeutet, dass sie in gedruckter Form, am Bildschirm und eventuell im Fernsehen eingesetzt werden kann. Da auf Webseiten, die mit HTML (und nicht Flash) erstellt werden, nur Systemschriften eingesetzt werden können, muss für diesen Zweck eine zur Hausschrift passende Systemschrift gewählt werden.
- Die Schrift muss zeitgemäß sein, darf aber nicht dem momentanen Zeitgeist unterliegen. Ein Unternehmen kann nicht alle zehn Jahre seine Hausschrift wechseln.

7.4.2.5 Gestaltungsraster und Layout

Eine einheitliche und durchgängige Gestaltung ist ein zentrales Ziel eines Corporate Designs. Damit dieses Ziel erreicht wird, müssen für *jedes Produkt* Gestaltungsrichtlinien erstellt werden. Diese beinhalten:

- Festlegung der Formate z. B. aus der DIN-A-Reihe
- Entwicklung eines Gestaltungsrasters durch Festlegung des Grundzeilenabstands, der Spaltenanzahl und der Seitenränder
- Festlegung des Satzspiegels und Klärung, wo Text und wo Abbildungen und Logo platziert werden dürfen.
- Ganz wichtig: Festlegung von Freiräumen, z. B. um das Logo herum
- Festlegung der Typografie, z. B. Schriftgrößen, Schriftauszeichnung, Tabellen, Ziffern, Zahlen usw.
- Definition des Farbeinsatzes
- Festlegung weiterer Gestaltungselemente wie Linien, Tonflächen, Schmuckelemente usw.
- Anlegen von Musterseiten mit Stilvorlagen für die professionelle Medienproduktion (Quark, InDesign) und für die Bürokommunikation (Word-Vorlagen)
- Erstellen einer Musterdatei für Bildschirmpräsentationen (PowerPoint)
- Erstellen von Templates und Stylesheets für den Internetauftritt

Sie erkennen, dass hier „Fleißarbeit" gefordert ist. Dennoch gilt: Je genauer Sie an dieser Stelle arbeiten, umso leichter fällt die spätere Umsetzung des Corporate Designs.

Rechts sehen Sie einen Auszug aus den Gestaltungsrichtlinien für das Land Baden-Württemberg. Die Darstellung oben zeigt das Gestaltungsraster, unten zwei Anwendungsbeispiele.

Corporate Identity

Gestaltungsraster

Oben sehen Sie das Gestaltungsraster für Broschüren im Format DIN A4 quer, unten zwei Anwendungsbeispiele.

Entwurf:
Scholz&Friends

Quelle: Grafische Gestaltungsrichtlinien des Landes Baden-Württemberg

649

7.4.3 Styleguide

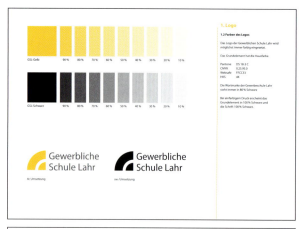

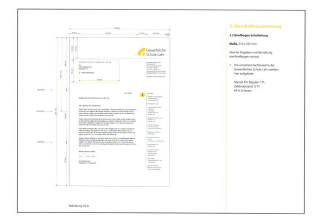

Das beste CI-Konzept nützt nichts, wenn es nicht umgesetzt wird. Vergleichbar mit der Bedienungsanleitung eines technischen Gerätes muss auch für ein CI-Konzept ein „Regelwerk" erstellt werden, das als *Styleguide* bezeichnet wird.

Bedenken Sie, dass eine Corporate Identity und vor allem das Corporate Design von Medienspezialisten erstellt wird, die Umsetzung aber durch die Mitarbeiter des Unternehmens oder der Institution erfolgen muss. Diese können mit Fachbegriffen wie „Satzspiegel" oder „Schriftgrad" nichts anfangen. Bei der Erstellung des Styleguides müssen Sie also darauf achten, dass er in einer auch von Laien verständlichen Sprache geschrieben wird, ohne dass dabei die inhaltliche Aussage verloren geht.

Ein Styleguide schlägt die Brücke zwischen Erscheinungsbild (Corporate Design), Kommunikation (Corporate Communication) und Verhalten (Corporate Behaviour). Dadurch dass Gestaltung erklärt wird, kann sie mit den Leitzielen des Unternehmens in Beziehung gebracht werden. Denn hinter jedem Gestaltungskonzept verbergen sich Intentionen, die sich mit Begriffen wie Offenheit, Vertrauen, Zuverlässigkeit, Wärme, Nähe, Dynamik, Modernität in Verbindung bringen lassen.

Links sehen Sie einen Auszug aus dem Styleguide, der im Rahmen einer Projektarbeit durch „Mediengestalter/-innen Digital und Print" für die Gewerbliche Schule in Lahr/Schwarzwald unter der Projektleitung von Oliver Schuppler erstellt wurde.

Weitere Beispiele für Styleguides finden Sie im Internet unter www.ci-portal.de.

7.4.4 Aufgaben

Corporate Identity

1 Corporate Identity definieren

a. Definieren Sie den Begriff „Corporate Identity".
b. Nennen Sie die drei Säulen einer CI.
c. Formulieren Sie drei zentrale Leitfragen einer CI.

2 Logos gestalten

Ein Logo ist das Aushängeschild des Unternehmens.
a. Nennen Sie die drei Varianten eines Logos und jeweils ein Beispiel.
b. Formulieren Sie fünf zentrale Anforderungen an die Logogestaltung.

3 Sound für das Corporate Design nutzen

a. Definieren Sie den Begriff „Soundlogo".
b. Erklären Sie, weshalb die Verwendung von Sound im Rahmen eines Corporate Designs sinnvoll ist.

4 Farbe für das Corporate Design einsetzen

Formulieren Sie drei Funktionen von Farbe im Rahmen eines Corporate Designs.

5 Schrift für ein Corporate Design auswählen

Nennen Sie drei Kriterien, die Sie bei der Auswahl einer Schrift für ein Corporate Design beachten müssen.

6 Corporate Design definieren

a. Definieren Sie den Begriff „Corporate Design".
b. Zählen Sie die Elemente des Corporate Designs von Audi auf.

Abb.: Audi

7 Schrift für Internet wählen

Welcher Einschränkung unterliegt die Auswahl einer Schrift für den Internetauftritt des Unternehmens?

8 Corporate Design umsetzen

Ein Corporate Design muss durch die Mitarbeiter des Unternehmens ohne medientechnische Fachkenntnisse umgesetzt werden können.

Zählen Sie Kriterien auf, die die Umsetzung der obigen Forderung ermöglicht bzw. erleichtert.

9 Styleguide erstellen

Welche Funktion erfüllt ein Styleguide?

Präsentation

8.1 Kommunikation

8.1.1	Kommunikation und Medien	656
8.1.2	Kommunikationsmodelle	661
8.1.3	Aufgaben	665

8.1.1 Kommunikation und Medien

8.1.1.1 Was ist Kommunikation?

Das Wort Kommunikation hat seinen Ursprung in der lateinischen Sprache: communicatio – Mitteilung, communicare – teilhaben, communis – gemeinsam. Kommunikation bedeutet also Verbindung, Austausch von Information und Verständigung zwischen Menschen. Kommunikation ist ein Grundbedürfnis des Menschen.

8.1.1.2 Typologie der Medien

Der Begriff *Medium* hat je nach Kontext ganz unterschiedliche Bedeutungen. In der Kommunikationswissenschaft wird mit Medium meist das Kommunikationsmittel, aber auch der Kommunikationsweg bezeichnet.

Komplexität des Übertragungskanals
Der deutsche Sozialwissenschaftler Harry Pross stellte 1970 seine Einteilung der Medien in primäre, sekundäre und tertiäre Medien vor.
- *Primäre Medien*
  Die primäre Kommunikation findet direkt zwischen Menschen statt. Weder Sender noch Empfänger brauchen technische Hilfsmittel zur Übermittlung bzw. zum Empfang der Informationen. In die primäre Kommunikation können alle Sinne des Menschen, z. B. auch Tasten und Riechen, einbezogen werden.

- *Sekundäre Medien*
  Auf der Seite des Senders werden technische Mittel zur Kommunikation eingesetzt. Der Empfänger der Botschaft braucht keine Geräte zur Rezeption. Die sekundären Medien setzen aber eine größere Medienkompetenz als die primären Medien voraus. Der Empfänger muss lesen können und die oft symbolische Botschaft eines Bildes oder einer Grafik verstehen können.
  Alle Printmedien gehören in die Kategorie der sekundären Medien.

- *Tertiäre Medien*
  Die tertiäre Kommunikation setzt auf beiden Seiten, beim Sender und beim Empfänger, Kommunikationstechnik in Form von spezieller Soft- und Hardware voraus.
  Alle elektronischen Medien wie Radio und Fernsehen, aber auch das Internet mit seinen vielfältigen Diensten gehören zu den tertiären Medien.

Sinneskanal des Mediennutzers
Mit Print- und Digitalmedien können außer dem Sehsinn noch andere Sinneskanäle bei der Rezeption angesprochen werden:
- *Visuell*
  Schrift, Bild und Grafik, Filme und Animationen, Farben, Glanz
- *Auditiv*
  Gesprochene Sprache, Musik und Geräusche
- *Haptisch oder taktil*
  Strukturen, Oberflächenbeschaffenheit

Kommunikation

- *Motorisch*
  Interaktion, Rubbeln, bewegliche Teile
- *Olfaktorisch*
  Gerüche, z. B. Mikroverkapselung von Geruchsstoffen in Druckfarben

Dimension des Mediums
- *Inhalt*
  Information und Botschaft
- *Code*
  Zeichensystem, technischer Standard, Barrierefreiheit
- *Distribution*
  Vertrieb und Verbreitung, Hard- und Software, Übertragungsprotokoll
- *Wirtschaftlichkeit*
  Medienproduktion, Mediennutzung, Medienwirkung

8.1.1.3 Zielgruppe

Die Kommunikation durch Print- und Digitalmedien ist keine direkte personale Kommunikation. Es gibt keine Person oder Publikum als Gegenüber, sondern das jeweilige Medium ist Übermittler der Botschaft. Die Bestimmung und Analyse der Zielgruppe ist deshalb unabdingbare Voraussetzung für eine erfolgreiche Kommunikation. Die Medienauswahl, die Medienkonzeption und die Medienproduktion müssen auf die Besonderheiten der Adressaten oder, wie es in der Kommunikationstheorie heißt, der Rezipienten in der Zielgruppe abgestimmt sein.

Zur Definition und Analyse einer Zielgruppe gibt es verschiedene Modelle und Methoden.

Zielguppenanalysebereiche
- *Demografischer Bereich*
  Alter, Geschlecht, Familienstand, Zahl der Kinder
- *Geografischer Bereich*
  Wohnort, Region, Bundesland
- *Psychografischer Bereich*
  Lebensstil, Einstellungen, Interessen, soziale oder politische Orientierung
- *Soziografischer Bereich*
  Gesellschaftliche Stellung, Beruf, Schulbildung, Freizeitverhalten
- *Wirtschaftlicher Bereich*
  Einkommen, Kaufverhalten, wirtschaftliche Stellung

Sinus-Milieus
Die Differenzierung der Zielgruppen nach dem Modell der Lebenswelten wurde Ende der 1970er Jahre vom Institut Sinus Sociovision in Heidelberg entwickelt. Die Bevölkerung eines Landes wird in zehn Gruppen bzw. Milieus mit gemeinsamen Grundeinstellungen, ähnlicher Lebenseinstellung und Lebensweise eingeteilt.

Die Position der Milieus in der Gesellschaft nach sozialer Lage und Grundorientierung veranschaulicht die untenstehende Grafik: Je höher ein Milieu angesiedelt ist, desto gehobener sind Bildung, Einkommen und Berufsgruppe; je weiter rechts, desto moderner ist die Grundorientierung.

Band I – Seite 595
7.5.1 Sinus-Milieus Deutschland

Sinus-Milieus
in Deutschland 2007, visualisiert in der so genannten Kartoffel-Grafik

www.sinus-sociovision.de

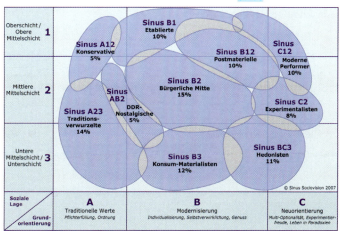

657

Band I – Seite 595
7.5.1 Sinus-Milieus Deutschland

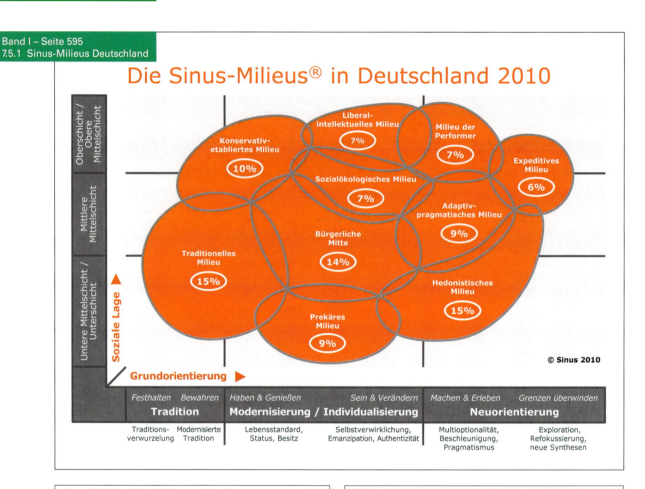

Langfristige Veränderungstendenzen in unserer Gesellschaft

→ **Modernisierung und Individualisierung**
 - Öffnung des sozialen Raumes durch höhere Bildungsqualifikationen, steigende Mobilität und Kommunikation und dadurch erweiterte Entfaltungsspielräume und Wahlmöglichkeiten

→ **Überforderung und Regression**
 - Wachsende Überforderung und Verunsicherung durch den technologischen, soziokulturellen und ökonomischen Wandel, durch die Vielfalt der Möglichkeiten (Multioptionsparalyse) und die Entstandardisierung von Lebensläufen – mit der Folge von Orientierungslosigkeit und Sinnverlust, Suche nach Entlastung, Halt und Vergewisserung (Regrounding)

→ **Entgrenzung und Segregation**
 - Durch Globalisierung und Digitalisierung getriebenes Auseinanderdriften der Lebens- und Wertewelten, sozialhierarchische Differenzierung und wachsende soziale Deklassierungsprozesse, Erosion der Mitte, Entstehen einer kosmopolitischen Elite (One-World-Bewusstsein)

Der aktuelle gesellschaftliche Wandel

→ **Strukturelle Veränderungen:**
 - Demografische Verschiebungen, Veränderungen in Sozialstruktur und Arbeitswelt, Auseinanderdriften von „oben und unten", von Mitte und Peripherie; Wissensgesellschaft, Multimedia-Revolution, Digital Divide

→ **Wertekonvergenzen und -divergenzen:**
 - Einerseits Leistung und Effizienz, Pragmatismus und Nutzenorientierung, Multioptionalität und Multitasking; andererseits: Regrounding, Suche nach Anker, Halt und Geborgenheit, Nachhaltigkeit und Entschleunigung sowie Neuinterpretation traditioneller Werte, neue Wertesynthesen, selektiver Idealismus

→ **Soziale und kulturelle Folgen:**
 - Entsolidarisierung, Prekarisierung von Teilen der Unterschicht, Konvergenzprozesse im gehobenen Segment, Modernisierung der Funktionselite, Erosion der gesellschaftlichen Mitte, Ausdifferenzierungen im modernen Segment, Network Society, Social Ethics

Sinus-Milieus

Abbildung gesellschaftlicher Veränderungen durch die Sinus-Milieus 2010

Abb: www.sinus-institut.de /presse/pressearchiv.html

Nielsen-Gebiete

Das 1923 in den USA gegründete Marktforschungsinstitut hat Deutschland in Gebiete zur Marktforschung eingeteilt. Bis 2007 waren es acht Gebiete. Ab 2008 werden die Gebiete 5 (Berlin) und 6 (Mecklenburg-Vorpommern, Sachsen-Anhalt, Brandenburg) zusammengelegt.

Durch die Einteilung in die sieben Gebiete sollen das unterschiedliche Konsumentenverhalten und die wirtschaftlichen Verhältnisse regionalisiert werden. So können z. B. Werbekampagnen besser den verschiedenen Märkten entsprechend gestaltet werden.

8.1.1.4 Kommunikationsziele

Mit dem Einsatz verschiedener Medien wollen Sie bei Ihrer Zielgruppe bestimmte Kommunikationsziele erreichen. Die Kommunikationsziele leiten sich aus den übergeordneten Unternehmens- und Marketingzielen ab.

Am Ende steht die Auswahl, Konzeption und Produktion der geeigneten Kommunikationsinstrumente und -medien. Lassen Sie sich aber nicht von der technischen Machbarkeit oder der ästhetischen Schönheit der Print- und/oder Digitalmedien leiten. Kriterium für die Medienauswahl ist einzig das möglichst ökonomische Erreichen Ihrer Kommunikationsziele.

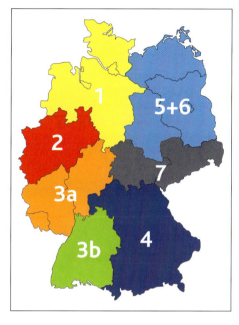

Statusanalyse

Bevor Sie aber Ihre Ziele formulieren, müssen Sie zunächst Ihren eigenen Standpunkt bestimmen. Erst dann können Sie das Ziel und den Weg zum Erreichen des Ziels festlegen.

Die folgenden Fragen sollen Ihnen bei der zielorientierten Analyse helfen.
- Wer sind meine Adressaten?
- Welche Ideen und Inhalte möchte ich vermitteln?
- Welche Botschaft möchte ich vermitteln?
- Welches Verhalten und welche Handlungen möchte ich auslösen?
- Warum sollten Empfänger meine Medien rezipieren?
- Welche Kommunikationsmittel und -medien kann ich einsetzen?
- Wie viel Zeit habe ich?
- Welches finanzielle Budget habe ich?
- Bietet die Kampagne etwas Neues?
- Kann/muss ich meine Zielgruppe aktiv beteiligen?
- Ist mein Ziel realistisch?

Nielsen-Gebiete

ab 2008:
- Gebiet 1
  Hamburg, Bremen, Schleswig-Holstein, Niedersachsen
- Gebiet 2
  Nordrhein-Westfalen
- Gebiet 3a
  Hessen, Rheinland-Pfalz, Saarland
- Gebiet 3b
  Baden-Württemberg
- Gebiet 4
  Bayern
- Gebiet 5+6
  Berlin, Mecklenburg-Vorpommern, Sachsen-Anhalt, Brandenburg
- Gebiet 7
  Thüringen, Sachsen

www.acnielsen.de

Zieldefinition
Definieren Sie Ihre Kommunikationsziele möglichst konkret. Die Formulierung muss eindeutig, realistisch und im Ergebnis überprüfbar sein.

Die folgende Auflistung möglicher Kommunikationsziele soll Ihnen Anregung zur eigenen Analyse und Zielformulierung sein.
- Umsatz steigern
- Image verbessern oder verändern
- Informieren
- Neuigkeiten mitteilen
- Bekanntheitsgrad steigern
- Kaufimpulse auslösen
- Sympathie steigern
- Auf Mitbewerber reagieren
- Marktanteil erhöhen

8.1.1.5 Kommunikationsrichtlinien

Auf der Basis der zielgruppenorientierten Kommunikationsziele entwickeln Sie die Kommunikationsrichtlinien. In diesen Richtlinien definieren Sie die verschiedenen Kommunikationsinstrumente und deren Einsatz als Teil der Gesamtkommunikation.

8.1.1.6 Kommunikationscontrolling

Die Überprüfung der Kommunikationsergebnisse ist während der Kampagne und natürlich nach deren Abschluss notwendig. Reflektieren Sie die zwei Aspekte
- Wirtschaftlichkeit und
- Wirksamkeit.

Aus der Reflexion ergeben sich verschiedene Fragestellungen
- Wurden die Kommunikationsziele erreicht?
- Waren die Kommunikationselemente für meine Zielgruppe die richtigen?
- Hat der Erfolg den wirtschaftlichen Aufwand gerechtfertigt?

Drei einfache Fragen, auf die es aber keine einfachen Antworten gibt. Die Fragen bezeichnen die Kriterien, aus denen Sie verschiedene Indikatoren entwickeln, mit deren Hilfe Sie den Erfolg ablesen oder sogar messen können. Spezialisierte Mediaagenturen bieten eine Vielzahl standardisierter und maßgeschneiderter Tests an.

Spannungsfeld der Kommunikation

Evaluation und Bewertung Ihrer Kommunikationsstrategie und der daraus entwickelten Kommunikationselemente führen zu einem kontinuierlichen Prozess der Optimierung.

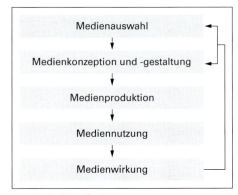

Kontinuierliche Optimierung

8.1.2 Kommunikationsmodelle

Kommunikation

Die theoretischen Grundlagen der Kommunikation werden in verschiedenen Kommunikationsmodellen beschrieben.

In diesem Kapitel werden drei der wichtigsten allgemeinen Kommunikationsmodelle erläutert. Im Kapitel 7.3 *Branding* haben Sie bereits zwei für die Praxis der medialen Kommunikation grundlegende Modelle, das AIDA- und das GIULIA-Modell, kennengelernt.

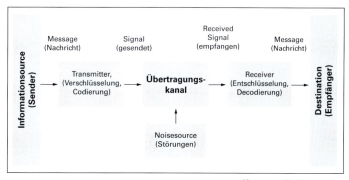

8.1.2.1 Kommunikationsmodell von Shannon & Weaver

Das informationstheoretische Kommunikationsmodell von Shannon und Weaver aus dem Jahre 1949 ist grundlegend für viele nachfolgende Kommunikationsmodelle. Es besitzt heute noch immer Gültigkeit für die naturwissenschaftlich-mathematische Seite der Informationsübertragung, d. h. die technische Kommunikation. Inhalte der Kommunikation, deren Bedeutung oder Sinn, spielen in diesem Modell keine Rolle. Shannon sagt sogar ausdrücklich: Information hat keine Bedeutung. Betrachten wir als Beispiel die Übertragung einer E-Mail. Sie schreiben in Ihrem E-Mail-Programm eine E-Mail. Nachdem Sie als Sender den Senden-Button angeklickt haben, codiert die Software Ihre E-Mail und schickt sie über das Internet zum E-Mail-Provider, z. B. GMX oder T-Online. Der Adressat als Empfänger kann jetzt, falls es bei der Übertragung keine technischen Störungen gegeben hat, Ihre Mail mit seinem E-Mail-Programm beim Provider abrufen und auf seinen Computer laden. Nach der Decodierung durch die Software kann der Empfänger die Mail lesen. Der Inhalt Ihrer E-Mail spielt bei dieser Übertragung keine Rolle. Zwischenmenschliche Kommunikationsprozesse sind mehr als die technische Informationsübertragung zwischen Sender und Empfänger. Es wurden deshalb weitere Kommunikationsmodelle entwickelt, die vor allem die menschlichen Beziehungen als Kommunikationsfaktor einbeziehen.

Kommunikationsmodell von Shannon & Weaver

Linear gerichtete Informationsübertragung ohne Rückkopplung vom Sender zum Empfänger

8.1.2.2 Modell von Paul Watzlawick

Paul Watzlawick, ein in den USA lebender Österreicher, entwickelte in seinem 1969 erstmals erschienenen Buch „Menschliche Kommunikation – Formen, Störungen, Paradoxien" ein Kommunikationsmodell mit pragmatischen Regeln der Kommunikation. Watzlawick teilt das Gebiet der menschlichen Kommunikation in drei Bereiche ein, die Syntaktik, die Semantik und die Pragmatik.

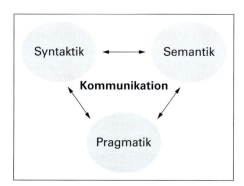

Kommunikationsmodell von Watzlawick

- Syntaktik: Technik der Übermittlung
- Semantik: Bedeutung der Nachricht
- Pragmatik: Beziehung und Verhalten der Teilnehmer

- *Syntaktik*
  Der Bereich der Syntaktik befasst sich mit den technischen Problemen der Nachrichtenübertragung. Die Syntaktik entspricht in etwa dem Kommunikationsmodell von Shannon & Weaver.
- *Semantik*
  Der zweite Bereich der Kommunikation ist die Semantik. Sie befasst sich mit der Bedeutung der verwendeten Zeichen und Symbole.
- *Pragmatik*
  Der dritte Bereich ist die Pragmatik. Der pragmatische Aspekt beschreibt das Verhalten der am Kommunikationsprozess beteiligten Personen.

Kommunikation ist immer ein System und damit sind alle am Kommunikationsprozess beteiligten Menschen ein Teil dieses Systems. Somit können wir Kommunikation auch nicht mehr als einen linear ablaufenden Prozess verstehen, sondern als ein zirkuläres System mit Rückkopplung, d. h. Feedback, zwischen den am Kommunikationsprozess beteiligten Personen.

Die fünf Grundsätze der Kommunikation nach Paul Watzlawick

Die Beispiele zur Veranschaulichung der Grundsätze sind aus der primären zwischenmenschlichen Kommunikation einer Präsentation oder eines Briefings gewählt. Natürlich sind die Grundsätze der Kommunikation auch für die sekundäre und tertiäre Kommunikation gültig.

1. *Man kann nicht nicht kommunizieren.*
   „Handeln oder Nichthandeln, Worte oder Schweigen haben alle Mitteilungscharakter: Sie beeinflussen andere, und diese anderen können ihrerseits nicht nicht auf diese Kommunikation

reagieren und kommunizieren damit selbst." (Watzlawick 2003, S. 51). Ihre Zuhörer nehmen außer dem Inhalt Ihrer Rede viele verschiedene Informationen wahr. Sie registrieren beispielsweise Ihr Sprechtempo und die Lautstärke, aber natürlich auch die Aspekte Ihrer Körpersprache wie Mimik, Gestik und Körperhaltung. Das Publikum reagiert auf Ihre Signale, Sie wiederum reagieren auf die Reaktion des Publikums. Sie sehen, Kommunikation ist ein dynamischer Prozess.

2. *Jede Kommunikation hat einen Inhalts- und einen Beziehungsaspekt.*
   Der Inhaltsaspekt beschreibt das Was einer Nachricht. Ebenso wichtig für eine gelungene Kommunikation ist der Beziehungsaspekt, das Wie einer Nachricht. Wie möchten Sie als Sender vom Empfänger wahrgenommen und verstanden werden bzw. wie nimmt der Empfänger Sie wahr und wie versteht er die Nachricht. Durch eine Störung des Beziehungsaspektes wird der Inhaltsaspekt entwertet. Erst der menschliche Faktor macht Vorträge erfolgreich. Nur wenn sich Redner und Zuhörer „mögen", kann Kommunikation erfolgreich sein.

3. *Die Natur einer Beziehung ist durch die Interpunktion der Kommunikationsabläufe seitens der Partner bestimmt.*
   Kommunikation kennt keinen Anfang und kein Ende, sondern verläuft kreisförmig. Zu jeder Situation gibt es eine vorhergehende und eine darauf folgende Situation. Wir müssen deshalb diesen Kreisprozess der Kommunikation in einzelne unterscheidbare Abschnitte gliedern. Watzlawick nennt dies die Interpunktion von Ereignisfolgen. Die Partner müssen einen Kommunika-

Kommunikation

tionsprozess strukturieren. Dies geschieht analog zur Strukturierung eines Textes durch Satzzeichen. In einer vom Referenten dominierten Präsentation wird die Gliederung vor allem vom Vortragenden vorgegeben. Je stärker Sie Ihr Publikum mit einbeziehen, desto höher wird sein Anteil an der Interpunktion der Kommunikation.

4. Menschliche Kommunikation bedient sich analoger und digitaler Modalitäten.

Sie können Objekte auf zwei unterschiedliche Arten darstellen, in einer Analogie, z. B. in einer Zeichnung, oder mittels der verbalen Benennung durch einen Namen. Mit den analogen Kommunikationsformen werden die nonverbale Kommunikation und der Beziehungsaspekt der Kommunikation beschrieben. Teil der analogen Kommunikation sind alle Aspekte der Körpersprache wie die Mimik und die Gestik sowie z. B. der Tonfall eines Menschen. Die Visualisierung eines Inhalts durch ein Bild oder eine Grafik entspricht ebenfalls dem analogen Modus. Der digitale Modus der Kommunikation betrifft die Sprache als System von Zeichen, die einem bestimmten Objekt zugeordnet sind. Wenn Sie im Radio eine fremdsprachige Sendung hören, werden Sie vermutlich die Nachricht nicht entschlüsseln können. Dieses einfache Beispiel zeigt, dass die digitale Kommunikationsform der Sprache einen gemeinsamen Zeichenvorrat von Sender und Empfänger bedingt.

Beide Kommunkationsformen, die analoge und die digitale Kommmunikation über die verschiedensten Medien, ergänzen sich in einer erfolgreichen Kommunikation gegenseitig und profitieren voneinander.

5. Kommunikation ist symmetrisch oder komplementär.

Die Kommunikation zwischen Menschen wird durch ihre soziale Position bestimmt. Die gleiche Position führt zu einer symmetrischen Kommunikation. Eine unterschiedliche Position bedingt eine komplementäre Kommunikation.

Symmetrisch bedeutet spiegelbildlich oder spiegelgleich. Für die Kommunikation heißt dies, dass die Partner einer symmetrischen Kommunikation gleichberechtigt sind. Die Präsentation vor Mitschülern oder Kollegen ist ein Beispiel für eine symmetrische Kommunikationssituation.

Komplementär bedeutet ergänzend. Die ungleichen Kommunikationspartner ergänzen durch ihr unterschiedliches Verhalten die Kommunikation zu einer Gesamtheit. Wenn Sie vor Kunden, Vorgesetzten oder Lehrern präsentieren, dann ist dies ein komplementärer Kommunikationsprozess.

8.1.2.3 Modell von Friedemann Schulz von Thun

Friedemann Schulz von Thun ist Professor für Psychologie an der Universität Hamburg. 1981 hat er sein Kommunikationsmodell vorgestellt. Schulz von Thun unterscheidet bei der Kommunikation vier verschiedene Aspekte. Er stellt die vier Seiten einer Äußerung als Quadrat dar. Dem Sender ordnet er dementsprechend „vier Schnäbel" und dem Empfänger „vier Ohren" (Vier-Ohren-Modell) zu. An der Kommunikation sind immer vier Schnäbel und vier Ohren beteiligt. Sie übermitteln mit Ihrem Medium immer vier Botschaften gleichzeitig und der Mediennutzer empfängt dementsprechend immer vier Botschaften gleichzeitig.

663

Das Kommunikationsquadrat

Abb.:
www.schulz-von-thun.de

Sachinhalt – „Worüber ich informiere."
Mit Ihrem Medium vermitteln Sie dem Nutzer des Mediums einen bestimmten Inhalt.

Selbstkundgabe – „Was ich von mir zu erkennen gebe."
Mit Ihrer Medienkonzeption und -gestaltung geben Sie auch ein Stück von sich preis. Die Nutzer merken, ob Sie hinter Ihrer Sache stehen oder nur Theater spielen. Seien Sie natürlich und authentisch.

Beziehung – „Was ich von dir halte und wie ich zu dir stehe."
Der Beziehungsaspekt ist sicherlich der am schwierigsten erfassbare. Trotzdem hat er entscheidenden Einfluss auf das Gelingen des Kommunikationsprozesses. Auf der Beziehungsebene werden Ich-Botschaften und Du-Wir-Botschaften gesendet.

Appell – „Was ich bei dir erreichen möchte."
Mit jeder Aussage appellieren Sie an Ihre Zuhörer, eine geistige oder körperliche Handlung durchzuführen. Die Appelle können offen, unterschwellig, manipulativ,... sein.

Verständlichkeit
Schulz von Thun nennt vier Merkmale für eine verständliche Aussage:
- *Einfachheit*
  Der Sachinhalt sollte einfach, richtig und ansprechend dargestellt werden. Wenn Sie kurze Sätze bilden und unnötige Fremdwörter vermeiden, steigern Sie ebenfalls den Erfolg Ihrer Botschaften.
- *Gliederung*
  In Ihrem Medium muss ein roter Faden erkennbar sein. Gliedern Sie den Inhalt folgerichtig, trennen Sie unwichtige von wichtigen Informationen.
- *Kürze und Prägnanz*
  Ihr Medium muss auf das Kommunikationsziel ausgerichtet sein. Vermitteln Sie eine klare Botschaft.
- *Stimulans*
  Gestalten Sie Ihren Text, Ihre Grafiken, Ihre Bilder spannend und abwechslungsreich. Weichen Sie ab von der Norm. Bieten Sie etwas Neues, noch nie Dagewesenes.

8.1.3 Aufgaben

1 Medien nach Pross einteilen

Wodurch unterscheiden sich die drei Medientypen?
a. Primäre Medien
b. Sekundäre Medien
c. Tertiäre Medien

2 Medientypen visualisieren

Visualisieren Sie die drei Medientypen in einem Modell der Informationsübertragung.
a. Primäre Medien

b. Sekundäre Medien

c. Tertiäre Medien

3 Sinneskanäle kennen

Welche Sinne werden von den Print- und Digitalmedien angesprochen?

4 Zielgruppen analysieren

Nennen Sie drei Bereiche der Zielgruppenanalyse.

5 Kommunikationsziele nennen

Welche übergeordneten Ziele bilden die Grundlage für die Entwicklung der Kommunikationsziele?

6 Kommunikationsfeld kennen

Tragen Sie drei Dimensionen, die die Kommunikation beeinflussen, ein.

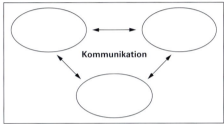

7 Kommunikationsmodell von Watzlawick kennen

Erklären Sie die drei Bereiche der Kommunikation:
a. Syntaktik
b. Semantik
c. Pragmatik

8 Kommunikationsmodell von Watzlawick kennen

Nehmen Sie zu der folgenden These von Watzlawick Stellung: „Man kann nicht nicht kommunizieren."

9 Kommunikationsmodell von Schulz von Thun erläutern

Was versteht man unter dem
a. Vier-Schnäbel-Modell,
b. Vier-Ohren-Modell?

8.2 Konzeption

8.2.1	Arbeits- und Zeitplan	668
8.2.2	Thema und Inhalt	669
8.2.3	Visualisieren	671
8.2.4	Präsentationslayout	672
8.2.5	Schrift und Text	674
8.2.6	Farbgestaltung	678
8.2.7	Bild- und Grafikauswahl	679
8.2.8	Skizzieren	681
8.2.9	Checklisten	685
8.2.10	Aufgaben	688

8.2.1 Arbeits- und Zeitplan

Der Termin Ihrer Präsentation ist noch ganz weit weg – und plötzlich ist er da, überraschend wie Weihnachten. Damit Sie nicht überrascht werden und Ihre Präsentation professionell erarbeiten und durchführen können, müssen Sie mit einer gründlichen Arbeitsplanung beginnen.

Magisches Dreieck
Die drei Anforderungen können sich widersprechen.

- Wann ist der Präsentationstermin?
- Wie viel Zeit bleibt bis dahin?
- Wie viel Zeit kann ich zur Vorbereitung aufwenden?
- Arbeite ich alleine oder im Team?
- Erhalte ich Unterstützung von anderen Personen?
- Welche Möglichkeiten der Recherche und Materialerarbeitung habe ich?
- Welche Arbeitsschritte muss ich bis zur Präsentation erledigen?
- Welche Präsentationsmedien stehen mir zur Verfügung?
- Welche Medien muss ich mir technisch erarbeiten?
- Wie umfangreich muss meine Präsentation sein?
- Welchen Anspruch habe ich an meine Präsentation?

Die Antworten auf diese Fragen werden möglicherweise zu sich widersprechenden Zielen führen. Sie möchten eine optimale Präsentation halten, haben aber nur beschränkte Vorbereitungszeit und Ressourcen, z. B. zur Materialbeschaffung, zur Verfügung.

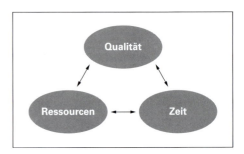

Aus der angestrebten Balance dieser drei sich widersprechenden Ziele entwickeln Sie Ihren Arbeits- und Zeitplan, gegliedert nach den Arbeitsschritten, die Sie erledigen müssen. Planen Sie Pufferzeiten ein. Meist braucht man doch länger oder es kommt noch Unvorhergesehenes dazu. Schätzen Sie Ihren Zeitbedarf realistisch ein.

Arbeits- und Zeitplan
Die Differenz zwischen der minimalen und der maximalen Zeit ist Ihr Puffer für unvorhersehbare Ereignisse. Der Termin bezeichnet den Endtermin für den jeweiligen Arbeitsschritt.

Arbeitsschritte	Zeit (h) minimal	maximal	Termin	Notizen
Thema, Ziel				
Recherche				
Erarbeitung				
Gliederung				
Ausarbeitung				
Probelauf				
Überarbeitung				
Präsentation				
Summe				

8.2.2 Thema und Inhalt

Nachdem Sie die Arbeits- und Zeitplanung erstellt haben, folgt nun die praktische Erarbeitung der Inhalte Ihrer Präsentation.

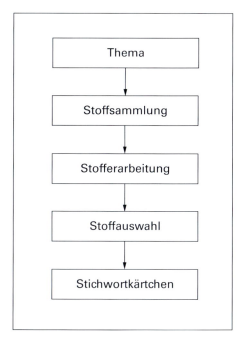

Schema zur Erarbeitung von Thema und Inhalten

8.2.2.1 Themenfindung

Zu Beginn Ihrer Arbeit geht es um die exakte Formulierung Ihres Themas. Auch wenn Sie das Thema nicht selbst als Fach- oder Seminararbeit wählen können, sondern vorgegeben bekommen, ist die Konkretisierung der Themenstellung ein notwendiger Schritt. Erschließen Sie sich das Thema mit den Antworten auf folgende Fragen. Machen Sie das Thema zu Ihrem Thema.
- Interessiert mich das Thema?
- Was will ich wissen?
- Warum will ich das wissen?
- Habe ich schon Material zu diesem Thema?
- Wo finde ich Material?
- Kann ich das Thema bewältigen oder überwältigt mich das Thema?
- Wie viel Zeit habe ich zur Erarbeitung?
- ...

8.2.2.2 Stoffsammlung

Brainstorming
Schreiben Sie in Stichworten alles auf, was Ihnen zu Ihrem Thema einfällt. Bewerten Sie noch nichts und sortieren Sie noch nichts aus. Es geht in dieser Arbeitsphase nur darum, sich dem Thema zu nähern und sich einen Überblick zu verschaffen.

Recherche
Auf der Basis Ihres Brainstormings ermitteln Sie Ihren Informationsbedarf und entwickeln eine Suchstrategie zur Recherche in Büchern, Zeitungen, Zeitschriften und natürlich dem Internet. Berücksichtigen Sie dabei das Verhältnis von Aufwand und Ertrag. Wie viel Zeit haben Sie für diesen Schritt in Ihrer Arbeitsplanung vorgesehen?

Wichtig bei der Recherche, egal ob gezielt oder nach dem Schneeballsystem, ist, dass Sie die Ergebnisse zusammen mit den Quellen fixieren. Sie können dies klassisch auf Karteikärtchen oder elektronisch z. B. in einer Datenbank am Computer machen. Für die weitere Arbeit ist es sinnvoll, nicht nur zu kopieren, sondern gleich *Exzerpte* anzulegen. Exzerpte sind auf Ihr Thema bezogene Textauszüge. Alles, was für das Thema unwichtig ist, wird weggelassen. Exzerptieren heißt also auswählen und leistet damit schon eine erste Vorarbeit für die Gliederung. Falls Sie die Ergebnisse Ihrer Recherche zu einem späteren Zeitpunkt noch einmal brauchen, dann legen Sie ein

Ordnungssystem mit Schlagworten an. Sie sparen hierdurch bei der nächsten Präsentation einige Zeit.

8.2.2.3 Stofferarbeitung

Sammeln alleine reicht nicht. Sie müssen den Stoff auch verstanden haben. Sprechen Sie schon in dieser Phase der Vorbereitung mit anderen über Ihr Thema. Im Gespräch werden Ihnen die Inhalte und Zusammenhänge klarer und Sie merken, woran Sie noch arbeiten müssen. Der wichtigste Grundsatz lautet hierbei: Ich präsentiere nur Inhalte, die ich selbst verstanden habe.

8.2.2.4 Stoffauswahl

Reduktionsmethode
Mit Hilfe der Reduktionsmethode beschränken Sie Ihren Stoff auf das Wesentliche.
- *Kürzen*
  Kürzen heißt vor allem, Überflüssiges, Schmückendes und Doppelungen wegzulassen. Gebrauchen Sie eine klare Sprache ohne Füllwörter oder lange Schachtelsätze.
- *Verdichten*
  Erhöhen Sie die Informationsdichte Ihrer Aussagen durch die Auflösung ganzer Sätze in kurze Teilsätze oder Schlagworte. Das Ergebnis können Sie direkt für Ihre Folien verwenden oder auf Stichwortkarten notieren.

A-B-C-Analyse
Meist haben Sie unendlich viel Inhalte und nur endlich viel Zeit. Die A-B-C-Analyse hilft Ihnen bei der Auswahl und Gewichtung der Inhalte Ihrer Präsentation.
- A-Inhalte
  Alle Inhalte, die präsentiert werden müssen
- B-Inhalte
  Alle Inhalte, die präsentiert werden sollten
- C-Inhalte
  Alle Inhalte, die präsentiert werden könnten, wenn genügend Zeit bleibt

Ordnen Sie alle Inhalte einer dieser drei Kategorien zu. Bedenken Sie dabei immer, auswählen heißt vor allem weglassen. Durch die Überprüfung werden Ihnen die Inhalte noch bewusster, und es ergibt sich meist schon die Grundlage für eine Gliederung.

8.2.2.5 Stichwortkarten

Stichwortkarten, z. B. Karteikarten im Format A6 oder A7, dienen Ihnen nicht nur als Gedächtnisstütze. Sie müssen sich bei der Erstellung nochmals Gedanken über die Gliederung und Abfolge machen. Die Inhalte werden auf die wesentlichen Punkte reduziert, Zahlen und Fakten notiert. Stichwortkarten haben also eine vergleichbare Funktion wie ein gut gemachter Spickzettel für eine Klassenarbeit oder eine Klausur.

Außerdem haben Sie mit den Kärtchen etwas in der Hand, an dem Sie sich festhalten können. Ihre Hände kommen zur Ruhe und unterstützen Ihre Worte trotzdem mit angemessener Gestik.

8.2.3 Visualisieren

Konzeption

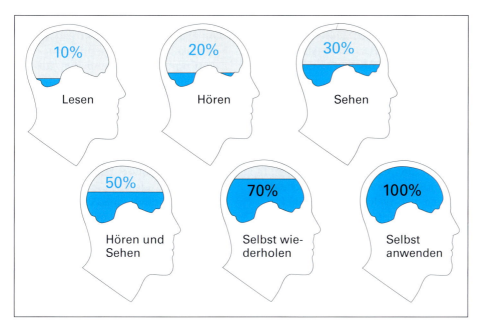

Behaltensquote von Information

- Lesen 10 %
- Hören 20 %
- Sehen 30 %
- Hören und Sehen 50 %
- Selbst wiederholen 70 %
- Selbst anwenden 100 %

Präsentieren bedeutet in der wörtlichen Übersetzung *darstellen, vorlegen, vorzeigen*. Dies verdeutlicht, was unter einer Präsentation *nicht* zu verstehen ist: eine sich auf Worte beschränkende Rede.

Eine Präsentation schließt immer eine *Veranschaulichung* der Inhalte ein. Der Fachbegriff hierfür lautet Visualisierung. Visualisierung beinhaltet den Begriff „visuell", also das Sehen betreffend. Eine Präsentation unterscheidet sich von einer Rede dadurch, dass sie visuell unterstützt wird. Hierdurch wird erreicht, dass neben dem Hörsinn auch der Sehsinn des Menschen angesprochen wird. Wie die Grafik zeigt, steigt hierdurch die so genannte Behaltensquote von Information immerhin auf 50 % an.

Vielleicht haben Sie bemerkt, dass die Grafik selbst eine Visualisierung ist, weil hier tabellarische Daten in eine Grafik umgesetzt wurden: Die Darstellung der prozentualen Werte als „Füllhöhe" im Gehirn ist eine Bildmetapher, bei der eine Tätigkeit des Alltags, das Einfüllen einer Flüssigkeit, in einen neuen Zusammenhang gebracht wird.

Die Kunst des Visualisierens besteht darin, Informationen in kompakter, anschaulicher und leicht verständlicher Art und Weise darzustellen, z. B.:
- Kurze stichwortartige Texte, Aufzählungen
- Informationsgrafiken, Diagramme, Zeichnungen, Skizzen
- Tabellarische Darstellung von Informationen
- Bildkompositionen, Bildmanipulation, Bildausschnitt
- 2D-Animationen
- 3D-Animationen
- Videoclips

Visualisierung *unterstützt, ergänzt* und *veranschaulicht* das gesprochene Wort, darf es aber niemals ersetzen. Im Mittelpunkt einer Präsentation müssen immer Sie als Präsentierende/r stehen – niemals Ihre visuelle Unterstützung!

671

8.2.4 Präsentationslayout

Band I – Seite 692
8.3.1 Das richtige Medium

Worin unterscheiden sich professionelle von laienhaften Visualisierungen? Der wesentliche Unterschied besteht darin, dass der professionelle Gestalter nicht willkürlich gestaltet, sondern überlegt und nach Konzept handelt. Seine Gestaltung ergibt sich nicht zufällig, sondern ist Ergebnis eines Gestaltungsprozesses, der mit einem leeren Blatt Papier beginnt.

Bevor Sie mit der Gestaltung beginnen, müssen Sie zunächst entscheiden, welches oder welche Medien Sie für Ihre Präsentation einsetzen werden. Nutzen Sie hierfür die Checkliste auf Seite 692.

Aus der Wahl des Mediums ergeben sich einige Vorgaben für die Gestaltung:
- *Format und Layout*
Beamerpräsentationen und Tafeln besitzen ein Querformat, Plakate, Pinnwand und Metaplan sind meistens hochformatig und OH-Projektoren besitzen eine quadratische Grundfläche.
- *Handschrift oder Computer*
Während sich Präsentationen mit Beamer, OH-Projektor, Visualizer oder Plakaten sehr gut mit entsprechender Software am Computer vorbereiten lassen, sind Sie bei Metaplan, Tafel und Flipchart auf manuelles Schreiben und Skizzieren angewiesen.
- *Schriftwahl und -größe*
Die Auswahl der Schrift und Schriftgröße wird maßgeblich durch die Raumgröße und Projektionsfläche bestimmt. Auch aus der letzten Stuhlreihe muss die Schrift ohne Opernglas lesbar sein.
- *Farbgestaltung*
Auch der Farbwahl und -gestaltung sind durch das gewählte Medium Grenzen gesetzt: Während Sie für Beamer- oder Plakatpräsentationen beliebige Farben verwenden können, müssen Sie beim OH-Projektor auf alle hellen Farben verzichten, da diese keinen ausreichenden Kontrast zum Hintergrund bilden. Bei Flipchart, Whiteboard oder Metaplan sind Sie auf die wenigen Farben Ihrer Stifte begrenzt.
- *Bilder und Grafiken:* Wenn Sie digitale Bilder und Grafiken einsetzen wollen, dann empfiehlt sich eine Beamerpräsentation. Für Papierbilder oder Bilder aus Büchern bietet sich die Verwendung eines Visualizers an.

Nachdem die Auswahl des gewünschten Präsentationsmediums getroffen ist, kann mit dem Layouten Ihrer Präsentation begonnen werden:

1. Schritt: Layout scribbeln
Im ersten Schritt skizzieren Sie das Layout. Machen Sie mehrere Entwürfe und wählen Sie dann aus. Berücksichtigen Sie alle Elemente, die Sie zur Visualisierung benötigen: Textbereich mit Headline, Bildbereich, Zusatzinfos, Gestaltungselemente.

Wenn Sie an der Tafel, mit Flipchart oder Metaplan präsentieren, ist die Vorbereitung an dieser Stelle bereits abgeschlossen. Die Umsetzung des Layouts erfolgt direkt am Medium.

Konzeption

2. Schritt: Layoutvorlage erstellen

Bei OH-, Visualizer- oder Plakatpräsentation wird das Layout als Musterseite in InDesign oder QuarkXPress erstellt. Außerdem werden alle benötigten Stilvorlagen erzeugt.

Im Falle einer Beamerpräsentation bietet sich die Verwendung einer Präsentationssoftware wie PowerPoint an. Hier wird die Folienvorlage als „Folienmaster" bezeichnet. Der Folienmaster enthält alle Elemente Ihrer Präsentation, die auf *jeder* Folie zu sehen sein sollen, also Hintergrund, Farben, Logo, Headline. Verwenden Sie stets ein Raster zur Umsetzung des Layouts. Weiterhin werden im Folienmaster die gewünschten Schriften und Schriftattribute vorgegeben.

Musterseite bzw. Folienmaster gewährleisten, dass alle Folien bzw. Plakate ein durchgehend einheitliches Aussehen erhalten. Dies ist ein wichtiges Qualitätsmerkmal Ihrer Präsentation!

3. Schritt: Folien, Plakate erstellen

Wenn das Layout steht und die Stilvorlagen zur Textformatierung vorliegen, ist die Umsetzung des Präsentationsmanuskripts in Folien bzw. Plakate einfach. Der relativ hohe Zeitaufwand für die Schritte 1 und 2 macht sich jetzt bezahlt. Nachträgliche Änderungen an der Musterseite bzw. -folie sind jederzeit möglich und wirken sich automatisch auf alle Folien aus.

Wenn Sie öfters präsentieren, können Sie ein einmal erstelltes Layout ohne großen Aufwand modifizieren. Die Beispiele rechts entstammen aus unterschiedlichen Präsentationen, besitzen jedoch alle das gleiche Layout.

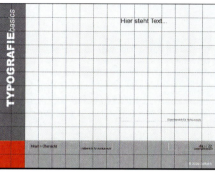
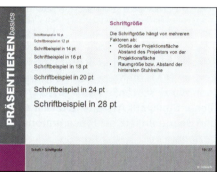
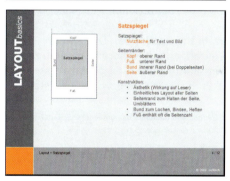

Folienmaster

Der Folienmaster (Screenshot oben) dient bei PowerPoint zur Erstellung einer Musterfolie – vergleichbar mit Musterseiten bei InDesign oder QuarkXPress.

673

8.2.5 Schrift und Text

Band I – Seite 193
2.3 Lesbarkeit

Band I – Seite 528
6.2.7 Bildschirmtypografie

Arial	Courier New	Times New Roman
Dies ist ein Blindtext in einer Größe von 10px. Er hilft Ihnen bei der Beurteilung des Schriftcharakters. Sonst ist er zu nichts zu gebrauchen. So ist das nun mal mit Blindtext.	Dies ist ein Blindtext in einer Größe von 10px. Er hilft Ihnen bei der Beurteilung des Schriftcharakters. Sonst ist er zu nichts zu gebrauchen.	Dies ist ein Blindtext in einer Größe von 10px. Er hilft Ihnen bei der Beurteilung des Schriftcharakters. Sonst ist er zu nichts zu gebrauchen. So ist das nun mal mit Blindtext.

Georgia	Lucida Sans	Verdana
Dies ist ein Blindtext in einer Größe von 10px. Er hilft Ihnen bei der Beurteilung des Schriftcharakters. Sonst ist er zu nichts zu gebrauchen. So ist das nun mal mit Blindtext.	Dies ist ein Blindtext in einer Größe von 10px. Er hilft Ihnen bei der Beurteilung des Schriftcharakters. Sonst er zu nichts zu gebrauchen. So ist das nun mal mit Blindtext.	Dies ist ein Blindtext in einer Größe von 10px. Er hilft Ihnen bei der Beurteilung des Schriftcharakters. Sonst ist er zu nichts zu gebrauchen. So ist das nun mal mit

Systemschriften

Systemschriften sind Bildschirmschriften, wurden also speziell für die Bildschirmdarstellung konzipiert.

Dem zentralen Thema Schrift sind in diesem Buch mehrere Kapitel gewidmet. Wir beschränken uns deshalb an dieser Stelle auf Aspekte, die sich auf den Schrifteinsatz bei Präsentationen beziehen.

8.2.5.1 Schriftwahl

PowerPoint

PowerPoint ermöglicht das Einbinden von TrueType-Schriften. (Der Screenshot zeigt PowerPoint 2010.)

Während uns für den Druck eine Vielzahl an gut lesbaren Schriften zur Verfügung stehen, ist die Schriftauswahl für Monitore bzw. Beamer stark eingeschränkt. Dies liegt daran, dass die meisten Druckschriften für die Monitordarstellung nicht optimiert und damit schlecht lesbar sind.

Zu den Schriften, die speziell für den Bildschirm geschaffen oder an diesen angepasst wurden, gehören insbesondere die Systemschriften. Die Grafik oben zeigt Beispiele von Systemschriften, die auf *Mac und PC* vorhanden sind. Aber zugegeben: Wir haben uns an diesen Schriften ziemlich „satt gesehen".

Wenn Sie eine Schrift verwenden wollen, die keine Systemschrift ist, haben Sie folgende Möglichkeiten:
- Bei der Verwendung von PowerPoint müssen Sie die Schrift einbetten, wenn Sie die Präsentation auf einem Computer zeigen wollen, auf dem diese Schrift nicht installiert ist ❶.
- Eine Alternative zu PowerPoint ist PDF, da dieses Format Schriften grundsätzlich einbindet. Der zur Präsentation notwendige Adobe Reader ist üblicherweise vorhanden oder kann via Internet sehr einfach installiert werden.

Bei der Entscheidung für eine Schrift müssen Sie diese auf Bildschirmtauglichkeit prüfen (vgl. Kapitel 6.2.7).

674

Konzeption

8.2.5.2 Schriftgröße

Oberstes Gebot von Text in Präsentationen ist die Lesbarkeit. Gerade hier liegt aber das Problem: Wie groß muss eine Schrift gewählt werden, damit sie für alle Zuschauer lesbar ist?

Um diese Frage zu beantworten, müssen wir zwischen projizierten und geschriebenen Schriften unterscheiden.

Schriftgröße in der Projektion
Um die Schriftgröße für Beamerpräsentationen abschätzen zu können, stellen wir folgende Überlegung an:

Sie sitzen vor Ihrem Computermonitor mit einem Leseabstand von etwa 50 cm. Der Computermonitor weist z. B. ein Format von 1024 x 768 Pixeln (etwa 35 x 26 cm) auf. Wenn Sie eine Schriftgröße von 10 Punkt verwenden, sind die Buchstaben am Monitor 0,353 cm hoch und damit noch ordentlich lesbar.

Nehmen wir an, die projizierte Schrift wird aus einem Abstand von 5 m auf einer Projektionsfläche von 240 x 180 cm betrachtet. Mit einem Dreisatz können Sie ausrechnen, dass die Schrift 15 pt haben muss, um dann auf der Netzhaut genauso groß zu erscheinen.

Wenn Sie nicht rechnen wollen, dann werfen Sie einen Blick auf die Tabelle rechts unten. Die Zahlenwerte der Tabelle sind folgendermaßen zu interpretieren:
- Eine Schrift muss 30 pt groß gesetzt werden, damit sie aus 10 m Abstand wie eine 10-pt-Schrift am Monitor wirkt.
- Soll eine Schrift wie eine 12-pt-Schrift am Monitor wirken, dann muss sie für einen Projektionsabstand von 12,5 m in 45 pt gesetzt werden.

Bedenken Sie, dass die Zahlen als Anhaltspunkt dienen. Tests in der Praxis haben ergeben, dass die nach dieser Tabelle gewählte Schrift zwar für die hintere Reihe optimal lesbar ist, den vorderen Zuschauern aber deutlich zu groß erscheint. Man muss also einen Kompromiss finden, bei dem die hinteren Zuschauer die Schrift wie eine 8-pt- und die vorderen Zuschauer die Schrift wie eine 12-pt-Schrift am Monitor sehen.

Schriftgröße bei Projektion

Die Grafik illustriert den Zusammenhang zwischen Schriftgröße, Betrachtungsabstand und Größe der Projektionsfläche.

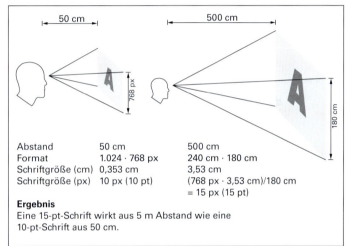

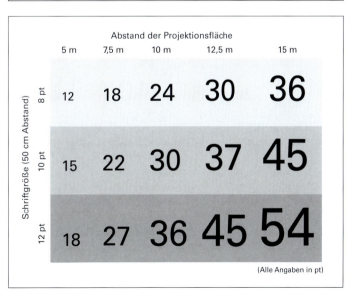

Schriftgröße bei Handschrift

Die Grafik illustriert den Zusammenhang zwischen Schriftgröße und Abstand zur Schreibfläche.

Schriftgröße bei Handschrift

Bei der Berechnung der Schriftgröße für Präsentationsmedien, die handschriftlich beschrieben werden, spielt nur der Abstand zum Medium eine Rolle: Wenn Sie an Ihrem Schreibtisch sitzen und – wie in diesem Moment – in einem Buch lesen, dann sind Ihre Augen etwa 40 cm von der Schrift entfernt. Eine gut lesbare Druckschrift besitzt eine Größe von etwa 4 mm, Handschriften sind etwa doppelt so groß, also 8 mm.

Aus zehnfacher Entfernung, also aus 4 m Abstand zu Tafel, Flipchart oder Metaplan, muss die Schrift die zehnfache Größe erhalten, bei Handschriften also 8 cm. Bei einem Betrachtungsabstand von 8 m muss die Schriftgröße bereits 16 cm betragen, usw. Bedenken Sie, dass nicht nur die Schriftgröße zu beachten ist, sondern auch die Strichstärke der Buchstaben. Je größer die Schrift wird, desto breiter muss auch die Spitze der verwendeten Stifte sein. In der Tabelle unten finden Sie Richtwerte zur Wahl der Schriftgröße.

Das Schreiben von Schrift an der Tafel, Pinnwand oder OH-Projektor ist nicht einfach und muss geübt werden. Achten Sie auf eine leicht schräge Körperhaltung, so dass Ihre Hand sichtbar und nicht von Ihrem Körper verdeckt ist. Linkshänder sind da klar im Vorteil! Dünne Hilfslinien sorgen dafür, dass Sie beim Schreiben nicht nach oben oder unten verrutschen.

Beim Beschreiben von Folien am OH-Projektor sollte die Folie gerade liegen, so dass Ihr Publikum immer mitlesen kann. Achten Sie generell darauf, dass Sie Ihrem Publikum nur für kurze Zeit den Rücken zuwenden.

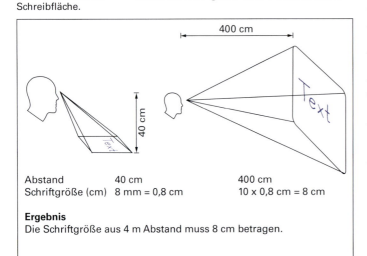

Abstand	40 cm	400 cm
Schriftgröße (cm)	8 mm = 0,8 cm	10 x 0,8 cm = 8 cm

Ergebnis
Die Schriftgröße aus 4 m Abstand muss 8 cm betragen.

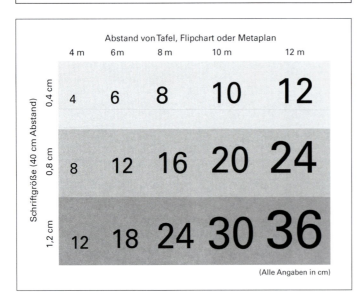

(Alle Angaben in cm)

Handschrift
Die kleinen Ziffern geben an, wie ein Buchstabe aufgeteilt werden kann.

Konzeption

8.2.5.3 Textgestaltung

Auch wenn der Computer aus unserem Alltag nicht mehr wegzudenken ist: Lesen am Bildschirm ist deutlich anstrengender als Lesen eines Druckproduktes. Dies hat im Wesentlichen zwei Gründe:

Erstens ist die Auflösung von Monitoren im Vergleich zur Druckauflösung deutlich geringer, so dass Schriften „verpixelt" dargestellt werden. Dies kann zwar durch Kantenglättung (Anti-Aliasing) teilweise behoben werden, doch verlieren die Schriften hierdurch an Schärfe.

Zweitens ist ein Monitor oder Beamer ein aktiver „Strahler", d.h., dass unsere Augen ständig auf eine leuchtende Fläche schauen müssen.

Für den Einsatz von Schrift in Beamerpräsentationen ergibt sich damit die Hauptforderung: *Möglichst wenig Text!* Beschränken Sie sich auf stichwortartige Kernaussagen oder Thesen. Teilen Sie Ihrem Publikum ein Handout aus, wenn Sie viele Informationen weitergeben wollen.

Checkliste Textgestaltung

- Wählen Sie eine lesefreundliche Schrift.
- Achten Sie auf eine ausreichende Schriftgröße (vgl. vorheriger Abschnitt).
- Setzen Sie maximal 50 Zeichen pro Zeile.
- Achten Sie auf einen ausreichenden Kontrast zwischen Schrift- und Hintergrundfarbe.
- Vermeiden Sie maximale Kontraste, z. B. schwarzer Text auf weißem Hintergrund. Eine pastellfarbige Hintergrundfarbe verbessert die Lesbarkeit.
- Vermeiden Sie negative Schrift im Mengentext.
- Verwenden Sie zur Auszeichnung einen fetten Schnitt oder eine andere Farbe
- Vermeiden Sie kursive Schnitte.
- Verwenden Sie Unterstreichungen nur zur Kennzeichnung eines Links.
- Vermeiden Sie lange Texte. Reduzieren Sie Ihre Texte auf wesentliche Kernaussagen.
- Gliedern Sie Ihre Texte in überschaubare Einheiten oder Blöcke.
- Teilen Sie ein Handout aus, wenn Sie viele Informationen weitergeben möchten.

Mehr ist weniger!
Die Präsentation „erschlägt" den Betrachter mit Information. Wie viel wird er im Kopf behalten?

Weniger ist mehr!
Text dient lediglich zur Unterstützung des gesprochenen Worts und ersetzt dieses nicht.

677

8.2.6   Farbgestaltung

Band I – Seite 93
1.5 Farbgestaltung

Band I – Seite 523
6.2.6 Farbgestaltung

Band I – Seite 643
7.4.2 Corporate Design

Abbildung rechts:

Farbkombinationen

Zulässige und unzulässige Farbkombinationen im Styleguide von musicload.

Abb.: T-Online

Lese(r)führung

Farbe zieht das Auge an, da können Sie machen, was Sie wollen!

Farbe ist eines der zentralen Themen dieses Buches, so dass wir uns an dieser Stelle auf Aspekte beschränken, die sich auf das Thema Präsentation beziehen. Welche Funktionen hat Farbe in Präsentationen?

- *Farbe führt*
  Das Beispiel unten links zeigt, wie sehr Farbe das Auge des Betrachters auf sich zieht.
- *Farbe schafft Kontraste*
  Durch geeignete Farbkombination wird erreicht, dass der Kontrast zwischen Vorder- und Hintergrund weder zu groß (z. B. Komplementärkontrast) noch zu gering wird. Ziel ist auch hier optimale Lesbarkeit.
- *Farbe schafft Emotionen*
  Welche spontanen Eindrücke haben Sie bei Rot, Grün, Schwarz? Welche Assoziationen und Emotionen wollen Sie mit Ihrer Präsentation auslösen?
- *Farbe schafft Erinnerung*
  Farben im Corporate Design eines Unternehmens oder einer Institution tragen maßgeblich zur Wiedererkennung bei: Milka ist lila, Cola rot und Strom gelb. Nutzen Sie diesen Effekt

durch entsprechende Farbgebung und -führung.
- *Farbe macht Spaß*
  Können Sie sich ein farbloses Leben vorstellen?

Checkliste Farbgestaltung

Hintergrundfarbe

- Vermeiden Sie grelle oder leuchtende Farben – ein Hintergrund muss auch optisch „hinten" stehen.
- Obwohl oft zu sehen, ist ein rein weißer Hintergrund problematisch, da Monitore bei Weiß maximal „strahlen".
- Verzichten Sie auf starke Farbverläufe oder unruhige Muster, um nicht vom Vordergrund abzulenken.
- Helle, pastellfarbene Hintergründe sind dezent und ergeben einen angenehmen Kontrast zu dunklen Textfarben.

Textfarbe

- Schwarz oder dunkle Farben sind als Textfarben geeignet. Vermeiden Sie aber maximale Kontraste, z. B. Schwarz auf Weiß.
- Vermeiden Sie Farben, die komplementär zur Hintergrundfarbe sind (z. B. Cyan – Rot), da es hierdurch zum optischen Flimmern kommen kann.
- Vermeiden Sie Farbkombinationen, die für Menschen mit Farbfehlsichtigkeit nicht unterscheidbar sind, z. B. Rot/Grün.
- Vermeiden Sie stark gesättigte Farben bei längeren Texten.

Es steht ja so alles Mögliche geschrieben. Nicht alles ist sinnvoll, vieles könnte auch ungeschrieben bleiben. Doch die Druckindustrie will verkaufen und da hängen ja auch viele Arbeitsplätze davon ab. Sie werden zugeben, dass es nicht nur auf den Inhalt eines Textes ankommt, sondern auf die Art seiner Gestaltung und Visualisierung. Menschen nehmen selektiv wahr, das heißt, dass sie unwichtige Informationen übergehen oder zumindest schnell wieder vergessen. Auffällige Texte oder Bilder »springen« direkt ins Auge, sie werden zuerst wahrgenommen. Diese Tatsache muss bei Präsentationen berücksichtigt werden. Aufgabe ist eine sinnvolle und geeignete Aufteilung der eng begrenzten Bildschirmfläche. Durch den Einsatz von Farbe oder einer veränderten Schriftgröße kann das Auge abgelenkt werden. Man spricht in der Werbung vom so genannten »Eyecatcher«. Dies lässt sich leicht demonstrieren: Warum lesen Sie zuerst in der Mitte des Textes? Oder etwa nicht? Es ist ziemlich unwahrscheinlich, dass Sie wie gewohnt oben links zu lesen begonnen haben. Denn da steht nichts, was das Auge beeindrucken könnte. Also vorsichtig! Gut gestaltete Präsentationen beeinflussen mehr, als Sie denken ...

678

8.2.7 Bild- und Grafikauswahl

Konzeption

Band I – Seite 357
4.1 Bildgestaltung

Band I – Seite 473
5.4 Informationsgrafik

8.2.7.1 Bildaussage

Ein Bild kann schmücken, verdeutlichen, ablenken, verwirren, unterstützen, veranschaulichen …

Bilder sind in ihrer Bedeutung offener als Text oder Worte. Bilder lassen sich nur unvollständig in Worte fassen. Sie beinhalten wesentlich mehr Informationen als Text.

Das Betrachten eines Bildes löst immer verschiedene Emotionen und Assoziationen aus. Durch die Auswahl der Bilder für Ihre Präsentation vermitteln Sie nonverbale Botschaften. Betrachten Sie die beiden Bilder. Welche Emotionen lösen sie bei Ihnen aus? Welche Begriffe assoziieren Sie?

Das linke Bild vermittelt Lebensfreude. Das Lachen, die Farbe des Handys, die Haltung des Kopfes vermitteln eine positive Botschaft. Das rechte Bild wirkt ernst, sachlich, besorgt.

Die von Ihnen eingesetzten Bilder brauchen immer eine Beziehung zum Inhalt und zur Botschaft Ihrer Präsentation. Beziehen Sie Bilder in Ihren Vortrag ein. Zeigen Sie auf das Bild oder die entsprechenden Bildteile. Sie stellen damit für das Publikum eine direkte Beziehung zwischen Ihrer verbalen Aussage und der Bildaussage her. Das Bild erweitert damit die gesprochene Botschaft.

8.2.7.2 Informationsgehalt

In vielen Präsentationen ist es erwünscht oder erforderlich, Informationen oder Daten zu visualisieren. Aussagekraft und Informationsgehalt einer guten Grafik sind wesentlich höher als bei Text.

Zur visuellen Darstellung gibt es eine Vielzahl an Möglichkeiten:
- Tabellen
- Kreisdiagramm
- Liniendiagramm
- Säulen- oder Balkendiagramm
- Netzdiagramm
- Blockdiagramm
- Fluss- oder Ablaufdiagramm
- Infografiken, Illustration
- Histogramm (Häufigkeiten)

Jede Präsentations- oder Grafiksoftware stellt Hilfsmittel zur Verfügung, mit denen die oben erwähnten Diagramme erstellt werden können.

Die Frage lautet jedoch: Welches Diagramm verwendet man zu welchem Zweck?

Betrachten Sie nochmals die Grafik zur Visualisierung der Behaltensquote von Informationen auf Seite 671: Die verwendete Metapher – Gehirn wird mit Flüssigkeit gefüllt – stellt einen Bezug zum Thema her. Schwächen besitzt die Illustration hinsichtlich der dargestellten Werte: Wir wissen nicht, ob die blauen Flächen tatsächlich 10 %, 20 %, 30 % usw. der Gesamtfläche betragen. Ohne die ergänzenden Zahlen wäre die Grafik wenig aussagekräftig.

Auf der nächsten Seite sehen Sie vier weitere Diagramme zur Visualisierung der „Behaltensquote".
- *Säulen- oder Balkendiagramme* eignen sich sehr gut zur Darstellung von Zahlenverhältnissen. Die Fläche der Balken entspricht exakt dem prozentualen Wert. Um das Ablesen

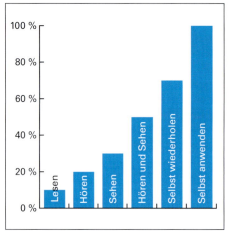
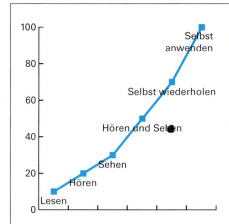
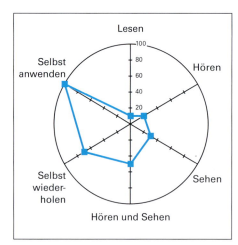
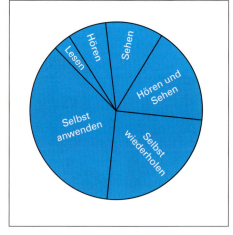

der Zahlen zu erleichtern, könnten zusätzliche horizontale Hilfslinien eingezeichnet werden.
- *Liniendiagramme*
dienen zur Veranschaulichung von Entwicklungen und Tendenzen. In unserem Beispiel sind die Verbindungslinien zwischen den Merkmalen nicht sinnvoll.
- *Netzdiagramme*
eignen sich zur Visualisierung von Merkmalen, die keinen direkten Zusammenhang besitzen. Insbesondere, wenn mehrere Linien in einem Diagramm eingezeichnet sind, lassen sich diese gut miteinander vergleichen. Für die Behaltensquote ist dieser Diagrammtyp wenig aussagekräftig, da die Verhältnisse der Merkmale zueinander nicht anschaulich dargestellt werden.
- *Kreisdiagramme*
visualisieren immer Teile eines Ganzen, z. B. Wahlergebnisse. In diesem Fall ist der Diagrammtyp falsch, weil alle Quoten zusammen mehr als 100 % ergeben und somit nicht darstellbar sind.

8.2.8 Skizzieren

Sie können zeichnen – trauen Sie sich! Ob Tafel, Whiteboard, Flipchart oder Metaplan, eigene Skizzen sind ein unverzichtbarer Teil der visuellen Kommunikation. Mit einfachen geometrischen Grundformen und stilisierten Illustrationen visualisieren Sie anschaulich Beziehungen, Strukturen oder Gegensätze.

Wie erstelle ich gute „Präsentationszeichnungen"? Kurze Antwort: Üben, üben, üben … Zeichnen können Sie nicht theoretisch lernen. Zeichnen lernt man durch zeichnen. Gehen Sie mit offenen Augen durch die Welt. Schulen Sie Ihre Wahrnehmung und sammeln Sie optische Vor-Bilder.

Ihre Zeichnung muss drei Funktionen erfüllen:
- *Kommunikation*
  Zeichnen heißt Kommunikation durch eine nonverbale Sprache. Es geht also, ebenso wie bei der gesprochenen Sprache, auch bei Zeichnungen immer darum, wem ich was, wann und zu welchem Zweck mitteilen möchte.
- *Norm*
  Die Formen Ihrer gezeichneten Elemente müssen sich an die übliche Formgebung halten, um für alle verständlich zu sein.
- *Ästhetik*
  Die Formgebung der Zeichnung, Raumverteilung und Anmutung bestimmen den Wert Ihrer Visualisierung entscheidend mit.

Nur ein Gleichgewicht dieser drei Ziele führt zu einer optimalen visuellen Kommunikation Ihrer Inhalte.

8.2.8.1 Geometrische Grundformen

Die Verwendung von geometrischen Grundformen in der Visualisierung

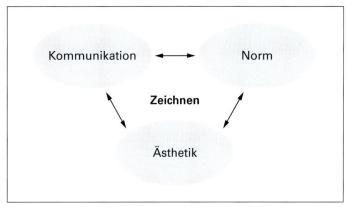

Funktionen von Zeichnungen

soll Ihrem Publikum klare Strukturen und Orientierung bieten. Sachverhalte werden gegliedert, miteinander verknüpft oder als Gegensätze dargestellt. Wenn Sie ein paar einfache Grundregeln beachten, wirken Ihre Zeichnungen professionell und eigenständig.

Linien und Pfeile
Linien verbinden Flächen und Illustrationen, dienen als Achsen von Diagrammen, bilden die Grundform für Pfeile …
- Zeichnen Sie Linien und Pfeile möglichst gerade.
- Achten Sie auf einheitliche Pfeilspitzen.
- Achten Sie auf einheitliche Längen.
- Zeichen Sie Linienanschlüsse geschlossen oder überzeichnet.

Rechtecke, Quadrate und Dreiecke
Flächen dienen als Textfelder, symbolisieren Stationen im Ablaufdiagramm …
- Schließen oder überzeichnen Sie die Ecken. Offene Ecken bilden keine Fläche, sie wirken unfertig und schlampig.
- Achten Sie auf einheitliche bzw. deutlich unterscheidbare Größen.
- Zeichnen Sie gleich bedeutende Kästchen auch gleich groß.
- Quetschen Sie Text nie in ein Käst-

Pfeile

Variationen der Pfeilspitzen und der Linienstärken

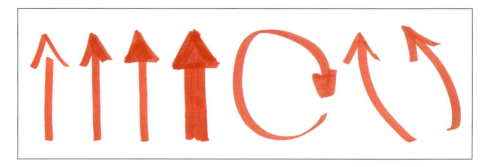

Rechtecke

- Geschlossen
- Überzeichnet
- Offen

Die ersten beiden Rechtecke sind gut. Vermeiden Sie offene Rechtecke.

Kreise und Ovale

- Geschlossen
- Offen
- Zusammengesetzt

Die ersten beiden Kreise sind gut. Vermeiden Sie zusammengesetzte Kreise, zeichnen Sie in einem Schwung.

chen. Schreiben Sie zuerst den Text und umrahmen Sie in danach mit einem Kästchen. Achten Sie dabei auf einen ausreichenden Abstand zwischen Text und Rahmen.
- Achten Sie bei einer Reihung auf gleichmäßige Abstände.
- Achten Sie auf rechte Winkel.

Kreise und Ovale
- Zeichnen Sie die Form in einem Schwung.
- Runde Formen müssen Sie nicht geschlossen zeichnen.
- Achten Sie auf einheitliche bzw. deutlich unterscheidbare Größen.
- Zeichnen Sie gleich bedeutende Kreise oder Ovale auch gleich groß.
- Achten Sie bei einer Reihung auf gleichmäßige Abstände.

8.2.8.2 Infografiken und Diagramme

Grafische Darstellungen sind wesentlich aussagekräftiger als Daten oder Zahlen, obwohl sie nicht so präzise sind. Ursache hierfür ist die Art der Informa-

Konzeption

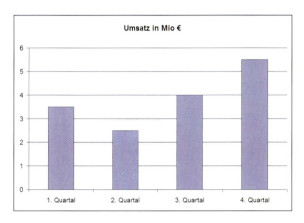 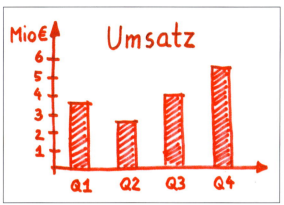

tionsverarbeitung durch unser Gehirn. „Nackte" Zahlen müssen durch unser Gehirn in Beziehung gesetzt werden.

Ein Diagramm hingegen nimmt dem Gehirn diese Aufgabe ab. Exakte, absolute Zahlenangaben spielen selten eine Rolle, vielmehr geht es darum, Zahlen- oder Prozentangaben miteinander in Beziehung zu setzen. Dieser relative Bezug lässt sich mit Diagrammen sehr gut visualisieren.

- Verzichten Sie auf alle unnötigen Details.
- Beachten Sie, dass auch Zahlen und Schrift im Diagramm lesbar sein müssen.
- Zeichnen Sie mit Bleistift oder einem dünnen Filzstift gegebenenfalls Hilfslinien vor. Markieren Sie wichtige Elemente, z. B. die Höhe der Balken, durch Punkte.
- Zeichnen Sie das Diagramm nicht am Stück – das Publikum müsste lange warten. Ergänzen Sie das Diagramm passend zu Ihrer Präsentation Stück für Stück.

Diagramme

Verzichten Sie auf Details, achten aber darauf, dass die Verhältnisse und Proportionen stimmen.

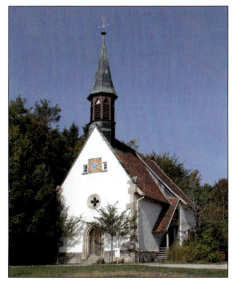 

Stilisieren

Viele Objekte des täglichen Lebens lassen sich aus den geometrischen Grundformen zusammensetzen.

8.2.8.3 Objekte und Menschen

Die Welt ist komplex – wie schaffen wir es, sie zeichnerisch zu vereinfachen und trotzdem das Wesentliche zu bewahren?

Stilisierung durch Reduktion
Reduzieren Sie die komplexen Strukturen auf einfache geometrische Grundformen. Fast alle Dinge lassen sich auf die Grundformen
- Kreis oder Kugel,
- Quadrat oder Würfel,
- Rechteck oder Quader,
- Dreieck oder Kegel

zurückführen.

Zeichnen nach Vorlagen
Suchen Sie sich für Ihre Illustrationen Vorlagen in Clipart-Sammlungen oder in den verschiedenen Symbol-Zeichensätzen wie z. B. Webdings, Windings, Zapf Dingbats.

Versuchen Sie nicht, die Vorlagen abzupausen, sondern setzen Sie diese in Ihrem eigenen Zeichenstil um.

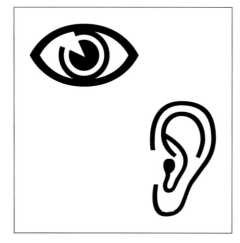
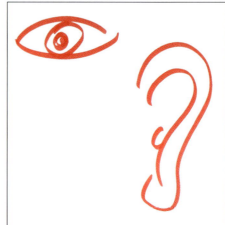

8.2.9 Checklisten

`Konzeption`

8.2.9.1 Layout

	Bewertung	Notizen

Layout	−−	−	0	+	++
... passt zur Zielgruppe	☐	☐	☐	☐	☐
... schafft einen Bezug zum Thema	☐	☐	☐	☐	☐
... besitzt ein mediengerechtes Format	☐	☐	☐	☐	☐
... wurde mit Raster erstellt	☐	☐	☐	☐	☐
... besitzt eine harmonische Aufteilung	☐	☐	☐	☐	☐

Musterseite/Folienmaster	ja	nein
... definiert Schriften	☐	☐
... legt Schriftattribute fest	☐	☐
... definiert Farben	☐	☐
... legt Text- und Bildbereiche fest	☐	☐
... enthält unveränderliche Texte z. B. Titel, Ort, Datum	☐	☐
... enthält unveränderliche Bilder z. B. Logo	☐	☐

Präsentation	ja	nein
... funktioniert im Vortragsraum	☐	☐
... wurde aus jeder Raumposition betrachtet	☐	☐

8.2.9.2 Schrift

	Bewertung	Notizen

Schrift	--	-	0	+	++
... passt zur Zielgruppe	☐	☐	☐	☐	☐
... passt zum Inhalt	☐	☐	☐	☐	☐
... passt zum Medium	☐	☐	☐	☐	☐
... ist von allen Plätzen lesbar	☐	☐	☐	☐	☐
... ist durchgängig gleich gestaltet	☐	☐	☐	☐	☐

Handschrift					
... ist von allen Plätzen lesbar	☐	☐	☐	☐	☐
... ist gleichmäßig geschrieben	☐	☐	☐	☐	☐

Text					
... ist klar verständlich	☐	☐	☐	☐	☐
... ist sinnvoll gegliedert	☐	☐	☐	☐	☐
... ist auf ein Minimum reduziert	☐	☐	☐	☐	☐

Rechtschreibung	ja	nein
... wurde geprüft und verbessert	☐	☐

Konzeption

8.2.9.3 Farbe

	Bewertung	Notizen

Farben	−−	−	0	+	++	
… passen zur Zielgruppe	☐	☐	☐	☐	☐	
… sind mediengerecht	☐	☐	☐	☐	☐	
… sind themenbezogen	☐	☐	☐	☐	☐	
… schaffen gewünschte Assoziationen	☐	☐	☐	☐	☐	
… ergeben gut lesbare Kontraste	☐	☐	☐	☐	☐	
… sind auch für Fehlsichtige geeignet	☐	☐	☐	☐	☐	

	ja	nein
… liegen im richtigen Farbmodus vor	☐	☐

8.2.9.4 Bild und Grafik

	Bewertung	Notizen

Bilder	−−	−	0	+	++	
… passen zur Zielgruppe	☐	☐	☐	☐	☐	
… passen zum Inhalt	☐	☐	☐	☐	☐	
… schaffen gewünschte Assoziationen	☐	☐	☐	☐	☐	

Grafiken						
… eignen sich zur Veranschaulichung	☐	☐	☐	☐	☐	
… stellen Zusammenhänge korrekt dar	☐	☐	☐	☐	☐	

8.2.10 Aufgaben

1 Präsentation planen

Formulieren Sie fünf Leitfragen zur zeitlichen und organisatorischen Planung Ihrer Präsentation.

2 Präsentation vorbereiten

a. Bringen Sie die Tätigkeiten in die richtige Reihenfolge:
  • Stichwortkarten schreiben
  • Ziel definieren
  • Stoff auswählen, verdichten
  • Arbeitsplan aufstellen
  • Brainstorming durchführen
  • Stoff recherchieren, sammeln
  • Stoff erarbeiten
b. Nennen Sie zwei Methoden zur Stoffauswahl.

3 Präsentation von Rede unterscheiden

a. Worin liegt der Unterschied zwischen Präsentation und Rede?
b. Welchen Vorteil bietet eine Präsentation im Vergleich zur Rede.
c. Definieren Sie den Begriff „Visualisieren".

4 Behaltensquote kennen

Ordnen Sie die Tätigkeiten von der niedrigsten zur höchsten Behaltensquote.
  • Selbst anwenden
  • Hören und sehen
  • Lesen
  • Hören
  • Sehen
  • Selbst wiederholen

5 Folienmaster kennen

Wozu dient der Folienmaster bei Power-Point- oder Impress-Präsentationen?

6 Schriftgröße wählen

Von welchen Faktoren hängt die Wahl der Schriftgröße ab?
a. Bildschirm- oder OH-Präsentation
b. Handschriftliche Präsentation (Tafel, Pinnwand, Flipchart)

7 Schriftgröße wählen

Die hintersten Zuschauer sitzen etwa 8 m von der Präsentationsfläche entfernt.

Wählen Sie mit Hilfe der Tabelle auf Seite 675 eine geeignete Schriftgröße aus.

8 Text gestalten

Formulieren Sie fünf Regeln zur Gestaltung des Textes für Ihre Präsentation.

9 Farbe gezielt einsetzen

Zählen Sie drei Funktionen von Farbe in Ihrer Präsentation auf.

10 Diagramme zuordnen

Ordnen Sie den geeigneten Diagrammtyp zu:
a. Wahlergebnis Bundestagswahl
b. Umsatzentwicklung einer Firma von 2000 bis 2011

Konzeption

c. Energieerzeugung in Deutschland
   (Prozentuale Anteile an Atomkraft,
   Kohle, Gas, Wind usw.)
d. Umfrage zur Mediennutzung
e. Schulbesuch nach Schultyp (Gymasi-
   um, Realschule, Hauptschule)

11 Skizzieren üben

Skizzieren Sie:
a. Rechtecke
b. Pfeile
c. Kreise
d. Gebäude: Haus, Turm, Burg, Brücke
e. Pflanzen: Baum, Blume
f. Maschinen: Auto, Fahrrad, Telefon
g. Menschen: Mann, Frau, Kind
h. Tiere: Hund, Katze, Vogel, Elefant

8.3 Präsentationsmedien

8.3.1	Das richtige Medium	692
8.3.2	Beamer	694
8.3.3	Visualizer	698
8.3.4	OH-Projektor	699
8.3.5	Metaplan	701
8.3.6	Plakat	704
8.3.7	Flipchart	706
8.3.8	Tafel und Whiteboard	709
8.3.9	Checklisten	711
8.3.10	Aufgaben	714

8.3.1 Das richtige Medium

„Machst du eine PowerPoint oder präsentierst du richtig?"

Der modifizierte Slogan eines schwedischen Möbelhauses soll nicht bedeuten, dass PowerPoint-Präsentationen grundsätzlich abzulehnen sind. Aber: Um gut zu präsentieren, brauchen wir nicht zwangsläufig PowerPoint und Beamer. Die Wahl des geeigneten Präsentationsmediums hängt von vielen Faktoren ab – Bildschirmpräsentationen sind nicht immer optimal. Und mal ehrlich: Haben wir uns an (schlechten) PowerPoint-Präsentationen nicht „satt" gesehen?

Checkliste zur Medienwahl

Die auf der rechten Seite dargestellte Checkliste soll Ihnen dabei helfen, das für Ihre Zwecke geeignete Präsentationsmedium zu finden. Gehen Sie hierzu folgendermaßen vor:

- Kopieren Sie die Checkliste.
- Gehen Sie die Checkliste durch und kreuzen Sie an, welche Aussagen für Ihre Präsentation zutreffen und welche nicht.
- Streichen Sie alle Zeilen, in denen Sie „trifft nicht zu" angekreuzt haben. Sie spielen für die Auswahl des richtigen Mediums keine Rolle.
- Zählen Sie nun von oben nach unten für jedes Medium die erreichten Punkte zusammen.
- Ergebnis: Das Medium mit den meisten Punkten ist für Ihre Präsentation am besten geeignet.

Anwendungsbeispiel

Nehmen Sie an, Ihre Aufgabe besteht darin, die Zwischenpräsentation einer Studien- oder Projektarbeit vor den Mitschülern oder -studenten zu halten. Im Anschluss soll der weitere Projektverlauf im Team besprochen werden.

Links sehen Sie ein mögliches Ergebnis: Es zeigt sich, dass für den oben beschriebenen Zweck die Verwendung des Visualizers oder OH-Projektors gegenüber einer Beamerpräsentation zu bevorzugen ist. Die wesentlichen Gründe hierfür sind:

- Visualizer/OH-Projektor ermöglichen schriftliche Ergänzungen. Das Publikum kann auf diese Weise (zur Teambesprechung) einbezogen werden.
- Die Vorteile einer Präsentationssoftware wie PowerPoint liegen in der einfachen Anwendung von Animationen, Sounds und Videos. Dies wird im Beispiel aber nicht benötigt.

Medienwechsel

Längere Präsentationen werden dadurch interessant und kurzweilig, dass *mehrere* Medien zum Einsatz kommen. Für jede Phase der Präsentation kann somit das optimale Medium genutzt werden.

Checkliste

Beispiel zur Nutzung der Checkliste zur Auswahl eines geeigneten Präsentationsmediums

	trifft zu	trifft nicht zu	Beamer	OH-Projektor	Visualizer	Metaplan	Plakat	Flipchart	Whiteboard/Tafel
Mein Publikum besteht aus max. 15 Personen.		X							
Im Publikum sind bis zu 50 Personen.	X		4	4	4	0	1	1	3
Im Publikum sind über 100 Personen.		X							
Professionelle Gestaltung ist mir wichtig.	X		4	3	4	0	2	2	1
Ich lege Wert auf farbige Grafiken und Bilder.	X		4	3	3	1	2	2	1
Das Handling soll möglichst einfach sein.	X		2	3	3	1	4	3	3
Die Präsentation muss flexibel (transportabel) sein.		X							
Meine Präsentation enthält viele Informationen.		X							
Meine technischen Kenntnisse sind gering.		X							
Ich will die Zuschauer möglichst stark einbeziehen.	X		0	3	3	4	2	3	3
Ich bereite mich bevorzugt am Computer vor.		X							
Meine Zuschauer sollen ein „Handout" erhalten.		X							
Abläufe will ich mit Animationen veranschaulichen.		X							
Ich möchte eher moderieren als präsentieren.		X							
Die Informationen sollen die ganze Zeit sichtbar sein.		X							
Ich habe wenig Zeit zur Vorbereitung.		X							
Die Präsentation muss mehrfach wiederholt werden.		X							
Zur Vorbereitung nutze ich Dateien (Text, Bilder,...).	X		4	4	4	0	3	2	0
Ich will meine Präsentation spontan ergänzen.	X		0	3	3	4	2	3	4
Sound/Video sollen meine Präsentation ergänzen.		X							
Ich will die Präsentation optimal planen/vorbereiten.		X							
Summen:			18	23	24	10	16	16	15

Präsentationsmedien

Checkliste

zur Auswahl des geeigneten Präsentationsmediums

	trifft zu	trifft nicht zu	Beamer	OH-Projektor	Visualizer	Metaplan	Plakat	Flipchart	Whiteboard/Tafel
Mein Publikum besteht aus max. 15 Personen.			4	4	4	4	4	4	4
Im Publikum sind bis zu 50 Personen.			4	4	4	0	1	1	3
Im Publikum sind über 100 Personen.			4	4	4	0	0	0	1
Professionelle Gestaltung ist mir wichtig.			4	3	4	0	2	2	1
Ich lege Wert auf farbige Grafiken und Bilder.			4	3	3	1	2	2	1
Das Handling soll möglichst einfach sein.			2	3	3	1	4	3	3
Die Präsentation muss flexibel (transportabel) sein.			2	2	2	1	4	2	0
Meine Präsentation enthält viele Informationen.			4	2	2	0	1	1	0
Meine technischen Kenntnisse sind gering.			0	3	1	4	4	4	4
Ich will die Zuschauer möglichst stark einbeziehen.			0	3	3	4	2	3	3
Ich bereite mich bevorzugt am Computer vor.			4	4	4	0	2	2	0
Meine Zuschauer sollen ein „Handout" erhalten.			4	4	4	1	1	1	1
Abläufe will ich mit Animationen veranschaulichen.			4	2	0	0	0	0	0
Ich möchte eher moderieren als präsentieren.			0	1	1	4	1	3	3
Die Informationen sollen die ganze Zeit sichtbar sein.			0	0	0	4	4	1	2
Ich habe wenig Zeit zur Vorbereitung.			1	1	2	4	2	2	3
Die Präsentation muss mehrfach wiederholt werden.			4	4	4	0	4	2	0
Zur Vorbereitung nutze ich Dateien (Text, Bilder,...).			4	4	4	0	3	2	0
Ich will meine Präsentation spontan ergänzen.			0	3	3	4	2	3	4
Sound/Video sollen meine Präsentation ergänzen.			4	0	0	0	0	0	0
Ich will die Präsentation optimal planen/vorbereiten.			4	4	4	0	4	2	1
Summen:									

Platz für Notizen

8.3.2 Beamer

Beamer
Modell:
Epson EB825H
Daten:
3LCD-Technologie
1.600 x 1.200 px
3000 ANSI Lumen
Kontrast 2000 : 1

Abb.: Epson

8.3.2.1 Pro und Contra

Beamer, die korrekterweise als *Daten- oder Videoprojektoren* bezeichnet werden, stellen heute das wichtigste und am meisten genutzte Präsentationsmedium dar.

Moderne Beamer sind klein, handlich und somit flexibel einsetzbar. Die Anschaffungskosten für Beamer sind deutlich gesunken, ihre Qualität hat sich hingegen verbessert. Gute Beamer sind mittlerweile so lichtstark, dass eine Verdunklung des Raums nicht mehr nötig ist. Vor allem in Kombination mit einem Laptop steht ein modernes Präsentationsmedium zur Verfügung, das sich problemlos in einer Tasche transportieren lässt. Alternativ befinden sich in vielen Schulungsräumen bereits an der Decke montierte Beamer. Beamer eignen sich vor allem für Präsentationen mit großem Publikum – eine große Projektionsfläche vorausgesetzt. Ein weiterer Vorteil besteht darin, dass Sie als Mediengestalter/in das Know-how für die professionelle Erstellung von Präsentationen besitzen. (Nichts ist schlimmer als eine schlechte Power-Point-Präsentation ...)

Der wesentliche Nachteil des Beamers ist die Abhängigkeit von der Technik: Bei Ausfall der Lampe oder einem anderen technischen Defekt haben Sie ein Problem. Bei wichtigen Präsentationen müssen Sie sich gegen diesen „Worst Case" absichern und entweder einen OH-Foliensatz in der Tasche haben oder auf einen zweiten Beamer zurückgreifen können. Dennoch wird in diesem Fall Ihr Adrenalinspiegel zunächst steigen und Ihre Konzentration sinken.

In der Tabelle sind die wichtigsten Argumente für und gegen das Präsentieren mittels Laptop und Beamer zusammengefasst.

Pro Beamer	Contra Beamer
• Professionelle Vorbereitung und Gestaltung am Computer möglich • Mit Laptop und mobilem Beamer sehr flexibel in fast allen Räumen einsetzbar • Durch Sound und Video „multimedial" nutzbar, neben dem Sehsinn wird auch der Hörsinn des Publikums angesprochen. • Sinnvolle Gliederung der Präsentation durch Animationen möglich, z. B. schrittweises Einblenden der Texte • Mit leistungsfähigem Beamer auch bei großem Publikum und in großen und hellen Räumen einsetzbar • Einfache Erstellung einer Handreichung (Handout) oder einer Präsentationsmappe für das Publikum	• Häufig eingesetztes Medium, das nicht mehr sonderlich „spannend" wirkt • Funktion muss im Vorfeld getestet werden können, um böse Überraschungen zu vermeiden. • Ein Restrisiko bleibt erhalten, z. B. Ausfall der Lampe. Für diesen Fall muss ein „Plan B" vorhanden sein. • Vergleichsweise hohe Anschaffungskosten

Präsentationsmedien

8.3.2.2 Technik

Wenn Sie an der Entscheidung beteiligt sind, ob in Ihrer Schule oder in Ihrem Betrieb ein Beamer angeschafft werden soll, dann sollten Sie zumindest die wichtigsten Fachbegriffe und Merkmale eines Beamers kennen.

Das Angebot der im Fachhandel erhältlichen Beamer ist riesig und fast unüberschaubar. Dabei unterscheiden sich die Geräte nicht nur preislich stark, sondern auch im Hinblick auf ihre Einsatzmöglichkeiten. Es lohnt sich also, sich im Vorfeld damit auseinanderzusetzen, welches Gerät für Ihre Zwecke am besten geeignet ist.

Technologien

Bei der Beamertechnologie konkurrieren derzeit im Wesentlichen drei Systeme: LCD, DLP und LED.
- Bei *LCD-Beamern* werden die Farben eines Bildpunktes (Pixels) mit Hilfe von Flüssigkristallen erzeugt. Die Technik entspricht damit der eines Flachbildschirms. Bessere Beamer verfügen über eine 3LCD-Technik, bei der für jede Farbe ein eigener Sensor verwendet wird.
- *DLP-Beamer* generieren die Bildpunkte mit Hilfe winziger beweglicher Spiegel. Im Vergleich zu LCD bieten DLP-Beamer bessere Kontrastverhältnisse. Außerdem stellen sie schnelle Bewegungen ohne „Nachziehen" dar. Sie sind deshalb für den Einsatz im (3D-)Heimkino besser geeignet als LCD-Beamer.
- Bei *LED-Beamern* kommen Leuchtdioden zum Einsatz. Sie sind bislang noch kaum verbreitet, weil sie deutlich lichtschwächer sind und geringere Auflösungen besitzen. Ihr Vorteil liegt in der sehr langen Lebensdauer der Leuchtdioden bis zu 50.000 Stunden. Ein weiterer Vorteil ist, dass sie sehr kompakt hergestellt werden können und damit transportabel sind:

Auflösung

Die Auflösung gibt die Breite und Höhe des Bildes in Pixel an. Nur die „native" Auflösung kann der Beamer tatsächlich aufgrund seiner Anzahl an Bildpunkten darstellen. Die Anbieter werben oft mit höheren Auflösungen, die dann aber hochgerechnet (interpoliert) werden.

Die Tabelle zeigt wichtige Standards sowie deren Bezeichnungen.

Name	Auflösung	Format
SVGA	800 x 600	4 : 3
XGA	1.024 x 768	4 : 3
HD 720	1.280 x 720	16 : 9
HD 1080	1.920 x 1.080	16 : 9
WXGA	1.280 x 800	16 : 10
SXGA+	1.400 x 1.050	16 : 10
WUXGA	1.920 x 1.200	16 : 10

Da heutige Displays und Bildschirme überwiegend ein Bildverhältnis von 16 : 9 oder 16 : 10 besitzen, ist ein Beamer mit dem gleichen Seitenverhältnis empfehlenswert. Die Bildschirmdarstellung stimmt dann mit der Projektion überein.

Die HD-Formate kommen im Heimkino-Bereich zum Einsatz, für Präsentationen spielen sie keine Rolle.

Band II – Seite 73
2.1.7 Monitor

Ist der nicht süß?

Mikro-Beamer
Modell: Acer K10
Daten:
LED-Technologie
800 x 600 px
100 ANSI Lumen
Kontrast 2000 : 1
550 Gramm!

Abb.: Beamershop24

Auswahl an Beamerauflösungen

695

Helligkeit

Je heller der Raum und je größer die Projektionsfläche ist, umso heller sollte Ihr Beamer sein. Die Helligkeit der Lampe ist somit ein wichtiges Qualitätsmerkmal und wird in ANSI Lumen angegeben. Durchschnittliche Beamer liegen im Bereich zwischen 2000 und 4000 ANSI Lumen. Der Mittelwert, also 3000 ANSI Lumen, stellt einen guten Kompromiss für „normale" Räume dar. Für helle und/oder große Räume gibt es Beamer mit 10.000 ANSI Lumen und höher.

Erkundigen Sie sich grundsätzlich auch nach dem Preis einer Ersatzlampe. Dieser beträgt bei vielen Modellen mehrere Hundert Euro. Bei Dauereinsatz des Beamers spielt auch die angegebene Lebensdauer der Lampe eine wichtige Rolle. Sie liegt bei den meisten Lampen zwischen 1500 und 4000 Stunden. Leider lässt die Leuchtstärke der Lampe mit der Zeit nach.

Gewicht

Wer einen Beamer täglich schleppen muss, wird sich für einen leichten Beamer entscheiden. Naturgemäß können die handlichen, kompakten Geräte nicht so robust und lichtstark sein wie stationär eingesetzte Modelle.

Der Normalfall dürfte sein, dass ein Beamer in einer Firma oder Schule verbleibt und bei Bedarf aus dem Schrank geholt wird. Wird ein Beamer stationär montiert, spielt sein Gewicht keine Rolle.

Kontrastverhältnis

Das Kontrastverhältnis gibt den Unterschied zwischen maximaler Helligkeit (Weiß) und minimaler Helligkeit (Schwarz) an. Für Ihre Präsentationen spielt dieser Kennwert eine untergeordnete Rolle. Für den Einsatz im „Heim-

kino" stellt ein hohes Kontrastverhältnis allerdings ein Qualitätsmerkmal dar. Beamer besitzen Kontrastverhältnisse zwischen 1.000 : 1 und 20.000 : 1.

Maximale Bildgröße

Für Präsentationen in großen Räumen ist es wichtig, dass Ihr Beamer auf eine möglichst große Fläche projizieren kann. Beim Kauf eines Beamers muss also darauf geachtet werden, wie groß die Bildgröße sein darf, ohne dass die Lichtstärke beeinträchtigt wird. Typische Werte liegen hier bei Bilddiagonalen von 3 bis 15 Metern. Für kleine Räume gibt es spezielle Kurzdistanzprojektoren, denen ein Abstand zur Projektionsfläche von z. B. einem Meter genügt.

8.3.2.3 Handling

Komponenten

Um keine böse Überraschung zu erleben, sollten Sie sich ausreichend Zeit zur Vorbereitung Ihrer Bildschirmpräsentation nehmen. Stellen Sie hierfür folgende Komponenten zusammen:

- Laptop (oder stationärer Computer)
- Beamer (falls nicht montiert)
- VGA-/USB-Kabel
- Evtl. Mehrfachsteckdose
- Evtl. Verlängerungskabel zur Steckdose

Anschluss

Zur Verbindung eines Beamers mit dem Computer gibt es mehrere Möglichkeiten:

- Der Beamer wird über den VGA-Anschluss ❶ mit der Grafikkarte des Computers verbunden.
- Neuere Beamer besitzen einen oder mehrere USB Anschlüsse ❷, an die alternativ zu einem Computer auch ein USB-Stick angeschlossen werden

Präsentationsmedien

kann. Auf diese Weise ist zur Präsentation kein Computer erforderlich.
- Über den Netzwerkanschluss ❸ kann ein Beamer in ein vorhandenes Netzwerk integriert werden und ist dann von jedem Rechner aus benutzbar.
- Im Falle einer Videopräsentation erfolgt der Anschluss des Camcorders entweder über den gelben Cinch-Eingang ❹, den S-Video-Eingang ❺ oder über einen USB-Eingang.

Schalten Sie beide Geräte ein. Normalerweise erkennt der Computer den angeschlossenen Beamer und schaltet das Bildsignal durch. Zeigt der Beamer kein Bild, kann dies mehrere Ursachen haben:
- Prüfen Sie die Steckverbindungen.
- Wählen Sie mit Hilfe der Fernbedienung oder am Beamer selbst das richtige Eingangssignal, also VGA oder USB.
- Prüfen Sie in der Systemsteuerung die Auflösung der Grafikkarte – sie muss mit der Auflösung übereinstimmen, die der Beamer darstellen kann.
- An Laptops lässt sich einstellen, ob das Bild nur am Laptop, nur am Beamer oder (geklont) an beiden Geräten sichtbar ist. Prüfen Sie die Einstellung, üblicherweise ist hierfür eine Funktionstaste vorgesehen, z. B. F4 oder F5.

Einstellungen

Zur Projektion eignen sich am besten spezielle Projektionswände, da diese das Licht optimal reflektieren. Notfalls eignet sich aber auch eine glatte Wand, die mit weißer Leinwandfarbe gestrichen wird.

Wenn der Beamer nicht fest installiert und an die Projektionsfläche angepasst ist, müssen Sie diese Anpassung manuell vornehmen:

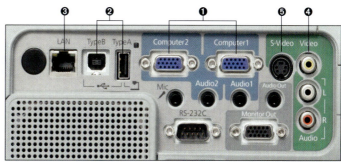

Schnittstellen
Abb.: Epson

- *Bildschärfe*
Stellen Sie die Bildschärfe durch Drehen des Stellrades am Objektiv des Beamers ein.
- *Bildgröße* ❻
Zur Anpassung der Bildgröße stellt Ihnen der Beamer am Objektiv ein Zoomrad zur Verfügung. Reicht dies zur Korrektur nicht aus, müssen Sie den Abstand zur Projektionswand verändern.
- *Horizontale Verzerrung* ❼
Wird das Bild schräg dargestellt, ist der Beamer nicht parallel zur Projektionswand ausgerichtet. Drehen Sie den Beamer, um die Verzerrung zu korrigieren.
- *Vertikale Verzerrung* ❽
Wird das Bild schräg von unten (Tisch) oder oben (Decke) auf die Projektionsfläche projiziert, ergibt sich zwangsläufig eine trapezförmige Verzerrung. Um diese auszugleichen, besitzen Beamer eine elektronische Trapez- oder Keystone-Korrektur.
- *Helligkeit und Kontrast*
Blenden Sie das Steuerungsmenü des Beamers ein. Verändern Sie bei Bedarf die Helligkeits- und Kontrastwerte des Beamers.
- *Farbtemperatur*
Ebenfalls im Steuerungsmenü können Sie die Farbdarstellung korrigieren.

8.3.3 Visualizer

8.3.3.1 Pro und Contra

Mit einem Visualizer gelangen Sie in die dritte Dimension – 3D! Herzstück des noch relativ neuen Präsentations- und Unterrichtsmediums ist eine Kamera, mit der über einen Beamer nicht nur Text, Grafiken und Bilder präsentiert werden können, sondern auch Gegenstände. Kein anderes Medium bietet diese Option.

Für Lehre und Unterricht bieten Visualizer fast schon revolutionäre Möglichkeiten: Das Publikum lässt sich perfekt einbeziehen, weil sich beschriebenes Papier projizieren lässt. Durch eine Zoomfunktion lassen sich Details betrachten, z. B. Abbildungen aus einem Buch oder Skizzen. Ob Bleistift oder Füller, Hand- oder Computerschrift, kleine oder große Schrift – mit einem Visualizer sind Sie sehr flexibel. Da zur Projektion ein Beamer benötigt wird, bietet sich die Kombination von Visualizer und Bildschirmpräsentation an. Per Knopf-druck können Sie zwischen den Medien „switchen". Außerdem können Sie die von der Kamera aufgenommenen Bilder digital speichern.

Visualizer
Abb.: Wolfvision

8.3.3.2 Handling

Wenn Sie mit dem Handling von Laptop und Beamer vertraut sind, ist die Nutzung eines Visualizers kein Problem. Es empfiehlt sich, das Gerät über VGA- oder USB-Anschluss mit dem Beamer zu verbinden und das Laptop an den VGA-Eingang des Visualizers anzuschließen. In diesem Fall können Sie zwischen Visualizer und Laptop umschalten und parallel eine Bildschirm-präsentation zeigen.

Die Erfahrung zeigt, dass das korrekte Platzieren der Vorlage und die Verwendung des Zooms einige Übung erfordert. Ständiges Hin- und Herschieben des Papiers oder Zoomen nervt die Zuschauer und muss vermieden werden. Bessere Geräte bieten eine Lasermarkierung, die den projizierten Bereich anzeigt (siehe farbige Linien).

Pro Visualizer	Contra Visualizer
• Professionelle Vorbereitung und Gestaltung am Computer möglich • Mit mobilem Beamer sehr flexibel in fast allen Räumen einsetzbar • Präsentation von (kleinen) Gegenständen möglich • Publikum kann einbezogen werden, da sich beschriebenes Papier projizieren lässt. • Mit leistungsfähigem Beamer auch bei großem Publikum und in großen und hellen Räumen einsetzbar • Neues Medium, das beim Publikum Interesse wecken dürfte • Kombination mit Bildschirmpräsentation einfach, da per Knopfdruck auf Laptop umgeschaltet werden kann • Gute Kopiermöglichkeit oder digitale Archivierung	• Funktion muss im Vorfeld getestet werden können, um böse Überraschungen zu vermeiden. • Abhängigkeit von Technik: Bei Ausfall muss ein „Plan B" vorhanden sein. • Häufiges Zoomen bzw. Verschieben des Papiers wirkt störend (und muss vermieden werden).

8.3.4 OH-Projektor

Präsentationsmedien

8.3.4.1 Pro und Contra

Ein Overheadprojektor, auch als Tageslichtprojektor bezeichnet, ist neben dem Visualizer das einzige Präsentationsmedium, bei dem vorbereitete Charts durch spontane Ideen oder Rückmeldungen aus dem Publikum ergänzt werden können.

OH-Projektoren sind technisch ausgereift und wegen ihrer hohen Flexibilität nahezu in jedem Schulungsraum und Klassenzimmer vorhanden. Ihre Beschaffung ist kostengünstig und auch der Lampentausch im Vergleich zum Beamer preiswert.

Ein weiterer Vorteil ist im einfachen Handling zu sehen – technische Vorkenntnisse sind nicht erforderlich. Leider fehlen bei OH-Präsentationen oft die notwendigen gestalterischen Kenntnisse: Überladene Folien mit kaum zu entziffernder Schrift sind vor allem im Schulbereich und Hochschulbereich trauriger Alltag. Ein weiteres Gegenargument dürfte sein, dass das Medium nicht gerade den Eindruck erweckt, innovativ und modern zu sein.

8.3.4.2 Handling

Die Vorbereitung einer OH-Präsentation ist schnell erledigt. Bereiten Sie folgende Komponenten vor:
- OH-Projektor
- Ersatzlampe (befindet sich bei den meisten Projektoren im Gerät)
- Folienstifte
- Evtl. unbeschriebene Folien
- Evtl. Verlängerungskabel

Aufstellung

Damit Ihr Publikum nicht durch den relativ großen Projektor beeinträchtigt wird, sollte sich dieser auf einem speziellen Wagen für OH-Projektoren befinden. Steht dieser nicht zur Verfügung, muss eventuell die Bestuhlung geändert werden, damit der Projektor keinem Zuschauer die Sicht verdeckt.

Portabler OH-Projektor

Abb.: Kindermann

Pro OH-Projektor	Contra OH-Projektor
• Professionelle Vorbereitung der Folien am Computer möglich • Handschriftliche Ergänzungen möglich, z. B. durch Einbeziehung des Publikums • Schrittweises Entwickeln des Bildes durch Aufeinanderlegen mehrerer Folien • Gute Kopiermöglichkeit der Folien als Handout für das Publikum • Gute Einsatzmöglichkeit, da OH-Projektor entweder bereits vorhanden oder gut transportierbar ist • Mit lichtstarkem Projektor auch in großen Räumen einsetzbar • Einfaches Handling, keine technischen Vorkenntnisse • Geringes Ausfallrisiko, da Ersatzlampe normalerweise im Projektor vorhanden • Kostengünstig in Anschaffung und Verbrauch	• Häufig eingesetztes Medium, das nicht mehr sonderlich „spannend" wirkt • Häufig perspektivische Verzerrung durch ungünstige Projektionsflächen • Ein Restrisiko bleibt erhalten, z. B. Ausfall der Lampe oder Stromausfall. Für diesen Fall muss ein „Plan B" vorhanden sein. • Rein visuelles Medium ohne multimediale Möglichkeiten (Sound, Video, Animation, Internet)

699

Verzerrungsfreie Projektion

Der Winkel des Spiegels muss 45° betragen.

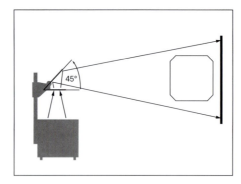

Projektion

Ein grundsätzliches Problem ergibt sich aus dem Funktionsprinzip des Projektors: Damit das Abbild verzerrungsfrei und scharf projiziert wird, muss sich der Umlenkspiegel in einer 45°-Stellung befinden. In dieser Position ist jedoch das projizierte Bild für das Publikum oft zu nieder. Aus diesem Grund muss der Winkel vergrößert werden, so dass sich die Projektion nach oben bewegt. Die Folge ist die typische Trapezverzerrung. Außerdem kann nicht mehr der gesamte Bildbereich scharf dargestellt werden.

Trapezverzerrung

Durch einen Winkel größer als 45° ergibt sich eine trapezförmige Verzerrung.

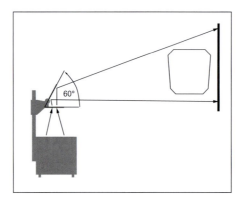

Zur Lösung dieses Problems gibt es zwei Möglichkeiten:
- Einige Projektionswände lassen sich nach vorne kippen, so dass die Projektion wieder parallel und nicht mehr schräg auf die Fläche trifft.
- Bessere Projektoren bieten eine Trapezkorrektur an.

Stehen beide Möglichkeiten nicht zur Verfügung, müssen Sie mit einem Kompromiss leben.

OH-Folien und -Stifte

Die Wahl der für Ihre Präsentation zu verwendenden Folien hängt von Ihrem Drucker ab:

Folien für Laserdrucker und Kopierer

Für Laserdrucker oder für den Einsatz im Fotokopierer benötigen Sie hitzebeständige Folien, da diese zum Fixieren des Toners erhitzt werden müssen. Vorsicht: Falsche Folien können Drucker oder Kopierer zerstören!

Folien für Laserdrucker oder Kopierer können mit Folienstiften beschrieben werden. Sie können zwischen wasserlöslichen und wasserfesten Stiften wählen.

Folien für Tintenstrahldrucker

Für Tintenstrahldrucker gibt es aus diesem Grund spezielle Inkjet-Folien, die einseitig aufgerauht sind. Diese sind teurer als Folien für Laserdrucker.

Verwenden Sie Inkjet-Folien niemals in einem Laserdrucker oder Kopierer – er könnte hierdurch zerstört werden! Beachten Sie auch, dass Sie die Folien auf der richtigen Seite in den Drucker legen müssen, da nur die rauhe Seite bedruckt werden kann.

Ein Nachteil ist, dass sich Inkjet-Folien nur sehr schlecht mit Folienstiften beschreiben lassen. Trick: Legen Sie eine glatte Laserdrucker-Folie auf die Inkjet-Folie und schreiben Sie auf diese Folie.

8.3.5 Metaplan

8.3.5.1 Pro und Contra

Der Markenname Metaplan steht stellvertretend für eine weit verbreitete Moderations- und Präsentationsmethode. Dabei werden die Inhalte auf Moderationskarten geschrieben und an Pinnwänden strukturiert.

Der wesentliche Vorteil dieser Methode liegt in ihrer hohen Flexibilität. Die beschriebenen Kärtchen können einfach und schnell ohne technischen Aufwand verändert werden. Beiträge aus dem Publikum können Sie dadurch direkt in Ihrer Präsentation berücksichtigen und in das Ergebnis mit einfließen lassen. Metaplan wirkt, im Gegensatz zu „sterilen" Overhead- oder Bildschirmpräsentationen, durch die Handschrift immer individuell, so dass Sie hierdurch einen persönlicheren Bezug zu Ihrem Publikum herstellen.

Als problematisch erweist sich, dass sich Pinnwände schlecht transportieren lassen. Außerdem lassen sich die Ergebnisse Ihrer Präsentation nicht als „Handout" im Publikum verteilen. Die einzige Möglichkeit besteht darin, die Pinnwand mit einer Digitalkamera abzufotografieren und das Bild auszudrucken – eine wenig professionelle

Vorgehensweise, mit der Sie keinen guten Eindruck hinterlassen.

8.3.5.2 Materialien

Pinnwände
Die Pinnwände bestehen aus leichten Schaumstoffplatten mit zwei Ständern. Ihre Arbeitsfläche ist meist 145 cm hoch und 125 cm breit. Zum einfacheren

Pro Metaplan	Contra Metaplan
• Hohe Flexibilität: Moderationskarten können wahlweise vorbereitet oder spontan ausgefüllt werden. • Publikum kann sehr gut einbezogen werden. • Visualisierung kann schrittweise entwickelt werden und bleibt während der Präsentation immer sichtbar. • Kein Risiko, dass Technik nicht funktioniert (z. B. Strom- oder Lampenausfall) • Einfaches Handling, keine technischen Vorkenntnisse erforderlich • Kostengünstig in Anschaffung und Verbrauch • Handschrift gibt der Präsentation einen persönlichen, individuellen Charakter.	• Präsentation kann nicht als Handout im Publikum verteilt werden. • Schlechte Transportmöglichkeit der Pinnwände • Nur für kleine Gruppengröße bis etwa zwanzig Personen einsetzbar • Handschrift muss geübt werden, da sonst die Lesbarkeit gefährdet ist. • Keine multimedialen Möglichkeiten

Packpapier
Zum Beschreiben wird die Pinnwand mit Packpapier versehen.

Transport gibt es zerlegbare und auch fahrbare Stellwände.

Packpapier
Bespannen Sie die Metaplanwände grundsätzlich immer mit Packpapier. Verwenden Sie dazu ca. 140 cm langes und 120 cm breites festes, hellbraunes Packpapier. An den oberen Rand sollten Sie dabei mehrere Pinnnadeln als griffbereiten Vorrat stecken.

Moderationskarten
Die Kärtchen können sich je nach Anbieter der Moderationsmaterialien in den Abmessungen unterscheiden. Ihre Grundformen in verschiedenen Farben sind aber immer gleich.

Sie sollten für Ihre Präsentation ein durchgängiges Formen- und Farbschema wählen. Mit den Farben und Formen der Kärtchen strukturieren und gliedern Sie die Inhalte Ihrer Präsentation. Verwenden Sie deshalb immer Kärtchen mit den gleichen Formen und Farben für gleiche Inhalte und thematische Zusammenhänge.

Für die Formen der Kärtchen gelten allgemeine Richtlinien:
- Streifen
  Überschriften und Thesen
- Rechteckige Kärtchen
  Inhalte und Argumente
- Ovale Kärtchen
  Ergänzungen und Anmerkungen
- Runde Kärtchen
  Markierungen und Nummerierungen

Filzstifte
Die Filzstifte sollten keine runde, sondern eine schräge, geteilte Spitze haben. Sie können damit Linien verschiedener Stärke zeichnen. Ihre Schrift wird besser lesbar und durch die automatische Variation der Strichstärke akzentuiert.

Verwenden Sie die breite Schreibkante des Stiftes für Überschriften und die schmale Schreibkante für die Grundtexte. Sie haben dadurch bei gleichbleibender Schriftgröße ein zusätzliches Gestaltungselement, ohne die Lesbarkeit zu beeinträchtigen.

Klebepunkte
Klebepunkte in verschiedenen Farben dienen als weiteres Gestaltungselement zur visuellen Gewichtung.

Über eine so genannte Punktabfrage können Sie das Publikum aktiv in Ihre Präsentation mit einbeziehen: Sie stellen z. B. zwei Thesen auf jeweils einer Karte zur Abstimmung. Die Zuhörer kleben einen Punkt an die Karte mit der These, die ihre Zustimmung findet. Das sich daraus ergebende Meinungsbild ist nicht flüchtig wie bei einer Abstimmung durch Handheben, sondern bleibt präsent.

Weitere Hilfsmittel
- Pinnnadeln
- Klebestifte
- Klebe- oder Kreppband
- Schere

Moderationskarten
Verwenden Sie ein durchgängiges Farb- und Formschema.

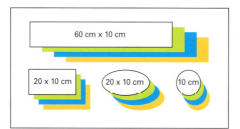

702

Präsentationsmedien

8.3.5.3 Handling

Gliederung und Layout
Die Gliederung und das Layout Ihrer Visualisierung müssen Sie ebenso sorgfältig planen und vorstrukturieren wie Ihre gesamte Präsentation. Es genügt nicht, wenn Sie die Kärtchen vorbereiten. Die Anordnung, Reihenfolge und Verknüpfung der Elemente müssen ebenfalls vorher geplant werden.

Reihenfolge
Die Reihenfolge, in der Sie die einzelnen Elemente während Ihres Vortrags an die Stellwand anpinnen, ist ein wichtiger Teil der Abfolge Ihrer Präsentation. Ähnlich wie bei einer Beamerpräsentation zeigen Sie die Inhalte erst dann, wenn Sie auch Gegenstand der Präsentation sind. Machen Sie sich deshalb im Layout der Präsentation entsprechende Hinweise mit kleinen Ziffern oder Stichworten.

Gestaltungsmittel
Durch die Kombination verschiedener Kärtchen können Sie auf einfache Art und Weise Hervorhebungen erzielen.

Durch das Zerschneiden der vorgegebenen Kärtchen entstehen ebenfalls neue Gestaltungselemente. Halbkreise oder halbierte Ovale dienen als Klam-

mern, in der Diagonale geteilte Rechtecke oder Quadrate werden Pfeile oder Markierungen für Listenelemente.

Durch mit Filzstift direkt auf das Packpapier gezeichnete Linien gliedern, trennen oder verbinden Sie verschiedene Elemente.

Vortrag
Grundsätzlich gelten für die Präsentation mit Metaplan natürlich die gleichen Regeln wie für jede Präsentation. Darüber hinaus sollten Sie aber einige spezifische Dinge beachten:
- Halten Sie sich an Ihr Layout. Sie haben es mit viel Mühe und Überlegungen erstellt. Machen Sie es nicht durch spontane Änderungen kaputt.
- Lesen Sie jedes Kärtchen vor, bevor Sie es anpinnen.
- Zeigen Sie auf den Teil, der gerade Gegenstand Ihrer Präsentation ist. Die Zuhörer werden auch Zuseher und die Aufmerksamkeit und Konzentration dadurch erhöht.

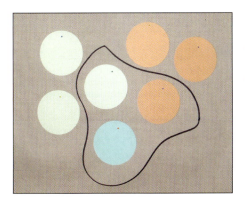

Layout
Die Anordnung und Struktur der Moderationskarten muss geplant werden. Spontane Aktionen enden häufig im Chaos.

Gliederung
Durch Linien, Pfeile oder gruppierte Karten strukturieren Sie die Präsentation und verleihen ihr ein professionelles Aussehen.

8.3.6 Plakat

Plakatgestaltung

Benettons Plakatkampagne hat viel Aufsehen erregt. Ob positiv oder negativ: Die Firma bleibt in Erinnerung. Gelingt Ihnen das mit Ihrer Präsentation auch?

Abb.: Benetton

8.3.6.1 Pro und Contra

Plakate begegnen uns heute überall: Als Werbeplakat auf der Litfaßsäule, im Kaufhaus und an der Bushaltestelle. Mit Plakaten kann eine unglaubliche Wirkung erzielt werden, wie die umstrittene Benetton-Plakatserie bewiesen hat.

Plakate in Präsentationen dienen zur Visualisierung und Veranschaulichung wichtiger Inhalte Ihrer Präsentation. Sie werden häufig ergänzend zu anderen Medien wie z. B. Flipchart, Folie oder Beamer eingesetzt.

Plakate haben gegenüber OH-Folien oder den Screens einer Beamerpräsentation den großen Vorteil der Präsenz über einen längeren Zeitraum hinweg. Ihr Publikum hat ausreichend Zeit, das oder die Plakate ausgiebig zu betrachten. Aus den Zuhörern werden Zuschauer und die Aufmerksamkeit und Konzentration dadurch erhöht. Hinzu kommt, dass Plakate auch noch längere Zeit *nach* der Präsentation ausgestellt werden können.

Der Einsatz von Plakaten *während* der Präsentation macht nur Sinn, wenn die Größe Ihres Publikums auf etwa zwanzig Personen begrenzt ist. Es muss gewährleistet sein, dass auch die Zuschauer in der letzten Reihe kein Opernglas benötigen, um das Plakat zu entziffern. Ein weiterer Nachteil besteht darin, dass die Plakate bereits vor der Präsentation aufgehängt werden müssen. Das birgt die Gefahr, dass sich Ihr Publikum mit dem/den Plakat/en beschäftigt, bevor Sie inhaltlich darauf zu sprechen kommen, und hierdurch abgelenkt wird. Beachten Sie deshalb die im nächsten Abschnitt beschriebenen Maßnahmen.

In der Tabelle unten sind die wichtigsten Argumente für und wider Plakate zusammengefasst.

Pro Plakat	Contra Plakat
• Mit gut gestalteten Plakaten erzielen Sie eine maximale Wirkung – denken Sie an Werbeplakate! • Kein Risiko, dass Technik nicht funktioniert (z. B. Strom- oder Lampenausfall) • Einfaches Handling, keine technischen Vorkenntnisse erforderlich • Ein gutes Plakat beschränkt sich auf das Wesentliche und wird deshalb in Erinnerung bleiben. • Plakate können über einen längeren Zeitraum auch nach der Präsentation ausgestellt werden.	• Plakate können nicht als Handout im Publikum verteilt werden. • Nur für kleine Gruppengröße bis etwa zwanzig Personen einsetzbar • Großformatiger Drucker (mindestens DIN A2) erforderlich • Keine multimedialen Möglichkeiten • Schrittweise Entwicklung passend zum Vortrag ist nicht möglich • Spontane Änderung nicht möglich • Publikum kann nicht einbezogen werden.

8.3.6.2 Handling

Plakate werden bereits im Vorfeld der Präsentation erstellt, so dass Sie, im Unterschied zu Metaplan, Flipchart und Tafel, während der Präsentation keine Arbeit mehr damit haben.

Plakate gestalten
Plakatgestaltung ist eine Kunst! Ein Plakat sagt ohne oder mit wenigen Worten sehr viel aus. Ein gutes Plakat begeistert, fasziniert, lässt uns staunen, regt zum Nachdenken an. Es besitzt neben informativen immer auch emotionale Momente. Gute Plakate sind:
- auffallend
- ansprechend
- klar strukturiert
- einprägsam
- effektvoll
- schlicht
- überschaubar
- schnell erfassbar

Als Mediengestalter/in werden Sie sich dieser Herausforderung stellen! Mit den Regeln zu Layout, Typografie und Bildgestaltung sind Sie vertraut. Damit ein Plakat auch plakativ wird, braucht es
- einen Blickfang (Eyecatcher),
- eine Überschrift oder einen Titel,
- eine klare Struktur,
- eine gute Lesbarkeit.

Plakate präsentieren
Plakate wirken für sich allein. Machen Sie sich Gedanken darüber, *wo, wie und wann* Sie Ihre Plakate präsentieren oder inszenieren.

Dabei kann es sinnvoll sein, dass Sie ein Plakat nicht bereits vor der Präsentation zeigen. Spannung und „Aha"-Effekt gehen hierdurch verloren. Zeigen Sie ein Plakat erst, wenn der passende Moment dafür gekommen ist.

Bei der Vorbereitung können Sie das oder die Plakate auf der Rückseite von Pinnwänden aufhängen, die dann bei Bedarf umgedreht werden. Alternativ können Sie Plakate auf einem Flipchart-Ständer befestigen und nacheinander umblättern.

Plakate ausstellen
Für Plakate, die Sie im Anschluss an eine Präsentation, auf einer Messe oder während eines Kongresses ausstellen, gelten andere Kriterien als für die bisher besprochenen Präsentations- und Werbeplakate.

Da sich die Betrachter direkt vor dem Plakat befinden, können Sie deutlich mehr Informationen unterbringen als auf einem Plakat, das Teil Ihrer Präsentation ist. Die Texte können länger und ausführlicher sein, die Bilder und Grafiken detaillierter, da sich die Betrachter längere Zeit vor dem Plakat aufhalten. Aber auch hier gilt, dass weniger oft mehr ist. Beschränken Sie sich auf das wirklich Wichtige.

Plakate als Teil einer Ausstellung müssen selbsterklärend sein. Die Struktur Ihres Vortrages muss hier durch die Blickführung ersetzt werden.

Ausstellungsplakate
Plakate, mit denen eine Ausstellung gestaltet wird, müssen mehr Informationen enthalten als Präsentationsplakate.

8.3.7 Flipchart

8.3.7.1 Pro und Contra

Flipcharts sind unentbehrliche Hilfsmittel für Präsentationen und Besprechungen und werden überwiegend in der Arbeitswelt eingesetzt. Bei Seminaren, Vorträgen, Schulungen und Präsentationen wird gerne mit diesem unkomplizierten und kostengünstigen Präsentationsmedium gearbeitet.

Ideal ist das Flipchart durch seine einfache Handhabung. Sie können es sowohl als Präsentationsmedium als auch als aktives Arbeitsinstrument einsetzen. Bei der Verwendung als Präsentationsmedium zeigen Sie auf bereits vorbereitete Informationen. Als Arbeitsinstrument ermöglicht ein Flipchart das Festhalten von Arbeits- und Diskussionsergebnissen, z. B. bei Workshops.

Bei Zusammenfassungen von Arbeitsergebnissen wird durch das Verwenden eines Flipcharts die Konzentration einer Arbeitsgruppe wieder auf einen Punkt gelenkt.

Aufgrund seiner Größe ist ein Flipchart nur bei kleinen Gruppen einsetzbar. Die Präsentations- oder Arbeits-

ergebnisse können nicht direkt als „Handout" verteilt werden und müssen abgeschrieben oder abfotografiert werden.

Die wichtigsten Vor- und Nachteile sind in der Tabelle zusammengefasst.

Pro Flipchart	Contra Flipchart
• Ein Flipchart-Block kann wahlweise im Vorfeld oder während der Präsentation beschrieben werden. • Das Medium ermöglicht es, Stichpunkte oder Grafiken zur Präsentation nach und nach zu ergänzen. • Das Publikum kann sehr gut in die Präsentation einbezogen werden. • Flipcharts können auch zur Präsentation von Plakaten, Fotos, Charts genutzt werden. • Kein Risiko, dass Technik nicht funktioniert (z. B. Strom- oder Lampenausfall) • Einfaches Handling, keine technischen Vorkenntnisse erforderlich • Geringe Verbrauchskosten • Ein Flipchart-Ständer lässt sich relativ gut transportieren. • Einfaches „Zurückblättern" möglich	• Die Flipchart-Blätter können nicht als Handout im Publikum verteilt werden. • Nur für kleine Gruppengröße bis etwa 20 Personen einsetzbar • Keine multimedialen Möglichkeiten • Handschrift muss geübt werden, da sonst die Lesbarkeit gefährdet ist. • Keine Korrekturmöglichkeiten – Durchstreichen wirkt wenig professionell

Präsentationsmedien

8.3.7.2 Materialien

Flipchart
Ein Flipchart besteht aus einer festen Kunststoff- oder Metallplatte. Diese wird von einem Ständer, ähnlich der Staffelei eines Malers, getragen. Auf der Platte wird mittels einer Klemmvorrichtung ein großformatiger Papierblock in Form eines Abreißblocks angebracht. Die Größe des Blocks weist üblicherweise das Format 70 x 100 cm auf. Der Papierblock ist in der Regel unliniert, manchmal wird kariertes Papier mit einem ca. 10 x 10 cm großen Raster verwendet.

Manche, zumeist baulich stabilere Flipcharts können mit Seitenarmen ausgestattet werden, an denen sich zusätzliche Bögen befestigen lassen. Diese Bögen müssen allerdings vorbereitet sein, da sie nicht direkt beschriftet werden können.

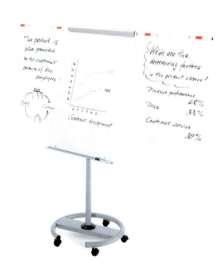

Flipchart mit zusätzlichen Halterungen
Abb.: Kindermann

Stifte
Sie können mit dicken farbigen Markern auf den Flipchart-Papierblock schreiben und zeichnen. Den Block verwenden Sie wie eine Tafel oder ein Whiteboard.

Alternativ können auch bereits vorbereitete Ausdrucke aufgeklebt werden.

Im Unterschied zu Tafel und Whiteboard gibt es beim Flipchart allerdings nicht die Möglichkeit des Löschens.

Richtige Handhaltung

8.3.7.3 Handling

Aufstellung
Ein Flipchart müssen Sie gut sichtbar im Raum aufstellen. Ist Ihr Zuhörerkreis groß, ist es vorteilhaft, wenn Ihr Flipchart etwas erhöht steht. Dadurch wird die Lesbarkeit für die Teilnehmer Ihrer Präsentation deutlich verbessert.

Sie können ein Flipchart bei Gruppengrößen bis maximal 20 Personen sinnvoll verwenden. Für größere Gruppen ist dieses Präsentationshilfsmittel nicht geeignet, da die Darstellungsfläche von etwa einem Quadratmeter zu klein und die Lesbarkeit daher nicht mehr gegeben ist.

Nutzung
Beachten Sie folgende Regeln bei der Verwendung eines Flipcharts:
- Vermeiden Sie viel Text, schreiben Sie stichwortartig oder in Halbsätzen. Geben Sie jeder Seite eine Überschrift.
- Verwenden Sie Groß- und Kleinschreibung und Druckbuchstaben. Flipchart-Papier mit Gitterlinien macht das Schreiben einfacher.
- Schreiben Sie in einer angemessen großen Schrift, die auch in der letzten Reihe gelesen werden kann.
- Zeichnen Sie übersichtlich, klar und deutlich, so dass Skizzen auch in

707

Präsentationen mit Flipchart

Um die Schreibfläche nicht zu verdecken, kann ein Stift oder Zeigestock eingesetzt werden.

Textmenge

Die Textmenge muss auf wenige Stichworte oder Halbsätze begrenzt werden.

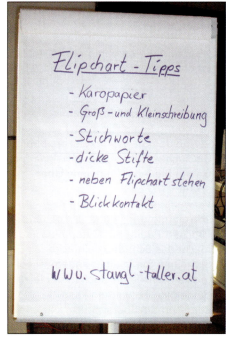

der letzten Reihe noch erkannt und verstanden werden.
- Entwerfen Sie Bilder, Grafiken und Diagramme zuerst auf DIN-A4-Papier, bevor Sie diese auf ein Flipchart zeichnen.
- Schwierige Grafiken sollten Sie mit einem feinen Bleistift vorzeichnen, bevor Sie die Filzstifte benutzen.
- Verwenden Sie unterschiedliche Farben, aber nicht mehr als drei. Schlecht lesbare Farben wie Orange und Rosa dürfen nicht eingesetzt werden.
- Achten Sie auf eine blendfreie Beleuchtung.
- Machen Sie sich vor Ihrer Präsentation mit dem Papierwechsel vertraut – üben Sie das Umblättern und Abreißen der Papierbögen.
- Legen Sie Ersatzpapier und -stifte bereit.
- Verwenden Sie immer klare und eindeutige Symbole bei Ihren Darstellungen. Setzen Sie für eine festgelegte Bedeutung immer das gleiche Symbol ein.
- Dynamisieren Sie Ihren Vortrag durch Ergänzungen während der Präsentation. Setzen Sie in vorbereitete Blätter Punkte, Bilder, Symbole (z. B. Wolke, Sprechblase, Ausrufezeichen) ein.
- Mit dem Bleistift können Sie Anmerkungen und wichtige Begriffe für den Vortrag auf das Blatt vorschreiben, ohne dass es die Zuschauer sehen.

8.3.8 Tafel und Whiteboard

Präsentationsmedien

8.3.8.1 Pro und Contra

Die Tafel wird manchmal belächelt und als Medium aus der „Kreidezeit" abgetan, dennoch ist sie aus Unterricht und Lehre nicht wegzudenken.

Als Alternative zur grünen Kreidetafel kommen Whiteboards zum Einsatz, die mit Filzstiften beschrieben werden.

Tafeln oder Whiteboards sind einfach in ihrer Handhabung und gestatten es in idealer Weise, das Publikum in eine Präsentation mit einzubeziehen. Durch die schrittweise Entwicklung eines Tafelbildes kann dieses sehr gut nachvollzogen werden. Der Lerneffekt ist deshalb höher als bei Präsentationen, die nur Endprodukte zeigen. Außerdem kann der Präsentierende spontan von seinem Konzept abweichen, wenn er es aus der Situation heraus für notwendig erachtet. Eine Tafel eignet sich nicht nur zum Beschreiben: Mittels Haftstreifen oder kleinen Magneten lassen sich Plakate, Diagramme, Grafiken oder Moderationskarten anbringen.

Der gravierende Nachteil eines Tafelbildes ist seine kurze Lebensdauer. Um die Ergebnisse am Ende der Präsentation zu sichern, müsste das

Whiteboard

Tafelbild abgeschrieben oder abfotografiert werden. Beide Methoden sind nicht geeignet, um seinem Publikum die Ergebnisse mitzugeben. Wie bei Metaplan und Flipchart eignet sich das Medium nicht, wenn Sie eine unleserliche Handschrift haben oder so klein schreiben, dass die Zuschauer in den hinteren Reihen nichts entziffern können.

Die wichtigsten Vor- und Nachteile von Tafel oder Whiteboard sind in der Tabelle zusammengefasst.

Pro Tafel/Whiteboard	Contra Tafel/Whiteboard
• Mit Tafel oder Whiteboard kann ein Gedankengang Schritt für Schritt visualisiert werden. • Ein Tafelbild bleibt bis zum Ende der Präsentation sichtbar. • Publikum kann perfekt einbezogen werden. • Kein Risiko, dass Technik nicht funktioniert (z. B. Strom- oder Lampenausfall) • Einfaches Handling, keine technischen Vorkenntnisse erforderlich • Kostengünstiges Präsentationsmedium • Präsentationen sind auch vor großen Gruppen möglich, z. B. in Hörsälen. • Vorbereitete Medien wie Plakate oder Moderationskarten können ergänzt werden.	• Präsentation kann nicht als Handout im Publikum verteilt werden. • Keine Transportmöglichkeit, da Tafeln in der Regel fest montiert sind • Handschrift muss geübt werden, da sonst die Lesbarkeit gefährdet ist. • Keine multimedialen Möglichkeiten

8.3.8.2 Handling

Ein Tafelbild muss vorbereitet werden. Neben der Schrift können Sie auch andere Gestaltungselemente wie Karten, Bilder, Linien, Pfeile, Punkte u. Ä. benutzen. Wichtig dabei ist, dass Schrift und Zusatzelemente immer zielgerichtet und in der gleichen Bedeutung und Systematik eingesetzt werden. Dadurch ist es möglich, dass Sie für Ihre Zuschauer den „roten Faden" einer Präsentation sichtbar machen.

Um mit Schrift auf Tafel und Whiteboard richtig umzugehen, müssen Sie eine Reihe von Regeln beachten, die dem Zuschauer die Informationsaufnahme erleichtern:

- Entwerfen Sie Ihre Tafelpräsentation auf Papier. Legen Sie Inhalt, Proportion und Einteilung fest.
- Passen Sie die Schriftgröße an die Raumsituation an. Testen Sie die Lesbarkeit aus der hintersten Reihe.
- Üben Sie das Schreiben auf Tafel oder Whiteboard.
- Verwenden Sie das Rastersystem der Tafel zu Ihrer gestalterischen Orientierung.
- Versehen Sie das Tafelbild mit einer Überschrift, z. B. dem Thema der Präsentation.
- Bilden Sie eindeutige Textblöcke aus kurzen Sätzen. Sie können auch Stichworte verwenden, die Gedanken und Ideen gut transportieren.
- Verwenden Sie die gleiche Schriftgröße für gleichartige Aussagen.
- Verwenden Sie Groß- und Kleinbuchstaben.
- Beachten Sie unsere Lesegewohnheiten – wir lesen von links oben nach rechts unten.
- Stellen Sie Zusammenhänge durch Farben, Linien und Formen her.
- Schreiben Sie immer auf einer gut geputzten und, bei Kreidetafeln, trockenen Tafel.
- Bei Verwendung eines Whiteboards müssen spezielle Whiteboard-Stifte benutzt werden, da nur diese abwischbar sind.
- Halten Sie einen trockenen Lappen für eventuelle Korrekturen bereit.
- Schreiben Sie, vor allem am Anfang, langsam auf die Tafel. Dies erhöht die Darstellungsqualität Ihres Schriftbildes und gibt Ihnen Sicherheit für das gute Aussehen Ihrer Tafelpräsentation.

Beispiel für Tafelbilder

Links:
So bitte nicht!

Rechts:
Klar strukturiertes Tafelbild in gut lesbarer Schrift, unterstützt durch farbige Kreide.

8.3.9　Checklisten

Präsentationsmedien

8.3.9.1　Präsentationsmedium

Kriterien	Bewertung		Notizen
Allgemein	ja	nein	
Beleuchtung getestet	☐	☐	
Bestuhlung vorbereitet	☐	☐	
Getränke usw. notwendig	☐	☐	
OH-Projektor/Visualizer/Beamer			
Mehrfachsteckdose, Verlängerungskabel notwendig und vorhanden	☐	☐	
Raumverdunkelung möglich	☐	☐	
Projektionsfläche vorhanden	☐	☐	
Zeigestock/Laserpointer vorhanden	☐	☐	
Ersatzlampe/-gerät vorhanden	☐	☐	
Geräte getestet und justiert	☐	☐	
Schrift überall im Raum lesbar	☐	☐	
Handout vorbereitet	☐	☐	
Flipchart/Tafel/Metaplan/Plakat			
Stifte/Kreide vorhanden	☐	☐	
Moderationsmaterial (Kärtchen, Stifte, Nadeln) vorhanden	☐	☐	
Pinnwände ausreichend vorhanden	☐	☐	
Ersatzblock für Flipchart vorhanden	☐	☐	
Handschrift, Zeichnen geübt	☐	☐	

8.3.9.2 Präsentationsanordnungen

Flipchart

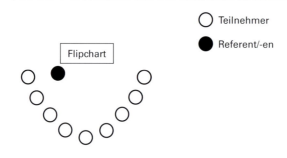

- Stühle im Halbkreis
- Teilnehmer haben alle Blickkontakt zueinander und zum Vortragenden
- Sehr kommunikative Sitz- und Präsentationsform
- Bewegung und Veränderung sehr schnell möglich
- Schreiben ist erschwert
- Bis 15 Personen

Pinnwand für Kleingruppen

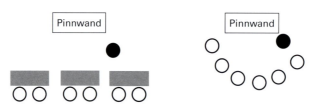

- Zentrierte Ausrichtung auf die Pinnwand
- Teilnehmerkonzentration auf Vortragenden
- Schreiben möglich
- Bewegung und Veränderung möglich
- Bis 10 Personen

Mehrere Pinnwände für Großgruppen

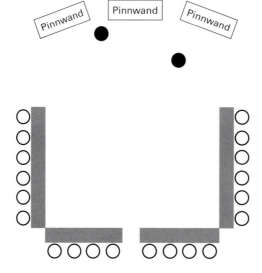

- Zentrierte Ausrichtung auf die Pinnwände
- Teilnehmerkonzentration auf ein oder mehrere Vortragende und die Präsentationsdarstellung
- Schreiben sehr gut möglich
- Bewegung und Veränderung ist bei günstiger Raumsituation und Personenzahl unproblematisch
- Kommunikation in größeren Gruppen bedarf der Moderation
- 20 bis 30 Personen

Präsentationsmedien

OH-Projektion/Flipchart/Pinnwand

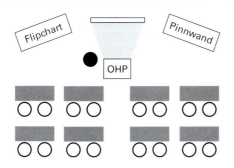

- Typische Klassenraumsituation
- OH-Projektion lenkt den Blick auf die Projektion und den Vortragenden
- Ungünstige Kommunikationsform, da sich die Teilnehmer untereinander nur bedingt sehen
- Schreiben sehr gut möglich
- Bis 28 Personen

OH-Projektion/Whiteboard/Tafel

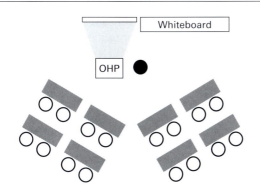

- Teilnehmer haben alle Blickkontakt zueinander und zum Vortragenden
- Kommunikative Sitz- und Präsentationsform
- Bewegung und Veränderung ist mit einigem Aufwand denkbar
- Schreiben sehr gut möglich
- Bis 28 Personen

PC/Visualizer/Beamer

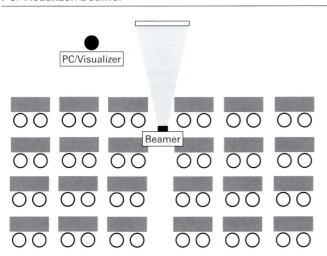

- Busbestuhlung
- Teilnehmer haben eingeschränkten Kontakt zum Vortragenden bei großen Gruppen
- Kontakt der Teilnehmer untereinander bei großen Gruppen schlecht
- Keine Bewegung und Veränderung möglich
- Schreiben ist nur bei Visualizer möglich
- Sehr viele Teilnehmer möglich

8.3.10 Aufgaben

1 Präsentationsmedien wählen

Nennen Sie geeignete Präsentationsmedien, um
a. ein großes Publikum zu erreichen,
b. die Teilnehmer einbeziehen zu können,
c. die Visualisierung am Computer
vorbereiten zu können,
d. den Teilnehmern die Ergebnisse der
Präsentation als „Handout" zur Verfügung stellen zu können,
e. möglichst spontan agieren zu können,
f. möglichst flexibel zu sein, z. B. den
Raum wechseln zu können.

2 Präsentationsmedien wählen

Zur Auswahl stehen folgende
Präsentationsmedien:
1. Whiteboard
2. Flipchart
3. Pinnwand
4. Visualizer
5. Beamer
Bringen Sie jeweils die fünf
Präsentationsmedien in eine Reihenfolge von gut geeignet bis ungeeignet:
a. Geringer Vorbereitungsaufwand
b. Gute Möglichkeit der Ergebnis-
sicherung als Handout
c. Hohe Teilnehmerzahl möglich
d. Professionelle Visualisierung möglich

3 Merkmale eines Beamers kennen

Nennen Sie drei technische Merkmale
eines Beamers und jeweils einen typischen (empfohlenen) Wert.

4 Beamer einsetzen

Sie haben Beamer und Laptop per
Kabel verbunden und beide Geräte ein-
geschaltet. Dennoch erhalten Sie kein
Signal am Beamer.
Zählen Sie mögliche Ursachen auf.

5 Visualizer einsetzen

Nennen Sie Argumente, die für die Verwendung eines Visualizers sprechen.

6 OH-Projektor einsetzen

Worauf ist bei der Vorbereitung zu achten, wenn Sie eine Präsentation mittels
OH-Projektor durchführen wollen?

7 Beamer und OH-Projektor ver-
gleichen

Vergleichen Sie Beamer und OH-Projektor, indem Sie die Vorteile der jeweiligen Medien nennen.

8 Handschriftlich schreiben

Formulieren Sie fünf Regeln für das
Schreiben auf Whiteboard oder Tafel.

9 Technische und „manuelle"
Präsentationsmedien vergleichen

Präsentationsmedien lassen sich in
zwei Gruppen unterteilen:

Präsentationsmedien

Technische Medien
Visualizer, OH-Projektor, Beamer

Manuelle Medien
Pinnwand, Flipchart, Whiteboard, Tafel

Erläutern Sie die wesentlichen Unterschiede (Vorteile, Merkmale) der beiden Gruppen.

---

10 Präsentationsmedien wählen

Gegeben sind folgende Präsentationsmedien:
1. Beamer
2. OH-Projektor
3. Visualizer
4. Flipchart
5. Tafel
6. Pinnwand
7. Plakat

Wählen Sie geeignete Medien aus:
a. Querformatiges Layout
b. Quadratisches Layout
c. Handschrift möglich
d. Großer Farbraum
e. Typografische Gestaltung
f. Viele Fotos
g. Ausstellung nach Präsentation
h. Spontane Ergänzungen

8.4 Präsentieren

8.4.1	Präsentieren heißt kommunizieren	718
8.4.2	Rhetorik	719
8.4.3	Stimme und Sprache	722
8.4.4	Körpersprache	723
8.4.5	Training	726
8.4.6	Checklisten	728
8.4.7	Aufgaben	731

8.4.1 Präsentieren heißt kommunizieren

Band I – Seite 661
8.1.2 Kommunikationsmodelle

„Man kann nicht nicht kommunizieren", sagt der Kommunikationswissenschaftler und Psychotherapeut Paul Watzlawick. Er meint damit, dass sich Menschen immer mitteilen, ob sie nun sprechen oder nicht.

Die Neurowissenschaft konnte mittlerweile den biologischen Zusammenhang dieser nonverbalen Kommunikation ermitteln: Über so genannte *Spiegelneurone* treten unsere Gehirne miteinander in Verbindung – ob wir wollen oder nicht!

Sie kennen das Gefühl, jemanden spontan sympathisch oder unsympathisch zu finden, ohne dies begründen zu können. Natürlich kann dieser erste Eindruck, der als *Primacy Effect* bezeichnet wird, auch täuschen. Oft jedoch bestätigt er sich.

Das Wort *Kommunikation* hat seinen Ursprung in der lateinischen Sprache: communicatio – Mitteilung, communicare – teilhaben, communis – gemeinsam. Kommunikation bedeutet also Verbindung, Austausch und Verständigung zwischen Menschen.

Kommunikationskompetenz

Kommunikationskompetenz ist ein wichtiger Teil der Sozialkompetenz. Sie beschreibt neben der Dialogfähigkeit und dem schriftlichen und mündlichen Ausdrucksvermögen die Fähigkeit, zu präsentieren und zu visualisieren.

Was folgt aus obiger Erkenntnis für das Thema Präsentation? Auch bei einer Präsentation handelt es sich um einen Kommunikationsprozess, der sich vom Zwiegespräch dadurch unterscheidet, dass nur der Präsentierende spricht. Daraus folgt jedoch nicht, dass der oder die Zuhörer nicht kommunizieren. Die Kommunikation erfolgt nonverbal über ihre Gesichtsmimik und Körpersprache. Der Präsentierende kann bereits während seines Vortrags Rückschlüsse daraus ziehen.

Umgekehrt sendet auch der Präsentierende selbst nonverbale Signale an die Zuhörer, die diese (unbewusst) interpretieren. Wer Unlust oder Langeweile ausstrahlt, darf sich nicht wundern, wenn er sein Publikum nicht für sich gewinnen kann. Umgekehrt ist eine positive Erscheinung und Ausstrahlung des Präsentierenden bereits „die halbe Miete".

Kommunikationsziel

Natürlich möchten Sie mit Ihrer Präsentation ein bestimmtes Ziel erreichen. Bevor Sie aber ein Ziel formulieren, müssen Sie zunächst Ihren eigenen Standpunkt bestimmen. Erst dann können Sie das Ziel und den Weg zum Erreichen des Ziels festlegen.

Die folgenden Fragen sollen Ihnen bei der Analyse und zielorientierten Vorbereitung helfen.

- Wer ist mein Publikum?
- Was möchte ich dem Publikum bieten? Welche Ideen und Inhalte möchte ich vermitteln?
- Warum sollte mein Publikum meinen Vortrag hören?
- Welches Verhalten und welche Handlungen möchte ich auslösen? Wie möchte ich dies erreichen?
- Kann oder will ich mein Publikum aktiv beteiligen?
- Sind unerwünschte Reaktionen möglich? Wie verhalte ich mich dann?
- Wie viel Zeit habe ich für meine Präsentation? Wie viel für eine Diskussion?

Formulieren Sie nach der Analyse – und bevor Sie mit der Erstellung beginnen – das *Ziel Ihrer Präsentation in einem einzigen Satz*. Sie sind dadurch gezwungen, sich auf das Wesentliche zu reduzieren.

718

8.4.2 Rhetorik

Präsentieren

Der Begriff Rhetorik stammt aus dem Griechischen und bedeutet „Redekunst". Heute befasst sich die Rhetorik mit der *Theorie und Praxis der verbalen Kommunikation*. Die Theorie beschäftigt sich mit der Frage: Wie muss ich meine Präsentation bzw. Rede aufbauen, um das gesetzte Ziel zu erreichen? Die Praxis hingegen fragt: Wie muss ich sprechen/vortragen, um mein Ziel zu erreichen?

Kommunikationskompetenz ist in unserer Informations- und Dienstleistungsgesellschaft so wichtig, dass jede bessere Volkshochschule Kommunikations- und Rhetorikseminare anbietet, um Sie die „Kunst der Rede" zu lehren.

8.4.2.1 Die fünf Schritte der Rhetorik

Die klassischen fünf Arbeitsschritte zur Vorbereitung einer Rede, eines Vortrages oder einer Präsentation haben seit der Antike Gültigkeit.

Schritt 1: Stoffsammlung (inventio)
Beginnen Sie mit einer ungeordneten Stoffsammlung (Brainstorming) und tragen Sie alle Ideen, Gesichtpunkte und Inhalte zusammen, die Ihnen spontan zu Ihrem Thema einfallen. Orientieren Sie sich dabei an den journalistischen W-Fragen: Wer, was, wo, wodurch, warum, wie, wann?

Schritt 2: Gliederung (dispositio)
Gliedern Sie Ihr gefundenes Material. Strukturieren Sie Ihren Vortrag nach einem logisch zusammenhängenden Schema in Einleitung, Hauptteil und Schluss. Arbeiten Sie die Kernaussagen Ihres Vortrages heraus.

Schritt 3: Formulierung (elocutio)
In diesem Schritt bringen Sie Ihren Vortrag, Ihre Präsentation in eine Form.

Die Versprachlichung und Visualisierung müssen auf Ihre Kommunikationsziele bezogen sein und der Zielgruppe entsprechen.

Schritt 4: Einprägung (memoria)
Prägen Sie sich Ihren Vortrag ein. Sie müssen ihn nicht auswendig lernen, aber Sie sollten im Wesentlichen frei sprechen können. Wir kennen alle diese unsäglichen Präsentationen, bei denen der Vortragende mit dem Rücken zum Publikum seine Folien vorliest. Erst durch die freie Rede, die Ergänzung der Medien mit neuen Inhalten wird Ihr Vortrag lebendig und fesselt Ihre Zuhörer.

Schritt 5: Vortrag (pronuntiatio, actio)
Jetzt kommt der große Moment, an dem es sich zeigt, ob sich die Vorarbeit gelohnt hat. Sie werden sehen, dass sie sich gelohnt hat. Sie sind gut vorbereitet und vom Inhalt Ihrer Präsentation überzeugt. Unterstützen Sie die positive Wirkung Ihres Vortrages durch angemessene Mimik und Gestik, halten Sie Blickkontakt.

8.4.2.2 Grundsätzlicher Aufbau eines Vortrages

Ein Vortrag oder eine Präsentation gliedert sich in vier Teile. Nach der persönlichen Kontaktaufnahme mit dem Publikum folgen die aus dem Schulaufsatz bekannten Gliederungsteile Einleitung, Hauptteil und Schluss.

Begrüßung und Vorstellung
Nachdem Sie Ihr Publikum begrüßt haben, stellen Sie sich kurz vor. Danach nennen Sie Ihr Thema und erläutern kurz dessen Bedeutung für Ihr Publikum.

719

Rhetorik einer Präsentation

Bei der Konzeption wird vom Ziel aus rückwärts vorgegangen, um Argumente zu finden, die zu diesem Ziel führen.

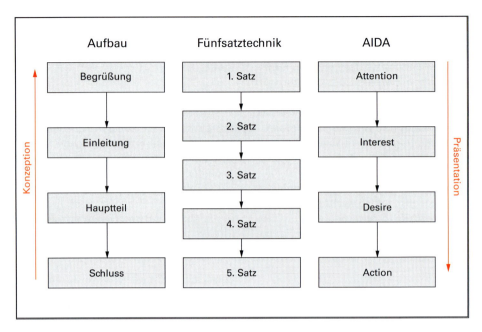

Einleitung
Eine gelungene Einleitung ist der Schlüssel zum Erfolg Ihres Vortrages. Sie ziehen die Zuhörer in Ihren Bann und begeistern Sie für das Thema. Stellen Sie die Agenda und das Ziel Ihres Vortrages vor. Machen Sie Ihr Publikum neugierig.

Hauptteil
Im Hauptteil präsentieren Sie die Inhalte. Für die Zuhörer muss die Struktur, der berühmte rote Faden, immer erkennbar sein. Dies erreichen Sie, indem Sie sich einer der im nächsten Abschnitt beschriebenen Argumentationstechniken bedienen.

Schluss
Der Schluss eines Vortrages muss ebenso gut wie die ersten Teile vorbereitet sein. Hier schließt sich der Kreis. Sie fassen die Kernaussagen zusammen, ziehen ein Resümee oder enden mit einem feurigen Appell. Bei Bedarf können Sie Ihr Publikum zur Diskussion einladen und noch offene Fragen klären. Beenden Sie Ihren Vortrag mit einem Dank an Ihre Zuhörer und einem Abschiedsgruß.

8.4.2.3 Argumentationstechniken

In diesem Abschnitt beschäftigen wir uns mit der Technik zum Aufbau eines Argumentationsgerüstes einer Rede. Sie geben damit Ihrem Publikum den berühmten roten Faden zur Orientierung.

Planen Sie Ihre Argumentation immer vom Ende her. Sie kennen das Ziel und konzipieren dann die Schritte zum Ziel.

Fünfsatztechnik
Einleitung – 1. Satz
Beginnen Sie mit einer zielgerichteten, das Thema der Präsentation darstellenden Einleitung. Ihr Publikum muss

Präsentieren

Band I – Seite 631
7.3.3 AIDA und GIULIA

neugierig auf den weiteren Vortrag werden.
- Die Ergebnisse unserer Arbeit der letzten …
- Diese Technologie gewinnt immer größere Bedeutung …
- Wir müssen etwas tun für …
- Stelle ich neue Aspekte …
- …

Hauptteil – 2. bis 4. Satz
Sie entwickeln Ihren Gedankenweg logisch in drei argumentativen Schritten. Je nach Modell ergeben sich verschiedene Argumentationsverläufe. Unterschieden werden Kettenmodell und dialektisches Modell:
- Kettenmodell:
  Zurzeit ist …
  Dies hat folgende Ursachen …
  Wir können mit folgenden Maßnahmen …
- Dialektisches Modell:
  Einerseits ergibt sich …
  Andererseits müssen wir aber auch berücksichtigen …
  Nach der Bewertung beider Argumente liegt die Lösung …

Schluss – 5. Satz
Schließen Sie Ihre Präsentation mit einer Kernausage, einer Schlussfolgerung oder einem Handlungsaufruf:
- Deshalb sollten wir …
- Daraus folgt, dass …
- Ich rufe Sie auf …
- Möchte ich zusammenfassend …
- …

Variieren Sie je nach Thema und Situation die obige Struktur. Ihre Präsentationen und Vorträge werden durch den guten Aufbau Ihrer Argumente zielorientiert, klar gegliedert, prägnant und dadurch erfolgreich.

AIDA
Das AIDA-Prinzip ist aus der Werbung und dem Marketing bekannt. AIDA wird aber ebenfalls in der Rhetorik als Gliederungsprinzip eines Vortrages genutzt. AIDA gliedert sich in vier Schritte:

Attention, Aufmerksamkeit
Sie gewinnen mit Ihrer Einleitung die Aufmerksamkeit Ihres Publikums
- Die neuesten Umfragewerte …
- Ich zeige Ihnen heute …
- Kennen Sie schon …
- …

Interest, Interesse
Nachdem Sie die Aufmerksamkeit Ihres Publikums gewonnen haben, vertiefen Sie die Beziehung und wecken das Interesse Ihrer Zuhörer.
- … können auch Sie …
- Wie können wir noch effektiver …
- Wie haben wir …
- …

Desire, Verlangen
Aus dem Interesse an Ihrer Botschaft wird idealerweise das Verlangen nach der von Ihnen vorgetragenen Lösung.
- … haben Sie den Vorteil …
- Können Sie Ihre … steigern …
- … wissen Sie, wie man …
- …

Action, Handeln
- Deshalb sollten Sie jetzt …
- Machen wir …
- Ist es notwendig, zukünftig …
- …

8.4.3 Stimme und Sprache

„Der Ton macht die Musik" – sagt ein Sprichwort. Ihre Stimme ist ebenso wie Ihre Körpersprache ein wichtiger Faktor der Kommunikation.

Nach verschiedenen Untersuchungen ist der Erfolg von Kommunikation zu ca. 40 % von der Stimme und Sprache abhängig! Sie lassen durch Ihre Stimme im Zuhörer Emotionen und innere Bilder entstehen, Sie berühren, begeistern und überzeugen.

Stimme
- Sprechen Sie laut genug. Auch die Zuhörer in der letzten Reihe müssen Sie verstehen.
- Wenn Sie zur Präsentation ein Mikrofon bekommen, sollten Sie das Sprechen mit Mikrofon im Voraus testen. Ihre Stimme klingt für Sie ungewohnt und fremd, wenn Sie aus einem Lautsprecher kommt.
- Sprechen Sie nicht zu schnell. In der Aufregung besteht die Gefahr, schneller als gewöhnlich zu sprechen, um die Präsentation schnell „hinter sich zu bringen".
- Modulieren Sie Ihre Stimme. Variieren Sie Tonhöhe, Rhythmus, Lautstärke und Sprechtempo. Ihre Präsentation wird hierdurch lebendig, kurzweilig und interessant.
- Machen Sie Sprechpausen. Dies gilt insbesondere auch dann, wenn Sie die Präsentation durch ein Medium unterstützen. Das Publikum braucht Zeit, um das Gehörte und Gesehene aufzunehmen und zu verarbeiten.

Sprache
- Sprechen Sie frei. Die Notizen auf Ihren Stichwortkarten dienen dabei als Gedächtnisstütze, dürfen aber niemals ausformuliert sein. Geschriebene Sprache unterscheidet sich grundlegend von gesprochener Sprache und wirkt im Vergleich unnatürlich, steril und „hölzern".
- Sprechen Sie „Ihre" Sprache. Es macht keinen Sinn, mit aller Gewalt eine Sprache sprechen zu wollen, die Sie nicht beherrschen.
- Vermeiden Sie eine zu saloppe Umgangssprache – sie ist dem Anlass nicht angemessen.
- Versprecher sind kein Problem! Ein Versprecher kann sogar zur Auflockerung beitragen.
- Ein Dialekt lässt sich nicht verleugnen, wie bei zahlreichen – vorwiegend süddeutschen – Politikern zu hören ist. Andererseits darf der Dialekt nicht dazu führen, dass ein Teil des Publikums nichts versteht.
- Sprechen Sie die zu Ihrem Thema passende Fachsprache. Die hierzu notwendigen Fachbegriffe müssen von Ihnen beherrscht werden. Es kommt schlecht an, wenn Sie vom „Ding" sprechen, das etwas „tut". Aber: Fachbegriffe müssen Sie dann erklären, wenn es sich beim Publikum um *kein* Fachpublikum handelt.
- Sprechen Sie eine einfache, verständliche Sprache. Vermeiden Sie unnötige Fremdwörter, dies wirkt nur angeberisch.
- Beschränken Sie sich auf das Wesentliche – „schwafeln" Sie nicht.
- Sprechen Sie eine bildhafte Sprache. Unterstützen Sie Ihre Aussagen durch einprägsame Analogien, Bilder, Metaphern, Beispiele usw.
- Lassen Sie es zu, im bestimmten Umfang auch positive Emotionen zu zeigen. Seien Sie humorvoll. Dies macht Sie „menschlich" und den Zuhörern „Lust auf mehr".

8.4.4 Körpersprache

Präsentieren

Die Körperhaltung, die Gestik und Mimik, Ihre Bewegung im Raum und die Blickrichtung gehören zu Ihrer Körpersprache. Neben Kleidung, Stimme und Styling ist die Körpersprache Ihr wichtigstes nonverbales Kommunikationsmittel.

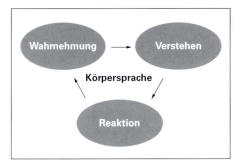

Körpersprache offenbart Ihre Gedanken, Ihre Motivation und Einstellungen. Wir verstehen die Signale des Köpers intuitiv. Es ist deshalb viel schwerer in der Körpersprache zu lügen als in der Wortsprache. Die Signale der Körpersprache sind allerdings nicht eindeutig.

Wir können zwar unsere Wahrnehmung schulen und damit die Körpersprache unseres Gegenübers besser verstehen, aber nicht immer bedeutet ein Kratzen am Kopf Unsicherheit und das Verschränken der Arme Verschlossenheit. Trotzdem ist das gezielte Beobachten und Wahrnehmen von Körpersignalen wichtig für das Verstehen Ihres Kommunikationspartners. Darüber hinaus können Sie durch Reflexion Ihren eigenen körperlichen Ausdruck verbessern.

Auftritt

Ihre Präsentation beginnt mit dem Gang zum Rednerpult. Bewegen Sie sich normal, zielgerichtet, aber nicht übertrieben dynamisch. Atmen Sie ruhig und regelmäßig. Wenn Sie an Ihrem Platz angekommen sind, nehmen Sie sich die Zeit, noch einmal durchzuatmen.

Stand

Finden Sie Ihren Stand. Zum sicheren Stand zu Beginn eines Vortrags stellen

Der sichere Stand
- Die Beine stehen hüftbreit.
- Die Knie sind nicht durchgestreckt.
- Der Rücken ist gerade – kein Hohlkreuz.
- Die Hände sind locker neben dem Körper.
- Die Schultern sind entspannt, nicht nach oben gezogen.

Standbein und Spielbein
- Das Körpergewicht ruht auf einem Bein.
- Standbein und Spielbein wechseln sich ab, natürlich nicht in einer Pendelbewegung.
- Die Hände sind locker neben dem Körper.
- Die Schultern sind entspannt.

Unterspannte Körperhaltung
- gleichgültig
- bequem
- initiativlos
- schlaff

Überspannte Körperhaltung
- angespannt
- feindlich
- nervös
- ängstlich

Offene Körperhaltung
- freundlich
- aufmerksam
- souverän
- neugierig

Geschlossene Körperhaltung
- gebeugt
- misstrauisch
- zurückgezogen
- alleine

Sie die Beine in hüftbreitem Abstand. Belasten Sie beide Beine gleichmäßig. Sie haben dadurch guten Bodenkontakt und einen festen Stand – so leicht wirft Sie jetzt nichts um.

Während des Vortrags wirkt diese Körperhaltung aber steif und statisch. Sie können die Statik auflösen, indem Sie sich ein oder zwei Schritte bewegen, aber bitte nicht aufgeregt hin- und herlaufen. Die zweite Variante heißt „Spielbein und Standbein". Sie belasten das Standbein mit mehr Körpergewicht, das Spielbein wird entlastet. Wechseln Sie immer mal Spiel- und Standbein. Auch hier gilt: Bewegen Sie sich angemessen und geraten Sie nicht ins Schaukeln.

Körperhaltung

Ihre innere Haltung bestimmt Ihre Körperhaltung – Ihre äußere Haltung bestimmt Ihre innere Haltung. Probieren Sie es einmal aus: Sprechen Sie den Satz: „Mir geht es gut, ich fühle mich wohl" in verschiedenen Körperhaltungen, aufrecht, zusammengesunken, überspannt, in der Hocke ... Sie werden feststellen, dass Sie den Satz immer

   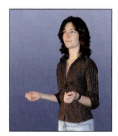

- positiv
- auffordernd
- anbietend
- überzeugend

- dozierend
- ermahnend
- negativ
- abweisend

- geschlossen
- abwartend
- nachdenklich
- ironisch

- offen
- positiv
- zupackend
- dynamisch

Präsentieren

- skeptisch
- abweisend
- negativ
- abwartend

- offen
- freundlich
- direkt
- positiv

- unsicher
- freundlich
- zurückhaltend
- abwesend

- freundlich
- aufmerksam
- direkt
- zurückhaltend

anders sprechen. Nur eine angenehme, gelassene und aufrechte Haltung vermittelt Ihnen und Ihren Zuhörern eine positive Botschaft.

Gestik
Mit der Bewegung Ihrer Hände und Arme unterstützen Sie Ihre Worte. Dies klappt aber nur, wenn die Gestik auch das zeigt, was Sie mit Worten gerade sagen.

Gesten oberhalb der Gürtellinie wirken meist positiv. Hängende Arme, hinter dem Körper verschränkte oder in Taschen verschwundene Hände sollten Sie vermeiden. Die beste Position Ihrer Hände ist bei leicht gebeugten Armen etwas oberhalb der Gürtellinie. Der ideale Ausgangspunkt für Gesten, die Ihre Ausführungen unterstützen.

Mimik
Die Mimik ist die Sprache Ihres Gesichts. Ihr Mienenspiel zeigt Freude, Angst, Unsicherheit, Stolz, Wut, Offenheit… Mit einem Lächeln gewinnen Sie Ihre Zuhörer.

Blickkontakt
Blicken Sie zu Beginn Ihres Vortrages in die Runde. Ihr Blick ist die beste Möglichkeit, mit Ihren Zuhörern Kontakt aufzunehmen. Halten Sie auch während des Vortrags Blickkontakt zu Ihrem Publikum. Sie signalisieren damit, dass Sie Ihr Gegenüber wahrnehmen und Interesse an ihm haben.

Abgang
Beenden Sie Ihren Vortrag bewusst. Nehmen Sie sich die Zeit, noch einmal in die Runde zu blicken, und verabschieden Sie sich damit von Ihrem Publikum. Ihre Präsentation endet mit dem Gang vom Rednerpult. Bewegen Sie sich normal, zielgerichtet, aber nicht übertrieben dynamisch. Atmen Sie ruhig und regelmäßig.

Zum Schluss
Seien Sie authentisch, versuchen Sie nicht, die Körpersprache anderer zu imitieren.

8.4.5 Training

8.4.5.1 Selbsteinschätzung – Fremdeinschätzung

Wie nehme ich mich wahr? Wie werde ich von anderen wahrgenommen?

Da wir alle nicht „aus unserer Haut schlüpfen" können, ist die Beantwortung dieser Fragen nicht einfach. Zwischen der eigenen Wahrnehmung und dem, wie andere uns wahrnehmen, können große Unterschiede sein. Eine Präsentation kann misslingen, ohne dass uns der Grund hierfür klar ist. Auch der umgekehrte Fall ist denkbar: Die Präsentation ist ein Erfolg, und es ist uns eigentlich gar nicht so richtig klar, weshalb dies so ist.

Sich selbst einschätzen zu lernen ist Übungssache! Als Hilfe kann hierfür ein Netzdiagramm dienen, das im Anschluss an die (Probe-)Präsentation ausgefüllt wird: Schätzen Sie für jedes der neun Merkmale Ihre eigenen Fähigkeiten auf einer Skala von 1 (miserabel) bis 10 (optimal) ein.

Zur Fremdeinschätzung sollten Sie einen oder mehrere Zuhörer bitten, das Diagramm ebenfalls auszufüllen. Durch Vergleich der Linien lässt sich sehr schnell erkennen, wo Sie mit Ihrer Selbsteinschätzung richtig liegen, und bei welchen Merkmalen Sie besser oder schlechter eingeschätzt wurden.

In einem Feedbackgespräch sollten Sie nun nach den Gründen suchen, weshalb es zu den unterschiedlichen Ergebnissen gekommen ist.

Eine weitere Hilfe, sich selbst besser kennen und einschätzen zu lernen, ist die Videoaufnahme und -analyse.

Netzdiagramm zur Beurteilung einer Präsentation

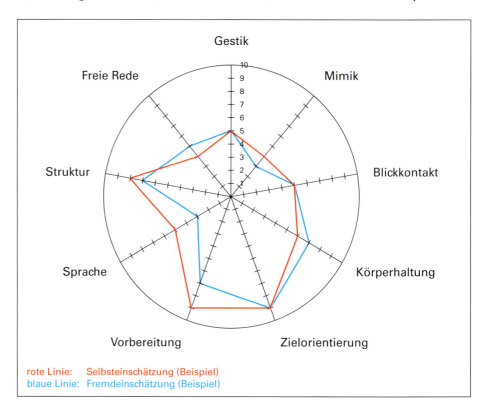

rote Linie: Selbsteinschätzung (Beispiel)
blaue Linie: Fremdeinschätzung (Beispiel)

Präsentieren

8.4.5.2 Zeitgefühl

Mit zu den schwierigsten Aufgaben bei Präsentationen gehört es, ein Gefühl für die Zeit zu bekommen. Häufig ist der Zeitrahmen vorgegeben, so dass Sie weder viel zu früh fertig sein noch überziehen sollten. Beides wirkt sich negativ aus.

Wie gelingt es, schon bei der Vorbereitung abzuschätzen, ob die Präsentation im Zeitrahmen bleibt, kürzer oder gar länger dauern wird? Um ein Zeitgefühl zu entwickeln, empfehlen wir folgende Übungen:

- Lesen Sie einen Text leise durch und stoppen Sie die benötigte Zeit.
- Schätzen Sie nun die Zeit, die Sie für lautes Lesen brauchen würden. Lesen Sie den Text nun laut und stoppen Sie die Zeit. Vergleichen Sie Ihre Vorgabe mit der benötigten Zeit.
- Schätzen Sie nun die Zeit ab, die Sie für einen freien Vortrag des Textes brauchen. Tragen Sie den Text nun frei vor und vergleichen Sie die Zeiten.
- Nehmen Sie sich vor, den Text in einer bestimmten Zeitdauer, z. B. drei Minuten, vorzutragen.

Wenn Sie diese Übungen regelmäßig durchführen, werden Sie nach und nach ein gutes Zeitgefühl entwickeln. Bedenken Sie, dass Sie bei der eigentlichen Präsentation aus Aufregung vermutlich eher etwas schneller sprechen. Planen Sie auch immer etwas Zeit für Rückfragen oder eine Diskussion ein.

8.4.5.3 Umgang mit Lampenfieber

Jeder kennt Lampenfieber – jeder hat Lampenfieber!

Es ist völlig normal, vor einer Präsentation, einem Vortrag oder dem Halten eines Referates aufgeregt zu sein. Die Hände sind feucht, der Atem geht schneller, der berühmte „Kloß im Hals"…

Lampenfieber wird durch unser Gehirn ausgelöst. Es bewirkt, dass die Nebennierenrinde Adrenalin und Noradrenalin produziert. Dies ist die natürliche Reaktion unseres Körpers auf Stress.

Es gibt viele Tipps und Tricks mit Lampenfieber positiv umzugehen, Sie müssen Ihre eigene Methode finden. Suchen Sie sich aus den folgenden Tipps und Techniken diejenigen aus, die Sie ansprechen, probieren Sie sie aus, üben Sie die verschiedenen Methoden. Tipps gegen Lampenfieber:

Checkliste Lampenfieber

- Bereiten Sie sich gut vor.
- Üben Sie.
- Schlafen Sie ausreichend.
- Trinken Sie keinen Alkohol.
- Nehmen Sie keine Beruhigungsmittel.
- Vermeiden Sie Zeitdruck.
- Machen Sie sich ausführlich mit den Räumlichkeiten und der technischen Ausstattung vertraut.
- Achten Sie auf angemessene und bequeme Kleidung.
- Überprüfen Sie Ihr Styling.
- Fühlen Sie sich wohl.
- Bewegen Sie sich vor Ihrem Auftritt.
- Machen Sie Entspannungsübungen.
- Treten Sie bewusst auf.
- Nehmen Sie Blickkontakt mit Ihrem Publikum auf.
- Atmen Sie tief und ruhig.
- Andere haben auch Lampenfieber.
- Sie dürfen Fehler machen.
- Verknüpfen Sie Ihre Präsentation mit positiven Situationen.
- Ihre Zuhörer sind Ihnen wohlgesonnen.
- Seien Sie Sie selbst!

8.4.6 Checklisten

8.4.6.1 Beurteilung einer Präsentation

Kriterien	Bewertung					Notizen
	−−	−	0	+	++	
Fachlich fundiert	☐	☐	☐	☐	☐	
Inhaltliche Schwierigkeit	☐	☐	☐	☐	☐	
Sachlogisch gegliedert	☐	☐	☐	☐	☐	
Schwerpunkte gebildet	☐	☐	☐	☐	☐	
Spannungsbogen	☐	☐	☐	☐	☐	
Orientierung für das Publikum	☐	☐	☐	☐	☐	
Verständliche Sprache	☐	☐	☐	☐	☐	
Lebendige Sprache	☐	☐	☐	☐	☐	
Frei gesprochen	☐	☐	☐	☐	☐	
Bewusste Mimik und Gestik	☐	☐	☐	☐	☐	
Offene Körperhaltung	☐	☐	☐	☐	☐	
Blickkontakt	☐	☐	☐	☐	☐	
Publikum einbezogen	☐	☐	☐	☐	☐	
Ansprechende Visualisierung	☐	☐	☐	☐	☐	
Kompetenter Medieneinsatz	☐	☐	☐	☐	☐	
Teilnehmerunterlagen	☐	☐	☐	☐	☐	
Diskussion, Fragen	☐	☐	☐	☐	☐	
Gesamteindruck	☐	☐	☐	☐	☐	

Präsentieren

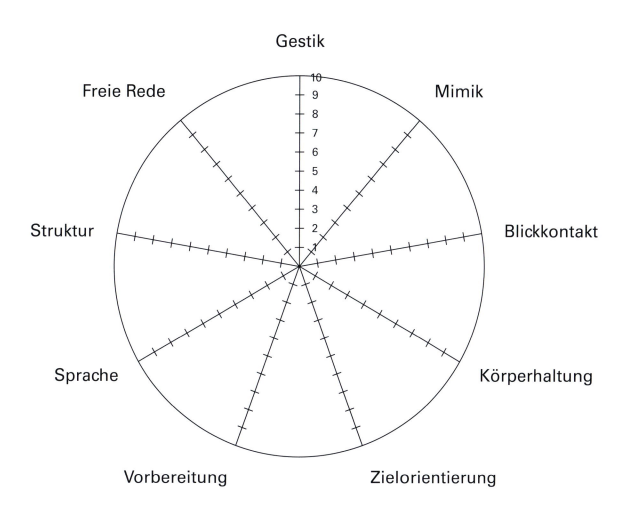

8.4.6.2 Benotung einer Präsentation

Name: **Thema:**

Kriterien	%[1]	sehr gut	1	2	3	4	5	6	ungenügend
Inhalt	50	Inhalte richtig, vollständig, gute Gewichtung der Inhalte	☐	☐	☐	☐	☐	☐	Sachlich falsch, unvollständig, keine klare Trennung von wichtig und unwichtig
Struktur		Klare Struktur, Darstellung korrekt und hilfreich, Leitfaden für Publikum nachvollziehbar							Nicht erkennbare Struktur, nicht nachvollziehbare oder falsche Reihenfolge
Sprache	25	Verständlich, klar in Wortwahl und Ausdruck, guter Satzbau, Lautstärke, Betonung, variable Intonation, Pausen, Sprechtempo	☐	☐	☐	☐	☐	☐	Unverständlich, unsicher, zu leise, zu schnell, zu langsam, zu monoton
Blickkontakt		Kontakt zu Publikum hergestellt, Blickkontakt während freier Sprache							Kein Blickkontakt, liest von Vorlage ab
Gestik, Mimik, Haltung		Positiv, freundlich, authentisch, routiniert, offen, locker							Verschlossen, abgewandt, übertrieben, angespannt, überzeichnet
Visualisierung, Medieneinsatz	15	Aussagekräftig, übersichtlich, hohe Lesbarkeit, klare Struktur, eindrucksvolle Gestaltung	☐	☐	☐	☐	☐	☐	Keine Anschauungsmittel, unleserlich, falsche Darstellung und Medienwahl, keine Struktur
Kreativität	5	Tolle Ideen, kreative Darstellung, Gags, gelungene Ansprache des Publikums	☐	☐	☐	☐	☐	☐	Zuhörerinteresse gering, keine Überraschungsmomente, fantasielos, langweilig
Teamfähigkeit	5	Unterstützt Gruppe aktiv, gute Abstimmung, hohe Teamfähigkeit	☐	☐	☐	☐	☐	☐	Eigenbrötler, kein Teambezug, nicht kooperativ, in sich gekehrt
		Endnote [2]	☐	☐	☐	☐	☐	☐	

1) Gewichtung kann auch anders erfolgen
2) Endnote wird nach Gewichtung berechnet:
1. Teilnote· 0,5 + 2. Teilnote · 0,25 + ...

8.4.7   Aufgaben

Präsentieren

1 Zusammenhang zwischen Kommunikation und Präsentation verstehen

Erklären Sie, weshalb es sich bei einer Präsentation immer um einen Kommunikationsprozess handelt.

2 Kommunikationsziele definieren

Formulieren Sie fünf Leitfragen zur Definition des Kommunikationsziels Ihrer Präsentation.

3 Rhetorische Schritte kennen

Zählen Sie die fünf Schritte der Rhetorik zur Vorbereitung einer Rede auf.

4 Argumentationstechniken kennen

Erläutern Sie die Vorgehensweise zur Gliederung eines Vortrages mittels
a. Fünfsatztechnik,
b. AIDA.

5 Stimme und Sprache beachten

Formulieren Sie fünf Regeln zu Stimme und Sprache.

6 Körpersprache gezielt einsetzen

Was würde Sie an der Körpersprache eines Präsentierenden besonders stören?

Formulieren Sie fünf Aussagen.

7 Selbsteinschätzung üben

Schätzen Sie sich mit Hilfe des Netzdiagramms auf Seite 729 selbst ein.

Wo liegen Ihre Stärken, wo Ihre Schwächen?

8 Zeitgefühl erwerben

Führen Sie die unten beschriebenen Übungen durch. Schätzen Sie im Voraus die benötigte Zeit ab und stoppen Sie die tatsächlich benötigte Zeit.

a. Lesen Sie einen Text leise durch.
b. Lesen Sie den Text laut vor.
c. Tragen Sie den Text frei vor.
d. Nehmen Sie sich vor, eine bestimmte Zeit, z. B. drei Minuten, frei vorzutragen.

9 Lampenfieber bekämpfen

Notieren Sie Maßnahmen gegen Lampenfieber.

Medienrecht

9.1 Urheberrecht

9.1.1	Definition und Anwendung des Urheberrechts	736
9.1.2	Geschmacksmusterrecht	745
9.1.3	Bildrecht: Panoramafreiheit	747
9.1.4	Bildrecht: Recht am eigenen Bild	748
9.1.5	Schutzfristen und Verwertungsformen	750
9.1.6	Rechte eines Urhebers	751
9.1.7	Vervielfältigungen	755
9.1.8	Deutsche Nationalbibliothek (DNB)	757
9.1.9	Checklisten	759
9.1.10	Aufgaben	761

9.1.1 Definition und Anwendung des Urheberrechts

Band I – Seite 753
9.1.6.7 Copyright

Hinweis
Bei diesem Kapitel handelt es sich um eine Darstellung von rechtlichen Zusammenhängen. Dabei werden ganz bewusst die Begriffe der Juristen nicht durch umgangssprachliche Wörter ersetzt, auch wenn sich dies im einen oder anderen Fall dadurch etwas „hölzern" liest.

www.urheberrecht.de
www.urheberrecht.com

Definition des Urheberrechts
In dem Moment, in dem jemand ein Buch, ein Musikstück, eine Software, einen Film oder ein multimediales Produkt erstellt, ist seine Arbeit urheberrechtlich geschützt. Ein „Eintrag" des geschaffenen Werkes in ein öffentliches „Urheberrechtsregister" – wie im Marken- oder Patentrecht – ist in der Bundesrepublik Deutschland weder erforderlich noch möglich.

Wer seine Werke dennoch als urheberrechtlich geschützt kennzeichnen möchte, der kann sie mit dem „©" versehen. Das Zeichen macht nach deutschem Recht und überall dort, wo das „Revidierte Berner Übereinkommen" (RBÜ) gilt – also in den meisten Staaten Europas – jedoch keinen rechten Sinn: Entweder handelt es sich von Haus aus um ein urheberrechtlich geschütztes Werk – dann bedarf es des Hinweises nicht – oder aber das erstellte Dokument besitzt keine Werkqualität, genießt also keinen Urheberrechtsschutz – dann verhilft auch das Copyright-Zeichen nicht zum gewünschten Schutz.

Auf der anderen Seite kann ein Hinweis darauf, dass der Autor davon ausgeht, sein Werk sei urheberrechtlich geschützt, natürlich auch nicht schaden! Potenzielle Urheberrechtsverletzer werden so gewarnt und auf mögliche Konsequenzen eines Urheberrechtsverstoßes hingewiesen.

Bedeutung des Urheberrechts
Das Urheberrecht schützt persönliche geistige Schöpfungen auf dem Gebiet der Musik, Wissenschaft, Kunst und Literatur. Dabei beinhaltet der Begriff Schöpfung, dass es sich bei einem Werk um etwas Neues oder um etwas Künstlerisches handeln muss. Das Urheberrecht schützt also die Schöpfungen von verschiedenen Personen wie bildende Künstler, Fotografen, Schriftsteller, Designer, Typografen, Grafiker, Architekten, Programmierer, Komponisten und Regisseure. Der auf künstlerisch und technischem Gebiet kreativ Schaffende wird vor fremdem Zugriff auf seine Arbeitsergebnisse geschützt. Damit sichert ihm das Urheberrecht eine Beteiligung am wirtschaftlichen Nutzen, der aus seinen kreativen Leistungen gezogen werden kann.

Das Urheberrecht dient also den Schöpfern geistiger Leistungen und schützt deren Eigentum im immateriellen und materiellen Sinne. Weiter schützt das Urheberrecht vor Nachahmungen und Ausbeutung der Leistungen des Urhebers. Das Urheberrecht

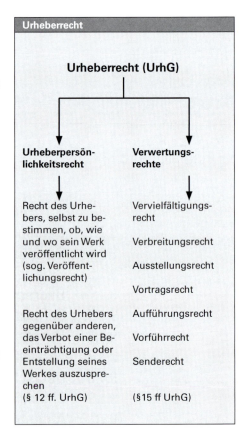

736

Urheberrecht

bildet die Basis für die wirtschaftliche Verwertung kreativer Arbeit. Dabei ist dies ein schwieriger Prozess der Abgrenzung. Die Tätigkeit eines kreativen Designers oder Architekten ist mehr als das Abwickeln eines Kundenauftrages gegen Geld. Da die Ergebnisse kreativer Arbeit zumeist in der Öffentlichkeit sichtbar werden, dienen diese auch anderen als Vorlage und die Ergebnisse werden nachgeahmt, also kopiert. Dies ist auf der einen Seite für die Weiterentwicklung von Design und Technik notwendig, es muss aber zugunsten des Urhebers klare Grenzen geben. Diese Grenzen legt das Urheberrecht fest.

9.1.1.1 Werkarten – Überblick

Unter Werkarten versteht man:
- Sprachwerke wie Schriftwerke, Reden und Computerprogramme
- Musikwerke
- Werke der Pantomime
- Werke der Tanzkunst
- Werke der bildenden Kunst und deren Entwürfe
- Werke der Baukunst und deren Entwürfe
- Werke der angewandten Kunst (z. B. Gebrauchsgrafik, Typografie) und deren Entwürfe
- Lichtbildwerke (Fotos, Filme, Videos, Animationen)
- Wissenschaftliche oder technische Darstellungen
- Bearbeitungen, die eine besondere geistige Leistung des Bearbeiters darstellen, darunter fallen vor allem Übersetzungen
- Sammelwerke, die aus Einzelwerken oder unterschiedlichen Beiträgen zusammengestellt sind und eine eigene geistige Schöpfung darstellen bezüglich der Zusammenstellung.

- Datenbanken (§ 4 (2) UrhG, Ausgabe 2003)

Die oben dargestellte Auflistung entspricht in gekürzter Form § 2 Abs. 1 UrhG. Diese Liste ist nur beispielhaft, nicht abschließend zu sehen. Es ist also jederzeit möglich, dass im Laufe der Zeit neue schutzfähige Werkarten hinzukommen können.

Wesentlicher Punkt zur Einordnung als schützenswertes Werk ist die Frage nach der persönlichen geistigen Schöpfung. Eine solche wird immer dann angenommen, wenn die folgenden Merkmale zutreffen:
- Wahrnehmbare Formgestaltung
- Geistiger Gehalt
- Persönliche bzw. individuell zuordenbare Schöpfung

9.1.1.2 Schrift- und Sprachwerke

In dieser Werkgruppe werden Schrift- und Sprachwerke unterschieden. Zu den Schriftwerken gehören unter anderem Romane, Erzählungen, Gedichte, Liedertexte, Drehbücher, Abhandlungen wissenschaftlicher oder politischer Art, Zeitungs- und Zeitschriftenartikel.

Sprachwerke umfassen Vorträge, Ansprachen, Vorlesungen, Predigten, Interviews, Reportagen u. Ä.

Schrift- und Sprachwerke müssen individuelle persönliche Schöpfungen des Verfassers sein, um Urheberrechtsschutz zu bekommen. Die schöpferische Leistung liegt begründet in
- der Art der Gedankenführung und -formung,
- Sammlung, Auswahl, Anordnung und Einteilung eines Stoffes,
- im Inhalt des Schriftwerkes. Geschützt sein können erdachte Charaktere wie Romanhelden, die erdachte Umgebung oder der ent-

Rechtsschutz

Immaterieller Rechtsschutz = geistiger Rechtsschutz an einer Idee (z. B. Komposition)

Materieller Rechtsschutz = Rechtsschutz an einer Sache (z. B. Bild, Plastik)

Sammlung

Eine Urteils- und Entscheidungssammlung zum Urheberrecht finden Sie unter folgender Adresse:

www.netlaw.de

sprechende Handlungsablauf. Grundsätzlich gilt: Je mehr sich Texte und Reden auf die vollständige und exakte Wiedergabe von Tatsachen beschränken, umso eher scheidet Urheberrechtsschutz aus.

9.1.1.3 Werke der Musik

An die schöpferische Qualität wird bei Musik ein geringerer Maßstab angelegt als bei den Sprachwerken. Geschützt ist klassische Musik, Improvisationen des Jazz, diverse Formen moderner Musik ebenso wie Schlager. Auch Geräusche von PCs oder ähnlicher technischer Geräte sind schutzfähig, wenn der Komponist ihren Einsatz und ihre Wirkung bestimmt und eine individuelle Musikform findet und kreiert.

9.1.1.4 Werke der bildenden Kunst

Darunter sind optisch wahrnehmbare und schöpferisch gestaltete Gegenstände bzw. Kunstwerke zu verstehen. Man unterscheidet Werke der Kunst, der angewandten Kunst und Bauwerke.

Kunstwerke
Hierzu gehören Werke der Bildhauerei, Malerei und Grafik. Dies sind Plastiken, Statuen, Gemälde, Aquarelle, Zeichnungen, Holzschnitte, Lithografien, Radierungen, Kollagen, Bühnenbilder usw. Es kommt nicht auf das Material und die Herstellungsart des Kunstwerkes an, sondern darauf, dass die persönlich-schöpferische Leistung des Künstlers erkennbar ist.

Die bisherige Rechtssprechung definiert dies folgendermaßen: Kunstwerke richten sich nach den im Leben herrschenden Anschauungen oder nach dem durchschnittlichen Urteil des für Kunst empfänglichen und mit Kunstdingen einigermaßen vertrauten Menschen. Erforderlich ist ein ästhetischer Gehalt, der mindestens einen so bescheidenen Grad erreicht haben muss, dass nach dem im Leben herrschenden Anschauungen noch von Kunst gesprochen werden kann (Bundesgerichtshof 1998).

Diese Auffassung des BGH wird heute nicht mehr allgemein geteilt – besonders die Passage „des erforderlichen ästhetischen Gehaltes" wird von vielen Vertretern neuer Kunstformen sehr kritisch hinterfragt. In Zeiten, in denen Veränderungen politischer, ökologischer, ökonomischer und gesellschaftlicher Natur durch Kunstformen dargestellt werden, ist die ästhetische Komponente in der Kunst sicherlich hinterfragenswert.

Baukunst
Zur Baukunst werden Gebäude, Brücken, Denkmäler, Türme usw. gezählt. Die Schutzfähigkeit von Bauwerken im Rahmen des Urheberrechts hängt vor allem davon ab, wie stark ein Bauwerk durch seine Funktion bestimmt wird. Je mehr die Funktion und das Umfeld das Bauwerk bestimmen, umso schwieriger ist es, einen Urheberrechtsschutztitel zu erlangen.

Schutzfähig sind allerdings Entwurfszeichnungen, Skizzen und Modelle der Architektur. Ebenso schutzfähig sind Werke und Modelle der Innenarchitektur, der Park- und Gartengestaltung.

Angewandte Kunst
Alle Werke, die der angewandten Kunst zugeordnet werden können, unterscheiden sich von den Kunstwerken durch ihren Gebrauchszweck.

Urheberrecht

Zu den Werken der angewandten Kunst gehören folgende Produkte:
- Kunstgewerbe
- Künstlerische Industrieprodukte wie Möbel, Besteck, Lampen usw.
- Textilien
- Modeerzeugnisse
- Gebrauchsgrafik
- Werbegrafik

Bei den genannten oder ähnlichen Produkten geht es immer um eine Verbindung zwischen der Funktionalität des Erzeugnisses und der schönen, ansprechenden Form.

Bei der Frage, ob es sich bei einem Produkt um ein Werk der angewandten Kunst oder um einen nicht künstlerischen Gebrauchsgegenstand handelt, kommt es auf die Frage an: Weist die Gestaltung des Produkts eine Form auf, die eine hohe Gestaltungsqualität besitzt? Kann dieses nach allgemeiner Anschauung bejaht werden, wird von einem Werk der angewandten Kunst gesprochen.

Rechtsbeispiele zum Problemkreis der angewandten Kunst

Um die Problematik, Gebrauchsgrafik in die Kategorie der angewandten Kunst einzugliedern, etwas zu verdeutlichen, seien an dieser Stelle zwei Beispiele angeführt.

Beispiel 1

„Atomkraft? Nein danke" – Aufkleber mit Sonne und Schriftzug: Das Landgericht Frankfurt musste 1982 klären, ob dieser Aufkleber schutzwürdig sei oder nicht. Es führte dazu aus: „Das Zeichen erfährt eine schöpferische Ausprägung durch das lächelnde Strichgesicht in eigentümlich gezackter Umrandung des roten Gesichtsfeldes mit der Umschrift. Das Strichgesicht weist dabei einen charakteristischen Schwung auf, der ihm einen freundlichen, gleichsam verbindlich lächelnden Gesichtsausdruck verleiht. Dieser leitet über zu der höflichen NEIN DANKE-Formulierung in der Umschrift. Diese individuelle Ausprägung des Gesamtwerkes erzeugt eine eigenschöpferische Wirkung, welche den Schutz des Urheberrechtes begründet".

ATOMKRAFT? – NEIN DANKE
Aufkleber oder Sticker mit Sonne und Schriftzug

Beispiel 2

Urheberrechtsschutz wurde dagegen verweigert beim Namenszug „Die Grünen" in Verbindung mit einer Sonnenblume. Hier sagte das Oberlandesgericht München 1989: „Die von der Klägerin verwendete Schrift ist seit langem bekannt ... Weder die Größe ... noch der Fettdruck stellen eine Besonderheit dar ... Es handelt sich um ein Schriftbild, das alltäglich ist, dem keine Eigentümlichkeit zukommt. Dasselbe gilt für die Farbgestaltung. Der Druck in Grün stellt keine Besonderheit dar. Urheberrechtsschutz besteht auch nicht für die dem Namenszug „DIE GRÜNEN" zugeordnete Darstellung einer Sonnenblume. Der Darsteller hat nicht eine Blume erfunden, sondern es handelt sich um die Nachbildung einer in der Natur vorkommenden Pflanze. Der Entwurf hat sich weitgehend an die natürliche Form der Sonnenblume angelehnt. Auf Anhieb ist nicht zu erkennen, welche Änderung gegenüber einer wirklichen Sonnenblume besteht ...

Parteilogo Bündnis 90/Die Grünen
Das oben abgebildete Logo gilt als nicht schutzfähig, da keine besondere Gestaltungsleistung erkennbar ist.

739

Band I – Seite 745
9.1.2 Geschmacksmusterrecht

**Geschmacksmuster-
recht**

siehe auch Seite 745

Auch die Kombination des Schriftzuges „DIE GRÜNEN" mit der Darstellung der Sonnenblume kann nicht als schutzfähig angesehen werden. Es handelt sich somit lediglich um die Zusammenführung zweier gängiger Gestaltungen".

Soweit zwei Beispiele mit Urteilen zur Schutzfähigkeit von Gebrauchsgrafik. Überprüfen Sie Ihre eigenen Arbeiten nach den Erfordernissen dieser beiden Urteile der OLG Frankfurt und München.

Grundsätzlich gilt: Logos und informierende Zeichen genießen nur ausnahmsweise Schutz. Die Anforderungen, die das Urheberrecht an Logos, Zeichen oder Illustrationen stellt, sind hoch. Nur wenn sie besonders originell und komplex sind, sind sie schützenswert. Ansonsten gibt es nur den Schutz vor unlauterer Nachahmung und vor Verwendung durch andere nach dem Wettbewerbsrecht.

Um hier einen gesetzlichen Schutz für eine kreative Leistung zu erreichen, muss das Geschmacksmusterrecht herhalten, das für die Bedürfnisse der „Gebrauchsgrafik" oder der „angewandten Kunst" besser geeignet ist. Seit Juni 2004 ist das „Neue Geschmacksmustergesetz" in Kraft, das eigentlich den besseren Titel „Designgesetz" verdient hätte. Der Bundesgerichtshof beschreibt das neue Geschmacksmusterrecht auch als die „kleine Version des Urheberrechtes". Damit wird verdeutlicht, dass gerade im Bereich des Designs die Messlatte für Urheberrechtsverletzungen niedriger angesetzt wird.

9.1.1.5 Lichtbildwerke und Lichtbilder

Eine Sonderstellung nimmt der Berufsstand der Fotografen ein. Geschützt sind nicht nur Fotografien bzw. Lichtbildwerke mit künstlerischer Qualität, sondern auch „normale Lichtbilder". Lichtbildwerke sind Fotografien, die eine bessere Aufnahmequalität aufweisen als die alltägliche Aufnahme. Lichtbildwerke haben eine künstlerische Aussage und werden daher anderen Werkarten im Schutz gleichgestellt. Ob ein künstlerisch wertvolles Foto mit einer persönlich-geistigen Schöpfung vorliegt, kann mit Hilfe folgender Merkmale überprüft werden:

- Besonderer Bildausschnitt
- Aufnahmestandpunkt
- Licht- und Schattenkontraste
- Schärfen und Unschärfen
- Ungewohnte Bildperspektiven
- Anerkennung in der Fachwelt

Mit der klaren Feststellung, dass es in der Fotografie außerordentlich schwierig sei, zwischen künstlerisch wertvollen Lichtbildwerken und normalen Lichtbildern zu unterscheiden, werden Fotografien grundsätzlich als Lichtbilder geschützt. Das bedeutet, dass jedes fotografische Bild generell geschützt ist. Der wesentliche Unterschied besteht in der Länge der Schutzfrist: Der Schutz für Lichtbilder erlischt 50 Jahre nach dem ersten öffentlichen Erscheinen eines Bildes bzw. 50 Jahre nach seiner „Herstellung", wenn das Bild nicht veröffentlicht wurde. Die Einordnung einer Fotografie in die Gruppe der Lichtbildwerke bewirkt eine Frist von 70 Jahren nach dem Tod des Fotografen.

Digitale Bildaufnahmen

Bilder, die direkt elektronisch aufgezeichnet werden, sind weder Lichtbilder noch Lichtbildwerke, da die Lichtstrahlen nicht auf einen strahlempfindlichen Film treffen. Da solche Bilder aber unter „Benutzung des Lichts" entstehen, sind sie als lichtbildähnliche Erzeugnisse einzustufen. Sie sind daher in der glei-

Urheberrecht

chen Weise geschützt wie fotografische Lichtbilder und es besteht somit ein Urheberrechtsschutz.

Wenn eine herkömmliche Fotografie mit Hilfe eines Scanners digitalisiert wird, entsteht kein neues Bild. Es wird lediglich eine Vorlage mit Hilfe der Elektronik reproduziert. Das entstandene digitale Bild ist eine Kopie des Originals und daher nicht besonders schutzfähig.

Anders sieht es aus, wenn aus mehreren eingescannten Bildern bzw. Bildvorlagen ein neues Bild elektronisch kombiniert und retuschiert wird. Dadurch wird ein neues lichtbildähnliches Erzeugnis geschaffen, das den Charakter eines Lichtbildwerkes mit dem entsprechenden Urheberrechtsschutz beanspruchen kann.

Da zu den digitalen Bildern auch Fernsehbilder gehören, deren Herstellungs- bzw. Sendeweg eine Kombination von realen Filmbildern und digital gesendeten Bilddaten darstellt, ist die Frage nach der Schutzfähigkeit berechtigt. Der Bundesgerichtshof hat dazu festgestellt, dass ein ausgestrahltes Fernsehbild urheberrechtlich zu schützen ist, unabhängig davon, ob es ein weniger aktueller Filmbericht ist oder ob eine direkt gesendete Liveübertragung vorliegt.

Filmwerke, Laufbilder

Filmwerke wie Werbefilme, Spielfilme usw. sind in ihrer Ausgestaltung individuelle persönlich-geistige Schöpfungen, die urheberrechtlich eindeutig schützenswert sind.

Je mehr sich ein Film auf die Wiedergabe eines Ereignisses beschränkt, desto kleiner ist der individuelle Gestaltungsspielraum und umso schwerer ist es, einem solchen Film Urheberrechtsschutz zuzuordnen. So sind z. B. Sendungen über das politische Tagesgeschehen lediglich fotografische Ausschnitte des realen Lebens, sie stellen keine Filmwerke dar und sie haben daher keinen Urheberrechtsanspruch.

Laufbilder sind Bildfolgen, die nicht die Qualität eines Filmwerkes erreichen und somit nicht als Filmwerk geschützt sind. Im Gegensatz zum Film mit einer 70-jährigen Schutzfrist sind derartige Werke nur 50 Jahre geschützt.

Fernsehsendungen

Deren Bilder und Filme sind urheberrechtlich geschützt.

Abb oben und Mitte.: ARD und ZDF, Tagesthemen und Heute.

Unten: Szenenbild aus dem Kriminalfilm Bella Block – Mord unterm Kreuz, ZDF.

Die Qualität interaktiver DVDs mit ihren zum Teil hohen kreativen Ausprägungen ist im Urheberrechtsgesetz nicht exakt definiert. Hier ist im Zweifel die Analogie zum Filmwerk herzustellen.

9.1.1.6 Wissenschaftliche und technische Darstellungen

Unter diese Art der geschützten Werke werden Konstruktionszeichnungen, Stadtpläne, Tabellen, statistische Daten und Übersichten, Lehrmaterial, Modeentwürfe u. Ä. gezählt. Für solche Werke besteht Urheberrechtsschutz. Es kann bei wissenschaftlichen und technischen Darstellungen zu Überschneidungen mit verschiedenen Werkarten kommen. Dies ist jedoch unproblematisch. Entscheidend ist, dass ein Urheberrechtsschutz besteht.

Der Urheberrechtsschutz liegt bei derartigen Werken häufig nicht bei den tatsächlichen „Urhebern", sondern bei den Auftraggebern bzw. den Unternehmen, in deren Auftrag die jeweilige Darstellung angefertigt wurde.

9.1.1.7 Übersetzungen und Bearbeitungen

Übersetzungen und andere Bearbeitungen eines Werkes, die persönliche geistige Schöpfungen des Bearbeiters sind, werden unbeschadet des Urheberrechtes am bearbeiteten Werk wie selbstständige Werke behandelt. Dies ist der Fall bei der Übersetzung eines Romans aus der französischen in die deutsche Sprache. Der Übersetzer erstellt ein neues, noch nicht da gewesenes Sprachwerk mit einem eigenen Urheberrecht. Gleiches gilt, wenn ein Roman von einem Grafiker in einen Comicstrip umgezeichnet wird. Es entsteht auch hier ein neues grafisches Werk nach einer sprachlichen Vorlage.

9.1.1.8 Datenbanken

Im UrhG sieht § 4 neben dem Schutz von Sammelwerken (z. B. Sammlung von Gedichten zu einem Thema von verschiedenen Autoren) auch den Schutz von Datenbanken vor.

Hierbei liegt eine von der Europäischen Union 1996 erlassene Richtlinie zugrunde, die besagt, dass ein unerlaubter Zugriff auf Datenbanken nicht bestehen darf. Dies trifft auf Produktionsdatenbanken ebenso zu wie auf Datenbanken bei Verwaltungen oder Vereinen. Ein unerlaubter Zugriff auf bestehende Datenbanken ist demnach nicht zulässig.

Da Datenbanken in aller Regel keine persönliche geistige Schöpfung darstellen, ist nach der Logik des Urheberrechts eigentlich keine Schutzwürdigkeit gegeben. Da der Inhalt einer Datenbank aber in vielen Fällen sensible, personenbezogene Verknüpfungen zulassen kann, ist eine Datenbank immer schutzwürdig und ein unerlaubter Zugriff durch entsprechende Sicherheitsvorkehrungen zu verhindern.

Dies gilt auch für Datenbanken auf CD-ROM, deren Inhalt nicht einfach weiterverwendet oder verkauft werden darf. So dürfen die Daten einer Telefonnummern-CD-ROM bzw. DVD nicht dazu benutzt werden, um z. B. die Sozialstruktur eines Wohngebiets nach statistischen Kriterien für eine Marketingmaßnahme zu erheben.

Datenbankwerke sind Sammelwerke oder Sammlungen, die sich aus Daten oder anderen Elementen zusammensetzen, die bislang unabhängig voneinander waren. Wichtig ist, dass eine bereits geringfügig eigenständige Leistung in der Auswahl und der Anordnung der Daten vorliegt. Es genügt die Zusammenstellung der Daten nach

Urheberrecht

Band I – Seite 869
11.2.3 Daten im Medienbetrieb

Ordnungsgesichtspunkten, die einen Zugriff auf einzelne Daten jederzeit erlauben. Der Zugriff muss mit elektronischen Mitteln einzeln möglich sein.

Datenbanken sind geordnete, maschinell verwaltete Mengen von Daten, auf die über verschiedene Suchkriterien einzeln zugegriffen werden kann. Wesentlich dabei ist, dass die Daten systematisch angeordnet sind und einzeln abgerufen werden können. Sammlungen von Links, Cliparts, Prüfungsaufgaben, Vertragsentwürfe oder Kochrezepte sind typische Beispiele für Datenbanken. Eine Datenbank muss mit elektronischen Mitteln abrufbar sein, Printmedien können demzufolge nach § 87a ff. UrhG keine Datenbanken sein.

Offline- und Online-Datenbanken

Es bestehen rechtliche Unterschiede bei der Vervielfältigung zwischen einer Online- und einer Offline-Datenbank. Es darf von einer Offline-Datenbank ohne Zustimmung des Datenbankherstellers keine Kopie der Datenbank erstellt werden, auch keine Sicherungskopie.

Eine Online-Datenbank dagegen darf oder kann öffentlich angeboten und in Verkehr gebracht werden (§ 17 UrhG). Jede Abfrage einer Online-Datenbank erfolgt im Wege der öffentlichen Wiedergabe. Diese liegt vor, wenn mehrere Personen unabhängig voneinander die Darstellung und Abfrage der Datenbank nutzen können. Unter bestimmten Voraussetzungen darf die Datenbank von jedermann frei genutzt werden.

Rechtsfragen zu Datenbanken

Die Rechte eines Datenbankerstellers verjähren nach 15 Jahren. Allerdings wird durch jede wesentliche Investition das Schutzrecht um weitere 15 Jahre verlängert. Eine wesentliche Investition kann z.B. bereits die Überprüfung der Aktualität der Datenbank durch den Rechteinhaber sein.

Datenbanken und Datenbankwerke sind geschützt. Wenn der Nutzer einer im Internet zugänglichen Datenbank unberechtigt Daten kopiert oder vervielfältigt, kann der Ersteller der Datensammlung gegen den Verletzer des Urheberrechtes verschiedene Rechtsansprüche geltend machen. Dies sind:
- Anspruch auf Unterlassung und Schadenersatz
- Anspruch auf Löschung bzw. Vernichtung der unberechtigt erlangten/ genutzten Daten
- Anspruch auf Auskunft hinsichtlich möglicher Vertriebswege und weitere Nutzung der unberechtigt erlangten Datensammlung
- Anspruch auf die Vernichtung der Herstellungsvorrichtung zur Kopie der Datensammlung

Schutz bei Datenbanken

Eine Datenbank als Ganzes wird geschützt, nicht die einzeln vorhandenen Datensätze der Datenbank. Geschützt werden die Rechte dessen, der die Daten verwaltet und aufbereitet, nicht dessen Daten gespeichert werden. Es wird also die Arbeit des Erstellens oder

Datenbankrecht

Der Zugriff auf Datenbanken ist durch das UrhG und Datenschutzgesetz geregelt. Zugriffe sind nicht gestattet, Zugangsberechtigungen müssen durch Verantwortliche klar und eindeutig geregelt werden. Die Abbildung zeigt eine fiktive Kundendatenbank, diese Menschen gibt es so nicht – Datenschutz!

Name	Vorname	Geburtstag	PLZ	Wohnort	Anschrift	Fon-Vorwahl	Fon-Nummer
Althonn	Christian	06.05.1960	72764	Reutlingen	Elsterweg 2	7121	77656
Anstrich	Christian	24.09.1953	72765	Reutlingen	Eckstraße 12	7121	77634
Börmann	Otto	28.08.1963	72766	Reutlingen	Kleine Straße 3	7121	77643
Bach	Fred	12.01.1970	72764	Reutlingen	Heuneweg 16a	7121	77623
Ditere	Rainer	28.08.1977	72765	Reutlingen	Schützenallee 12	7121	79862
Gesslan	Hans	31.03.1980	72766	Reutlingen	Lichtensteinweg 134	7121	74509
Hängen	Erwin	24.10.1980	72764	Reutlingen	Kölner Straße 9	7121	78712
Jung	Hansotto	27.12.1985	72765	Reutlingen	Hauptstraße 11	7121	89765
Katz	Heinz	17.04.1990	72766	Reutlingen	Spielbaumweg 26	7121	56723
Kopf	Detlef	12.09.1958	72764	Pfullingen	Echazstraße 24	7121	45389
Kraus	Heiner	13.07.1962	72764	Pfullingen	Marktplatz 16	7121	87354

Pflegens einer Datenbank durch das Urheberrecht geschützt.

Der Schutz bei gespeicherten Personendaten wird durch die Datenschutzgesetze des Bundes und der Länder geregelt. Diese schützen personenbezogene Datenbanken vor dem unberechtigten Zugriff auf Datenbankinhalte und deren Auswertung.

Kontrolliert wird die Einhaltung der Datenschutzgesetze durch die Datenschutzbeauftragten und die Datenschutzkontrollbehörden des Bundes und der Länder.

Datenschutz

Aktuellste Information zum Datenschutz, zur Informationsfreiheit und zum Datenschutzforum erhalten Sie auf der Seite des Bundesbeauftragten für den Datenschutz und die Informationsfreiheit und auf den unten angegebenen Länderseiten:

www.bfdi.bund.de

www.baden-wuerttemberg.datenschutz.de/

www.ldi.nrw.de/

www.datenschutz-berlin.de/

www.saechsdsb.de/

www.thueringen.de/datenschutz/

www.hamburg.de/datenschutz/

www.datenschutzzentrum.de/

www.datenschutz.ch/

www.dsk.gv.at/

744

9.1.2 Geschmacksmusterrecht

Wie in Abschnitt 9.1.1.4, Seite 740 bereits genannt, gilt das Geschmacksmustergesetz als das „Designgesetz". Die Anforderungen, um einen Musterschutz nach dem Geschmacksmusterrecht zu erlangen, sind hoch: Im Mittelpunkt steht der Begriff der „Eigenart" – damit wird das Design einer kreativen Leistung definiert, das sich eindeutig von anderen Gestaltungen unterscheiden muss.

Maßstab für die Beurteilung des Unterschiedes zu vergleichbaren Designs ist die Meinung informierter Benutzer (!) – gemeint sind damit Fachleute der jeweiligen Designgebiete.

Neben der Eigenart des Designs sind weitere Punkte zu beachten, um einen Musterschutz zu erhalten: Der Entwurf muss eine so genannte „Neuheit" sein. Es darf also im Design und der Gestaltform nicht schon etwas Vergleichbares bekannt sein. Designer können die „Neuheit" selbst zerstören, wenn von ihnen nicht die 12-Monats-Frist beachtet wird. Das bedeutet, dass nach der ersten wirtschaftlichen Nutzung eines Designproduktes dieses angemeldet werden muss, um einen Geschmacksmusterschutz zu erhalten.

9.1.2.1 Europäisches Designrecht

Im Zuge der Harmonisierung des Designrechtes in der EU existiert zwischenzeitlich ein weitgehend einheitliches europäisches Designrecht (nach der Gesetzesnovelle vom 01. Juni 2004). Wir unterscheiden dabei zwischen eingetragenen und nicht eingetragenen Designmustern.

Nicht eingetragenes Muster
Der Schutz beginnt mit dem Tag, an dem eine kreative Leistung veröffentlicht wird. Die Veröffentlichung be-

ginnt mit dem Einstellen ins Internet oder dem Druck eines Printmediums. Wichtig ist, da es sich um einen europäischen Designschutz handelt, dass die Veröffentlichung auch europaweit wahrnehmbar ist. Dazu gibt es spezielle Internetseiten, deren einziger Zweck es ist, neues Design europaweit so zu veröffentlichen, dass dieses als „nicht eingetragenes Muster" geschützt ist.

Die Schutzdauer beträgt drei Jahre und soll vor direkter Nachahmung und Imitation schützen. Dieser Schutz dient, so die Idee des Gesetzgebers, vor allem dem Schutz von Designentwicklungen im Bereich des Kommunikations- und damit vor allem des Webdesigns. Der Schutz ist zwar nur kurzlebig, aber dies entspricht durchaus dem schnelllebigen Innovationstempo der Internetentwicklung. Hier sind drei Jahre eine extrem lange Zeitdauer.

Übrigens: Es gibt zum Zeitpunkt der Drucklegung dieses Buches im Frühjahr 2011 nur wenige Entscheidungen deutscher Gerichte zum „eingetragenen Muster". Trotzdem wird davon ausgegangen, dass mit diesem Europäischen Geschmacksmusterrecht die Position von Designern nachhaltig verbessert wird, wenn es um Rechtsstreitigkeiten bei Designplagiaten geht.

Eingetragenes Muster
Wird vom Designer oder Auftraggeber ein nachhaltiger europaweiter Schutz benötigt, muss nach wie vor das aufwändige Eintragungsverfahren beim DPMA genutzt werden. Am einfachsten ist die Anmeldung über die Homepage des DPMA, das die Unterlagen an das Europäische Register in Alicante/Spanien weitergibt.

Der Schutz bezieht sich auf die Erscheinungsform eines Erzeugnisses oder eines Teils davon, insbesondere

---

Urheberrecht

Geschmacksmustergesetz

Langtitel: Gesetz über den rechtlichen Schutz von Mustern und Modellen

www.laser-line.de/news/das-europaeische-designrecht.html

DPMA

Deutsches Patent und Marken-Amt

www.dpma.de

EUROLOCARNO

siehe nächste Seite

wenn es Merkmale aus „Linien, Flächen, Farben, Gestalt, Oberflächenstruktur oder Werkstoffen" besitzt. Erzeugnisse sind nach der Verordnung z.B. „Verpackungen, Typografien, grafische Symbole, Screendesign". Computerprogramme gelten ausdrücklich nicht als eingetragene Muster, da sie durch das Urheberrecht geschützt sind.

Die Schutzdauer beträgt insgesamt 25 Jahre. Der Erstschutz bei Anmeldung beträgt dabei fünf Jahre und kann danach in 5-Jahresschritten auf maximal 25 Jahre ausgedehnt werden.

Der Vorteil gegenüber dem nicht eingetragenen Muster besteht vor allem darin, dass identische oder ähnliche Designs, die von anderen Personen entwickelt wurden, aufgrund der früheren Eintragung abgewehrt werden können.

Amt der Europäischen Union für die Eintragung von Marken und Geschmacksmustern

Rechts: Geschmacksmuster – Startseite

Unten: Suchmaschine für Geschmacksmuster EUROLOCARNO

http://oami.europa.eu/ows/rw/pages/index.de.do

9.1.3 Bildrecht: Panoramafreiheit

Urheberrecht

Auf öffentlichen Plätzen oder Straßen befinden sich oft urheberrechtlich geschützte Werke z.B. von Künstlern oder von Markendarstellungen wie BOSS oder BMW. Dürfen Sie von solchen, jedermann zugänglichen Motiven ein Bild aufnehmen und für gewerbliche Zwecke genehmigungs- und honorarfrei nutzen? Die Antworten sind umstritten und nicht eindeutig geklärt – aber ein paar Regeln dazu sind vorhanden:

- Handelt es sich um bleibende Kunstwerke, die dauerhaft an einem öffentlich zugänglichen Ort angebracht sind und die in Zusammenhang mit der Umgebung zu betrachten sind, können die Aufnahmen frei verwendet werden. Voraussetzung ist, dass ein Kunstwerk für diesen Ort als „bleibendes Kunstwerk" mit langer Lebensdauer gedacht ist. Der Begriff „lange Lebensdauer" ist dabei relativ: So ist eine Eisskulptur ein bleibendes Kunstwerk auf einem öffentlichen Platz, das fotografiert und veröffentlicht werden darf, auch wenn die Lebensdauer naturgemäß nicht über das nächste Tauwetter hinausreicht.
- Es sind nur die Ansichten frei, die von einem öffentlichen Platz aus sichtbar sind. Die vielleicht bessere Ansicht eines Kunstwerkes aus einem privaten Grundstück heraus ist nicht frei – man darf ein Bild also nur aus einer öffentlichen Ansicht heraus aufnehmen und danach frei veröffentlichen. Wird eine Abbildung aus einem privaten Grundstück heraus auf ein öffentlich zugängliches Werk gewünscht, muss der Grundstückseigentümer seine Zustimmung zur Herstellung der Aufnahme geben. Denn beim Grundstückseigentümer liegt das Hausrecht!
- Die gewerbliche Nutzung der Abbil-

dung eines Gebäudes, eines Autos (Oldtimer), eines Pferdes für einen Prospekt oder einen Internetauftritt ist immer an die Genehmigung des Eigentümers gebunden. Der Eigentümer einer Sache muss immer sein Einverständnis zur Veröffentlichung seines Eigentums geben. Die Rechtssprechung geht aber, vor allem bei Abbildungen von Gebäuden, tendenziell davon ab, so dass hier ein größerer Spielraum entstehen könnte.

Die Regelungen über die Panoramafreiheit finden sich nur im deutschen Urheberrecht. In anderen Ländern der EU und Nordamerikas gilt die Panoramafreiheit nur eingeschränkt. So können Gebäude, die in den USA durch einen Architekturwettbewerb entstanden sind, durch Bilddarstellungen nur mit der Genehmigung des Architekten veröffentlicht werden.

Ähnliches gilt auch für Frankreich, Belgien oder Dänemark. Daher sind mögliche Probleme durch die eingeschränkte Panoramafreiheit bei gewerblichen Internetseiten vor der Veröffentlichung zu prüfen.

Die Darstellung des Eifelturms, des dänischen Königsschlosses oder des römischen Colloseums ist vielleicht unter dem Aspekt der Panoramafreiheit problematisch. Vor der Nutzung von Bildern muss also unbedingt die Erlaubnis dazu vorhanden sein.

Eisskulptur

Die Schwierigeit bei der Definition des Begriffs „lange Lebensdauer" und „bleibendes Kunstwerk" wird bei der Betrachtung dieser Eisskulptur deutlich – die Tage sind gezählt, die Definitionen schwierig ...

Panoramafreiheit Eifelturm

Nur Bilder des Turmes, die am Tag aufgenommen werden, können veröffentlicht werden. Bilder des Turms mit Nachtbeleuchtung gelten in Frankreich als Kunstwerk und sind daher nicht frei.

9.1.4 Bildrecht: Recht am eigenen Bild

Das Recht am eigenen Bild umfasst jede Art der Darstellung der Person, also auch Darsteller auf der Bühne, im Film (Video/CD/DVD) oder im Fernsehen.

Zur Veröffentlichung einer ordnungsgemäß erlangten Aufnahme ist eine ausdrückliche oder stillschweigende Einwilligung erforderlich, die ausdrücklich oder den Umständen nach erkennbar auch auf bestimmte Veröffentlichungsarten beschränkt sein kann.

Ohne eine Einwilligung ist die Aufnahme und Veröffentlichung eines Bildes zulässig, wenn es sich um eine Person der Zeitgeschichte handelt. Die Abbildung selbst muss aber einen Vorgang aus dem Bereich der Zeitgeschichte betreffen. Rechtsgrundlage dazu ist das Gesetz zum Urheberrecht an Werken der bildenden Künste und der Photographie.

Niemand braucht es zu dulden, dass ohne sein Wissen oder gegen seinen Willen von ihm Aufnahmen innerhalb seiner privaten Umgebung gemacht und veröffentlicht werden.

Die Abbildungsfreiheit gegenüber Personen der Zeitgeschichte gilt auch nicht für solche Veröffentlichungen, die nicht dem berechtigten Informationsinteresse der Allgemeinheit, sondern z. B. allein Werbezwecken dienen.

Eine Einwilligung in die Bildveröffentlichung ist nicht erforderlich, wenn es sich um Bilder bei öffentlichen Veranstaltungen handelt, auf denen der Abgebildete nur als Nebenfigur erscheint.

Person der Zeitgeschichte
Personen der Zeitgeschichte sind Schauspieler, Sportler, Showgrößen oder Politiker. Die Wiedergabe und Abbildung dieser Personen darf grund-

Bildschutz entfällt

Bei Veröffentlichungen zum Zweck der Strafverfolgung und der Rechtspflege z.B. bei einem Steckbrief einer Strafverfolgungsbehörde zur Fahndung. Hier wird das öffentliche Interesse und die öffentliche Sicherheit bei Warnungen vor bestimmten Personen höher bewertet als das individuelle Recht am eigenen Bild.

Person der Zeitgeschichte

Politiker, Schauspieler, Wirtschaftsführer, Mitglieder von Königshäusern, Wissenschaftler, ...

Abb.: Kate Winslet mit Maria Furtwängler
Hubert Burda Media/ Tinnefeld

Bild einer Person der Zeitgeschichte
Jedes Bild einer solchen Person kann veröffentlicht werden, sofern es sich um einen Vorgang der Zeitgeschichte handelt und die Person dauerhaft im Blickpunkt und Interesse der Öffentlichkeit steht.

Aus dem Privatbereich einer Person der Zeitgeschichte müssen Veröffentlichungen nicht geduldet werden.

Privatperson

Schattenbild einer Privatperson

Abb.: Privat

Bild einer Privatperson
Das unbefugte Anfertigen eines Bildes und das unbefugte Veröffentlichen eines Bildes einer Privatperson ist verboten, da dies eine klare und schwere Beeinträchtigung des Persönlichkeitsrechts darstellt.

Die Veröffentlichung eines Bildes einer Privatperson ist nur möglich, wenn eine Einwilligungserklärung vorliegt.

Urheberrecht

sätzlich nur im Rahmen der Berichterstattung über im öffentlichen Interesse stehende Ereignisse erfolgen.

Ohne ihre Einwilligung dürfen Fotos oder Filmaufnahmen von Personen aus dem Bereich der Zeitgeschichte verbreitet werden.

Die Vorschrift trägt dem Informationsbedürfnis der Allgemeinheit Rechnung, wobei der Begriff „Zeitgeschichte" eine weite gesellschaftsbezogene Auslegung erfährt, da unter ihm sowohl das politische als auch das soziale, wirtschaftliche und kulturelle Leben des Volkes eingeschlossen wird.

Daher wird zwischen absoluten Personen der Zeitgeschichte und relativen Personen der Zeitgeschichte unterschieden.

Absolute Personen der Zeitgeschichte

Zu den absoluten Personen der Zeitgeschichte zählen diejenigen Personen, die durch ihr gesamtes Wirken im öffentlichen Interesse stehen und das auch für immer bleiben, wobei unter Öffentlichkeit ein beachtlicher Teil des Publikums zu verstehen ist. Hierzu zählen namentlich Angehörige regierender Königshäuser, Staatsoberhäupter (selbst nach Ablauf der Amtsperiode), bekannte Wirtschaftler, insbesondere Angehörige großer Wirtschaftsdynastien und ihre Erben (Flick, Krupp usw.), Sportler, Künstler, Wissenschaftler, Journalisten, Politiker u. Ä. Sie können aufgrund des öffentlichen Informationsinteresses in der vollen Bandbreite ihres Wirkens abgebildet werden.

Relative Personen der Zeitgeschichte

Im Unterschied zu den absoluten stehen die relativen Personen der Zeitgeschichte nur eine begrenzte Zeit im Blickpunkt der Öffentlichkeit. Dies kann aufgrund eines relevanten Ereignisses, kraft ihrer Abstammung oder kraft ihres Amtes vorliegen. Teilnehmer an einem spektakulären Unfall zählen genauso zu dieser Personengruppe wie Schauspieler, Sportler, Showgrößen, Beteiligte an einem interessanten Prozess usw. Die Wiedergabe und Abbildung dieser Personen ist grundsätzlich nur in dem Rahmen zulässig, insoweit sie durch die in Rede stehenden Ereignisse im öffentlichen Interesse stehen.

Schwierige Abgrenzung

Die Grenzen zwischen absoluter und relativer Person der Zeitgeschichte sind jedoch fließend. So kann es durchaus vorkommen, dass Personen, die den Kriterien nach eigentlich einer relativen Person der Zeitgeschichte entsprechen, durch Einwirken Dritter oder ihr eigenes Zutun zu einer absoluten Person der Zeitgeschichte werden. Zu denken ist hier an überragende Schauspielerpersönlichkeiten (Maria Furtwängler, Ulrich Tukur usw.), bedeutende Künstler (z. B. Luciano Pavarotti, Andy Warhol), aber auch verurteilte Straftäter können den Status einer absoluten Person der Zeitgeschichte einnehmen, wenn es sich um einen besonders spektakulären Fall gehandelt hat.

Personen als Beiwerk im Bild

Werden Personen als Beiwerk neben einer Landschaft oder anderen Örtlichkeiten abgebildet, ist eine Bildnisveröffentlichung ebenfalls ohne ihre Einwilligung zulässig. Die abgebildeten Personen dürfen jedoch nicht der eigentliche Zweck der Aufnahme sein, vielmehr dürfen sie lediglich als Staffage im Bild vorhanden sein. Im Zweifelsfall kann hier durch die Bildbearbeitung des Unscharfmaskierens oder durch vorgetäuschte Tiefenschärfe das Problem bildrechtlich gelöst werden.

Personen als Beiwerk

Die Aufnahme zeigt das Brandenburger Tor in Berlin. Nicht verhindern lässt sich an dieser Stelle, dass nicht beteiligte Personen auf dem Bild sind. Das Bild darf veröffentlicht werden, da der eigentliche Zweck die Darstellung des Bauwerkes ist, die Personen sind unvermeidliche Staffage.

9.1.5 Schutzfristen und Verwertungsformen

Schutzfristen für unterschiedliche Werkarten im Überblick	
Werkart	**Schutzdauer**
Schriftwerke	70 Jahre nach dem Tod des Urhebers
Lichtbildwerke	70 Jahre nach dem Tod des Urhebers
Lichtbilder	50 Jahre nach dem Erscheinen des Lichtbildes 50 Jahre nach dem Herstellen des Lichtbildes, wenn es nicht veröffentlicht wurde.
Darbietung von Künstlern	25 Jahre (z. B. Zaubertricks)
Rechte von Sendeunternehmen	25 Jahre (Rundfunk- und Fernsehanstalten)
Rechte von Filmherstellern	70 Jahre (gilt entsprechend für Videofilme)
Rechte von Bildfolgen und Tonfolgen (Laufbilder)	50 Jahre
Rechte an Tonträgern und an digitalen Präsentationen	25 Jahre
Nicht eingetragene Muster	3 Jahre
Eingetragene Muster	5 Jahre bis maximal 25 Jahre auf Antrag

Formen der Verwertungsrechte	
Verwertung in körperlicher Form:	• Vervielfältigung • Verbreitung • Ausstellung • Bearbeitung • Verbindung mit anderen Werken
Verwertung in unkörperlicher Form:	Öffentliche Wiedergabe durch: • Vortrag • Aufführung • Vorführung • Sendung • Wiedergabe durch Bild- und Tonträger • Wiedergabe durch Funksendungen • Wiedergabe durch Internetanwendungen

9.1.6 Rechte eines Urhebers

Urheberrecht

9.1.6.1 Urheberpersönlichkeitsrecht

Aus dem Urheberrecht heraus ergeben sich konkrete Rechte, die einen Beziehungs- bzw. Rechtszusammenhang zwischen dem Urheber und seinem Werk herstellen. Man nennt diese Rechte die Urheberpersönlichkeitsrechte. Zu diesen zählen insbesondere:
- Veröffentlichungs- und Rückrufrecht
- Recht auf Anerkennung der Urheberschaft und Nennung des Urhebers
- Recht gegen Entstellung des Werkes
- Grundsatz der Unübertragbarkeit

Das aus dem Urheberpersönlichkeitsrecht abgeleitete Recht der Veröffentlichung eines Werkes ist für die Druck- und Medienindustrie sicherlich das bedeutendste Recht.

9.1.6.2 Veröffentlichungsrecht

§ 12 UrhG: „Der Urheber hat das Recht zu bestimmen, ob und wie sein Werk zu veröffentlichen ist."

Das Urheberrechtsgesetz sagt also, dass ausschließlich der Urheber das Recht hat, darüber zu bestimmen, wie sein Werk veröffentlicht, das heißt der Öffentlichkeit zugänglich gemacht wird. Das Veröffentlichungsrecht gilt nur für die Erstveröffentlichung. Die Entscheidung eines Buchautors, sein Werk zu veröffentlichen, ist unwiderruflich. Sie kann nicht zurückgenommen werden. Beispiel: Erscheint ein Roman als Erstausgabe in einem Verlag, ist das Buch veröffentlicht. Soll jetzt eine Buchclubausgabe gedruckt werden, gibt es kein neues Recht für diese Veröffentlichung. Der Verwerter (Buchclub) muss allerdings die notwendigen Verwertungsrechte beim Urheber erwerben. Diese sind unabhängig vom Veröffentlichungsrecht. Der Urheber kann aber auch bei einer Buchclubausgabe seines Werkes nach § 13 UrhG verlangen, dass er als Urheber benannt wird. Auf dieses Recht kann nicht verzichtet werden.

9.1.6.3 Verwertungsrecht

Das Recht eines Urhebers an seinem Werk ist nicht veräußerlich. Es bleibt bestehen, solange der Urheber lebt. Nach seinem Tod kann dieses Recht an seine Nachfahren vererbt werde.

Ein Urheber kann anderen Personen ein Verwertungsrecht einräumen. Grundsätzlich werden zwei Formen unterschieden: die körperliche Form und die unkörperliche Form der Verwertung. Die körperliche Form der Verwertung liegt dann vor, wenn das Werk „körperlich fixierbar" ist, also wenn es als Druckwerk, Videoband, CD-ROM, DVD, Mikrofilm, Schallplatte, Zeitschrift, Buch usw. erscheint. Eine unkörperliche Verwertung ist dann gegeben, wenn ein Werk auf eine Leinwand projiziert oder mittels Monitor ausgegeben wird. Die unkörperliche Verwertung hinterlässt einen Eindruck, ist aber nicht körperlich fixierbar. Beispiele dafür sind Kinofilme, Fernseh- und Rundfunksendungen.

Recht eines Urhebers

Das Recht eines Urhebers an seinem Werk ist nicht veräußerlich – es kann nicht verkauft werden.

9.1.6.4 Vervielfältigungsrecht

Das Vervielfältigungsrecht beinhaltet das Recht, von einem Werk Vervielfältigungsstücke herzustellen. Dabei ist das Verfahren und die Auflage der erstellten Stücke unerheblich.

Eine Vervielfältigung ist auch die Übertragung eines Werkes auf Vorrichtungen zur wiederholten Wiedergabe von Bild- und Tonfolgen, also die Herstellung von Datenträgern wie Videobänder, CD-ROMs oder DVDs.

Veröffentlichungsrecht

Das Veröffentlichungsrecht ist für die Medienindustrie ein bedeutsames Rechtsgut.

Die Digitalisierung eines Werkes mit Hilfe von Scannern und die elektronische Speicherung stellen Vervielfältigungen dar, die nur mit Zustimmung des Urhebers bzw. Verlages zulässig sind. So muss beim zunehmend beliebten „Search-Inside-Angebot" beim Internetbuchhandel für jede Veröffentlichung eines Werkes die Erlaubnis des Verlags eingeholt werden. Gleiches gilt z. B. für das umstrittene Google-Projekt Booklibrary und ähnliche Projekte.

Search-Inside

Seit März 2007 digitalisiert die Bayerische Staatsbibliothek in München als erste deutsche Bibliothek etwa eine Million urheberrechtsfreier Werke aus den historischen Beständen und aus Spezialsammlungen für Search-Inside-Anwendungen. Die Univesitätsbibliothek St. Gallen/CH stellt einen Teil der mittelalterlichen Buchbestände für Forschungszwecke mit Hilfe dieser Technologie zur Verfügung. Das Bild zeigt das vorliegende Buch in Search-Inline-Ansicht bei einem Internetbuchhändler.

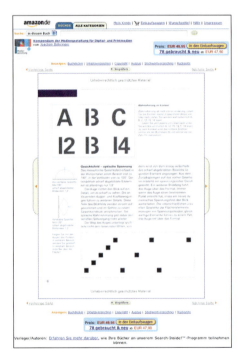

Erneute Vervielfältigungen werden bei der Ausgabe eines Werkes über Drucker, bei der Speicherung auf einen anderen Datenträger oder bei der Übertragung auf ein anderes Rechnersystem getätigt.

Möchte ein Verlag ein urheberrechtlich geschütztes Werk vervielfältigen, muss er sich beim betreffenden Urheber das Recht dazu vertraglich einräumen lassen. Das in dem Verlagsvertrag ausgehandelte Vervielfältigungsrecht kann dabei auf eine Auflage beschränkt sein oder mehrere Auflagen berücksichtigen. Hier besteht die Möglichkeit, im Rahmen eines entsprechenden Vertrages verschiedene Varianten anzuwenden.

9.1.6.5 Verbreitungsrecht

Das Verbreitungsrecht (§ 17 UrhG) ist das Recht, das Original eines Werkes oder ein Vervielfältigungsstück für die Öffentlichkeit auf den Markt zu bringen. Beim Verbreitungsrecht handelt es sich um ein körperliches Recht. Es muss also ein real anfassbares Stück, z. B. ein Buch, vorhanden sein, das vertrieben wird. Das setzt die Herstellung eines Werkes voraus. Also steht vor dem Verbreitungsrecht das ausgenutzte Vervielfältigungsrecht, das ein Verlag vom Autor (= Urheber) zur Produktion erworben haben muss.

Die Wiedergabe in unkörperlicher Form fällt nicht unter das Verbreitungsrecht. So ist es zum Beispiel bei Musiksendungen zulässig, dass dort ein Orchester rechtmäßig erworbene Noten aus dem Ausland spielt, obwohl keine Verbreitungsgenehmigung für die Bundesrepublik vorliegt. Bei Rundfunk- und Fernsehsendungen handelt es sich um einmalige Verbreitungshandlungen, bei denen vor allem das Urheberrecht berücksichtigt werden muss, weniger ein nicht klar definierbares Verbreitungsrecht.

Ein wichtiger Gesichtspunkt beim Verbreitungsrecht ist die regionale Gültigkeit. Hat ein Urheber einer Vervielfältigung und Verbreitung seines Werkes zugestimmt, ist dies nicht beschränkt auf den deutschsprachigen

Urheberrecht

Raum. Seit 1995 gilt die Zustimmung eines Urhebers zur Veröffentlichung und Verbreitung seines Werkes für den gesamten Raum der Europäischen Union einschließlich der EU assoziierten Länder.

9.1.6.6 Senderecht

Das Senderecht ist das Recht, ein Werk durch Funk, Ton- oder Fernsehrundfunk oder ähnliche technische Einrichtungen der Öffentlichkeit zugänglich zu machen. Dabei werden folgende Formen unterschieden:

Das Erstsenderecht, d. h. die Verbreitung der Programmsignale durch ein Rundfunk- oder Fernsehunternehmen, steht dem Urheber zu.

Die Weiterleitung durch Kabel ist ein neuer Sendevorgang, vor allem wenn dadurch ein größerer Personenkreis erreicht und der übliche Empfang verstärkt wird. Die Weiterleitung einer Sendung durch Kabelsysteme muss vertraglich gesondert geregelt werden.

Strittig ist derzeit die Frage, ob die Wiedergabe digitaler Daten von CD-ROM oder durch Datenfernübertragung rechtlich eine Sendung oder eine Projektion ist. Mehrheitlich urteilen die Gerichte, darin eine Sendung zu sehen. So ist z. B. die Wiedergabe von Bildern oder Videos in einem Museum durch einen PC rechtlich einer Sendung gleichzusetzen, bei welcher der Museumsbesucher den jeweiligen „Sendetermin" durch Knopfdruck festlegt. Rechtlich hat der Urheber dieser Sendeart bei Abgabe seiner Sound-, Video-, Bild- und Textdaten zugestimmt.

Vergleichbare Überlegungen sind auch für die immer mehr verbreiteten Kiosksysteme zutreffend.

9.1.5.7 Copyright

Das Copyright ist das Urheberrecht an einem veröffentlichten Werk. Ursprünglich galt der Copyright-Vermerk nur im amerikanisch-englischen Raum. Das Urheberrecht wurde mit dem ©-Zeichen und dem Eintrag in das Copyright-Register wirksam. Die Gültigkeit des ©-Zeichens war nur in den USA gegeben. Dabei ist zu berücksichtigen, dass das amerikanische Urheberrecht den Verleger vor wirtschaftlichem Schaden schützt, nicht den Autor wie im europäischen Urheberrecht.

Durch das Welturheberrechtsabkommen ist das Urheberrecht und seine formalen Seiten vereinheitlicht worden. Es gelten Werke heute in allen Ländern als geschützt, wenn das ©-Zeichen in Verbindung mit dem Namen des Urhebers und der Jahreszahl der Erstveröffentlichung in die Titelei eines Werkes aufgenommen werden.

Für die USA und Kanada müssen veröffentlichte Werke zusätzlich zum ©-Zeichen eine Registrierung beim Copyright Office erhalten. Dies gilt auch, wenn ein Titel in Europa für den amerikanischen Markt verlegt wird.

9.1.6.8 Zeitungsimpressum

Jedes Druckwerk muss ein Impressum, d. h. eine aufgedruckte Ursprungs- und Haftungsangabe, enthalten. Nach den Landespressegesetzen (LPG), dem Urheberrechtsgesetz, dem Warenzeichenrecht und dem Wettbewerbsrecht besteht diese Impressumspflicht. Alle Produkte der Urheberrechtsindustrien müssen ein Impressum tragen. Dazu zählen das Druck- und Verlagswesen, Zeitungs- und Musikverlage, Tonträger sowie Film- und Videoindustrie, Rund-

Copyleft ③

Für Werke mit dem Copyleft-Symbol werden keine Lizenzgebühren gefordert. Ausgehend von den im Softwarebereich oft vergebenen GNU-Lizenzen wird gerade versucht, das Copyleft-Symbol zur Verdeutlichung für freie Dokumente einheitlich zu verwenden. Das Copyleft-Prinzip bedeutet, dass ein Autor Texte oder Materialien eines anderen Autors frei verwenden kann, aber zur Nennung des Namens verpflichtet ist. Außerdem verpflichtet sich der Lizenznehmer dazu, abgeleitete Werke unter dieselbe Lizenz zu stellen.

http://www.gnu.org/copyleft/copyleft.de.html

Impressumgenerator im Internet

www.linksandlaw.info

www.digi-info.de/de/netlaw/webimpressum/assistent.php

753

EAN-Code

Die International Article Number (früher European Article Number) löst ab 2007 die 10-stellige Bookland-Number ab. Der EAN-Code wird in

```
ISBN 3-540-24258-9
ISBN 978-3-540-242581
```

9 783540 242581

Europa und Nordamerika zur Artikelauszeichnung verwendet. Oben sind die ISBN-Nummern des Kompendiums der 3. Auflage abgebildet, Das Buch hatte bereits die 10er- und 13er-ISBN.

ISBN-10 und ISBN-13

Nummernverwaltung für Deutschland, Österreich, Schweiz und international in London mit folgenden Links:
www.german-isbn.org/
www.isbn.co.at
www.swissbooks.ch
www.isbn-international.org/

funk, Fernsehen, Werbung, Design, Kunsthandel usw.

Aufbau und Inhalt eines Zeitungsimpressums ist wie folgt:
- Name der Firma
- Drucker mit Anschrift
- Verleger oder Herausgeber mit Anschrift
- Verantwortlicher Redakteur mit vollständigem Vor- und Nachnamen. Bei mehreren verantwortlichen Redakteuren muss die Verantwortlichkeit exakt zugeordnet werden.
- Verantwortlicher für den Anzeigenteil
- Verantwortlicher für den Zeitungsmantel
- Wirtschaftliche Beteiligungsverhältnisse müssen offengelegt werden (gilt nur für Bayern, Sachsen und Hessen nach den dortigen LPG).

9.1.6.9 Buchimpressum und ISBN

Die Rechtsgrundlagen für den Abdruck ergeben sich aus dem Welturheberrechtsabkommen. Der Aufbau ist ähnlich dem des Zeitungsimpressums. Es muss das Copyright, Erscheinungsjahr, der Name des Urhebers, Autor und Verlag mit Anschrift genannt werden. Des Weiteren ist die Auflagenzahl zu nennen, ebenso die Kurztitelaufnahme für die Deutsche Bibliothek (Grundlage Pflichtexemplargesetz) und innerhalb der Europäischen Union ist die ISBN auf der Copyright-Seite zu führen.

ISBN-Nummern weisen 10 bzw. seit 2007 13 Stellen aus. Die bisherige, zehnstellige ISBN wird nun als ISBN-10 bezeichnet. Die ISBN-13 ist weitgehend identisch mit der ISBN-10, der alten Nummer wird nur die Ziffernfolge 978 vorangestellt. Für neue Einträge ist darüber hinaus die Ziffernfolge 979 vorgesehen. Dadurch wird der Zahlen-

raum verdoppelt. Die ISBN-Zahlen sind nun so gewählt, dass die ISBN mit dem EAN-Code identisch ist. Daher wird bei der ISBN-13 auch der EAN-Algorithmus zur Berechnung der Prüfziffer verwendet, der sich von dem der ISBN-10 unterscheidet. Daher ist die letzte Stelle, welche die Prüfziffer enthält, bei der ISBN-10 und der ISBN-13 meist unterschiedlich.

ISBN-Nummern müssen bei der ISBN-Agentur für die Bundesrepublik Deutschland (MVB Marketing- und Verlagsservice des Buchhandels GmbH in Frankfurt) erworben werden. Die Mindestabnahme beträgt 100 Nummern.

Aufbau ISBN-Nummer

Die ISBN-13 beginnt mit 978 oder 979, die ISBN-10 mit der Ländernummer. Diese Kennzahl steht für eine nationale, geografische oder sprachliche Gruppe. Sie wird von der internationalen ISBN-Agentur in London festgelegt. 0 und 1 stehen für den englischsprachigen Raum, 2 für den französischsprachigen, 3 für den deutschsprachigen und 88 für Italien.

Die Verlagsnummer ist eine Kennzahl für den Verlag. Diese wird von der nationalen ISBN-Agentur vergeben. Eine Verlagsnummer kann unterschiedlich viele Ziffern enthalten.

Nach der Verlagsnummer kommt die Titel- oder Bandnummer. Die Vergabe dieser Nummer erfolgt für jedes einzelne Produkt durch den jeweiligen Verlag.

Die letzte Zahl ist eine ISBN-Prüfziffer. Sie ermöglicht das Erkennen z. B. von Schreibfehlern des Buchhändlers beim Bestellen.

Die ISBN darf ohne Trennzeichen in der Datenverarbeitung verwendet werden, da sie durch die Anfangsziffernfolge und die Länge eindeutig als ISBN bzw. EAN-Code erkannt wird.

9.1.7　Vervielfältigungen

Urheberrecht

Privatkopie

Der Bereich der Privatkopie wurde durch das neue UrhG weitgehend neu geregelt. Nach § 53 UrhG sind einzelne Kopien eines Werkes zum privaten Gebrauch zulässig. Diese dürfen, wie nach der bisherigen Rechtslage auch, weder mittelbar noch unmittelbar zu Erwerbszwecken dienen.

Ausdrücklich geregelt wurde in § 53 Abs. 1 UrhG jedoch, dass es untersagt ist, zur Vervielfältigung eine offensichtlich rechtswidrig hergestellte Vorlage zu verwenden.

Die Frage, ob eine Vorlage rechtswidrig erstellt und genutzt wurde, war nach dem alten UrhG im Zusammenhang mit Online-Tauschbörsen juristisch höchst umstritten, da unklar war, ob das Recht der Privatkopie auch für eine offensichtlich rechtswidrig erlangte Vorlage zutraf. Nun ist im neuen UrhG eindeutig festgelegt, dass der Download von Musikdateien oder Filmen in Tauschbörsen unzulässig ist, wenn die Vorlage nicht rechtmäßig erstellt wurde. Eine zum Download bestimmte Datei muss die Zustimmung des Urhebers vorweisen können. Dies gilt sowohl für die Vervielfältigung zum privaten als auch gewerblichen Nutzen.

Kopierschutzmechanismen

Einer der wichtigsten Punkte der Neuregelung betrifft das Verbot der Umgehung von Kopierschutzmechanismen, wie sie auf CDs oder DVDs angebracht sind. Das Gesetz spricht in § 95a UrhG von wirksamen technischen Maßnahmen zum Schutz eines nach dem Urheberrechtsgesetz geschützten Werkes, die ohne Zustimmung des Rechteinhabers nicht umgangen werden dürfen.

Um bei CD-ROMs bzw. DVDs Raubkopien zu verhindern, werden technische Schutzmaßnahmen auf diesen

Datenträgern angebracht. Darunter sind Verschlüsselung, Verzerrung, Kopierschutz u. Ä. zu verstehen, die vom Endverbraucher nicht „geknackt" werden dürfen. Der Hersteller eines Kopierschutzes muss auf diesen hinweisen, damit der Endverbraucher erfährt, dass eine Datei bzw. ein Datenträger mit einer Schutzmaßnahme versehen ist.

Dies betrifft nahezu alle auf dem Markt befindlichen Kopierschutzmechanismen für CD-ROMs und DVDs. Vom Verbot der Umgehung dieser Kopierschutzmechanismen gibt es eine Ausnahme. Diese bezieht sich auf Vervielfältigungen zum privaten und sonstigen eigenen Gebrauch, soweit es sich um Vervielfältigungen auf Papier oder einem ähnlichen Träger durch fotomechanische Verfahren o. Ä. handelt.

Für Kopien in digitaler Form gilt diese Ausnahme demzufolge nicht. Weitere Ausnahmen bestehen nach § 95b UrhG z. B. für die Rechtspflege sowie für Lehre und Forschung.

Für Software gilt das Umgehungsverbot hingegen nicht. Nach § 69a Abs. 5 UrhG ist Software vom Umgehungsverbot ausgeschlossen, so dass es weiterhin rechtmäßig ist, eine Sicherungskopien durch den berechtigten Besitzer zu erstellen.

Das Umgehen von Kopierschutzmechanismen zieht im Bereich der Privatkopie für den engsten Familien- und Freundeskreis keine strafrechtlichen Folgen nach sich.

Dagegen können zivilrechtliche Unterlassungs- und Schadensersatzforderungen der betroffenen Rechteinhaber und -verwerter in beträchtlicher Höhe bei „privaten" Kopierschutzverletzungen die Folge sein.

Handelt der „Hacker" allerdings gewerbsmäßig, kann die Tat nach § 108b Abs. 1 UrhG mit einer Freiheitsstrafe bis

Sicherungskopien

Die Herstellung von Sicherungskopien ist für den rechtmäßigen Besitzer einer Software zulässig.

755

zu einem Jahr oder mit einer Geldbuße bis zu 50.000 Euro (§ 111 a, Abs. 1 und 2 UrhG) bestraft werden. Hier sind deutliche und harte Strafen angedroht, um Urheberrechte zu schützen.

Software zum Umgehen von technischen Schutzmaßnahmen
Nach § 95a Abs. 3 UrhG ist es nicht erlaubt, Vorrichtungen, Erzeugnisse oder Dienstleistungen anzubieten, die das Aufheben bzw. Umgehen von Schutzmaßnahmen zum Ziel haben.

Die Herstellung, die Einfuhr oder der Besitz für Produkte und Dienstleistungen zur Aufhebung von Schutzvorrichtungen ist generell untersagt. Dies gilt auch für das Werben in diesem Bereich. Dies betrifft insbesondere Software, die dazu gedacht ist, Kopierschutzmechanismen auf Datenträgern zu umgehen.

Dieses Verbot gilt nach dem Gesetzeswortlaut nur für wirksame technische Schutzmaßnahmen. Nun kann früher oder später aber jeder Kopierschutz umgangen werden. Nach der Gesetzesbegründung ist dies jedoch kein Argument dafür, dass es sich dann nicht um eine wirksame Schutzmaßnahme handelt und das Umgehen der leicht zu knackenden Schutzmaßnahmen damit legal wäre.

Wenn Sie kopiergeschützte CDs an einem Rechner mit Macintosh- oder Linux-Betriebssystem brennen, ist dies deswegen möglich, da diese Betriebssysteme den Windows-PC-Kopierschutz ignorieren. Dies ist nach § 95a UrhG nicht gestattet. Allerdings liegt hier kein „Knacken" des Kopierschutzes vor, sondern ein „Ignorieren" durch das Betriebssystem. Darin sehen einige Juristen keine Umgehung technischer Schutzmaßnahmen.

Sollte es sich beim Brennen um eine privat genutzte CD-Kopie handeln, ist ein Kopieren nach § 53 Abs. 1 UrhG zulässig. Das Kopieren für eine gewerbliche Nutzung ist dagegen verboten.

Die Betreiber entsprechender Webseiten oder PC-Zeitschriften, die Informationen zum Umgehen von Kopierschutzmechanismen veröffentlichen, können von Rechteinhabern und Verwertungsgesellschaften auf Unterlassung und eventuell Schadenersatz verklagt werden.

Relativ klar ist zwischenzeitlich die Regelung, dass Fachzeitschriften über bestehende Sicherheitslücken bei Kopierschutzmechanismen und deren mögliche Umgehung nicht berichten dürfen. Dies würde bedeuten, dass sie zumindest indirekt das Begehen einer Straftat unterstützen würden. Ob darin ein Aufforderungscharakter zum Begehen einer Straftat zu sehen ist, gilt als diskussionswürdig.

Schlussbemerkung
Änderungen des Urheberechts wurden hervorgerufen durch unendlich viele Rechtsverletzungen im Bereich Musik und Film. Vor allem Internettauschbörsen und das illegale Kopieren von CDs und DVDs haben zu einer Verschärfung des Urheberrechts geführt.

Kein Musikliebhaber kann darüber hinwegsehen, dass es für viele Künstler zu einem existenziellen Problem geworden ist, wenn 10.000 Hörer eines neuen Albums dieses auf ihre Festplatte kopiert haben, aber nur 1000 Personen bereit sind, dafür korrekt zu bezahlen.

Letztlich muss es eine Entscheidung der Urheber, Rechteinhaber und -verwerter sein, in welcher Form und gegen welche Vergütung ihre Arbeit verbreitet wird.

9.1.8 Deutsche Nationalbibliothek (DNB)

Urheberrecht

Seit 2006: Deutsche Nationalbibliothek
Das „Gesetz über die Deutsche Nationalbibliothek" (DNBG) vom 22. Juni 2006 legt allen Verlegern und Produzenten in der Bundesrepublik die Pflicht auf, von jedem veröffentlichten Werk kostenlos zwei Pflichtexemplare an jeden Bibliotheksstandort zu schicken. Die Bibliotheksstandorte sind:
- DNB Leipzig
- DNB Frankfurt/Main
- Deutsches Musikarchiv Berlin

Nach der Abgabe der Pflichtexemplare werden die Werke in die deutsche Nationalbibliografie aufgenommen und können im Online-Katalog (Online Public Access Catalogue (OPAC)) der Deutschen Bibliothek gesucht und aufgerufen werden.

Aufgabe der Bibliothek
Die Nationalbibliothek ist die zentrale Archivbibliothek und das nationale bibliografische Zentrum der Bundesrepublik Deutschland. Sie ist für das Sammeln, Erschließen, Verzeichnen und das dauerhafte Sichern aller deutschsprachigen Literatur zuständig. Seit dem Jahr 1912 sammelt die Bibliothek in Leipzig alle deutschsprachigen Druckwerke von der Tageszeitung bis zum Groschenroman. 1947 wurde die zweite Deutsche Bibliothek in Frankfurt/Main gegründet, zu der auch das Deutsche Musikarchiv in Berlin gehört.

Nach der Wiedervereinigung wurde im Einigungsvertrag vom 23. September 1990 festgelegt, dass alle Archive weiter für die Aufgabe der Archivierung zuständig sind. Dadurch entsteht sowohl in Leipzig als auch in Frankfurt eine komplette Sammlung aller deutschsprachigen Drucksachen und in Berlin eine Sammlung aller Musikalien und Musiktonträger.

Keine Ablieferungspflicht gibt es für Filme und Videos. Nur die mit Bundesmitteln geförderten Produktionen werden im Bundesfilmarchiv gesammelt. Die Deutsche Nationalbibliothek

Bestand DNB
Derzeit sind etwa 24,5 Millionen Werke in den Sammlungen der Deutschen Nationalbibliothek (Stand Sommer 2008) mit den Standorten Leipzig und Frankfurt archiviert. Im Deutschen Musikarchiv in Berlin liegen Notendrucke und Tonträger aller Art.

www.d-nb.de

sammelt, entsprechend ihrer Aufgabenstellung auch digitale Publikationen und Netzpublikationen sowie elektronische Zeitschriften, Online-Zeitschriften oder Internetauftritte, da diese ebenfalls zum in Deutschland erstellten Kulturgut gehören. Das Gleiche gilt für CDs, CD-ROMs, DVDs und eBooks. Das Gesetz über die DNB vom Juni 2006 legt dies als neue Aufgabe fest.

Ausnahmen im Urheberrecht
Das in §95a UrhG ausgesprochene Verbot, technische Schutzmaßnahmen bei Datenträgern zu umgehen, gilt in dieser Form nicht für die Deutsche Nationalbibliothek. Normalerweise hat das „Knacken" eines Kopierschutzes zivil- und strafrechtliche Folgen. Der § 95b UrhG sieht vor, dass Rechteinhaber trotz Kopierschutzvorrichtungen der Deutschen Nationalbibliothek bestimmte Werknutzungen ermöglichen müssen. Dies ist zu wissenschaftlichen und kulturellen Zwecken unumgänglich für eine nationale Sammlung.

Um der Bibliothek ihren Archivierungs-, Sammlungs- und Bereitstellungsauftrag zu ermöglichen, hat sie mit den entsprechenden Wirtschaftsverbänden Abkommen getroffen, die sicherstellen, dass bei kopiergeschützten Werken ein Umgehen des Schutzes technisch und administrativ möglich ist. Diese Wirtschaftsverbände sind der Börsenverein des Deutschen Buchhandels und der Bundesverband der phonografischen Wirtschaft. Durch diese Abkommen ist sichergestellt, dass die Kopierschutzumgehung durch die Bibliothek zulässig ist – aber nur für diese Institution, sonst für niemanden! Mit diesen Vereinbarungen ist gewährleistet, dass auch zukünftig aus den digitalen Sammlungen Materialien für wissenschaftliche und unterrichtliche Zwecke zur Verfügung gestellt werden können.

Präsenzbibliothek
Die Deutsche Nationalbibliothek ist an allen Standorten eine reine Präsenzbibliothek. Allen Personen in der Bundesrepublik, die ein berechtigtes Interesse nachweisen können, werden „die Bestände in den Lesesälen zur Verfügung gestellt. Die Bestände dürfen jedoch wegen des Archivcharakters und der nationalbiografischen Aufgabe nicht außer Haus genutzt werden." So in Kurzform ein Auszug aus der Benutzerordnung. Jeder berechtigte Interessent kann sich aber von den Werken der DNB Kopien anfertigen lassen.

Deutsche Nationalbibliothek

Links ist der Lesesaal der DNB in Frankfurt am Main abgebildet, rechts der Eingang zur Deutschen Nationalbibliothek in Leipzig.

www.d-ub.de

9.1.9 Checklisten

Urheberrecht

Band I – Seite 869
11.2.3 Daten im Medienbetrieb

Checkliste Bildverwendung	
Bilderwerb	**Kontrolle der Bildrechte**

Bilderwerb

- ❏ Eigenes Bild
- ❏ Kundenbild mit geklärtem Bildrecht
- ❏ Agenturbild ....
  ....
- ❏ Produktabbildungen
  - ❏ Klärung mit Hersteller
  - ❏ Rechte und Quellenangabe
  ....
- ❏ Markenabbildungen
  - ❏ Klärung mit Markeninhaber
  - ❏ Rechte und Quellenangabe
  ....
- ❏ Von Fotograf
  - ❏ Nutzungsrecht geklärt
  - ❏ Mehrfachnutzung geklärt
- ❏ Mehrfachverwendung geklärt (Print/Nonprint)
- ❏ Bild mit Person/-en
  - ❏ Rechte ....
  - ❏ Kinder ....
  - ❏ Alternativen ....

Kontrolle der Bildrechte

- ❏ Durch Agentur, Druckerei, Herstellung, Verlag, ...
  - ❏ Vereinbarung getroffen mit:
  ....
- ❏ Rechteinhaber im Ausland
- ❏ Rechteinhaber nicht zu ermitteln
  - ❏ Alternativen ....
  - ❏ Kosten ....
- ❏ Bildarchiv – Sitz in BRD
- ❏ Bildarchiv – Sitz in ....
- ❏ Online-Archiv
  - ❏ www..
- ❏ Ansprechpartner ....
- ❏ Copyright-Vermerk in Ordnung
- ❏ Kontakt zu Urheber hergestellt durch ....
- ❏ Kunden auf AGB zum Thema Bild hingewiesen
- ❏ Sonstiges: ....

Checkliste Bildverwendung

Checkliste zur Kontrolle Ihrer Bildverwendung für Print- und Nonprintmedien

**Checkliste
Buchimpressum**

Checkliste zur Kontrolle Ihres Buchimpressums auf inhaltliche und rechtliche Vollständigkeit

Checkliste Buchimpressum

Pflichtangaben

- ❏ ©-Vermerk
- ❏ Verlag
- ❏ Verlagsort
- ❏ Erscheinungsjahr
- ❏ Auflage
- ❏ ISBN
- ❏ Bibliografische Information der Deutschen Nationalbibliothek
- ❏ Satz, Druck, Bindung mit Anschrift (Ort)

Freiwillige Angaben

- ❏ Einbandgestaltung
- ❏ Typografie und Layout
- ❏ Satz, Druck, Bindung: ausführlicher als oben
- ❏ Schriftverwendung
- ❏ Bedruckstoff

Ort des Impressums:

- ❏ Titelei hinter Haupttitel
- ❏ Letzte Buchseite
- ❏ Anderer Ort:........................

**Checkliste
Zeitungsimpressum**

Checkliste zur Kontrolle Ihres Zeitungsimpressums auf inhaltliche und rechtliche Vollständigkeit

Checkliste Zeitungsimpressum

Pflichtangaben

- ❏ Name der Zeitung
- ❏ Verleger oder Herausgeber
- ❏ Verlagsort und Anschrift
- ❏ Verantwortlicher Redakteur mit vollständigem Namen
- ❏ Exakte Zuordnung der einzelnen Ressorts, wenn mehrere Redakteure verantwortlich sind
- ❏ Verantwortlicher für den Anzeigenteil

- ❏ Verantwortlicher für den Zeitungsmantel
- ❏ Verantwortlicher für Beilagen
- ❏ Drucker mit Anschrift
- ❏ Wirtschaftliche Beteiligung (nur Bayern, Sachsen und Hessen)

Freiwillige Angaben:

- ❏ Preislistenhinweise
- ❏ Abonnementsverwaltung

9.1.10 Aufgaben

Urheberrecht

1 Bedeutung des Urheberrechts kennen

Welche Werke schützt das Urheberrecht? Erstellen Sie eine Übersicht mit schutzwürdigen Werken.

2 Bedeutung des ©-Zeichens erklären

Welche Bedeutung hat das ©-Zeichen im Urheberrecht?
Erklären Sie, ob dieses Zeichen, z. B. in einem Impressum, immer mitgedruckt werden muss.

3 Rechtsbegriffe des Urheberrechts erklären

Immatrieller und materieller Rechtsschutz sind zwei wichtige Begriffe. Erläutern Sie die Bedeutung dieser Rechtsbegriffe.

4 Rechtsverhältnisse an Bildwerken wissen

Wie ist der Urheberrechtsschutz bei Bildfolgen des Fernsehens und bei Multimedia-Produkten vorgesehen? Begründen Sie Ihre Meinung.

5 Rechtsschutz von Gebrauchsgrafiken wissen

Ist eine gängige Gebrauchsgrafik, die von einem Mediengestalter mit Hilfe eines Grafikprogramms erstellt wurde, schützenswert oder nicht? Begründen Sie Ihre Meinung.

6 Schutzfristen für Werke im Urheberrecht benennen

Erstellen Sie eine Übersicht über die Schutzfristen der wichtigsten Werkarten, die im Urheberrecht vorgesehen sind.

7 Rechtsschutz für Werkarten beschreiben

Welche Werke fallen unter den Rechtsschutz für wissenschaftliche und technische Darstellungen? Nennen Sie Werkbeispiele.

8 Rechtsverhältnisse an Bildwerken verstehen

Gehen Sie der Frage nach, wie analoge und digitale Bildwerke urheberrechtlich geschützt werden.

9 Verschiedene Verwertungsrechte kennen

Welche zwei grundlegenden Verwertungsrechte sind im Urheberrecht vorgesehen?

10 Kopierschutz von Werken kennen

Darf eine kopiergeschützte CD an einem Macintosh gebrannt werden, wenn hier der PC-Kopierschutz nicht wirkt?

11 Schutzvorgaben für Datenbanksammlungen kennen

Erklären Sie, warum eine Datenbank als schutzwürdig betrachtet wird.

9.2 Internetrecht

9.2.1	Internetrecht – ein Überblick	764
9.2.2	Telemediengesetz	766
9.2.3	Ebenen des Online-Rechts	768
9.2.4	Anbieterkennzeichnung	772
9.2.5	Personenbezogene Daten	775
9.2.6	Digitale Signatur	777
9.2.7	Textauszüge Medienrecht	778
9.2.8	Checklisten	781
9.2.9	Aufgaben	783

9.2.1 Internetrecht – ein Überblick

Im Text verwendete Abkürzungen:

BDSG = Bundesdatenschutzgesetz

BGB = Bürgerliches Gesetzbuch

Kunst-UrhG = Gesetz betreffend das Urheberrecht an Werken der bildenden Künste und der Photographie

MarkenG = Gesetz über den Schutz von Marken und sonstigen Kennzeichen

MDStV = Mediendienste-Staatsvertrag

RfStV = Rundfunk-staatsvertrag

StGB = Strafgesetzbuch

SigG = Signaturgesetz

TDG = Teledienstegesetz

TDDSG = Teledienste-Datenschutzgesetz

TMG = Telemediengesetz

UWG = Gesetz gegen den unlauteren Wettbewerb

UrhG = Urheberrechtsgesetz

Internetrecht, Multimediarecht, Online-Recht – lauter Rechtsbegriffe, die wenig handfest, schwer zu verstehen und schlecht greifbar sind. Viele berufen sich aus Unkenntnis oder Bequemlichkeit auf das viel einfachere amerikanische Rechtsverständnis: Dieses verlangt keine eigenständige Rechtsregelung für das Internet. Der amerikanische Surpreme Court hat bereits 1996 ausdrücklich die absolute Kommunikationsfreiheit bejaht und jede gesetzliche Regelung als ausdrücklich verfassungswidrig eingestuft. In Deutschland und in der Europäischen Union hat man dagegen versucht, eine differenzierte und detaillierte Gesetzeslage zu schaffen. Aus der Sicht des Gesetzgebers war die Entwicklungs- und Innovationskraft des Internets sicherlich zu hoch oder zu schnell, so dass es nicht möglich war, ein einheitliches und gut aufeinander abgestimmtes gesetzliches Regelwerk zu schaffen. So blieb es nicht aus, dass es neben einer Vielzahl von Begrifflichkeiten auch eine hohe Zahl an Gesetzen und Vorschriften innerhalb Deutschlands und der EU gibt, die versuchen das Geschehen im Internet zu regeln. Daher ist es notwendig und wünschenswert, dass eine breite Aufklärung und Information über die Grundzüge des Internetrechts stattfindet. Durch die zunehmenden Rechtsgeschäfte, die immer mehr ins Web verlegt werden, ist es zwingend notwendig, allgemein gültige Regeln für diese Geschäftsmodelle zu definieren und damit Sicherheit, Transparenz und Vertrauen in die „Geschäftswelt Internet" zu bekommen. Das Vertrauen, das in der analogen Geschäftswelt durch persönliche Beziehungen gepflegt wird, muss in der digitalen Welt durch Transparenz und klare Regeln zwischen unbekannten Partnern hergestellt werden. Neben der privaten Nutzung des

Webs ergeben sich durch die betriebswirtschaftliche Nutzung des Internets durch Unternehmen eine Reihe von Problemfeldern, die der Klärung durch die entsprechenden Gesetze bedürfen.

Vertragsrecht: Wer ist mein Vertragspartner, wie kommt ein gültiger Vertrag zustande, wie unterschreibe ich im Internet?

Verbraucher- und Datenschutz: Wie ist das mit der Produkthaftung, wie wird der wirtschaftlich Schwächere geschützt? Wie lassen sich Daten und Persönlichkeit schützen? Wie wird E-Commerce geregelt?

Strafrecht: Wer schützt vor Verletzung des Persönlichkeitsrechtes? Wie werden Menschenrechte geschützt?

Schutz des geistigen Eigentums und gewerblicher Rechtsschutz: Welche Güter (Texte, Musik, Bilder, Videos, Marken) sind schutzwürdig? Wer ist Autor, Komponist? Wer Rechteverletzer?

Steuerrecht und Zollrecht: Welche wirtschaftlichen Transaktionen werden in welchem Land wie besteuert?

Die obige Darstellung zeigt in aller Kürze auf, welche rechtlichen Bereiche durch Aktivitäten im Internet tangiert sind und wie sie durch die entsprechenden Gesetze oder durch Urteile oberer Gerichte weitgehend geregelt sind. Die Übersicht rechts zeigt die Zuordnung der gesetzlichen Regelungen zu den drei Anbietern von Internetleistungen.

Im Rahmen dieser Auflistung ist es nicht möglich, alle Rechtsbereiche erschöpfend darzustellen. Es sollen daher nur die für die Erstellung von gewerblichen Internetseiten maßgeblichen Vorgaben aufgezeigt werden, um rechtlich korrekte Webseiten zu erstellen. Im Zweifelsfall ist immer der Rat eines im Medienrecht versierten Fachanwaltes einzuholen.

Internetrecht

Inhaltsanbieter	**Diensteanbieter**	**Netzbetreiber**
Ist für den Inhalt seines Internetauftritts verantwortlich.	Betreibt einen Server, auf dem Internetseiten zum Abruf gespeichert sind.	Ist für Kabel, Funk, also physikalische Übertragung der Online-Information, zuständig.
Gesetze (Auszug)	Gesetze (Auszug)	Gesetze (Auszug)

Inhaltsanbieter — Gesetze (Auszug)

- Urheberrecht
- Telemediengesetz
- Datenschutz
- Verbraucherschutz
- Vertragsrecht
- Strafrecht (StGB)
- Steuerrecht
- Umsatzsteuerrecht
- Zollrecht
- Impressum
- Presserecht
- Verlagsrecht
- Produkthaftung
- Deliktsrecht
- Wettbewerbsrecht national
- Wettbewerbsrecht international

Diensteanbieter — Gesetze (Auszug)

- Datenschutz
- Domain-Name Namensrecht/Markenrecht
- Markenrecht
- Urheberrecht
- HGB
- BGB
- AGB
- Telemediengesetz
- Steuerrecht
- Umsatzsteuerrecht
- Zollrecht

- **E-Commerce**
- Regelungen für
  - B2B*
  - B2C*
  - C2C*
  - C2B*
- Fernabsatzgesetz
- Rückgaberecht
- Geschäftsbedingungen
- Internetanbieter
- E-Commerce-EU-Richtlinie
  - Herkunftslandprinzip
  - Gültigkeit von Verträgen
  - Mail-Werbung
  - Willenserklärung im Internet
  - Welches Recht gilt?
  - Bezahlung im Netz
  - Impressumspflicht

Netzbetreiber — Gesetze (Auszug)

Das Betreiben der Netze ist durch das Telekommunikationsrecht geregelt.

* Begriffsklärung zu digitalen Geschäftsmodellen, die explizit geregelt sind:
B2B = Business to Business
B2C = Business to Consumer
C2C = Consumer to Consumer
C2B = Consumer to Business

9.2.2　Telemediengesetz

Telemediengesetz seit 2007

Am 1. März 2007 ist das Telemediengesetz (TMG) in Kraft getreten. Durch diese Reform hat eine gesetzliche Vereinheitlichung für die gesetzlichen Regelungen im Internet stattgefunden.

Da bei dieser Reform der verschiedenen Medienrechtsgebiete auch eine Reihe von Rechten der Bundesländer betroffen sind, haben die Bundesländer in einem abgestimmten Verfahren den Rundfunkstaatsvertrag (RfStV) entsprechend geändert. Das TMG 2007 ersetzt vollständig die alten Gesetze TDG, TDDSG und MDStV. Die zuweilen sehr künstliche Trennung zwischen Teledienst und Mediendienst wird aufgehoben. In Zukunft gibt es nur noch Telemedien.

Telemedien

Definition Telemedien

Telemedien sind „alle elektronischen Informations- und Kommunikationsdienste", es sei denn, es handelt sich um Telekommunikation oder Rundfunk.

Wichtige Neuerung im Datenschutz

Auskunftsmöglichkeiten von personenbezogenen Daten haben nunmehr nicht nur „Strafverfolgungsbehörden und Gerichte", sondern vielmehr

- alle Behörden, die zum Zweck der Strafverfolgung oder zur Gefahrenabwehr tätig werden,
- die Verfassungsschutzbehörden des Bundes und der Länder,
- der Bundesnachrichtendienst,
- der Militärische Abschirmdienst,
- alle Privaten in Fällen, in denen dies zur „Durchsetzung der Rechte am geistigen Eigentum erforderlich" ist.

Spam-Mails

Nach dem TMG werden Spam-Mails nun als Ordnungswidrigkeit geahndet. § 6 Abs. 2 TMG besagt:

„Werden kommerzielle Kommunikationen per elektronischer Post versandt, darf in der Kopf- und Betreffzeile weder der Absender noch der kommerzielle Charakter der Nachricht verschleiert oder verheimlicht werden. Ein Verschleiern oder Verheimlichen liegt dann vor, wenn die Kopf- und Betreffzeile absichtlich so gestaltet sind, dass der Empfänger vor Einsichtnahme in den Inhalt der Kommunikation keine oder irreführende Informationen über die tatsächliche Identität des Absenders oder den kommerziellen Charakter der Nachricht erhält."

Das TMG regelt also nicht, ob und wann ungefragt E-Mails versendet werden dürfen. Dies steht auch weiterhin, wie bisher, im Wettbewerbs- bzw. allgemeinen Zivilrecht. Die Rechtsvorschrift regelt nur, wie Werbe-Mails versendet werden müssen.

Eine Werbe-E-Mail muss eine klare Absenderkennung und eine klare Werbekennzeichnung enthalten. Eine Verschleierung der Absenderinformationen ist z.B. gegeben, wenn die Absenderangaben suggerieren, die Nachricht stamme von einer offiziellen Stelle (z.B. Landratsamt) oder von einem Geschäftspartner oder aus dem Freundeskreis des Empfängers. Eine Verheimlichung ist auch dann gegeben, wenn in der E-Mail-Betreffzeile bewusst irreführende Aussagen gemacht werden, um über den kommerziellen Charakter der Nachricht zu täuschen: Zum Beispiel „letzte Mahnung", „Achtung, besonders dringend!" oder „Ihr Strafverfahren Aktenzeichen XY".

Werden diese Regelungen nicht eingehalten, so handelt es sich hierbei um eine abmahnfähige Wettbewerbsverletzung und zugleich auch um eine Ordnungswidrigkeit, die mit einer Geldbuße von bis zu 50.000 Euro geahndet werden kann.

Internetrecht

Das Online-Recht in seiner Gesamtheit ist ein großes, sehr vielschichtiges Rechtsgebiet, das sich aus einer Vielzahl völlig unterschiedlicher Rechtsbereiche zusammensetzt. Dies ist zu Beginn dieses Kapitels bereits dargestellt worden.

Die unten stehende Tabelle soll über einige Rechtsgebiete noch einen kleinen Überblick geben, um die Bedeutung einzelner Rechtsgebiete für das Internet herauszuheben. Dass einzelne Rechtsbereiche auf den ersten Blick nichts mit dem TMG zu tun haben, ist ersichtlich. So sind BGB oder Fernunterrichtsgesetz erst einmal den jeweiligen Rechtsgebieten zuzuordnen. Allerdings sind bei genauerer Betrachtungsweise die Regeln, die im Vertragsrecht des BGB für Partner gelten, ebenso im Internet anzuwenden wie im analogen Handel. Das Gleiche lässt sich für das Fernunterrichtsgesetz feststellen. Die Qualität eines Unterrichtsangebotes muss bestimmten Standards entsprechen. Dabei ist es dann unerheblich, ob der Vertrieb des Angebotes analog oder digital erfolgt. Wie die Daten der Online-Besteller dann verarbeitet werden, wird im TMG geregelt.

Rechtsgebiet	Bedeutung für Internetanwendungen
BGB	Vertragsrecht, Handel, E-Commerce, Gewährleistung, Haftung
UrhG	Urheberschutz, Verwertungsrecht, Rechteübertragung, Tauschbörsen, Bildrecht, Panoramarecht, Musikverwendung
UWG	Wettbewerbsrecht, Abmahnung, Werbung
Strafgesetzbuch	Strafrecht, Hacker, Pornografie, Volksverhetzung
Namens- und Markenrecht	Domain-Registrierung, Domain-Nutzung, Markenverwendung
Datenschutzrecht	E-Commerce, Datenschutzbeauftragte, Informations- und Belehrungspflicht, Schutz von Datenbanken
Internationales Privatrecht	Grenzüberschreitende Verträge oder Rechtsbrüche Herkunftslandprinzip
Medienrecht	Inhalt von Medien, Schutz von Kindern und Jugendlichen
Telekommunikationsrecht	Abrechnung, Impressum, Copyright, Teledienste
Fernabsatzgesetz	E-Commerce, Warenbestellung und -lieferung, Widerrufsrecht, Rückgaberecht, Abschluss von Finanzierungsgeschäften
Fernunterrichtsschutzgesetz	Für Verträge über Fernunterricht gelten besondere Bestimmungen, außerdem wird die amtliche Zulassung geregelt und die Anforderungen bei der Zulassung von Fernunterricht.

Überblick Rechtsgebiete

9.2.3　Ebenen des Online-Recht

Der Inhaltsanbieter ist für den Inhalt seines Internetauftritts verantwortlich. Für die Inhalte einer Homepage gelten die gleichen Gesetze und Vorschriften wie z. B. für Bücher oder CD-ROMs. Dabei sind die Vorgaben des TMG zu beachten, deren Ursache hauptsächlich in der Online-Technologie und deren Nutzung begründet sind.

Der Diensteanbieter betreibt einen Server, auf dem Internetseiten gespeichert sind. Des Weiteren vergibt der Diensteanbieter den Account, also den Netzzugang für den einzelnen Nutzer. Der Diensteanbieter unterliegt dem geänderten Rundfunkstaatsvertrag und dem Telemediengesetz. Zweck der Gesetze ist, in allen Bundesländern einheitliche Rahmenbedingungen für die Nutzungsmöglichkeiten der elektronischen Informations- und Kommunikationsdienste zu schaffen.

Netzbetreiber sind für Kabel oder Funk verantwortlich, also für die physikalische Übertragung der Online-Informationen vom Anbieter zum Nutzer.

Haftung für Links

OLG Hamburg
12.05.1998
Urteil zur Haftung von
Links
AZ – 312085/98 –

9.2.3.1　Inhaltsverantwortung

Das Internet stellt keinen rechtsfreien Raum dar. Dies trifft besonders auf die Seiteninhalte zu. Wer eine private oder geschäftliche Homepage betreibt, ist für deren Inhalt und Funktion verantwortlich. Dabei wird bei der Verantwortlichkeit unterschieden zwischen dem Content-Provider, der nur Inhalte bereitstellt, und dem Access- und Netz-Provider. Der Content-Provider ist kein Diensteanbieter, da er nur aufbereitete Informationen weitergibt. Im Gegensatz dazu sind Access-Provider und Netz-Provider Diensteanbieter im Sinne des § 3 TMG. Mehr dazu ist unten in Abschnitt 9.2.3.2 und 9.2.3.3 nachzulesen.

Für alle Inhalte gelten die „normalen" oder allgemeinen Gesetze wie z. B. das Strafgesetzbuch. Wer auf seiner Homepage gewaltverherrlichende Darstellungen anbietet oder zum Rassenhass aufruft, macht sich strafbar. Dies gilt nicht nur für das Internet, sondern die beiden genannten Tatbestände sind in der Bundesrepublik grundsätzlich strafbar, unabhängig davon, welche Medien für derartige Aktionen genutzt werden.

Der Betreiber einer Homepage haftet uneingeschränkt für den Inhalt seiner Seite. Darunter versteht man die eigenen Inhalte. Eingeschränkt haftet der Betreiber für fremde Inhalte, soweit Kenntnis über diese Inhalte besteht.

Verschiedene Gerichte haben entschieden, dass durch das Setzen eines Links eine Verantwortlichkeit für fremde Seiteninhalte in Betracht kommt. Dies kann nur verhindert werden, wenn der Seiteninhaber sich ausdrücklich von fremden Inhalten distanziert. Dies kann durch einen Haftungsausschluss (Disclaimer) geschehen, der wie folgt lauten könnte: Ich/Wir weisen Sie darauf hin, dass wir für die Inhalte der Seiten, auf die wir verlinken, nicht verantwortlich sind, sondern die jeweiligen Autoren. Ich/Wir distanzieren uns ausdrücklich von den Inhalten Dritter und machen uns deren Inhalte nicht zu eigen.

Ein derartiger Disclaimer, so wird häufig interpretiert, entbinde den Linksetzer von der Verantwortung. Dem ist nicht immer so. So sagt der Bundesgerichtshof, dass eine Haftung für rechtswidrige Inhalte einer verlinkten Seite dann in Betracht kommt, wenn sich der rechtswidrige Inhalt geradezu aufdrängt. Die Haftung für Links muss, so der BGH, nach den allgemeinen Grundsätzen des Zivilrechts und nicht nach den Regelungen von TDG und MDStV (jetzt TMG) behandelt werden.

Internetrecht

Online-Recht

Bereiche für Inhaltsanbieter, Diensteanbieter und Netzbetreiber

---

Ebenen des Online-Rechts

Inhaltsanbieter

Ist für den Inhalt seines Internetauftritts verantwortlich.

Es gelten die gleichen Vorschriften wie für Bücher, CD-ROM oder DVD, ergänzt durch Internettypisches.

Problembereich ist die **Verantwortlichkeit für Links**.

Inhaltsverantwortung
- Datenschutz
- Pornografie
- Kinderpornografie
- Volksverhetzung
- Verleumdung z. B. in Chatrooms
- Üble Nachrede
- Gewaltdarstellung
- Bildrechte
- Betriebsgeheimnisse

Impressumspflicht

Diensteanbieter

Betreibt einen Server, auf dem Internetseiten zum Abruf gespeichert sind.

Content-Provider stellt aufbereitete Daten zur Verfügung, z. B. mittels CMS. Unterliegt dem TMG und ist inhaltsverantwortlich (Problem: Prüfung der Inhalte).

Access-Provider stellt nur den technischen Zugang gegen Gebühr her. Nach § 9 TMG hat der Access-Provider keine Inhaltsverantwortung.

Service-Provider hält fremde Inhalte zur Nutzung bereit und ist im Prinzip für diese fremden Inhalte verantwortlich. Hinweis: Compuserve-Urteil des Landgerichts München.

Proxy-Cache-Privileg
Für zwischengespeicherte Inhalte ist ein Proxy-Server-Betreiber nicht verantwortlich.

Netzbetreiber

Ist für Kabel, Funk, also für die physikalische Übertragung der Online-Information an den Nutzer, verantwortlich. Das Betreiben der Netze ist durch das Telekommunikationsrecht geregelt.

An die Überwachungspflicht sollte man, so der BGH, im Hinblick auf die Besonderheiten des Internets keine „überspannten" Anforderungen stellen. Es ist weiter zu erwarten, dass es zum Thema „Haftung für Links" und den darauf folgenden Inhalten noch zu einer Reihe von Urteilen kommen wird, die dann zu beachten und zu bewerten sind.

Die Inhaltsverantwortung eines Seitenbetreibers bezieht sich vor allem auf die folgenden Bereiche:
- Pornografie (§ 184 StGB)
- Kinderpornografie (hier ist bereits der Besitz kinderpornografischer Darstellungen strafbar)
- Bildung krimineller Vereinigungen (§ 129 StGB)
- Bildung terroristischer Vereinigungen (§ 129a StGB)
- Volksverhetzung (§ 130 StGB)
- Gewaltdarstellung (§ 131 StGB)
- Beleidigung (§ 185 StGB)
- Üble Nachrede (§ 186 StGB)
- Verleumdung (§ 187 StGB)
- Datenveränderung (§ 303a StGB); damit wird der bewusste Einbau von Computerviren z. B. in E-Mails strafbar.
- Computersabotage (§ 303b StGB); so werden z. B. Hackerzugriffe strafbar.
- Verletzung des Datenschutzes (§ 43 BDSG); das versteckte Speichern personenbezogener Daten

769

Access-Provider

Internetdienstean-
bieter für Privat- und
Geschäftsleute, wird
auch als Internet Ser-
vice Provider (ISP) be-
zeichnet. Anbieter von
Diensten, Leistungen
oder Inhalten wird
umgangssprachlich
auch nur als Provider
bezeichnet.

z. B. mit Hilfe von Cookies ist strafbar.
- Der Verrat von Betriebsgeheimnissen
  (§ 17 UWG) wird in schweren Fällen
  mit Freiheitsstrafen bis zu fünf Jahren bestraft.
- Die Verbreitung von unwahren und
  vor allem kreditgefährdeten Behauptungen führt zu zivilrechtlichen
  Ansprüchen eines Geschädigten
  (§ 824 BGB).
- Die Benutzung eines fremden
  Namens als Domain-Name ist
  eine Verletzung des Namensrechts
  (§ 12 BGB).
- Die Veröffentlichung digitaler Colla-
  gen bedürfen einer Genehmigung
  durch die betroffenen Personen
  (§ 33 KunstUrhG).
- Die unberechtigte Verwendung eines
  Markennamens oder -zeichens oder
  eines Domain-Namens führt zu Scha-
  denersatzansprüchen (§§ 14,15,143 ff
  MarkenG).
- Auf einer Website dürfen keine Bilder
  oder Filmaufnahmen ohne die Genehmigung der abgebildeten Person
  gezeigt werden (§ 12 KunstUrhG und
  Recht am eigenen Bild § 22 Satz 1).
- Ein Copyright-Vermerk oder ©-Zei-
  chen ist nach dem deutschen Urheberrecht nicht erforderlich, es schadet
  aber auch nicht.
- Impressumspflicht besteht insofern,
  als dass für jeden Nutzer schnell
  erkennbar sein muss, wer für den Inhalt der Seite verantwortlich ist. Das
  Impressum muss schnell zu finden
  und als Impressum oder Anbieterkennzeichnung erkennbar sein.

9.2.3.2 Access-Provider

Bei Access- und Netz-Providern handelt
es sich um Diensteanbieter nach § 3 Telemediengesetz. Access-Provider liefern

dem Nutzer die Inhalte auf seinen PC.
Sie bieten gegen Entgelt (oder kosten-
los) einen zeitweisen oder dauerhaften
Zugang zum Internet an. Netz-Provider
stellen das physikalische Netz zur
Verfügung. Content-Provider sind die
Urheber, Autoren oder Inhaltsanbieter.

Spätestens bei der Beurteilung, wer
für rassistische Äußerungen oder por-
nografische Bilder auf einer Webseite
verantwortlich ist, wird die Unterscheidung zwischen Content-Provider (Ur-
heber/Autor des Materials/ Inhaltsanbieter), Access-Provider (stellt Platz im
Internet zur Publikation zur Verfügung)
und Netz-Provider (stellt das physikalische Netz zur Verfügung) relevant.

Diese Dienstleister müssen im
Rahmen von Verträgen die folgenden
Pflichten übernehmen:
- Die inhaltliche Auswahl und Prüfung der von ihnen zur Verfügung
  gestellten Seiten. Allerdings sind
  Diensteanbieter für fremde Inhalte
  nur dann verantwortlich, wenn sie
  von den Inhalten der vorgehaltenen
  Seiten Kenntnis haben. Für Inhalte,
  zu denen sie nur den Zugang zur
  Nutzung vermitteln, sind sie nicht
  verantwortlich zu machen, ebenso
  wenig für Inhalte, die automatisch
  und nur kurzfristig z. B. aus Datenbanken verfügbar sind.
- Die technische Systemabsicherung
  für den dauernden Betrieb eines In-
  ternetservers muss gegeben sein.
- Verpflichtung zur Sperrung rechts-
  widriger Inhalte nach den allgemeinen Gesetzen. Dies gilt, wenn der
  Provider auf seinem Server von
  Seiten mit entsprechenden Inhalten
  Kenntnis bekommt und eine Sperrung technisch möglich und zumut-
  bar ist. Dies bezieht sich z. B. auf
  Seiten mit rassistischem Inhalt oder
  Seiten, die Gewalt verherrlichen.

Diensteanbieter oder Access-Provider sind z. B. T-Online oder Strato.

9.2.3.3 Netz-Provider

Netz-Provider stellen das physikalische Leitungsnetz zur Verfügung. Außerdem betreiben Netz-Provider Router-Rechner und so genannte Backbone-Netze, um den Datenverkehr schnell und sicher zu bewältigen. Die wichtigsten Netz-Provider in der Bundesrepublik sind die Deutsche Telekom AG und die Deutsche Bahn AG. Netz-Provider haften für den Inhalt der eigenen Seiten mit einer uneingeschränkten oder privilegierten Haftung für die eigenen Inhalte.

Die Haftung ist eingeschränkt für alle fremden, bereitgehaltenen Inhalte. Nur bei Kenntnis der fremden Seiteninhalte kann (theoretisch) eine uneingeschränkte Haftung abgeleitet werden. Nur: Welcher Provider kennt alle Seiten seiner Kunden – in der Praxis ist dies nicht möglich und kommt daher nahezu einem Haftungsausschluss gleich!

9.2.3.4 Internetnutzer

Ein Nutzer des Internets ist gleichzeitig Betroffener und Verarbeiter personenbezogener Daten. Er verarbeitet personenbezogene Daten bereits dadurch, dass Mails versendet oder empfangen werden.

Der Besitz und die Nutzung von Daten mit strafrechtlich relevanten Inhalten (z. B. Kinderpornografie) ist Internetnutzern untersagt und strafbar. Wie Verstöße im Internet bisher verfolgt und geahndet wurden, war den nationalen Regelungen überlassen. Seit Anfang 2010 gibt es erstmals in der EU den Ansatz eines einheitlichen Rechts

der Online-Bürger durch das so genannte Telekom-Paket. Sanktionen gegen Internetnutzer sind nur noch nach einem richterlichen Verfahren möglich. Der Schutz von Bürgerrechten bei der Internetnutzung wird innerhalb der Europäischen Union erstmals rechtlich verankert.

Das Telekom-Paket scheiterte im Europäischen Parlament ursprünglich an einer Regelung, die eine Zugangssperre ins Internet für Nutzer vorsah, die illegal Inhalte wie Musik oder Software aus dem Netz laden. Diese Zugangssperre für Internetnutzer ist nun mit einem Recht der Nutzer auf Anhörung und ein faires, unabhängiges Verfahren verbunden. Damit hat sich das EU-Parlament durchgesetzt.

In Deutschland gibt es derzeit keine gesetzlichen Regeln für Internetsperren bei Urheberrechtsverletzungen oder illegalen Inhalten auf einem PC. Frankreich hat ein entsprechendes Gesetz verabschiedet, in anderen Ländern wird darüber diskutiert.

Eine Internetsperre ist in Deutschland nach dem europäischen Recht möglich, aber eine Sanktion muss immer verhältnismäßig sein, Grundrechte wie der Schutz der Privatsphäre, die Informations- und Meinungsfreiheit sind dabei zu berücksichtigen.

Das Telekom-Paket ist zum Jahresbeginn 2010 in Kraft getreten. Die EU-Staaten müssen die damit verabschiedeten Richtlinien des Paketes bis zum Juni 2011 in nationales Recht umsetzen.

Body of European Regulators for Electronic Communications (BEREC)

Aufsichtsgremium, soll sicherstellen, dass die EU-Richtlinien des Telekom-Pakets in den EU-Mitgliedsländern umgesetzt und einheitlich angewendet werden.

Verfügt derzeit noch nicht über einen eigenen Webauftritt (Stand Juni 2010).

9.2.4 Anbieterkennzeichnung

9.2.4.1 Musterimpressum (Web)

Das abgebildete Impressum zeigt den Aufbau einer Anbieterkennzeichnung.

Anbieterkenn-zeichnung

Die Vorschriften dazu befinden sich in § 5 TMG.

Musterimpressum / Anbieterkennzeichnung

Medialand Tübingen GmbH
Postfach 7212, Wilhelmstraße 12*
72074 Tübingen
Telefon: 07071/458211
Telefax*:   07071/458222
E-Mail: info@Medialand.com
Internet: www.medialand-tue.com

Vertretungsberechtigter Geschäftsführer**:
Dr. Hanspeter Krause,
Roland Neumann (Vertreter)
Registergericht: Amtsgericht Tübingen
Registernummer: VR 2004-145
Umsatzsteuer-ID: DE 201.714.553

Inhaltlich Verantwortlicher nach § 10 Absatz 3 TMG: Heinz Mayer (Anschrift wie oben)
***

Haftungshinweis:
Trotz sorgfältiger inhaltlicher Kontrolle übernehmen ich/wir keine Haftung für die Inhalte externer Links. Für den Inhalt der verlinkten Seiten sind ausschließlich deren Betreiber und Autoren verantwortlich.
Ich/Wir distanzieren uns ausdrücklich von den Inhalten Dritter und machen uns deren Inhalte nicht zu eigen.

Anmerkungen zum Musterimpressum
* Die Angabe eines Postfachs ist nicht ausreichend. Die Angabe einer Faxnummer ist gesetzlich nicht vorgeschrieben.

Empfehlungen
** Bei mehreren vertretungsberechtigten Personen ist die Nennung aller Personen empfehlenswert. Ob auch die Nennung eines anderen Vertreters als des gesetzlichen Vertreters zulässig ist, wurde noch nicht abschließend geklärt. Bei Anstalten des Öffentlichen Rechts und Körperschaften des Öffentlichen Rechts wird die Nennung der Rechtsform empfohlen, da sich aus der Gesetzesbegründung dafür eine Pflicht ableiten lässt.

Die Pflicht zur Nennung weiterer untergeordneter Firmengruppen kann sich aus der Gesetzesbegründung heraus ergeben.

Die Pflicht zur Nennung der Gesellschafter bei Kapitalgesellschaften und GmbH & Co. KGs ist umstritten – sie wird allgemein empfohlen.

*** Bei abweichender Anschrift ist diese hier anzugeben.

Weitere Informationspflichten
Wird eine Website im Rahmen einer Tätigkeit ins Netz gestellt, für die eine behördliche Zulassung erforderlich ist, dann ist die zuständige Aufsichtsbehörde zu nennen.

Für freie Berufe wie Ärzte, Apotheker, Rechtsanwälte, Steuerberater oder Wirtschaftsprüfer sind folgende Angaben zwingend vorgeschrieben: Die Kammer, welcher der Diensteanbieter angehört, die gesetzliche Berufsbezeichnung, der Staat, in dem die Berufsbezeichnung erworben wurde, Angabe der berufsrechtlichen Regeln und wo diese nachzulesen sind. Das kann z.B. ein Link auf die Ärztekammer zu den berufsrechtlichen Regeln sein.

9.2.4.2 Firmen im Auflösungsverfahren

An versteckter Stelle (§ 12, Abs. 15) wurde im Gesetz über das elektronische Handels- und Genossenschaftsregister die Impressumspflicht in § 5 TMG wie folgt erweitert: Name und Anschrift der Firma, unter der sie niedergelassen ist, bei juristischen Personen die Rechtsform und Vertretungsberechtigte. Wenn Angaben über das Kapital

Internetrecht

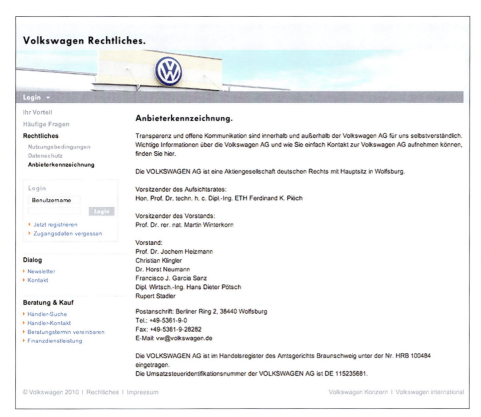

Anbieterkennzeichnung des Volkswagenkonzerns 2010

Neben der Anbieterkennzeichnung, die von jeder Seite des Internetauftritts aus erreichbar ist, beinhaltet die Impressumsseite eine ausgezeichnete Datenschutzerklärung und eine sehr ausführliche Erläuterung, wie personenbezogene Daten verarbeitet und vom Nutzer nachgefragt werden können.

www.vw.de

der Gesellschaft gemacht werden, müssen das Stamm- und Grundkapital angegeben werden sowie ausstehende Einlagen.

Eine wichtige Ergänzung: Bei Aktiengesellschaften, Kommanditgesellschaften auf Aktien und GmbHs, die sich in Abwicklung oder Liquidation befinden, muss ein Hinweis darüber im Impressum angegeben werden.

9.2.4.3 Impressumspflicht für alle?

Das Telemediengesetz (§ 5) besagt: „Diensteanbieter haben für geschäftsmäßige, in der Regel gegen Entgelt angebotene Telemedien folgende Informationen leicht erkennbar, unmittelbar erreichbar und ständig verfügbar zu halten."

Telemedien sind – kurz gesagt – „alle elektronischen Informations- und Kommunikationsdienste". Da ein Dienst geschäftlich sein kann, ohne gewerblich zu sein, können auch private, nicht kommerzielle Websites unter die Impressumspflicht fallen. Ab wann eine Website als geschäftsmäßig gilt, ist umstritten.

Das bedeutet für die Praxis der Mediengestaltung, dass Sie auch privaten Kunden für ihre Website unbedingt ein korrektes Impressum anbieten und erstellen sollten – die unternehmensspezifischen Angaben entfallen dann, ebenso die Angabe der Telefon- oder Faxnummer. Ein Mailkontakt genügt bei einer eindeutig privaten Website.

9.2.4.4 Impressum – wo steht's?

§5 des TMG fordert, dass die Informationen eines Diensteanbieters für geschäftsmäßige Teledienste für jeden Nutzer unmittelbar erreichbar und ständig verfügbar zu halten sind. Wo das Impressum genau zu stehen hat, ist im Gesetz nicht ausdrücklich festgelegt.

Nach vielen Streitigkeiten hat der BGH im Juli 2006 zur Stellung des Impressums folgende grundsätzliche Entscheidung getroffen: Es ist ausreichend, wenn man ein Impressum über zwei Klicks (Links) erreicht. Die Verlinkung muss nachvollziehbar sein. Unbeschadet blieb der Link „Kontakt" mit einem nächsten Link „Impressum", da sich dieses Verfahren eingebürgert und als praktikabel erwiesen hat.

Das Impressum muss nach zwei Klicks sichtbar sein

BGH 2006

Fehlerhaftes Impressum

Wer ein Impressum nicht vollständig angibt oder darin falsche Angaben macht, dem droht das Telemediengesetz heftige Sanktionen an. § 12 (1) sagt: Ordnungswidrig handelt, wer vorsätzlich oder fahrlässig entgegen §5 eine Information nicht, nicht richtig oder nicht vollständig verfügbar hält. Nach § 12 (2) bedeutet dies, dass die Ordnungswidrigkeit mit einer Geldbuße von bis zu 50.000 Euro geahndet werden kann. Des Weiteren sind insbesonders Abmahnungen, die auf Versäumnisse im Sinne des geltenden Rechts hinweisen, üblicherweise kostenpflichtig.

Eine fehlerhafte Anbieterkennzeichnung kann, ebenso wie ein zu verstecktes Impressum, zu Abmahnungen durch Anwälte, Konkurrenten oder Verbraucherschutzverbänden führen. Um dieses zu vermeiden, hilft eigentlich nur, im Zweifel zu viel an Informationen in das Impressum zu setzen als zu wenig. Orientieren Sie sich hier an einschlägigen Musterimpressen in der Literatur für verschiedene Unternehmungen.

9.2.4.5 Herkunftslandprinzip

In der Bundesrepublik Deutschland niedergelassene Diensteanbieter und ihre Teledienste unterliegen den Vorschriften des deutschen Rechts auch dann, wenn die Teledienste in einem anderen Staat innerhalb der Europäischen Gemeinschaft geschäftsmäßig angeboten oder erbracht werden.

9.2.4.6 Besondere Pflichten

Kommerzielle Kommunikations- und Diensteanbieter im Internet müssen Folgendes beachten:
- Kommerzielle Kommunikationsangebote müssen klar und eindeutig als solche zu erkennen sein.
- Die natürliche oder juristische Person, in deren Auftrag und für deren Nutzen die kommerzielle Kommunikation erfolgt, muss klar identifizierbar und erreichbar sein.
- Angebote zur Verkaufsförderung wie Preisnachlässe, Zugaben und Geschenke müssen eindeutig als solche erkennbar sein. Die Bedingungen für ihre Inanspruchnahme müssen leicht zugänglich sein sowie unzweideutig angegeben werden.
- Preisausschreiben oder Gewinnspiele mit Werbecharakter müssen eindeutig als solche erkennbar sein. Die Teilnahmebedingungen müssen für jedermann leicht zugänglich sein sowie klar und unzweideutig formuliert angegeben werden.

Alle Vorschriften des Gesetzes gegen den unlauteren Wettbewerb bleiben davon unberührt.

9.2.5　Personenbezogene Daten

Internetrecht

Unterrichtungspflichten

Neben der Hauptpflicht der Anbieterkennzeichnung durch das Impressum muss der Nutzer einer Internetseite darüber informiert werden, wenn Daten über ihn gespeichert werden. Dazu gehört zuallererst der Hinweis, dass eventuelle Cookies platziert werden, dass Daten erhoben werden, dass darauf ein Widerspruchsrecht besteht und wie dieser Widerspruch durchgeführt werden kann. Diese Information kann durch eine Datenschutzerklärung erfolgen, in der ein Unternehmen seinen Umgang mit der Datensicherheit und dem Datenschutz darstellt. Das unten stehende Beispiel zeigt eine solche Datenschutzerklärung für den Download von Daten von einer gewerblichen Internetseite. Entscheidend ist, dass eine solche Datenschutzerklärung und die darin abgegebene Erklärung stimmt.

Das Anbringen einer Datenschutzerklärung kann z.B. zusammen mit dem Impressum geschehen, so dass die „Datenkultur" eines Unternehmens schnell und sicher abrufbar und nach außen transparent dargestellt wird. Dies ist z.B auf der Impressumseite der Volkswagen AG (siehe Seite 773) vorbildlich gelöst.

Vorbildliche Datenschutzerklärungen finden sich auf den folgenden Webseiten:

www.vw.de
www.amazon.de

Datenschutzerklärung (Muster)

Bei jedem Zugriff eines Besuchers unserer Website werden Daten gespeichert. Diese Daten werden in einer Protokolldatei festgehalten und sind nicht personenbezogen. Wir können also nicht feststellen, welcher Besucher unserer Seite welche Daten und Informationen abgerufen hat.

Im Detail werden über jeden Zugriff bzw. jeden Upload folgende Informationen gespeichert:

• Name der abgerufenen Datei
• Datum und Uhrzeit des Abloads
• Übertragene Datenmenge
• Meldung über den Erfolg des Abloads

Nicht gespeichert wird die IP-Anschrift des Rechners, von dem eine Anfrage gesendet wurde.

Personenbezogene Nutzerprofile können mit den von uns festgehaltenen Informationen nicht gebildet werden. Die von uns gespeicherten Daten werden ausschließlich zu statistischen Zwecken vom Datenschutzbeauftragten unseres Unternehmens ausgewertet.

Eine Weitergabe der von uns erfassten Daten an Dritte erfolgt nicht.

Gez.: Datenschutzbeauftragter/in
Gez.: Geschäftsführer/in

Erhebung personenbezogener Daten

Eine Erhebung personenbezogener Daten im Rahmen von Internetdiensten beginnt immer dann, wenn der Nutzer ein Webangebot aufruft. Dabei werden die IP-Adresse des verwendeten PCs und weitere technische Angaben automatisch an den Anbieter weitergeleitet.

Spätestens wenn ein Dienstenutzer zur Angabe persönlicher Daten aufgefordert wird oder wenn Dateien mit Personenbezug von seinem Rechner abgerufen werden, muss der Diensteanbieter den Nutzer unterrichten. Dies gilt auch, wenn durch Cookies gespeicherte Informationen übertragen werden.

Sofern Daten des Nutzers in Ländern außerhalb der EU-Staaten verarbeitet werden, ist darauf gesondert hinzuweisen. Neben der Information über die zur Anwendung kommende Verfahrensweise muss ein Hinweis auf Namen und Sitz des betreffenden Verarbeiters außerhalb der EU gegeben werden.

Die Unterrichtung muss vollständig und verständlich sein. Die Unterrichtung bzw. der Hinweis auf die Unterrichtung ist so anzubringen, dass der Nutzer sie üblicherweise zur Kenntnis nimmt, wenn er das entsprechende

Datenschutzerklärung
oder
Privacy Policy Statement

775

Muster Einwilligungs-erklärung

zur Nutzung perso-nenbezogener Daten

Zustimmung erforderlich

für die Nutzung personenbezogener Daten

Vorbildliche Daten-schutzerklärung eines Webshops

zur Nutzung und Verarbeitung perso-nebezogener Daten. Schauen Sie mal rein, das ist wirklich span-nend ...

www.amazon.de

Angebot aufruft. Das bedeutet,
- dass diese Information in ausrei-chend großer Schriftgröße erfolgt,
- im oberen, normalerweise immer sichtbaren Bereich einer Seite ohne Blättern oder Scrollen des Bild-schirminhalts platziert wird,
- deutlich und auffällig gestaltet wird.

Diese Forderung kann dadurch erfüllt werden, dass die Information z. B. farb-lich hervorgehoben ist oder durch einen fetten Schriftschnitt gut zu erkennen ist.

Personenbezogene Daten erfassen

Möchte ein Unternehmen personen-bezogene Daten zu Marktforschungs-zwecken oder für Werbemaßnahmen verwenden, muss die ausdrückliche Zu-stimmung des zukünftigen „Werbeop-fers" eingeholt und diese Zustimmung muss protokolliert werden. Die Zustim-mung muss freiwillig gegeben werden, das bedeutet, dass der Nutzer die Zu-stimmung aktiv durch ein interaktives Element erteilen muss. Was der Gesetz-geber ausdrücklich ablehnt, ist, dass ein Nutzer aktiv seiner Zustimmung widersprechen muss. Grundsätzlich gilt also, dass eine Zustimmung immer aktiv vom Nutzer veranlasst wird.

Auf vielen Angeboten im Netz wer-den, bevor ein Nutzer zum eigentlichen Angebot gelangt, personenbezogene Informationen erfragt: Name, Vorna-me, Beruf, Alter, Einkommensgruppe, Familienstand u.Ä. sollen eingegeben werden, bevor man auf das eigentliche Angebot zugreifen kann. Dieses ist nicht zulässig und es können erhebliche Bußgelder verhängt werden.

Es dürfen also keine personenbezo-genen Daten erfasst werden, bevor ein Webangebot besucht wird. Die Abgabe personenbezogener Daten darf nicht Voraussetzung sein, um beispielsweise einen Webshop zu besuchen. Dass dann

---

Einwilligungserklärung (Muster)

Einwilligungserklärung zur Nutzung von personenbezogenen Daten.

- Die von uns, Firma XYZ, erhobenen Da-ten werden für eigene Marktforschungs-analysen erhoben.
- Ihre Daten werden ausschließlich zur Nutzung für interne Zwecke erhoben und für die Dauer von XX Monaten in unserer Kundendatenbank gespeichert.
- Es besteht für Sie keine Pflicht, an dieser Befragung teilzunehmen und Ihre Daten an uns weiterzugeben.
- Die Informationen, die Sie uns zukom-men lassen, sind freiwillig. Dies bestä-tigen Sie uns durch die Aktivierung der unten stehenden Einwilligungsbox.
- Sie können Ihre Einwilligung jederzeit widerrufen. Dazu genügt eine Infomail an die unten angegebene Mailanschrift. Ihre Daten werden dann von uns sofort aus unserer Kundendatenbank gelöscht.
- Über diese Löschung Ihrer Daten erhal-ten Sie eine automatisierte Infomail.
- Eine Weitergabe der von uns erfassten Daten an Dritte erfolgt nicht.

Gez.: Datenschutzbeauftragter/in
Gez.: Geschäftsführer/in

---

beim späteren Bezahlvorgang perso-nenbezogene Daten erhoben werden, ist verständlich – es darf aber nicht sein, dass beim Eintritt in einen Shop zur Dateneingabe aufgefordert wird.

Amazon.de-Datenschutzerklärung

Zuletzt geändert: 11. Februar 2009 - welche Änderung zur Datenschutzerklärung vom 18. September 2008 bestehen, sehen Sie hier.

Wir wissen, dass Ihnen der sorgfältige Umgang mit Ihren persönlichen Informationen wichtig ist. Deshalb schätzen wir Ihr Vertrauen, dass Amazon gewissenhaft mit diesen Informationen umgeht. Mit dieser Erklärung geben Sie uns Ihr Einverständnis dafür, dass Amazon.de Ihre nachstehend aufgeführten personenbezogenen Daten zu den hier genannten Zwecken erheben, verarbeiten und nutzen darf. Diese Einwilligung kann jederzeit mit Wirkung für die Zukunft widerrufen werden.

- Verantwortliche Stelle
- Welche persönlichen Informationen unsere Kunden erheben und benutzen wir?
- Was hat es mit Cookies auf sich?
- Gibt Amazon.de die erhaltenen Informationen weiter?
- Wie sicher sind Informationen über mich?

9.2.6 Digitale Signatur

Internetrecht

Entwicklung, Akzeptanz und Sicherheit der Kommunikationstechnolgie eröffneten Wirtschaft und Verwaltung neue, effektive Möglichkeiten der Geschäftsbeziehungen. Dabei mussten für Warenbestellungen, Zahlungsanweisungen, Eingaben bei Behörden u.Ä. Wege gefunden werden, die es ermöglichen, rechtsverbindliche Unterschriften zu leisten. Dies ist durch die digitale Signatur gegeben. Das Signaturgesetz unterscheidet dabei, aufsteigend nach den Sicherheitsanforderungen, zwischen
- einfacher elektronischer Signatur,
- fortgeschrittener elektronischer Signatur und
- qualifizierter elektronischer Signatur.

Funktionsweise
Durch die im Signaturgesetz (SigG) vorgegebene Infrastruktur für digitale Signaturen wird es ermöglicht, im elektronischen Rechts- und Geschäftsverkehr den Urheber eines Dokuments und die Integrität seiner Daten sicher festzustellen. Veränderungen am Inhalt von Mails, PDFs und anderen Dokumenten können Sender und Empfänger von Dokumenten eindeutig feststellen, wenn sie nach der Dokumentsignatur durchgeführt wurden. Dadurch stellt die elektronische Signatur einen gleichwertigen Ersatz der analogen handschriftlichen Unterschrift dar und ermöglicht die gleiche Rechtsverbindlichkeit.

Die elektronische Signatur stellt eine Art „Siegel für digitale Daten" dar. Die Signatur wird unter Einsatz komplexer mathematischer Verfahren mit Hilfe eines privaten Schlüssels erzeugt. Mit dem dazugehörigen öffentlichen Schlüssel kann die Signatur jederzeit überprüft werden. Dadurch kann
1. der Signaturschlüssel-Inhaber sowie
2. die Unverfälschtheit der Daten festgestellt werden. Das notwendige Signaturzertifikat muss dabei von einem zugelassenen Zertifizierungsdienstanbieter ausgestellt sein.

Die nur einmalig erzeugten Schlüsselpaare, also privater und öffentlicher Schlüssel, werden durch einen zugelassenen Zertifizierungsdienstanbieter natürlichen Personen fest zugeordnet. Diese Zuordnung wird durch ein Signaturschlüssel-Zertifikat beglaubigt. Dabei handelt es sich um ein signiertes digitales Dokument, das den jeweiligen öffentlichen Schlüssel sowie den Namen der Person, der er zugeordnet ist, enthält. Dieses Zertifikat erhält der Signaturschlüssel-Inhaber, so dass er die signierten Daten für deren Überprüfung beifügen kann. Darüber hinaus ist das Zertifikat im Internet jederzeit für jeden Interessenten überprüfbar.

Vorteile der digitalen Signatur
- Verbindliche elektronische Kommunikation
- Integritätsprüfung = das gesamte Dokument wird in die Signatur einbezogen, so dass eine Änderung des Dokuments nach dem Unterschreiben sofort bemerkt werden kann
- Authentizitätsprüfung = Nachweismöglichkeit des Absenders.

Anwendung der digitalen Signatur
- Sozialversicherung (z.B. papierlose Verwaltung und Archivierung)
- Gesundheitswesen (z.B. elektronische Rezepte und Patientenakten)
- Warenbestellungen (z.B. Rohstoffbestellungen im B2B-Geschäft)
- Zahlungsverkehr (Online-Banking) und elektronisches Mahnverfahren
- Virtuelle Verwaltung (z.B. Online-Steuererklärungen, Anmelden von Kraftfahrzeugen, neuer Personalausweis).

❶ = Firmensiegel oder Grafik
❷ = Biometrische Unterschrift
❸ = Signaturzeitpunkt Unterzeichner
❹ = 2D-Matrixcode mit Signaturinformation und Dokumentdaten
❺ = Start der webbasierten Signaturprüfung

Abb.: VisiSeal by Actisis GmbH, 54290 Trier

www.visiSeal.com

Digitale Signatur

Einen guten Überblick über die digitale Signatur bieten die beiden unten angegebenen Websites:

www.signaturrecht.de

www.bmwi.de/
BMWi/Navigation/
Technologie-und-
Innovation/Informa-
tionsgesellschaft/e-
signatur.html

777

9.2.7 Textauszüge Medienrecht

Auszug Telemedien-gesetz

Quelle: Bundesjustiz-ministerium

www.bmwi.de
Stichwort Service

9.2.7.1 Telemediengesetz (Auszug)

§ 3 Herkunftslandprinzip (Auszug)

(1) In der Bundesrepublik Deutschland nach § 2a niedergelassene Diensteanbieter und ihre Telemedien unterliegen den Anforderungen des deutschen Rechts auch dann, wenn die Telemedien in einem anderen Staat innerhalb des Geltungsbereichs der Richtlinien 2000/31/EG und 89/552/EWG geschäftsmäßig angeboten oder erbracht werden.

(2) Der freie Dienstleistungsverkehr von Telemedien, die in der Bundesrepublik Deutschland von Diensteanbietern geschäftsmäßig angeboten oder erbracht werden, die in einem anderen Staat innerhalb des Geltungsbereichs der Richtlinien 2000/31/EG und 89/552/EWG niedergelassen sind, wird nicht eingeschränkt. Absatz 5 bleibt unberührt.

§ 5 Allgemeine Informationspflichten

(1) Diensteanbieter haben für geschäftsmäßige, in der Regel gegen Entgelt angebotene Telemedien folgende Informationen leicht erkennbar, unmittelbar erreichbar und ständig verfügbar zu halten:

1. den Namen und die Anschrift, unter der sie niedergelassen sind, bei juristischen Personen zusätzlich die Rechtsform, den Vertretungsberechtigten und, sofern Angaben über das Kapital der Gesellschaft gemacht werden, das Stamm- oder Grundkapital sowie, wenn nicht alle in Geld zu leistenden Einlagen eingezahlt sind, der Gesamtbetrag der ausstehenden Einlagen,

2. Angaben, die eine schnelle elektronische Kontaktaufnahme und unmittelbare Kommunikation mit ihnen ermöglichen, einschließlich der Adresse der elektronischen Post,

3. soweit der Dienst im Rahmen einer Tätigkeit angeboten oder erbracht wird, die der behördlichen Zulassung bedarf, Angaben zur zuständigen Aufsichtsbehörde,

4. das Handelsregister, Vereinsregister, Partnerschaftsregister oder Genossenschaftsregister, in das sie eingetragen sind, und die entsprechende Registernummer,

5. soweit der Dienst in Ausübung eines Berufs im Sinne von Artikel 1 Buchstabe d der Richtlinie 89/48/EWG des Rates vom 21. Dezember 1988 über eine allgemeine Regelung zur Anerkennung der Hochschuldiplome, die eine mindestens dreijährige Berufsausbildung abschließen (ABl. EG Nr. L 19 S. 16), oder im Sinne von Artikel 1 Buchstabe f der Richtlinie 92/51/EWG des Rates vom 18. Juni 1992 über eine zweite allgemeine Regelung zur Anerkennung beruflicher Befähigungsnachweise in Ergänzung zur Richtlinie 89/48/EWG (ABl. EG Nr. L 209 S. 25, 1995 Nr. L 17 S. 20), zuletzt geändert durch die Richtlinie 97/38/EG der Kommission vom 20. Juni 1997 (ABl. EG Nr. L 184 S. 31), angeboten oder erbracht wird, Angaben über

a) die Kammer, welcher die Diensteanbieter angehören,

b) die gesetzliche Berufsbezeichnung und den Staat, in dem die Berufsbezeichnung verliehen worden ist,

c) die Bezeichnung der berufsrechtlichen Regelungen und dazu, wie diese zugänglich sind,

6. in Fällen, in denen sie eine Umsatzsteueridentifikationsnummer nach § 27a des Umsatzsteuergesetzes oder eine Wirtschafts-Identifikationsnummer nach § 139c der Abgabenordnung besitzen, die Angabe dieser Nummer,

7. bei Aktiengesellschaften, Kommanditgesellschaften auf Aktien und Ge-

Internetrecht

sellschaften mit beschränkter Haftung, die sich in Abwicklung oder Liquidation befinden, die Angabe hierüber.

§ 16 Bußgeldvorschriften (Auszug)

(1) Ordnungswidrig handelt, wer absichtlich entgegen § 6 Abs. 2 Satz 1 den Absender oder den kommerziellen Charakter der Nachricht verschleiert oder verheimlicht.

(2) Ordnungswidrig handelt, wer vorsätzlich oder fahrlässig

1. entgegen § 5 Abs. 1 eine Information nicht, nicht richtig oder nicht vollständig verfügbar hält,

2. entgegen § 13 Abs. 1 Satz 1 oder 2 den Nutzer nicht, nicht richtig, nicht vollständig oder nicht rechtzeitig unterrichtet,

3. einer Vorschrift des § 13 Abs. 4 Satz 1 Nr. 1 bis 4 oder 5 über eine dort genannte Pflicht zur Sicherstellung zuwiderhandelt,

4. entgegen § 14 Abs. 1 oder § 15 Abs. 1 Satz 1 oder Abs. 8 Satz 1 oder 2 personenbezogene Daten erhebt oder verwendet oder nicht oder nicht rechtzeitig löscht oder

5. entgegen § 15 Abs. 3 Satz 3 ein Nutzungsprofil mit Daten über den Träger des Pseudonyms zusammenführt.

(3) Die Ordnungswidrigkeit kann mit einer Geldbuße bis zu fünfzigtausend Euro geahndet werden.

9.2.7.2   Bundesdatenschutzgesetz (Auszug)

§ 4 Zulässigkeit der Datenerhebung, -verarbeitung und -nutzung

(1) Die Erhebung, Verarbeitung und Nutzung personenbezogener Daten sind nur zulässig, soweit dieses Gesetz oder eine andere Rechtsvorschrift dies

erlaubt oder anordnet oder der Betroffene eingewilligt hat.

(2) Personenbezogene Daten sind beim Betroffenen zu erheben. Ohne seine Mitwirkung dürfen sie nur erhoben werden, wenn

1. eine Rechtsvorschrift dies vorsieht oder zwingend voraussetzt oder

2. a) die zu erfüllende Verwaltungsaufgabe ihrer Art nach oder der Geschäftszweck eine Erhebung bei anderen Personen oder Stellen erforderlich macht oder

b) die Erhebung beim Betroffenen einen unverhältnismäßigen Aufwand erfordern würde und keine Anhaltspunkte dafür bestehen, dass überwiegende schutzwürdige Interessen des Betroffenen beeinträchtigt werden.

(3) Werden personenbezogene Daten beim Betroffenen erhoben, so ist er, sofern er nicht bereits auf andere Weise Kenntnis erlangt hat, von der verantwortlichen Stelle über

1. die Identität der verantwortlichen Stelle,

2. die Zweckbestimmungen der Erhebung, Verarbeitung oder Nutzung und

3. die Kategorien von Empfängern nur, soweit der Betroffene nach den Umständen des Einzelfalles nicht mit der Übermittlung an diese rechnen muss, zu unterrichten.

Werden personenbezogene Daten beim Betroffenen aufgrund einer Rechtsvorschrift erhoben, die zur Auskunft verpflichtet, oder ist die Erteilung der Auskunft Voraussetzung für die Gewährung von Rechtsvorteilen, so ist der Betroffene hierauf, sonst auf die Freiwilligkeit seiner Angaben hinzuweisen. Soweit nach den Umständen des Einzelfalles erforderlich oder auf Verlangen, ist er über die Rechtsvorschrift und über die Folgen der Verweigerung von Angaben aufzuklären.

Auszug Bundesdatenschutzgesetz

Quelle: Bundesjustizministerium

www.bmwi.de
Stichwort Service

§ 4 a Einwilligung

(1) Die Einwilligung ist nur wirksam, wenn sie auf der freien Entscheidung des Betroffenen beruht. Er ist auf den vorgesehenen Zweck der Erhebung, Verarbeitung oder Nutzung sowie, soweit nach den Umständen des Einzelfalles erforderlich oder auf Verlangen, auf die Folgen der Verweigerung der Einwilligung hinzuweisen. Die Einwilligung bedarf der Schriftform, soweit nicht wegen besonderer Umstände eine andere Form angemessen ist. Soll die Einwilligung zusammen mit anderen Erklärungen schriftlich erteilt werden, ist sie besonders hervorzuheben.

(2) Im Bereich der wissenschaftlichen Forschung liegt ein besonderer Umstand im Sinne von Absatz 1 Satz 3 auch dann vor, wenn durch die Schriftform der bestimmte Forschungszweck erheblich beeinträchtigt würde. In diesem Fall sind der Hinweis nach Absatz 1 Satz 2 und die Gründe, aus denen sich die erhebliche Beeinträchtigung des bestimmten Forschungszwecks ergibt, schriftlich festzuhalten.

(3) Soweit besondere Arten personenbezogener Daten (§ 3 Abs. 9) erhoben, verarbeitet oder genutzt werden, muss sich die Einwilligung darüber hinaus ausdrücklich auf diese Daten beziehen.

§ 5 Datengeheimnis

Den bei der Datenverarbeitung beschäftigten Personen ist untersagt, personenbezogene Daten unbefugt zu erheben, zu verarbeiten oder zu nutzen (Datengeheimnis). Diese Personen sind, soweit sie bei nicht-öffentlichen Stellen beschäftigt werden, bei der Aufnahme ihrer Tätigkeit auf das Datengeheimnis zu verpflichten. Das Datengeheimnis besteht auch nach Beendigung ihrer Tätigkeit fort.

§ 6 Rechte des Betroffenen

(1) Die Rechte des Betroffenen auf Auskunft (§§ 19, 34) und auf Berichtigung, Löschung oder Sperrung (§§ 20, 35) können nicht durch Rechtsgeschäft ausgeschlossen oder beschränkt werden.

(2) Sind die Daten des Betroffenen automatisiert in der Weise gespeichert, dass mehrere Stellen speicherungsberechtigt sind, und ist der Betroffene nicht in der Lage festzustellen, welche Stelle die Daten gespeichert hat, so kann er sich an jede dieser Stellen wenden. Diese ist verpflichtet, das Vorbringen des Betroffenen an die Stelle, die die Daten gespeichert hat, weiterzuleiten. Der Betroffene ist über die Weiterleitung und jene Stelle zu unterrichten. Die in § 19 Abs. 3 genannten Stellen, die Behörden der Staatsanwaltschaft und der Polizei sowie öffentliche Stellen der Finanzverwaltung, soweit sie personenbezogene Daten in Erfüllung ihrer gesetzlichen Aufgaben im Anwendungsbereich der Abgabenordnung zur Überwachung und Prüfung speichern, können statt des Betroffenen den Bundesbeauftragten für den Datenschutz und die Informationsfreiheit unterrichten. In diesem Fall richtet sich das weitere Verfahren nach § 19 Abs. 6.

(3) Personenbezogene Daten über die Ausübung eines Rechts des Betroffenen, das sich aus diesem Gesetz oder aus einer anderen Vorschrift über den Datenschutz ergibt, dürfen nur zur Erfüllung der sich aus der Ausübung des Rechts ergebenden Pflichten der verantwortlichen Stelle verwendet werden.

9.2.8   Checklisten

Internetrecht

Checkliste Anbieterkennzeichnung/Webimpressum

Pflichtangaben:

❏ Firmenname

❏ Firmensitz

❏ Anschrift (Kontakt)

❏ Telefon, Fax, Mail, Internet

❏ Vertretungsberechtigte
    Person(en)

❏ Registergericht

❏ Registernummer

❏ Umsatzsteuer-ID

❏ Inhaltsverantwortlicher

❏ Disclaimer/Haftungshinweis

Angaben bei besonderen Gruppen

❏ Kammerzugehörigkeit

❏ Berufsbezeichnungen

❏ Berufsrechtliche Regeln

❏ Aufsichtsbehörde

Ort des Impressums:

❏ 2-Klick-Regel beachtet

❏ Kontaktregel beachtet

❏ Anderer Ort:.........................

**Checkliste
Anbieterkennzeich-
nung**

Checkliste zur Kontrol-
le Ihres Webimpres-
sums auf inhaltliche
und rechtliche Voll-
ständigkeit.
Beachten Sie bei
besonderen Berufs-
gruppen die Angaben
auf Seite 772.

Checkliste Datenschutzerklärung (Muster)

❏ Infotext über Datenspeicherung

❏ Cookie-/Flash-Cookie-
    Information

❏ Infotext darüber, welche Daten
    gespeichert werden.

❏ Infotext darüber, welche Daten
    ob und wie ausgewertet werden.

❏ Versicherung, dass Daten nicht
    weitergegeben werden.

❏ Infotext darüber, wie und zu
    welchen Zwecken erfasste Daten
    ausgewertet werden.

❏ Datenschutzbeauftragter mit
    Kontaktmail

❏ Inhaltsverantwortlicher

Ort der Datenschutzerklärung:

❏ Beim Impressum

❏ 2-Klick-Regel beachtet

❏ Kontaktregel beachtet

❏ Anderer Ort:.........................

**Checkliste
Datenschutzerklärung**

Checkliste zur Kontrol-
le Ihrer Datenschutzer-
klärung auf rechtliche
und inhaltliche Mini-
malanforderungen

781

Checkliste Einwilligungserklärung

Checkliste zur Kontrolle Ihrer Einwilligungsklärung für die Erhebung personenbezogener Daten auf rechtliche und inhaltliche Minimalanforderungen

---

Checkliste Einwilligungserklärung (Muster)

Pflichtangaben:

❏ Information über die Erhebung personenbezogener Daten

❏ Information über die Nutzung personenbezogener Daten

❏ Information über die Speicherung personenbezogener Daten

❏ Information über die Dauer der Speicherung personenbezogener Daten

❏ Information über die mögliche Weitergabe personenbezogener Daten und zu welchem Zweck die Daten weitergegeben werden.

❏ Information darüber, welche Daten wie ausgewertet werden.

❏ Versicherung, dass Daten nicht weitergegeben werden.

❏ Information darüber, wie die erhobenen Daten gelöscht werden können.

Technische Vorgaben:

❏ Aktive Einwilligung für die Zustimmung zur Einwilligungserklärung durch Schaltelement

❏ Informationen über verwendete Sicherheitstechnologien z.B. Secure Sockets Layer Software (SSL)

❏ Infomail, wenn Daten auf Wunsch des Betroffenen gelöscht werden

❏ Cookie-/Flash-Cookie-Information

Ansprechpartner/Verantwortlicher:

❏ Inhaltsverantwortliche Stelle

❏ Information über Widerspruchsmöglichkeit und der dazugehörende notwendige Kontakt (Mail und Postanschrift)

❏ Datenschutzbeauftragter mit Kontaktanschrift

❏ Möglichkeiten der Einsichtnahme zu den gespeicherten Informationen

Ort der Einwilligungserklärung:

❏ Auf dem Formular zur Erhebung der personenbezogenen Daten wird deutlich auf die Einwilligungserklärung hingewiesen. Stichworte sind: Datenschutz, Datenverarbeitung, Speicherung, Datennutzung, Datenauswertung, Löschen, Verantwortlicher und Kontakt.

❏ Vor der Abfrage der personenbezogenen Daten wird automatisch die Einwilligungserklärung eingeblendet.

9.2.9   Aufgaben

Internetrecht

1 Rechtsgebiete des Online-Rechts kennen

Nennen Sie mindestens drei für das Onlinerecht relevante Gesetze.

2 Rechtsgebiete des Online-Rechts kennen

Das Online-Recht unterscheidet zwischen Inhalts- und Diensteanbieter. Erklären Sie den Unterschied.

3 Inhaltsverantwortung des Online-Rechts beschreiben

Der Betreiber einer Homepage haftet für den Inhalt seiner Seite. Dies gilt im Prinzip auch für die Links auf der Seite. Wie kann man sich von den Inhalten der verlinkten Seiten distanzieren?

4 Disclaimer formulieren

Erstellen Sie eine Formulierung für den Haftungsausschluss (Disclaimer) auf einer Homepage.

5 Inhaltsverantwortung für Websites kennen

Nennen Sie drei Bereiche, auf die sich die Inhaltsverantwortung eines Homepage-Betreibers beziehen kann.

6 Medienrechtliche Begriffe erläutern

Nennen Sie die Bedeutung der folgenden vier Abkürzungen:

a. BDSG   b. UrhG

c. TMG   d. StGB

7 Impressumspflicht beschreiben

Wer ist nach dem TMG verpflichtet, eine Anbieterkennzeichnung zu führen und wo muss diese stehen?

8 Webimpressum formulieren

Formulieren Sie für die Homepage Ihres Betriebes ein korrektes Impressum (Anbieterkennzeichnung). Beachten Sie dabei die Benennung der Verantwortlichkeiten.

9 Webimpressum richtig anwenden

Wo muss das Impressum auf einer Homepage positioniert werden, damit es dem § 5 TMG entspricht?

10 Online-Recht anwenden

Welche Inhalte müssen im Impressum genannt werden, wenn z. B. eine Kapitalgesellschaft vor der Insolvenz steht?

11 Datenschutz im Internetrecht anwenden

Wenn personenbezogene Daten von einem Diensteanbieter erhoben werden, muss ein Hinweis erfolgen. Wie hat dieser Hinweis gestalterisch auszusehen?

12 Digitale Signatur beschreiben

Nennen Sie drei Anwendungsgebiete für die digitale Signatur.

783

9.3 Musikverwendung

9.3.1	GEMA und Musiklizenzierung	786
9.3.2	Verwertungsgesellschaften (VG)	790
9.3.3	Aufgaben	793

9.3.1 GEMA und Musiklizenzierung

9.3.1.1 Funktion der GEMA

Im Bereich der juristisch so bezeichneten „unkörperlichen Verwertung" von Musikstücken sollen die Urheber angemessen am wirtschaftlichen Nutzen ihrer Werke beteiligt werden. Etwa dadurch, dass die Urheber bzw. Komponisten prozentual an den vom Anbieter und Verbreiter eines Musiktitels erzielten Einnahmen beteiligt werden. Ausschlaggebend ist der geldwerte Vorteil, den der Anbieter durch die Nutzung der Musik erreicht. Geldwerte Vorteile sind dabei in erster Linie Abonnements- oder Einzelnutzungsgebühren, aber auch etwaige Werbe- und Sponsorengelder.

Bei der Nutzung von Musikbeiträgen sollte der Betreiber einer WWW-Seite, der Hersteller einer CD-ROM oder DVD mit der Gesellschaft für musikalische Aufführungs- und mechanische Vervielfältigungsrechte (GEMA) Kontakt aufnehmen. Am einfachsten und schnellsten geht dies über die Website der GEMA, auch zu anderen Gesellschaften. Die GEMA nimmt die urheberrechtlichen Interessen der meisten Musikautoren wahr. Darunter versteht man vor allem die Verwertungsrechte bei Orchester-, Bigband- und Kapellenmusik. Die Verwertungsrechte für so genannte Songtexte liegen in der Regel bei den verschiedenen Musikverlagen bzw. deren Verwertungsgesellschaften.

Bei der Musikverwertung innerhalb einer interaktiven CD-ROM wird der Kostensatz für die Verwertungsgebühr nach der Länge der verwendeten Titel festgelegt. Dies kann je nach Autor und Musikstück unterschiedlich sein und muss bei der GEMA abgefragt werden. Dies sollte man bereits am Beginn einer Produktion abklären, da die Gebühren eine nicht unerhebliche Kalkulationsgröße sein können.

9.3.1.2 Organisation der GEMA

Im Jahr 2001 schlossen sich fünf europäische und amerikanische Verwertungsgesellschaften zur FastTrack-Kooperation zusammen. In der Folge sind weitere Gesellschaften mit dem Ziel bei-

Europäische Rechtsvorschrift für Verwertungsgesellschaften angemahnt.

Die GEMA und sieben andere Verwertungsgesellschaften drängen Brüssel, einen einheitlichen Rahmen für die kollektive Verwaltung von Urheberrechten in Europa zu schaffen. „Die einzelnen Verwertungsgesellschaften wollen nicht zerrieben werden auf dem sich rasant entwickelnden europäischen Informations- und Musikmarkt", erklärte der Vorstandsvorsitzende der deutschen Musikverwertungsgesellschaft, Harald Heker. „Daher seien klare Vorgaben aus Brüssel für die Lizenzierung etwa von Online-Musik nötig".

Quelle: Heise-Online Newsticker Jan. 2010

GEMA-Seite im Internet

Zur schnellen Information, Recherche, Kontaktaufnahme und anderem dient der Webauftritt der GEMA. Hier finden Sie auch Links zu allen bedeutenden Verwertungsgesellschaften in Europa.

www.gema.de

Musikverwendung

getreten, die weltweite Administrierung von Urheberrechten voranzutreiben. Moderne, internetbasierte Technologien sollen es ermöglichen, Nutzungsrechte an Lizenznehmer automatisiert zu vergeben. Dazu sollen Geschäftsvorgänge bezüglich der Lizenzvergabe und -abwicklung zwischen den beteiligten Gesellschaften weltweit automatisiert abgeglichen werden.

Zu diesem Zweck wurden von den verschiedenen Verwertungsgesellschaften dezentrale Datenbanken aufgebaut, über die Dokumentations- und Abrechnungsinformationen digital ausgetauscht werden können. Das System der vernetzten Datenbanken ermöglicht einen schnellen Zugriff auf nationale und internationale Musikwerke und deren schnelle und kostengünstige Abrechnung.

Die GEMA bietet inzwischen über ihre Datenbank jedem potenziellen Nutzer einen enormen Bestand an Werken der Musik an, die von jedermann genutzt werden können. Mit über 3 Mio. abrechnungsfähigen Werken stellt die GEMA ein Repertoire zur Verfügung, das innerhalb kürzester Zeit direkt online abgerufen werden kann.

Aufgrund dieses Erfolges ist die FastTrack-Technologie von der CISAC, dem weltweiten Dachverband der Autorengesellschaften, zum Standard erklärt worden, so dass auf dieser Basis weitere Gesellschaften, die nicht FastTrack-Mitglieder sind, an dieses CISnet (Common Information System der CISAC) angeschlossen werden können. In diesem Zusammenhang soll das CISnet auch als Referenz für eine international einheitliche Werknummer ISWC (International Standard Work Code, ähnlich der ISBN-Nummer) dienen, die bereits den Status eines ISO-Standards hat.

Derzeit wird das Netzwerk im Hinblick auf die Übernahme der Werke in die Datenbanken der jeweils abfragenden Gesellschaft ausgebaut und an einer Ausweitung auf audiovisuelle Werke (u. a. Filme und Videos) sowie

Verfügbares Werkangebot der FastTrack-Kooperation

Insgesamt werden etwa 19,5 Mio. Titel in 12 Ländern online angeboten und können abgerufen werden. Über die Homepage kann auf alle Gesellschaften der Kooperation zugegriffen werden.

Quelle: FastTrack-K.

www.fasttrackdcn.net/

787

Tonträger gearbeitet. Dabei können die Partnergesellschaften ermitteln, welche Gesellschaft abrechnungsfähige Unterlagen (so genannte CUE sheets) zu einem audiovisuellen Werk zur Verfügung stellen kann, und diese bei Bedarf anfordern. In einem weiteren Schritt sollen die abrechnungsrelevanten Unterlagen abrufbar sein.

Online-Zugang für Mitglieder

Für eine Werkregistrierung erhalten GEMA-Mitglieder einen individuellen und passwortgeschützten Online-Zugang.

Das Online-Kommunikationssystem zwischen den Mitgliedern und der Verwertungsgesellschaft via Internet wurde im Hinblick auf die Anmeldung und Registrierung von Werken entwickelt und ist nach der Inbetriebnahme des CWR2-Verfahrens (maschinelle Registrierung einer größeren Werkanzahl über ein international einheitliches Format) in einer ersten Stufe eingeführt.

Online-Lizenzierung

Hierbei handelt es sich um ein technisches System zur Unterstützung der Lizenzierung von Musikangeboten durch das Internet oder andere zugriffsberechtigte Netze sowie zur automatischen Abwicklung der Tonträgerlizenzierung via Internet. Das von der GEMA und der spanischen Gesellschaft SGAE durchgeführte Projekt stellt den FastTrack-Gesellschaften ein Werkzeug zur Verfügung, mit dem in kürzester Zeit für möglichst viele Nutzungsarten Lizenzierungen via Internet durchgeführt werden können.

Derzeit stehen Lizenzanwendungen für Webradio, Musik-Downloads und Ruftonmelodien zur Verfügung, die vor ihrem Einsatz bei der GEMA noch Anpassungen an die nationalen deutschen Verhältnisse erfahren.

Online-Datenbank

Der Online-Service zur Suche und Auswahl musikalischer Werke kann auf der Homepage der GEMA unter dem Stichwort „Repertoiresuche" aufgerufen werden.

Die Repertoiresuche über die Homepage der GEMA ermöglicht eine schnelle und einfache Auskunft über musikalische Werke. Zum Beispiel erfährt ein Musiker, bei welchem Verlag er die Bearbeitungsrechte einholen muss, oder der Leiter eines Chores, bei welchem Verlag er benötigte Noten anfordern kann. Die Suche erfolgt in der Regel nach Titeln, die entweder vollständig oder teilweise (Anfang) bekannt

GEMA-Formular

Für die Nutzung von Musiktiteln können unter der Adresse

www.gema.de

die verschiedensten Formulare abgerufen werden. Die Formularschnellsuche auf der Startseite erleichtert das Finden des richtigen Antrags- oder Abrechnungsformulars.

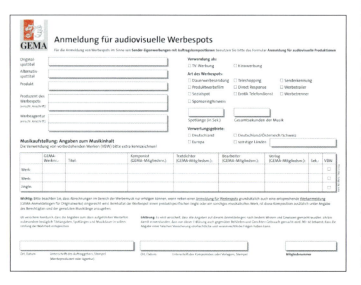

Musikverwendung

sind. Es kann auch nach Titeln gesucht werden, von denen nur ein paar Worte bekannt sind. Zusätzlich kann auch nach einem Namen gesucht werden. Werden mehr als 60 Werke gefunden, erfolgt ein Hinweis mit der Aufforderung, die Suchkriterien genauer anzugeben. Es ist also nicht möglich, eine Liste aller Werke eines Urhebers einzusehen, der mehr als 60 Titel erstellt hat.

Für jedes Musikwerk werden nur die öffentlichen Daten angezeigt – das sind die Daten, die beispielsweise auch im Booklet einer CD-ROM aufgeführt werden. Neben dem gesuchten Titel wird auch der Titel der Werkfassung, die Dauer des Musikwerkes, dessen GEMA-Werknummer und die am Werk Beteiligten mit Namen, ihrer CAE- bzw. IPI-Nummer und ihrer Mitwirkung am Werk (Rolle) angezeigt (siehe Abb. unten).

Die Online-Datenbank ist ein Auszug aus DIDAS, dem zentralen Dokumentations- und Verteilungssystem der GEMA, und wurde ursprünglich im Rahmen der internationalen FastTrack-Kooperation erstellt. Die Daten werden nicht nur von den derzeit 12 Gesellschaften der FastTrack-Kooperation genutzt, sondern es werden darüber hinaus jeden Monat Zugriffe aus ca. 40 Ländern festgestellt. Aufgrund dieser internationalen Bedeutung wurde die Online-Datenbank nicht nur in deutscher, sondern auch in englischer Sprache zur Verfügung gestellt.

Es sind deutlich über drei Millionen Werke in der Online-Datenbank registriert, die direkt zur Nutzung abgerufen werden können.

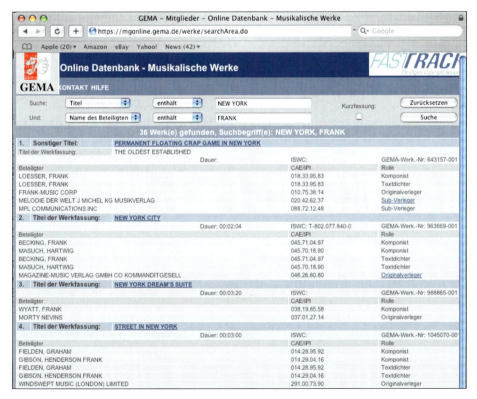

Online-Datenbank

Die Abbildung zeigt die Eingabemaske der GEMA/FASTTRACK-Werkdatenbank und die Ausgabe der Suchergebnisse. Wird der Interpret genauer genannt, erhalten Sie auch exaktere Suchergebnisse. Wenn statt Frank der Name Frank Sinatra eingegeben wird, erfolgt ein exaktes Suchergebnis.

9.3.2 Verwertungsgesellschaften (VG)

Verwertungsgesellschaften in Deutschland

www.vgwort.de
www.bildkunst.de
www.vgmusikedition.de
www.vffvg.de
www.gwff.de
www.guefa.de
www.gvl.de

Der Zusammenschluss von Autoren und Verlagen zur Wahrnehmung (Verwertung) von Urheberrechten gegenüber Dritten wird als Verwertungsgesellschaft bezeichnet. Die Vervielfältigung, Verbreitung und öffentliche Wiedergabe von urheberrechtlich geschützten Werken hat ein solches Ausmaß angenommen, dass der einzelne Rechteinhaber die tatsächliche Nutzung seines geistigen Eigentums selbst oft nicht mehr nachvollziehen kann.

Verwertungsgesellschaften ziehen die vorgeschriebenen Gebühren, die bei einer rechtmäßigen Nutzung fällig werden, von den zahlungspflichtigen Nutzern ein und leiten die Erträge an die Inhaber der Urheberrechte, also an Autoren und Verlage, weiter.

Aufgaben der Verwertungsgesellschaften
Hauptaufgabe von Verwertungsgesellschaften ist es, optimale Erträge für Autoren und Verlage von den privaten oder gewerblichen Nutzern von Texten, Musiktiteln oder Filmwerken einzuziehen. Diese Erträge sollen mit einem möglichst kleinen Verwaltungsaufwand an die Wahrnehmungsberechtigten weitergeleitet werden.

Des Weiteren gehört zu den Aufgaben einer VG, neue urheberrechtliche Verwertungsmöglichkeiten, die sich infolge gesellschaftlicher oder technischer Entwicklungen ergeben, zu erfassen und für die Urheber entsprechend zu nutzen. Eine wichtige Aufgabe besteht darin, dem Gesetzgeber Hinweise und Anstöße für entsprechende Gesetze im Sinne der Urheber zu geben bzw. an der Realisierung von Gesetzgebungsverfahren mitzuwirken.

Verwertungsgesellschaften sehen sich als Mittler zwischen Urhebern und Nutzern. Durch technische Entwicklungen wie z. B. das Internet werden Vervielfältigungen und Zweitnutzungen von Texten und Sendungen immer leichter möglich und auch häufig durchgeführt. Die Verwertungsgesellschaften passen ihre Wahrnehmungsverträge und Verteilungspläne stets diesen erweiterten Nutzungsmöglichkeiten an. Die Aufgaben und Tätigkeitsbereiche ändern sich so auch ständig für die Urheberrechtsgesellschaften.

Gesetzliche Vergütungsansprüche
Der Beitritt z. B. eines Autors zu einer Verwertungsgesellschaft erfolgt durch den Abschluss eines Wahrnehmungsvertrages. Dadurch wird die Wahrnehmung der relevanten Rechte auf die jeweilige Verwertungsgesellschaft übertragen.

Vorgegeben durch das Urheberrecht steht einem Urheber eine angemessene Vergütung für die Nutzung eines von ihm geschaffenen Werkes zu. Die gesetzlichen Vergütungsansprüche sichern einem Urheber oder seinem Verleger eine entsprechende Vergütung auch in den Fällen zu, in denen ein Rechteinhaber z. B. aus technischen oder logistischen Gründen nicht in der Lage wäre, die Nutzung seiner Werke in Medien oder Aufführungen festzustellen und einem Nutzer in Rechnung zu stellen.

Der Gesetzgeber hat daher das Urheberrecht geschaffen und weiterentwickelt. Darin werden die Verwertungsgesellschaften damit beauftragt, dort, wo urheberrechtliches Material unbefugt verwendet wird und ein Urheber damit keine Vergütung für die Verwendung seines geistigen Eigentums erhalten würde, die Gelder einzunehmen und an die Berechtigten weiterzuleiten.

Verwertungsgesellschaften kassieren daher z. B. Pauschalen von Herstellern oder Importeuren von Vervielfälti-

Musikverwendung

gungsgeräten wie z. B. Fotokopierern, CD- oder DVD-Brennern sowie von Bild- und Tonträgern. Außerdem wird eine Gebühr für das Vermieten und Verleihen von Medien z. B. durch öffentliche Bibliotheken erhoben. Die Einnahmequellen für Verwertungsgesellschaften sind somit vielschichtig und können schlecht in kurzer Form beschrieben werden. Daher ist unten zur Orientierung eine Grafik abgebildet, welche die Einnahmen der VG Wort beispielhaft aufzeigt.

Die Verteilung der eingegangenen Vergütungen erfolgt nach einem Verteilungsplan, der üblicherweise von der Mitgliederversammlung beschlossen wird. Die beschlossenen Verteilungspläne versuchen, eine möglichst gerechte Ausschüttung der eingenommenen Gelder an die Rechteinhaber sicherzustellen. In den Verteilungsplänen wird auch festgehalten, ob und wie viel Anteile der Einkünfte für soziale oder kulturfördernde Zwecke genutzt werden.

Verwertungsgesellschaften erheben üblicherweise keine Mitgliedsbeiträge. Zur Deckung der Verwaltungskosten behalten die Gesellschaften Anteile von den eingenommenen Vergütungen. Der Kostensatz betrug bei der VG Bild-Kunst 4,2 % im Jahr 2008. Die Höhe dieses Kostensatzes wird jährlich aufgrund der angefallenen Verwaltungskosten neu ermittelt.

Einnahmequellen

Woher können die Gelder kommen, die an die Urheber und Rechteinhaber bezahlt werden?

Abb.: Einnahmeübersicht der VG Wort 2010

www.vgwort.de/ Einnhamen/php

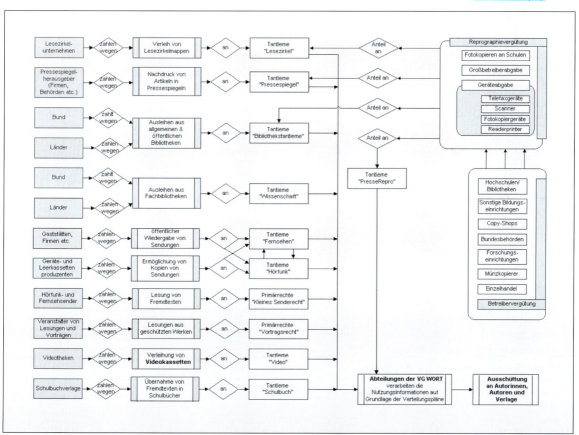

791

GEMA-Hintergrundinformationen

Auf dieser sehr informativen Hilfeseite des Gema-Shops erfahren Musiknutzer alles Wissenswerte über die Nutzungsmöglichkeiten und die Kosten von Musiktiteln für die Produktion multimedialer Applikationen. Für den Online-Produzenten eine außerordentlich informative Seite.

www.gema.de

Die bekannteste Verwertungsgesellschaft für die Vertretung der Interessen von Urhebern ist die bereits angesprochene GEMA und die mit ihr verbundenen VGs. Darüber hinaus gibt es noch etwa 100 weitere Verwertungsgesellschaften in Europa.

Verwertungsgesellschaften müssen grundsätzlich kostenlos darüber Auskunft geben, ob sie Nutzungsrechte an einem bestimmten Werk oder bestimmte Einwilligungsrechte beziehungsweise Vergütungsansprüche für einen Urheber wahrnehmen.

Es wird in der Regel vermutet, dass alle Rechte an Musiktiteln von der GEMA vertreten werden. Dies ist bei vielen großen Musiktiteln jedoch nicht immer der Fall. Musiktitel mit großen Aufführungsrechten sind z. B. Musicals, Operetten und Opern. Die Aufführungs- und Musikrechte liegen hier in den meisten Fällen beim Urheber oder dessen Verlag.

Verwertungsgesellschaften müssen jedermann auf dessen Verlangen zu angemessenen Bedingungen Nutzungsrechte einräumen. Für die Rechtseinräumung werden Gebühren verlangt, die in einem Tarifwerk der jeweiligen Verwertungsgesellschaft festgelegt sind. Diese verschiedenen Tarifwerke können über die Internetseite der GEMA abgerufen werden.

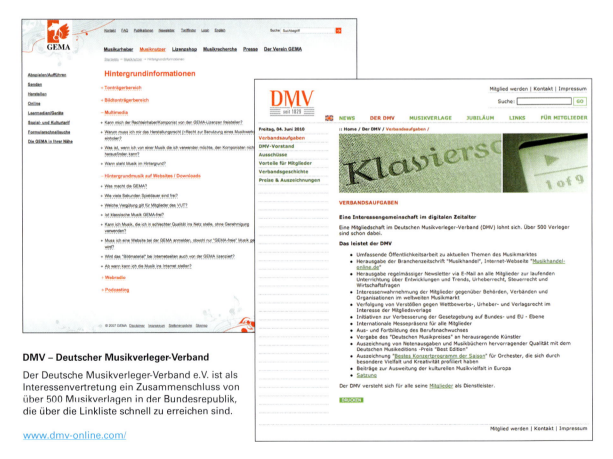

DMV – Deutscher Musikverleger-Verband

Der Deutsche Musikverleger-Verband e.V. ist als Interessenvertretung ein Zusammenschluss von über 500 Musikverlagen in der Bundesrepublik, die über die Linkliste schnell zu erreichen sind.

www.dmv-online.com/

9.3.3   Aufgaben

Musikverwendung

1 Aufgabe und Bedeutung der GEMA wissen

Welche Aufgabe(n) nimmt die GEMA und ähnliche Gesellschaften für welche Personengruppe wahr?

2 FastTrack-Kooperation kennen

Erklären Sie, was unter der FastTrack-Kooperation zu verstehen ist und welches Angebot diese Organisation für Medienschaffende anbietet.

3 Online-Lizenzierung der GEMA beschreiben

Was wird unter der Online-Lizenzierung über die GEMA-Homepage verstanden?

4 Homepage der GEMA kennenlernen

Besuchen Sie die Homepage der GEMA und informieren Sie sich dort über Aufgaben und Angebot.

5 Aufgabe und Bedeutung von Verwertungsgesellschaften wissen

Beschreiben Sie die Aufgaben von Verwertungsgesellschaften für Autoren und Verlage.

6 Aufgabe und Bedeutung von Verwertungsgesellschaften wissen

Nennen Sie mindestens drei bekannte Verwertungsgesellschaften mit Sitz in Deutschland.

7 Kosten für Musiktitel recherchieren

Versuchen Sie über die Webseiten der Verwertungsgesellschaften die Kosten für Musiktitel und andere Leistungen zu erfahren. Die Webanschriften dazu finden Sie auf Seite 790 in diesem Kapitel.

8 Kosten für Musiktitel recherchieren

Besuchen Sie den GEMA-Lizenzshop und informieren Sie sich über die Podcasting-Lizenzen und deren Kosten.

9 Kosten für Musiktitel recherchieren

Recherchieren Sie die Kosten für Musikstücke bei österreichischen und schweizerischen Verwertungsgesellschaften:
www.akm.at (Österreich)
www.suisa.ch (Schweiz)
Weitere, allerdings fremdsprachige Verwertungsgesellschaften in Europa zur Auswahl:
www.siae.it/Index.asp (Italien)
www.sacem.fr/cms (Frankreich)
www.zaiks.org.pl (Polen)

Medienkalkulation

10.1 Kalkulationsgrundlagen

10.1.1 Einführung in die Medienkalkulation 798
10.1.2 Fertigungszeiten – Hilfszeiten – Nutzungszeiten........ 802
10.1.3 Aufgaben 805

10.1.1 Einführung in die Medienkalkulation

10.1.1.1 Betriebliche Kostenrechnung

Vor einer Auftragserteilung an einen Medienbetrieb möchte der Kunde in aller Regel wissen, zu welchen Kosten das Medienprodukt erstellt werden kann. Er lässt dazu von mehreren Betrieben Angebote ausarbeiten, um dann den Betrieb auszusuchen, der für das geplante Produkt von der Kosten- und Leistungsseite am besten geeignet ist. Der Betrieb muss zur Angebots-

**Betriebliche Kosten-
rechnung (Schema)**

Schema der betrieblichen Kostenrechnung

Die Abteilung Statistik erfasst die Anzahl der Fertigungs-stunden, die Hilfszeiten und die Leistungen aus den Aufschrieben der Tageszettel oder aus einem digitalen Workflow-System.

Die Abteilung Buchhaltung erfasst die Höhe aller Kosten, die einem Betrieb entstehen.

Angaben über Fertigungs-zeiten

Kostensummen, geordnet nach Arten

Die betriebliche Kostenrechnung verteilt die Kosten auf die einzelnen Kostenstellen

Durch die Division

$$\frac{\text{Gesamtkosten pro Jahr/Stelle}}{\text{Zahl der jährlichen Fertigungsstunden}}$$

ergibt sich der **Stundensatz**

---

erstellung den Preis des gewünschten Produktes möglichst genau kalkulieren. Dies ist erforderlich, da er mit güns-tigen Preisen am Wettbewerb teilneh-men möchte, andererseits darf er nicht unter den eigenen Herstellungskosten produzieren und verkaufen.

Zur Kalkulation gehören sehr gute Kenntnisse der technischen Fertigung, da jeder einzelne Produktionsschritt berücksichtigt werden muss. Für jeden Produktionsschritt muss die Fertigungs-zeit eingeschätzt und der Materialver-brauch berücksichtigt werden.

Eine Kalkulation kann nicht erstellt werden, wenn die *Selbstkosten einer Arbeitsstunde* in den verschiedenen Fertigungsstufen nicht bekannt sind. Nur mit Hilfe der Selbstkosten ist es möglich, durch die Multiplikation des Stundensatzes mit der Fertigungszeit die Fertigungskosten eines Auftrages zu errechnen.

Beispiel: Der Satz eines Formulars auf einem PC erfordert 5,5 Stunden, der Stundensatz beträgt 41,25 €. Ergebnis: 226,87 € Fertigungskosten für die For-mularherstellung.

Die Berechung der Selbstkosten für eine Fertigungsstunde ist die Aufgabe der betrieblichen Kostenrechnung. Der Betrieb wird dazu in Kostenstellen auf-geteilt. Dies sind zum Beispiel Arbeits-stationen wie Workstations, Macintosh-Konfigurationen, digitale Foto- und Videoaufzeichnung, Scanner-Operating, Druckformherstellung, Druckmaschi-nen, Buchbindereimaschinen usw.

Die Kosten der Abteilungen, die keine Produkte erstellen, müssen auf die Fertigungskostenstellen umgelegt werden. Solche unproduktiven Abtei-lungen sind zum Beispiel die Buchhal-tung, Geschäftsleitung, Telefonzentrale, Hausmeister, Kalkulationsabteilung, Werbeabteilung, Materialverwaltung

Kalkulationsgrundlagen

und Versand. Die Umlegung der Kosten der unproduktiven Kostenstellen auf die Fertigungskostenstellen geschieht durch die Gemeinkostenzuschläge.

Die Buchhaltung eines Betriebes erfasst alle Kosten und gliedert sie nach Kostenarten wie Löhne, Heizung, Strom und Wasser, Miete, Verbrauchsmaterial, Versicherungen u. a. In der betrieblichen Kostenrechnung werden nun die von der Buchhaltung ausgewiesenen Kostensummen entsprechend dem tatsächlichen Verbrauch und Anteil auf die produzierenden Kostenstellen umgelegt.

Beispiel: Die Kostenstelle Heidelberger T-Offset DIN A3 hat einen geringeren Stromverbrauch als eine 5-Farben-Speedmaster-Druckmaschine. Ebenso ist der Platzbedarf sehr verschieden. Stromkosten und Miete müssen deswegen nach errechneten oder geschätzten Größen unterschiedlich auf die Stundensätze verteilt werden.

Durch diese Verteilungsrechnung ermittelt man die Gesamtkosten, die dem Betrieb an den verschiedenen Kostenstellen entstehen. Dazu zwei Beispiele nach Platzkostenrechnungen vieler Betriebe:

Ein Arbeitsplatz zur Bild- und Grafikverarbeitung (EBV) kostet jährlich 41.400,– €, ein Arbeitsplatz zur Text-Bild-Integration 45.750,– €. Zur Kalkulation müssen die Stundensätze, das heißt die Selbstkosten pro Fertigungsstunde, für die Produktionsstellen bekannt sein.

Die Fertigungsstunden, die Hilfszeiten (z. B. Wartung, Programme installieren) sowie Leistungen der einzelnen Kostenstellen für die einzelnen Aufträge ergeben sich aus den Aufzeichnungen in den Tageszetteln der Mitarbeiter.

Für die oben angegebenen Arbeitsplätze ergeben sich folgende Stundensätze, wenn für den EBV-Arbeitsplatz 1.200 Fertigungsstunden pro Jahr angenommen werden und für die Text-Bild-Integration 1.500 Fertigungsstunden:
- EBV = 34,50 €/Std.
- Montage = 30,50 €/Std.

10.1.1.2 Abschreibung

Alle Maschinen, Geräte und Einrichtungen eines Unternehmens verlieren durch Gebrauch an Wert. Neben diesem Wertverlust kommt noch eine Wertminderung durch den technischen Fortschritt. Eine ältere Computeranlage ist für die Produktion nicht mehr so wertvoll wie eine neue, schnellere und besser arbeitende. Diese Wertminderung der Anlagegüter wird als Abschreibung bezeichnet. Die jährlichen Abschreibungsbeträge sind sowohl für die Buchhaltung wichtig, weil jede Abschreibung den Betriebsgewinn vermindert, aus dem die Einkommens- und Körperschaftssteuer errechnet wird, wie auch für die Ermittlung der Selbstkosten einer Kostenstelle.

Die Wertminderung der Betriebseinrichtung wird durch Einrechnen der Abschreibung in die Selbstkosten über die verkaufte Ware wieder „hereingeholt". Auf diese Weise sollen sich während der Nutzungsdauer einer Maschine die finanziellen Mittel für eine Neuanschaffung ansammeln. Das materielle

---

Berechnung der Selbstkosten pro Fertigungsstunde

$$\text{Selbstkosten pro Fertigungsstunden} = \frac{\text{Gesamtkosten pro Jahr/Stelle}}{\text{Zahl der jährlichen Fertigungsstunden}}$$

Berechnung der Selbstkosten

Abschreibungssätze und deren Berechnung bzw. Festlegung

Geschäftsvermögen wird durch die Abschreibung nicht kleiner, sondern nur in Geldmittel umgewandelt.

Die steuerlichen Abschreibungssätze für Maschinen und Geräte sind von den Finanzbehörden festgelegt und richten sich nach der voraussichtlichen Nutzungsdauer. Für Maschinen und Geräte der Medienindustrie wird die Nutzungsdauer unterschiedlich angesetzt und ist mit dem Finanzamt abzuklären. Folgende Nutzungsdauer wird von der Finanzverwaltung vorgegeben:

- PCs zwischen zwei und fünf Jahren,
- Monitore in bildverarbeitenden Betrieben mit 2 Jahren,
- Druckmaschinen 8 bis 12 Jahre, Rotationsmaschinen bis 25 Jahre.

Beispielaufgabe

Ein Plattenbelichter im Format DIN A2+ kostet mit Fracht, Aufstellung sowie Einweisung 55.000,– €.
Die Wertminderung, gleichmäßig auf die Nutzungsdauer von 5 Jahren verteilt (so genannte lineare Abschreibung), ergibt den Abschreibungssatz.

Abschreibungssätze

Ab dem 01.01.2002 sind die Abschreibungssätze für Produktionsgüter verlängert worden. Die in der folgenden Auflistung genannten Abschreibungszeiträume beziehen sich auf Anschaffungen nach diesem Datum. Bei Anschaffungen vor 2002 gelten zumeist günstigere Abschreibungszeiträume.

- Alarmanlagen   11 Jahre
- Audiogeräte   7 Jahre
- Autotelefon   5 Jahre
- Bildschirme (Büro)   3 Jahre
- Bildschirme (Bildverarbeitung)   2 Jahre
- Büromöbel   13 Jahre
- CD-Player   7 Jahre
- Computer (PC)   3 Jahre
- Drucker (PC)   3 Jahre
- Druckmaschinen   12 Jahre
- Etikettiermaschinen   13 Jahre
- Falzmaschinen   13 Jahre
- Großrechner   7 Jahre
- Zug (ICE)   25 Jahre
- Kameras   7 Jahre
- Kopiergeräte   7 Jahre
- Laptops/Notebooks   3 Jahre
- Scanner   3 Jahre
- Schneidemaschinen   8 Jahre

Berechnung des Abschreibungssatzes

Berechnung des Abschreibungssatzes
Neuwert in Prozent : **Nutzungsdauer** = **Abschreibungssatz** in Prozent
100 % : 5 Jahre   = 20 %
Die jährliche Abschreibung beträgt 20 % des Anschaffungswertes des Plattenbelichters aus dem Beispiel im obigen Text:
55.000,– € x 20 % = 11.000,– € Abschreibungssumme/Jahr (lineare Abschreibung)

Berechnung des Buchwertes / Restwertes

Berechnung des Buchwertes (Restwertes)
Ist der Plattenbelichter **zwei** Jahre in Betrieb, ergibt sich folgender Buchwert:
Neuwert in Euro – **Abschreibung** in Euro   =   **Buchwert** (Restwert)
55.000,– €   – 22.000,– €   =   33.000,– € (Restwert nach zwei Jahren Nutzung des Belichters)

Kalkulationsgrundlagen

10.1.1.3 Kalkulatorische Zinsen

Wer über Kapital verfügt, versucht es rentabel anzulegen. Im oft zitierten „Sparstrumpf" arbeitet Geld nicht, wird es dagegen auf ein Bankkonto eingezahlt, in Sparverträgen oder Wertpapieren angelegt, erbringt es Zinsen.

Beispiel 1: Frau Maier kauft sich ein Auto für 20.000,– €. Durch diese Kapitalanlage in eine unproduktive Maschine entgehen ihr Zinsen, die sie bekommen würde, wenn sie den Betrag gewinnbringend angelegt hätte. Bei einem Zinssatz von 5 % sind dies in einem Jahr 1000,– € entgangene Zinsen.

Beispiel 2: Herr Müller kauft das gleiche Fahrzeug ganz oder teilweise auf Kredit. Er muss daher über die Tilgungsbeträge hinaus Zinsen bezahlen.

In beiden Beispielen fallen durch den Autokauf Kosten an, die als kalkulatorische Zinsen bezeichnet werden. In Beispiel 1, beim Kauf aus den vorhandenen Eigenmitteln, sind sie weniger spürbar, weil nichts zu zahlen ist, sondern ein kalkulatorischer Gewinn entgeht. Deswegen werden diese Kosten gerne übersehen. Beim Kauf mit Fremdkapital in Beispiel 2 sind die Kosten für einen Käufer deutlich spürbar, da sie seinen Etat zusätzlich belasten.

Aus den beiden angeführten Beispielen wird ersichtlich, dass es notwendig ist, bei der Kostenrechnung so genannte kalkulatorische Zinsen einzurechnen, gleichgültig, ob es sich um Eigenmittel oder um aufgenommenes Geld handelt.

Wer sein Kapital in ein Unternehmen investiert, tut dies in der Absicht, daraus eine größere Rendite als bei der Anlage auf ein Bankkonto zu erwirtschaften. Diese Spekulation erfüllt sich nicht, wenn der Betrieb keinen oder nur einen geringen Gewinn abwirft. Diese Spekulation auf einen Gewinn ist Teil des unternehmerischen Risikos.

Außer dem Eigenkapital muss zur Finanzierung von Betriebseinrichtungen in aller Regel auch Fremdkapital aufgewendet werden. In die Selbstkosten werden kalkulatorische Zinsen eingerechnet, um so den entgangenen Zins aus dem Eigenkapital bzw. die entstehenden Schuldzinsen für das Fremdkapital über die verkaufte Ware wieder „hereinzuholen".

Die Berechnungsmethode ist hier anders als bei den obigen Beispielen: Eine Maschine verdient im Laufe ihrer Nutzungsdauer ihren Anschaffungspreis über die Abschreibung. Der Betrieb kann das dadurch hereingekommene Geld auf ein Konto stellen oder erneut investieren. Aus diesem Grunde ist es richtig, die kalkulatorischen Zinsen nur aus dem jeweiligen Restwert zu berechnen. Bei der Neuanschaffung einer Maschine sind die Beträge hoch, bei einer verbrauchten Maschine niedrig. Damit die Selbstkosten jedoch mit einem gleichmäßigen Betrag belastet werden und ein Vergleich der Kosten mit anderen Betrieben gut möglich ist, nimmt man daher stets den halben Neuwert einer Maschine und den gleichbleibenden Zinssatz von 6,5 %.

Bei den beiden Beispielen mit dem Autokauf war diese Berechnungsart nicht angebracht, da die Wertminderung zumindest bei privatem Gebrauch nicht über die verkaufte Ware hereinkommt. Das privat genutzte Auto ist vom finanziellen Standpunkt aus eine völlig unrentable Kapitalanlage, ein Verlustgeschäft ersten Ranges.

Band I – Seite 810
10.2.2 Schema Platzkostenrech.

Kalkulatorische Zinsen werden vom halben Neuwert einer Investition und mit einem gleichbleibenden Zinssatz von 6,5 % berechnet.

801

10.1.2 Fertigungszeiten – Hilfszeiten – Nutzungszeiten

10.1.2.1 Definition Fertigungszeit und Hilfszeit

Die wesentliche Tätigkeit eines Mediengestalters z. B. in der Fachrichtung Gestaltung und Technik ist die technische
Herstellung eines Medienproduktes mit
Hilfe eines Personal Computers und der
angeschlossenen Peripheriegeräte. Die
für die Herstellung direkt verwendete
Zeit dient unmittelbar der Produktion –
deshalb spricht man von produktiven
Stunden oder von *Fertigungsstunden.*
Neben der eigentlichen Produktionstätigkeit muss ein Mediengestalter oder
Drucker einen Teil seiner Arbeitszeit
für die Wartung seines Arbeitsplatzes
aufwenden. Darunter fällt z. B. das
Installieren neuer Programme, das
Defragmentieren der Festplatte oder die
Wartung eines Druckers oder Platten-
belichters. In diesen Zeiten wird nicht
produktiv gearbeitet – man spricht hier
von unproduktiven Stunden, *Hilfsstunden* oder *Hilfszeiten.*

Beispiele für Fertigungs- und Hilfszeiten verschiedener Kostenstellen (KS)
eines Medienbetriebes sind auf der
Tabelle der nächsten Seite dargestellt.

Für einen Auftrag werden nur die
Fertigungsstunden verrechnet. Durch
die kalkulierten Stundensätze müssen
jedoch die gesamten Kosten, also auch
die Kosten für die Hilfsstunden, abgedeckt werden.

Die Ermittlung der Selbstkosten
pro Fertigungsstunde ist Ihnen aus
Abschnitt 10.1.1.1 bekannt. Diese

Selbstkosten pro Fertigungsstunde
werden als *Stundensatz* oder *Fertigungsstundensatz* bezeichnet.

Wird nun der Stundensatz ermittelt,
ist das Verhältnis zwischen Fertigungszeit und Hilfszeit entscheidend. Bei
gleichen Gesamtkosten zweier Kostenstellen wird der Stundensatz umso
niedriger sein, je größer die Zahl der
Fertigungsstunden ist.

Fertigungszeit

Fertigungsstunden dienen unmittelbar der
Erstellung eines Medienproduktes.

Die dafür aufgewendeten Zeiten können
dem Kunden bzw. dem Auftraggeber direkt
in Rechnung gestellt werden.

Beispiele:
- Einscannen von Bildern
- Bildbearbeitung
- Daten konvertieren
- Seitenerstellung mit Layoutprogramm
- Drucken an Offsetmaschine
- Falzen mit Falzmaschine
- Produkte verpacken

Hilfszeit

Hilfsstunden dienen der allgemeinen Be-
triebsbereitschaft. Sie werden nicht durch
bestimmte Aufträge verursacht und können
deshalb nicht direkt mit einzelnen Aufträgen
verrechnet werden.

Beispiel:
- Reinigungsarbeiten
- Wartung einer Falzmaschine
- Programmupdate am PC

Kalkulationsgrundlagen

Kostenstelle Text	Kostenstelle Bild	Kostenstelle Layout	Kostenstelle Druck
Fertigungszeiten sind für die oben genannten Kostenstellen zum Beispiel:			
Texterfassung Textkorrektur Texte konvertieren	Bilder scannen Bilder retuschieren Bildgröße verändern	Text-Bild- Integration PDF-Daten erstellen	Papier vorbereiten Drucken Lackieren
Hilfszeiten sind für die oben genannten Kostenstellen zum Beispiel:			
Betriebssystem aktualisieren Schrift installieren	Reinigen von Scanneroberfläche Daten archivieren	Reinigungsarbeit Programme aktualisieren (Up- date aufspielen)	Reinigungsarbeit Maschinenwar- tung und In- standhaltung

Kostenstellen mit einem hohen Anteil an Hilfsstunden in mehrstufigen Druckereibetrieben sind z. B. Druckmaschinen oder Maschinen zur Weiterverarbeitung in der Buchbinderei. Dies ist vor allem durch häufige Wartungs- und Instandhaltungsarbeiten bedingt.

Berechnungsbeispiel: In einer Druckerei stehen zwei Computersysteme, die im Jahr pro System Gesamtkosten von 40.000,– € verursachen. Darin enthalten sind alle Löhne, Abschrei-

bungen, Miete, Strom, Heizung und Verwaltungskosten. Bei einer betriebswirtschaftlichen Überprüfung wurde die unten angegebene Verteilung der Fertigungs- und Hilfszeiten für die beiden Computersysteme ermittelt.

Durch die unterschiedlichen Ansätze bei den Hilfszeiten, also den unproduktiven Zeiten, ergeben sich die Unterschiede in den errechneten Stundensätzen für die Computerarbeitsplätze.

	PC-System 1	PC-System 2
Ermittlung des Stundensatzes beim Anwenden unterschiedlicher Stunden für die Hilfszeiten aus obigem Beispiel.		
Gesamtarbeitszeit pro Jahr davon Fertigungszeiten Hilfszeiten	1800 Stunden 1400 Stunden (h) 400 Stunden	1800 Stunden 1600 Stunden (h) 200 Stunden
	40.000.- € / 1400 h	40.000.- € / 1600 h
Errechneter Stundensatz	**28,57 €**	**25,00 €**

10.1.2.2 Nutzungsgrad

Den Anteil der Fertigungsstunden an der Gesamtarbeitszeit bezeichnet man als Nutzungsgrad. Der Nutzungsgrad gibt an, zu welchem Prozentsatz die gesamte Arbeitszeit direkt für die Produktion genutzt wurde.

Berechnung des Nutzungsgrades

$$\text{Nutzungsgrad} = \frac{\text{Fertigungsstunden} \times 100}{\text{Gesamtarbeitszeit}}$$

Errechnen Sie für die beiden Beispiele mit den PC-Arbeitsplätzen auf der vorherigen Seite den prozentualen Nutzungsgrad.

Die folgende Tabelle gibt Ihnen einen Einblick in die Höhe des Nutzungsgrades verschiedener Kostenstellen:

Quelle: Kalkulations-handbuch Druck- und Medienindustrie, Bundesverband Druck + Medien Wiesbaden

Nutzungsgrad verschiedener Kostenstellen	
Computersatz	80 – 85 %
Offsetdruckmaschinen	85 – 88 %
PC-Videoschnittplatz	60 – 70 %
Ausschießen (Signa)	85 – 88 %
Scanner	75 – 80 %

Die Höhe des Nutzungsgrades hängt von verschiedenen Faktoren ab. Hier sind einmal die ergonomischen Bedingungen zu nennen, die einen Arbeitsablauf erleichtern und beschleunigen können. Da bei vielen digitalen Arbeits- plätzen der Nutzungsgrad vom Durchsatz der Daten abhängt, kommt der Organisation des Workflows eine entscheidende Bedeutung zu. Daneben spielt die Leistungsfähigkeit, Motivation und der Ausbildungsstand der eingesetzten Mitarbeiter eine große Rolle beim Verhältnis Fertigungs- zu Hilfszeiten.

10.1.2.3 Nutzungszeit

Die theoretisch denkbare Maximalnutzungszeit eines Arbeitsplatzes wird naturgemäß nie erreicht werden können, da immer Ausfallzeiten unterschiedlicher Art auftreten werden.

Die Höhe eines Maschinenstundensatzes wird beeinflusst von der Planung der Nutzungszeit für einen Arbeitsplatz. Die Nutzungszeit setzt sich aus folgenden Zeiten zusammen:
- Lastlaufzeit:
  Tatsächliche Produktionszeit
- Leerlaufzeit:
  Unproduktive Zeit ohne Auftrag
- Hilfszeit:
- z.B. Wartungs-/Reinigungsarbeiten

Die erreichbare jährliche Nutzungszeit kann bei der einschichtigen Nutzung eines Arbeitsplatzes wie folgt bestimmt werden:

Nutzungsgradberechnung		
52 Wochen zu 37,5 h		1.950 h
– 10 Feiertage zu 7,5 h	–	75 h
– Urlaub zu 25 Tage	–	188 h
– Reinigen ca. 1 h/Wo	–	50 h
– Ausfallzeit 7 %	–	137 h
= Jährliche Nutzungszeit	=	1.500 h

Nutzungsgradberechnung:
(1500 h : 1950 h) x 100 = 76,92 %

Der Nutzungsgrad für diesen Arbeitsplatz ergibt sich durch Division der jährlichen Nutzungszeit von 1.500 h durch die Gesamtstundenzahl 1.950 h zu 77 %.

Die Nutzungszeit einer betrieblichen Einrichtung hängt letztendlich, unabhängig von allen theoretischen Überlegungen, vom verfügbaren Auftragsvolumen eines Betriebes ab.

804

10.1.3 Aufgaben

Kalkulationsgrundlagen

1 Kalkulatorische Kenngrößen beschreiben

Bearbeiten Sie die folgenden Fragestellungen:
Ein Mittelklassewagen für den Kontakter einer Agentur kostet 25.000,– €. Die Gebrauchsdauer bei ca. 20.000 km pro Jahr beträgt sechs Jahre.
a. Errechnen Sie den Abschreibungssatz.
b. Errechnen Sie die jährliche Wertminderung des Pkw.
c. Wie hoch ist die Wertminderung in 2,5 Jahren?
d. Wie hoch ist der Buchwert nach 3,5 Jahren?

2 Kalkulatorische Kenngrößen berechnen

Für eine leistungsfähige Druckmaschine beträgt der jährliche Abschreibungssatz 12,5 % und die jährliche Abschreibung 39.375,– €.

a. Errechnen Sie den Anschaffungswert.
b. Errechnen Sie die geschätzte Gebrauchsdauer.
c. Errechnen Sie, welcher Betrag auf die Selbstkosten pro Fertigungsstunde entfällt, wenn jährlich 2.900 Fertigungsstunden an der Maschine geleistet werden.

3 Kalkulatorische Kenngrößen berechnen

Der Abschreibungssatz für Schriften beträgt 16 %. Errechnen Sie die geschätzte Gebrauchsdauer!

4 Kalkulatorische Zinsen berechnen

Errechnen Sie die kalkulatorischen Zinsen (6 %) für folgende Anschaffungen in einem Druckereibetrieb:
a. Computerarbeitsplatz 7500,– €
b. Kalibrierungssystem 22.500,– €
c. Laminiergerät 650,– €
d. Digitalkamera 1500,– €

5 Kalkulatorische Zinsen berechnen

Errechnen Sie für die aufgeführten Arbeitsplätze die kalkulatorischen Zinsen pro Jahr. Die genannten Summen sind die Kosten der Neuanschaffung.
a. Plattenbelichter 55.000,– €
b. PC-Arbeitsplatz mit Flachbettscanner, Kamera und branchentypischer Software 9500,– €

6 Nutzungsgrad eines Arbeitsplatzes kennen

Erkundigen Sie sich nach der Höhe des kalkulatorischen Nutzungsgrades für Ihren Arbeitsplatz.
Hinweis: Dies wird nicht immer möglich sein, da in manchen Betrieben derartige Grunddaten nicht an Mitarbeiter gegeben werden.

805

10.2 Platzkostenrechnung

10.2.1	Einführung in die Platzkostenrechnung	808
10.2.2	Schema einer Platzkostenrechnung	810
10.2.3	Platzkostenrechnung Druckmaschine	812
10.2.4	Platzkostenrechnung Computerarbeitsplatz	814
10.2.5	Aufgaben	817

10.2.1 Einführung in die Platzkostenrechnung

Aufgaben der Platzkostenrechnung

Die Platzkostenrechnung ist eine besondere Form der Kostenstellenrechnung. Diese Form der Kostenstellenrechnung verwendet einzelne Maschinen, Maschinengruppen oder einzelne Arbeitsplätze als eigene Kostenstelle.

Solche Kostenstellen können beispielsweise Druckmaschinen, ein Scannerarbeitsplatz, PC-Texterfassungsstationen, ein Layoutarbeitsplatz oder eine Maschinengruppe in der Buchbinderei sein. Die Summe aller Kosten einer solchen Kostenstelle bezeichnet man als Platzkosten.

Der Sinn einer solchen Kostenberechnung liegt in der Verfeinerung der Kostentransparenz und in der genauen Zuordnung der Gemeinkostenverrechnung auf die einzelnen Kostenstellen eines Medienbetriebes. Mit Hilfe der Platzkostenrechnung ist die Zurechnung der Kosten nach der Verursachung genauer durchzuführen als mit einem allgemeinen Zuschlag für einen Fertigungsbereich wie z. B. der Druckvorstufe. Die höhere Genauigkeit der Kosten wird allerdings durch die komplexere Berechnungsmethode erkauft. Das bedeutet, dass sich eine Platzkostenrechnung nur dort lohnt, wo diese Kostentransparenz wirtschaftlich sinnvoll ist.

Berechnung des Stundensatzes

Das Anwendungsgebiet der Platzkostenrechnung liegt vor allem dort, wo Arbeitsplätze und Maschinen nicht immer gleichmäßig beansprucht sind. Die Platzkostenrechnung ist auch dort sinnvoll, wo eine auftragsbezogene Fertigung durchgeführt wird. Hier wird durch die zeitlich unterschiedliche Beanspruchung eines Arbeitsplatzes pro Auftrag eine unterschiedliche Kostensituation pro Auftrag entsteht, die berücksichtigt werden muss. Man errechnet daher den Stundensatz eines Arbeitsplatzes. Das ist der Betrag an Fertigungsgemeinkosten, der sich aus der Division der für eine Maschine ermittelten Gemeinkostensumme und der Laufzeit der Maschine ergibt. Die Fertigungslöhne für die eingesetzten Mitarbeiter werden in den Maschinenstundensatz mit einbezogen.

Die Methoden der Durchführung einer Platzkostenrechnung sind je nach den konkreten Situationen eines Betriebes unterschiedlich. In den wenigsten Fällen erfolgt eine Aufteilung eines ganzen Betriebes in Platzkostenstellen. Üblicherweise werden nur die produktiven Fertigungsstellen bis hin zu den einzelnen Arbeitsplätzen der Produktion mit konkreten Stundensätzen aus der Platzkostenrechnung belegt. Andere Bereiche wie z. B. Kreativarbeitsplätze, Texter oder Fotografen werden mit Pauschalsätzen abgerechnet. Die jeweilige Gliederung und Aufteilung in Fertigungsarbeitsplätze und Pauschalarbeitsplätze ist von Betrieb zu Betrieb zu bewerten und zu lösen.

Stundenlohn und Stundensatz

Der Stundenlohn eines jungen Druckers an einer 5-Farben-Offsetdruckmaschine beträgt etwa 15,– €, der Stundensatz an der gleichen Maschine liegt bei ungefähr 180,– €. Der Drucker, der diese Stundensätze erfährt, fragt sich unwillkürlich, warum diese Diskrepanz zwischen seinem Lohn und dem verrechneten Stundensatz für den Kunden besteht. Bekommt die Differenz zwischen dem Lohn des Druckers und dem Preis, den der Kunde bezahlt, der Chef?

Mit der Aufstellung einer Muster-Platzkostenrechnung soll diese Diskrepanz in den Summen geklärt und auf den folgenden Seiten exemplarisch dargestellt werden.

Branchenlösung für Druckereibetriebe

Hans Peter Köhler
Beratung, Organisation, Softwaresysteme
Obergasse 4
63225 Langen

www.bossysteme.de

808

Platzkostenrechnung

Zeiterfassung

Ein Tageszettel zur Erfassung der Produktionszeiten einzelner Kostenstellen innerhalb des Betriebes. Außerdem ist er Grundlage für die Lohnerfassung für jeden Mitarbeiter, der hier seine geleistete Arbeit einträgt. Die Kostenkontrolle der einzelnen Kostenstellen mit Hilfe des Tageszettels ist die Grundlage für die Nachkalkulation eines Auftrages, da die geplanten Soll-Zeiten mit den tatsächlich benötigten Ist-Zeiten verglichen werden können. Die Abbildung unten zeigt das Eingabemenü für die Erfassung der Arbeitszeiten in ein Workflow-System.

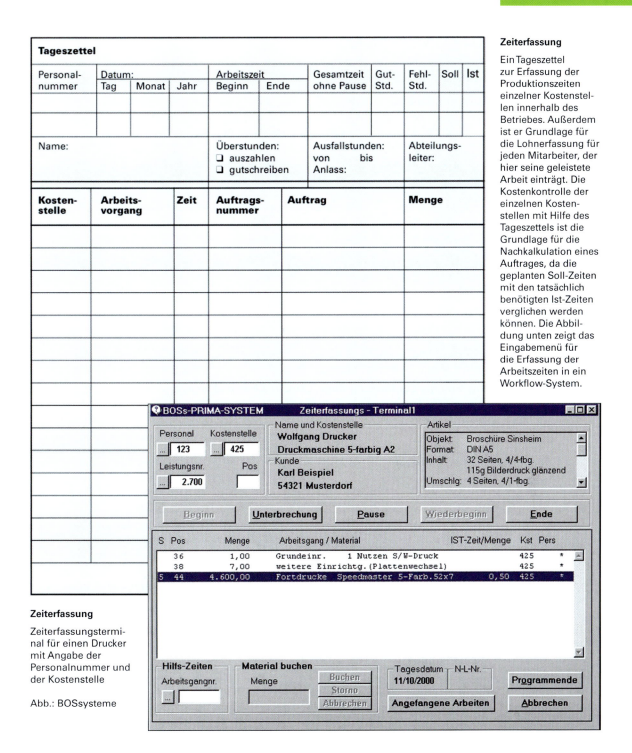

Zeiterfassung
Zeiterfassungsterminal für einen Drucker mit Angabe der Personalnummer und der Kostenstelle

Abb.: BOSsysteme

809

10.2.2 Schema einer Platzkostenrechnung

10.2.2.1 Kostengruppen

Auf einen Arbeitsplatz anfallende Kosten:

Kostengruppe 1

Lohnkosten	der Arbeitsplatzbesetzung (Fachkraft + Hilfskraft)
Sonstige Löhne	Kostenanteil für Abteilungsleiter, Korrektor, Materiallager, Sekretariat u. Ä.
Urlaubslohn	tarifvertraglich vereinbarte Lohnzuschläge
Feiertagslohn	im Jahr durchschnittlich 10 – 12 bezahlte Feiertage
Lohnfortzahlung	im Krankheitsfall
Sozialkosten	Arbeitgeberanteil zur Sozialversicherung
Freiwillige Sozialkosten	Weihnachtsgeld, Essenzuschüsse, Prämien, Zusatzversicherungen u. Ä.

Personalkosten

Die Summe der Kostengruppe 1 sind die Personalkosten.

Kostengruppe 2

Wasch-, Putz- und Schmiermittel	
Kleinmaterial	Werkzeuge, Klebebänder, Kleinteile
Strom, Gas	Die Stromkosten werden nach einem Verteilerschlüssel umgelegt. Dieser berücksichtigt die Anschlusswerte der Maschinen, Geräte, Beleuchtung und die Einschaltzeit.
Instandhaltung	Kosten für Reparaturen, Ersatzteile, Kundendienst usw.

Fertigungs-gemeinkosten

Die Summe der Kostengruppe 2 sind die Fertigungsgemeinkosten.

Kostengruppe 3

Miete, Heizung	Die Kosten werden nach dem anteiligen Flächenbedarf des einzelnen Arbeitsplatzes auf die Kostenstellen umgelegt.

810

Platzkostenrechnung

Abschreibung	Je nach geplanter Nutzungsdauer
Kalkulatorische Zinsen	6,5 % auf halben Neuwert

Die Summe der Kostengruppe 3 sind die Miet- und kalkulatorischen Kosten.

Kalkulatorische Kosten

Fertigungskosten

Die Summe der Kostengruppen 1 bis 3 sind die Fertigungskosten.

Kostengruppe 4

VV-Kosten (%)	Anteilige Kosten für Verwaltung (Buchhaltung, Lohnabrechnung, Kalkulation, Telefon, Geschäftsleitung usw.) und anteilige Kosten für Vertrieb (Fuhrpark, Versand, Werbung)

Die Kostenumlage erfolgt mit einem Prozentanteil*) auf die Fertigungskosten.

*) Der Prozentanteil variiert von Betrieb zu Betrieb und ist abhängig von der Größe der Verwaltung, des Vertriebs usw.

Die Summe der Kostengruppen 1 bis 4 sind die Selbstkosten.

Selbstkosten

10.2.2.2 Erklärungen

Miete und Heizung

Die Berechnung von Miete und Heizung erfolgt nach der Fläche des Betriebes. Wir nehmen beispielhaft an, dass ein Betrieb eine Fläche von 1500 m² aufweist.

Die Ausgaben für die Miete belaufen sich auf 4750,– € pro Monat. Die jährlichen Heizungskosten betragen 14.250,– €. Daraus lassen sich die Miet- und Heizkosten pro Quadratmeter Nutzfläche im Jahr errechnen.

Die Kosten für die Miete betragen bei 4750,– €/Monat : 1500 m² = 3,16 € pro Quadratmeter im Monat. Die Miete/Quadratmeter beträgt dann 3,16 € x 12 Monate = 37,92 € pro m² im Jahr.

Die Kosten für Warmwasser und Heizung belaufen sich bei 14.250,– €/Jahr : 1500 m² auf 9,50 € pro m² im Jahr.

Kalkulatorische Zinsen

Die Investitionskosten für eine Druckmaschine betragen z. B. 250.000,– €. Zur Berechnung wird der halbe Wert der Maschine genommen. Dies sind 125.000,– €. Davon 6,5 % ergeben kalkulatorische Zinsen von 8125,– €.

Kalkulatorische Abschreibung

Der Anschaffungswert der Beispielmaschine beträgt 250.000,– €. Der Abschreibungssatz beträgt 10 %. Dies ergibt eine jährliche Abschreibung von 25.000,– €, verteilt auf die Nutzungsdauer von 10 Jahren.

Verwaltungs- und Vertriebskostenanteil

Der angesetzte Prozentsatz ergibt sich aus dem Verhältnis von produzierendem zu verwaltendem Personal. Bei 33 % bedeutet dies, dass ein Unternehmen 33 % verwaltendes und 67 % produzierendes Personal aufweist.

10.2.3 Platzkostenrechnung Druckmaschine

10.2.3.1 Offsetdruckmaschine

Arbeitsplatzbeschreibung			
Arbeitsplatz-besetzung	1 Drucker	Stundenlohn	17,50 €
	1 Hilfskraft	Stundenlohn	8,50 €
		Platzbedarf	100 m²
		Stromanschlusswert	40 kW
Nutzungsdauer 10 Jahre		Investitionshöhe	250.000,– €

Kosten des Arbeitsplatzes bei einer Jahresarbeitszeit von 1.800 Stunden (inkl. 300 Hilfsstunden).

1. **Lohnkosten**
   (17,50 € + 8,50 €) x 1800 Std. = ... 46.800,– €
2. **Sonstige Lohnkosten** (z. B. Abteilungs-
   leiter anteilig bei 10 Mitarbeitern) .... 465,– €
3. **Zuschlag** für freiwillige und gesetzliche
   Sozialleistungen, Urlaubsgeld, Feiertagslohn, Lohnfortzahlung im Krank-
   heitsfall (45 % der Zeile 1 und 2) .... 23.152,50 €

4. **Summe der Personalkosten** (Zeile 1 + 2 + 3) .... 70.417,50 €

5. **Fertigungsgemeinkosten** (Wasch-,
   Putz- und Schmiermittel, Kleinteile u. Ä.) .... 5.000,– €
6. **Strom** (40 kW + Deckenbeleuchtung
   700 Watt + Abstimmlampe 400 Watt
   = 41,1 kW x 0,11 €/kW ergibt 4,52 €/h
   4,52 € pro Std x 1.800 Std. = ... 8.136,– €
7. **Wasser** .... 300,– €
8. **Instandhaltung** (geschätzt) .... 5.000,– €

9. **Summe der Fertigungsgemeinkosten** (Zeile 5 bis 8) .... 18.436,– €

10. **Miete** (siehe Ziffer 11)
11. **Heizung** (Miet- und Heizkosten
    belaufen sich auf 47,50 €/m². Flächen-
    bedarf der Maschine ist 100 m²) .... 4.750,– €
12. **Kalkulatorische Abschreibung** .... 25.000,– €

Platzkostenrechnung

13. **Kalkulatorische Verzinsung** 8.125,– €

14. **Summe der Miet- und kalkulatorischen Kosten**
(Ziffer 10 - 13) 37.875,– €

15. **Summe der Fertigungskosten**
(Ziffer 4 + 9 + 14) 126.728,50 €

16. **VV-Kosten**
(33 % auf die Summe der Fertigungskosten von Ziffer 15) 41.820,40 €

17. **Gesamtkosten des Arbeitsplatzes**
(Ziffer 15 + 16) **168.548,90 €**

10.2.3.2 Berechnung des Stundensatzes

Gesamtstunden: 1.800 Std./Jahr
– Hilfsstunden: 300 Std./Jahr
_____

= Fertigungsstunden: 1.500 Std./Jahr

Stundensatz = Gesamtkosten / Fertigungsstunden

Stundensatz = 168.548,90 € / 1500 Std.
Stundensatz = **112,36 € / Std.**

10.2.4 Platzkostenrechnung Computerarbeitsplatz

10.2.4.1 Computerarbeitsplatz

Arbeitsplatzbeschreibung

Arbeitsplatz-besetzung	1 Designer	Stundenlohn	20,– €
	1 Hilfskraft	Stundenlohn	9,– €
		Platzbedarf	30 m²
		Stromanschlusswert	10 kWh
		Preis pro kW =	0,10 €
		Investitionshöhe	20.000,– €
		Nutzungsdauer	4 Jahre

Kosten des Arbeitsplatzes bei einer Jahresarbeitszeit von 1.800 Stunden im Ein-Schichtbetrieb inklusive 300 Hilfsstunden:

1. **Lohnkosten**
   (20,– € + 9,– €) x 1.800 Stunden   52.200,– €

2. **Sonstige Lohnkosten**
   (z. B. Abteilungsleiter 4.500,– € anteilig
   bei 10 Kostenstellen/Mitarbeiter)   450,– €

3. **Zuschlag** für freiwillige und gesetzliche
   Sozialleistungen, Urlaubsgeld, Feiertagslohn, Lohnfortzahlung im Krankheitsfall (45 % der Zeile 1 und 2)   23.692,50 €

4. **Summe der Personalkosten** (Zeile 1 + 2 + 3)   76.342,50 €

5. **Fertigungsgemeinkosten** (Reinigungs-
   mittel, Putzmittel, Kleinteile usw.)   5.000,– €

6. **Strom** (10 kW + Raumbeleuchtung
   350 Watt + Anteile Dunkelkammer-
   Beleuchtung 400 Watt) 10,75 kW x 0,10 € =
   1,07 €/h x 1.800 Stunden   1.926,– €

7. **Wasser** (geschätzt)   600,– €
8. **Instandhaltung** (geschätzt)   2.000,– €

9. **Summe der Fertigungsgemeinkosten (Zeile 5 bis 8)**   9.526,– €

Platzkostenrechnung

10. **Miete** siehe Zeile 11

11. **Heizung** (Miete und Heizung belaufen sich auf 50,– €/m². Flächenbedarf des Arbeitsplatzes liegt bei 30 m²)   1.500,– €

12. **Kalkulatorische Abschreibung**   5.000,– €

13. **Kalkulatorische Verzinsung** (Halbe Investitionskosten x 6,5 %)   650,– €

14. **Summe der Miet- und kalkulatorischen Kosten** (Zeile 10 bis Zeile 13)   7.150,– €

15. **Summe der Fertigungskosten** (Summe Zeile 4, 9 und 14)   93.018,50 €

16. **VV-Kosten** (33 % auf die Summe der Fertigungskosten)   30.696,10 €

17. **Gesamtkosten des Arbeitsplatzes** (Ziffer 15 + 16)   123.714,60 €

10.2.4.2   Berechnung des Stundensatzes

Gesamtstunden: 1.800 Std./Jahr
– Hilfsstunden: 300 Std./Jahr
_____
= Fertigungsstunden: 1.500 Std./Jahr

Stundensatz = Gesamtkosten / Fertigungsstunden

Stundensatz = 123.714,60 € / 1500 Std.
Stundensatz = **82,47 € / Std.**

10.2.4.3 Bedeutung des Stundensatzes

Der Stundensatz, der sich aus der Platzkostenrechnung ergibt, stellt die Kosten eines Arbeitsplatzes bzw. einer betrieblichen Kostenstelle dar.

Die Platzkostenrechnung erstellt die Stundensätze für Maschinen, Maschinengruppen und Arbeitsplätze für jeweils eine eigene Kostenstelle. Die nach vorstehendem Schema errechnete Summe der Kosten einer solchen Kostenstelle bezeichnet man als Platzkosten oder als Arbeitsplatzkosten.

Sinn dieser sehr differenzierten Berechnung der Stundensätze für jede betriebliche Kostenstelle ist die Erhöhung der Genauigkeit der Gemeinkostenverrechnung.

Im Stundensatz für einen Arbeitsplatz sind nur solche Kostenarten erfasst, die unmittelbar und maßgeblich die Höhe des Maschinen- oder Arbeitsplatz-Stundensatzes beeinflussen und die pro Kostenstelle ohne Schwierigkeiten geplant und überwacht werden können.

Die Stundensatzkalkulation ist vor allem in mittleren und größeren Betrieben unserer Branche anzutreffen. Die Fertigungsstunde als Kostengrundlage hat eine Reihe von Vorteilen in der Kalkulation. Die Höhe der Fertigungsstundensätze hängt nicht so stark von den Veränderungen der Lohnhöhe ab, sondern es werden Kapitalkosten, Gemeinkosten ebenso berücksichtigt wie Abschreibungen, Verzinsungen usw.

So schlägt z. B. die Lohnerhöhung eines Druckers in der kapitalintensiven Gesamtrechnung eines Arbeitsplatzes 5-Farben-Offsetdruckmaschine prozentual kaum ins Gewicht, da Kapitalkosten, Energiekosten usw. den größeren Teil der Kostenbelastung verursachen.

10.2.4.4 Kostenverteilung im Betrieb

Kostenart	Verteilung auf einzelne Kostenstellen
Fertigungslöhne	Direkt auf Kostenstelle (oder Kostenträger)
Lohnnebenkosten	Nach Köpfen oder nach Lohnsumme
Urlaubslöhne	Gesamtbetrag wird gleichmäßig auf die Kostenstellen verteilt.
Löhne der Auszubildenden	Direkt auf Kostenstelle oder auf Kostenstelle Ausbildung
Gesetzliche Sozialabgaben	Nach Lohnsumme auf Kostenstelle
Rohstoffe (z. B. Papier)	Direkt auf Kostenstelle (Druckmaschine)
Gemeinkostenlöhne (z. B. Abteilungsleiter)	Lohnaufteilung auf mehrere Kostenstellen
Strom, Gas, Wasser	Auf Kostenstellen nach Verbrauch
Reparaturen	Auf Kostenstellen oder gleichmäßig verteilen
Abschreibungen	Auf Kostenstellen, für Material auf Materialkostenstelle, Vertriebskosten auf alle Kostenstellen z. B. nach Umsatzschlüssel
Werbekosten	Kostenstelle Vertrieb oder direkte Kostenstellenzuordnung

10.2.5 Aufgaben

Platzkostenrechnung

1 Stundensatz ermitteln

Erkundigen Sie sich nach der Berechnungsgrundlage und nach der Höhe des Stundensatzes für Ihren Arbeitsplatz.

2 Funktion eines Tageszettels kennen

Nennen Sie die Aufgabe bzw. Funktion des „Tageszettels", den jeder Mitarbeiter im Betrieb – analog oder digital – täglich ausfüllen muss.

3 Funktion eines Tageszettels kennen

Welche innerbetriebliche Funktion hat das Ausfüllen eines Tageszettels
a. für den Betrieb,
b. für den Mitarbeiter?

4 Kostengruppe 1 kennen

Das Schema einer Platzkostenrechnung weist verschiedene Kostengruppen auf. Nennen und erläutern Sie alle Kosten der Kostengruppe 1.

5 Kostengruppe 2 kennen

Das Schema einer Platzkostenrechnung weist verschiedene Kostengruppen auf. Nennen und erläutern Sie alle Kosten der Kostengruppe 2.

6 Kostengruppe 3 kennen

Das Schema einer Platzkostenrechnung weist verschiedene Kostengruppen auf. Nennen und erläutern Sie alle Kosten der Kostengruppe 3.

7 Kostengruppe 4 kennen

Das Schema einer Platzkostenrechnung weist verschiedene Kostengruppen auf. Nennen und erläutern Sie alle Kosten der Kostengruppe 4.

8 Kostengruppen kennen

Wie wird die Summe der Kostengruppen 1 bis 4 betriebswirtschaftlich genannt?

9 Platzkostenrechnung für den eigenen Arbeitsplatz erstellen

Erstellen Sie für Ihren Arbeitsplatz eine Platzkostenrechnung und ermitteln Sie Ihren Stundensatz. Nehmen Sie als Grundlage die Platzkostenrechnungen aus diesem Kapitel.
Hinweis: In manchen Betrieben werden Sie vermutlich nicht alle notwendigen Werte für diese Rechnung erhalten – verwenden Sie dann die Werte aus diesem Buch.

10 Betriebswirtschaftliche Begriffe beschreiben

Erklären Sie die Bedeutung des Stundensatzes für einen Medienbetrieb.

11 Betriebswirtschaftliche Zusammenhänge erläutern

Warum sollte für jeden Arbeitsplatz in einem Medienbetrieb eine eigene Platzkostenrechnung erstellt werden?

817

10.3 Kalkulation

10.3.1	Einführung in die Printkalkulation	820
10.3.2	Angebotskalkulation Offsetdruck.	823
10.3.3	Einführung in die Multimedia-Kalkulation.	827
10.3.4	Preiskalkulation Webseiten.	830
10.3.5	Aufgaben	839

10.3.1 Einführung in die Printkalkulation

Vorkalkulation

Wird auch als Angebotskalkulation bezeichnet.

Nachkalkulation

Berechnung der tatsächlichen Kosten eines ausgeführten Auftrages. Sie dient unter anderem der Schwachstellenanalyse im Fertigungsprozess. Nur durch die exakte Nachkalkulation werden die tatsächlichen Leistungen eines Betriebes transparent.

10.3.1.1 Vor- und Nachkalkulation

In der Kalkulation unterscheidet man zwei Kalkulationsbegriffe, die vor allem durch den Zeitpunkt der Kalkulationserstellung definiert werden: die Vor- und Nachkalkulation. Die Vorkalkulation wird auch als Angebotskalkulation bezeichnet.

Die *Vorkalkulation* errechnet den Preis für ein gewünschtes Medienprodukt. Auf der Basis dieser Berechnungen wird dem Kunden ein Angebot unterbreitet. Als Berechnungsgrundlagen liegen häufig nur eine Beschreibung des Auftrages, Skizzen oder unfertige Entwürfe bzw. Screenshots vor. Mit Hilfe dieser wenigen Unterlagen muss der Kalkulator jeden Arbeitsgang, der für die Produktion eines Auftrages notwendig ist, berücksichtigen und die benötigte Herstellungszeit schätzen. Es muss festgestellt werden, wie viel Zeit z. B. für Texterfassung, Scannen, Bildbearbeitung, Drucke oder die buchbinderische Weiterverarbeitung aufgewendet wird. Ebenso wird eingeschätzt und berechnet, welche Materialien und Werkstoffe für die Auftragsabwicklung notwendig sind.

Kenntnisse über die Zusammenhänge der Medienproduktion und Kalkulationsgrundlagen der verschiedenen Verbände der Druck- und Medienindustrie helfen dem Kalkulator bei dieser verantwortlichen Tätigkeit.

Die Vorkalkulation muss außerordentlich sorgfältig ermittelt werden. Dies gilt für die Vollständigkeit aller notwendigen Produktionsschritte, die Berücksichtigung der optimalen Produktionsabläufe und für die rechnerische Richtigkeit. Werden durch Fehler in der Angebotskalkulation zu hohe Preise ermittelt, ist ein Betrieb am Markt nicht wettbewerbsfähig. Zu niedrig kalku-

lierte Preise führen zu Verlusten und gefährden letztlich die Existenz eines Betriebes.

Nach der Fertigstellung eines Medienproduktes wird durch die *Nachkalkulation* des Auftrages die tatsächlich benötigte Zeit- und Materialaufwendung aus den Tageszetteln der einzelnen Mitarbeiter und den angegebenen Materialverbräuchen berechnet. Durch den Vergleich der Vorkalkulation mit der Nachkalkulation werden Gewinn oder Verlust eines Auftrages ermittelt.

Die Ergebnisse der *Nachkalkulation* dienen nicht nur zur Ermittlung der Gewinne und Verluste des Auftrages, sie sind gleichzeitig Grundlage für zukünftige Angebote an die Kunden. Daneben kann durch exakte Nachkalkulation jede Kostenstelle im Fertigungsablauf überprüft werden. Dauert an einer bestimmten Fertigungsstelle im Betrieb ein geplanter Arbeitsvorgang immer länger als kalkuliert, so kann der Kalkulator diese Schwachstelle im gesamten Fertigungsablauf analysieren. Dies kann dazu führen, dass ein Fertigungsablauf optimiert, eine technische Verbesserung geplant oder eine personelle Veränderung durchgeführt werden muss.

10.3.1.2 Kostenarten

Die *Fertigungskosten* ergeben sich aus der Summe aller Kosten, die in der Produktion entstehen. Darunter fallen alle Fertigungsstunden an den verschiedenen Maschinen und Geräten eines Medienbetriebes. Hierzu gehören zum Beispiel Fertigungsstunden in der Texterfassung und -verarbeitung, Bilderfassung und -verarbeitung, digitale Montage und Ausschießen, Druckformbelichtung, Druck und Druckweiterverarbeitung.

Der Kalkulator muss neben der Zeiterfassung an den einzelnen Kostenstellen noch die *Materialkosten*, d.h. die verbrauchten Materialien und deren Preis, berechnen. Dazu zählen z.B. folgende Materialien: Plotter- und Ausdruckpapiere, Druckformen, Papier mit Zuschuss, Druckfarben, Materialien der Weiterverarbeitung usw.

Unter *Fremdleistungskosten* versteht man alle Teilleistungen der Fertigung, die an einen anderen Produktionsbetrieb vergeben werden. Dies können Teilleistungen wie Ausbelichten von Dateien, Druck einer Auflage oder buchbinderische Arbeiten sein.

Alle für einen Auftrag notwendigen Materialien und Fremdleistungen müssen termingerecht geordert und bezahlt werden. Durch diese Tätigkeiten der betrieblichen Materialwirtschaft entstehen Beschaffungs-, Finanzierungs-, Lagerungs- und Transportkosten. Diese Kosten werden durch den *Materialgemeinkostenzuschlag* auf jeden Auftrag zugeschlagen. Abhängig von der Höhe der entstandenen Materialkosten werden hier unterschiedliche Sätze zwischen 5 % und 30 % verrechnet.

Die Summe der Fertigungs- und Materialkosten sind die *Herstellungskosten*. Diese Kosten stellen den finanziellen Aufwand dar, mit dem ein Betrieb einen kalkulierten Auftrag ohne Gewinn produzieren kann.

Auf die *Herstellungskosten* wird ein Gewinnzuschlag berechnet, der vom Unternehmer frei festgelegt werden kann. Der *Gewinnzuschlag* ist stark abhängig von der Konkurrenzsituation und liegt in der Medienbranche meist zwischen 5 % und 10 %. Der daraus resultierende Preis ist der so genannte *Nettopreis*.

Bei einer Reihe von Medienprodukten erhöht sich der kalkulierte Netto-preis durch hohe *Verwaltungs- und Vertriebskosten* (so genannte *VV-Kosten*). Dies ist zum Beispiel bei hochwertigen Druckprodukten wie Katalogen oder Bildbänden der Fall. Ebenso können z.B. CD-ROM-Kataloge hohe Vertriebskosten verursachen, wenn weltweite Vertriebskosten für das Versenden eines solchen Auftrages mitkalkuliert werden müssen.

In die Kalkulation muss die *Mehrwertsteuer* mit eingerechnet werden. Dies ergibt in der Gesamtaddition aller Kalkulationsbestandteile den *Endpreis* oder *Bruttopreis*, den der Kunde nach der Abwicklung des Druckauftrages bezahlen muss.

Bei den meisten Aufträgen enthält ein Angebot neben dem Endpreis für das angefragte Produkt noch den *1000-Stück-Preis*. Oft wird noch der Preis für weitere 1000 Exemplare eines Produktes angegeben. Dieser Preis ist meistens relativ günstig, um dem Kunden einen Anreiz für eine höhere Bestellmenge zu geben.

10.3.1.3 Zuschlagskalkulation

Bei diesem Kalkulationsverfahren werden bei verschieden strukturierten Produkten die Einzel- und Gemeinkosten getrennt verrechnet. Einzelkosten werden dem Objekt direkt zugerechnet, die Gemeinkosten werden über Zuschlagssätze verrechnet, die Proportionalität zu bestimmten Einzelkosten annehmen. Der Zuschlagssatz soll die Beanspruchung der jeweiligen Gemeinkostenart durch das Objekt angemessen und gerecht abbilden.

Es werden zwei Arten der Zuschlagskalkulation verwendet: die summarische (einstufige) und die differenzierte (mehrstufige) Zuschlagskalkulation.

Zuschlagskalkulation

Bei der summarischen Zuschlagskalkulation werden sämtliche Gemeinkosten in einer Summe erfasst und mit einem „summarischen" Zuschlag dem Kalkulationsobjekt zugerechnet.

Die differenzierte *Zuschlagskalkulation* errechnet die Gemeinkosten am jeweiligen Ort der Entstehung und es werden differenzierte Zuschlagssätze gebildet. Dies sieht wie folgt aus:

Selbstkosten-kalkulation

Kalkulation der Selbstkosten
Fertigungsmaterial
+ Materialgemeinkosten
= Materialkosten
Fertigungslöhne
+ Fertigungsgemeinkosten
+ Sondereinzelkosten der Fertigung
= Fertigungskosten
Materialkosten
+ Fertigungskosten
= Herstellungskosten
+ Verwaltungsgemeinkosten
+ Vertriebsgemeinkosten
+ Sondereinzelkosten des Vertriebs
= Selbstkosten

Diese Kalkulation kann durch eine *Absatzkalkulation* ergänzt werden, um den Angebotspreis zu ermitteln:

Absatzkalkulation

Absatzkalkulation
Selbstkosten
+ Gewinnaufschlag
= Barverkaufspreis
+ Kundenskonto (in Prozent)
= Zielverkaufspreis
+ Kundenrabatt (in Prozent)
– Listenverkaufspreis netto
+ Mehrwertsteuer (MwSt)
= Angebotspreis Brutto

Bundesverband Druck und Medien e.V.

Biebricher Allee 79
65187 Wiesbaden

www.bvdm.org

Für unsere Zwecke der Kalkulationsdarstellung reicht die einstufige *Zuschlagskalkulation* aus. Hierbei werden die zuvor dargestellten Schritte in einem Kalkulationsschema wie unten folgt zusammengefasst:

Einstufige Zuschlagskalkulation
Fertigungskosten
+ Materialkosten
+ Fremdleistungskosten
+ Materialgemeinkosten
= Herstellungskosten
+ Gewinnzuschlag in Prozent
= Nettopreis
+ Verwaltungs- und Vertriebskosten (VV-Kosten)
+ Mehrwertsteuer (MwSt)
= Endpreis (Bruttopreis)

Die Zuschlagskalkulation ist Grundlage der meisten in der Medienindustrie verwendeten Kalkulationsmethoden. Dabei ist das Problem nicht zu übersehen, dass die Ermittlung der Gemeinkosten und Gemeinkostenzuschläge aufwändig und kostenintensiv ist.

Für Unternehmen, welche die Erfassung der verschiedenen Gemeinkostenzuschläge nicht in Eigenregie durchführen wollen, lassen sich die durchschnittlichen Zuschlagssätze für die Druck- und Medienindustrie aus den *„Kosten- und Leistungsgrundlagen für Klein- und Mittelbetriebe in der Druck- und Medienindustrie"* herauslesen. Dieser lohnenswerte Katalog ist beim BVDM zu beziehen. Genaueres zu diesen Kalkulationswerken finden Sie auf der Seite 1009.

822

10.3.2 Angebotskalkulation Offsetdruck

Kalkulation

10.3.2.1 Technische Einzelheiten

Zum besseren Verständnis der einzelnen Kalkulationsschritte werden in den folgenden Ausführungen die wichtigsten Operationen für jede Zeile der auf Seite 824 dargestellten Kalkulation erläutert, so dass es mit den entsprechenden Informationen möglich sein sollte, eine eigene Kalkulation für ein Medienprodukt zu erstellen.

Das zu kalkulierende Produkt ist ein einfarbiger Flyer im Format DIN A4, der auf einem in der Druckerei verfügbaren Papier im Format 353 x 500 mm in einer Auflage von 10.000 Exemplaren gedruckt werden soll.
- *Zeile Kunde:* Hier ist der Kunde erfasst, der Ansprechpartner, die Kurzbeschreibung des Auftrages und der vorgegebene Liefertermin.
- *Zeile Papier:* Es wird mit dem Papierformat 35,3 x 50 cm in zwei Nutzen zum Umschlagen gedruckt. Die Angabe Schön- und Widerdruck zu zwei Nutzen gedruckt bedeutet, dass nach dem Druck auf dem Druckbogen zwei Exemplare der Kalkulationsbeschreibung vorhanden sind (siehe Abbildung auf dieser Seite unten). Nach dem Druck muss der Druckbogen beschnitten werden, um die beiden Exemplare zu trennen. Zusätzlich zu dem Trennschnitt sind noch die Formatschnitte auszuführen, um vorhandene Formatzeichen, Passkreuze und Ziehmarken zu entfernen. Der Arbeitsaufwand hierfür ist in Zeile 7 mit 0,5 Stunden angesetzt worden.
- *Zeile Auflage:* Es müssen 10.000 Exemplare gedruckt werden. Da zu zwei Nutzen gedruckt wird, müssen 5.000 Bogen im angegebenen Druckformat beschafft werden. Da der

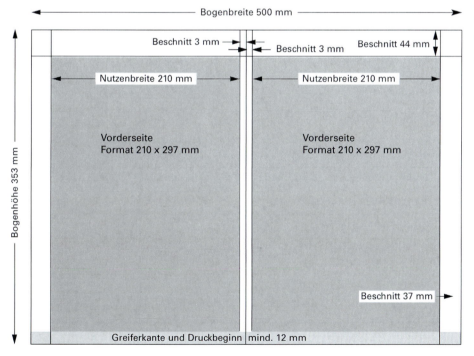

Einteilungsbogen

Die Abbildung zeigt den Einteilungsbogen für den im Text beschriebenen Auftrag eines einfarbigen Flyers im Format DIN A4.

Drucker zum Einrichten der Maschine einen Zuschuss benötigt, werden hier 5 % zu 5.000 Bogen dazugegeben. In der Buchbinderei benötigt man zum Einrichten und Vorbereiten der Schneidemaschine ebenfalls einige bereits bedruckte Bogen, die

mit 2 % Zuschuss berechnet werden. Insgesamt muss für die Auflage von 5.000 Druckbogen eine Bogenanzahl von 5.350 Bogen (mit Zuschuss) zur Verfügung stehen, um den Auftrag sachgerecht abwickeln zu können. Für das Angebot von 1.000 weiteren

Kalkulationsschema Printproduktion

Kunde: Springer-Verlag Heidelberg Herr Müller 07134/77 32 71 Termin: Buchmesse Frankfurt		Auftragsbeschreibung: Flyer Kalkulationsbeschreibung, zweiseitig, einfarbig schwarz gedruckt, Endformat 21 x 29,7 cm			

Papier: 80 g/m² SM-Weiß | Papierformat: 35,3 x 50 cm - im Haus verfügbar Preis: 101,– € pro 1000 Bogen

Farbe: Schön: 1 Wider: 1 | Druckformat: 35,3 x 50 cm
Wenden: Umschlagen | Nutzen: 2

Auflage:				Auftrag	1000 x
Stückzahl:				10.000	1.000
Bogenanzahl ohne Zuschuss				5.000	500
Bogenanzahl für Auftrag Druck 5 % + Bubi 2 % = 7 %				350	
Zuschuss für Auflage 1000 weitere Druck 4 % + Bubi 2 % = 6 %					30
Bogenanzahl mit Zuschuss				5.350	530
Fertigung/Kostenstellen	Kosten pro Stunde in €	Leistung pro Stunde	Σ Std.	€	€
1. Satzherstellung	60,–	Texterfassung	2	120,–	
2. Bildherstellung	75,–	Scan/Retusche	1	75,–	
3. Text-Bild-Integration	60,–	Umbruch	1,5	90,–	
4. Digitale Montage	60,–	Montage	0,5	30,–	
5. Digitale Plattenkopie	50,–	Plattenkopie	0,5	25,–	
6. Einrichten und Druck	200,–	Druck	0,75	150,–	30,–
7. Weiterverarbeitung	75,–	Schneiden u.ä.	0,5	37,50	7,50
8. = **Fertigungskosten**				527,50	37,50
9. + Materialkosten (Papier, Farbe, Druckplatten, Fremdleistungen)				597,35	119,47
10. = **Herstellungskosten**				1124,85	156,97
11. + Gewinn in Hundert z. B. 10 %				112,48	15,69
12. = **Kalkulationspreis Auftrag (Zeile 10 + 11 = Nettopreis)** = Kalkulationspreis pro weitere 1000 Exemplare (Nettopreis)				1237,33	172,66
13. + Versand- und Verpackungskosten				0,00	0,00
14. + **Mehrwertsteuer** 19 %				235,09	32,80
15. = **Endpreis (Bruttopreis)**				**1472,42**	**205,46**

Zu Zeile 9: Material-kosten

Die anfallenden Kosten werden i.d.R. separat erfasst und in die Zeile Herstellungskosten als Gesamtsumme eingetragen. Hier sind dies Papierkosten in Höhe von 540,35 € und 57,00 € für Druckplatten, Farbe und Kleinmaterial.

Kalkulation

Drucken müssen dann die zusätzlichen Bogen vorhanden sein.

- *Zeile Satzherstellung bis Zeile Weiterverarbeitung:* Hier werden die Leistungen der einzelnen Kostenstellen erfasst. Dabei werden die Kosten pro Stunde angegeben, die erbrachte Leistung für den Kunden wird in Kurzform dargestellt und die für den Auftrag geschätzte Zeit wird festgehalten. In der Auftragsspalte erscheinen dann die für den Kunden errechneten Kostensätze der jeweiligen Kostenstelle.
- *Zeile Fertigungskosten:* Die errechnete Summe aller Kostenstellen von 1 bis 8 ergeben die Fertigungskosten eines Auftrages ohne Materialien. Zu diesen Fertigungskosten kommen noch folgende Kosten hinzu:
- *Zeile Materialkosten:* Hier werden die benötigten Materialien hinzugerechnet. Dazu zählen alle für einen Auftrag verwendeten Materialien wie Druckplatten, Papier, Farbe und Fremdleistungen wie z. B. Buchbindereiarbeiten. Materialien müssen an jeder Kostenstelle erfasst und jedem Auftrag zugeordnet werden.
- *Zeile Herstellungskosten:* Die Summe der Fertigungs- und der Materialkosten ergibt die Herstellungskosten.
- *Zeile Gewinn:* Hier wird der Gewinnzuschlag in Hundert eingerechnet. Ab der Zeile Fertigungskosten wird jeweils in der Auftragsspalte und in der Spalte für 1000 weitere Drucke das Angebot für den Kunden errechnet.
- *Zeile Kalkulationspreis:* Es werden zwei kalkulierte Preise angezeigt. Zuerst wird der Auftragspreis dargestellt. Dieser Preis erscheint beim Kunden im Angebot als Nettopreis. Daneben ist der Kalkulationspreis für weitere 1000 Drucke angegeben. Dieser Preis wird dem Kunden für

weitere Drucke angeboten. Da der Stückpreis hier niedriger liegt, wird der eine oder andere Kunde vielleicht für eine geplante Marketingmaßnahme eine höhere Auflage herstellen lassen.

In den folgenden Zeilen werden eventuell notwendige Versand- und Verpackungskosten sowie die Mehrwertsteuer zugeschlagen, um dem Kunden einen Netto- und Bruttopreis im Angebot auszuweisen.

10.3.2.2 Angebot

Aus der innerbetrieblichen Vorkalkulation erstellt der Kalkulator für den Kunden ein Angebot, aus dem der Kunde ersehen kann, welchen Preis er für sein geplantes Medienprodukt bezahlen muss. Aus dem Angebot darf nicht nur der Preis hervorgehen, sondern es sollte dem Kunden deutlich gemacht werden, wie sein Auftrag abgewickelt wird und welche Dienstleistungen er von seinem Medienbetrieb im Zusammenhang mit einem Auftrag noch erwarten kann. Ein Angebot ist immer auch eine Marketingmaßnahme mit erheblicher Wirkung nach außen, auch wenn einmal aus einem Angebot kein Auftrag wird. Deshalb darf ein Angebot – trotz neuer Rechtschreibung – keine Schreibfehler enthalten!

Ein Angebot ist immer auch eine Marketingmaßnahme mit erheblicher Außenwirkung bei potenziellen Kunden.

Angebotsschreiben

Nahezu jedem Auftrag geht ein Angebots-schreiben voraus, das in Form und Aufmachung eine Visitenkarte der Firma sein muss.

MEDIENSERVICE GMBH

Frankfurter Allee 18
34117 Kassel
FON (0 71 21) 465-220
FAX (0 71 21) 465-210
www.medienservice.com
Mail: medienservice@info.com

Geschäftsbereiche
Text-/Bildverarbeitung
Database-Publishing
Software-Entwicklung
Digitaldruck
Interaktive Medien
Internetservice

29. August 2011 • Sch/Ki

Medienservice GmbH • Postfach 2143 • 74117 Kassel

Springer-Verlag
Tiergartenalle 12
69115 Heidelberg-Neckaraue

Angebot CD-Herstellung als Buchbeilage

Sehr geehrte Frau Becker,

wir bedanken uns für Ihre Anfrage, für Sie CDs herzustellen. Wir bieten Ihnen wie mündlich bereits besprochen Folgendes an (Bruttopreise):

MASTER-CD-ROM
Erstellen einer Master-CD-ROM im Hybrid-Format
(Macintosh HFS + ISO 9660) von Ihren gelieferten Daten, die
für das Mastering benötigt werden: 85,– Euro

MASTERING
Erstellen eines Glasfasermasters für Pressvorgang   600,– Euro

KOSTEN Vorbereitung   685,– Euro

Die Kosten für die Vorbereitung entstehen in jedem Fall und sie sind
unabhängig von der CD-Menge, die gepresst wird.

CDs pressen, verpacken in Jewelbox inklusive 2-farbigem Labeldruck
(PDF-Daten werden von Ihnen gestellt)
Auflage 200 Stück – je CD 1 2,25   450,– Euro

CDs pressen, verpacken in Jewelbox inklusive 2-farbigem Labeldruck
(PDF-Daten werden von Ihnen gestellt)
Auflage 500 Stück – je CD 1 1,65   825,– Euro

Nachauflagen zu einem späteren Zeitpunkt bieten wir Ihnen ebenfalls gerne an.

Ebenso kann der Labeldruck auch in mehr als 2 Farben erfolgen. Sollte Ihnen
der im Preis enthaltene 2-farbige Labeldruck nicht genügen, würden wir Ihnen
einen 4-Farbdruck noch gerne separat anbieten.

Die Lieferzeit beträgt ca. 5 – 10 Tage ab Eingang der Daten. Sollte eine schnellere
Auftragsabwicklung notwendig sein, kann dies gegen einen Aufpreis von 20 %
gerne durchgeführt werden.

Für Rückfragen stehen wir jederzeit gerne zur Verfügung.

Mit freundlichen Grüßen

Caroline Schwabe
Caroline Schwabe
Medienservice GmbH

10.3.3 Einführung in die Multimedia-Kalkulation

Kalkulation

10.3.3.1 Grundüberlegungen

Die große Anzahl der ähnlich wirkenden Multimedia-Produkte, die derzeit auf dem Markt anzutreffen ist, lässt folgenden Schluss zu: Bei gleichartig erscheinenden Produkten muss der Produktionsaufwand vergleichbar und damit pauschal abschätzbar sein.

Dies ist falsch! *Jedes Multimedia-Produkt ist eine Einzelfertigung, dessen Funktionalität, dessen Aussehen, Größe und Einsatz völlig unterschiedlich ist.* Einem Medium ist nicht anzusehen, welche Ausgangsmaterialien vorhanden waren, welche didaktische Konzeption erarbeitet werden musste und wie die Pflege etwaiger Updates oder Erweiterungen vorgenommen wird.

Multimedia-Projekte können oftmals erst nach der Herstellung eines Prototyps oder sogar erst nach der Fertigstellung exakt beurteilt und kalkuliert werden. Dies erschwert die Erstellung eines Angebots ungemein, vor allem wenn es sich um einen mit Multimedia unerfahrenen Kunden handelt.

10.3.3.2 Neukunden ohne Multimedia-Erfahrung

Ein neuer Kunde, der sich erstmals mit dem Gedanken vertraut macht, seine Produkte oder Dienstleistungen mit Hilfe moderner Kommunikationsmedien anzubieten, benötigt eine situationsgerechte Beratung durch den Multimedia-Dienstleister. Dies bedeutet, dass eine auf den Kunden angepasste Markt- und Bedarfsanalyse zu erstellen ist. Dabei muss ein Vorschlag für den zukünftigen Kunden entwickelt werden, wie dessen Kommunikation bzw. Marketing durch multimediale Medien wirkungsvoll unterstützt werden kann.

Für diesen Neukunden sollte ein Einstiegsangebot in die Multimediawelt erstellt werden, das durch Module und Funktionen Erweiterungen erfahren kann. Hat der Kunde Erfolg durch die neuen Kommunikationsmedien, kann das bestehende Einstiegsmodul durch geeignete weitere Module im Sinne des Kunden ergänzt werden.

Der Multimedia-Dienstleister muss sich bei einem Neukunden einen umfassenden Überblick über die Marktsituation des zukünftigen Auftraggebers verschaffen. Danach gibt er dem Kunden einen breiten und verständlichen Einblick in die Möglichkeiten moderner Kommunikationsmedien. Damit verbunden ist ein Angebot für eine erste Multimedia-Dienstleistung, zugeschnitten auf den Bedarf des Kunden. Mögliche Erweiterungen, deren Funktion und Wirkung für den Kunden interessant sind, werden aufgezeigt. Unabdingbar ist für den Multimedia-Anbieter, dass er für seinen Neukunden bereits in dieser Phase eine Vorstellung gibt, wie sich ein Werbebudget z. B. für einen ständig zu betreuenden Internetauftritt entwickeln kann.

10.3.3.3 Kunden mit Multimedia-Erfahrung

Ein Unternehmen, das bereits auf Erfahrungen mit modernen Kommunikationsmedien zurückblicken kann, ist häufig von der Notwendigkeit zu überzeugen, ein Update eines bestehenden Altprojektes durchzuführen. Dies kann durch den technischen Fortschritt bedingt sein, durch veränderte oder erweiterte Angebote des Kunden oder durch ein neues Erscheinungsbild. Die von der Medienagentur zu leistende Überzeugungsarbeit ist umso leichter,

Kalkulation im Internet

Die beiden Internetanschriften informieren Sie über Stundensätze und Honorare verschiedener Verbände.

www.vdwd.de
www.contentmanager.de/magazin/artikel_437_kalkulation_und_honorare.html

Die folgenden Internetanschriften informieren Sie über die steuerliche Behandlung von Anlagegütern in der Medienindustrie.

www.urbs.de
www.steuernetz.de

Auf den folgenden Seiten können Sie einfach mal einen Kalkulationsaufbau betrachten und auch durchführen.

www.webkalkulator.com
www.solution-box.com

je besser der Erfolg eines bisherigen Multimedia-Projektes als Marketinginstrument nachgewiesen werden kann. Ist dieser Nachweis gelungen, ist es sinnvoll, gemeinsam mit dem Kunden eine Marketingpolitik zu entwickeln, die auf eine Verbindung zwischen Multimedia und konventionellen Medien zielt.

Im Unterschied zum Neukunden hat man beim Kunden mit Multimedia-Erfahrung die Möglichkeit, individuelle Problemlösungen anzubieten. Diese Angebote, passend zur Branche, zu den Marketingproblemen und zur Zielgruppe des Kunden, legen häufig die Grundlage für eine längerfristige Zusammenarbeit.

10.3.3.4 Vorleistungen der Multimedia-Agentur

Nach den ersten Kundengesprächen und einem ersten Briefing wird eine Agentur die Idee eines Kunden für ein Multimedia-Projekt bearbeiten und ausformulieren. Dies kann bis zur Erstellung eines Prototyps gehen und ist dann bereits mit einem erheblichen Aufwand verbunden. Die Multimedia-Agentur muss sich daher während der Angebotsphase mit der Frage auseinandersetzen, welche Vorleistungen einem Kunden in Rechnung gestellt und welche als kostenfreier Service eingestuft werden.

Wird eine Kundenidee entwickelt, Bilder gescannt, Texte erfasst, Schaltpläne entworfen und umgesetzt, so ist damit ein realer Aufwand verbunden, der im Prinzip vom Kunden zu bezahlen ist. Immer wieder ist die schwierige Fragen zu stellen, ab wann die Umsetzung eines Auftrags so kundenspezifisch ist, dass dafür ein Honorar verlangt werden kann. Dies ist sicherlich dann der Fall, wenn individuelle Analysen und

Kosten Internetauftritt

Ein erfolgsorientierter Internetauftritt für ein Unternehmen, der die Geschäftsaktivitäten ausweitet, wird nichts kosten, sondern etwas einbringen – wie jede gute Marketinginvestition.

Recherchen angestellt und kundenspezifische Prototypen oder Musterscreens produziert werden.

Für eine schnelle Kostenempfehlung oder einen unverbindlichen Kostenvoranschlag, die manchmal innerhalb eines Tages abgegeben werden müssen, sollte die MM-Agentur einige Angaben im Hintergrund haben:

Projekte können innerhalb eines Betriebes nach bestimmten Standards klassifiziert werden. Die Standards werden durch bereits realisierte Projekte einer Agentur gesetzt, bei denen der Kostenrahmen bekannt ist. Zur Orientierung für den Kunden könnte ein pauschales Preis-Leistungs-Verhältnis entwickelt werden, wie es im nächsten Abschnitt dargestellt wird.

10.3.3.5 Kostenrahmen Webauftritt

Was kostet eine Internetseite – schwierige Frage, falsche Frage? Wenn bei Google der Suchbegriff „Kosten Webseite" eingegeben wird, erscheinen etwa 540.000 Anzeigen zum Thema. Die Preisspanne reicht von der kostenlosen Erstellung einer Seite bis zum Angebot von mehreren Hundert Euro für die Erstellung von fünf Seiten, die dann vermutlich ausgesprochen schön gestaltet sind?

Was kostet eine Internetseite – Versuch einer Antwort: Ein erfolgsorientierter Internetauftritt für ein Unternehmen, der die Geschäftsaktivitäten ausweitet, wird unter dem Strich nichts kosten, sondern etwas einbringen – wie dies bei jeder guten Marketinginvestition zu erwarten ist.

Pauschalpreise/Festpreise
Der Kostenrahmen für einen Internetauftritt ist von einer Reihe von Faktoren

Kalkulation

abhängig, auf die später eingegangen wird. Grundsätzlich sollten sich in einer Agentur zwei bis drei Internetauftritte als Standard klassifizieren lassen, die mit einem weitgehend gleichbleibendem Grunddesign und feststehender Funktionalität angeboten werden:
- Einfacher, also statischer Webauftritt mit 25 bis 30 Seiten, einfaches und klares Screendesign, Text wird geliefert, keine Sonderfunktionen, Mail, wenig Bilder. Preisrahmen: 2.000,– bis 4.500,– €.
- Webauftritt mit ca. 45 bis 50 Seiten, anspruchsvolles Screendesign mit kleineren Effekten ohne aufwändige Animationen, komplexere Navigationsstruktur und einfache Datenbank- bzw. einfacher Shopanbindung. Preisrahmen: 5.000,– bis 20.000,– €.

Pauschalpreise lassen sich aus bereits erstellten Internetprojekten ableiten, die einem Kunden als „Muster" angeboten werden. Nach einem solchen Muster lassen sich die Inhalte ersetzen und die Programmierung und Verlinkung anpassen. Der Aufwand ist hier für eine erfahrene Agentur abschätzbar – allerdings erhält der Kunde dafür eine weitgehend standardisierte Webseite ohne unternehmensindividuelle Funktionalität.

Diese „Preiskalkulation" hat vor allem für den Kunden den Vorteil, dass er eine schnelle und realistische Preisangabe für einen Internetauftritt erhält.

Als Beispiel sehen Sie drei Standardinternetseiten für kleinere Handwerksbetriebe, die gerne auf solch gut kalkulierbare Seiten, zumeist mit einer Mail-Funktion versehen, zurückgreifen. Hier halten sich die Kosten und der Aktualisierungsaufwand für die Kleinbetriebe in überschaubaren Grenzen.

Schauen Sie sich die Seiten an, der jeweilige Name des Unternehmens ergibt gleichzeitig die Internetanschrift.

Band II – Seite 737
10.1 HTML

829

10.3.4 Preiskalkulation Webseiten

Band I – Seite 807
10.2 Platzkostenrechnung

Band II – Seite 911
10.7 Content Management

Komplexe, individuell an einem Unternehmensdesign orientierte Internetseiten mit einem hohen Anspruch an Funktionalität und Designqualität erfordern eine individuelle Kalkulation. Solch aufwändige Projekte, deren Seiten dynamisch mittels Content-Management-System und Datenbank generiert werden, müssen individuell geplant, strukturiert, gestaltet und kalkuliert werden.

Dazu ist es notwendig, dass Klarheit über die unterschiedlichen Kostenarten besteht, die für ein solches Projekt anfallen.

Feste Kosten (Fixkosten)
Dies sind Kosten für die Kostenstellen, die an Entwurf und Umsetzung eines Webprojektes beteiligt sind. Hierbei handelt es sich um die Mitarbeiter des Unternehmens, die in der Regel fest angestellt sind und derartige Projekte bearbeiten:
- Konzeptionist
- Mediengestalter/Screendesigner
- Programmierer

Diese Mitarbeiter besetzen unterschiedliche Arbeitsplätze. Für diese Arbeitsplätze müssen Arbeitsplatzbeschreibungen, Platzkostenrechnungen und individuelle Stundensätze vorliegen, damit deren Werte in die Kalkulation übernommen werden können. Die Arbeitsplätze dieser Mitarbeiter sind jeweils PC-Arbeitsplätze, allerdings mit unterschiedlichen technischen und gehaltlichen Anforderungen, die ihren Niederschlag in unterschiedlichen Stundensätzen haben.

Durch die Platzkostenrechnungen liegen die unterschiedlichen Stundensätze vor, die in der Kalkulation verwendet werden können. Wichtig ist, dass für jeden Arbeitsplatz eine eigene Platzkostenrechnung erstellt wird, da

die Kosten pro Arbeitsplatz tatsächlich deutlich zu unterscheiden sind.

So ist der Arbeitsplatz z. B. für einen Mitarbeiter in der Konzeption und Projektorganisation deutlich anders zu bewerten als ein Arbeitsplatz für einen Programmierer oder Screendesigner. Ein Programmierer benötigt einen Arbeitsplatz, der für die Bearbeitung von Bildern, Videos oder Sound ausgelegt ist, da hier alle Medientypen, die auf einer Webseite Verwendung finden können, zusammengeführt werden. Medienintegration erfordert einen leistungsfähigen Rechner mit hohen Softwarekosten, während der Mitarbeiter in der Projektplanung und -konzeption in der Regel mit Textverarbeitung und Tabellenkalkulation auskommt – also keine zu hohen PC-Leistungen erfordert. Das spiegelt sich unter Umständen in den Stundensätzen wider.

Variable Kosten
Diese sind abhängig vom einzelnen Auftrag und müssen jeweils separat erfasst werden. Normalerweise sind die variablen Kosten zu Auftragsbeginn nicht exakt zu benennen, da zu diesem Zeitpunkt zumeist noch unklar ist, welche Zusatzleistungen zu erbringen sind. Dies stellt sich in der Regel erst nach einem ausführlichen Auftragsbriefing heraus. Typische variable Kosten eines Auftrages können sein:
- GEMA-Gebühren für Sound
- Honorare für Bilder aus Bildagenturen
- Lizenzgebühren für Videosequenzen
- Honorare z. B. für Texter, Fotografen oder andere Berufsgruppen
- Materialkosten
- Softwarelizenzen
- Leistungen für Fremdaufträge, z. B. wenn Videosequenzen erstellt werden müssen.

Kalkulation

10.3.4.1 Kalkulationsschema

Fertigungskosten		
Leistung	**Stundensatz**	**Zeit**
Projektmanagement		
• Beratung	75,– €	....
• Projektleitung	90,– €	....
Konzeption		
• Planung und Konzeptionsentwicklung	90,– €	....
• Navigation	85,– €	....
Grafik und Animation		
• Screendesign	80,– €	....
• Interface-Design	80,– €	....
• Bilderfassung	60,– €	....
• Bildbearbeitung	60,– €	....
• Scannen	40,– €	....
• Animation 2D	60,– €	....
• Animation 3D	85,– €	....
Umsetzung und Programmierung		
• Projektmanagement	90,– €	....
• Programmierung		
- HTML	60,– €	....
- Java	60,– €	....
- Visual Basic	60,– €	....
- Perl	60,– €	....
- C++	80,– €	....
- XML/XHTML	80,– €	....
• Datenbankanlage		
- Design und Struktur	90,– €	....
- Programmierung	90,– €	....
• Implementierung	90,– €	....
• Testphase(n)	95,– €	....

Projektmanagement

In die Spalte „Zeit" werden die geschätzten Produktionszeiten eines Auftrages eingetragen. Die Abschätzung der Arbeitsvorgänge erfordert Erfahrung und gutes gestalterisches wie technisches Wissen und Können.

Konzeption

Wird hier ein Teilprozess der Fertigung falsch eingeschätzt, kann dies zu einer Überteuerung eines Angebotes führen. Dadurch kann ein Auftragsverlust einhergehen. Umgekehrt kann der Auftrag zu niedrig kalkuliert werden, was zu einem wirtschaftlich negativen Auftragsergebnis führt.

Grafik und Animation

Die geschätzten Fertigungszeiten werden mit den Stundensätzen multipliziert und ergeben die Kosten des jeweiligen Fertigungsprozesses.

Umsetzung und Programmierung

Die Summe aller Prozesskosten ergeben die Herstellungskosten für einen Internetauftritt oder ein anderes interaktives Digitalmedium.

831

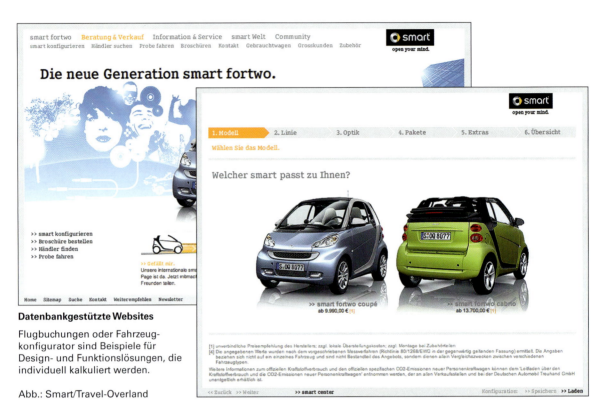

Datenbankgestützte Websites

Flugbuchungen oder Fahrzeugkonfigurator sind Beispiele für Design- und Funktionslösungen, die individuell kalkuliert werden.

Abb.: Smart/Travel-Overland

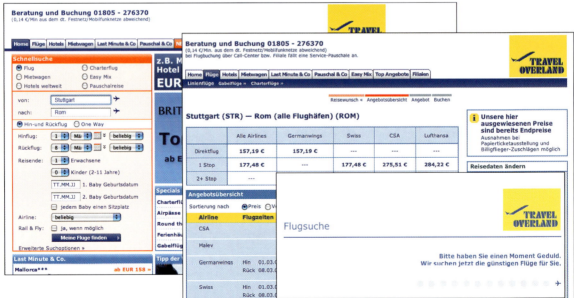

Kalkulation

Band I – Seite 785
9.3 Musikverwendung

Band II – Seite 951
11.1 Audiotechnik

Band II – Seite 979
11.2 Videotechnik

Leistung	Stundensatz	Zeit
• Registrieren, Einrichten von Domain	90,– €	....
• FTP-Zugang einrichten	90,– €	....
• Mail-Verwaltung und Prüfung	90,– €	....
• Suchmaschinen-Optimierung	90,– €	....
• **Video / Audio**		
– Aufnahme	140,– €	....
– Schnitt/Vertonung	140,– €	....
• **Audio**		
– Aufnahme	140,– €	....
– Vertonung	140,– €	....
– Komposition	....	....
• **Redaktion**		
– Text	65,– €	....
– Erfassung	40,– €	....
– Bild	65,– €	....
– Erfassung	40,– €	....
• **Fremdleistungen**	....	
• **Gebühren**	....	....
• **Rechte**	....	....
• **Lizenzen**	....	....
• **Sonstiges**	....	....
Herstellungskosten	....	
Gewinnzuschlag in%	....	
Nettopreis	....	
VV-Kosten	....	
MwSt	....	
Endpreis (Bruttopreis)	....	

Video- und Audiobestandteile eines Internetauftritts werden häufig durch Fremdfirmen erstellt. Dann werden die Kosten dafür unter Fremdleistungen verbucht.

Gebühren, Lizenzen oder Rechte müssen nachgewiesen und einzeln abgerechnet werden.

Verwaltungs- und Vertriebskosten werden in der Webagentur in der Regel deutlich geringer ausfallen als in einer Druckerei. Daher wird in vielen kleineren Agenturen dieser Punkt nicht berücksichtigt.

Herstellungskosten

Hinweis: Die hier angegebenen Stundensätze beruhen auf Erhebungen in Betrieben des mittleren Neckarraumes im Januar 2008 und 2011.

10.3.4.2 Zeitwertschätzung

Die ersten Phase der genauen Projekt-
definition und die Grobstruktur in der
Navigation müssen abgeschlossen sein,
bevor mit der Zeitwertschätzung und
der Kalkulation eines komplexeren Internetauftritts begonnen werden kann.

Die Abschätzung des Zeitaufwands
ist schwierig. Eine Hilfe für die Zeitwert-
schätzungen, die später bei der Kalkulation zugrunde gelegt werden, ist, dass
alle *Prozesse* und *Aktivitäten* in eine
Vielzahl von kleinen Arbeitsschritten
zerlegt werden. Zu den meisten dieser
Arbeitsschritte werden in der Regel
Erfahrungen vorliegen, die eine sichere
Zeitschätzung erlauben. Die Zeitschätzung selbst sollte von Mitarbeitern vorgenommen werden, die Erfahrung in
Projektarbeit und Projektmanagement
aufweisen und Arbeitsaktivitäten sicher
einschätzen können.

Termin- und Kostenüberschreitungen
sind trotz sorgfältigster Zeitwertschätzung nicht ausgeschlossen. Eine der
Hauptursachen dafür ist, dass von den
geplanten Prozessen und Aktivitäten
für das Produktionsprojekt abgewichen
wird. Ursache für derartige Abweichungen finden sich meistens nicht bei
den Mitarbeitern oder der betrieblichen
Organisation. Hauptursache für Abweichungen sind Änderungen des Auftraggebers in der Projektstruktur oder den
Inhalten. Dies führt in aller Regel zu
einer Vervielfachung des Aufwandes für
das betroffene Projekt.

Weitere Maßnahmen können sicherstellen, das größere Projekte ihren
Aufwandsrahmen nicht überschreiten.
Durch eine Modularisierung eines
Auftrages in Teilaufträge ist es möglich,
jedem Mitarbeiter Aufgaben zu übertragen, die er unabhängig von anderen
erstellen kann. Damit wird der zeitliche
Druck reduziert und der Einzelne kann
seine Tätigkeit effektiver und schneller
bewältigen.

Mitarbeiter eines Projektes werden
optimalerweise von anderen Aufgaben
freigestellt. Dadurch erhöht sich der
Wirkungsgrad dieser Mitarbeiter deutlich, geschätzte Zeiten werden besser
kalkulierbar und die Gefahr der Auf-
wandserhöhung lässt sich reduzieren.

Im Kalkulationsschema befindet sich
der Punkt Testphase. Darunter ist zum
einen der Test auf die Lauffähigkeit einer fertigen Projektarbeit zu verstehen.

Zum anderen runden qualitätssichernde Kontrollen am Ende eines
Projektes die Arbeitsprozesse ab. Dazu
gehören Korrekturen, Kontrolle auf
Inhaltszuordnung und Vollständigkeit,
korrekter Bild-, Grafik- und Animati-
onseinbau, Vollständigkeit von Videos
und korrekte Soundwiedergabe. Derartige qualitätssichernde Maßnahmen
müssen zeitlich bewertet und in die
Zeitwertkalkulation mit aufgenommen
werden.

10.3.4.3 Zusatzkosten im Web

Bei der Kalkulation von neuen Websites
sind die zusätzliche Kosten zu berücksichtigen, die für den Kunden mit dem
laufenden Betrieb und der Pflege von
Internetauftritten zusammenhängen
und das Werbebudget eines Auftraggebers regelmäßig belasten. Die Kos-
tenhöhe kann sehr unterschiedlich
ausfallen – je nach Wahl des Internet-
Service-Providers. Für die Ermittlung
der Betriebskosten eines Internetauf-
trittes kann die Checkliste „Zusatzkosten im Web" auf Seite 836 verwendet
werden.

Kalkulation

Band II – Seite 127
2.3 Internet

Kosten im Web

Die Wahl eines Internet-Providers ist schwierig, da unübersichtlich und die Kosten einem ständigen Wandel unterworfen sind.

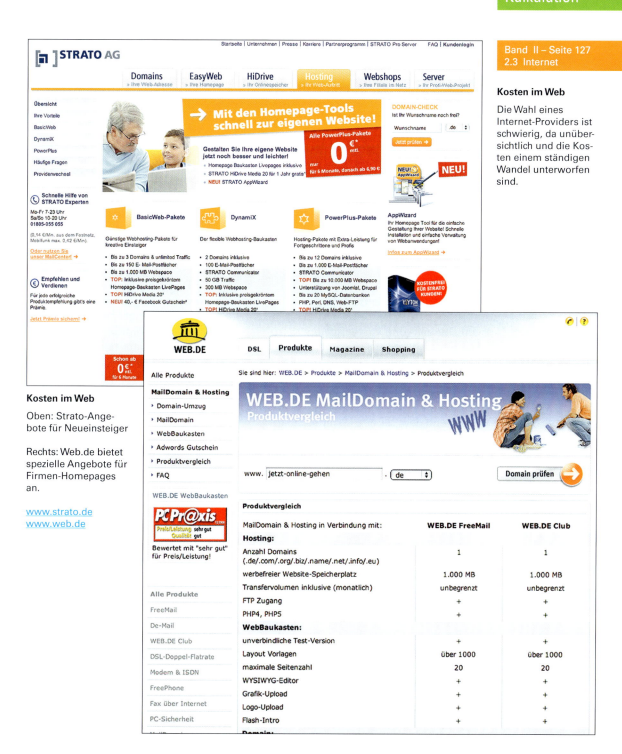

Kosten im Web

Oben: Strato-Angebote für Neueinsteiger

Rechts: Web.de bietet spezielle Angebote für Firmen-Homepages an.

www.strato.de
www.web.de

835

Zusatzkosten im Web

Die nebenstehenden Prozesse zum bzw. beim Betrieb einer Webseite fallen in unterschiedlichen Varianten an.

* Die mengenbezogenen Kosten beziehen sich auf den Datendurchsatz einer Webseite. Dies wird auch als megabytebezogener Kostenansatz bezeichnet.

Prozesse	Einmalig anfallende Kosten	Monatliche/ jährliche Kosten	Mengen-bezogene Kosten*)
Monatlicher Basistarif		•	•
Registrierung, Einrichtung, Unterhalt eines Domain-Namens z. B. „com", „de"	•	•	
FTP-Zugang zur Pflege der Webseite	•		•
Mail-Verwaltung und Prüfung	•		•
Anmeldung bei Suchmaschinen, Online-Submitting	•		
Auswertungen	•	•	

10.3.4.4 Kalkulationsschritte

Um eine zeit- und kostenrichtige Kalkulation für ein Internetprojekt zu erstellen, bedarf es einiger Übung und Erfahrung. Um vor allem den Neueinsteigern eine Hilfe zu geben, sind die folgenden Schritte bei der Erstellung einer Kalkulation und dem daraus resultierenden Angebot vermutlich hilfreich:

- Ermitteln von „ehrlichen" Stundensätzen mittels einer Platzkostenrechnung oder anderer Bewertungen.
- Für jeden Auftrag eine Anforderungscheckliste erstellen, in der die Themen Design, Inhalt und Technik klar getrennt bewertet werden können. Die klare Trennung ermöglicht einen guten Überblick.
- Schätzen Sie Ihre Arbeitszeiten realistisch ein – sonst müssen Sie Verluste abschreiben.
- Fremdangebote sollten immer von mehreren Firmen eingeholt werden.
- Lizenzen, Honorare, Materialkosten, Zusatzkosten für Webspace müssen in das Angebot aufgenommen werden.
- Das Angebot an den Kunden soll

differenziert sein, damit Posten für einen Verhandlungsspielraum gegeben sind. Führen Sie alle Fremdleistungen auf, damit der Kunde die Gesamtkosten kennt.

10.3.4.5 Angebot

Ein auf den Kunden individuell abgestimmtes Angebot für ein Multimedia-Produkt sollte sinnvollerweise in einem persönlichen Gespräch erfolgen. Dabei können anstehende Fragen direkt erläutert werden und verkürzen so den Verständnisprozess. Bevor allerdings ein Angebot erstellt werden kann, sind die folgenden Abläufe üblich:

Das vorausgehende Briefing klärt und beschreibt den Auftrag, die Zielgruppe und die Zielvorstellungen. Mit Hilfe von Fragebogen oder gezielten Fragestellungen kann eine relativ genaue inhaltliche Definition für das geplante Projekt erfasst werden. Nach dem ersten Briefing sollte feststehen, welche Funktionen, Datenbankanbindungen, Texte, Bilder, Videos, Sounds und Animationen in dem geplanten

Kalkulation

Band I – Seite 579
7.1 Zielgruppenanalyse

Projekt enthalten sein sollen. Außerdem können nach diesem Zeitpunkt Vorschläge für die Screengestaltung nach den Vorstellungen des Kunden entwickelt werden.

Mit diesen grundlegenden Informationen, die eine Funktionsbeschreibung, einen ersten Navigationsplan, eine Mengendefinition für Bild- und Textscreens und eine Planung für eventuell weiter gehende Animationen enthalten, kann eine erste konkrete Kalkulation erstellt werden. Diese Information über ein Multimedia-Projekt wird auch als *Pflichtenheft* bezeichnet.

Das Pflichtenheft ist die Basis für die Kalkulation. Darin sind alle oben beschriebenen Funktions- und Designvorgaben enthalten. Damit lassen sich zwei kalkulatorische Leistungen errechnen:
* Grundkosten des Internetprojektes bis zur Funktionsreife
* Modulkosten für die Herstellung weiterer Einzelbausteine oder notwendiger Ergänzungen

Ein Pflichtenheft kann ein außerordentlich umfangreiches Dokument sein. Es ist Grundlage für Produktion, Kontrolle und Abrechnung des Projekts.

Eine grobe Erstkalkulation ohne genaue Grundlage des Daten-, Text- und Bildmaterials ist auf der Basis der gewünschten Screens möglich. Dies kann aber nur eine grobe Kalkulation sein, da die Herstellung von Animationen, Videos, Datenbankanbindungen, Soundverwendung und anderes die Herstellungskosten in die Höhe treiben.

Investitionsempfehlung
Ein schneller Kostenvoranschlag wird oft auch als so genannte *Investitionsempfehlung* an den Kunden weitergegeben. Der Begriff „Investitionsempfehlung" erklärt dem Kunden, welchen Betrag er in geplante Werbemaß-

nahmen investieren sollte, um seine geplanten Marketing- und Umsatzziele zu erreichen.

Ein Angebot für einen Internetauftritt enthält üblicherweise die folgenden Teile mit den entsprechenden Kosten:
* Konzeption Navigation
* Navigationsplan
* Konzeption hinsichtlich der vorgesehenen Zielgruppe und der Corporate-Design-Vorgaben (wenn vorhanden)
* Screendesign
* Datenaufbereitung Bild
* Datenaufbereitung Text
* Datenaufbereitung Animation
* Inhaltsübersicht mit den Kosten der Dateneinpflege in Datenbank
* Datenbankerstellung
* Funktionsliste für die geplante Site
* Providervorschlag und Zusatzkosten
* Lizenzen, Gebühren
* Fremdkosten
* Zeitplanung
* Korrekturverfahren
* Abnahme und Freigabe auf dem Server

Angebotskosten
Um ein sicheres und stimmiges Angebot zu erstellen, sind eine Reihe von Vorleistungen von einer Internetagentur zu erbringen. In Abschnitt 10.3.3.4 sind diese bereits vorgestellt worden.

Eine verbindliche Kalkulation kann nur nach der Erstellung dieser Vorleistungen durchgeführt werden. Da die Kosten für diese Vorleistungen zum Teil erheblich sein können, sollten Sie mit Ihrem Kunden nach Möglichkeit vereinbaren, dass die Vorarbeiten zum Projekt kostenpflichtig sind und bei Auftragserteilung verrechnet werden.

Da die Vorleistungen erbracht sind, können diese Arbeiten für die Auftragsbearbeitung genutzt werden, um das Projekt zu fertigen.

837

Band I – Seite 601
7.2 Briefing

Schema Auftragsvergabe

Schematischer Ablauf einer Multimedia-Auftragsvergabe vom ersten Kundenkontakt bis zum Produktionsbeginn.

Aus dem Ablauf wird deutlich, dass bis zur ersten Angebotskalkulation bereits eine Reihe von informativen Gesprächen zwischen dem Kunden und der Multimedia-Agentur stattfinden müssen, um ein konkretes Angebot kalkulieren zu können.

Grundsätzlich gilt, dass bei der Produktion interaktiver Medien nicht nur die Agentur bei der Planung und Durchführung einen hohen Arbeitsaufwand betreibt. Auch der Kunde ist in einem weit höheren Maß gefordert, als dies bei einer Printproduktion üblich ist.

Der Kunde beurteilt Screens, Schaltpläne und Navigationsstruktur. Er begutachtet und beurteilt, muss Korrektur lesen, Animationen, Digitalvideos und Sounds bewerten und freigeben. Der Kunde selbst hat also einen hohen Zeitaufwand für sein späteres Medienprodukt einzuplanen.

10.3.4.6   Schema Auftragsvergabe

Erster Kundenkontakt
- Erster Kundenkontakt
- Ideen und Vorstellungen
- Checkliste und Budget

Investitionsempfehlung
- Budgetrahmen für die Ideenumsetzung
- Eingehen auf die Ideen des Kunden

Kurze und knappe Empfehlung an den Kunden mit erläutertem Kostenrahmen

Feedback – Briefing

Feedback auf die Investitionsempfehlung einholen
Briefing und Aufforderung an Agentur, ein Angebot zu erstellen

Kundenbeziehungen vertiefen und Vertrauensverhältnis aufbauen durch Kompetenz und Ideen

Projektanalyse

Brainstorming
Workshop

Ausarbeitung eines Vorschlages für den Kunden auf der Basis der ersten Briefing-Daten

Auftragskalkulation

Re-Briefing
Workshop

Abklärung der Kundenwünsche und volles Verständnis für das Projekt entwickeln

Kostenvoranschlag / Angebot
- Kostenvoranschlag
- Zeitplanung
- Betreuung, Pflege, Aktualisierung

Kostenkalkulation, Zeitwertkalkulation, Zusatzkosten und Planungsgrundlagen werden in ein Angebot umgesetzt

Präsentation des Angebots
- Angebotspräsentation
- Erste Umsetzungen
- Projektablauf

Kundenpräsentation

Auftragsvergabe

Durch den Kunden

Wenn alles geklappt hat, kommt der Auftrag

Auftragsbestätigung

Durch die Agentur

Schriftliche Auftragsbestätigung mit Angebot des Re-Briefings

Produktion

Durch die Agentur

Produktion des Auftrags

10.3.5 Aufgaben

Kalkulation

1 Betriebliche Kalkulation kennen

Informieren Sie sich über die Kalkulationspraxis in Ihrem Betrieb. Versuchen Sie Gemeinsamkeiten und Unterschiede der traditionellen Kalkulation und der rechnergestützten Kalkulation herauszufinden.

2 Grundbegriffe kennen

Erklären Sie die beiden Begriffe und deren betriebliche Funktion:
a. Vorkalkulation
b. Nachkalkulation

3 Grundbegriffe kennen

Verdeutlichen Sie folgende Fachbegriffe:
a. Gemeinkosten
b. VV-Kosten
c. Materialkosten
d. Fertigungskosten

4 Zuschlagskalkulation darstellen

Stellen Sie das Schema einer einstufigen Zuschlagskalkulation korrekt dar.

5 Angebotsschreiben beurteilen

Welche Informationen muss ein Angebotsschreiben für einen möglichen Kunden enthalten?

6 Multimedia-Kalkulation einschätzen

Wodurch wird die Durchführung eines Angebotes bei Multimedia-Produktionen erschwert?

7 Kalkulatorische Kategorien für Webauftritte kennen

Webauftritte werden kalkulatorisch in drei Kategorien eingeteilt. Definieren Sie die drei Kategorien über die Seitenanzahl, Inhalte und Funktionen.

8 Fachbegriffe erklären

Was versteht man in der Multimedia-Kalkulation unter:
- Prozessen,
- Aktivitäten?

9 Kalkulation und Angebot erstellen

Für einen Internetauftritt werden nach einer ersten Projektanalyse folgende Zeiten für die Realisierung des Auftrages geplant:
- Beratung und Analyse — 10 Std.
- Planung und Konzeption — 20 Std.
- Screendesign — 20 Std.
- Illustration und Bildbearbeitung, zum Teil mit Kundenmaterial — 15 Std.
- Programmierung — 60 Std.
- Textredaktion — 10 Std.
- Animationserstellung — 10 Std.
- Soundredaktion und MP3-Erstellung — 15 Std.
- Technische Kosten für Domain, FTP-Zugang, Testing usw. — 10 Std.
- Korrektur Text — 15 Std.
- Gebühren (GEMA) — 250,– Euro

a. Ermitteln Sie die Herstellungskosten und den Bruttopreis. Das Unternehmen berechnet einen kalkulatorischen Gewinnzuschlag von 10 %. VV-Kosten bleiben unberücksichtigt.
b. Erstellen Sie mit den errechneten Werten ein Angebotsschreiben das in Form und Inhalt den Anforderungen eines Geschäftsbriefes entspricht.

Produktionsmanagement

11.1 Projektmanagement

11.1.1	Was ist ein Projekt?	844
11.1.2	Projektkompetenz	845
11.1.3	Kreativität im Projekt	847
11.1.4	Projektplanung	849
11.1.5	Projektrealisierung und Projektcontrolling	853
11.1.6	Aufgaben	855

11.1.1 Was ist ein Projekt?

11.1.1.1 Projektdefinition nach DIN 69901

Projekt ist ein moderner und deshalb häufig verwendeter Begriff gerade in der Mediengestaltung und Medienproduktion. Aber nicht jeder Auftrag, den Sie bearbeiten, ist ein Projekt. Die DIN 69901 fasst die wesentlichen Merkmale eines Projekts in einer knappen und eindeutigen Begriffsbestimmung zusammen: Ein Projekt ist ein „Vorhaben, das im Wesentlichen durch Einmaligkeit der Bedingungen in ihrer Gesamtheit gekennzeichnet ist, wie z. B.
- Zielvorgabe,
- zeitliche, finanzielle, personelle oder andere Begrenzungen,
- Abgrenzung gegenüber anderen Vorhaben,
- projektspezifische Organisation."

Einmaligkeit
Ein Projekt unterscheidet sich vom üblichen Tagesgeschäft. Der Inhalt, die Organisation und die Realisierung des Projekts sind für die Beteiligten neu.

Zielorientierung
Mit der Durchführung jedes Projekts verfolgen Sie ein bestimmtes klar definiertes Ziel. Am Ende des Projekts steht ein Ergebnis, mit dem das Projekt abgeschlossen ist. Jedes Projekt hat somit einen klar definierten Anfang und ein klar definiertes Ende.

Ressourcenbeschränkung
Die dem Projekt zugeteilten Ressourcen sind immer beschränkt. Sie haben nur eine gewisse Zeit, ein bestimmtes Budget sowie wie immer knappe personelle und sachliche Mittel für die Projektdurchführung zur Verfügung.

Projektabgrenzung
Aus der klaren Zielorientierung und Bestimmung der Projektressourcen ergibt sich die notwendige Abgrenzung zu anderen Vorhaben oder Projekten.

Organisation
Die meisten Projekte sind durch eine komplexe Struktur gekennzeichnet. So ist z. B. die Erledigung der Einzelaufgaben zeitlich voneinander abhängig. Die Verflechtung des Projekts auch mit externen Faktoren ist vielfältig. Dies bedingt eine spezielle Projektorganisation.

11.1.1.2 Projektzielgrößen

Bei aller Verschiedenheit haben Projekte allgemein gültige Projektzielgrößen. Die Zielgrößen stehen in einem teilweise widersprüchlichen Spannungsfeld und sind wechselseitig voneinander abhängig. Gutes Projektmanagement sorgt für ein möglichst optimales Gleichgewicht der drei Zielfaktoren:
- *Qualität*
  Spezifikation des Projektergebnisses
- *Zeit*
  Zeitrahmen und Zeitaufwand
- *Ressourcen*
  Finanzielle, materielle und personelle Ressourcen

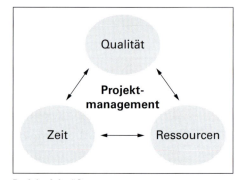

Projektzielgrößen

11.1.2 Projektkompetenz

Ein wichtiger, wenn nicht gar der wichtigste Faktor für das Gelingen eines Projekts ist die Auswahl des Projektleiters und die Zusammensetzung des gesamten Projektteams.

11.1.2.1 Projektkompetenzbereiche

Die Mitarbeiter eines erfolgreichen Projekts müssen neben der Fachkompetenz auch Methodenkompetenz und Sozialkompetenz besitzen. Erst die Ausgewogenheit der drei Kompetenzbereiche entsprechend der Position und Aufgabe des Einzelnen im Projektteam führt zu einer erfolgreichen Arbeit im Projekt.

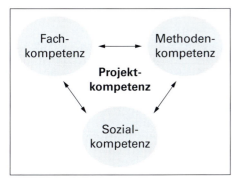

Projektkompetenzbereiche

Fachkompetenz
Die Mitglieder eines Projektteams werden entsprechend den für die erfolgreiche Erledigung der Projektaufgabe notwendigen fachlichen Fähigkeiten ausgewählt.

Methodenkompetenz
Der Bereich der Methodenkompetenz umfasst die Fähigkeit der Projektmitarbeiter, zielgerichtet und planmäßig eine Aufgabe zu lösen. Dazu gehören z. B. auch der Einsatz von Kreativitätstechniken und strukturierten Lösungsstrategien.

Sozialkompetenz
Empathie sowie die Fähigkeit und die Bereitschaft zum verantwortungs- und respektvollen Umgang im Projektteam machen eine erfolgreiche Projektdurchführung erst möglich. Dazu gehört z. B. auch, Konflikte auszuhalten und konstruktiv zu lösen.

11.1.2.2 Projektleiter

Ein erfolgreicher Projektleiter ist zugleich Manager und Moderator. Er organisiert den erfolgreichen Ablauf der verschiedenen Projektschritte, leitet Teamsitzungen, steuert den Informationsfluss und die Projektkommunikation und löst Konflikte im Projektteam. Der Projektleiter ist Ansprechpartner innerhalb der Projektgruppe für die Teammitglieder und für alle am Projekt Beteiligten bzw. von der Projektarbeit betroffenen Personen außerhalb. Kurz, er ist verantwortlich für die erfolgreiche Durchführung des Projekts.

11.1.2.3 Projektteam

Auch bei der Auswahl der Projektteammitglieder müssen alle drei Kompetenzbereiche berücksichtigt werden. D. h., alle benötigten fachlichen Kompetenzen sind im Team vertreten. Die Teammitglieder sind mit den Arbeitsmethoden der Projektarbeit vertraut und gehen offen und konstruktiv miteinander um.

Das Projektziel ist Ziel jedes einzelnen Mitglieds im Projektteam. Dies setzt voraus, dass die Aufgabenbereiche jedes Mitglieds ebenso wie die Verantwortungs- und Kompetenzbereiche klar definiert sind. Die Kommunikationswege und -mittel sind jedem bekannt und werden auch angewandt.

Empathie
Die Bereitschaft und die Fähigkeit, sich in die Einstellungen anderer Menschen einzufühlen.

11.1.2.4 Teamentwicklung

Die Teamentwicklung eines Projektteams verläuft als Prozess nach den allgemeinen Regeln der Gruppenbildung. Grundlage für unsere Betrachtung der Teambildung ist das Phasenmodell von Bruce W. Tuckman, einem amerikanischen pädagogischen Psychologen.

Wichtig ist, dass Sie beachten: Jede Gruppenbildung durchläuft diese fünf Phasen und muss auch diese fünf Phasen durchlaufen. Konflikte, die durch das Überspringen der Konfliktphase unterdrückt werden, brechen irgendwann im Verlauf des Projekts auf. Sie sind dann oft nicht einfach erkennbar, weitaus stärker und können den Erfolg des Projekts dadurch gefährden.

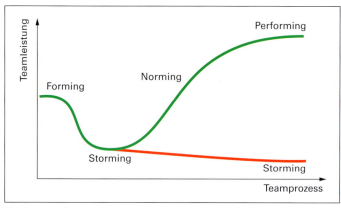

Phasenmodell der Teamentwicklung

Forming – Orientierungsphase
Die Mitglieder des Projektteams lernen sich kennen. Sie gehen höflich, aber distanziert miteinander um. Die Rollen und Hierarchien im Team sind noch nicht verteilt. Viele Gruppenmitglieder suchen Sicherheit.

Als Teamleiter sind Sie jetzt gefordert, den Gruppenmitgliedern Orientierung zu geben und über bestimmte Maßnahmen das Kennenlernen zu fördern.

Storming – Konfliktphase
Nach der Orientierungsphase hat sich die Gruppe gefunden. Sie grenzt sich schon nach außen ab, hat aber noch keine innere Struktur. In dieser zweiten Phase der Gruppenbildung werden die Claims abgesteckt. Die Rolle der einzelnen Teammitglieder in der Gruppe und im Projektprozess sind noch nicht festgelegt. Die Profilierung Einzelner führt zu Konflikten.

Der Leiter ist hier Moderator. Praktizieren Sie konstruktives Konfliktmanagement und unterstützen Sie die Teammitglieder bei der Teambildung. Das Durchleben und die Überwindung dieser Phase ist für das Projekt absolut notwendig.

Norming – Regelungsphase
Die Gruppe hat ihre Konflikte ausgetragen und überstanden. Sie findet Regeln über die Umgangsformen und Feedbackkultur. Das Team entwickelt jetzt auch eine innere Struktur und ein „Wir"-Gefühl.

Der Teamleiter strukturiert und unterstützt den Prozess.

Performing – Arbeitsphase
Die Teammitglieder identifizieren sich mit ihrer Gruppe und dem Projekt. Sie arbeiten zielorientiert und haben eine positive Gruppenkultur entwickelt.

Der Teamleiter unterstützt das Team in seiner Arbeit. Er kontrolliert und steuert den Projektprozess.

Adjourning – Abschlussphase
Jedes Projekt hat ein Ende. In dieser Phase geht es deshalb um Evaluation des Prozesses und des Projektergebnisses.

Der Teamleiter beendet das Projekt durch einen positiven Auflösungsprozess des Projektteams.

11.1.3 Kreativität im Projekt

Projektmanagement

Kreativität ist natürlich eine grundlegende Voraussetzung für die Mediengestaltung. Aber es ist eine Kreativität, die mehr auf das Ergebnis als auf den Prozess hin ausgerichtet ist. Im Projektmanagement sind kreative Lösungen über das gesamte Projekt z. B. bei überraschenden Störungen gefragt. Es macht also durchaus Sinn, gerade hier einige der erfolgreichsten Kreativitätstechniken kurz vorzustellen.

11.1.3.1 Brainstorming

Brainstorming wurde von Alex F. Osborn, einem Werbemann, 1953 in den USA entwickelt.

Anwendung
- Ideenfindung
- Problemlösung

Ausrüstung
- Medium zum Protokollieren und Visualisieren der Ideen

Durchführung
Der Initiator des Brainstormings formuliert das Thema als aktive Frage. Sie kann weit oder eng formuliert werden. Die Gruppe assoziiert frei. Alle Beiträge werden protokolliert. Dabei sind einige Regeln einzuhalten:
- Alle Ideen sind erlaubt.
- Kritik und Wertung sind verboten.
- Kommentare sind verboten.
- Jede Idee ist eine Leistung der Gruppe.

Bei der anschließenden Auswertung ist erstmals Kritik erlaubt. Die gesammelten Ideen werden in der Gruppe nach drei Kriterien gegliedert:
- Realisierbare Ideen
- Ideen, die nach einer Bearbeitung realisiert werden können

- Nicht oder nur schwer realisierbare Ideen

11.1.3.2 Methode 635 – Brainwriting

Die Methode 635, auch Brainwriting genannt, ist ein schriftliches Brainstorming. Sie wurde von Bernd Rohrbach 1969 entwickelt.

Anwendung
- Ideenfindung
- Problemlösung

Ausrüstung
- Formblätter
- Stifte

635	Fragestellung		
	1. Idee	2. Idee	3. Idee
Teilnehmer 1			
Teilnehmer 2			
Teilnehmer 3			
Teilnehmer 4			
Teilnehmer 5			
Teilnehmer 6			

635-Formular

Durchführung
Der Leiter des Brainwritings bereitet Formblätter mit der Fragestellung vor. 6 Teilnehmer schreiben 3 Lösungsvorschläge in 5 Minuten auf ein Formblatt. Danach gibt jeder sein Formular an seinen Nachbarn weiter. Dieser entwickelt die Idee weiter oder schreibt eine völlig neue Idee auf.

Nachdem jeder jedes Formular bearbeitet hat, ergeben sich bei 6 Teilnehmern 108 Vorschläge.

Natürlich kann die Teilnehmerzahl, die Bearbeitungszeit und die Zahl der geforderten Lösungen pro Runde auch variiert werden.

Band I – Seite 259
3.1 Kreativität

11.1.3.3 Kopfstandmethode

Wie der Name schon sagt, werden hier die Probleme auf den Kopf gestellt. Statt sich Gedanken zu machen, wie Ihr Projekt gelingt, denken Sie darüber nach, wie Sie Ihr Projekt zum Scheitern bringen.

Anwendung
- Neue Denkansätze
- Ideenfindung
- Problemlösung

Ausrüstung
- Medium zum Protokollieren und Visualisieren der Ideen

Durchführung
Der Gesprächsleiter formuliert das Thema als aktive Frage. Dabei wird die Problemstellung in ihr Gegenteil verkehrt, also auf den Kopf gestellt. Die Ideenfindung kann nach den Regeln des Brainstormings erfolgen.

11.1.3.4 Sechs-Hüte-Methode

Die Sechs-Hüte-Methode ist im Gegensatz zu den vorhergehenden assoziativen Kreativitätstechniken vor allem eine Methode, um eine Distanz zum Thema zu schaffen und neue Denkansätze zu entwickeln. Die Teilnehmer setzen den Hut auf und schlüpfen damit in ihre Rolle. Alles Sagen und Tun ist damit Teil der Rolle und nicht Teil der Person des Projektteammitglieds.

Die Sechs-Hüte-Methode wurde von Edward de Bono entwickelt, www.edw-debono.com.

Anwendung
- Neue Denkansätze
- Ideenfindung
- Problemlösung

Ausrüstung
- Farbige Hüte, real oder symbolisch
- Protokollant

Durchführung
Jedes Gruppenmitglied wählt einen der sechs Hutfarben. Damit übernimmt der Teilnehmer für die Dauer der Sitzung eine durch den Hut symbolisierte Grundhaltung:
- *Weißer Hut*
  Objektivität und Neutralität, Informationen sammeln, ohne sie zu werten
- *Roter Hut*
  Emotionale Haltung, positive und negative Gefühle, ohne Rechtfertigung
- *Schwarzer Hut*
  Negatives Denken, objektiv negative Aspekte, keine negativen Gefühle
- *Gelber Hut*
  Positives Denken, objektiv positive Aspekte, keine positiven Gefühle
- *Grüner Hut*
  Kreativität und neue Ideen
- *Blauer Hut*
  Kontrolle und Organisation, Metaebene, Moderator

Als Variante ist es möglich, dass die Hüte nach einer bestimmten Zeit wechseln. Damit kommen neue Aspekte und Sichtweisen in die Diskussion. Oft ist es sinnvoll, den blauen Hut nicht zu wechseln, um eine durchgängige Moderation zu ermöglichen.

11.1.4 Projektplanung

Jedes Projekt ist einzigartig. Sie können deshalb nicht auf die gewohnten Routinen der Arbeitsorganisation zugreifen, sondern müssen jeweils eine eigene Planung für die Projektumsetzung erstellen.

Bevor Sie die eigentlichen Projektpläne erstellen können, müssen Sie eine Reihe von Schritten in der Projektvorbereitung durchführen.

11.1.4.1 Projektziel

Mit der Formulierung des Projektziels beschreiben Sie den Zustand nach dem erfolgreichen Abschluss des Projekts. Damit ist klar, dass Sie ohne klare Zieldefinition kein erfolgreiches Projekt durchführen können. Natürlich müssen Sie, bevor Sie das Projektziel formulieren, eine umfangreiche Zielanalyse vornehmen.

Alle weiteren Schritte in der Projektplanung dienen der Zielerreichung.

11.1.4.2 Ressourcenanalyse

Nachdem Sie das Projektziel definiert haben, ist der nächste Schritt in der Projektplanung die Analyse und Ermittlung der benötigten Ressourcen.
- *Mitarbeiter*
  Besteht bereits ein Projektteam?
  Haben die Mitarbeiter alle notwendigen Kompetenzen?
  Reicht die Zahl der Mitarbeiter?
  Ist die Mitarbeit mit den anderen Abteilungen abgestimmt?
- *Sachmittel*
  Welche Sachmittel sind für das Projekt notwendig?
  Stehen die benötigten Sachmittel ausreichend und zeitgerecht zur Verfügung?
  Können benötigte Sachmittel beschafft werden?
- *Budget*
  Welches Budget steht für das Projekt zur Verfügung?
  Wie hoch sind die geschätzten Kosten des Projekts?
  Gibt es Flexibilität im Budget?
- *Zeit*
  Gibt es für das Projekt einen fixen Zeitrahmen?
  Ist der Endpunkt des Projekts fix?
  Gibt es Flexibilität im Zeitrahmen?

Natürlich können und müssen Sie die Fragen zur Ressourcenanalyse an Ihr Projekt anpassen und ergänzen.

Elemente der Aufwandsermittlung
nach DIN 69904

11.1.4.3 Risikoanalyse

Die Analyse der Risiken, die den Erfolg des Projekts gefährden könnten, ist ein weiterer wichtiger Schritt vor der eigentlichen Projektplanung. In die Analyse werden alle drei Projektzielgrößen, Qualität, Zeit und Ressourcen, mit einbezogen. Analysieren Sie die Projektrisiken nach den Bereichen:
- Risikoquellen
- Risikofaktoren
- Auftretenswahrscheinlichkeit und Folgen

Nach der gründlichen und kritischen Analyse bilden Sie ein Ranking der Risiken und der möglichen Gegenmaßnahmen. Dabei wägen Sie die Auftretenswahrscheinlichkeit und Folgen der Risiken gegen die Erfolgswahrschein-

849

lichkeit der Gegenmaßnahmen ab. Seien Sie konservativ bei der Beurteilung und planen Sie Luft für unerwartet Auftretendes ein.

Risikoanalyse
Abschätzung der Auftretenswahrscheinlichkeit und der Folgen

11.1.4.4 Projektpflichtenheft

Das Pflichtenheft umfasst die vom „Auftragnehmer erarbeiteten Realisierungsvorgaben" (DIN 69905). Es ist die Umsetzung des vom Auftraggeber vorgegebenen Lastenheftes. Beide, das Lasten- und das Pflichtenheft, sollten Bestandteil des Projektvertrags sein.

Bei komplexen Projekten ist es sinnvoll, das Pflichtenheft in verschiedene Teile zu gliedern, z. B. in einen organisatorischen Teil mit Kalkulation und Zeiterfassung sowie einen technischen Teil mit den Spezifikationen der Projektrealisierung. Auch die Ergebnisse der Risiko- und Ressourcenanalyse sind Teil des Pflichtenhefts. Im Pflichtenheft kann ebenfalls die Organisation des Projektteams mit den Rechten und Pflichten der am Projekt beteiligten Personen festgelegt werden.

Das Pflichtenheft beschreibt das „Was" und „Womit", d. h. den erwarteten Verlauf des Projekts, und ist damit Grundlage der Planerstellung.

11.1.4.5 Projektstrukturplan PSP

Im Projektstrukturplan wird die Gesamtheit des Projekts in Haupt- und Teilaufgaben gegliedert. Die Teilaufgaben wiederum werden als kleinste Einheit in Arbeitspakete unterteilt. Dabei geht es nur darum, was gemacht werden muss, nicht wie es gemacht werden soll. Die Visualisierung zeigt die Zusammenhänge und Abhängigkeiten der einzelnen Teilaufgaben.

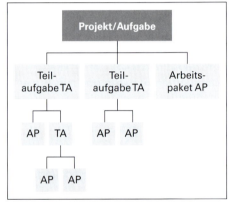

Projektstrukturplan PSP
Gliederung in Teilaufgaben und Arbeitspakete

11.1.4.6 Projektablaufplan PAP

Nachdem Sie mit der Aufstellung des Projektstrukturplans die Aufgabenbereiche und ihre Abhängigkeiten festgelegt haben, bringen Sie im Projektablaufplan die Arbeitspakete des Projektstrukturplans in eine zeitliche und inhaltliche Ausführungsreihenfolge.

Analyse und Strukturierung
Die Abhängigkeiten/Beziehungen und die Abfolge der Teilaufgaben und Arbeitspakete ergeben sich aus der Beantwortung der folgenden Fragen:

- Welche Arbeitspakete sind voneinander unabhängig?
- Die Erledigung welcher Arbeitspakete ist unmittelbare Voraussetzung für die Bearbeitung weiterer Arbeitspakete?
- Welche Arbeitspakete müssen nacheinander bearbeitet werden?
- In welcher Reihenfolge muss die Bearbeitung erfolgen?
- Welche Vorgänge lassen sich parallel bearbeiten?

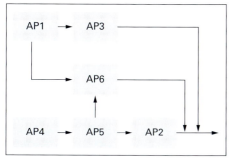

Projektablaufplan PAP
Abfolge und Abhängigkeiten der Arbeitspakete

Planerstellung und Visualisierung
Zur Erstellung des Projektablaufplans gibt es verschiedene Hilfsmittel. Zum einen spezielle Software zur Projektplanung wie z. B. „Microsoft Project". Mit Hilfe der Projektsoftware können Sie das gesamte Projekt einschließlich der Termine, Ressourcen und Mitarbeiter usw. planen sowie den Projektverlauf steuern.

Zur manuellen Projektplanung hat sich die Arbeit mit Karten, z. B. Metaplan, auf denen die einzelnen Vorgänge benannt sind, bewährt:
- Schreiben Sie jeweils ein Arbeitspaket mit seiner genauen Bezeichnung und einer eindeutigen Kennziffer auf eine Karte.
- Bringen Sie die Karten in eine logische Abfolge. Beachten Sie dabei die Abhängigkeiten und Beziehungen der einzelnen Vorgänge.
- Verbinden Sie die Arbeitspakete mit Pfeilen.
- Überprüfen Sie die Abfolge der Bearbeitung vom Anfang bis zum Ende:
„Was muss als Erstes gemacht werden?
„Was folgt?"
- Überprüfen Sie die Abfolge vom Ende bis zum Anfang:
„Was muss als Letztes gemacht werden?"
„Was muss davor bearbeitet werden?"

11.1.4.7 Projektterminplan PTP

Nachdem Sie alle Ressourcen einschließlich des zu erwartenden Zeitaufwands erfasst haben, können Sie jetzt den PAP durch die Terminplanung ergänzen. Aus dem reinen Ablaufplan wird dadurch der Projektterminplan PTP. Gehen Sie in der ersten Version von optimaler zeitlicher Verfügbarkeit der Ressourcen aus.

Falls die errechnete Projektzeit nicht mit der zur Verfügung stehenden Zeit in Einklang zu bringen ist, müssen Sie die Projektplanung überarbeiten. Vielleicht ist es z. B. möglich, bestimmte jetzt nacheinander liegende Vorgänge ganz oder teilweise parallel zu bearbeiten. Kürzen Sie nicht einfach Ihre Zeitvorgaben. Sie haben sie schließlich wohl begründet festgelegt.

Vorwärtsplanung
Die Vorwärtsplanung oder -rechnung beginnt mit dem ersten Vorgang am frühestmöglichen Starttermin. Im Weiteren wird aus den frühestmöglichen Start- und Endterminen aller Aktivitäten

der frühestmögliche Termin des Projektabschlusses errechnet.

Rückwärtsplanung
Die Rückwärtsplanung bzw. -rechnung beginnt mit dem spätest möglichen Abschlusstermin. Aus den geschätzten Zeiten für die einzelnen Vorgänge ergibt sich der spätest mögliche Starttermin.

Puffer
Zur Überprüfung Ihrer Rechnung vergleichen Sie die Differenz der beiden Starttermine mit der der beiden Endtermine. Wenn Sie sich nicht verrechnet haben, dann müssen beide gleich groß sein. Diese Differenz ist gleichzeitig die Summe der Pufferzeit. Planen Sie zwischen heiklen Vorgängen Pufferzeiten ein und behalten Sie Zeit in Reserve.

Ganttdiagramm – Balkendiagramm
Die Technik der Visualisierung des Projektverlaufs durch Balkendiagramme wird nach dem amerikanischen Unternehmensberater Henry Gantt, 1861 – 1919, auch Ganttdiagramm genannt. Im Balkendiagramm wird die Dauer der Arbeitspakete durch die Balkenlänge visualisiert. Ihre zeitliche Abfolge zeigt die Positionierung auf der waagrechten Zeitachse. Die Abhängigkeiten der einzelnen Arbeitspakete sind einfach aus der vertikalen Anordnung abzulesen.

Aktualisieren Sie den Projektverlauf (Ist) ständig. Sie haben dadurch aus dem Soll-Ist-Vergleich eine aktuelle Information über den Stand Ihres Projekts.

In den Projektplan können neben den Vorgängen noch weitere Daten, z. B. Termine für Projektzwischenberichte, Meilensteine oder Meetings, aufgenommen werden.

Netzplan
Für sehr umfangreiche und komplexe Projekte ist die softwaregestützte Netzplantechnik als Planungs- und Steuerungselement besser geeignet als das einfache Balkendiagramm. Die gebräuchlichste Form ist die Vorgangsknotennetzwerktechnik. Darin werden die einzelnen Vorgänge mit Zeitangaben als Rechtecke (Vorgangsknoten) dargestellt, die mit Pfeilen im Fortgang verbunden sind.

Eine weitere Einführung in die Netzwerktechnik würde weit über den Rahmen des Kompendiums hinausgehen. Wir möchten Sie deshalb auf die grundlegenden Normen in DIN 69900 und die umfangreiche Spezialliteratur zum Thema Netzplan verweisen.

Ganttdiagrammerstellung mit Software

Abfolge und Abhängigkeiten der Arbeitspakete

http://ganttproject.biz

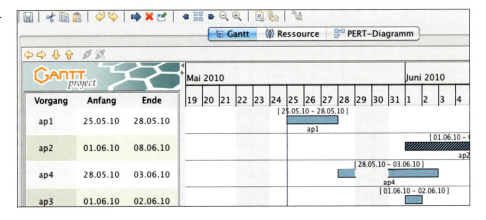

852

11.1.5 Projektrealisierung und Projektcontrolling

11.1.5.1 Kick-off-Sitzung

Mit der Kick-off-Sitzung fällt der offizielle Startschuss des Projekts. Sie dient der Information und der Motivation aller am Projekt Beteiligten.

Die wichtigen Vorbereitungen sind jetzt abgeschlossen und die eigentliche Arbeit im Projekt kann beginnen. Alle Arbeitspakete werden entsprechend der Planung abgearbeitet.
- Verläuft das Projekt so, wie Sie es geplant haben?
- Welche Störungen treten auf?
- Sind bestimmte Teilaufgaben schneller erledigt als geplant?

Sie sehen, ohne eine effektive Projektsteuerung läuft die Realisierung aus dem Ruder. Um aber gezielt steuern zu können, brauchen Sie Projektcontrolling.

11.1.5.2 Controlling

Das Projektcontrolling umfasst alle Regeln und Maßnahmen, um das Erreichen des Projektziels zu gewährleisten. Die Grundlage sind der Projektstrukturplan, Projektablaufplan und Projektterminplan als Soll für den Projektablauf. Während der Projektabwicklung ist es notwendig, einen ständigen Soll-Ist-Abgleich zu erhalten, um bei Abweichungen vom Plan sofort reagieren zu können und steuernd einzugreifen. Voraussetzung hierfür ist natürlich ein effektives Projektinformationssystem. Dazu stehen Ihnen eine Reihe von Steuerelementen und formalisierten Kommunikationsmitteln zur Verfügung.

11.1.5.3 Kontroll- und Steuerelemente

Kritischer Pfad
Die Feststellung bzw. Festlegung des kritischen Pfads ist ein wichtiges Kontrollelement während der Projektrealisierung. Der kritische Pfad bezeichnet die Verbindung zwischen Projektstart und Projektabschluss, bei dem Verzögerungen einzelner Vorgänge automatisch zum Verzug des Projektendes führen. Die aufeinanderfolgenden voneinander abhängigen Teilaufgaben und Arbeitspakete haben keine oder nur minimale Pufferzeiten.

Meilensteine
Meilensteine sind definierte, schon in der Projektplanung festgelegte Kontrollpunkte im Projektablauf. Sie sind oft mit Schlüsselvorgängen bzw. Schlüsselereignissen verbunden und untergliedern ein Projekt in einzelne Phasen. Meilensteine dienen der Fortschrittskontrolle. Das Ergebnis der Meilensteinsitzung ist Grundlage der Entscheidungen über den weiteren Projektverlauf.

Zur Überwachung und Analyse des Projektstands dienen auch hier die klassischen W-Fragen:
- Wer?
- Mit wem?
- Was?
- Wann bzw. bis wann?
- Wie?
- Wo?
- Warum?
- Womit?

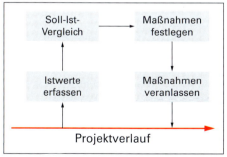

Controlling- und Steuerungsprozess

11.1.5.4 Kommunikationsmittel

Für ein effektives Controlling im Projekt sind formalisierte schriftliche Kommunikationsmittel hilfreich. Je nach Komplexität des Projekts und Größe der Projektgruppe unterscheiden sich die jeweiligen Formulare in Art und Umfang.

Fortschrittsbericht

Der Projektfortschrittsbericht ist ergebnisorientiert und muss regelmäßig in festgelegten Abständen, z. B. täglich oder wöchentlich, erfolgen. Ein Fortschrittsbericht enthält neben der Angabe des Autors Informationen über:

- Arbeitspakete, die gerade in Bearbeitung sind oder eben abgeschlossen wurden
- Neu auftretende Risiken
- Terminsituation mit Begründungen für Abweichungen vom PTP
- Prognosen über den weiteren Projektverlauf

Projektstatusbericht

Im Projektstatusbericht wird der aktuelle Stand der Projektabwicklung dokumentiert. Er ist umfangreicher als der Fortschrittsbericht und sollte z. B. an Meilensteine gebunden werden. Oft wird der Projektstatus mit den drei Ampelfarben Grün, Gelb und Rot gekennzeichnet. Der Bericht beinhaltet:

- Abarbeitung der Arbeitspakete
- Ressourcenverbrauch
- Terminsituation

Sitzungsprotokolle

Jede Sitzung im Verlauf des Projekts muss in ihrem Ergebnis protokolliert werden. Die Protokolle werden im Projektordner oder im Projekttagebuch abgelegt. Parallel dazu erhalten Teammitglieder die Sitzungsprotokolle nach einem definierten Verteiler.

Projekttagebuch

Im Projekttagebuch werden nach Art eines Logbuchs alle relevanten Informationen und Vorkommnisse im Projektablauf festgehalten. Somit kann in der Nachbereitung oder bei Störungen im Projekt die Projektabwicklung exakt nachvollzogen werden.

Evaluation

In der Abschlussphase des Projekts, Adjourning genannt, ist die Evaluation des Projektverlaufs und des Projektergebnisses wichtig.

- Wurden die Projektzielgrößen eingehalten?
- Ist der Kunde zufrieden?
- Sind die Projektmitarbeiter zufrieden?
- Was war gut?
- Was war schlecht?
- Was können wir im nächsten Projekt besser machen?
- Was sollten wir beibehalten?

Projektabschlussbericht

Der Projektabschlussbericht steht, wie der Name schon sagt, am Ende des Projekts. Im Abschlussbericht wird der Verlauf und die Ergebnisse des Projekts protokolliert:

- Beschreibung
- Planung
- Realisierung
- Probleme und Lösungen
- Ergebnisse
- Evaluation
- Ergebnisse der Schlusssitzung
- Entlastung der Projektleitung und des Projektteams
- Anregungen und Verbesserungsvorschläge für künftige Projekte

Die Projektberichte stehen grundsätzlich als Erfahrungsschatz neuen Projektgruppen in neuen Projekten zur Verfügung.

11.1.6 Aufgaben

Projektmanagement

1 Projekt definieren

Was ist ein Projekt?

2 Projektzielgrößen festlegen

Tragen Sie die drei Projektzielgrößen in die Grafik ein.

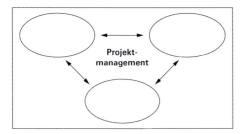

3 Projektkompetenz erläutern

Erläutern Sie die drei Dimensionen der Projektkompetenz:
a. Fachkompetenz
b. Methodenkompetenz
c. Sozialkompetenz

4 Aufgaben des Projektleiters kennen

Nennen Sie drei Aufgaben, die ein Projektleiter erfüllen muss.

5 Teamentwicklung erläutern

Wie heißen die fünf Phasen der Teamentwicklung?

6 Teamentwicklungsphasen einordnen

In welcher der Teamentwicklungsphasen findet die eigentliche produktive Projektarbeit statt?

7 Brainstorming erläutern

a. Zu welchem Zweck wird ein Brainstorming durchgeführt?
b. Nennen Sie drei Regeln zur Durchführung eines Brainstormings.

8 Ressourcen analysieren

Wie heißen die vier Dimensionen der Ressourcenanalyse? Stellen Sie zu jeder Dimension zwei Fragen zur Analyse.

9 Projektpläne zuordnen

Was ist ein PSP?

10 Projektplanung analysieren

Beschreiben Sie den grundsätzlichen Aufbau eines
a. Netzplans,
b. Ganttdiagramms.

11 Projekt planen

Definieren Sie die beiden Begriffe aus der Projektplanung:
a. Kritischer Pfad
b. Meilenstein

12 Kommunikationsmittel kennen

a. Nennen Sie vier schriftliche Kommunikationsmittel.
b. Nennen Sie sechs Inhalte, die ein Projektabschlussbericht enthalten sollte.

11.2 Arbeitsvorbereitung

11.2.1 Arbeitsvorbereitung und Herstellung 858
11.2.2 Digitale Auftragsabwicklung......................... 863
11.2.3 Daten im Medienbetrieb 869
11.2.4 Aufgaben 871

11.2.1 Arbeitsvorbereitung und Herstellung

Unter Arbeitsvorbereitung (AV) verstehen wir die Planung und Vorbereitung eines Arbeitsablaufes in der Herstellung. Zur Arbeitsvorbereitung gehören z. B. die Überprüfung der von einem Kunden gelieferten Vorlagen und Daten, die Zeit-, Material- und Maschinenplanung, die Umfangsberechnung für ein Medienprodukt, Reproduktionsanweisungen für Bilder bezüglich Größe, Ausschnitt, Auflösung usw.

Die Arbeitsvorbereitung wird in vielen Betrieben und Verlagen in der *Herstellungsabteilung* durchgeführt. Darunter versteht man eine Abteilung, die für alle Planungs- und Überwachungsvorgänge rund um die Produktion eines Medienproduktes verantwortlich ist. Dazu gehören:

- Vor- und Nachkalkulation
- Kostenkontrolle
- Manuskriptvorbereitung (AV Text)
- Umfangsschätzung eines Produktes
- Dateneingangskontrolle
- Reproduktionsvorgaben (AV Bild)
- Einrichtung und Überwachung der Satz-, Bild- und Layoutvorgaben
- Ausstattung eines Produktes
- Termindisposition
- Materialdisposition
- Druckplanung
- Weiterverarbeitung und Finishing
- Auslieferung und Versand

11.2.1.1 Arbeitsvorbereitung Text

Manuskript

lat. manu scriptum – mit der Hand geschrieben.
Manus = Hand, Scriptum = Geschriebenes

Als Manuskript wird die Textvorlage in der Medienproduktion bezeichnet, unabhängig davon, wie es dem Medienbetrieb übergeben wird. Üblicherweise wird ein Manuskript als Textdatei (z. B. MS Word) zur Verfügung stehen, aber auch maschinengeschriebene Manuskripte sind durchaus noch anzutreffen. Die Manuskriptbearbeitung kann durch unterschiedliche Personen durchgeführt werden. Dies können ein Lektor, eine Redaktion und/oder der Verlagshersteller sein. Nach der Abgabe des Manuskriptes durch den Autor erfolgt eine erste Korrektur hinsichtlich Rechtschreibung, Zeichensetzung und Grammatik. Lektoren führen eine inhaltliche und stilistische Bearbeitung durch. Die technische AV wird mit der Satzanweisung erstellt. Dabei wird das Manuskript nach satztechnischen und gestalterischen Aspekten bearbeitet und ausgezeichnet.

Manuskriptvorbereitung

Hier werden alle Vorgaben für die Aufbereitung der Textdatei nach typografischen Gesichtspunkten festgelegt. Das Manuskript wird beim Satz in eine typografische Form gebracht – es wird gestaltet. Der Inhalt des Manuskriptes muss zumindest in der Grundtendenz richtig verstanden werden, um zu einer passenden Form zu finden. Um diese Umsetzung zu visualisieren, sollte eine grobe Planungsskizze (Scribble) erstellt werden, aus der die spätere Form bzw. Anordnung des Textes deutlich wird.

Um die gestalterische und technische Umsetzung des Manuskriptes mit Hilfe eines Layoutprogramms durchzuführen, sind die folgenden Angaben für die Umsetzung erforderlich: Schriftart, Schriftgröße, Auszeichnungen, Zeilenabstand, Satzanordnung, Satzspiegel, Spaltenanzahl, Kolumnentitel, Fußnoten, Umfang, Datenformat, Bildanordnung und Bildunterschriften. Je besser und detaillierter diese Anweisungen erstellt werden, umso weniger Korrekturen werden später erforderlich.

Sprachliche Änderungen dürfen nicht vorgenommen werden. Dazu ist ein Medienbetrieb nach dem Urheberrecht nicht befugt.

858

Arbeitsvorbereitung

Hat ein Manuskript stilistische Mängel, können Änderungen nur nach Absprache mit dem Autor oder dem Verlag durchgeführt werden. Üblicherweise wird dies von einem Lektor gemeinsam mit dem Autor besprochen.

Sind aus gestalterischen Gründen, z. B. bei Headlines, Änderungen erforderlich, um eine bessere typografische Wirkung zu erreichen, sind vorgeschlagene Änderungen mit dem Lektor oder dem Autor abzustimmen und von diesem zu genehmigen.

11.2.1.2 Arbeitsvorbereitung Bild

Die Vorbereitung der Bildherstellung ist in aller Regel eine technische Arbeitsvorbereitung. Gestalterische Vorgaben für die Bilder wie z.B. Kontern, Bildausschnitt u.Ä. sollten bei der Vorbereitung zur Bilderfassung bereits vorliegen. Nach den gestalterischen Bildvorgaben und den entsprechenden technischen Anweisungen werden die Bildvorlagen reproduziert bzw. Bilddateien überprüft.

Die Vorlagenvorbereitung hat im Wesentlichen drei Aufgaben für den Produktionsablauf zu erfüllen:
- Kontrolle der Vorlagen auf Vollständigkeit und Qualität
- Vorlagenverbesserung im Hinblick auf die Verarbeitung. Es könnten eventuell Duplikate oder Dias von schwierigen Vorlagen erstellt werden. Auch die Möglichkeiten der Digitalfotografie werden mit einbezogen. Ziel muss eine möglichst standardisierte Bilddatenerfassung sein, um Kosten zu reduzieren und eine gleichbleibende Qualität zu erhalten.
- Erstellen der *Reproduktionsanweisung*. Hier sind alle eventuellen Fragen im Voraus so zu klären und zu formulieren, dass die eigentliche Reproduktion (bzw. Datenkontrolle bei angelieferten Bilddaten) schnell und reibungslos durchgeführt werden kann. Die Repro- und Scananweisungen sind in einer Auftragstasche festzuhalten, die den Produktionsprozess begleitet.
- *Angaben zur Reproduktion* können sein: einfarbig, mehrfarbig, Bildausschnitt, Scanauflösung, Druckauflösung, Vergrößerung, Verkleinerung, Beschnitt, Dateiablage, Rasterung, Strich, Dateiformat, Sonderfarben, Termin, Kontrollelemente usw. Wird die Bilderfassung mit Trommelscannern oder hochwertigen Flachbettscannern durchgeführt, gehört die Bestückung der Wechseltrommeln oder der Diarahmen zur Arbeitsvorbereitung. Der Scanneroperator kann die so vorbereiteten Bilder in den Scanner einlegen und nach den AV-Vorgaben sofort mit dem Scannen der Bildvorlagen beginnen.

11.2.1.3 Text-Bild-Integration

Die erfassten und aufbereiteten Text- und Bilddaten werden üblicherweise über ein Netzwerk mit Server oder mittels CD-ROM auf einen Arbeitsplatzrechner übertragen. Dort werden sie durch geeignete Software zu einem digitalen Medienprodukt zusammengeführt. Text, Bild und Grafik werden nach den Layoutvorgaben gestaltet. Dies kann, je nach Medienprodukt, sehr aufwändig oder sehr schnell geschehen.

Das Ergebnis ist in jedem Fall ein gestaltetes Medienprodukt, das als Erstes

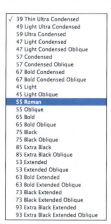

Band I – Seite 159
2.2 Schrifterkennung

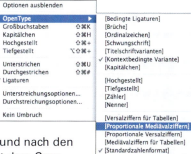

Manusskriptauszeichnung

Die exakte und systematische Manuskriptauszeichnung ist die Grundlage für eine qualifizierte Textgestaltung. Oben sind verschiedene Auszeichnungsmöglichkeiten für Schriften dargestellt. In der Arbeitsvorbereitung werden diese in Stil-, Schrift- bzw. Absatzformate oder als CSS für einen Auftrag vordefiniert.

Text-Bild-Integration

an einem PC mit Hilfe eines Layoutprogramms, das den Import von Text- und Bilddaten zulässt. Mit einem derartigen Programm lassen sich bei richtiger Einstellung außerordentlich viele Funktionen automatisieren. Dazu müssen von der AV die Nutzung der Stilvorlagen oder Absatzformate zwingend vorgegeben werden.

auf seine Richtigkeit überprüft werden muss. Diese erste Korrektur nach dem Seitenumbruch ist die *Hauskorrektur*. Hier werden die einzelnen Seiten überprüft. Die Korrektur bezieht sich auf die Rechtschreibung, die Einhaltung der Layoutvorgaben, den korrekten Stand und Zuordnung von Bild und Text.

Nach der Durchführung der Hauskorrektur erhält der Kunde eine Korrektur – entweder als Ausdruck oder als PDF-Datei. Der Kunde führt nun seine Korrektur durch – die *Autorenkorrektur*. Diese Korrektur ist gefürchtet! Manche Kunden haben bei ihrer Korrektur schon ganze Werke neu geschrieben, so dass manchmal ein komplett neuer Umbruch erstellt werden muss.

Die Zeitdauer der Autorenkorrektur ist für die Herstellung oft schwierig einzuschätzen. Hält sich der Autor an die Zeitvorgaben, ist es gut, wenn nicht, kommt die Zeitplanung ins Wanken.

Wichtig ist die Verteilung der Kosten bei den unterschiedlichen Korrekturen. Die Kosten der Hauskorrektur sind vom Medienbetrieb zu tragen und können nicht in Rechnung gestellt werden. Hat ein Unternehmen gut ausgebildete Mitarbeiter, die die Technologie und Rechtschreibung beherrschen, sind die Kosten gering. Die Autorenkorrektur trägt der Kunde: Ist im Extremfall ein Neusatz notwendig, weil sich der Kunde ein neues Werk erdacht hat, muss er die Kosten dafür übernehmen. Wird ein Autor vor der Autorenkorrektur gut von seinem Medienberater informiert, lassen sich die Kosten in der Regel in vertretbaren Grenzen halten.

Nach der Durchführung der Autorenkorrektur erfolgt die *Druckfreigabe* durch den Auftraggeber. Die Druckfreigabe wird auch als *Imprimatur* bezeichnet. Nach der durch den Kunden und den Medienbetrieb unterschriebenen rechtsverbindlichen Druckfreigabe kann der Druck durchgeführt werden.

Dies gilt sinngemäß auch für die Herstellung von CD-ROMs. Hier kann der Pressvorgang für die Auflage erst nach der Freigabe durch den Kunden erfolgen. Ebenso kann ein Internetauftritt auch erst nach der Genehmigung durch den Auftraggeber auf einem Webserver freigeschaltet werden.

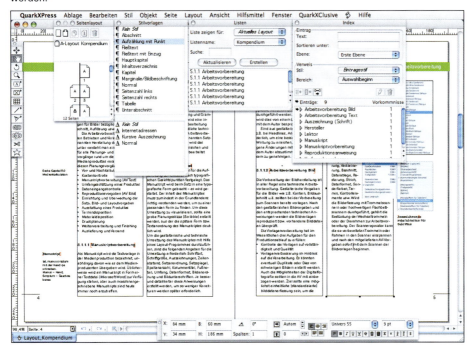

860

11.2.1.4 Arbeitsvorbereitung Druck

Mit der Druckfreigabe durch den Auftraggeber können alle Tätigkeiten durchgeführt werden, die für den Druck erforderlich sind. Dies ist die Druckformherstellung, das Einrichten und die Farbabstimmung an der Druckmaschine, der Auflagen- oder Fortdruck sowie die Materialbereitstellung.

Die freigegebenen PDF-Daten werden an die Workstation zum Ausschießen weitergegeben und dort zu mehrseitigen Druckformen nach den Vorgaben für die geplante Druckmaschine aufbereitet. Die Druckjobs werden nach der Bogenkontrolle am Monitor und durch ein Formproof über eine CtP-Anlage direkt auf eine Druckform ausgegeben. Diese wird danach für den Druck bereitgestellt.

Für die Planung des Auflagendrucks muss im Vorfeld festgehalten werden, wie viele Druckformen benötigt werden und wie gedruckt wird (Schöndruck, Schön- und Widerdruck, Umschlagen, Sonderfarben, Druckveredelung usw.). Die Zeit- und Materialdisposition für den Druck muss vorliegen und die benötigten Rohstoffe müssen zur richtigen Zeit an der Druckmaschine zur Verfügung stehen.

Sind besonders hochwertige Farbdrucke zu erstellen, kann der Auftraggeber zur Farbabstimmung hinzugezogen werden. Diese Terminabsprache gehört dann ebenfalls zu den Aufgaben der AV.

Da die Druckmaschinenbelegung sehr gezielt und zeitlich sehr genau erfolgen muss, helfen analoge oder, wie rechts abgebildet, digitale Planungsinstrumente, dies durchzuführen. Bei einer vernetzten Druckerei haben alle Mitarbeiter in der Arbeitsvorbereitung Zugriff auf diese Planungstafel. Damit ist gewährleistet, dass es keine Doppelbelegungen der Maschinen gibt und dass alle freien Druckkapazitäten durch entsprechende farbliche Kennzeichnung sofort sichtbar sind.

Der Auflagendruck ist dadurch gekennzeichnet, dass nach festen Vorgaben des Kunden oder nach druckereiinternen Qualitätsrichtlinien die Farbführung geprüft und geregelt wird.

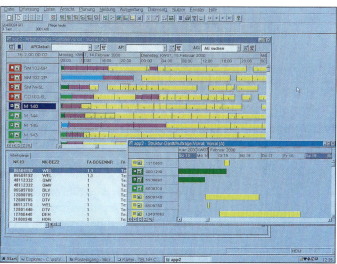

Arbeitsvorbereitung

Ausschießen und Planen des Drucks und der Weiterverarbeitung an der Prinect Signastation

Planungstafel

für die Disposition von Druckmaschinen

861

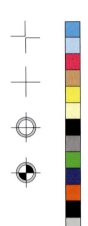

Hilfszeichen

Eine kleine Auswahl an Hilfszeichen, die in der Druckerei und Buchbinderei Verwendung finden. Passmarken, Formatbegrenzungen und Farbkontrollstreifen werden in den unterschiedlichen Formen benutzt.

Farbsteuerung

Farbverteilung und farbzonenbezogenes Toleranzprofil. Die Farbabweichung ΔE darf über einen festzulegenden Wert nicht hinausgehen.

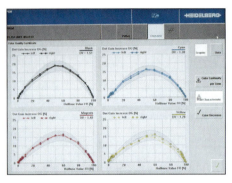

Die Abbildung oben zeigt das Farbprofil eines Druckauftrages in einer Mehrfarbendruckmaschine. Im darunterliegenden Bild wird die Farbführung innerhalb einer grau dargestellten Farbtoleranzzone dargestellt. Innerhalb des grauen Toleranzbereiches muss der Drucker seine Farbwerte fahren. Gelingt dies nicht, ist die Farbabweichung zu groß und es kann zu Reklamationen durch den Kunden kommen.

Übrigens: Die meisten Rechtsstreitigkeiten zwischen Kunden und Druckereien gibt es wegen nicht ausreichender Qualität im Bereich der Bildreproduktion und des mangelhaften Farbdrucks. Hier muss von Seiten der Arbeitsvorbereitung und des betrieblichen Qualitätsmanagements vor allem auf eine korrekte Anwendung messtechnischer Farbbewertung geachtet werden. Das Verständnis für Messtechnik und damit verbundenen Farbmessungen und deren Bewertung kann nur durch die Arbeitsvorbereitung im Rahmen der Qualitätssteuerung gefördert werden.

11.2.1.5 Arbeitsvorbereitung Weiterverarbeitung und Versand

Der abschließende Produktionsprozess in der Herstellung gedruckter Informationen ist die Druckweiterverarbeitung in der Buchbinderei. Hier erhält die auf Druckbogen oder Papierrollen gedruckte Information ihre endgültige Form. Maschinensysteme und Fertigungsstraßen übernehmen den größten Teil der Produktionsabläufe.

Die Druckweiterverarbeitung stellt Bedingungen an die vorausgehenden Produktionsstufen. Mediengestalter und Drucker müssen bei ihrer Arbeit die Endform des Produktes kennen. Die AV hat daher die Aufgabe, die Gestalt und Form des Endproduktes allen Produktionsbeteiligten bekannt zu machen.

Für die Planung des Endproduktes sind folgende Informationen wichtig: Auflage und Bogenzahl mit Zuschuss, Hilfszeichen für Druck und Buchbinderei, Einstecken und Kleben von Bogenteilen, Bildteilen, Karten, Buchdecken, Buchdeckengestaltung und Bindeart, Verpackung und Versand. Dies alles muss zu vertretbaren Kosten geplant und in aller Regel unter einer ungünstigen Terminplanung realisiert und an den Kunden verschickt werden.

Der Versand organisiert das Verpacken der Fertigprodukte, das Etikettieren, Palettieren und Verladen.

Die Zeit- und Materialdatenerfassung sowie das Überwachen der Produktion hinsichtlich Termin und Qualität ist in allen Fertigungsstufen durchzuführen.

11.2.2 Digitale Auftragsabwicklung

Arbeitsvorbereitung

In vielen Unternehmen werden die Aufträge mit Hilfe eines Auftragsmanagementsystems (AMS) bearbeitet, überwacht und betriebswirtschaftlich ausgewertet. Im Rahmen dieser Darstellung geht es zu weit, ein vollständiges AMS vorzustellen. Daher sollen die Ausschnitte dieser Seite einen kleinen Eindruck von einem derartigen System geben. Die Möglichkeiten der unterschiedlichen Systeme am Markt müssen für die jeweilige Auftrags- und Betriebsstruktur individuell angepasst werden. Dies ist für einen Betrieb und die damit befassten Mitarbeiter eine große Herausforderung, die aber in aller Regel eine Beschleunigung des Auftragsdurchlaufes zur Folge hat. Eine exakte betriebswirtschaftliche Auswertung ermöglicht eine schnelle Schwachstellenanalyse und damit eine effektivere und kostengünstigere Medienproduktion.

Die Abbildungen zeigen rechts oben das Anlegen eines Kundendatenblattes. Links unten ist ein Blatt für die Auftragsbeschreibung gezeigt. Die Übersicht innerhalb der Abbildung unten links zeigt dabei alle Formulare an, die für die Auftragsabwicklung erforderlich sind. Unten rechts ist die so genannte Auftragsverfolgung mit Angaben zu den verschiedenen Kostenstellen dargestellt. Hier werden unter anderem alle auftretenden Fehler innerhalb einer Auftragsproduktion festgehalten (siehe rechts) und bei der Nachkalkulation ausgewertet.

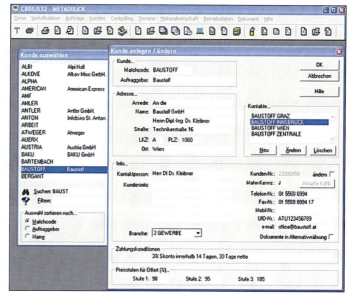

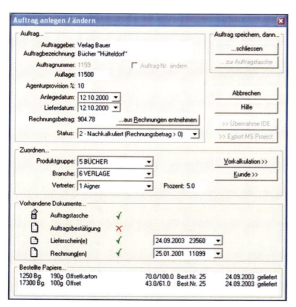

AV-Software

Cirrus-Software und printplus sind weit verbreitete Softwarepakete für die Medienindustrie.

Abb.: Cirrus

www.cirrussoftware.at
www.printplus.ch

863

Auftragstasche

Beispiel einer Auftragstasche für eine Druckerei mit allen notwendigen Informationen für einen Auftrag. Alle Produktionsstufen kennen:

- Alle Auftragsbeteiligten
- Auftragsbeschreibung
- Zeitvorgaben und Zeitplanung
- Termine
- Abwicklungsreihenfolge des Auftrages
- Korrekturstatus
- Druckfreigabe

www.bossysteme.de

BOSs-PRIMA-SYSTEM		**Auftragstasche** 349	vom 12.10.07

Kunde: 00010015	**Karl Beispiel**	Lieferung:
Artikel: 12434	Informationsbüro	1. Korrekt:
Vortasche:	Sortimentsstr.13	2. Korrekt: _____
Leistung: 2762	54321 Musterdorf	Druckreif: _____
	06103/23184	Versand: _____

Auflage: 100.000	Objekt:	Prospektblatt "DRUPA"	Papier Auf Lager (X)
	Format:	DIN A5	
Liefermenge: _____	Umfang:	6-seitig	bestellt am: _____
	Druck:	4/1-farbig	
	Papier:	100g 481 10 7000	bei: _____
	Verarb:	rundum geschnitten	
		verpackt zu 250 Stück	
	Basis:	Satz- und Reprokosten	
		nach Aufwand	
		ca. 238,28	

Beschreibung:	DIN A 5 / 14,8 x 21,0 cm	6-seitig
Favorit 1-Farb	Ikonofix glänzend	4/1-farbig

SATZ			Bilderfassung rüsten
	6		Seite(n) Bilderf. A5 Strich/Halbton
	3		Farbvorlagen scannen
REPRO	6		Belichtungen
FORMHERSTG.	4	St	Druckplatte(n) Roland 204 4-Farb.52
			Grundmontage 3 Nutzen S-Druck
	3		Montage(n) 3 Nutzen S-Druck
	4		Druckplatte(n) kopieren
DRUCK	11,76	kg	Farbe bei 50% Farbdeckung
	23,52	kg	Lack bei 2 gramm/qm
			Grundeinr. 3 Nutzen S-Druck
	3		weitere Einrichtg.(Plattenwechsel)
	33.600		Fortdrucke **Roland 204 4-Farb.52x74** (+ 215)
FORMHERSTG.	1	St	Druckplatte(n) Favorit 1-Farb.52x72
	1		Montage(n) 3 Nutzen S/W-Druck
	1		Druckplatte(n) kopieren
DRUCK	23,52	kg	Lack bei 2 gramm/qm
			Grundeinr. 3 Nutzen S/W-Druck
	33.600		Fortdrucke **Favorit 1-Farb.52x72** (+ 215)
VERARBEITG.	4		Schnitt(e) rüsten
	33.600	Bg	Schneiden auf Format 21,0 x 44,4 cm
	2		Bruch(e) rüsten - Parallelfalz
	100.000	Bg	Falzen Maschine 35x50
	100.000	St	Verpacken zu 250 Stück
PAPIER	16.800	Bg	Ikonofix glänzend 100g 70,0x100,0 (+ 134)
	1		Schnitt(e) rüsten
	16.800	Bg	Schneiden auf Format 50,0 x 70,0 cm
			Papiernutzen = 2 / Drucknutzen = 3

Nettogewicht in kg 932,363

864

Arbeitsvorbereitung

Band I – Seite 888
11.3.3 Vernetzte Produktion

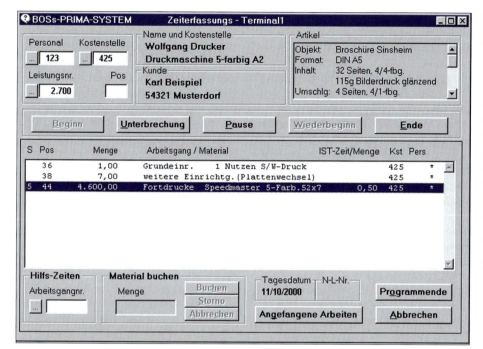

Zeiterfassung

Das Zeiterfassungsterminal ermöglicht dem Mitarbeiter die individuelle Eingabe von Personalnummer, Kostenstellenkennzahl, Auftragsnummer (Leistungsnr.) und die Eingabe von auftragsspezifischen Informationen.

www.bossysteme.de

Betriebswirtschaftliche Auswertung

Management-Informations-Systeme ermöglichen vielfältige statistische Auswertungen und Analysen, um z. B. Schwachstellen in einem Produktions-Workflow zu erkennen, zu analysieren und daraus die notwendigen Schlüsse zu ziehen.

www.bossysteme.de

865

Produktionsplanung und -steuerung
Eine Übersicht typischer Prozesse innerhalb einer Druckerei bzw. eines Firmennetzwerkes zur Medienerstellung ist in der unten stehenden Grafik abgebildet.

Die unten aufgeführten Planungs- und Managementprozesse sind in jedem Medienbetrieb für die Produkterstellung erforderlich.

Im Bereich des Vertriebs orientieren sich die Prozesse sehr stark am (möglichen) Kunden. Vom Bereich Marketing und Vertrieb sind Marketingaktionen vorzubereiten und durchzuführen, um Neukunden zu gewinnen und bisherige Kunden zu betreuen. Dazu gehören das Bearbeiten von Angeboten, das Recherchieren erforderlicher Angebotsdetails sowie das Vorprüfen der Terminierungs- und Produktionsmöglichkeiten. Des Weiteren gehört bei Neukunden die Prüfung der Bonität zur Aufgabe der Angebotserstellung. Ist eine Angebotskalkulation erstellt und dem Kunden vorgelegt worden, muss der Außendienst bei einem Angebot nachfassen, um den Kunden nach Möglichkeit für das Unternehmen zu gewinnen.

Für diese Prozesse sind Informationen des Kunden bezüglich dessen Vorstellungen von Produkt und Liefertermin notwendig. Ebenso muss der Betrieb in der Lage sein, einen möglichen Auftrag unter Technologie-, Kosten-, Kapazitäts- und Terminmöglichkeiten durchzuführen.

Im Bereich der Kalkulation, Auftragsbearbeitung bzw. Arbeitsvorbereitung sind die Prozesse Angebotskalkulation erstellen, Auftragserteilung prüfen, die Kalkulation überarbeiten und den Auftrag zu bestätigen durchzuführen. Bei erteiltem Auftrag sind die Auftragsdaten zu erstellen, Termine abzusprechen und Detailplanungen für die Produktion vorzunehmen.

Überblick über die anfallenden Planungs- und Managementaufgaben der AV

Für alle anfallenden Tätigkeiten innerhalb einer Druckerei sind die unterschiedlichsten Planungs- und Ausführungsarbeiten durch die AV zu koordinieren. Um während einer Auftragsproduktion immer auf dem aktuellen Sachstand zu sein, ist eine zentrale Vernetzung zu jedem Arbeitsplatz hilfreich. Durch ein Job-Ticket zu jedem Auftrag und ein Auftragsmanagementsystem lässt sich der Auftragsstatus jederzeit nachverfolgen und damit aktuell abrufen.

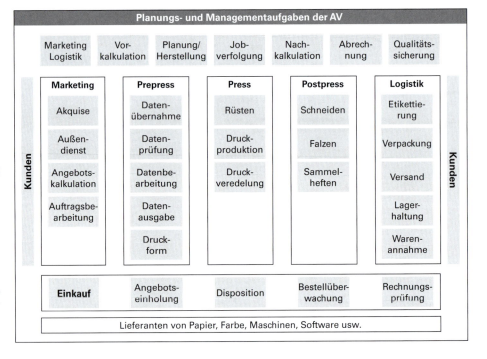

866

Arbeitsvorbereitung

Für die Kalkulation sind detaillierte Informationen über den Produktaufbau und den geplanten Produktionsfluss notwendig. In einer vernetzten Druckerei ist es sinnvoll, die Daten mit den Auftragsinformationen an die Produktionsplanung und -steuerung zu übergeben, sobald der Auftrag an die Druckerei vergeben wurde. Diese Informationen werden zur Steuerung des Produktionsablaufes verwendet. Durch eine solche Vorgehensweise wird eine doppelte Dateneingabe vermieden und die Qualität der Planungen verbessert.

Planung und Steuerung

Die wichtigsten Prozessüberlegungen im Bereich der Produktionsplanung und -steuerung sind die Festlegung und Strukturierung der einzelnen Produktionsschritte. Dabei wird der Gesamtauftrag in einzelne Teilaufträge zerlegt (z. B. Scannen, Texterfassung, Druckmaschine einrichten). Danach wird geplant, an welchen Kostenstellen mit welchem Personal, welchen Arbeitsmitteln, welchem Materialbedarf in welcher Zeit und Reihenfolge die einzelnen Teilaufträge zu erledigen sind.

Nachdem für alle Teilaufträge eines Produktes die Planungen durchgeführt und festgelegt sind, wird ein Terminplan erstellt und mit den Produktionsabteilungen bzw. -stellen abgesprochen.

Wenn die Daten für die Produktion zur Verfügung stehen, die einzelnen Aufträge für die Produktion geplant, freigegeben und das erforderliche Material für die Produktion bereitsteht, kann die konkrete Einplanung der Fertigungsaufträge auf verschiedene Maschinen und Arbeitsplätze durchgeführt werden.

Damit beginnt gleichzeitig die Überwachung des Arbeitsfortschritts und die Terminkontrolle.

Die Bereiche der Medienproduktion gliedern sich in die Teilbereiche Vorstufe (Prepress), Druck (Press) und Weiterverarbeitung (Postpress) und deren Produktionsprozesse.

Vorstufenprozesse
- Beratung von Verkauf und Kunden
- Prüfung und Korrektur von Daten
- PDF-Seiten erstellen, korrigieren, proofen, Seiten ausschießen und Bogenmontage
- Druckformen herstellen, kontrollieren und diese Prozesse dokumentieren
- Zeit- und Materialdaten erfassen
- Überwachung der Produktion hinsichtlich Termin und Qualität

Im Bereich der Vorstufe kann es zu Teilüberschneidungen mit dem Außendienst kommen. Vor allem die Beratung der Kunden während der Produktion und die Übergabe und das Handhaben der Korrekturen muss im Betrieb vor Produktionsbeginn geklärt werden. Dies gilt ebenso für den Bereich des Drucks, wenn es an das Andrucken und die Farbabstimmung geht. Dies muss bereits vor dem Druckbeginn eindeutig geregelt werden.

Druckprozesse
- Einrichten bzw. Rüsten einer Druckmaschine
- Andrucken und Farbabstimmung mit dem Proof oder Andruck
- Auflagen- oder Fortdruck
- Zeit- und Materialdaten erfassen
- Überwachung der Produktion hinsichtlich Termin und Qualität

Im Rahmen einer vernetzten Druckerei ist es möglich, die Rüst- und Andruckzeiten der Druckmaschine zu reduzieren, wenn auftragsbezogene Voreinstelldaten genutzt werden können. Dadurch werden die Rüstzeiten sowie der Makulaturanfall reduziert. Dies gilt auch für Voreinstellungen für Maschinen in der Druckweiterverarbeitung.

Druckweiterverarbeitungsprozesse
- Schneid- und/oder Falzmaschinen einrichten
- Weiterverarbeitung wie Trimmen, Sammeln, Heften, Schneiden und Falzen, ...
- Zeit- und Materialdaten erfassen
- Überwachung der Produktion hinsichtlich Termin und Qualität

In vielen Medienbetrieben und Buchbindereien sind die Versandprozesse in die Druckweiterverarbeitung integriert.

Versandprozesse
- Fertigprodukte verpacken, Etikettieren, Palettieren
- Paletten verladen
- Zeit- und Materialdaten erfassen
- Überwachung der Produktion hinsichtlich Termin und Qualität

Sonstige Prozesse
Zu den bis jetzt genannten Produktionsprozessen kommen noch einige wesentliche Prozessbereiche dazu. Hierzu gehören die Bereiche Einkauf, Materialwirtschaft, Wareneingang und -kontrolle sowie die Lagerverwaltung.

Prozesse im Bereich Einkauf und Materialwirtschaft
- Fremdarbeitenvergabe
- Preis- und Leistungsvergleiche
- Materialbestellung und Abwicklung
- Anfragen und Angebote
- Terminüberwachung bei Bestellungen und Fremdarbeiten
- Zentraler Einkauf
- Lagerführung und -überwachung
- Abwicklung von Speditionsaufträgen
- Lieferung annehmen und prüfen
- Wareneingangskontrolle und Qualitätsprüfung
- Materialfluss an Vorstufe, Druck und Weiterverarbeitung nach Terminierung ausführen
- Inventur nach Vorgaben durchführen
- Zeit- und Materialdaten erfassen
- Überwachung der Produktion hinsichtlich Termin und Qualität

Prozesse der Buchhaltung und der Qualitätssicherung
- Rechnungen überprüfen
- Rechnungen bezahlen
- Kundenrechnungen erstellen
- Zahlungseingänge prüfen
- Mahnwesen durchführen
- Arbeitszeiten- und Urlaubskonten führen
- Löhne, Gehälter, Zuschläge, Sonderzahlungen berechnen und bezahlen
- Auftragscontrolling
- Nachkalkulation
- Soll-Ist-Leistungsvergleiche
- Festlegen der Prüfmerkmale und Fehlerarten im Qualitätsmanagement
- Qualitätsdokumentation
- Wareneingangskontrolle
- Produktionskontrolle für Teilprodukte
- Produktionsendkontrolle
- Fehlerstatistik führen, auswerten
- Abhilfemaßnahmen erarbeiten
- Kunden- und Lieferantenreklamationen bearbeiten

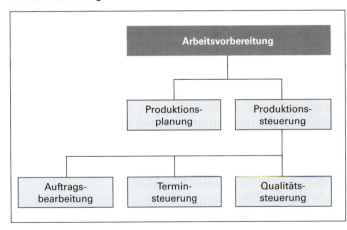

Schema der Aufgaben und Funktionen der Arbeitsvorbereitung

11.2.3　Daten im Medienbetrieb

Arbeitsvorbereitung

Band I – Seite 737
9.1.1.1 Werkarten

Ein sehr problematisches Thema für einen Medienbetrieb ist der Umgang mit Kunden- und Produktionsdaten. Wie halten wir es mit den Daten für unsere Produkte, wie wird archiviert und wem gehören eigentlich welche Daten?

Dies sind schwierige Fragestellungen und eindeutige Antworten sind hier nicht zu geben – das hängt in der Regel vom Einzelfall und von den abgeschlossenen Verträgen ab. Grundsätzlich gilt aber, dass diese Frage in einer Druckerei ebenso zu prüfen ist wie in einer Agentur. Angebote und Vertragsentwürfe sollten auf alle Fragen zum Datenhandling klare Antworten geben.

Kontrolle der Kundendaten

Ein Medienproduzent muss grundsätzlich eine Überprüfung der gelieferten Kundendaten durchführen und diese Datenkontrolle protokollieren. Ein Kunde muss vereinbarungsgemäß mangelfreie Daten liefern. Eine Hilfe für die Lieferung mangelfreier Daten ist die exakte Definition für den Kunden, was für jeden Auftrag unter mangelfreien Daten zu verstehen ist. Für den Kunden ist dies eine praktische Hilfestellung, wenn er genau erfährt, wie Daten zu erstellen und zu liefern sind.

Sollten sich bei der Anlieferung und Prüfung der Daten Probleme und Fehler ergeben, kann der Medienproduzent auf die vereinbarten Datendefinitionen verweisen.

- Der Kunde kann die Mängel an seinen Daten selbst beheben. Die gelieferten Daten werden dann an den Kunden zurückgeschickt.
- Der Kunde wird informiert über die Mängel an seinen Daten und das Angebot, die Daten durch den Medienproduzenten korrekt aufzubereiten. Dabei ist zu beachten, dass für diesen Auftrag eine korrekte Beschrei-

bung erstellt wird. Darin darf nur die Behebung der Fehler zum Auftragsgegenstand gemacht werden. Weiter gehende Leistungen hinsichtlich der späteren Medienproduktion dürfen in der Auftragsbeschreibung nicht enthalten sein. Der Auftrag muss sich auf die reine Fehlerbeseitigung beschränken.

- Der Medienproduzent beseitigt die angetroffenen Fehler an den gelieferten Kundendaten, ohne den Auftraggeber zu informieren. Der Medienproduzent haftet in diesem Fall für alle auftretenden Fehler.

Produktionsdaten

Bei der Umarbeitung der gelieferten Kundendaten fallen Dateien an, die zur Herstellung erforderlich sind. Diese Daten und deren Struktur sieht und kennt der Kunde nicht, da er ihren produktionstechnischen Sinn nicht kennen muss. Diese Daten sind allerdings oft für eine weitere Produktion (Nachdruck, Folgeauftrag) hochinteressant, da sich durch die Auswertung dieser Daten oftmals deutlich kostengünstiger produzieren lässt.

Möchte nun ein Kunde diese Daten dazu nutzen, um selbst oder bei einem anderen Unternehmen zu produzieren, so ist der Medienbetrieb nicht verpflichtet, diese Daten an den Kunden zu geben. Der Kunde hat z. B. einen fertigen Prospekt bestellt, aber keine Zwischenerzeugnisse. Daher hat der Kunde keinen Anspruch auf irgendwelche Zwischenprodukte und deren Daten.

Ein Medienproduzent muss nur die vom Kunden gelieferten Daten und das angefertigte Produkt ausliefern. Wichtig ist, dass von den gelieferten Kundendaten vor Produktionsbeginn eine Sicherungskopie erstellt wird, damit die Originaldaten tatsächlich zurückge-

869

geben werden können. Alle produktionstechnischen Zwischenstufen wie z. B. PostScript-Dateien, PSD-Daten mit Ebenen oder PDF-Daten sind Eigentum des Produzenten. Um sicherzustellen, dass kein Anspruch auf die erstellten Daten geführt werden kann, müssen im Angebot die Leistungen des Medienbetriebes genau beschrieben werden. Dabei darf nur das Medienprodukt als Liefergegenstand mit Preis erscheinen. Das Medienprodukt selbst muss gestalterisch und technisch beschrieben werden. Es darf aber kein Bezug zu irgendwelchen Produktionsdaten im Angebot oder in einer Rechnung hergestellt werden.

Archivierung von Produktionsdaten
Ein Kunde hat keinen Anspruch auf die Archivierung seiner Produktionsdaten. Sind bei mehrfach durchgeführten Aufträgen allerdings die Produktionsdaten immer archiviert und zum Teil für weitere Aufträge auch genutzt worden, kann sich der Kunde auf diese „gewohnheitsmäßige Archivierung" verlassen. Es ist prinzipiell sogar möglich, dass sich daraus ein Haftungsanspruch ableiten lässt. Archiviert ein Produzent gewohnheitsmäßig die Produktionsdaten und seine Kunden wissen dies, muss er die Archivierung sehr sorgfältig durchführen. Maßstab für die Sorgfaltspflicht ist der allgemeine Umgang mit den Daten im Produktionsbetrieb und der damit verbundene Stand der Archivierungstechnik.

Für einen Produzenten ist es ratsam, einen Haftungsausschluss in seine Geschäftsbedingungen einzubringen und die Art, Dauer und Technologie der Archivierung festzulegen.

Andruck und Digitalproof
Viele Kunden liefern Druckereien einen Digitalproof oder einen Andruck als verbindliche Vorlage für den geplanten Auflagendruck. Da die Herstellungsbedingungen des Auflagendrucks oft nicht mit denen des Proofs/Andrucks übereinstimmen, kommt es fast zwangsläufig zu Farbabweichungen. Daher muss in den Verträgen zwischen Kunden und Produzent festgelegt werden, wie bei Abweichungen zu verfahren ist.

Manchmal sind die traditionellen Methoden hier das Beste. Eine gemeinsame Farbabstimmung von Kunde und Mediendienstleister zu Beginn des Auflagendrucks mit einer unterschriebenen Druckreiferklärung und schriftlicher Druckfreigabe (Imprimatur) ist für alle Beteiligten der einfachste und unproblematischste Weg, um zu einer qualitätsvollen und rechtsunproblematischen Medienproduktion beizutragen.

Schriften
Zur Arbeitsvorbereitung eines Auftrags gehört das Bereitstellen von lizenzierten Schriften für die Produktion. Mit dem Kauf und der Nutzung einer Schrift gehen Sie ein Vertragsverhältnis ein, das durch den Lizenzvertrag geregelt ist.

Unabhängig von den Festlegungen eines Lizenzvertrages gilt nach den Urteilen verschiedener Gerichte, dass die Ausbelichtung auf Film oder Druckform durch einen Belichtungsdienstleister zur vertragsgemäßen Nutzung einer Schrift gehört, wenn sichergestellt ist, dass die Schrift nach der Belichtung beim Belichtungsdienstleister gelöscht wird und zu einer anderweitigen Nutzung nicht zur Verfügung steht.

Schriftenwarnung
Hinweis von Adobe Indesign zur Schriftverwendung

11.2.4 Aufgaben

Arbeitsvorbereitung

1 Aufgaben der AV kennen und beschreiben

Beschreiben Sie die allgemeinen Aufgaben der Arbeitsvorbereitung in einem Medienbetrieb.

2 Aufgaben der AV kennen und beschreiben

Beschreiben Sie wichtige Planungs- und Überwachungsaufgaben für die Herstellung eines Medienproduktes.

3 Personal der Abteilung AV und Herstellung benennen

Welche Berufsgruppen können in der AV oder Herstellungsabteilung einer Druckerei oder eines Verlages tätig sein?

4 AV für Manuskripte beschreiben

Welche Vorgaben müssen in der Arbeitsvorbereitung für ein Textmanuskript festgelegt werden?

5 AV für Bildreproduktion beschreiben

Welche Aufgaben hat die AV für die Bildbearbeitung durchzuführen?

6 Korrekturarten der Medienproduktion kennen und erläutern

Erläutern Sie die folgenden Begriffe:
a. Hauskorrektur
b. Autorenkorrektur
c. Imprimatur

7 AV für einen Druckauftrag beschreiben

Welche Tätigkeiten muss die Arbeitsvorbereitung für den Druck eines Werkes vorplanen?

8 AV für die Weiterverarbeitung darstellen

Nennen Sie die wichtigsten Prozesse, die für die Druckweiterverarbeitung geplant werden müssen!

9 AMS kennen und beschreiben

Welche Aufgaben und Funktionen hat ein Auftragsmanagementsystem (AMS) in einem Medienbetrieb?

10 Planungsaufgaben der Arbeitsvorbereitung benennen

Nennen Sie die planenden und steuernden Aufgaben sowie Funktionen der Arbeitsvorbereitung.

11 Vernetzte Druckerei als Begriff kennen und beschreiben

Welche Vorteile bietet eine vernetzte Druckerei der Arbeitsvorbereitung?

12 Datenhandling rechtlich einordnen können

Wer ist der „Eigentümer" von erstellten Produktionsdaten z. B. für ein neu gedrucktes Buch, wenn keine klaren Verträge vorliegen?

11.3 Workflow

11.3.1	Einführung 874
11.3.2	Job-Tickets, Herstellung und Inhalt. 881
11.3.3	Vernetzte Produktion 888
11.3.4	CIP4-Organisation. 900
11.3.5	Aufgaben 901

11.3.1 Einführung

11.3.1.1 Definitionen

Unter einem Workflow verstehen wir ein Verfahren zur computergestützten Organisation von Arbeitsabläufen. Das Verfahren besteht darin, Dokumente in geordneter und fest strukturierter Art und Weise von einer Arbeits- bzw. Produktionsstufe zur nächsten zu bewegen. Dies kann durch den Transport der Dokumente

- mittels eines Netzwerkes geschehen
- oder dadurch, dass die Dokumente an zentraler Stelle vorgehalten werden und die einzelnen Produktionsstufen gemäß dem Arbeitsfortschritt Zugang dazu erhalten.

Workflow-Software kann die Produktionsfortschritte auch überwachen und zum Beispiel bei Terminüberschreitungen eine Warnung auslösen.

Erweiterte Definition 1
Das langfristige Ziel eines Workflows liegt in einem durchgängigen, digitalen System, in dem Management- und Produktionsdaten vollständig und zentral erfasst, Prozessabläufe standardisiert und jeder am Auftrag beteiligte Mitarbeiter online Zugriff auf die für ihn notwendigen Informationen und Daten hat.

Eine mehrfache Erfassung von Daten sollte möglichst entfallen. Die Durchlaufzeiten eines Auftrages müssen durch ein Workflow-System reduziert, die Fehlerquote minimiert und die Kosten insgesamt gesenkt werden.

Erweiterte Definition 2
Ein vollständiges Workflow-System dient der Angebots- und Auftragsabwicklung, der Produktionsplanung, Einkaufs- und Bestellabwicklung sowie der vollständigen Abbildung des Controllings und der dazugehörenden Finanzströme.

Wichtige Funktionen eines Workflow-Systems für die Druckindustrie beinhalten druckereispezifische Standards und deren Abwicklung sowie die Möglichkeit der Kalkulation von Druckprodukten und deren Produktionsüberwachung.

Neben der Ermittlung und Festlegung der erforderlichen Arbeitsvorgänge und der Auswahl sowie Festlegung von Materialien soll ein Workflow-System gleichzeitig die Abwicklung von mehreren Aufträgen ermöglichen.

Dass ein druckereibezogenes Workflow-System die Möglichkeit eröffnen muss, aus bestehenden Layout-, Umbruch- und Ausschießdaten notwendige Produktionsparameter für die weitere Produktion herauszulesen, sollte gegeben sein.

Die derzeit von verschiedenen Herstellern angebotenen Workflow-Systeme sind Branchenlösungen für alle Arten von Druckereien: Akzidenzen, Etiketten, Faltschachteln, Bücher, Broschüren, Zeitschriften, Zeitungen, Bogendruck, Rollen-, Verpackungs- oder

SAP Steeb as//print
dient der Angebots- und Auftragsabwicklung, der Produktionsplanung, Einkaufs- und Bestellabwicklung sowie der vollständigen Abbildung des Controllings und der Finanzbuchhaltung. Die wesentliche Funktion der Branchenlösung ist der Druckkonfigurator, der die druckereispezifischen Eigenheiten der Konfiguration und Kalkulation von Druckprodukten berücksichtigt. Neben der Ermittlung der erforderlichen Arbeitsvorgänge und Materialien unterstützt er die gleichzeitige Konfiguration von mehreren Aufträgen. Unten ist das Einstellungsmenü dieses Workflow-Systems abgebildet.

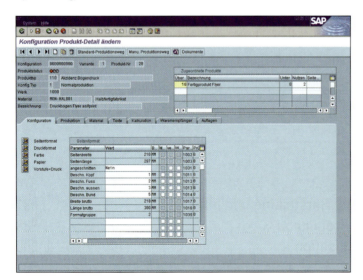

Etikettendruck sind möglich. In vielen Systemen ist eine Abbildung aller wichtigen technischen Geschäftsprozesse gegeben. Die Darstellung betriebswirtschaftlicher Prozesse ist nur teilweise möglich.

Die Abwicklung mehrstufiger oder werksübergreifender Fertigungsprozesse, der Verkauf von Lagerware, Geschäftsprozesse der Kundeneinzelfertigung oder die anonyme Lagerhaltung sind nicht bei allen Workflow-Lösungen möglich. Die Module Finanzbuchhaltung und Controlling sind in herkömmlichen Branchenlösungen nicht selbstverständlich. Workflow-Systeme wie z. B. Steeb as//print SAP R/3 oder Prinect von Heidelberger Druck bieten auch diese Möglichkeiten an.

Wichtig ist bei der Installation von Workflow-Systemen, dass die druckereispezifischen IT-Anforderungen erfüllt werden und gleichzeitig die Systeme über offene Schnittstellen verfügen, um einen datentechnischen Zugang zu ermöglichen.

Branchenübliche Insellösungen und die damit verbundenen Probleme mit mehrfacher Datenhaltung, falsche Schnittstellen und die daraus resultierenden Fehlermöglichkeiten sollten vermieden werden.

11.3.1.2 Technischer Workflow

Der Herstellungsweg in der technischen Produktion eines Druckauftrages ist zwangsweise geprägt von den Tätigkeiten in der Druckvorstufe, dem Druck und der Weiterverarbeitung.

Die Druckvorstufe produziert aus Texten, Bildern und Grafiken Einzelseiten, stellt diese zu Druckformen mit Hilfe von Ausschießsoftware zusammen und übergibt die erstellten Druckbogen digital an CtP-Anlagen oder direkt an Druckmaschinen. Danach erfolgt die Weiterverarbeitung an Schneid-, Falz- und Heftmaschinen zur Erstellung des Fertigproduktes. Der Versand an den jeweiligen Auftraggeber ist die letzte technische Tätigkeit.

Bei einem konventionellen Workflow erfolgt die Weitergabe der Auftragsinformationen zwischen Vorstufe und Druckformherstellung üblicherweise digital mittels eines Netzwerkes. Nach dem Druck werden die Auftragsinformationen in den meisten Fällen mit Hilfe einer Auftragstasche weitergegeben. In den einzelnen Stationen der Weiterverarbeitung werden Einstellungen direkt an den jeweiligen Maschinen durchgeführt. Die vorhandenen Informationen zur Produktion, die bereits ab der Druckvorstufe erstellt sind, werden bei einem derartigen Workflow nicht genutzt, da in der Regel keine Vernetzung zur Weiterverarbeitung besteht.

Druckvorstufe ➤ **Druck** ➤ **Weiterverarbeitung**

875

11.3.1.3 Technischer und administrativer Workflow

Um einen technischen und administrativen Workflow – wie unten dargestellt – innerhalb eines Betriebes zu ermöglichen, ist eine vollständige Vernetzung einer Druckerei erforderlich. Eine derartig vernetzte Druckerei weist eine Reihe von Vorteilen auf:
- Auftragsdaten müssen nur einmal erfasst werden und können innerhalb der Druckerei vielfach genutzt werden.
- Es wird eine Zusammenführung der administrativen mit den technischen Bereichen eines Betriebes möglich. Administration, also Kalkulaton, Produktionssteuerung und Betriebsabrechnung, nutzen die gleichen Daten wie die Druckvorstufe, der Druck und die Weiterverarbeitung. Dabei werden von jedem Nutzer innerhalb der vernetzten Druckerei die jeweils für das Aufgabengebiet relevanten Daten aufgerufen und bearbeitet.

Welche Daten werden jetzt in den einzelnen Produktionsbereichen gemeinsam von den Mitarbeitern genutzt? Diese Frage entscheidet letztlich über die Effektivität einer vernetzten Druckerei. Lassen Sie uns daher diese zentrale Fragestellung etwas näher untersuchen:
- Administration: Hier werden die Kunden- und Auftragsdaten bereits mit der Angebotskalkulation erfasst. Die spezifische Auftragsbeschreibung erfolgt durch den Sachbearbeiter. Alle diese Informationen stehen jedem am Auftrag beteiligten Mitarbeiter ab der Erfassung zur Verfügung.
- Die Druckvorstufe erstellt nach den Layoutvorgaben die einzelnen Seiten für einen Auftrag. Diese Seitendaten werden als PostScript oder PDF-Datei zum Ausschießen übergeben. Die beim Ausschießen erstellten CAD-Daten über die Seitenpositionen können später für die Weiterverarbeitung aufgerufen und zur Einstellung der Weiterverarbeitungsmaschinen genutzt werden. Nach dem RIP-Prozess werden die Daten der ausgeschossenen Seiten zur Herstellung der Druckformen genutzt. Dabei entstehende Farbdichteprofile können zur Farbzonenvoreinstellung der Druckmaschinen abgerufen werden. Damit verkürzt sich die Einrichtezeit und das „In-Farbe-gehen" an der Druckmaschine deutlich. Die bei der digitalen Montage verwendeten Kontrollelemente, Schneid-, Falz- und Heft- bzw. Klebeinformationen wer-

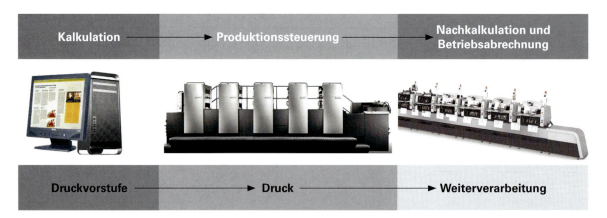

Workflow

den durch „digitale Job-Tickets" an die jeweiligen Produktionsstationen weitergegeben.

Durch diese kurze Beschreibung der unterschiedlichen Stellen der Datenerzeugung und Datennutzung in einer Druckerei wird deutlich, dass alle Prozesse innerhalb eines Workflow-Systems miteinander korrespondieren müssen.

Die Daten des administrativen Management-Workflows müssen mit den Daten des Produktions-Workflows so verknüpft werden, dass jede Station jede Information versteht.

Zur Verdeutlichung werden mögliche Datentypen des Management-Workflows aufgeführt:

- Auftragsanfrage
- Angebotskalkulation
- Angebot
- Auftragseingang
- Produktionsplanung
- Prozessplanung
- Produktionskontrolle
- Nachkalkulation
- Lieferdaten
- Rechnung
- Mahnung

Und hier die Datentypen des Produktions-Workflows:

- Layoutdaten
- Bilddaten
- Textdaten
- PDF-Erzeugung
- Farbanpassungen
- Color Management
- Ausschießen
- Proofing
- CtP-Belichtung
- CtF-Belichtung
- Überfüllung
- Farbvoreinstellung
- Plattenerstellung DI-Maschinen
- Schneiden,
- Falzen, Heften

11.3.1.4 Sprachenvielfalt

Viele Reden miteinander, aber wenige verstehen sich. Alle sprechen verschiedene Sprachen und verstehen sich schlecht – es ist wie oftmals im Leben! Bei der Vielfalt an unterschiedlichen Sprachen – besser Dateiformaten – innerhalb einer Druckerei ist es erforderlich, dass es ein einheitliches und neutrales Austauschformat gibt. Dieses Format sollte in der Lage sein, einen einheitlichen Datenaustausch von der digitalen Vorstufe bis zur Weiterverarbeitung zu ermöglichen.

Dieses Format ist das Print Production Format PPF, das vom CIP3-Konsortium entwickelt wurde und zwischenzeitlich vom CIP4-Konsortium weiterentwickelt wird. Das PPF-Format ist das Vorgängerformat von Job Definition Format JDF. JDF ist in der Lage, einen Großteil der in einer Druckerei erstellten technischen Informationen zur Produktionsnutzung zur Verfügung zu stellen.

Durch JDF können sämtliche einen Druckauftrag betreffenden Informationen beschrieben werden. Dabei ist es unerheblich, ob es sich um den Kostenvoranschlag, auftragsbezogene Farbdefinitionen oder den Druckprozess handelt. JDF bietet eine Art Container für alle technischen und administrativen Auftragsdaten, eingepackt in die Metasprache „XML", die von vielen grafischen Anwendungsprogrammen problemlos interpretiert werden kann. JDF beinhaltet auch Adobes PJTF, CIP3 PPF, ein JMF mit HTTP und MIME, so dass Geschäfts- und Produktionsplanungssoftware datentechnisch einfach in bestehende Arbeitsabläufe eingebunden werden kann.

So können Sie Aufträge während des Drucks noch nachkalkulieren und

CIP3

International Cooperation for Integration of Prepress, Press, and Postpress

CIP4

International Cooperation for the Integration of Processes in Prepress, Press and Postpress

PPF

Print Production Format

JDF

Job Definition Format

JMF

Job Messaging Format
Teil der JDF-Spezifikation

877

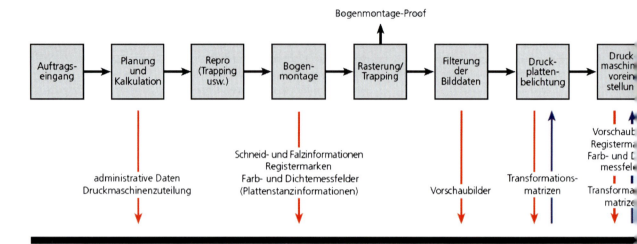

Workflow-Daten und deren Entstehungszeitpunkt und -ort

Abb.: Fraunhofer-Institut für grafische Datenverarbeitung Darmstadt

www.job-definition-format.org

es ist jederzeit nachprüfbar, an welcher Kostenstelle des Produktionsprozesses sich ein Auftrag gerade befindet. Zusätzlich lässt sich auch nach Abschluss eines Auftrages noch feststellen, wer an einem Auftrag zu welchem Zeitpunkt etwas veränderte, da JDF jeden Auftragsschritt automatisch dokumentiert.

Nach der elektronischen Bogenmontage mit PDF-Seiten werden die Produktionsdaten für die Plattenbelichtung zur Verfügung gestellt. Die aus diesen Daten errechneten und verfügbaren Vorschaubilder, Farbvoreinstellungen, Farbreferenzwerte, Registermarken, Druckkontrollstreifen, Schneide-, Falz- und Heftmarken stehen den jeweiligen Produktionsstufen in Druck- und Weiterverarbeitung zur Verfügung. JDF-Dokumente werden aber bereits vor der Bogenmontage z. B. in Form von Kunden-, Auftragsdaten, Auftragsbeschreibung oder Terminvorgaben angelegt und stehen den einzelnen Produktionsstellen zur Verfügung.

Einen Überblick über die nutzbaren Workflow Daten erhalten Sie durch die oben sichtbare Abbildung und im nächsten Abschnitt.

11.3.1.5 PPF, JDF und CIP4

Die notwendige Produktionszeit eines Druckauftrages kann durch die Nutzung von JDF und der darauf abgestimmten Technologie deutlich reduziert werden. Vor allem die schnellen Einrichtemöglichkeiten für Druckmaschinen durch die Farbvoreinstellung der Farbwerke haben zu deutlich geringeren Stillstands- bzw. Einrichtezeiten geführt.

PPF ermöglichte noch nicht die Verbindung zwischen den Daten der technischen Produktion und der betriebswirtschaftlichen Auftragsabwicklung. Das Print Production Format bietet also einen technischen Workflow. Dies findet sich in vielen Betrieben so wieder. Ein technischer und administrativer Workflow ist erst gegeben, wenn die Managementdaten mit den Daten des Produktions-Workflows zusammengeführt werden.

Um dies zu ermöglichen, wurde durch das CIP4-Konsortium unter der Führung von Adobe, Agfa, Heidelberger Druckmaschinen AG, MAN-Roland und weiteren Firmen die Entwicklung eines Job-Tickets vorangetrieben.

Workflow

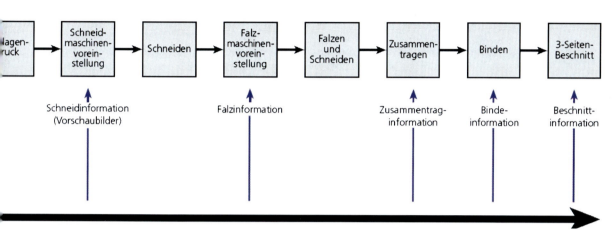

Auf der Basis des PJTF-Dateiformates von Adobe, das technische und administrative Informationen eines Jobs verwalten und weitergeben kann, wurde das Job Definition Format als Standard für den Workflow-Datenaustausch entwickelt und im April 2001 wurde die Version 1.0 veröffentlicht. JDF verbindet den gesamten gestalterischen und technischen Produktions-Workflow auf PPF-Basis mit den PJTF-Informationen des Management-Workflows.

Ziel eines Workflows ist immer der schnelle, kostengünstige und farbverbindliche Druck einer Auflage auf einer Offset- oder Digitaldruckmaschine. Dabei ist das „Job-Ticket" das Instrument, mit dem Sie Daten und Informationen versenden und an verschiedenen Stellen der Produktion abrufen können.

Es werden die technischen Daten wie genutzte Schriftfonts, Format, Beschnitt, Papier, Rasterung, Farbseparation, Farbprofile u. Ä. weitergegeben.

Administrative Informationen sind z. B. Kunde, Liefertermin, Zahlung oder Versandart.

Ein Job-Ticket soll eine weitgehende Automatisierung von Prepress, Press und Postpress ermöglichen. Das bedeutet, dass Produktionsdaten der Druckvorstufe strukturiert zum Druck übergeben und die Druckabläufe von den erzeugten Daten der Druckvorstufe mitbestimmt werden. Die Weiterverarbeitung wird durch die weitergegebenen Daten der Druckvorstufe und des Drucks wie z. B. Papierformat und -art, Ausschießen, Wendeart der Druckbogen, Schneidevorgaben, Binde- und Heftart eingestellt und gesteuert. Der gesamte Workflow beruht darauf, dass einmal erfasste und gespeicherte Daten und technische Einstellungen nicht nur von einer Produktionsstufe genutzt werden. So werden z. B. aus den Schneide- und Falzmarken, die beim Ausschießen und Erstellen der Druckform positioniert werden, die Koordinaten für die Einstellung der Schneide- bzw. Falzmaschine ausgelesen.

Die mehrmalige Nutzung einmal eingegebener Produktionsdaten ist das Ziel eines vernetzten Workflows oder die Verwendung sich aus der Produktion ergebender Daten wie z. B. die Farbdichteverteilung auf einer ausgeschossenen Druckform, aus der sich

PJTF
Portable Job-Ticket Format

Prepress
Druckvorstufe

Press
Druck

Postpress
Weiterverarbeitung

879

die Farbzonenvoreinstellung für eine Druckmaschine ergibt.

Bedeutung von JDF
Wie bei den meisten Anwendungen ist es auch beim JDF für den Endanwender nicht so wichtig, wie die Programmierung funktioniert und welche Technologie letztlich hinter dem Produkt steht. Wichtig ist die Integrations- und Nutzungsmöglichkeit durch JDF.

Klar – ein JDF-Job-Ticket ist eine XML-Datei, die Sie sich im Browser betrachten können. Dieser ermöglicht das Lesen der Job-Ticket-Datei. Alle an der Produktion Beteiligten können Auftragsdaten wie Kundennamen, Auflagenhöhe, Bindeart oder Terminierung sehen.

Der wirkliche Vorteil von JDF liegt in der Vernetzung von traditionell getrennten Funktionsbereichen in der Druckproduktion. Die Vernetzung des Kreativprozesses mit der Druckvorstufe, die Verbindung der Produktionssysteme mit einem Management-Informations-System oder das automatische Einrichten von Weiterverarbeitungsmaschinen anhand der Produktionsplanungsdaten der Druckvorstufe. Kurz gesagt, Druckereien werden durch JDF in der Lage sein, Produktionszeiten deutlich zu verkürzen, die Qualität zu verbessern und durch den Abbau von Abstimmungs-, Informations- und Effizienzmängeln zwischen Funktionsbereichen innerhalb der Produktion Kosten zu senken und die Wirtschaftlichkeit zu erhöhen.

Der Job-Ticket-Ansatz von CIP4 basiert auf XML und integriert PPF und PJTF zu JDF. Damit ist ein ganzheitlicher Produktions- und Management-Workflow entstanden, der sich anschickt, Standard für die Medien- und IT-Industrie für den Datenaustausch zu werden.

PrintTalk
Eine interessante Entwicklung bahnt sich hier für den Digitaldruckbereich an: PrintTalk, Inc. ist ein 2005 begründetes Konsortium von Unternehmen innerhalb der CIP4-Gruppe, die Business-Management- und E-Commerce-Lösungen für die Medienindustrie anbieten. PrintTalk wurde gegründet, um auf der Grundlage von XML für Business-Objekte und JDF zur Definition von Druckauftragsspezifikationen einen einheitlichen offenen Standard zu schaffen und diese Informationen direkt zwischen E-Commerce-Anwendungen und Business-Management-Systemen für die Druckindustrie auszutauschen.

PrintTalk und CIP4 ergänzen sich sinnvoll, wenn es darum geht, den netzbasierten Workflow z. B. im Geschäftsbereich von Web-to-Print-Anwendungen zu unterstützen. JDF und PrintTalk stellen diese Notwendigkeit eindeutig in den Mittelpunkt. Die PrintTalk-Spezifikation nutzt über JDF hinaus Commercial-XML-Attribute (cXML) zur Beschreibung von Beziehungen zwischen Vorstufen- und Druckdienstleistern und deren Kunden. Für JDF-Anwender ergibt sich daraus die zuverlässige externe Erfassung von Kundendaten.

JDF-Workflow
Produktions-Workflow und Management-Workflow werden durch JDF zusammengefasst.

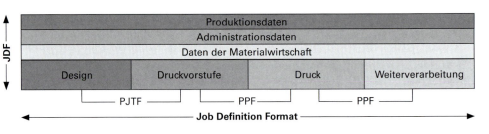

11.3.2 Job-Tickets, Herstellung und Inhalt

Workflow

Wenn zum Beginn eines Druckauftrags ein JDF-Job-Ticket angelegt wird, hängt das von der vorhandenen Lösung und der Einbeziehung der Kunden in die Produktion ab. Job-Ticket-Editoren auf Kundenseite sind oft in die Layout- oder PDF-Weitergabe eingebettet, doch auch Job-Tickets des eigenständigen ausgereiften CIP4-JDF-Editors (kostenlos unter www.cip4.org) werden in jedem JDF-Workflow akzeptiert. Ideal ist die Übernahme von PDF- oder Layoutdaten über ein Internetportal, das JDF-Job-Tickets importieren bzw. selbst erstellen kann, z. B. Kodak Synapse InSite.

Wenn der Kunde keine PDF- oder Layoutdaten liefert, findet die Job-Ticket-Erstellung üblicherweise in der Druckerei am Anfang des Vorstufen-Workflows statt. Dies kann seit Adobes Creativ Suite 2 (CS2) durch dieses Paket erfolgen.

Job-Ticket mit CS 5
Seit der Acrobat Version 7 besteht die Möglichkeit, JDF-Job-Tickets beim PDF-Export aus dem Layoutprogramm In-Design mit allen relevanten Dokumentdaten als JDF-Datei abzuspeichern.

CS 5 harmoniert außerdem mit fremden Job-Ticket-Editoren, die auf den Acrobat Distiller zugreifen. Vergleichbar mit der Bereitstellung von Distiller-Einstellungen, empfiehlt Adobe bei festen Geschäftsbeziehungen, dass der Druckdienstleister ein pauschales Job-Ticket (JDF-Template) z. B. einer Agentur zur Verfügung stellt und diese dann die konkreten auftragsrelevanten Angaben für jeden Auftrag einträgt und an die Druckerei verschickt.

Die Abbildung rechts zeigt die JDF-Auftragsdefinition in Adobe Acrobat 8 Professional. Im *Menü > Erweitert > Druckproduktion > JDF-Auftragsdefinition ...* findet sich die JDF-Auftragsdefinition. Eine Reihe von Untermenüs ermöglicht die Anlage eines ausführlichen und umfassenden Job-Tickets mit einer Vielzahl von technischen und administrativen Informationen zu einem Auftrag.

Job-Ticket mit QuarkXPress
Eine Alternative zum CS-Paket von Adobe bietet ab der Version 7 diese Layoutsoftware. Mit Hilfe sogenannter „Job

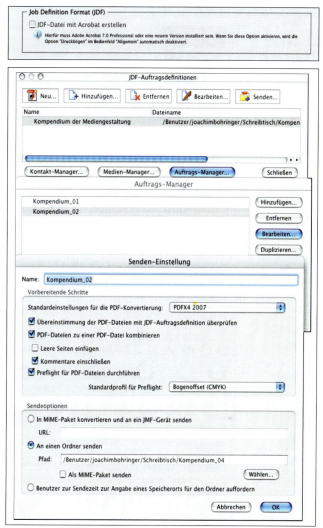

JDF-Erstellung 1
Die Abbildung zeigt die Grundwerkzeuge für die JDF-Erstellung in Acrobat 8.0.
Oben: Auftragsdefinition
Mitte: Auftragsmanager
Unten: Sendeeinstellung und Verarbeitungsangaben für die Weitergabe der Jobs

881

Job-Ticket
So sieht ein Job-Ticket-Logo, erstellt durch Adobe Acrobat (links) oder durch QuarkXPress (rechts), aus.

Jackets" werden Gestaltungsregeln, Effekte, Farb- und Distiller-Einstellungen definiert oder aus bereits existierenden JDF-Job-Tickets übernommen. Die JDF-Informationen stehen dem Layouter oder einer Arbeitsgruppe zum zeitgleichen Arbeiten an ein und demselben Dokument oder Publikationstyp mittels „Shared Content" zur Verfügung.

Jederzeit lassen sich die Arbeitsergebnisse in einem Preflight, als „Layout Evaluation" bezeichnet, anhand der JDF-Einträge in den Job Jackets überprüfen und bewerten. Die Job Jackets können als JDF-Datei mit der fertigen QuarkXPress-Datei oder mit dem daraus exportierten PDF weitergegeben werden.

Workflow-Beispiel mit Job-Ticket
Ein Auftragssachbearbeiter erarbeitet gemeinsam mit einem Mediengestalter eine Definition für einen Druckauftrag. Sie legen geeignete Auftragsspezifikationen und -regeln fest wie Seitengröße, Seitenzahl, Farbendefinition, Überfüllungen, Stilvorlagen, verschiedene Linienbreiten und die zu nutzenden Farbräume für importierte Bilder.

Der Mediengestalter verwendet diese Vorgaben, um eine Job-Ticket-Vorlage anzulegen. Die Job-Ticket-Vorlage beschreibt ein bestimmtes Projekt und kann verschiedene Spezifikationen

JDF-Erstellung 2
Ausschnitt aus einem Job-Ticket als XML-Datei in einem XML-Editor geöffnet. Mit etwas Mühe sind die einzelnen Jobinformationen wie Titel des Jobs, Jobbeschreibung, Kontaktperson im Verlag usw. herauszulesen.

882

Workflow

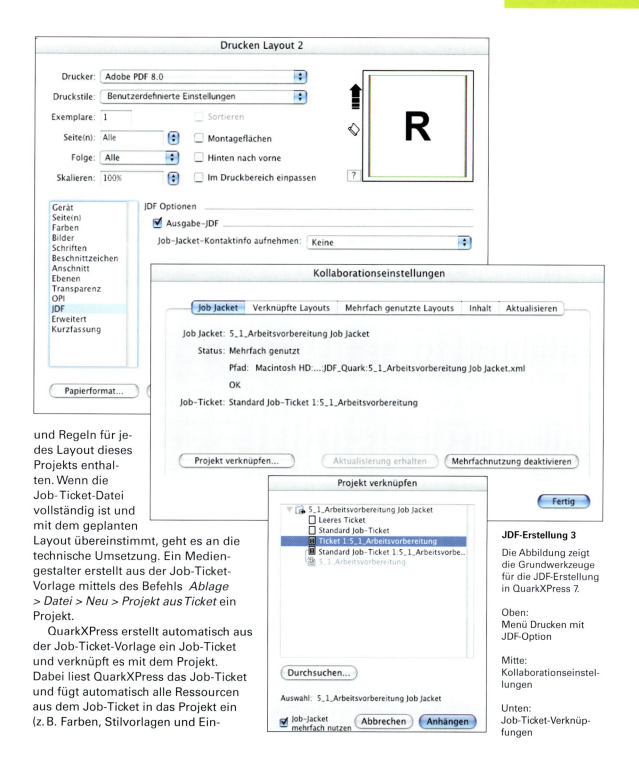

und Regeln für jedes Layout dieses Projekts enthalten. Wenn die Job-Ticket-Datei vollständig ist und mit dem geplanten Layout übereinstimmt, geht es an die technische Umsetzung. Ein Mediengestalter erstellt aus der Job-Ticket-Vorlage mittels des Befehls *Ablage > Datei > Neu > Projekt aus Ticket* ein Projekt.

QuarkXPress erstellt automatisch aus der Job-Ticket-Vorlage ein Job-Ticket und verknüpft es mit dem Projekt. Dabei liest QuarkXPress das Job-Ticket und fügt automatisch alle Ressourcen aus dem Job-Ticket in das Projekt ein (z. B. Farben, Stilvorlagen und Ein-

JDF-Erstellung 3

Die Abbildung zeigt die Grundwerkzeuge für die JDF-Erstellung in QuarkXPress 7.

Oben:
Menü Drucken mit JDF-Option

Mitte:
Kollaborationseinstellungen

Unten:
Job-Ticket-Verknüpfungen

883

stellungen für das Farbmanagement). QuarkXPress legt auch automatisch alle im Job-Ticket definierten Layouts an.

Unter Nutzung der Job-Ticket-Datei als Sammlung von Richtlinien wird das Layout erstellt. Von Zeit zu Zeit prüft der Layouter mit *Ablage > Datei > Job Jacket > Layout evaluieren ...* die Einhaltung der im Job-Ticket definierten Vorgaben. Eine Dialogbox spürt alle Designelemente auf, welche die im Job-Ticket aufgestellten Regeln verletzen. Die gefundenen Problemstellen, also die Abweichungen vom Job-Ticket, werden angezeigt.

Auf diese Weise kann der Mediengestalter Probleme im Moment ihrer Entstehung beheben, die sonst eventuell erst im späteren Produktionsprozess entdeckt würden. Dabei kann die Korrektur im Layout oder im Job-Ticket vorgenommen werde – hier kann ja auch mal ein Fehler enthalten sein! Entscheidend ist die Übereinstimmung der Definitionen und Festlegungen für ein Projekt.

Ist ein Layout vollständig, sendet der Layouter es durch die Auswahl einer von mehreren Methoden an die Ausgabe. Dies kann der direkte Druck sein, Sammeln für Ausgabe oder Export als PDF oder PDF/X. Da das Layout innerhalb der von der Job-Ticket-Vorlage gelieferten Spezifikationen entwickelt wurde, erreicht es nach der Haus- und Autorenkorrektur die Ausschießstation, danach die Druckmaschine und die Weiterverarbeitung im Prinzip ohne Fehler.

CIP-Dateien und deren Inhalt

CIP-Dateien bzw. PPFs enthalten alle Informationen, die zur Herstellung von Druckerzeugnissen notwendig sind. Spätestens beim Ausschießen eines Auftrages müssen alle Produktinformationen und alle notwendigen Bogen-

und Weiterverarbeitungsinformationen feststehen. Daher können die aktuellen Ausschießprogramme CIP4- bzw. PPF-Dateien mit allen Produktionsdaten und dem dazugehörigen PPF-Directory (Inhaltsverzeichnis) herstellen.

Diese Daten sind nach dem Ausschießen unterteilt nach den drei Fertigungsstufen in Druck, Weiterverarbeitung und Versand. Für den Druck an der Druckmaschine kann die Farbzonenvoreinstellung, der Papierlauf, die Registereinstellung, Farb- und Dichtemessungen mit Hilfe der Daten aus der Druckvorstufe, An- und Auslegervoreinstellung sowie die Positionen für die Kontrollelemente festgelegt und gespeichert werden. Die Informationen für die Farbvoreinstellung der Druckmaschinenfarbwerke werden beim RIP-Prozess erzeugt und in die CIP-Datei eingetragen. Die Informationen für die Weiterverarbeitung werden aus dem digital ausgeschossenen Bogen entnommen und in der CIP-Datei abgelegt. Die Inhalte einer CIP-Datei sind auf der gegenüberliegenden Seite nachzulesen.

Die wichtigsten Prozessschritte in der Druckweiterverarbeitung sind Schneiden, Falzen, Heften und die Verarbeitung zum Endprodukt. Für das Schneiden sind die Abmessungen der Schneideblöcke und die Position der Schneidemarken aus den Dateninformationen des Ausschießprogramms auslesbar und können – wenn eine CIP3/CIP4-Schnittstelle vorhanden ist – die Schneide- und Falzposition ausgeben. Dadurch können die Voreinstellungen für die jeweilige Maschine vorgenommen werden und es ist nur noch eine Feinjustierung notwendig.

Für das Falzen werden die einzelnen Schritte des Falzvorganges, das Falzschema und die dazu notwendigen

Workflow

```
                    Prospekt_BFD_B1.cip
%!PS-Adobe-3.0
%%CIP3-File Version 2.1
%%created by Signastation 9.0.2

CIP3beginnSheet
/CIP3AdmJobname (Prospekt-01) def
/CIP3AdmJobCode (Prospekt_01) def
/CIP3AdmMake (Heidelberger Druckmaschinen AG) def
/CIP3AdmCreationTime (Fri Sep 24 15.54:52 2004) def
/CIP3AdmArtist (Signa1) def
/CIP3AdmPrintVolume 1 def
/CIP3AdmPaperGrammage 120.000000 def
/CIP3AdmPaperThickness 120.000000 def
/CIP3AdmPaperGrade () def
/CIP3AdmSheetName (B001#Sheet 1 back) def
/CIP3AdmPSExent [2069.291260 1530.708618 ] def
/CIP3AdmPaperTrf [1 0 0 1 0.000000 0.000000] def
/CIP3AdmPaperExent [2069.291260 1530.708618 ] def
/CIP3AdmSheetLay /Left def
/CIP3TransferFilmCurveData [0.0 0.0 1.0 1.0] def
/CIP3TransferPlateCurveData [0.0 0.0 1.0 1.0] def


CIP3BeginColorControl
/C100
<< /CIE-L* 62 /CIE-a* -31 /CIE-b* -48
/Diameter 4.7 mm /Light /D65
/Observer 2 /Tolerance 5
/Type /CIELAB
>> def
CIP3EndColorControl

CIP3BeginFront
/CIP3AdmSeparationName [ (Black) (Cyan) (Magenta) (Yellow) ] def
CIP3BeginPreviewImage

%%Page: 1
%%PlateColor: Black
CIP3BeginSeparation
%%LMCIPInclude: XXXX
CIP3EndSeparation

%%Page: 2
%%PlateColor: Cyan
CIP3BeginSeparation
%%LMCIPInclude: XXXX
CIP3EndSeparation

CIP3EndPreviewImage

CIP3BeginRegisterMarks
20 inch 0 0 / cross&circle CIP3PlaceRegisterMark
CIP3EndRegisterMarks

/HDMScavengerArea CIP3BeginPrivate
CIP3EndPrivate                          Weiter auf Seite 887
```

Auftragsname und Bezeichnung der CIP-Datei
PostScript-Version
Hersteller der CIP3-Datei (hier Signastation)

Beginn der CIP3-Datei mit administrativen Daten und der vollständigen Auftragsbeschreibung

Bedruckstoffdefinition

Transferkurvendefinition für Film und Platte

Definition der Farb- und Dichtemessfelder, Farbraumdefinition

Beginn der Farbseparation

Schwarzform

Cyanform

Hinweis: Die Definition der Magenta- und Yellow-Separation entspricht im Prinzip der Schwarz- und Cyanform und wird aus Platzgründen hier nicht dargestellt.

Definition der Registermarken

885

CAD-Maße für die Falzmaschine zur Voreinstellung gespeichert und an die Falzmaschine übergeben.

Für die Herstellung des Fertigproduktes werden die einzelnen Produktionsschritte beschrieben, so dass die PPF-Datei eine komplette Produktbeschreibung in Fertigungsschritten für ein Druckprodukt enthalten kann. Nach dieser Beschreibung werden die Produktionsschritte wie Zusammentragen oder Sammeln, Binden, Kleben, Heften, Dreiseitenbeschnitt und das Fertigmachen definiert.

Private Data

Der Workflow innerhalb der CIP3-Produktion erlaubt das Speichern so genannter „Private Data". Damit ist es möglich, die tatsächlich bei der Produktion verwendeten Einstellungen der verschiedenen Maschinen (dies gilt für Druck- und Weiterverarbeitungsmaschinen) zusammen mit den aus der Druckvorstufe stammenden Daten in einer Datei zu speichern. Bei einem Wiederholauftrag auf gleichen oder ähnlichen Maschinen können dann alle Produktionseinstellungen direkt verwendet werden. Durch die Wiederverwendung dieser Produktionsdaten zur Maschineneinstellung werden die Rüstzeiten bei Wiederholaufträge deutlich reduziert.

Auf den Seiten 885 und 887 ist ein Job-Ticket als CIP-Datei und deren Inhalt dargestellt. Diese Datei ist nach dem Ausschießen verfügbar und wird im Rahmen eines Produktions-Workflows so genutzt.

Die Daten für die Farbvoreinstellung der Druckmaschine fehlen noch, da diese Informationen erst durch den Raster Image Processor (RIP) generiert werden.

CIP3 und CIP4

Das CIP3 Print Production Format (PPF), so wie es hier dargestellt wurde, ist eine Teillösung des JDF-Standards für CIP4. PPF wird als separater Standard weitergeführt, doch innerhalb einer JDF-Vernetzung für eine Druckerei mit einem gemischten Druckmaschinenpark ist es notwendig, PPF-Informationen in JDF zu konvertieren.

CIP4-Workflows mit einer durchgängigen Lösung und Ausstattung eines Druckmaschinenherstellers funktionieren weitgehend. Um einen durchgängigen CIP4-Workflow zwischen Vorstufe und Druckmaschinen unterschiedlicher Hersteller zu realisieren, muss die PPF-Datei am PC „per Maus" den verschiedenen Maschinen zugewiesen werden. Grund ist, dass der Aufbau der PPF-Dateinamen trotz Normierung nicht herstellerübergreifend einheitlich geregelt ist. Workflow-Systeme unterschiedlicher Hersteller weisen unterschiedliche Namenskonventionen auf – wer denkt dabei etwas Böses? Die beteiligten Systeme lassen sich nicht ohne Weiteres so aufeinander abstimmen, dass die PPF-Zuweisung in allen Kombinationen automatisch erfolgen konnte.

Heidelberger Druckmaschinen und Hiflex Aachen nahmen sich dieses Problems an und entwickelten eine Lösung der durchgängigen Automatisierung zwischen Vorstufen-PPF-Daten und JDF-fähigen Druckmaschinen verschiedener Hersteller. Mit der neuen Funktionalität, welche die Hiflex MIS-Branchensoftware bietet, erhalten die Druckmaschinen in einem einzigen JDF-Datenstrom alle auftragsrelevanten Jobdaten einschließlich der Farbprofile. Dadurch wird ein durchgängiger JDF-basierter Workflow zwischen Vorstufe und Drucksaal auch in gemischten Druckereiumgebungen ermöglicht.

JDF-fähige Workflow-Systeme

Prinect Print Ready
Prinect Data Control
Hiflex MIS System

Workflow

```
CIP3BeginCutData
/CIP3CutModul (Stahl) def ¬
CIP3BeginCutBlock
/CIP3Block Trf [1 0 0 1 36.851 632.126] def
/CIP3Block Size [841.889 595.275] def
/CIP3Block Typ /CutBlock def
/CIP3Block Name (Block 1) def
/CIP3BlockFoldingProcedure /F08-07_li_2x2_1 def
/CIP3EndCutBlock

CIP3BeginCutBlock
/CIP3Block Trf [1 0 0 1 36.851 36.850] def
/CIP3Block Size [841.889 595.275] def
/CIP3Block Typ /CutBlock def
/CIP3Block Name (Block 2) def
/CIP3BlockFoldingProcedure /F08-07_li_2x2_1 def
/CIP3EndCutBlock

CIP3BeginCutBlock
/CIP3Block Trf [1 0 0 1 907.088 632.126] def
/CIP3Block Size [841.889 595.275] def
/CIP3Block Typ /CutBlock def
/CIP3Block Name (Block 3) def
/CIP3BlockFoldingProcedure /F08-07_li_2x2_1 def
/CIP3EndCutBlock

CIP3BeginCutBlock
/CIP3Block Trf [1 0 0 1 907.088 36.850] def
/CIP3Block Size [841.889 595.275] def
/CIP3Block Typ /CutBlock def
/CIP3Block Name (Block 4) def
/CIP3BlockFoldingProcedure /F08-07_li_2x2_1 def
/CIP3EndCutBlock
CIP3EndCutData

CIP3BeginFoldProcedures
/F08-07_li_2x2_1 <<
        /CIP3FoldDescription (F8-7)
        /CIP3FoldSheetIn [ 841.889771 595.275574 ]
        /CIP3FoldProc [
                841.890 /Front /Up Fold
                279.638 /Left /Up Fold ]
>>def
CIP3EndFoldProcedures
/HDMSaddleStitchingData CIP3BeginPrivate
/F08-07_li_2x2_1 <<
/StichJobName (Block 1,1-8)
/NumberOfStiches 2
/SheetGrab false
/CutSheetHeight 841.889771
/CutSheetWidth 595.275574
>> def
CIP3EndPrivate
CIP3EndFront

CIP3EndSheet
%%CIP3EndOfFile
```

Definition der Schneideinformation

Definition der einzelnen Schneideblöcke für die Voreinstellung der Schneidemaschine

Ende der Schneideblockanweisungen

Definition der Fold-Prozeduren

Ende der Fold-Prozeduren

Beginn der PrivateData-Aufzeichnung zu diesem Auftrag. Hier wird der Ist-Zustand nach Auftragsende gespeichert. Am Anfang der Auftragsbeschreibung steht immer der Soll-Zustand, am Ende die tatsächliche Einstellung mit dem Ist-Zustand. Mit diesen Einstellungen wurde der Auftrag abgearbeitet. Es werden hier nur die Abweichungen festgehalten.

EOF der CIP3-Datei

11.3.3 Vernetzte Produktion

In den einzelnen Abteilungen einer Druckerei werden die unterschiedlichsten Softwareapplikationen verwendet, um einen Auftrag administrativ, gestalterisch und technisch zu bearbeiten und fertig zu stellen. Die meisten Softwareanwendungen innerhalb einer Druckerei sind nicht in der Lage, miteinander zu kommunizieren.

Die Kommunikationsunfähigkeit z. B. zwischen einer Auftragsbearbeitungssoftware und den Produktionsprogrammen der Druckvorstufe erfordern oftmals ein mehrmaliges Erfassen z. B. von Kundendaten. Dies führt nahezu zwangsläufig zu höheren Produktionskosten und -zeiten.

Ziel einer vernetzten Druckproduktion ist es nun, durch ein entsprechendes Vernetzungskonzept und durch die mehrmalige Nutzung einmal erfasster Daten die Produktionskosten zu senken und den Auftragsdurchlauf zu optimieren, also auch zu beschleunigen. Dazu muss die Bereitstellung und Nutzung einmal erfasster Daten für alle an der Vernetzung beteiligten Arbeitsstationen ermöglicht werden.

11.3.3.1 Datentypen in der Printproduktion

Auf Seite 877 sind die verschiedenen Datentypen aufgelistet, die innerhalb einer vernetzten Produktion verwendet werden. Diese Datentypen sind, je nach Struktur, idealerweise austauschbar, häufig aber auch nicht.

Die Datentypen einer Printproduktion sollen hier kurz dargestellt werden:
- Stammdaten, z. B. Lieferanten
- Content-Daten, z. B. PDF
- Auftragsdaten, z. B. Auftragstasche
- Produktionsdaten, z. B. PPF, PJTF
- Steuerungsdaten, z. B. Farbzonenvoreinstellung
- Betriebsdaten, z. B. Nachkalkulation
- Maschinendaten, z. B. Nutzungsgrad
- Qualitätsdaten, z. B. Messprotokolle

Stammdaten
In allen Bereichen der Auftragsplanung, -abwicklung und -produktion werden immer wieder Stammdaten von den unterschiedlichsten Prozessbeteiligten benötigt. Stammdaten (z. B. Kunden, Lieferanten) werden in einer Datenbank erfasst und müssen bei Änderungen „gepflegt" werden. Prinzipiell sind sie aber keinen sehr großen Änderungen unterworfen. Stammdaten sind zentral erfasst und werden allen Produktionsbeteiligten je nach ihren Aufgabenstellungen, Zugriffsrechten und Sicherheitsklassifizierung vollständig oder teilweise zur Verfügung gestellt.

Content-Daten
Diese Daten gelangen aus den unterschiedlichsten Quellen wie z. B. Werbeagentur, Vorstufenbetrieb, Redaktion oder Autor in die Druckerei und werden dort zu Printmedien aufbereitet. Eine Aufbereitung und Anpassung an das Ausgabemedium Papier ist vor allem

Stammdatenblatt eines Druckereikunden
Diese Informationen weisen keinen großen Änderungsbedarf auf, sollten aber aktuell gehalten werden, da sie Kommunikationsgrundlagen für alle Beteiligten sind.

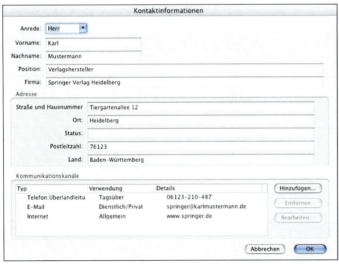

Workflow

für die Bereiche Farbe, Auflösung, Datenformate und Bildmodus erforderlich. Das Austauschformat für diese Daten ist seit der Jahrtausendwende das PDF-Format. Dieses Portable Document Format wurde als plattformunabhängiges Ausgabeformat erschaffen und ist in der Druck-, Medien- und IT-Industrie anerkannter und genutzter Standard.

Auftragsdaten

Sie werden in Form einer analogen oder digitalen Auftragstasche gespeichert und beschreiben vollständig einen Auftrag. Die Auftragsdaten werden üblicherweise bei der Angebotskalkulation durch ein Auftragsmanagementsystem (AMS) erfasst. Daraus entsteht eine Auftragstasche, die den Auftrag durch die gesamte Produktion begleitet. Dadurch wird ein korrekter Durchlauf des Auftrages durch die Fertigung sichergestellt. Die Auftragsdaten werden in Druckereien üblicherweise in der Abteilung Kalkulation und Arbeitsvorbereitung erfasst. Zunehmend ist dies auch durch den Kunden direkt möglich, wenn er Daten online an das AMS überträgt oder eine Web-to-Print-Produktionsmethode nutzt.

Produktionsdaten

In der Arbeitsvorbereitung und in der Druckvorstufe werden die Produktionsdaten erstellt und an die nachfolgenden Produktionsstufen weitergegeben. Sie sind nicht maschinengebunden und daher noch flexibel in der Verwendung. Mit dem Produktionsformat PPF können in der Druckvorstufe viele Parameter für ein Druckprodukt beschrieben werden, die später für unterschiedliche Voreinstellungen in Druck- und Weiterverarbeitung abrufbar sind. Das PJTF ist ein Format für die Automatisierung des Druckvorstufen-Workflows. Die Funktionalität von PJTF ist im JDF integriert.

Steuerungsdaten

Diese Daten werden teilweise in der Produktion erzeugt. Aus den Produktionsdaten können Steuerungsdaten herausgelesen werden, die z. B. an einer Druckmaschine die Farbzonen vorein-

Digitale Auftragstasche SAP

Zwei Screenshots aus einer Auftragstasche für Medienbetriebe von SAP Mannheim.

Personenbezogene Daten wurden unkenntlich gemacht.

Abb.: SAP

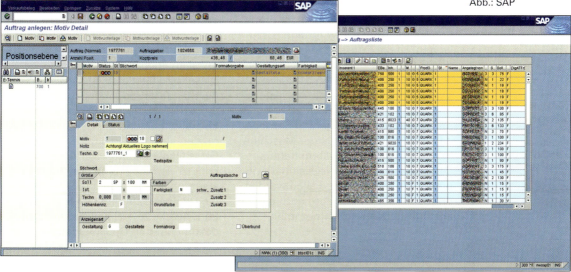

889

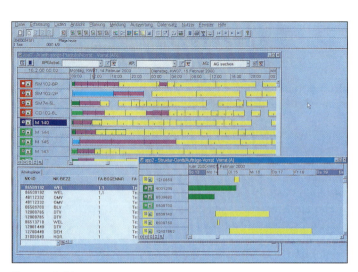 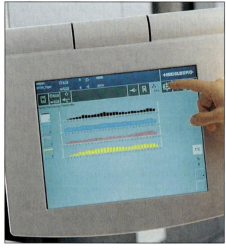

Planungstafel
DataControl eines Workflow-Systems mit den Daten zur aktuellen Maschinenbelegung. Die Farben zeigen jeweils die freien Kapazitäten, die belegten Zeiten und die unproduktiven Zeiten an. Die für einen Auftrag erforderlichen Arbeitsgänge werden unten mit den entsprechenden Kurzzeichen angezeigt.

Farbprofile
an einer Mehrfarbenoffsetdruckmaschine. Diese Einstellungen können über ein Workflow-System abgerufen und an der Maschine den realen Bedingungen der Farbführung angepasst werden.

Abb.: Heidelberger Druckmaschinen AG

stellen. Allerdings gibt es eine Reihe von Steuerungsdaten, die nicht aus den Vorstufendaten herausgelesen werden können, sondern direkt am Leitstand einer Maschine eingegeben werden müssen. Dazu gehören die Druckwerkbelegung, Feuchtwasserführung, Trocknungseinstellungen usw. Diese Einstellungen werden als so genannte „Private Data" für Folgeaufträge gespeichert.

Maschinen- und Betriebsdaten
Um die im Betrieb während der Produktion stattgefundenen Vorgänge auszuwerten, ist die Erfassung und Ausgabe dieser Daten erforderlich. Diese Daten geben Auskunft über den aktuellen Stand eines Auftrages, die Auslastung und die freien Kapazitäten der Produktionsanlagen. Maschinen- und Betriebsdaten werden direkt aus der Maschine bzw. dem Workflow-System herausgelesen und betriebswirtschaftlich interpretiert. In den meisten Fällen werden diese Informationen heute noch einem analogen Tageszettel entnommen.

Qualitätsdaten
Darunter verstehen wir die Daten und Informationen, die erforderlich sind, um einen gleichbleibenden, festgelegten Qualitätsstandard in der Produktion zu erreichen. Dazu gehören z. B. Übertragungskurven für die Farbreproduktion, alle densitometrischen und spektralfotometrischen Messungen, die während der Produktion vorgenommen werden. Die Farbmessdaten und die Farbeinstellung an der Druckmaschine – siehe Bild oben rechts – sind ebenso festzuhalten wie die Einstellwerte zur Druckformherstellung, verwendete Chemikalien und Druckgeschwindigkeiten. Diese Qualitätsdaten sind wichtig für die Standardproduktion, aber auch um z. B. Nachdrucke mit den gleichen Einstellungen und der daraus resultierenden gleichen Qualität zu erstellen. Diese Qualitätsdaten werden also genutzt, um die Produktion direkt zu steuern und zu regeln. Außerdem sind die Qualitätsdaten für Dokumentationszwecke zu archivieren. Nur mit dokumentierten Qualitätsdaten z. B. für die Farbführung und eventuelle Farbabweichungen innerhalb bestimmter

Toleranzen eines Auftrages ist es möglich, die Reklamation eines Kunden sachlich mit Hilfe der erstellten Qualitätsdaten abzuwehren.

11.3.3.2 Workflow-Vernetzungsstruktur

Die Integration eines digitalen Workflows in einen Druckereibetrieb ist mit einem erheblichen Aufwand verbunden. Es ist in ein leistungsfähiges und Workflow-geeignetes Netzwerk sowie in netzwerkfähige Softwareapplikationen und Maschinen zu investieren. Der sich aus einem Netzwerk ergebende Datenstrom verbindet die verschiedenen Softwareapplikationen und die Hardware zu einer so genannten Vernetzungsstrecke. Eine derartige Vernetzungsstrecke ist nicht auf eine Druckerei begrenzt, sondern kann auf mehrere Standorte oder Unternehmen verteilt sein. Diese arbeitsteilige Produktion in der Druckindustrie ist in der analogen Produktion tägliche Praxis.

In der vernetzten Produktion ist der Austausch von Daten oftmals noch mit Problemen behaftet, vor allem wenn die Partner noch nicht lange zusammenarbeiten. Trotzdem ist der Anteil ausgetauschter Daten innerhalb einer digitalen Druckproduktion enorm groß und wird durch die Prozessintegration immer weiter zunehmen.

Die Vernetzungsstruktur einer Druckerei für einen vollständigen Workflow wird üblicherweise nicht ständig zur Verfügung stehen. In den meisten Druckbetrieben wird in verschiedenen Workflow-Netzen gearbeitet, die oftmals voneinander getrennt agieren.

Unterteilen kann man die verschiedenen Netzbereiche, die im optimalen Fall irgendwann mit Hilfe eines Workflow-Management-Systems zusammenarbeiten, wie folgt:
- E-Business
- Auftrags- oder Arbeitsvorbereitung
- Maschinenvoreinstellung
- Produktionsplanung und -steuerung
- Farbmanagement
- Nachkalkulation

Workflow E-Business

E-Business-Vernetzungen und Web-to-Print-Lösungen sind vorwiegend in der Druckvorstufe und beim Digitaldruck anzutreffen. Hier geht es darum, das Dienstleistungsangebot eines Betriebes anzubieten und mit dem Kunden per Netzangebot in Kontakt zu treten.

E-Business-Lösungen sind für den Kunden permanent verfügbar, unabhängig davon, wo und wann er mit dem Anbieter einer Druckdienstleistung in

Book-on-Demand-Musterkalkulation

Hier kann der Privat- oder Geschäftskunde seinen Produktpreis online kalkulieren lassen. Die Verfügbarkeit ist durch das Web immer gegeben.

www.book-on-demand.de

Kontakt treten möchte. Man spricht hier auch von einer 24/7-Verfügbarkeit. Die Produktionszeit und -kosten können durch E-Business-Vernetzungen in Kombination mit Internetportalen reduziert werden. Wichtige Gesichtspunkte für eine E-Business-Vernetzungsstrecke sind dabei die folgenden Überlegungen:
- E-Business benötigt ein aktives Vermarktungskonzept. Der potenzielle Kunde muss wissen, dass es mich gibt und wie er mich findet.
- Das E-Business-System muss sehr gut in ein Auftragsmanagementsystem integriert sein. Nur dann entstehen geringe Prozesskosten und ein Auftrag kann schnell abgewickelt werden.
- E-Business-Lösungen müssen kundenfreundlich sein und über ein gutes User-Interface verfügen, das mit hohen Sicherheitsstandards arbeitet.
- Die Verfügbarkeit des Internetportals muss 24 Sunden sichergestellt sein.

Workflow für Auftrags- oder Arbeitsvorbereitung

Das Auftragsmanagement erstellt digitale Auftragstaschen, die zum Teil durch analoge Taschen ergänzt werden, um Druck- oder Farbbeispiele, Ausschießmuster u. Ä. an die entsprechende Produktionsstelle zu bringen. Die Auftragstaschen enthalten Kunden- und Produktionsdaten, die von allen beteiligten Produktions- bzw. Kostenstellen abgerufen werden. Änderungen, Ergänzungen und Hinweise werden während des Produktionsprozesses hineingeschrieben und stehen dem Auftragsmanagement und allen beteiligten Stellen als Information zur Verfügung. Doppeleingaben müssen vermieden werden, die Auftragstaschen sollten immer aktuell geführt werden, um die Produktionssicherheit zu verbessern.

Ziel der Vernetzung in der Auftragsvorbereitung ist es, den Informationsfluss zwischen Auftragsmanagement

Vernetzungszusammenhang

in der Auftrags- oder Arbeitsvorbereitung

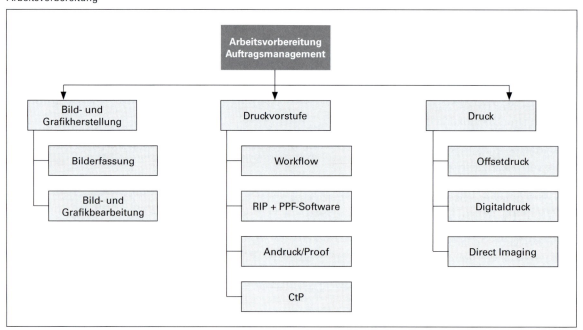

Workflow

und Produktion herzustellen bzw. zu optimieren. Dazu ist es hilfreich, sich auf einheitliche Produktionsbezeichnungen und -darstellungen innerhalb des gesamten Workflows zu verständigen, um immer vollständige und aktuelle digitale Auftragstaschen zu nutzen. Durch diese Aktualität können Auftragsänderungen oder notwendige Produktionsumstellungen schnell und rationell durchgeführt werden.

Workflow für Maschinenvoreinstellung

Die Maschinenvoreinstellung kann mit dem PPF-Format vorgenommen werden. Ziel dieser Voreinstellungen ist es, Rüstzeiten, Makulaturanfall und Stillstandszeiten zu minimieren.

Maschinenvoreinstellungen werden normalerweise direkt in einer Maschine durchgeführt. Hier ist es anders: Informationen aus den technischen Beschreibungen einer Druckform aus der Druckvorstufe werden dazu verwendet, um bestimmte Einstellungen z. B. an einer Druck- oder Falzmaschine automatisch und schneller vorzunehmen.

Aus einer ausgeschossenen Druckform können z. B. die folgenden Informationen während des Workflows herausgelesen werden: Die Flächendeckung der Druckform ergibt die Farbvoreinstellung der Farbzonen in den Farbwerken. Register, Schneid-, Falz- und Sammelheftermarken werden für die Voreinstellungen der Weiterverarbeitungsmaschinen genutzt. Verschiedene Papier- und Bogeninformationen und die Einstellungen für Saugluft und Druckbeistellung können vorgenommen werden.

Weiterhin ist wichtig, dass die Kenntnisse der Mitarbeiter aus der Druckvorstufe über die folgenden Druck- und Weiterverarbeitungsprozesse hoch sind.

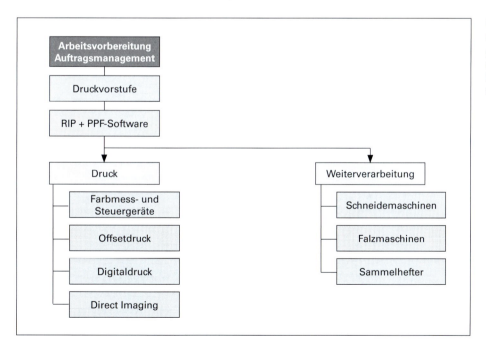

Vernetzungszusammenhang

für die Maschinenvoreinstellung in Druck- und Weiterverarbeitung

Band I – Seite 863
11.2.2 Digit. Auftragsabwicklung

*BDE-Terminal

Betriebsdatenerfassungs-Terminals haben in den letzten Jahren vor allem in den Druckabteilungen Einzug gehalten. Sie ermöglichen eine Rückmeldung des Auftragsstandes an das Auftragsmanagementsystem.

Vernetzungszusammenhang

für Produktionsplanung und -steuerung mittels MIS (Management-Informations-System)

Produktionsplanung und -steuerung

Der Bereich Produktionsplanung und -steuerung ist die zentrale Planungs- und Abwicklungsstelle für die gesamte Fertigung und den Versand in einem Produktionsbetrieb.
Hier werden im Einzelnen:
- Aufträge vorgeplant,
- Vorgabezeiten festgelegt,
- Produktionszeiten festgelegt,
- Rüstzeiten und Kapazitäten für die einzelnen Kostenstellen festgelegt,
- Materialbedarf geplant,
- Qualitätsüberwachung gesteuert,
- Termine gesetzt und überwacht,
- Mitarbeiter geplant und angewiesen,
- betriebswirtschaftliche Überwachung und Kontrolle geplant und durchgeführt.

Wichtigstes Ziel einer jeden Produktionsplanung und -steuerung ist die optimale Nutzung aller Produktionsmittel innerhalb eines Unternehmens. Dabei ist die oberste planerische und administrative Priorität immer die unbedingte Einhaltung aller zugesagten Auftrags- bzw. Liefertermine. Sollte dies zu Problemen führen, muss während der Produktion gegengesteuert werden. Dabei hilft die Vernetzung eines Produktionsbetriebes ungemein, da durch diese jederzeit auf alle Produktionsstände zugegriffen werden kann.

Da in Druckereien die verschiedenartigsten Aufträge mit völlig unterschiedlicher Produktionsstruktur anfallen, ist es erforderlich, für möglichst viele Auftragsarten vorbereitete Produktionspläne zu haben, die dann je nach Erfordernis an die Druckvorstufe, den Druck und die Weiterverarbeitung geleitet werden.

Eine für den wirtschaftlichen Erfolg einer Druckerei außerordentlich bedeutsame Aufgabe ist die Auslastung der vorhandenen technischen Einrichtungen, insbesonders der Druckmaschinen mit den zum Teil sehr hohen Stundensätzen. Die Auslastung der Maschinen muss so geplant werden, dass möglichst geringe Stillstandszeiten entstehen und damit wenig unproduktive Zeiten für die Mitarbeiter in der Druckerei und Buchbinderei anfallen.

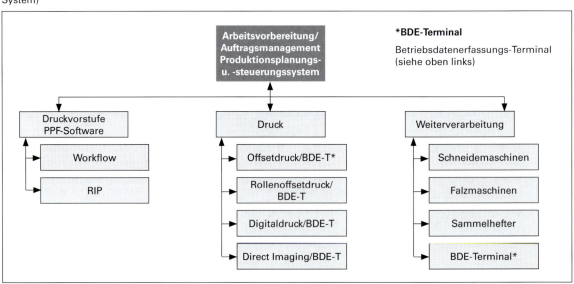

*BDE-Terminal

Betriebsdatenerfassungs-Terminal (siehe oben links)

894

Workflow

Netzbasiertes Farbmanagement
Eine gleichbleibende Farbqualität mit klar definierten Standards ist bei Druckunternehmen zwingend, um gute Druckqualität für den Kunden anzubieten und zu verkaufen. Um dies zu erreichen, muss ein Farbmanagement eingesetzt werden, das auf allen Geräten und Maschinen einen einheitlichen optischen und farbmetrisch korrekten Eindruck erzielt. Scanner, Monitore, Proofgeräte und Druckmaschinen benötigen genau aufeinander abgestimmte Übertragungskennlinien, um „faksimile", also originalgetreu, zu reproduzieren. Wichtig ist also eine durchgängige Kalibrierung aller am Bildreproduktionsprozess beteiligten Einrichtungen.

Voraussetzung für einen wirkungsvollen Farbvernetzungs-Workflow ist, dass alle Verfahrensabläufe weitgehend nach festgelegten und immer gleichen Standards abgewickelt werden. Nur dann ist eine immer gleichbleibende hohe Qualität erreichbar. Mit Sicherheit auftretende Prozessabweichungen müssen nach festgelegten Abläufen an der Stelle korrigiert werden, die einen Fehler verursacht. Es macht keinen Sinn, den Drucker eventuelle Reproduktionsfehler ausgleichen zu lassen, da dadurch festgelegte Druckstandards verlassen werden. Der Einsatz geeigneter Messtechnik und deren Dokumentation innerhalb eines Workflows sichert die Druckqualität und dokumentiert mit Hilfe der festgehaltenen Messwerte die Qualität eines Farbdrucks über das gesamte Auftragsspektrum für einen Kunden.

Der Erfolg eines netzbasierten Farbmanagements resultiert aus der konsequenten und immer gleichbleibenden Anwendung einmal festgelegter und für gut befundener Einstellungen und Arbeitsabläufe. Der wirtschaftliche Erfolg einer Color-Management-Anwendung ergibt sich
- aus der Einsparung an Makulaturbögen und der damit verbundenen Senkung der Papierkosten,
- aus einem Rückgang der Reklamationen und den damit verbundenen Nachdruckkosten.

Vernetzungszusammenhang

Color-Management bzw. Farbmanagement

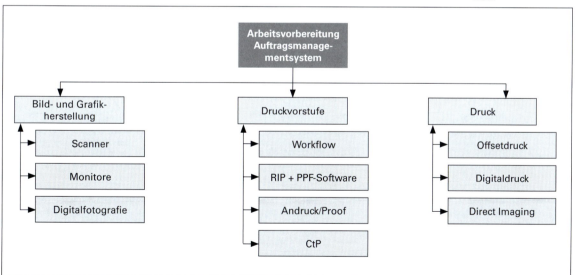

895

Nachkalkulation

Die für einen Auftragsabschluss erforderliche Nachkalkulation benötigt alle kostenrelevanten Zahlen eines abgeschlossenen Druckauftrages.

Aus der Druckvorstufe sind dies vor allem die Werte über die benötigten Arbeitszeiten und der Materialverbrauch. Die Druckabteilung muss die Informationen über die Dauer der Maschinenbelegung und den Papierverbrauch liefern, die Weiterverarbeitung gibt die Dauer der Maschinennutzung an das Auftragsmanagementsystem zurück.

Je genauer die Prozesse erfasst und überwacht werden, umso exakter kann die Nachkalkulation erfolgen. Das Auslesen von Maschinendaten ermöglicht die minutengenaue Nachkalkulation. Die Betriebsdatenerfassung über BDE-Terminals erlaubt in der Regel eine exakte und problemlose Eingabe der Informationen durch die Mitarbeiter an den Kostenstellen. Die Betriebsdatenerfassung ergänzt also die Maschinendatenerfassung. Die manuelle Eingabe der Betriebsdaten ist also dort erforderlich, wo manuelle Tätigkeiten durchgeführt werden, die nicht an einem vernetzten Arbeitsplatz erfolgen können. Typisch hierfür wäre z. B. ein Arbeitsplatz in der Weiterverarbeitung oder dem Versand.

Idealerweise wäre eine Vernetzung des Auftragsmanagementsystems mit der Buchhaltung sinnvoll, um den Zahlungsverkehr des technisch abgeschlossenen Auftrages automatisch abzuwickeln und zu überwachen. Bei Tageszeitungen ist dies bei der Abrechnung von Anzeigenaufträgen realisiert, ebenso bei Web-to-Print-Lösungen.

Ziel der Betriebsdatenerfassung und deren Rückmeldung an das AMS ist die Optimierung von Auftragsabläufen, die Schwachstellenanalyse in der Produktion sowie den Produktionsabläufen und vor allem die zeitnahe Nachkalkulation und Auftragsanalyse.

Vernetzungszusammenhang

Betriebsdatenrücklauf und Nachkalkulation

* Betriebsdatenerfassungs-Terminal

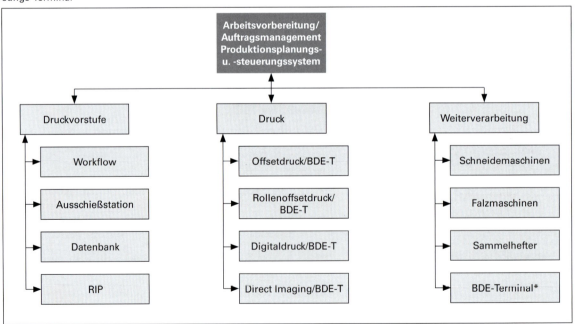

Workflow

11.3.3.3 JDF und Vernetzung

Um die beschriebenen Vernetzungs-
strukturen eines Betriebs aus
- E-Business,
- Auftrags- oder Arbeitsvorbereitung,
- Maschinenvoreinstellung,
- Produktionsplanung und -steuerung,
- Farbmanagement,
- Nachkalkulation

gemeinsam für die Produktion nutzbar
zu machen, muss eine einheitliche
Netzstruktur, ein einheitliches Übertra-
gungsprotokoll und ein einheitliches
Austauschformat verwendet werden.
Durch die derzeitige Computer- und
Netzwerktechnologie stellt dies im
Prinzip kein Problem dar.

Das einheitliche Übertragungsprotokoll ist Ihnen allen bekannt. Das TCP/
IP-Protokoll übernimmt in Standard-
Ethernet-Netzen die Aufgabe, Daten
zu übertragen, von Knoten zu Knoten
sicher weiterzuleiten und die Datensicherheit zu gewährleisten. XML bietet
dabei noch Erweiterungen, die den
Datentransfer sicherer und leistungs-
fähiger machen.

Ein einheitliches Austauschformat
ist mit dem JDF geschaffen worden.
JDF ist ein Standardaustauschformat
zur Abwicklung von Aufträgen. Das
Format ist auftragsbezogen strukturiert.
Daten, die nicht auftragsbezogen sind,
lassen sich damit in der Regel nicht
weitergeben. JDF basiert auf der Metasprache XML und ist damit plattform-,
sprachen- sowie applikations- und
domainunabhängig.

Da JDF noch relativ neu ist, gibt es
noch eine Reihe von unklaren Sprach-
definitionen, die mit den nächsten
Versionen des Datenaustauschformates
behoben werden.

Was kann JDF?

- JDF unterstützt eine weitgehende
  Verknüpfung zwischen den betriebswirtschaftlichen und den produktionstechnischen Daten eines Auf-
  trages.
- JDF bietet eine durchgängige und
  gleichbleibende Struktur für einen
  vollständigen Produktions-Workflow.
- JDF unterstützt eine durchgängige
  Produktionssteuerung, die über
  Unternehmengrenzen hinausgehen
  kann.
- JDF ermöglicht transparente Abläufe
  durch die Erstellung von Protokollen
  aller wichtigen Soll-/Ist-Werte in der
  Produktion.
- JDF basiert auf den bereits bestehenden Formaten PJTF, PPF und IFRA
  Track und ist internetfähig.
- Das Angenehme an JDF ist, dass der
  Anwender JDF-basierte Lösungen
  nutzt, aber JDF im Prinzip im Detail nicht zu verstehen braucht – es
  muss halt funktionieren. Anders der
  Softwareentwickler – er muss sich
  tief in die JDF-Strukturen einarbeiten,
  um Programme zu entwickeln, die in
  einem JDF-Workflow funktionieren.

Die Vorteile einer vernetzten Produktion sind vielfältig und ohne struktu-
rierenden Überblick schwierig einzuordnen. Daher sollen die wichtigsten
Punkte, die für die Verwendung eines
Workflow-Systems sprechen, auf der
folgenden Seite als tabellarischer Überblick dargestellt werden.

Anwendungsvorteile eines Workflow-Systems

Die Tabelle zeigt einen Überblick, wo sich durch die Nutzung von Workflow-Systemen Kosten- und Zeitvorteile in der Printproduktion ergeben können.

Anwendungsvorteile Workflow-System	Vorstufe	Druck	Weiter-verarbeitung	Material-bestand	Kommunikations-/ Prozesskosten
Reduzierung der Rüstzeiten durch Farbvoreinstellung		•			•
Reduzierung der Rüstzeiten durch Voreinstellung			•		•
Reduzierung der Rüstzeiten bei Wiederholaufträgen	•	•	•		•
Geringerer Verwaltungsaufwand bei Druckaufträgen	•	•	•	•	•
Bessere Disposition durch transparente Arbeitsabläufe	•	•	•	•	•
Automatisierte Leistungserfassung und -dokumentation	•	•	•	•	•
Verfolgung aller Produktionsfortschritte durch MIS	•	•	•	•	•
Reduziertes Erfassen und Schreiben von Tageszetteln	•	•	•		•
Automatische, job-bezogene Leistungs-erfassung	•	•	•	•	
Automatischer Transfer von Auftrags-informationen	•	•	•	•	
Kurze Reaktionszeit bei Auftragsänderungen durch den Kunden	•	•	•	•	•
Zentrale Kundendaten-verwaltung und Daten-archivierung					•
Zentrale Jobdaten-verwaltung und Daten-archivierung					•
Einbindung aller Prozessbeteiligten in die Produktion	•	•	•	•	

Workflow

Überblick über mögliche JDF-Workflow-Bausteine				
Hersteller	**Job-Ticket-Erstellung**	**Prepress**	**Press**	**Postpress**
Adobe www.adobe.com	Acrobat 8, CS3 PDF JobReady	Acrobat 8 CS3 Distiller 8, PostScript 3, PDF-Print-Engine	–	–
Agfa www.agfa.com	Delano Publish Apogee X CreatePro	Delano Production Apogee Proofer Commercial/ Imager/ PackControl/ PackEssential	–	–
CIP4.org www.cip4.org	CIP4 JDF-Editor	–	–	–
CREO www.creo.com	Partnership Program	IC-301 Konica-Minolta, Production Stream	–	
EFI www.efi.com	Fiery JDF-Connector	Balance, Color-Manager, OneFlow, Color-Proof	–	
www.gossinternational. com	–	Web Center	Web Center Online, Omni Link, Presetting	–
Heidelberger Druck www.heidelberg.com	Prinance, Prinect Data Control	MetaDimension Printready Signastation	CPC 2000 Image Control, Prepress Interface	FCS 100
HP www.hp.com	Indigo JDF-Manager	HP Production- Flow Indigo press DesignJet	–	–
König & Bauer www.kba-print.com	–	–	Logotronic- Professional JDF-Link, Speed- PressWatch	–
Kodak www.graphics. Kodak.com	NexTreme, InSite	NexStation IV Prepare, Preps, Prinergy, UpFront InkPro	–	–
MAN-Roland www.manroland.com	Printvalue	Pintnet, Prontcom		
Xerox www.xerox.com	FreeFlow PrintManager	FreeFlow ProcessManager	Xerox Produktion System	

Überblick über mögliche JDF-Workflow-Bausteine

Der Überblick ist unvollständig und erhebt keinen Anspruch auf Vollständigkeit. Es soll lediglich aufgezeigt werden, dass bereits viele Unternehmen Workflow-Bausteine anbieten. Die Liste der Anbieter für Hard- und Softwarebausteine wird länger. Die Auswahl der Firmen stellt auch keine Qualitäts- oder Funktionsbewertung durch die Autoren dar.

11.3.4 CIP4-Organisation

Von CIP3 zu CIP4
International Cooperation for Integration of Prepress, Press, and Postpress. Der Übergang von CIP3 zu CIP4 begann 2001 mit der Entwicklung von PPF als standardisiertem Produktionsformat. Zur DRUPA 2004 wurden diese Entwicklungen vorgestellt. Die CIP4-Organisation entwickelte dann im Wesentlichen das JDF-Format weiter, das zur DRUPA 2008 präsentiert wurde.

Im Rahmen einer internationalen Kooperation haben sich im Februar 1995 namhafte Firmen aus den Bereichen Druckvorstufe, Druck und Druckweiterverarbeitung zum CIP3-Konsortium zusammengeschlossen.

CIP3 steht für Cooperation for Integration of Prepress, Press, and Postpress. Am CIP3-Konsortium sind derzeit folgende Unternehmen beteiligt: Adobe, Agfa, Apple, Baldwin Technology Company, Barco, Graphics, CREO, RR Donnelley & Sons, Ekotrading-Inkflow, Eltromat Polygraph, Ewert Ahrensburg, Electronic, Fujifilm Electronic Imaging, Goebel, Harlequin, Heidelberger Druckmaschinen, Koenig & Bauer, Albert, Kolbus, Komori, Linotype-Hell, MAN-Roland, Mitsubishi Heavy Industries, Müller Martini, Polar-Mohr, Scitex, Screen, Ultimate Technographics, Wohlenberg, Xerox u. a. Die vollständige Liste aller Konsortiumsmitglieder ist unter www.cip4.org zu finden.

Ergebnis dieser Kooperation ist eine firmenübergreifende Schnittstelle, die unter dem Namen Print Production Format (PPF) vom Fraunhofer-Institut für Grafische Datenverarbeitung (IGD) entwickelt und von allen Mitgliedsfirmen verabschiedet wurde. Die Zielsetzung von PPF ist die computerintegrierte Fertigung von Druckprodukten. Mit dieser herstellerunabhängigen Schnittstelle kann eine Kopplung zwischen den bislang oft getrennten Prozessschritten in der Vorstufe, dem Druck und der Druckweiterverarbeitung realisiert werden.

Damit lässt sich eine deutliche Reduktion von Produktionszeit und Materialverbrauch und damit der Herstellungskosten eines Druckauftrages erzielen.

Neueste Informationen zu CIP4 können über die CIP4-Organisation (siehe unten) oder über das Fraunhofer-Institut für Grafische Datenverarbeitung bezogen werden.

CIP4-Anwenderforum
Das CIP4-Anwenderforum ist für Workflow-interessierte Fachleute der Medienindustrie ein informatives, lehr- und hilfreiches Forum, um Probleme zu diskutieren, Lösungswege aufzuzeigen und um sich mit gleichgesinnten Personen auszutauschen. Rechts ist die Startseite des internationalen Anwenderforums abgebildet. Besuchen Sie vor allem das Menü „Education" – hier finden Sie alle grundlegenden Informationen zum Thema.

www.cip4.org

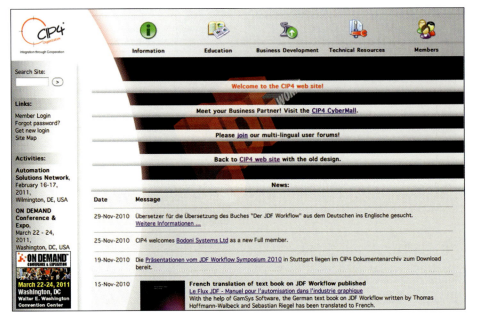

11.3.5 Aufgaben

Workflow

1 Begriff Workflow erklären

Erklären Sie, was unter dem Fachbegriff „Workflow" zu verstehen ist.

2 Begriff Workflow erklären

Ziel eines Workflows ist die Vereinfachung und Beschleunigung der Prozessabläufe. Welche technische Voraussetzung ist dazu erforderlich?

3 Technischen Workflow erklären

Erklären Sie den Begriff „technischer Workflow".

4 Administrativen Workflow erklären

Erklären Sie den Begriff „administrativer Workflow".

5 Fachbegriffe kennen und erklären

a. CIP4   b. PPF
c. Prepress   d. Press
e. Postpress   f. PJTF

6 Workflow-Datentypen nennen

a. Nennen Sie drei beispielhafte Datentypen für einen Management-Workflow.
b. Nennen Sie beispielhafte Datentypen für einen Produktions-Workflow.

7 Workflow-Formate kennen

a. PPF   b. JDF
c. PDF   d. XML

8 Workflow-Informationen benennen

Welche Informationen kann eine CIP-Datei für den Druck enthalten? Nennen Sie drei Einstellungen, die sich aus diesen Informationen abrufen lassen.

9 Workflow-Informationen benennen

Welche Informationen kann eine CIP-Datei für die Weiterverarbeitung enthalten? Nennen Sie Arbeitsvorgänge, die sich mit diesen Informationen tätigen lassen.

10 Workflow-Informationen benennen

Welche Informationen sind in einer CIP3-Datei bei folgenden Parametern abgelegt:
a. CIP3BeginColorControl
b. CIP3AdmSeparationName
c. CIP3BeginCutData
d. CIP3BeginPrivate

11 JDF-Datei erstellen

Erstellen Sie mit einer beliebigen Software ein Job-Ticket und geben Sie alle wichtigen Auftragsdaten ein.

12 Workflow-Zusammenhänge kennen

Beschreiben Sie die folgenden Grundbegriffe der vernetzten Produktion:
a. Content-Daten
b. Stammdaten
c. Auftragsdaten
d. Produktionsdaten
e. Steuerungsdaten
f. Maschinen- und Betriebsdaten
g. Qualitätsdaten

Anhang

12.1 Korrekturzeichen

12.1.1	Korrekturzeichen Text nach DIN 16 511	906
12.1.2	Korrekturzeichen Bild nach DIN 16 549.	909
12.1.3	Aufgabe.	910

12.1.1 Korrekturzeichen Text nach DIN 16 511

12.1.1.1 Zweck der Norm

Mit dieser DIN-Norm wird angestrebt, die Korrekturzeichen und ihre Verwendung zu vereinheitlichen. Sie dienen im Wesentlichen der Verständigung zwischen Medienbetrieben und deren Auftraggebern, aber auch der Korrektur im Rahmen der Ausbildung an Schulen und Hochschulen.

12.1.1.2 Regeln

Alle Korrekturen sind immer so vorzunehmen, dass kein Irrtum entstehen kann und eindeutige Korrekturanweisungen entstehen.

Jedes im Text eingetragene Korrekturzeichen ist am Papierrand zu wiederholen. Die notwendige Änderung ist rechts neben das wiederholende Korrekturzeichen zu schreiben, sofern das Zeichen nicht für sich selbst

spricht (dies ist z. B. beim Umstellungszeichen der Fall).

Das Einzeichnen von Korrekturen in den Text ohne den dazugehörenden Randvermerk ist unbedingt zu vermeiden. Die am Rand notierte Korrekturanweisung muss unbedingt in ihrer Reihenfolge mit den innerhalb einer Zeile angebrachten Korrekturzeichen übereinstimmen.

Bei mehreren Korrekturen innerhalb einer Zeile sind unbedingt unterschiedliche Korrekturzeichen zu verwenden. Ergeben sich durch umfangreiche Korrekturen Unübersichtlichkeiten, wird das Neuschreiben des Absatzes empfohlen.

Erklärungen zu den Korrekturen sind immer in Doppelklammern zu schreiben. Korrekturen sind farbig anzuzeichnen und müssen vom Korrektor unterzeichnet werden. Wurden die Korrekturen ausgeführt, ist dies vom Ausführenden zu vermerken.

Anwendung

1. Falsche Buchstaben oder Wörter wurden durchgestrichen und am Papierrand mit die richtigen ersetzt; versehentlich geprehte Buchstaben werden in gleicher Weise angezeichnet.

Kommen in eener Zeile mehrere solcher fehler vor, so erhalten sie in ihrer Reihenfolge unterschiedliche Zeichen.

2. Überflüssige Buchstaben oder Wörter werdenn durchgestrichen durchgestrichen und am Papierrand durch die Deleatur ("Es werde getilgt") angezeichnet.

3. Fehlende Buchstaben werden angezeichnet, indem der vorangeende oder der folgende Buchstabe durchgestrichen und am Rand zusammen jt den fehlenden Buchstaben wiederholt wird. Es kann auch das ganze Wort der die Silbe durchgestrichen und am Rand berickt gt werden.

4. Fehlende oder überflüssige Satzzeichen werden wie fehlende oder überflüssige Buchstaben angezeichnet

5. Beschädigte Buchstaben werden durchgestrichen und am Rand einmal unterstrichen.

Korrekturzeichen

6. Verschmutzte Buchstaben und zu stark erscheinende Stellen werden umringelt. Dieses Zeichen wird am Papierrand wiederholt.
Aus falscher Schrift gesetzte Buchstaben werden am Rand zweimal unterstrichen.

/ a

7. Wird nach **Streichung eines Bindestriches** oder **Buchstabens** die Getrennt- oder Zusammenschreibung zweifelhaft, so ist wie folgt zu verfahren:
Beispiel: Ein blendend-weißes Kleid; der Schnee war blendend-weiß.

8. Ligaturen werden verlangt, indem man die fälschlich einzeln gesetzten Buchstaben durchstreicht und am Rand mit einem darunter befindlichen Bogen wiederholt.

//fi

9. Verstellte Buchstaben werden durchgestrichen und am Rand richtig angegeben. **Verstellte Wörter** werden das durch Umstellungszeichen berichtigt. Die Wörter werden bei größeren Umstellungen beziffert. Verstellte Zahlen sind immer ganz durchzustreichen und in der richtigen Ziffernfolge an den Rand zu schreiben.
Beispiel: 9002

//eb

1 – 7

2009

10. Fehlende Wörter sind durch das Winkelzeichen kenntlich zu machen und am anzugeben. Bei größeren Auslassungen wird am Rand auf das Manuskript verwiesen. Die Stelle ist im Manuskript zu markieren.

Papierrand

siehe Manuskript

11. Falsche Trennungen werden immer am jeweiligen Zeilenschluss und am folgenden Zeilenanfang angezeichnet.

/ ge

12. Fehlender Wortzwischenraum wird durch ein „Z", zu enger Wortzwischenraum durch und zu weiter Wortzwischenraum durch angezeichnet.

13. Andere Schrift wird verlangt, indem man betroffene Stellen unterstreicht und die *gewünschte* Schrift am Rand benennt.

Grundschrift

14. Die **Sperrung** oder die **Aufhebung einer Sperrung** wird durch U n t e r s t r e i c h u n g angezeichnet.

nicht sperren

15. Nicht Linie haltende Stellen werden durch parallele Striche am Rand angezeigt.

16. Unerwünscht druckende Stellen werden unterstrichen und am Rand mit einem Doppelkreuz gekennzeichnet.

#

17. Ein **Absatz** wird durch dieses Zeichen im Text und durch das deutliche Anzeichnen am Papierrand verlangt.
Beispiel: Die ältesten Drucke sind so gleichmäßig und schön ausgeführt, dass sie die schönste Handschrift übertreffen. Die Abbildung der ältesten Druckpresse scheint sich von der Gutenbergpresse nicht wesentlich zu unterscheiden.

18. Das **Anhängen eines Absatzes** wird durch eine verbindende Schleife im Text und am Rand gekennzeichnet.

Das Anzeichnen am Rand ist für die Klarheit einer Korrektur entscheidend.

19. Zu tilgender oder zu verringernder Einzug wird mit dem Zeichen ├── veranlasst. Im nachfolgenden Beispiel ist diese Veränderung eines Einzuges am Beginn eines Absatzes dargestellt.

├──Hier beginnt ein Einzug, der zu weit nach rechts gerückt wurde, dadurch nicht gefällig erscheint und einer Korrektur bedarf, die angezeigt wird.

20. Fehlender oder zu geringer Einzug erhält das Zeichen ⌐. Im nachfolgenden Beispiel ist diese Veränderung eines Einzuges am Beginn eines Absatzes dargestellt.

Hier beginnt ein Einzug, der aber nicht nach rechts gerückt wurde. Dadurch ist der Absatzbeginn nicht deutlich erkennbar. Hier muss am Rand eine Korrektur angezeigt werden.

21. Verstellte Zeilen werden mit waagrechten Randstrichen versehen und in der richtigen Reihenfolge nummeriert.

1 ——————— *Sah ein Knab`ein Röslein stehn,*
4 ——————— *Lief er schnell, es nah zu sehn,*
3 ——————— *War so jung und morgenschön,*
2 ——————— *Röslein auf der Heiden,*
5 ——————— *sah`s mit vielen Freuden.*
                                Goethe

22. Fehlender Zeilenabstand (Durchschuss) wird durch einen zwischen die Zeilen gezogenen Strich mit nach außen offenem Bogen gekennzeichnet.

Ein zu **großer Zeilenabstand** wird durch einen zwischen die Zeilen gezogenen

Strich mit nach innen offenem Bogen gekennzeichnet.

23. Erklärende Vermerke zu einer Korrektur sind durch Doppelklammern zu verdeutlichen.

((Text fehlt - siehe Manuskript))

Beispiel: Hauptaufgabe von Verwertungsgesellschaften ist es, optimale Erträge für Autoren und Verlage einzuziehen. Die Beratung des Gesetzgebers ist eine weitere Aufgabe im wirtschaftspolitischen Bereich.

auf dem ├──┤ **24. Irrtümlich Angezeichnetes** wird interpunktiert. Die Korrektur am Rand ist durchzustreichen.

25. Für **unleserliche** oder **zweifelhafte Manuskript- bzw. Textstellen** wird eine Blockade eingebaut, bis die Textstelle und deren Inhalt geklärt ist. Dies (⊠) ist solch eine Blockade im Text.

12.1.2 Korrekturzeichen Bild nach DIN 16 549

Korrekturzeichen

+	Verstärken, Pluskorrektur	⇆↓↑	Verschieben, Pfeilrichtung
./.	Verringern, Minuskorrektur	↶↷	Rotieren
~	Angleichen, z.B. Tonwert	U	Umkehren, Tonwertumkehr
⩙	Schärfen, z.B. Kontur	K	Kontern, Seitenumkehr
P	Passer (Druck)	|← →|	Größenänderung
∂	Wegnehmen	⤓⤒	Unter-/Überfüllung

Korrekturzeichen Bild

Zeichen für Bild-
korrekturen nach der
DIN 16 549.
Die Zeichen sind
in einer kontrastie-
renden Farbe auf den
entsprechenden Bild-
stellen anzubringen
und im Randbereich
zu wiederholen.

12.1.3 Aufgabe

Aufgabe

Korrigieren Sie den nebenstehenden Text und verwenden Sie zur Kennzeichnung der Fehler die Korrekturzeichen nach DIN 16 511.

Lösung

Decken Sie während Ihrer Bearbeitung die gegenüberliegende Lösungsseite ab.

Vergleichen Sie nach der Fertigstellung Ihrer Korrektur das Ergebnis mit der Lösung.

Kommunikation für die Sinne   Korrekturzeichen

Menschen sehnen sich heute wieder zunehmend nach sensorischen, endschleunigten sinneseindrücken, die sie greifen und auch begreifen können. Im Gegensatz zu den visuellen und auditiven Eindrücken, welche die schnelle virtuelle Welt des Intermets und des E-Commerce vermittelt, greifen viele gerne wieder zu hochwertig gestatlteten Büchern, Broschüren oder Geschäftsberichten. Gerade hier siehr die medienindustrie Möglichkeiten für den Einsatz der konventionellen Drukktechniken.

Bei Geschäftsberichten und -ausstattungen Akzidenzen, Büchern oder Zeitschriften, aber auch bei Verpaggungen für Süßwaren und Parfüm sowie bei Etiketten, CD- und DVD-Hül-
len sowie Klarsichtverpackungen nutzen Designer, Werbe- und Marketingsspezialisten die hochwertige Anmutung. Mit dem bedürfnis nach einer besonderen Qualität und emotionaler Ansprache wird in dem Lifestylezenarien geworben. Der Einkauf soll zum lebernis werden.

Die Produkte sind dabei die botschafter. Sie transportieren ein Mehr an informationen, Image und vor allem Wertigkeit. Am Point-of Sale entscheidet der Kunde bis zu 60 Prozent aus dem Bauch aus dem Bauch heraus, für welche Marke er sich entscheidet. Durch die verschärften Wettbewerbssituation von Produkten mit *vergleichbarem* Profil kommt der Verpackung bei der Kaufentscheidung eine wichtige Rolle zu. Sie ist zu einem aktiven, charismatischen Verkaufshelfer in den dicht bepackten Regalen geworden. Die haptische

Erfahrung der Verpackung lässt den Kunden das Produkt fühlen und durch die **S**innesreizung aktiv erleben.

910

Korrekturzeichen

Kommunikation für die Sinne

Menschen sehnen sich heute wieder zunehmend nach sensorischen, endschleunigten Sinneseindrücken die sie greifen und auch begreifen können. Im Gegensatz zu den visuellen und auditiven Eindrücken, welche die schnelle virtuelle Welt des Internets und des E-Commerce vermittelt, greifen viele gerne wieder zu hochwertig gestaltteten Büchern, Broschüren oder Geschäftsberichten. Gerade hier sieht die medienindustrie Möglichkeiten für den Einsatz der konventionellen Drukktechniken.

Bei Geschäftsberichten und -ausstattungen Akzidenzen, Büchern oder Zeitschriften, aber auch bei Verpaggungen für Süßwaren und Parfüm sowie bei Etiketten, CD- und DVD-Hüllen sowie Klarsichtverpackungen nutzen Designer, Werbe- und Marketingspezialisten die hochwertige Anmutung. Mit dem bedürfnis nach einer besonderen Qualität und emotionaler Ansprache wird in dem Lifestylezenarien geworben. Der Einkauf soll zum lebernis werden.

Die Produkte sind dabei die botschafter. Sie transportieren ein Mehr an informationen, Image und vor allem Wertigkeit. Am Point-of Sale entscheidet der Kunde bis zu 60 Prozent aus dem Bauch aus dem Bauch heraus, für welche Marke er sich entscheidet. Durch die verschärften Wettbewerbssituation von Produkten mit *vergleichbarem* Profil kommt der Verpackung bei der Kaufentscheidung eine wichtige Rolle zu. Sie ist zu einem aktiven, charismatischen Verkaufshelfer in den dicht bepackten Regalen geworden. Die haptische Erfahrung der Verpackung lässt den Kunden das Produkt fühlen und durch die **S**innesreizung aktiv erleben.

Korrektur gelesen: Mustermann 09.09.2011

Korrekturzeichen

n, ⌐S⌐t⌐
n⌐
lt⌐
M⌐t⌐
ck⌐
n,
ck⌐
⊢⊣
B⌐
sz⌐n⌐
Erlebnis⊢⊣
B⌐
I⌐
f-S⌐
Grundschrift
Grundschrift

Hinweis

Korrekturzeichen können links und rechts am Papierrand stehen. Dies ist abhängig vom verfügbaren Raum. Entscheidend ist die Klarheit und Eindeutigkeit der Korrekturanweisung.
Wenn eine Korrektur gelesen wurde, muss der Korrektor dies mit seinem Namenskürzel kennzeichnen. Wurde die Korrektur am Text ausgeführt, ist dies mit einer anderen Farbe und mit Namen zu unterschreiben.

12.2 Lösungen

12.2.1	1 Grundlagen der Gestaltung	914
12.2.2	2 Typografie	928
12.2.3	3 Layout und Gestaltung	937
12.2.4	4 Bild- und Filmgestaltung	945
12.2.5	5 Grafische Zeichen	953
12.2.6	6 Webdesign	959
12.2.7	7 Visuelles Marketing	964
12.2.8	8 Präsentation	972
12.2.9	9 Medienrecht	977
12.2.10	10 Medienkalkulation	981
12.2.11	11 Produktionsmanagement	986

12.2.1 1 Grundlagen der Gestaltung

1.1 Wahrnehmung

1 Wahrnehmung den fünf Sinnen zuordnen

Auge – Sehen
Ohr – Hören
Nase – Riechen
Haut – Fühlen
Zunge – Schmecken

2 Physiologie des Sehens beschreiben

Auf der Netzhaut des menschlichen Auges befinden sich Fotorezeptoren, die das ins Auge einfallende Licht in Nervenreize umwandeln. Wir unterscheiden zwei Arten von Rezeptoren. Die Stäbchen für das Hell-Dunkel-Sehen und die Zapfen für das Farbsehen. Ein Drittel der Zapfen ist jeweils für rotes, grünes und blaues Licht empfindlich. Wir sehen also nur drei Farben: Rot, Grün und Blau. Die Reize werden über den Sehnerv ins Sehzentrum des Gehirns weitergeleitet und dort interpretiert.

3 Sehen und Wahrnehmen einordnen

Die visuelle Wahrnehmung wird nicht nur durch die von den Fotorezeptoren über den Sehnerv gelieferten Reize bestimmt. Im Gehirn werden die Reize zusammen mit den Meldungen anderer Sinnesorgane, ist es warm oder kalt, fühle ich mich wohl, bin ich müde usw., ausgewertet. Hinzu kommt die gespeicherte Erfahrung und die vorhandenen Vor-Bilder.
Die visuelle Wahrnehmung wird somit nicht nur durch das auf der Netz-haut abgebildete Reizmuster bestimmt, vielmehr ist die Wahrnehmung das Ergebnis der Interpretation der jeweils verfügbaren Daten. Wahrnehmung ist also nicht wirklich wahr. Was Sie wie wahrnehmen, ist nicht nur das Ergebnis der Physiologie des Sehvorgangs. Ihre Wahrnehmung wird ebenfalls stark durch die Psychologie und Ihr subjektives Empfinden bestimmt. Das Auge sieht, aber das Gehirn nimmt wahr.

4 Das menschliche Gesichtsfeld kennen

Das menschliche Gesichtsfeld erfasst in der Horizontalen einen Bereich von ca. 180°, in der Vertikalen von ca. 120°. Der tatsächlich scharf abgebildete Bildwinkel ist nur 1,5°.

5 Das menschliche Gesichtsfeld in der Gestaltung berücksichtigen

Das Auge richtet den Blick auf ein Detail, um es scharf zu sehen. Der Weg des Auges unterliegt großteils nicht dem bewussten Willen, sondern wird von dem knapp außerhalb des scharf abgebildeten Bereichs liegenden Element angezogen. Aus dem Zurückspringen auf das vorher Gesehene entsteht ein spannungsvolles Gleichgewicht. Ein weiterer Blickfang führt das Auge über das Format. Immer wenn das Auge einen bestimmten Punkt erreicht hat, muss ein neues dynamisches Spannungsfeld den Blick weiterleiten. Die unterschiedlichen visuellen Gewichte der Flächenelemente erzeugen ein Spannungsmuster, gleichwertige Elemente führen zu einem Patt, das Auge irrt über das Format.

Lösungen

6 Bildsprache kennen

Mit mehr als 1000 Worten sagen Sie alles und damit nichts. Die Aussage eines Bildes ist selten eindeutig.

7 Bildsprache analysieren

Buchstäblich und frei sind zwei Kategorien, die u. a. Andreas Feininger in seiner großen Fotolehre eingeführt hat. Mit buchstäblich wird der direkte Zusammenhang zwischen Bildaussage und Motiv beschrieben. Bei einer freien Umsetzung dient das Motiv als Metaphern für die eigentliche Aussage.

8 Unterschiedliche Wahrnehmung erklären

Wahrnehmung ist nicht immer eindeutig. Abhängig vom Kontext werden Zeichen unterschiedlich interpretiert. Von links nach rechts: A, B, C, 12, 13, 14 Von oben nach unten: A, 12, 13, 13, C, 14. Je nach Leserichtung und damit Kontext wird das mittlere Zeichen einmal als Buchstabe B und einmal als die Zahl 13 interpretiert.

9 Wirkung von Farbkontrasten beschreiben

a. Komplementärkontrast
   Starker Kontrast zweier Farben, die sich im Farbkreis gegenüberliegen.
b. Simultankontrast
   Das farbigen Umfeld beeinflusst den wahrgenommenen Farbton.

10 Farbkontraste kennen

- Komplementärkontrast
- Simultankontrast
- Warm-kalt-Kontrast
- Hell-Dunkel-Kontrast

11 Farbkontraste in ihrer Wirkung beschreiben

Die Wirkung von Farben im Umfeld heißt Simultankontrast.

12 Farbkonstanz erklären

Aus der Erfahrung über die Farben der Welt, z. B. dem Rot einer Tomate oder vom Weiß des Papiers, können Sie auch unter sich ändernder Beleuchtung Farben richtig erkennen. Eine Tomate erscheint immer rot, Laserdruckerpapier immer weiß.

13 Bildsprache bewusst gebrauchen

Der Kontext ist für die Wahrnehmung und das Erfassen der Bedeutung eines Bildes entscheidend. Das gleiche Bild in einem veränderten Kontext verändert auch seine Aussage.

14 Semiotik definieren

Die Semiotik ist die Lehre von der Bedeutung der Zeichen.

15 Semiotisches Dreieck kennen

Semiotisches Dreieck nach Peirce

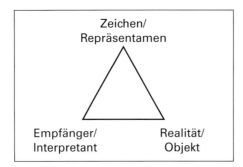

16 Zeichenkategorien erklären

a. Ikonen sind Zeichen, die dem dargestellten Objekt ähneln.
b. Der Index ist als Zeichen direkt mit dem Objekt verknüpft.
c. Symbolen fehlt der direkte Bezug zwischen Zeichen, Objekt und Bedeutung. Symbolische Zeichen werden auch als arbiträre Zeichen bezeichnet. Arbiträr heißt, dass die Bedeutung eines Zeichens sich nicht aus seiner Form und Farbe erschließt, sondern dass ihm seine Bedeutung als Teil einer Konvention verbindlich zugeordnet ist.

17 Zeichendimensionen nach Morris kennen

Die drei Zeichendimensionen nach Morris heißen
- Syntaktik,
- Semantik und
- Pragmatik.

18 Bedeutung von Zeichen erklären

Allen Zeichen, gleich welcher Kategorien sie zuzuordnen sind, ist gemeinsam, dass ihre Erstellung und ihr Verstehen beim Sender und beim Empfänger eine gemeinsame Zuordnung der Bedeutung voraussetzt. Die Bedeutung erschließt sich nicht automatisch und muss deshalb gelernt werden.

19 Das Prinzip des Lesens kennen

Lesen ist eine Interaktion zwischen der Formwahrnehmung und der Verbalisierung. Die Wahrnehmung, das Lesen einer Zeile, erfolgt nicht in einer kontinuierlichen Bewegung, sondern ruckartig. Das Auge springt von einer Fixation, einem festem Blickpunkt, mit einer ruckartigen Bewegung, der so genannten Sakkade, zur nächsten Fixation. In einer Fixation können Sie bei normaler Schriftgröße neun Zeichen erfassen und als Schablone eines Buchstaben- bzw. Wortbildes analysieren. Wenn das Wortbild oder der Inhalt unverständlich ist, erfolgt ein Rücksprung, eine Regression. Der Zeilenwechsel ist wiederum eine Sakkade.

20 Das Prinzip des Lesens kennen

Eine Sakkade ist die sprunghafte Augenbewegung beim Lesen von einer Fixation zur nächsten Fixation.

21 Begriffe der auditiven Wahrnehmung erklären

a. Lautstärke
Die Lautstärke beschreibt den Grad der Schallempfindung. Wir nehmen

Geräusche in verschiedenen Situationen und Umgebungen unterschiedlich laut wahr.

b. Tonhöhe
Die Tonhöhe wird durch die Frequenzen der Schallwellen bestimmt. Kinderstimmen enthalten mehr hochfrequente Schwingungen als die Stimmen Erwachsener.

22 Faktoren der Aufmerksamkeit nennen

Faktoren zur Erregung und Steuerung der Aufmerksamkeit sind:
- Starke Kontraste
- Unerwartete Reize
- Große Reizintensität
- Abweichung von der Norm
- Einstellung und Erwartung des Betrachters

1.2 Gestaltgesetze

1 Gestaltgesetze kennen

Die Gestaltpsychologie hat verschiedene Gesetze zur Wahrnehmungsorganisation formuliert. Diese so genannten Gestaltgesetze sollen die Ergebnisse der Wahrnehmung unterschiedlicher Formenkonfigurationen beschreiben.

2 Gesetz von der einfachen Gestalt begründen

Das Gesetz von der einfachen Gestalt, oft auch als Gesetz von der guten Form bezeichnet, ist in der Gestaltpsychologie das Grundgesetz der menschlichen Wahrnehmung. Die Wahrnehmung wird danach grundlegend auf die Bewegung und einfache geometrische Gestalten wie Kreise, Quadrate, Rechtecke und Dreiecke zurückgeführt.

3 Gestaltgesetze visualisieren

4 Gestaltgesetze visualisieren

5 Navigationselemente einer Website auf die Gestaltgesetze beziehen

a. In der Gestaltung von Navigationselementen auf den einzelnen Seiten einer Website muss gewährleistet sein, dass der Nutzer ein konstantes Designkonzept erlebt. Deshalb ist das Gestaltgesetz der Konstanz eine grundlegende Richtlinie für das Gestalten von Icons für eine Website.

a. Nach dem Gesetz der Nähe werden verschiedene Menüpunkte, die zu einer Kategorie gehören, beim Design einer Internetseite jeweils in eigenen Menüs zusammengefasst.

6 Überschriftenhierarchie auf die Gestaltgesetze beziehen

Der Leser braucht ein ein konstantes Designkonzept zur Orientierung. Deshalb müssen Überschriften einer Ebene nach dem Gesetz der Konstanz jeweils einheitlich gestaltet sein und sich von den Überschriften der anderen Ebenen deutlich unterscheiden.

7 Erkennen der Gestaltgesetze in der Gestaltungsanalyse

www.zvbw.de

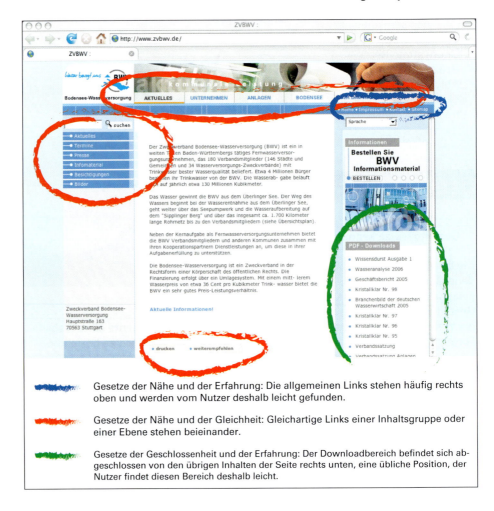

Gesetze der Nähe und der Erfahrung: Die allgemeinen Links stehen häufig rechts oben und werden vom Nutzer deshalb leicht gefunden.

Gesetze der Nähe und der Gleichheit: Gleichartige Links einer Inhaltsgruppe oder einer Ebene stehen beieinander.

Gesetze der Geschlossenheit und der Erfahrung: Der Downloadbereich befindet sich abgeschlossen von den übrigen Inhalten der Seite rechts unten, eine übliche Position, der Nutzer findet diesen Bereich deshalb leicht.

Lösungen

1.3 Gestaltungselemente

1 Optisches Gleichgewicht visualisieren

a. Optisches Gleichgewicht

b. Optisches Ungleichgewicht

2 Faktoren des optischen Gleichgewichts kennen

- Größe
- Farbe
- Helligkeit
- Form
- Lage im Format

3 Richtungen visualisieren

a. Aufsteigend

b. Absteigend

c. Fallend

4 Richtungen visualisieren

Die bei uns übliche Leserichtung ist von links nach rechts und von oben nach unten. Eine Ausrichtung von links unten nach rechts oben wird allgemein als aufsteigend empfunden, von links oben nach rechts unten gilt als absteigend. Der steile Winkel visualisiert fallend.

5 Bewegung visualisieren

Die Linien verdichten sich nach rechts. Durch die Anmutung eines Pfeils wird die Richtungswirkung noch unterstützt.

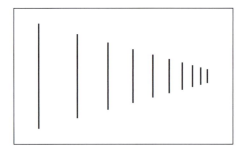

6 Optische und geometrische Mitte erklären

Die optische Mitte liegt etwas oberhalb der horizontalen Symmetrieachse.
   Die geometrische Mitte entspricht exakt der horizontalen Symmetrieachse. Die Objekte wirken etwas zu tief positioniert.

7 Regel des Goldenen Schnitts benennen

Die Proportionsregel des Goldenen Schnitts lautet: Das Verhältnis des kleineren Teils zum größeren ist wie der größere Teil zur Gesamtlänge der zu teilenden Strecke. Die Anwendung dieser Regel ergibt als Verhältniszahl 1,61803... Um die Anwendung in der Praxis zu vereinfachen, wurde daraus die gerundete Zahlenreihe 3 : 5, 5 : 8, 8 : 13, 13 : 21,... abgeleitet.

8 Goldener Schnitt visualisieren

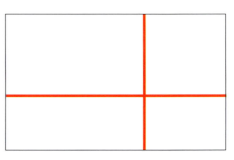

9 Regel der arithmetischen Folge benennen

Arithmetische Folge:
a; a + d; a + 2d; a + 3d; z = a + (n–1)d

10 Arithmetische Folge visualisieren

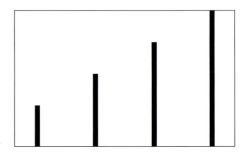

11 Regel der geometrischen Folge kennen

Geometrische Folge:
a; a x q; a x q^2; a x q^3; z = a x q^{n-1}

12 Die Bedeutung des Umfelds für die Gestaltung kennen

Gestaltungselemente haben immer ein Umfeld, in dem sie wahrgenommen werden. Es gibt kein „Nichts" als Umfeld. Auch die vermeintlich leere Fläche wirkt auf den Betrachter. In der Typografie spricht man von Weißraum. Das Weiß des Papiers oder der farbige Hintergrund sind gleichberechtigt mit den Gestaltungselementen. Die Figur-Grund-Trennung der Gestaltgesetze erklärt die Abhängigkeit unserer Wahrnehmung vom Umfeld.

1.4 Perspektive

1 Perspektive erläutern

Gegenstand der Perspektive in der Mediengestaltung ist die realistische Abbildung des dreidimensionalen Raums auf einer Fläche.

2 Augenhöhe und Horizont zeichnen

a. Geringe Augenhöhe

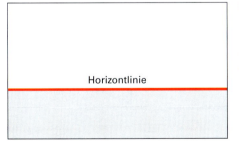

b. Große Augenhöhe

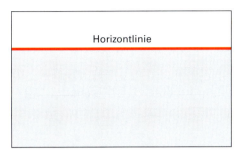

3 Blick- und Augenpunkt definieren

a. Der Blickpunkt entspricht der Position der Augen des Betrachters.
b. Der Augenpunkt bezeichnet den Punkt, auf den der Betrachter auf den Horizont blickt.

4 Begriffe der Perspektive definieren

a. Die Grundlinie ist die untere Begrenzung des Bildformats.
b. Die Horizontlinie liegt auf Höhe der Augen in der Bildebene.
c. Die Bildebene steht senkrecht zum Horizont. Wir können sie mit einer Fensterscheibe vergleichen, durch die wir auf das Motiv blicken.

5 1-Punkt-Perspektive erklären

Bei der 1-Punkt-Perspektive verlaufen alle parallelen Linien der Raumtiefe zu einem zentralen Fluchtpunkt auf dem Horizont. Die beiden anderen Raumachsen verlaufen parallel zur Bildebene.

6 1-Punkt-Perspektive visualisieren

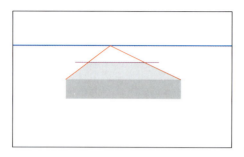

7 2-Punkt-Perspektive erklären

Alle schräg zur Bildebene stehenden Objekte haben zwei Fluchtpunkte. Dabei verlaufen die jeweils parallelen Linien der Horizontalen zu einem eigenen Fluchtpunkt auf dem Horizont. Die beiden Fluchtpunkte eines Objekts liegen links und rechts vom Objekt auf dem Horizont. Alle parallelen Linien, die links von der dem Betrachter am nächsten liegenden Vertikalen sind, fliehen zum linken Fluchtpunkt, alle die rechts davon sind, treffen sich im rechten Fluchtpunkt. Die Vertikalen verlaufen, wie bei der 1-Punkt-Perspektive, parallel zur Vertikalen der Bildebene. Objekte, die nicht parallel auf der Grundebene stehen, haben jeweils eigene Fluchtpunkte.

8 2-Punkt-Perspektive visualisieren

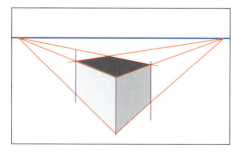

9 3-Punkt-Perspektive erklären

3-Punkt-Perspektive bedeutet, dass bei dieser Perspektive nicht nur die Breite und Tiefe, sondern auch die dritte Dimension, die Höhe, auf einen eigenen Fluchtpunkt bezogen wird.

10 3-Punkt-Perspektive visualisieren

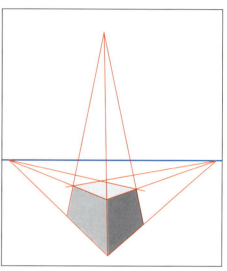

11 Schatten konstruieren

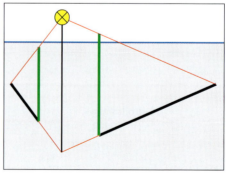

12 Axonometrie erklären

In der Axonometrie werden Körper durch Parallelprojektion auf eine Ebene zeichnerisch dargestellt.

Im Gegensatz zur Fluchtpunktperspektive sind bei den axonometrischen Darstellungsmethoden immer drei Seiten des Körpers sichtbar, die Vorderansicht, die Draufsicht und eine Seitenansicht. Axonometrische Zeichnungen werden in einem festen Maßstab und mit genormtem Seitenverhältnis ausgeführt. Deshalb lassen sich die Originalmaße direkt aus der Zeichnung entnehmen.

13 Axonometriearten erklären

a. Die isometrische Darstellung gibt allen drei Raumebenen die gleiche visuelle Bedeutung. Bei der Isometrie bildet die Projektionsebene drei gleiche Winkel mit den Raumachsen X, Y und Z. Alle drei Raumrichtungen stehen im gleichen Seitenverhältnis.
b. Bei der dimetrischen Darstellung wird eine Ansicht des Objekts besonders hervorgehoben. Die Dimetrie stellt, wie die Isometrie, parallele Kanten eines Objekts parallel dar. Allerdings in einem anderen Seitenverhältnis.
c. Bei der Kabinettprojektion, Kabinettperspektive, wird die Vorderansicht nicht verzerrt und damit in der Originalansicht dargestellt. Die beiden anderen Ebenen sind dadurch natürlich stärker verzerrt als in der Isometrie und der Dimetrie. Die Seitenansicht und die Draufsicht dienen vor allem zur Visualisierung der Räumlichkeit. Im Gegensatz zu den beiden vorhergehend beschriebenen Verfahren verläuft die Projektionsebene bei der Kabinettprojektion senkrecht zu den Hauptprojektionsachsen. Die dritte Koordinatenachse verläuft unter einem Winkel von 45°. Ihre Richtung ist nicht festgelegt. Die dritte Koordinatenachse Y' wird außerdem um den Faktor 2 in ihrer Länge reduziert. Die Proportionen der Zeichnung wirken dadurch natürlicher.

14 Luft- und Farbperspektive erklären

a. Staub und Feuchtigkeit in der Luft streuen das Licht. Dadurch verringert sich der Kontrast und die Sättigung mit zunehmender Entfernung.
b. Die Farbperspektive tritt in der Natur immer zusammen mit der Luftperspektive auf. Staub und Luftfeuchtigkeit streuen nicht nur das Licht, sondern absorbieren auch Teile des Lichts. Weißes Licht setzt sich aus unterschiedlichen Wellenlängenanteilen zusammen, die von der Luft verschieden absorbiert werden. Langwelliges rotes und gelbes Licht wird stärker absorbiert als das kurzwellige blaue Licht. Mit zunehmender Entfernung wirken Bildbereiche deshalb nicht nur heller und weniger gesättigt, sondern auch bläulich.

15 Farbperspektive visualisieren

1.5 Farbgestaltung

1 Grundfarben des Drucks kennen

CMYK – Cyan, Magenta, Gelb und Schwarz

2 Sonderfarben definieren

a. Sonderfarben sind alle Farben, die zusätzlich zu den vier Grundfarben CMYK gedruckt werden, z. B. HKS und Pantone oder auch metallische Druckfarben und Effektfarben.
b. Alle Farben in Digitalmedien sind aus den drei additiven Grundfarben Rot, Grün und Blau gemischt. Es gibt somit keine echten Sonderfarben in Digitalmedien.

3 HKS 14 als CMYK

C 0, M 100, Y 100 und K 0

4 Farbkreis kennen

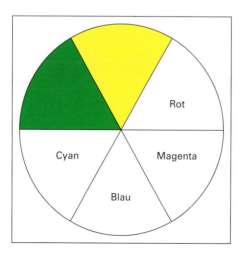

5 Farbkombinationen erläutern

a. Unter Farbdreiklang versteht man die gleichabständige Auswahl von drei Farben aus einem Farbkreis.
b. Unter Farbvierklang versteht man die gleichabständige Auswahl von vier Farben aus einem Farbkreis.

6 Farbvierklang analysieren

Nein, sie sind aus einer Seite des Kreises entnommen, deshalb besteht keine Gleichabständigkeit.

7 Komplementärkontrast benennen

R 0, G 0, B 255	R 255, G 255, B 0
C 100, M 100, Y 0, K 0	C 0, M 0, Y 100, K 0
R 255, G 0, B 0	R 0, G 255, B 255
C 0, M 100, Y 100, K 0	C 100, M 0, Y 0, K 0
R 0, G 255, B 0	R 255, G 0, B 255
C 100, M 0, Y 100, K 0	C 0, M 100, Y 0, K 0

8 Farbklima erläutern

Das Farbklima definiert als wichtiger Teil des Corporate Designs die Auswahl der

Farben zur Gestaltung von Medienprodukten. Farbidentität und der Wunsch nach Wiedererkennung führen zu einem klar definierten Farbcode, in dem die Zuordnung der einzelnen Farben geregelt ist.

9 Farbwiedergabe im Farbatlas

- Druckverfahren
- Druckmaschine
- Druckfarben
- Papier

10 Webfarbenpalette festlegen

a. 216 Farben
b. 0, 51, 102, 153, 204, 255

11 Farbklima gliedern

a. Primärfarben sind die Leitfarben des Farbklimas. Sie werden im Screendesign beispielsweise für die Hauptnavigation eingesetzt.
b. Sekundärfarben haben eine untergeordnete Bedeutung.

12 Farbklima analysieren

Lösung Aufgabe 12

Screenshot von
www.t-online.de

1.6 Design

1 Designentwicklungen verstehen

Die Wurzeln des italienischen Begriffs „disegnare" liegen in dem lateinischen Verb „designar" – das bedeutet im Umriss darstellen, zeichnen – und dem lateinischen Nomen „signum" für Zeichen, Abzeichen, Bezeichnen, Kennzeichen, Signal, Bild oder Siegel.

2 Designentwicklungen erläutern

Der lateinische Begriff „Design" bedeutet Entwurf, Formgebung, Modell, Gestaltung oder Muster.

3 Entwicklungsschritte beim Designprozess benennen

Drei typische Designschritte:
- Vorzeichnen der Produktidee als Scribble, Strichzeichnung oder Skizze
- Strichzeichnung oder Skizze in Farbe und Form setzen
- Erstellung eines Modells nach den Farb- und Formvorgaben

4 Wichtige Ausbildungsstätten im Grafik-Design-Bereich und deren Bedeutung einschätzen

- Die Hochschule für Gestaltung HfG in Ulm brachte neue Denkweisen, wissenschaftliche Disziplinen, Mathematik und Programmierverfahren in Designprozesse ein. Man nannte diese neue Lehre von Entwurfs- und Gestaltungsverfahren „Designmethodologie".

- Bedeutende Vertreter der HfG waren Inge Aicher-Scholl, Otl Aicher, Max Bill, Johannes Itten, Bruce Archer, Horst W. Rittel, Walter Zeischegg.

5 Berufsbezeichnungen und deren Herkunft beschreiben

Der Begriff „Graphic Designer" geht auf den amerikanischen Designer William Addison Dwiggins zurück, der ihn 1922 erstmals verwendete. Für ihn beinhaltete Grafikdesign den zweckgebundenen Druck „printing for purpose". Grafikdesign wurde in den USA zum Oberbegriff für Schriftentwurf, Typografie, die Gestaltung von Büchern, Verpackungen, Akzidenzen, Plakaten und Anzeigen.

6 Fachbegriffe verstehen und deren Bedeutung beschreiben

- Visuelle Gestaltung
  An der HfG Ulm wurde der Begriff Grafik-Design zum Begriff „Visuelle Gestaltung" weiterentwickelt. Da aber das eigentliche Ziel die Lösung von Gestaltungsaufgaben im Bereich der Massenkommunikation war, wurde daraus im Studienjahr 1956/57 nach dem Vorbild des Departments „Visual Communications" des New Bauhaus in Chicago „Visuelle Kommunikation". Heute wird daher der Grafikdesigner auch Kommunikationsdesigner genannt.
- Visuelle Kommunikation
  Darunter wird die Übermittlung von Information beschrieben, die im Wesentlichen mittels visueller Wahrnehmung über das Auge wahrgenommen (kommuniziert) wird.

Lösungen

7 Fachbegriffe verstehen und deren Bedeutung beschreiben

- Kommunikationsdesign
  Kommunikationsdesign beschäftigt sich mit Informationsaustausch und Informationsvermittlung zwischen Menschen. Kommunikationsdesign findet die Form, wie Botschaften klar, schön, ansprechend und erfolgreich weitergegeben werden können, und kennt die Mittel, dies zu befördern.
- Gebrauchsgrafik
  Gebrauchsgrafik bedeutet künstlerische Grafik, die einem bestimmten Gebrauchszweck, in erster Linie der Werbung, dient.

8 Ausbildungsmöglichkeiten in der Medienindustrie kennen

Besuchen Sie die angegebenen Webanschriften zur Information.
Grundsätzlich bestehen die folgenden Aus- und Weiterbildungsmöglichkeiten nach der Ausbildung zum Mediengestalter:
- Medienfachwirt print*
- Medienfachwirt digital*
- Industriemeister Printmedien*
- Druck- und Medientechniker**
- Bachelor/Master*** in Fachrichtung:
  - Audiovisuelle Medien
  - Bibliotheks- und Informationsmanagement
  - Computer Science and Media
  - Druck- und Medientechnik
  - Elektronische Medien
  - Grafik-Design
  - Informationsdesign
  - Lehramt Druck- und Medientechnologie
  - Maschinenbau Druckverfahren und -maschinen
  - Medieninformatik
  - Medientechnik
  - Medienwirtschaft
  - Produkt-Design
  - Verpackungstechnik
  - Verfahrenstechnik Papier und Verpackung
  - Verlagsherstellung, Verlagswirtschaft und Buchhandel
  - Werbe- und Marktkommunikation

Die Anschriften der Ausbildungs- und Studienmöglichkeiten finden Sie auf www.zfamedien.de/weiterbildung.php.

* Ausbildungsträger zumeist IHK, private Bildungsträger oder berufliche Schulen.
** Ausbildungsträger zumeist berufliche Schulen.
*** Ausbildungsträger zumeist staatliche Hochschulen.

12.2.2 2 Typografie

2.1 Schriftgeschichte

1 Schriftgeschichte kennen

Siehe Stammbaum der Schriftentwicklung in Kapitel 2.1.7

2 Schriftgeschichte kennen

Die primitiven Bilderschriften der Piktografieära entwickeln sich ganz allmählich zu den Wortbilderschriften der Ideografiezeit, in der einzelne Wörter festgelegte Zeichen erhalten haben und auch abstrakte Begriffe dargestellt werden konnten.
Beispiel: Chinesisch

3 Dreisprachenstein kennen

Der Dreisprachenstein von Rosetta, um 195 v. Chr. erschaffen, trägt Inschriften in drei Sprachen und in drei Schriften: in Hieroglyphen, in Demotisch und in Griechisch. Die Entzifferung dieses Steines ermöglichte, ausgehend von Griechisch, das Lesen der Hieroglyphen.

4 Griechische Schrift beschreiben

Die griechische Schrift besteht aus einem Alphabet mit immer gleich hohen Buchstaben. Sie macht keinen Unterschied zwischen Groß- und Kleinbuchstaben. Alle Buchstaben sind gleich hoch und werden in einer isolierten Reihung nebeneinander gesetzt.
Das klassische griechische Alphabet wurde zur Mutterschrift für sämtliche romanischen, germanischen und

slawischen Schriften. Die altgriechische Schrift entstand um 403 v. Chr. und wurde seither nicht mehr verändert.

5 Römische Schrift beschreiben

Die römische Kapitalschrift war Leitschrift für die römische Kultur- und Zivilisationsperiode von etwa 350 v. Chr. bis 500 n. Chr. mit einer größten Verbreitung von Schottland bis Persien, vom Rhein bis an den Nil. Die Schrift weist nur Großbuchstaben auf und kennt noch keine Wortzwischenräume als Leseerleichterung.

6 Trajanisches Alphabet kennen

Das „Trajanische Alphabet" gilt als das schönste Beispiel römischer Schriftkunst. Die von diesem Alphabet stammende „Capitalis Monumentalis" ist Grundlage für unsere modernen Großbuchstaben.

7 Karolingische Minuskel beschreiben

Die karolingische Minuskelschrift weist Ober- und Unterlängen auf, der Wortabstand sowie ein gleichmäßiger und großer Zeilenabstand werden eingeführt. Als Schreibwerkzeug wird eine schmalere, schräg gehaltene Breitfeder verwendet. Dadurch entsteht eine breite, lichte und leicht lesbare Schrift. Anfangs werden Groß- und Kleinbuchstaben noch relativ willkürlich gemischt, aber durch die Nutzung als Kanzleischrift vereinheitlicht sich die Buchstabenanwendung.

Lösungen

8 Gutenbergs Wirken beschreiben

Begründer der modernen Kommunikation. Erfinder von Schriftguss, dem Schriftsatz und dem Hoch- oder Buchdruck.

9 Klassizistische Schriften zuordnen

Klassizistische Schriften sind uns viele überliefert und werden noch häufig genutzt. Bodonie, Walbaum, Didot, Amatie oder Normande sind für Typografen heute wohlvertraute und häufig verwendete Schriften.

10 Schriftmerkmale nennen

- *Gotische Schriften*
  Aus der Schreibtechnik der schräggehaltenen Breitfeder entwickelte schmale Schriften, deren Wortabstände minimiert werden. Schmale, gitterartige Wirkung mit geringem Zeilenabstand beeinträchtigt die Lesbarkeit.
- *Renaissanceschriften*
  Die karolingische Minuskel wird als Vorbild wiederentdeckt. Als Versalien werden die Formen der Capitalis Monumentalis verwendet. Diese Schriften sind heute in die Schriftgruppe der „Renaissance-Antiqua" eingeordnet.
- *Barockschriften*
  Es entsteht eine Handschrift-Antiqua, die wir heute alle als Kursivschrift oder als Schreibschrift kennen. Diese Schriften haben Zierschwünge und machten einen verspielten, leichten und meist gut lesbaren Eindruck. Grund- und Haarstriche weisen Un-

terschiede auf und werden im Zuge einer schneller werdenden Schreibtechnik als Stilelement verwendet.
- *Klassizistische Schriften*
  Sie weisen einen starken bis extremen Wechsel von Grund- und Haarstrichen auf. Die Serifen sind rechtwinklig an die Grundstriche angesetzt. Die Grundformen ergaben sich aus den römischen Kapitalschriften. Deren Grundkonstruktionen wurden auf die Minuskeln übertragen. Die Formen der Kleinbuchstaben entwickelten sich aus karolingischer oder italienischer Minuskel.

11 Schriften den richtigen Epochen zuordnen

- *Romantik*
  Neue Frakturschriften nach mittelalterlichem Vorbild.
  Schrift: Wittenberger Fraktur.
- *Historismus*
  Beginnt mit der Entwicklung modern wirkender Schriften wie Egyptienne, Clarendon oder den ersten zaghaften Groteskschriften.
- *Neue Sachlichkeit*
  Serifenlose und serifenbetonte Linear-Antiqua. Konstruktivistische Schriften, die bewusst keine Emotionalität, sondern rationale Sachlichkeit vermitteln sollen. Schrift: Futura, Eurostyle, Verdana.
- *Moderne Schriften*
  Avant Garde, Univers, Helvetica

12 Johannes Gutenberg kennen

- www.gutenberg-museum.de
- www.mainz.de/gutenberg
- www.whoswho.de
- www.gutenbergdigital.de
- www.bl.uk/treasures/gutenberg/homepage.html
- www.hrc.utexas.edu/exhibitions/permanent/gutenberg/
- www.humi.keio.ac.jp/en/treasures/incunabula.html

2.2 Schrifterkennung

1 Schriftklassifikation kennen und anwenden

- Schriftgruppen
  - I   Venezianische Renaissance-Antiqua
  - II   Französische Renaissance-Antiqua
  - III Barock-Antiqua
  - IV   Klassizistische Antiqua
  - V   Serifenbetonte Linear-Antiqua
  - VI   Serifenlose Linear-Antiqua
  - VII Antiqua-Varianten
  - VIII Schreibschriften
  - IX   Handschriftliche Antiqua
  - X   Gebrochene Schriften mit den Untergruppen Gotisch, Rundgotisch, Schwabacher, Fraktur sowie Fraktur-Varianten
  - XI   Fremde Schriften

- Schriftbeispiel zu den Schriftgruppen:
  - I   Stempel Schneidler-Antiqua, ITC Weidemann
  - II   Palatino, Bembo
  - III Baskerville, Times
  - IV   Bodonie, Walbaum
  - V   Clarendon, Egyptienne
  - VI   Helvetica, Univers
  - VII Capitalis, Optima, Rotis
  - VIII Künstler-Script, Lucida Handwriting
  - IX   Bradley Hand, Post Antiqua
  - X   Klingspor-Gotisch, Wittenberger Fraktur
  - XI   Arabisch, Chinesisch

2 Schriftaufbau kennen und anwenden

Die Skizze muss enthalten: Gesamtschrifthöhe, Ober-, Mittel- und Unterlängen. Skizze siehe Seite 182.

3 Schriftbenennungen verstehen

a. Fleisch auf dem Kegel vor dem Schriftbild des Buchstabens
b. Mittellänge + Oberlänge
c. Geschlossene und offene Räume innerhalb des Buchstabenbildes
d. Buchstabenbreite mit Vor- und Nachbreite
e. Feinste Linie eines Buchstabenbildes
f. Grundlinie, an der alle Schriften eines Schriftgrades ausgerichtet sind.

4 Typografische Begriffe erläutern

Eine Schriftfamilie umfasst alle Schnitte einer Schrift. Üblicherweise sind dies die folgenden Schnitte: normal, kursiv, leicht, halbfett, fett, schmal, breit und extrabreit. Je nach Herkunft werden auch englische Begriffe verwendet. Eine Schriftsippe kann Schriften aus verschiedenen Schriftklassen mit gleichen Merkmalen enthalten.

Lösungen

5 Schriftbenennungen erklären

a. Großbuchstaben
b. Kleinbuchstaben
c. Interpunktion
d. Doppelbuchstaben z. B. fl, fi

6 Ziffern und Zeichen anwenden

- Mediävalziffern sind Ziffern mit Ober- und Unterlängen.
- Halbgeviertziffern werden überall dort verwendet, wo die Ziffern exakt untereinander stehen sollen.
- Normalziffern weisen eine Höhenorientierung an der Mittel- und Oberlänge der jeweiligen Schrift auf.

7 Ziffern und Zeichen anwenden

- MDCCXCIV = 1794
- MMCDLXVIII = 2468
- MMVIII = 2008

8 Zeichensatzpalette nutzen

Diese Aufgabe ist nur mit Hilfe eines PCs zu bearbeiten. Wenn Sie mit InDesign arbeiten, schauen Sie bei Schrift > Glyphen nach den Zeichenbelegungen.

9 Schriften erkennen

- Gruppe VIII, Antiqua-Varianten, Untergruppe Umstochene Schriften, Schrift: Pomeia
- Gruppe X, Gebrochene Schriften, Untergruppe Gotisch, Schrift: Wilhelm Klingspor Gotisch
- Gruppe I, Venezianische Renaissance-Antiqua, Schrift: Schneidler-Antiqua

- Gruppe IV, Klassizistische Antiqua, Schrift: Walbaum Regular
- Gruppe VI, Serifenlose Linear-Antiqua, Schrift: Univers 55 Roman
- Gruppe V, Serifenbetonte Linear-Antiqua, Untergruppe Egyptienne, Schrift: Egyptienne

2.3 Lesbarkeit

1 Laufweitenänderungen und deren Anwendung kennen

1. Zur Vermeidung unschöner Trennungen erlaubt.
2. Kleine Schriftgrade = Erhöhung der Laufweite zur Leseverbesserung.
3. Titel und Headlines in großen Graden = Verringerung der Laufweite führt zu verbesserter Optik.

2 Satzarten kennen und benennen

Blocksatz, Flattersatz links- oder rechtsbündig, Rausatz, Mittelachsensatz.

3 Satzarten richtig anwenden

- Rausatz
  Taschenbücher, Zeitschriften, Bücher – wirkt modern und nicht so streng wie Blocksatz.
- Flattersatz
  Standard bei Webseiten und für gut zu lesende Drucksachen.

4 Satztechnische Begriffe kennen

- Konsultationsgröße
  Schriften unter 8 Punkt. Für Leser schwer erkennbar.
- Lesegröße
  Schriftgrade von 8 bis 12 Punkt; für Mengentexte.
- Schaugröße
  Schriftgrade zwischen 12 bis 48 Punkt; werden z. B. für Headlines und Kleinplakate genutzt.
- Plakatgröße
  Schriftgrade liegen über 48 Punkt, werden für Großplakate u. Ä. verwendet.

5 Leseverhalten der Kunden kennen

Ein Grundschüler liest immer buchstabenweise und setzt die Buchstaben zu einzelnen Wörtern zusammen. Der Sinnzusammenhang erschließt sich erst mit zunehmender Lesekompetenz.

6 Leseverhalten der Kunden kennen

Der geübte Leser erfasst ganze Wortgruppen und Zeilenteile und baut aus diesen einen Sinnzusammenhang auf. Dies kann durch die Wahl einer lesegeeigneten Schrift, Schriftgröße und Zeilenlänge unterstützt werden.

7 Begriffe des Textdesigns verstehen

- Schriftgröße
- Zeilenabstand
- Zeilenlänge
- Schriftart

8 Zeilenabstandsregeln wissen

120 % der verwendeten Schriftgröße sind als automatischer Zeilenabstand üblicherweise voreingestellt.

9 Regeln zur Schriftmischung kennen

- Schriften innerhalb einer Schriftfamilie können miteinander kombiniert werden.
- Schriften mit gleichartigem Duktus und ähnlichen Proportionen lassen sich gut mischen.
- Es sollten bei einer Schriftmischung deutliche Kontraste gesetzt werden. Dies erhöht die Aufmerksamkeit.

10 Schriftmischungsregeln anwenden

a. Schreibschrift + Groteskschrift
b. Gebrochene + Groteskschrift
c. Klassizistische + Gebrochene Schrift
d. Serifenlose + Handschriftliche Antiquaschrift

11 Monospace-Schrift erklären

Die Schrift `Courier` stammt aus der Schreibmaschinenzeit und hat daher immer die gleiche Dickte. Monospace-Schriften können nur als Headlineschrift verwendet werden, für Mengentexte sind sie wegen ihrer schlechten Lesbarkeit nicht geeignet.

12 Kriterien für die Schriftwahl nennen

- Einheitlichkeit aller Buchstabenformen
- Erscheinung des Schriftbildes
- Breite der Buchstaben

- Proportionen und Dynamik der Mittel-, Ober- und Unterlängen
- Bandwirkung einer Schrift
- Dynamik der Formen mit der dazugehörenden Laufweite
- Serifen, An- und Abstriche
- Strichstärkenkontrast
- Auszeichnungsmöglichkeiten und verfügbare Schriftfamilie
- Eignung für Schriftmischungen
- Eigenschaften und Aussehen der Ziffern

2.4 Schriftwirkung

1 Schriftpolaritätsprofile kennen

Es lassen sich bestimmte Eigenschaften, Eigenarten und Anmutungen herausfinden. Nach der Profilerstellung lassen sich darüber Aussagen treffen, welche Empfindungen eine Schrift beim Leser hervorruft und für welche Medien sie sinnvollerweise verwendet wird.

2 Schriftpolaritätsprofile bilden

Als Vorbild für Ihren eigenen Fragebogen verwenden Sie das Polaritätsprofil für die Schrift „Künstler Script" auf Seite 225.

3 Schriftanwendung praktizieren

Clarendon(e) – Diese Schrift könnte den „optischen Kompromiss" verdeutlichen, den eine Oper zwischen den Werken der Klassik und der Moderne immer anzubieten hat. Beide Stilrichtungen finden sich hier wieder.

4 Schrift und ihre Wirkung verstehen

Direkten Einfluss auf die optische und emotionale Wirkung einer Schrift haben:
- Strichstärke
- Entstehungszeit einer Schrift und die damit verbundene zeitliche Zuordnung (z. B. gebrochene Schriften)
- Konservative Formensprache oder moderne Anmutung
- Zusammenhang mit Bild und Grafik

5 Schrift und ihre Wirkung verstehen

Zu dieser Aufgabe ist leider keine eindeutige Antwort möglich.

6 Schrift und ihre Wirkung verstehen

- Schrift Univers, gute Lesbarkeit, modernes Erscheinungsbild, Anmutung passt zu IT-Unternehmen.
- Firmenkantine muss seriös und klassisch wirken – steht für gutes Essen und ordentliche Gastlichkeit. Geeignete Schrift: Garamond, Baskerville.
- Technisch orientierte und wirkende Schrift: Akzidenz-Grotesk oder Futura. Beide Schriften weisen eine gute Lesbarkeit auf.
- Klassisch, seriös und Trauer ausdrückende Schrift wie die Walbaum oder Bodonie.

2.5 Typoelemente

1 Begriff „Typoelemente" erläutern

Typoelemente unterstützen die Strukturierung, Gliederung und Unterteilung einer Seite. Verzierende Typoelemente schmücken eine Seite oder Drucksache. Typoelemente können Blickfang einer Seite sein und sie dienen z. B. in Form von Vignetten als Illustrationsersatz.

2 Typoelemente nennen und erläutern

Typoelemente sind Schriftzeichen in verschiedenen Schnitten, Linien, Flächen, Farben, Ornamente, Vignetten usw. Typoelemente sorgen für Klarheit und Struktur in einem Medienprodukt und erleichtern das Lesen und Aufnehmen von Informationen.

3 Regeln zur Linienanwendung nennen

- Linien von 0,3 pt bis 0,6 pt eignen sich für Spalten, Kästchen, Coupons.
- 1 pt starke Linien vermeiden.
- Linienstärken von 2 pt bis 4 pt bilden einen guten Kontrast zum Grundtext.
- 8 pt bis 12 pt starke Linien sind für Übergangsbereiche zwischen Flächen wirkungsvoll und plakativ einsetzbar.
- Doppellinien können reizvoll sein und bilden gute Kontraste.
- Gestrichelte oder strichpunktierte Linien gehören zumeist in Zeichnungen.
- Dünne gepunktete Linien dienen als Perforationslinien oder Schneidlinien.

4 Wirkung von Flächen beurteilen

Zur Lösung verwenden Sie die Abbildungen im Abschnitt 2.5.2.1 *Definition einer Fläche* auf Seite 233.

5 Regeln zur Flächenwirkung nennen

- Flächen grenzen Inhalte voneinander ab, wichtige und unwichtige Bereiche werden optisch deutlich voneinander getrennt.
- Flächen trennen bedruckte und unbedruckte Flächen.
- Flächen sorgen für optische Spannung auf einer Seite und verleiten zum Lesen und Betrachten.
- Eine größere oder farblich dominantere Fläche wird vom Betrachter immer zuerst erfasst.
- Flächenaufteilungen mit Grauwerten oder Farben erfordern immer eine Berücksichtigung der Kontrastwirkung.
- Flächen teilen ein Seitenformat spannungsreich auf und sorgen dafür, dass ein Leser länger auf der Seite verweilt.
- Flächen stellen immer ein Spannungsverhältnis her zwischen dem Seitenformat und dem Inhalt.

6 Fachbegriff „Ornament" definieren

Ein Ornament ist ein meist sich wiederholendes, oft abstraktes oder abstrahiertes Muster.

7 Ornamentfunktionen erläutern

Ornamente dienen als Schmuck- und Gliederungselemente.

8 Fachbegriff „Vignette" erläutern

Eine Vignette bezeichnet ursprünglich eine Randverzierung in der Buchausschmückung. Heute wird der Begriff etwas weiter gefasst. Alle Schmuckelemente, kleine Zeichnungen, Symboldarstellungen, Schmucklinien, Zierleisten, Festtagssymbole u. Ä. werden als Vignette bezeichnet. Vignetten werden für Einladungen, Jubiläumsfeiern, Glückwünsche, Ausstellungen u. Ä. verwendet.

9 Fachbegriff „Vignette" erläutern

a. Hier wird der typografische Fachbegriff wie in diesem Kapitel erläutert.
b. Hier wird die Vignette als sichtbares Zeichen für die bezahlte Mautgebühr bei der Autobahnnutzung dargestellt.
Zwei völlig unterschiedliche Definitionen eines Begriffes werden hier gut verdeutlicht.

2.6 Angewandte Typografie

1 Typografiefunktionen kennen und anwenden

Tageszeitungen, Bedienungsanleitungen, wissenschaftliche Bücher und Lehrbücher sind z. B. der informativen Typografie zuzuordnen.

2 Typografiefunktionen kennen und anwenden

Gestaltung von Schul- und Lehrbüchern, Fachbüchern, Lernsoftware, populärwissenschaftlicher Literatur und Zeitschriften.

3 Typografiefunktionen kennen und anwenden

Learning-Management-System (LMS) ist ein komplexes Softwaresystem, das der Bereitstellung von Lerninhalten und der Organisation von Lernvorgängen dient.

4 Typografiefunktionen kennen und anwenden

Anmutende Typografie: schöngeistige Typografie für klassische Buchausgaben, hochwertige Lexika, Gedichtbände u. Ä.

5 Typografische Stilmittel einsetzen

Schriftmischungen, Kontraste, Farbe, Freiräume, Raumaufteilung, Bild, Grafik, Illustration, provokante oder aufreizende Darstellungen, Übertreibungen, vergleichende Werbung usw.

6 Werbetypografie erklären

Die Werbetypografie will (oder muss) Aufmerksamkeit erregen mit optischen Anreizen, mit augenfälliger Verführung der Sinne, mit Überraschungen oder aber auch mit klassischer Schönheit und edlen Proportionen. Je nach Zielgruppe ist hier nahezu jede typografische Form zulässig, welche das Ziel der Verkaufssteigerung oder der Erhöhung der Aufmerksamkeit für einen Auftraggeber erreicht. Die Kurzlebigkeit der Werbung ergibt sich aus der Notwendigkeit, mit neuen, oft auch provokanten Bildern oder Texten Aufmerksamkeit bei den verschiedenen Zielgruppen auszulösen. Die teilweise kurzen Produktzyklen, also die kurze „Lebensdauer" von Produkten und Dienstleistungen, sind ein weiterer Punkt, der die Kurzlebigkeit von Werbeaktionen unterstützt.

7 Provokative Typografie verstehen

Provokative Typografie versucht durch die Wahl ungewöhnlicher, erschreckender und damit provozierender Bilder Aufmerksamkeit für ein Produkt zu wecken. Provokative, bildorientierte Typografie schockt, verletzt und bricht Tabus – das entspricht sicherlich nicht jedermanns Typografie- und Werbeverständnis.

8 Typografiebeispiele sammeln

Fotografieren, Scannen, Screenshots und Sammeln von Druckprodukten führen rasch zu einer umfangreichen Sammlung zur Anregung und Abschreckung.

9 Fachbegriffe kennen und erklären

Provozierende Werbung, die mit unkonventionellen Mitteln eine hohe Wirkung erreicht, wird als „Guerillastrategie" bezeichnet. Dabei werden eventuelle Abmahnungen billigend in Kauf genommen.

10 Text-Bild-Überlagerungen erläutern

- Die wesentliche Bildaussage darf nicht durch Schrift verdeckt werden.

- Kein Absoften von Schrift, da dies zu schlechter Lesbarkeit führt.
- Deutlicher Kontrast zwischen Text und Bild muss gegeben sein, um eine gute Lesbarkeit sicherzustellen.
- Text- und Bildstruktur müssen zueinanderpassen, damit kein unruhiger Leseeindruck entsteht.

11 Fachbegriffe verstehen

Die Abmahnung ist die Aufforderung einer Person an eine andere Person, ein rechtswidriges Verhalten künftig zu unterlassen. Prinzipiell sind Abmahnungen für jeden Bereich im Zivilrecht nutzbar. Besondere Bedeutung hat die Abmahnung im Wettbewerbsrecht, im gewerblichen Rechtsschutz, bei Urheberrechtsverletzungen und im Arbeitsrecht.

12 Typografie beschreiben

Bildorientierte Typografie legt den Schwerpunkt auf Bilddarstellungen, Texte dienen der Unterstützung der Bildaussage. Entscheidende Kenngrößen sind eine klare Bildaussage und die ansprechende Bildgestaltung. Es wird vom Designer neben der reinen Bildpositionierung verlangt, dass er in der Lage ist, die Bild-Text-Intergration auf einer Seite spannend, interessant, anregend und manchmal auch provokativ wirkend durchzuführen.

12.2.3 3 Layout und Gestaltung

Lösungen

3.1 Kreativtät

1 Individuelle Kreativitätsentwicklung anstoßen und nutzen

- Kreativitätstechniken müssen erlernt und trainiert werden.
- Teamfördernde Übungen und das Einlassen auf kreative Prozesse müssen zur Selbstverständlichkeit werden.
- Methoden der Kreativitätsentwicklung müssen bekannt sein und ständig erweitert werden.

2 Kreativitätstechniken kennen und benennen

- Mindmap
- Brainstorming
- Brainwriting
- Methode 6-3-5
- Clicking-Methode

3 Begriffe definieren und beschreiben

Durch das Briefing wird die Grundinformation über alle erforderlichen Sachverhalte gegeben, die ein Kreativteam benötigt, um ein Angebot abzugeben oder einen Auftrag ausführen zu können. Im Briefing wird die Aufgabenstellung und die Zielformulierung gegeben. Es vermittelt Informationen über Ziele, Zielgruppen, Konkurrenz, Wettbewerbsvorteile und mögliche Entwicklungen.

4 Informationen zur Kreativitätsentwicklung benennen

Einschränkungen der Kreativität sind:
- Etatrahmen (Budgetvorgaben)
- Ideen, Vorstellungen und Wünsche des Kunden
- Stilvorgaben
- Bestehende Designvorschriften
- Festlegungen über Produktinformationen
- usw.

Anregungen/Erweiterungen für die Kreativität sind:
- Gründe, warum eine Maßnahme gemacht werden soll
- Zielvorstellungen/Zielformulierungen
- Tonality, also möglicher Stil einer Kommunikationsaktivität
- Produktinformationen
- usw. (siehe Seite 261)

5 Begriffe definieren und beschreiben

Die Zielformulierung reduziert ein komplexes Briefing auf eine klare strategische Formel, eine Single-Minded-Proposition. Damit ist sichergestellt, dass alle Teammitglieder das gleiche Ziel verfolgen und dass der Kunde am Ende eines Prozesses Kommunikationsideen mit einer klaren Werbebotschaft erhält.

6 Begriff „Ideenkiller" beschreiben

Verbieten Sie durch Ihre Spielregeln im Kreativteam in der Anfangsphase eines Projektes kritische, wertende und persönlich verletzende Bemerkungen zu einer Idee, um einen anlaufenden Kreativprozess nicht zu unterbrechen.

937

7 Kreativentwicklung beschreiben

Scribbles sind neben dem Schreiben von Stichwörtern ein wesentliches Kommunikationsmittel, um innerhalb eines Teams persönliche Vorstellungen und Bildideen für alle sichtbar und verständlich darzustellen und diese Ideen für die weitere Entwicklung analog zu speichern.

8 Kreativumgebung einrichten

- Ideal wären ruhige, abgeschlossene Räumlichkeiten mit runden Besprechungstischen, an denen keine hierarchischen Situationen entstehen.
- Analoge Medien (Papier, Stifte) zum Protokollieren und Visualisieren der verschiedenen Ideen des gesamten Teams
- Keine Rechner
- Keine Handys
- Keine Musik (Hintergrundmusik?)
- Getränke

9 Kreativentwicklung anwenden und trainieren

- Der Clicking-Fragenkatalog stellt Frage- und Denkstrategien zur Verfügung, die zu Leitideen für Anzeigen- oder Werbekampagnen führen. Der Fragenkatalog eignet sich dazu, um auf der Suche nach neuen und ungewöhnlichen Ideen für unterschiedliche Werbekampagnen, eine wirkungsvolle kreative Methode zu nutzen. Am Anfang muss immer eine klare Zielformulierung stehen.
- Versuchen Sie mit der Klickingmethode einen realen Auftrag in ihrem Betrieb oder in der schulischen Umgebung umzusetzen. Bewerten Sie die Ergebnisse im Arbeitsteam.

3.2 Entwurfstechniken

1 Entwurfstechniken verstehen

Ideen werden visualisiert, festgehalten und sind Gesprächsgrundlage für weiter gehende Entwurfsprozesse. Für das manuelle Scribbeln bzw. Visualisieren sprechen mehrere Gründe, die Sie auf Seite 272 nachschlagen können.

2 Fachbegriffe richtig nutzen

Skizze, skizzenhafte Handzeichnung, Ideenskizze, hastiges Geschmiere, Gekritzel, oberflächliche Niederschrift ...

3 Entwurfstechniken anwenden

Dargestellt ist ein linksbündiger Flattersatz

Lösungen

4 Entwurfstechniken anwenden

5 Entwurfstechniken anwenden

6 Entwurfstechniken anwenden

Hier sind Ihre praktischen Fähigkeiten gefordert. Beispiel für solche Scribbles finden Sie auf Seite 278.

7 Entwurfstechniken anwenden

Beispiele für die Lösung dieser Aufgabe finden Sie auf den Seiten 277ff.

8 Kreativtechnik nutzen

Stichwörter bei Google und im Index des Kompendiums: Clicking-Fragenkatalog, Clicking-Methode, Clicking-Fragen. Siehe auch Kapitel 3.1 „Kreativität".

3.3 Seitengestaltung

1 Konstruktionen für Gestaltungsraster benennen

- Konstruktion durch Diagonalzug (Villard'sche Figur)
- Neunerteilung
- Seiteneinteilung nach dem Goldenen Schnitt

2 Villard'sche Figur konstruieren

Satzspiegelkonstruktion durch Diagonalzug (Villard'sche Figur). Konstruktionsprinzip siehe Seite 283.

3 Neunerteilung anwenden

Konstruktionsprinzip der Neunerteilung siehe Seite 285.

4 Gestaltungsraster und Goldenen Schnitt anwenden und optimieren

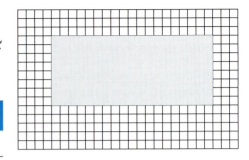

5 Fachbegriffe definieren

- *Satzspiegel*
  Der Satzspiegel ist die Festlegung der bedruckten Fläche auf dem Seitenformat. Sie wird mit Text, Bildern und Grafik gefüllt. Aus dem Satzspiegel ergibt sich die Größe des ungenutzten Papierrandes, der in einem ästhetischen Verhältnis zur Nutzfläche stehen soll.
- *Seitenlayout*
  Darstellung eines Entwurfs einer Drucksache oder einer Internetseite. Die Visualisierung des Drucklayouts zumeist auf Doppelseiten vermittelt Gestalter und Kunden einen Eindruck über das Aussehen eines Auftrages und dessen Ausführung. Texte und Bilder sind zumeist Blindtext und Dummybilder.
- *Gestaltungsraster*
  Konstruktionssystem, das es erleichtert, Informationen in einem durchgängigen Schema klar zu strukturieren. Die Konstruktion aus horizontalen und vertikalen Linien und Flächen innerhalb eines Koordinatensystems ermöglicht ein durchgängiges Design von Drucksachen, Webseiten, Benutzeroberflächen usw. Das Ziel ist eine Anordnung von Schrift, Bild, Farbe, Fläche und Raum

Lösungen

so durchzuführen, dass ein systematisches, zweckgerichtetes und lesefreundliches Design entsteht.

6 Gestaltungsraster anwenden

Vierspaltige Raster ermöglichen spannungsreiche und variable Layout. Leser nehmen Vierspalter als abwechslungsreich an, auch wenn die Textspalten schmal und die Lesbarkeit nicht immer optimal ist.

7 Gestaltungsraster anwenden

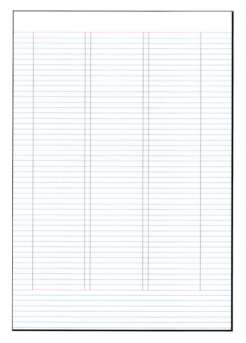

8 Medienprodukte und ihre Gestaltungsraster erkennen und beurteilen

Suchen Sie interessante Publikationen, analysieren und bewerten Sie diese entsprechend den Fragestellungen.

9 Gestaltungsraster erstellen, beschreiben und dokumentieren

Beispiele finden Sie auf den Seiten 299, 305, 518ff.

3.4 Printprodukte

1 Geschäftsdrucksachen gestalten

ISO-Norm 216 sowie DIN-A-, -B- und -C-Reihe (DIN 476), Normbriefbogen nach DIN 676, DIN 5008 Schreib- und Gestaltungsregeln für die Textverarbeitung.

2 Normen für Geschäftsdrucksachen kennen

Google-Suche mit den Norm-Nummern

3 Geschäftsdrucksachen gestalten

- Heftrand von 20 mm
- Lochmarke in halber Höhe des Blattes, etwa 0,5 cm vom linken Papierrand entfernt
- Raum für Bearbeitungsvermerke, Eingangsstempel und sonstige Anmerkungen zu einem Geschäftsgang. Der dafür vorgesehene Platz ist 105 mm breit und 45 mm hoch. Oftmals wird dieser Raum für Gestaltungszwecke mitgenutzt. Doch sollte bei der Entwicklung einer Gestaltungsidee berücksichtigt werden, dass genügend Raum für Bearbeitungsvermerke vorhanden ist.
- Die Ortsfestlegung z. B. der Bezugszeichenzeile dient der schnellen Orientierung des Lesers auf einem

941

Geschäftsbrief. Informationen lassen sich dadurch schneller finden, aufnehmen und verarbeiten.

4 Geschäftsdrucksachen gestalten

- Geschäftsbriefbogen nach DIN/ISO
- Rechnungsformular
- Briefumschläge
- Kurzmitteilung
- Faxbrief oder -formular
- Telefonmitteilung/Gesprächsnotiz
- Visitenkarten

5 Geschäftsdrucksachen gestalten

Zur erweiterten Geschäftsausstattung gehören noch folgende Drucksachen:
- Image-Mappen
- Broschüren
- Schreibblocks
- Postkarten
- Flyer
- Plakate

6 Geschäftsdrucksachen gestalten

Grundregel: Geschäftsdrucksachen sollen einheitlich gestaltet sein.
- Klare, gut lesbare Schriften
- Übersichtliche und logische Anordnung der einzelnen Bestandteile der Unternehmensdarstellung
- Firmenlogo muss immer gleichartig verwendet werden. Abweichungen sind nicht zulässig, außer wenn, wie beim Faxbrief, eine S/W-Variante erforderlich ist.
- Farben müssen zurückhaltend eingesetzt werden. Im Vordergrund steht die Unternehmung sowie deren Logo und nicht die Wirkung irgendwelcher Farben.

- Normvorgaben müssen eingehalten werden, eventuelle postalische Vorgaben sind zu beachten.

7 Geschäftsdrucksachen gestalten

Siehe Seite 322f. – hier sind die Angaben für die verschiedenen Unternehmensformen zu finden.

8 Titeleiaufbau eines Werkes benennen

- Schmutztitel (nur Titel des Buches)
- Haupttitel (Autor oder Autorenteam, Haupttitel, Untertitel und Verlag)
- Impressum (mit Copyright-Vermerk und ISBN)
- Vorwort der Autoren oder des Herausgebers
- Inhaltsverzeichnis mit einer oder mehreren Seiten

9 Elemente einer klassischen Werksatzseite benennen

Skizze siehe Seite 333:
❶ Vorschlag/-raum
❷ Headline
❸ Initial
❹ Subheadline
❺ Toter Kolumnentitel
❻ Lebender Kolumnentitel
❼ Grundtext/Bodytext
❽ Marginalie
❾ Fußnoten durch Linie getrennt
❿ Bogennorm und Bogensignatur

10 Fachbegriffe erklären

Hurenkind oder Witwe: Die letzte Zeile eines Absatzes steht alleine am Anfang einer neuen Spalte oder Seite. Schusterjunge: Wenn eine Spalte oder Seite nach der ersten Zeile eines neuen Absatzes umbrochen wird, so wird diese allein am Ende der Seite oder Spalte stehende Zeile als Schusterjunge bezeichnet. Schusterjungenregelung: Die erste Zeile eines Absatzes darf niemals am Ende einer Buchseite stehen, damit das Erscheinungsbild der Seite nicht darunter leidet. Um dieses zu vermeiden, können die entsprechenden Einstellungen in Layoutprogrammen vorgenommen werden.

11 Fachbegriffe erklären

Fußnote:
- Eine Fußnote ist eine Anmerkung des Autors, die im Seitenlayout aus dem Haupttext herausgenommen wird.
- Abtrennung durch eine feine Linie (Fußnotenstrich) vom Haupttext.
- Abtrennung durch einen Weißraum und durch einen kleineren Schriftgrad.

12 Geschäftsausstattung gestalten

Gestaltung der Internetseite entsprechend dem Unternehmens-CD
- Gute Lesbarkeit
- Keine optische Überfrachtung
- Sichere Funktion
- Schnelles Auffinden des Impressums
- Schnelle Kontaktmöglichkeit zum Unternehmen
- Formulare und alle Downloadangebote müssen dem Unternehmens-CD entsprechen.

13 Fachbegriffe erklären

- Berliner Format – 315 x 470 mm
- Rheinisches Format – 360 x 530
- Nordisches Format – 400 x 570 mm

14 Zeitungslayout beschreiben

❶ = Ruhiges, seriöses Layout
❷ = Modernes, abwechslungsreiches Layout
❸ = Layout für Boulevardzeitung

15 Zeitungslayout beschreiben

Den oben angegebenen drei Layouts können bestehende Zeitungen zugeordnet werden.
❶ = z.B. Stuttgarter Zeitung
❷ = z.B. Bonner General-Anzeiger
❸ = z.B. Bild-Zeitung
Diese Tageszeitungen verfolgen mit dem gewählten Layout ein bestimmtes Erscheinungsbild, um ein spezielles Image zu dokumentieren und um damit auch eine bestimmte Leserschaft bzw. Zielgruppe zielgerichtet zu erreichen. Analysieren Sie nach den Layoutgegebenheiten Ihre persönliche Tageszeitung und ordnen Sie diese zu.

16 Schrift in der Tageszeitung

Kennzeichen von Zeitungsschriften:
- Schriftschnitt in der Wirkung nicht zu mager
- Lesbarkeit auf den relativ rauen Oberflächen der Zeitungspapiere muss sichergestellt sein.
- Schriftbild sollte groß und offen sein sowie hohe Mittellängen aufweisen.
- Versalien werden niedriger gehalten, um sie nicht zu sehr aus dem Graubild einer Seite hervortreten zu lassen.
- Eine gut lesbare Zeitungsschrift weist Serifen auf, da diese eine gute Lesbarkeit unterstützen.
- Schriften: Times, Chronicle

943

17 Anzeigenteil und seine Bedeutung für die Zeitung kennen und erklären

Neben dem Nutzungsaspekt für den Leser ist der wirtschaftliche Aspekt für die Tageszeitung selbst von Bedeutung. Ganz grob lässt sich feststellen, dass sich die Tageszeitungen bei einer gesunden Finanzstruktur etwa zur Hälfte aus den Abonnementsverträgen und zur anderen Hälfte aus dem Anzeigenaufkommen finanzieren.

18 Anzeigenteil und seine Bedeutung für die Zeitung kennen und erklären

Untersuchungen bei regionalen Tageszeitungen haben ergeben, dass eine Zusatzfarbe in einer Anzeige für den Leser Signalcharakter besitzt: Der Beachtungszuwachs beim Einsatz von Farbe liegt bei + 25 %.

19 Elemente einer Zeitungstitelseite kennen

Elemente einer Titelseite siehe Seite 344

20 Gestaltungselemente beschreiben

Blickfang für den Käufer und Leser ist das Aufmacherbild, in das neben der scharfen Darstellung einer Person oder eines Ereignisses immer eine Headline integriert wird. Über die Bilder erreicht der Zeitungsgestalter die Leser, sie werden direkt und emotional angesprochen und lesen bei guten und aussagefähigen Headlines den beigeordneten Text.

21 Online-Zeitungen beschreiben

Neben aktuellen Informationen, die auch in der gedruckten Zeitung stehen, gibt es zahlreiche Zusatzangebote auf den Websites der Tageszeitungen. Dies sind Public-Relations-Botschaften vom Verlag selbst zur Abobestellung und Anzeigengestaltung und -annahme, Serviceangebote und Computerinformationen mit Hilfe zur Netzrecherche. In vielen Online-Ausgaben können die Leser in einem Archiv nach Artikeln aus früheren Ausgaben suchen. Eine hohe Nutzung erfahren die „Newsticker", zum Beispiel „dpa-Online", bei denen aktuellste Nachrichten automatisch ins Online-Angebot gelangen.

22 Fachbegriffe erklären

- Paid Content: Paid Content wird zu einer wichtigen Refinanzierungsmöglichkeit für Zeitungen. Darunter versteht man Bezahlmodelle im Internet, das bedeutet, dass der Leser für Informationen bezahlen muss.
- Unique User: Damit wird eine Messeinheit für die Nutzung einer Internetseite bezeichnet, die angibt, wie viele User ein Webangebot in einer vorgegebenen Zeit hatte.
- E-Publishing: E-Magazines und Apps etc. werden zukünftig selbstverständliche Begleiter von Zeitungen, Zeitschriften oder sogar eigenständige Produkte sein, die Informationen zielgruppengerecht aufbereiten und vertreiben.
- Newspaper-on-Demand: Dieser Service ermöglicht dem Leser, sich seine Zeitung im A3-Format mit allen Inhalten des Originals per Knopfdruck digital ausdrucken zu lassen.

12.2.4 4 Bild- und Filmgestaltung

4.1 Bildgestaltung

1 Bildausschnitt festlegen

Die Festlegung des Bildausschnitts ist eine bewusste gestalterische Entscheidung. Sie wird im Wesentlichen durch die gewünschte Bildaussage geleitet.

2 Bildausschnitt festlegen

Das Hochformat unterstützt die Wirkung der Brunnenstatue. Als Seitenverhältnis wurde das Seitenverhältnis einer Kleinbildkamera gewählt.

3 Aufnahmestandpunkt wählen

a. Der Aufnahmestandpunkt ist unterhalb des Aufnahmemotivs.
b. Durch die Perspektive wird die Höhe der Statue und ihre Erhabenheit betont.

4 Goldener Schnitt visualisieren

5 Drittel-Regel visualisieren

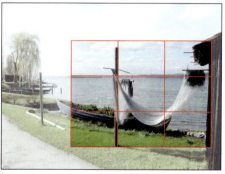

6 Bildkomposition erläutern

Das Hauptmotiv ist Mittelpunkt des Interesses und Blickfang für den Betrachter. Es sollte aber nicht in der Mitte des Bildes stehen. Zentriert ausgerichtete Motive wirken meist langweilig und spannungsarm. Ausgehend vom Format und Seitenverhältnis des Bildes gibt es deshalb verschiedene geometrische Richtlinien zum Bildaufbau. Diese Regeln sollen Hilfestellung geben und sind keine Gesetze.

7 Linienführung einzeichnen

8 Vordergrund gestalten

a. Das untere Bild hat eine stärkere Raumwirkung.
b. Die Wirkung wird vor allem durch die Einbeziehung des Bildvordergrunds und die Linienführung erzielt.

9 Beleuchtung, Ausleuchtung erklären

a. Unter Beleuchtung versteht man alles Licht, das auf ein Aufnahmemotiv einstrahlt.
b. Ausleuchtung ist die speziell und gezielt eingesetzte Beleuchtung, um eine bestimmte Bildwirkung zu erreichen.

10 Beleuchtungsrichtungen kennen

a. Frontlicht oder Vorderlicht strahlt in der Achse der Kamera auf das Motiv. Das frontal auftreffende Licht wirft keine Schatten, das Motiv wirkt flach.
b. Seitenlicht ist die klassische Lichtrichtung. Der seitliche Lichteinfall bewirkt ausgeprägte Licht- und Schattenbereiche. Dadurch wird die Räumlichkeit und Tiefe der Szenerie betont.
c. Üblicherweise steht die Sonne hinter der Kamera. Bei der Gegenlichtaufnahme aber befindet sich die Sonne direkt hinter dem Objekt. Dies führt meist zu Lichtsäumen um den Schattenriss des Motivs. Spezielle Effekte können Sie durch Ausleuchtung des Objekts mit Aufheller oder einem Aufhellblitz erzielen.

11 Keyvisual erläutern

Keyvisuals sind der Schlüssel zum visuellen Erkennen einer Marke. Keyvisuals sind mehr als Bildwelten. Keyvisuals können Farben, Slogans, Schrift, Logos usw. sein, aber letztlich sind alle diese Elemente Bildbotschaften als Teil des visuellen Designs. Bilder kommunizieren Informationen und Emotionen, sie haben beim Betrachter einen hohen Wiedererkennungs- und Identifikationswert. Die Bildwelt als Keyvisual ist deshalb ein sehr wichtiger Teil des Corporate Designs.

12 Faktoren des Keyvisual kennen

- Bildausschnitt
- Farbstimmung
- Schärfentiefe
- Aufnahmestandort
- Perspektive
- Beleuchtung und Ausleuchtung

13 Bild analysieren

- wild
- tosend
- dynamisch
- kalt
- kraftvoll

> Lösungen

4.2 Filmgestaltung

1 Konzeption dokumentieren

a. Exposé ist die erste schriftliche Ausarbeitung einer Filmidee, Ideenskizze.
b. Das Treatment wird im Wesentlichen durch den Inhalt des Films bestimmt. Personen, Ort, Zeit und Handlung sind präzise festgelegt. Die filmische Umsetzung steht noch im Hintergrund.
c. Im Storyboard sind die einzelnen Einstellungen des Films zeichnerisch umgesetzt. Bildaufbau und -ausschnitte für den späteren Dreh werden dadurch präzisiert, und schon im Vorfeld ergibt sich eine Vorstellung für Bildübergänge und die spätere Montage.

2 Einstellungsgrößen kennen

- Totale (long shot)
- Halbtotale (medium long shot)
- Amerikanische Einstellung (american shot)
- Halbnahaufnahme (medium close-up)
- Nahaufnahme (close-up)
- Großaufnahme (very close-up)
- Detailaufnahme (extreme close-up)

3 Einstellung analysieren

Nahaufnahme

4 Einstellungslänge erklären

Die Einstellungslänge richtet sich nach dem Aussagewunsch, d. h., was wollen Sie mit dieser Einstellung zeigen, welche Reaktion wollen Sie beim Zuschauer auslösen?

5 Einstellungslänge festlegen

a. Es gibt keine feste Regel, aber eine Richtlinie für die Einstellungslänge.
b. Wenn Sie möchten, dass der Betrachter das Bild wahrnimmt, seine Informationen aufnimmt und versteht, dann sollte die Länge einer Einstellung in etwa der Zeit entsprechen, die man braucht, um das Bild verbal zu beschreiben. Die Einstellungslänge hängt vom Informationsgehalt des Motivs ab. Die Einstellungslänge für eine Totale ist somit in der Regel größer als die für eine Detailaufnahme.

6 Kameraschwenk erklären

Die Kamera bewegt sich um die horizontale oder vertikale Achse und behält dabei ihre Position.

7 Kameraschwenkarten kennen

a. Der langsame panoramierende Schwenk wirkt als erweiterte Totale. Er hat orientierende und hinführende Wirkung.
b. Beim geführten Schwenk folgt die Kamera dem Protagonisten.

8 Fahrten unterscheiden

a. Die Kamera verändert bei der Kamerafahrt ihre Position, die Perspektive und den Bildausschnitt.
b. Im Gegensatz zur Kamerafahrt ändert sich bei der Zoomfahrt die Brennweite. Der Kamerastandpunkt und damit der Abstand zum Aufnahmeobjekt bleiben unverändert. Durch das Zoomen verändert sich aber nicht nur der Bildausschnitt, sondern es verändern sich ebenfalls der Bildwinkel und die Schärfentiefe.

9 Achsensprung erläutern

Die Wahrnehmung und Interpretation einer Bewegung vor der Kamera orientiert sich für den Betrachter immer an der so genannten Bild- bzw. Handlungsachse. Sie ist eine gedachte Linie, an der sich die Handlung oder auch nur die Blickrichtung entlang bewegt. Die Bewegung des Objekts muss für den Zuschauer immer logisch und nachvollziehbar sein. Man nennt ein für den Betrachter unmotiviertes Überschreiten der Bildachse Achsensprung.

10 Anschlussfehler erklären

Zwei im Film aufeinander folgende Einstellungen werden zeitlich getrennt gedreht. Einer der Schauspieler hat beim zweiten Dreh nicht die gleiche Kleidung an oder eine andere Frisur.

11 Bedeutung des Schnitts erläutern

Im Schnitt oder der Montage entsteht der eigentliche Film. Die verschiedenen Filmteile, Szenen und Einstellungen werden in der endgültigen Abfolge aneinander montiert.

Die Montage der einzelnen Teile ist aber mehr als das Aneinanderfügen der Einstellungen. Durch die Abfolge und die Länge der Einstellungen, durch die Art des Schnitts und der Überblendungen gewinnen die Bilder des Films erst ihre Bedeutung. So kann die Aussage einer Einstellung in ihrer Wirkung auf den Betrachter durch die davor und dahinter montierten Filmteile komplett verändert werden.

12 Schnittformen kennen

Zwei Handlungsstränge laufen parallel nebeneinander her und werden ständig wechselnd geschnitten, z. B. Verfolgungsjagd. Die Stränge werden am Ende zusammengeführt, beide Stränge wissen meist von Anfang an voneinander.

4.3 Animation

1 Etymologie der Animation erklären

Das Wort Animation kommt etymologisch aus der lateinischen Wortfamilie „animus, anima = Lebenshauch, Seele" und „animare = Leben einhauchen, beseelen".

2 Animationsprinzipien kennen

1. Squash and Stretch
2. Anticipation

3. Staging
4. Straight Ahead Action and Pose to Pose
5. Follow Through and Overlapping Action
6. Slow In and Slow Out
7. Arcs
8. Secondary Action
9. Timing
10. Exaggeration
11. Solid Drawing
12. Appeal

3 Squash and Stretch beschreiben

Squash and Stretch, auf Deutsch Stauchung oder Gedränge und Dehnung, ist das grundlegende Prinzip zur Animation bewegter Objekte. Die elastische Verformung durch die Wirkung der physikalischen Kräfte bei der Bewegung verleiht dem Körper Lebendigkeit. Durch den Grad und die Art der Verformung kann der Betrachter auf Masse und die Festigkeit des Materials des animierten Objektes schließen.

4 Prinzipien zur Erstellung einer Animation erklären

a. Bei Straight Ahead Action erstellen wir die erste Phase der Animation und entwickeln diese bis zum Ende der Animation Schritt für Schritt weiter.
b. Bei der Pose-to-Pose-Methode planen wir zunächst die komplette Animation. Danach erstellen wir die Posen des Anfangs und des Endes der Animation. Der letzte Schritt ist dann die Erstellung der notwendigen Zwischenpositionen, um die komplette Szene zu animieren.

5 Slow In and Slow Out erläutern und visualisieren

a. Bewegungen beginnen in der Regel mit einer Beschleunigungsphase und enden mit dem Abbremsen. In der Animation wird dies durch eine nonlineare Interpolation der Geschwindigkeit über die Zeit erreicht.
b. Nonlineare Interpolation

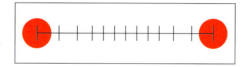

6 Solid Drawing begründen

Ursprünglich bezog sich dieses Prinzip natürlich auf die manuellen Zeichentechniken der Trickfilmanimation. Aber auch für die Arbeit mit einer Animationssoftware gilt, die animierten Objekte sorgfältig auszuarbeiten. Dies bedeutet z.B., die Möglichkeiten des Tweenings in der Animationssoftware nur sparsam zu nutzen. Denn erst durch die Variationen gut gemachter und gestalteter Schlüsselbilder, Keyframes, wird eine Animation lebendig und dadurch für den Betrachter attraktiv.

Ein weiterer wichtiger Punkt ist die Beachtung der physikalischen Regeln wie die Perspektive, die Masse und das Gewicht, die Geschwindigkeit eines Objektes, aber auch die Beleuchtung einer Szene und den Standpunkt der Kamera bzw. des Beobachters.

7 Bild-für-Bild-Animationen speichern

Als GIF gespeicherte Animationen können in jedem Browser direkt ohne Plug-in abgespielt werden.

8 Pfadanimationen unterscheiden

Wir unterscheiden in der Pfadanimation zwischen der ebenenbasierten Pfadanimation und der objektorientierten Pfadanimation. Bei der ebenenbasierten Pfadanimation müssen Sie zunächst auf einer Einstellungsebene den Animationspfad erstellen und dann mit dem Objekt in der Objektebene verknüpfen. In der objektorientierten Animation brauchen Sie keine Einstellungsebene. Sie erstellen den Animationspfad interaktiv durch Bewegung des Objekts. Er ist dadurch automatisch in derselben Ebene mit dem Objekt verbunden.

9 Abspielzeit berechnen

a. Bild-für-Bild-Animation

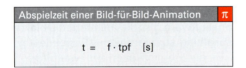

$$t = f \cdot tpf \ [s]$$

b. Zeitleisten-Animation

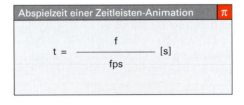

$$t = \frac{f}{fps} \ [s]$$

10 Kinematikarten unterscheiden

a. Bei der Vorwärtskinematik sind die Positionen der zu bewegenden Glieder einer Figur schon vor der Bewegung bekannt und führen im Verlauf der Animation zum Endpunkt.

b. Im Gegensatz zur Vorwärtskinematik ist in der inversen Kinematik die Endstellung eines bewegten Gliedes wichtig. Die notwendigen Gelenkstellungen zum Erreichen der Endposition werden von der Animationssoftware berechnet.

11 Inverse Kinematik erläutern

Die inverse Kinematik ist die wichtigste Technik zur Animation von Bewegungen eines Objekts. Technischer Ausgangspunkt der inversen Kinematik ist die Robotik. Analog zu der hierarchischen Ordnung der Glieder und Gelenke eines Roboters sind die Knochen, engl. bones, und die Gelenke der Skelettmodelle strukturiert. Im Gegensatz zur Vorwärtskinematik ist in der inversen Kinematik die Endstellung eines bewegten Gliedes wichtig. Die notwendigen Gelenkstellungen zum Erreichen der Endposition werden von der Animationssoftware berechnet.

12 Bedeutung von Licht und Kamera in der 3D-Animation kennen

a. Licht
Ohne Licht sehen wir in der realen und auch in der virtuellen Welt nichts. Wir müssen deshalb in jeder Szene mindestens eine Lichtquelle positionieren. In der virtuellen Welt der 3D-Animation gelten grundsätzlich dieselben Regeln für die Lichtsetzung wie in der Fotografie und der Filmgestaltung.

b. Kamera
Wir blicken durch die Kamera in die Szene. Für jede Kamera lassen sich Kameraparameter wie z.B. Brennweite und Schärfepunkt individuell

einstellen. Außerdem können Sie für Animationen und Kamerafahrten festlegen, dass die Blickrichtung der bewegten Kamera immer auf ein Objekt gerichtet bleibt oder dass die Kamera einem sich bewegenden Objekt folgt.

4.4 Virtuelle Welten

1 Grundlegende Begriffe kennen und beschreiben

QuickTime Virtual Reality (QTVR) ist eine Erweiterung von Apples Quick-Time. Seit QuickTime 5.0 sind nicht nur zylindrische, sondern auch kubische Panoramen darstellbar. QTVR stellt eine virtuelle Raumsituation dar, deren Ausgangsmaterial in der Regel zweidimensionale Bilder sind.

2 Grundlegende Medientypen kennen und beschreiben

Es sind drei grundsätzliche Medientypen möglich:
- Panoramen
- Objekte
- Szenen

Alle drei Medientypen werden üblicherweise als Filme bezeichnet, obwohl diese Bezeichnung nicht ganz korrekt ist.

3 Grundtechniken der Panoramafotografie erklären

a. Weitwinkel- oder Fisheye-Objektive
b. Ein motorischer Schwenkkopf besitzt eine Gradeinteilung und kann automatisch mit der eingestellten Gradvorgabe bewegt werden. Damit erhalten alle Bilder den gleichen optischen Abstand zueinander.
c. Der Betrachter einer Panoramaaufnahme steht im Mittelpunkt des Filmes und der Raum bewegt sich um den Betrachter. Bei einer Objektaufnahme steht der Betrachter am Rand und das Objekt in der Mitte, das von allen Seiten betrachtet werden kann.

4 Panoramaaufbau beschreiben

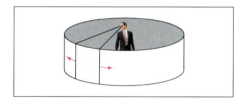

5 Panoramaaufbau beschreiben

Singlerow-Panoramen werden aus Einzelbildern errechnet, die nur für eine Bildreihe vorliegen.

6 Panoramaaufbau beschreiben

Ein Kugelpanorama benötigt mehrere Bildreihen, um das spätere Objekt tatsächlich aus allen Richtungen betrachten zu können.

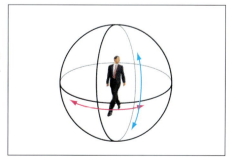

7 Aufbau eines Objektfilmes beschreiben

Singlerow-Objekte werden aus Einzelbildern errechnet, die nur für eine Bildreihe vorliegen. Das Objekt kann nur von einer Ebene aus gedreht und betrachtet werden.

8 Aufbau eines Objektfilmes beschreiben

Multirow-Objektfilme werden aus Einzelbildern errechnet, die für mehrere Bildreihen vorliegen. Das Objekt kann von allen Ebenen aus gedreht und betrachtet werden.

9 Erstellung eines Objektfilmes beschreiben

Sechs Arbeitsschritte sind zur Herstellung eines „Multirow-Objektfilmes" erforderlich:

- *Setup*: Grundlegende Einstellungen wie Bildanzahl, Bildreihen, Bewegungsabstand, Filmgröße, Vollpanorama, Halbpanorama o.Ä. wird hier vor Arbeitsbeginn festgelegt.
- *Acquire*: Hier sind leere Platzhalter für die zu ladenden Bilder aufgrund der Angaben im Setup-Fenster angelegt. Die Bilder werden real importiert, so dass die VR-Dokumente relativ groß werden können.
- *Hot Spots*: Zuweisung von „Hot Spots", um eine Verlinkung zwischen Filmen zu ermöglichen.
- *Effects*: Die Unterlegung von Hintergrundbildern, Tonspuren und die Zentrierung kann hier durchgeführt werden.
- *Compose/Kompress*: Hier werden die Einstellungen und Codecs festgelegt, mit denen die Filmberechnung durchgeführt wird und die spätere Wiedergabe erfolgen soll.
- *Preview/Playback*: Nach der Berechnung des Filmes wird das Ergebnis überprüft. Ist der Film in Ordnung, wird das Ergebnis exportiert.

10 Virtuelle Welten beschreiben

Voraussetzung für die Erstellung virtueller Rundgänge ist, dass geeignete Panoramafilme in entsprechender Anzahl vorliegen. Diese Filme werden durch „virtuelle Öffnungen", die so genannten „Hot Spots", verbunden.

11 Hot-Spot-Technologie erläutern

Die hierbei verwendete Technologie wird Multinode-Technik genannt. Dabei werden in die vorhandenen Filme virtuelle Öffnungen, also Hot Spots, gestanzt, durch die der Betrachter von einem Film in den nächsten (und zurück) gehen kann. Diese virtuellen Öffnungen werden „von Hand" an dafür geeignete Positionen im Film erstellt.

12 Information im Internet

Besuchen Sie die folgende Webseite und informieren Sie sich über Konvertierungsmöglichkeiten für virtuelle Filme: http://gardengnomesoftware.com/

12.2.5 5 Grafische Zeichen

Lösungen

5.1 Piktogramm

1 Zeichenarten kennen und benennen

- Icon – z. B. Icon auf PC-Oberfläche
- Logo – z. B. Mercedes-Stern
- Signet – z. B. Springer-Pferd auf dem Buchtitel
- Piktogramm – z. B. Verkehrszeichen
- Ornament – z. B. Reihung mit Typoelementen

2 Ornamentbegriff erläutern

Ornamente sind innerhalb eines typografischen Werkes Zeichen, die der Ausschmückung und der Gliederung dienen.

3 Piktogrammbegriff erläutern

Piktogramme sind einfache, auf das Wesentliche reduzierte Zeichen mit Aufforderungscharakter. Sie müssen leicht erkennbar, einprägsam und ohne Erklärung verständlich sein.

4 Icons und ihre Anwendung kennen

Icons bilden eine Tätigkeit oder einen Gegenstand ab, der für eine bestimmte Funktion bei Computern oder Bedienungsdisplays z. B. in Autos oder Bankautomaten steht. Welche Funktion und Bedeutung hinter einem Icon steht, muss vom Anwender in der Regel erst erlernt werden.

5 Signet und dessen Funktion beschreiben

Ein Signet visualisiert ein Produkt, eine Marke oder ein Image. Das Signet kann eine Wortmarke, eine Wort-Bild-Marke, ein Schriftzug oder auch nur eine Abkürzung sein. Ein gut eingeführtes Signet transportiert Ideen, ein Image oder ein Produkt.

6 Aufgabe und Funktion von Logos beschreiben

Ein Logo visualisiert und transportiert die Idee, die Kultur und die Produktidee eines Unternehmens. Es ist oftmals die erste „Visitenkarte" einer Unternehmung und muss daher Image und Anspruch des Unternehmens weitergeben.

7 Piktografiegeschichte kennen

„Wir brauchen eine internationale Verkehrszeichensprache. Für die wichtigsten Verkehrsbedürfnisse müssen eindeutige, klare Zeichen gefunden werden, die in allen Ländern gleiche Anwendung finden", so Werner Graeff 1923. Die alltägliche und uns heute selbstverständliche Welt der Verkehrszeichen stand bei der Entwicklung von Piktogrammen mit am Anfang.

8 Internationale Piktogramme und deren Entwicklung verstehen

Internationale Großereignisse waren für die Piktografie prägend. Olympische Spiele 1964 in Tokio. Der

953

asiatische Sprachraum war für viele Touristen eine Barriere in der Orientierung in einem Land mit völlig fremden Schriftzeichen. Mit Hilfe von Piktogrammen wurde diese Barriere deutlich niedriger und ermöglichte vielen Menschen erst einen Besuch in Tokio. Zu den 1972 veranstalteten Olympischen Spielen in München wurde das bis dahin bekannte Piktogrammsystem zu einem komplexen Leitsystem für Flughäfen, Bahnhöfe und Sportstätten ausgebaut.

9 Piktogramme skizzieren

Piktogramme für Rauchverbot, Friseur, Rolltreppe und Wickelraum für Babys finden Sie auf Seite 438 abgebildet.

10 Merkmale moderner Piktogramme beschreiben

- Gleicher Aufbau
- Gleiche Größendarstellung
- Einheitliche, einfache Figurenausprägung
- Klare Bildaussage
- Logische und allgemein übliche Farbverwendung
- Kulturkreisunabhängig
- International lesbar und verständlich

11 Normierungen für Piktogramme nennen

In der europäischen Union werden Piktogramme durch die Berufsgenossenschaftlichen Vorschriften für Sicherheit und Gesundheit am Arbeitsplatz normiert. Die einzelnen Vorschriften hierzu sind auf Seite 442 aufgeführt.

5.2 Icon

1 Entwicklung vom Piktogramm zum Icon kennen

Die „Erfindung" des PCs mit einer grafischen Benutzeroberfläche hat Piktogramme hervorgebracht, die als Icons bezeichnet werden.

2 Den Begriff „Iconic Turn" erklären

Der so genannte „Iconic Turn" beschreibt in den Medienwissenschaften eine neue symbolische Ebene der Wahrnehmung, die zu einer Veränderung im Speichern und Austauschen von Informationen führt, zu einer Veränderung der visuellen und sprachlichen Kommunikation zwischen Menschen unterschiedlicher Kulturgeschichte und letztlich zu einer Anpassung unterschiedlicher Kulturen oder zumindest Teilbereichen von Kulturen.

3 Icongrößen in Pixelmaßen kennen

Icons sind quadratisch aufgebaut und weisen eine Größe von 8 x 8 Pixeln, 16 x 16 Pixeln, 32 x 32 Pixeln, 48 x 48 Pixeln oder 64 x 64 Pixeln auf. Es können bis zu 16,7 Millionen Farben verwendet werden.

4 Gestaltungskriterien für Icons aufzählen

- Schnelle und eindeutige Wiedererkennung
- Sprachunabhängig

Lösungen

- Kulturkreisunabhängig
- Geringer Platzbedarf auf der Nutzeroberfläche
- Der Nutzer muss mit einfachen und flexiblen Dialogwegen zum Ziel seiner Aufgaben geführt werden und damit die Anwendung steuerbar machen.

5 Entwurf von Icons beschreiben

- Definieren von Nutzung und Zweck des Icons
- Zielgruppenbeschreibung
- Ideen sammeln
- Skizzieren der Iconentwürfe auf Papier
- Testen der Entwürfe bei Vertretern der Zielgruppe
- Erstellen des/der Icons am PC
- Nutzertests mit den fertigen Icons in der Anwendungsumgebung
- Überprüfen der Erwartungen und Wahrnehmungen der Zielgruppe
- Überprüfen der Erlernbarkeit des Icons durch die Zielgruppe

6 Norm EN ISO 9241-10 kennen

Die EN-ISO-Norm 9241-10 legt die Dialogregeln fest, nach denen interaktive Systeme an der Schnittstelle Mensch – Maschine kommunizieren sollen. „Schaltflächen, Icons und Menüeinträge sollten den Benutzer mit einfachen und flexiblen Dialogwegen zum Ziel seiner Aufgabe führen und damit die Anwendung steuerbar machen".

7 Regeln für die Gestaltung interaktiver Systeme nennen

Sieben Grundsätze:
- Aufgabenangemessenheit
- Selbstbeschreibungsfähigkeit
- Erwartungskonformität
- Fehlertoleranz
- Steuerbarkeit
- Individualisierbarkeit
- Lernförderlichkeit

8 Regel für Iconbeschriftung wissen

Grundsätzlich gilt: Beschriftungen müssen Funktion und Inhalt des Icons eindeutig, kurz und treffend erläutern.

9 Begriff „Usability" erklären

Der Begriff setzt sich aus den zwei englischen Wörtern „to use" (benutzen) und „the ability" (die Fähigkeit) zusammen. Übersetzt wird der Begriff mit „Gebrauchstauglichkeit", „Brauchbarkeit" oder „Bedienbarkeit".

10 Bedeutung von Icons erklären

Gut gestaltete und sinnvoll beschriftete Icons unterstützen die Brauchbarkeit eines elektronischen Systems. Ist ein System gebrauchstauglich gestaltet, so dass die Benutzer zufrieden mit diesem umgehen können, wurde vermutlich viel Wert auf die Gestaltung der Icons und auf die Usability des Informationssystems gelegt. Dies führt aber nur dann zu einer hohen Kundenzufriedenheit, wenn auch Funktion, Sicherheit, Bild und Grafik des Gesamtsystems optimal aufeinander abgestimmt sind.

955

11 Eigenschaften von Apps beschreiben

Das Icon eines Apps steht in der Regel für ein typisches Anwendungsprodukt, eine Marke, Organisation oder Unterhaltung. Die Icons sollten eine eindeutige und klare Bildsprache aufweisen, um den Zugang zu einer Anwendung eindeutig zu identifizieren.

5.3 Logo

1 Begriff „Bildzeichen" beschreiben

Das Bildzeichen ist ein Informationsträger, dem die Begriffe Piktogramm, Signet und Logo zuzuordnen sind. Der Übergang zwischen Piktogramm, Signet und Logo ist fließend, da sie die gleiche Funktion innehaben können.

2 Begriff „Signet" erklären

In den Zeiten des Buchdrucks wurden Signets von den Druckern und Verlegern dazu genutzt, ihr Zeichen auf den Titel ihrer Werke zu setzen. Der Leser sollte möglichst sofort erkennen, wer das Werk herausgegeben bzw. gedruckt hat. Daher wurden diese Signets auch als Drucker- oder Verlagszeichen bezeichnet. Ein Signet ist ein reines Bildzeichen, das auch Bildmarke genannt wird. Es ist ein abstraktes Zeichen, das versucht, einen visuellen Bezug zu einem Unternehmen herzustellen.

3 Begriff „Bildmarke" erklären

Eine Bildmarke ist ein Zeichen, das ohne textlichen Zusatz sofort das Unternehmen oder die Institution erkennen lässt, für die es stehen soll. Beispiele: Mercedes-Stern, Olympische Ringe, Shell-Muschel.

4 Begriff „Logo" erklären

Ein Logo kann aus Buchstaben, Bild, Grafik oder einer Kombination aus diesen Elementen bestehen. Eine Wort-Bild-Marke ist eine Kombination aus Bild- und Schriftzeichen und kann als Logo für ein Unternehmen dienen. Bei vielen Logos steht ein figürliches Element im Vordergrund, da dieses für den Betrachter sehr einprägsam ist. Beispiele: Apple, Windows, Linux, IBM

5 Logofunktionen beschreiben

Ein Logo weist immer eine Identifikations- und eine Kommunikationsfunktion auf. Um diesen Funktionen gerecht zu werden, muss ein Logo eine klare Abgrenzungs- und Unterscheidungsfunktion zu anderen Logos und damit zu anderen Unternehmen aufweisen.

6 Begriff „Semiotik" erklären

Semiotik ist die Wissenschaft, die sich mit Zeichensystemen aller Art (zum Beispiel: Bilderschrift, Gestik, Formeln, Sprache, Verkehrszeichen) befasst. Sie ist die allgemeine Theorie vom Wesen, der Entstehung (Semiose) und dem Gebrauch von Zeichen.

Lösungen

7 Logofunktionen beschreiben

Für ein Unternehmen ist das Vorhandensein eines Logos Voraussetzung, um als Marke wahrgenommen zu werden. Mit einer Marke verbinden die meisten Menschen nicht nur ein Produkt oder eine Bezeichnung, sondern zumeist eine konkrete inhaltliche und oftmals auch emotionale Wahrnehmung. Erreicht wird die Bildung einer Marke durch die Definition und genaue Beschreibung eines Erscheinungsbildes für ein Unternehmen, für eine Marke oder eine Dienstleistung. Dabei ist zu berücksichtigen, dass dieses Erscheinungsbild mit dem jeweiligen Markenprodukt übereinstimmt.
Logos sind visuelle Darstellungen eines Markennamens und stellen das Medium dar, welches Markenimage, Markenbild und Markenwertigkeit in der Öffentlichkeit stellvertretend für ein Unternehmen vertritt.

8 Logofamilie finden

Suchen Sie mit dem Stichwort Logofamilie im Internet nach Beispielen und beurteilen Sie die Suchergebnisse hinsichtlich der Übereinstimmungen und Unterschiede im Bereich von Schrift, Grafik, Bild und Farbe heraus. Auf Seite 467 finden Sie dazu Beispiele.

9 Checkliste zur Logobeurteilung erstellen

Musterbeispiel einer Checkliste zur Logobeurteilung finden Sie auf Seite 470.

5.4 Infografik

1 Bildstatistische Darstellungen nennen und beschreiben

- Torten- oder Kreisdiagramm
- Balkendiagramm
- Linien- oder Streudiagramm

2 Bildstatistische Infografik anwenden

Linien- oder Streudiagramm

3 Bildstatistische Infografik anwenden

Das halbrunde Tortendiagramm

4 Tortendiagramme richtig anwenden

Kennzahlen werden im Tortendiagramm eindeutig definiert und in dem Bild klar, eindeutig und weitgehend wertfrei optisch angezeigt.

5 Bildstatistische Infografik anwenden

Aufgabe ist ohne Angabe einer Lösung zu bearbeiten.

6 Komplexe Infografiken planen

Informationsgrafiken erfordern eine inhaltliche Auseinandersetzung des Informationsdesigners mit der jeweiligen Themenstellung z. B. durch entsprechende Lage- und Baupläne, durch Fotos, Konstruktionspläne usw. Infografiken benötigen dadurch einen hohen

957

Produktionsaufwand und eine klare Vorstellung der Wirklichkeit, die korrekt darzustellen ist. Daher sind Gespräche mit den Spezialisten und Informationen des Auftraggebers unabdingbar.

7 Kartografische Infografik planen

Abklärung:
- Verfügbares Kartenmaterial
- Urheberrechte (Karten, Bilder)
Festlegungen:
- Maßstab der Grafik
- Planung Farbsystematik
Überlegungen:
- Aussagewunsch der Infografik

8 Isotype-Grafik erläutern

In Isotype-Grafiken werden Mengen durch gegenständliche Symbole veranschaulicht. Dabei ändert sich nie die Größe der Symbole, sondern immer deren Anzahl.

9 Gestaltungsregeln zur Herstellung von Infografiken benennen

- Eine Infografik muss eigenständig und unabhängig von ihrem Umfeld verständlich sein.
- Jede Infografik braucht eine Überschrift.
- Der Inhalt muss klar strukturiert sein.
- Die Kernaussage muss erkennbar und verständlich visualisiert sein.
- Visuelle Metapher werden gezielt eingesetzt.
- Die Datenquelle muss angegeben werden.
- Die Infografik darf nicht manipulativ sein.
- Bei Mengendarstellungen müssen

die Verhältnisse gewahrt werden.
- Form und Inhalt der Infografik bilden eine Einheit.
- Die Infografik passt zum Umfeld.

10 Gestaltungsregeln zur Herstellung von Infografiken anwenden

Es müssen folgende Elemente geplant werden:
- Wettericons für lokale Wetterlagen
- Wetterkarten der Wetterdienste werden komplett überarbeitet.
- Farbsystem als Darstellungsmittel für unterschiedliche Wettersituationen entwickeln.
- Farbleitsysteme für die verschiedenen Temperaturen und für die jahreszeitlichen Wetterlagen
- Unterschiedliche Wolkentypen
- Verschiedene Regenarten
- Verschiedene Sonnen, Monde, Schnee, Hagel und Blitze in optisch eindeutiger Darstellung
- Regionale politische Grenzen müssen berücksichtigt werden.
- Integration von Satellitenaufnahmen in die Wetterkarte
- Entwicklung einer Standardbeschriftung mit notwendigen Variationen
- Übersichtlichkeit und Wirkung wird in verschiedenen Musterwetterkarten überprüft.
- Produktionstools entwickeln, um eine schnelle technische Umsetzung zu ermöglichen.

11 Diagramme mit Anwendungssoftware erstellen

Zu dieser Aufgabe gibt es keine Musterlösung. Sie können als Vorlage zur Übung aber Grafiken verwenden, die auf den Seiten 479ff abgebildet sind.

12.2.6 6 Webdesign

6.2 Screendesign

1 Screen- und Printdesign gegenüberstellen

Die Lösung finden Sie in der Tabelle auf Seite 512.

2 Storyboard kennen

a. Ein Storyboard ist die gezeichnete Vorlage eines digitalen Medienproduktes. Es enthält alle Informationen, die zur späteren Produktion erforderlich sind.
b. • Screendesign (Scribbles)
  • Schriften
  • Bilder/Bilddateien
  • Sound, Video und Animationen
  • Navigation/Verlinkung

3 Gestaltungsraster ermitteln

❶ Hauptnavigation
❷ Subnavigation
❸ Hilfsnavigation
❹ Breadcrumb-Navigation
❺ Suchfunktion

4 Format festlegen

a. • Monitor-/Displaygröße in Inch
  • Bildformat/-verhältnis
  • Monitorauflösung
  • Webbrowser(-Fenster)
b. Indem sich das Layout der Webseite flexibel an die Monitorgröße anpasst.

5 Gestaltungsraster einsetzen

a. Die Verwendung eines Gestaltungsrasters ermöglicht eine einheitliche und durchgängige Gestaltung der Webseite. Neben ästhetischen Aspekten kommt hierbei auch eine verbesserte Benutzerführung zum Tragen.
b. Da sämtliche Bildschirmmaße durch acht teilbar sind, sollte das Pixelraster ein Vielfaches von acht sein, z. B. 40 x 40 Pixel.

6 Farbdarstellung auf Monitoren beurteilen

Die Farbdarstellung auf Monitoren wird beeinflusst durch:
• Alter des Monitors
• Fabrikat
• Farbtemperatur
• Helligkeits- und Kontrasteinstellung
• Lichtverhältnisse am Arbeitsplatz
• Blickwinkel auf den Monitor

Lösungsvorschlag zu Aufgabe 3

959

7 Farben für Web- und Printdesign wählen

a. Ursache ist die unterschiedliche Art, wie Farbe entsteht: Additive Farbmischung am Monitor, subtraktive Farbmischung im Druck. Die sich ergebenden Farbräume, RGB am Monitor und CMYK im Druck, sind nicht identisch.
b. Die Farben müssen aus der Schnittmenge beider Farbräume gewählt werden.

8 Farbkontraste kennen und anwenden

a. Farbkontraste:
- Simultankontrast
- Komplementärkontrast
- Warm-kalt-Kontrast
- Hell-Dunkel-Kontrast
- Quantitätskontrast
- Qualitätskontrast
- Farbe-an-sich-Kontrast
- Bunt-Unbunt-Kontrast
b. Die Regeln finden Sie in der Checkliste auf Seite 525.

9 Farbe gezielt einsetzen

a. Alltagsbeispiele:
- Verkehrsampeln
- Verkehrsschilder, z. B. rot = Verbot, blau = Gebot
- Blaulicht bei Rettungsfahrzeugen
- Fluchtweg-Beschilderung (grün)
b. Farbführung auf Webseiten:
- Farbige Kennzeichnung von Links
- Thematische Farbführung, z. B. Nachrichten blau, Sport rot usw.
- Farblicher Bezug zum Corporate Design

10 Schriften wählen

a. Druckschriften sind nicht an das grobe Raster des Monitors angepasst und verlieren deshalb ihren Schriftcharakter.
b. HTML kann keine Schriften einbinden, so dass sie im System installiert sein müssen.
c. Arial, Courier, Verdana, Georgia
d. - Verwendung von Flash, da Flash Schriften einbetten kann
    - Realisierung der Texte als Grafik
    - Ausblick: Verwendung des neuen Schriftformats WOFF

11 Texte gestalten

Die Lösung finden Sie in der Checkliste auf Seite 533.

12 Navigationselemente kennen

a. Navigationselemente ermöglichen dem Nutzer, sich von Screen zu Screen einer Website zu bewegen.
b. Textlink, Bildlink, Button, Eingabefeld, Menü
c. Eine Breadcrumb-Navigation zeigt dem Nutzer, an welcher Stelle einer Website er sich aktuell befindet. Hierbei sind die Begriffe als Links realisiert, so dass der Nutzer schnell an eine übergeordnete Stelle zurückspringen kann.

13 Navigationselemente gestalten

- Fassen Sie Navigationselemente zu einer Buttonleiste zusammen.
- Verwenden Sie maximal sieben Buttons.
- Achten Sie auf eine klare Trennung

- von Navigation und Inhalt.
- Wählen Sie kurze, treffende Begriffe zur Beschriftung der Buttons.
- Verwenden Sie gegebenenfalls Icons.
- Platzieren Sie die Navigationsleiste so, dass sie auch bei kleinem Browserfenster sichtbar bleibt.
- Platzieren Sie die Navigationselemente immer an der gleichen Stelle.

14 Icons verwenden

a. Die Lösung finden Sie in der Checkliste auf Seite 540.
b. Eine Metapher überträgt die wörtliche Bedeutung/Aussage eines Wortes/Bildes auf einen neuen Begriff, z. B. Wüstenschiff, Rabeneltern, Warteschlange.
c. Papierkorb: Löschen von Dateien
   Haus: Startseite
   Lupe: Suchfunktion
   Ordner: Sammeln von Dateien
   Schloss: Verschlüsselung
   Blatt: Datei

15 Icons entwerfen

Lösungsvorschlag:
- Zweidimensionale (flächige) Darstellung
- Einheitliche Strichstärke
- Leicht abgerundete Ecken
- Farbführung
- Stilisierte Darstellung

Darstellung bei starker Verkleinerung:

16 Sound „gestalten"

Die Lösung finden Sie in der Checkliste auf Seite 543.

6.3 Interface-Design

1 Trennung von Content und Design verstehen

- Inhalt und Design können unabhängig voneinander erstellt und bearbeitet werden, z. B. durch Programmierer und Webdesigner.
- Inhalte lassen sich dynamisch verwalten, z. B. per Content-Management-System.
- Für den Inhalt können mehrere Designs erstellt werden, z. B. zur Ausgabe auf Monitoren, Handydisplays und für den Druck.

2 Zielgruppen ermitteln

- Wenig Text
- Ausreichend große und lesefreundliche Schrift
- Farbenfrohe, kontrastreiche Gestaltung
- Einfache und klare Benutzerführung, bevorzugt mittels grafischer Navigationselemente
- „Hilfsfunktionen" zur Erleichterung der Navigation, z. B. Hilfe-Button oder sprachliche Kommentare
- Ausreichende Größe der Navigationselemente

3 Benutzerfreundliche Seiten gestalten

a. Usability
b. Kriterien:
   - Zielgruppengerechtes Design
   - Logische und klare Benutzerführung
   - Aktualität der Inhalte
   - Gute Performance mit verschiedenen Webbrowsern und Betriebssystemen
   - Interaktionsmöglichkeiten mit dem Anbieter
   - Barrierefreier Zugang
   - Orientierungshilfen für den Nutzer, z. B. Sitemap, Breadcrumb-Navigation

4 Usability durchführen

- Fragebögen
- Interviews
- Mouse- oder Eye-Tracking
- Cognitive Walkthrough
- „Lautes Denken"
- Videobeobachtung

5 Navigationsstrukturen unterscheiden

- Einfache, selbsterklärende Benutzerführung
- Leicht verständliche Struktur, da ähnlich wie beim Fachbuch
- Gute Möglichkeit der Gliederung von Informationen
- Guter Kompromiss zwischen strikter Benutzerführung (lineare Struktur) und völliger Navigationsfreiheit (Netzstruktur)

6 Navigationshilfen realisieren

- Anzeige des aktuellen Navigationspfades (Breadcrumb-Navigation)
- Eingabefeld für Suchbegriffe
- Realisierung einer Sitemap
- Farbführung
- Realisierung eines Assistenten, der die Eingabe von Fragen ermöglicht.

7 Navigationsstruktur entwerfen

Lösungsvorschlag siehe unten. Es sind auch andere Lösungen denkbar.

Lösungsvorschlag zu Aufgabe 7

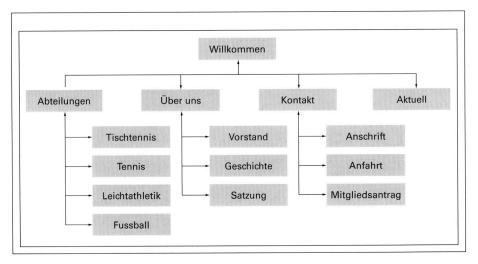

Lösungen

8 Navigationsstruktur entwerfen

Die Lösung finden Sie in der Checkliste auf Seite 562.

9 Interaktive Webseiten realisieren

a. Unter „Interaktivität" versteht man die Möglichkeit der Kommunikation zwischen Anwender und Anbieter einer Website.
b. Möglichkeiten der Interaktion:
   - E-Mail-Link
   - Formular
   - Forum
   - Gästebuch
   - Chat

10 Barrierefreiheit definieren

a. Barrierefreie Webseiten ermöglichen auch Menschen mit Behinderung den Zugang und die Nutzung der Webseiten.
b. Forderungen bei Barrierefreiheit:
   - Keine Layouttabellen verwenden
   - Navigationsmöglichkeit per Tastatur ermöglichen
   - Alternativtexte bei Bildern ergänzen
   - HTML-Tags zur semantischen (inhaltlichen) Gliederung einsetzen – nicht zur Formatierung der Webseite
   - CSS zur Formatierung der Webseite einsetzen
   - Farben so wählen, dass die Webseite auch für Fehlsichtige (ohne Farbe) bedienbar ist.
   - Sprachliche Besonderheiten wie Abkürzungen kenntlich machen

11 Systemanforderungen definieren

Die Lösung finden Sie in der Checkliste „Systemanforderungen" auf Seite 574.

963

12.2.7 7 Visuelles Marketing

7.1 Zielgruppenanalyse

1 Merkmale von Gruppen nennen

Eine Gruppe weist gemeinsame Ziele, Motive, Wertvorstellungen, Normen und Interessen auf. Die Personen innerhalb eines solchen Zusammenschlusses verbindet ein „Wir-Gefühl". Innerhalb einer Gruppe besitzt jeder eine Rolle und bezieht daraus seinen Status.

2 Arten von Gruppen kennen

- Informelle Gruppen
- Formelle Gruppen
- Bezugsgruppen
- Dauerhafte Gruppen
- Formale Gruppen

3 Arten von Gruppen kennen

- Mitgliedschaftsgruppen
  Mitgliedschaft kann durch die Teilnahme am Gruppenleben zustande kommen, aber auch durch formale Aufnahme und Eingliederung in die Gruppe.
- Bezugsgruppen
  Dazu besteht keine oder noch keine Mitgliedschaft, aber mit den Zielen der Gruppe kann man sich mehr oder weniger ausgeprägt identifizieren.

4 Zielgruppen beschreiben

Genaue Zielgruppenbeschreibung finden Sie auf Seite 588ff.

5 Produktgruppen für bestimmte Zielgruppen beschreiben

- Produktgruppe Frauen
  Aktuelle Bankgeschäfte, Damenbekleidung, Kochutensilien, Kosmetika, Kinderbekleidung, Kleinmöbel, Nahrungsmittel, ...
- Produktgruppe Männer
  Alkoholische Getränke, Auto, Automobilzubehör, Computer, Unterhaltungselektronik, Versicherungen, ...
- Produktgruppe Jugendliche
  Trendprodukte, elektronische Spiele, Musikdatenträger, Bekleidung, Freizeit, Computer, ...

6 Werbliche Fachbegriffe erklären

- Habitualisierung
  Eingeübte Kaufhandlungen werden in allen Gruppen oft einfach wiederholt, ohne dass ausführlich über die Wahl eines Produktes nachgedacht wird. Dieses Phänomen nennt man „Habitualisierung".
- Markentreue
  Wenn wir eine Marke als gut empfunden haben, es unserem Status nützt und sozial anerkannt ist, kaufen wir diese Marke bei Bedarf immer wieder.
- Primärgruppe
  Z. B. Familie
- Eventmarketing
  Angebote mit Eventcharakter für eine eng festgelegte Zielgruppe, die von dieser gut angenommen werden und vor allem der Markenbindung dient.

Lösungen

7 Zielgruppen beschreiben

- Demografische Merkmale
- Psychografische Merkmale
- Verhaltensmerkmale
- Geografisch-regionale Merkmale

8 Zielgruppen beschreiben

Sozio-demografische Merkmale: Alter, Geschlecht, Familienstand, Beruf, Ausbildungsniveau, soziale Schicht, Einkommen, Inländer, Ausländer, ...

9 Zielgruppen beschreiben

- Junge, alleinstehende, nicht mehr im Elternhaus lebende junge Personen beiderlei Geschlechts ohne finanzielle Verpflichtungen, die stark freizeitorientiert sind. In vielen Fällen Meinungsbildner bei Trendprodukten. Gekauft werden Auto, Autozubehör, Kleidung und Urlaub. Bildungsausgaben bewegen sich im mittleren Rahmen.
- Paare mittleren Alters ohne Kinder sind kapitalkräftig und leisten sich hochwertige Waren und Dienstleistungen. Je älter diese Paare werden, umso höher steigen die Ausgaben für Vorsorge- und Sicherheitsleistungen an.

10 Checklisten für ausgewählte Zielgruppen erstellen

Eine beispielhafte Checkliste finden Sie auf Seite 592. Passen Sie Ihre Checkliste an Zielgruppe und Produkt an.

11 Sinus-Milieugruppen beschreiben

Grafik und Beschreibung Seite 595ff.

12 Nielsen-Gebiete beschreiben

Die geografische Einteilung in sieben Gebiete untersucht das unterschiedliche regionale Konsumverhalten, die wirtschaftlichen Verhältnisse und die Absatzentwicklung. Siehe Seite 598.

7.2 Briefing

1 Definition Briefing beschreiben

Briefing ist die Auftragserteilung für werbliche Arbeiten. Dabei kann es um die Entwicklung ganzer Kampagnen gehen, aber auch um die Ausarbeitung einzelner Aufträge.

2 Verschiedene Briefing-Arten wissen

Briefing, Re-Briefing, De-Briefing, Brand Review Meeting

3 Briefing-Arten definieren

a. Re-Briefing = Nachbesprechung des Auftrages mit dem Kunden nach der Auftragserteilung. Eventuelle Korrektur- und Abstimmungsmöglichkeiten für Auftraggeber und Auftragnehmer sind dabei gegeben.
b. De-Briefing = Feedback durch den Auftraggeber nach Abschluss der Auftragsarbeiten hinsichtlich Qualität und Auftragsdurchführung.

c. Brand Review Meeting = Alle am Werbe- und Kommunikationsprozess Beteiligten tauschen in regelmäßigen Abständen Meinungen und Informationen aus, um Prozesse zu verbessern und zu optimieren.

4 Aufgaben des Briefings erläutern

- Angebotsumfeld
- Werbeziele
- Marketingstrategie
- Werbeobjekte
- Abgrenzung des Marktes
- Werbeetat
- Käuferverhalten
- Beurteilung der Werbung bei vorhandenen Konkurrenzprodukten

5 Angebotsumfeld einer Marketingmaßnahme beschreiben

- Markt
- Kommunikation
- Wettbewerber
- Beworbenes Angebot
- Zielgruppe (Abnehmer)
- Randbedingungen

6 Begriff Zielgruppe verstehen

Genau definierte Personengruppe mit bestimmten Merkmalen wie Alter, Geschlecht, Schul-/Ausbildung, Einkommen, Wohnsituation u. Ä. Wichtige Informationen sind Kenntnisse über die Einstellungen zu einem beworbenen Produkt, Informations- und Entscheidungsverhalten beim Kauf, altersgerechte Zielgruppenansprache, Qualitätserwartungen und notwendiger Qualitätsanspruch an ein Produkt.

7 Tätigkeitsbereiche in einer Agentur beschreiben

a. Kundenberater und Außendienstmitarbeiter einer Werbeagentur.
b. Entwirft und erstellt Seitenumbrüche für Print- oder Digitalmedien.
c. Verantwortlich für die organisatorische und technische Herstellung der Medienprodukte.
d. Verantwortlich für die Textentwicklung und -gestaltung. Erstellt inhaltlich zusammenhängende Vorschläge zu Text, Grafik und Bild.
e. Gestaltet, plant und kalkuliert Medienprodukte im Print- und Nonprintbereich.

8 Planungsschritte eines Werbeauftrages aufzeigen

- Grundlagenphase
- Strategiephase
- Entwicklungsphase
- Gestaltungsphase
- Ausführungsphase
- Kontrollphase

9 Planungsschritte eines Werbeauftrages aufzeigen

Es wird untersucht, welche Mitbewerber für ein Produkt am Markt sind, welche Marketing- und Werbestrategie von diesen mit welchem Erfolg angewendet werden. Außerdem werden mögliche potenzielle Mitbewerber, Substitutionsgutanbieter und deren denkbare werbliche Konzeptionen untersucht.

Lösungen

10 Planungsschritte eines Werbe-auftrages aufzeigen

Die einzelnen Phasen sind in der Lösung zu Aufgabe 8 genannt. Die ausführliche Beschreibung der Phasen finden Sie auf Seite 606ff.

11 Werberfolgskontrolle beschreiben

Werbeerfolgskontrolle durch den Nachweis der Umsatzsteigerung, Responsequote, Gewinnsteigerung, Publikumszulauf bei Veranstaltungen. Steigerung des Bekanntheitsgrades eines Produktes, Einstellungsverän-derungen zu einer Marke u. Ä. können durch Umfragen nachgewiesen werden. Erfolgskontrolle geschieht auch durch die Überprüfung des vereinbarten Werbezieles durch Auftraggeber und Agentur. Man unterscheidet dabei eine ökonomische Werbeerfolgskontrolle und eine außerökonomische Wirkungs-kontrolle (Imagekontrolle).

12 Präsentationsarten in der Werbeagentur beschreiben

a. Agentur-Präsentation
b. Konkurrenz-Präsentation
c. Etat-Präsentation
d. Akquisitions-Präsentation

13 Präsentationsarten in der Werbeagentur beschreiben

a. Agentur-Präsentation: Dient der Selbstdarstellung einer Agentur
b. Konkurrenz-Präsentation: Klassische Form der Produktvorstellung im Wettbewerb mit anderen Marktteil-nehmern

c. Etat-Präsentation: Vorstellung, Fest-legung und Planung des Werbeetats für einen bestimmten Zeitraum
d. Akquisitions-Präsentation: Es wird versucht, einem potenziellen Kunden eine Problemlösung darzustellen, um durch gute Ideen und Lösungen mit einem Neukunden ins Geschäft zu kommen.

14 Auftragsablauf in einer Werbeagentur erklären

1. Briefing
2. Re-Briefing
3. Entwicklung des Werbeauftrages
4. Entwicklung der Gestaltung
5. Präsentation
6. Technische Planung und Ausführung
7. De-Briefing
8. Werbeerfolgskontrolle

15 Werbliche Fachbegriffe erklären

a. Pretest: Wird vor der Werbemaßnah-me durchgeführt, um einen Anfangs-wert z. B. über den Bekanntgrad eines Produktes zu haben.
b. Posttest: Hier wird die Wirkung einer Werbemaßnahme geprüft, nachdem diese abgeschlossen wurde.
c. Blickaufzeichnungsgerät: Damit wird die Wirksamkeit z. B. von Anzeigen in Medien geprüft, indem alle Augen-bewegungen und die Verweildauer des Auges auf Objekten festgehalten wird.
d. Recall-Test: Testet die positive Erinne-rung an ein Produkt, vor allem beim Einkauf von Markenwaren.
e. Responsequote: Auswertung des Rücklaufs bei einer Marketingaktion.

967

16 Briefing-Checkliste aufstellen

Informationen/Checkpoints über
- Wettbewerbssituation
- Marktdaten
- Vertriebssituation

Zielgruppenbeschreibung
- Wie groß ist sie?
- Wie setzt sie sich zusammen?

Zielsetzung
- Marktziele
- Werbeziele

Aufgabenstellung
- Welche Werbemittel sollen verwendet werden?
- Welcher Gestaltungsspielraum besteht?
- Designvorgaben CI/CD?

Rahmenbedingungen
- Budget
- Termine
- Rechtliche Bedingungen
- Welche Werbemaßnahmen wurden in der Vergangenheit durchgeführt und welche sind derzeitig aktuell?

7.3 Branding

---

1 Werbebegriff definieren

Werbung ist ein Instrument der Kommunikation zwischen einem Unternehmen, seinem Markt und den beteiligten Marktteilnehmern. Werbung ist ein absatzpolitisches Instrument der Betriebswirtschaftslehre, das die Menschen zu Kaufhandlungen veranlassen soll.

2 Wirtschaftliche Funktionen der Werbung beschreiben

Werbung ist ein Instrument, um Menschen zur freiwilligen Vornahme bestimmter Handlungen zu veranlassen. Dies kann der Kauf einer Ware sein, aber auch die Unterstützung der Zielsetzung einer politischen Partei oder einer Religionsgemeinschaft. Einem Unternehmen dient die Werbung zur möglichst objektiven Information potenzieller Kunden über ein bestimmtes Angebot. Allerdings wird damit von einem Unternehmen auch der Zweck verfolgt, eine Nachfrage nach einem Produkt zu schaffen, diese zu erhalten oder gar auszuweiten.

---

3 Gesellschaftliche Funktionen von Werbung erläutern

Werbung verschafft Anbietern und Verbrauchern Markttransparenz. Beide Marktpartner erhalten dadurch einen besseren Überblick über das Marktgeschehen. Damit übernimmt die Werbung neben der betriebswirtschaftlichen Aufgabe der Absatzförderung auch noch eine volkswirtschaftliche Steuerungsfunktion.

---

4 Produktlebenszyklus erklären

1. Einführungswerbung
2. Werbung zur Stabilisierung des eingeführten Produktes
3. Erhaltungswerbung
4. Expansionswerbung
5. Produktauslauf erfolgt üblicherweise ohne Werbung, es sei denn, ein Nachfolgeprodukt ist geplant. Genauere Definitionen siehe Seite 618.

Lösungen

5 Fachbegriffe erläutern

a. Die Erzeugung eines Mangelgefühls für eine Ware oder Dienstleistung führt zu einer Bedarfsweckung am Markt.
b. Werbung für weltanschauliche Ideen
c. Durch ständige Wiederholungen und einen hohen Werbedruck wird versucht, eine nachhaltige Wirkung beim potenziellen Kunden zu erzeugen.
d. Genau definierte Personengruppe mit bestimmten Merkmalen wie Alter, Geschlecht, Schul-/Ausbildung, Einkommen, Wohnsituation usw.

6 Grundregeln für Werbung nennen

Werbung muss
- informativ,
- glaubwürdig,
- überzeugend,
- wirksam,
- wahrhaftig und
- wirtschaftlich

sein und daraufhin immer wieder überprüft werden.

7 Fachbegriffe erläutern

a. Einzelwerbung wendet sich direkt an den einzelnen Kunden. Kann im Rahmen einer 1:1-Marketingaktion direkt angesprochen werden. Ziel ist immer eine langfristige Bindung zwischen Produzenten und Kunden.
b. Massenkommunikation spricht ein räumlich verstreutes und anonymes Publikum an, das in seinen sozio-demografischen Ausprägungen definiert ist. Es wird ein Zielpersonenkreis angesprochen, der weitgehend gleiche Interessen und Verbrauchergewohnheiten aufweist.

c. Response = Rücklauf
d. Branding = Kennzeichnung eines Produktes oder einer Dienstleistung als Marke durch Bild, Wort- und Namenszeichen, Markenzeichen, Warenzeichen und Gütezeichen.

8 Ziele des Direktmarketings beschreiben

- Individuelle Kundenbehandlung
- Response-Möglichkeit
- Angebot einer individuellen Problemlösung, um auf direkte Kunden-, Käuferwünsche einzugehen.

9 Möglichkeiten der Direktwerbung wissen

- Personalisierter Werbebrief
- Direct-Response-Werbung mit direkter Antwortmöglichkeit
- Telefonkontakt

10 Struktur des viralen Marketings beschreiben

Viral-Marketing ist eine Werbeform, die soziale Netzwerke und Medien nutzt, um mit ungewöhnlichen oder hintergründigen Informationen auf eine Marke, ein Produkt oder eine Kampagne aufmerksam zu machen. Die Verbreitung ist vergleichbar der Mundpropaganda, allerdings kann virales Marketing nicht mit dieser gleichgestellt werden, da bei der Mundpropaganda die Verbreitung für gewöhnlich von neutralen Teilnehmern ausgeht. Der Begriff „viral" besagt, dass Informationen über ein Produkt oder eine Dienstleistung innerhalb kürzester Zeit, ähnlich einem Virus, von Mensch zu Mensch (oder von

PC zu PC) weitergetragen werden. Viral-Marketing nutzt verschiedene Medien, um Virals zu publizieren, z.B. Filmclips, Soundblogs oder einfach Beiträge in Internetforen und Blogs. Die speziell für das Internet vorbereiteten Methoden und Medien werden Virals genannt.

---

11 AIDA-Prinzip beschreiben

A   Kognitive Ebene   Attention: Beobachten, Aufmerksamkeit, Wahrnehmung der Werbebotschaft

I   Affektive Ebene   Interest: Interesse an dem beworbenen Produkt

D   Desire: Wunsch nach dem beworbenen Produkt

A   Konative Ebene   Action: Handlung, Kauf des beworbenen Produktes

---

12 GIULIA-Prinzip beschreiben

- Glaubwürdigkeit
- Information
- Unverwechselbarkeit
- Lesbarkeit
- Interesse
- Aufmerksamkeit

7.4 Coporate Identity

---

1 Corporate Identity definieren

a. Corporate Identity beschreibt das Selbstverständnis eines Unternehmens oder einer Institution mit dem Ziel, als geschlossene Einheit aufzutreten.
b. Corporate Design
Corporate Communication
Corporate Behaviour
c. Leitfragen:
- Wie sehen wir uns?
- Wie werden wir gesehen?
- Welche Ziele verfolgen wir?
- Welche Erwartungen werden an uns gestellt?
- Wie können wir diese Erwartungen erfüllen?
- Wie können wir besser sein (oder werden) als die Konkurrenz?

---

2 Logos gestalten

a. Wortmarke
z.B. Milka, Nokia
Wort-Bild-Marke
z.B. Springer, Adobe
Bildmarke
z.B. Audi, McDonald's
b. Logogestaltung:
- Eindeutiger Firmenbezug
- Abstrahierte, stilisierte Darstellung
- Vektorgrafik
- Hohe Wiedererkennbarkeit
- Farb- und Schwarzweißvariante
- Reproduzierbar in allen Größen und in allen Medien
- Integration ins Gestaltungskonzept des CD

Lösungen

3 Sound für das Corporate Design nutzen

a. Ein Soundlogo ist eine kurze, einprägsame Melodie, die eine Assoziation zum Unternehmen schaffen soll.

b. Sound kommt durch die Verbreitung der audiovisuellen Medien (Fernsehen, Radio, Internet, Handys) eine große Bedeutung zu. Durch Sound wird ein weiterer Sinn (Hörsinn) des Menschen angesprochen. Sound funktioniert mit und ohne Bild, z. B. Radio, MP3-Player, Handy.

4 Farbe für das Corporate Design einsetzen

- Farbe schafft (positive) Assoziationen.
- Farbe trägt zur Wiedererkennung bei.
- Farbe besitzt eine Leit- und Führungsfunktion.
- Farbe funktioniert in allen visuellen Medien.

5 Schrift für ein Corporate Design auswählen

- Lesbarkeit ist das oberste Gebot!
- Zielgruppe beachten.
- Schriftcharakter schafft Bezug zum Unternehmen bzw. zu dessen Produkten.
- Schrift muss in Print- und Digitalmedien verfügbar und verwendbar sein.
- Schrift muss zeitlos sein, keine aktuelle „Modeerscheinung".

6 Corporate Design definieren

a. Corporate Design definiert das innere und äußere Erscheinungsbild eines Unternehmens/einer Institution.

b.
- Hausschrift (Audi Sans)
- Hausfarben (Rot, Grau, Weiß)
- Logo (Wort-Bild-Marke)
- Slogan („Vorsprung durch Technik")
- Seitenlayout/Raster

7 Schrift für Internet wählen

Es muss sich um eine Systemschrift handeln, da nur diese durch Webbrowser angezeigt werden können. (Ausnahme: Flash kann Schriften einbinden.)

8 Corporate Design umsetzen

- Umsetzung des Corporate Designs in Office-Anwendung, z. B. Word, Excel, da diese Programme (und nicht Quark oder InDesign) von den Mitarbeitern benutzt werden.
- Erstellung von Musterseiten und Präsentationsvorlagen (Folienmaster)
- Festlegung von Format- und Stilvorlagen, die ein einfaches Formatieren ermöglichen.
- Erstellen von Templates für den Webauftritt oder Nutzung eines CMS
- Mitarbeiterschulung
- Erstellung eines Styleguides, in dem alle Gestaltungsrichtlinien in verständlicher Sprache beschrieben werden.

9 Styleguide erstellen

Ein Styleguide stellt die „Bedienungsanleitung" der Coporate Identity bzw. des Corporate Designs dar. Er bildet damit die schriftliche Grundlage für die Umsetzung des CI/CD in der Praxis.

971

12.2.8 8 Präsentation

8.1 Kommunikation

1 Medien nach Pross einteilen

a. Primäre Medien: Die primäre Kommunikation findet direkt zwischen Menschen statt. Weder Sender noch Empfänger brauchen technische Hilfsmittel.
b. Sekundäre Medien: Auf der Seite des Senders werden technische Mittel zur Kommunikation eingesetzt. Der Empfänger der Botschaft braucht keine Geräte zur Rezeption.
c. Tertiäre Medien: Die tertiäre Kommunikation setzt auf beiden Seiten, beim Sender und beim Empfänger, Kommunikationstechnik in Form von spezieller Soft- und Hardware voraus.

2 Medientypen visualisieren

a. Primäre Medien

b. Sekundäre Medien

c. Tertiäre Medien

3 Sinneskanäle kennen

Sehen, Hören, Fühlen, Riechen

4 Zielgruppen analysieren

- Demografischer Bereich
- Geografischer Bereich
- Psychografischer Bereich
- Soziografischer Bereich
- Wirtschaftlicher Bereich

5 Kommunikationsziele nennen

- Unternehmensziele
- Marketingziele

6 Kommunikationsfeld kennen

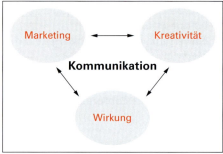

7 Kommunikationsmodell von Watzlawick kennen

a. Syntaktik befasst sich mit den technischen Problemen der Nachrichtenübertragung.
b. Semantik befasst sich mit der Bedeutung der verwendeten Zeichen und Symbole.
c. Pragmatik beschreibt das Verhalten der am Kommunikationsprozess beteiligten Personen.

Lösungen

8 Kommunikationsmodell von Watzlawick kennen

Sobald Sender und Empfänger einen wie auch immer gearteten Kontakt haben, findet Kommunikation statt. Auch die Nichtbeachtung ist eine Form von Kommunikation.

9 Kommunikationsmodell von Schulz von Thun erläutern

An der Kommunikation sind immer vier Schnäbel und vier Ohren beteiligt. Sie übermitteln mit Ihrem Medium immer vier Botschaften gleichzeitig und der Mediennutzer empfängt dementsprechend immer vier Botschaften gleichzeitig.
- Sachinhalt – „Worüber ich informiere."
- Selbstkundgabe – „Was ich von mir zu erkennen gebe."
- Beziehung – „Was ich von dir halte und wie ich zu dir stehe."
- Appell – „Was ich bei dir erreichen möchte."

8.2 Konzeption

1 Präsentation planen

Die Leitfragen finden Sie auf Seite 668.

2 Präsentation vorbereiten

a. - Ziel definieren
   - Arbeitsplan aufstellen
   - Brainstorming durchführen
   - Stoff recherchieren, sammeln
   - Stoff erarbeiten
   - Stoff auswählen, verdichten
   - Stichwortkarten schreiben
b. - Reduktionsmethode
   - A-B-C-Analyse

3 Präsentation von Rede unterscheiden

a. Eine Präsentation wird, im Unterschied zur Rede, durch geeignete Medien visuell oder audiovisuell unterstützt. Der Zuhörer wird immer auch zum Zuschauer.
b. Durch die Kombination von Hören und Sehen steigt die Behaltensquote von Information deutlich (von 20 % auf 50 %) an.
c. Visualisieren heißt, mit Hilfe geeigneter (visueller) Medien zu veranschaulichen.

4 Behaltensquote kennen

- Lesen
- Hören
- Sehen
- Hören und sehen
- Selbst wiederholen
- Selbst anwenden

5 Folienmaster kennen

Der Folienmaster enthält alle Elemente einer Präsentation, die auf *jeder* Folie zu sehen sein sollen, also z. B. Hintergrund, Farben, Logo, Titel. Spätere Änderungen des Folienmasters wirken sich auf alle Folien aus.

6 Schriftgröße wählen

a. Raumgröße,
   Größe der Projektionsfläche
   Abstand des Projektors von der
   Projektionsfläche
b. Nur von der Raumgröße

7 Schriftgröße wählen

Die Schriftgröße sollte etwa 22 pt betragen.

8 Text gestalten

Die Lösung finden Sie in der Checkliste auf Seite 677.

9 Farbe gezielt einsetzen

- Farbe führt das Auge.
- Farbe schafft Kontraste zwischen Vorder- und Hintergrund.
- Farbe schafft Assoziationen und Emotionen.
- Farbe sorgt für Wiedererkennung.
- Farbe wird als schön empfunden.

10 Diagramme zuordnen

a. Kreisdiagramm
b. Liniendiagramm (Balkendiagramm)
c. Kreisdiagramm
d. Balkendiagramm
e. Kreisdiagramm (Balkendiagramm)

11 Skizzieren üben

Praktische Aufgabe (ohne Lösung)

8.3 Präsentationsmedien

1 Präsentationsmedien wählen

a. Beamer, Visualizer, OH-Projektor
b. Pinnwand, Whiteboard, Flipchart, Visualizer, OH-Projektor
c. Beamer, Visualizer, OH-Projektor, Plakat
d. Beamer, Visualizer, OH-Projektor
e. Pinnwand, Whiteboard, Flipchart
f. Flipchart, Pinnwand, OH-Projektor, Beamer (falls nicht fest montiert)

2 Präsentationsmedien wählen

a. 3 – 1 – 2 – 4 – 5
b. 5 – 4 – 2 – 3 – 1
c. 5 – 4 – 1 – 3 – 2
d. 5 – 4 – 2 – 3 – 1
Hinweis:
Eine geringfügig andere Reihenfolge ist auch denkbar.

3 Merkmale eines Beamers kennen

Technologie, z.B. LCD-Beamer
Auflösung, z.B. 1.280 x 800 Pixel
Helligkeit, z.B. 3000 ANSI Lumen
Kontrastverhältnis, z.B. 5000 : 1

4 Beamer einsetzen

- Ein Kabel ist nicht richtig eingesteckt.
- Im Betriebssystem ist der falsche Grafikmodus eingestellt (Bildsignal muss für Laptop und Beamer „geklont" werden).
- Am Beamer ist die falsche Signalquelle eingestellt.

Lösungen

5 Visualizer einsetzen

- Vorbereitung am Computer möglich
- Spontane Ergänzungen/Notizen sind möglich
- Einbeziehung des Publikums ist möglich
- Auch bei großem Publikum verwendbar (Zoomfunktion)
- Modernes, zeitgemäßes Medium
- Einfaches Handout durch Kopieren
- Kamera ermöglicht auch die Präsentation von Objekten, z. B. Buch

6 OH-Projektor einsetzen

- Projektor muss so aufgestellt werden, dass er niemandem die Sicht verdeckt.
- Die Projektion sollte möglichst verzerrungsfrei erfolgen.
- Beim Bedrucken von Folien muss der richtige Folientyp gewählt werden.
- Folien (DIN A4) dürfen nicht vollständig beschrieben oder bedruckt werden, da die Projektionsfläche quadratisch ist.
- Helle Farben sind zu vermeiden.
- Folienstifte müssen vorhanden sein.

7 Beamer und OH-Projektor vergleichen

Pro OH-Projektor:
- Handschriftliche Ergänzungen
- Einbeziehen des Publikums
- Geringes Ausfallrisiko (Ersatzlampe normalerweise im Gerät)

Pro Beamer:
- Besser transportierbar als OH-Projektor
- Audiovisuell nutzbar durch Sound- und Videoclips
- Animationen verbessern die Benutzerführung
- Bessere Bildqualität

8 Handschriftlich schreiben

Die Lösung finden Sie auf Seite 710.

9 Technische und „manuelle" Präsentationsmedien vergleichen

Pro „technische Medien":
- Professionelle Gestaltung möglich
- Handout möglich
- Großes Publikum möglich (bei entsprechender Projektionsfläche)
- Multimediale Möglichkeiten (nur Beamer)
- Durch Animationen lassen sich Abläufe sehr gut veranschaulichen.

Pro „manuelle Medien":
- Persönlicher, individueller Charakter
- Sehr eindrucksvoll bei guten grafischen Fähigkeiten
- Spontane Abweichungen möglich
- Publikum kann ideal einbezogen werden.

10 Präsentationsmedien wählen

Gegeben sind folgende Präsentationsmedien:
1. Beamer
2. OH-Projektor
3. Visualizer
4. Flipchart
5. Tafel
6. Pinnwand
7. Plakat

Wählen Sie geeignete Medien aus:
a. 1, 2, 3, 4, 7
b. 2, 3, 7

975

c. 2, 3, 4, 5, 6, 7
d. 1, 3
e. 1, 2, 3, 7
f. 1, 3, 7
g. 7
h. 2, 3, 4, 5, 6, 7

8.4 Präsentieren

1 Zusammenhang zwischen Kommunikation und Präsentation verstehen

Kommunikation findet nicht nur verbal statt, sondern immer auch körpersprachlich durch Mimik, Gestik und die Körperhaltung. Alle diese Aspekte spielen bei Präsentationen eine wichtige Rolle.

2 Kommunikationsziele definieren

Die Leitfragen finden Sie auf Seite 718.

3 Rhetorische Schritte kennen

- Stoffsammlung
- Gliederung
- Formulierung
- Einprägung
- Vortrag

4 Argumentationstechniken kennen

a. Fünfsatztechnik
   1. Satz: Einleitung
   2. – 4. Satz: Hauptteil
   5. Satz: Schluss
b. AIDA
   Attention – Aufmerksamkeit

Interest – Interesse
Desire – Wunsch, Verlangen
Action – Handeln

5 Stimme und Sprache beachten

- Laut sprechen
- Nicht zu schnell sprechen
- Stimme modulieren
- Sprechpausen machen
- Frei sprechen
- Die „eigene" Sprache sprechen, leichter Dialekt stört nicht
- Verständliche Sprache sprechen
- Bildhafte Sprache sprechen
- Emotionen zulassen
- „Fachsprache" sprechen

6 Körpersprache gezielt einsetzen

- Hände in Hosentasche
- Nervöses Auf- und Abgehen
- Fehlender Blickkontakt
- Versteinerte Miene ohne Emotionen
- Auffälliges „Kaugummi-Kauen"
- An Wand/Tür anlehnen
- ...

7 Selbsteinschätzung üben

(Individuelle Lösung)

8 Zeitgefühl erwerben

(Individuelle Lösung)

9 Lampenfieber bekämpfen

Die Checkliste finden Sie auf Seite 727.

12.2.9 9 Medienrecht

Lösungen

9.1 Urheberrecht

1 Bedeutung des Urheberrechts kennen

Geschützt sind Sprachwerke, Musikwerke, Werke der Kunst, Lichtbildwerke,
wissenschaftliche oder technische
Darstellungen, Sammelwerke, Übersetzungen, Datenbanken (siehe auch
Überblick Seite 737).

2 Bedeutung des ©- Zeichens erklären

Wer ein Werk als urheberrechtlich
geschützt kennzeichnen möchte, der
kann dies mit dem „©" versehen. Das
Zeichen macht nach deutschem Recht
und überall dort, wo das „Revidierte
Berner Übereinkommen" (RBÜ) gilt –
also in den meisten Staaten Europas –
jedoch keinen rechten Sinn: Entweder
handelt es sich von Haus aus um ein
urheberrechtlich geschütztes Werk oder
aber das erstellte Dokument besitzt
keine Werkqualität, genießt also keinen
Urheberrechtsschutz – dann verhilft
auch das Copyright-Zeichen nicht zum
Schutz. Grundsätzlich muss ein Werk in
Europa nirgendwo registriert werden,
um urheberrechtlich geschützt zu sein.

3 Rechtsbegriffe des Urheberrechts erklären

Immatrieller Rechtsschutz = Rechtsschutz an einer Idee (z. B. Komposition).
Materieller Rechtsschutz = Rechtsschutz
an einer Sache (z. B. Gemälde, Plastik).

4 Rechtsverhältnisse an Bildwerken wissen

Prinzipiell sind interaktive DVDs u. Ä.
rechtlich vergleichbar mit Filmwerken
und so genannten Laufbildern. Die
Schutzdauer liegt bei 50 Jahren nach
Erscheinen des Werkes. Bei Filmwerken
beträgt die Schutzdauer 70 Jahre nach
dem Tod des Urhebers.

5 Rechtsschutz von Gebrauchsgrafiken wissen

Wenn bei der Grafik von einem Werk
der angewandten Kunst gesprochen
wird, ist sie schützenswert. Voraussetzung ist eine hohe Gestaltungsqualität – dies denkt jeder Grafiker bei seiner
Arbeit. Zutreffend ist dies nur, wenn die
Grafik besonders originell und komplex
in der Herstellung ist. Ansonsten gilt
nur der Schutz vor unlauterer Nachahmung und vor Verwendung durch
andere nach dem Wettbewerbsrecht.

6 Schutzfristen für Werke im Urheberrecht benennen

Eine vollständige Tabelle aller Fristen
des Urheberrechts steht auf Seite 750.

7 Rechtsschutz für Werkarten beschreiben

Konstruktionszeichnungen, Stadtpläne, Landkarten, statistische
Daten, Modeentwürfe, Lehrmaterialien
u. Ä.

977

8 Rechtsverhältnisse an Bildwerken verstehen

Fotografien und normale Lichtbilder von Fotografen sind geschützt. Digitale Aufnahmen werden den Lichtbildern gleichgesetzt. Wenn aus mehreren eingescannten Bildern bzw. Bildvorlagen ein neues Bild elektronisch kombiniert und retuschiert wird, entsteht ein neues lichtbildähnliches Erzeugnis, das den Charakter eines Lichtbildwerkes mit dem entsprechenden Urheberrechtsschutz beanspruchen kann.

9 Verschiedene Verwertungsrechte kennen

Wir kennen die körperliche und unkörperliche Verwertung. Siehe hierzu auch Seite 751.

10 Kopierschutz von Werken kennen

Wenn Sie kopiergeschützte CDs an einem Rechner mit Macintosh- oder Linux-Betriebssystem brennen, ist dies deswegen möglich, da diese Betriebssysteme den Windows-PC-Kopierschutz ignorieren. Dies ist nach § 95a UrhG nicht gestattet. Allerdings liegt hier kein „Knacken" des Kopierschutzes vor, sondern ein „Ignorieren" durch das Betriebssystem. Darin sehen einige Juristen keine Umgehung technischer Schutzmaßnahmen. Urteile dazu bleiben abzuwarten.

11 Schutzvorgaben für Datenbanksammlungen kennen

Eine Datenbank als Ganzes wird geschützt, nicht die einzeln vorhandenen Datensätze der Datenbank. Geschützt werden die Rechte dessen, der die Daten verwaltet und aufbereitet, nicht dessen Daten gespeichert werden. Die Datenschutzgesetze des Bundes und der Länder schützen personenbezogene Datenbanken vor dem unberechtigten Zugriff auf Datenbankinhalte und deren Auswertung.

9.2 Internetrecht

1 Rechtsgebiete des Online-Rechts kennen

Rechtsgebiete:
- Telemediengesetz
- Urheberrechtsgesetz
- Bundesdatenschutzgesetz

Rechtswirkung:
- z. B. Impressumspflicht
- z. B. Spam-Mails
- z. B. Inhaltsverantwortung

2 Rechtsgebiete des Online-Rechts kennen

Der Inhaltsanbieter ist für den Inhalt seines Internetauftritts verantwortlich. Der Diensteanbieter betreibt einen Server, auf dem Internetseiten gespeichert sind. Er vergibt den Account, also den Netzzugang für den Nutzer.

3 Inhaltsverantwortung des Online-Rechts beschreiben

Dies kann durch einen so genannten Haftungsausschluss (Disclaimer) geschehen. Die rechtliche Wirkung eines Disclaimers ist umstritten.

Lösungen

4 Disclaimer formulieren

Ich/Wir weisen Sie darauf hin, dass wir für die Inhalte der Seiten, auf die wir verlinken, nicht verantwortlich sind, sondern die jeweiligen Autoren. Ich/Wir distanzieren uns ausdrücklich von den Inhalten Dritter und machen uns deren Inhalte nicht zu eigen. (Diese Formulierung ist kurz gehalten, gibt aber einen grundsätzlichen Formulierungshinweis über den Inhalt.)

5 Inhaltsverantwortung für Websites kennen

- Kinderpornografie
- Volksverhetzung
- Gewaltdarstellung

6 Medienrechtliche Begriffe erläutern

Nennen Sie die Bedeutung der folgenden vier Abkürzungen:
a. BDSG: Bundesdatenschutzgesetz
b. UrhG: Urheberrechtsgesetz
c. TMG: Telemediengesetz
d. StGB: Strafgesetzbuch

7 Impressumspflicht beschreiben

§5 des TMG fordert, dass die Informationen eines Diensteanbieters für *geschäftsmäßige* Teledienste für jeden Nutzer unmittelbar erreichbar und ständig verfügbar zu halten sind. Wo das Impressum genau zu stehen hat, ist im Gesetz nicht ausdrücklich festgelegt. Es empfiehlt sich aber, hier die 2-Klick-Regel entsprechend der Rechtssprechung zu beachten.

8 Webimpressum formulieren

Ein Muster für ein korrektes Impressum finden Sie auf Seite 772. Formulieren Sie dieses Impressum so um, dass es für die Homepage Ihres Betriebes nutzbar ist.

9 Webimpressum richtig anwenden

Ein Impressum muss über zwei Klicks erreicht werden. Möglich ist der Link „Kontakt" mit einem nächsten Link „Impressum", da sich dieses Verfahren eingebürgert hat.

10 Online-Recht anwenden

Bei Aktiengesellschaften, Kommanditgesellschaften auf Aktien und GmbHs, die sich in Abwicklung oder Liquidation befinden, muss ein Hinweis darüber im Impressum ersichtlich sein.

11 Datenschutz im Internetrecht anwenden

Eine Datenschutzerklärung muss spätestens vor der Datenerhebung angezeigt werden. Der Nutzer muss diese Erklärung aktiv zur Kenntnis nehmen (klicken mit OK-Button).

12 Digitale Signatur beschreiben

- Sozialversicherung (z.B. papierlose Verwaltung und Archivierung)
- Gesundheitswesen (z.B. elektronische Rezepte und Patientenakten)
- Warenbestellungen (z.B. Rohstoffbestellungen im B2B-Geschäft)
- Zahlungsverkehr (Online-Banking) und elektronisches Mahnverfahren

9.3 Musikverwendung

1 Aufgabe und Bedeutung der GEMA wissen

Die GEMA nimmt die urheberrechtlichen Interessen der meisten Musikautoren wahr. Der Urheber (Komponist) soll angemessen am wirtschaftlichen Erfolg seiner Werke beteiligt werden.

2 FastTrack-Kooperation kennen

Das Werkangebot der FastTrack-Kooperation, die ein Zusammenschluss von europäischen und amerikanischen Verwertungsgesellschaften ist, umfasst etwa 19 Mio. Musiktitel von derzeit 12 Gesellschaften (Stand Frühjahr 2008).

3 Online-Lizenzierung der GEMA beschreiben

Hierbei handelt es sich um ein System zur Unterstützung der Lizenzierung von Musikangeboten durch das Internet oder andere zugriffsberechtigte Netze sowie zur automatischen Abwicklung der Tonträgerlizenzierung via Internet.

4 Homepage der GEMA kennenlernen

www.gema.de

5 Aufgabe und Bedeutung von Verwertungsgesellschaften wissen

Hauptaufgabe von Verwertungsgesellschaften ist es, optimale Erträge für Autoren und Verlage von den privaten und gewerblichen Nutzern von Texten, Musiktiteln oder Filmwerken einzuziehen. Des Weiteren gehört zu den Aufgaben einer Verwertungsgesellschaft, neue urheberrechtliche Verwertungsmöglichkeiten, die sich infolge gesellschaftlicher oder technischer Entwicklungen ergeben, zu erfassen und für die Urheber entsprechend wirtschaftlich zu nutzen. Außerdem kann die Beratung des Gesetzgebers zur Weiterentwicklung der Verwertungsrechte zu den erweiterten Aufgaben der VG gehören.

6 Aufgabe und Bedeutung von Verwertungsgesellschaften wissen

VG Wort, VG Bild-Kunst, VG Musikedition. Suchen Sie weitere Gesellschaften und deren Tätigkeitsbereiche im Internet.

7 Kosten für Musiktitel recherchieren

Auf Seite 790 sind die Internetanschriften verschiedener Verwertungsgesellschaften. Suchen Sie dort die Preislisten und machen Sie sich ein aktuelles Bild über die Kosten der angebotenen Dienstleistungen.

8 Kosten für Musiktitel recherchieren

www.gema.de

9 Kosten für Musiktitel recherchieren

Suchen Sie auf den angegebenen österreichischen und schweizerischen Verwertungsgesellschaften die Kostenstruktur für Musiktitel zu erfahren. Anschriften Seite 793.

12.2.10   10 Medienkalkulation

Lösungen

10.1 Kalkulationsgrundlagen

1 Kalkulatorische Kenngrößen beschreiben

a. Abschreibungssatz berechnen:
   100 % ÷ 6 Jahre Nutzungsdauer
   = 16,66 % Abschreibungssatz/Jahr.
b. Wertminderung des Autos/Jahr berechnen: Jährliche Abschreibung
   beträgt 16,66 % vom Anschaffungspreis des Autos.
   16,66 % von 25.000,– € = 4.165,– €
   Abschreibung pro Jahr.
c. Wertminderung des Autos
   nach 2,5 Jahren berechnen:
   4.165.– € x 2,5 = 10.412,50 € Wertminderung nach 2,5 Jahren.
d. Buchwert des Autos nach 3,5 Jahren:
   4.165.– € x 3,5 = 14.577,50 € Wertverlust des Autos nach 3,5 Jahren.

Neuwert:	25.000,00 €
– Wertverlust	14.577,50 €
= Buchwert	10.422,50 €

2 Kalkulatorische Kenngrößen berechnen

a. Anschaffungswert berechnen:
   100 % ÷ 12,5 = 8 Jahre Nutzung
   8 Jahre x 39.375,– € = 315.000,– €
   Anschaffungswert der Druckmaschine.
b. 100 % ÷ 12,5 = 8 Jahre Nutzungsdauer.
c. Selbstkosten pro Fertigungsstunde:
   39.375,– € Gesamtkosten/Jahr ÷ 2900
   Fertigungsstunden/Jahr = 13,57 €
   Selbstkosten/Fertigungsstunde.

3 Kalkulatorische Kenngrößen berechnen

Gebrauchsdauer für Schriften ermitteln:
Nutzungsdauer = 100 %
Abrechnungssatz = 16 %
100 % ÷ 16 = 6,25 Jahre Nutzungsdauer

4 Kalkulatorische Zinsen berechnen

Die kalkulatorische Zinsen pro Jahr:
a. 7.500 € x 6 % = 450,– € kalk. Zins
b. 22.500 € x 6 % = 1.350,– € kalk. Zins
c. 650 € x 6 % = 39,– € kalk. Zins
d. 1.500 € x 6 % = 90,– € kalk. Zins

5 Kalkulatorische Zinsen berechnen

Kalkulatorische Zinsen nach 50 %-Regel berechnen:
a. Neuwert Plattenbelichter = 55.000.– €
   55.000.– € ÷ 2 = 27.500.- €
   27.500.- € x 6,5 % = 1.787,50 €/Jahr
b. Neuwert PC + Scanner = 9.500.– €
   9.500.– € ÷ 2 = 4.750.– €
c. 4.750.– € x 6,5 % = 308,75 €/Jahr.

6 Nutzungsgrad eines Arbeitsplatzes kennen

Das Ergebnis dieser Aufgabe müssen Sie in Ihrem Betrieb ermitteln. Dies wird nicht immer möglich sein, da in manchen Betrieben derartige Informationen nicht oder nur sehr ungern an Mitarbeiter gegeben werden.

981

10.2 Platzkostenrechnung

1 Stundensatz ermitteln

Das Ergebnis dieser Aufgabe müssen Sie in Ihrem Betrieb ermitteln. Dies wird nicht immer möglich sein, da in manchen Betrieben derartige Informationen nicht oder nur sehr ungern an Mitarbeiter gegeben werden.

2 Funktion eines Tageszettels kennen

- Dient der Erfassung der Produktionszeiten einzelner Kostenstellen innerhalb des Betriebes.
- Grundlage für die Lohnerfassung jeden Mitarbeiters, der hier seine geleistete Arbeitszeit einträgt.
- Grundlage für die Nachkalkulation eines Auftrages, da die geplanten Soll-Zeiten mit den tatsächlich benötigten Ist-Zeiten verglichen werden können.

3 Funktion eines Tageszettels kennen

a. Vergleich Vor-/Nachkalkulation hinsichtlich Zeit- und Kostenschätzung
b. Grundlage Lohnabrechnung

4 Kostengruppe 1 kennen

- Lohnkosten des Arbeitsplatzes (Fachkraft + Hilfskraft)
- Sonstige Löhne: Kostenanteil für Abteilungsleiter, Korrektor, Materiallager, Sekretariat u. Ä.
- Urlaubslohn: tarifvertraglich vereinbarte Lohnzuschläge
- Feiertagslohn: im Jahr durchschnitt-

lich 10 bis 12 bezahlte Feiertage
- Lohnfortzahlung: im Krankheitsfall
- Sozialkosten: Arbeitgeberanteil zur Sozialversicherung
- Freiwillige Sozialkosten: Weihnachtsgeld, Essenzuschüsse, Prämien, Zusatzversicherungen u. Ä.

5 Kostengruppe 2 kennen

- Wasch-, Putz- und Schmiermittel
- Kleinmaterial: Werkzeuge, Klebebänder, Kleinteile usw.
- Strom, Gas: Stromkosten werden nach einem Verteilerschlüssel umgelegt. Dieser berücksichtigt die Anschlusswerte der Maschinen, Geräte, Beleuchtung und die Einschaltzeiten.
- Instandhaltung: Kosten für Reparaturen, Ersatzteile, Kundendienst usw.

6 Kostengruppe 3 kennen

- Miete, Heizung: Diese Kosten werden nach dem anteiligen Flächenbedarf ermittelt.
- Abschreibung: je nach Nutzungsdauer
- Kalkulatorische Zinsen: 6,5 % auf halben Neuwert

7 Kostengruppe 4 kennen

VV-Kosten: anteilige Kosten für Verwaltung (Buchhaltung, Lohnabrechnung, Kalkulation, Telefon, Geschäftsleitung usw.) und anteilige Kosten für Vertrieb

8 Kostengruppen kennen

Die Summe der Kostengruppen 1 bis 4 sind die Selbstkosten.

Lösungen

9 Platzkostenrechnung für den eigenen Arbeitsplatz erstellen

Das Ergebnis für diese Aufgabe müssen Sie im eigenen Betrieb nach dem Schema für die Platzkostenrechnung erstellen.

10 Betriebswirtschaftliche Begriffe beschreiben

- Die Fertigungsstunde als Kostengrundlage hat eine Reihe von Vorteilen in der Kalkulation. Die Höhe der Fertigungsstundensätze hängt nicht so stark von den Veränderungen der Lohnhöhe ab, sondern es werden Kapitalkosten, Gemeinkosten ebenso berücksichtigt wie Abschreibungen, Verzinsungen usw.
- Der Stundensatz bildet die Grundlage der Kalkulation für einen Betrieb.
- Gemeinkosten können exakt zugeordnet werden und erhöhen die Transparenz betrieblicher Kostenstrukturen.
- Platzkostenrechnungen können Grundlage für Investitionsentscheidungen sein, um kostengünstiger oder effektiver zu produzieren.

11 Betriebswirtschaftliche Zusammenhänge erläutern

- Damit ist eine exaktere Kalkulation möglich.
- Für jede Kostenstelle im Betrieb sind die tatsächlichen Kosten bekannt.
- Die Zuordnung der Gemeinkosten ist bekannt, kann überprüft und verändert werden.
- Kostentransparenz im Betrieb wird verbessert.

10.3 Kalkulation

1 Betriebliche Kalkulation kennen

Das Ergebnis für diese Aufgabe müssen Sie im eigenen Betrieb ermitteln.

2 Grundbegriffe kennen

a. Die Vorkalkulation errechnet den Preis für ein gewünschtes Medienprodukt. Auf dieser Basis wird dem Kunden ein Angebot unterbreitet.
b. Nachkalkulation: Berechnung der tatsächlichen Kosten eines ausgeführten Auftrages. Die Nachkalkulation dient unter anderem der Schwachstellenanalyse im Fertigungsprozess. Nur durch die exakte Nachkalkulation werden die tatsächlichen Leistungen eines Betriebes transparent.

3 Grundbegriffe kennen

a. Alle Kosten, die nicht direkt einem Träger zuordenbar sind, werden als Gemeinkosten bezeichnet.
b. Verwaltungs- und Vertriebskosten
c. Kosten der verbrauchten Materialien für einen Auftrag und eventuell anfallende Fremdleistungskosten.
d.   Fertigungslöhne
   + Fertigungsgemeinkosten
   + Sondereinzelkosten der Fertigung
   = Fertigungskosten

4 Zuschlagskalkulation darstellen

Fertigungkosten
+ Materialkosten
+ Fremdleistungskosten

983

+ Materialgemeinkostenzuschlag
= Herstellungskosten
+ Gewinnzuschlag in %
= Nettopreis
+ Versand- und Verpackungskosten
(VV-Kosten)
+ Mehrwertsteuer (MwSt)
= Endpreis (Bruttopreis)

5 Angebotsschreiben beurteilen

Produktbeschreibung, Nettopreis, Endpreis, 1000-Stück-Preis bei Druckaufträgen, Lieferbedingungen und Terminvorschläge, Hinweis auf die AGB.

6 Multimedia-Kalkulation einschätzen

Multimedia-Projekte können oftmals erst nach der Herstellung eines Prototyps weitgehend exakt beurteilt und kalkuliert werden. Dies erschwert die Erstellung eines Angebotes.

7 Kalkulatorische Kategorien für Webauftritte kennen

- Einfacher Webauftritt mit ca. 30 Seiten, einfache Struktur, textlastig, wenig Bilder
- Webauftritte mit ca. 50 Seiten, aufwändigeres Screendesign, kleine Effekte, Datenbankanbindung
- Webauftritte mittels CMS, Designerstellung, Datenbankaufbereitung

8 Fachbegriffe erklären

Die Multimedia-Kalkulation gliedert sich grundsätzlich in verschiedene Prozesse und Aktivitäten. Der Gesamtprozess ist die Herstellung eines Multimedia-

Produktes. Unter dem Begriff „Prozess" selbst versteht man eine Kette von Aktivitäten gleicher oder ähnlicher Zielsetzung. „Aktivitäten" sind Handlungen oder Vorgänge im Rahmen der Herstellung eines Multimedia-Produktes. Sie sind die kleinsten bewertbaren Einheiten und bilden in ihrer Summe einen Teil eines Gesamtprozesses. Innerhalb der Produktion gibt es Aktivitäten verschiedener Kostenstellen, die bestimmte Teilaufgaben wie z. B. Screendesign, Videobearbeitung oder Programmierung erledigen. Die Summe aller Aktivitäten ergibt den Gesamtprozess der Herstellung.

9 Kalkulation und Angebot erstellen

a. Verwenden Sie zur Lösung dieser Aufgabe die Stundensatzwerte aus Kapitel 10.3.4.1 – Seite 831.

		€
+	Beratung und Analyse 10 Std. x 75,00 € =	750,00
+	Planung und Konzeption 20 Std. x 90,00 € =	1.800,00
+	Screendesign 20 Std. x 80,00 € =	1.600,00
+	Illustration/Bildbearbeitung 15 Std. x 60,00 € =	900,00
+	Programmierung HTML/Java 60 Std. x 60,00 €	3.600,00
+	Textredaktion 10 Std. x 65,00 €	650,00
+	Animationserstellung 10 Std. x 60,00 €	600,00
+	Soundredaktion/MP3 15 Std. x 140,00 €	2.100,00
+	Technische Kosten für Domain, FTP-Zugang, Testing usw. 10 Std. x 90,00 €	900,00
+	Korrektur Text 15 Std. x 65,00 €	975,00
+	Gebühren (GEMA)	250,00
=	**Herstellungskosten €**	**14.125,00**

984

Lösungen

+	Gewinnzuschlag 10 %	1.412,50
=	**Nettopreis €**	**15.537,50**
+	Mehrwertsteuer	2.952,13
=	**Bruttopreis €**	**18.489,63**

b. Verwenden Sie als Muster das Angebotsschreiben auf Seite 826 und erstellen Sie einen geeigneten Text.

Textvorschlag

Sehr geehrte Frau Muster,
wir bedanken uns für die Anfrage und unterbreiten Ihnen für die Erstellung Ihrer Firmenhomepage folgendes Angebot. Grundlage ist unsere Besprechung vom 29. März, bei der wir die Grundkonzeption besprochen und weitgehend festgelegt hatten.

Angebotspreise: €

- Gestalterische und technische
  Konzeption 4.565,00
- Illustration und Bildbearbeitung auf
  der Basis Ihres Bildmaterials 990,00
- Textredaktion, Soundredaktion und
  Aufnahme, Animation, Programmierung 7.645,00
- Technische Kosten für Testing,
  Einrichten der Seite 2062,50
- Gebühren (GEMA) 275,00

	Nettopreis	**15537,00**
+	MwSt 19 %	2957,13
=	**Bruttopreis**	**18494,63**

Änderungen und Ergänzungen können jederzeit in das Projekt eingearbeitet werden. Kosten hierfür werden Ihnen jeweils nach vorheriger Absprache separat angeboten und in Rechnung gestellt.

Für Rückfragen stehen wir Ihnen jederzeit gerne zur Verfügung.

Mit freundlichen Grüßen

Karl Mustermann

Anlage:
Konzeption des Webauftritts mit
- Verlinkungsplanung
- Screenentwürfe
- Seitenübersicht
- Technische Spezifikationen
- Mögliche Terminplanung

Hinweis zu den Angebotspreisen: Die Preise enthalten zusätzlich zum kalkulierten Preis bereits den Gewinnzuschlag für jede Angebotsposition. Daher ergeben sich leichte Differenzen zum errechneten Preis in Aufgabenteil a, die in der Kalkulationspraxis ausgeglichen werden.

12.2.11 11 Produktionsmanagement

11.1 Projektmanagement

1 Projekt definieren

Ein Projekt ist ein „Vorhaben, das im Wesentlichen durch Einmaligkeit der Bedingungen in ihrer Gesamtheit gekennzeichnet ist, wie z. B.
- Zielvorgabe,
- zeitliche, finanzielle, personelle oder andere Begrenzungen,
- Abgrenzung gegenüber anderen Vorhaben,
- projektspezifische Organisation."

2 Projektzielgrößen festlegen

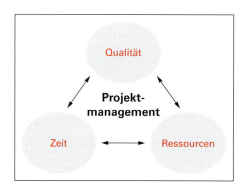

3 Projektkompetenz erläutern

a. Fachkompetenz: Die Mitglieder eines Projektteams werden entsprechend den für die erfolgreiche Erledigung der Projektaufgabe notwendigen fachlichen Fähigkeiten ausgewählt.
b. Methodenkompetenz: Der Bereich der Methodenkompetenz umfasst die Fähigkeit der Projektmitarbeiter, zielgerichtet und planmäßig eine Aufgabe zu lösen. Dazu gehört z. B. auch der Einsatz von Kreativitätstechniken und strukturierten Lösungsstrategien.
c. Sozialkompetenz: Empathie sowie die Fähigkeit und die Bereitschaft zum verantwortungs- und respektvollen Umgang im Projektteam machen eine erfolgreiche Projektdurchführung erst möglich. Dazu gehört z. B. auch, Konflikte auszuhalten und konstruktiv zu lösen.

4 Aufgaben des Projektleiters kennen

- Organisiert den erfolgreichen Ablauf der verschiedenen Projektschritte
- Leitet Teamsitzungen
- Steuert den Informationsfluss und die Projektkommunikation
- Löst Konflikte im Projektteam
- Ist Ansprechpartner innerhalb der Projektgruppe für die Teammitglieder und für alle am Projekt Beteiligten

5 Teamentwicklung erläutern

- Forming – Orientierungsphase
- Storming – Konfliktphase
- Norming – Regelungsphase
- Performing – Arbeitsphase
- Adjourning – Abschlussphase

6 Teamentwicklungsphasen einordnen

Performing – Arbeitsphase

Lösungen

7 Brainstorming erläutern

a. Ideenfindung und Problemlösung
b. Regeln:
   – Alle Ideen sind erlaubt.
   – Kritik und Wertung sind verboten.
   – Kommentare sind verboten.
   – Jede Idee ist eine Leistung der Gruppe.

8 Ressourcen analysieren

- Mitarbeiter
  Besteht bereits ein Projektteam?
  Haben die Mitarbeiter alle notwendigen Kompetenzen?
  Reicht die Zahl der Mitarbeiter?
  Ist die Mitarbeit mit den anderen Abteilungen abgestimmt?
- Sachmittel
  Welche Sachmittel sind für das Projekt notwendig?
  Stehen die benötigten Sachmittel ausreichend und zeitgerecht zur Verfügung?
  Können benötigte Sachmittel beschafft werden?
- Budget
  Welches Budget steht für das Projekt zur Verfügung?
  Wie hoch sind die geschätzten Kosten des Projekts?
  Gibt es Flexibilität im Budget?
- Zeit
  Gibt es für das Projekt einen fixen Zeitrahmen?
  Ist der Endpunkt des Projekts fix?
  Gibt es Flexibilität im Zeitrahmen?

9 Projektpläne zuordnen

Im Projektstrukturplan PSP wird die Gesamtheit des Projekts in Haupt- und Teilaufgaben gegliedert. Die Teilaufgaben wiederum werden als kleinste Einheit in Arbeitspakete unterteilt. Dabei geht es nur darum, was gemacht werden muss, nicht wie es gemacht werden soll.

10 Projektplanung analysieren

a. In einem Netzplan werden die einzelnen Vorgänge mit Zeitangaben als Rechtecke (Vorgangsknoten) dargestellt, die mit Pfeilen im Fortgang verbunden sind.
b. Im Balkendiagramm wird die Dauer der Arbeitspakete durch die Balkenlänge visualisiert. Ihre zeitliche Abfolge zeigt die Positionierung auf der waagrechten Zeitachse. Die Abhängigkeiten der einzelnen Arbeitspakete sind einfach aus der vertikalen Anordnung abzulesen.

11 Projekt planen

a. Der kritische Pfad bezeichnet die Verbindung zwischen Projektstart und Projektabschluss, bei dem Verzögerungen einzelner Vorgänge automatisch zum Verzug des Projektendes führen.
b. Meilensteine sind definierte, schon in der Projektplanung festgelegte Kontrollpunkte im Projektablauf. Sie sind oft mit Schlüsselvorgängen bzw. Schlüsselereignissen verbunden und untergliedern ein Projekt in einzelne Phasen. Meilensteine dienen der Fortschrittskontrolle.

12 Kommunikationsmittel kennen

a. Fortschrittsbericht
   Projektstatusbericht
   Sitzungsprotokolle
   Projekttagebuch
   Projektabschlussbericht
b. Beschreibung
   Planung
   Realisierung
   Probleme und Lösungen
   Ergebnisse
   Evaluation
   Ergebnisse der Schlusssitzung
   Entlastung der Projektleitung und
   des Projektteams
   Anregungen und Verbesserungsvor-
   schläge für künftige Projekte

11.2 Arbeitsvorbereitung

1 Aufgaben der AV kennen und beschreiben

Planung, Herstellung, Überwachung
und Controlling eines innerbetrieb-
lichen Produktionsarbeitsablaufes zur
Herstellung eines Medienproduktes.
Dazu gehört auch die Planung und
Überwachung von Fremdaufträgen.

2 Aufgaben der AV kennen und beschreiben

Vor- und Nachkalkulation, Kostenkontrolle, Termin-, Personal- und Materialdisposition, AV für Text, Bild, Layout,
Druck, Weiterverarbeitung und Versand.

3 Personal der Abteilung AV und Herstellung benennen

Lektor, Hersteller, Disponent, Medien-
gestalter Fachrichtung Beratung und
Planung, Medienfachwirt Print oder
Digital, Industriemeister Printmedien,
Drucktechniker, Ingenieur, Wirtschaftsin-
genieur, Produktioner u. Ä.

4 AV für Manuskripte beschreiben

Gestaltung, Gestaltungsraster, Satzspiegel, Spaltenzahl, Schriftart, -größe, Auszeichnungen, Zeilenabstand, Fußnoten,
Bildunterschriften, -anordnung usw.

5 AV für Bildreproduktion beschreiben

Ein-, mehrfarbig, Bildausschnitt, Auflösung für Scan und Druck, Skalierung,
Beschnitt, Rasterung, Dateiformat und
-ablage, Farbraum, Sonderfarben u. Ä.

6 Korrekturarten der Medienproduktion kennen und erläutern

a. Erste Korrektur nach dem Seitenumbruch auf Kosten der Herstellung
b. Korrektur eines erstellten Medienproduktes durch den Auftraggeber
c. Druckfreigabe durch den Kunden

7 AV für einen Druckauftrag beschreiben

Auflage, Bogenanzahl, Materialanfor-
derungen, Druckzeit, Maschinensystem,
Weiterverarbeitung, Hilfszeichen, Dokumentation des Auftrages, Zuschuss.

Lösungen

8 AV für die Weiterverarbeitung darstellen

Schneiden, Falzen, Heften, Kleben, Material- und Zeitdisposition, Versand.

9 AMS kennen und beschreiben

AMS werden zum Planen, Überwachen und Auswerten genutzt. Sie erlauben eine Kosten-, Zeit- und Produktionsfortschrittsüberwachung. Nach Auftragsabwicklung kann eine betriebswirtschaftliche Datenauswertung zur Schwachstellenanalyse durchgeführt werden.

10 Planungsaufgaben der Arbeitsvorbereitung benennen

Produktionsplanung, -steuerung, Auftragsbearbeitung, Terminsteuerung, Abrechnung, Nachkontrolle.

11 Vernetzte Druckerei als Begriff kennen und beschreiben

Um während einer Auftragsproduktion immer auf dem aktuellen Sachstand zu sein, ist eine zentrale Vernetzung zu jedem Produktionsarbeitsplatz hilfreich. Dadurch lässt sich der aktuelle Auftragsstatus jederzeit abrufen.

12 Datenhandling rechtlich einordnen können

Eigentümer der Produktionsdaten ist der produzierende Medienbetrieb, wenn vertraglich nichts anderes vereinbart wurde.

11.3 Workflow

1 Begriff Workflow erklären

Unter einem Workflow verstehen wir ein Verfahren zur computergestützten Organisation von Arbeitsabläufen. Das Verfahren besteht darin, Dokumente i.d.R. mittels Netzwerk in geordneter und fest strukturierter Art und Weise von einer Arbeits- bzw. Produktionsstufe zur nächsten zu bewegen.

2 Begriff Workflow erklären

- Vernetzung
- Daten und Dokumente müssen zentral erfasst, verwaltet und bereitgestellt werden.

3 Technischen Workflow erklären

Der technische Herstellungsweg für die Produktion eines Druckauftrages ist geprägt von den Tätigkeiten in der Druckvorstufe, dem Druck und der Weiterverarbeitung. Dem entspricht der so genannte technische Workflow.

4 Administrativen Workflow erklären

Der administrative Workflow umfasst die Auftragsanlage, Kalkulation, Produktionssteuerung, Nachkalkulation und Betriebsabrechnung. Die Daten dafür werden zentral angelegt, verwaltet und entsprechenden Produktionsstellen zur Verfügung gestellt.

5 Fachbegriffe kennen und erklären

a. International Cooperation for Integration of Processes in Prepress, Press and Postpress
b. Print Production Format
c. Druckvorstufe
d. Druck
e. Weiterverarbeitung
f. Portable Job Ticket Format

6 Workflow-Datentypen nennen

a. Angebotskalkulation, Angebot, Produktionsplanung, ...
b. Layoutdaten, Bilddaten, Daten für Color Management, ...

7 Workflow-Formate kennen

a. Print Production Format
b. Job Definition Format
c. Portable Document Format
d. Extensible Markup Language

8 Workflow-Informationen benennen

1. Auftragsbeschreibung
2. Farbraumdefinition
3. Farbseparation
4. Farbprofile für Farbwerksvoreinstellung an der Druckmaschine

9 Workflow-Informationen benennen

Einstellungen für Schneidemaschine (CutBlock-Definition) und Falzmaschine.

10 Workflow-Informationen benennen

a. Farbverarbeitung
b. Farbseparation
c. Weiterverarbeitungsinformation
d. Definition der Auftragseinstellungen (Ist-Daten) nach Produktionsende.

11 JDF-Datei erstellen

Job-Ticket mit geeigneter Software erstellen. Aufgabe am PC lösen. Geeignete Software hierzu ist z.B. Adobe Acrobat, Adobe Illustrator, QuarkXPress und alle aktuellen AMS-Systeme.

12 Workflow-Zusammenhänge kennen

a. Content-Daten: Sind in der Regel PDF-Dateien aus unterschiedlichen Quellen wie Agentur, Druckvorstufe, Office-Bereich.
b. Stammdaten: Kunden- und Auftragsdaten
c. Auftragsdaten: Sie enthalten eine komplette Auftragsbeschreibung in der Reihenfolge der Auftragsabwicklung
d. Produktionsdaten: Werden in der Arbeitsvorbereitung und in der Druckvorstufe erstellt und an die nachfolgenden Produktionsstufen weitergegeben. Mit dem Produktionsformat PPF können in der Druckvorstufe viele Parameter für ein Druckprodukt beschrieben werden, die später für unterschiedliche Voreinstellungen in Druck- und Weiterverarbeitung abrufbar sind.
e. Steuerungsdaten: Maschinen- und Betriebsdaten: Werden z.T. während der Produktion erzeugt und stellen Maschinen ein. Bekanntestes Bei-

Lösungen

spiel ist die Farbzonenvoreinstellung an einer Druckmaschine.

f. Maschinen- und Betriebsdaten: Diese Daten geben Auskunft über den aktuellen Stand eines Auftrages, die Auslastung und die freien Kapazitäten der Produktionsanlagen.

g. Qualitätsdaten: Daten und Informationen, die erforderlich sind, um einen gleichblei benden, festgelegten Qualitätsstandard in der Produktion zu erreichen.

12.3 Links, Normen, Literatur

12.3.1	Internetadressen	994
12.3.2	DIN-/ISO-Normen	998
12.3.3	Literatur	1001

12.3.1 Internetadressen

In den einzelnen Kapiteln des Kompendiums sind eine Vielzahl von Internetanschriften aufgeführt. Diese werden hier nicht wiederholt. Hier ist eine Auswahl von Anschriften von allgemeinem Interesse aufgeführt, die Ihnen zumeist Grundinformationen zu bestimmten Themen vermitteln.

Audioeditoren (Auswahl)
www.steinberg.net/de/products/cubase
www.apple.com/logicstudio
www.sonycreativesoftware.com/soundforge
www.adobe.com/products/soundbooth
http://audacity.sourceforge.net

Adobe (Download)
http://get.adobe.com/de/flashplayer
www.adobe.com/de/products/indesign-server
www.adobe.com/de/products/creative-suite/design

Antiviren-Software (Auswahl)
www.avira.de
www.avast.de
www.avg.com
www.bitdefender.de
www.f-secure.com
www.microsoft.com/security_essentials
www.kaspersky.com/de
www.symantec.com/de
www.sophos.com/products/free-tools

Bedrohung durch Schadsoftware
www.botfrei.de
http://worldmap.f-secure.com

Berufsausbildung und Studium
www.krawumm.de
www.zfamedien.de
www.jgs-stuttgart.de
www.hauchler.de
www.gutenberg-frankfurt.de
http://technikerschule.g16hamburg.de

www.hdm-stuttgart.de
www.fbm.htwk-leipzig.de/de/fakultaet-medien
www.fbe.uni-wuppertal.de
www.beroobi.de

Bildarchive (Auswahl)
www.aboutpixel.de
www.photocase.com
www.pixelquelle.de
www.presseportal.de/obs
www.clipartsalbum.com
www.sxc.hu

Color-Management/Farbsysteme
www.basiccolor.de
www.colormanagement.de
www.color.org
www.colorgate.com
www.colorlogic.de
www.datacolor.eu
www.eci.org
www.gretagmacbeth.com
www.gmgcolor.com
www.hks-colour.de
www.xrite.com

Computerhersteller
www.apple.de
www.microsoft.de
www.ibm.de

Content-Management-Systeme, Übersicht
www.contentmanager.de
www.joomla.org

Corporate Identity
www.ci-portal.de
http://styleguide.bundesregierung.de

Datenträger, Monitore, Videotechnik
www.formac.com
www.eizo.de

Links, Normen, Literatur

Deutsches Institut für Normung
www.din.de
www.beuth.de

Deutsche Nationalbibliothek
www.d-nb.de

Digitaldruck + Web-to-Print
www.digitaldruck-forum.org
http://graphics.kodak.com/DE/de/default.htm
www.print-media-forum.de
www.publisher.ch
www.oce.de oder .com
www.xeikon.com
www.xerox.com

Drucker und digitale Bildverarbeitung
www.canon.de
www.epson.de
www.hp.com
www.oce.com

Druckmaschinenhersteller
www.b-sester.de/
www.edelmann-graphics.com
www.gallus-group.com/de
www.heidelberg.com
www.isimat.com
www.kba-print.de
www.krause.de
www.manroland.com
www.presstek.com
www.ryobi.de
www.systec-bielefeld.de
www.zirkon-print.com

Forschungsgesellschaften Druck
www.fogra.org
www.ugra.ch

Fotografie
www.agfaphoto.com
http://de.leica-camera.com/home
www.nikon.de

www.fotoabc.de
www.fotografie.ch
www.sinar.ch
www.designerinaction.de

HTML-/CSS-Kompendium
http://de.selfhtml.org/
http://wiki.selfhtml.org/wiki

Information, Lernen, Lernplattformen
www.cleverprinting.de
www.mediencommunity.de
www.mediencommunity.de/trainercommunity
www.moodle.de/
www.learn4print.com (Kostenpflichtig)
www.vsd.ch > Lernwerkstatt des Schweizer Verbandes der Druckindustrie

ISBN-Agentur für Deutschland
www.german-isbn.org

IT, Kommunikationstechnologie
www.agfa.de
www.canon.de
www.konicaminolta.de

Belichter, CtP, Gravur
www.luescher.com
www.graphics.kodak.com
www.hell-gravure-systems.com

Märkte und Verbraucherverhalten
www.acnielsen.de
http://de.statista.com/statistik/spss/
www.gfk.com
www.gfk-verein.org

Messgeräte, Kontrollstreifen, Software
www.colorpartner.de
www.systembrunner.com
www.techkon.de

MP3-Encoder Lame
http://lame.sourceforge.net

Musikverwertung
www.gema.de

OpenOffice.org
http://de.openoffice.org

Software
www.latex-project.org
http://latex.hpfsc.de
www.ibrams.com

Typografie, Gestaltung, Grafik
www.blender.org
www.designerinaction.de
www.desig-n.de
www.designguide.at
www.druckschriften.de
www.forum-typografie.de
www.brandsoftheworld.com
www.tdc-ny.de
www.tutorials.de
www.typolexikon.de
www.typografie.inf
www.tyypo-info.de

Kommunikationsmodelle
www.schulz-von-thun.de

Medienrecht
www.urheberrecht.org
http://bundesrecht.juris.de/urhg/index.
html
http://bundesrecht.juris.de/urhwahrng/
index.html
www.bpb.de/themen/0GNUL9,0,0,
Urheberrecht.html
http://irights.info
www.bildungsserver.de > Suchwort
Medienrecht

Normlicht
www.just-normlicht.de

Papierhersteller
www.berberich.de

www.deutschepapier.de
www.sappi.de
www.scheufelen.de
www.stp.com
www.upm-kymmene.de
www.myllykoski.com/DE/frontpage.htm

Qualitätssicherung und Messtechnik
www.techkon.de

QuarkXPress (Download)
http://8.quark.com/de

Sozialwissenschaftliche Forschung und
Beratung
www.sinus-sociovision.de

SwissTechnorama Science Center
www.technorama.ch

Systemschriften (Windows und Mac)
http://www.microsoft.com/typography/
fonts

Verbände, Organisationen und Messen
in Deutschland (Auswahl)

- Bundesverband Druck und Medien
  www.bvdm-online.de

- Dienstleistungsgewerkschaft Verdi
  www.verdi.de

- Druck und Form (Messe)
  www.druckform-messe.de

- DRUPA (Messe)
  www.drupa.de

- European Web Association
  www.ewa-print.de

- Forum Corporate Publishing
  www.forum-corporate-publishing.de

Links, Normen, Literatur

- Fachverband Führungskräfte Druckindustrie + Informationsverarbeitung
  www.fdi-ev.de

- IRD – Institut für rationale Unternehmensführung in der Druckindustrie
  www.ird-online.de

- Photokina (Messe)
  www.photokina.de

- Verband der Mineralfarbenindustrie
  www.vdmi.de

- Verband Papier, Druck und Medien Südbaden
  www.vpdm.de

- WAN-IFRA
  www.wan-ifra.org

Videoeditoren (Auswahl)
www.avid.de
www.adobe.com/products/premiere
www.adobe.com/products/premiereel
www.apple.com/de/finalcutstudio/cut-pro/
www.apple.com/de/finalcutexpress
www.apple.com/ilife/imovie
http://explore.live.com/windows-live-movie-maker
www.pinnaclesys.com

Videotechnologien und -player
http://get.adobe.com/de/flashplayer
www.apple.com/de/quicktime
www.divx.com
www.microsoft.com/windows/windowsmedia
www.mpeg.org
www.realnetworks.com
www.videolan.org

Webbasiertes Betriebssystem
www.eyeos.org

Webdesign, barrierefrei
www.barrierefreies-webdesign.de

Web-/Internethandel
www.ecommerce-lounge.de

Webhoster (Übersicht/Vergleich)
www.billiger-surfen.de
www.onlinekosten.de
www.webhostlist.de
www.webhosting-test.de

Webtechnologien und erforderliche Webbrowser
www.caniuse.com
Webstatistiken z.B. Browsernutzung
http://marketshare.hitslink.com
www.webnews.de/313801/webbrowser-im-vergleich

Webbrowser
www.google.com/chrome
www.microsoft.com/upgrade
www.mozilla.de
http://support.apple.com/downloads
www.opera.com/download

Wettbewerbe
www.biene-award.de
www.bvdm.org/medienaward
www.tdc-ny.de
www.red-dot.de (Design Award)

Workflow/CIP4-Organisation
www.cip4.org
www.cgs-oris.com

Zeitungsdesign, Zeitungsentwicklung
www.bdzv.de/junge_leser_studien.html
www.editorial-design.com
www.newspaperaward.org
http://pressedesign.de/index.html
www.zeitungsdesign.net
www.presseportal.de

12.3.2 DIN-/ISO-Normen

In dieser Normenübersicht ist ein Auszug aus dem Normenkatalog des Deutschen Instituts für Normung e.V. zusammengestellt. Es sind aktuelle und unserer Ansicht nach wichtige DIN- und ISO-Normen der Medienindustrie aufgeführt.
Die Durchsicht dieser aufgelisteten Normen verschafft auch dem weniger informierten Leser einen kleinen Eindruck, mit welchen Technologien und Vorgaben sich die Medienindustrie insgesamt auseinandersetzen muss.

12.3.2.1 Fachsprache, Terminologie, Einheiten, Korrektur

DIN 1301-1 ....Einheiten; Einheitennamen, Einheitenzeichen
DIN 1301-2 ....Einheiten; allgemein angewandte Teile und Vielfache
DIN 1338 ....Formelschreibweise und Formelsatz
Beiblatt 1: Form der Schriftzeichen
Beiblatt 2: Ausschluss in Formeln
DIN 16 511.................Korrekturzeichen Text
DIN 16 518 ....Klassifikation der Schriften
DIN 16 521 ....Linien im graphischen Gewerbe; Arten und Dicken
DIN 16 543 ....Aufsichts-Grauskala für die Reproduktionstechnik; 14-stufig
DIN 16 544 ....Drucktechnik; Begriffe der Reproduktionstechnik
DIN 16 547 ....Rasterwinklungen bei der Farben-Rasterreproduktion
DIN 16 549-1 ....Korrekturzeichen – Teil 1: Bild
DIN 16 553 ....Druck- und Reproduktionstechnik; Passsystem
DIN 16 600 ....Drucktechnik; Flächendeckungsgrad von Rastertonwerten auf transparentem Material in der Reproduktionstechnik
DIN 31 630-1 ....Registererstellung; Begriffe, Formate, Gestaltung von gedruckten Registern
DIN ISO 12 647-1 ....Prozesskontrolle für die Herstellung von Raster-Farbauszügen, Andruck, Prüfdruck und Auflagendruck – Teil 1: Parameter und Messmethoden
DIN ISO 12 647-2 ....Prozesskontrolle für die Herstellung von Raster-Farbauszügen, Andruck, Prüfdruck und Auflagendruck – Teil 2: Flachdruckverfahren
DIN ISO 12 647-3 ....Prozesskontrolle für die Herstellung von Raster-Farbauszügen, Andruck, Prüfdruck und Auflagendruck – Teil 3: Coldset-Rollenoffset und Hochdruck auf Zeitungspapier
E DIN 16 507-2 ....Drucktechnik; digitaler Satz und verwandte Techniken

12.3.2.2 Drucktechnik, Druckkontrolle, Druckverfahren, Druckprozesse

ISO 12 642 ....Drucktechnik
DIN ISO 12 647 ....Prozessstandard Offsetdruck
ISO 15 929 ....PDF/X-Ansatz und PDF/X-Normteile
ISO 15 930-1 bis 3 .....PDF/X-1 bis PDF/X-3
ISO 16 536 ....Farbdichtemessung an Drucken
DIN ISO 16 527-1 ....Drucktechnik; Kontrollfelder, Kontrollbild, Kontrollmarke; Grundbegriffe
DIN ISO 16 527-2 ....Drucktechnik; Kontrollfelder; Anwendung in der Reproduktionstechnik
DIN ISO 16 527-3 ....Drucktechnik; Kontrollfelder; Anwendung im Druck
DIN 16 528 ....Drucktechnik; Begriffe für den Tiefdruck

Links, Normen, Literatur

DIN 16 620-1 .... Drucktechnik; Druckplatten für den indirekten Flachdruck (Offsetdruck) – Teil 1: Maße
DIN 16 620-2 .... Drucktechnik; Druckplatten für den indirekten Flachdruck (Offsetdruck) – Teil 2: Druckformherstellung; Begriffe und messtechnische Zusammenhänge
DIN 16 620-3 .... Drucktechnik; Druckplatten für den indirekten Flachdruck (Offsetdruck) – Teil 3: Einrichten und Druck; Begriffe
DIN 16 621 .... Drucktechnik; Drucktücher für den indirekten Flachdruck (Offsetdruck); Begriffe, Anforderungen, Prüfung, Kennzeichnung

12.3.2.3 Farben, Farbbegriffe, Farbnormen, Farbprüfung, Materialien

ISO   2846 .... Farbe der Skalendruckfarben
DIN ISO 2846-1 .... Farbe und Transparenz der Skalendruckfarben für den Vierfarbendruck – Teil 1: Bogen- und Rollenoffset-Heatset-Druck
ISO   3664 .... Beleuchtung
ISO   4512 .... Fotografische Senitometrie
ISO   5033 .... Farbmessung
ISO 12 642 .... CM-Testformen
ISO 12 647 .... Reproduktion
ISO 13 655 .... Spektrale Messung
DIN 16 515-1 .... Farbbegriffe im graphischen Gewerbe; Drucktechnik
DIN 16 519 .... Prüfung von Drucken und Druckfarben; Herstellung von Norm-Druckproben
DIN 16 519-2 .... Prüfung von Drucken und Druckfarben; Herstellung von Norm-Druckproben für optische Messungen
DIN 16 524-1 .... Prüfung von Drucken und Druckfarben; Widerstandsfähigkeit gegen verschiedene physikalische und chemische Einflüsse Teil 1: Wasser-Echtheit, Lösemittel-Echtheit
DIN 16 524-2 .... Prüfung von Drucken und Druckfarben; Widerstandsfähigkeit gegen verschiedene physikalische und chemische Einflüsse, Alkali-, Seifen-, Waschmittel-Echtheit
DIN 16 524-3 .... Prüfung von Drucken und Druckfarben; Widerstandsfähigkeit gegen verschiedene physikalische und chemische Einflüsse, Käse-, Speisefett-, Paraffin- und Wachs-, Gewürz-Echtheit
DIN 16 524-6 .... Prüfung von Drucken und Druckfarben der Drucktechnik; Widerstandsfähigkeit gegen verschiedene physikalische und chemische Einflüsse – Teil 6: Verhalten von Getränkeflaschenetiketten gegen Laugendurchdringung und Laugenbeständigkeit
E DIN 16 524-7 .... Prüfung von Drucken und Druckfarben der Drucktechnik; Widerstandsfähigkeit gegen verschiedene physikalische und chemische Einflüsse.
DIN 16 525 .... Prüfung von Drucken und Druckfarben; Widerstandsfähigkeit gegen verschiedene physikalische und chemische Einflüsse, Lichtechtheit
DIN 16 526 .... Druckfarben für die Drucktechnik; Kennzeichnung der Eigenschaften der Druckfarben für Hoch- und Flachdruck auf dem Etikett
DIN ISO 16 536-1 .... Prüfung von Drucken und Druckfarben der Drucktechnik; Farbdichtemessungen an Drucken – Teil 1: Begriffe und Durchführung der Messung
DIN ISO 16 536-2 .... Prüfung von Drucken und Druckfarben der Drucktechnik; Farbdichtemessungen an Drucken – Teil 2: Anforderungen an die Messanordnung von Farbdichtemessgeräten und ihre Prüfung
DIN ISO 16 546 .... Drucktechnik; Filter für Farbauszüge in der photo-mechanischen Reproduktionstechnik; Spektrale Eigenschaften

ISO 16 549	Druckvorstufe
DIN 16 609/16 610	Drucktechnik; Durchdruck; Begriffe für den Siebdruck
DIN 16 611	Drucktechnik; Messgrößen im Siebdruck

12.3.2.4 Papiererzeugnisse, Papierformate, Vordruckgestaltung und Datenverarbeitung

DIN 198	Papier-Endformate nach DIN 476 - Beispiele für die Anwendung der A-Reihe
DIN 476-1/ISO 216	Schreibpapier und Gruppen von Drucksachen, Endformate A- und B-Reihen
DIN 476-2	Papier-Endformate; C-Reihe
DIN 676	Geschäftsbrief – Einzelvordrucke und Endlosvordrucke
DIN 678-1	Briefhüllen – Teil 1: Formate
DIN 678-2	Briefhüllen – Teil 2: Verarbeitung in Kuvertiermaschinen
DIN 680	Fensterbriefhüllen; Formate und Fensterstellung
DIN 4991	Geschäftsvordrucke; Rahmenmuster für Handelspapiere; Anfrage, Angebot, Bestellung, Bestellungsannahme, Lieferschein/Lieferanzeige und Rechnung
DIN 5000	Faltblätter für Fremdenverkehrswerbung
DIN 6730	Papier und Pappe; Begriffe
DIN 9771	Papiere für die Datenverarbeitung – Papiere für Endlosvordrucke – Abmessungen
DIN 16 604	Zeitungen; Papierformate und Anzeigen-Satzmaße

12.3.2.5 Dokumentenstruktur, Titelangaben, technisches Zeichnen und ISBN

DIN 1421	Gliederung und Benummerung in Texten; Abschnitte, Absätze, Aufzählungen
DIN 1450	Leserlichkeit
DIN 1505-1	Titelangaben von Dokumenten; Titelaufnahme von Schrifttum
E DIN 1505	Beiblatt 1: Titelangaben von Schrifttum; Abkürzungen
DIN ISO 2108	Information und Dokumentation – Internationale Standard-Buchnummer (ISBN)
DIN ISO 5456-2	Normalprojektion
DIN ISO 5456-3	Axometrie

12.3.2.6 Qualitätsmanagement

DIN ISO 9000-4	Normen zu Qualitätsmanagement und zur Darlegung von Qualitätsmanagementsystemen – Leitfaden zum Management von Zuverlässigkeitsprogrammen
DIN EN ISO 9001	Qualitätsmanagementsysteme – Anforderungen (ISO 9001:2000)
DIN EN ISO 9004	Qualitätsmanagementsysteme – Leitfaden zur Leistungsverbesserung (ISO 9004:2000)
DIN ISO 10012-1	Forderungen an die Qualitätssicherung für Messmittel
DIN ISO 10013	Leitfaden für die Erstellung von Qualitätsmanagement-Handbüchern
DIN 69 901	Projektdefinition
DIN 69 904	Projektmanagement

12.3.3 Literatur

Links, Normen, Literatur

Kerstin Alexander
Kompendium der visuellen Information und Kommunikation
Springer-Verlag 2007
ISBN 978-3-540-48930-6

Christian Allesch, Otto Neumaier
Rudolf Arnheim – oder die Kunst der Wahrnehmung – Ein interdisziplinäres Portrait
Facultas Universitätsverlag 2004
ISBN 978-3851148275

Tom Ang
Digitale Fotografie und Bildbearbeitung
Dorling Kindersley 2004
ISBN 3-8310-0632-6

Thomas Armbrüster
Mac OS X 10.5
Galileo Design 2008
ISBN 978-3-8362-1006-5

Rudolf Arnheim
Anschauliches Denken
Dumont 1996
ISBN 3-7701-3724-8

Rudolf Arnheim
Kunst und Sehen – Eine Psychologie des schöpferischen Auges
De Gruyter 2000
ISBN 3-11-016892-8

Hendrik Backerra u. a.
Kreativitätstechniken
Hanser-Verlag 2007
ISBN 3-446-41233-6

Rainer Baginski
Über Werber und Werbung
Hanser-Verlag 2000
ISBN 3-446-19828-6

David Bann
Die moderne Druckproduktion
Stiebner-Verlag 2007
ISBN 978-3830713319

Andreas Baumann u. a.
Medien
verstehen – gestalten – produzieren
Europa-Verlag 2010
ISBN 978-3-8085-3525-7

Michael Baumgardt
Web Design kreativ!
Springer-Verlag 2000
ISBN 3-540-66742-3

Markus Beier, Vittoria von Gizycki
Usability
Springer-Verlag 2002
ISBN 978-3-540-4191-4

Michael Bender, Manfred Brill
Computergrafik
Hanser-Verlag 2006
ISBN 3-446-40434-1

Johannes Beste u. a.
Rechnungswesen für Medienberufe
Bildungsverlag EINS
ISBN 978-3-427-32502-4

Andreas Blank u. a.
Allgemeine Wirtschaftslehre für Medienberufe
Bildungsverlag EINS 2007
ISBN 978-3-427-32500-0

Joachim Blum, Hans-Jürgen Bucher
Die Zeitung: Ein Multimedium
UVK Medien 1998
ISBN 978-3-89669-21-9

J. Böhringer, P. Bühler, P. Schlaich
Präsentieren in Schule,
Studium und Beruf
Springer-Verlag 2007
ISBN 3-540-45704-6

Gui Bonsiepe
Interface
Bollmann 1996
ISBN 978-3-927901-84-1

Gui Bonsiepe
Digitale Welt und Gestaltung.
Ausgewählte Schriften zur Gestaltung
Birkhäuser 2007
ISBN 978-3-7643-7822-6

N. Bourquin, S. Ehmann u.a
Data Flow 2: Informationsgrafik und
Datenvisualisierung
Die Gestalten Verlag 2010
ISBN 978-3-89955-295-9

Christof Breidenich
@Design –
Ästhetik, Kommunikation, Interaktion
Springer-Verlag 2010
ISBN 978-3-642-03532-6

Peter Brielmaier, Eberhard Wolf
Zeitungs- und Zeitschriftenlayout
UVK Medien 2000
ISBN 978-3-89669-031-9

Fridhelm Büchele
Digitales Filmen
Galileo Design 2002
ISBN 3-89842-652-1

Peter Bühler
MediaFarbe – analog und digital: Farbe
in der Medienproduktion
Springer-Verlag 2004
ISBN 978-3-540-40688-4

Norbert W. Daldrop
Kompendium Corporate Identity
und Corporate Design
avedition 2004
ISBN 978-3-89986-017-7

Frank Dieckhoff u.a.
Reproduktion von Farbe –
Lehrbuch mit DVD
Herausgeber und Bezug:
Bundesverband Druck und Medien e.V.
(bvdm) in Zusammenarbeit mit dem
Zentral-Fachausschuss Berufsbildung
Druck und Medien (ZFA).
Print & Media Forum AG, Biebricher
Allee 79, 65187 Wiesbaden

Christian Doelker
Ein Bild ist mehr als ein Bild
Klett-Cotta Verlag 1999
ISBN 3-608-91654-7

Emil Dovifat, Jürgen Wilke
Zeitungslehre
Band 1 und 2
De Gruyter 1976
ISBN 978-3-11-006821-4
ISBN 978-3-11-006822-1

Samuel Y. Edferton
Die Entdeckung der Perspektive
Fink 2002
ISBN 3-7705-3556-1

Martina Eipper
Sehen, Erkennen, Wissen
Expert 1998
ISBN 3-8169-1553-1

Helmut Erlenkötter
XML: Extensible Markup Language von
Anfang an
rororo 2002
ISBN 978-3-499-61209-1

Frank Fechner
Medienrecht: Lehrbuch des gesamten
Medienrechts unter besonderer Berück-
sichtigung von Presse, Rundfunk und
Multimedia
Verlag Mohr Siebeck, 2009
ISBN 978-3-82522-154-6

Links, Normen, Literatur

Andreas Feininger
Große Fotolehre
Heyne 2001
ISBN 3-453-17975-7

Ashley Friedlein
Web-Projektmanagement
dpunkt.verlag 2002
ISBN 3-89864-171-6

Christin Fries
Grundlagen der Mediengestaltung
Hanser-Verlag 2008
ISBN 978-3-446-40898-2

Gerhard Gairing
**Kosten- und Leistungsrechnung
Band 1 bis 3**
Beruf und Schule 2000
ISBN 978-3-88013-902-2 (Band 1)
ISBN 978-3-88013-533-8 (Band 2)
ISBN 978-3-88013-573-4 (Band 3)

Jürgen Gansweid
Symmetrie und Gestaltung
Callway 1987
ISBN 3-7667-0844-9

Wolfram Gieseke
Das große PC-Lexikon 2011
Data Becker 2010
ISBN 978-3-8158-3057-4

Uwe Greunke
**Erfolgreiches Projektmanagement
für Neue Medien**
Deutscher Fachverlag 2000
ISBN 3-871-50569-1

Bastian Gorke
XML-Datenbanken in der Praxis
Brain-Media 2006
ISBN 978-3-939316-19-0

Rainer Guski
Wahrnehmen – ein Lehrbuch
Kohlhammer 1996
ISBN 3-17-011845-5

Rainer Guski
Wahrnehmung
Kohlhammer 2000
ISBN 3-17-016662-X

Sabine Hamann
Logodesign
Mitp-Verlag 2007
ISBN 978-3-8266-1704-1

Norbert Hammer
**Mediendesign für Studium und Beruf:
Grundlagenwissen, Entwurfssystema-
tik in Layout, Typografie, Farbgestaltung**
Springer-Verlag 2008
ISBN 978-3-540-73217-4

Peter Hanser (Hrsg.)
Werbe- und Marketingplaner 2008
Schäffer-Poeschel-Verlag 2007
ISBN 973-3-7910-2701-2

Frank Hartmann, Erwin Bauer
**Bildersprache: Otto Neurath
Visualisierungen**
Facultas Universitätsverlag 2006
ISBN 978-3-7089-0000-1

Joachim Hasebrook
Multimediapsychologie
Spektrum 1995
ISBN 3-86025-286-9

Marco Hassler
**Web Analytics: Metriken auswerten,
Besucherverhalten verstehen, Website
optimieren**
Mitp-Verlag 2010
ISBN 978-3-8266-5884-6

Tobias Hauser u.a.
**Das Website-Handbuch: Programmie-
rung und Design**
Markt+Technik 2009
ISBN 978-3-8272-4465-9

Eva Heller
Wie Farben wirken
rororo 2004
ISBN 978-3-499-61960-1

Robert Heller, Tim Hindle
**Erfolgreiches Projektmanagement –
Das Praxishandbuch**
Dorling Kindersley 2000
ISBN 3-8310-0004-2

Dagmar Herzog, Helmut Reinke
Jedes Projekt gelingt!
Hanser-Verlag 2002
ISBN 3-446-21994-3

D. Roland Hess
Animating with Blender
Focal Press 2009
ISBN 978-0-240-81079-9

Donald D. Hoffman
Visuelle Intelligenz
dtv 2003
ISBN 3-423-33088-1

Thomas Hoffmann-Walbeck,
Sebastian Riegel
**Der JDF-Workflow – Lehrbuch zur Auto-
matisierung in der grafischen Industrie**
Verlag Beruf und Schule 2009
ISBN 978-3-88013-675-5

Maybrit Illner
**Ente auf Sendung: Von Medien und
ihren Machern**
cbj 2008
ISBN 978-3-570-21926-3

Johannes Itten
Bildanalysen
Ravensburger 1988
ISBN 3-473-48343-5

Corinna Jacobs
**Digitale Panoramen: Tipps, Tricks und
Techniken für die Panoramafotografie**
Springer-Verlag 2003
ISBN 978-3-540-00300-7

Corinna Jacobs
**Interactive Panoramas: Techniques for
Digital Panoramic Photography**
Springer-Verlag 2004
ISBN 978-3-540-21140-2

Angela Jansen, Wolfgang Scharfe
Handbuch der Infografik
Springer-Verlag 1999
ISBN 3-540-64919-0

Holger Jung, Jean-Remy von Matt
Momentum
Lardon Media AG 2004
ISBN 978-3-89769-031-8

André Jute
Arbeiten mit Gestaltungsrastern
Hermann Schmidt Verlag 1998
ISBN 3-87439-435-2

Werner Kamp
AV-Mediengestaltung
Europa-Verlag 2008
ISBN 978-3-8085-3733-6

Stefan Katz
Shot by Shot – Die richtige Einstellung
Zweitausendeins 1999
ISBN 3-86150-229-1

Hedwig Kellner
Projekte präsentieren
Hanser-Verlag 2003
ISBN 3-446-22093-3

Links, Normen, Literatur

Sascha Kersken
IT-Handbuch für Fachinformatiker
Galileo Computing
ISBN 978-3-8362-1015-7

Cyrus D. Khazaeli
Crashkurs Typo und Layout
rororo 2005
ISBN 978-3-499-61252-7

Cyrus D. Khazaeli
Systemisches Design
rororo 2005
ISBN 978-3-499-60078-4

Helmut Kipphan
Handbuch der Printmedien. Technologien und Produktionsverfahren
Springer-Verlag 2008
ISBN 978-3-540-66941-8

Meike Klettke
XML & Datenbanken
dpunkt.Verlag 2002
ISBN 978-3-89864-148-7

Heinz Klippert
Kommunikationstraining
Beltz Verlag 2006
ISBN 3-407-62584-7

Ralf Köhler
Typo & Design
Mitp-Verlag 2002
ISBN 3-8266-0827-5

Claudia Kostka
Coaching-Techniken
Hanser-Verlag 2002
ISBN 3-446-21877-7

Oliver Kretzschmar
Medien-Datenbank- und Medien-Logistik-Systeme
Oldenbourg-Verlag 2004
ISBN 978-3-486-27494-3

Gregor Krisztian,
Nesrin Schlempp-Ülker
Ideen visualisieren
Hermann Schmidt Verlag 1998
ISBN 3-87439-442-5

Thomas Kuchenbuch
Filmanalyse
Prometh 1978
ISBN 3-8798-0071

Gregor Kuhlmann
SQL: Der Schlüssel zu relationalen Datenbanken (3. Auflage)
rororo 2004
ISBN 978-3-499-61245-9

Wolfgang Kühn
JDF
Springer-Verlag,
Prinect-Systemhaus 2004
ISBN 978-3-540-20893-8

Christina Maria Kunz-Koch
Geniale Projekte Schritt für Schritt entwickeln
Orell Füssli 1999
ISBN 3-280-02740-3

Malcolm Kushner
Erfolgreich präsentieren für Dummies
Mitp-Verlag 2005
ISBN 3-8266-3154-4

Genie Z. Laborde
Mehr sehen, mehr hören, mehr fühlen
Junfermann 1997
ISBN 3-87387-301-X

Georg Lausen
Datenbanken: Grundlagen und XML
Spektrum Akademischer Verlag 2005
ISBN 978-3-8274-1488-5

William Lidwell u.a.
Design
Stiebner-Verlag 2004
ISBN 3-8307-1295-2

Martin Liebig
Die Infografik
UVK Medien 1999
ISBN 3-89669-251-8

Hans-Dieter Litke
Projektmanagement
Gräfe und Unzer Verlag 2002
ISBN 3-774-24920-2

Philipp Luidl
Typografie Basiswissen
Deutscher Drucker Edition 1995
ISBN 3-920226-75-5

Making of ...
Kino Verlag 1996
ISBN 3-89324-127-2

Filipe Pereira Martins, Anna Kobylinska
Adobe Acrobat 8 Professional. PDF-Workflow für Printmedien
Springer-Verlag 2007
ISBN 978-3-540-49740-0

Filipe Pereira Martins, Anna Kobylinska
Adobe Acrobat 8 Standard, Professional und Connect. PDF-Workflow für Digital-medien und eine reibungslose Zusam-menarbeit im Office (mit CD-ROM)
Springer-Verlag 2007
ISBN 978-3-540-48883-5

J. Michael Matthaei
Grundfragen des Grafik-Design
Augustus 1993
ISBN 3-8043-0107-X

Andreas und Regina Maxbauer
Praxishandbuch Gestaltungsraster
Hermann Schmidt Verlag 2002
ISBN 3-87439-571-5

Michael Meissner
Zeitungsgestaltung: Typografie, Satz und Druck, Layout und Umbruch
Econ Verlag 2007
ISBN 978-3-430-20032-5

James Monaco
Film verstehen
rororo 1995
ISBN 3-499-16514-7

Arnold Heinrich Müller
Geheimnisse der Filmgestaltung
Schiele & Schön 2003
ISBN 3-7949-0711-6

Josef Müller-Brockmann
Rastersysteme für die visuelle Gestaltung
Niggli 1996
ISBN 3-72120-145-0

Björn Müller-Kalthoff
Cross-Media Management
Springer-Verlag 2002
ISBN 3-540-43692-8

Ulli Neutzling
Typo und Layout im Web
rororo 2002
ISBN 3-499-61211-9

Gerd Nufer, Linda Hirschburger
Humor in der Werbung
Reutlinger Diskussionsbeiträge zu
Marketing & Management 2008-7
Herausgegeben von Carsten Rennhak &
Gerd Nufer, Hochschule Reutlingen

Jochem Ottersbach
Qualitätssicherung im Offsetdruck: durch Densitometrie und Farbmetrik
Europa-Verlag 2008
ISBN 978-3-8085-3722-0

Links, Normen, Literatur

Wilhelm H. Peterßen
Kleines Methoden-Lexikon
Oldenbourg-Verlag 2001
ISBN 3-486-03443-1

S. Radtke, P. Pisani, W. Wolters
Handbuch Visuelle Mediengestaltung
Cornelsen 2004
ISBN 3-589-23643-4

Wolfgang Ratzek
Wenn ich nur wüsste, ob meine Botschaft angekommen ist?
Dinges & Frick 2005
ISBN 3-934997-12-0

Holger Reibold
e-Books selbst gemacht
bonmots-verlag 2010
ISBN 978-3-939316-70-1

Christian Reif u.a.
Medien gestalten: Lernsituationen und Fachwissen zur Gestaltung und Produktion von Digital- und Printmedien
Bildungsverlag EINS 2010
ISBN 978-3-427-32503-1

Clauida Runk
Grundkurs Typografie und Layout: Für Ausbildung und Praxis
Galileo Design 2008
ISBN 978-3-836-21207-6

Axel Schemberg u.a.
PC-Netzwerke: LAN und WLAN einrichten
Galileo Computing 2009
ISBN 978-3-836-21105-5

Hanno Schimmel (Hrsg.)
Gestalt
Anabas 2000
ISBN 3-87038-315-1

Ulrich Schnabel, Andreas Sentker
Wie kommt die Welt in den Kopf?
rororo 1999
ISBN 3-499-60256-3

Karl Schneider (Hrsg.)
Werbung
M & S 1997
ISBN 3-930465-00-0

Scholz & Friends (Hrsg.)
Werbisch
Überreuter 2004
ISBN 3-636-01180-4

Christian Scholz
Handbuch Medienmanagement
Springer-Verlag 2007
ISBN 978-3-540-23540-8

Volker Spielvogel
CI ganzheitlich gestalten
Businessvillage 2004
ISBN 978-3-934424-55-5

Torsten Stapelkamp
Web X.0
Springer-Verlag 2010
ISBN 978-3-642-02071-1

Torsten Stapelkamp
Screen- und Interfacedesign
Springer-Verlag 2007
ISBN 3-540-32949-7

Uwe Stoklossa (Hrsg.)
Blicktricks
Hermann Schmidt Verlag 2005
ISBN 3-87439-681-9

Helmut Teschner
Druck- und Medientechnik: Informationen gestalten, produzieren, verarbeiten
Christiani-Verlag 2010
ISBN 978-3-86522-629-7

Thomas Theis
Einstieg in PHP 5.3 und MySQL 5.4
Galileo Computing 2009
ISBN 978-3-836-21544-2

Frank Thissen
Kompendium Screen-Design
Springer-Verlag 2003
ISBN 3-540-43552-2

Frank Thomas, Ollie Johnston
The Illusion of Life
Walt Disney Productions 1984
ISBN 978-0-7868-6070-8

Ralf Turtschi
Praktische Typografie
Niggli 2000
ISBN 3-7212-0292-9

Ralf Turtschi
Typotuning 2
Edition Publisher 2006
ISBN 978-3-9053-9034-6

Magdalen D. Vernon
Wahrnehmung und Erfahrung
Klotz 1997
ISBN 3-88074-204-9

Thomas Vogt
Kalkulierte Kreativität
Vs Verlag 2010
ISBN 978-3-531-16889-0

Richard Wagner, Klaus Kindermann
**Meisterschule Digitale Fotografie –
Kameratechnik wirklich verstehen:
Sensoren, Autofokus, Objektive – Meis-
terhaft fotografieren: HDR, Panorama,
... Licht, Farbe, Rule of Thirds, Schärfen-
tiefe**
Franzis Verlag 2010
ISBN 978-3-645-60088-0

Carsten Wartmann
Das Blender-Buch
dpunkt.Verlag 2008
ISBN 978-3-89864-466-2

Paul Watzlawick, Janet H. Beavin,
Don D. Jackson
Menschliche Kommunikation
Hans Huber 2003
ISBN 3-456-83457-8

Jürgen Weber
Das Urteil des Auges
Springer-Verlag 2002
ISBN 3-211-83767-2

Nick Weschkalnies
Adobe Flash CS5
Galileo Computing 2010
ISBN 978-3-8362-1564-0

Richard Williams
The Animator´s Survival Kit
Faber and Faber 2001
ISBN 978-0-571-20228-7

Trevor Young
Projektmanagement
Gabal 2001
ISBN 3-930-79989-8

Bernd Zipper
**Strategie Web-to-Print: Grundlagen,
Strategien, Anwendungen**
Midas Computer Verlag AG 2009
ISBN 3-85545-039-0

Bernd Zipper
**Web-to Print 09/10 Anbieter, Dienst-
leister + Lösungen: Produktstudie +
Marktübersicht**
zipcon consulting GmbH, bvdm 2009
ISBN 978-3-939004-12-7

Links, Normen, Literatur

Dario Zuffo
**Die Grundlagen der visuellen
Gestaltung**
Polygraph 1998
ISBN 978-3907020791

**Kosten- und Leistungsgrundlagen für
Klein- und Mittelbetriebe in der Druck-
und Medienindustrie – Ausgabe 2010**
Broschüre, 164 Seiten, DIN A5, mit CD-
ROM, 51. Ausgabe, 2010*

**Kalkulationsunterlagen für die Aus- und
Weiterbildung in der Druckindustrie**
Broschüre, 8., unveränderte Auflage, 96
Seiten, DIN A5, 2009*

**Paket: Kalkulationsunterlagen Aus- und
Weiterbildung und Leitfaden Kalkulati-
ons- und Projektmanagement**
Broschüre, 2008, Artikel-Nr. 83113*

*Bezug nur bei www.bvdm-online.de

Stichwortverzeichnis

1:1-Marketing I-621, II-492, II-517, II-626
10-GBit-Ethernet II-103
1:1-Beziehung II-163
16:9 II-982
1:n-Beziehung II-163
1-Punkt-Perspektive I-72
2-Punkt-Perspektive I-74
360-Grad-Panorama I-406
3D-Grafik II-365
3-Punkt-Perspektive I-78
4:2:0 II-986
4:2:2 II-986
4:4:4 II-985
42-zeilige Bibel II-544

A

AAC II-38, II-962
A-B-C-Analyse I-670
Abhörsicherheit II-99
ABR II-961
Absatzformate II-455
Abschreibung I-799
Abschreibungssatz I-800
Absolut farbmetrisch II-257
Abspielzeit I-396
Abtastfrequenz II-5, II-957
Abtastrate II-5
Abtasttheorem II-957
Abtasttiefe II-957
Abtastung II-4, II-957, II-985
Abwärtskompatibel II-28
AC-3 II-67, II-968, II-1005
Access (Microsoft) **II-33**, II-156, II-170
Access-Point II-100
Achsensprung I-381
Acrobat II-406
- Distiller II-406, II-426
- Maker II-406
- Reader II-406
- Writer II-406
ActionScript II-802, **II-894**
- Animation II-904
- Bilder laden II-900
- Objekte bewegen II-908
- Sound steuern II-901
- Textdatei laden II-898
- Textfeld erzeugen II-899
- Timer II-906
- Trace-Anweisung II-895
- Zeitleiste steuern II-896
Additive Farbmischung II-207
Adjourning I-846
Administrativer Workflow I-876
Administratorrecht II-145

Adobe Digital Edition II-521, II-526
Adobe Gamma II-242
Adobe-ID II-534
Adressbus II-52
ADSL II-138
Adware II-141
Agentur-Präsentation I-609
AGP II-48
Ägyptische Hieroglyphen I-135
Ägyptische Schrift I-133
AI II-34
Aicher, Otl I-437
AIDA **I-631**, I-634, I-721
AIF(F) II-38, II-960
Ajax II-802, II-823, **II-831**
- Anwendungen II-833
- Dateizugriff II-834
Akquisitions-Präsentation I-610
Aktivierungstest (Werbeerfolgskontrolle) I-608
Akzente I-189
Aliasing-Fehler II-957
Alkaliechtheit II-732
Alkohol (Feuchtwasser) II-597
Alphakanal II-750
Alphanumerische Codes II-8
Alphazeichen II-8
Altona Test Suite II-270
Altpapier II-711
ALU II-52
Aluminiumdruckplatten II-580
Amazon Kindle II-532
AMD II-51
Amerikanische Einstellung I-376
Amerikanisches Format I-317
Amplitude II-178
Amplitudenmodulierte Rasterung II-385
Analog-digital-Wandlung II-4
Analoge Daten II-4
Analoges Videosignal II-984
Anamorphotisch II-983
Anbieterkennzeichnung I-772
Andruck (Recht) I-870
Anführungszeichen I-334
Angebot I-825, I-836
Angebotskosten I-837
Angebotspreis Brutto I-822
Angebotsschreiben I-826
Anhang I-332
Animated GIF II-749
Animation I-385, II-371
Animationspfad II-887
Animationstechniken II-885

Animierte Buttons I-395
Anlagemarken II-674
Anlageseiten II-676
Anlagewinkel II-674
Anschlüsse I-381
Anschnitt-Rahmen II-408
ANSI Lumen I-696
Anti-Aliasing II-17, II-360
Anti-Aliasing-Filter II-957
Anticipation I-387
Antiqua-Varianten I-166
Anti-Spyware II-141
Antiviren-Software II-143
Anwendungsgebiete Flexodruck II-552
Anwendungsschicht II-108, II-109
Anzeigenseiten I-340
Anzeigenteil I-342
Apache II-842
API II-72
App Economy I-456
Appeal I-390
Apps I-455
Arbeitsfarbraum II-256, II-339
Arbeitspaket I-851
Arbeitsplan I-668
Arbeitsspeicher II-46, II-56
Arbeitsvorbereitung I-857
- Bild I-859
- Druck I-861
- Text I-858
- Weiterverarbeitung und Versand I-862
Arcs I-388
Argumentationstechnik I-720
Arithmetische Folge I-61
Armstrong, Louis I-645
ARP II-119
Array II-810
Art-Box II-408
Artefakte II-306
ASCII II-8, II-135
ASF II-992, II-993
ASP II-36
Assoziationen I-260
Asymmetrie I-58
Asynchrone Interaktion I-565
Asynchronous JavaScript and XML II-831
ATM II-20
Atmo-Ton II-998
Attachment II-142
Attribute (Datenbank) II-157, II-162, II-467
Audacity II-970
Audio-CD II-63, II-956
Audio

Stichwortverzeichnis

- Daten II-958
- Editoren II-970
- Formate II-960
- Hardware II-963
- Interface II-966
- Pegel II-954
- Spuren II-1001
Audiotechnik II-951
- Digitale II-956
- Kennwerte II-957
Audiovisuelle Medien II-949
Auditive Wahrnehmung I-542
Aufhellung (Videotechnik) II-996
Auflage „1" II-624
Auflagenzahlen, Zeitung I-349
Auflichtmessung II-185
Auflösung II-302, II-316, II-322, **II-326**, II-345
- Sound II-957
- Drucker II-76
- Logische II-74
- Physikalische II-74
Aufmerksamkeit I-35
Aufriss I-73
Aufschluss II-710
Auftragsabwicklung I-863
Auftragsdaten I-889
Auftragsvergabe (Web) I-838
Aufwärtskompatibel II-28
Augenhöhe I-70
Augenlinie I-72
Augenpunkt I-72
Ausbildungsmöglichkeiten Medienindustrie I-927
Ausführungsphase I-607
Ausgabeprofilierung II-246
Ausgleichen, Versalien I-198
Auslöseverzögerung II-291
Ausrüsten II-715
Ausschießen II-671
Ausschießregeln II-676
Außenaufnahmen II-997
Außentrommelbelichter II-573
Äußere Form II-676
Ausstellungsplakat I-705
Auswahlliste (Formular) II-757, II-830, II-850
Autofokus II-295, II-996
Automatische Updates II-145
Autorenkorrektur I-860
Autoren-Stylesheets II-776
Autotypische Farbmischung II-208
AVCHD II-995
AVI II-38
AV-Streaming II-1002
Axonometrie I-84, I-86

B

Babylonische Keilschrift I-135
Back Light II-997
Backdoor-Programm II-141
Backend II-914
Bahnhofsstudie „Insight Station" II-658
Balkendiagramm I-679, I-852
Ballardhaut II-563
Barock und Rokoko I-146
Barock-Antiqua I-146, I-164
Barrierefreie Informationstechnik-Verordnung I-569
Barrierefreie Webseiten I-571
Barrierefreies Webdesign I-568
Baumstruktur I-559
Baum-Topologie II-94
Bayer-Matrix II-293
BD II-68
BD-R II-69
BD-RE II-69
BD-ROM II-69
Beamer I-694
Bedarfsausweitung I-632
Bedingungsfeld (If...Then) II-498
Bedruckbarkeit II-716, II-728
Bedruckstoff II-546, II-77
Bedürfniserweckung I-632
Behaltensquote I-671
Beinert, Wolfgang I-174
Beleuchtung I-363, II-996
Beleuchtungsstärke II-183
Belichterprinzipien II-574
Belichtung II-183
Belichtungszeit II-183
Benutzerfreundlichkeit I-504, I-552
Benutzerführung I-557
Benutzerkontensteuerung II-145
Benutzeroberfläche I-552
Benutzer-Stylesheets II-776
Beobachtungswinkel II-206
Bereiche II-915
Berners-Lee, Tim II-128
Berufsbezeichnung I-117
Beschneidungspfad II-329
Beschnitt-Rahmen II-408
Beugung II-180
Beugungsgitter II-180
Bewegungs-Tween II-886
Bézierkurven II-16, II-19, II-361
Bezugsgruppen I-581
Bezugszeichenzeile I-322
B-Frame II-990

Bibel, 42-zeilig I-154
Bibliothek (Flash) II-876
Bibliotheksmodus (eBook) II-522, II-523
Biene-Award I-572
Bild
- Angeschnitten II-674
- Aufbau I-359
- Ausgabe II-377
- Aussage I-358
- Ausschnitt I-358
- Bearbeitung II-325
- Beurteilung I-366
- Dateiformate II-307
- Datenübernahme II-331
- Ebene I-71, I-362
- Fehler II-305
- Gestaltung I-357
- Größe II-345, II-393
- Komprimierung II-397
- Konstruktion II-192
- Marke I-460, I-644
- Optimierung II-334
- Rate I-396
- Recht I-748
- Schärfe II-338
- Sprache I-23, I-369, I-435
- Stabilisator II-295
- Technik II-301
- Verarbeitung II-311
- Weite I-193
- Welt I-367
- Wiederholfrequenz II-75
- Winkel I-6, II-195
- Zeichen I-174, I-460
Bilddiagonale, Monitor II-74
Bilder skizzieren I-277
Bilderdruckpapiere II-717
Bilderschriften I-130
Bild-für-Bild-Animation I-392, II-885
Bildpersonalisierte Dokumente II-492
Bildschirmschrift I-529
Bildschirmtypografie I-528
Binäre Daten II-5
Binärsystem II-6
Binary (Datentyp) II-158
Bindemittel II-726
Bindestrich-Designer I-117
BIOS II-57
Bit II-10
Bitmap II-34, II-322
Bitmap-Font II-16
Bitrate (Sound) II-959, II-961
Bitrate (Video) II-987
Bittiefe II-303
Bitübertragungsschicht II-107

1013

BITV I-569
Blechdruck II-571
Bleed-Box II-408
Blende II-180, II-183, II-196
Blickaufzeichnungsgerät I-608
Blickkontakt I-725
Blockdrahtheftung II-704
Blockelement II-772, II-782,
II-786
Blocksatz I-202
Blog I-566, II-148
Blooming II-305
Bluetooth II-101
Blu-ray Disc II-68
BMP II-34
Body of European Regulators
for Electronic Communications
I-771
Bogenmontage II-672
Bogenoffsetdruck II-588
Bollwage, Max I-172
Book-on-Demand II-626, II-627,
II-633
Boolean (Datentyp) II-158
Bot II-141
Boxmodell II-782
Braille-Zeile I-568
Brainstorming I-261, I-265,
I-669, **I-847**
Brainwriting I-261, I-847
Brand (Marke) I-641
Brand Review Meeting I-604
Branding I-615
Breadcrumb-Navigation I-538
Brechung II-181, II-182
Brechzahl II-181, II-182
Breitband II-137
Brennpunkt II-193
Brennpunktstrahl II-192
Brennweite II-193
Bridgekamera II-291
Briefing I-261, **I-601**
Briefing-Arten I-602
Briefing-Elemente I-604
Briefumschlag DL I-326
Brin, Sergey II-946
Broadcast-Adresse II-116
Broschur II-698
Browser II-761
Browserkompatibilität II-942
Browserstatistik II-761, II-942
Browser-Stylesheets II-776
Browsertab II-754
B-Splines II-361
Bubble-Jet-Verfahren II-78,
II-644
Buch II-698
Buchblock II-698

Buchdecke II-698
Buchdruck II-545
Buchdruckverfahren II-549
Buchimpressum I-754
Buchmontage II-706
Buchstabe I-182
Buchstabenarchitektur I-182
Bühne (Flash) II-871
Bund II-674
Buntaufbau II-378
Bunttonwinkel II-215
Bussysteme II-48
Bus-Topologie II-92
Button II-757
Buttonleiste I-535
Byte II-10

C

Cache II-54, II-57
Calibre, eBook-Editor II-527
Camcorder II-995
Camera obscura II-190
Candela II-183
Capitalis Monumentalis I-138,
I-140, I-155
Capitalis Rustika I-139
Cascading Style Sheets I-550,
II-36, II-748, **II-767**
Case-sensitiv II-745, II-943
CAT II-98
CBR II-961
CCD-Chip II-290, II-292
CCD-Element II-317
CD II-63
- Glasmaster II-66
- DA II-63
- Dateisysteme II-65
- R II-64
- ROM II-63
- RW II-64
CDR (Dateiformat) II-34
Center-Lautsprecher II-968
CF II-70
Char (Datentyp) II-158
Chat I-565, II-129
Checkbox II-757, II-830, II-850
Checkliste
- Bildverwendung I-759
- Buchimpressum I-781
- Großformatdruck I-664
- Logo I-470
- Präsentationsmedien I-711
- Zeitungsimpressum I-760
Chemische Aufrauung II-580
Chemische Trocknung II-729
Chen-Notation II-162

Chipsatz II-50
Chromatische Aberration
II-191
CIDR-Notation II-117
CIE-Normvalenzsystem II-213
Cinch II-967
Cinemascope II-982
CIP3 I-877, II-40
CIP4 I-877, I-886, II-40
CIP4-Organisation I-900
Client II-913
Clientseitig II-822
Client-Server-Konzept II-91
Cloud Computing II-147
CMM II-227, II-257
CMOS-Chip II-292
CMS I-551
CMYK I-94, I-524, **II-210**, II-378
Codec II-988
Codes II-8
Cognitive Walkthrough I-554
Color Management II-223
Color Matching Modul II-257
Color-Subsampling II-985
Compact Disc II-63
CompactFlash II-70
CompactFlash-Karte II-297
Composing II-344
Composite II-378
Composite-Signal II-984
Computersicherheit II-150
Computer-to
- Film (CtF) II-575
- Paper II-625
- Plate (CtP) II-575
- Plate-on-Press II-625
Computer-to-Plate-on-Press
(DI) II-575
- Plate-System II-573
- Press II-625
- Screen II-605
Configuration.php II-932
Containerformat II-992
Content I-548
Content Management I-549,
II-911
Content-Daten I-888
Content-Management-System
I-551, II-912
Continuous-Inkjet II-644
Controller II-46
Copyleft I-753
Copyright I-753
Core II-53
Corel Draw II-34
Corporate Behaviour I-642
Corporate Communication
I-641

Stichwortverzeichnis

Corporate Design I-367, **I-641**
- Farbe I-645
- Layout I-648
- Logo I-643
- Schrift I-647
Corporate Identity I-639
CPU II-46, II-52
Creative Sessions Box I-266
Crop-Box II-408
CSMA/CA II-108
CSMA/CD **II-102**, II-108, II-109
CSS I-550, II-36, II-738, II-748, **II-767**, II-770
- Absätze II-782
- Abstände II-782
- Anwendungsbeispiel II-792
- Boxmodell II-782
- Datei II-770
- Definition II-770
- Eigenschaften II-773
- Farbangaben II-780
- Hintergründe II-785
- Individualformat II-775
- Kaskadierung II-772
- Klasse II-774
- Layout II-786
- Listen II-783
- Maßeinheiten II-778
- Printlayout II-791
- Pseudoklasse II-775
- Rahmen II-782
- Regel II-773
- Schriftattribute II-781
- Tabellen II-784
- Vererbung II-773
- Verschachtelung II-773
CSS-Selektor II-773
- Rangfolge II-776
- Spezifität II-776
CSV II-33
CSV-Datei II-847
CtP-Plattenbelichter II-574
CtS-Siebdruckformen II-606
Curve II-366
Customized Printing II-633

D

D50 II-206
D65 II-206
Dachkantpentaprisma II-292
Dachlogo I-467
Darstellungsschicht II-108
Database Publishing **II-441**, II-912
Dateiendung II-28
Dateiformat

Dateiformate **II-27**, II-330, Dateigröße II-304
Daten II-5
- Analog II-4
- Binär II-5
- Personenbezogen I-775, I-777, I-781
- Archivierung I-870
- Aufbereitung Großformatdruck II-662, II-664, II-666
Datenbank **II-153**, II-157, II-468, II-912
- Management II-169
- Managementsystem II-842
- Qualität II-495
- Recht I-742
- Software II-156
- System II-157, II-169
- XML-Ausgabe II-466
- Zugriff II-854
Datenbus II-52
Datenkonsistenz II-158
Datenrate II-100, II-137
Datensatz II-157, II-855
Datenschutz I-744, I-766, **I-779**, II-89, II-159
Datenschutzerklärung I-775
Datensicherheit II-89, II-159
Datenstrom (Sound) II-959
Datentabelle (mit Steuerzeile) II-502
Datentiefe II-293, II-303, II-327
Datentyp II-158, II-804
Datenübertragung II-132
- Parallele II-49
- Serielle II-49
Datenübertragungsrate (Speicher) II-60
DAT-Recorder II-956
Dauerhafte Gruppen I-581
Daumenkino I-391
DBS II-157, II-169
DCS II-378
DCT II-750
DDR II-54, II-56
De-Briefing I-604
Deckenhänger II-660
Decoder II-988
Dedicated Server II-945
Dedikationstitel I-330
Deinking II-712
Deinterlacer II-980
Dekorative Schriften I-171
Demotische Schrift I-129, I-132, I-135
DENIC II-135, II-939
Densitometrie II-185
Design **I-111**, I-114, I-118

Designer I-117
Designgesetz I-745
Designschritte I-115
Desktop Color Separations II-378
Detailaufnahme I-377
Deutsches Patent und Marken-Amt I-745
Dezibel II-954, II-956
Dezimalsystem II-6
DHCP II-118
dH-Wert II-596
Diagramme I-478, I-495
Dialog-Branding I-621
Dialogmarketing I-621
Dichte II-185
Dickte I-196
Diffraktion II-180
Digigraphie II-666
Digital Edition Export II-526
Digital Rights Management (DRM) II-538, II-962
Digital Subscriber Line II-138
Digital-analog-Wandlung II-5
Digitaldruck II-623
Digitaldruckeinheit II-636
Digitale Audiotechnik II-956
Digitale Auftragstasche I-889
Digitale Bildaufnahmen I-740
Digitale Daten II-5
Digitale Positivkopie II-578
Digitale Signatur I-777
Digitaler Zeitungsdruck II-635
Digitalfotografie II-287
Digitalkameraprofilierung II-229
Digitalproof (Recht) I-870
DI-Maschinen II-625
Dimetrie I-84
DIN
- 16 511 Korrekturzeichen Text I-906
- 16 518 Schriftklassifikation I-160
- 16 549 Korrekturzeichen Bild I-909
- 476 Formate I-316
- 5008 Textverarbeitung I-321
- 5009 Gestaltung I-321
- 676 Normbriefbogen I-320
- 69901 I-844
- 69904 I-849
- ISO 5456 I-72, I-74, I-78, I-84, I-86
- ISO 12647 II-720
DIN-A-Reihe (Format) I-316, I-320, II-722
DIN-B-Reihe (Format) I-320

DIN-C-Reihe (Format) I-320
DIN-Formate I-316
DIR II-36
Direct Stream Digital II-958
Direct-Imaging-Druckmaschine
II-573
Direct-Imaging-Verfahren
II-589
Director II-36
DirectX II-72
Direktmarketing, I-621
Direktmarketinginstrument
II-492
Direktsiebdruckschablonen
II-603
Disc-at-once II-63
Disclaimer I-768, II-941
Dispersion II-182
Dispersionslack II-684, II-688
Displayauflösung I-515
Distiller II-410
Distorsion II-192
Distributed Printing II-633
Dither II-276
DivX II-991
DLP-Beamer I-695
DNS II-133
DOC II-33
DOCTYPE II-742, II-943
Document Type Definition
II-759
Dokumentenbereich II-632
Dokumenttyp II-787
Dokumenttyp-Definition II-448,
II-943
Dolby Digital II-67, II-968,
II-1005
Dolby Surround II-1005
Domain Name System II-133,
II-938
Domain-Registrierung II-939
Doppelkernprozessor II-53
DOS II-51
Do-while-Schleife II-809
Downloadzeit (QTVR) I-416
Downstream II-138
Dpi II-76
Drahtgittermodell II-368
Drahtrückstichheftung II-699
DRAM II-56
Dreamweaver II-741
Drehbuch I-374
Drehplan I-375
Dreiklang I-96
Drei-Punkt-Ausleuchtung
II-996
Dreiwalzenstuhl II-727
Drip-off-Lackierung II-688

Drittel-Regel I-360
DRM II-962
DRM-Aktivierungsvorgang
II-533
Drop-on-Demand II-644, II-645
Druck
- Bildspeicher II-546
- Bogen II-674
- Farbe I-524, II-546, II-208,
II-725
- Eigenschaften II-730
-Trocknung II-729
- Verwaltung II-428
- Formatklassen (Bogenoffset)
I-317
- Kennlinie II-611
- Kontrollstreifen II-616
- Maschinen II-546
- Maschinenleistung II-618
- Plattensysteme II-578
- Prinzipe II-547
- Prozess I-867
- Technik II-541
- Veredelung II-681
- Weiterverarbeitung I-868,
II-697
Drucker II-76
Druckermarken II-428
Druckform II-546
- Flexodruck II-554
- Letterset II-561
Druckformherstellung
- Offsetdruck II-573
- Siebdruck II-605
- Flexodruck II-554
DSL II-138
DSL-Router II-138
DTD II-759
DTS II-67, II-1005
Dual-Screen-Reader II-536
Duftlack II-690, II-693
Duplexmaschine (Digitaldruck)
II-634
Durchlichtmessung II-185
Durchschuss I-206
DV II-995
DVD II-66
- Audio II-68
- Authoring II-67
- R/+R II-68
- RAM II-68
- ROM II-67
- RW/+RW II-68
- Video II-67, II-994
DVI II-72
Dynamikbereich II-956
Dynamische Webseiten I-550,
II-840

Dynamischer Text II-898
Dynamischer Zylinder II-626
Dynamisches Mikrofon II-965

E

eBook II-519
- Angebot II-524
- Ausdrucken II-533
- Editor, Calibre II-527
- Formate II-538
- Markt II-524
- Mehrfachnutzung II-533
- Überblick II-537
Echo II-973
Echtheiten II-731
ECM II-914
E-Commerce I-765
Edge II-366
Effektlackierungen II-694
Egyptienne I-148, I-165
Einfarbendruckmaschine
II-588
Einfärbprinzip II-598
Einführungswerbung I-618
Eingabefeld I-537
Eingabeprofilierung II-229
E-Ink II-520
Einstellung I-376
Einstellungsgröße I-376
Einstellungslänge I-376
Einteilungsbogen I-823, II-672
Einwilligungserklärung, perso-
nenbezogene Daten I-776
Einzelblattdruck II-632
Elektrofotografische Drucksys-
teme II-625
Elektrofotografischer Druck
II-639
Elektromechanische Zylinder-
gravur II-564
Elektronische Speicher II-58
E-Mail I-565, II-129, II-142
Emission II-217
Emissionsspektrum II-184
Emotionen, Schrift I-226
Empathie I-845
Empfänger I-661
EN ISO 9241-10 I-452
Encoder II-988
Endformat-Rahmen II-408
Endlosdruck II-634
Endpreis (Bruttopreis) I-822
Enterprise-Content-Manage-
ment-System II-914
Entitätstyp II-162
Entity-Relationship-Modell

Stichwortverzeichnis

II-162
Entladungslampen II-184
Entspiegelung II-180
Entwicklungsphase I-607
Entwicklungsumgebung II-928
Entwicklungsumgebung, Flash II-871
Entwurfstätigkeit I-115
Entwurfstechniken I-271
ePaper I-349, II-520
EPS II-34
ePUB II-524
eReader II-535
Erfolgskontrolle (Werbung) I-608
Erhaltungswerbung I-618
Erkennbarkeit I-28
Erkennungsmerkmale II-551
ER-Modell II-162
Erscheinungsbild I-641
Erstarren II-729
Erweiterter ASCII II-8
ESATA II-49
ES-Trocknung II-729
Etat-Präsentation I-609
Ethernet II-102
- Adapter II-110
- Frame II-104
Europäische Norm EN 61310-1 I-442
Europäisches Designrecht I-745
European Newspaper Award I-340
EVA-Prinzip II-46
Exaggeration I-390
Excel II-33
EXE II-36
EXIF-Format II-307
Expansionswerbung I-618
Expertensatz I-176
Exposé I-374
Extensible Markup Language II-32, II-444
Extension II-28
Externe Speicher II-56, II-58
Exzerpt I-669
Eye-Tracking I-553
Eyetrack-Studie III I-489

F

F4V II-38, II-993
Face II-368
Fachkompetenz I-845
Fadenheften II-705
Fadensiegeln II-704

Fader II-965
Fahrzeugbeklebung II-660
Falz
- Anlage II-672
- Arten II-702
- Folge II-676
- Muster II-678
- Reihenfoge II-677
- Schema II-672
Falzen II-701
Farb-
- Abstand ΔE II-216
- Assoziationen I-16
- Atlas I-104
- Auswahlsysteme II-209
- Balance II-339
- Darstellung I-523
- Druck II-208
- Einstellungen II-280
- Fehler II-191, II-332
- Gestaltung I-93
- Kanal II-328
- Klima I-100
- Konstanz I-16
- Kontrast I-12, I-98
- Korrektur II-319, II-339
- Kreis I-12, I-95, II-209
- Laserdrucker II-79
- Leitsystem I-527
- Management-Richtlinien II-275
- Maßsysteme II-209
- Messung II-206
- Metrik II-205
- Mischsysteme II-209
- Mischungen II-207
- Modus II-256, II-303, II-318, **II-328**, II-382
- Ordnungssysteme II-209
- Perspektive I-88
- Pigmente II-726
- Profil II-227, II-228
- Psychologie I-100
- Reiz II-205
- Säume II-305
- Separation II-378
- Stich II-306, II-339
- Stoffe II-726
- Systeme II-203
- Tabelle II-749
- Tafel I-104
- Temperatur I-524, II-217
- Testbild II-981
- Tiefe II-303, II-316, II-327
- Ton II-213, II-215
- Trennung II-317
- Umfang, Warnung I-524
- Valenz II-205

- Variationen II-341
- Verbindlichkeit I-523
- Werk II-593
- Wirkung I-526
Farbe II-201
Farbe-an-sich-Kontrast I-15
Farbensehen I-5, II-205
Faserrohstoffe II-710
Fassadenwerbung II-659
Fast Ethernet II-103
FastTrack-Technologie I-787
FBAS-Signal II-984
Feeds II-148
Felder (Arrays) II-810
Fernsehen, Bildformate II-982
Fernsehnormen II-981
Fernsehtechnik II-980
Fernsehwerbung I-625
Fertigungskosten I-820, I-822
Fertigungsstundensatz I-802
Fertigungszeit I-802
FE-Schrift I-151
Feste Kosten (Fixkosten) I-830
Festplatte II-61
Festtonerbasierte Druck-systeme II-625
FFIL II-20
FHx II-34
Fibonacci-Reihe I-521
Figur-Grund-Beziehung I-40
Figur-Grund-Trennung I-34, I-47
Fiction-Book II-520
FileTransfer Protocol II-129, II-944
File-Sharing II-89
Fill Light II-996
Film I-374
- Druck II-602
- Gestaltung I-373
- Montage II-999
Filmwerke, Laufbilder I-741
Firewall II-144
FireWire II-47, II-49
First-Level-Cache II-54
Fixation I-29
FLA II-36, II-884
Flachbettbelichter II-573
Flachbettscanner II-317
Flachdruckverfahren II-570
Flächendarstellungen I-276
Flächenmasse II-719
Flächenwirkung I-233
Flash II-869
- Animationstechniken II-885
- Bilder und Grafiken II-874
- Bones II-891
- Entwicklungsumgebung

1017

II-871
- Farben II-874
- Film II-872
- Film veröffentlichen II-883
- Instanz II-877
- Player II-870, II-883
- Schlüsselbild II-879, II-888
- Sound II-881
- Symbol II-876
- Text II-875
- Video II-38, II-882, II-993
- Zeichnungsobjekte II-872
- Zeitleiste II-879
- Zwiebelschalen II-889
Flash-EEPROM II-57
Flash-Speicher II-55, II-58, II-70
Flatrate II-136
Flattermarke II-674, II-703
Flattersatz I-202
Flexobelichter II-555
Flexodruck II-552
- Druckwerk II-553
- Formen II-556
- Inline-System II-558
- Maschinen II-557
- Verfahren II-552
Flintglas II-191
Flipchart I-706
Float (Datentyp) II-158
Fluchtlinie I-72
Fluchtpunkt I-72
Flüchtige Speicher II-56
Flüssigtoner II-642, II-728
Flüssigtonerbasierte Druck-
systeme II-625
FLV II-38, II-993
Folienmaster I-673
Follow Through and Overlap-
ping Action I-388
Font II-16
FontExplorer II-23
Fontformate II-19
FontStruct I-152
Form follows function I-520,
II-944
Form-/Plattenzylinder II-587
Format I-53
- Drucker II-76
- Seitenverhältnisse I-288
- Stege II-674
- Wirkung I-287
Formelsammlung II-1011
Formelsatz I-334
Formenwahrnehmung I-41
Forming I-846
Form-Tween II-890
Formular II-155, II-436, II-438,
II-756

- Feld, verstecktes II-850
- JavaScript II-828
- Design I-563
- Zugriff II-848
For-Schleife II-808
Forum I-565
Fotodirektdruck II-625
Fotodrucker II-649
Fotografie I-358
Fotografische Optik II-190
Fotometrisches Entfernungs-
gesetz II-183
Fotopolymer-Druckplatten
II-578
Fotopolymerplatte II-578
Foveon X3 II-294
Fraktur I-156, I-168
Frakturschrift I-148
Frame-Animation I-392
Framerate II-885
Frames (HTML) II-758
Französische Renaissance-
Antiqua I-164
Fräsrand II-699
Freehand II-34
Fremdaufträge I-830
Fremdbild I-641
Fremde Schriften I-169
Fremde Sprachen I-189
Fremdleistungskosten I-821
Fremdschlüssel II-158
Frequenz II-178
Frequenzgang II-956
Frequenzmodulierte Rasterung
II-390
Frontend I-550, II-914
Front-Lautsprecher II-968,
II-1004
Frontside Bus II-54
Froschperspektive I-78
Frühdruck II-545
FSB II-54
FTP II-129, II-944
FTP-Zugang II-912
Führungslicht II-996
Fünfsatztechnik I-720
Funktion (Programmieren)
II-811
Funktionale Abhängigkeit
II-161
FusionPro II-508
Fußzeile II-433

G

Gallus KM 510 Flexodruck-
Inline-System II-558

Gamut-Mapping II-257, II-277
GAN II-88
Ganttdiagramm I-852
Ganzsäulen II-661
Gateway II-113
GCR II-378
GDDR-Speicher II-72
Gebotszeichen I-442
Gebrauchsgrafik I-118
Gebrauchstauglichkeit I-552
Gebrochene Schriften I-167,
I-171
Gegendruckzylinder II-587
Gegenstandsweite II-193
Gehörknöchel II-952
GEMA I-786
GEMA-Lizenzshop I-792
Geometrische Folge I-61
Geometrische Optik I-181
Gerasterte Vorlage II-314
Geräusch II-955
Geschäftsausstattung,
Erweitert I-324
Geschäftsausstattung,
Standard I-324
Geschäftsbriefbogen I-320,
I-322
Geschäftsdrucksachen,
Formate I-325
Geschichte des Internets II-128
Geschmacksmusterrecht I-745
Geschriebene Schriften I-171
Gesetz
- der Erfahrung I-45
- der Figur-Grund-Trennung
I-47
- der Geschlossenheit I-44
- der Gleichheit I-43
- der Konstanz I-46
- der Nähe I-42
- von der einfachen Gestalt
I-41
Gesetzliche Vergütungansprü-
che I-790
Gestaltgesetze I-39
Gestaltpsychologie I-40
Gestaltung eBooks II-535
Gestaltungselemente I-51
Gestaltungsmodul I-292
Gestaltungsphase I-607
Gestaltungsprozess I-114
Gestaltungsraster I-253, I-282,
I-292, **I-296**, I-518- I-648
- Beispiele I-306
- Dreispaltig I-302
- Internet I-299
- Praxisanwendung I-308
- Vierspaltig I-304

Stichwortverzeichnis

- Zweispaltig I-300
Gestaltungsregeln Infografik
I-489
Gestik I-725
Gestrichene Papiere II-716
Geviert I-184, II-18
Gewichtung I-55
Gibibyte II-11
GIF II-34, II-749
Gigabit-Ethernet II-103
Gigabyte II-11, II-60
GIULIA-Prinzip I-635
Glanz-UV-Lack II-689
Glasfaser II-99
Glasfaserkabel II-182
Gleichgewicht I-54
Gliederungselemente (Text)
I-236
Goldener Schnitt **I-60**, I-286,
I-359
Google II-946
- Eric Schmidt I-346
- Maps I-422
- Pegman I-423
- Street View I-422
- Books II-532
GOP II-990
Gotisch I-167
GPU II-71
Gradation II-320, II-335
Gradationskurve II-320
Graeff, Werner I-434
Grafik II-356
- Ausgabe II-377
- Design I-114
- Erstellung II-355
- Informationsgehalt I-679
- Karte II-71
- Prozessor II-71
- Speicher II-72
- Standards II-75
- Symbol II-876
Grafische Zeichen I-429
Grafiker I-118
Graubalance **II-219**, II-273,
II-306, II-321
Gray Component Replacement
II-378
Grenzfläche II-182
Grenzwinkel II-182
Griechische Epoche I-136
Griechische Schrift I-129,
I-132, I-135
Großaufnahme I-377
Großformatdruck II-632
Großformatiger Digitaldruck
II-652
Großrechner II-89

Grotesk I-148
Group of Picture II-990
Grundgradationen II-336
Grundlagenphase I-606
Grundlogo I-467
Grundriss I-73
Grundstrich I-161
Gruppen (Werbung) I-580
Guerillastrategie I-248
Gummituchzylinder II-587
Gutenberg, Johannes I-153,
II-544, II-548
Gutenberg-Bibel I-154, II-549
Gutenbergpresse II-545

H

H.246 II-991, II-993
Haarlinien II-429
Haarstrich I-161
Habitualisierung I-585
Habitus, Pierre Bourdieu I-584
Hadern II-716
Haftungsausschluss I-768,
II-941
Halbautotypische Rasterung
II-564
Halbgeviertziffern I-187
Halbleiterspeicher II-55
Halbnahaufnahme I-376
Halbschatten I-82
Halbtonbild II-326
Halbtondichtemessung II-185
Halbtotale I-376
Handschrift I-676
Handschrift-Antiqua I-146,
I-167
Hard-Disc-Recording II-956
Hardware II-45
Harmonischer Klang II-955
Hauptebene II-193
Hauptnavigation I-519
Hauptplatine II-48
Hauptpunkt II-193
Haupttitel I-330
Hausfarbe I-646
Hauskorrektur I-860
Hausschrift I-647
HD DVD II-68
HDMI II-72
HDTV II-982
HDV II-995
Headcrash II-61
Heftung, Draht- II-672
Heftung, Faden- II-672
Hell-Dunkel-Kontrast I-14
Helligkeit I-97, **II-213**, II-215,

II-319
Herkunftslandprinzip I-774
Herstellungsabteilung I-858
Herstellungskosten I-821
Hertz, Heinrich II-953
Hexadezimalsystem II-7
HFS II-65
Hieroglyphen I-132
Hilfsnavigation I-519
Hilfszeichen I-862
Hilfszeit I-802
Hinting II-17
Histogramm II-319, II-334
Historismus I-149
HKS I-94
Hoaxes II-141
Hochformat II-676
Holzfrei II-716
Holzhaltig II-716
Holzschliff II-710
Holzstoff II-710
Homepage II-745
Homerecording II-963
Homerecording-Studio II-969
Hörbereich II-957
Hörempfindung II-952
Hörgrenze II-953
Horizont I-70
Horizontebene I-71
Horizonthöhe I-70
Host II-136
Host-ID II-116
Host-zu-Host-Transportschicht
II-109
Hot Spot (QTVR) I-413
Hot-Spot-Technologie I-414
HP IndigoPress II-642
htdocs II-914
HTML II-37, **II-737**, II-769
- Auswahlliste II-757
- Bilddateiformate II-749
- Button II-757
- Checkbox II-757
- Dateien referenzieren II-746
- Dateiendung II-745
- Dateinamen II-745
- Dokumenttyp II-742
- Editoren II-740
- Farbangaben II-743
- Formular II-756
- Frames II-758
- Grundgerüst II-742
- Hyperlink II-753
- Meta-Tags II-747
- Radiobutton II-757
- Referenz II-746
- Schriften II-744
- Sonderzeichen II-745

1019

-Tabelle II-752
-Tags II-4 45
-Textfeld II-757
-Textstruktur II-748
-Tutorial II-741
- Umlaute II-745
- Zeichensatz II-742, II-747
HTML5 II-739
HTTP II-108, II-109, **II-121**, II-135
- Request II-840
- Response II-840
HTTPS I-563
Human-Interface-Design I-113
Humorvolle Werbung I-251
Hurenkind (heute Witwe) I-335
Hybrid-CD II-65
Hybridlack II-688
Hybrid-Rasterung II-392
Hydrophil II-572
Hydrophob II-572
Hyperlink II-738, II-753
Hypermedia II-753
Hypertext II-753, II-738
Hypertext Markup Language II-37, II-738
Hypertext Preprocessor II-842
Hypertext Transfer Protocol II-121

I

i.Link II-49
I/O-Controller II-47
IaaS II-147
iBrams II-486
ICANN II-134, II-939
ICC-Profil II-225, **II-227**, II-339, II-426, II-613
Icon I-25, I-432, **I-447**, I-539
- Beschriftung I-453
- Design I-540
- Entwurf I-451
- Gestaltung I-450
- Größe I-450
Iconic Turn I-449, I-457
ID3-Tag II-962
Ideal-Weiß II-217
Ideen, Visualisierung I-264
Identifikation I-34
Ideografie I-131
IFRA Track II-40
I-Frame II-990
If-Verzweigung II-806
Ikone I-25
Illustrationstiefdruck II-562
Image I-643

Impressum I-330, I-772, II-940
Imprimatur I-860
INDD II-32
InDesign Server II-484
Index I-25
index.htm II-745
Indirektsiebdruckschablonen II-604
Individualformat II-775
Individualisierte Daten II-510
Indizierte Farben II-211
Industriedesign I-115
Industrielle Schriften I-171
Infografik I-473, I-478
- in der Zeitung I-486
- Bedeutung I-490
- Wirkung I-490
- Arten I-479
Information overload I-488
Informationsdesign I-505, I-557
Informationsgrafik I-478
Informationspflichten nach TMG I-772
Informationstechnik II-43
Informationstheorie I-661
Informelle Gruppen I-580
Infrarotstrahlung II-178
Infraschall II-953
Inhaltsanbieter (Web) I-769
Inhaltsverantwortung (Web) I-768
Inhaltsverzeichnis I-331
Inkjet-Verfahren II-78, II-625, II-644
Inline-Element II-772
Inline-Style II-772
Inline-Veredelung II-683
Innenohr II-952
Innentrommelbelichter II-573
Innere Form II-676
In-RIP-Separation II-378
In-RIP-Trapping II-384
Instant Messenger II-129
Instanz (Flash) II-876
Integer (Datentyp) II-158
Integrated Inkjet II-647
Intel II-51
Interaktion I-512, I-565
Interaktion und Reaktion I-395
Interaktionsdesign I-505, I-563
Interaktive Infografiken I-488
Interface I-552
Interface-Design I-504, **I-547**
Interferenz II-180
Interframe Kompression II 989
Interlaced II-749
Interlace-Verfahren II-980

International Digital Publishing Forum II-524
Interne Speicher II-56
Internet II-88, **II-127**
Internet Protocol II-115, II-132
Internet-Service-Provider II-136, II-945
Internet II-127
- Nutzung II-130
- Recht I-763
- Schicht II-109
- Sperre I-771
- Streaming II-129
- Telefonie I-565, II-129
- Zugang, analog II-137
- Zukunft des II-147
Interpreter II-822
Intraframe-Kompression II-989
Intranet II-88
Inverse Kinematik II-891
Investitionsempfehlung I-837
IP II-108, II-109, **II-115**, II-132
IP-Adresse II-133
IP-Adressraum II-117
iPhone I-454
IPv4 II-115
IPv6 II-115
IRC II-129
Irrationale Rasterung II-390
ISBN-Nummer I-754
ISDN II-137
ISO II-295
- 8859-1 II-742
- 9660 II-65
- 7001 Ausgabe 2007-11 I-443
- 8859 II-8
- 9186 Ausgabe 2007-02 I-443
Isometrie I-84
Isotype-Grafik I-484
ISP II-136
IT8 II-230
Italienne I-165

J

JavaScript II-37, II-802, **II-821**
- Button II-824
- Externe Datei II-824
- Fenster II-825
- Formulare II-828
- Link II-824
JDF **I-877**, I-880, II-40, II-429
JMF II-40
Job-Ticket I-881
Joint Photographic Experts Group II-307
Joliet II-65

Stichwortverzeichnis

Joomla I-551, II-914
JPEG II-34, II-293, II-307
JPEG-Komprimierung II-397
JPG II-34
JS II-37, II-824
JScript II-822

K

Kabel-Kategorie II-98
Kabinettperspektive I-85
Kalander II-714
Kalkulation I-797, **I-819**
- Nach- I-820
- Vor- I-820
Kalkulationsschema, Print I-824
Kalkulationsschema, Web I-831
Kalkulatorische Abschreibung I-811
Kalkulatorische Zinsen I-801, I-811
Kamera I-400, II-190
Kamerafahrt I-379
Kameraschwenk I-378
Kameratechnik II-289
Kanalanzahl (Sound) II-958
Kantenglättung, Schrift II-17
Kapitalcursive I-139
Karolingische Epoche I-142
Karolingische Minuskel I-142, I-144, I-155
Kartografische Infografik I-482
Kaschierechtheit II-732
Kaschieren II-693
Kaskade II-770
Kaskadierung II-770
Kategorien II-915
Kaufverhalten von Gruppen I-581
Keilschrift I-131
Kerning I-196, II-18
- Anwendungen I-198
- Tabelle II-18
Kernschatten I-82
Key Light II-996
Keyframe-/Tween-Animation I-392
Key-Logger II-141
Keystone-Korrektur I-697
Keyvisual I-367
Kibibyte II-11
Kilobyte II-11, II-60
Kinematik I-396
Kinowerbung I-625
Klang II-955

Klangregelung II-972
Klasse II-813
Klassenbibliothek II-816
Klassifikation, Netze II-88
Klassifizierungsentwurf 1998 I-170
Klassizismus I-147
Klassizistische Antiqua I-164
Klassizistische Schriften I-147, I-152
Klebebindung II-672, II-699, II-704
Klima (Papier) II-721
Klinkenstecker II-967
Klirrfaktor II-956
Koaxialkabel II-99
Kombinationstrocknung II-729
Kombinierte Infografik I-482
Kommentare (Programmieren) II-817
Kommunikation I-641, **I-655**, I-662
Kommunikations-
- Controlling I-660
- Kompetenz I-718
- Modell I-661, I-636
- Quadrat I-664
- Richtlinien I-660
- Ziel I-656, I-659, I-718
Kompaktkamera II-290
Komplementärfarben I-13, II-209
Komplementärkontrast I-13
Kompressor II-973
Kondensator-Mikrofon II-965
Konkav II-191
Konkave Linsen II-190
Konkurrenz-Präsentation I-609
Konsistenz (Farben) II-225
Konsistenz (Daten) I-158
Konstruktivistische Schrift I-150
Konsultationsgröße I-204
Konsumentenverhalten I-585
Kontaktlose Druckverfahren (NIP-Verfahren) II-548
Kontrast I-697, II-319
Kontrollkeile/-mittel II-616
Kontrollphase I-607
Konventionelle Druckverfahren (IP-Verfahren) II-548
Konvertierungsoptionen II-276
Konvertierungssoftware (QTVR) I-426
Konvex II-191
Konvexe Linsen II-190
Kopfstandmethode I-848
Kopfzeile II-433

Kopierschutzmechanismen I-755
Körperfarben II-217
Körperhaltung I-724
Körpersprache I-723
Korrektur mit ICC-Profilen II-613
Korrekturregeln I-906
Korrekturzeichen Bild I-909
Korrekturzeichen Text I-906
Kosten
- Arten I-820
- Gruppen I-810
- Internetauftritt I-828
- Rechnung I-798
- Stellen I-803
- Verteilung I-816
Kreativitätsentwicklung I-261
Kreativität **I-259**, I-263, I-269, I-847
Kreativitätstechniken I-260, I-847
Kreativrunde I-265
Kreativumgebung I-265
Kreisdiagramm I-680
Kreuzfalz II-702
Kritischer Pfad I-853
Kronglas II-191
Kugel-Charakteristik II-966
Kugelgestaltsfehler II-191
Kugelpanorama I-407, I-409
Kundendaten I-869
Kundendatenblatt I-863
Kunstdruckpapier II-717
Kurzbrief I-327

L

L1-Cache II-54
Lackbestandteile II-684
Lackieren II-682
Lackveredelung II-683
LAME II-962
LAMP II-843
Lampenfieber I-727
LAN II-88
Land (CD) II-58
Lanes II-48
Large Format Printing II-654
Laser II-184
Laserdrucker II-78
LaTeX I-334
Latin-1 (Zeichensatz) II-9, II-742
Laufrichtung II-718
Laufweite I-195
Laufweitenanpassung I-196

1021

Lautsprecher II-967
Lautstärke I-34, II-954
Lavaliermikrofon II-998
Layout I-292
LBA-Adressierung II-61
LCD-Beamer I-695
LCD-Display II-290
LCD-Monitor II-73
Lead-in II-64
Lead-out II-65
Learning-Management-System
(LMS) I-244
Lebensmittelechtheiten II-732
LED-Beamer I-695
LED-Drucker II-79
Leitbild I-641
Leitsystem I-437, I-527
Lesbarkeit I-28, I-176, **I-193**,
I-204, I-214, I-217
Lesegewohnheit I-216
Lesen I-28
Leserlichkeit I-28
Letterbox-Verfahren II-983
Lettersetdruck II-561
Leuchtdichte II-183
Library II-22
Libreka II-525
Licht I-363, II-178
- Art II-206
- Bildwerke I-740
- Druck II-571
- Echtheit II-732
- Empfindliche Schichten II-577
- Empfindlichkeit II-295
- Entstehung II-178
- Farben II-217
- Geschwindigkeit II-178
- Menge II-183
- Quelle I-82, II-184
- Stärke II-183, II-196
- Strom II-183
- Technik II-183
- Und Schatten I-81
- Und Tiefe II-318, II-334
- Wellenleiter II-99
Lichterpunkt II-321
Lineare Schriften I-171
Lineare Struktur I-558
Linien I-232
- Arten I-232
- Diagramm I-480, I-680
- Verwendung I-232
Link II-738, II-753
Linsen II-190
Linsenfehler II-191
Lipophil II-572
Lithografie II-570
Live-Streaming II-1002

Live-View-Funktion II-293,
II-298
Local Area Network II-88
Localhost II-843
Logarithmische Skala II-954
Logische Auflösung II-74
Logische Topologie II-95
Logo I-27, I-432, **I-459**, I-643
- Checkliste I-470
- Familie I-467
- Gramm I-441
Lokalisation I-34
Lösemittel II-726
Lösemittelechtheit II-731
Lossy-Kompression II-989
Luftperspektive I-88
Lumen I-696, II-183
Lumensekunde II-183
Lux II-183
Luxsekunden II-183
LWC-Papiere II-717
LWFN II-20
LWL II-99
LZW II-749
LZW-Komprimierung II-399

M

MacAdam-Ellipsen II-214
MAC-Adresse **II-103**, II-110,
II-115
Magnetische Speicher II-58
Mainboard II-46, II-48
Makroviren II-140
Malware II-140
MAMP II-843, II-928
MAN II-88
Man of the Millenium I-153
Manuskript I-858
Manuskriptberechnung I-310
Markenerinnerung I-251
Markenimage I-586
Markentreue I-585
Marktmerkmale I-598
Marktpenetration I-619
Maschinen- und Betriebsdaten
I-890
Maschinenklassen I-317, II-722
Maschinenlackierung II-686
Masken (Flash) II-890
Maskierung (Sound) II-960
Maskierung (Zeichen) II-9
Massenkommunikation I-623
Maßstabsänderung II-318
Materialkosten I-822, I-825
Materialwirtschaft I-868
Mathematische Operatoren

II-805
Maus II-81
MDB II-33
Mebibyte II-11
Mechanische Aufrauung II-580
Media-Box II-408
Mediävalziffern I-187
Mediastudien I-593
Mediengestalter I-118
Medienkalkulation I-795
Medienrecht I-733
Medien-Rahmen II-408
MedienStandard Druck II-615
Megabyte II-11, II-60
Megapixel II-290
Mehrfarbendruckmaschine
II-588
Mehrkernprozessor II-53
Meilenstein I-853
Memory-Stick II-70
Menü I-537
Merkmale
- Antiquaschriften I-162
- Buchdruckverfahren II-549
- Digitaldruck II-627
- Flexodruckverfahren II-560
- Inkjet-Druck II-650
- Offsetdruck II-600
- Siebdruck II-608
- Tiefdruck II-568
- Lettersetdruck II-561
Mesh II-368
Messerfalz II-701
Messestand II-661
Metamerie II-220
Meta-Milieus I-597
Metapher I-541
Metaplan I-701
Metasprache II-759
Meta-Tag II-747
Methode II-811, II-815
Methode 635 I-261, I-847
Methode GET II-756, II-848
Methode POST II-756, II-848
Methodenkompetenz I-845
Microdrive II-297
Microsoft Expression II-741
MID II-38
MIDI II-974
Migrationsechtheit II-732
Mikrocomputer II-46
Mikrofon II-965
Mikroprozessor II-46, II-51
Milieu-Modell I-595
Mimik I-725
MiniDVD II-68
Mischpult II-964
Mitgliedschaftsgruppen I-581

Stichwortverzeichnis

Mittelachsensatz I-202
Mittelhöhe I-215
Mittelohr II-952
Mittelpunktstrahl II-192
MMC II-70
M:n-Beziehung II-163
Mobiles Internet II-147
Modale Fenster II-825
Modedesign I-114
Modem II-137
Moderationskarten I-702
Moiré **II-305**, II-314, II-385
Monitor II-73
- Auflösung II-326
- Farben I-524
- Größe I-515
- Profilierung II-234
Mono II-1004
Montage I-380
Montagezeichen II-672
Morphing I-393, II-890
Morris, Charles William I-26
Motherboard II-46, II-48
Mouseover I-538
Mouse-Tracking I-553
MOV II-38, II-992
Movieclip-Symbol II-876
MP3 II-38, II-961
MP3-Encoder II-962
MP4 II-993
MPEG II-39, II-990
MPEG Layer-3 II-961
MPEG-2 II-67, II-993
MPEG-4 II-993
MS II-70
Multi-Core-Prozessor II-53
MultiMedia-Card II-70, II-297
Multimedia-Kalkulation I-827
Multimedialität I-512
Multinode-Technik I-414
Multirow-Objektfilme I-412
Multisession II-64
Mund-zu-Mund-Propaganda I-628
Murray-Davies-Formel II-186
Musical Instrument Digital Interface I-974
Musik (Videotechnik) II-998
Musiklizenzierung I-786
Musikverwendung I-785
Musikwerke I-737
Muster, eingetragenes I-745
Muster, nicht eingetragenes I-745
Musterimpressum I-772, II-941
MySQL II-156, II-170, II-842, **II-845**, II-914, II-930

N

Nadeldrucker II-79
Nahaufnahme I-376
Näpfchen II-562
Nass-in-Nass-Druck II-590
NAT II-118
Naturpapier II-716
Navigation I-512, I-534, **I-557**, II-434
- Baumstruktur I-559
- Lineare I-558
- Netzstruktur I-560
Navigations-
- Bereich I-519
- Elemente I-534
- Hilfe I-537
- Struktur I-557, I-562
Negativ, seitenrichtig II-605
Negativ, seitenverkehrt II-605
Negativkopie II-577
Netscape II-822
Nettopreis I-822
Netzbasiertes Farbmanagement I-895
Netz
- Betreiber I-769
- Diagramm I-680
- ID II-116
- Maske II-116
- Plan I-852
- Provider I-771
- Struktur I-560
- Zugangsschicht II-109
Netzwerk-
- Dienste II-115
- Karte II-110, II-113
- Komponenten II-110
- Protokolle II-115
- Technik II-87
- Topologien II-92
- Verbindung II-98
Neue Sachlichkeit I-149
Neunerteilung I-285
Newsgroup II-129
Newspaper-on-Demand I-350
Nichtflüchtige Speicher II-57
Nielsen-Gebiete I-598, I-659
Nieren-Charakteristik II-966
Non-Impact-Printing-Verfahren II-548
Non-Lossy-Kompression II-988
Normalform II-160
Normalisierung (Datenbank) II-159, II-495
Normalobjektiv II-194
Normalziffern I-187

Normbriefbogen I-320
Normfarbwertanteile II-205
Norming I-846
Normspektralwertkurven II-205
Northbridge II-50, II-54
Notizblock I-327
NTBA II-137
NTSC II-981
Numerische Zeichen II-8
NURBS II-361
Nur-Lese-Speicher II-57
Nutzen/Drucknutzen I-317
Nutzungsgrad I-804
Nutzungszeit I-804
Nyquist II-957

O

O'Reilly, Tim II-148
Oberton II-955
Objekt II-813
Objektbreite I-76
Objekte (QTVR) I-404
Objektfilm I-411
Objekthöhe I-77
Objektiv II-190
Objektorientierte Programmierung II-813
Objekt-Rahmen II-408
Objekttiefe I-76
OCR-Schrift I-151, I-171
ODBC II-169
ODP II-33
ODS II-33
ODT II-33
Öffentlichkeitsarbeit I-642
Offline-Druckveredelung II-688
Offsetdruck II-572, II-596
- Form II-577
- Maschine II-587
- Platte II-572 , II-598
Off-Ton II-998
OGG II-962
OH-Folien I-700
OH-Projektor I-699
Ohr II-952
OH-Stifte I-700
Öldrucklack II-688
Online II-937
- Dialogmarketing I-622
- Lizenzierung (Musik) I-788
- Marketing I-621
- Nutzer I-627
- Publishing II-634
- Recht I-768
- Shop (Virtuell) I-420

1023

- Virenscanner II-144
- Werbung I-626
- Wetterkarte I-493
- Zeitung I-347
On-Ton II-998
OOP II-813
Opazität II-185
Open Document II-33
Open Prepress Interface II-385
Open Source I-566, II-149
OpenGL II-72
OpenOffice.org II-33
OpenType-Font II-21
Operator II-805
OPI II-385
Optik II-175
- Allgemeine II-177
- Fotografische II-189
Optische Achse II-193
Optische Speicher II-58
Optische Täuschung I-7
Ornament I-237, I-432
OSI-Referenzmodell **II-107**, II-110, II-112
OTF II-21
Outline-Font II-16
Outlines II-19
Out-of-Home-Medien II-653, II-659
Overheadprojektor I-699
Oversampling II-958
Oxidative Trocknung II-729

P

P2P II-90
Page, Larry II-946
PageRank II-946
Paid Content I-348, I-353
PAL-Fernsehen II-980
PALplus II-981
Panorama,
- 360 Grad I-407
- Kugel I-407, I-409
- Partielles I-406
- Formate II-660
- Fotografie I-404
- Freiheit I-747
- Herstellung I-406
- Kamera I-405
- QTVR I-404
Pantone I-94
Papier **II-709**
- Dicke II-719
- Formate II-722
- Herstellung II-710
- Maschine II-712

- Typ II-614, II-720
- Typ 1- 5 II-611
- Typ MFC II-614
- Typ SC II-614
- Typ SNP II-614
- Veredelung II-714
- Volumen II-719
Parallelfalz II-702
Parallelstrahl II-192
Parameter II-812
Partielles Panorama I-406
Partikelsystem I-398
Passwort, sicheres II-146
Patchkabel II-98
PCI II-48
PCI Express (PCIe) II-48
PCM II-958
PCS II-257, II-260
PDF II-32, **II-403**
- Bearbeitung II-425
- Erstellung II-405
- eBook-Funktionen II-521
- Optimierung II-429
- X-3 II-409, II-427
Pebibyte II-11
Peer Group I-581
Peer-to-Peer-Konzept II-90
Pegel II-954
Peirce, Charles Sanders I-24
Performing I-846
Periode II-178
Periodendauer II-953
Peripheriegerät II-46
Perl II-37
Person der Zeitgeschichte I-748
Personal Computer (PC) II-51
Personal Firewall II-144
Personalisieren II-492, II-496, II-500
- Ausgeben II-499
- Datenquelle II-498
- Masterdokument II-496
- Vorschau II-499
Personalisiertes Drucken II-626, II-634
Personalisierungssoftware II-492
Personen als Beiwerk I-749
Perspektive **I-65**, I-362, II-343
Perzeptiv II-257
Petabyte II-11
Pfadangabe, absolut II-746, II-754
Pfadangabe, relativ II-746, II-755
Pfadanimation I-393
PFB II-20

Pflichtenheft I-837, I-850
PFM II-20
P-Frame II-990
Phase 5 II-741
Phase-Change-Technik II-64
Phishing-Mail II-143
Phon II-954
Phönizische Schrift I-135
PHP II-37, II-802, **II-839**, II-842, II-914
- CSV-Datei II-847
- Dateiupload II-861
- Dateizugriff II-846
- Datenbankzugriff II-854
- Datum II-845
- Einbinden in HTML II-844
- Formularzugriff II-848
- Textverarbeitung II-852
- Uhrzeit II-845
PhpMyAdmin II-854, II-931
pH-Wert II-594
Physikalische
- Auflösung II-74
- Farbmischung II-207
- Topologie II-95
- Trocknung II-729
Physiologie II-952
Physiologische Farbmischung II-207
PICT II-35
PictBridge-Standard II-650
Piezo-Kristall II-646
Piezo-Verfahren II-646
Pigmente II-654
Piktografie I-130
Piktografieentwicklung I-434
Piktogramm I-27, **I-431**, I-435, I-438, I-449
- Arten I-441
- Hybride I-441
- Ikonische I-441
- Merkmale I-440
- Normierung I-442
- Prozessentwicklung I-444
- Sicherheits- I-442
- Symbolische I-441
Pinnnadel I-702
Pinnwand I-701
Pit (CD) II-58
Pixel **II-302**, II-316, II-322, II-326, II-357
- Font I-532
- Grafik II-357
- Maß II-302
- Raster I-518
- Zahl II-304
PJTF I-879, II-40
PL II-37

Stichwortverzeichnis

Plakat I-704
Plansequenz I-382
Planungsphasen (Werbung) I-606
Planungstafel I-861, I-890
Plattenkopie II-613
Platzkostenrechnung I-807
- Computerarbeitsplatz I-814
- Druckmaschine I-812
PNG II-35, II-750
PNG-Komprimierung II-400
Podcast I-566, II-148
Polarisation II-179
Polaritätsprofil I-53
Polygon II-368
Pop-Art-Serigrafie II-602
Popup-Fenster II-826
Port II-120
Portable Document Format (PDF) II-406
Portableapps II-70
Positiv, seitenrichtig II-605
Positiv, seitenverkehrt II-605
Positivkopie II-577
Postpress I-879
Postproduktion II-999
PostScript II-32, **II-407**, II-410
PostScript-Schrift II-19
Posttest (Werbeerfolgskontrolle) I-608
PowerPoint I-673, II-33
PPF I-877, II-40
ppm II-76
PPML II-40, II-624
PPP II-109
PPT II-33
Prägen II-682, II-692
Pragmatik I-26, I-661
Präsentation **I-653**
- Checklisten I-685, I-728
- Farbgestaltung I-678
- Geschäftsdrucksachen I-329
- Handschrift I-676
- Inhalt I-669
- Lampenfieber I-727
- Layout I-672
- Musterseite I-673
- Schriftgröße I-675
- Schriftwahl I-674
- Selbsteinschätzung I-726
- Software I-673
- Thema I-669
- Training I-726
- Zeichnen I-681
- Zeitgefühl I-727
Präsentationsarten (Agentur) I-609
Präsentationsmedien I-691

- Checkliste I-711
- PDF II-435
Präsentieren I-717
Preflight II-383, II-426
Prepress I-879
Prescan II-318
Press I-879
Pretest (Werbeerfolgskontrolle) I-608
Primacy Effect I-718
Primäre Medien I-656
Primärfasern II-710
Primärgruppe (Familie) I-582
Primärschlüssel II-158
Prinect Signa Station II-677
Printdesign I-510
Printing-on-Demand II-626, II-633
Printprodukte I-315
Printshop II-478, II-482
PrintTalk I-880
Print-Workflow II-698
Prinzip-/Prozessdarstellung I-481
Prisma II-182
Privacy Policy Statement I-775
PrivatData I-886
Private IP-Adressen II-118
Privatkopie I-755
PRN II-32
Produkt
- Auslauf I-618
- Design I-548
- Idee I-118
Produktions-
- Daten I-869, I-889
- Management I-841
- Planung I-893
- Protokoll Personalisierung II-513
- Prozess Druck II-546
- Steuerung I-893
Produktlebenszyklus I-618
Profile Connection Space II-257
Programmieren II-801
Programmiersprache II-802, II-822
Programmierstil II-817
Progressive Download II-1002
Progressive Mode II-980
Projekt **I-844**
- Bericht I-854
- Controlling I-853
- Kompetenz I-845
- Leiter I-845
- Management I-843
- Pflichtenheft I-850

- Planung I-849
- Strukturplan PSP I-850
- Team I-845
- Terminplan PTP I-851
- Zielgrößen I-844
Proof II-278
Proportionen I-288
Proprietär II-870
Protokoll II-106, II-115, II-132
Provider II-136, II-945
Provozierende Werbung I-247
Proxy-Server II-119
Prozesskontrolle II-263
Prozessor II-51
Prozessorkerne II-53
Prozessstandard Offset II-616
PS II-32
PSD II-35
Pseudoklasse II-775
Psychoakustisches Modell II-960
Public Relations I-642
Puffer I-852
Punktnotation II-814
PXE II-110

Q

QDR II-54
QTVR I-404
Quadruple Play II-147
Qualitätsfaktor II-388
Quantisierung II-5
Quantisierungsfehler II-958
Quantitätskontrast I-14
QuarkXPress II-32
Quarz II-53
Querformat II-676
Query II-166
Quetschrand II-551
QuickTime II-38, II-992
QXD II-32

R

R.O.O.M. II-385
RA II-39, II-962
Radiobutton II-757, II-829, II-849
RAID II-62
RAM II-46, II-50, II-55
Randwinkel II-599
Raster
- Dichtemessung II-185
- Generation II-390
- Image Processor II-383,

1025

II-407
- Punkt II-551
- Punktbildung II-388
- Punktform II-386
- System I-306
- Tonwert II-386
- Weite II-386
- Winkelung II-386
Rasterizer II-17
Rasterung II-385
Rasterung, Schrift II-16
Rationale Rasterung II-389
Raumhöhe I-73
Räumliche Kompression II-989
Raumtiefe I-72, I-75
Raumwirkung I-362
Rausatz I-202
Rauschen II-305
RAW II-35, II-293, II-308
RealMedia II-994
Rear-Lautsprecher II-968,
II-1004
Re-Briefing I-603
Recall-Test (Werbeerfolgs-
kontrolle) I-608
Recht am eigenen Bild I-747
Recognition-Test (Werbeer-
folgskontrolle) I-608
Reduktionsmethode I-670
Redundanzfreiheit II-159
Referenzielle Integrität II-165
Referenzmodell II-105, II-113,
II-122
Reflexion II-181
Refraktion II-181
Regionalcode, Blu-ray II-69
Regionalcode, DVD II-67
Register II-52, II-55
Regression I-29
Reiberdruckpresse II-570
Reichweite (Werbeerfolgs-
kontrolle) I-605
Reihenbauweise II-588
Relation II-157
Relationale Datenbank II-157
Relativ farbmetrisch II-257
Relative Luftfeuchtigkeit II-721
Relieflacke II-682
Remission II-181, II-217
Renaissance I-145
Renaissance-Antiqua I-156
Renaissanceschriften I-145
Rendering Intent II-257
Reproduktionsanweisung
I-859
Resource-Sharing II-89
Responceauswertung
(Werbeerfolgskontrolle) I-608

Response I-621, II-492
Ressourcenanalyse I-849
Rettungszeichen I-442
Retusche II-342
RGB I-94, I-524, **II-210**
Rheologie II-731
Rhetorik I-719
Rich Internet Application (RIA)
II-802, II-870
Richtcharakteristik II-966,
II-998
Ries II-715
Ring-Topologie II-92
RIP II-383, II-407
Rippen II-67
Risikoanalyse I-849
RJ-45 II-98, II-111
RLE-Komprimierung II-399
RM II-39, II-994
Rollen-Offsetdruckmaschinen
II-589
Rollenwechsler II-592
Rollover I-538
ROM II-57
Romanik I-143
Romanische Uncialis I-139
Romantik I-148
Römische Epoche I-138
Römische Kapitalschrift I-138
Römische Quadratschrift I-139
Römische Schriften I-171
Römische Zahlzeichen I-188
Rootkit II-141
Router **II-112**, II-114, II-133
Routing II-108, II-133
RTF II-32
Rückwärtsplanung I-852
Rührwerkskugelmühle II-727
Runde Schriften I-145
Rundfunkwerbung I-624
Rundgotisch I-168

S

S/FTP II-98
S/PDIF-Anschluss II-967
S/UTP II-98
SaaS II-147
Sakkade I-29
SACD II-68, II-958
Sammelheften II-703
Sampling II-4, II-985
Samplingrate II-957
SATA II-49
Satelittenbauweise II-589
Satinieren II-714
Sättigung I-97, **II-213**, II-215,

II-257
Satzarten I-202
Satzspiegel I-292
Satzspiegelkonstruktion I-283
Säulendiagramm I-679
Saussure, Ferdinand de I-24
Scalable Vector Graphics
II-364
Scannen II-313
Scanner II-316
Scannerprofilierung II-230
Schablonenherstellung II-603
Schall I-34, II-952
Schaltflächen-Symbol II-876
Schärfe II-321
Schärfentiefe II-197
Scharfzeichnen II-338
Schatten I-81
Schattenkonstruktion I-82
Schema-Editor II-677
Schleifen II-808
Schlüssel (Datenbank) II-158
Schlüsselbild II-879, II-888
Schlussvignette I-238
Schmalband II-136
Schmuckelemente I-232, I-237
Schmutztitel I-330
Schnecke (Ohr) II-952
Schneiden II-700
Schnitt I-380
Schnittstellen II-46, II-49, II-72
Schön- und Widerdruck II-589
Schreib-/Lesekopf II-61
Schreib-Lese-Speicher II-56
Schreibschrift, deutsche I-156
Schreibschrift, lateinische
I-156
Schreibschriften I-167
Schreibwerkzeuge (Scribbeln)
I-276
Schrift
- Bildschirmtaugliche I-528
- Bezeichnungen I-177
- Charakter I-222
- Erkennung I-159
- Familie I-176, I-208
- Geschichte I-127
- Größe I-184
- Größe, Handschrift I-676
- Größe, Projektion I-675
- Gruppen I-165
- Klassifikation DIN 16 518
I-164
- Klassifikation Entwurf 1998
I-170
- Klassifikation nach Beinert
I-174
- Laufweite I-194

Stichwortverzeichnis

- Linie I-183
- Manipulation I-212
- Merkmale I-161
- Mischungen I-208
- Ordnungssystem I-172
- Profil I-223
- Sammlung II-23
- Sippe I-176, I-180
- Verwaltung II-22
- Wahl I-216, I-222
- Werk I-737
- Wirkung I-221
Schriftenrecht I-870
Schulz von Thun I-663
Schusterjunge I-335
Schutzfristen I-750, I-759
Schwabacher I-168
Schwellenwert II-322
Screendesign I-505, I-507
Screenreader I-568
Scribbels I-264 , **I-272**, I-277
SD Memory Card II-297
SDSL II-138
Search-Inside I-752
SECAM II-981
Sechs-Hüte-Methode I-848
Secondary Action I-389
Second-Level-Cache II-54
Second-Level-Domain II-134,
II-938
Secure Digital II-70
Sehen I-5
Sehstrahl I-72
Seitengliederung I-236
Seitenlayout I-292
Sekundäre Medien I-656
Sekundärfasern II-711
Selbstbild I-641
Selbstkosten I-799, I-811, I-822
Selektiv (Farbpalette) II-749
Selektor II-773
SELFHTML II-741
Semantik I-26, I-661
Semiotik I-24
Semiuncialis (Halbuncialis)
I-139
Sender I-661
Senderecht I-753
Senefelder, Alois II-570
Sensorreinigung II-294
SEO II-946
Separation II-426
Sequenzielles Drucken II-626
Seriendruckfeld II-498
Seriendruck-Manager II-496
Serifenarten I-186
Serifenbetonte Linear-Aniqua
I-165

Serifenbetonte Schriften I-171
Serifenlose Linear-Antiqua
I-156, I-165
Serigrafie II-602
Server II-913
Serverseitig II-822
Session II-64
SFTP II-944
SGML - ISO 8879 II-472
Shannon II-957
Shannon & Weaver I-661
Shockwave Flash II-37
Shopsystem II-480
Sicherheitslücken II-145
Sicherheitsmerkmale II-694
Sicherungsschicht II-107
Siebdruck II-601
- Druckprinzipe II-606
- Form II-604
- Rahmen II-604
- Verfahren II-601
Sieben Meta-Milieus I-597
Siebgewebe II-603
Signet I-27, I-432, I-460
Silbenschrift I-131
Silberhalogenid-Druckplatten
II-578
Simultankontrast I-12
Single-Minded-Proposition
I-262
Singlerow-Objektfilme I-411
Sinus-Milieu I-595, I-657
Sinusschwingung II-955
Sinus Sociovision I-594
Sitemap I-538
Sitzungsschicht II-108
Skizzieren I-118
- Bilder I-278
- Schrift I-274
SLD II-134
Sleeve-Technologie II-556
Slot II-48, II-50
Slow In and Slow Out I-388
SM II-70
SmartMedia II-70
SMPTE-Timecode II-1001
Social
- Bookmark I-566, II-148
- Commerce I-566, II-148
- Community I-566, II-148
- Semantic Web I-567, II-149
- Web I-566, I-629, II-148
Socket II-50
Solid Drawing I-390
Solid State Drive II-70
Sony Reader II-532
Sound **II-951**
- Aufnahme II-970

- Bearbeitung II-970
- Design I-542
- Faden II-972
- Karte II-967
- Logo I-645
- Loopen II-973
- Mastering II-971
- Mischen II-972
- Noise Gate II-973
- Normalisieren II-972
- Pitching II-972
- Reverb II-973
- Schneiden II-971
- Tempoänderung II-973
Southbridge II-50
Sozialkompetenz I-718, I-845
Spaltenabstand I-298
Spam I-766, II-129, II-142
Spannung I-57
Spationieren I-194
Speicher II-55
- Elektronische II-58
- Externe II-56, II-58
- Flüchtige II-56
- Hierarchie II-55
- Interne II-56
- Kapazität II-60
- Karte II-70
- Kennwerte II-60
- Magnetische II-58
- Nichtflüchtige II-57
- Optische II-58
- Verfahren II-58
- Zugriffszeit II-60
Spektralfarben II-182
Spektralfotometer II-180,
II-206
Spektrum II-182
Spezial-UV-Lack II-689
Sphärische Aberration II-191
Sphärische Linsen II-190
Spiegelneurone I-718
Spiegelreflexkamera II-291
Spitzlicht (Videotechnik) II-997
Splines II-16, II-20, II-361,
II-366
Sprache I-722
Sprache (Videotechnik) II-998
Sprechende Namen II-817
Spyware II-141
SQL II-166, II-857
SQL-Befehle II-865
Squash and Stretch I-386
SRAM II-56
SSH II-129
Stäbchen I-5, II-205
Stabilisierungswerbung I-618
Städtepanoramen I-418

1027

Staging I-387
Stammdaten I-888
Standardschemata II-677
Standbogen II-672
Standpunkt I-71
Statische Webseiten I-549,
II-840
Statusanalyse I-659
Steckkarten II-50
Steckplatz II-50
Stege II-562
Stereo II-1004
Stern-Topologie II-93
Steuerpult Offsetdruck-
maschine II-593
Steuerungsdaten I-889
Stichwortkarten I-670
Stimme I-722
Stoffaufbereitung II-712
Storming I-846
Storyboard I-374, I-513
Strahlenoptik II-181
Straight Ahead Action and
Pose to Pose I-388
Strategiephase I-606
Streaming II-129, II-959,
II-1002
Stream-Inkjet-Verfahren
II-625, II-647
Street View I-422
Streichen II-714
Streuung II-182
Strichbild II-326
Strichvorlage II-314
Stringoperator II-805
Structured Query Language
II-166, II-857
Studiomikrofon II-965
Studiomonitor II-967
Stundensatz I-798, I-802, I-808,
I-813
Styleguide I-650
Stylesheet II-472, II-770
Subdomain II-938
Subnetzmaske II-116
Subtraktive Farbmischung
II-207
Subwoofer II-968, II-1004
Suchersysteme II-291
Suchmaschinen-Optimierung
II-946
Suchmaschinen-Statistik
II-946
Suitcase II-23
Sumerische Keilschrift I-135
Super-Audio-CD II-958
Super-Computer II-54, II-90
Superzellen II-389

Surround-Sound II-968
SVG II-35, II-364, II-751
SVGA I-695, II-75
S-Video II-984
SWF II-37, II-884
Switch II-93, II-103, II-111
Switch-Verzweigung II-807
Symbol I-26, I-189, I-432
Symbol (Flash) II-876
Symmetrie I-58
Synchrone Interaktion I-565
Syntaktik I-26, I-661
Syntax-Highlighting II-817
System Requirements I-573
Systemanforderungen I-573
Systembus II-46, II-48
Systemschrift I-530, I-674
Szene (3D) II-369
Szene (QTVR) I-404

T

Tabelle II-156
Tabubruch (Werbung) I-247
Tack II-731
Tafel I-709
Tafelbild I-710
Tag II-738
Tageslichtprojektor I-699
Tageszeitung für iPad I-350
Tageszettel I-809
Tags (XML) II-458, II-470
Tagsbedienfeld II-454
Tagsmenü II-455
Taktfrequenz II-52
Tampondruck II-569
Taschenfalz II-701
Tastatur II-82
TCO II-75
TCP II-108, II-109, **II-120**, II-133
TCP/IP-Referenzmodell **II-109**,
II-113, II-122
Teamentwicklung I-846
Teaser I-519
Tebibyte II-11
Technische Illustration I-485
Technische Spezifikation I-573
Telekom-Paket (EU) I-771
Telemedien I-766
Telemediengesetz I-766
Teleobjektiv II-194
Template I-521, I-551
Terabyte II-11, II-60
Tertiäre Medien I-656
Test-Target II-229
Text-Bild-Überlagerung I-253
Text-Bild-Integration I-859

Textfeld II-829, II-849
Textgestaltung I-204, I-533,
I-677
Textlink I-535
Textur II-370
Textura I-144
TFT-Monitor II-73
The Six Steps II-640
Thermodirektdrucker II-80
Thermodrucker II-80
Thermodruckplatten II-579
Thermografie-Verfahren II-625
Thermosublimationsdrucker
II-80
Thermotransferdruck II-80,
II-651
Third-Level-Cache II-54
Thixotropie II-731
THX II-1005
Tiefdruck **II-562**
- Druckwerk II-566
- Form II-562, II-565
- Gravur II-563
- Rotation II-567
- Zylinder II-562
- Herstellung II-564
Tiefe II-334
Tiefenkompensierung II-276
Tiefenpunkt II-321
Tiefenzeichnung II-335
TIF II-35
Timecode II-1001
Timer (Flash) II-906
Timing I-389
Tinten II-654
Tinten (Digitaldruck) II-654
Tintenstrahldrucker II-77
Titelbogen I-330
TLD II-134
TMG Unterrichtspflicht
I-775
Tochterlogo I-467
Ton (Audiotechnik) **II-953**
- Formate II-1004
- Höhe I-34, II-953
- Höhenänderung II-972
- Stärke II-953
- Systeme II-1004
- Videotechnik II-998
Toner II-79, II-727
Tonerfixierung II-637
Tonwert
- Korrektur II-319, II-335
- Zunahme, Offsetdruck II-610
- Korrektur, Offsetdruck II-611
Tool-Tipp I-454
Top-Level-Domain II-134,
II-938

Stichwortverzeichnis

Topologie II-92
Totale I-376
Totalreflexion II-182
Trajanisches Alpabet I-140
Transaktionsdruck II-648
Transistor II-51, II-58
Transmission Control Protocol II-120, II-133
Transparenz II-185
Transportschicht II-108
Trapezkorrektur I-697
Trapping II-384
Treatment I-374
Trichterfalz II-590
Trim-Box II-408
Trimmen (Video) II-1000
Triple Play II-138, II-147
Trojaner II-140
Truckprints II-660
TrueType-Font II-16, II-20
TTF II-21
Tupel I-157
Tweening II-886
Twisted Pair II-98
TXT II-32
Type-1-Font II-16, II-19
TYPO Berlin I-152
TYPO3 II-914
Typoelemente I-231
Typografie **I-125**
- Anmutende I-245
- Bildorientierte I-252
- Didaktische I-242
- Informative I-242
- Systematische I-282
- Werbe- I-246

U

UCR II-378
UDF II-65
Überblendungen I-394
Überdrucken II-426
Überfüllen II-384, II-428
Übersetzungen (Recht) I-742
Übertragungsprozess II-546
Überwachte Ordner II-415, II-421
Ugra/Fogra
- Medienkeil II-269
- Plattenkeil II-584
- Testkeil II-616
Ultraschall II-953
Ultraviolettstrahlung II-178
Umfeld (Gestaltung) I-59
Umschlagen II-672, II-675
Umstülpen II-672, II-675

UMTS II-147
Unbuntaufbau II-378
Under Color Removal II-378
Uncialis I-139
Unicode II-9, II-21
Uniform Resource Locator II-135
Unique User I-349
Universalselektor II-773
Unterscheidungsmerkmale Schriften I-162
Unterschneiden I-194, **I-196**, II-18
Unterschneidungstabelle I-197
Uplink-Port II-111
Upload II-943
Upstream II-138
Urheberpersönlichkeitsrecht I-751
Urheberrecht **I-735**, II-940
URI II-754
URL II-135
Usability I-454, I-504, I-520, **I-552**
Usability-Test I-520, I-553
USB II-47, II-49
USB-Stick II-70
Usenet II-129
User Interface I-552
UTF II-9
UTP II-98
UV-Druck II-685
UV-Lack II-683, II-688
UV-Trocknung II-729

V

Validität II-943
Vakatseite I-331
Vampireffekt I-251
VARCHAR II-467
Varchar (Datentyp) II-158
Variable (Programmieren) II-803
Variable Bebilderung II-625
Variable Drucksachen II-514
Variable Kosten I-830
Variabler Datendruck **II-491**, II-494, II-506, II-625
VBR II-961
VCD II-65
VDSL2 II-138
Vektor II-328
Vektorgrafik II-361
Venezianische Renaissance-Antiqua I-164
Verbotszeichen I-442

Verbreitungsrecht I-752
Verdampfen II-729
Verdruckbarkeit II-716, II-728
Verdunsten II-729
Veredelungsverfahren II-682
Vererbung (CSS) II-773
Vergleichsoperatoren II-805
Vergütung II-180
Verjüngung I-73
Vermittlungsschicht II-108
Vernetzte Produktion I-888
Veröffentlichungsrecht I-751
Verpackungsdruck II-552
Versalausgleich I-198
Versandprozesse I-868
Verschachtelte Animationen II-892
Verschlüsselung II-100
Vertex II-366
Vervielfältigungen I-755
Vervielfältigungsrecht I-751
Verwaltungs- und Vertriebskosten I-811, I-821
Verwertungsformen I-750
Verwertungsgebühr I-786
Verwertungsgesellschaft I-790
Verwertungsrecht I-751, I-786
Verzeichnung II-192
Verzweigung (Programmieren) II-806
VG Wort I-791
VGA II-72
Video
- Bitrate II-987
- Cast I-566
- CD II-65
- Codec II-988
- Datenmenge II-986
- Digitalisierung II-985
- DVD II-994
- Editoren II-999
- Encoderkarte II-989
- Formate II-992
- Hardware II-995
- Kompression II-988
- Schnitt II-999
- Signale II-984
- Spuren II-1001
- Technik II-979
Video-on-Demand II-1003
Vierkernprozessor II-53
Vierklang I-96
Vier-Linien-System, Schrift I-182
Vier-Ohren-Modell I-663
Vier-Punkt-Ausleuchtung II-997
Vignetten I-237

1029

Villard'sche Figur I-282
Viral Marketing I-628
Viren II-140
Virtual Reality Modelling Language I-404
Virtuelle Anwendung I-417
Virtuelle Realität I-404
Virtuelle Szene I-407
Virtuelle Welten I-403
Virtueller Server II-945
Virtueller Speicher II-52
Visitenkarte I-325
Viskosität II-731
Visualisieren, Ideen I-273
Visualisierung I-671
Visualizer I-698
Visuelle Gestaltung I-117
Visuelle Kommunikation I-118, I-222
Visuelles Marketing I-577
Visuelle Wahrnehmung I-5
Visuelle Wirkung I-116
VOB II-994
Vogelperspektive I-78
VoIP II-129
Vollbildmodus II-435
Vor-/Nachbreite (Schrift) I-183
Vorlage (Bild) II-314
Vorstufenprozess I-867
Vorwärtsplanung I-851
Vorwort I-331
VPN II-88
VR Worx I-408

W

Wahrheitswert II-804
Wahrnehmung **I-3,** I-361
- Auditive I-34
- Selektive I-4
- Visuelle I-5, I-30
Wahrnehmungsgewicht I-56
WAMP II-843
WAN II-88
Warenzeichen I-469
Warm-kalt-Kontrast I-13
Warnzeichen I-442
Wasserhärte II-596
Wasserlose Offsetplatten II-582
Wasserzeichen II-717
Watzlawick, Paul I-661, I-718
WAV II-39, II-960
Wear-out-Effckt I 252
Web 2.0 I-566, II-148
Web 3.0 I-567, II-149
Web Content Accessibility

Guidelines I-569
Web Open Font Format II-745
Webbrowser II-761
Webdesign I-499
Webdesign, Barrierefreies I-568
Weber-Fechner-Gesetz II-954
Webfarben II-743
Webhosting II-945
Web-Mailer II-143
Webpalette I-104, II-212
Webseiten
- Disclaimer II-941
- Dynamische I-550
- Farbgestaltung I-523
- Impressum II-940
- Ladezeit II-944
- Layout I-520, II-786
- Rechtliche Aspekte II-940
- Statische I-549
- Testing II-942
- Textgestaltung I-533
- Typografische Gestaltung II-781
Webserver II-854
Webspace II-945
Webtechnologien **II-735**, II-840
Web-to-Print (WtP) **II-475,** II-626
- Auftragsstruktur II-477
- Prozessablauf II-478
- Shopsystem II-480
- Templates II-479
Wegschlagen II-729
Wegwerf-Mails II-143
Weichzeichnen II-338
Weißabgleich II-219, II-306
Weißes Rauschen II-955
Weißraum I-47
Weiterverarbeitung II-697
Weitwinkelobjektiv II-194
Wellenlänge II-178
Wellenoptik II-179
Welle-Teilchen-Dualismus II-178
Wendeart II-672, II-675
Werbebegriff I-616
Werbe-E-Mail (TMG) I-766
Werbeerfolgskontrolle I-608
Werbegrundsätze I-631
Werbeplakat I-705
Werbeziele I-631
Werbung
- Einzelwerbung I-620
- Humor in der I-250
- Provokante I-247
- Wahrheit I-619
- Wirksamkeit I-619

- Wirtschaftlichkeit I-619
Werke der bildenden Kunst I-738
Werke der Musik I-738
Werksatz I-330
- Fehler I-334
- Musterseite I-333
Werkumfangsberechnung I-310
Wetterkarten I-493
While-Schleife II-809
Whiteboard I-709
Whiteboard-Stift I-710
Whois-Abfrage II-939
Wide-Format-Druck II-632
Wiki I-566, II-148
Willberg, Hans Peter I-172
WiMAX II-137
Windows Media II-992
Wir-Gefühl I-580
Wissenschaftlich-technische Darstellung I-742
Witwe (früher Hurenkind) I-335
WLAN II-88, II-99
WLAN-Adapter II-100
WMA II-39, II-962, II-992
WMF II-35
WMV II-39, II-992
WOFF I-531, II-745
Word (Microsoft) II-33
Workflow I-873
- Auftrags- oder Arbeitsvorbereitung I-892
- Datentypen I-877, I-888
- Digitaldruck I-629, II-631
- E-Business I-891
- Maschinenvoreinstellung I-893
- Offsetdruck II-628
- Personalisierung II-493
- Definition I-874
- Technischer I-875
- Variabler Datendruck II-631
World Wide Web II-129
Wortabstand I-200
Wortbilderschriften I-131
Wort-Bild-Marke I-644
Worterkennung I-214
Wortmarke I-643
Wortspiele, kreative I-268
Wortzähler (Textverarbeitung) I-310
Wortzwischenraum I-200
WPA2 II-100
Würmer II-140
WWW II-129, II-738
WXGA I-695

Stichwortverzeichnis

X

XAMPP II-842, II-929
xD Picture Card II-70, II-297
Xeikon II-637
XGA I-695, II-75
XHTML II-739, II-759
XLR-Stecker II-967
XLS II-33
XML II-32, **II-443**, II-759
- Baumstruktur II-453
- Datenbank II-450
- Deklaration II-446
- Editor II-446
- Export aus Datenbank II-468
- Gültiges II-448
- Katalogerstellung II-466
- Konventionen II-449
- Strukturansicht II-454
- Tag II-446
- Werkzeuge InDesign II-454
- Wohlgeformtes II-447
XMLHttpRequest II-831
XSL II-444, II-472, II-759
XXL
- Druck II-652
- Weiterverarbeitung II-652
- Werbung II-652

Y

Y/C-Signal II-984
YCbCr II-984
Yule-Nielsen-Faktor II-186
YUV-Signal II-984

Z

Zahlen I-187
Zahlensysteme II-6
Zapfen I-5, II-205
Zeichen I-24, I-190
- Arten I-27
- Dimensionen I-26
- Erkennung I-214
- Palette (Mac) I-174
Zeilenabstand I-206, I-215
Zeilenlänge I-204
Zeilensprung I-214
Zeilensprungverfahren II-980
Zeiterfassung (Tageszettel) I-809
Zeitleiste II-871, II-879
Zeitleisten-Animation I-392, II-879
Zeitliche Kompression II-989

Zeitplan I-668
Zeitstempel II-845
Zeitung
- Anzeigen I-340, I-342
- Design I-339
- Farbe I-342
- Formate I-316, I-337, II-591
- Gestaltung I-217, I-337, I-346
- Impressum I-753
- Krise I-346
- Layout I-337
- Lokalseite I-345
- Schrift I-217, I-340
- Maschine II-591
- Titelseite I-344
Zeitwertschätzung I-834
Zellstoff II-711
Zentralperspektive I-68
Zentralrechnerkonzept II-89
Zentralzylinderbauweise (Flexo) II-558
Zielformulierung (Kreativ-prozess) I-262
Zielgruppe **I-579**, I-583, I-587, I-605, I-657
- Checkliste I-592
- Analyse I-554, I-588
- Marketing I-591
- Merkmale I-589
- Operationalisierung I-594
Ziffern I-187
Zoomfahrt I-379
Zügigkeit II-731
Zugriffsverfahren II-102
Zugriffszeit, Speicher II-60
Zusammentragen II-703
Zuschlagskalkulation I-821
Zuschuss I-824
Zwiebelschalen (Flash) II-889

 **springer.de**

X.media.press Fachliteratur zur Vertiefung

2011. CCCLXXXIV, 11 S.
(X.media.press) Geb.
ISBN 978-3-540-87913-8

2011. 450 S. 200 Abb. in Farbe.
(X.media.press) Geb.
ISBN 978-3-642-11238-6

2. überarb. u. erw. Auflage 2011. XIV, 306 S.
300 Abb. in Farbe. (X.media.press) Geb.
ISBN 978-3-642-15149-1

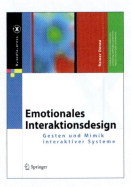

2011. XIII, 253 S. 218 Abb. in Farbe.
(X.media.press) Geb.
ISBN 978-3-642-03100-7

2., überarb. u. erw. Aufl. 2011. XII, 347 S.
200 Abb. in Farbe. (X.media.press) Geb.
ISBN 978-3-642-17068-3

X.media.press ist eine praxisorientierte Reihe zur Gestaltung und Produktion von Multimedia-Projekten sowie von Digital- und Printmedien

014996x

 **springer.de**

X.media.press Fachliteratur zur Vertiefung

2011. XVIII, 600 S. 171 Abb. in Farbe.
(X.media.press) Geb.
ISBN 978-3-540-35179-5

2011. XI, 365 S. 280 Abb. in Farbe.
(X.media.press) Geb.
ISBN 978-3-642-02073-5

2010. IX, 167 S. 150 Abb. in Farbe.
(X.media.press) Geb.
ISBN 978-3-642-03532-6

2010. IX, 575 S. 400 Abb. in Farbe.
(X.media.press) Geb.
ISBN 978-3-642-02071-1

2010. VIII, 194 S. 54 Abb.
(X.media.press) Geb.
ISBN 978-3-642-00719-4

X.media.press ist eine praxisorientierte Reihe zur Gestaltung und Produktion von Multimedia-Projekten sowie von Digital- und Printmedien

014997x